U0903208

揚州年鉴

YANGZHOU YEARBOOK

2013

扬州市地方志编纂委员会　编

广陵书社

图书在版编目（CIP）数据

扬州年鉴. 2013 / 扬州市地方志编纂委员会编. --
扬州 : 广陵书社, 2013.9
ISBN 978-7-80694-994-8

Ⅰ. ①扬… Ⅱ. ①扬… Ⅲ. ①扬州市－2013－年鉴
Ⅳ. ①Z525.33

中国版本图书馆CIP数据核字(2013)第226451号

扬州年鉴（2013）

编　　者　扬州市地方志编纂委员会
装帧设计　葛玉峰　杨　鉴
责任编辑　胡　珍
出版发行　广陵书社
地址：扬州市维扬路349号
邮编：225009
网址：http://www.yzglpub.com
电子邮箱：yzglss@163.com
印　　刷　南京凯德印刷有限公司
开　　本　889mm×1194mm　　1/16
印　　张　32.5
字　　数　1100千字
版　　次　2013年10月第1版第1次印刷
标准书号　ISBN 978-7-80694-994-8
定　　价　300.00元

城市荣誉

中国历史文化名城

全国双拥模范城

全国社会治安综合治理先进单位

中国优秀旅游城市

国家环境保护模范城市

国家园林城市

中国人居环境奖

全国节水型城市

国家级生态示范区

联合国人居奖

国家卫生城市

全国科技进步先进市

中国数字化创新管理奖

中国和谐管理城市

全国实施畅通工程模范管理城市

全国无偿献血先进市

全国创建学习型家庭示范城市

城市管理人民满意城市

全国法制宣传教育先进城市

国家森林城市

全国文明城市

全国诗词之市

2012年地区生产总值构成

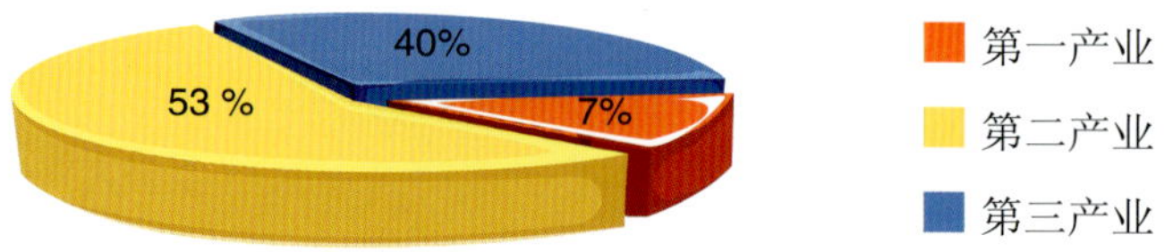

地区生产总值

单位：亿元

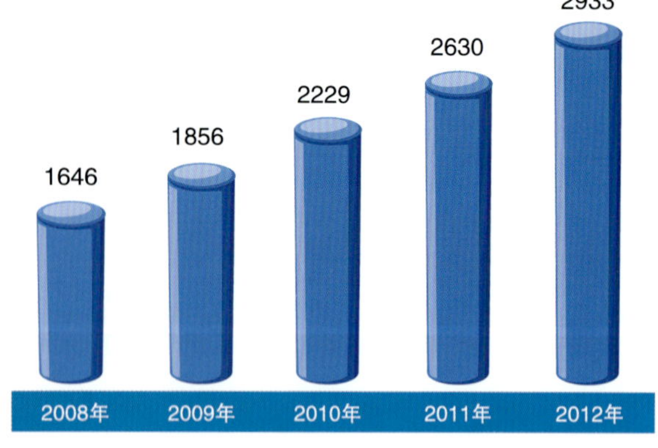

人均地区生产总值

单位：元

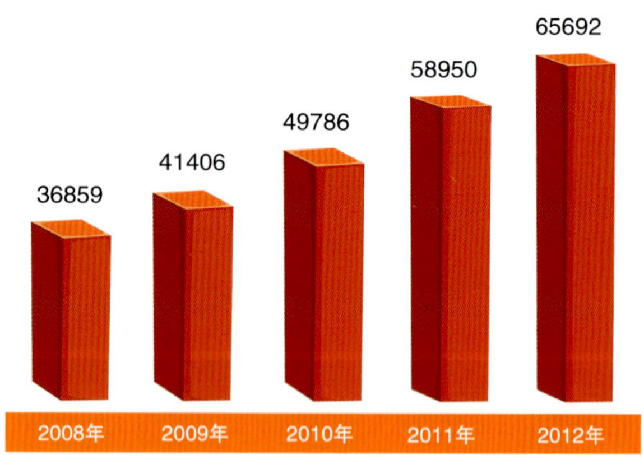

规模以上工业总产值

单位：亿元

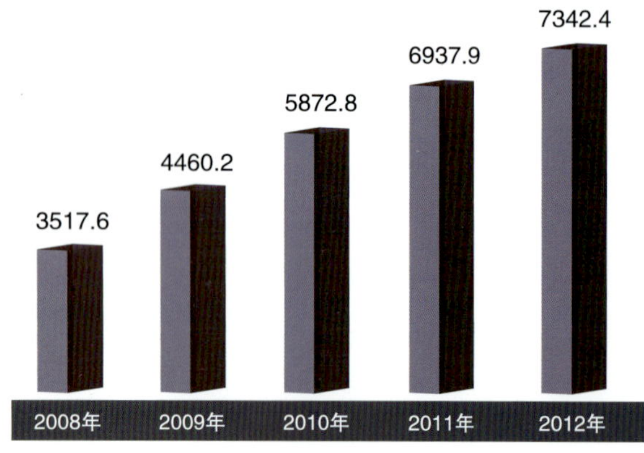

全社会固定资产投资总额

单位：亿元

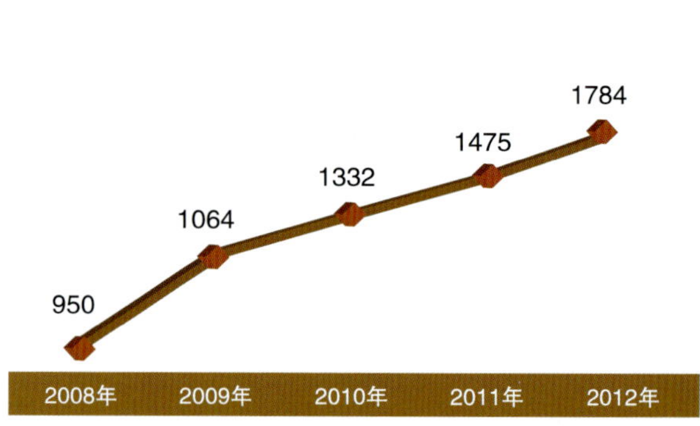

财政收入

单位：亿元

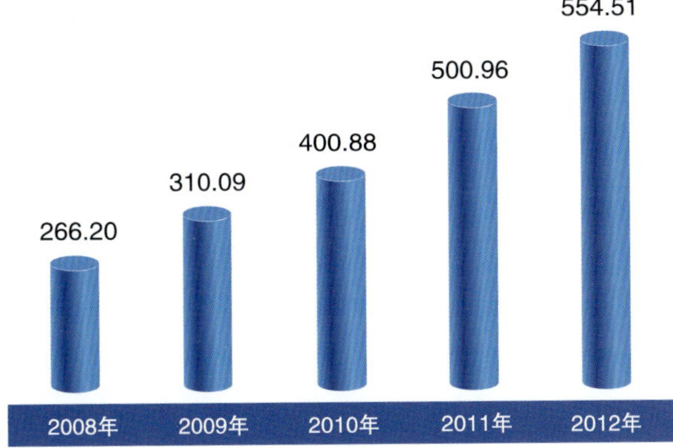

出口总额

单位：亿美元

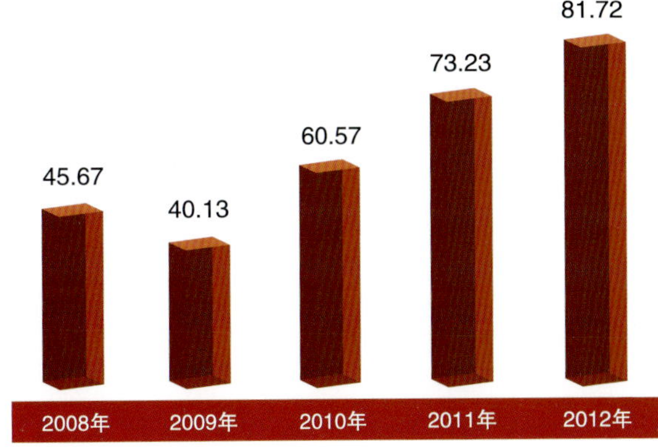

社会消费品零售总额

单位：亿元

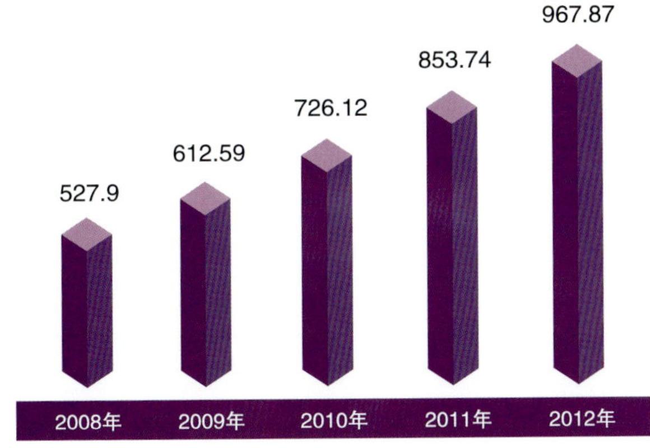

城镇居民人均可支配收入与农村居民人均纯收入

单位：元

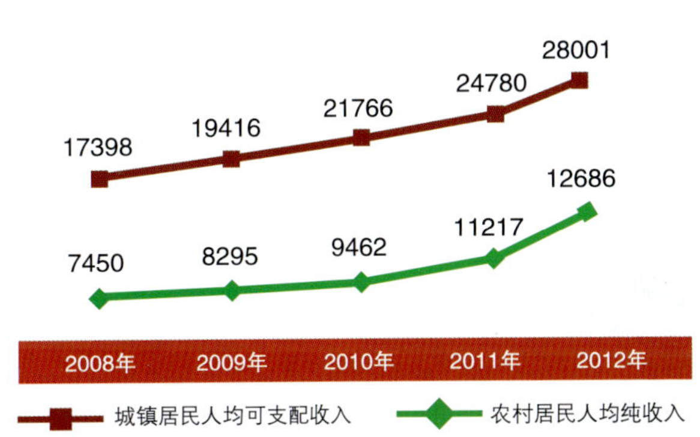

2012年扬州市的一天

地区生产总值
80142万元

财政收入
15151万元

城乡居民储蓄余额
46380万元

粮食产量
8425吨

出口总额
2233万美元

社会消费品零售额
26444万元

6月27日，扬州市第七届人民代表大会第一次会议开幕

6月30日，扬州市第七届人民代表大会第一次会议进行大会选举

6月30日，扬州市第七届人民代表大会第一次会议选举产生新一届法院、检察院领导

6月30日，扬州市第七届人民代表大会第一次会议选举产生新一届市人大常委会领导班子

6月30日，扬州市第七届人民代表大会第一次会议选举产生新一届市政府领导班子

6月26日，政协扬州市第七届委员会第一次会议开幕

6月26日，参加政协扬州市第七届委员会第一次会议的代表听取市政协第六届常委会工作报告

6 月 29 日，政协扬州市第七届委员会第一次会议选举产生新一届政协领导班子

29 日，政协扬州市第七届委员会第一次会议举行大会选举

6 月 29 日，政协扬州市第七届委员会第一次会议闭幕

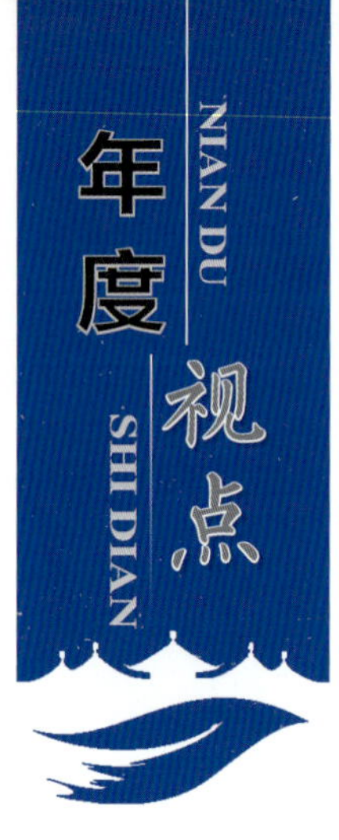

4月18日，市委书记谢正义在中国扬州“烟花三月”国际经贸旅游节开幕式暨项目开工仪式上致辞

4月18日，扬州经济发展咨询会议在扬州迎宾馆举行

4 月 18 日，市委副书记、代市长朱民阳在扬州商机说明会上作主题推介

4 月 18 日，扬州商机说明会暨项目签约仪式在京杭会议中心举行

9 月 26 日，2012 中国扬州世界运河名城博览会暨世界运河大会开幕

9 月 26 日，运博会举行运河文化遗产保护和利用论坛

9 月 26 日，运博会举行运河旅游和经济论坛

9 月 26 日，运博会举行“大运河，活态遗产”主题论坛

9 月 27 日，参加运博会的嘉宾与扬州青年一起参加“寻访活态遗产·同走申遗之路”运河行活动

月 26 日，运博会举行世界运河名城建设展论坛

9 月 26 日，参加运博会的京杭大运河沿线 35 个城市共同签署《大运河保护与申遗城市联盟关于保护大运河遗产的联合协定》

5月8日，扬州泰州机场正式通航。江苏省委书记罗志军、中国民用航空局局长李家祥共同为机场揭牌

工作人员在扬州泰州机场飞控塔台指挥飞机起降

5月8日,航空公司班机在扬州泰州机场静候起飞

宽敞的候机大厅

旅客有序登上首航班机

泰州机场航站楼全貌

1月9日，市委书记谢正义走进“市民论谈”，现场征集市民对2012年民生“1号文件”的意见和建议

3月19日，由共青团江苏省委、扬州市政府主办的2012江苏省暨扬州市“保护母亲河行动”启动仪式在广陵新城“京杭之心”举行

3月29日，第47届全国工艺品交易会在扬州国际展览中心开幕

3月30日，扬州市在北京举办2012“名城扬州携手世界名企”联谊会。其间，市委书记谢正义参加“芮成钢对话名城名企”活动，围绕“合作 发展 共赢”主题，与世界名企高管进行现场交流

4月16日，扬州市人民政府与南京邮电大学举行合作共建南邮通达学院签约仪式

4月16日，扬州市举行旅游商机说明会暨项目签约仪式

4月16日，扬州市人民政府与中国医药集团签订战略合作协议

4月17日，中国科学技术协会海外智力为国服务行动计划江苏(扬州)工作基地揭牌

4月21日，2012中国扬州软件和信息服务外包大会暨“智慧城市”发展论坛在京杭会议中心举行

4月18日，扬州市政府与东南大学签订战略合作协议

4月21日，扬州市政府云计算中心、扬州市政府数据资源中心启用

7月18日，市政府举办2012“名城扬州携手世界名企”（上海）联谊会

7 月 26 日，上海大众汽车有限公司仪征分公司举行建成投产暨首辆轿车下线仪式

7 月 19 日，西安交通大学扬州科技园揭牌，卢秉恒院士工作站、王锡凡院士工作站、快速制造国家工程研究中心扬州示范中心等科技园首批进驻项目同时挂牌

8 月 18 日，扬州市新城西区举行重大项目集中开工活动仪式暨扬州京华城中城城市综合体开工典礼

9 月 10 日，扬州西部交通客运枢纽开工奠基

9月21日，第十四届江苏农业国际合作洽谈会在扬州国际展览中心开幕

11月10日，正在北京参加中共十八大的扬州市委书记谢正义做客人民网，并与网友交流民生话题

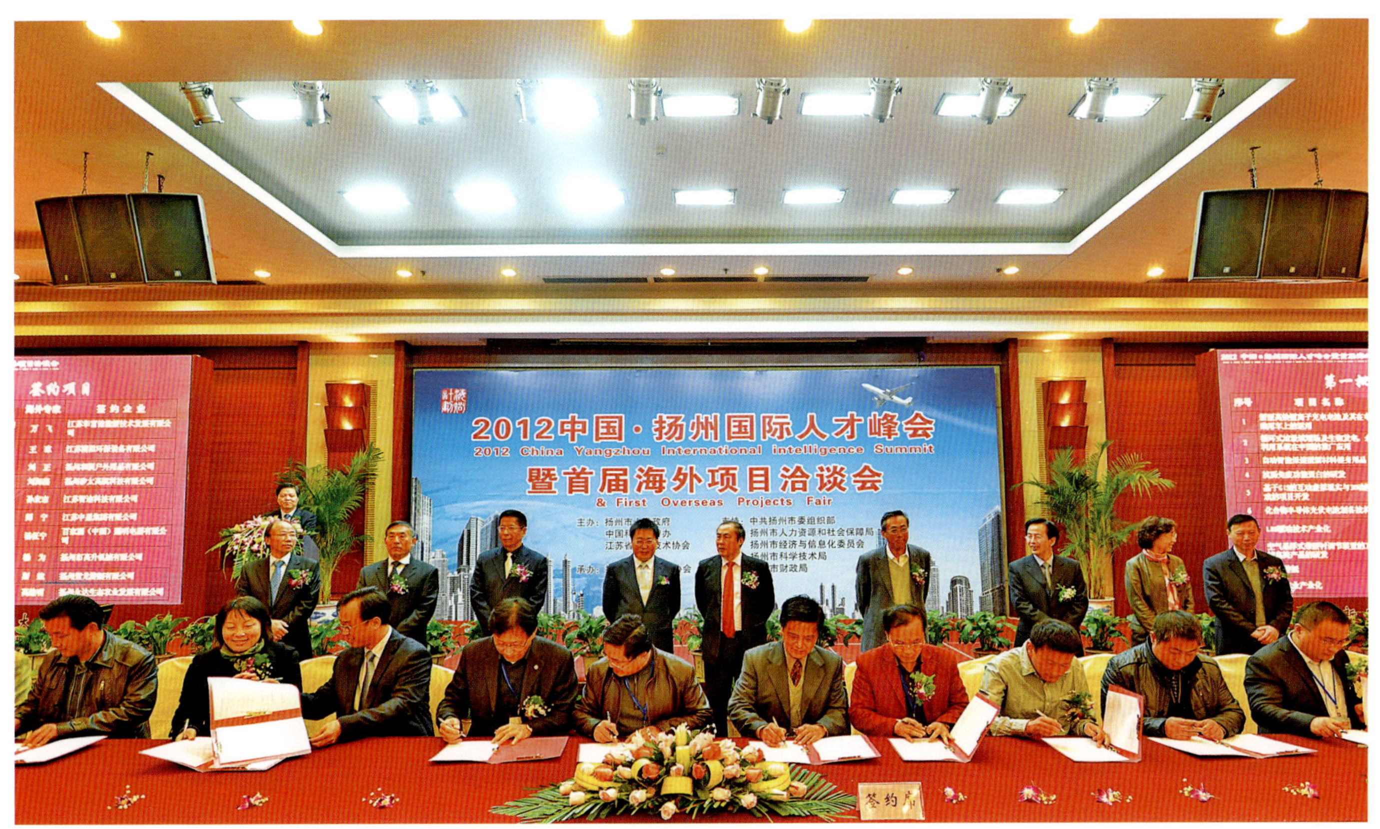

11月24日，2012中国扬州国际人才峰会暨首届海外项目洽谈会在扬州迎宾馆举行

12月12日，由中海工业（江苏）有限公司建造的上海海事大学4.8万吨远洋教学实习船命名交船仪式在上海市黄浦江畔举行

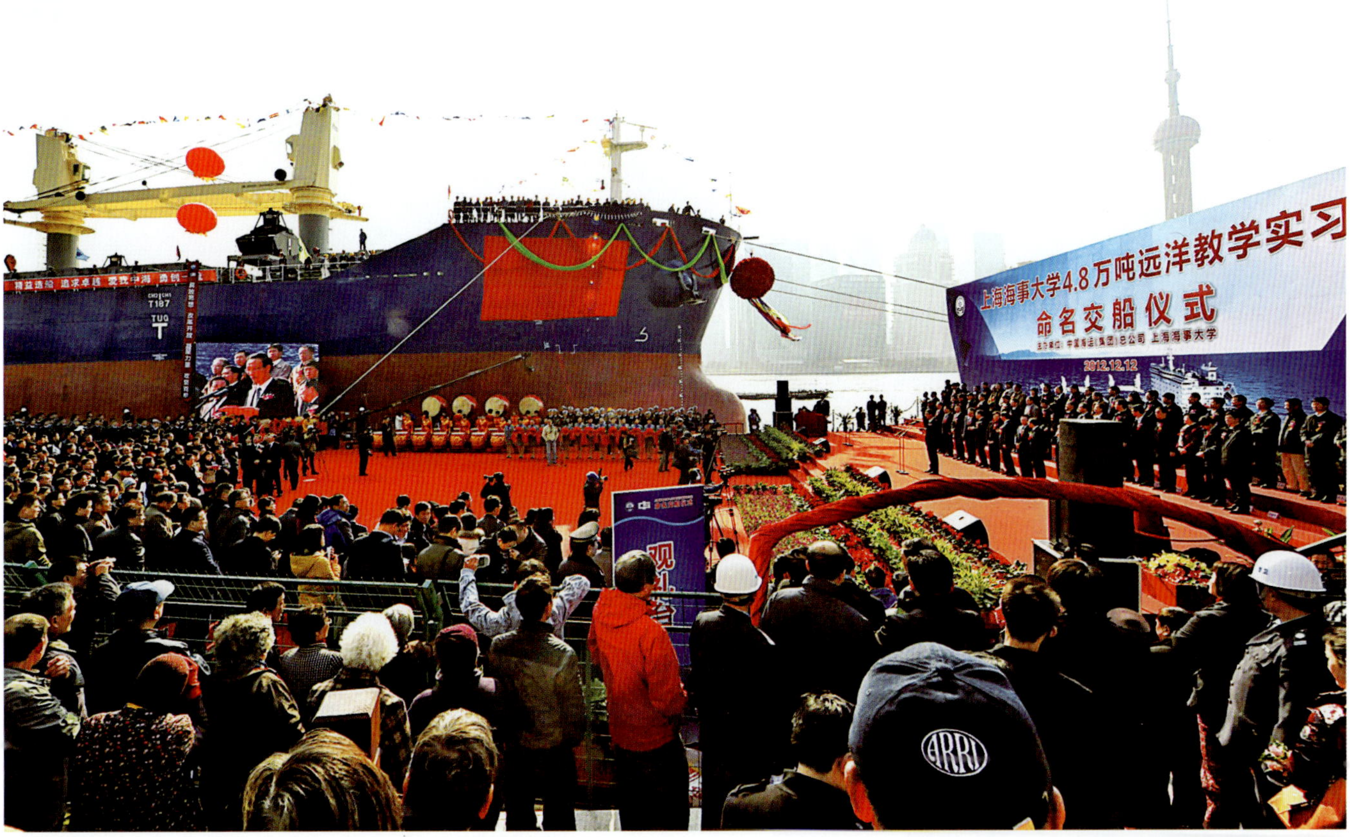

7 月 26 日，扬州文化艺术学校在扬州大剧院举行 2007 级扬剧班毕业汇报演出，上演新版扬剧《百岁挂帅》

5 月 19 日，扬州大学召开建校 110 周年、在扬办学 60 周年、合并办学 20 周年庆祝大会

4 月 27 日，第二届“朱自清散

4月29日，2012中国扬州鉴真国际半程马拉松赛暨2012年全国半程马拉松锦标赛开赛

4月30日，第三届环高邮湖国际自行车越野赛在高邮市举行

5月24—27日，2012年全国花样游泳冠军赛在扬州体育公园游泳跳水馆举行

9月12—16日，2012全国艺术体操锦标赛在扬州体育公园体育馆举行

典礼在扬州迎宾馆举行

5月2日，扬州市举行第十一届全民健身体育节暨第七届老年人体育节启动仪式、第八届“幸福扬州·扬州市民日”万人健身演示大会

运河城市广场远眺

国际展览中心夜景

广陵新城“京杭之心”新貌

2012 年开业的香格里拉酒店

名城风采

MING CHENG FENG CAI

晨雾中的宋夹城湿地公园美轮美奂，犹如人间仙境

大明寺栖灵塔春色

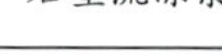

石壁流淙景

瘦西湖秋色

万花园美景让游客感觉如临仙境

凤凰岛雪霁

瘦西湖空中鸟瞰

本专题图片由王卓、李斯尔、程建平、庄文斌、董辉等供稿

编　辑　说　明

1.《扬州年鉴》是由中共扬州市委、扬州市人民政府主持编纂的地方综合性年鉴。1991年出版首卷，本卷为第23卷。

2.《扬州年鉴（2013）》以马克思列宁主义、毛泽东思想、邓小平理论和“三个代表”重要思想为指导，坚持科学发展观，实事求是地、较为全面翔实地记述了2012年扬州市政治、经济、文化、社会等各方面的基本情况、主要内容及发生的各种大事、要事、新事和有影响的事，反映了全市人民在改革开放、经济建设以及社会发展中取得的新成就、新进展、新经验。

3.《扬州年鉴》采用分类编辑法，以“类目”为单元，下设“栏目”和“条目”，个别类目在栏目下设分目。类目标题标于各类目起始处和书眉；栏目、分目标题分别以3号、5号彩色字随文标出；条目为记述实体，标题前标注彩色符号“■”。2013年卷《扬州年鉴》共分36个类目，设235个栏目，收录2007个条目和资料。

4.《扬州年鉴》卷首有中文详细目录和英文要目，卷末有索引。全书所有资料可通过目录、书眉、索引等检索渠道查阅。

5.《扬州年鉴》刊用的文稿，由市各部门、各县（市、区）及驻扬单位提供，有关数据、资料均经各部门领导审阅、核实。书中“扬州市”“全市”指全扬州市，“市区”指广陵区、邗江区、江都区范围，“城区”指广陵区、邗江区范围，特殊情况另行括注。《大事纪要》中“△”表示“同日”。表格中“#”表示“其中”。全书主要综合性统计资料由市统计局提供。全书所用统计数据，由于统计的来源、口径、方式、方法和时间的不同，可能存在一定差异，使用时请以市统计局提供的“统计资料”数据为准；凡市统计局未予统计和提供的，以单位提供的数据为准。统计数据均使用法定计量单位。为保持文献原貌、遵从行业习惯，《特载》《附录》所刊文献的文字、数据、计量单位均未作变动，《体育》中运动项目有关内容仍使用“公斤”“公里”作为计量单位。

6.《扬州年鉴》所登载的照片或文字稿件若署名遗漏或有误，请摄影者或撰稿人与编辑部联系，以便发放稿酬。

7.《扬州年鉴》的编纂出版，得到了全市各级领导和各有关部门、单位、各县（市、区）及社会各界的关心、帮助和支持，在此一并致谢。

目　　录

大事纪要

中共扬州市委员会

扬州市人民代表大会

扬州市人民政府

政协扬州市委员会

民主党派 工商联 人民团体

政　　法

军　事

开发园区

农业与农村经济

综述

农业机械化

农业综合开发

种植业

蔬菜业

林业

畜牧业

水产业

工　　业

综述

石油化工产业

建筑业

交通 物流

信息化与软件服务业

商贸服务业

对外国及港澳台地区经贸

旅游业

旅游营销

旅游管理

金融业

银行业

保险业

历史文化名城保护

环境保护

教　育

文　化

卫 生

体　　育

社会民生

区县市

人　物

附 录

Main Contents

Commerce Services

Economic Relations and Trade of The Foreign & The Hongkong, Macao and Taiwan Region

Tourist Industry

Finance

Public Finance and Taxation

Economic Management and Supervision

Urban Construction and Management

Protection of Historical and Cultural City

Environmental Protection

Water Conservancy

Science & Technology and Social Sciences

特载

Tezai

本栏责任编辑　姚　震

凝聚各方力量　共建世界名城

2012年6月26日在政协扬州市
七届一次会议上的讲话(摘要)

谢正义

2008年以来，面对国际金融危机的严峻形势和国内宏观环境的复杂变化，全市上下紧紧围绕"保增长、调结构、惠民生"，创新发展、克难求进，实现了"十一五"圆满收官和"十二五"良好开局，全市经济实力显著增强，名城建设特色彰显，人民生活水平迈上新的台阶，以县为单位全面建成小康社会。

2000年以来，我们遵照江泽民主席"把扬州建设成为古代文化与现代文明交相辉映的名城"的殷切嘱托，通过全市人民的共同努力，名城建设取得重要阶段性成果。今年5月，省委书记罗志军在扬调研时明确要求，进入新的发展阶段，扬州现代化建设要瞄准更高目标定位，在已经成为江苏名城、中国名城的基础上，加快建设世界名城。建设世界名城，是省委对扬州贯彻落实江泽民主席重要题词精神的最新要求，是省委对扬州推进"两个率先"的具体部署，也是我们加快建设"三个扬州"、坚持以特色发展增强城市竞争力、提升城市影响力的内在需要和现实路径。我们必须深刻认识肩负的时代重任，准确把握建设世界名城的丰富内涵，传承历史，放眼全球，立足现有基础，突出建设重点，凝聚各方力量，走出一条具有扬州特色的现代化建设之路。

——建设世界名城，要始终坚持项目为王。大项目支撑大发展。要着力规划建设宁镇扬通勤化轨道交通项目，加快接入沪宁城际和京沪高铁，努力避免扬州被当今中国主流交通方式的主干线边缘化。坚定不移地推动沿江县(市、区)100亿元、沿河县(市)50亿元投资项目全覆盖，在未来五年再引进30家世界500强企业的同时，加快培育一批具有较强国际竞争力的本土跨国公司，夯实建设世界名城的经济基础。

——建设世界名城，要始终坚持人才为纲。扬州历史上的数度繁荣，最重要的因素在于人才的集聚。当今的世界名城，几乎都是人才富集之地。人口素质的高低决定了城市的品质与价值，人才的创新创造决定了城市的实力与潜力。我们要以战略的眼光、开放的胸怀，把人才引进和培养放在突出位置，以最优惠、最开明的政策招引人才，以最宜居、最满意的环境留住人才，以最优的创业舞台和最大的发展空间用好人才，使各类人才成为引领扬州世界名城建设的第一要素、第一资源。

6月26日，市委书记谢正义在市政协七届一次会议上讲话

王　卓／摄

——建设世界名城，要始终坚持生态为基。综观世界上的著名城市，没有一个不是以良好生态和优美环境闻名于世。要顺应低碳绿色发展的趋势，加快构建资源节约型和环境友好型产业体系。要以创建国家生态市为抓手，进一步巩固国家森林城市创建成果，持续打造绿杨城郭新扬州和清水活水城市。要继续提升和加快建设瘦西湖景区、三湾世界运河主题公园、廖家沟生态走廊等一批生态中心，着力营造"天蓝、水清、树绿"和"清洁、清爽、清静"的生态、生活环境，不断增进人民群众的生态福利。

——建设世界名城，要始终坚持文化为魂。只有民族的，才是世界的。文化既是扬州之根、城市之魂，也是扬州成为世界名城的核心要素以及扬州与其他世界名城相区分的鲜明特征。要加强社会主义核心价值体系建设，弘扬"三创三先"的新时期"江苏精神"，传承勤劳勤奋勤勉的优秀品质，形成共创共建共享的良好风气。要着眼世界视野、时代特征和中国特色，挖掘提炼扬州历史文化之精华，使之成为具有普遍和长远意义的人类精神财富。要加强“两古一湖”文化形态的保护和利用，牵头做好大运河申遗工作。要着力推进文化博览城和文化标志性工程建设，大力发展与名城地位相称的文化创意产业。积极倡导崇文重教、热爱读书的社会风尚，努力把扬州建成学习型城市和“书香城市”。

——建设世界名城，要始终坚持精致为要。精致是扬州的独特基因。要推进沿江地区空间整合、产城融合、共建共享、互动发展，通过科学规划实现精明增长。进一步凸现扬州水城一体、布局疏朗、尺度宜人的城市形态，促进古城保护与新城建设相得益彰。高起点推进江广融合地带，特别是广陵新城的规划建设，使之成为扬州现代化、国际化城市形象的集中展示区。重视和加强重要区域、重大工程的精心规划和精工建设，努力打造传世之作。

——建设世界名城，要始终坚持民生为本。人民满意是建设世界名城的出发点和落脚点。大力推进民生幸福工程建设，既要着力抓好“让老百姓喝上干净水、吃上放心菜、呼吸上新鲜空气，有稳定的就业”等基本民生，也要切实搞好居民收入倍增、美好城乡建设、市区“八老”改造和被征地农民参加社保等重点民生；既要加强物质性民生投入，也要加大精神性民生投入；既要注重满足扬州市民的需求，也要不断提高为外来旅行旅游者提供服务的水平。

建设世界名城，是扬州名城建设进入新阶段的新的奋斗目标，是全市人民共同的历史使命。只有汇聚各方之智，凝聚各方之力，才能成就建设世界名城的伟业。要着力提升全市各级干部的精气神、识才能，强化学习、培训，开阔眼界、开阔思路、开阔胸襟，使更多的干部具备宽广的知识背景、敏锐的创新意识和专业化的操作能力；要认真学习借鉴世界上先进城市的公共管理和服务经验，努力打造一支既具有强烈的事业心、敬业精神，坚持依法行政、科学施政，又具有世界眼光、知晓国际规则的优秀公务员队伍。要进一步提升广大市民的综合素质，大力倡导开放、创新、文明、理性的现代理念，培养造就具有名城风范的现代公民。

政府工作报告(摘要)

2012年6月27日在扬州市
第七届人民代表大会第一次会议上
代市长 朱民阳

本届政府工作回顾

2008年以来，面对国际金融危机的复杂形势和国内宏观环境的变化，我们在中共扬州市委的领导下，紧紧团结和依靠全市人民，深入贯彻落实科学发展观，围绕“全面达小康、建设新扬州”和建设“创新扬州、精致扬州、幸福扬州”，开拓创新、攻坚克难、统筹推进，较好地完成了市六届人大一次会议确定的本届政府目标任务。创成全国文明城市，全市总体上全面建成小康社会。

6月27日，代市长朱民阳在市人大七届一次会议上作政府工作报告
王 卓/摄

1.经济实力大幅提升

2011年，全市实现地区生产总值2630.3亿元，是2007年1357亿元的1.94倍，年均增长13.2%，人均地区生产总值突破9000美元；财政总收入500.96亿元，是2007年213.6亿元的2.35倍，其中公共财政预算收入218.08亿元，是2007年85.7亿元的2.54倍，年均分别增长23.7%、26.3%；固定资产投资1476.18亿元，是2007年的2.06倍。三次产业结构从2007年的8.2：56.4：35.4调整到2011年的7.0：54.3：38.7。

工业跨越发展。2011年，全市规模以上工业增加值1769.7亿元，是2007年的2.47倍，年均增长16.2%；实现利润487亿元，是2007年的4.3倍，年均增长44%。机械装备、汽车及零部件、船舶及配套件、石油化工四大主导产业产值4058亿元，是2007年的2.56倍。“三新一网一书”产业产值1803亿元，占规模以上工业产值的26%。产值过1亿元、10亿元、100亿元企业分别达1199家、115家和6家。重大工业项目建设取得突破，上汽大众30万辆整车、玛切嘉利、中海造船、环洲船用材料、康博多晶硅一期、天威一期、晶澳二期等重大项目竣工投产。建筑业总产值1897亿元，是2007年的2.4倍，新获鲁班奖10项。

服务业提速发展。2011年，全市服务业增加值1017.9亿元，是2007年的2.12倍，年均增长14.1%，占地区生产总值比重比2007年提高3.3个百分点。累计建成市级以上现代服务业集聚区22家。社会消费品零售总额846亿元，是2007年的2倍。旅游业总收入370.7亿元，是2007年的2.24倍。房地产投资年均增长16.8%。软件与信息服务业实现业务收入130.6亿元，是2007年的2.84倍。金融机构存贷款余额分别是2007年的2.25倍、2.29倍，新增银行机构12家。

农业稳步发展。2011年，全市粮食总产量305.68万吨，比2007年增长27%，连续8年丰收。高效农业总面积171.3万亩，占耕地面积的40.2%，比2007年提高18.3个百分点。海峡两岸(扬州)农业合作试验区建设大力推进，省级农业产业园区实现县(市)全覆盖。农产品质量稳步提高，新认证“三品”品牌483个。省级以上农业龙头企业32家,工商注册农民专业合作社2940家。农业基本现代化实现程度74%。农村水利、农业开发、农业科研、粮食、农机、供销、气象等工作取得新成效。

2.发展活力显著增强

开放开发步伐加快。2011年,全市注册外资实际到账22.48亿美元,是2007年的1.96倍。进出口总额突破百亿美元,其中出口73.23亿美元,是2007年的2.3倍。累计落户世界500强企业17家。新增4家省级开发区,市开发区升格为国家级经济技术开发区。新增民营企业注册资本金773亿元,是2007年的2.5倍。累计开工建设亿元以上民资项目641个。台湾事务、外事、侨务和区域协作等工作在开放开发中发挥积极作用。

创新转型成效显著。2011年,全市高新技术产业产值2966亿元,是2007年的5.13倍;占规模以上工业产值的42.8%,比2007年提高20.5个百分点。累计认定国家高新技术企业247家。专利申请量和授权量分别是2007年的3.5倍、3.4倍。创成中国驰名商标29件。拥有省以上"两站三中心"219家,是2007年的7.3倍。获批省以上产业基地(特色产业园)42个,其中国家级基地5个。人才总量新增10万人。建成一批公共服务平台。节能减排扎实有效,万元地区生产总值综合能耗、主要污染物减排等刚性考核指标完成省下达目标任务。

各项改革深入推进。顺利实施部分行政区划调整。行政管理体制改革不断深入,市、县、乡三级机构改革顺利完成。全面启动事业单位人事和分配制度改革,事业单位绩效工资改革有序实施。农村综合改革向纵深推进,制定出台《关于推进市区率先统筹城乡发展的实施意见》。文化和医药卫生体制改革顺利实施。国有企业重组与合作加快推进。发行企业债、中期票据50亿元以上。上市公司新增4家,累计10家;增发2家。新组建村镇银行3家、小额贷款公司38家。

3.城乡面貌明显变化

基础设施建设取得新突破。扬州泰州机场正式通航。江海高速扬州段、安大公路、扬天公路建成通车。沪陕高速江六段、宁启铁路复线电气化改造加快推进。沿江万吨级泊位达到21个。南水北调东线一期工程扎实推进,润扬河工程建成通水,京杭运河扬州段"三改二"工程竣工,建成高邮新民滩特大桥。扬州西500千伏输变电工程即将投入运行。

城市功能更加完善。新改建城市道路132条、桥梁40座。完成友谊路提升改造,瘦西湖隧道开工建设。新城西区一期基本建成,广陵新城、临港新城和蜀冈生态新区、蒋王片区建设顺利推进。汽车东站、城北客运总站建成运营。新增公交车731辆。完成15万户天然气置换。第五水厂一期工程投入运营。扬州生活垃圾焚烧发电厂竣工发电。数字化城管体系不断完善。"智慧城市"建设全面启动。蜀冈-瘦西湖风景区创成国家AAAAA级景区和文化旅游示范区。建成宋夹城考古遗址公园。东关街跻身"全国十大历史文化名街"。运博会永久会址投入使用。

城镇化和新农村建设有力推进。出台推进城镇化建设实施意见。编制完成全市村庄布局规划及11个重点中心镇总体规划和控制性详规。66个小城镇建成区面积173平方公里。新建改造农村公路2029公里、桥梁779座,所有行政村通上四级公路。新改建无害化卫生户厕68.5万座。启动村级组织"四有一责"建设,52个经济薄弱村建成标准化厂房10.8万平方米。第三轮农村脱贫攻坚任务全面完成。

生态环境更加优美。创成"国家森林城市"。全市新增造林62万亩,森林覆盖率从2007年的14.5%提高到2011年的20.1%。市区建立永久性绿地保护制度,新增绿化面积901万平方米,绿化覆盖率43.34%。实施"美好城乡建设行动"。建成六圩污水处理厂二期工程,市区污水处理率88.1%。80%以上的村庄河塘得到疏浚。实现了国家生态乡镇全覆盖。扬州创建国家生态市通过省级考核,江都、邗江通过国家考核,宝应、高邮通过国家技术评估,仪征通过省级考核。国家环保模范城市通过环保部复核。

4.社会事业全面进步

教育事业加快发展。学前教育水平和质量稳步提高。义务教育全部免费,优质均衡发展深入推进。高中教育质量逐年提升,提前三年实现普及目标。提高市区低保对象在校生保障标准。"宏志班"集群式帮扶教育形成特色。中高等职业教育品牌专业优势明显。基本实现教育现代化。

医疗卫生服务不断优化。城乡基层医疗卫生服务机构标准化建设率达90%,基本建成"15分钟健康服务圈"和"15分钟医疗急救圈"。为城乡居民免费提供41项基本公共卫生服务。

文化建设繁荣发展。创成全国诗词之市。市文化艺术中心建成开放,市文化馆、图书馆创成国家一级馆,乡镇、街道文化站全部达标。文化博览城建设有序推进,新增全国重点文保单位6处,扬州博物馆被首批评为国家一级博物馆。扬州工艺集团跻身全国工艺美术行业前三强。文化产业增加值占地区生产总值比重3.9%。大运河申遗进入攻坚阶段。有线电视数字化转换率80%。市档案馆晋升国家一级综合档案馆。市和各县(市)均创成全省体育强市(县)。人口计生、工会、青年、妇女、儿童、老龄、科普、方志等事业又有新的进步。

社会保持和谐稳定。建成标准化社区服务中心59个,创成"全国和谐社区建设示范单位"7个,市区实现社区工作站全覆盖。加强村民自治,村委会依法自治达标率97%。荣获"五五"普法全国先进市称号。畅通信访渠道,有效化解一批信访积案。大力推进"平安扬州"建设,预防和处置突发事件应急能力明显增强,公众安全感测评位于全省前列。安全生产和食品药品安全监管有力有效。民族、宗教、民防、地震等工作扎实开展。法律援助、仲裁和慈善工作稳步推进。国防教育、国防动员、征兵工作受到上级表彰,"全国双拥模范城"创建实现六连冠。

5.人民生活显著改善

居民收入稳步提高。实施充分就业城市建设行动计划,着力打造"15分钟就业服务圈",累计新增城镇就业32.6万人、农村劳动力转移23.1万人,2011年末城镇登记失业率 2.56%。多渠道增加居民财产性收入,以创业带动就业成效显著。2011 年,城市居民人均可支配收入 24780 元,是 2007 年 15057 元的 1.65 倍,年均增长13.3%;农民人均纯收入 11217 元,是 2007 年 6586 元的 1.7 倍,年均增长 14.2%。

社会保障不断完善。2011 年末全市企业职工养老保险、城镇职工医疗保险、失业保险参保人数分别比 2007 年末净增 24.62 万人、26.38 万人和 6.54 万人。城乡基本养老保险覆盖率 98.5%。新型农村合作医疗参保率 99.8%。市区启动实施被征地农民和失地农民转参企业职工养老保险。连续 11 年提高企业退休人员基本养老金水平。城乡低保对象补助标准稳步提高。农村五保户集中供养率 77%。临时救助机制进一步完善。

民生工程持续推进。大力实施区域集中供水工程,基本解决农村饮水安全问题。累计开工建设各类保障性住房 27329 套(间),发放各类住房补贴 2986 户、3343 万元。新建市、县残疾人康复中心 6 个、残疾人托养机构 5 个。市区综合整治老小区 52 个,实施公有住房解危 23.05 万平方米,翻建小街巷 248 条,新建或改造农贸市场 30 个。加强物价监控,居民消费价格指数低于全省平均水平。

6.政府自身建设得到加强

行政服务效能不断提高。整合 12345 政府服务热线,回复率、解决率均达 93%以上。“寄语市长”及时回复。初步建成“一站、一网、一号、一门”式的政务服务平台。服务经济、服务企业、服务基层活动深入开展。行政审批“三集中、三到位”工作进一步落实。财政支出结构更加优化,新增财力重点用于改善民生和公共服务。

依法行政水平不断提升。自觉接受市人大及其常委会的法律监督、工作监督和市政协的民主监督,办结市人大代表建议 1483 件、市政协提案 2054 件。发布规范性文件 45 件,办理行政复议案件 236 件。深入推进政务信息公开,建立健全新闻发言人制度,出台《扬州市人民政府重大行政决策程序规定》,全市 11 类 5436 项行政权力全部上网运行。

能力作风建设不断加强。制定实施政府能力作风建设实施意见,切实增强“五种能力”、大兴“五种作风”。每年完成一批事关经济社会发展大局的重要课题调研。组织开展公务员知识技能学习培训。创成“群众满意基层站所”212 个。切实加强政府廉政建设,严格行政效能监察,扎实开展工程建设等领域突出问题专项整治,查处了一批违纪违法案件。

回顾过去的工作,围绕“创新扬州、精致扬州、幸福扬州”建设,我们有以下做法和体会:一是始终坚持加快发展。我们面对激烈的竞争态势和工作中的矛盾与困难,坚持发展第一要务不动摇,突出“项目为王”,强势开展针对性招商,成功引进和实施了一批推动经济社会发展的重大项目,对调整产业结构、保持经济持续稳定增长发挥了决定性作用。二是始终坚持创新转型。我们把创新作为跨越发展的强大动力,把转型作为实现可持续发展的根本出路,大力推进科技创新、产业创新、载体创新、制度创新和人才创新,“发展创新型经济、建设创新型城市”的路子越走越宽广。三是始终坚持特色发展。我们围绕建设古代文化与现代文明交相辉映的名城,注重文化保护与传承,注重生态保护与修复,注重精致建设与管理,注重宜居宜业相协调,进一步彰显了城市的独特个性与魅力。四是始终坚持为民惠民。我们牢记以人为本的理念,突出发展为民、发展靠民、发展惠民,从老百姓最基本、最迫切、最现实的民生需求做起,确定民生工作重点,每年出台民生“1号文件”,坚持不懈地为民办实事、解难事,逐步实现由解困民生向普惠民生、幸福民生提升转变。五是始终坚持统筹推进。我们着眼全市发展大局,统筹推进经济建设与社会建设,统筹推进加快工业发展与保护资源环境,统筹推进做大做强中心城市与加快城镇化步伐,实现了发展速度与发展质量、经济效益与社会效益、眼前增长与长远后劲的有机统一。六是始终坚持优化服务。我们大力开展公共服务型政府建设,围绕服务市民、服务投资者、服务外来游客,大力建设和完善便民服务体系,政府服务流程优化、效能提升,赢得了服务对象的认可和信赖。这些做法和经验,需要我们在今后的工作中继续坚持和发扬。

新一届政府主要目标和任务

新一届政府工作的指导思想是:高举中国特色社会主义伟大旗帜,以邓小平理论和“三个代表”重要思想为指导,深入贯彻落实科学发展观,按照市第六次党代会精神和“十二五”规划纲要的要求,大力实施创新发展、城镇化、改革开放、民生幸福和可持续发展战略,突出提升产业核心竞争力,突出彰显城市个性特色,突出沿江沿河联动发展,突出提高民生幸福水平,全面推进“三个扬州”建设,建成更高水平小康社会,部分地区率先基本实现现代化,加快建设古代文化与现代文明交相辉映的名城。

重点实现以下奋斗目标:

综合实力再上新台阶。到 2016 年,全市地区生产总值年均增长 12%,公共财政预算收入年均增长 18%,服务业增加值占地区生产总值比重 48%,研发经费支出占地区生产总值比重 2.6%,高新技术产业产值占规模以上工业产值比重 43%,信息化总水平指数 76.5。

人民生活得到新改善。实现城乡居民收入倍增目标,到 2016 年,城市居民人均可支配收入达到 49560 元,农民人均纯收入达到 22440 元。城乡基本养老、失业保险覆盖率和城镇保障性住房供给率均达 98%以上。城乡基本医疗保障全覆盖。每千人拥有医生 2.3 人。居民的民主权利得到进一步保障,精神文化生活更加丰富,幸福感和满意度普遍提高。

城市品质实现新提升。城市融合发展大力推进。建成一批重大基础设施和城市功能设施。古城保护和文化传承得到加强,城市特色更加彰显。创成国家生态市。到 2016 年,中心城市建成区面积由目前的 180 平方公里扩大到 215 平方公里,城市化率 65%,现代化大扬州发展新格局初步形成。

社会建设取得新成效。主要劳动年龄人口平均受教育年限 11.5 年；每万名劳动力中研发人员 90 人、高技能人员 400 人；城市和农村和谐社区建成达标率分别为 90%、80%。文明创建成果得到巩固提升，全民素质显著提高。社会管理体制、利益协调机制进一步完善，社会保持和谐稳定。

围绕上述目标，新一届政府将在统筹推进各项工作的基础上，重点研究和突破以下六个方面的问题：

1.加快构建现代产业体系，大力提升产业核心竞争力

构建现代产业体系是实现经济可持续发展的关键，也是城市现代化的重要基础。必须坚持项目为王、人才为纲，打好转型升级硬仗。狠抓重大项目建设。把建设重大项目作为经济工作的第一抓手，强力推进经济国际化，主攻央企国企、中国百强民营企业、世界 500 强企业，大力实施“530”招商行动计划，聚焦聚力引进一批产业高端项目和龙头项目，不断提高项目质量，每年新开工 10 亿元以上重大项目 30 个以上，实现沿江县(市)、区 100 亿元项目群、沿河县(市)50 亿元项目群全覆盖。全力破解项目建设中的土地、资金、人才等难题，确保重大项目建设进度和实效。提升发展制造业。提高工艺、技术和装备水平，促进产业向高技术、高品质、高市场占有率、高附加值延伸，推动主导产业高端化、品牌化发展。突破核心技术、强化推广应用，巩固扩大新能源、新光源产业发展优势。跟踪国内外产业发展趋势和技术创新步伐，大力培育节能环保、生物医药等战略性新兴产业。深入实施“品牌、标准、专利、上市”四大战略和“千企创新升级”计划，加快信息化与工业化融合进程，推动工业企业做大做强。到 2016 年，形成机械装备、汽车及零部件、船舶及配套件、石油化工、新能源等 5 个千亿级以上产业集群，培育 17 家百亿元以上企业，建立 100 家科技型拟上市公司项目库，累计实现 40 家企业上市。加快发展现代服务业。加强规划引领、政策引导，优化发展环境，推动生产性服务业与先进制造业联动发展、生活服务业与扩大居民消费相互促进、现代服务业集聚区与开发园区配套建设，提速发展软件与信息服务、地区总部经济和文化创意、现代物流、金融、科技服务、旅游、会展酒店等现代服务业，每年实施 100 个市级服务业重点项目，主城三个区和开发区规划建设 20 万平方米以上、三个县(市)规划建设 10 万平方米以上的科技产业综合体。到 2016 年，建成现代服务业集聚区 30 个以上，培育省服务业百强企业 10 家以上。推进农业高效特色发展。提高农业生产组织化程度和社会化服务水平，加快农业机械化步伐。在稳定优质粮油生产的基础上，重点打造宝应有机农业、高邮水产水禽、仪征林木茶果、江都苗木蔬菜、邗江特色水禽、广陵设施农业六大特色产业基地，培育壮大农业龙头企业。到 2016 年，高效设施农业面积新增 46 万亩、累计达到 95 万亩，设施渔业面积新增 17 万亩、累计达到 30 万亩，创成国家级现代农业示范区 1 个、省级现代农业产业园区 10 个。着力提高科技创新能力。深度推进产学研合作，吸引更多的理工科院校来扬合作办学，加强与扬州大学的合作，打造一批技术创新载体、产业公共服务平台和企业孵化器，建成一批拥有自主知识产权、产业核心技术以及国内外一流品牌的优势企业。到 2016 年，省级以上研发机构、国家高新技术企业分别新增 250 家。提升开发园区创新发展水平，推动江都、仪征开发区争创国家级开发区，邗江开发区争创国家级高新技术开发区。深入实施人才“1111 工程”和“绿扬金凤计划”，完善人才招引和扶持政策，创新人才培养引进机制，以人才引领产业高端发展。切实做好节能减排工作，确保完成省下达目标任务。

2.统筹推进城乡发展，加快壮大县域经济

县域经济是扬州发展的潜力所在，必须把扶持和加快县域经济发展放在更加突出的位置，整合资源要素，发挥特色优势，加快做大做强，实现在全省争先进位。强化规划引领。完善制定市域城镇体系规划，调整优化城乡空间布局，加快构建“一带一轴”组团式发展格局。着力实施功能分区规划，进一步明确主导产业发展方向，打造专业园区和特色产业乡镇，全面提升省级开发区和乡镇工业集中区发展质态。加快交通、水利等基础设施建设。把构建现代综合交通体系作为城乡基础设施建设的重中之重，按照对内大循环、对外大联通的要求，重点规划建设一批县域快速交通干道，打造便捷通畅的内外交通网络，保障各城镇、重点园区、景区快速抵达高速公路、火车站、机场和港口码头。加快建设淮河入江水道工程。加强中小河流治理和国家农田水利重点县建设，加大灌区配套与节水改造力度，推进农村水利现代化。建成南水北调东线一期工程。大力推进城镇化。集聚集约整合城乡资源，放宽市民城镇落户条件，推进“三集中”。加强城镇基础设施和公共服务能力建设，提高重点中心镇辐射带动作用。积极开展“强镇扩权”改革试点。深入推进“美好城乡建设行动”。推动沿江沿河联动发展。根据不同地区的资源特点和主体功能定位，制定实施有针对的激励扶持政策，提升放大沿江沿河地区产业特色优势，以沿江开发带动沿河开发，不断增强县域经济的综合竞争力。

3.推进城市融合发展，进一步彰显城市个性特色

加快融合发展、打造个性特色，是提升城市竞争新优势的迫切要求，必须高起点规划、大力度推进。积极推进宁镇扬同城化发展。重点推进扬州至南京、扬州至镇江的城际铁路规划建设，加快与“高铁”主干线的连接。积极谋划三市在规划、交通、产业、环保和公共服务等方面同城化，进一步加强规划共绘、基础设施共建对接、创新资源和公共服务共享。加快沿江地区融合发展。坚持交通先行，加快实施文昌东路东延至江都舜天路、北环路西延至扬冶路、新万福路、扬仪路以及运河路南延至沿江高等级公路、邗江路南北延伸工程，适时推进江阳路、扬子江路快速化改造，全面建成瘦西湖隧道，构建“五横十纵”沿江地区快速路网。推进沿江各城市组团之间的融合，重点推动江都和广陵融合地带核心区的发展、新城西区和仪征东部地区之间的融合发展，加快江都舜天路中心商务区和仪征滨江新城建设，形成“东西聚合”的城市弹性组团模式。加强沿江各区内部的融合，打通区域内部南北通道，统筹城区、产业园区、重点中心镇和农民集中居住区布局。推动古城新城协调发展。持续推进古城、古运河保护,不断彰显文化魅力。启动实施5.06平方公里唐子城国家级遗址保护与利用,改善景区周边整体环境,把蜀冈-瘦西湖风景区打造成为世界级公园。加强老城区基础设施建设,不断提升公共服务水平。加快文昌路东延西拓,完善功能,提升形象。优化城市路网及交通结构,提高公交分担率。完善城市防汛防涝设施,推进城市系统治水。建设三湾世界运河主题公园。加快城市重点区域建设,规划建设一批标志性建筑和建筑群;广陵新城推进一批产城融合、工住平衡项目规划建设,打造智慧生态新城;新城西区及周边地区尽快完成主体建设任务,加快火车站综合客运枢纽、体育公园体育场等功能设施建设,打造现代城市文明建设示范体。加快推进城市"八老"改造。加快编制城市地下空间开发利用规划,有效利用城市各种资源。着力推进城市对外开放。以提升城市品质和开放度为方向,进一步完善城市功能,打造无障碍国际化环境,加快构建以国际化企业为主体、国际化城市为基础、国际化人才为支撑的对外开放新局面。加强与国内外友好城市交流和教育、文化、旅游合作,办好鉴真国际半程马拉松赛、世界运河名城博览会、扬州2500年城庆等活动,积极争取承办国际性会议、赛事等,不断提高城市的知名度、美誉度和影响力。

4.推动文化大发展大繁荣,着力打造文化强市

文化是扬州的根、城市的魂。建设文化强市,既要做好文化的保护与传承,也要推进文化的发展与创新,使文化真正成为推进扬州特色化发展、现代化建设的强大动力,成为物质文明、精神文明的核心支撑。加大对传统文化的保护与传承。深入推进文化博览城建设,新建扬州八怪纪念馆和郑板桥纪念馆。实施扬州城大遗址保护工程,打造特色历史街区,研究探索在全国具有代表性和示范意义的古城保护模式。牵头做好大运河申报世界文化遗产工作。加大对非物质文化遗产的保护传承力度,培养更多的非遗传人,造就更多的名家大师。大力推进文化的创新与繁荣。以扬州独特的餐饮文化、园林文化、工艺文化等为基础,以玉雕、漆器、剪纸、古筝、扬剧等为重点,以壮大大师队伍、活跃大师创作、提升大师品牌影响力为突破口,推动文化创意、文化衍生发展,繁荣发展文化市场,到2016年,文化产业增加值占地区生产总值比重达6%以上。积极吸引外来文化,集聚先进文化元素,发展新兴文化业态,兴建一批文化标志性工程,努力打造开放包容、人才富集、创新活跃的区域性文化中心。强化文化的引领和带动。加强优秀文艺作品创作,完善公共文化服务体系,丰富群众文化生活。大力开展全民读书活动,打造"书香城市"。巩固扩大文明城市创建成果,放大"扬州好人"效应,针对不同群体选树不同典型,努力形成覆盖所有人群、富有扬州特色的城市荣誉体系,不断提高市民文明素养和全社会文明水平。

5.突出居民收入倍增,进一步提高民生幸福水平

着力提高群众收入、实现居民收入倍增目标,是建设更高水平小康社会并向率先基本实现现代化迈进的关键任务,是建设幸福扬州的基础和核心,也是人民群众最现实的利益需求。推进就业增收。把促进就业和就业增收作为确定重大建设项目和安排政府投资的重要考量因素,大力发展制造业,高度重视本土民营经济在保障和提高居民收入中的基础作用,加快发展服务业,重视发展建筑业,继续推动农村劳动力转移,努力创造更多就业机会,形成经济发展与扩大就业良性互动、产业结构优化与就业结构优化有机结合的长效机制。到2016年,累计开发就业岗位45万个,新增城镇就业25万人,转移农村劳动力10万人。促进创业富民。落实扶持政策,降低创业门槛,加强创业辅导,搭建公共平台,大力支持来扬和在扬人才创业,切实帮助小微企业和个体工商户解决经营场地缺乏、融资贷款担保难等突出矛盾和问题。设立并多渠道筹集政府创业引导资金,重点支持创业孵化基地建设和创业小额贷款贴息,全市建立创业孵化基地50个。增加居民财产性收入。完善和落实公民产权保护制度,明晰居民房屋所有权、土地使用权;加快农村产权制度改革,组织开展富民合作,鼓励引导城乡居民将财产向资本转化。积极发展产权交易市场,拓宽民间资本投资渠道,支持居民经营性产权自由流动与交易,通过动产、不动产投资和多样化金融理财,不断增加财产经营收入。稳步提高保障水平。完善覆盖城乡居民的社会保障体系,加快实现市级统筹,城乡基本养老、医疗保险覆盖率稳定在98%以上。加大困难群体帮扶力度,加强综合救助体系建设,完善社会救助和抚恤补助标准自然增长机制,推进城乡低保标准一体化。统筹推进民生实事。推动学前教育普惠优质发展,加快义务教育优质均衡发展。提升基本医疗和公共卫生服务均等化水平,加强全民健康服务体系建设。围绕让老百姓喝上干净水、吃上放心菜、呼吸上新鲜空气等基本民生工作,提高区域供水质量,继续实施市区"菜篮子1161工程",推进新一轮"绿杨城郭新扬州"三年行动计划,进一步夯实民生幸福的基础。加快推进社会养老服务体系建设,形成以居家养老为基础、机构养老为支撑、社区养老为依托的多元化养老格局。推进残疾人事业加快发展。加强农产品质量和市场流通体系建设,加大对食品、药品生产销售领域违法犯罪打击力度,努力营造放心消费环境。加强物价监控。着力改善居民居住条件,提高困难群体住房保障水平。按照"同城、同步、同标"的原则,推进市区民生保障一体化。

6.加强法治诚信建设,保持社会和谐稳定

加强法治诚信建设是推进文明进步、构建和谐社会、保证经济良性有序发展的基础工程,并努力成为扬州城市的形象和名片。深化法治扬州建设。认真实施"六五"普法,加强法治文化建设。以流程公开、标准量化、责任明确为重点,进一步创新政府行政管理服务体系。加强市场经济秩序整顿,加大对关键行业和重点岗位经济犯罪的查处力度,切实保障企业和劳动者合法权益。到2013年创成全省首批法治城市创建工作先进市;2015年,2个以上县(市)、区达到全国法治创建工作先进标准。扎实推动诚信社会建设。强化全社会诚信教育,加强道德领域突出问题整治，不断增强市民诚信意识，形成“人人有诚信、时时守诚信、事事讲诚信”的社会风气。强化政务诚信，以诚信政府建设带动全社会诚信建设。建设诚信企业，以诚信经营、诚信管理、诚信服务促进企业的可持续发展。大力推进覆盖全社会的征信系统建设，扶持发展资信评估和信用管理行业，逐步建立和完善各类社会组织及公民个人的信用记录、信用评估、信用激励和惩戒体系。加强和创新社会管理。完善推进“四位一体”社区治理模式，加强基层自治组织建设，提升社区服务功能。促进社会组织健康发展。健全实体化的人口服务管理机构，实施流动人口居住证制度。畅通拓宽社情民意表达渠道，建立健全劳动关系协调机制、社会矛盾纠纷防范化解机制和信访工作长效机制，做好法律援助工作，引导群众依法有序参与公共事务。加强应急管理体系建设，坚持重大决策社会稳定风险评估制度，不断提高公共应急管理处置能力。扎实推进安全生产标准化。强化虚拟社会管理。深化“平安扬州”建设，推进建设技防城，完善社会治安打防控体系，切实维护社会稳定。

全力以赴做好今年下半年工作

重点抓好以下八项工作：

1.保持经济平稳增长

强势推进以工业经济为主体的实体经济发展，大力实施先进制造业高端发展、民营企业加快上市、与央企合资合作等行动计划，对重点企业细化政策措施、实行一企一策。抢抓机遇扩大内需。以国家扩大节能产品惠民工程实施范围、支持自给式太阳能等新能源产品进入公共设施和家庭等为契机，制定出台我市对接落实的专项意见，鼓励企业加快研发生产相关产品，抢占市场份额。积极培植消费热点，在巩固零售、餐饮等传统消费市场的同时，活跃汽车、家电等消费市场。保持房地产市场稳定健康发展。出台促进旅游淡季不淡的政策和措施，着力提升来扬游客人均消费水平。多管齐下加大投资。狠抓年初确定的200个市级重点投资项目建设进度，积极推进京沪高速扩容及南延、沪陕高速江广扩容、宁扬镇城际铁路等一批重大项目前期工作。认真落实国务院鼓励引导民间投资“新36条”意见及配套实施细则，争取更多的民间资本进入城市建设、社会事业等领域。

2.推进重大项目建设

继续深化“重大项目建设突破年”活动，推进项目落实、质态提升、效益提高。对今年以来特别是“烟花三月”节期间新签项目全面梳理，按照“六定”要求跟踪落实已经排定的重大项目，切实增强项目建设的实效性和成功率。强化联合会办，确保在建项目顺利推进。以“8?18”为时间节点，集中开工建设一批工业、服务业和城建重大项目。高度重视项目的投入产出比，对拟上项目、新建项目进行税种、税额的评估，制定出台差别化的扶持政策，加快形成以项目为基础、以效益为根本、以税收为关键的鲜明导向，切实提高重大项目对地方经济的贡献度。

3.进一步做好“三外”工作

认真贯彻落实全省对外开放工作会议精神，以各开发区和企业及项目为主体大力推进外向型经济发展。有针对性地开展对日韩港台及欧美地区的产业和主题园区招商、对地区总部经济的定向招引，力争再引进一批世界500强、行业龙头企业以及地区总部中心等。切实稳定外贸出口，落实国家和省扶持外贸出口政策，在企业参展、技术引进与合作、出口信用保险等方面予以更多扶持，着力提高通关效率和贸易便利化水平，扩大自营出口规模。大力推进企业“走出去”，更多更好地利用国际市场和资源。

4.优化企业发展环境

加大对企业的扶持力度，高度重视中小企业对地方经济贡献和市民就业的支撑作用。强化各类要素保障和服务，帮助企业争取项目和资金，统筹解决用地、用工、用电等问题。加大银行信贷投放，年末新增存贷比同比提高2个百分点，全年工业贷款增幅高于全市贷款增幅3个百分点。规范和优化金融服务，降低企业融资成本。推动金融机构设立中小企业贷款专营机构，提供符合中小企业特点的融资产品和服务。引导企业与各类风投创投基金合作，支持企业通过发行短期融资券、中期票据、集合债券等进行市场融资。积极引导企业与科研院所、高等院校和大企业、大集团合作，研发新产品、培育新技术、引进新人才。

5.切实抓好“三农”工作

抓好粮食生产，力争秋熟丰收。加大农产品产销对接力度，促进农业增产增效。完成年度水利工程建设和农业综合开发任务。全面推进“六路一边”沿线村庄环境整治，创成省三星级“康居乡村”60个以上。做好11个重点中心镇建设工作，加快提升中心镇承载服务能力。推进村级组织“四有一责”建设，完成208个经济薄弱村物业、产业项目帮扶建设任务。

6.加快推进重点城建项目

完成区划调整后的城市总体规划编制，加快编制江广融合地带发展规划与设计。加快推进新城西区规划建设。加快推进城庆广场建设，建成文昌东路东延和廖家沟、芒稻河大桥。抓好瘦西湖隧道和运河路南延、江都路北延等工程建设。启动实施文昌路全线建设和提升工程，继续推进“五路一环一河”环境提升。完善提升“双东”历史街区。启动智能城管应用平台建设，加大环卫基础设施建设力度。沪陕高速江六段力争年底建成。

7.扎实推进民生工作

高质量完成今年“一号文件”确定的167项民生实事和22项为市区人民办实事项目。落实就业创业“四项行动计划”，做大中等收入群体，促进中低收入者加快提高收入。继续推进区域供水工程建设，基本实现全覆盖。加快保障性住房建设，确保完成年度任务。继续抓好市区“八老”改造。完善社会保障体系，重点推进被征地农民和失地农民转参企业职工养老保险，邗江、广陵、扬州经济技术开发区、新城西区覆盖率达95%以上。育才小学东区校建成招生。启动市中心血站和苏北医院急诊中心建设。

开展食品、药品安全专项整治。推进市区“菜篮子 1161 工程”和平价蔬菜店建设。

8.保持社会和谐稳定

围绕在全省率先创成“全国和谐社区建设示范城市”目标，全面推行“社区网格化管理服务”。认真做好信访接待和积案化解工作。突出抓好重大安全隐患排查和整治，抓好道路交通、校车、消防、建筑施工和危险化学品等重点领域安全监管。做好国防教育和双拥工作。加强社会舆情、网络舆情分析和应对。严格防范和严厉打击各类严重刑事犯罪，确保社会安定祥和。

真抓实干 扎实开局

在政协扬州市七届二次会议上的讲话（摘要）

谢正义

（2013 年 1 月 5 日）

2013 年是全面贯彻落实党的十八大精神的开局之年，是实施“十二五”规划承前启后的关键之年，是扬州筹备建城 2500 周年城庆的全面启动之年。“好的开头，等于成功的一半。”开好局，对全局至关重要！前不久召开的中共扬州市委六届四次全会，明确了今后三年扬州发展的总依据、总任务和今年工作的总基调、总要求，对今年和今后一个时期推进“三个扬州”和世界名城建设作出了全面部署。千里之行，始于足下。把宏伟蓝图变为美好现实，关键在于动员全市广大干部群众，从本地区本部门做起，从我们每个人自身做起，从当下做起，真抓实干、扎实开局。

真抓实干、扎实开局，要思想统一、目标明确。思想是行动的先导。市委全会提出，到 2015 年沿河地区要建成更高水平小康社会，沿江地区要率先基本实现现代化，中心城市核心区要围绕建设世界名城的目标，加快特色发展和精致建设，全面提高城市品质、公共服务水平和国际知名度，以崭新的形象迎接建城 2500 周年。这三个方面的工作体现了分类指导的要求，统一于“三个扬州”和世界名城建设的大局，是今后三年全市上下共同奋斗的总目标、总任务。这个目标任务是党的十八大精神在扬州的具体实践，体现了中央精神、省委要求与扬州实际的有机统一，体现了中国特色社会主义“五位一体”总布局的根本要求，体现了“取法乎上”，以更宽视野、更优参照、更高标杆建设名城的发展追求。这个目标任务是全球化背景下扬州特色发展的必然选择，有利于挖掘和发挥扬州的发展潜力与比较优势，有利于彰显扬州作为中国历史文化名城、运河名城和生态名城的城市特色，有利于我们在新一轮大发展中抢得先机、赢得主动，加快建设汽车名城、旅游名城、建筑名城和科教名城，增强扬州的综合竞争力和国际影响力。这个目标任务是全市人民对更加美好生活的共同期待，我们不是笼而统之、贪大求洋、好高骛远去建设国际化大都市，而是立足扬州实际和阶段性发展特征，既有分类指导、又有高点定位，既顺应了人民群众的美好期待、又引领全市人民去创新创造，是扎根民心民愿、着眼共建共享的务实之举。

真抓实干、扎实开局，要抓大抓重、重点明确。抓大抓重，就是要集中力量办好大事，突破重点带动全局。要围绕“六个基本”抓发展。最基本的往往是最重要的。“六个基本”是继我们提出建设世界名城“六为”发展路径之后，市委六届四次全会确定的当前及今后一个时期全市工作的战略重点。要研究制定行动方案，明确工作目标和重点内容，明确时间表和路线图，确保工作力量向“六个基本”集中、政策措施向“六个基本”倾斜、要素资源向“六个基本”集聚。要围绕重大项目抓突破。我们始终要清醒认识到，发展不充分、不全面、不平衡、不稳定仍是扬州当前面临的主要矛盾，重大项目仍然是“三个扬州”和世界名城建设的第一抓手和第一支撑。我们要毫不动摇地扭住项目建设这个牛鼻子，不生虚火，不图虚名，扎扎实实组织好“重大产业项目突破年”“重大城建项目会战年”相关工作，着力规划建设一批重大交通基础设施项目，主攻强攻一批重大产业项目，开工建设一批重大城建标志性工程，进一步夯实扬州经济发展的根基，积蓄名城建设的底气。要加大项目推进力度，做到每月有项目推进活动、每季有现场办公会，切实将“项目为王”具体落实为“开工为王”“竣工为王”。要围绕制度创新抓改革。改革是最大的红利。我们也将 2013 年确定为“改革攻坚年”，就是要着眼于区划调整后现代化大扬州建设的新格局，以敢于改革的勇气和善于改革的智慧，努力构建符合世界名城建设需要、富有生机活力的经济管理、行政管理、社会管理、城市管理等体制机制，切实增强发展的动力和活力。

真抓实干、扎实开局，要动真碰硬、措施明确。千忙万忙，不落到实处都是白忙；千招万招，不动真碰硬都是虚招。新的一年，我们要坚持一张蓝图绘到底、凝心聚力抓落实，按照市委全会报告和在本次“两会”上即将审议通过的市政府工作报告、即将下发的民生“1 号文件”的精神，按照“可定义、可量化、可操作、可考核、可追究”的要求，细化工作责任，明确工作措施，全力以赴抓好推进。要面对面定责。“两报告一文件”是全市年度工作的计划任务书，也是市委市政府向全市人民作出的庄严承诺。各地各部门各单位都要围绕“两报告一文件”的要求开展工作，做到方向不跑偏、动作不变形、工作不走样。要将“两报告一文件”目标任务逐项分解，明确责任主体，面对面下达、点对点锁定，确保各项工作责任落实到具体部门、具体人员。要实打实推进。进一步完善推进重大项目、重点工作的机制与制度、方式与方法。全市上下要全力保障项目建设一线，全力服务项目建设一线，全力解决项目建设中出现的问题。要继续加大重大项目和民生实事工程的督查推进力度，采取定期督查、节点督查、现场督查、观摩会督查等多种形式，动真格、出实招，确保中心工作、重点工作、群众关心的工作不失控，确保说到做到，做就做到最好。要硬碰硬考核。继续完善各类考核办法，把“两报告一文件”的目标任务作为县（市、区）党政正职考核和市级机关部门考核的主要内容，进一步提高重大项目建设、核心经济指标、重点民生工程在各级干部考核中的权重。

要健全和完善"三公开三报告"制度，进一步把干部的工作业绩与干部的培养使用紧密结合，通过动真碰硬的考核与考评，明确工作导向，锤炼工作作风，营造真抓实干的工作氛围。

政府工作报告（摘要）

2013年1月6日在扬州市第七届人民代表大会第二次会议上

市长　朱民阳

2012年工作回顾

2012年，预计全市实现地区生产总值2950亿元，增长11.5%。财政总收入554.51亿元，公共财政预算收入225亿元；税收收入180.61亿元，增长16.2%；公共财政预算收入税收占比80.3%，比上年提高9个百分点。城市居民人均可支配收入28370元，增长14.5%；农民人均纯收入12900元，增长15%。

加强分析研判，努力把握主动权，经济保持平稳增长。一是狠抓项目建设。通过加强要素保障、协调服务、督查考核，推进实施了一批重大产业项目和基础设施项目。上海大众30万辆整车等30个重大项目投产。普洛斯物流等100个重大项目开工。扬州泰州机场建成通航。江都至六合高速公路、333省道高邮西段和新民滩特大桥建成通车。扬州港新增万吨级泊位5座。润扬河工程建成通水，南水北调东线一期工程扬州段基本建成，淮河入江水道整治工程加快建设。500千伏仪征输变电工程建成运行。固定资产投资增长20.3%。二是着力抓好内需。在巩固零售、餐饮等传统消费市场的同时，活跃汽车、家电等消费市场，社会消费品零售总额963亿元，增长14.3%。采取有效措施，促进房地产业稳定健康发展，完成投资220亿元，竣工商品房480万平方米。出台促进和支持建筑业发展意见，实现建筑业总产值2100亿元，增长15%。三是推进经济国际化。举办"烟花三月"国际经贸旅游节和名城扬州携手世界名企联谊会等境内外招商活动，注册外资实际到账21亿美元，新引进世界500强企业10家。促进外贸企业调优产品结构、加强品牌建设、开拓新市场，实现进出口总额102亿美元，其中出口80亿美元，增长9.3%。完成外经营业额4.1亿美元，增长17.3%。四是全力支持企业发展。召开全市企业发展大会，开展"走进企业、服务企业"系列活动，在土地供应、融资担保、成果转化、人才员工、市场开拓等方面抓好服务。推进与央企的合作。帮助企业向国家和省争取各类财政扶持资金7.6亿元、债券融资45.2亿元，推动银企签约53项、发放贷款256亿元。分别出台支持国资公司优化发展的意见。新增民营企业注册资本金实际到资430亿元，增长22.8%。

加快结构调整，推进科技创新，转型发展步伐坚定。一是先进制造业健康发展。重点围绕五大千亿级产业分别研究发展战略和举措。落实国家各项扶持政策，加大对新兴产业金融和人才支持。机械装备、汽车及零部件、船舶及配套件、石油化工产业实现产值4830亿元，增长14.5%；新能源、新光源产业实现产值600亿元，增长17.5%。二是现代服务业加快发展。编制文化创意、工业设计、科技金融等新兴服务业发展规划。制定扶持政策，推进服务业九大产业和地区总部经济、会展业加快发展。实现服务业增加值1180亿元，增长12%；占地区生产总值比重40%，比上年提高1.3个百分点。旅游业总收入430亿元，增长16%。软件与信息服务业业务收入185亿元，增长41.7%。年末人民币存贷款余额3273亿元和2020亿元，分别增长16.1%、17.7%。三是提高科技创新能力。西安交大扬州科技园建成开园，东南大学扬州科技园和研究院启动建设。获批江都建材装备、仪征汽车及零部件、高邮特种电缆3个省级科技产业园。新增国家高新技术企业58家，获批省级以上两化融合示范试点企业36家。省级以上高新技术孵化器孵化面积64.6万平方米、在孵企业627家。全社会研发投入占地区生产总值比重达到2.1%，实现高新技术产业产值3200亿元，占全市规模以上工业总产值比重43%。新增专利授权7571件、发明专利授权443件，分别增长56%和75%。创成中国驰名商标5件。扬州被分别授予"中国城市信息化推进十强"和"中国智慧城市推进十强"称号。四是推进园区提档升级。出台关于推动扬州经济技术开发区跨越发展和促进市化工园区绿色发展的意见。专题研究各省级开发园区发展定位，实行一园一策。6家省级以上开发区进入全省第一板块，扬州经济技术开发区获批国家科技兴贸创新基地，邗江开发区创成省高新技术开发区，广陵产业园升格为省级开发区。全市开发园区业务总收入、工业产品销售收入、公共财政预算收入分别增长36%、36%、30%。五是强化节能减排。全年实施节能技术改造项目127项、循环经济项目39项、减排项目171项，淘汰落后用能设备2232台（套），关闭"五小"企业104家。全市单位地区生产总值能耗下降4%，实现节能34.6万吨标准煤，节能减排和重金属污染综合防治工作完成省定目标。

抓好城乡统筹，推动融合发展，城乡一体化进程加快。一是推动沿江地区率先融合发展。实施沿江地区融合发展行动计划，优化重大基础设施和产业布局，推进沿江各市（区）组团之间及沿江各区域内部的融合。谋划和推动江广融合地带建设。新城西区城市副中心功能进一步完善。二是提升主城区建设和管理水平。推进瘦西湖隧道等重大基础设施建设，友谊路拓宽改造竣工通车，文昌路东延及广陵大桥、仙女庙大桥建成。推进"清水活水、不淹不涝"城市建设，完成河道生态清淤6条，整治积水路段14个。推进古城保护，东关历史文化街区通过AAAA级景区验收。国展中心二期建成，西部客运枢纽开工。开展占道经营、违法建设、渣土车等专项整治行动，全面提高城市管理水平。开发利用地热资源，扬州被国土部命名为"中国温泉之城"。城镇化工作稳步推进，全市城镇化率59.4%。三是积极推进"三农"工作。落实各项惠农强农政策。全年粮食总产量306.4万吨，实现"九连增"。新增设施农业12.8万亩、设施渔业5.4万亩,新增高标准农田15万亩。县级以上农业龙头企业销售收入、利润分别增长20.6%、15.7%。工商登记的农民专业合作社累计3464个。村级“四有一责”建设成效明显,扶持经济薄弱村建设标准厂房累计95万平方米。承办第14届江苏农业国际合作洽谈会。新建市区“菜篮子”基地2500亩。农机、粮食、供销、气象、农业科研在“三农”工作中发挥重要作用。四是壮大县域经济。实施沿江地区率先基本实现现代化和沿河地区加速崛起行动计划。争取省财政提高对高邮宝应转移支付比例、扶持南北园区共建政策和城镇化建设试点取得突破。推进万顷良田建设工程试点,完成土地整治4万亩。五是加强生态环境建设。全市新增造林8.81万亩,市区新增绿地125.48万平方米。市区空气质量优良天数322天,城市饮用水源地水质达标率100%。实施“美好城乡建设行动”,继续开展农村河道河塘疏浚整治,完成“六路一边”村庄整治任务,新创省三星级“康居乡村”60个、市级“优美乡村”10个。生态市创建通过国家级考核验收。

积极深化改革,创新社会管理,和谐社会建设成效明显。一是协调推进各项改革。事业单位清理规范工作全面完成,绩效工资改革稳步实施。公立医院改革试点和规范化建设有序进行,医改主要工作任务和基层医疗卫生机构债务化解工作基本完成,乡村卫生机构一体化管理基本实现。做好“营改增”试点工作。高邮市和杭集镇、邵伯镇入选第三批全国发展改革试点城镇。二是发展各项社会事业。创成江苏省教育现代化建设先进县(市)区2个。南邮通达学院来扬办学。育才小学东区校建成招生。创成省四星高中2所、省优质幼儿园13所。新招宏志班24个。中等职业教育创成省品牌和特色专业9个。高考本二上线人数增长11.5%。社区卫生服务中心(乡镇卫生院)标准化达标率97.1%。实行新型农村合作医疗补偿“十个统一”政策,参合农民政策范围内住院补偿比例达75%。健全公共文化服务体系,新建村级文化广场300个,文化惠民活动深入开展。曲艺中篇《盛世红伶》获全国“牡丹奖”,木偶剧《琼花仙子》获国际木偶节最佳剧目奖。纪录片《自然之子》获中国广播电视星光奖。成功举办世界运河名城博览会暨世界运河大会。新实施文化博览城项目7个。大运河申遗文本预提交世界遗产中心。非遗保护工作成效明显。推进全民健身服务体系建设,扬州马拉松赛被国际田联授予“金标赛事”称号。人口计生、科普、档案、方志、台湾事务、侨务、外事和工会、青年、妇女、儿童等事业取得新进步。三是加强和创新社会管理。推进和谐社区建设,建成社区工作站282个,市区社区服务中心建设覆盖率86.6%。深化行业协会和社会管理改革创新,出台政府购买社会组织服务政策意见和实施办法。开展领导干部接待群众来访工作,办结信访积案276件。全市各类调解组织受理矛盾纠纷2.2万件,调处成功率98.6%。市级民主法治村(社区)建成率95%。做好“四项排查”工作,加强社会稳定风险评估、情报信息研判和网上舆情导控。开展治安重点地区整治,公众安全感继续位居全省前列。实施食品药品生产流通领域集中整治行动,着力解决影响群众饮食用药安全的突出问题。严格落实安全生产责任制,加强对交通运输、消防、建筑施工和危险化学品等重点领域的安全监管。迅速处置、科学应对高邮、宝应地区“7·20”地震,救灾和灾后恢复工作有力有效。平安扬州和法治扬州建设取得新进展。国防动员和后备力量建设取得新成效,实现全国双拥模范城“六连冠”。民族、宗教、民防、仲裁等工作扎实开展。

致力增加居民收入,切实为民排忧解难,民生工作扎实有效。一是实施城乡居民收入倍增计划。多措并举建设充分就业城市,新增城镇就业6.1万人,转移农村劳动力1.4万人,城镇登记失业率2.4%。“就业e图”获工信部创新应用奖。开展创业培训1.1万人,新建创业孵化基地15个。完善工资正常增长机制和工资集体协商制度。引导鼓励城乡居民拓宽投资渠道,城镇家庭经营性、财产性收入分别增长15%、8%,农村家庭经营性、财产性收入分别增长10%、25%。实施了城乡低保、农村五保、孤儿赡养标准的新一轮提标。二是提升社会保障水平。企业职工养老保险净增缴费4.5万人,城乡居民基本养老保险参保覆盖率98.5%,被征地农民社会养老保险覆盖率96.4%。落实提高企业退休人员养老金政策。城镇职工和城镇居民医保政策范围内住院支付比例分别达82%、70%。推进市区社会保险征缴政策、待遇水平、信息系统的统一。三是推进民生工程。保持物价基本稳定,居民消费价格指数103%。建设平价商店75个,发放困难群体价格补贴1492.53万元。如期实现区域供水全覆盖。新改建农村公路230公里、危桥100座。基本完成农产品市场检测室升级改造。市食品安全快速检测中心建成启用。市区整治改造老小区40个、“城中村”15个,完成公有住房解危6.18万平方米,调整优化公交线路13条。全市新建经济适用房2000套、公租房7491套(间)、廉租房360套。住房公积金新增扩面7.5万人。新建社区(村)居家养老服务中心157个。扬州被评为全国公益慈善七星级城市。老龄、残疾人事业取得新业绩。

强化能力作风建设,努力提高服务水平,政府自身建设进一步加强。继续开展“三下三联三交”活动。围绕事关经济社会发展和民生改善等6项重点课题进行深入调研。认真接受市人大及其常委会的法律监督、工作监督和市政协的民主监督,广泛听取各民主党派、工商联、无党派人士和社会各界意见。全年办理市人大代表议案、建议472件,政协提案596件。科学界分权力,归还和下放给广陵区459项行政事权。畅通重大项目行政审批“绿色通道”,实施基本建设项目并联审批改革。加强政务公开和新闻发布工作,完成“中国扬州”门户网站群主站和95个子站整合建设。政府信息公开满意度全省第一。开展领导干部到12345政府服务热线中心现场接听群众来电活动,回复率、解决率均达94%以上。制定政府规范性文件18件。办理行政复议案件354件。开展“三公开三报告”电视直播活动。实施重大项目监督检查和考核问责办法。强化行政效能监察和审计监督,开展工程建设等领域突出

1 月 29 日，扬州市委、市政府召开全市干部队伍能力作风建设推进大会。图为市领导向 2011 年度机关作风建设先进集体颁奖　　王　卓／摄

问题专项整治，查处了 672 件违纪违法案件。

2013 年工作安排

2013 年政府工作的总体要求是：高举中国特色社会主义伟大旗帜，以邓小平理论、"三个代表"重要思想、科学发展观为指导，全面贯彻落实党的十八大和中央、省经济工作会议精神，按照市委六届四次全会的部署和要求，稳中求进、进字当先，强化基本、扎实开局，进一步推进创新转型，进一步深化改革开放，进一步促进城乡统筹，进一步加强社会建设，进一步提升生态文明，进一步增进民生幸福，全力推进"三个扬州"和世界名城建设，加快建成更高水平小康社会。

2013 年全市经济和社会发展的主要预期目标为：在提高质量和效益的基础上，地区生产总值增长 11%。公共财政预算收入增长 8%。固定资产投资增长 20%。社会消费品零售总额增长 14%。城市居民人均可支配收入和农民人均纯收入增幅高于省均水平。城镇登记失业率控制在 4%以内。节能减排完成省下达任务。

重点做好以下八个方面工作：

一、以稳中求进为首要任务，保持经济持续健康发展

抓好工业重大项目建设。全力抓好一批新的重大项目，新开工 10 亿元以上工业重大项目 45 个。制定出台项目绩效评估办法和按项目质量供应资源要素的政策措施，努力提高项目质量和产出效益。推动一批项目投产达效。加快潍柴亚星汽车等 16 个重大项目建设进度，确保年内竣工投产；抓好已竣工的上海大众整车等 20 个重大项目尽快达产达效。推动一批中小型技改示范项目实施。加快产业技术进步，出台支持企业技术改造政策意见，实施亿元以上技改项目 150 项、重点技改示范项目 20 项、重点成果转化项目 20 项。在突出抓好工业重大项目的同时，继续扩大全社会有效投入，改善投资结构，完成全社会固定资产投资 2000 亿元以上。

扶持实体经济发展。制定并落实推进基本产业发展的具体举措。出台扶持本土企业和培育优秀企业家意见，对重点行业和骨干企业实行一业一策、一企一策服务。高度重视建立小微企业服务体系，推动小微企业"专、精、特、新"发展。开展金融服务实体经济十项行动，工业贷款增速高于全省平均水平。进一步完善金融服务市场，引进汇丰银行，设立村镇银行、小额信贷公司 10 家以上。大力推进企业上市和直接债务融资工具的运用。帮助企业解决用工矛盾，支持企业培养和引进高管人才、技术骨干。规模以上工业产值增长 15%。

发展现代服务业。围绕促进经济发展、体现精致扬州特色、提高市民生活品质，着力优化服务业布局，提升服务业发展层次，做大做强服务业。确保服务业增加值占地区生产总值比重提高 1 个百分点。市级以上服务业集聚区年营业总收入增长 15%。拓展提升旅游业。推进文化与旅游深度融合，发展商务旅游；强化县域特色旅游项目规划和培育；围绕实现旅游"淡季不淡"，规划建设具有温泉酒店特色的旅游度假区，全年旅游业总收入突破 500 亿元。加快发展现代物流业。以"亿吨大港、百万标箱"为目标，整合沿江、沿河港口资源，实施江河联动，打造区域性物流中心；规划建设空港产业园，争取扬州泰州机场实现一类航空口岸开放；建设扬州综合保税区并争取年内获批。大力发展以办公室为载体的软件和信息服务业，以实验室为载体的研发产业，以工作室为载体的文化创意产业。细化落实特别机制和特殊政策，培育发展地区总部经济和会展经济。

增强消费拉动作用。巩固传统消费市场，积极开拓中介服务业、高新技术服务业等新领域，积极培育文化、教育、康体、家居服务等新热点，积极发展电子商务、网络购物等新业态。建设广陵区、江都区、邗江区四个专业批发市场，加快万科商业综合体、扬州商城综合体、京华城综合体等建设进度。推进"万村千乡市场工程"，提升农家店建设质量和物流配送水平。加强产品质量监管，营造放心消费、安全消费环境。推动住房产业转型升级，促进房地产市场健康发展。

二、以创新转型为核心，加快提升产业竞争力

增强企业自主创新能力。突出企业创新主体地位，加快提升企业集成创新和引进消化吸收再创新能力，运用高新技术和先进适用技术改造提升现有产业，新建省级以上"三站三中心"40 家，培育科技型拟上市企业 10 家、高新技术企业 60 家、科技创新示范企业 100 家、民营科技企业 1000 家，鼓励企业创建国家级研发机构，实现大中型工业企业研发机构全覆盖。继续实施"上市、专利、标准、品牌"四大战略和"千企创新升级"计划，设立市知识产权维权援助服务中心，新增注册商标3500件、省级以上品牌30件以上。

推进创新创业平台建设。开展国家级创新城市建设。启动规划建设科教创新城。全面推动主城三区和扬州经济技术开发区20万平方米，宝应、高邮、仪征10万平方米以上具有专业和特色的科技与创新产业综合体建设。启动建设国际技术转移及科技成果转化中心。以创业融资、居住奖励、子女教育等政策创新为核心，持续优化人才发展综合环境，引进国内外知名企业研发中心和科技职业经理人团队入场，吸引国内外知名高校院所的技术和成果来扬转化。加大招才引智力度，全年引进创新创业领军人才100人。加强对本土优秀人才的培养，发展一批高技能人才培养基地、技能大师工作室，进一步提高技能人才占技能劳动者的比重。

深化政产学研金合作。组织和推动企业向国家争取牵头实施产业目标明确的重大科技项目。提升南大-扬州光电研究院、南大-扬州化工研究院、西安交大扬州科技园等研发平台的建设和服务水平。推进与中科院、中关村等共建科技园或研究院。制定并实施"科教合作新长征"计划，加强同国内外知名高等院校、科研院所的合作，高度重视与扬州大学的深度合作。新签产学研合作项目250个。加快发展科技金融，设立种子基金、天使基金，引导金融机构和社会资本对科技企业投资。

三、以增强活力为目的，扎实推进改革开放

加快开发园区建设。实施好园区特色化发展和个性化考核意见。引导各开发园区根据现有产业基础提升做大主导产业，在相关开发区和工业集中区重点做好五大千亿级产业集群。推进产城互动，科学规划布局产业、生活配套、科技创新和研发孵化器三大板块。推动园区"二次创业"，所有省级以上开发区6月底前都要实现同先进开发区的结对合作和开展产业转移对接。

提升发展开放型经济。主攻央企国企、中国百强民营企业、世界500强企业，大力实施"530"招商行动计划，继续开展"名人名企名城行"活动。办好"烟花三月"国际经贸旅游节、世界运河名城博览会、国际盆景大会等重大节庆活动。注册外资实际到账增长14%，新引进世界500强企业10家以上。扬州出口加工区用好"飞地经济"政策，新引进驻区企业20家，新增出口10亿美元。外贸出口增长15%。加快"走出去"步伐，支持企业参与境外项目投资开发，建立国际营销网络和生产加工及原料基地，外经营业额增长15%。

扶持民营经济发展。降低门槛、放宽准入，鼓励民营企业参与现代服务业、战略性新兴产业、社会公用事业建设，支持民营企业跨行业、跨地区兼并重组，促进企业经营和管理模式创新。切实帮助小微企业和个体工商户解决经营载体缺乏、融资贷款担保难等突出矛盾和问题。充分发挥商会、行业协会等组织作用。新增民资注册资本金实际到资480亿元，新开工亿元以上项目117个、10亿元以上项目20个，新增私营企业1.5万户、个体工商户2.5万户。

继续深化改革。实施职业教育资源整合。深化医药卫生体制改革。推进市区社会保险、民政福利政策的同城同步同标，逐步实现市区社会保险统筹、统一管理。整合执法管理资源，提高属地化执法管理能力，促进城市管理重心下沉。围绕加快规划落地、项目落地、开工落地，全面落实工业项目行政审批流程优化方案。取消和调整一批行政审批项目，梳理并下放一批行政事权。改革政府投资项目和现代服务业项目审批流程，积极推进基本建设项目并联审批，并试行不予行政许可汇报制、项目备案制，落实服务承诺制。积极推进街道、社区管理体制改革试点，加快实现基层社会管理"扁平化"。全面实施对国有资产保值增值考核，发挥国资公司在城市建设和社会公共服务方面的骨干作用。推进农村综合配套改革。

四、以城乡统筹为引领，全面提升城乡建设水平

扎实推进城镇化。以城镇化促进城乡发展一体化，加快城镇化步伐，提高城镇化质量，全市城镇化率达到60%。进一步完善"一带一轴"市域城镇空间布局。集聚集约整合城乡资源，推进"三集中"，有序推进农业转移人口市民化。提升县城(镇)城市功能，加快基础设施、公共服务设施向镇村延伸。加大重点中心镇投入，完善公用基础设施，促进产业发展和农村消费。新改建农村公路100公里、改造危桥100座，镇村公交开通率达40%。加强城镇就业服务体系和社会保障体系建设，推进就业、教育、医疗、养老城乡一体化。宝应、高邮成为省城镇化试点县(市)。

推进农业现代化。继续推进50亿元产值的连片农业特色产业基地建设，每个县(市)区重点打造1个省级农业园区，建成市级以上现代农业产业园区20个。新建设施农业10万亩、设施渔业5万亩。新增高标准农田15万亩。高效农业保险占农业保险比重达20%以上。推进农业产业化，培育1亿元以上农产品加工龙头企业45家、10亿元以上企业8家。加快发展农业专业化服务，加强农村经纪人队伍建设，不断增强农民专业合作社的服务能力和带动能力，新创市级以上"五好"示范社100个。加强农业投入品管理。围绕农民放心种菜在田头到市民放心消费在餐桌，做好"菜篮子"工程，加大投入，减少流通环节，新扩建无公害蔬菜基地2000亩。

加快发展县域经济。落实好进一步加快县域经济发展的实施意见。完善县域功能区规划。推进工业集中区整合和提升，形成一镇一业、一镇一特色。充分发挥交通对县域经济发展的支撑作用，重点做好列入新一轮省道网规划干线公路的新建扩建，加快237省道建设，全面开工建设333省道仪征段。大力实施中央财政农田水利重点县、灌区节水改造和水利血防工程，加快水利现代化进程。积极帮助县(市)向上争取项目和资源。村级"四有一责"建设再提高，实现沿河地区行政村集体经营性收入20万元、沿江地区30万元以上。

五、以融合发展为方向，进一步做优做美中心城市

加快宁镇扬同城化步伐。推动完善宁镇扬同城化工作机制，积极推进宁镇扬资源统筹配置和宽领域全面合作。开展宁扬、扬镇城际轨道项目的前期工作。推进交通、港口、旅游、环保、社会保障等方面的深度融合。

建设重大基础设施。加强沿江地区组团间的空间联系,着力构建"三环十纵十横两个枢纽"内部交通体系。完成328国道连接线建设。推进瘦西湖隧道、新万福路、江都路北延、开发路东延、文昌路西延等工程。启动轨道交通建设规划编制工作,控制好轨道1号线、2号线、6号线站点空间。加快宁启铁路复线电气化改造。继续推进连淮扬镇铁路、沪陕高速江都至广陵段、京沪高速扩容及南延过江等一批重大基础设施项目前期工作。南水北调东线一期工程扬州段建成通水。淮河入江水道整治工程完成切滩900万方,加固堤防55公里。实施古运河等中小河流治理工程,提高城市防洪排涝能力。推进500千伏扬州北输变电工程和配电网示范项目建设。

完善城市功能。围绕迎接扬州建城2500周年,启动实施100项城市功能性、标志性重大工程。编制"七河八岛"地区概念规划,并实施保护与开发。推进地下空间的规划、建设和管理。启动规划建设市民服务中心、城市综合馆。推进体育公园体育场、国展中心三期、西部交通枢纽等工程,完善新城西区的城市副中心功能。实施文昌路沿线提升行动计划,重点围绕"一线、四片区、六个节点"完善提升文昌路功能。推进瘦西湖世界级公园建设。加快以南河下为重点的民居式客栈建设。实施古运河大王庙以东段等综合整治。组织实施六圩污水处理厂三期和第一水厂扩建项目,开工建设生活垃圾发电厂二期、餐厨废弃物和建筑垃圾综合利用处理厂。新建公交站棚50座,新改建公共厕所119座。

加强城市精细化管理。巩固提升文明城市创建成果,做好迎接全国文明城市公共文明指数测评工作。深入开展"三有三清"活动,加强静态交通建设和管理,运用政策杠杆支持和鼓励公共停车位建设,启动文昌阁地区交通疏解中环线改造工程,实施淮海路苏北医院段、跃进桥交通节点改造。抓好城市主干道绿化亮化美化和背街小巷环境卫生,大力整治违章建筑,做好户外广告、店牌店招和临时疏导点管理。完成二道河、北城河等14条河道的生态清淤。动员社会力量参与智慧城市建设,提高数字化城管水平。完善城区主干道、旅游景点等标识系统。

六、以生态文明为支撑,坚持走绿色发展道路

坚决抓好节能减排。加大节能环保技术、循环利用技术、可再生资源技术以及新型节能建材等新技术、新产品的推广应用。加快环保科技产业园发展。实施节能"八大工程",抓好重点领域、重点行业的节能减排,坚决淘汰落后产能。加强节水型社会建设,创成各类节水型载体34家,完成节水技改项目10项。完成2家火电厂燃煤机组脱硝改造、7家城镇污水处理厂扩能提标。建立健全节能和污染减排监测、统计、考核三大体系。

推进城乡生态建设。巩固国家森林城市、国家生态市创建成果。提升"五路一环一河"绿化和美化建设水平,推进以瘦西湖、廖家沟、江都水利枢纽等为核心的城市生态园建设,开展全社会立体绿化活动,市区新增城市绿地100万平方米,创建市级园林式单位和居住区20个以上。积极打造南水北调生态廊道,提升大江风光带建设水平。全市新增造林5万亩。深入开展"美好城乡建设行动",巩固提升农村"四位一体"长效管护成果,疏浚县乡河道210条,整治村庄河塘完成土方1921万方,新创省三星级"康居乡村"40个、市级"优美乡村"10个。扎实开展秸秆禁烧和综合利用,新增大中型沼气工程30座。

加强资源环境保护。落实土地利用、保护与监管责任。建立土地优供、限供和不供的差别化供应机制。做大做实市、县两级土地储备中心。实施严格的环境准入标准,加强农业面源污染、土壤污染、危险废物污染、重金属污染防治力度,加强对饮用水环境、空气环境的监测监控。继续开展淮河流域、长江流域、南水北调水污染防治工作,确保高邮北澄子河断面水质稳定达标。

七、以民生幸福为根本,不断提高惠民利民水平

着力提高居民收入。继续开展"充分就业示范社区"和"充分转移就业乡镇"创建活动,城镇新增就业5万人,转移农村劳动力1.4万人,培训城乡劳动者2.25万人,实行扬州籍大学生就业年两次推荐制度,职、技校毕业生在扬初始就业率80%以上。安置残疾人就业1000人。推动创业富民,开展创业培训4000人次以上,推介创业项目100个,扶持建设创业孵化基地10个。多渠道增加居民财产性、经营性收入,明晰居民房屋所有权、农民土地使用权,支持居民经营性产权自由流动交易。积极开展富民合作,鼓励和引导居民多样化理财。把建筑业作为富民产业来抓,落实扶持政策,加强市场推介,全年建筑业产值增长15%。完善覆盖城乡的社会保障体系,加快城乡居民养老保险与城镇企业职工养老保险制度转接,全市城乡基本养老保险、基本医疗保险覆盖率均达98%以上。推进被征地农民转参城镇职工基本养老保险。完善社会救助体系,加大困难群体帮扶力度。启动新一轮低收入农户帮扶工程,确保到年底30%的低收入农户人均纯收入达5000元。

推动文化大发展大繁荣。进一步健全公共文化服务体系,增强公益性文化单位服务能力,满足市民对文化的基本需求。加大优秀传统文化的保护和传承,继续推进文化博览城建设,创新文博场馆运营管理机制,支持文博志愿者参与服务。探索在全国具有代表性和示范意义的古城保护模式。牵头做好大运河联合申遗工作。加大非遗项目保护和非遗传承人保障培养力度,培养更多的民间文化能人、文化传承人和群众文化团队带头人,打造特色品牌,活跃社区文化。创作一批现实题材和主旋律作品,打造一批文化艺术精品。加快发展文化产业,完善国有文化企业法人治理结构,创新经营机制,促其做大做强;发展新型文化业态,加快文化产业基地和特色文化产业建设。大力推动创新文化建设,让一切创意想法、一切创新活动得到尊重、受到支持。放大"扬州好人"效应,针对不同群体选树不同典型,不断提高市民法制意识、道德素质和社会文明程度。

加快发展教育、卫生等社会事业。坚持教育优先投入、优质均衡发展。按照就近、优质原则加强幼儿园建设,新(改扩)建公办幼儿园10所,创建省优质幼儿园8所。新创省义务教育现代化示范学校50所。进一步提升高中办学水平。着眼服务全市经济发展,优化提升职业教育质态。推进教育专项资金绩效评价,提高教育经费使用效益,加大对教师再教育、再提高的投入。提升发展医疗卫生事业。进一步优化医疗资源布局。全面实施疾病预防和健康促进工作,倡导市民健康生活方式。加强农村社区卫生服务中心服务能力建设和绩效考核。新农合人均筹资标准提高到350元。支持发展中医药事业。推进人口和家庭公共服务体系建设。办好扬州马拉松赛,推进城市社区“10分钟体育健身圈”建设,不断提高扬州体育人口比例。积极开展地方公共外交。出版《扬州市志(1988—2005)》。

办好民生实事。规范市场价格和收费秩序,保持物价总水平基本稳定。加快区域供水进村入户管网改造。按照确保每户居民有房住原则改进经济适用房保障方式,推动公共租赁住房与廉租住房并轨运行,探索收储社会房源用于住房保障,市区新实现住房保障5650套(户)。全市住房公积金扩面6万人以上。采取有效措施,全面提升小区物业管理水平。继续实施“八老”改造,市区整治老小区95万平方米、公房解危4.5万平方米、改造“城中村”15个。推进农超对接,加强农产品批发市场建设,实施市区农贸市场提档升级新三年规划。公交优先就是市民优先,按照便捷、价廉、舒适的原则,整合市区公交资源,办好城市公交。推进居家养老服务中心、护理员队伍和信息管理系统建设,建立政府为困难老年人购买养老服务制度,城区社区50%的居家养老服务中心达省级示范性标准。加强农村敬老院管理。进一步健全残疾人社会保障和服务体系。

八、以共建共享为目标,切实加强社会管理

深化和谐社区建设。以居民需求为导向,以公益项目为抓手,以多元投入为支撑,构建“三社联动”机制,促进社区、社团、社工之间资源共享、优势互补、协调动作。推进社区网格化管理,用两年时间解决市区全部社区服务用房,提高社区工作人员待遇,市区新建社区服务中心15个。加强和创新社会组织管理,扩大政府购买社会组织服务范围和项目,重点培育发展30个以上社会服务类、公益慈善类社会组织。引导广大居民积极参与社会建设和管理,共同创造幸福美好生活。

推动安全发展。严格落实企业法定代表人安全生产责任制,健全隐患排查治理常态机制,加强消防、交通运输、建筑施工和危险化学品等领域安全工作,推进安全生产标准化和安全生产责任保险。加强食品药品安全监管。完善应急指挥平台和应急信息预警体系,加强应急避难场所、综合应急救援队伍、应急志愿者队伍建设,全面提升应对突发事件综合能力。

维护社会稳定。强化源头治理,巩固“四项排查”工作成果,健全社会稳定风险评估机制。完善人民调解、行政调解、司法调解联动工作机制。开展好各级领导干部下访接访工作。深化法治扬州建设,继续抓好“六五”普法工作。强化流动人口服务管理,全面推行流动人口居住证制度。重视做好民族、宗教工作。深化建设平安扬州,推进技防城市建设,加强虚拟社会管理,积极预防和依法打击各类违法犯罪,不断增强人民群众的安全感。加强国防动员和后备力量建设,创成一批省级双拥模范城(县、区)。

建设为民务实清廉政府

改进工作作风,提高服务效能。认真学习贯彻中央关于改进工作作风、密切联系群众的“八项规定”和省委“十项规定”。大力弘扬深入基层调研、尊重群众首创、强化发展实效之风,大力弘扬敢于担当、勇于负责、善于落实之风,大力弘扬定了干、干必成、成必优之风。以科学发展为引领,着力推进制度创新,调适调优责权关系,充分调动市与区(县)、干部与群众各方力量,齐心协力推进经济社会协调发展;以民生改善为目标,深入开展“三下三联三交”活动,一切从维护群众利益出发,一切从群众所急所盼出发,全心全意为群众办实事、办好事、办群众认可和满意的事;以精致高效为导向,优化工作流程设计,强化工作效能考核,深化行政审批制度改革,加强重点工作督查,切实增强政府专业化服务能力。

规范行政行为,坚持依法行政。贯彻落实国务院《关于加强法治政府建设的意见》,切实提高运用法治思维和法治方式深化改革、推动发展、化解矛盾、维护稳定的能力。认真接受市人大的法律监督、工作监督和市政协的民主监督,主动听取各民主党派、工商联、无党派人士和社会各界意见。认真办理人大代表议案、建议和政协提案。严格执行市人大常委会关于讨论、决定重大事项的规定,健全完善重大事项集体决策、专家咨询、群众参与制度,让人民监督权力,让权力在阳光下运行。清理、确认并向社会公告行政执法主体,推行行政执法情况通报制度。推进行政调解和行政指导工作,创新行政复议工作机制,有效化解行政争议。

强化政务诚信,维护政府公信。加强公务员从政伦理和职业道德教育,建立健全政务诚信制度,以政务诚信推动商务诚信,带动全社会诚信建设。扩大政务公开范围,提升行政权力网上运行质量,加强政府新闻发布工作,办好市长信箱、“寄语市长”栏目和12345政府服务热线。推进市、县两级公共资源交易市场建设。所有国资项目招投标实施技术、商务、信用“三合一”评标。强化对政府全口径预算、社会公共资金和节能减排、生态环保等工作的审计与监督。加大失信惩戒力度,坚决纠正政府机关失信行为。

坚持惩防并举,严格廉洁从政。以制度建设为根本,以规范权力运行为重点,着力构建惩治和预防腐败体系,打响“清风扬州”品牌。加强执法监察、效能监察、廉政监察,强化审计监督、舆论监督、群众监督,深入开展民主评议部门、行业风气和基层站所工作。围绕民生幸福工程推进落实情况,深化开展部门“三公开三报告”活动。加强财政收支管理、专项资金管理和国有资产管理,完善预算管理机制和程序,提高财政资金使用绩效。提倡艰苦奋斗,勤俭办一切事业,打造清廉政府。

专记

Zhuanji

本栏责任编辑　戴淑敏

中国扬州“烟花三月”国际经贸旅游节

■概述　4月18日至5月18日,扬州市举办2012中国扬州“烟花三月”国际经贸旅游节(简称“烟花三月”节)。此次“烟花三月”节以促进转型升级、建设“三个扬州”(创新扬州、精致扬州、幸福扬州)为主题,举办开幕式暨项目开工仪式、“院士专家扬州行”、商机说明会暨项目签约仪式、经济发展咨询会议、软件和信息服务外包大会暨“智慧城市”发展论坛等重要活动14项,宣传扬州发展环境和人居环境,推介创新型经济发展蓝图,展示“开放、创新、精致、优雅”的城市形象,提升扬州的国际知名度,促进科技与产业合作,推进招商引资工作和旅游业发展。

节庆期间,全市落实签约协议外资及港澳台资(简称外资)2000万美元以上外资新项目122个(其中协议外资3000万美元以上项目67个、5000万美元以上项目37个),协议外资43.6亿美元;落实签约总投入1亿元以上、协议注册资本5000万元以上民资项目93个(其中协议注册资本1亿元以上项目61个),协议注册资本182.2亿元。落实注册外资1000万美元以上新开工、投产外资项目67个(其中注册外资2000万美元以上项目57个、5000万美元以上项目24个),注册外资25.5亿美元;落实投入1亿元以上新开工、投产民资项目124个,注册资本165.6亿元。2232名境外客商、6207名国内客商到扬州参加活动,其中643名境外客商、1101名国内客商参加4月18日的活动。全市接待游客658万人次,其中境外游客6.4万人次,分别比上年同期增长12.9%、10.3%;实现旅游总收入76亿元,比上年同期增长15.1%。　(郁　堃)

■“烟花三月”节开幕式　4月18日上午,“烟花三月”节开幕式在广陵新城“京杭之心”北侧举行。全国社保基金理事会理事长戴相龙,省委常委、宣传部长王燕文,兰州军区副司令员朱锦林,国家旅游局副局长杜一力,国务院参事石定寰,中国环保产业协会会长王扬祖,交通银行副行长叶迪奇,东南大学校长易红,南京邮电大学党委书记闵春发,德国驻上海总领事芮悟峰,比利时驻上海总领事布鲁诺·乔治,联合国工业发展组织技术司司长梁丹,国际电信联盟副秘书长赵厚麟,世界中国烹饪联合会会长杨柳,台湾远东集团董事长徐旭东,太平洋造船集团董事长梁小雷,美国森萨塔科技公司高级副总裁罗伯特·轩博,德国通快集团中国区总裁霍可林,市领导谢正义、朱民阳、徐益民、赵旻、洪锦华等出席开幕式。凤凰卫视资讯台副台长吴小莉主持开幕式。市委书记谢正义致辞,代市长朱民阳宣读《关于授予易红等13位中外友好人士扬州市城市贵宾称号的决定》,谢正义、朱民阳共同为城市贵宾颁发证书。开幕式当天,各县(市、区)、开发园区集中开工、投产注册外资1000万美元以上项目26个,总投资22.4亿美元;集中开工、投产民资项目120个,总投资630亿元。其中,扬州经济技术开发区(简称扬州开发区)亚普集团总部项目、扬州化学工业园区(简称扬州化工园区)奥克化学环氧衍生精细化工新材料项目、邗江区江扬电缆项目、江都区英泰集团增程式电动客车及控制系统项目、高邮市易事特电源公司逆变器和动力电池项目等注册资本均超过5亿元,扬州开发区峻茂光电二期、扬州化工园区醋酸乙烯及丁二醇扩能、仪征市中电电气太阳能电池、宝应县30万吨铜杆等项目注册外资均超过5000万美元。　(郁　堃　陈　健)

■项目建设与产业推介活动　“烟花三月”节期间,一批重大项目签约、开工或投产。4月18日,台湾远东集团与扬州化工园区签订绿色化工新项目协议,总投资7.7亿美元;4月18日,交通银行金融服务中心(扬州)大厦在广陵新城奠基;5月8日,扬州泰州机场正式通航;5月18日,上海大众仪征工厂培训中心启用。新兴产业发展取得突破。4月16日,扬州市与中国医药集团总公司签署战略合作框架协议,中国医药集团投资建设的物流中心项目开工,中国医药集团扬州邗江动物疫苗产业基地揭牌;4月18日,兴业银行扬州分行开业,并与扬州开发区开发总公司、城建控股公司等签订合作协议,授信总额15亿元;4月21日,中国大陆(内地)首条LCD驱动芯片封装测试生产线在邗江经济开发区投产;同日,国家“千人计划”(扬州)创新药物与食品安全研究院揭牌。举办产业和商机推介活动。4月16日，举办扬州旅游商机说明会暨项目签约仪式，20个旅游项目集中签约，总投资53.6亿元；4月17日，举行海峡两岸（扬州）农业合作试验区农业特色产业基地合作签约暨广陵首届乐活生态节开幕仪式，34个项目签约；4月18日，举行扬州商机说明会，现场签约内外资项目和科技项目40个；4月21日，举行2012中国扬州软件和信息服务外包大会，18个信息服务业项目集中签约。加大产学研合作力度。4月17日，以“集聚创新领军人才，推进创新扬州建设”为主题的“院士专家扬州行”活动启动，中国科协“海智计划”江苏（扬州）工作基地揭牌，新建的8个企业院士工作站同时授牌；4月18日，举行扬州经济发展咨询会议；同日，东南大学与扬州市签订战略合作协议，在广陵新城共建东南大学扬州研究院和扬州科技园，培养高层次创新型人才，促进科技成果转化和高新技术产业化；4月21日，举办“智慧城市”发展论坛，江苏智慧城市研究院揭牌。（陈　健）

■扬州经济发展咨询会议 4月18日，扬州经济发展咨询会议在扬州迎宾馆举行。市委副书记、代市长朱民阳主持会议。会上，南京大学党委书记洪银兴、台湾远东集团董事长徐旭东、国家电网公司智能电网部主任王益民、国务院发展研究中心研究员李善同等13名专家受聘担任扬州市政府经济顾问，并围绕机械装备制造、智能电网、现代服务业、金融等方面作咨询报告，提出扬州市经济发展思路和建议。特邀嘉宾、全国社会保障基金会理事长戴相龙出席会议并作演讲。（孙景亮　陶小军）

■扬州商机说明会暨项目签约仪式 4月18日，扬州商机说明会暨项目签约仪式在京杭会议中心举行，数百名海内外嘉宾和客商出席会议。代市长朱民阳作题为《携手共进 合作共赢》的主题推介，副市长闻道才作题为《江广融合地带 智慧生态新城》的专题推介，现场签约内外资项目和科技项目40个。（陈　健）

■软件和信息服务外包大会暨“智慧城市”发展论坛 4月21日，2012中国扬州软件和信息服务外包大会暨“智慧城市”发展论坛在京杭会议中心举行，国内专业行业机构，信息服务外包、软件研发等行业主管部门及重点企业负责人700多人参会。此次大会由扬州市政府主办，广陵区政府、市经济和信息化委员会、市商务局、江苏智慧城市研究院、商务部中国国际电子商务中心、中国科学院《互联网周刊》协办。大会主题是围绕“智慧城市”试点示范工作，展示“智慧新城”建设阶段性成果，聚焦产业发展热点，加快“智慧城市”、电子商务等软件服务业新兴产业集聚和发展，促进“产城融合”。副市长孔令俊作扬州软件与信息服务业主题推介。会上，江苏智慧城市研究院揭牌，市政府云计算中心、“12345”政府服务热线云以及中国旅游日化产品商务平台同时启动运行；市政府与电信、移动、联通等运营商及神州数码公司共同签订“十二五”共建智慧城市战略合作协议；18个信息服务业项目集中签约，项目涵盖软件开发、电子商务、物联网等领域。“智慧城市”发展论坛以“新城市 新发展”为主题，探讨加快建设“智慧城市”的理念、技术和路径，并为扬州“智慧城市”建设出谋划策。（陈　健）

中国扬州世界运河名城博览会

■概述 9月26—27日，2012中国扬州世界运河名城博览会（简称运博会）暨世界运河大会在扬州举行。此次运博会由外交部、住房和城乡建设部、文化部、水利部、国家旅游局、国家文物局、中国人民外交学会、中国联合国协会、联合国教科文组织、联合国人居署、世界旅游组织、凤凰卫视、中国中央电视台中文国际频道等单位倡导和支持，由中国太平洋经济合作全国委员会、扬州市人民政府、世界运河历史文化城市合作组织承办，23个国家、14条著名运河沿岸城市以及内河航道国际组织代表和专家参加会议。运博会以“大运河，活态遗产”为主题，举办运博会暨世界运河大会主题论坛、“运河文化遗产保护和利用”“运河旅游和经济”“运河名城建设与发展”分论坛、“运河之夜”音乐会、“寻访活态遗产·同走申遗之路”运河行等活动。通过举办运博会，扬州市与参会城市分享扬州为中国大运河保护与开发所作的努力，推进中国大运河联合申报世界文化遗产进程；汲取世界运河城市发展经验，深化与世界运河城市的交流与合作，加快建设以国际化企业为主体、国际化城市为基础、国际化人才为支撑的世界名城。（杨　恽）

■运博会开幕式 9月25日上午，运博会开幕式在京杭会议中心举行。省长李学勇、外交部部长助理张明、省政府秘书长毛伟明、内河航道国际组织主席大卫·白灵杰、国家文物局副局长童明康、中国太平洋经济合作全国委员会会长唐国强、市委书记谢正义共同启动开幕式。文化部副部长、国家文物局局长励小捷，水利部水利建设管理督查专员祖雷鸣，中国文化遗产研究院院长刘曙光，国际古迹理事会顾问米歇尔·科特，法国图卢兹市副市长伊莎贝拉·哈迪，加拿大安大略省梅里克维尔-沃尔福德市市长道格拉斯·斯特鲁瑟，美国圣安东尼奥运河机构对外事务部主任斯蒂芬·夏尔，埃及伊斯梅利亚省投资商协会主席穆斯塔法·阿伯·哈迪迪，乌兹别克斯坦驻上海总领事阿戈扎姆赫德热耶夫·萨伊达卡摩勒，国外38个运河城市的市长、市长代表或专家，中国大运河沿线35个城市的市长或政府代表，市领导朱民阳、洪锦华、赵晓江等出席开幕式。市委书记谢正义致欢迎辞。开幕式上，中国大运河沿线城市市长共同签署《大运河保护与申遗城市联盟关于保护大运河遗产的联合协定》（简称大运河遗产联合保护协定）。（郁　堃）

■大运河遗产联合保护协定签署 9月26日，京杭大运河沿线35个城市在扬州签署大运河遗产联合保护协定。该协定所称“大运河遗产”包括：隋唐运河、京杭运河、浙东运河的水工遗存，各类伴生历史遗存、历史街区村镇以及相关环境景观等；近代以来兴建的，具有文化代表性和突出价值的大运河水工设施。该协定共18条，从签署之日起生效。协定规定：大运河遗产保护实行统一规划、分级负责、分段管理，坚持真实性、完整性、延续性原则。对已调查登记并被确认为大运河遗产的不可移动文物，应当依法予以认定，并报请同级人民政府核定公布为文物保护单位。大运河遗产的市段保护规划应当明确大运河遗产的构成、保护标准和保护重点，分类制定保护措施，并与国务院公布实施的总体规划和省级人民政府公布实施的省级规划相一致。在大运河遗产保护规划划定的保护范围和建设控制地带内进行工程建设，应当遵守《中华人民共和国文物保护法》有关规定，并实行建设项目遗产影响评价制度。除防洪、河道疏浚、水工设施维护、输水河道工程外，任何单位或个人不得在大运河遗产保护规划划定的保护范围内进行破坏大运河遗产本体的工程建设。协定还规定：大运河遗产保护实行专家咨询制度；大运河沿线各城市人民政府应建立辖区内大运河遗产保护档案资料和监测预警系统；运河沿线各城市文物主管部门应建立大运河遗产所在地标识系统，向公众提供真实、完整的大运河遗产信息。（杨　恽）

■运博会暨世界运河大会主题论坛 9月26日，运博会暨世界运河大会“大运河，活态遗产”主题论坛在京杭会议中心举行。国际古迹遗址理事会资深顾问米歇尔·科特、中国文化遗产研究院院长刘曙光、加拿大里多运河保护专家道格拉斯·斯图尔特、中国太平洋经济合作全国委员会会长唐国强、水利部水利经济研究会副会长祁正卫、杭州市副市长张建庭等先后作演讲。朱民阳作题为《保护母亲河活态遗产 促进大运河永续利用》的主题演讲。38个国外运河城市和35个中国运河城市政府代表、相关专家，部分中外嘉宾以及扬州学生代表出席论坛。市委常委、常务副市长丁纯主持论坛。（郁　堃）

■世界运河名城建设与发展论坛 9月26日，世界运河名城建设与发展论坛在京杭会议中心举行，中外运河名城特邀嘉宾96人出席论坛。南京大学教授、博士生导师、城市研究院院长张鸿雁主持论坛。天津社会科学院日本研究所研究员周建高、同济大学建筑与城市规划学院教授曹庆三分别作题为《日本的世界城市之路及其对扬州的启示》《欧美传统城市（名城）的形成与当代的演变——建筑学城市理论的几点启示》的发言，并对扬州创建世界名城提出建议；印度城市规划师和环境保护专家索巴哈拉尔·邦纳济、加拿大蒙特利尔城市发展与商业服务主任诺曼德·普朗斯、瑞典特罗尔海坦市副市长皮特·埃里克森以及捷克水利专家托马斯·克拉科里分别从不同角度介绍运河城市建设中面临的挑战和解决之道；会议特邀嘉宾、上海集合建筑设计咨询公司主持设计师卜冰重点介绍滨水地带的城市设计实践；清华同方股份公司物联网应用本部副总经理王恩勇介绍物联网技术助力智慧运河建设前景。（邱正锋）

■运河旅游和经济论坛 9月26日，由市旅游局承办的运博会暨世界运河大会运河旅游和经济论坛在京杭会议中心举行。国内外旅游界、经济界专家70多人围绕运河文化和生态资源利用，讨论如何通过发展运河旅游推进地方经济，打造运河旅游名城、世界旅游名城。市旅游局局长王志海发表题为《打造世界级扬州运河旅游品牌》的演讲。与会专家学者围绕“运河旅游和经济”各抒己见，展示法国、美国、英国、荷兰、波兰、爱尔兰和中国的运河旅游发展现状、发展前景和发展方式。（杨　恽）

■运河文化遗产保护和利用论坛 9月26日，由扬州市人民政府主办，大运河联合申遗办公室、扬州市文物局承办的运博会暨世界运河大会运河文化遗产保护和利用论坛在京杭会议中心举行，瑞典达尔斯兰运河管理协会主席、瑞典挪威运河协会主席班尼·拉斯，埃及伊斯梅里亚省投资商协会主席穆斯塔法，南京大学教授刘成富，中国传媒大学教授张开等国内外专家、学者以及大运河沿线城市代表60人交流各地运河保护和利用经验，提出保护和利用运河文化遗产的建议。大运河联合申遗办公室副主任姜师立在论坛上介绍大运河（扬州段）遗产监测的做法。论坛结束前，举行《中国名城·文化版》创刊号《大运河申遗》专辑首发式。（杨　俭）

■“寻访活态遗产·同走申遗之路”运河行活动 9月27日，由共青团扬州市委承办的“寻访活态遗产·同走申遗之路”运河行活动在东门遗址广场启动。加拿大、荷兰、比利时等12个国家的近百名嘉宾以及扬州青年志愿者从东关古渡出发，沿古运河徒步行至官邸，沿途欣赏扬州特色文艺表演，并参观大运河沿线高邮盂城驿、邵伯船闸、江都水利枢纽等，体验扬州运河沿岸文化遗产资源及其航运功能、沿岸生态功能、旅游功能等活态运河多元价值。（杨　恽）

扬州泰州机场建设

■概述 扬州泰州机场是由扬州、泰州两市按8∶2比例投资合建的民用机场，项目征地232.6公顷（红线内占地152.7公顷），总投资20.88亿元。至2012年末，投资任务基本完成。机场位于扬州市江都区丁沟镇境内，距扬州市区30千米，距泰州市区20千米，飞行区等级指标为4C，预留4D发展空间；新建长2400米（预留2800米）、宽45米的跑道1条，垂直联络道2条，站坪机位13个（含除冰机位1个）；新建航站楼3.13万平方米，其中国际功能区面积8000平方米；配套建设通信、气象、公安、消防救援等辅助设施。

2010年2月9日，国务院、中央军委批复同意新建苏中江都民用机场；同年3月18日，机场奠基。2011年2月22日，国家发展和改革委员会下发《关于新建江苏省苏中江都民用机场工程可行性研究报告的批复》；10月31日，中国民用航空局批复“苏中江都民用机场”名称改为“扬州泰州机场";同年底,机场建设工程基本竣工。2012年,扬州泰州机场抓紧做好通航准备工作,2月24日校飞成功,3月2日通过竣工验收,3月15日完成试飞,4月13日通过行业验收。5月8日,扬州泰州机场通航。2012年末,扬州泰州机场有北京、深圳、沈阳、西安、广州、厦门、昆明、哈尔滨、三亚、成都等运营航线10条,平均每周往返飞行114个航班。全年安全保障各类飞行3744架次,其中运输飞行2375架次;完成旅客吞吐量24.73万人次,平均客座率68.13%;完成货邮吞吐量1510吨。

扬州泰州机场由苏中江都机场投资建设有限责任公司(简称机场公司)负责建设和运营管理。该公司成立于2010年5月16日。机场工程建设期间,公司设办公室、工程部、监察室、财务部、运营部、集疏运道路部、水系调整部、维稳部等8个机构。2012年末,公司设办公室、党群工作部、计划财务部、经营发展部、安全质量部、航务管理部、运行保障部、安检护卫部、安全保卫部、地面服务部、扬州空港食品有限责任公司、扬州市空港客货运销售代理有限公司等二级机构,有在编员工276人。(王亚斌)

■航站楼建设 扬州泰州机场航站楼工程2010年10月25日开工建设,2011年12月通过扬州市优质结构工程评审验收,2012年2月29日竣工。航站楼建筑面积3.13万平方米,按满足2020年旅客吞吐量200万人次(其中国际旅客吞吐量20万人次)、货邮吞吐量2.4万吨目标设计,设计高峰小时旅客吞吐量1162人次,建有停机位13个(登机桥位6个、远机位6个、除冰机位1个)、值机岛1个、值机柜台20个(国内值机柜台10个、国际值机柜台10个)、安检通道9个(旅客安检通道8个、工作人员通道1个)。工程总投资3.5亿元。(王亚斌)

■扬州泰州机场校飞 2月18—24日,中国民航总局对扬州泰州机场实施校飞,按照民用航空行业标准,对机场跑道、导航设备、助航灯光设施及飞行程序等进行检测,收集通信导航、气象、空中管制等数据,为试飞作准备。此次校飞飞行16架次,飞行时间20小时30分钟。为做好机场校飞准备工作,机场公司成立航务保障组、安检保障组、医疗救护保障组、机务保障组、航油保障组、消防护卫组、场道及灯光保障组、后勤保障组、公安保障组等9个校飞保障小组。(杨 菲)

■扬州泰州机场试飞成功 3月15日,扬州泰州机场试飞。下午2点55分,中国东方航空公司一架空客320飞机降落在扬州泰州机场,成为在扬州降落的首架民航客机。扬州、泰州两市在机场停机坪举行简短的欢迎仪式。随后,试飞机组进行两个多小时的试飞,验证跑道仪表进、离场程序,仪表进近程序,目视盘旋进近程序,运行最低标准等;检查机场导航设备、目视助航等设施的配备及其运行,飞行区道面、标志、标记牌设置,滑行路线和停机位,飞行区内障碍物和机场净空等情况以及机场运行保障能力等。扬州泰州机场设施设备、保障能力得到试飞机组肯定,试飞取得成功。(杨 菲)

■扬州泰州机场揭牌暨首航仪式 5月8日,扬州泰州机场揭牌暨首航仪式在机场航站楼前举行。江苏省委书记罗志军、中国民用航空局局长李家祥共同为机场揭牌。省委副书记、省长李学勇和李家祥分别讲话。全国政协人口资源委员会副主任江泽慧,南京军区空军副司令员常宝林,国家口岸办公室常务副主任赵福地,省委常委、省委秘书长樊金龙,副省长史和平,省武警总队总队长于铁民、政委张红朝,省政府秘书长毛伟明等领导出席仪式。泰州市委书记张雷主持仪式,扬州市委书记谢正义介绍机场建设情况。国家有关部委、省有关部门以及扬州、泰州两市负责人和干部群众、机场建设者代表参加首航仪式。当天,扬州至北京、广州、深圳、成都和西安航班共运输进离港旅客926人。(王亚斌)

2012年扬州泰州机场航班一览表

表2-1

航线	航空公司名称	机型	2012/2013年冬春季航班	开通时间
扬州泰州机场—北京首都国际机场	中国国际航空公司	B738	每日一班	5月8日
扬州泰州机场—沈阳桃仙国际机场	深圳航空公司	A320	每日一班	6月15日
扬州泰州机场—深圳宝安国际机场	深圳航空公司	A320	每日一班	6月15日
扬州泰州机场—西安咸阳国际机场	中国东方航空公司	A320	每周一、三、五、七各一班	7月27日
扬州泰州机场—广州白云国际机场	中国南方航空公司	A320	每日一班	8月29日
扬州泰州机场—厦门高崎国际机场	深圳航空公司	A320	每日一班	9月5日
扬州泰州机场—昆明长水国际机场	中国东方航空公司	B737	每日一班	9月25日
三亚凤凰国际机场—扬州泰州机场—哈尔滨太平国际机场	海南航空公司	B738	每周一、三、五、七各一班	11月14日
扬州泰州机场—成都双流国际机场	四川航空公司	A320	每周三、五、七各一班	11月18日

(王亚斌)

■**扬州泰州机场城市候机楼开业** 5月9日,扬州扬子江机场服务有限责任公司暨扬州泰州机场城市候机楼开业。扬州扬子江机场服务有限责任公司是扬州市扬子江投资发展集团为配套服务扬州泰州机场成立的独立法人公司,在市区丰乐上街设立扬州泰州机场城市候机楼,配有机场专线巴士4辆,并在机场航站楼设有旅游服务中心。城市候机楼设有与扬州泰州机场实时相连的值机系统和航班查询系统,提供航空售票、登机牌办理、航班信息查询、机场巴士接送、客房预订、旅游咨询等服务。旅客在城市候机楼办理乘机手续后,可直接享受机场为其提供的"一站式"航空运输地面服务。 (王亚斌)

■**"海豚"救灾机首降扬州泰州机场** 6月21日,在民政部紧急调配下,首架救灾专用"海豚"救灾机在扬州泰州机场降落,并完成补给作业。扬州泰州机场地处华东沿海中心位置,具备作为救灾机装备补给基地的良好条件。 (杨 菲)

■**扬州泰州机场年内开通10条航线** 11月18日,扬州泰州机场第10条航线——扬州至成都航线开通,完成机场通航之初确定的年内开辟10条航线(其中三亚－扬州－哈尔滨航线为串飞经停航线)的目标。 (王亚斌)

对口支援

■**概述** 2012年,扬州市对口支援新疆新源县、西藏、青海贵南县、陕西汉中市和湖北秭归县。全年投入对口支援资金1.67亿元,建成援建项目30个;累计投入对口支援资金6.62亿元,建成援建项目145个。 (刘 军)

■**对口支援新疆新源县** 扬州市对口支援新疆新源县工作始于2011年。2012年,完成项目投资3.45亿元(其中援疆资金1.14亿元)。帮助16个村(社区)建成办公楼,总建筑面积1.28万平方米,完成投资1590万元;建成新源中医医院,建筑面积1.3万平方米,可容纳床位150个,完成投资4500万元;推进新源县第二中学建设项目,完成建筑面积4.4万平方米的年度建设目标,完成投资6100万元;建成富民安居房2250户、牧民定居房450户,完成投资3375万元。在扬州举办新源县干部培训班,培训两批130名县、乡、村三级干部;接收45名新源县干部到扬州挂职。接收伊犁州、新源县262名未就业大学生到扬州参加为期一年半的岗前培训。至2012年底,扬州市援疆工作累计完成项目投资3.45亿元(其中援疆资金1.14亿元)。 (刘 军)

■**对口支援西藏** 扬州市对口支援西藏工作始于1995年。2012年投入援藏资金1440万元,用于建设拉萨市、曲水县公益项目(由江苏省统一实施)。开展人才援藏,派遣扬州市农业科学研究所副所长、副研究员吴宏亚到西藏拉萨市农牧局担任副局长,支持当地提高青稞种植技术水平。至2012年底,扬州市援藏工作累计完成投资4140万元。 (刘 军)

■**对口支援青海贵南县** 扬州市对口支援青海贵南县工作始于2010年。2012年,建成贵南县塔秀乡卫生院、森多镇急救站、牧区新能源等援建项目,完成投资1114.3万元,其中扬州专项援助资金176万元。组织贵南县医务人员和骨干教师95人到扬州、高邮参加岗位培训。至2012年底,扬州市对口支援贵南县工作累计完成投资1327万元。 (刘 军)

■**对口支援陕西汉中市** 扬州市对口支援陕西汉中市工作始于1996年。2012年,完成投资155万元,建成社会事业项目7个。市直投资110万元,完成援建项目5个。其中,城固县文川镇文东小学餐厅工程建筑面积400平方米,投资35万元;佛坪县疾控中心实验室工程建筑面积25平方米,投资20万元;西乡县堰口镇许家巷道路工程道路长3000米、宽2.5米,投资15万元;镇巴县兴隆镇水田坝村供水工程建筑面积30平方米,投资20万元;为汉台区铺镇初级中学购置教学设备,投入20万元。江都区完成佛坪县袁家庄镇文化站援建项目,建筑面积30平方米,投资20万元。仪征市建成镇巴县兴隆镇红星村道路援建项目,道路长2000米、宽2.5米,投资25万元。至2012年底,扬州市对口支援汉中市工作累计完成投资2547.5万元。 (刘 军)

■**对口支援湖北秭归县** 扬州市对口支援湖北秭归县工作始于1994年。2012年,完成投资70万元,主要用于三峡移民工程道路建设(由江苏省多个城市联合实施)。至2012年底,扬州市对口支援秭归县工作累计完成投资780万元。 (刘 军)

扬州市援建的新源中医医院 刘 军/摄

概貌

Gaimao

本栏责任编辑　戴淑敏

地理

■位置面积　扬州市地处江苏省中部,位于长江北岸、江淮平原南端。现辖区域在北纬32度15分至33度25分、东经119度01分至119度54分之间。东部与盐城市、泰州市毗邻;南部濒临长江,与镇江市隔江相望;西南部与南京市相连;西部与安徽省滁州市交界;西北部与淮安市接壤。扬州城区位于长江与京杭大运河交汇处,北纬32度24分、东经119度26分。全市东西最大距离85千米,南北最大距离125千米,总面积6591.21平方千米,其中市区面积2350.74平方千米(其中建成区面积128.0平方千米)、县(市)面积4240.47平方千米(其中建成区面积93.6平方千米)。陆地面积4856.2平方千米,占73.7%;水域面积1735.0平方千米,占26.3%。

■地形地貌　扬州市境内地形西高东低,以仪征市境内丘陵山区为最高,从西向东呈扇形逐渐倾斜,高邮市、宝应县与泰州兴化市交界一带最低,为浅水湖荡地区。境内最高峰为仪征市大铜山,海拔149.5米;最低点位于高邮市、宝应县与泰州兴化市交界一带,平均海拔2米。

扬州市区北部和仪征市北部为丘陵,京杭大运河以东、通扬运河以北为里下河地区,沿江和沿湖一带为平原。

境内有大铜山、小铜山、捺山等,主要湖泊有白马湖、宝应湖、高邮湖、邵伯湖等。境内有长江岸线80.5千米,沿岸有仪征、江都、邗江、广陵等一市三区;京杭大运河纵穿腹地,由北向南沟通白马湖、宝应湖、高邮湖、邵伯湖,汇入长江,全长143.3千米。除长江和京杭大运河以外,主要河流还有东西向的宝射河、大潼河、北澄子河、通扬运河、新通扬运河。

■气候　扬州市属于亚热带季风性湿润气候向温带季风气候的过渡区。气候主要特点是四季分明,日照充足,雨量丰沛,盛行风向随季节有明显变化。冬季盛行干冷的偏北风,以东北风和西北风居多;夏季多为从海洋吹来的湿热的东南到东风,以东南风居多;春季多东南风;秋季多东北风。冬季偏长,4个多月;夏季次之,约3个月;春秋季较短,各2个多月。

1.气温

2012年,全市年平均气温分别为扬州城区15.8摄氏度、江都区15.5摄氏度、宝应县15.5摄氏度、高邮市15.6摄氏度、仪征市16.0摄氏度,与常年相比,偏高0.3～0.8摄氏度。各月平均气温比常年同期偏高的月份有1月、4月、5月、6月、7月、8月和10月,偏低的月份有2月、11月、12月,基本持平的月份有3月和9月。

全市年极端最高气温38.2摄氏度(7月29日,扬州城区)、极端最低气温零下7.2摄氏度(1月23日,宝应县),全年35摄氏度及以上的高温日数为11天(宝应县)～18天(江都区)。扬州城区35摄氏度及以上高温日数为16天,初霜期比常年迟17天(常年为11月7日),终霜期比常年早18天(常年为3月31日)。

2.降水

2012年,全市年降水量扬州城区864毫米、江都区940毫米、宝应县1067毫米、高邮市934毫米、仪征市981毫米,与常年相比,除宝应县偏多一成外,其余偏少一成至二成。全市各地各月降水量比常年偏少的月份有1月、4月、5月、6月、10月,偏多的月份有3月、7月、8月、12月,区域分布不均、有多有少的月份有2月、8月、9月、11月。

3.日照

2012年,全市年日照时数扬州城区1721小时、江都区1746小时、宝应县1868小时、高邮市2017小时、仪征市1825小时,与常年相比,偏少一成左右。全市日照时数较常年偏少的月份有2月、3月、6月、8月、12月,偏多的月份有4月,其余各月基本接近常年。

4.气象灾害

2012年,扬州市灾害性天气主要有暴雨、雷电、强对流天气(雷雨大风、雷暴等)、台风、寒潮、大雾及霾、烟等。

■资源　土地资源。全市土地总面积6591.21平方千米,其中耕地面积3303.99平方千米、园地面积42.97平方千米、林地面积24.85平方千米、草地面积7.66平方千米、城镇村及工矿用地面积1031.61平方千米、交通运输用地面积279.25平方千米、水域及水利设施用地面积1832.21平方千米、其他土地68.66

平方千米。水资源。境内有乡镇(大沟)级以上主要河流1111条，总长6060千米。其中，淮河入江水道干支流水系河流379条1582千米、里下河水系河流506条3345千米、长江水系河流226条1133千米，县级以上河流198条2916千米、乡镇级主要河流913条3144千米。矿产资源。已发现矿产资源15种，其中已探明储量的矿产资源12种。石油、天然气储量居全省前列，邗江、江都、高邮一带有丰富的油、气资源，邵伯湖滨地区和里下河洼地素有“水乡油田”的美誉。砖瓦黏土、石英砂、玄武岩、砾(卵)石、矿泉水、地热等矿产资源较丰富。仪征、邗江丘陵山区有黄沙储量2亿～3亿吨、石料储量1.2亿吨、卵石储量约3亿吨。全市玄武岩远景储量约2.5亿吨。城区北部及仪征、高邮等地地下矿泉水资源丰富，品质优良，符合国家饮用天然矿泉水标准。地热资源分布广、温度高、水质好，可采储量3万立方米／天。水产资源。全市水面广阔，资源丰富，江河湖荡中盛产鱼、虾、蟹、蚌、龟、鳖、珍珠、荷藕、芦苇等。

行政区划

扬州市现辖的3个区、1个县和2个县级市是中华人民共和国成立时扬州专区的大部分辖区。

1950年1月，扬州专区与划出如皋县、海安县给南通专区，划出东台县、台北县(今大丰市)给盐城专区以后的泰州专区合并，设立泰州专区，辖扬州市、泰州市、兴化县、高邮县、宝应县、靖江县、泰兴县、江都县、泰县、仪征县、六合县等2个市、9个县。1953年1月，泰州专区改称扬州专区，专署由泰州市迁驻扬州市，原属皖北人民行政公署领导的江浦县和原苏北人民行政公署直辖的扬州市划归扬州专区领导。1956年2月，六合县、仪征县、江浦县划归镇江专区，原属镇江专区的扬中县划归扬州专区。1956年3月，江都县析为江都县、邗江县。1956年12月，扬中县划归镇江专区，六合、仪征、江浦划回扬州专区。1958年7月，六合县、江浦县划归南京市。1960年4月，宝应县、高邮县析湖西地区为金湖县。1962年6月，六合县、江浦县划归扬州专区。1966年3月，仪征县、六合

2012年扬州市行政区划和土地面积表

表3-1

地　区	镇(个)	乡(个)	街道(个)	居民委员会(个)	村民委员会(个)	土地面积(平方千米)	
							建成区面积
总　计	**71**	**5**	**13**	**369**	**1005**	**6591.21**	**221.6**
市　区	29	4	13	204	474	2350.74	128.0
广陵区	6	1	4	54	83	334.86	
邗江区	7	3	7	60	100	552.68	
江都区	13			65	263	1329.90	
宝应县	14			58	225	1461.55	30.2
仪征市	9			54	130	857.14	39.0
高邮市	19	1		53	176	1921.78	24.4

注：扬州经济技术开发区(简称扬州开发区)代管的镇、街道数计入市区

2012年扬州市乡镇、街道一览表

表3-2

地　区	乡　镇、街　道　名　称
扬州开发区	文汇街道　扬子津街道　施桥镇　八里镇　朴席镇
广陵区	东关街道　汶河街道　曲江街道　文峰街道　湾头镇　李典镇　杭集镇　泰安镇　沙头镇　头桥镇　汤汪乡
邗江区	邗上街道　蒋王街道　汊河街道　新盛街道　梅岭街道　瘦西湖街道　甘泉街道　瓜洲镇　公道镇　槐泗镇　方巷镇　杨寿镇　杨庙镇　西湖镇　平山乡　城北乡　双桥乡
江都区	仙女镇　邵伯镇　大桥镇　丁伙镇　小纪镇　樊川镇　真武镇　丁沟镇　宜陵镇　郭村镇　浦头镇　武坚镇　吴桥镇
宝应县	安宜镇　氾水镇　山阳镇　曹甸镇　鲁垛镇　西安丰镇　望直港镇　小官庄镇　夏集镇　射阳湖镇　广洋湖镇　柳堡镇　黄塍镇　泾河镇
仪征市	真州镇　青山镇　新城镇　新集镇　大仪镇　陈集镇　马集镇　刘集镇　月塘镇
高邮市	高邮镇　三垛镇　界首镇　临泽镇　八桥镇　送桥镇　横泾镇　汉留镇　车逻镇　郭集镇　卸甲镇　天山镇　汤庄镇　龙虬镇　马棚镇　甘垛镇　周巷镇　司徒镇　周山镇　菱塘回族乡

县、江浦县、金湖县划给新设立的六合地区。1971 年 3 月，六合地区撤销，仪征县、六合县划回扬州专区。5 月，扬州专区改称扬州地区。1975 年，六合县划归南京市，扬州地区辖 2 个市、9 个县。

1983 年 3 月，江苏省改革地市体制，调整行政区划，扬州地区行政公署撤销，原属扬州地区的泰州市和江都、邗江、泰县、高邮、靖江、宝应、泰兴、兴化、仪征等 9 个县划归扬州市管辖；扬州市改由省管辖，设广陵区和郊区。1986 年 4 月，仪征县撤县设市；1987 年 12 月，兴化县撤县设市；1991 年 4 月，高邮县撤县设市；1992 年 9 月，泰兴县撤县设市；1993 年 8 月，靖江县撤县设市；1994 年 4 月，江都县撤县设市；1994 年 7 月，泰县撤县设立姜堰市。撤县设市中，行政区划均未改变。

1996 年 8 月，经国务院批准，撤销县级泰州市，设立地级泰州市，原由扬州市代管的泰兴、姜堰、靖江、兴化等 4 个县级市划归泰州市管辖。扬州市设广陵区、郊区，辖宝应县、邗江县，代管仪征、高邮、江都等 3 个县级市。2000 年 12 月，邗江县撤销县级建制，改设扬州市邗江区。扬州市设广陵、郊区(2002 年更名为维扬区)、邗江等 3 个区，辖宝应县，代管仪征、高邮、江都等 3 个县级市。

2011 年 11 月，经国务院批准，扬州市调整部分行政区划。撤销县级江都市，设立扬州市江都区，以原江都市行政区域为江都区行政区域；将邗江区李典、头桥、沙头、杭集、泰安等 5 个镇并入广陵区；撤销扬州市维扬区，将维扬区的行政区域并入划出 5 个镇的邗江区。扬州市设广陵、邗江、江都等 3 个区，辖宝应县，代管仪征、高邮等 2 个县级市。

2012 年，扬州市有 71 个镇、5 个乡、13 个街道。

史略

扬州有近 2500 年有文字可考的历史。

大约距今 7000～5000 年前，淮夷人就在扬州一带劳动生息，并有了水稻栽种。

春秋时期，今扬州市区西北部一带称邗。公元前 486 年，吴灭邗，筑邗城，开邗沟，连接长江、淮河。越灭吴，地属越；楚灭越，地归楚。公元前 319 年，楚在邗城旧址上建城，名广陵。秦统一六国后，设广陵县，属九江郡。

汉代，今扬州称广陵、江都，长期是诸侯王的封地。吴王刘濞“即山铸钱、煮海为盐”，开盐河(通扬运河前身)，促进了经济的发展。为改善和巩固民族关系，公元前 105 年，汉武帝将江都王刘建的女儿刘细君嫁到乌孙国，比王昭君和亲匈奴还早 80 多年。东汉末年，张婴率领的农民起义军在广陵一带转战 10 余年后，被广陵太守张纲劝降。但不久，许多曾参与起义的农民又响应并参加了黄巾起义。

三国时期，魏吴之间战争不断，广陵为江淮一带的军事重地。

南北朝时期，广陵屡经战乱，数次变为“芜城”，但由于劳动人民数百年的辛勤开发，经济地位在恢复中不断提高。山东青州、兖州一带的移民南迁广陵一带，促进了扬州的经济发展。北周改广陵为吴州。

589 年，隋灭陈，建立了统一的隋政权，改吴州为扬州，置总管府。至此，完成了历史上的扬州和今天的扬州在名称、区划、地理位置上的基本统一。隋炀帝时，开大运河连接黄河、淮河、长江，扬州成为水运枢纽。大运河不仅便利交通、灌溉，而且对促进黄河、淮河、长江三大流域经济、文化的发展和交流起到重要作用，奠定了唐代扬州空前繁荣的基础。隋炀帝大业初年改州为郡，扬州随之改为江都郡。605－616 年，隋炀帝三下江都。618 年，隋炀帝被部将宇文化及所杀，葬于扬州城西北五里吴公台下，后迁葬于雷塘。619 年，李子通率农民起义军攻克江都，称皇帝，国号吴。620 年，扬州为唐军占，名称屡有更改；626 年，复称扬州，治所在今扬州。

扬州唐城遗址　　周泽华／摄

唐代扬州农业、商业和手工业相当发达，出现了大量的工场和手工作坊，不仅富甲江淮，而且是中国东南第一大都会，时有“扬一益二”之称(益州为成都古称)。扬州是南北粮草、盐、钱、铁的运输中心和海内外交通的重要港口，曾为都督府、大都督府、淮南道采访使和淮南节度使治所，领淮南、江北诸州。在以长安为中心的水陆交通网中，扬州始终起着枢纽作用。唐代扬州和大食(阿拉伯)交往频繁，侨居扬州的大食人数以千计。侨居扬州的客商主要来自波斯、大食、新罗、日本等国。日本遣唐使到扬州和高僧鉴真东渡日本促进了中日两国的政治、经济、科学和文化交流。扬州人李善在吸收前人成果的基础上，重新注释《文选》，旁征博引，为后人保存了大量重要文献资料；其子李邕能诗善文，工书法，尤擅行书，是继虞世南、褚遂良之后的大书法家。张若虚为“吴中四杰”之一，《春江花月夜》有“以孤篇压全唐”之誉。684 年，徐敬业、骆宾王在扬州起兵反对武则天政权。

唐末五代，军阀混战，扬州遭到严重破坏。887 年，杨行密开始入主扬州。919 年，其子杨渭(隆演)就吴国王位，改元武义。920 年，杨渭卒，弟杨溥即吴王位；927 年，杨溥即皇帝位，改元贞元，史称“杨吴”。937

年，徐知诰迫杨溥禅位，自即帝位，国号为唐，史称“南唐”。957 年，后周取南唐江都府，复称扬州。

960 年，北宋建立。农业、手工业迅速发展，商业进一步繁荣，扬州再度成为中国东南部的经济、文化中心，与都城开封相差无几。每年商业税收约 8 万贯，居全国第三位。1127 年，宋高宗赵构迫于金人进逼，在迁都过程中以扬州为“行在”一年，促进了扬州的繁荣。100 多年间，扬州一直是抗金、抗元的战场。韩世忠、刘琦、岳飞等南宋名将在这一地区进行了艰苦的斗争。1275－1276 年，李庭芝、姜才率军队和扬州人民一起与元军展开不屈的斗争，不幸殉难，扬州城仅剩数千人。战争使经济和社会遭到严重破坏，但在局势相对稳定的时期，扬州的经济又不断恢复发展。文化方面，欧阳修、苏轼、秦观、姜夔、王令等在扬州留下大量传世名作。

元、明两代，扬州经济发展加快。到扬州经商、传教、从政、定居的外籍人日渐增多，其中仍以波斯人和阿拉伯人为最。元代，运河扬州段经几次整治，基本形成了今天的走向，恢复了一度中断的漕运，扬州又迅速繁华起来。明代，商品经济的发展孕育了资本主义生产关系的萌芽。扬州的商业主要是两淮盐业专卖和南北货贸易，盐税收入几乎与粮赋相等。商业扩大到旧城以外。手工业作坊生产的漆器、玉器、铜器、竹木器具和刺绣品、化妆品都达到相当高的水平。为防止倭寇再次入侵，1556 年，扬州建“新城”。文化方面，出现了睢景臣等一批著名杂剧、小说作家。明朝灭亡后，为阻止清兵南进，南明督师史可法在扬州率军坚守孤城，宁死不降，表现出坚贞不屈的民族气节。城陷后，清军屠城十日，死者数以万计。

清代，康熙帝和乾隆帝多次“巡幸”，使扬州出现空前的繁华，城市人口超过 50 万，成为中国八大城市之一，也是 18 世纪末、19 世纪初世界十大城市之一。当时的扬州，居交通要冲，富盐渔之利，盐税与清政府的财政收入关系极大。各地商人纷纷在扬州建起会馆，各有营业范围和地方特色。同时兴起的还有会票——信用汇兑。一些盐商广结文士，爱好藏书，捐资修建府学、县学，恢复名胜古迹，兴建园林，对扬州的文化发展有一定贡献。这期间出现了以金农、汪士慎、黄慎、李鱓、郑燮、李方膺、高翔、罗聘等“扬州八怪”为代表的扬州画派，以任大椿、汪中、焦循、阮元和王念孙、王引之父子为代表的扬州学派。扬州戏剧历史悠久，至清代大盛。1790 年，为庆祝乾隆帝 80 寿辰，以宝应高朗亭为班主的三庆班进京演出，与其他剧种一起，对京剧的形成和发展产生重要影响。扬州的雕版印刷和评话、清曲、扬剧、木偶剧以及棋艺、琴艺等均在清代达到较高水平，形成自己的特色，奠定了扬州成为当时中国文化中心的基础。

19 世纪中叶以后，由于运河山东段淤塞，漕粮改经海上运输，淮盐改由铁路转运，加上其他方面的原因，扬州在经济上逐渐衰落。第一次鸦片战争期间，扬州府属的瓜洲、仪征等地军民奋起抵抗英军侵略。太平天国农民起义军先后 3 次在扬州一带与清兵激战。在孙中山领导的民主主义革命中，扬州人熊成基在安徽以陆军炮营队官的身份，于 1908 年 11 月组织、领导了著名的安庆新军起义，开始武装夺取政权的尝试。1911 年 11 月，扬州人孙天生在扬州发动武装起义，史称“扬州光复”。

1912 年，“中华民国”废扬州府，置江都县。1922 年，扬州境内第一条公路建成。1925 年，中国共产党开始在扬州一带组织、领导人民进行新民主主义革命。1931 年，扬州洪水泛滥，长江和运河沿线决口 60 余处，死于水灾、饥饿和疫病者数十万。1937 年 10 月，中共中央长江局派员在扬州建立中共扬州特别支部，与扬州各界人士一同开展抗日救亡运动；12 月，侵华日军占据扬州，以陈文为首的扬州抗日义勇团在扬州北乡展开抗日斗争。1939 年初，新四军贯彻中共中央东进北上的方针，着手创建苏中抗日根据地。1940 年 7 月，陈毅、粟裕率新四军主力北渡长江、挺进苏中，在江都建立新四军江北指挥部。在抗日战争和解放战争中，扬州人民在中国共产党领导下，进行了艰苦卓绝的斗争，为新民主主义革命的胜利，尤其为淮海战役和渡江战役的胜利作出了重要贡献。

辛亥革命以后，扬州的文化艺术领域名家辈出，比较有影响的有朱自清、刘师培、李涵秋、贡少芹、张丹斧、陈含光、潘月樵和革命作家李进、李俊民、韩北屏、许幸之、江树峰等。朱自清是对中国文学很有影响的人物；李涵秋创作的 33 部小说中，以反映扬州里巷风俗轶闻的《广陵潮》最为著名。

1948 年底至 1949 年 4 月，扬州各县相继解放。1949 年 1 月 25 日，今扬州市区解放，设置扬州市；以仙女庙镇为治所，另建江都县。

人口 民族 语言

■人口 2012 年末，扬州市户籍总人口 458.42 万，比上年末减少 1.62 万人，增速为 -3.54‰。其中，男性 230.02 万人，占总人口的 50.18%；女性 228.40 万人，占总人口的 49.82%。男女性别比 100.71。人口密度 697 人／平方千米。2012 年，扬州市公安机关登记出生人口 4.04 万、死亡人口 4.66 万，全市人口自然增长 -6223 人，人口自然增长率 -1.36‰。

■民族 根据第六次人口普查结果，扬州市有 46 个民族。汉族人口最多，占人口总数的 99.60%。少数民族人口 1.78 万，占 0.40%；其中回族人口最多，约 1.07 万，占少数民族人口总数的 60.28%。

超过 100 人的少数民族有回族、苗族、彝族、土家族、满族、壮族、侗族、蒙古族、布依族、维吾尔族、朝鲜族、黎族、哈尼族，其他如景颇族、京族、纳西族、高山族、毛南族、俄罗斯族、裕固族、基诺族、柯尔克孜族、塔塔尔族、赫哲族、鄂伦春族人数相对较少。

少数民族人口分布较广泛，但又相对集中。回族主要分布在高邮、广陵、江都、邗江；在高邮，回族又相对集中在菱塘一带。菱塘回族乡是江苏省唯一的少数民族乡。土家族分布在江都、仪征、高邮和邗江一带。满族分布在仪征、邗江、江都一带。侗族主要分布在仪征。仪征市月塘镇龙山村、大仪镇河北村为民族村。

■语言 扬州市的语言是以“扬州话”为代表的江淮官话。扬州市城区、仪征、宝应、高邮(除东部与兴化交界的边缘地区外)和江都红旗河、野田河以西地区属江淮官话的洪巢片;江都红旗河、野田河以东地区,高邮东部与兴化交界的边缘地区属江淮官话的泰如片。

宝应中港渔业村是中原官话方言岛。

小金山　　李斯尔 / 摄

风景名胜

瘦西湖风景区

■概述 瘦西湖风景区为国家重点风景名胜区、全国文明风景旅游区、国家文化旅游示范区、国家AAAAA级旅游景区。自隋唐起,景区沿湖陆续建园,至清代乾隆时期,已是“两岸花柳全依水,一路楼台直到山”,湖上园林之景融南方之秀、北方之雄于一体,以风韵独具而蜚声海内外。景区内窈窕曲折的一湖碧水串以卷石洞天、西园曲水、长堤春柳、荷蒲熏风、四桥烟雨、徐园、月观、小金山、钓鱼台、水云胜概、五亭桥、白塔晴云以及二十四桥景区、万花园景区等名园胜迹,俨然一幅次第展开的国画长卷。

■长堤春柳 长堤春柳起于虹桥西岸,向北止于徐园,为清乾隆年间盐商黄为蒲构筑。后渐渐荒废,至咸丰、同治年间,堤柳已不复存。1915年建徐园时,恢复旧观。此景南北长650米,沿堤遍植杨柳,每至春日,柳絮随风飞舞,迷离如烟;垂柳间植有桃树,桃花开时,与杨柳相互映衬,更显清纯飘逸,艳丽多姿。长堤中段建有方亭,枕于湖上,游人于此小憩,宛如走入画图。

■徐园 徐园原为清初韩园桃花坞故址,1915年改为徐宝山祠堂,故名徐园,为市级文物保护单位。园门南迎长堤春柳。园内有一方荷池,缘池缀以山石,环植桃柳。池东有青石平桥。池北有“听鹂馆”三楹,取杜甫诗句“两个黄鹂鸣翠柳,一行白鹭上青天”之意。馆前平台上置南朝萧梁时代镇水铁镬两只;馆东南为四角攒尖式碑亭;馆西有“青草池塘吟榭”,取谢灵运语“池塘生春草”之意。榭后廊复接七折曲廊,西通疏峰馆;榭之西南隅有精舍三间,为冶春后社旧址。

■小金山 小金山原名长春岭,清乾隆年间盐商程志铨出资挖湖堆土而成,四面环水,形如青螺。岭上多梅,岭东门额题“梅岭春深”。山上有风亭,山中有观音殿,山下有琴室、棋室、月观、木樨书屋、关帝庙、湖上草堂、玉佛洞诸景。

■莲花桥 乾隆二十二年(1757),巡盐御史高恒开莲花埂新河抵平山堂,同时在河上建桥,以便南北通行。因桥在莲性寺北,桥上五亭聚如金莲,故名莲花桥,俗称五亭桥,为全国重点文物保护单位。五亭桥形态独特,仿自北京北海金鳌玉蝀桥和五龙亭,但又创造性地将五亭聚合,再将桥亭合二为一。桥长65米、宽7米,梯形桥身用青石叠成。五亭之中,中间一亭三层飞檐,略高;四角四亭单檐,稍低。五亭之间有廊檐相接,上覆金黄色琉璃瓦,空花脊,24个檐角似盛开的金莲花花瓣。桥身下支四翼,共有正、侧拱洞15个。《扬州画舫录》记载,“月满时,每洞各衔一月,金色滉漾”。五亭桥结构严谨,多有创意,被茅以升誉为“中国古代交通桥与观赏桥结合的典范”、中国“最具艺术美的桥”。

■白塔 白塔位于五亭桥南侧莲性寺内,于清乾隆年间建造,仿北京万寿山喇嘛塔形式,为全国重点文物保护单位。白塔为砖石结构,实测高度28.32米。塔分三层。下层为方形台基,四周以白石为栏,台上砖石塔座为须弥座,八角四面,每面三龛,龛内置砖雕十二生肖;中层塔身为圆形龛室,形如古瓶,瓶腹南向辟莲瓣形龛,内供白衣大士像;上层为“刹”,呈圆锥形,有13级,刹顶置六角形宝盖,角端悬风铃,上托黄铜葫芦顶。

■熙春台 熙春台位于瘦西湖水向北转折处,又名春台祝寿(传说清乾隆帝在此为母亲祝寿),1986年按原貌复建。主楼坐西朝东,上下两层,面阔五楹,前有抱厦,四面有廊,飞檐翘角。熙春台两翼附属建筑呈“八”字形,南翼为湖石假山和复道,假山置小亭;北翼以曲廊与十字阁相接。十字阁碧瓦朱柱,四面为廊。台前偏北处有汉白玉诗碑一座,镌毛泽东手书杜牧诗《寄扬州韩绰判官》。

■二十四桥 二十四桥位于熙春台北侧,桥形似玉带,因杜牧诗句“二十四桥明月夜，玉人何处教吹箫”而得名。二十四桥从西向东由落帆栈道、拱桥和曲桥组成。落帆栈道高跨湖汊，由黄石假山、竹牌、铁链构成；拱桥单孔，长24米、宽2.4米、高5米，两端桥坡台阶各24级，两侧围以汉白玉栏杆24根，栏板上雕云月图案。拱桥东接四曲平桥，桥堍置一方亭，名吹箫亭。如临月夜，桥洞拱形与水中半圆之影相合，恰成为一轮圆月，观之似霓虹卧波，令人赏心悦目。

■ **万花园** 据清康熙朝《扬州府志》记载，“万花园，宋端平三年(1236)制使赵葵即堡城统制衙为之”。现今的万花园总占地44.2公顷，一期工程、二期工程分别于2007年、2009年建成开放，依托瘦西湖历史文化背景，以花文化为主题，以古典历史名园为线索，先后恢复和新建“锦泉花屿”“醉月飞琼”等景点，并结合地块内诸多历史遗迹，将唐代城门和城墙、宋代亭台、清代“石壁流淙”“锦泉花屿”以及扬派盆景有机糅合，拓深瘦西湖历史，展现扬州历代文化内涵和风格。

住宅园林

■ **个园** 个园位于市区盐阜东路10号，占地2.4公顷，建筑面积4700平方米，为全国重点文物保护单位、中国四大名园之一、国家AAAA级旅游景区。个园由两淮盐商商总黄至筠于清嘉庆二十三年(1818)在明代寿芝园旧址重建。园主生性爱竹，园名取自清代诗人袁枚名句“月映竹成千个字”。中部花园园景以竹石为主，以分峰用石为特色。最负盛名的是四季假山：春山笋石参差，修篁弄影；夏山湖石中空外奇，深潭清冽；秋山黄石丹枫，峻峭依云；冬山宣石似积雪未消。北部为品种竹观赏区；南部为园主人住宅，三纵三进，均对外开放。

■ **何园** 何园又名寄啸山庄，位于市区古运河北岸徐凝门街，占地1.4公顷，建筑面积7000多平方米，为全国重点文物保护单位、国家AAAA级旅游景区。清同治元年(1862)始建。清光绪九年(1883)，归隐扬州的湖北汉黄德道道员何芷舠购吴氏片石山房(又名双槐园)旧址扩建。园主取陶渊明“倚南窗以寄傲”“登东皋以舒啸”之意境，题园名为“寄啸山庄”。何园是一座大型住宅园林，由东西花园、住宅楼群、片石山房组成，尤以复道行空、回廊曲折著称，有“晚清第一园”之誉。园居院落融中西建筑艺术于一体，前进楠木大厅气势雄伟，后两进两层洋楼工艺精细考究。片石山房为大画家石涛和尚所拟构，占地不广，却丘壑宛然，被称为“江南园林中的孤例”。

■ **汪氏小苑** 汪氏小苑位于市区地官第14号，为省级文物保护单位，是扬州保存最为完整的清末民初大型盐商住宅之一。小苑占地0.3公顷，建筑面积1680平方米，遗存老屋97间。汪氏小苑中纵、西纵房屋为盐商汪竹铭在清朝末年所购，东纵房屋由汪家4个儿子在民国初年扩建。小苑建筑组群布局规整，住宅庭院比例均衡，采光充足，纵横互联相通，内外分合自如，体现扬州大宅门传统格局。庭园玲珑精巧，厅前屋后辟“可栖樨”“小苑春深”“迎曦”小苑。装修雕琢精湛，木雕、砖雕、石雕技法多样，门楣、石额、匾额、楹联皆出自名家之手。

■ **小盘谷** 小盘谷位于市区丁家湾大树巷42号，占地0.57公顷，为全国重点文物保护单位。清光绪三十年(1904)，两江总督周馥购得徐氏旧园重修而成。西部为平房住宅区，正中为一大厅，东部为花园。园内假山峰危路险，苍岩探水，溪谷幽深，石径盘旋，与楼、堂、桥、阁、亭、廊共纳于方寸之地，组合得体，疏密有致，故得名“小盘谷”。

■ **吴道台宅第** 吴道台宅第位于市区泰州路45号，系清代吴引孙在浙江宁绍台道道员任上，出资聘请浙江匠师在扬州营建的大型私宅，为全国重点文物保护单位。宅第建成于清光绪三十年(1904)，分9路，有房屋百余间（俗称九十九间半），宅东原有芜园和祠堂，均早毁。现存3路建筑保存良好。宅第建筑分东、中、西三轴线，规模宏大，结构精巧，雕工精致，以浙江建造法则为基础，糅合扬州传统建筑风格。东轴线从南到北为大门厅、洋楼、观音堂、亭、金鱼池、测海楼，中轴线从南到北为仪门、轿厅、爱日轩、前厨房、后厨房，西轴线从南到北为对厅、滋德堂、中进住宅、后进住宅。其中测海楼为吴家藏书楼，仿宁波天一阁，两层五楹，藏书之富名冠一时。

■ **二分明月楼** 二分明月楼位于市区广陵路263号，占地0.11公顷，建筑面积660平方米，为市级文物保护单位。清道光年间，员氏依唐代徐凝“天下三分明月夜，二分无赖是扬州”诗意建园；光绪年间转归盐商贾颂平。园北部主楼为长楼，翘角飞檐，设敞廊、美人靠，可登高观月；东部有黄石山，依山势筑夕照阁3间；西南角置迎月楼3间，月上东山时可在阁中迎月；园中间有扇面亭、伴月廊、月亮桥等园林小品。

■ **卢氏盐商住宅** 卢氏盐商住宅位于市区泰州路康山街22号，宅主为商界巨富卢绍绪，始建于清光绪二十年(1894)，是扬州现存规模最大的盐商住宅建筑，也是反映扬州盐文化的

卢氏盐商住宅一景　　李斯尔 / 摄

重要遗迹，被誉为“盐商第一楼”，为市级文物保护单位。卢宅原有建筑九进 200 多间，曾遭火毁。2006 年经修复后对外开放，门楼、住宅楼、意园、藏书楼等为原有建筑。卢宅建筑门楣砖雕精美异常，淮海厅、兰馨厅、涵碧厅、怡情楼厅堂阔大，天井两侧分布小型花园，后院意园内盔顶六角亭、石船舫、水池等相映成趣。

寺院道观

■大明寺 大明寺位于蜀冈中峰，曾有西寺、栖灵寺、法净寺之称，始建于南朝·宋大明年间（457—464），为淮左著名古刹、全国第一批重点开放寺庙、全国重点文物保护单位、国家 AAAA 级旅游景区。因历史久远，原寺已废圮，现寺为清同治年间重建。大明寺占地 33 公顷，依山而建，由寺庙古迹、文章奥区、仙人旧馆、西苑芳圃、鉴真纪念堂、藏经楼、卧佛殿、栖灵塔、钟楼、鼓楼组成，是集宗教建筑、文物古迹和园林风光于一体的游览胜地。其中卧佛殿、栖灵塔、钟楼、鼓楼为 1988 年后所建。

■天宁寺 天宁寺位于市区丰乐下街，占地 1.19 公顷，建筑面积 5000 多平方米，为清代扬州八大名刹之首，省级文物保护单位。始建于东晋，相传为谢安别墅，后舍宅为寺。北宋政和二年（1112），宋徽宗赐额“天宁禅寺”。南宋绍兴十三年（1143），名报恩光孝寺。元末，寺毁。明洪武十五年（1382）重建，仍称天宁禅寺。清咸丰间毁于兵火，同治、光绪年间重建。清康熙帝南巡时驻跸于此，乾隆帝南巡时于此建行宫。清康熙四十四年（1705），两淮巡盐御史曹寅在寺内设“扬州诗局”，主持刊刻《全唐诗》等书。清乾隆年间编撰完成的《四库全书》藏于寺内文汇阁。天宁寺现存建筑有山门殿、天王殿、大雄宝殿、华严阁和东、西廊房、配殿等。

■重宁寺 重宁寺位于市区长征路 15 号，占地 1.18 公顷，建筑面积 3000 多平方米，为清代扬州八大名刹之一，省级文物保护单位。始建于清乾隆四十九年（1784），寺本“平冈秋望”故址，御赐额“万寿重宁寺”。清咸丰年间毁于兵火，同治年间重建，光绪年间再建。东侧园林已毁。现存天王殿、大殿、文昌阁、僧房等。大殿歇山重檐顶，面阔五间，殿内以铁力木作柱，天花藻井彩绘完好，并存有清乾隆帝亲题匾额及其撰写的《万寿重宁寺碑》。

■高旻寺 高旻寺位于邗江区三汊河西岸，为清代扬州八大名刹之一。始建于隋代。清顺治八年（1651），漕运总督吴惟华在三汊河建七级浮屠，名“天中塔”，顺治十一年建成；又依塔建梵宇三进，称“塔庙”。其后，寺院西侧又建行宫，规模数倍于寺。清康熙帝第五、第六次南巡和乾隆帝 6 次南巡，均驻跸于高旻寺行宫。清代中叶的高旻寺建筑完美、规模宏大、名僧辈出，为鼎盛时期。清咸丰年间毁于兵火，同治、光绪年间稍复旧观。民国年间，高旻寺与镇江金山寺、常州天宁寺、宁波天童寺并称中国佛教禅宗四大丛林。1983 年，高旻寺被确定为全国汉族地区重点开放寺院。此后，相继建成大雄宝殿、禅堂、天中宝塔、法堂、上客堂、斋堂、讲经堂、放生池、水阁凉亭、水晶宫、来果和尚纪念堂等。

■观音山禅寺 观音山禅寺位于市区蜀冈东峰，依山而建，建筑高低错落，占地 1.1 公顷，建筑面积 3115 平方米，为市级文物保护单位。元至元年间，僧申律建寺。明洪武十二年（1379），僧惠整重建。明洪武年间名功德山，明末清初改称观音山或观音禅寺。清咸丰年间毁，同治年间修复，光绪年间毁后又修复。寺坐北朝南，有山门殿、韦陀殿、大殿、藏经楼及两厢廊房等。寺西有紫竹林及小庭园；东有鉴楼，相传为隋“迷楼”故址。

■仙鹤寺 仙鹤寺位于市区南门街 111 号，又名清白流芳大寺，为中国东南沿海伊斯兰教四大清真寺之一、全国模范清真寺、江苏省重点文物保护单位。相传为伊斯兰教创始人穆罕默德第十六世裔孙普哈丁于南宋咸淳年间募款创建。因全寺布局如鹤形，故名仙鹤寺。明洪武二十三年（1390），哈三重建。明嘉靖二年（1523），商人马道同与寺住持哈铭重修。门前抱鼓石为明代遗存。寺内有礼拜殿、望月亭、诚信堂、水房等建筑及宋、明时期所植银杏、柏树。望月亭、诚信堂（楠木厅）均为明代建筑。礼拜殿系清乾隆年间重建，殿阔五楹，分前后两部分，前殿带卷棚廊，后殿即窑殿所在。

■蕃釐观（琼花观） 蕃釐观，俗称琼花观，位于市区文昌中路 360 号，为市级文物保护单位。前身为后土祠（又称后土庙），汉元延二年（前 11）建，祀土神。唐中和二年（882），淮南节度使高骈重建，供奉主管大地万物生长的女神后土夫人。北宋政和年间始称“蕃釐观”。北宋至道二年（996），王禹偁为扬州太守，观内有奇花盛开，俗谓琼花。宋人欧阳修任郡守时，在大殿之西北琼花树旁筑“无双亭”。蕃釐观经历代重修、整修，曾有石牌坊、三清殿、弥罗宝阁、文昌祠、深仁祠、竹轩花亭、芍药厅等建筑。后观内建筑屡遭破坏，蕃釐观古迹荡然无存。1993 年起，扬州市修复蕃釐观，在旧址上先后修复蕃釐观、无双亭和琼花台，移建三清殿，建琼花园。

陵园

■汉陵苑 汉陵苑位于市区平山堂东路 98 号，又名汉广陵王墓博物馆，系由高邮天山搬迁复原而成，占地 2.7 公顷，为省级文物保护单位、国家 AAA 级旅游景区。汉陵苑主要展示西汉第一代广陵王刘胥及其王后的木椁墓。两座墓同属于帝胄级“黄肠题凑”式木椁墓，规模宏大，结构严谨，是中国罕见的大型汉代墓葬遗存，有 2000 多年的历史。苑内地形起伏，建筑古朴雄浑，林木葱郁，绿草如茵，是融文物与园林为一体的汉文化展示中心。

■隋炀帝陵 隋炀帝陵位于扬州城北，邗江区槐泗镇雷塘北侧，占地 3 公顷，为省级文物保护单位。帝陵由石牌楼、陵门、城垣、石阙、侧殿、墓冢等组成。墓冢为平顶金字塔形，墓前立有巨型墓碑。隋大业十四年(618),炀帝杨广在江都被宇文化及缢杀,初殡于江都宫流珠堂,后葬于吴公台下,最终改葬雷塘。清嘉庆十二年(1807),大学士阮元为其立碑建石,扬州知府伊秉绶隶书“隋炀帝陵”。

■普哈丁墓园 普哈丁墓园位于市区文昌中路167号,古运河东岸、解放桥东南,俗称巴巴窑,又称回回堂,为全国重点文物保护单位。始建于南宋德祐元年(1275),明清时多次重修,新中国建立后亦多次修缮。墓园由清真寺、墓区、园林三部分组成,占地1.5公顷,建筑面积800平方米。大门西向,临古运河,拱形门上嵌“西域先贤普哈丁之墓”石额一方。清真寺坐西朝东,面阔五楹,殿内抱厦后沿设窑窝。墓区门额题“天方矩矱”,意为阿拉伯楷模人物。墓园内有清光绪三十四年(1908)《先贤历史记略》碑。相传普哈丁为伊斯兰教创始人穆罕默德十六世裔孙,南宋咸淳年间在扬州传教,并建仙鹤寺。墓园内陆续葬有宋、明、清代其他西域先贤、虔诚教徒等。

其他景区

■茱萸湾风景区 茱萸湾风景区位于市区东北湾头镇,面积约50公顷,1982年始建,为国家AAAA级旅游景区。茱萸湾风景区三面环水,是一座融自然风光、人文景观、植物和动物观赏、现代游乐为一体的半岛型生态动植物园,景区内建有华东地区一流的动物散养观赏区。环岛建有8千米的运河风光带,有季节特征明显的植物林带及各类花卉观赏园。

■凤凰岛生态旅游区 扬州凤凰岛生态旅游区位于扬州城区东北泰安镇,邵伯湖南端与京杭大运河相接的湖口处,是首批国家级农业旅游示范点和省级森林公园。138平方千米的邵伯湖水面上,漂浮着8个柳叶般的岛屿。这里江、河、湖相连,水天相望,岛上草深林密、杂树生花;水边芦花飞扬,禽鸟相逐,是江淮平原上自然生态环境保持最为完好的平原-湖泊类型湿地景观。

■竹西公园 竹西公园位于城北黄金坝桥东北角,取唐朝诗人杜牧《题扬州禅智寺》“谁知竹西路,歌吹是扬州”诗意命名,占地8.67公顷,其中水面约占60%,为江苏省二级园林绿化企业。公园分园前区、娱乐活动区、山湖区、庭园区和生产区等5个区域,建有竹西精舍、仿古六角双檐竹西亭、流芳桥、留芳亭等。

■荷花池公园 荷花池公园位于市区荷花池路,占地11.37公顷,其中水面约占一半。公园原名南池、砚池,因池中广植荷花,故名荷花池。园内曾有明清名园——影园、九峰园及“砚池染翰”等名胜古迹。清嘉庆朝后园渐圮,咸丰年间废而不存。扬州市1981年始建“南部水上公园”,即荷花池公园,1997年10月建成开放,2003年10月成为全面敞开式免费公园。公园分为九峰园景区、影园遗址区和娱乐服务区。

市花 市树 市歌

■琼花 1985年7月18日,扬州市第一届人民代表大会常务委员会第十六次会议决定,扬州市市花为琼花。

琼花属忍冬科荚蒾属,是一种落叶或半常绿灌木,高可达数米。

琼花的枝条多呈灰黑色,幼枝、芽、叶柄均有灰白色或黄白色的垢屑状星状毛。叶对生,卵形、椭圆形或卵状长圆形,长5~11厘米,边缘有细齿,表面疏生星状柔毛,背面密生星状柔毛。每年4月中下旬开花,5月上中旬终花。花为大型聚伞花序,由大型不孕花和两性小花两部分构成。大型不孕花多为8朵,分布于花序周围,也偶有7朵、9朵、10朵甚或更多者。花冠直径约3.2~4.5厘米,最大可达7厘米,每朵5瓣,初开芽绿色,渐转黄白色,盛开全白色;花序中间簇生的数十朵乃至近百朵两性小花朵花冠轮状,白色,直径仅7~10毫米,亦分5瓣,有雄蕊5枚(黄色)、雌蕊1枚,子房下位。两性小花有奇香。大型不孕花比两性小花早开7天左右,凋落亦比两性小花早。如遇秋季气温回升或暖冬天气,可二度开花。琼花果实由两性小花受粉后形成,初时青绿,继而米黄,再转暗红,最后紫黑,百果成簇,每粒长约10~12毫米,宽约7~8.8毫米,呈扁平、椭圆形。

琼花性强健,喜光、喜肥,较耐阴寒,不耐水渍,不耐干旱。用播种、嫁接、扦插和压条等方法均能繁殖。

■芍药 2005年1月5日,扬州市第五届人民代表大会常务委员会第十二次会议决定,增补芍药为扬州市市花。

芍药为毛茛科芍药属多年生宿根草本植物。有肉质的粗大主根,茎丛生,茎和叶梗有紫红和绿色两种。叶互生,二回三出复叶,小叶三裂,呈尖椭圆形。花蕾单生于分枝顶端,立夏前后开花。花大而艳丽,有单瓣或重瓣,花型多样,花色或红、或白、或紫、或黄,很多品种都能散发芳香。

芍药喜温和、较干燥的气候,喜肥、耐寒、耐旱、耐阴,宜植于土层深厚、排水良好、疏松肥沃的沙质土壤。

芍药又称“将离”,古代男女交往中会赠送芍药,以表达结情之约或惜别之情。芍药的别名还有没骨花、余容、犁食、婪尾春、黑牵夷等。芍药根可入药,味微苦,有镇痛等功效。

市花芍药　　晚报/供稿

芍药在中国有3000多年的栽培史。历史上,扬州的芍药闻名遐迩,一度与洛阳牡丹齐名,早有“扬州芍药甲天下”之誉。据记载,扬州芍药栽培始于隋唐,盛于宋代,衰于元明,复兴于清代。宋时,蜀冈禅智寺、龙兴寺等寺院都大量栽培,朱氏南北两圃植芍药五六万丛,盛极一时。

■银杏 1985年7月18日,扬州市第一届人民代表大会常务委员会第十六次会议决定,扬州市市树为银杏、柳树。

银杏,裸子植物门、松柏纲、银杏目、银杏科、银杏属,落叶乔木,叶扇形,雌雄异株,为距今1.5亿年左右的侏罗纪孑遗植物,国内栽培颇多,是珍贵果树和绿化观赏树种。繁殖用实生和分蘖。果实杏形,因附有白粉而得名。又因果色、叶形和结果迟而被称为白果、鸭脚和公孙树。树龄极长,可千年以上。

银杏全身是宝。其果仁富含淀粉、脂肪、蛋白质、维生素、糖、纤维素和矿物质,是健身营养补品;又可入药,性平、味苦,有小毒,功能敛肺定喘,主治痰哮喘咳、遗精带下、尿频等症。叶可提取有效成分制药,用于治疗心血管系统疾病。果皮可提取栲胶。木质轻软细密,不易变形,是建筑、雕刻、制作家具和工艺品的上等木料。银杏在扬州各县(市、区)均有种植。

■柳树 柳树,杨柳科柳属植物,落叶乔木或灌木。叶多狭长,雌雄异株。春天开花,其种子包裹在柳絮中,随风飘扬,遇土即活,繁殖极易,常用桩、枝扦插。枝条柔韧,自然下垂,随风飘舞,婀娜多姿,为历代文人墨客吟咏绘画的题材。

■《茉莉花》 2003年3月21日,扬州市第五届人民代表大会常务委员会第一次会议决定,扬州市市歌为扬州民歌《茉莉花》。

扬州是民歌《茉莉花》最早的主传唱地区之一,已有数百年历史。歌词是:好一朵茉莉花,好一朵茉莉花,满园花草香也香不过它;我有心采一朵戴,看花的人儿要将我骂。好一朵茉莉花,好一朵茉莉花,茉莉花开雪也白不过它;我有心采一朵戴,又怕旁人笑话。好一朵茉莉花,好一朵茉莉花,满园花开比也比不过它;我有心采一朵戴,又怕来年不发芽。

国民经济和社会发展

■概述 2012年,全市地区生产总值(当年价)2933.20亿元,按可比价计算,比上年增长11.7%。其中,第一产业增加值205.19亿元,增长5.2%;第二产业增加值1554.46亿元,增长12.1%;第三产业增加值1173.55亿元,增长12.1%。全市人均地区生产总值65692元。三次产业结构由上年的7.0∶54.3∶38.7调整为7.0∶53.0∶40.0。居民消费品价格指数102.6,比上年上涨2.6%。其中,消费品价格上涨3.2%,服务项目价格上涨1.3%。全年商品零售价格总指数102.2。 (杨 桐)

■农业 全市农林牧渔业总产值369.08亿元,增长11.7%。粮食总产量308.3万吨,增产2.7万吨,增长0.9%。全年生猪出栏137.84万头,家禽出栏4618万只,分别增长1.0%、8.2%;生猪存栏75.24万头,家禽存栏1588.66万只,分别增长1.5%、4.6%;生产猪肉10.51万吨、禽肉8.14万吨、禽蛋13.98万吨,分别增长1.1%、10.3%和4.8%。全市有水产养殖面积7.67万公顷,其中特种水产养殖面积6.68万公顷,水产品产量39.2万吨。有渔业专业合作组织267家,比上年增加20家。

新增设施农业8933.33公顷、设施渔业3600公顷、高标准农田1万公顷。县级以上农业龙头企业销售收入、利润分别增长23.3%、20.0%。全市有经工商登记的农民专业合作社3581个。市区新建“菜篮子”基地166.67公顷。 (杨 桐)

■工业 全市2600家规模以上工业企业完成总产值7342.4亿元,增长14.7%。全市有产值超过1亿元的企业1215家,比上年增加16家,其中产值100亿元以上企业6家、50亿～100亿元企业13家、30亿～50亿元企业16家、10亿～30亿元企业90家、5亿～10亿元企业126家、1亿～5亿元企业964家;累计完成产值6669.7亿元,占全市规模以上工业总产值的90.8%。

“三新”(新光源、新能源、新材料)产业规模以上企业完成工业总产值976.2亿元,比上年增长21.6%,高于全市规模以上工业产值增幅6.9个百分点。其中,86家新材料企业完成产值378.6亿元,增长27.3%;69家新光源企业完成产值319.7亿元,增长30.6%;61家新能源企业完成产值277.9亿元,增长6.6%。

机械装备、石油化工、汽车及零部件、船舶及配套件等四大支柱产业规模以上企业完成工业总产值4283.4亿元,增长12.8%,占全市规模以上工业总产值的58.3%。其中,机械装备产业完成产值1651.0亿元,增长15.9%;石油化工产业完成产值1403.7亿元,增长7.5%;汽车及零部件产业完成产值584.9亿元,增长27.0%;船舶及配套件产业完成产值643.8亿元,增长6.3%。

全市规模以上工业企业主营业务收入6980.7亿元,增长12.6%;利税总额815.1亿元,增长14.7%;利润总额471.9亿元,增长14.2%。

全社会用电量173.63亿千瓦时,增长3.8%;其中工业用电量123.20亿千瓦时,增长1.0%。

(杨 桐)

■建筑业 全市建筑企业完成总产值2241.78亿元,增长18.1%。房屋建筑施工面积1.77亿平方米,增长14.2%;竣工面积7507.02万平方米,增长9.2%;竣工产值1863.47亿元,增长23.2%。 (杨 桐)

■固定资产投资 全市完成固定资产投资1783.65亿元,增长20.9%。其中,城镇规模以上项目投资1104.77亿元,增长21.5%;农村规模以上项目投资443.03亿元,增长20.3%。全市第一产业完成投资

17.91亿元，增长11.5%；第二产业完成投资1063.34亿元，增长17.0%；第三产业完成投资702.40亿元，增长27.6%。全市有投资规模1亿元以上在建项目344个，增长38.2%，占全市在建项目的18.6%；计划总投资1410.9亿元，增长11.0%，占全市项目计划投资总量的63.7%；完成投资853.8亿元，增长91.8%，占全市项目实际投资总量的55.2%。（杨　桐）

■房地产业　全市房地产开发投资235.84亿元，增长19.3%。其中，住宅建设投资181.71亿元，增长12.9%；商业营业用房建设投资25.91亿元，增长41.6%；办公楼建设投资8.15亿元，增长5.6%；其他用房建设投资20.07亿元，增长87.5%。全市商品房施工面积1794.22万平方米，增长11.7%；其中新开工面积666.59万平方米，增长0.8%。商品房竣工面积559.64万平方米，增长32.6%。商品房销售面积601.91万平方米，增长9.0%。（杨　桐）

■邮政通信　全市邮政业务收入5.07亿元，增长10.7%；通信业务收入40.42亿元，增长6.85%。年末有电话用户626.86万户，其中移动电话用户490.95万户，分别增长4.18%、7.59%；有互联网宽带接入用户87.47万户，下降0.55%。（杨　桐）

■交通运输　全市公路、水路完成货运总量1.22亿吨、货运周转量252.71亿吨千米，分别增长10.2%、11.5%；完成客运量8908.3万人次、旅客周转量58.20亿人千米，分别增长8.7%、9.0%。港口货物吞吐量8822万吨，增长4.4%；集装箱吞吐量41.1万标箱，下降0.6%。铁路完成货运量11.53万吨、客运量121.62万人次。机场完成货邮吞吐量1510吨、旅客吞吐量24.73万人次。年末全市公路里程1.03万千米（新增75.19千米），其中高速公路里程317.82千米（新增51.25千米）。全市年末汽车拥有量83.13万辆，其中私人汽车拥有量28.39万辆（其中私人轿车拥有量19.36万辆）。（杨　桐）

■国内贸易　全市社会消费品零售总额967.87亿元，增长14.4%。其中，批发业零售额123.37亿元，增长14.8%；零售业零售额747.78亿元，增长13.3%；住宿业零售额11.77亿元，增长21.9%；餐饮业零售额84.95亿元，增长23.4%。城镇消费品零售额902亿元，增长14.5%；乡村消费品零售额65.8亿元，增长13.5%。限额以上批发和零售企业中，食品、饮料、烟酒类零售额36.2亿元，增长6.8%；服装、鞋帽、针纺织品类零售额26.9亿元，增长6.6%；日用品类零售额9.2亿元，增长4.8%；化妆品类零售额5.1亿元，增长11.8%；金银珠宝类零售额11.5亿元，增长11.6%；家用电器和音像器材类零售额28亿元，下降16.8%；汽车类零售额118.8亿元，增长12.8%。（杨　桐）

■旅游业　2012年，全市接待境内外游客3638.49万人次，增长12.7%；实现旅游总收入435.23亿元，增长17.4%。其中，接待国内游客3572.47万人次、入境游客66.02万人次，分别增长12.8%、6.1%；国内旅游收入392.50亿元，旅游外汇收入5.59亿美元，分别增长18.9%、6.8%。全市有星级饭店65家、各类旅行社126家。（杨　桐）

■财政　全市财政总收入554.51亿元，增长10.7%；公共财政预算收入225.0亿元，增长3.2%。全年税收收入180.61亿元，增长16.2%，占公共财政预算收入的80.3%。其中，增值税28.79亿元，增长7.1%；营业税59.64亿元，增长39.0%；企业所得税19.71亿元，下降10.0%；个人所得税6.12亿元，下降9.3%。全市公共财政预算支出284.80亿元，增长1.6%，其中一般公共服务支出40.20亿元、教育支出55.04亿元、科学技术支出9.80亿元、社会保障和就业支出20.23亿元、医疗卫生支出18.63亿元、节能环保支出6.74亿元。（杨　桐）

■金融　全市金融机构年末人民币存款余额3310.84亿元，比年初增长17.5%；其中储蓄存款余额1697.51亿元，增长18.9%。年末人民币贷款余额2006.50亿元，比年初增长16.8%。其中，短期贷款余额1065.82亿元，增长27.3%；中长期贷款余额865.61亿元，增长5.0%。个人消费贷款387.14亿元，比年初增长10.7%。全市各类保险机构实现保费收入74.2亿元，增长1.7%。其中，财产险保费收入20.46亿元，增长16.2%；人身险保费收入53.74亿元，下降2.9%。保险赔款支出14.34亿元，增长56.38%。其中，财产险支出12.44亿元，增长65.8%；人身险支出1.90亿元，增长13.7%。全市19户证券公司营业部累计开户33.01万户，保证金余额13.28亿元，当年流入股市资金6.98亿元，证券交易额2273.35亿元，其中股票交易额1727.76亿元、基金交易额31.77亿元。（杨　桐）

■对外国及港澳台地区经济　全市实际利用外资及港澳台资（简称外资）21.38亿美元，增长1.7%。全年批准外资项目413个，协议注册外资42.69亿美元；其中新批项目267个，协议外资37.64亿美元。新批项目中，协议注册外资1000万美元以上项目66个，投资总额17.07亿美元，注册外资8.26亿美元，增长8.4%。新引进世界500强企业10家。

全市完成进出口总额101.73亿美元，增长0.2%。其中，出口81.72亿美元，增长11.6%；进口20.0亿美元，下降29.3%。从贸易结构看，一般贸易出口额58.30亿美元，增长38.4%；加工贸易出口额22.64亿美元，下降22.7%。从出口产品结构看，化学化工制品、纺织原料与纺织制品、船舶、液晶显示面板与电子纸、钢管出口额居前五位，分别为8.20亿美元、7.01亿美元、6.30亿美元、4.62亿美元和3.66亿美元。从出口市场结构看,对欧盟出口19.34亿美元,增长24.0%;对美国出口14.84亿美元,增长22.2%;对非洲、韩国和东盟出口分别增长171.5%、30.0%和28.9%。

全市完成外经营业额4.18亿美元,增长20.0%。期末在外劳务人员6647人,下降21%。新批境外投资项目14个,协议投资额1773万美元。

(杨 桐)

■科技创新 全市完成高新技术产业产值3198.44亿元,增长17.8%,占规模以上工业总产值的43.5%。全年新增国家高新技术企业58家(累计336家)、省创新型领军企业入库企业10家,新认定省级以上高新技术产品795个。新增“两站三中心”(企业院士工作站、博士后科研工作站,工程技术研究中心、企业技术中心、工程研究中心)82个(累计304个)。全市申请专利1.90万件,其中发明专利4222件,分别增长31.4%、33.9%;获专利授权8091件,其中发明专利授权482件,分别增长51.4%、69.7%。西安交通大学扬州科技园建成开园,扬州七二三文化科技园落成,东南大学扬州科技园和研究院启动建设。省政府正式批复邗江经济开发区更名为江苏省扬州高新技术产业开发区,江都区获批列入国家知识产权强县工程试点县。全市有省级以上高新技术孵化器孵化面积65.4万平方米,在孵企业592家,当年毕业企业40多家。 (杨 桐)

■文化 健全公共文化服务体系,开展文化惠民活动。新建村级文化广场300个,新实施文化博览城建设项目7个,大运河申报世界文化遗产文本预提交世界遗产中心。举办世界运河名城博览会暨世界运河大会。曲艺中篇《盛世红伶》获中国曲艺牡丹奖节目奖,木偶剧《琼花仙子》获国际木偶节最佳剧目奖。2012年末,全市有有线电视用户111.43万户、数字电视用户90.2万户。 (杨 桐)

■教育 全市有普通高校7所、普通中学170所、小学215所、幼儿园285所。全市幼儿园毛入学率98.5%,义务教育入学率100%,高中阶段教育毛入学率100%,高考本二以上达线率50.6%。全市有普通高校在校生7.26万人、普通中学在校生19.79万人、小学在校生22.44万人。新招“宏志班”24个。南京邮电大学通达学院到扬州办学。育才小学东区校建成招生。全年创成江苏省教育现代化建设先进县(市、区)2个,创成省四星高中2所、省优质幼儿园13所、中等职业教育省级品牌和特色专业9个。 (杨 桐)

■卫生 提升城乡社区卫生服务机构服务能力,推进“15分钟医疗急救圈”建设。年末有各类卫生机构1903个,其中医院、卫生院141所。各类卫生机构有病床1.77万张,其中医院、卫生院病床1.58万张;有卫生技术人员2.11万人,其中执业(助理)医师8818人、注册护士8240人。医院入院与出院诊断符合率99.2%。新型农村合作医疗(简称新农合)保障水平提升,全市新农合人均筹资额300元,参合率99.8%。 (杨 桐)

■体育 加强健身场所建设,推进全民健身计划。更新、维护健身设施600套。举办2012年中国扬州鉴真国际半程马拉松赛、第三届环高邮湖(国际)自行车赛等2项国际赛事,2012全国半程马拉松锦标赛、2012全国花样游泳冠军赛、2012全国男子篮球联赛扬州赛区比赛、2012年全国艺术体操锦标赛等4项全国比赛。中国扬州鉴真国际半程马拉松赛被国际田联授予“金标赛事”称号。扬州市获江苏省体育强市称号。

(杨 桐)

■城乡建设与生态环境 实施沿江地区融合发展行动计划,优化重大基础设施和产业布局,推进沿江各市(区)组团之间及沿江各区域内部融合。完善新城西区城市副中心功能。推进瘦西湖隧道等重大基础设施建设,友谊路拓宽改造工程竣工通车,文昌路东延及广陵大桥、仙女庙大桥基本建成。推进“清水活水、不淹不涝”城市建设,完成6条河道生态清淤工程,整治积水路段14个。推进古城保护,东关历史文化街区通过国家AAAA级景区验收。扬州国际展览中心二期工程建成,西部客运枢纽工程开工。开发利用地热资源,扬州被国土资源部命名为“中国温泉之城”。推进城镇化工作,全市城镇化率58.8%,市区建成区面积128平方千米。全市人均城市道路面积19.04平方米、人均公共绿地面积14.55平方米。

全市造林5872公顷,其中成片造林3835公顷,森林覆盖率20.5%。扬州市国家生态市创建工作通过国家级考核验收,江都区、邗江区、宝应县、高邮市国家生态县(市、区)创建工作通过国家考核,仪征市国家生态市创建工作通过国家评估,全市72个涉农乡镇通过国家级生态乡镇考核。市区空气质量优良天数322天,城市饮用水水源地水质达标率100%。实施“美好城乡建设行动”,疏浚、整治农村河道、河塘,完成村庄整治任务,新创建成省三星级“康居乡村”60个、市级“优美乡村”10个。全年实施节能技术改造项目129个、循环经济项目39个、减排项目171个,淘汰落后用能设备2232台(套),关闭“五小”(小电镀、小化工、小水泥、小冶炼、小砖瓦)企业104家。

(杨 桐)

■人民生活和社会保障 城市居民人均可支配收入28001元,增长13.0%;人均消费性支出17550元,增长9.7%。城市居民人均住房建筑面积38.02平方米,百户家庭移动电话、电脑拥有量分别为221部、106台。城市居民恩格尔系数38.4%。农村居民人均纯收入12686元,增长13.1%;人均消费性支出8714元,增长11.8%。农村居民人均住房面积50.18平方米,百户家庭电话、电脑拥有量分别为341部、57台。农村居民恩格尔系数36.5%。

全市新增城镇就业6.81万人,新增转移农村劳动力4.43万人,新建创业孵化基地16个。年末城镇登记失业率2.4%。企业职工养老保险净增缴费人数5.72万人，年末参保人数92.97万人；城镇职工基本医疗保险净增缴费人数1.93万人，年末参保人数107.45万人；城镇居民基本医疗保险年末参保人数55.93万人，参保率98%以上；城乡居民养老保险年末参保人数104.47万人，参保率99.8%；被征地农民社会保障覆盖率100%。落实提高企业退休人员养老金政策。城镇职工和城镇居民医保政策范围内住院支付比例分别为82%、70%。全年保障性住房建设投资21.6亿元，施工面积138.6万平方米；新开工建设各类保障房1.63万套120.8万平方米；当年竣工4433套。（杨　桐）

■扬州市综合竞争力列全国第39位　5月21日，中国社会科学院发布《2012年中国城市竞争力蓝皮书：中国城市竞争力报告》。2012年的中国城市竞争力蓝皮书以“竞争力：筚路十年铸一剑”为年度主题，总结中国城市竞争力的研究和实践。报告显示，扬州市在全国294个地级以上城市综合竞争力排名中列第39位，比上年上升5位；比较294个城市10年综合竞争力指数变化情况，在竞争力提升最快的前50个城市中，扬州市列第37位。（杨　俭）

精神文明建设

■概述　加强社会主义核心价值体系建设，建立覆盖社会所有人群的城市荣誉体系。开展“存好心、做好事、当好人”主题活动，组织第二届“十大扬州好人（道德模范）”评选，放大“扬州好人”效应。开展“弘扬‘三创三先’精神，争当‘三个扬州’先锋”（弘扬“创业创新创优、争先领先率先”的新时期江苏精神，争当“创新扬州、精致扬州、幸福扬州”建设先锋）主题教育活动。启动新一轮全国文明城市创建工作，通过2012年度全国城市文明程度指数测评。启动2011－2012年度扬州市文明行业（单位、村镇、社区）申报工作。组织窗口行业开展文明优质服务百日竞赛活动，评选出“文明示范窗口”32个、“文明服务标兵”44人、“文明优质服务品牌”11个。开展道德领域突出问题专项整治活动。推进志愿者服务活动。市志愿者协会形成11个分协会、24个直属专业总队，有“学雷锋”志愿服务队500多支。深化“文明交通志愿服务行动”、“关爱空巢老人四大志愿服务活动”、关爱农民工“温暖大行动”、农民工春晚以及助残等品牌活动。扬州广电总台新闻女生志愿服务团获“全国优秀志愿组织”称号，5人获“全国优秀志愿者”称号。加强未成年人思想道德建设，扬州市被中央精神文明建设指导委员会授予“第三届全国未成年人思想道德建设工作先进城市”称号，《人民日报》、新华社、《光明日报》等中央媒体集中报道扬州市未成年人思想道德建设工作经验。（赵雪艳）

■社会主义核心价值体系建设　巩固文明城市创建成果，开展“存好心、做好事、当好人”主题活动。市精神文明建设指导委员会办公室（简称市文明办）评选、表彰第二届“十大扬州好人（道德模范）”。全年推出“中国好人榜”好人徐茂舜、许祯祯，“最美乘客”陆学华，“诚信油条哥”黄德宏等“扬州好人”200多人，以及“诚信中学生”徐砺寒等美德少年。2月，组织开展“扬州画家画‘扬州好人’”活动，在市文化馆展出宣传“扬州好人”的书画作品100多幅。组织开展“弘扬‘三创三先’精神，争当‘三个扬州’先锋”主题教育活动。集中宣传江苏省“三创三先之星”周维忠、张福龙和全国模范法官郭祝山先进事迹，召开第十个“公民道德宣传日”先进典型座谈会。开展道德领域专项教育和治理活动。组织“文明交通”“共建诚信家园、同铸食品安全”“文明餐桌”等活动，开设“道德讲堂”166个，设立社会公益宣传牌1000多块，向市民发送文明短信。市文明办会同工商、卫生、教育、交通运输等部门联合推荐“医德之星”“师德之星”“诚信之星”“的士之星”“窗口服务明星”等“五星”典型100人。组织开展“我们的节日”群众性文化活动。“我们的节日——留根铸魂行动”获中央文明办未成年人思想道德建设创新奖工作案例和省文明办创新案例一等奖。（潘　莉）

■文明创建　市文明办组织开展2011－2012年度扬州市文明行业（单位、村镇、社区）申报评选工作，扬州市园林管理局等588家单位、扬州邮政系统等40个行业、广陵区李典镇等36个乡镇、江都区仙女镇横沟村等90个村、邗江区双桥街道康乐社区等66个社区入选。组织窗口行业开展文明优质服务百日竞赛活动，评选出“文明示范窗口”32个、“文明服务标兵”44人、“文明优质服务品牌”11个。推进农村精神文明建设。推荐省级农村文明集市创建示范点5个。广陵区李典镇田桥村获首届“江苏最美乡村”称号。开展城乡结对共建文明工作，全市共结成城乡文明共建对子931个。出台《关于健全全国文明城市建设长效机制的意见》。8月26－28日，全国城市文明程度指数测评组通过实地考察、问卷调查、材料审核和网络（媒体）调查等4种方式，对扬州市进行测评。测评结果，在参加测评的地级全国文明城市中，扬州市文明程度指数列第13位，未成年人思想道德建设工作列第35位。（潘　莉）

■未成年人思想道德建设　实施未成年人思想道德建设“八大提升行动计划”（学校德育提升行动、家庭教育提升行动、社区教育提升行动、阵地建设提升行动、心理健康提升行动、文化环境提升行动、品牌活动提升行动、队伍建设提升行动）。开展“做一个有道德的人”主题教育活动、“向国旗敬礼”、小学新生入学仪式、十八岁成人仪式、经典诵读等活动。开展优秀童谣征集评选活动，征集童谣作品近1000首，评选出扬州市优秀童谣20首。在第三届全国优秀童谣征集评选活动中，扬州市获三等奖1个、优秀奖2个。推进各地乡村学校少年宫、县（市、区）未成年人成长指导中心和主题教育馆以及社区青少年活动中心等青少年校外活动场所建设。全市6个县（市、区）均建成未成年人成长指导中心，所有乡镇均建成1个乡村学校少年宫。开展“七彩的夏日”“缤纷的冬日”等未成年人假期系列活动80多项，关注留守、流动儿童。承办中央文明办“中华长歌行——我们的节日·端午”活动。（潘 莉）

■**志愿服务** 市精神文明建设指导委员会制定《关于深入开展“学雷锋，关爱他人、关爱社会、关爱自然”志愿服务活动的实施意见》，落实志愿者注册登记和考核制度。抓好市级以上文明单位“学雷锋”志愿服务队、网络文明传播工作。全市有“学雷锋”志愿服务队500多支。结合元旦、春节、中秋、世界运河名城博览会等重大节庆，组织开展“红红火火过大年”“学习雷锋好榜样”“敬老爱老”“沿运河历史文化保护”“‘12·5’国际志愿者日”等系列志愿服务活动。经推荐，表彰市优秀志愿服务组织20个、市优秀志愿者100人，江苏省优秀志愿组织2个、江苏省优秀志愿者8人，全国优秀志愿服务组织1个、全国优秀志愿者5人。（袁 岷 潘 莉）

组织机构及负责人

中国共产党扬州市委员会

书 记 谢正义(2月14日任)
副书记 谢正义(2月14日止)
朱民阳(4月6日任)
赵 旻(7月13日免)
赵晓江(正市级,7月13日任)
常 委 丁 纯 张跃进 张爱军
袁秋年 卢桂平
王松林(2月29日免)
陈 扬
程裕松(5月18日免)
王智永(挂职,1月18日任)
袁启俊(2月29日任)
姚苏华(5月18日任)
秘书长 卢桂平(兼,5月3日免)
陈 扬(兼,5月3日任)
副秘书长 王 敏(女,兼) 沙志芳
夏正祥(正处级,8月19日免)
单启宁(兼,6月6日免)
马 宁(女,兼)
韩 劬(兼)
平志明(8月19日免)
肖卫东
黄为民(兼,6月6日任)
许德奎(12月28日任)

市委工作机构、直属单位

市委办公室
主 任 沙志芳(兼)
副主任 许 明(6月6日免)
殷元松(正处级)
许德奎(12月28日免)
高 民(6月6日任,试用期1年)
李刘杰(10月15日任,试用期1年)
市委研究室（与市委办公室合署办公）
主 任 肖卫东(兼,3月28日任)
副主任 徐永泰
徐宏宇(6月6日任,试用期1年)
市委组织部
部 长 丁 纯(兼,6月30日免)
张爱军(兼,6月30日任)
常务副部长 张长金(女)
副部长 臧 民(兼) 徐 龙
马顺圣(10月15日免)
市委宣传部（挂“市精神文明建设指导委员会办公室”牌子）
部 长 袁秋年(兼,5月3日免)
卢桂平(兼,5月3日任)
常务副部长 丁 毅
副部长 陆苏华(兼,8月19日免)
叶冠军
陈征宇(兼,10月15日任)
王根宝(兼,10月15日免)
董 雷(兼,10月15日免)
夏洪春
季培均(兼,8月19日任)
李继业(兼) 李广春(兼)
市精神文明建设指导委员会办公室
主 任 李继业(兼,3月27日免)
李广春(8月19日任)
副主任 强学民 卫 军 徐歌平
市委统一战线工作部
部 长 杨明荣(兼,10月15日免)
仲 生(10月15日任)
常务副部长 李明安(8月29日任)
副部长 陈云观(兼,6月6日免)
王 坚(女,12月28日免)
赵振东(兼)
许 明(兼,6月6日任)
吴庆春
市委政法委员会（挂“市依法治市领导小组办公室”“市社会管理综合治理委员会办公室”牌子）
书 记 陈卫庆(兼,5月3日免)
袁秋年(兼,5月3日任)
常务副书记 陈博文(10月15日任)
副书记 朱宗亚(10月15日免)
陈博文(10月15日止)
沈兴华(10月15日任)
政治部主任 周 宏(女)
市依法治市领导小组办公室
主 任 陈卫庆(兼,5月3日免)
袁秋年(兼,5月3日任)
副主任 陈博文(兼) 葛鸿翔
市社会管理综合治理委员会办公室
主 任 朱宗亚(兼,10月15日免)
陈博文(兼,10月15日任)
副主任 兰建华 徐 闽
市委农村工作办公室（挂“市政府农村工作办公室”牌子）
主 任 单启宁(6月6日免)
黄为民(6月6日任)
副主任 朱伯萍(女) 陈家根
陈晓明
市委台湾工作办公室
主 任 纪 凯
副主任 蒋清桃 蔡 平
崇玉强(12月28日任)
市委市级机关工作委员会
书 记 葛社清
副书记 郑晓雨 田 伟 周步祥
纪工委书记 郑晓雨(兼)
市机构编制委员会办公室
主 任 徐益民
副主任 房学明 焦立群(女)
市委老干部局
局 长 徐 萌(女)
副局长 万家祥 沈兆琼
市信访局
局 长 韩 劬
党组副书记 于万祥
副局长 于万祥(兼) 陆 明
刘 钢 佟家农

督查专员　尹晓斌
冯雪明(1月10日任)

＊市委保密委员会办公室

主　任　高海巍

市档案馆(挂"市档案局""市地方志办公室"牌子)

馆　长　宗金林
副馆长　万一芹(女)　柏桂林
马　俊
朱道宏(12月28日任)

市委党史办公室

主　任　王振宗
副主任　单杰华　黄文明
冯雅勤(12月28日任)

市委讲师团

团　长　夏洪春(兼)
副团长　丁新伯

市委党校

校　长　赵　旻(兼,8月19日免)
赵晓江(兼,8月19日任)
党委书记　林正玉(兼,副市级)
副校长　林正玉(兼,常务,副市级)
贾同跃
李存灵(3月28日任,试用期1年)
纪委书记　黄　波

＊全国党校系统扬州烹饪培训中心

主　任　空缺

扬州报业传媒集团(扬州日报社)

集团党委书记　王根宝(10月15日免)
陈征宇(10月15日任)
集团党委副书记　陈征宇(兼,10月15日止)
王岚峰(兼,10月15日任)
徐向明(正处级)
陈剑峰(正处级)
集团纪委书记　陈剑峰(兼,正处级)
集团有限公司董事长　王根宝(兼,10月31日免)
陈征宇(兼,10月31日任)
集团有限公司总经理　杨世春
集团有限公司副总经理　史康宁(兼)
扬州日报社社长　王根宝(兼,10月15日免)
陈征宇(兼,10月15日任)
扬州日报社副社长　陈征宇(兼,10月15日止)
史康宁
王岚峰(兼,10月15日任)
扬州日报总编辑　陈征宇(10月15日免)
王岚峰(10月15日任)
扬州日报副总编辑　周保秋(女)
张志虹(女)

＊扬州晚报社

总编辑　徐向明(兼,正处级)

＊扬州时报社

总编辑　袁文生

市委教育工作委员会

书　记　余如进(兼)
副书记　何明华(女,正处级,8月7日免)
夏正祥(兼,8月19日任)

＊接待办公室

主　任　马　宁(女)

扬州市人大常委会

主　任　王燕文(女,1月5日辞)
谢正义(6月30日当选)
副主任　桑光裕(女,6月30日止)
陈卫庆　孙永如
高瑞芹(6月30日止)
纪春明(6月30日当选)
王玉新(6月30日当选)
王　敏(女,1月14日当选)
王康华(6月30日止)
陈　勤(6月30日止)
秘书长　宗有刚(6月30日止)
林正玉(副市级,6月30日当选)
副秘书长　祁跃辉(正处级,5月30日免)
刘星驰
丁建民(女,正处级)
任新林(5月30日免)
何广陵(正处级,5月30日任)
阚成法(5月30日任)
杨学华(1月5日任,5月30日免)

市人大常委会办公室、研究室,各工作委员会

办公室

主　任　刘星驰(兼)
副主任　沈宏跃　陶建年　毕　刚
罗庆玖

＊信访室

主　任　朱正明(6月6日任)

研究室

主　任　唐文波
副主任　周　蕾(女,9月28日免)

内务司法工作委员会

主　任　张日才(1月5日免)
朱宏翔(1月5日任)

财政经济工作委员会

主　任　毛　奇(1月5日免)
单启宁(1月5日任)
副主任　顾元周

农村工作委员会

主　任　张安龙
副主任　阚成法(5月30日免)
王　平

教育科学文化卫生工作委员会

主　任　孙建成
副主任　金爱民(5月30日免)
江晓昀(女,5月30日任)

环境资源城乡建设工作委员会

主　任　宋建国(5月30日免)
杨学华(5月30日任)
副主任　鲁家德(11月30日免)
侯载铭(9月28日免)
周　蕾(女,9月28日任)

人事代表工作委员会

主　任　何广陵(5月30日免)
孙玉培(5月30日任)
副主任　陈明敏(女,1月5日免)
许金荣

民宗侨台外工作委员会

主　任　陈志宏
副主任　秦亚平(正处级,3月30日免)
郑国华

扬州市人民政府

市　长　谢正义(4月16日辞)
朱民阳(6月30日当选)
代市长　朱民阳(4月16日任,6月30日止)
副市长　朱民阳(4月16日任,6月

30日止）
张爱军（6月30日止）
丁　纯（6月30日当选）
纪春明（6月30日止）
王智永（挂职，3月30日任）
闻道才
王玉新（6月30日止）
董玉海
王少鹏（6月30日止）
陈　扬（1月14日辞）
孔令俊（1月14日当选）
张宝娟（女，5月30日任）
丁　一（6月30日当选）
秘书长　何金发
副秘书长　张耀武（12月29日免）
周正权（正处级，8月24日免）
杨　蓉（女，正处级，8月24日免）
王　骏（正处级）
王东升（兼，正处级）
吴顺文（正处级）
勾风诚（4月25日免）
汤天波（9月11日任）
吴振邦（兼，9月4日任）
仲衍书
王道霄（9月11日任）
许林灿（9月11日任）
王玉军（9月11日任）
姜开圣（8月24日免）

市政府工作机构

市政府办公室
主　任　张耀武（兼，12月29日免）
副主任　苏迎春（6月19日免）
宋振邦（兼）
张新钢（9月11日任）
雍有瑜
吴振邦（兼，9月4日免）
徐　静（女，9月11日任）
黄振宇（10月15日任，试用期1年）
市政府研究室
主　任　陈长新
副主任　李红卫
张新钢（9月11日免）
吴　军（6月6日任，试用期1年）
市政府金融工作办公室
主　任　张　彤（8月24日免）
副主任　程兆君（女）　戴　锋
市发展和改革委员会（挂“市经济协作办公室”“市服务业办公室”牌子）
主　任　李忠盛（8月21日止）
范天恩（8月21日任）
副主任　张曙升（6月19日免）
蒋　珊
洪庆生（10月31日免）
周　冰（女）　苏爱根（兼）
郭志咸（兼）　黄俊华
韩长金（10月15日任，试用期1年）
纪检组长　董兆芝
市经济协作办公室
副主任　卞　吉（10月31日任）
市服务业办公室
副主任　车国华（女）
市经济和信息化委员会（挂“市中小企业局”牌子）
主　任　刘在銮（8月21日止）
尤在晶（8月21日任）
副主任　王华平（4月25日免）
钱中声　杨福喜　林建明
赵宽安
陈江伟（10月15日任，试用期1年）
牛　强（挂职）
纪检组长　陈　军
市中小企业局
局　长　空缺
副局长　张云翔
市教育局
局　长　余如进（8月21日止）
夏正祥（8月21日任）
党委书记　余如进
党委副书记　夏正祥（兼，8月19日任）
副局长　穆光曙　周应华
王玉军（9月11日免）
匡成兰（女）
赵浩岭（10月21日任）
纪委书记　蒋仲林
市科学技术局（挂“市知识产权局”“市地震局”牌子）
局　长　申忠民（8月21日止）
杨　蓉（女，8月21日任）
副局长　蒋志远（兼）
戴日千（3月28日明确正处级）
张家来（2月16日任）
陈小浩　陈　星　赵松林
纪检组长　戴日千（兼，3月28日明确正处级，12月28日免）
魏德余（12月28日任）
市知识产权局
副局长　何业栋
市地震局
局　长　蒋志远
副局长　李凤如　方开宏
市公安局
局　长　王少鹏（兼）
党委副书记　刘重庆（兼）
杭建强（正处级）
副局长　刘重庆（兼）
李后生（正处级）
常和平（正处级）
丁小明（正处级，8月22日免）
翁国彦　张晓泓　姜扬生
刘　毅
纪委书记　秦雨花
政治部主任　基国平
市监察局（与市纪律检查委员会合署办公）
局　长　刘世奇（兼，8月21日止）
张　勤（女，兼，8月21日任）
副局长　蔡　蕾（女，兼）
戴前良（兼，8月24日免）
李　琪（女，兼，2月7日任）
李　锋
市民政局
局　长　顾　敏（8月21日止）
张　俐（女，8月21日任）
党委书记　顾　敏
党委副书记　张　俐（女，兼，8月19日任）
潘小宁
副局长　潘小宁（兼）　陈国祥
王振祥　陈晓星
纪委书记　毕顺元
***市老龄工作委员会办公室**
主　任　空缺
市司法局
局　长　阚肖虹
副局长　袁　明　丁玉祥
沈兴华（10月31日免）
王桂才（正处级，2月7日任）

郭鹏驰(10月15日任,试用期1年)
纪检组长 徐建新

市财政局
局 长 范天恩(8月21日止)
张 彤(8月21日任)
副局长 吴焱新(8月24日免)
高 阜 罗庆寿
郭 佳(女,10月15日任,试用期1年)
纪检组长 樊庆道(12月28日免)

市人力资源和社会保障局
局 长 臧 民
党委书记 周晓华
党委副书记 臧 民(兼)
副局长 周晓华(兼) 曹荣辉
吴 芳(女) 颜 军
钱 峰(2月16日任)
孙玉金
纪委书记 于瑞华(女,3月27日免)

市国土资源局
局 长 徐洪喜
副局长 汪庆湖 严 寒 吴志良
叶卫东 周国清
纪检组长 夷 彬
土地储备中心主任 伏年久

市规划局
局 长 汤卫华(8月21日止)
刘 流(女,8月21日任)
党组书记 汤卫华(8月19日免)
戴前良(8月19日任)
党组副书记 刘 流(女,兼,8月19日任)
副局长 刘 流(女,8月21日止)
戴前良(兼,8月24日任)
姚爱国 裴东伟
李建芳(10月15日任,试用期1年)
纪检组长 吴海波
总规划师 刘雨平

市城乡建设局(挂"市建筑工程局""市古城保护办公室"牌子)
局 长 杨正福
党委书记 杨正福(8月19日免)
刘晓明(8月19日任)
党委副书记 杨正福(兼,8月19日任)
副局长 郑 路(女) 徐惟涛
顾文鸣 耿 良 徐长金
纪委书记 肖 波

市古城保护办公室
主 任 郑 路(女,兼)
副主任 顾文鸣(兼) 叶善祥
薛炳宽

市建筑工程局
局 长 杨正福(兼)
副局长 成自勇

市城市管理局(挂"市城市管理行政执法局""市数字化城管监督办公室"牌子)
局 长 吴效安
副局长 王应福(正处级)
钱晓红(女) 朱从安
汤 勇 郭家驯 夏顺义
纪委书记 陈锡宽(1月10日任)

市数字化城管监督办公室
主 任 吴效安(兼)
副主任 王应福(兼,正处级)
王德伟

市住房保障和房产管理局
局 长 杨学华(1月5日免)
勾凤诚(3月30日任)
党组书记 杨学华(3月28日免)
勾凤诚(3月28日任,8月19日免)
陆苏华(8月19日任)
党组副书记 勾凤诚(兼,8月19日任)
副局长 魏旦晨 杨 云(兼)
徐志文 王 恺
刘忠华(2月16日任)
孙 蔚(女)
纪检组长 虞克宁

市交通运输局
局 长 蒋爱祥
党委书记 尹建平
党委副书记 蒋爱祥(兼)
黄为民(兼,正处级,6月6日免)
副局长 尹建平(兼) 江国勤
晏 明 徐 渊 徐 斌
纪委书记 马长辉

市水利局
局 长 李春国
党组书记 李春国(兼,8月19日免)
华阳明(8月19日任)
党组副书记 李春国(兼,8月19日任)
副局长 吴芝山 俞长健 杭学军
凌国栋

闫 伟(10月15日任,试用期1年)
纪检组长 徐卫宏

市农业委员会(挂"市农业资源开发局""市农业机械管理局""市林业局"牌子)
主 任 朱柏兴
副主任 周学金(兼) 肖鸣祥(兼)
张秀美 徐煜峰 吴永宏
严巧玲(女)
吉 琳(女,10月15日任,试用期1年)

市市林业局
局 长 朱柏兴(兼)
副局长 丁翠柏

市农业资源开发局
局 长 周学金
副局长 陆玉明 杨志海 顾加旺

市农业机械管理局
局 长 肖鸣祥
副局长 郭金平 殷立松

市商务局(挂"市口岸办公室"牌子)
局 长 周春光
副局长 万 军 倪锡宏 何 炜
陈 建 陈 清
纪委书记 彭如桂

市口岸办公室
主 任 万秀华(女)
副主任 张德云

市文化广电新闻出版局(挂"市版权局"牌子)
局 长 陆苏华(8月21日止)
季培均(8月21日任)
党委书记 颜志林
党委副书记 陆苏华(兼,8月19日免)
刘 俊(3月28日免)
季培均(兼,8月19日任)
副局长 颜志林(兼)
刘 俊(兼,4月25日免)
仲玉龙 周启云 张亚华
李政成
纪委书记 徐朝平

市版权局
局 长 陆苏华(兼,8月24日免)
季培均(兼,8月24日任)

市文物局
局 长 冬 冰
副局长 徐国兵

纪检组长　刘德广(1月10日任)

市申遗办

主　任　冬　冰(兼)

副主任　刘马根(兼)　姜师立

市卫生局

局　长　潘　惠(8月21日止)
　　　　杨　军(8月21日任)

党委书记　潘　惠

党委副书记　王　骏
　　　　　　杨　军(兼,8月19日任)

副局长　刘歆农(兼)
　　　　杨　军(8月21日止)
　　　　尹　亮
　　　　赵国祥(10月15日任,试用期1年)

纪委书记　王　骏(兼,12月28日免)
　　　　　刘　咏(12月28日任)

市体育局

局　长　王建台(3月30日免)
　　　　华德荣(3月30日任)

党组书记　王建台(6月6日免)
　　　　　刘　洁(女,8月19日任)

副局长　刘　洁(女,兼)　刘家荣
　　　　周　烈
　　　　陆永进(女,2月7日免)

纪检组长　桑育林

市人口和计划生育委员会

主　任　王鸣芳(女,8月21日止)
　　　　刘焕琴(女,8月21日任)

副主任　陈军波
　　　　刘焕琴(女,正处级,8月21日止)
　　　　尤传利　陈　雷
　　　　胡彩云(女,10月15日任,试用期1年)

纪检组长　吕所宝

市审计局

局　长　张　俐(女,8月21日止)
　　　　吴焱新(8月21日任)

副局长　蔡先建　袁竹青　李福祥
　　　　李永高

纪检组长　张　峰

总审计师　周春山(10月15日任,试用期1年)

市统计局

局　长　刘晓明(8月21日止)
　　　　潘学元(8月21日任)

副局长　徐　健　陈凤桂　刘网华

纪检组长　周玉清

市安全生产监督管理局

局　长　马　群(8月21日止)
　　　　熊佳芝(8月21日任)

副局长　戚安宝　林永志
　　　　秦文俊(10月15日任,试用期1年)

纪检组长　史美章

市食品药品监督管理局

局　长　华阳明(8月21日止)
　　　　平志明(8月21日任)

副局长　何秀珍(女,3月28日明确正处级,9月17日免)
　　　　谈法华　王海峰
　　　　陆志林(10月15日任,试用期1年)

纪检组长　王　睿

市环境保护局

局　长　金秋芬(女)

副局长　王和清　吴延龙　滕远东
　　　　陈修道　姚江潮

纪检组长　李盛钦

市旅游局

局　长　汤天波(8月21日止)
　　　　王志海(8月21日任)

副局长　王明宏　陈玲春(女)
　　　　毛卫东

纪检组长　姜秀志

市粮食局

局　长　李明安(8月21日止)
　　　　姜开圣(8月21日任)

党委副书记　周　军

副局长　沈荣训　马建荣　刘桂松

纪委书记　周　军(兼)

市物价局

局　长　潘建民

副局长　沈洪林　管兴余　管宏喜

纪检组长　张正华

市民族宗教事务局

局　长　陈云观(5月30日免)
　　　　许　明(5月30日任)

副局长　郑　阳　朱建明　薛　清

市民防局(挂"市人民防空办公室"牌子)

局　长　张　跃(8月21日止)
　　　　马　群(8月21日任)

副局长　段成宝　殷　杰　朱　元
　　　　侯载铭(9月11日任)

纪检组长　滕泽宏

市人民防空办公室

主　任　张　跃(兼,8月24日免)
　　　　马　群(兼,8月24日任)

市政府外事办公室(挂"市政府港澳事务办公室"牌子)

主　任　邓　清(女)

副主任　左为民
　　　　徐　静(女,9月11日免)
　　　　王玉琴(女,9月1日任,试用期1年)

纪检组长　蒋旭东

市政府港澳事务办公室

主　任　邓　清(女,兼)

市政府侨务办公室

主　任　朱路跃

副主任　方　军　王绍云

市政府法制办公室

主　任　朱宏翔(1月5日免)
　　　　刘　柏(5月30日任)

党组书记　朱宏翔(6月6日免)
　　　　　刘　柏(兼,6月6日任)

副主任　陈大山　厉海涛
　　　　高玉波(10月15日任,试用期1年)

市政府国有资产监督管理委员会

主　任　朱　林

副主任　徐佩宏　陈贵江　孔庆友
　　　　沈家宽

市级机关事务管理局

局　长　熊佳芝(8月21日止)
　　　　周正权(8月21日任)

副局长　肖庆安　范钦华　陈仁茂
　　　　张　林(10月15日任,试用期1年)

市园林管理局

局　长　张福堂(兼,8月21日止)
　　　　赵御龙(8月21日任)

党委书记　张福堂(兼,8月19日免)
　　　　　顾爱华(女,8月19日任)

党委副书记　顾爱华(女,8月19日止)
　　　　　　赵御龙(8月19日任)

副局长　顾爱华(女,兼,8月24日任)
　　　　张家仁(9月17日免)
　　　　赵御龙(8月21日止)
　　　　唐红军

纪委书记　张志安

市政府派出机构

市行政办事服务中心
主　任　张耀武(兼,9月11日免)
　　　　汤天波(兼,9月11日任)
党组副书记　王　强
副主任　王　强(兼)　倪旭平
　　　　郭有亮(6月6日任,试用期1年)
　　　　曹文明(2月7日任)
扬州经济技术开发区管理委员会
工委书记　孔令俊(7月15日免)
工委副书记　季允丰(兼)
　　　　李忠盛(正处级,8月29日任)
　　　　龚振志(正处级,10月15日免)
　　　　顾承斌(正处级)
主　任　季允丰
副主任　李忠盛(兼,正处级,9月11日任)
　　　　龚振志(兼,正处级,10月31日免)
　　　　施益香(女,正处级)
　　　　张连生(正处级)
　　　　洪　扬(女,3月17日免)
　　　　臧灿甲　康振宇(挂职)
纪工委书记　顾承斌(兼,正处级)
政法委书记　谢百川
组织部部长　陈国祥(3月28日任,试用期1年)
扬州化学工业园区管理委员会
工委书记　程　希(兼)
工委副书记　张震宇(兼)
　　　　王庆山(兼)
主　任　王庆山
副主任　邵　卫(兼)　匡　坚
　　　　吴　汛(女)
　　　　许林灿(9月11日免)
　　　　张宏康　唐　虎　韦　峰
　　　　陆永进(女,2月7日任)
纪工委书记　刘尚玉
扬州市新城西区管理委员会
工委书记　康盛君
主　任　康盛君(兼)
副主任　任秋平　印德明　张小辉
纪工委书记　颜　非
扬州市蜀-冈瘦西湖风景名胜区管理委员会
工委书记　姚苏华(兼,8月29日免)
　　　　张福堂(8月29日任)
工委副书记　张福堂(兼,8月29日止)
　　　　汤卫华(8月29日任)
　　　　徐宝林(12月26日免)
　　　　陈克祥
主　任　张福堂(9月11日免)
　　　　汤卫华(9月11日任)
副主任　刘马根　林宝荣　黄建灿
　　　　周长军(3月28日任,试用期1年)
纪工委书记　郭　坚

市直属单位

市供销合作总社
主　任　沈仁贵
副主任　卢爱生　徐兆书
　　　　陈正清(2月7日任)
纪委书记　王　宪(10月15日免)
扬州仲裁委员会秘书处
秘书长　刘　柏
副秘书长　胡士博　朱毅锴
扬州广电传媒集团(扬州广电总台)
集团党委书记　徐丽玲(女,3月27日免)
　　　　李继业(3月27日任)
集团党委副书记　陈韵强(兼)
　　　　吴黎宁
集团纪委书记　赵浩嵩
集团有限公司董事长　徐丽玲(女,4月18日免)
　　　　李继业(4月18日任)
集团有限公司总经理　陆建华
集团有限公司副总经理　周晓晓(女)
广电总台台长　徐丽玲(女,兼,4月18日免)
　　　　陈韵强(4月18日任)
广电总台副台长　陈韵强(兼,4月18日止)
　　　　陈里连
　　　　陆建华(兼)
　　　　周明涛
广电总台总编辑　陈韵强
***市住房公积金管理中心**
主　任　杨　云
党支部书记　王正凡
江苏里下河地区农业科学研究所
所　长　马谈斌
党委书记　陈秀兰(女)
党委副书记　马谈斌(兼)　戴正元
副所长　陈秀兰(女,兼)　苏建坤
　　　　周如美　李爱宏
　　　　吴宏亚(8月19日任,试用期1年)
纪委书记　戴正元(兼)
江苏省工人扬州疗养院
院　长　樊秉强
副院长　葛礼敏(女)　王淦宝

政协扬州市委员会

主　席　徐益民(6月29日止)
　　　　洪锦华(6月29日当选)
副主席　钱小平(女,1月13日止)
　　　　卜　宇(6月29日止)
　　　　杨明荣　王克胜
　　　　高　瑛(女,7月1日明确正厅级,6月29日止)
　　　　朱正海(6月29日止)
　　　　程吉林　王静成
　　　　王少鹏(6月29日当选)
　　　　刘在銮(1月13日当选)
　　　　倪士俊(6月29日当选)
　　　　朱　妍(女,6月29日当选)
秘书长　殷圣元
副秘书长　周晓晴(女,正处级,6月18日免)
　　　　董　雷(正处级,10月25日任)
　　　　李晓向　徐晓明
　　　　苏迎春(正处级,6月18日任)
　　　　沈红云(女,兼)
　　　　徐　跃(兼,6月29日任)
　　　　刘　文(女,兼,6月29日任)

市政协办公室、研究室,各专门委员会

办公室
主　任　徐晓明(兼)
副主任　聂永明　吴　军(女)
　　　　吴道根(5月28日任)

研究室

主　任　李晓向(兼)

副主任　王志年(10月25日免)

提案委员会

主　任　曹良福(6月18日免)
　　　　陈云观(6月18日任)

副主任　张耀武(兼,6月29日任,12月26日免)
　　　　朱　康(兼,6月29日止)
　　　　梅翠珍(女,兼,6月29日止)
　　　　王振祥(兼,6月29日任)
　　　　李　锋(兼,6月29日任)

经济科技委员会

主　任　朱建国(6月18日免)
　　　　张曙升(6月18日任)

副主任　胡康金(正处级)
　　　　刘晓明(兼)
　　　　潘建民(兼,6月29日任)
　　　　周学金(兼,6月29日任)
　　　　王华平(兼,6月29日任)
　　　　钱中声(兼)
　　　　朱　林(兼,6月29日止)
　　　　陈小浩(兼,6月29日止)

城乡建设委员会(人口资源环境委员会)

主　任　周国生(6月18日免)
　　　　王建台(6月18日任)

副主任　于　进
　　　　刘　俊(兼,6月18日免)
　　　　吴效安(兼,6月29日任)
　　　　郑　路(女,兼,6月29日任)
　　　　刘雨平(兼,6月29日任)
　　　　汪庆湖(兼,6月29日任)
　　　　姚江潮(兼,6月29日任)

教育文化卫生体育委员会

主　任　陈　有(6月18日免)
　　　　王鸣芳(女,6月18日任)

副主任　曹卫国(10月25日免)
　　　　陈　莘(5月28日任)
　　　　潘　惠(兼,6月29日止)
　　　　曹永森(兼,6月18日免)
　　　　穆光曙(兼,6月29日止)
　　　　余如进(兼,6月29日任)
　　　　李继业(兼,6月29日任)
　　　　华德荣(兼,6月29日任)
　　　　杨　军(兼,6月29日任)

社会和法制委员会

主　任　陈明山(6月18日免)
　　　　杨　哲(6月18日任)

副主任　曹卫国(10月25日任)
　　　　周晓华(兼)　浦志强(兼)
　　　　潘小宁(兼,6月29日止)
　　　　董　雷(兼,6月29日任,10月25日免)
　　　　陈博文(兼,6月29日任)
　　　　陈锡朝(兼,6月29日任)

文史和学习委员会

主　任　王虎华

副主任　姚文放(兼,6月29日止)
　　　　冬　冰(兼,6月29日任)
　　　　陈征宇(兼,6月29日任)
　　　　贾同跃(兼)
　　　　袁　淮(兼,6月29日止)
　　　　王永平(兼,6月29日任)

港澳台侨委员会(外事委员会)

主　任　梅广泉(6月18日免)
　　　　林道立(6月18日任)

副主任　王志年(10月25日任)
　　　　纪　凯(兼,6月29日止)
　　　　徐　选(女,兼,6月18日免)
　　　　朱路跃(兼,6月29日任)
　　　　邓　清(女,兼,6月29日任)
　　　　杨为民(女,兼,6月29日任)

中共扬州市纪律检查委员会

书　记　张跃进(兼)

常务副书记　刘世奇

副书记　张　勤(女)　范　耘

常　委　蔡　蕾(女)
　　　　戴前良(8月19日免)
　　　　高玉庆
　　　　李　琪(女,1月18日任)
　　　　徐　飞　赵志宏

民主党派　工商联

中国国民党革命委员会扬州市委员会

主任委员　王静成

副主任委员　陈　惠　丁卫社(兼)
　　　　刘晓明(兼)
　　　　关　兵(女,兼)

中国民主同盟扬州市委员会

主任委员　程吉林

副主任委员　仲子午　王永平(兼)
　　　　葛晓群(女,兼)
　　　　常国庆(兼)
　　　　徐卯林(兼)

中国民主建国会扬州市委员会

主任委员　王克胜

副主任委员　徐　跃　徐家昌(兼)
　　　　黄建灿(兼)
　　　　程兆君(女,兼)

中国民主促进会扬州市委员会

主任委员　董玉海

副主任委员　沈红云(女)
　　　　殷士学(兼)
　　　　余　珽(兼)
　　　　张一军(兼)

中国农工民主党扬州市委员会

主任委员　朱　妍(女)

副主任委员　颜安明(女)
　　　　李政成(兼)
　　　　张新江(兼)
　　　　陈志华(兼)

中国致公党扬州市委员会

主任委员　高　瑛(女,7月1日明确正厅级)

副主任委员　王兰海(女)
　　　　张仁田(兼)
　　　　曾祥华(女,兼)
　　　　徐　晟(兼)

九三学社扬州市委员会

主任委员　孙怀昌

副主任委员　刘　文(女)
　　　　余海鹏(兼)
　　　　钟思瑛(女,兼)
　　　　田志明(兼)

扬州市工商业联合会

主　席　孙永如(兼)

党组书记　赵振东

副主席　赵振东(兼)　吴　钧
　　　　戴凌云(女)
　　　　朱　彤(女,兼,5月16日当选)
　　　　陆金龙(兼,5月16日当选)
　　　　王　璘(女,兼)
　　　　吴义彪(兼)
　　　　包广林(兼,5月16日当选)
　　　　卢之云(兼,5月16日当选)
　　　　董洪齐(兼,5月16日当选)
　　　　江　强(兼,5月16日当选)

梁　勤(兼,5 月 16 日当选)
韩国平(兼,5 月 16 日止)
王　平(兼,5 月 16 日止)
严旭明(兼,5 月 16 日止)

人民团体

扬州市总工会

主　席　丁　纯(兼,7 月 4 日免)
张爱军(兼,7 月 4 日任)
党组书记　张立坤
副主席　张立坤(兼)　刘孝慈
马　庆(9 月 19 日止)
陈锡朝(正处级)　朱　明
洪慧娟(女,9 月 7 日当选)
纪检组长　陈锡朝(兼,正处级)

中国共产主义青年团扬州市委员会

书　记　王志海(8 月 19 日免)
佘俊臣(10 月 15 日任)
副书记　徐明玥(女)

扬州市妇女联合会

主　席　杨　敏(女)
副主席　杨为民(女,6 月 6 日免)
陈　静(女)
乔国银(女,1 月 20 日任)
王雅静(女,10 月 23 日当选)

扬州市文学艺术界联合会

主　席　曹永森(4 月 16 日止)
刘　俊(4 月 16 日当选)
党组书记　叶冠军(兼)
副主席　陈家庆　李政成(兼)
张美林(兼)　陈韵强(兼)
周永平(兼)　周启云(兼)

扬州市科学技术协会

主　席　林　群(女,3 月 28 日免)
王华平(4 月 26 日当选)
副主席　陈宏云　葛明顺　王德平
丁爱军(兼)　王大新(兼)
王国宏(兼)　孙　岩(兼)
程顺和(兼)　周骥平(兼)

扬州市哲学社会科学界联合会

主　席　董　雷(兼,10 月 15 日免)
副主席　张　雷　刘　斌(兼)
朱　林(兼,6 月 6 日免)
龚振志(兼,6 月 6 日任,10 月 15 日免)
肖卫东(兼)　陈长新(兼)
周新国(兼)
洪　扬(女,兼,6 月 6 日免)
贾同跃(兼)
谈正鑫(兼,6 月 6 日免)
高　阜(兼,6 月 6 日任)
李　浩(兼,6 月 6 日任)

扬州市归国华侨联合会

主　席　高　瑛(女,6 月 6 日免,7 月 1 日明确正厅级)
杨为民(女,7 月 6 日当选)
副主席　徐　选(女,3 月 27 日免)
周　军(7 月 6 日当选)
高志刚(兼)
王修文(兼,9 月 21 日当选)
魏全林(兼,9 月 21 日当选)
雍自成(兼,9 月 21 日止)

扬州市残疾人联合会

理事长　姜春兰(女,9 月 11 日免)
张　跃(9 月 11 日任)
副理事长　龚　智　陈　林

中国国际贸易促进委员会扬州市支会

会　长　周春光(兼)
副会长　杜　滨

红十字会

会　长　董玉海(兼)
副会长　陈　煜(副处级)

法院　检察院

扬州市中级人民法院

院　长　蒋惠琴(女,1 月 14 日当选)
代理院长　蒋惠琴(女,1 月 14 日止)
党组副书记　徐　军(正处级,6 月 6 日免)
副院长　蒋惠琴(女,1 月 14 日止)
徐　军(兼,正处级,6 月 6 日免)
王继荣　李凤光　任国凡
姚宏斌
纪检组长　吴　健
政治部主任　张一民
审判委员会专职委员　刘　珍(女,正处级,挂职)
谢应松(3 月 30 日任)
纪晓东

扬州市人民检察院

检察长　闵正兵
党组副书记　宋祥林(正处级)
副检察长　宋祥林(兼,正处级)
浦志强(正处级)
张开峰(正处级)
刘加云(正处级)
纪检组长　倪逸仙(10 月 15 日免)
政治部主任　杨　哲(6 月 6 日免)
检察委员会专职委员　王晓尧

武装部队

中国人民解放军扬州军分区

第一书记　王燕文(女,2 月 1 日免)
谢正义(2 月 1 日任)
司令员　袁启俊
政　委　许建树
副司令员　李鸾鸣
参谋长　魏　文
政治部主任　杜新江
后勤部部长　缪　新

中国人民解放军江苏陆军预备役高射炮兵第二师

第一政委　李小敏
师　长　陈　华
政　委　金尚登
参谋长　刘党胜
政治部主任　陈佩民(1 月 24 日任)
后勤部部长　李炳鸿(3 月 20 日免)
刘　旭(3 月 20 日任)
装备部部长　崔　宏(3 月 20 日免)
徐乐东(3 月 20 日任)

中国人民武装警察部队扬州市支队

第一政委　王少鹏(兼)
支队长　陈　源
政　委　邹启堂
副支队长　张　虎
副政委　杜益军
参谋长　杨三勇(3 月 14 日免)
王青海(3 月 14 日任)
政治处主任　张兴国(3 月 14 日免)
张　勇(3 月 14 日任)
后勤处处长　赵　犁

中国人民解放军武装警察部队扬州消防支队

政　委　李瑞东
支队长　王献忠(4 月 9 日免)
陈立新(8 月 8 日任)
副政委　王士金(3 月 18 日免)
魏善年(8 月 8 日任)
副支队长　倪兴林(3 月 18 日免)
程东升(8 月 8 日任)
胡庚松

中华人民共和国扬州边防检查站

站　长　何舜荣(1 月 1 日免)

乔广庆(1月1日任)
政　委　冯雅勤(5月1日免)
邱建年(5月1日任)
副站长　曹华军

高等院校

扬州大学
党委书记　陈章龙(7月1日免)
夏锦文(7月1日任)
校　长　郭　荣(8月28日免)
焦新安(8月28日任)
党委副书记　郭　荣(兼,7月1日免)
焦新安(兼,7月1日任)
刘延庆(正校级)
芮鸿岩
副校长　周新国
焦新安(8月28日止)
刘祖汉(8月28日任)
芮鸿岩(兼)　范　健
陈　耀　胡效亚　叶柏森
陈永平(7月1日任,试用期1年)
陈国宏(7月1日任,试用期1年)
纪委书记　严华海(7月1日免)
刘延庆(7月1日任)

江苏省扬州环境资源职业技术学院
党委书记　朱　康
院　长　吴春笃
党委副书记　吴春笃(兼)　丁　琫
副院长　王如平　陈亚鸿　许晓宁
纪委书记　丁　琫(兼)

市职业大学(挂"扬州市广播电视大学""扬州教育学院"牌子)
党委书记　张网女(女)
校　长　周　胜
党委副书记　周　胜(兼)
林道立(6月6日免)
许金如
副校长　林道立(兼,6月19日免)
蒋树山(10月31日免)
刘　宏
纪委书记　刘建伟

市广播电视大学
校　长　周　胜(兼)

扬州教育学院
院　长　周　胜(兼)

江苏省扬州技师学院
党委书记　钱晓勤(7月1日免)
院　长　徐祥华
党委副书记　徐祥华(兼)　黄华明
副院长　刘海光
纪委书记　黄华明(兼)

国家税务总局扬州税务进修学院
院　长　解爱国
党委书记　顾小波(9月27日任)
副院长　顾小波(兼,9月27日任)
朱诗柱　柳现青　王锦锋

工业职业技术学院
党委书记　曹雨平(6月27日免)
张新科(6月27日任)
院　长　张新科(8月28日免)
刘金存(8月28日任)
党委副书记　郁　明
副院长　王亚河　秦建华　李晓明
纪委书记　郁　明(兼)

商务高等职业学校
校　长　周　俊
党委副书记　梅纪萍(女)
副校长　杨存根　徐　明　宋金海
纪委副书记　张兰云(女)

生活科技学校
校　长　高洪树
党委书记　李东岩
副校长　袁建中　聂　阳

驻扬机关单位

工商行政管理局
局　长　吴永才(12月10日免)
唐齐鲁(12月10日任)
党组副书记　陈荣进(2月6日任)
副局长　陈荣进(兼)　胡春风
朱　彤(女)　苏　明
刘　建
纪检组长　刘观清
扬州工商局经济开发区分局局长
姚卫林(12月5日免)

质量技术监督局
局　长　何西环
党组副书记　包荣誉(兼,正处级)
副局长　包荣誉(正处级)　彭金山
朱　桥　沈宝玲(女)
杜建武
纪检组长　杜建武(兼)

国家税务局
局　长　殷天成
党组副书记　祝树人(7月9日任)
副局长　祝树人(兼)　周　林
曹筱三
总会计师　张汉东
总经济师　方　林
纪检组长　何　敏(女)
扬州经济开发区国税局局长　蔡年青
扬州市国税局稽查局局长
陈国华(3月5日任)

地方税务局
局　长　徐祖跃
党组副书记　尹家朋(7月12日任,明确正处级)
副局长　尹家朋(兼,7月12日明确正处级)
翁进进(12月14日免)
李　璐
纪检组长　柏兆邦
总经济师　李玉群
扬州市地税局稽查局局长　唐　洪
扬州市地税局四分局局长　何春明

扬州出入境检验检疫局
局　长　施　军(1月11日明确副厅级,试用期1年)
副局长　赵江生(9月17日免)
徐汉清　葛荣晖
陈　洁(女,8月21日任)
纪检组长　王　斌
轻工产品与儿童用品检测中心主任
陈　明

扬州气象局
局　长　周国华
副局长　王　令
纪检组长　朱学宝

扬州海关
关　长　杨建国
副关长　汪　洁(正处级,7月18日免)
周明晨(10月23日免)
林　俊(7月18日任)
王守军(10月23日任)
韦　兵　卜艳姝(女)
杨　志(7月18日任)
南京海关驻扬州海关纪检监察特派员
蒋　敏(女)
缉私分局局长　汪　洁(兼,正处级,7月18日免)
林　俊(兼,7月18日任)
缉私分局政委　林　俊(兼,7月18日免)

王　炜(7月18日任)
缉私分局副局长　徐旭辉

扬州海事局

局　长　李恩东
党委书记　邓振钢(11月29日免)
蒋永龙(11月29日任)
党委副书记　祝忠武
副局长　邓振钢(兼,11月29日免)
纪委书记　祝忠武(兼)

中国人民银行扬州市中心支行

行　长　张　强
副行长　顾　强　叶小玲(女)
张秋冬
工会主任　沙益群
纪委书记　陈旭之

扬州银监分局

局　长　杨龙玉(3月28日免)
张宗政(3月28日任)
副局长　刘　旸　曹　阳
纪委书记　杨　光

国家统计局扬州调查队

党组书记　刘晓明(10月15日免)
刘春来(10月15日任)
队　长　刘春来(兼)
副队长　薛爱群　游立华
纪检组长　黄祥凤

省高宝邵伯湖渔管会

主　任　董祥浦
副主任　陈日明(正处级)　景晓滨
专职纪检员　孙家云

区县市

广陵区

中共广陵区委

书　记　陈锴竑
副书记　陈　曦　赵长松
常　委　陶伯龙　居益芬(女)
魏德余(5月3日免)
陈荣华　周鸿钧
孟祥武(挂职,2月12日免)
徐德林
尤在晶(8月19日免)
顾克荣
张建军(5月3日任)
张贵联(8月27日任)

广陵区人大常委会

主　任　马恒宝(3月24日免)
陈锴竑(3月24日任)
党组书记　夏祥生(1月22日任)
副主任　夏祥生(兼)　薛高辉
薛清华(3月24日免)
张祥生　张　华
李成志(3月24日任)

广陵区人民政府

区　长　陈　曦
常务副区长　尤在晶(3月24日任,9月10日免)
陶伯龙(9月10日任)
副区长　张贵联　胡明寿　王　峰
郭长明
王洪俊(9月10日免)
王　涛(女,2月17日任)
叶　华(挂职,9月10日任)
陈荣华(3月24日免)
刘忠华(3月24日免)
李成志(3月24日免)

政协广陵区委员会

主　席　董德利(3月23日免)
张　建(3月23日任)
副主席　姜志坚(3月23日免)
孙志南(3月23日免)
刘新伟　丁卫社
胡明寿(3月23日任)
阚永明(3月23日任)

邗江区

中共邗江区委

书　记　姚苏华(12月20日免)
张耀武(12月20日任)
副书记　韩　方(10月13日免)
龚振志(10月17日任)
陈佳宏　苏满满
陈德宏(正处级,援疆)
常　委　刁顺勤　祁胜媚(女)
潘学元(8月27日免)
李厚林　陆士坤　朱发奎
陈　洁　孟德和
李振龙(挂职,2月12日免)

邗江区人大常委会

主　任　尹宏宝
副主任　徐圣龙
吴怀珣(3月28日免)
柏高瑾(3月28日免)
徐金才
吴华祥(3月28日免)
严功林
赵宝庆(3月28日免)
陈克鸣(3月28日免)
曹占田(3月28日任)
刘玉祥(3月28日任)

邗江区人民政府

区　长　韩　方(10月23日免)
代区长　龚振志(10月23日任)
副区长　龚振志(10月23日任)
潘学元(8月29日免)
苏满满(8月29日任)
赵华定(3月28日免)
朱跃龙　范梅青(女)
王相柏(10月23日免)
李春阳
洪　扬(女,2月22日任)
丁明哲(2月22日任)
王长仪(8月29日任)
万艳华(挂职)
曹占田(3月28日免)
徐　晟(3月28日免)
翟祥坤(2月22日免)

政协邗江区委员会

主　席　田圣春(3月27日免)
赵华定(3月27日任)
副主席　许宏楼　李德居
冯筱白(女)
王金强(3月27日免)
徐　晟(3月27日任)
王亚民(3月27日任)
吴心明(3月27日任)
张　建(1月22日免)
潘长海(3月27日免)
吴明菊(女,3月27日免)
刘学根(3月27日免)
姚家驹(3月27日免)
钱晓宝(3月27日免)

江都区

中共江都区委

书　记　倪士俊(副市级)
副书记　王炳松(10月11日免)
马顺圣(10月11日任)
季培均(正处级,8月19日免)
张永庭(正处级,9月1日任)
常　委　李　杰　曾庆玲(女)
蒋孝文　余通海
崇玉强(5月3日免)

田醒民　顾　明
夏增忠(5月3日任)

江都区人大常委会

主　任　李涛庆
副主任　姜际芳(3月30日任)
谢秀生　孙逸山
叶　跃(3月30日任)

江都区人民政府

区　长　王炳松(10月18日免)
代区长　马顺圣(10月18日任)
副区长　马顺圣(10月18日任)
张永庭　李　杰
姜际芳(女,3月30日免)
袁中飞(3月30日免)
于　越(3月30日免)
苏文奇
刘金存(挂职,9月25日免)
李桂山(援疆)　彭苏宁
孙　明(3月30日任)
刘卫国(2月15日任)
姜　熔(3月30日任)
顾　俊(9月25日任)

政协江都区委员会

主　席　许　煜
副主席　朱永明(3月29日免)
潘安健(3月29日免)
韩玉龙(3月29日免)
袁中飞(3月29日任)
孙　明　王勤宏　王广顺
徐春元(3月29日任)

宝应县

中共宝应县委员会

书　记　仲　生(10月11日免)
王炳松(10月11日任)
副书记　王庭国　周玉宝
常　委　陈金荣　侯承海
王友芳(女)　朱宋华
翟士高　伏开新　顾长荣
王岚峰(10月11日免)

宝应县人大常委会

主　任　仲　生(10月29日免)
副主任　杨善慧　夏征宇　李长春
王振亚(3月30日免)
黄才堂(3月30日任)

宝应县人民政府

县　长　王庭国
副县长　侯承海
华德荣(2月7日免)
左智慧(2月7日免)
王岚峰(11月23日免)
杨洪国　杨步云
张　利(2月7日任)
吴　华(女,2月7日任)
王世民(9月27日任)

政协宝应县委员会

主　席　秦有芳
副主席　华德荣(3月29日免)
黄才堂(3月29日免)
吴晓荻　徐建林　王松年
金　陵(3月29日任)

仪征市

中共仪征市委员会

书　记　程　希
副书记　张震宇
王庆山(3月30日任)
高　云
常　委　邵　卫　赵　明
仲　玲(女)　蒋元峰
佘俊臣(10月11日免)
卜广年　刘春华
蒋　然(挂职,2月12日免)

仪征市人大常委会

主　任　刘本义
副主任　纪　明
陈恩平(3月31日免)
骆　翔
顾学云(3月31日任)
吴惠芬(女,3月31日任)

仪征市人民政府

市　长　张震宇
副市长　邵　卫
赵　明(3月31日免)
张家来(3月31日免)
韩兰芬(女,3月31日免)
崔学锋
王逍霄(9月24日免)
王根云　奚　晨(女)
赵建芳(女,3月31日任)
李正涛(3月31日任)

政协仪征市委员会

主　席　周农生
副主席　赵建芳(女,3月31日免)
陈　鸿(3月31日免)
韩兰芬(女,3月31日任)
王雪峰　郭道林
陆永进(女,3月31日任)

高邮市

中共高邮市委

书　记　丁　一(10月13日免)
韩　方(10月13日任)
副书记　方桂林　金春林
常　委　张秋红(女)　王正年
刘春晓　汪爱智　朱　勇
徐永宝
汤学仁(1月22日任)
钱　峰(1月22日免)
高小龙(挂职,2月12日免)

高邮市人大常委会

主　任　朱德辉(4月27日免)
丁　一(4月27日任,12月26日免)
副主任　吴平权(4月27日免)
郭海平　薛晓寒　葛桂秋
孙明如(4月27日任)

高邮市人民政府

市　长　方桂林
副市长　王正年
钱　峰(2月10日免)
汤学仁(2月10日免)
乔国银(女,2月10日免)
钱富强　高长明　孙建年
朱莉莉(2月10日任)
杨文喜(4月27日任)
徐　健(援青)
蒋乃华(9月26日任)

政协高邮市委员会

主　席　倪文才
副主席　姚美学(4月27日免)
肖伯群
王志强(4月27日免)
王　薇(女)
李春青(4月27日任)
张贵龙(4月27日任)
张拥军(4月27日任)

注:前面标有"*"的为副处级建制单位

大事纪要

Dashi Jiyao

本栏责任编辑 姚 震

2012年扬州市十件大事

1.扬州泰州机场正式通航。

2.中国扬州鉴真国际半程马拉松赛通过国际田联审核，荣升金标赛事。这是中国马拉松界首个、亚洲第三个获得国际田联金标赛事称号的半程马拉松比赛。

3.扬州历史上单体投资规模最大的工业项目，总投资100亿元的上海大众汽车有限公司仪征分公司30万辆整车项目正式建成投产。

4.2012中国扬州世界运河名城博览会暨第25届世界运河大会成功举办。

5.扬州城市重大基础设施建设取得显著进展，友谊路拓宽改造工程竣工通车，文昌路东延及广陵大桥、仙女庙大桥建成，瘦西湖隧道进入盾构阶段，江都至六合高速公路（简称江六高速公路）正式开通，京杭运河高邮湖特大桥正式通车。

6.东关历史文化街区通过国家AAAA级旅游景区评定验收。

7.江上青烈士史料陈列馆开馆。该馆位于旌忠巷33号，江上青烈士曾经任教的平民中学旧址内，总面积900平方米。

8.扬州市第七届人民代表大会第一次会议、政协扬州市第七届委员会第一次会议召开，会议选举产生新一届市人大、政府、政协领导班子。截至年底，全市完成市、县、乡三级换届选举。

9.扬州市开展“三公开三报告”电视直播活动。市政府有关部门负责人面对镜头、面向全市人民，就年内承担的民生幸福工程，“公开事项、公开过程、公开结果”，“向组织报告、向人大代表政协委员报告、向服务对象报告”。

10.7月20日20时11分，高邮市、宝应县交界处发生里氏4.9级地震。扬州市及时发布信息，维护社会稳定，做好善后工作。

1—12月扬州大事

1月

1日　扬州市连续第18年举行元旦健身长跑活动。

△　执勤执法、治安巡防、交通管理、服务群众“四职合一”的交巡警执勤执法服务平台正式运行。

3日　市委、市政府印发《关于进一步推进民生幸福工程的意见》。这是扬州市连续第11年以“1号文件”形式关注和改善民生。

△　由世界品牌组织、美中经贸投资总商会、欧美亚工商界投资合作联盟和世界城市世界企业研究会联合推选的“2011年度中国特色魅力城市200强”名单发布，扬州再次入选。

5日　市六届人大常委会第29次会议通过关于同意确定第三批城市永久性保护绿地的决议，北城河风光带、肯特园绿地等7块总用地面积62.45万平方米的绿地被确定为市区第三批永久性保护绿地。

7日　省政府督查组到扬州，督查省政府保障和改善民生十件实事贯彻落实情况。

8日　苏北人民医院综合病房楼竣工启用。

△　扬州军分区党委十二届十次全体（扩大）会议召开。

9日　市政府与市总工会召开第七次联席会议，就进一步加强工资集体协商、构建和谐劳动关系体系等议题进行研究。

△　省诗词协会分别授予扬州市和江都区“江苏省诗词之市”“江苏省诗词之乡”称号。

△　2012年扬州市暨高邮市文化、科技、卫生“三下乡”活动在高邮市郭集镇启动。

10—13日　中国人民政治协商会议江苏省扬州市第六届委员会第五次会议召开。

11—14日　扬州市第六届人民代表大会第五次会议召开。

12日　省委常委、政法委书记李小敏率省有关部门负责人到扬州，慰问敬老院、老党员、低保户以及困难职工，并调研政法工作。

△　江苏陆军预备役高炮二师在扬州召开师党委全体（扩大）会议。

15日　市政府在绿杨新苑社区举办《扬州市民应急手册》首发暨应急知识进社区活动启动仪式。

20日　市委、市政府举行春节团拜会。

29日　市委、市政府召开全市干部队伍能力作风建设推进会。

31日　扬州玉器厂被文化部授予国家级非物质文化遗产生产性保护示范基地企业称号。

2月

1日　市委副书记、市长谢正义率党政代表团赴淮安、盐城两市考察重大项目建设情况。

2日　市委副书记、市长谢正义率党政代表团赴如皋、靖江两市考察重大项目建设情况。

3日　市委、市政府召开全市项目建设推进大会,明确2012年为“重大项目建设突破年”。

△　由江苏省精神文明建设指导委员会办公室(简称省文明办)、省教育厅、团省委、省妇联、新华报业传媒集团、省广电总台联合举办的首届江苏省“百名美德少年”评选活动结果揭晓,高邮市赞化学校初二学生管仲培被授予“十大美德少年标兵”称号,丁一、朱宇丹、华珈、单一鸣、赵乔乔、徐亚菲入选“百名美德少年”。

5日　省长李学勇到宝应县考察部分重点工业企业、社区。

6日　市委副书记、市长谢正义会见到扬州考察的台湾永丰余集团总裁何寿川一行。

7日　市纪委六届二次全会召开。

8日　全国未成年人思想道德建设工作视讯会议在北京举行。会上,扬州市被表彰为第三届全国未成年人思想道德建设工作先进城市,市少儿图书馆被评为全国未成年人思想道德建设工作先进单位。

△　住房和城乡建设部公布2011年国家园林城市、县城和城镇名单,江都获“国家园林城市”称号。

9日　2012年“春风行动”启动,这是扬州市连续第八年开展就业促进和帮扶活动。

10日　市委、市政府召开全市农村工作会议。

△　全市科技工作会议召开。大会表彰82个获2011年度“扬州市科学技术奖”项目,授予韩耀颉等4名学生“扬州市首届青少年科技创新市长奖”。

13日　市委召开全市领导干部会议,传达、贯彻省人大、政协“两会”精神和省委书记罗志军在“两会”期间参加扬州代表团审议时所作的重要指示。

△　全国模范法官、全国模范法院表彰大会在北京举行。会上,扬州市广陵区法院法官郭祝山被授予“全国模范法官”称号。

14日　国家科学技术奖励大会在北京举行。会上,扬州市6个项目获2011年度国家科学技术进步奖二等奖,涉及新型农业、机械装备、生物医药等领域,获奖数创历史新高。

15日　省环保厅公布全省9个国家环保重点城市城市环境综合整治定量考核结果,扬州市获第三名,其中公众对城市环境保护满意率列全省第一。

16日　市政府“便民服务网”上线开通暨服务终端集中发放仪式在邗江区邗上街道举行。

17—18日　全国文化体制改革工作会议在山西太原举行。会上,扬州市被授予“全国文化体制改革工作先进地区”称号。这是扬州市连续第二年获此称号。

21日　全市领导干部大会召开。会上,省委宣布扬州市委领导班子有关任命决定:省委常委、省委宣传部部长王燕文不再担任中共扬州市委书记,谢正义任中共扬州市委书记。

△　扬州市举行县、乡两级人大代表换届选举。

22日　副省长傅自应一行到扬州调研民政、工商、残联等方面民生发展情况。

23日　位于邗江区槐泗镇的扬州首个市区犬只留检所启用。

24日　2011年度全省科学技术奖励大会在南京召开。扬州市共有17项成果获省科学技术奖,其中一等奖2个、二等奖6个、三等奖9个。

27日　全国双拥模范城(县)命名暨双拥模范单位和个人表彰大会在北京举行。会上,扬州获“全国双拥模范城”称号。

28日　扬州市经济纠纷调解中心揭牌运行。

3月

2日　扬州市“学习雷锋好榜样”志愿者集中行动在来鹤台广场启动。

3日　澳大利亚扬州同乡会在澳大利亚悉尼成立。

6日　副省长何权率省村庄环境整治工作调研组到扬州,专题调研扬州村庄环境整治工作。

△　扬州市历史上首个女子画院——扬州百花女子画院成立。

7日　副省长史和平率省经济和信息化委员会、科技厅等部门负责人到扬州,专题调研工业经济,并主持召开全省船舶企业座谈会。

10日　云南省临沧市委书记杨洪波、市长锁飞率党政代表团到扬州考察。

14日　市委、市政府在北京香格里拉酒店举行2012扬州(北京)经济社会发展成果汇报会。

15日　扬州泰州机场试飞成功。

19日　由团省委和扬州市政府共同主办的“乐活青年 生态江苏”江苏省暨扬州市“保护母亲河”行动启动。

24日　中国留学人员创业园联盟扬州产业化基地揭牌,江苏信息服务产业基地(扬州)留创园晋升“国字号”,成为中国留学人员创业园联盟在全国设立的第三个产业化基地。

26日　利安人寿扬州分公司和总部电销中心开业。

28日　扬州市廉政文化研究中心在市委党校成立。

29日　第47届全国工艺品交易会暨第七届中国玉石雕精品博览会在扬州国展中心开幕,杰出手工艺徽章认证活动同时启动。

△　市委、市政府在南京举办扬州市金融工作汇报会,国家开发银行江苏分行等16家银行机构与中科半导体公司等16家企业现场签约,签约金额83.5亿元。

29—30日　市六届人大常委会举行第31次会议,任命王智永为市政府副市长。

30日　以“合作 发展 共赢”为主题的2012“名城扬州携手世界名企”联谊会在北京香格里拉酒店举行。

31日　2012中国扬州(上海)民

资登门招商暨重大项目签约推进会在上海世贸皇家艾美酒店举行，签约项目 19 个，总投资 210.5 亿元，其中总投入 10 亿元以上项目 10 个，单体最大项目总投资 105 亿元。

4 月

1 日　市委书记、市长谢正义应邀参加博鳌亚洲论坛青年领袖圆桌会议。

2—3 日　全国政协副主席、九三学社中央副主席王志珍到扬州考察。

4 日　江上青烈士史料陈列馆开馆。

6—8 日　全国政协副主席孙家正、何厚铧先后到扬州考察。

7 日　中央创先争优活动领导小组办公室副主任傅思和到扬州，就窗口单位深入开展创先争优活动和长效机制建设情况进行专题调研。

△　台湾桃园县县长吴志扬率团到扬州访问考察。

9 日　美亚基金会 2012 年第一批美国国会助手代表团一行 13 人到扬州访问。

△　河南省鹤壁市委副书记蔡永礼率鹤壁市考察团到扬州，就历史文化名城保护与开发、古镇和历史文化街区开发建设以及城市建设的主要经验、运作模式、工作机制等进行考察学习。

13 日　扬州市家庭服务业协会成立。

14 日　湖南省郴州市委副书记毛腾飞率郴州代表团到扬州，考察光伏光电产业。

15 日　省委决定：朱民阳任中共扬州市委委员、常委、副书记。

16 日　市六届人大常委会第 32 次会议通过关于接受谢正义辞去扬州市人民政府市长职务请求的决定，通过任命朱民阳为扬州市人民政府副市长、代理市长的决定。

△　扬州市与中国医药集团总公司签署战略合作框架协议。

△　由荷兰外商投资局、荷兰布拉邦省官员组成的荷兰代表团到扬州进行专题推介。

△　扬州与南京邮电大学签约共建南邮通达学院。根据协议，南邮通达学院将整体迁址至扬州办学。

△　2012 年中国扬州旅游商机说明会暨项目签约仪式举行，20 个旅游项目集中签约，总投资 53.6 亿元。

17 日　市委书记谢正义会见中国兵器装备集团总经理助理、天威集团总经理丁强，中科院半导体研究所所长李树深，台湾元太科技公司董事长刘思诚等到扬州参加 2012 中国扬州“烟花三月”国际经贸旅游节(简称“烟花三月”节)的重要客商。

△　“烟花三月”节招待晚宴暨第五届中国扬州淮扬菜美食节开幕。

△　市委副书记、代市长朱民阳先后会见法国液化空气集团中国区总裁兼首席执行官夏华雄、韩国锦湖韩亚集团中国区总裁金炯均、荷兰罗森达市市长雅克·奈德、韩国济州市文化产业局局长姜德化、澳大利亚新南威尔士州艾士菲市议员王云梅等海内外客商及嘉宾。

△　“院士专家扬州行”活动开幕，中国科协“海智计划”江苏(扬州)工作基地揭牌。

△　扬州市举行海峡两岸(扬州)农业合作试验区农业特色产业基地合作签约暨广陵首届乐活生态节开幕式，30 个项目现场签约。

18 日　“烟花三月”节开幕式暨项目开工仪式举行。

△　“烟花三月”节扬州商机说明会在京杭会议中心举行。

△　交通银行金融服务中心(扬州)大厦在广陵新城奠基。

△　兴业银行扬州分行举行开业庆典。

△　中华诗词学会授予扬州“全国诗词之市”称号。中华诗词学会常务副会长李文朝为扬州授牌。

△　扬州经济发展咨询会议举行。

△　东南大学与扬州市签订战略合作协议，在扬州共建研究院和科技园。

19 日　青海省海南州党委副书记、州长张文魁率党政代表团到扬州考察。

20—21 日，全国政协文史和学习委员会副主任卞晋平、范钦臣率全国政协调研组到扬州，专题调研大运河保护与申遗工作。

21 日　国防大学政委刘亚洲、副校长王永生率国防大学第 12 期战略班学员到扬州考察。

△　2012 中国扬州软件和信息服务外包大会暨“智慧城市”发展论坛在广陵新城京杭会议中心举行。江苏智慧城市研究院揭牌。

△　国家“千人计划”(扬州)创新药物与食品安全研究院揭牌。

22 日　坐落于邗江经济开发区北山工业园内的中国特检扬州长管拖车检验站开业。

23 日　2012 年度扬州市民读书节暨第四届职工读书节活动启动。

△　扬州援疆对口支援单位新疆伊犁州新源县党政代表团到扬州考察。

△　2012 年全国五一劳动奖状、奖章和全国工人先锋号评选结果揭晓。扬州地方税务局获全国五一劳动奖状，莫元花、杨莲、丁克鸿、陈滨获全国五一劳动奖章。

24 日　省政协主席张连珍率驻江苏全国政协委员到扬州，实地考察扬州市经济社会发展情况。

△　市委副书记、代市长朱民阳会见中化集团总裁刘德树，中化集团副总裁、中化国际董事长潘正义一行。

26 日　韩国 21 世纪韩中交流协会女性委员长、前政务次官金贞子率韩国妇女知名人士代表团访问扬州。

27 日　第二届“朱自清散文奖”颁奖典礼在扬州举行。

△　扬州市集会庆祝“五一”国际劳动节。同时，举行“扬州市更具影响力劳模”颁奖典礼。

28 日至 5 月 1 日　全国人大常委会副委员长、民革中央主席周铁农到扬州，考察经济社会发展、城市建设、生态环境建设等情况。

29 日　2012 中国扬州鉴真国际半程马拉松赛暨全国半程马拉松锦标赛举行。埃塞俄比亚选手艾亚力·柏扎获男子组冠军，肯尼亚选手菲利斯·翁格芮获女子组冠军。

5月

2日　市委、市政府举行“百寿宴”,城区100名耄耋老人参加。

△　市图书馆直属分馆开馆运营,首家流动图书馆开进社区。

3日　市委书记谢正义主持召开市委常委会议。会议原则通过《中共扬州市委常委会议事决策规则》和《关于加强市委常委会作风建设的实施意见》。

4日　扬州市举行纪念中国共产主义青年团成立90周年大会。

△　市委书记谢正义、代市长朱民阳,泰州市委书记张雷、市长徐郭平等扬泰两市领导共同视察扬州泰州机场。

5日　扬州市农业综合开发“高标准农田”建设项目开工建设。

6日　“烟花三月”中国山水画名家画扬州写生启动仪式在市美术馆举行。

7日　2012年政协委员联系群众“界别活动周”启动仪式在广陵区举行。

8日　扬州泰州机场正式通航。省委书记罗志军与中国民用航空局局长李家祥为机场揭牌,并宣布首航班机起飞。

9日　江苏省华建建设股份有限公司举行成立30周年庆典。

△　扬子江机场服务公司暨扬州泰州机场城市候机楼开业。

△　中央精神文明建设指导委员会办公室在扬州市启动“关爱他人、关爱社会、关爱自然”志愿服务活动。

10日　“清风伴我行”廉政文化之旅开通暨“清风扬州”形象标识揭牌仪式在市区廉政文化广场举行。

12日　扬州市在文昌广场举行“‘5·12’防灾减灾日”宣传活动。

15日　省委书记罗志军在省委常委、省委秘书长樊金龙陪同下,专程到扬州调研。在扬州期间,罗志军听取市委、市政府工作汇报,实地察看上海大众仪征分公司30万辆整车项目建设进展情况。

△　扬州市工商业联合会第七次会员代表大会召开。

16日　江苏苏州、无锡、扬州,广东肇庆,安徽合肥、宣城,浙江嘉兴、湖州,陕西延安,山东济宁、临沂等六省十一市政协第五届书画联展在扬州市美术馆开幕。

17日　南京大学举行校行政办公楼——“扬州楼”落成庆典。南京大学校长陈骏,市委副书记、代市长朱民阳共同为“扬州楼”碑记揭幕。

18日　第二届中国扬州文化创意节、第七届中国扬州毛绒玩具礼品节开幕。

18—19日　全国人大常委会副委员长、全国妇联主席陈至立到扬州考察。

5月15日,省委书记罗志军视察上海大众仪征分公司30万辆整车项目　王　卓/摄

19日　扬州大学举行庆祝建校110周年、在扬办学60周年、合并办学20周年庆典。

△　市慈善总会和各县(市、区)慈善总会举行现场捐赠仪式,共接受捐赠475万元。

20日　扬州市举行2012年扬州市“科技活动周”暨第24届江苏省“科普宣传周”活动启动仪式。

△　扬州市颐和养老康复服务中心落成。

△　江苏光伏职业教育集团成立仪式在扬州高等职业技术学校举行。

21日　中国社会科学院发布《2012年中国城市竞争力蓝皮书:中国城市竞争力报告》。该报告显示,扬州在全国294个地级以上城市综合竞争力排名中位列第39位,比上年上升5位。

22—27日　市委书记谢正义率经贸考察团赴台湾,考察台北市公共服务情况,拜访台湾永丰余集团、台塑集团和远东集团等知名企业,并参加“台湾·江苏周”暨科技创新与产业合作论坛。

23日　2012扬州·台北工商界联谊会在台北市香格里拉大酒店举行。

24日　扬州海峡两岸绿色石化产业合作交流会在台北举行。扬州化工园区、中国石油和化学工业联合会、台湾区石油化学工业同业公会正式签署《海峡两岸(扬州)绿色石化产业合作区的框架协议》。

25日　由中海工业(江苏)有限公司承建的世界最大、最先进的远洋教学实习船——上海海事大学4.8万吨远洋教学实习船在扬州下水。

28日　2012中国扬州(香港)现代服务业招商活动举行。

△　中国轻工业联合会发布“2011年度中国轻工业百强企业”榜单,扬州工艺美术集团有限公司名列综合榜单第85位。

28—31日　市委书记谢正义率扬州代表团访问香港,拜访一批知名企业,考察香港科技园有限公司、香港应用科技研究院、香港城市大学,并与香港城市大学签署共建研究院合作协议。

29 日　扬州市现代金融投资集团有限责任公司和扬州产权综合服务市场有限责任公司成立。

△　扬州通过国家环保模范城市复核现场检查。

29—30 日　市六届人大常委会举行第 33 次会议，任命张宝娟为扬州市副市长。

31 日　市委书记谢正义赴深圳拜访知名互联网企业腾讯公司。

△　扬州市在重庆市举行 2012 中国扬州科技创新·产业合作推介会。推介会共签订科技、产业合作和人才引进项目协议 43 项。

△　国家技术评估组举行宝应县创建国家生态县国家技术评估反馈会，同意该县通过国家生态县技术评估。

6 月

2 日　环保部、国务院南水北调办公室南水北调东线治污工作督查组到扬州视察高邮北澄子河单元深化治理工作。

4 日　市委、市政府召开深化法治扬州建设大会。

5 日　省军区司令员孙心良一行到扬州勘察防汛工作。

6 日　民政部副部长窦玉沛率全国人大代表慈善提案调研考察团到扬州调研慈善工作。

△　市政府颁布实施《扬州市水文管理办法》。

8 日　省长李学勇到扬州视察“三夏”和防汛工作，到田头察看夏收、夏栽、夏管情况，到防洪工地了解工程建设进展。

9 日　市委、市政府召开沿江地区融合发展推进大会。

△　卫生部、中华医学会心脏远程监测分中心揭牌仪式在苏北人民医院举行。

10 日　扬州市自主投资规模最大的水利项目——乌塔沟分洪道工程(润扬河)正式通水。

△　省委副书记石泰峰到扬州调研工业重大项目建设情况和部分台资企业生产运行情况。

11 日　市委书记谢正义会见到扬州考察访问的俄罗斯卡卢加州州长阿尔塔玛诺夫·阿纳多里·德米特里耶维奇一行。

△　2012 年扬州市“食品安全宣传周”活动启动。

△　全国职业院校技能大赛江苏赛区开幕式在扬州举行。

12—19 日　市委副书记赵旻率金融贸易考察团赴台湾参访。

13 日　省政协副主席张九汉率部分省政协委员到扬州，实地视察扬州市村庄环境整治工作。

△　扬州市农民集中居住区党建工作现场推进会在广陵区召开。

15 日　鉴真佛教学院首届 11 名本科生毕业。

△　扬州经济技术开发区与省外事办公室签署战略合作框架协议。

16 日　扬州国书文化传播有限公司揭牌暨项目签约仪式举行。

17 日　2012 中国扬州地区总部经济(上海)合作恳谈会在上海香格里拉大酒店举行。

△　2012 中国扬州现代服务业(上海)合作恳谈会举行，现场签约合作项目 8 个，总投资 25 亿元。

18 日　扬州香港高校大学生实习交流座谈会在扬州大学举行。

6 月 8 日，省长李学勇到宝应视察　王　卓 / 摄

20 日　国家质检总局副局长、国家认证认可监督管理委员会主任孙大伟一行视察扬州检验检疫工作。

27 日　江苏陆军预备役高炮二师举行指挥营调整组建会暨司令部预任军官“到岗日”活动。

21 日　市委、市政府召开现场观摩会，督查推进全市民生幸福工程。

21—22 日　新疆伊犁州党委副书记吐逊江·艾力率新疆伊犁州农业考察代表团到扬州，考察扬州市现代农业发展情况。

23 日　中央电视台 4 个频道在黄金时间播放在扬州录制的两档端午特别节目《我们的节日·端午——中华长歌行》和《文化视点》，全方位展现扬州的端午民俗文化及非物质文化遗产。

25 日　扬州市“中小企业服务年”活动启动。启动仪式上，207 家企业与金融部门签约，共获得融资授信 110 亿元，最高授信额 5.5 亿元。

26—29 日　政协扬州市七届一次会议召开。大会通过《中国人民政治协商会议江苏省扬州市第七届委员会第一次会议决议》；选举产生市政协新一届领导机构，洪锦华当选政协扬州市第七届委员会主席，杨明荣、王克胜、程吉林、王静成、王少鹏、刘在銮、倪士俊、朱妍当选副主席，殷圣元当选秘书长。

27—30 日　扬州市第七届人民代表大会第一次会议举行。谢正义当选为扬州市第七届人民代表大会常务委员会主任，陈卫庆、孙永如、纪春明、王玉新、王敏当选副主任，林正玉当选秘书长，34 人当选委员。朱民阳当选扬州市人民政府市长，丁纯、闻道才、董玉海、孔令俊、张宝娟、丁一当选副市长；蒋惠琴当选扬州市中级人民法院院长；闵正兵当选扬州市人民检察院检察长。

28 日　全国创先争优表彰大会在北京召开。会上，扬州市广陵区曲江街道文昌花园社区党委、高邮市菱塘回族乡党委获全国创先争优先进基层党组织称号。

29日　市政协召开七届一次常委会议，协商决定新一届政协机构设置，通过副秘书长和各委、办、室负责人名单。

7月

1日　市委召开全市创先争优表彰暨“基层组织建设年”推进大会。

△　市委书记谢正义主持召开第25次市委常委会，研究并通过《推进沿江地区率先基本实现现代化行动计划》和《推进沿河地区加速崛起行动计划》。

2日　省委文化建设工程督查组到扬州，对扬州市推进落实省委、省政府提出的“八项工程”、《省委常委会2012年工作要点》情况，尤其是文化建设工程重点任务进行督查。

2—3日　云南省红河州州委书记刘一平率党政代表团到扬州考察。

3日　日本尤妮佳日用护理品生产基地和普洛斯高端日用消费品产业园签约落户扬州经济技术开发区。

△　浙江省嘉兴市委常委、常务副市长梁群率代表团到扬州考察扬州泰州机场。

△　省政协副主席张九汉率省政协调研组到扬州，就“推进民生幸福工程、共享改革发展成果”进行专题调研。

6日　省委常委、宣传部长王燕文视察江苏甘泉影视服务外包基地。

△　科技部、财政部公布2012年度国家科技型中小企业技术创新基金第一批项目，扬州市有37个项目入选。

7日　“2012首届中国敬老养老助老社会责任高峰论坛”在广东举行。会上，扬州退伍老兵李彬获“全国敬老养老助老突出贡献奖”。

8日　外交部部长杨洁篪到扬州考察。

10日　市委副书记、市长朱民阳拜访中国航天科工集团公司、中国华电集团公司、中国工艺（集团）公司、中国石油化工集团、中国节能环保集团公司等中央企业。

△　由市委宣传部、市精神文明建设指导委员会办公室（简称市文明办）、市教育局等单位共同主办的“七彩的夏日——未成年人暑期活动”启动。

11日　市委书记谢正义会见到扬州考察的江苏国信资产管理集团有限公司董事长董启彬一行。

△　“2012扬州与中央企业合作恳谈会”在北京举行。华电天然气发电项目、中航鼎衡造船二期等10个项目现场签约，投资总额128亿元。

△　第二届“江苏十大见义勇为好司机”表彰大会在南京召开。会上，市区天平出租车公司驾驶员周怀云和华新出租车公司驾驶员郑尧林分获“江苏十大见义勇为好司机”奖和提名奖。

14日　扬州市高邮天山镇留守儿童女教师吴兴芬作为江苏唯一的伦敦奥运火炬手，在英国利明顿完成奥运圣火传递活动。

17—18日　市委书记谢正义，市委副书记、市长朱民阳分别赴上海，拜访三菱重工、上海大众、惠普全球软件服务中心等驻沪世界500强企业。

18日　2012“名城扬州携手世界名企”联谊会在上海浦东新区香格里拉大酒店举行。

19日　西安交通大学扬州科技园开园暨扬州经济技术开发区项目集中投产典礼在扬州举行。

20日　20时11分59秒，高邮市、宝应县交界处（北纬33.0度、东经119.6度）发生里氏4.9级地震，震中位于高邮市周巷镇湖荡村，震源深度5千米。

23日　市委副书记、市长朱民阳会见中国航天科工集团航天晨光股份有限公司董事长时旸一行。

△　市总工会召开五届十一次全委会，选举市委常委、组织部部长张爱军为市总工会主席。

△　扬州大学召开干部大会，宣布省委对学校领导班子调整决定：夏锦文任扬州大学党委书记，焦新安任扬州大学校长。

24日　全国人大常委会副委员长、民盟中央主席蒋树声率参加第八届“海峡两岸暨港澳地区大学校长论坛”的40多名著名大学校长以及民盟中央副主席李重庵、索丽生、陈晓光等到扬州考察。

26日　总投资100亿元的上海大众汽车有限公司仪征分公司30万辆整车项目建成投产。

27日　省政协副主席、党组副书记周珉率部分省政协委员视察调研扬州市基层卫生服务机构建设工作。

30日　中共扬州市第六届委员会第三次全体会议召开。

31日　扬州市在仪征举行防化救援演练，检验民兵应急救援力量遂行非军事行动能力。

△　市委书记谢正义，市委副书记、市长朱民阳赴省军区走访慰问。

△　市委书记、扬州军分区党委第一书记谢正义主持召开市委常委议军会暨人武部党委第一书记述职报告会。

8月

1日　市委、市政府和驻扬部队举行“八一”军政座谈暨招待会。

△　安徽省马鞍山市市委副书记訾金雷，市委常委、组织部长方晓利率代表团到扬州考察学习民政和民生工作。

3日　扬州市2012年选聘的243名大学生村官到基层任职。

8日　省委常委、宣传部长王燕文率队到扬州，督查扬州市“四项排查”工作开展情况。

△　全国第四个“全民健身日”扬州健身大会暨2012年扬州市健身气功演示在市体育公园体育馆举行。

9日　扬州小额贷款公司协会成立。

10日　扬州微软IT学院揭牌并开学。

14日　市委书记谢正义会见到扬州考察的万科企业股份有限公司总裁郁亮一行。

16日　中国国民党中常委、台湾地区民意代表潘维刚一行到扬州考察。

18日　扬州市举行“8·18”重大项目集中开工仪式，全市9个现场43个项目同时开工，总投资近400亿元。其中，重大项目29个，总投资

365 亿元。

△ 市委书记谢正义会见中新社总编辑章新新一行。

20—21 日 市七届人大常委会第一次会议召开。会议决定任命王智永为扬州市副市长，任命何金发等 39 名市政府组成人员；通过关于批准扬州市 2011 年市级财政决算的决议，通过关于批准扬州市本级 2012 年地方政府债券安排及预算调整方案的决议。

21 日 由省文明办主办，市委宣传部、市文明办和高邮市委、市政府等承办的“我们的节日·七夕——2012‘鹊桥仙’音舞诗画晚会”举行。

23 日 扬州市慈善总会和市民政局、市财政局在文昌广场举行“党心连民心 慈善惠民生”资助仪式，累计发放救助资金 350 万元，惠及城区困难群众 4.6 万人。

23—24 日 省人大常委会副主任丁解民率省人大执法检查组到扬州，检查指导种子法和《江苏省种子条例》贯彻落实情况。

25—28 日 市委书记、市人大常委会主任谢正义率扬州市党政代表团，赴山东潍坊、烟台、青岛三市，就推进企业发展、城市建设走国际化发展之路进行专题学习考察。

27 日 民政部发布第二届“中国城市公益慈善指数”。扬州城市慈善综合指数以 80.5 分列全国第 25 位，志愿服务指数以 18 分与北京、上海、深圳并列全国第一，并获“中国城市公益慈善七星级”奖牌（最高星级荣誉）。

28 日 《和田玉》特种邮票暨《天下玉扬州工》纪念邮册首发式在扬州玉器厂中国玉器博物馆举行。

29 日 省人大常委会副主任张艳率部分省人大常委会委员、省人大代表，到扬州调研民族村发展情况。

31 日 扬州市举行科技成长型企业金融创新合作对接会暨扬州市政府·华泰证券战略合作签约仪式。

9 月

1 日 “全国安全用药月”扬州市启动仪式在文昌广场举行。此次活动的主题是“谨慎使用抗生素”。

3 日 市委书记谢正义，市委副书记、市长朱民阳在扬州分别会见研祥集团董事会主席陈志列一行。

4 日 市委书记谢正义会见到扬州考察的光大国际总经理王天义一行。

4—5 日 市委书记谢正义率队赴合肥市拜访江淮汽车集团。

6 日 扬州市召开全市经济薄弱村“第一书记”服务基层工作会议，208 名村“第一书记”赴任。

△ 国家清史编纂委员会在北京召开清史工程国家级项目审查结项工作会议。经专家委员会投票，档案整理类项目《清宫扬州御档》被评为“优秀”等级。

7—8 日 市委常委会集体调研扬州经济技术开发区、广陵区。

9 日 市委副书记、市长朱民阳会见以崔致远后裔、韩国国会议员崔载千为首的韩国文化交流团。

10 日 扬州西部交通客运枢纽开工建设。

△ 市政府与建设银行江苏省分行签署战略合作协议。

12 日 扬州“网上公安”上线运行。

12—14 日 市委副书记、市长朱民阳率市政府考察团赴辽宁沈阳、天津，考察学习城市规划、建设与管理，城建运营体制，新城建设以及发展服务业等方面的经验、做法。

14 日 省委副书记石泰峰到扬州调研城乡发展一体化工作。

15 日 由市委宣传部、市社科联和广陵区委宣传部共同举办的全市第九届“社科普及宣传周”开幕。

17 日 市委书记谢正义会见到扬州考察的香港建滔化工集团董事局主席张国荣一行。

△ 市委副书记、市长朱民阳会见由四川资阳市市长邓全忠率领的政府考察团。

17—18 日 市工会第六次代表大会召开，张爱军当选扬州市总工会六届委员会主席。

18 日 市委书记谢正义会见到扬州考察的台湾正崴精密工业股份有限公司董事长郭台强一行。

20—21 日 市侨联第五次代表大会召开。

21 日 第 14 届江苏农业国际合作洽谈会在扬州国际展览中心开幕。

△ 扬州市引入物联网技术开发建设的“扬州市农产品质量安全监管平台”开通。

△ 市委书记谢正义会见到扬州考察的台湾新党主席郁慕明一行。

22 日 第三届中国城市信息化 50 强评选结果发布，扬州市入选。

24 日 扬州市与江苏省公安边防总队签署扬州口岸对外开放（边检）工作合作备忘录，一直由南京口岸监管的仪征境内边防监管权正式移交给扬州边防检查站。

25 日 国际田联函告中国扬州鉴真国际半程马拉松赛组委会，该赛事通过审核升格为金标赛事。这是中国马拉松界首个获得国际田联金标赛事称号的半程马拉松比赛。

26 日 2012 中国扬州世界运河名城博览会（简称运博会）暨世界运河大会开幕。此次运博会主题为“大运河，活态遗产”。开幕式上，《大运河保护与申遗城市联盟关于保护大运河遗产的联合协定》签署。

9 月 14 日，省委副书记石泰峰到扬州调研城乡发展一体化工作　王 卓／摄

△ 运博会举行主题论坛。

△ 2012中国扬州“运河之夜”音乐会在扬州市音乐厅举行。

△ 依托江苏阿珂姆野营用品有限公司建立的国家华东地区野营装备动员中心揭牌。

27日 扬州创建国家生态市各项指标全面达到考核要求，通过国家技术评估。

△ 市委书记谢正义主持世界名城建设外国专家中秋茶会，听取20多位到扬州参加运博会的外国专家对扬州建设世界名城的意见和建议。

△ 市国防动员委员会全体（扩大）会议在军分区召开。

28日 扬州市法学会第六次代表大会召开。

29日 市委召开2012年县处级党政主要负责人廉洁从政情况汇报会。

△ 扬州市法治文化体验馆揭牌仪式在扬州市青少年素质教育基地举行。

10月

1日 市委、市政府在革命烈士陵园举行升国旗仪式。

7日 南京邮电大学通达学院举行2012级新生开学典礼，正式迁址扬州办学。

8日 苏北人民医院急诊中心暨儿童医学中心奠基。

9日 扬州市举行空中视察扬州活动。

10日 扬州市与省电力公司签署《共同推进扬州电网“十二五”规划建设会谈纪要》。

11日 2012名城扬州携手世界名企（深圳）金秋恳谈会在深圳香格里拉大酒店举行。现场签约项目13个，总投资123亿元。

△ 2011年江苏民营企业百强评选结果揭晓，江苏江都建设集团有限公司入选，排名第55位。

12日 市委副书记、市长朱民阳率扬州考察团赴深圳考察。

△ 市政协委员企业沙龙首次举办。

12—13日 中共扬州大学第二次代表大会举行。

15日 副省长傅自应、省军区参谋长庞士勇率省检查组到扬州检查冬季征兵工作。

△ 市委副书记、市长朱民阳会见到扬州访问的韩国济州市副市长吴弘植、崔氏宗亲会会长崔炎及济州交响乐团。

15—16日 北京市东城区区委书记杨柳荫率区党政代表团到扬州，围绕加强城市管理等进行专题考察。

16日 扬州市第一中学举行建校60周年庆典。

17日 中国东方演艺集团与扬州市签订协议，在扬州投资建设东方演艺文化产业扬州基地。

△ 副省长何权专程到扬州调研建筑节能示范项目建设情况。

△ 市委副书记、市长朱民阳会见加拿大查塔姆-肯特市代表团一行。

△ 市政协举办“主席联系委员活动日”活动。

18—21日 市委副书记赵晓江率市委党建办公室、扬州市部分中共十八大代表和基层党组织负责人赴延安、西安、杨凌学习考察，接受革命传统教育，学习名城建设和现代农业发展经验。

20日 以“活态运河，志愿有我”为主题的江苏省沿运河历史文化保护志愿服务大行动启动仪式在扬州东关古渡广场举行。

△ 江苏省扬州中学举行建校110周年庆祝大会。

△ 武警江苏省总队医院举行建院60周年庆祝大会。

22日 市委、市政府召开全市企业发展大会。

23—30日 市委副书记、市长朱民阳率扬州经贸考察团赴台湾考察。

24日 第12届全国追求卓越大会在北京举行。会上，江苏省扬州汽车运输集团公司获质量经营管理最高荣誉——“全国质量奖”，成为全国交通客运行业首家获此奖项的单位。

25日 江苏省电力公司《居民用电服务提升八项措施》发布暨专项行动启动会在扬州召开。扬州成为全省首个达到每千户拥有一个缴费点标准的城市。

26日 第22届中国新闻奖、第12届长江韬奋奖颁奖报告会在北京举行。《扬州日报》报道《就业局长“潜伏”打工探扬州用工》获中国新闻奖消息类一等奖。

30日 湖北省委常委、宜昌市委书记黄楚平，市长李乐成率宜昌市党政代表团到扬州专题考察经济转型升级、文化名城建设与古城保护等课题。

△ 由市政府主办的“2012中国扬州科技创新·产业合作（哈尔滨）推介会”在哈尔滨市香格里拉大酒店举行。会上，95个合作项目签约。

11月

1—2日 扬州市妇女第六次代表大会举行。

2日 扬州连续第八年开展人大代表与选民“统一见面日”活动。

3日 镇江市委书记、市人大常委会主任张敬华，市长朱晓明率镇江市党政代表团到扬州考察。

5日 市政协主席洪锦华会见以省长阿尔诺·巴赞为首的法国瓦兹河谷省考察团。

△ 韩国丽水市议会议长朴正采率团到扬州访问。

△ 《江苏扬州市温泉旅游开发概念性规划》出台。

6日 市委书记谢正义分别拜访北京大学、清华大学。

△ 国家南水北调办公室督查组到扬州，督查东线输水干线排污口清理工作。

6—7日 安徽省淮北市市长牛弩韬率团到扬州考察。

7日 扬州市和安徽省淮北市签约结为友好城市。

9日 总投资1亿美元的李尔公司汽车电子项目在维扬经济开发区投产。

13日 市委副书记、市长朱民阳在扬州会见以台北市旅行商业同业公会理事长许杨哲为首的台湾旅行商代表团。

15日 由市政府主办，市住房保障和房产管理局、扬州报业传媒集团承办的秋季房产展示交易会在扬州国际展览中心开幕。

16 日　扬州市召开领导干部大会,传达贯彻中共十八大精神。

△　扬州市召开全市人才工作会议。

17 日　美国加利福尼亚州众议院副议长马世云率团访问扬州。

△　国家文物局公布更新的《中国世界文化遗产预备名单》,其中与扬州相关的项目有 3 个,分别是排序第二的大运河、排序第十三的扬州瘦西湖及盐商园林文化景观、排序第十六的海上丝绸之路。

20 日　2012 中国扬州(广州)民资招商重大项目签约推进会在广州索菲特酒店举行。会上,签约项目 20 个,总投资 125 亿元,注册资金 22.2 亿元。

△　卫生部副部长、国家中医药管理局局长王国强到扬州视察中医药工作。

22 日　扬州市邮政管理局揭牌成立。

△　全长 8.44 千米、总投资 7.5 亿元的京杭运河新民滩特大桥正式通车。全省唯一汛期封闭的国省干线自此实现全年畅行。

23 日　扬州市政府云计算中心机房暨软硬件支撑平台项目验收会举行。

24 日　扬州市召开 2012 中国扬州国际人才峰会暨首届海外项目洽谈会,现场签约项目 28 个,并向中国科协"海智计划"江苏(扬州)基地宝应工作站等 7 个"海智计划"基地工作站授牌。

25 日　全国口腔用品标准化技术委员会牙刷分技术委员会在扬州发布 4 个国家和行业标准,儿童牙刷和磨尖丝牙刷都有了强制性规范。

27 日　市政协举办 2012 年度"政协论坛",专题研讨"推进世界名城建设"。

28 日　世界中文报业协会首席会长、《明报》主席张晓卿,协会会长、《香港商报》荣誉董事长李祖泽,经济日报社社长徐如俊等出席世界中文报业协会年会的代表和嘉宾到扬州考察。

12 月

1 日　中央电视台"身边好人·温暖中国"大型颁奖晚会在北京举行。"扬州好人"颜展红当选"2012 十大温暖中国人物"。

△　市中医院门诊医技病房综合楼落成暨扬州中医药文化展示馆开馆、扬州大学临床中医学院揭牌典礼举行。

3 日　扬州、台州签约开展旅游互动合作。

5—6 日　全国人大常委会副委员长司马义·铁力瓦尔地到扬州考察。

6—7 日　省人大常委会副主任柏苏宁率省人大代表省直扬州组,专题调研指导扬州市转型升级工作情况。

7 日　省长李学勇到扬州专题调研城乡统筹工作。

8—9 日　市委书记、市人大常委会主任谢正义,市委副书记、市长朱民阳率市党政代表团先后赴苏州、无锡、常州,学习考察三市在推进科学发展、转型发展,率先基本现代化方面的实践经验。

10 日　第 12 届全国县域经济与县域基本竞争力百强县(市)名单在北京揭晓,仪征市再次入选"全国百强榜",位列榜单第 82 位。

12 日　国土资源部下发通知,命名扬州市为"中国温泉之城"。

△　全球著名商业杂志《福布斯》中文版发布"2012 中国大陆最佳商业城市排行榜",扬州再次入围,位列全国第 34 位;在《福布斯》中文版公布的"中国大陆创新能力最强的 25 个城市"中,扬州位列第 19 位。

13 日　南通市委书记、市人大常委会主任丁大卫,市长张国华率党政代表团到扬州,考察项目建设、城市建设和生态建设等情况。

△　西门子电机(中国)有限公司新建年产 100 万台电机生产基地项目在仪征奠基。

14 日　省民政厅与扬州市签署《共同推进扬州市民政事业科学发展合作协议》。

14—16 日　扬州市连续 3 天举行"三公开三报告"电视直播活动。

16 日　中科院水生生物研究所扬州水环境与渔业研究分中心落户邗江区公道镇。该中心是全市乡镇中首个国家级农业研究中心。

17 日　全球知名酒店管理公司香格里拉酒店集团在中国内地的第 35 家酒店——扬州香格里拉大酒店开业。

18—19 日　市委、市政府组织全市重大项目建设现场观摩活动,督查 40 个重大项目和民生幸福工程。

19—20 日　国家生态市创建考核组对扬州市创建国家生态市工作进行考核验收。考核组同意扬州市通过国家生态市考核验收,并按程序报请环境保护部审议批准。

22 日　2012 中国扬州雕版印刷国际学术研讨会暨全国传统印刷产业技术创新联盟成立大会在扬州召开。会上,25 家国内传统印刷单位共同成立产业技术创新联盟,中国印刷文化遗产研究中心同时成立,雕版印刷省级标准发布。

22—23 日　第 15 届世界华人艺术大会在中国香港举行。扬州市雕版印刷作品《鲁讯小说插图集》在"世界华人香港大型艺术展"评选活动中获国际金奖。

23 日　中共扬州市第六届委员会第四次全体会议召开。

24 日　省委常委、组织部长杨新力到扬州检查落实党风廉政建设责任制和惩防体系建设情况。

25 日　市委书记谢正义主持召开领导干部大会,组织开展市委、市政府领导班子及成员 2012 年度述职述廉和民主测评。

27 日　首届市政协"名家讲座"开讲,省哲学社会科学界联合会常务副主席、党组书记张颢瀚作题为"以十八大精神为强大动力,开创江苏科学发展新局面"的讲座。

△　扬州市公共资源交易管理委员会办公室揭牌。

△　由市委宣传部、市文明办、扬州报业传媒集团等部门组织的扬州市暨宝应县 2013 年文化、科技、卫生"三下乡"活动启动仪式在宝应县射阳湖镇影剧院举行。

中共扬州市委员会

Zhonggong Yangzhoushi Weiyuanhui

本栏责任编辑　杨文才

重要会议

市委六届三次全会　7月30日，中共扬州市委召开六届三次全会。会议学习贯彻胡锦涛7月23日在省部级主要领导干部专题研讨班开班式上的讲话精神；贯彻落实省、市党代会，省委十二届三次全会，全省对外开放工作会议精神以及省委主要领导关于扬州"建设世界名城"的指示；总结上半年工作情况，部署下半年工作任务，动员全市上下加快推进"两个率先"（率先全面建成小康社会、率先基本实现现代化）、聚力建设"三个扬州"（创新扬州、精致扬州、幸福扬州），聚焦重大项目建设，确保完成全年各项目标任务，开启建设世界名城的新征程。

市委书记谢正义代表市委常委会作题为《推进"两个率先"，建设"三个扬州"，奋力开启建设世界名城的新征程》的工作报告，总结上半年全市经济、政治、文化、社会、生态建设和党的建设新进展，要求以全面实施"十大行动计划"（重大项目建设行动计划、推进沿河地区加速崛起计划、推进沿江地区率先基本实现现代化行动计划、"一体两翼"融合发展行动计划、城乡居民收入倍增计划、美好城乡建设行动计划、社会管理与创新行动计划、文化标志性工程建设行动计划、人才发展行动计划、干部能力提升和作风转变行动计划）为抓手，完成全年经济社会发展各项目标任务。谢正义强调，要持之以恒推动重大项目建设，坚持"项目为王"，实施重大项目建设行动计划；保持经济平稳较快增长，确保人代会确定的各项目标任务全面完成和超额完成；推进城乡统筹发展，实施沿江地区融合发展行动计划，加快沿河地区新型工业化、农业现代化和新型城镇化进程；做好宣传思想文化工作，为中共十八大召开营造思想舆论和文化氛围，组织中共十八大精神宣讲活动；推进民生幸福提升工程，落实、兑现民生"1号文件"；维护社会和谐稳定大局。

市委副书记、市长朱民阳就做好经济工作作专题讲话。　（苏　鹏）

市委六届四次全会　12月23日，中共扬州市委召开六届四次全会。会议学习贯彻中共十八大和省委十二届四次全会精神，落实中央、省经济工作会议部署，总结2012年工作情况，研究确定2013年工作任务，动员全市加快"两个率先"，推进"八项工程"（转型升级工程、科技创新工程、农业现代化工程、文化建设工程、民生幸福工程、社会管理创新工程、生态文明建设工程、党建工作创新工程），开创"三个扬州"和世界名城建设新局面。

市委书记谢正义代表市委常委会作题为《认真学习贯彻党的十八大精神，奋力开创"三个扬州"和世界名城建设新局面》的工作报告，总结市委2012年工作，要求全市在2013年工作中，准确把握扬州仍处于工业化中期发展阶段的总依据；准确把握沿河地区力争到2015年建成更高水平小康社会，沿江地区到2015年率先基本实现现代化，中心城市核心区到2015年展现名城新形象的总任务；准确把握"稳中求进、进字当先，强化基本、扎实开局"的总基调；准确把握

12月23日，中共扬州市委召开六届四次全体会议　王　卓／摄

2013 年工作的总要求，推动扬州更好更快发展。

谢正义强调，要从 6 个方面入手抓推进、抓落实。一是坚持项目为王，夯实基本产业；二是实施创新驱动，打造基本载体；三是推动融合发展，优化基本格局；四是坚守城市个性，彰显基本特质，致力传承和彰显古城文脉，推进生态文明建设，使扬州成为一座独具中国韵味的城市；五是突出幸福导向，提升基本民生，巩固基础性民生，推进保障性民生，提升发展性民生；六是深化改革，创新基本体制。

谢正义强调，要加强党的执政能力建设、先进性和纯洁性建设，加强党的思想、组织、作风、反腐倡廉和制度建设，推进学习型、服务型、创新型党组织建设，大规模教育培训干部，深化干部人事制度改革，推进服务型基层党组织建设，强化作风建设与效能建设，不断提高党的建设科学化水平。

市委副书记、市长朱民阳传达中央、省经济工作会议精神，部署经济工作，要求重点做好五个方面工作：一是对 2012 年各项目标任务进行再推进、再落实；二是加大对重大项目的现场办公力度；三是尽早制定实施 2013 年招商计划；四是重点做好各类企业经营状况特别是资金情况的分析，采取有效措施，确保企业稳定、职工稳定；五是全力做好安全生产工作。（苏　鹏）

重要决策

■ **推进民生幸福工程**　1 月 3 日，市委、市政府下发《关于进一步推进民生幸福工程的意见》，提出 29 条意见：1. 完善积极的就业政策；2. 大力鼓励扶持自主创业；3. 不断提高劳动报酬水平；4. 大力推进农民增收工程；5. 着力提升低收入群体收入水平；6. 大力推动美好城乡建设；7. 逐步统一市区民生标准；8. 建立统一的城乡居民养老保障体系；9. 不断提高基本医疗保障水平；10. 重视保障弱势群体基本生活；11. 构建适度普惠型社会福利制度；12. 持续推进菜篮子工程；13. 健全食品安全监管体系；14. 增强基层医疗卫生机构服务能力；15. 提高公共卫生管理水平；16. 提高出生人口素质；17. 系统改善市区公共交通；18. 大力实施清水活水工程；19. 加快完善城市功能性设施；20. 加强环境保护和生态涵育；21. 扩大住房保障覆盖面；22. 大力改善居住条件；23. 不断完善优质教育体系；24. 切实提高教育帮扶水平；25. 加快健全公共文化服务体系；26. 大力推动全民健身场所建设；27. 全面提升社区服务水平；28. 建设更高水平的平安扬州；29. 积极化解社会矛盾纠纷。（苏　鹏）

■ **加强薄弱村“四有一责”建设**　3 月 25 日，市委、市政府下发《关于扶持薄弱村发展集体经济，全面提升村级“四有一责”建设水平的意见》，提出 5 个方面措施：1. 围绕构建持续稳定的增收机制，进一步加大扶持薄弱村发展集体经济力度；2. 围绕健全设施完备的活动阵地，进一步发挥便民服务中心功能；3. 围绕建设“四网齐全”（互联网、有线电视、电子政务和农村党员远程教育网络视讯平台）的信息网络，进一步提高为民服务水平；4. 围绕培育群众拥护的“三强”（经济发展能力强、民主法治素质强、促进和谐本领强）带头人，进一步提升村级发展集体经济、组织农民合作、服务农民致富、提升公共服务、实施民主管理等“五项能力”；5. 围绕走在全省前列的工作目标，进一步强化村级“四有一责”（有持续稳定的集体收入、有功能齐全的活动阵地、有先进适用的信息网络、有群众拥护的“三强”带头人，强化村党组织领导责任）建设组织领导。（苏　鹏）

■ **推进沿江地区融合发展**　6 月 9 日，市委、市政府印发《沿江地区融合发展行动计划》，明确沿江地区发展 4 项重点工作：1. 强化引导，推进沿江地区空间有机融合；2. 统筹安排，提高沿江地区基础设施承载能力；3. 错位发展，促进沿江地区产业优势互补；4. 共建共享，推进沿江地区城乡一体化及公共服务均等化。（苏　鹏）

■ **城乡居民收入倍增行动**　7 月 12 日，市委、市政府印发《扬州市城乡居民收入倍增行动计划（2012－2016）》，提出 8 条工作举措：1. 打造充分就业城市，逐步优化就业结构；2. 大力推动创业，鼓励更多的劳动者创业致富；3. 大力发展现代农业，增加农业经营收入；4. 推进收入分配制度改革，稳步提高劳动报酬水平；5. 拓宽投资渠道，提高城乡居民财产性收入；6. 着力完善社会保障体系，提高城乡居民保障水平；7. 加大公共产品供给力度，减少城乡居民公共服务支出；8. 大力推进城镇化，加快城乡发展一体化进程。（苏　鹏）

■ **推进沿河地区发展**　7 月 18 日，市委、市政府印发《推进沿河地区加速崛起行动计划》，提出 7 项主要任务：1. 以主体功能区规划为引领，优化沿河地区空间布局；2. 提升农业发展水平，加快推进农业现代化；3. 推进工业集聚发展，加快新型工业化进程；4. 大力发展服务业，推进服务业扩容升级；5. 加强城镇和基础设施建设，加快提升新型城镇化水平；6. 推进公共事业均等化，提高民生保障水平；7. 加强生态环境建设，增强可持续发展能力。（苏　鹏）

■ **推进“三个扬州”和世界名城建设**　12 月 30 日，市委下发《关于认真学习贯彻党的十八大精神，奋力开创“三个扬州”和世界名城建设新局面的意见》，提出 6 条发展路径：1. 坚持项目为王，打造综合实力强盛的城市；2. 坚持人才为纲，打造国际人才荟萃的城市；3. 坚持生态为基，打造自然环境秀美的城市；4. 坚持文化为魂，打造人文魅力彰显的城市；5. 坚持精致为要，打造形态功能宜人的城市；6. 坚持民生为本，打造人民生活幸福的城市。明确 6 项重点举措：1. 夯实基本产业；2. 打造基本载体；3. 优化基本格局；4. 彰显基本特质；5. 提升基本民生；6. 创新基本体制。（苏　鹏）

宣传工作

■理论学习与研究 开展市委中心组集中学习活动。制定《2012年度市委中心组学习计划》《市委中心组胡锦涛总书记"7·23"重要讲话专题学习计划》《市委中心组党的十八大精神专题学习计划》。邀请北京大学副教授林坚、中国纪检监察报社社长李本刚、军事科学院作战理论和条令研究部部长张世平、中国法学会党组书记陈冀平等高层领导和专家为市委中心组授课。深化学习型党组织创建工作。制定《2012年度扬州市学习型党组织建设行动计划》,开展"服务项目建设、提升学习能力"、"四学四提升"(学理论提升思想素质,学法规提升政策水平,学科学提升创新能力,学业务提升发展本领)、"经典精读"、市民读书节等主题活动;市委办公室转发《市纪委、市委组织部、市委宣传部关于加强学习型党组织建设组织领导有关工作的通知》,建立市委常委学习型党组织建设联系点制度,将述学纳入县处级领导干部综合考评内容;成立学习型机关党组织建设、企业党组织建设、村镇党组织建设、社区党组织建设等4个领导小组;制定《扬州市学习型党组织创建工作考核评价办法》,将学习型党组织建设纳入县(市、区)、开发区党政正职考核内容,纳入市级机关综合考评内容。加强分类示范机制建设。邗江区委、八桥镇党委被确定为全省首批学习型党组织建设示范点,全市建立学习型党组织建设市级示范点30个、县级示范点160个。加强宣传引导机制建设。出台《学习型党组织建设典型宣传报道方案》,在《扬州宣传》开设《学习型党组织创建》专刊,编印简报35期。推进马克思主义大众化及载体建设。建立马克思主义大众化实践基地20个,市检察院预防腐败警示教育基地等3家单位被命名为全省首批马克思主义大众化学习实践基地;建立1200多人的理论宣讲志愿者队伍,仪征大学生村官宣讲队、邗江领导干部百村讲座宣讲团获评全省理论宣讲先进集体;推进讲坛、学堂建设,做好"新知学堂""市民论谈""社科学堂""扬州讲坛"等40多个讲坛、学堂指导管理工作,"新知学堂"获评江苏优秀讲坛;创新冬训工作,出台《扬州市农村党员干部冬训工作制度》,开展"结对联训"主题活动和冬训工作创新项目评比活动。学习宣讲中共十八大精神。市委、市委办公室分别下发《关于认真学习宣传贯彻党的十八大精神的通知》《关于在全市广泛深入开展学习宣讲党的十八大精神的通知》,制定《市委中心组十八大精神专题学习计划》《十八大精神宣讲方案》《市委常委、党员副市长赴基层宣讲党的十八大精神方案》,成立中共十八大精神宣讲团,开展宣讲活动。组织开展江都区渌洋湖村党委书记张福龙先进事迹调研、江都民营经济发展情况调研。加强舆情信息工作,市委宣传部获评全省信息工作先进单位。《江苏扬州市建立民间艺人评职称常态机制 大力促进传统文化产业发展》被中央宣传部《宣传工作》第53期刊发。

(赵雪艳)

■新闻宣传 市委宣传部全年组织中共十七届六中、七中全会和省委、市委全会精神,全国、省、市人大、政协"两会"等重要会议,中国扬州"烟花三月"经贸旅游节(简称"烟花三月"节)、中国扬州鉴真国际半程马拉松赛、世界运河名城博览会(简称运博会)暨世界运河大会、创建全国文明城市、创建国家生态市、"扬州好人"、民生幸福、社会管理等专题宣传。围绕"名城扬州携手世界名企"活动、扬州泰州机场首航、2012科技创新·产业合作推介活动等,组织开展重大项目建设宣传。组织策划14期《市民论谈》节目。制定《关于加强和改进我市舆情稳控工作的意见》和相关考核办法。召开加强和改进全市互联网建设与管理工作会议。组织开展新闻战线"走基层、转作风、改文风"活动(简称"走、转、改"),开展"新春走基层"等系列活动。举办扬州市新闻界庆祝第13个记者节系列活动。境内外各类媒体全年首发扬州稿件近2000篇。加强网络宣传。网络发布关于"烟花三月"节的新闻报道(含视频、图片)5000多条、相关中文网页(包括新闻、博客、微博客、帖文等)约8万条,国内知名网站首发、转载关于运博会的新闻和帖文2万多条(次)。"烟花三月"节和运博会专题网页累计访问量超过600万人次。1月9日,举行"微扬州"上线暨"扬州发布"开通仪式。至年底,"扬州发布"在新浪网、腾讯网、新华网发布信息5700多条,吸引粉丝70万人次。编发《舆情专报》21期、《舆情日报》127期,向各县(市、区)、有关部门(单位)口头或书面通报网上舆情200多次,在全国各大网媒上处理负面舆情30多起。与江苏广电总台国际频道合作拍摄《文化扬州》《运河名都·活态传承》等文化专题片。编写《中国城记》系列丛书扬州篇。在美国《芝加哥华语论坛报》《美中信使报》开辟为期一年的扬州宣传专版。举办中韩摄影作品联展。2012年,市委宣传部获人民日报社颁发的"舆情监测管理奖"。《扬州日报》刊发的《就业局长"潜伏"打工探扬州用工》获中国新闻奖消息类一等奖。

(赵雪艳)

■文化建设 制定《中共扬州市委关于贯彻落实党的十七届六中全会〈决定〉加快推进文化建设工程的实施意见》,按照全面建成覆盖城乡、结构合理、功能健全、实用高效的公共文化服务体系的目标,推进文化事业繁荣、文化产业发展。文化建设工程通过省委督察组检查,扬州市文化建设工程综合指数位列全省第五。在江苏省第八届"五个一工程"评选活动中,电视剧《潮人》、电影《建党伟业》《少年邓恩铭》、小说《震动》、歌曲《乡路上的青春》《数鸭蛋变奏曲》、扬剧《青春树》、木偶剧《葫芦娃》、广播剧《竞选十日》《父亲》等10部作品获省"五个一工程"奖,并获奖金101万元。完成文汇阁遗址广场规划设计方案编制,制定出台《扬州市文化标志性工程行动计划》,推进重大文化产业项目建设。2012年,扬州市获"全国文化体制改革工作先进地区"称号。

(赵雪艳)

■宣传队伍建设 实施文化人才支撑工程，加快建设高层次文化人才队伍。依托全省宣传文化人才培养工程，推荐1人申报紫金文化奖章、8人申报全省“五个一批”人才（一批全面掌握邓小平理论和“三个代表”重要思想、有较高学术造诣、联系实际的理论专家，一批坚持正确方向、深入反映生活、受到群众喜爱的名记者、名编辑、名主持人，一批熟悉党和国家方针政策、社会责任感强、精通业务知识的出版专家，一批紧跟时代步伐、热爱祖国和人民、艺术水平精湛的作家、艺术家，一批既懂宣传文化发展规律、又懂市场运作规律的文化经营管理专家）、15人申报全省青年文化人才，并组织上一批次“五个一批”人才到清华大学培训、到美国深造。6月，在复旦大学举办文化产业高级研究班，培养产业发展高层次人才。开展基层宣传文化人才轮训，全市100多名乡镇、街道宣传委员分7期参加全省宣传委员培训班。8月，举办对外宣传工作培训班、网络新闻发言人培训班等；10月，举办文明创建专题培训班；11月，举办学习贯彻中共十八大精神政工干部专题培训班。加强职业道德建设和作风建设。在新闻、文艺、出版、哲学社会科学等领域开展“走、转、改”和“三项学习教育活动”（开展“三个代表”重要思想、马克思主义新闻观、职业精神和职业道德学习教育活动），进行职业道德培训。报社、广电等部门设立“走、转、改”专题，刊（播）发一批反映基层情况，体现新文风、新作风的优秀报道。

（赵雪艳）

■“微扬州”上线暨“扬州发布”开通仪式 1月9日，“微扬州” 上线暨“扬州发布” 开通仪式在扬州报业传媒集团举行。“微扬州”是扬州市与腾讯网、新浪网等网站共同打造的微博平台，是省内首个利用国内主流新闻和商业网站集群打造的地方微博平台。“扬州发布”为在该平台开设的市委宣传部官方微博。 （赵雪艳）

■扬州市暨高邮市“三下乡”活动启动仪式 1月9日，扬州市暨高邮市文化、科技、卫生“三下乡”活动在高邮市郭集镇大剧院启动。启动仪式上，市委宣传部领导为市“三下乡”服务慰问团文化艺术、农业科技、卫生计生、法律爱心等4个分团授旗；市委宣传部等14个部门联合表

1月9日，扬州市暨高邮市文化、科技、卫生“三下乡”活动启动仪式在高邮市郭集镇举行 李斯尔/摄

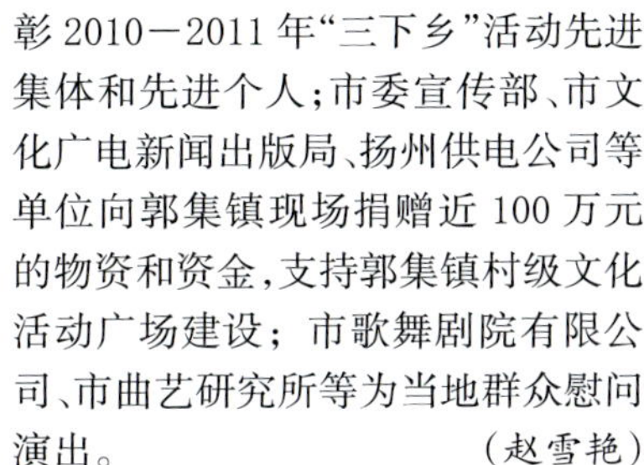

彰2010－2011年“三下乡”活动先进集体和先进个人；市委宣传部、市文化广电新闻出版局、扬州供电公司等单位向郭集镇现场捐赠近100万元的物资和资金，支持郭集镇村级文化活动广场建设；市歌舞剧院有限公司、市曲艺研究所等为当地群众慰问演出。 （赵雪艳）

■第八届“幸福扬州·扬州市民日” 5月2日，扬州市开展第八届“幸福扬州·扬州市民日”活动，分别举办扬州非物质文化遗产展示、“百寿宴”、综艺文化广场活动、瘦西湖风景区游园、千人围棋比赛和万人健身演示大会等活动。 （赵雪艳）

组织工作

■人大、政府、政协换届 4月底，县（市、区）人大、政府、政协和乡镇人大、政府换届工作结束。换届后的乡镇党政领导班子成员平均年龄41岁、县（市、区）党政领导班子成员平均年龄45.2岁；县（市、区）、乡镇党政领导班子成员中，大学本科以上学历的占95%以上，熟悉经济、管理、法律工作的干部占60%以上，并按规定配备年轻干部、女干部。配合省委组织部做好换届考察工作。市委常委会研究通过市人大、政府、政协换届人事方案，组织换届选举，统筹调配39个市政府工作部门的主要负责人。新一届市人大领导班子成员平均年龄54岁；市政府领导班子成员平均年龄48岁，其中45岁以下的干部2人、40岁左右的干部1人；市政协领导班子成员平均年龄53岁；中级法院院长、市检察院检察长平均年龄49岁。选举产生新一届省人大代表47人。加强换届后领导班子建设，以思想政治建设为核心，加强党性教育和从政道德教育，开展谈心谈话活动，研究制定2012年县（市、区）党政正职考核办法，做好行政区划调整后续工作，巩固、深化换届工作成果。 （杨 俊）

■基层组织建设 出台《关于在创先争优活动中开展基层组织建设年的实施意见》。组织实施基层党组织定星晋级、服务型基层党组织创建等“六大行动”，推进农村“富民党建”、非公有制企业“活力党建”、社区“和谐党建”、机关“效能党建”，开展“群众满意的窗口服务单位”、“三亮三比三评”（亮标准、亮身份、亮承诺，比技能、比作风、比业绩，群众评议、党员互评、领导点评）等争创活动。扬州市3人当选中共十八大代表，高邮市菱塘回族乡党委、广陵区文昌花园社区党委、扬州第二发电有限公司党委被表彰为全国先进基层党组织。市、县联动，全年集中培训党员1.28万人。创新开展163个农民集中居住区党建工作，通过组织设置体现“差别化”、社会管理实行“网格化”、服务群众采取“组团式”、有效激励运用“星级化”、共建模式构筑“同心圆”等措施，实现党建工作全覆盖。该项工作

获评2012年全省组织工作十大优秀创新创优成果。市委组织部会同市农村工作办公室推进村级“四有一责”建设。全市建成标准厂房92.6万平方米，宝应、高邮80%的行政村实现集体经营性收入20万元目标，其他县(市、区)所有行政村实现集体经营性收入20万元目标。建立以社区党组织为领导核心、社区自治组织为主体、社区工作站为依托、社区服务中心为平台的“四位一体”社区管理服务模式，开展党员志愿服务，非公有制企业党组织组建率达96.4%。加强基层党组织带头人队伍建设，实行村党组织星级化管理，评出“五星级”党组织1059个。推行“第一书记”制度，选派208名机关年轻干部到经济薄弱村任职。制定党建工作创新工程考核办法，纳入县(市、区)和市级机关部门考核范围。推行基层党建工作“三级联述联评联考”，1378个村(社区)、89个乡镇（街道)、6个县（市、区)党组织书记完成党建工作专项述职。2012年，全市发展党员9352人。至年底，全市有基层党组织1.46万个，其中基层党委408个、党总支1179个、党支部1.30万个；有党员28.81万人，其中农村党员16.32万人、城市街道党员2.09万人、非公企业党员3.52万人。全市社会组织党组织组建率82.0%，非公企业党组织组建率96.4%。全市党员中，45周岁及以下党员11.27万人，占39.1%；大专以上学历党员9.94万人，占34.5%。 （杨　俊）

■干部人事制度改革　贯彻落实中央《2010—2020年深化干部人事制度改革规划纲要》和市委实施意见精神，抓住换届、公选、干部队伍能力作风建设等契机，推进干部人事制度改革。在换届工作中，规范推荐提名办法，通过比选产生4名县(市、区)委书记和区长人选，加强对干部德的考核和科学发展实绩的考核，探索加强换届后领导班子思想政治建设的方法途径。组织实施公开选拔副处级和副科级领导干部工作，将“以德为先、德才兼备”的原则、“重基层、重实绩”的导向、“民主、公开、竞争、择优”的要求融入干部公开选拔工作各个环节，差额产生20名副处级和50名副科级干部。启动实施公推比选副处级非领导职务干部工作。围绕服务重大项目建设，出台专项意见，推进市级机关部门与开发园区之间的干部交流。组织对市级机关到园区和企业挂职干部进行综合考评，遴选产生新一轮15名挂职干部；跟踪、掌握干部在服务重大项目中的表现，为考核选配提供依据。加强对县(市、区)党政正职考核，制定“党建工作创新工程”考核细则，分别于7月和11月对县(市、区)党政正职进行预考核。完成“完善干部选拔任用制度问题研究”、“贯彻落实中组部‘一个意见、三个办法’”(《关于建立促进科学发展的党政领导班子和领导干部考核评价机制的意见》《地方党政领导班子和领导干部综合考核评价办法（试行)》《党政工作部门领导班子和领导干部综合考核评价办法（试行)》《党政领导班子和领导干部年度考核办法(试行)》)、“培养选拔优秀年轻干部”等重点课题。系统总结全市干部人事制度改革方面的经验做法，选编《扬州市干部人事制度改革案例汇编》。 （杨　俊）

■干部队伍能力作风建设　市委印发《全市干部队伍能力提升和作风转变行动计划》，重点实施思想解放、组织保障、能力素质提升、作风锤炼、群众评议、督查考评问责“六大行动”，推进干部队伍能力作风建设。实施“服务和保障项目建设”思想解放行动，开展学习型党组织、学习型领导班子创建主题实践活动。各地、各单位围绕“服务和保障项目建设”组织解放思想大讨论，出台《扬州市重大项目建设工作问责办法》《扬州市重大建设项目稽察办法》《扬州市市级现代服务业发展引导资金管理办法》，开辟《推进重大项目》《稳中求进，项目支撑》等媒体宣传专栏。推动年轻干部到一线实践锻炼，选派100多名年轻干部到项目建设、基层一线任(挂)职，选派市级机关缺乏基层工作经历的60名初任公务员到高邮农村任职锻炼，市、县联动选派208名机关干部到经济薄弱村担任第一书记。推进领导干部下基层活动，将领导干部下基层情况纳入县(市、区)党政正职考核和市级机关部门年终考评内容。建立领导干部挂钩联系项目制度。开展“服务项目建设先进党组织”“群众满意的窗口服务单位”争创活动。组织“三公开三报告”(公开事项、公开过程、公开结果，向组织报告、向人大代表政协委员报告、向服务对象报告)电视直播活动，加大治懒、治散、治庸力度。 （杨　俊）

■干部教育培训　实施“引领转型发展干部素质提升工程”。年初，召开扬州市干部培训领导小组会议，编发《2012年全市干部教育培训工作要点》《2012年全市干部教育培训主要项目一览表》，明确全年培训工作的目标、任务和举措。选调换届后新任职干部、关键领域和重要岗位干部参加市委党校主体班学习，接受党性教育、理论教育和理想信念教育。组织赴新加坡城市规划建设和社会管理创新专题研修班、赴同济大学建设世界名城专题研修班、赴复旦大学文化产业创新发展专题研修班等10多个班次，推动各级干部开阔眼界、思路和胸襟。12月14日起，举办学习贯彻中共十八大精神轮训班，全市市管县处级领导干部、市属国有企业负责人、乡镇(街道)党(工)委主要负责人近700人参加轮训。推动各地、各部门集中开展轮训，并在“扬州市党政干部网上学习城”网站开辟专栏，组织一批学习课件供选学。加大跟班管理、组织考学力度，召开学员学习汇报座谈会10多次，交流学习培训心得，汇编学习培训成果，放大培训效应。中组部《组工信息》第149期介绍扬州市干部教育培训工作经验。 （杨　俊）

■人才工作　推进国家“千人计划”、省“双创计划”(高层次创新创业人才引进计划)、市“绿扬金凤计划”等重点引才工程，全年资助创业创新领军人才122人、优秀博士人才133人。召开全市人才工作大会，出台《扬州市人才发展行动计划》《加强企业人才引进和培养工作的意见》《科技和金融结合行动计划》《加快建设科技产业综合体 推进企业人才加速集聚的意见》等政策文件。组织各地开展2012年度创业创新领军人才、博士人才、急需紧缺的专业技术人才需求调研,在《人民日报》等主流媒体发布引才公告。组织到境内外人才集中地推介政策、招引人才,全面展示扬州市引才环境,推动人才和智力合作。截至2012年底,累计有26名"千人计划"专家落户扬州。2012年,全市有42人入选省"双创计划",35人入选省"企业博士集聚计划",2个团队入选省"创新团队"。全市评选产生2012年拟资助的"绿扬金凤计划"创业创新领军人才80人、优秀博士人才98人,分别比上年增长60%、27%。成立市高层次人才管理服务中心,在市行政办事服务中心设立专门窗口,为各类高层次人才提供"一站式"服务。全年联系、慰问各类高层次人才500多人次,定期组织高层次人才集中体检和免费疗休养活动,营造尊才、爱才、育才的氛围。 (杨 俊)

■大学生村官工作 启动大学生村官"111成才优才计划",在5年内培养1000名村(社区)"两委"(党的基层委员会、村(居)委会)正职后备干部、100名乡科级后备干部、10名县处级后备干部。加强大学生村官选聘、培养、选拔、管理等工作,构建长效机制,促进大学生村官健康成长。3月起,组织2012年选聘大学生村官"重点高校行"和集中选聘活动,采取驻点实践、面试面谈、综合考察的方式选聘"985工程"院校优秀毕业生,新选聘250多名高校毕业生进入大学生村官队伍。推动各地开展大学生村官2011年度考核,落实相应奖励政策。组织新选聘大学生村官岗前培训和各类创业培训。9月,启动实施"百名村官任'乡官'计划",通过报名和资格审查、素质评价、笔试、面试、差额考察、常委会票决等程序,从全市大学生村官中公开选拔50名副乡(镇)长、街道办副主任。至年底,全市有130多名优秀大学生村官担任村(社区)"两委"正职。完善创业帮扶机制,用好市财政每年500万元创业奖励资金,分3批选派30名大学生村官到台湾学习研修,成立全国首家大学生村官创业产品展销中心,推动"五老"(老干部、老战士、老专家、老教师、老模范)帮扶大学生村官创业活动。全市有570名大学生村官创办260多个项目,吸纳4000多人就业,促进村集体增收4200万元。完善关心、关爱机制,召开全市大学生村官工作会议,表彰第二届"十佳大学生村官"。为省聘大学生村官落实事业单位绩效工资待遇,鼓励他们安心扎根基层,干事创业。中组部《组工信息》《中国组织人事报》等多次报道扬州市大学生村官工作经验。 (杨 俊)

4月27日,扬州市委组织部牵头创办的扬州市大学生村官创业产品展销中心揭牌营业,全市30多名创业大学生村官近百个品种的创业产品参加展销 庄文斌/摄

纪检监察

■概述 2012年,全市纪检监察机关强化监督、务实创新,实施重大项目派驻纪检监察组驻点督查,开展"三公开三报告"电视直播活动,推进农村党风廉政"大监督"机制建设,打造"清风扬州"廉政文化品牌,深化权力公开透明运行,探索实践"五查环扣"办案新模式;参与社会管理创新,加大反腐力度,反腐倡廉各项工作取得新进展。2012年,中共扬州市纪律检查委员会(简称市纪委)、市监察局获各类表彰14项,其中农村党风廉政建设"大监督"机制建设和"三公开三报告"电视直播活动获省纪委创新奖。 (朱 娟)

■推进重点工作 2012年,全市纪检监察机关开展中央、省确定的水利改革、保障性安居工程、节能减排和环境保护、耕地保护等10项内容的监督检查,发现问题及时督促整改。市纪委会同市住房保障和房产管理局监督检查保障房建设进度、工程质量、分配机制、退出管理、廉政建设等工作。截至11月底,全市新开工各类保障性住房1.63万套、竣工4433套,分别完成省下达目标任务的107%、127%。会同市环境保护局开展违法排污企业整治活动,取缔和关闭"五小"(小化工、小电镀、小水泥、小冶炼、小砖瓦)企业。会同市国土资源局专题督办违规审批建设用地、违法用地、违章建房等问题,开展监督检查439次,追究40人党纪、政纪责任,遏制违法用地、违法建设。参与全国文明城市复检、生态市创建、村庄环境整治、秸秆禁烧等重点工作。 (朱 娟)

■督查换届工作 全市纪检监察机关对全市换届工作纪律要求的贯彻落实情况进行监督检查。市、县两级纪检监察部门联动,聘请选人用人风气监督员122人,全程参与、全程督查换届工作。市、县、乡三级人大、政府、政协换届风气测评满意率均为100%。《中国纪检监察报》登载《风清舵正好远航——扬州加强换届工作纪律监督纪略》,介绍扬州市换届工作纪律监察工作经验。 (朱 娟)

■化解矛盾隐患 2012年,市纪委开展"四项排查"(排查突出信访问题、排查有风险预警的项目、排查安全事故隐患、排查基层基础工作薄弱

环节),成立专门工作领导小组,实行24小时信访值班制度,做到领导接访到位、排查化解到位、人员稳控到位、应急预案到位、执纪督查到位,妥善解决群众诉求,实现全国"两会"及中共十八大期间中央纪委零上访目标。贯彻落实国家和省关于纪检监察机关参与社会管理创新工作要求,强化参与管理的力度、程度和深度。省纪委在扬州市召开创新社会管理工作现场会,肯定扬州市做法。 (朱 娟)

■派驻督查重大项目 2012年是市委、市政府"重大项目建设突破年"。市纪委出台重大项目监督检查实施意见和问责办法等制度,成立4个派驻纪检监察组,对28个1亿元以上建设项目推进情况实施全程跟踪监察。加强与市人大、市政协、市委督查室、市政府督查室、市发展和改革委员会、市规划局、市城乡建设局、市财政局、市审计局等部门(单位)合作,开展重大项目联动、联合督查。全年开展重大项目督查328次,提出问题175个,帮助协调解决问题47个,发出整改通知43份、问题督办单2份,推进项目建设。编制《重大建设项目派驻纪检监察规范性操作手册》,规范派驻工作。 (朱 娟)

■扩大"清风扬州"品牌效应 2012年,市纪委面向全国征集"清风扬州"形象标识。经评选,安徽省萧县付二虎的作品被选用。新建廉政文化展示馆,展示扬州廉政文化脉络、清廉历史、现代勤廉典型和廉政文化产品、作品,开展各类廉政主题教育活动。将《扬州纪监》和《扬州反腐倡廉研究》两本杂志合并为《清风扬州》。开辟《扬州日报·清风扬州》专版,展示全市党风廉政建设和反腐败工作实绩,全年刊出12期。开设《清风扬州》电视专栏,全年播出48期。精选15个廉政文化景点,打造"清风伴我行"廉政文化之旅项目。全年有100多批次近3万名党员干部参加"清风伴我行"活动。全年有26个系统318个单位2.4万人到预防腐败警示教育基地接受教育。市纪委牵头主办首届中国大运河城市廉政文化联席会议暨中国大运河城市廉政书画展,京杭大运河沿线35个城市参展。 (朱 娟)

■反腐倡廉制度体系建设 制定《关于深化县委权力公开透明运行试点工作的意见》《扬州市党务公开标准化建设考核办法》等制度。深化制度廉洁性评估,全市评估152件规范性文件,其中废止21件、修改85件。开展"重温申请,保持纯洁,喜迎党的十八大"主题教育活动。制作警示教育片《水浊腐生》《绝不容许玷污党的纯洁性》,召开全市保持党的纯洁性专题报告会暨领导干部作风建设警示教育大会。开展新任县处级领导干部廉政培训,对60名新任县处级领导干部进行集中廉政谈话。举办5期反腐倡廉建设互动平台活动。 (朱 娟)

■政风行风建设和专项治理 开展12个公共服务行业政风行风民主评议活动。举办省、市、县三级广播、电视、报纸、网络"行风热线"联动户外直播活动。创建群众满意基层站所,12个基层站所受省表彰。开展公务用车专项治理,纠正、处理违规公务用车983辆,清理违规车辆52辆,修订公务用车管理办法。开展商场、物流、银行、电信、教育、涉农等6个领域收费专项治理,银行系统清退各项不合理收费1800多万元,电信、移动、联通等电信运营企业对489项资费套餐进行简化、优化和清理,教育、涉农领域清退不合理收费96.7万元。深化工程领域突出问题专项治理,查找和治理工程建设项目招标、投标等重点环节存在的突出问题。加强乡镇项目招投标监督改革,制定《农村小型公益项目招投标程序》及其实施细则。清理挂靠、借用资质投标、违规出借资质等问题,强化资质资格动态管理。全市开展招投标工作检查191次,发现违法违规问题10件,2人被移送司法机关追究刑事责任。加强公款出国(境)管理。查处征地拆迁、安全生产等方面的突出问题。 (朱 娟)

■行政权力电子监察 2012年,扬州市电子监察系统全面升级改造。结合工程领域诚信体系建设,搭建重大项目电子监察系统,实现对市发展和改革委员会新审批立项建设项目监察全覆盖,重点对28个1亿元以上项目和97个3000万元以上项目的审批、招投标、施工监理、资金管理、重大变更、竣工验收进行全过程电子监察。每季度通报47个市级机关部门5000多项行政权力网上运行情况,运用电子监察数据结果,督促所有行政权力上网运行,初步形成严密、有效的内控体系。全市行政权力电子监察规范被确定为全省标准。中央电视台《理论热点面对面》栏目报道扬州的经验做法。 (朱 娟)

■案件查处 全市各级纪检监察机关全年接收信访举报1898件(次),立案616件,其中县处级干部案件4件、乡科级干部案件50件,给予446人党纪、政纪处分,挽回直接经济损失2800万元。创新依纪依法安全文明办案模式。打造"五查环扣"(先期进行线索排查、充分准备初步核查、严把立案关口审查、全力以赴开展调查、案管审理双重督查)办案新模式,取得明显效果。发挥查办案件的治本功能,做到重大典型案件一案一分析、一案一总结,查找案发原因和制度漏洞。全年下发监察建议书6份。做好对发案单位的回访工作,督查发案单位落实整改措施,建立制度12项。 (朱 娟)

■"三公开三报告"电视直播活动 督查2012年市委、市政府确定的176个民生幸福工程项目推进落实情况,举办"三公开三报告"电视直播活动。组建10个由市人大、市政协有关领导任组长的联系组,加强与项目承办单位联系,指导工作。通过电视投票的方式确定市公安局、市人力资源和社会保障局、市物价局、市城乡建设局、市国土资源局、市城市管理局、市住房保障和房产管理局、扬州供电公司等8个部门(单位)分3场参加"三公开三报告"电视直播活动,现场质询、现场监督、现场评议、现场公布测

评结果。中央电视台综合频道、江苏卫视、《新华日报》等对该项活动作专题报道。（朱 娟）

■**农村党风廉政"大监督"机制建设** 系统总结以民意、民生、民权、民利、民主和民风等"六民监督"为架构的农村党风廉政"大监督"机制，出版《农村"大监督"机制探究》。召开现场会，推进农村"大监督"机制建设。该项工作获2011－2012年度全省纪检监察工作创新奖。（朱 娟）

■**深化党务公开** 推进全市深化党务公开工作，制定深化县（市、区）委权力公开透明运行试点工作的意见、基层党组织党务公开标准化建设考核办法，要求组织常态化、目录规范化、载体多样化、制度系统化、监督经常化、资料档案化。总结江都、仪征两地县（市、区）委权力公开透明运行试点工作经验，扩大试点工作面，向乡镇拓展延伸。组织开展党务公开标准化建设考核，并进行党务公开示范点申报、验收。全市有100个基层党组织被评为党务公开示范点。扬州市被省党务公开领导小组明确为全省地方党组织党务公开联系点。（朱 娟）

■**深化"一把手"汇报工作** 加强对党政正职的监督，完善市委全委会集体'问廉'县处级党政正职的"一把手"汇报工作。在参加汇报人员的选择上，发扬党内民主，由市委委员、纪委委员和部分党代表投票，确定市交通运输局局长和党委书记、市水利局局长、市农业委员会主任、市环境保护局局长等5名县处级党政正职领导参加汇报；在调研内容上，增加"三重一大"（重大决策、重要干部任免、重大项目安排和大额度资金使用）事项集体决策制度执行情况和"三公经费"（因公出国费、公务用车购置及运行费、公务接待费）使用情况；在调研对象上，增加参加汇报部门的管理和服务对象；在汇报会的组织上，增加公开性和透明度，由扬州网全程直播汇报会情况。强化对整改情况的跟踪督促，提升汇报整改效果。（朱 娟）

统战工作

■**开展"同心"活动** 2012年，市委统一战线工作部（简称市委统战部）围绕"同心"主题，在全市统一战线开展"同心同行，创新扬州助推系列行动""同心同行，共建和谐""同心同行，走进基层走进统一战线成员"活动。联合扬州大学统战部组织部分专家教授到宝应举办校企合作洽谈会。组织市各民主党派、工商联和无党派人士到扬州经济技术开发区春江社区、新城西区大刘社区、高邮市三垛镇等地开展"共建和谐"系列活动。全年开展各类社会服务活动55次，服务群众8万多人次，捐赠财物27.6万元。（向元华）

■**服务经济社会建设** 市委统战部组织市各民主党派、工商联和无党派人士围绕建设"三个扬州"和世界名城等议题开展调研，形成调研报告36篇。建立挂钩联系服务非公有制企业制度，走访江苏嘉捷特种车辆制造有限公司、江苏赛格纺织机械有限公司、江苏爱克赛电气制造有限公司等10多家非公有制企业，为企业排忧解难；组织扬州市非公有制经济科学发展专家服务团专家到仪征、广陵等地，为非公有制企业提供金融信贷、技术创新、人才引进等咨询服务。联合市工商业联合会举办扬州市青年企业家沙龙；支持市工商业联合会联合市投资商会召开银企对接会，为中小企业发展提供融资服务。发挥香港扬州同乡会等平台作用，加强与海内外重点社团和重点人物的联系交流，全年接待到扬州考察的海内外团体10多批、重点人物200多人。联合香港人才交流中心和扬州大学，在扬州实施2012香港大学生内地实习交流计划。（向元华）

■**党外代表人士队伍建设** 按照省委关于省政协换届工作的要求，推荐19名党外人士担任省政协委员。推进党外干部实职安排，推荐一批党外人士代表担任新一届人大代表和政协委员。市、县两级人大、政府、政协领导班子全部配备党外干部，市级机关11个必配部门中有9个部门配备党外领导干部，市中级法院和市检察院分别配备党外副院长和党外副检察长。完成市工商业联合会换届。贯彻落实中央和省委关于加强党外代表人士队伍建设的意见，对全市党外代表人士队伍现状进行调查分析。联合市委组织部举办全市第20期党外干部培训班，选派5名县处级以上党外干部参加省委统战部组织的培训班学习。（向元华）

■**维护社会和谐稳定** 排查统一战线存在的隐患和问题，做好统一战线成员思想和教育引导工作，维护统一战线稳定。推动市级机关组织实施新一轮帮扶少数民族乡村项目，完成19个结对帮扶项目，累计投入700多万元。支持市民族宗教部门加强对乱建寺庙和农村、校园非法传教等问题的管理，妥善处理涉及民族、宗教的重点难点问题，完成市佛教协会换届。协调解决"两新组织"（新经济组织、新社会组织）存在的矛盾和问题，维护社会和谐稳定。（向元华）

机关党建

■**学习型党组织建设** 2012年，中共扬州市级机关工作委员会（简称市级机关工委）召开建设学习型党组织现场推进会和创建示范点单位座谈会，指导机关面上工作，交流经验。培育典型。明确12个建设学习型机关党组织示范点，引导示范点单位发挥示范带头作用，提升学习型机关党组织建设成效。推荐市级机关党校、市检察院预防腐败警示教育基地申报省首批马克思主义大众化学习实践基地。加强培训工作，强化培训效果，增强学员能力素质。全年举办4类9期培训班，培训机关党员、干部1016人。（任 灏）

■**基层党组织建设** 市级机关工委以创先争优活动为抓手，夯实机关党建基础工作。推行机关党建目标管理，按5个方面16个项目量化考核，实行党建工作责任制。机关部门和事业单位新建、换届的党组织实行公推直选。全年新建基层党组织15个,60个基层党组织换届,其中19个实行公推直选,调整党务干部111人。制定《市级机关发展党员工作意见》。全年发展新党员100人,办理111名预备党员转正手续。组织开展春节期间“送温暖、献爱心”活动。各部门、单位处级以上领导干部慰问特困家庭230多户。

“七一”前,组织230多名优秀党员和新党员代表,到烈士陵园参加宣读入党誓词、参观革命烈士纪念馆等活动。制定《关于机关党组织建立务实管用制度工作的意见》,要求各基层党组织建立一项以上务实管用制度。制定《市级机关基层党组织整改提高晋星升级工作意见》,要求市级机关各基层党组织开展晋星升级活动。（任　灏）

■机关作风建设　坚持以服务项目建设为第一标准,调整、完善考评体系。召开部分重点部门(单位)座谈会,交流推动和服务项目建设经验。市级机关工委与市行政办事服务中心联合在市级机关59个部门和窗口服务单位中开展群众最满意的服务窗口创建活动,改进机关作风,提高服务效能,服务和推动项目建设。全年开展2轮明察暗访活动,汇总暗访情况,向存在问题的部门(单位)下发督办单,限期整改问题。全年编发机关作风建设简报25期,协调处理人民群众来电来访、投诉8件,办结率87.5%。（任　灏）

■党风廉政建设　市级机关工委分别于3月20日、23日召开市级机关廉政文化建设示范点工作经验座谈会和市级机关创建廉政文化示范点工作座谈会,推进廉政文化进机关。开展反腐倡廉“电教月”活动,推荐反映清正廉洁先进模范事迹和违纪违法典型案例的电教片17部。市直机关8000多人次观看电教片。组织“读书思廉”征文评选活动,收到征文131篇,评出一等奖5个、二等奖10个、三等奖20个、组织奖5个,《机关党建》专辑刊发获奖文章。全年受理市级机关党员干部违纪案件7件,结案率100%,其中开除党籍5人、党内严重警告3人。（任　灏）

老干部工作

■概述　2012年,全市老干部工作部门落实离退休老干部政治、生活待遇,组织老干部文体活动,发挥老干部作用。加强创新创优和信息宣传调研工作,市委老干部局“老干部工作文化年活动”和宝应县委老干部局“成立关爱联盟,让余热在关爱留守儿童中生辉”获2012年度全省老干部工作创新创优优秀成果奖。全市老干部工作部门全年完成调研课题27个,11项调研成果受到省委老干部局嘉奖,其中《浅析扬州老干部工作四次重要创新和影响》获全省纪念干部离退休制度建立30年来老干部工作理论研讨会优秀论文一等奖。市委老干部局、邗江区委老干部局获2012年度全省老干部部门信息工作一等奖。截至12月31日,全市有离休干部2095人。其中,第二次国内革命战争时期参加革命的1人、抗日战争时期参加革命的505人、解放战争时期参加革命的1589人,享受副省级医疗待遇的4人、享受厅局(含副厅局)级待遇的111人、享受厅局级医疗乘车待遇的141人、享受副厅局级医疗待遇的288人、享受县处(含副处)级待遇的636人,80岁及以上的1845人。2012年,全市离休干部去世130人。（翁广琪　唐小月）

■落实政治待遇　春节期间,市领导走访慰问地市级老领导和在医院治疗的老干部40多人,全市各地、各部门走访离退休干部2000多人、离休干部遗属140多人。市委老干部局全年走访老干部500多人次。1月18日,市委、市政府在扬州迎宾馆召开老干部新春茶话会,市领导与老同志共迎新春。2月22日,市委书记谢正义走访看望市四套班子老领导。4月,市委、市政府召开专题座谈会,就《政府工作报告(征求意见稿)》征求老领导意见。5月14—15日,市委老干部局组织离休干部和副处级以上退休干部500多人参观考察上汽仪征分公司30万辆整车项目、扬州泰州机场、瘦西湖隧道等重大项目和重点工程。5月16日,市委、市政府组织市四套班子老领导实地参观市重点工程、重大项目建设成果。6月起,全市老干部工作部门组织开展“走基层、看成就”参观考察活动,5000多名离退休干部参观中共十七大以来扬州地方经济社会成就展。“七一”前后,组织离退休党员干部学习党史、党章,重温入党誓词。7月下旬起,市、县两级老干部工作部门举办学习胡锦涛总书记“7·23”重要讲话专题辅导班。9月29日,市委老干部局、市委党史办公室、市新四军研究会联合举办“学党史、庆国庆、喜迎十八大”离退休干部座谈会。中共十八大召开后,全市组织离退休干部学习贯彻十八大精神。11月底,市委老干部局举办全市离退休干部党支部书记学习中共十八大精神培训班,100人参加培训。市委老干部局全年编发学习资料4期6000份,指导老干部学习。按照中央和省委、市委关于开展“党的基层组织建设年”活动要求,全市把离退休干部党支部建设纳入党的基层组织建设总体规划,推进和完善组织区域化、载体多样化、资源社会化、活动人性化、管理柔性化的创建格局,并以邗江区为试点,成立52个社区离退休干部党支部。市委老干部局等部门对成绩突出的16个离退休干部“五好”(支部班子好、党员队伍好、组织设置好、活动开展好、群众反映好)党支部和24名“四好”(学习活动好、教育后代好、发挥作用好、保持本色好)老干部党员进行宣传表扬。（翁广琪　唐小月）

■落实生活待遇　3月,市委老干部局组织对全市中共十七大以来老干部政策贯彻落实情况进行大检查。做好改制单位老干部工作。开辟“离退休干部就医绿色通道”,为老干部提供优先医疗服务。2012年,市委老干部局3次召开市直部门老干部工作专兼职人员会议,协调社保中心为6名无工作离休干部遗属解决医保问题。1月起,市委老干部局组织志愿者开展“助老读党报,学老跟党走”活动,为老干部读党报党刊。3月,市老干部活动中心增设老干部馨语聊吧,聘请心理咨询师为老干部提供心理疏导和精神慰藉。10月中旬,市委老干部局组织市级机关离休干部和副处级以上退休干部600多人参加健康体检。10月22日,市委老干部局在曜阳国际老年公寓设立老干部活动站。全市新建成利用社区资源服务老干部省级示范点3个(宝应县安宜镇世纪园社区、仪征市真州镇梓潼社区、邗江区石油山庄社区),累计建成5个;建立社区老干部工作指导员队伍7支,有成员122人;建立社区服务离退休干部志愿者队伍100多支,有成员2000多人。

(翁广琪　唐小月)

■开展文体活动　全市围绕中共十八大召开和离退休干部制度建立30周年,组织离退休干部开展系列庆祝活动。3月27日,市委老干部局在高邮举办喜迎十八大扬州市老干部门球交流活动。4月5日,市老干部书画研究会、广陵区东关街道、琼花观社区党委、市美术馆在扬州市美术馆联合举办“春的信息”书画作品展。5月16日,市老干部书画研究会与香港老年书画协会在扬州八怪纪念馆举办香港、扬州两地老年书画交流展,展出作品80多幅。“六一”儿童节期间,市老干部集邮协会联合市青少年集邮协会在市老干部活动中心举办“庆祝‘六一’老少同乐”集邮展。8月,市委老干部局举办喜迎十八大老干部书画摄影作品展,展出作品160多幅。市老干部艺术团举办“永远跟党走,喜迎十八大”文艺演出10多场;9月28日,市委老干部局举办庆祝全国第二个“敬老月”、江苏省第25个“敬老日”暨迎国庆老干部重阳节汇报专场演出。10月11日,市委老干部局在江都区举行全市老干部中国象棋比赛。10月16日,市委老干部局、市老干部书画研究会在市文化馆联合举办“党恩颂”喜迎十八大老干部书画展,展出作品131幅。11月2日,市委老干部局、市老干部诗词协会等在市老干部活动中心举办“放声高歌颂党恩”喜迎十八大诗歌吟唱音乐会。11月26日,市老干部太极拳队在新世纪广场与日本健康太极拳厚木之会会员进行切磋交流。12月,市老干部古筝队举行欢庆十八大专场文艺演出。市老干部艺术团表演的舞蹈《美丽的花溪》获市第四届“琼花奖”舞蹈比赛一等奖、全省老干部民族舞比赛一等奖,民乐合奏《喜迎春》获第七届扬州市群众文艺新作一等奖。

(翁广琪　唐小月)

■发挥老干部作用　3月,全市老干部工作部门开展离退休党员干部牵手大学生村官主题实践活动回头看活动,完善长效机制和动态管理机制。3月9日,市委老干部局组织召开离退休干部牵手大学生村官“三创”(创新、创业、创优)指导团联席会。11月22日,市委组织部、市委老干部局、市委关心下一代工作委员会联合召开全市离退休干部结对帮扶大学生村官创业推进会,命名“扬州市离退休干部结对帮扶大学生村官创业示范点”7个。年内,市委老干部局等部门在仪征陈集、邗江杨寿等地召开全市离退休党员干部牵手大学生村官创业现场会、观摩会,“三创”指导团指导全市大学生村官创业项目70多个。12月,《大学生村官报》撰文报道退休干部、市“三创”指导团团长沈广国先进事迹。全市老干部工作部门组织老干部报告团、关爱工作团、艺术团、诗词协会、书画研究会等文化社团开展“五送六进”(送诗词、送书画、送文艺、送书刊、送报告会,进社区、进校园、进机关、进企业、进军营、进乡村)系列活动。老干部报告团以春节、清明节、端午节、中秋节、国庆节等为题材,开展“我们的节日”系列宣讲报告会140多场。

(翁广琪　唐小月)

党史工作

■概述　2012年,市委党史办公室(简称市委党史办)开展党史征编、研究资政和党史宣传教育工作。全年征编图片资料500多幅、文字资料近50万字,出版党史书籍3本,撰写资政报告1份,举办宣传活动2次。举办党史工作人员培训班2期,130多人参训。

(高忠林)

■党史“二卷本”编纂　2012年,市委党史办进行《中共扬州泰州地方史(1949—1978)》(简称党史“二卷本”)稿征求意见和修改工作。召开4次座谈会,征求老领导、党史专家和社会各界对编纂党史“二卷本”的意见和建议。召开6次编纂工作专题会议,讨论党史“二卷本”编纂过程中遇到的问题。7月,形成党史“二卷本”征求意见稿。10月起,参考征集到的意见和档案资料,对党史“二卷本”征求意见稿进行修改,形成送审稿。党史“二卷本”送审稿分4编19章,30多万字。

(高忠林)

■党史资料征编　征编《红色足迹》画册。市委党史办到各县(市、区)实地调研革命遗址、遗迹,到北京、南京等地向当事人及其后代征集历史资料和图片,编辑出版《红色足迹》画册,收录红色遗址、遗迹77处,刊载图片300多幅、文字近10万字。征集反映改革开放后机关各部门工作成果的党史专题资料22篇43万字,编辑出版《潮涌滨江(第三辑)》。完成省委宣传部《秘战精英》组稿任务,组织稿件5万多字,反映扬州地下工作者斗争故事。征编《扬州革命烈士传》,搜集1000多名烈士名录,完成部分烈士传记初稿征编。到北京、上海、福建、广西等地,抢救性征集一批扬州地方党史资料。

(高忠林)

■党史宣传教育　开展党史宣传教育活动。9月,市委党史办与市新四军研究会、市委老干部局联合举办以“发挥党的政治优势、健全党的肌体,树立党员干部良好形象”为主题的“学党史　庆国庆　喜迎十八大”座谈会。12月,市委党史办与市新四军研究会、广陵区委党史办联合举行万福桥惨案悼念仪式。市委党史办为机关、学校、社区、企业举办党史讲座,向机关、驻扬部队、中小学校和部分街道赠送党史书籍1000多册。利用媒体进行党史宣传教育。全年在《党的文献》《中国档案报》《大江南北》《世纪风采》《铁军》等报刊杂志发表党史文章20多篇，在《档案与建设》杂志开辟《中国共产党在扬州》专栏，宣传扬州地方党组织领导扬州人民开展革命、建设和改革的历史。办好“扬州党史”网站，反映党史工作动态，传递党史知识。全年网站点击量2万多次。（高忠林）

■党史资政研究 市委党史办专题调研全市革命遗址、遗迹的保护利用现状，形成调研报告。组织人员撰写《江泽民同志与“三个代表”重要思想》《建国以来党的历次代表大会的发展和经验》《改革开放以来党的文艺政策的转变与发展》《扬泰地区打坝战的独特形式和经验启示》等理论文章，参加全省党史系统迎接十八大理论研讨会征文活动，其中2篇文章参加研讨会交流。《弘扬党史文化，打造红色旅游的几点思考》入选《全国党史文化论坛文集》。（高忠林）

■江上青烈士史料陈列馆开馆 4月4日，在江上青烈士诞辰101周年之际，扬州市举行江上青烈士史料陈列馆开馆仪式。市委书记、市长谢正义，江上青烈士亲属代表彭健明为史料陈列馆揭牌。陈列馆位于扬州市旌忠巷33号平民中学旧址，馆内分7个展厅，围绕“探索真理年代，爱国民主家庭”“投身革命，矢志不渝”“教书育人，播撒火种”“千里救亡，唤起民众”“开辟革命根据地，血洒皖东北”“多才多艺，才华横溢”“浩气长存、缅怀永远”等7个主题，展示江上青烈士生平。（赵雪艳）

4月4日，江上青烈士史料陈列馆开馆　　王　卓/摄

党校工作

■教学工作 2012年，扬州市委党校推出新一轮干部轮训计划，制定专题轮训菜单，印发给各县（市、区）和市直机关各部门，供干部自主选学。新建南京河西新城现代金融示范区、瓜洲高效生态农业园等实践教研基地8个。全年组织650多名学员到实践教研基地考察学习，开展现场教学11次。编写《大力发展现代高效农业》《积极推进社会组织建设》等教学案例28个。全年开展案例教学18次，学员参与率100%、满意率97%。完善“三双一员一实”（学员双向评价、正副班主任双人负责、班级学校双重考勤，组织部政治辅导员全程参与，学员到课率实名公布）班级管理模式。干部参学率99%，学员平均到课率95%。全年举办各类班次21个，培训各级领导干部1958人次，分别比上年增长17%和86%。2012年，市委党校与新疆新源县委合作举办新疆新源县县、乡、村三级干部培训班2期，与北京铁路局党校合作举办中高级烹饪师培训班1期。扬州市委党校教育培训中心兰州大学远程教学班和南京航空航天大学工商管理硕士班分别招生130人、30人，江苏省委党校在职研究生扬州教学点新招学员70人。（钱存林）

■科研工作 2012年，扬州市委党校根据市委、市政府重大调研课题，指导主体班学员开展社会调研，撰写调研报告47篇，从中评选出优秀调研报告18篇。围绕扬州经济社会发展中的热点、难点问题，确定13个调研选题，组建13个调研组，形成调研报告17篇，其中《210名处科级领导干部怎样看扬州当前经济社会问题》《扬州发展新兴产业的领域选择和政策取向》《县委权力阳光运行新跨越》等7篇调研报告被报送给市领导和相关部门。参与市内外科研协作活动，与省、市有关部门合作研究课题8个，其中“扬州市新兴产业发展研究”课题获江苏省社会科学基金支持，并通过专家评审结项。“组织工作科学化实践路径的调查与思考”被评为全省党校系统优秀课题。学校专、兼职教师全年发表论文70多篇。在全省党校系统第七次科研工作会议上，市委党校获优秀科研立项组织奖。（钱存林）

扬州市人民代表大会

Yangzhoushi Renmin Daibiao Dahui

本栏责任编辑　杨文才

综述

■概况　2012年，扬州市人民代表大会常务委员会（简称市人大常委会）举行10次常委会会议，听取和审议“一府两院”（市政府，市中级法院、市检察院）27项工作报告，作出15项决议、决定，任免市级国家机关工作人员117人次，组织开展对1部法律执行情况的检查，召开26次主任会议。

加强宣传，扩大人大工作影响力。通过《扬州日报》《民意直通车》《市民议案》等专栏，“网络视频直播”“寄语人大”以及邀请公民旁听等形式，宣传人民代表大会制度和人大工作，收集民情民意。在扬州电视台播放专题节目《TV议案365》40期，宣传人大督办代表建议和“一府两院”办理代表建议动态。市地方人大工作研究会开展“提高人大决议和审议意见执行力”专题理论研讨，推进实际工作。

结合市人大常委会议题，举办社会保险法等4部法律讲座。围绕全市中心工作和常委会重要议题，开展40项调查研究和6次专题视察，及时反映民情民意和工作建议。全年接待美国、韩国等国家和地方议会考察团3个。　（罗庆久　刘　刚）

重要会议

■六届人大五次会议　扬州市第六届人民代表大会第五次会议于1月11－14日在扬州举行。427名市六届人大代表中，413人出席会议。

会议听取和审议市长谢正义代表市政府所作《扬州市人民政府工作报告》，审议市发展和改革委员会主任李忠盛受市政府委托提交的《关于扬州市2011年国民经济和社会发展计划执行情况与2012年计划草案的报告》、市财政局局长范天恩受市政府委托提交的《关于扬州市2011年财政预算执行情况和2012年财政预算草案的报告》，听取和审议桑光裕受市人大常委会委托所作《扬州市人民代表大会常务委员会工作报告》、市中级人民法院代院长蒋惠琴所作《扬州市中级人民法院工作报告》、市检察院检察长闵正兵所作《扬州市人民检察院工作报告》。会议一致通过《关于扬州市人民政府工作报告的决议》等6个决议。

会议收到议案71件，全部转为建议、批评和意见办理；收到代表提出的建议、批评和意见161件，全部交有关机关和组织研究处理、答复。

会议补选王敏为市六届人大常委会副主任，补选朱宏翔、杨学华、单启宁为市六届人大常委会委员；补选孔令俊为扬州市副市长；补选蒋惠琴为扬州市中级人民法院院长。会议通过《关于接受陈扬辞去扬州市副市长职务的请求的决定》。

（罗庆久　刘　刚）

■六届人大常委会会议　市六届人大常委会第二十九次会议于1月5日在扬州举行。会议听取和审议副市长张爱军代表市政府所作关于提请审议第三批城市永久性保护绿地议案的说明，通过市人大常委会关于同意确定第三批城市永久性保护绿地的决议。通过市人大常委会工作报告、市人大常委会2012年度工作要点和议题安排计划、关于个别代表的代表资格的报告、市六届人大五次会议主席团和秘书长建议名单、市六届人大五次会议国民经济社会发展计划和财政预算审查委员会建议名单、各县（市、区）新一届人大代表名额分配方案、关于表彰2010－2011年度市人大代表活动先进小组的决定、关于表彰2011年度优秀建议的决定。审议、通过关于接受王燕文辞去扬州市人大常委会主任职务的请求的决定、关于接受张日才、毛奇、陈明敏辞去扬州市人大常委会委员职务的请求的决定。会议听取被提请任命人员的拟任职发言，通过有关人事任免事项，并向任命人员颁发任命书。

市六届人大常委会第三十次会议于1月10日在扬州举行。会议听取有关补选省人大代表事项的说明，补选袁静波为省十一届人大代表。

市六届人大常委会第三十一次会议于3月30－31日在扬州举行。会议听取和审议副市长张爱军代表市政府所作关于社会管理工作情况的汇报、副市长闻道才代表市政府所作关于全市住房保障工作情况的汇报。会议听取被提请任命人员的拟任职发言，通过有关人事任命事项，并向任命人员颁发任命书。会议期间，举办非物质文化遗产保护法辅导讲座。

市六届人大常委会第三十二次会议于4月16日在扬州举行。会议通过关于接受谢正义辞去扬州市市长职务的请求的决定，通过任命朱民阳为扬州市副市长、代理市长的决定。

市六届人大常委会第三十三次会议于5月29—30日在扬州举行。会议听取和审议副市长孔令俊代表市政府所作关于全市工业重大项目建设情况的汇报、副市长董玉海代表市政府所作关于扬州市非物质文化遗产保护工作情况的汇报。会议听取市人大常委会副主任兼选举工作办公室主任陈勤所作关于全市县、乡两级人大换届选举工作情况的汇报、扬州市第七届人民代表大会代表的代表资格审查报告以及市七届人大一次会议有关事项的说明，通过关于全市县、乡两级人大换届选举工作情况汇报的决议、关于召开市七届人大一次会议的决定、市七届人大一次会议建议议程和列席人员范围。会议通过关于追认常委会主任会议许可对市人大代表吴正旗采取强制措施的决定。会议听取被提请任命人员的拟任职发言，通过有关人事任免事项，并向任命人员颁发任命书。

市六届人大常委会第三十四次会议于6月20日在扬州举行。会议听取关于市人大常委会工作报告的说明，通过市人大常委会工作报告和市七届人大一次会议主席团和秘书长建议名单。（罗庆久　刘　刚）

■七届人大一次会议　扬州市第七届人民代表大会第一次会议于6月27—30日在扬州举行。428名市七届人大代表中，425人出席会议。

会议听取和审议代市长朱民阳代表市政府所作《扬州市人民政府工作报告》、桑光裕受市六届人大常委会委托所作《扬州市人民代表大会常务委员会工作报告》、市中级法院院长蒋惠琴所作《扬州市中级人民法院工作报告》、市检察院检察长闵正兵所作《扬州市人民检察院工作报告》。会议一致通过《关于扬州市人民政府工作报告的决议》等4个决议。

会议收到议案68件，全部转为建议、批评和意见办理；收到代表提出的建议、批评和意见188件，全部交有关机关和组织研究处理、答复。

会议选举谢正义为扬州市第七届人民代表大会常务委员会主任，陈卫庆、孙永如、纪春明、王玉新、王敏为副主任，林正玉为秘书长，丁建民等34人为市七届人大常委会委员；选举朱民阳为扬州市市长，丁纯、闻道才、董玉海、孔令俊、张宝娟、丁一为副市长；选举蒋惠琴为扬州市中级人民法院院长；选举闵正兵为扬州市人民检察院检察长，并报请省人民检察院检察长提请省人大常委会批准。

（罗庆久　刘　刚）

■七届人大常委会会议　市七届人大常委会第一次会议于8月20—21日在扬州举行。会议听取和审议副市长丁纯代表市政府所作关于上半年国民经济和社会发展计划执行情况的汇报，市财政局局长范天恩受市政府委托所作关于上半年扬州市财政预算执行情况的汇报、关于2011年市级财政决算（草案）的报告、关于市本级2012年地方政府债券安排及预算调整方案（草案）的报告，市审计局局长张俐受市政府委托所作关于扬州市2011年度市级财政预算执行和其他财政收支情况的审计工作报告。会议听取和审议副市长丁一代表市政府所作关于全市村级“四有一责”（有持续稳定的集体收入、有功能齐全的活动阵地、有先进适用的信息网络、有群众拥护的“三强”带头人，强化村党组织领导责任）建设情况的汇报、副市长董玉海代表市政府所作关于全市普通高中教育发展情况的汇报。会议通过关于批准扬州市2011年市级财政决算的决议、关于批准市本级2012年地方政府债券安排及预算调整方案的决议。会议通过市人大常委会代表资格审查委员会和各工作委员会委员名单、关于接受王志海辞去扬州市人大常委会委员职务的请求的决定。会议听取被提请任命人员代表的拟任职发言，通过有关人事任免事项。会议期间，举办社会保险法辅导讲座。

市七届人大常委会第二次会议于9月27—28日在扬州举行。会议听取和审议副市长张宝娟代表市政府所作关于贯彻执行社会保险法情况的汇报，副市长闻道才代表市政府所作《关于迎接建城2500周年，全面提升城市品质议案的决议》执行情况、《关于调整城市部分永久性保护绿地用途的议案》的情况汇报；通过市人大常委会关于同意调整城市部分永久性保护绿地的决议。会议听取被提请任命人员的拟任职发言，通过有关人事任免事项，并向任命人员颁发任命书。会议期间，举办刑事诉讼法辅导讲座。

市七届人大常委会第三次会议于11月29—30日在扬州举行。会议听取和审议市人大常委会副主任、执法检查组组长王玉新关于检查刑事诉讼法贯彻实施情况的报告，副市长丁一代表市政府所作关于落实市人大常委会《关于加快区域供水，切实解决农村饮用水安全的决议》情况的汇报以及市六届人大五次会议和七届人大一次会议代表建议、批评和意见办理情况的汇报。会议听取和审议市财政局局长张彤受市政府委托所作关于2012年全市财政预算预计执行情况和2013年财政预算初步安排情况的汇报，听取关于召开市七届人大二次会议有关事项的说明。会议通过关于召开市七届人大二次会议的决定、市七届人大二次会议建议议程和列席人员范围。会议听取被提请任命人员的拟任职发言，通过有关人事任免事项，并向任命人员颁发任命书。会议期间，举办代表法辅导讲座。

市七届人大常委会第四次会议于12月27日在扬州举行。会议听取副市长闻道才代表市政府所作关于《扬州市城市总体规划（2012—2020）》修改完善情况的汇报，通过市人大常委会工作报告、市人大常委会2013年度工作要点和议题安排计划、关于个别代表的代表资格的报告、市七届人大二次会议主席团和秘书长建议名单、市七届人大二次会议国民经济社会发展计划和财政预算审查委员会建议名单。会议通过关于接受张天宇辞去扬州市人大常委会委员职务的请求的决定。

（罗庆久　刘　刚）

重要工作

■**监督工作** 服务项目建设，推进经济稳中求进。市人大常委会听取和审议上半年经济发展、工业重大项目建设等专项工作报告，视察重大交通基础设施建设、服务业和旅游业重点项目，要求既重外部招引，又重内部培植，加强项目效益评估，落实产业扶持政策，破解各项要素制约，确保项目尽快投产达效。督办“关于建立重大项目全程考核体系”的代表建议，定期到重大项目联系点调研工作，加强联系、督查，协调解决问题，推动重大项目建设。听取扬州经济技术开发区建设情况汇报，要求认真落实市委《关于推动扬州经济技术开发区跨越发展的意见》，坚持新兴产业与基本产业齐抓并进，先进制造业与现代服务业双轮驱动，优化空间布局，推进港、区融合，发挥经济建设主阵地作用。

突出名城建设，推进城市品质提升。以城庆2500周年为时间节点，从“清水活水”城市建设和创新公共服务两个方面，督促落实全面提升城市品质的决议。要求市政府在打造“不淹不涝”城市的基础上，理顺建设管理机制，加快实施“清水活水”工程，加大截流治污力度，建立地下管网信息系统，在一届任期内基本消除市区劣Ⅴ类水体。将创新公共服务作为名城建设的重要内容，督促强化公共服务理念，改进提供服务的方式，加强社会监督，推进优质教育和文体设施等公共资源均衡化，提升公共服务水平。作出关于确定第三批城市永久性保护绿地的决议，将北城河风光带等7块绿地确定为永久性保护绿地，改善城市生态环境和市民生活环境。因建设新万福路和西部客运枢纽中心，市政府提出调整漕河风光带、五台山大桥桥头公园和扬州西出入口等部分永久性保护绿地用途的议案。市人大常委会按照永久性保护绿地决议的规定，经过实地视察和认真审查，在坚持公益项目调整、先调整后占用、占补平衡原则的基础上，作出同意调整的决议。调整后的永久性保护绿地总面积较以往有所增加。关注区划调整实施情况，在专题调研的基础上，要求优化市政公共设施的区域布局，推进各区产业互补融合。听取外事工作情况汇报，建议学习借鉴世界名城先进管理理念和发展思路，提高对外交往成效。

审查财政预决算，推进科学民主理财。审查、批准2011年度市级财政决算，突出对财政专项资金和政府重大投资项目资金安排情况的审查，要求着力培植税源，科学编制预算，优化资金投入，促使更多财力用于保障和改善民生。审查、批准市级2012年地方政府债券安排及预算调整方案，要求加强对债券项目的跟踪监督，提高资金使用效益。审议2011年度审计工作报告，委托审计部门对国土、规划部门进行延伸审计，对社保资金、地方水利建设资金进行专项审计。市人大常委会负责人就审计发现的问题与部门负责人面谈，督促整改，推动审议意见的落实。

重视基层基础建设，推进农村经济发展。市人大常委会将加强农村基层基础建设作为推进城乡统筹的重要举措，审议村级“四有一责”建设专项工作报告，视察农村环境综合整治和生态建设，察看扶持薄弱村发展集体经济项目现场、农村综合信息服务平台。针对存在的突出问题，要求构建集体经济持续增长机制，发挥好村级便民服务场所作用，建立适用的信息服务载体，选优配强村级组织带头人，增强农村发展活力。

（罗庆久　刘　刚）

■**关注民生** 督促落实饮用水水源地保护、供水设施建设等6个方面决议，采取拉网式和市、县两级联动方式进行调研，年中主任会议听取决议实施情况调研报告，向市政府反馈重点问题。2012年，扬州市实现区域供水全覆盖。针对区域供水可持续运行中存在的问题，市人大常委会专题审议决议落实情况，要求加强水源地保护，推进进村入户管网改造，完善运行管理机制，重视解决资金缺口，加强日常水质监测，向群众提供卫生、稳定的放心水。继续督促流通环节食用农产品质量安全管理决议的贯彻落实，听取市区“菜篮子”安全工作情况汇报，要求市政府重视“菜篮子”基地建设，加强源头管理，完善农产品质量检测体系，强化市场监管，尽快启动联谊农副产品批发市场的搬迁改造。

督查惠民事项，促进民生改善。市人大常委会以各险种参保、社保基金征管及政府责任落实为重点，审议社会保险法贯彻执行情况，要求设立风险调剂和助保基金，推进被征地农民转保，做实养老保险个人账户，逐步提高保障水平，加强监督管理，确保基金安全。根据区划调整后出现的新情况，审议高中教育工作，要求科学规划布局，优化资源配置，注重优质特色发展，强化师资队伍建设，提升整体办学水平和学生综合素质。关注传染病防治工作，督促建立健全防治体系，确保不发生重大疫情。检查市政府22件为民办实事项目落实情况，并对2013年办实事工作提出意见。

（罗庆久　刘　刚）

■**执法检查** 推进刑事诉讼法的贯彻执行和修改后的刑事诉讼法的实施准备工作。市人大常委会组成执法检查组，到市公检法机关和仪征、江都、邗江开展执法检查，随机抽查案件卷宗，暗访基层办案场所，组织部分干警参加刑事诉讼法知识考试。对检查中发现的问题，要求公检法机关转变执法理念，规范执法行为，正确适用法律，保障律师执业权利，强化监督配合。应公检法机关邀请，组织部分省、市、县三级人大代表观摩评议刑事案件庭审，开展过错询案评议和执法质量考评，促进刑事诉讼法的正确实施。依法组织对市政府报备的10份规范性文件进行备案审查，提出修改建议。配合全国人大、省人大开展立法调研和执法检查。

（罗庆久　刘　刚）

■**组织代表活动** 11月8日前后，市人大常委会组织开展换届后首次人大代表与选民“统一见面日”活动。418名市人大代表通过走门入户、集中座谈等方式，到选区了解民情、听取民意,联系选民1342人,收集建议1151条。强化建议的交办督办,高邮湖西片区供水服务等问题得到解决。继续做好"百名代表参与常委会审议"工作,利用"主任接待日""民情绿色通道"等代表履职平台,组织代表506人次参加审议,将1103条意见汇编成册,供常委会组成人员参阅,提高常委会审议质量。举办"人大网坛"5期,就办好高中教育等话题与网民在线交流,收集建议385条,并做好梳理、督办反馈工作。配合"三公开三报告"(公开事项、公开过程、公开结果,向组织报告、向人大代表政协委员报告、向服务对象报告)电视直播,组织100多名市人大代表参加见面询问和投票活动,对11个服务部门进行监督评议,督查落实民生幸福工程。

组织新一届市人大代表集中培训,强化代表的履职责任感。建立6个代表专业组,优化代表的分组构成,加强和改进闭会期间的代表活动。发挥人大综合信息平台作用,及时向代表通报人大常委会和"一府两院"工作情况,拓宽代表知情知政渠道。加强对基层人大代表工作的调研指导,巩固和提升"一个载体、两项制度"(人大代表之家,代表联系选民制度、代表向选民述职制度)建设成效。为在扬全国、省人大代表开展活动提供服务保障。　(罗庆久　刘　刚)

■督办代表建议　2012年,扬州市先后召开2次人代会,代表建议数量多,办理工作量大、时间紧。市人大常委会对两批59件重点建议实行倒排办理序时,加大督办力度,"做大做强我市软件和信息服务业""建立植保社会化服务体系""强化城乡河道管理""大力发展蔬菜产业"等重点建议办理取得良好社会反响。选取8件契合中心、事关民生、操作性较强的建议,由分管市长牵头办理。组织市人大代表询问市长领办建议情况,部分市人大常委会委员、市人大代表与市长面对面交流,并首次以无记名投票方式对建议办理情况进行测评,测评结果为满意。该做法推动代表建议的办理、落实,并初步形成市长领办、部门承办、人大督办、代表评议的建议办理机制。通过强化跟踪督办、滚动办理和"二次答复",市六届人大五次会议提出的236件建议、市七届人大一次会议提出的261件建议全部办结,解决率分别为72%、72.4%。

(罗庆久　刘　刚)

■信访工作　市人大常委会全年受理人民群众来信260件,接待来访240人次,召开司法信访会商会,加大信访督办力度,取得较好社会效果。　(罗庆久　刘　刚)

重点议案

■关于政府应高度重视解决影响生态市创建的突出问题,加快推进生态市创建进程的议案　市六届人大五次会议上,宋建国等10名代表提出《关于政府应高度重视解决影响生态市创建的突出问题,加快推进生态市创建进程的议案》。主要内容:1.关于乡镇污水处理设施长效运行问题,建议市建设、水利部门会同财政部门出台奖补政策,加大配套污水管网建设力度,提高污水收集覆盖面,确保污水集中处理设施稳定、达标运行。2.关于农村河道整治问题,建议市建设、水利部门结合"美好城乡建设行动",参照星级"康居乡村"建设标准,会同各县(市、区)政府制定整治方案,全面清淤整治河道沟塘,改善水体质量。3.关于农村"四位一体"(农村公路养护、河道管护、村庄保洁、绿化植树)长效管护队伍建设问题,建议新农村建设办公室督促各地加大管护队伍运转资金保障力度,确保管护队伍充分发挥作用;结合"村庄环境长效管护行动",巩固、提升"四位一体"管护建设成果,推动农民生活环境、生活习惯和生活方式的根本转变。4.关于市区部分河道劣V类水问题,建议市政府督促各区政府和相关部门在截污、清淤、生态驳岸、活水工程方面明确责任、明确时限、明确要求,力争用一年时间明显改善水质。5.高度重视市化工园区化工企业废气扰民问题。

(罗庆久　刘　刚)

■关于大力扶持中小企业发展的议案　市六届人大五次会议上,林星等10名代表提出《关于大力扶持中小企业发展的议案》。主要内容:1.加大对小微企业金融支持。2.降低中小企业融资成本,对符合产业政策的中小企业,贷款利率上浮最高不超过30%,不搞变相收费。3.降低税费负担,提高小微企业增值税和营业税起征点,取消或减免部分涉企收费。4.加大对中小企业项目的支持力度,加大财政投入,支持企业创新发展、转型升级。　(罗庆久　刘　刚)

■关于采用多元化模式运作,促进养老服务业发展的议案　市六届人大五次会议上,金玉等10名代表提出《关于采用多元化模式运作,促进养老服务业发展的议案》。主要内容:1.整合卫生资源,开发养老服务业。促进一般医疗诊所及社区医院利用现有资源开办康复、爱心护理等服务项目;利用废弃校园开办老年护理院所,重点发展护理性养老服务。2.鼓励民营企业家投资兴办养老服务业。建立健全民营养老服务业管理办法,推动民营养老机构健康发展。3.制定和完善政策法规,推进社区居家养老。　(罗庆久　刘　刚)

■关于进一步加强农业基础设施建设的议案　市六届人大五次会议上,翟士高等10名代表提出《关于进一步加强农业基础设施建设的议案》。主要内容:1.做好农业基础设施建设规划。2.创新投入机制,探索投入新路子。加大对优势、特色农产品种植区域的倾斜和扶持力度,形成多元化投资格局,改变由政府大包大揽的做法,调动农民和社会各界增加投入的积极性;创新机制,充分发挥政策引导作用。3.创新工作思路,加强工程管理。创新和完善项目长效管护机制,探索农业基础设施经营管理新机制,推行市场化管理新模式。4.发挥农民群众主体作用。对于农民自主参与、直接受益的建设项目,要通过政府资金引导和以奖代补等方式,引导农民投工投劳、投资投物搞建设。

(罗庆久　刘　刚)

■关于进一步巩固文明城市创建成果,使创建常态化的议案 市六届人大五次会议上，洪军等10名代表提出《关于进一步巩固文明城市创建成果，使创建常态化的议案》。主要内容：1.将全国文明城市各项测评指标转化为常态工作目标,将测评方法转变为常态管理办法,将文明城市创建工作引向深入、推向持久。2.采取多种形式，定期开展民意调查和测评，定期通报情况,定期分析和研究创建工作新情况、新问题。3.坚持把提升市民素质放在重要位置。建立义务宣讲队伍，提升市民认同度和参与度；在社区普及市民学校；加强文化熏陶,完善群众文化设施,丰富群众文化生活;放大“扬州好人”示范带动效应;发挥志愿者组织作用。

（罗庆久 刘 刚）

■关于强化城乡河道管理的议案 市七届人大一次会议上，阚成法等10名代表提出《关于强化城乡河道管理的议案》。主要内容：1.宣传到位。2.责任到位。明确河道管护主体、相关部门的配合责任、每条河的规划和整治以及维护方案、每个水利工程的保护和控制范围及保护办法和措施、每条河道许可的利用行为以及经费来源。3.管理到位。管好水量、水质、水系和水产,管好河面、河岸、河床和河景。4.执行到位。对违反《扬州市河道管理办法》和水法律法规的事和人,依法处罚到位。

（罗庆久 刘 刚）

■关于加快江广融合、城乡融合、古今融合,打造魅力大扬州的议案 市七届人大一次会议上，耿辉等10名代表提出《关于加快江广融合、城乡融合、古今融合,打造魅力大扬州的议案》。主要内容：1.加快江广融合。做好规划设计,加快推进广陵新城建设,推进东部体育中心等功能项目建设,实施“京杭之心”周边环境景观、京杭大运河城市景观带、廖家沟生态廊道建设。2.推进城乡融合。实现基础设施、公共服务、社会保障等多方面融合;加快推进贯通南北的区间道路建设,推进工业向园区集中、人口向城镇集中、居住向社区集中,推进村庄环境综合整治,挖掘各乡镇地理区位、滨水生态、人文历史等优质资源，在规划中注重保持区域个性,打造都市特色小镇。3.致力古今融合。致力于古城保护、文化旅游、会馆资源协调融合,推进古城保护与复兴工程，重点抓好名人故居保护开发,再现一批历史遗迹、再建一批特色街区;实施南河下历史文化街区保护整治,推动街区古巷改造和传统民居修缮，开发建设一批精品城市客栈、精致商务休闲会所；推进运河保护申遗，推进古运河沿线企业退城进园,实施两岸环境整治和地块开发。

（罗庆久 刘 刚）

■关于拓宽融资渠道，加快中小企业发展壮大的议案 市七届人大一次会议上，冯正初等10名代表提出《关于拓宽融资渠道，加快中小企业发展壮大的议案》。主要内容：1.加强金融生态环境建设。政府部门与金融管理部门加强沟通,及时反映和解决金融生态环境建设中存在的问题,加快社会信用体系建设,提高信息的完整性、真实性和有效性。2.引进外资、外地金融机构，增加融资渠道和总量。3.建立信息传递机制。建立资信评估制度,成立中小企业资信评估公司,帮助投资人了解有关企业信用水平。4.完善信用担保体系。可建立以政府为主体,地方财政、企业共同出资组建的担保公司;也可建立以企业为主体,由企业出资成立的盈利性融资担保公司。可组成互助担保会,几家企业共同出资设立互助担保基金;也可推行“企业联保”模式,几家企业组成一个联保小组,互相监督、互相制约,并承担连带责任。

（罗庆久 刘 刚）

■关于进一步做大做强软件和信息服务业的议案 市七届人大一次会议上,陈志宏等10名代表提出《关于进一步做大做强我市软件和信息服务业的议案》。主要内容：1.加强高端人才的引进和培养，创造良好的工作、生活环境;培养一批专业实用性人才和高素质一线技术人才。2.集中精力,瞄准世界一流软件和信息服务业园区,招引大项目。3.培育龙头企业。研究扶持和支持本地企业发展的政策措施,更新和提升信息产业基地硬件设施,扩大呼叫席位。4.建立软件与信息服务业的网络联系。5.整合资源,推进“打造一批大集团、聚集一批大总部、做强一批高端企业、培育一批高成长企业”的“四个一批”工程。

（罗庆久 刘 刚）

■关于创新宣传扬州历史文化,带动旅游及文化产业发展的议案 市七届人大一次会议上，李正坤等10名代表提出《关于创新宣传扬州历史文化,带动旅游及文化产业发展的议案》。主要内容：1.加大宣传力度。2.在本地中小学课程中增设扬州历史文化内容，加强全民普及程度。3.加强城市活动频率。通过举办节庆以及友城合作等经济、文化交流与政府公关活动,推介扬州文化。整合旅游资源,形成各具特色的精品旅游线路。4.拓展百年老店品牌效应。5.加强非遗保护和挖掘工作。打造可持续发展的非物质文化遗产产业链。6.强化标准化建设,深化公共服务平台建设,加强软环境体系建设。

（罗庆久 刘 刚）

■关于进一步加强农产品质量安全监管工作的议案 市七届人大一次会议上,邵向群等10名代表提出《关于进一步加强农产品质量安全监管工作的议案》。主要内容：1.加大农业投入品整治力度,从源头保障农产品质量安全。2.加强农产品生产过程监管。督促农产品生产企业和农民专业合作经济组织建立健全质量安全管理制度，实行农产品生产记录制度。加强农业投入品使用监督管理，严格执行农业投入品使用安全间隔期或者休药期规定。

（罗庆久 刘 刚）

扬州市人民政府

Yangzhoushi Renmin Zhengfu

本栏责任编辑　杨文才

综述

■市政府全体会议　6月19日，代市长朱民阳主持召开市政府全体(扩大)会议，讨论《政府工作报告(征求意见稿)》，部署工作。朱民阳要求各地、各部门按照市委常委会和市经济形势分析会的要求，集中精力，做好企业生产运营和用电保障、安全生产以及稳增长重点活动等重点工作，力争主要经济指标实现“时间过半、任务完成过半”。

12月25日，市长朱民阳主持召开市政府全体(扩大)会议，讨论《政府工作报告(征求意见稿)》，部署工作。朱民阳要求各部门贯彻落实市委六届四次全会精神，以改革的思路、创新的举措、务实的作风，抓好政府各项工作，力争实现2013年各项工作“开门红”。　(顾友红)

■市政府常务会议　5月2日，市政府召开第54次常务会议。主要议题：1.关于做好市区重点产业、重点企业创业创新人才住房保障工作的实施办法；2.关于加强企业人才引进和培养工作的意见；3.关于加快建设科技产业综合体，推进人才加速集聚的意见；4.关于金融支持高层次人才创业的意见；5.关于安全生产工作情况汇报；6.关于引进、实施重特大工业项目的奖励、扶持办法；7.关于市直事业单位实施绩效工资的情况汇报；8.关于“三公开三报告”(公开事项、公开过程、公开结果，向组织报告、向人大代表政协委员报告、向服务对象报告)电视直播活动的建议方案；9. 关于扬州泰州机场净空和航空电磁环境保护规定；10.关于扬州市水文管理办法；11.关于扬州市市区临时便民摊点疏导点管理办法；12.关于扬州市餐厨废弃物管理办法；13.关于扬州市产品质量市级监督抽查管理办法；14.关于加快推进市区近郊乡镇改设街道办事处工作的汇报；15.关于扬州泰州机场将融资地块土地出让金借款转作机场公司实收资本金的情况汇报。

6月11日，市政府召开第55次常务会议。主要议题：1.讨论修改《政府工作报告(征求意见稿)》；2.关于促进和鼓励太阳能产业加快整合优化提升发展的实施意见；3.关于进一步改善当前小型微型企业融资环境的政策意见；4.关于推进先进制造业创新模式高端发展行动计划、推进工业民营企业加快上市做大做强行动计划、推进与央企合资合作共赢发展行动计划、推进制造业整合优化提升发展行动计划；5.关于扬州市涉重工业园区的情况汇报及下一步工作建议；6.关于扬州市“十二五”规划纲要2011年度实施情况汇报；7.关于与安徽省淮北市缔结友好城市的情况汇报；8.关于扬州市残疾人就业管理办法；9.关于扬州市食品安全举报奖励办法；10.关于调整广陵产业园内“金盛家居”地块容积率的情况汇报。

7月3日，新一届市政府召开第1次常务会议。主要议题：1.关于市长、副市长工作分工；2.关于加快发展地区总部经济的实施意见、加快发展会展业的实施意见和加快发展酒店业的实施意见；3.关于促进和扶持建筑业发展的意见；4.关于进一步精简会议文件、规范信息简报的意见；5.关于审核、公布帽儿墩汉墓等文物点为扬州市第五批文物保护单位的情况汇报；6.关于全面调查建设用地，促进节约集约利用的意见；7.关于扬州市市级旅游度假区管理暂行办法；8.关于扬州市风景旅游区水域交通安全管理办法。

8月16日，市政府召开第2次常务会议。主要议题：1.关于加强市区防治违法建设工作的实施意见；2.关于市区重点城建项目决策管理办法；3.关于科技和金融结合行动计划；4.关于深化医药卫生体制改革工作的情况汇报；5.关于扬州市地热资源管理办法；6.关于扬州市城镇燃气管道设施保护管理办法；7.关于扬州市大运河遗产保护办法。

8月24日，市政府召开第3次常务会议。主要议题：1.关于促进扬州经济技术开发区跨越发展的意见；2.关于全面提升扬州化学工业园区绿色发展的意见；3.关于加快推进统一规范的公共资源交易市场建设的情况汇报；4.关于发放市级机关公务员年休假应休未休补贴相关情况的汇报。

9月27日，市政府召开第4次常务会议。主要议题：1.关于进一步支持扬州扬子江投资发展集团成为服务业龙头企业的意见；2.关于进一步做大扬州市城建国有资产控股(集团)有限责任公司城建主体的意见；3.关于进一步发挥扬州建工控股有限责任公司建工龙头企业作用的意见;4.关于进一步发挥扬州交通产业集团有限责任公司全市交通主体作用的意见;5.关于进一步推进扬州工业资产经营管理有限责任公司优化发展的意见;6.关于进一步推进江苏金茂化工医药集团有限公司加快发展的意见;7.关于进一步做大做强工艺美术产业的意见;8.关于进一步推进扬州煤炭工业公司转型发展的意见;9.关于进一步支持扬州教育投资集团有限公司做好教育投资的意见;10.关于加快推进质量强市建设的意见。

11月15日,市政府召开第5次常务会议。主要议题:1.关于扬州出口加工区"飞地经济"管理办法;2.关于建设扬州空港新城的建议方案;3.关于扬州市基本建设项目并联审批实施方案;4.关于全省民政会议精神及贯彻意见的汇报;5.关于扬州市人力资源和社会保障事业发展"十二五"规划;6.关于对广陵区行政权力下放工作的情况汇报;7.关于文昌阁地区交通改善规划情况汇报;8.关于组建项目公司建设新万福路工程情况汇报;9.关于2013年城建项目初步安排和2500周年城庆重大项目安排。

12月6日,市政府召开第6次常务会议。主要议题:1.关于《政府工作报告(征求意见稿)》;2.关于进一步加快县域经济发展的实施意见;3.关于扬州市城市供水节水"十二五"规划;4.关于扬州市市区直管公房管理办法;5.关于扬州市企业工资集体协商暂行办法;6.关于扬州市节水供水管理办法;7.关于扬州市气象灾害预警信息发布与传播实施办法;8.关于2013年市本级财政预算安排草案;9.关于市区财政管理体制调整方案;10.关于扬州市平台公司整合及融资工作方案。

12月31日,市政府召开第7次常务会议。主要议题:1.关于2013年度为市区人民办实事事项;2.关于2013年扬州市区住房保障实施方案;3.关于命名第四届扬州市工艺美术大师;4.关于培育本土大企业的意见;5.关于2012年度市长质量奖评审工作。 (朱亚平)

■政府目标管理 扬州市围绕市委、市政府《关于进一步推进民生幸福工程的意见》《政府工作报告》以及《市政府为市区人民办实事事项》等重点工作,确定2012年度重点工作考评目标任务743项。各责任单位分解细化目标任务,明确序时进度,抓好落实。市委、市政府每月跟踪督查各项目标完成情况。年底,市委、市政府目标考评小组组织对各单位目标任务完成情况进行现场抽查,并检查每项任务完成情况。全年743项政府目标任务中,完成或基本完成的730项,完成率98.3%。 (沈 洋)

■政务督查 市政府督查室分解下达市政府常务会议、市政府组成人员会议、市长办公会等重要会议明确的事项,定期电话催办、上门督办,保证市政府重大决策部署得到落实。督察743项年度重点工作考评目标进展情况,每月进行动态监控,年底对目标完成情况进行现场抽查和书面检查。督查民生实事。每月书面督查为民办实事项目完成情况,连续多次对市区城中村改造、停车场建设、老小区整治、农产品检测等项目进行现场督查,年初确定的为民办实事项目基本实现进度目标。按照"有必查、查必果、果必报"的原则,做好领导批示件办理工作,解决一批群众反映的热点、难点、焦点问题。全年接收、办理"省长信箱"批示件116件,全部在规定时间内答复,群众反映的问题解决或基本解决的104件,占89.7%。 (沈 洋)

■建议提案办理 2012年,市政府办理市人大代表建议472件,代表对办理结果满意或基本满意率100%。其中,提出的问题和建议解决或被采纳的338件,占71.6%;计划解决的116件,占24.6%;因受条件限制或其他原因,留作参考的18件,占3.8%。办理政协提案601件,提案人对办理态度满意和基本满意率100%,对办理结果满意和基本满意率99.8%。其中,反映的问题解决或基本解决的277件,占46.1%;正在解决或列入计划逐步解决的304件,占50.6%;因受条件限制或其他原因,难以解决或留作参考的20件,占3.3%。 (沈 洋)

■市区为民办实事项目 2012年,市政府确定市区为民办实事项目22个,至年底,其中20个项目基本完成。1.就业与社会保障。新增就业3.66万人,完成全年目标的122%;农村劳动力转移就业1.92万人,完成全年目标的384%;落实公益性岗位506个,完成全年目标的101.2%;城镇登记失业率2.42%,低于目标1.58个百分点;创业培训8219人,带动就业5776人,分别完成全年目标的328.8%、160.4%;城镇企业职工基本养老保险净增缴费1.96万人、医疗保险净增缴费1.7万人,分别完成全年目标的115.3%、159%;失业保险新增参保1.15万人,完成全年目标的115%。2.住房保障。新建廉租住房280套、经济适用住房1460套、公共租赁住房5043套,分别完成全年目标的100%、104.3%、105.1%;公有住房解危6.18万平方米,其中异地搬迁解危2.06万平方米,均完成全年目标的103%。3.老小区整治。实施老小区整治179万平方米,完成全年目标的115.5%,市区1996年以前建成、面积2万平方米以上的老小区全部完成整治;新增老旧小区实施基本物业服务面积179万平方米,完成全年目标的115.5%。4.城中村改造。列入改造计划的15个地块中,7个完成拆平,6个基本完成改造,2个进入扫尾阶段;涉及拆迁的1599户村居民中,1561户完成拆迁,占总数的98%。5.道路整治。整治改造史可法北路、望月路东段、兴城西路东段,打通上方寺路,浦江路东延工程全线贯通;完成邗江北路、兴城东路、润扬北路、国展路等路段积水整治。6.城市绿化。新增城市绿地125.48万平方米,完成全年目标的125.48%。7.河道清淤。完成杨庄河、念四河、宝带河、玉带河、四望亭河、新城河(蝶湖至古运河段)清淤整治。8.街巷翻建。改造街巷路灯800盏,整治、翻建街巷60条,全面完成整治任务。9.教育工作。新办"宏志班"13 个,完成全年目标的 130%;广陵区天顺幼儿园开园,邗江区江阳佳园幼儿园进入装修设计阶段。10. 文化展演。举办公益性演出 188 场,组织社区广场文艺演出 30 场,举办公益性文化艺术讲座 24 场,分别完成全年任务的 188%、125%和 100%;文化艺术中心举办有组织的免费艺术展览 23 场、音乐会 11 场,分别完成全年任务的 191.7%、110%。11. 环卫工程。计划新建公厕 13 座,建成 10 座、在建 3 座;计划新建垃圾中转站 4 座,建成 2 座、在建 2 座;配置果壳箱、垃圾桶 2287 只(套),完成全年目标的 228.7%。12. 社区建设。新建社区服务中心 23 个,完成全年目标的 168.6%。13. 残疾人帮扶。免费培训残疾人 1062 人、帮扶 783 名残疾人就业,分别完成全年目标的 132.8%、156.6%;建立社区残疾人康复训练室、日间照料室和文化活动室各 24 个,完成全年目标的 120%。14. 医疗设施建设。苏北人民医院急诊中心和中心血站奠基,市第一院人民医院东区门诊楼土建工程完工。15. 供电设施。新增配电变压器 232 台,完成全年目标的 116%。16. 公积金缴存。新增缴存职工 4.87 万人,完成全年目标的 162.4%。17. 菜篮子工程。新建无公害蔬菜生产基地 166.67 公顷,新建蔬菜平价商店 25 家,分别完成全年目标的 100%、168.8%。18. 农产品检测。在 60 个农产品批发市场、农贸市场、生猪屠宰场建设市场农产品联网检测监控系统,实现智能监控。19. 停车场建设。扬州商城公共停车场地下部分封顶,汶河路高视眼镜停车场基本建成。20. 体育健身。规划建设 3 个区域性体育健身中心,扬州经济技术开发区体育健身中心建成,广陵区沙湾路东侧体育健身中心项目抓紧对接,邗江区抓紧落实体育健身中心项目地块。有 2 个实事项目需加强推进:1. 公共交通。优化调整公交线路 12 条、新改建公交站棚 50 座,完成年初目标;规划建设 2 座公交首末站,连运小区公交首末站 11 月中旬开工建设,甘泉新区公交首末站年底开工。2. 小贩中心建设。规划新建 3 个小贩中心,扬州经济技术开发区华扬路东头小贩中心和广陵区毓贤街小贩中心建成,邗江区翠岗路小贩中心准备开工。（沈　洋）

■政府信息公开　扬州市落实信息公开工作。通过《政府公报》公开文件 62 件。通过"中国扬州"门户网站公开政府信息 1.64 万条。其中,市政府公开各类信息 1950 件,占总数的 12%,涉及地方规范性文件 18 件、市政府常务会议纪要 7 期、市政府人事任免信息 33 条、全市招投标信息 294 条、住房保障信息 55 条、食品药品监管信息 10 条、环境保护信息 81 条、安全生产事故及调查信息 11 条、征地拆迁信息 250 条、行政事业收费信息 85 条,以及国民经济发展、重大项目建设、文化卫生、劳动就业、民政救助、应急管理等方面信息;各县(市、区)政府公开信息 1.26 万条,占总数的 77%;市直机关公开各类信息 1825 条,占总数的 11%。市行政服务中心档案局窗口作为市政府信息公开公共查阅点,汇集全市 76 个市级机关主动公开的纸质政府信息全文 1.55 万件、纸质政府信息目录 1.55 万条,全文电子化率 100%。2012 年,195 万人次通过"中国扬州"门户网站"信息公开"专栏查阅政府信息,247 人次通过公共查阅点查阅文件及资料 595 件。规范开展依申请公开工作。2012 年,扬州市受理依申请公开事项 115 件,均在规定时间内给予申请人(单位)规范答复,其中同意公开 61 件、同意部分公开 5 件、不属于受理机关公开范围 47 件、信息不存在 1 件、内容不明确 1 件。2012 年,全市就 2013 年为市区人民办实事项目、《扬州市南河下历史文化街区保护规划》、瘦西湖景区门票基价重新核定、市政府工作报告起草、公交线路及票价核定等 18 项工作征求社会意见,收到各类意见、建议 551 条。针对群众关心的热点问题,市政府通过网上公示和主动约请政府相关部门召开新闻发布会等形式,及时向社会公布信息。全年公示扬州泰州机场工程调整环境影响评价、市区申请住房保障人员、小麦种子销售价格等 26 件事项。（褚剑衡）

■行政权力网上公开透明运行　贯彻执行《省政府办公厅关于深化行政权力网上公开透明运行工作的意见》和《省政府办公厅关于开展 2012 年度全省行政权力网上公开透明运行考核工作的通知》精神,市行政权力网上公开透明运行领导小组多次到相关部门和所属县(市、区)调研督查,促进行政权力全上网、真上网。根据《省监察厅关于下发〈行政权力电子监察规范〉的通知》精神,对市行政权力网上公开透明运行信息系统中的市电子监察平台进行升级改造,完善功能,规范应用。至年底,扬州市行政权力库中,市本级有行政权力 5403 项,其中行政许可 286 项、行政处罚 4416 项、行政征收 115 项、行政强制 201 项、行政审批 98 项、行政给付 18 项、行政奖励 13 项、行政确认 97 项、行政征用 1 项、行政裁决 7 项、其他行政权力 151 项,所有权力信息在市政府门户网站公开。2012 年,全市行政权力网上公开透明运行系统平台受理事项 485.54 万件,办结 433.81 万件。

（黄玉国　陈传庚）

■政务信息　2012 年,市政府办公室编发《专报信息》192 期、《要情参阅》32 期,出刊《领导参考》33 期、《政务动态》96 期、《领导批示与反馈》8 期。上报省政府信息 2469 条。其中,21 条被国务院办公厅采用,245 条被省政府办公厅采用,4 条得到国务院领导批示,8 条得到省政府领导批示。（陈　健）

■"中国扬州"门户网站群建设　2012 年,"中国扬州"门户网站群完成 45 个部门子站建设工作。10 月 18 日,"中国扬州"门户网站群通过项目验收。加强网站群管理人员培训。全年培训 400 人次,提升网站群管理人员业务能力。抓好网站群日常维护工作。制定《"中国扬州"门户网站群内容保障与考核制度》。"中国扬州"门户网站群主站实行每周 7 天工作制,每天安排专人更新维护信息及其他内容。全年更新维护动态信息 1.2 万条,制作、发布扬州泰州机场、中国扬州鉴真国际半程马拉松赛等各类专题近30个;审核网友在"寄语市长"上的留言2.57万条,发布1.59万条。拓展网站群应用领域。与中国移动扬州分公司合作推出"中国扬州"微门户,为手机用户提供"政务要闻""信息公开""政务大厅""寄语市长""查询服务"等八大类服务。在2012中国智慧政府发展年会上,"中国扬州"门户网站群获"运维管理奖"。抓好网站群安全管理工作,按三级标准对整个网站群实施等级保护测评,督促县(市、区)整改各自网站存在的安全问题。做好省政府门户网站内容保障工作,全年向省政府门户网站报送信息900条、专题29条、政策解读10条。 (黄玉国 陈传庚)

■"12345"政府服务热线 2012年,"12345"政府服务热线接听市民来电10.44万件,在线接通率97%以上,综合办结率99.9%,群众满意率96%。开展现场接听活动。3月起,每周二、四上午9时至11时,邀请相关部门负责人到"12345"政府服务热线现场接听群众来电。全年有70家市直机关部门参加接听活动59次,接听市民来电477件,所提问题均得到解决。加强媒体宣传。在《扬州晚报》和扬州电视台新闻频道分别设立专版、专栏,选择群众反映的热点问题,定期刊播"12345"政府服务热线答复办理情况。创新技术应用。运用云技术、3G无线网络和智能终端,在全国首创政府服务热线云系统,系统成员单位负责人可通过无线智能终端了解群众诉求,全天候为群众服务。(褚剑衡)

■"寄语市长"网络问政平台 2012年,"中国扬州"门户网站"寄语市长"栏目收到市民诉求15929件,答复15894件,答复率99.8%。所有留言答复情况均对外公开,接受网民监督。对重大事项、突发性群体事件和群众关心的热点难点问题,进行跟踪督查。定期编发简报,每月分析汇总并通报"12345"政府服务热线和"寄语市长"答复办理情况,并将答复办理工作纳入市级机关年度工作目标任务考核范围。 (褚剑衡)

■市政府新闻发布会 2012年,扬州市召开新闻发布会113场。围绕重大活动,开展中国扬州"烟花三月"国际经贸旅游节(简称"烟花三月"节)、世界运河名城博览会(简称运博会)新闻发布活动。围绕重大项目建设,举办扬州泰州机场揭牌暨首航仪式、扬州市"十二五"规划工业专项规划、支持服务重大项目的规划工作意见等新闻发布会,定期召开城市建设媒体通气会。围绕民生实事,每年举办为民办实事项目新闻发布会,市住房保障和房产管理局每月召开市区房地产运行情况新闻发布会,市环境保护局就2011年生态环境发展质量召开新闻发布会,市物价局召开明码实价规定政策提醒会,市交通运输局召开宁扬一级公路蒋王收费站撤除工作媒体见面会,市教育局开展招生政策系列新闻发布。围绕人大、政协"两会"专题,扬州电视台现场直播2012年扬州"两会"开幕式。围绕重大突发事件,召开"7·20"地震新闻发布会,第一时间通过网络平台发布信息,维护全市社会稳定。 (褚剑衡)

应急管理

■概述 2012年,市政府加强城市应急指挥中心、地理信息系统、图像采集传输系统等重大项目建设,每周编发应急情况通报,每月编发突发事件情况分析,每季度编发突发事件趋势评估。组织公安、信访、安监、气象、环保等部门对突发事件情况进行主动性研判和针对性研判。2012年,全市妥善处置"7·20"地震、仪扬河溃坝、文昌中路596号火灾等较大以上突发事件9起。

完善应急预案。3月,市政府应急管理办公室(简称市应急办)对全市应急预案的编制、实施和管理情况进行统计分析和调查研究,编制专项应急预案简本。8月,下发《关于做好全市突发事件应急预案编制修订工作的通知》,开展全市各地总体应急预案、专项应急预案和部门应急预案编制、修订工作。至2012年底,全市有各级各类预案约7000件。

市应急办开展突发事件风险隐患排查整治工作。市区排查出突发事件风险隐患118个,其中重大突发事件风险隐患23个、较大突发事件风险隐患36个、一般性风险隐患59个,大多数隐患得到及时整改。

8月13日,市委、市政府总值班室成立,整合市委办、市政府办和市应急办值守力量,实行24小时应急值守,及时掌握和报告重大情况和动态,开展突发事件先期指挥协调,确保应急联络和信息网络畅通高效。

开展"应急知识进社区"活动、应急管理"金点子"征集活动、"防灾减灾日"应急宣传活动。全年发放《扬州市民应急手册》15万册。开通"应急时空"数字电视频道,平均日点击量2.1万次。 (夏翰生)

■应急处置演练 4月9日,市应急办举办扬州泰州机场2012年应急救援综合演练。演练分人员疏散、伤员抢救、灭火救援等3个环节,扬州泰州机场、市公安局、市120急救中心、市消防支队以及江都区120急救中心、江都消防大队等6家单位参加演练,出动人员120多人、车辆20多辆。

11月27日,由市环保局主办、江都区环保局承办、江苏长青农化股份有限公司协办的"突发环境污染事件应急救援演练"在江苏长青农化股份有限公司大桥厂区举办。演练模拟化工企业突发甲醛泄漏燃烧事故引发环境污染后,事故废水、废气、危险废物收集、运输和安全处置等内容,设置消防扑救、环境监测、人员疏散、交通管制、事故处置、卫生救护、气象保障、善后处理等情节,模拟报警接警、自行处置、启动预案、组织协调、研判指挥、联合处置、信息发布、后勤保障等处置流程。演练采取"现场实作+视频展示"的方式,上下级环保部门联动,当地政府协调,突出企业环境安全主体责任,检验企业、园区、部门、政府层面四级预案的科学性和现场预案的可操作性,锻炼各类应急队伍的事故处置能力。 (夏翰生)

■应对"7·20"地震 7月20日20时11分,扬州高邮市、宝应县交界处发生里氏4.9级地震。地震发生后，市委、市政府组织开展应急处置和抗震救灾工作。成立抗震救灾指挥部，启动《扬州市地震灾害应急预案》三级响应，启用城市应急指挥中心，通过350兆集群通信、视频通话系统开展应急指挥工作。市应急办24小时值守应急，协调相关部门开展应急处置，要求供水、供电、供气、通信以及公安、民政、卫生、安监、水利、环保、气象等34个部门主要负责人在岗在位，重要部门安排专人值班。宝应县、高邮市全面实行24小时值班制度，确保应急信息及时传递。及时联系高邮市、宝应县及相关部门，掌握震情灾情，汇总地震信息，上报市抗震救灾指挥部。通过手机短信、官方微博、QQ群、电视滚动字幕等途径向社会发布信息，消除群众恐慌情绪。7月21日中午，市政府办、应急办、地震局召开新闻发布会，通报地震灾情和应急处置情况。 （夏翰生）

人才工作

■**优化人才发展环境** 11月15日，市政府印发《关于加强企业人才引进和培养工作的意见》，加快集聚产业转型升级、经济发展方式转变急需人才。成立市高层次人才管理服务中心，配备专门工作人员，为引进高层次人才提供一站式服务。市人力资源和社会保障局（简称市人社局）制定《关于完善在扬外国专家综合医疗保险制度的意见》，为引进外国专家智力营造良好环境。启动海外高层次人才居住证发放工作，2名海归专家领到首批江苏省海外高层次人才居住证，可在纳税、通关、医疗、教育、购房等方面享受优惠政策。组织部分有突出贡献的中青年专家疗（休）养，组织200多名高层次人才参加免费健康检查。 （智爱斌 钱 玮）

■**高层次人才引进** 组团到重庆、哈尔滨等地举办扬州市高层次人才暨产业发展紧缺人才专场招聘会。全年新引进博士人才275人、硕士人才1302人，新增专业技术人才1.99万人、留学回国人员113人。全市有42人获高层次创新创业人才引进计划资助，35人获省“企业博士集聚计划”资助。清华大学等5所高校45名研究生到扬州参加暑期实践活动，完成技术难题攻关项目和研发课题36个。 （智爱斌 钱 玮）

■**高技能人才培养** 围绕玉雕、家庭服务业、数控等扬州市传统产业、基础产业和高科技产业，举办各类技能大赛30多场次。其中，首届扬州技能状元大赛吸引478名选手参赛，产生职业技能状元12人。全年5.23万名城乡劳动者参加职业技能培训，7.53万人次通过职业技能鉴定并获得职业技术等级证书。发挥企业首席技师示范带动作用，实施企业在岗职工技能提升培训工程和青年技能就业技能成才行动计划，依托国家、省、市三级高技能人才培养示范基地培养技师、高级技师2130人，新增江苏省企业首席技师9人、高技能人才1.32万人。 （智爱斌 钱 玮）

■**国外智力引进** 执行引进国外技术、管理人才项目54个，引进国（境）外专家82人次到扬州指导。智能节能云计算基础设施平台项目获国家高端外国专家项目资助资金20万元。支持企事业单位选派优秀专业技术人员出国（境）培训，全年有100多人参加公派出国（境）培训。邀请美国高级专家组织执行主席、以色列希巴医院副院长以及美中教育机构总裁等到扬州考察交流，签订合作协议。举办在扬外商、海外高层次人才服务见面活动，组织参加长三角地区外籍专家供需见面会，为3名外国专家申报“江苏友谊奖”，举办英语沙龙等活动，提升外国专家管理和服务工作水平。 （智爱斌 钱 玮）

■**专业技术人员管理** 2012年，扬州市新增专业技术人员1.61万人，其中正高级专业技术人员137人、副高级专业技术人员1843人、中级专业技术人员5807人。截至2012年底，全市有各类专业技术人才25.9万人，其中正高级专业技术人员1401人、副高级专业技术人员26736人、中级专业技术人员98372人、初级专业技术人员11.41万人、未评聘人员1.88万人。截至2012年底，全市有3.06万人在“扬州市专业技术人员继续教育网站”上注册，2.72万人次参与公需科目的网上学习，其中2.68万人完成在线考试。 （洪 齐）

■**技工教育改革** 推进技工教育办学思路、培养机制、培训模式转变和创新，开展“创示范专业、讲精品课程、做名牌教师”活动，提高全市技工院校办学质量、水平和层次，加快培养经济社会发展需要的各类技能人才和高技能人才。2012年，扬州市获评省技工院校特色专业1个、示范专业2个、重点专业8个，获评省技工院校精品课程4门、省技工院校教学名师2人、省技工院校专业带头人20人。加强高技能人才培养示范基地建设，获批省公共实训基地建设项目1个。 （智爱斌 钱 玮）

■**人才载体建设** 2012年，扬州曙光电缆有限公司、江苏海明医疗器械有限公司等6家单位入选江苏省博士后创新实践基地。全市累计有国家级博士后科研工作站15个，省级博士后创新实践基地23个、企业分站24个。江苏省江都经济开发区获批成为省级留学人员创业园。扬州锻压机床股份有限公司董宏斌、江苏扬农化工股份有限公司戚明珠、扬州玉石料市场有限公司薛春梅、江苏里下河地区农业科学研究所刘广青等4人获批享受2012年国务院颁发的政府特殊津贴。 （智爱斌 钱 玮）

■**扬州市与高校签订人才引进协议** 9月11日，“江苏省沿江各市2013届高校毕业生联动招聘恳谈会暨扬州市人才引进签约仪式”在扬州市举行。扬州市与清华大学、北京大学等53所高校（其中“985工程”高校20所、“211工程”高校31所）分别签订人才合作协议，深化人才智力方面的联系协作，引进扬州市急需的高层次人才，提升全市经济社会发展创新竞争能力。 （智爱斌 钱 玮）

人事管理

■公务员管理 2012年，市人社局贯彻实施公务员法及其配套政策法规，加强公务员职位职数管理和竞争上岗方案审核，开展市级机关中层干部晋升审核备案工作。改进和加强公务员考核，提高考核工作的科学化水平。规范公务员表彰奖励工作，开展“带头创先争优，争做人民满意公务员”活动。组织读书、宣誓、演讲和征文比赛等活动，推进公务员职业道德建设，1.89万人参与职业道德主题教育实践活动。建设公务员管理信息系统，提高公务员管理的信息化、科学化和规范化水平。

（智爱斌 钱 玮）

■公务员培训 实施《扬州市“十二五”公务员培训规划》，开展公务员培训，提升公务员队伍整体素质。实施新一轮“5+X”(5门必修课加多种选修课)公务员能力培训工程，选送35名乡科级干部参加南北对口公务员培训。举办公务员任职培训班4期、新录用公务员初任培训班3期，培训率均为100%。全年培训基层公务员4300人。“新知学堂”专家讲座被省委宣传部评为江苏省优秀讲坛。

（智爱斌 钱 玮）

■公务员考核 制定下发《关于做好2012年度全市公务员年度考核工作的通知》，完成2012年度全市公务员年度考核备案汇总工作。2012年，全市13959名公务员和参照公务员法管理单位人员参加年度考核工作，其中优秀2129人、称职11477人、基本称职5人、不称职8人、参加考核不定等次340人。因病假、事假超过半年未参加考核29人。全市市直行政机关和参照公务员法管理单位4896人参加考核，其中优秀752人、称职4025人、基本称职2人、参加考核不定等次117人。

（智爱斌 钱 玮）

■公务员表彰奖励 执行表彰奖励政策，规范表彰奖励工作，做好国家和省各项表彰奖励推荐评审工作。全年组织评选、推荐省部级先进集体50个、先进工作者42人，评选市级先进集体285个、先进工作者85人。结合年度考核，全市评出优秀等次公务员2249人。其中，10人被记二等功，642人被记三等功，1508人获嘉奖，361人获一次性奖励。

（智爱斌 钱 玮）

■机关事业单位招录 组织2012年全市公务员和参照公务员法管理事业单位工作人员考试录用的报名、资格审查、考试、体检、考察(政审)等工作，考试录用公务员和参照公务员法管理人员323人。全市事业单位招考工作首次实行“四统一”(统一核准公开招聘方案，统一公开招聘时间，统一委托省提供命题等考试服务，统一推进评委交流)制度，招聘事业单位工作人员1275人，其中市直事业单位448人。 （智爱斌 钱 玮）

■工资福利工作 开展事业单位基础性绩效工资和奖励性绩效工资总量审核审批工作。做好机关事业单位人员工资滚动升级和正常晋升的审核审批工作。调整机关工作人员死亡一次性抚恤金计算方式，提高机关事业单位工作人员遗属补助标准。做好机关事业单位到龄人员退休手续办理工作。组织40多名市级机关优秀公务员参加健康休养。

（智爱斌 钱 玮）

■事业单位人事管理 抓好事业单位岗位设置管理工作，全市事业单位岗位设置方案核准率96%，其中市直属事业单位岗位设置方案核准率100%、县(市、区)岗位设置方案核准率95%。推行全员合同聘用制度，全市事业单位聘用合同签订率98%。结合岗位设置工作，规范事业单位年度考核工作。 （智爱斌 钱 玮）

■人事管理服务 依法办事、从严掌握、分步实施，稳慎推进事业单位参照公务员法管理报批工作。推进军队转业干部安置工作。全年接收军队转业干部133人(其中计划分配132人、自主择业1人)，做好自主择业军队转业干部的管理服务工作。完成军转干部岗前培训和企业军转干部解困、稳定工作。全年组织各类人事考试58项，累计报考15.04万科次。为中储粮江苏分公司等单位提供社会化考试服务。

（智爱斌 钱 玮）

机构编制管理

■概述 2012年，扬州市机构编制委员会办公室(简称市编办)深化行政管理体制改革，强化机构编制服务，创新机构编制管理体制建设。推进江都区小纪镇经济发达镇行政管理体制试点改革。开展机构编制核查，清理、整合各级各类事业单位2821家。对9家(个)单位(地区)13名主要负责人进行机构编制责任审核。推进机构编制实名制管理信息系统建设，完善实名制信息网络和数据库，全年办理实名制系统审核业务2200多次。加强事业单位登记管理，完成市直2580家事业单位法人年检。加强机构编制法制化、规范化建设，制定《扬州市机构编制委员会议事规则》《关于调整市直事业单位机构编制性质的处理意见》。市编办被江苏省机构编制委员会办公室、江苏省人力资源和社会保障厅、江苏省公务员局表彰为江苏省机构编制系统先进集体。 （黎小生）

■经济发达镇行政体制改革试点 制定经济发达镇行政体制改革试点实施意见和小纪镇机构编制方案，推进江都区小纪镇经济发达镇管理体制调整、机构组建等工作。7月，出台《江都区小纪镇经济发达镇试点改革实施意见》《江都区小纪镇机构编制方案》《江都区小纪镇行政管理体制改革扩权实施意见》等政策性文件。11月，明确江都区小纪镇经济发达镇“一办六局一中心”组织架构，成立小纪镇党政办公室、组织人事和社会保障局、经济发展和改革局、建设局、社会事业局、财政和资产管理局、综合执法局、便民服务中心等机构，落实人员配备工作。 （黎小生）

■**事业单位清理规范** 开展全市事业单位清理规范工作。对全市事业单位承担的社会功能进行全面梳理和优化调整，通过“撤、并、转”等手段，清理和精简整合原有事业单位机构编制。扬州市各级各类事业单位由2821个精简为2594个，减少227个，精简8%；事业单位编制由清理规范前核定的84247人精简为81291人，减少2956人，精简3.5%。其中，市直事业单位总数由445个精简为418个，减少27个，精简6.1%；市直事业单位编制数由20116人精简为19100人，减少1016人，精简5.1%。7月，重新明确事业单位清理规范涉及的73家事业单位的主要职责、内设机构和人员编制。 （黎小生）

■**开发区(园区)管理体制建设** 理顺重点领域体制，创新开发区(园区)管理体制，促进跨越式发展。11月29日，江苏省委、省人民政府明确扬州经济技术开发区管理委员会为副厅级省政府派出机构，委托扬州市管理。完善开发区(园区)行政效能建设体系。9月11日，扬州经济技术开发区、化工园区、新城西区和蜀冈-瘦西湖风景名胜区管委会增设监察局。制定扬州经济技术开发区法院、检察院机构编制设置方案。12月18日，“三定”(定机构、定职能、定编制)方案获江苏省编办批准，明确扬州经济技术开发区法院、检察院建制。(黎小生)

■**机构编制核查** 开展全市机构编制核查工作。4月起，在宝应县先行试点。6月27日，全市机构编制核查工作推进会在宝应县召开，布置全市机构编制核查工作。9月，全市机构编制核查工作结束，市直核查75家行政机构 2538人、7家政法机构2969人、450家事业单位 13977人。

（黎小生）

■**机构编制责任审核** 加强机构编制管理，开展“三责联审”(用人责任审查、编制责任审核、经济责任审计)工作，控制机构编制，优化执政资源配置。2012年，对市规划局、市城管局、市交通运输局、市商务局、市发展和改革委员会、市委农村工作办公室、市第一人民医院和省委托联审的广陵区、仪征市13名主要负责人进行机构编制责任审核(其中离任联审10人、任中联审3人)。 （黎小生）

■**事业单位登记年检** 按照《事业单位登记管理暂行条例》和《事业单位登记管理暂行条例实施细则》要求，全市完成2580家单位2011年度事业单位法人年检。其中，市直完成385家单位年检，新登记事业单位法人19家，变更单位名称22家，变更法定代表人61家，变更开办资金66家，变更举办单位12家，变更办公住所20家，变更宗旨和业务范围8家，注销事业单位法人1家。市直事业单位网上申报率、年检率、年检合格率均为100%。 （黎小生）

信访工作

■**概述** 2012年，市、县(市、区)两级信访部门受理来信来访2.19万件次，比上年下降28.9%。其中，来信3840件，比上年下降35.8%；来访4359批1.80万人次，分别下降23.7%和27.4%；集体上访723批1.26万人次，分别下降19.7%和26.3%。市信访局受理来信来访9050件次，比上年下降16.2%。其中，来信1764件，下降32.2%；来访1482批7286人次，分别下降26%和11%；集体上访208批5068人次，分别下降10.7%和5.5%。扬州市群众到省上访279批923人次，分别比上年下降31.1%和33%；到省集体上访23批434人次，分别比上年下降20.7%和36.9%；进京上访192人次，下降20.3%。全市信访形势平稳趋好。全市信访系统开展“有效初信初访办理促进年”活动，完善相关制度，规范办信办访行为。市信访局全年接待群众有效初访1045批次，受理有效初信1423件次，接听信访投诉电话131件，网上受理信访投诉106件，均按要求及时办理。市、县(市、区)两级信访部门开展“文明信访接待窗口创建”活动。加大对困难信访群众的帮扶力度，先后对281名信访人实施救助。及时、妥善处理民工讨薪、职工维权、交通事故、医患纠纷等涉众广、事态急、难度大的突出信访问题。

（娄广定）

■**领导干部接访、下访** 年初，市委常委会、市政府常务会议分别专题研究部署信访工作，组织领导接访、下访。市委、市政府主要领导阅批群众来信，接待群众来访；各级党政领导干部下访、约访，做群众工作，协调解决突出矛盾和问题。市信访局排查梳理一批涉及城乡建设、劳动人事等方面的突出问题，提请市领导协调会办。对一些政策性强、涉及人数多的问题进行专题研究，制定方案，解决问题。市、县(市、区)两级党政领导全年接待来访群众892批3816人次，解决各类信访问题935件。

（娄广定）

■**排查化解矛盾纠纷** 各地、各部门开展矛盾纠纷排查化解活动，采取定期排查、超前排查和滚动排查相结合，面上排查和专项排查相结合的方法，做到矛盾和问题早发现、早控制、早解决。开展“四项排查”(排查突出信访问题、有风险预警项目、安全事故隐患、基层基础工作薄弱环节)工作，市信访工作联席会议办公室建立信访问题旬排查、旬交办、旬通报、旬督查制度。市委、市政府分管领导先后带队到各县(市、区)督查，加大工作力度。2012年，全市集中开展各类排查活动25次，交办突出信访问题和重点人员信访件1413件，办结率97.2%。中共十八大召开前，市信访工作联席会议办公室先后组织6次全市范围内的矛盾纠纷排查化解活动，排查突出信访问题532件，进行交办转办、协调会办，落实问题化解和重点人员稳控责任。中共十八大会议期间，全市落实领导和部门责任制，及时解决群众反映的问题，未发生进京集体上访，未发生个人极端行为，未发生大规模群体性事件。 （娄广定）

■**化解信访积案** 市信访工作联席会议办公室年初制定化解信访积案实施意见，召开2次专门会议进行部署检查，多次督促指导各地和相关部门化解信访积案工作。各地、各部门强化领导包案责任，综合运用经济、行政、法律、教育等手段，化解各类积案。对问题复杂、责任主体不明、跨地区跨部门的陈年积案，市委、市政府主要领导和分管领导亲自过问，协调会办。2012年，扬州市投入信访救助专项资金500多万元，用于办理信访积案，一批信访积案当事人停诉息访。中央信访工作联席会议办公室交办的3件积案全部办结；省信访工作联席会议办公室交办的116件信访积案，结案107件，结案率92.2%；市、县两级自行排查交办的172件积案，结案166件，结案率96.5%。

（娄广定）

民族事务

■概述 全市有45个少数民族，少数民族人口近2万，占全市总人口的0.40%，其中回族人口约1万。城区回族人口近6000。全市有外来穆斯林约6000人，除100多名也门、约旦、叙利亚、摩洛哥、阿尔及利亚等国家的留学生外，大多是从新疆、青海、宁夏、甘肃等地到扬州经商人员。全市有1个民族乡（高邮市菱塘回族乡）、2个民族村（仪征市月塘镇龙山村、大仪镇河北村），有12个省级民族工作示范社区、8家民族用品生产定点企业、17个少数民族扶贫基地和2个少数民族传统体育训练基地。邗江中学8个新疆班有学生259人，扬州市科技学院（筹）7个新疆班有少数民族学生103人；高邮菱塘回族乡有中学2所、小学2所、幼儿园1所。全市有领取清真标志牌的清真网点25家，确认清真基本供应点8家，有清真拉面店近200家。2012年，邗江中学、扬州纪元纺织有限公司等16家单位获评全省民族团结进步工作先进集体。 （郭宏芳　王清荣　陈　鹏）

■加强民族工作 2月和4月，市人大常委会3次到仪征市2个民族村调研帮扶项目落实情况。7月，分管副市长调研全市民族宗教工作，部署下半年民族工作。9月，市委办公室和市政府办公室联合下发《关于印发继续开展结对帮扶少数民族乡村建设项目的通知》，帮扶高邮市菱塘回族乡建设项目7个、仪征市2个民族村建设项目8个。全年申报高邮市菱塘回族乡兴旺鸭业产销专业合作社扩建高邮鸭及蛋品深加工、江都区丁伙镇花木种植、江都区小纪镇无公害绿色蔬菜种植、仪征市大仪镇河北民族村多种经营养殖、仪征市月塘镇龙山民族村秸秆养羊、宝应县山阳镇家和水产养殖专业合作社养蟹项目等扶贫项目，争取到省民委帮扶资金173万元。协调解决清真鸿兴民族饭店租赁矛盾，对经营权重新招标。市委、市政府拨款400多万元，推进西岭古园回民墓地工程建设，解决穆斯林群众殡葬难问题。

（郭宏芳　王清荣　陈　鹏）

在康乐社区实习的新疆哈萨克族大学生利用业余时间教扬州大学生村官跳新疆舞　　董　辉、田　妹/摄

■为少数民族群众办实事 2012年，市民族宗教事务管理局（简称市民宗局）办理中、高考少数民族考生证明507份、对口单招少数民族考生证明4份，为61人更改民族成份。根据省民委、省财政厅《关于做好特需商品定点生产企业申报2012年技术改造贷款财政贴息资金和生产补助资金的通知》，为扬州神州风力发电机有限公司申报100万元生产补助资金。帮扶少数民族困难户。为在扬州患病的米吉提·艾则孜募捐2万多元，助其渡过难关。邀请苏北人民医院、市第一人民医院专家到仙鹤寺为100多名穆斯林群众提供免费咨询服务。为首批15名到扬州实习的新疆籍高校毕业生提供实习岗位，并帮助落实食宿等后勤保障工作。 （郭宏芳　王清荣　陈　鹏）

宗教事务

■概述 扬州市佛教、道教、伊斯兰教、天主教、基督教有信徒约50万人。全市有经批准登记的宗教活动场所219处，其中佛教活动场所125处、道教活动场所4处、伊斯兰教活动场所8处、天主教活动场所2处、基督教活动场所80处。全市有宗教教职人员719人，其中佛教教职人员484人、道教教职人员23人、伊斯兰教教职人员13人、天主教教职人员2人、基督教教职人员197人。全市有4个市级宗教团体、14个县级宗教团体、1所省属佛学院。

（郭宏芳　王清荣　陈　鹏）

■和谐寺观教堂创建活动 开展以“安全年”为主题的平安宗教场所创建活动。印发《2012年社会治安综合治理和平安宗教场所创建工作意见》，与各宗教团体、场所负责人签订2012年综合治理和平安宗教活动场所创建工作目标责任书。节假日或重大活动前，市民宗局检查各宗教活动场所安全工作，制定重大活动安全工作方案；各宗教活动场所执行每天24小时值班巡查制度。推进宗教活动场所财务管理，举办全市宗教系统会计法专题讲座，宣传《民间非盈利组织会计制度》和《宗教活动场所财务监督管理办法》；组织对4个市级宗教团体、7个宗教活动场所进行财务审计。9月，市平安宗教场所创建工作领导组成员单位组成联合督查组，对城区部分宗教活动

场所和谐寺观教堂创建工作进行督查。至2012年底,全市和谐寺观教堂创建达标率92%。

(郭宏芳　王清荣　陈　鹏)

■**市佛教协会换届**　12月19—20日,扬州市佛教协会(简称市佛协)第四次代表会议在扬州会议中心召开,94名代表出席会议。会议回顾市佛协最近7年的工作,总结经验和体会,提出2012—2016年主要工作任务和目标;审议通过市佛协三届理事会工作报告和市佛协章程(草案)及修改说明;选举产生市佛协第四届理事会理事、常务理事;推选能修担任会长,文龙、演文、闻谛、法融、大初、清纯担任副会长,张琛担任秘书长。

(郭宏芳　王清荣　陈　鹏)

■**宗教教职人员社会保障**　截至2012年底,全市宗教教职人员中,110人参加企业职工养老保险,99人参加城镇居民养老保险,140人参加新型农村社会养老保险,127人参加城镇职工医疗保险,102人参加城镇居民医疗保险,231人参加新型农村合作医疗,1人享受低保待遇。

(郭宏芳　王清荣　陈　鹏)

2012年扬州讲坛活动情况表

表7-1

时　间	主讲人	讲　题
3月3日	阎崇年	康熙大帝与路易十四——中西文化的交会
3月17日	余秋雨	文化的精神信仰
4月7日	白岩松	我的幸福与你有关
4月21日	柴松林	休闲时代学习社会——圆满人生的追求
5月5日	翁思再	京剧艺术的审美特征和文化内涵
6月2日	严长寿	你可以不一样——谈人性化管理与服务
6月9日	康　震	天才是怎样炼成的
6月16日	江　枫	汉语汉字往何处去
7月7日	蒙　曼	流星王朝说大隋——盛世兴亡启示录
7月28日	林洸耀	世界看中国,中国看世界
8月4日	安大钧、赵昆雨	大同佛教文化与云冈石窟艺术
8月18日	顾　凤	大运河的前世今生
9月1日	卢　勤	给孩子一个幸福的世界
10月13日	钱文忠	文明与教养
10月20日	朱建军	烟花三月,梦中扬州——谈传统文化中城市心理意象及其心理影响
11月10日	刘吉丰	乐活人生——面对现代文明与自我保健
11月17日	崔永元	爱飞翔
12月1日	胡一虎	连线全世界,寻找心自在
12月15日	慧　宽	教育与教养——谈家庭关系与沟通

(郭宏芳　王清荣　陈　鹏)

■**"宗教慈善周"活动**　9月17—23日,市民宗局组织举办"宗教慈善周"活动。9月15日,市民宗局到市级各宗教团体督查"宗教慈善周"活动准备情况,9月19日,市民宗局到文峰寺、祇陀林等市区宗教活动场所指导"宗教慈善周"活动。"宗教慈善周"活动期间,中国天主教爱国会副主席、省天主教爱国会主任沈斌等到高邮看望甘垛镇麻风病病友,发送慰问金4300元和价值3000多元的慰问品;市萃园路基督教堂向广陵区爱心阳光托养中心捐赠2000元善款和40袋大米、12瓶色拉油;市基督教开展义诊、关爱老人等活动;全市宗教界捐款、捐物折合成人民币近10万元。

(郭宏芳　王清荣　陈　鹏)

■**宗教文化品牌建设**　办好扬州讲坛。全年举办扬州讲坛19期,演讲内容涉及艺术、历史、文化等方面。推介民族宗教文化旅游。5月,市政协与市民宗局到市区基督教神在堂、普哈丁园等宗教活动场所调研,推动整合市区宗教文化资源,打造宗教文化特色旅游板块。协助电视系列专题片《中华百寺》剧组在大明寺、高旻寺的拍摄活动,宣传扬州佛教文化。帮助文峰寺创立般若讲堂品牌。放大鉴真品牌效应。"烟花三月"节期间,市政府主办、鉴真书画院协办"中国山水画名家画扬州"系列活动。6月,鉴真佛教学院首批11名本科生毕业。

(郭宏芳　王清荣　陈　鹏)

■**维护民族宗教领域稳定**　重视社会治安综合治理(简称综治)和安全生产工作。2012年,市民宗局与各宗教团体、场所负责人签订2012年综治和平安场所创建工作目标责任书。抓好全国"两会"、"烟花三月"节、"6·19"香期、运博会等重要时期的安全稳定工作。

进行法治宣传教育。更新社区中心广场民族宗教法制宣传栏内容。利用手机短信,向相关单位领导发送最新民族宗教政策法规知识。6月,开展"宗教政策法规学习月"活动,到宗教活动场所宣传宗教政策法规,提供宗教政策法规咨询服务。7月,举办全市基督教教职人员培训班,各县(市、区)传道人员150多人参加培训。8月,对市区赴沙特朝觐穆斯林进行行前教育。9月,举办全市乡镇(街道)民宗助理培训班。市、县两级民宗局机关干部及各乡镇(街道、园区)民宗助理近120人参加培训。10月,举办全市民族宗教系统治安管理普法讲座,有关宗教活动场所负责人与安全员100多人参加活动。

处理民族宗教矛盾和纠纷。帮助

市基督教协会、市基督教三自爱国运动委员会协调处理神在堂收回使用问题，达成整体置换协议。协调化解愿生寺与周边群众矛盾。

（郭宏芳　王清荣　陈　鹏）

■**市伊协服务穆斯林**　3月，市伊斯兰教协会（简称市伊协）负责人随市政府组织的中国扬州旅游文化经济考察访问团出访中东，考察访问沙特、埃及、阿联酋三国旅游文化经济项目，与埃及第一大旅游集团公司达福可集团达成开辟扬州伊斯兰文化旅游意向。6月，举办第二届“卧尔兹”（伊斯兰教宣教的一种方式，有“劝导”“教诲”之意）演讲比赛，引导全市穆斯林群众爱国爱教、遵纪守法、弘扬正信。10月，举办扬州市第二届清真兰州拉面技艺交流赛。11月，举办第二届《古兰经》诵读交流赛，引导穆斯林适应社会主义社会。做好圣纪节、开斋节、古尔邦节等重大节日安全稳定工作。《中国穆斯林》2012年第一期刊载调研文章《创新社会管理模式，为外来穆斯林做好服务》，介绍扬州市服务、管理外来穆斯林的经验做法；第四期刊载《弘扬伊斯兰优秀文化，促进和谐社会建设——扬州伊斯兰教工作概述》，介绍扬州市保护伊斯兰教文化遗产情况。（郭宏芳　王清荣　陈　鹏）

外事工作

■**外事接待**　2012年，扬州市接待外国来宾183批1256人次，先后接待韩国前总理李洪九、朝鲜劳动党中央政治局委员李明洙、比利时布瑞市市长雅克·嘉布里埃尔、俄罗斯卢卡加州州长德米特里耶维奇、加拿大安大略省议员陈国治、美国加利福尼亚州众议院副议长马世云、韩国国会议员崔载千等政要，德国、印度、比利时、法国等10多个国家驻沪总领事，韩国21世纪交流协会会长金汉圭、德国友城奥芬巴赫市经济开发局对外交流负责人米歇尔·多尔、美国肯特-扬州姐妹城市委员会主席约翰·浩特等城市贵宾，法国液化空气集团中国区总裁兼首席执行官夏华雄、德国通快集团总裁莱宾格·开米勒、韩国锦湖韩亚集团中国区总裁金炯均、美国黑石集团高级董事兼总经理罗一、上好佳集团主席施龚旗、埃及伊斯梅利亚省投资商协会主席穆斯塔法等世界500强企业及跨国公司客商，内河国际组织主席大卫·白灵杰、国际电信联盟代表团副秘书长赵厚麟等外国组织机构专家。

（杨　乐）

■**招商引资**　2012年初，市政府外事办公室（简称市外办）制定2012年市领导出访期间拜访世界500强企业及跨国公司计划表，先后陪同市领导参加2012博鳌亚洲论坛青年领袖圆桌会议、江苏省与外国驻沪代表机构新春联谊会、世界历史城市联盟大会、中非地方政府合作论坛等活动。扬州市在北京、上海、深圳分别举行“名城扬州携手世界名企”联谊会，邀请美国IBM（国际商业机械公司）、日本索尼、英国TESCO（乐购）等上百家世界500强企业到会。会后，法国液化空气（中国）投资有限公司、美国黑石集团、美国沃尔玛集团、马来西亚IQPR公司等跨国企业到扬州考察。市外办引荐美国Ling Hang集团在扬州设立尚特莱电子有限公司，总投资6600万美元，注册外资5000万美元；引荐荷兰易科洁生物清洁公司在广陵区设厂开工，投资100万欧元；引荐西班牙泰诺安公司与江都区启动环保合作项目，注册资金46.6万欧元；引荐印度NITT集团与广陵信息产业园培训中心合作，6月正式招生；促成捷克与扬州出入境检验检疫

2012年扬州市出访团组一览表

表7-2

出访者	人数	出访国家(地区)	团　长	出访时间	出访目的
市申办“世界历史城市联盟”工作组	6	澳大利亚、缅甸	杨　蓉	2月27日至3月7日	为申办2014世界历史城市联盟大会争取支持，拜访友城
旅游招商推介团	11	埃及、沙特、阿联酋	王玉新	3月19—28日	旅游招商推介
友好经济代表团	5	越南、印度	卜　宇	4月16—23日	申办会议，经济交流
友好经济代表团	8	以色列、南非、埃及	闻道才	4月23日至5月3日	经济交流，拜访IDB集团
市经济代表团	6	英国、法国、西班牙	程裕松	5月15—26日	服务业招商
市经济代表团	6	南非、土耳其	徐益民	5月31日至6月9日	经济考察
市农业代表团	6	英国、瑞典、匈牙利	纪春明	6月14—21日	城市推介，现代农业考察
市人大赴欧洲团	6	英国、德国	陈　勤	7月3—11日	议会交流
市政协友好经济团	6	南非、沙特、阿联酋	洪锦华	11月29日至12月10日	友好经济访问
市政协友好代表团	6	法国、瑞士、土耳其	杨明荣	12月9—19日	参加中法市长圆桌论坛
市人大友好代表团	6	土耳其、埃及	王　敏	12月17—26日	商务考察，世界名城考察

（杨　乐）

2012 年到扬州市访问主要团组一览表

表 7-3

代表团名称	人数	主要活动
捷克驻上海总领事一行	4	友好访问
比利时布瑞市友好代表团	3	友好访问
印度驻上海总领事一行	2	友好访问
德国驻上海总领事	1	友好访问
比利时驻上海总领事一行	2	友好访问
俄罗斯卡卢加州友好代表团	2	友好访问
韩国忠清南道代表团	20	友好访问
德国曼海姆市代表团	2	友好访问
加拿大安大略省代表团	6	友好交流
韩国济州市代表团	8	友好交流
南非自由州省代表团	15	友好交流
韩国国会议员代表团	6	友好交流
加拿大查塔姆-肯特市代表团	4	友好交流
瑞士驻上海总领事一行	2	友好交流
法国瓦兹河谷省代表团	15	友好交流
韩国丽水市友好代表团	9	友好交流

（杨　乐）

局中捷文化交流项目，完成投资 2000 万元。（杨　乐）

■重大活动　“烟花三月”节期间，市外办邀请 12 个国家、地区和国际组织的 16 个团组 60 多人到扬州参加活动。

9 月 21—23 日，市外办完成第 14 届江苏农业合作洽谈会邀客任务，培训大会志愿者（翻译），完成会议期间翻译工作。

9 月 26—29 日，运博会暨第 25 届世界运河大会在扬州召开，国内外 70 多个运河城市的市长、市长代表和专家共商运河保护与传承。此次世界运河大会首次在欧美以外国家举行，有 20 个国家的 38 个境外运河及运河流域城市，国际古迹遗址理事会、内河航道国际组织等 9 个国际组织和中国太平洋经济合作全国委员会（PECC）等倡导支持（合作承办）单位以及境外媒体等代表 115 人参加会议。

市外办参与“中韩建交二十周年”纪念活动，先后接待韩国妇女知名人士访华团、韩国庆州崔氏中央宗亲会访问团、韩国济州交响乐团等韩国访问团。6 月，组织扬州化工园区代表团赴韩国举行经贸洽谈活动，与丽水国家产业园负责人商定缔结友好园区协议内容。7 月，组织“扬州市友好小使者文化交流团”一行 92 人访问扬州市友好城市韩国龙仁市和友好交往城市韩国丽水市，参观丽水世界博览会。8 月，市政府新闻办公室、扬州市人民对外友好协会、扬州报业传媒集团、市文物局、韩国崔致远研究会在扬州双博馆共同举办中韩摄影作品联展，展出两国摄影记者及摄影家作品 158 幅。

市外办参与土耳其“中国文化年”活动。应中国驻土耳其大使馆邀请，扬州市于 6 月在安卡拉协助举办“土耳其中国美食节”。（杨　乐）

■外事管理　2012 年，市外办办理因公护照（通行证）签证（签注）447 批 1041 人次，代办领事认证 489 份，办理因私签证 855 批 1716 人次，为 145 名企业家办理 APEC 卡（亚太经合组织商务旅行卡）。市政府印发《关于进一步加强因公出国（境）管理的通知》，压缩、调整一般性考察出访团组，支持经贸团组赴外，确保重点团组如期赴访。严格护照出入库制度，护照收缴率 99%以上。加大境外活动检查力度，杜绝因公团组超时绕道等现象。（杨　乐）

■对外宣传　2012 年，市外办在《扬州晚报·域外见闻》栏目开辟《韩国‘星’闻》专栏；出版《扬州运河文化交流与传播》，宣传运河文化。协助比利时方面拍摄扬州、比利时青少年学生教育交流（homestay）专题纪录片，协助韩国 KBS 电视台拍摄崔致远专题纪录片。（杨　乐）

侨务工作

■侨情信息库建设　建成扬州市侨务办公室（简称市侨办）网络版和单机版侨情信息库系统，录入数据 2 万多条。邗江区侨办根据信息平台建设要求，联合各乡镇、街道、园区及机关部门开展走访调查摸底工作，建成包括 14 个子库的邗江区华人华侨信息库，并将原邗江区和原维扬区的侨情基础资料进行合并，优化、扩充信息库内容。（王爱萍）

■服务引资引智　市侨办全年牵头组团 13 批次到 12 个国家和地区，举办经贸洽谈活动 25 次，接待华侨华人 1259 人次，举（承）办“海外华侨华人高层次人才扬州行”、“相聚长三角”2012 海外专业人士扬州行等招才引智活动 7 次，签订意向协议 11 项。市侨办邀请和接待的专业人士与市相关部门签订高新技术项目合作协议 6 项，向市相关部门提出书面建议 18 份。4 月 18 日，市侨办邀请海外华裔 12 个团组 38 人参加“烟花三月”节开幕式。全年促成引资项目 24 个，注册外资 3.75 亿美元，实际到账外资 1.38 亿美元。其中，市侨办直接引进外资项目 10 个，注册外资 1.51 亿美元，实际到账外资 4895 万美元。与产业园区联动，开展专题境外招商活动。协助广陵食品工业园到印尼、马来西亚开展经贸洽谈活动。加强对接工作。上半年，市侨办就服务重点工程、重点项目、重点人物与各县(市、区)侨办、各园区对接;下半年,做好325个海外高科技人才项目与创新载体(企业)的对接工作。做好驻点服务。市侨办派员挂职邗江,驻点服务三维科技产业园。 (王爱萍)

■服务归侨侨眷侨企 1月7日,市侨办召开扶持华商中小企业发展政策解读会,向市华商会会员和侨资企业代表150人解读相关政策。全年为侨商办实事43件,受理经济纠纷2件,全部结案。为归侨办实事。3月16日,举办"侨界看扬州"活动,组织市区归侨、新华侨眷属50人参观扬州泰州机场、泰州著名华人单声珍藏文物馆;5月8日,为30多名归侨免费健康体检;9月26日,举办中医养生保健知识讲座,市区30名归侨听课。市侨办获评全国侨办系统信访工作示范单位,广陵区琼花观社区获评全国社区侨务工作示范单位,邗江区兰庄社区获评江苏省社区侨务工作示范基地。 (王爱萍)

■对外宣传 2012年,市侨办门户网站更新工作动态信息900条,登载其他信息600多条,网站访问量3.3万次。全年印发《扬州侨情》12期,宣传侨务工作。邀请《欧洲时报》《欧洲联合周报》《环球华报》记者到扬州访问。全年在《南美侨报》《欧洲时报》《环球华报》刊登宣传扬州的专版5期。加强与中国新闻社、省侨网等媒体联络,建立合作机制。全年在各类媒体上刊登文章100多篇。 (王爱萍)

■扬州市侨务工作领导小组召开第一次会议 3月2日,扬州市侨务工作领导小组第一次会议在扬州召开。会议传达学习全国侨务工作会议精神和国务院《国家侨务工作发展纲要(2011—2015)》,审议、通过《扬州市侨务工作领导小组议事规则》、扬州市华侨华人信息库系统建设方案、2012年涉侨"双招双引"(招商引资、招才引智)活动计划,通报海外同乡会筹建情况。 (王爱萍)

■日本大阪江苏同乡会访问团访问扬州 5月19日,日本大阪江苏同乡会访问团到扬州访问。当晚,日本大阪江苏同乡会会长许士超、副会长王云逸、理事李少华在日本料理遥华扬州店举办"日本料理遥华扬州新开店暨与家乡领导交流会"活动。市人大民宗侨台委主任陈志宏出席活动并致辞,市委统战部和县(市、区)侨办有关人员参加活动。 (王爱萍)

■梁成运考察扬州文化艺术学校 6月29日,美国梁氏文化交流基金会主席梁成运及其助理到扬州文化艺术学校考察。考察期间,梁成运介绍梁氏文化交流基金会以及美国东南俄克拉何马州立大学简况,表示愿意引荐扬州文化艺术学校优秀学生赴美进行文化交流活动,可以引荐优秀学生赴美国东南俄克拉何马州立大学留学,学校将为其提供本地学生的相关待遇。 (王爱萍)

■"中国寻根之旅"夏令营扬州营 以"品味古代文化,领略现代文明"为主题的2012年海外华裔青少年"中国寻根之旅"夏令营扬州营7月18日在扬州中学礼堂开营,7月30日在扬州市竹西中学闭营。活动期间,美国、加拿大、西班牙、新西兰、意大利、菲律宾、瑞典等国家的华裔青少年和中国香港青少年86人学习中国传统礼仪、中国传统节日、中华饮食文化、中华武术、中国传统民乐、中华国学启蒙、中国书法绘画、中国剪纸艺术、中华国粹京剧、中国传统刺绣等十大系列课程,参加看扬州园林、逛扬州古街、赏扬州工艺、观扬州木偶、游扬州运河、听扬州历史、品扬州美食、登扬州古塔等活动,并与扬州青少年交朋友,举办生日聚会。 (王爱萍)

■霍玉书到扬州考察 7月26—28日,美国中国留学人员创业协会副会长霍玉书到扬州,考察联邦药业集团、广陵区信息产业园和扬州中汇化妆品有限公司,与相关单位负责人交流,了解扬州市项目需求和人才需求情况,表示支持扬州市引进高新项目和高层次人才工作。 (王爱萍)

港澳事务

■中国扬州·广陵现代服务业(香港)互动交流会 3月1日,由市侨办、广陵区政府联合主办的"2012中国扬州·广陵现代服务业(香港)互动交流会"在香港举行,中央人民政府驻香港特别行政区联络办公室(简称中联办)办公厅副主任唐国才、中联办经济副部长许琳、香港华润置地副总裁赵卓英、香港中国商会创会会长陈丹丹、香港经贸商会副会长吉尔昶、香港五洲国际集团董事长舒策诚等近200名嘉宾参加。交流会集中推介广陵新城、凤凰岛、夹江生态园、商贸物流园、淮河入江水道、文峰寺等6个服务业综合区,并重点推介广陵新城启动区内的京杭水镇一期、地标性建筑、江苏信息服务产业基地(扬

2012年到扬州市访问港澳团组一览表

表7-4

到 访 者	人数	到访目的
香港南华置地有限公司	4	考察
香港德辉(国际)有限公司	3	考察
香港花旗银行亚太区副总裁	1	考察
香港长江实业有限公司	1	考察
香港德辉(国际)有限公司	1	考察
香港特区政府驻沪经贸办事处	3	考察
澳门联生发展股份有限公司	3	考察
澳门文化创意产业发展协会	9	考察

(杨 乐)

州)等10多个项目。交流会以“得水京杭心”为主题,形式新颖,设置高科技的主会场区域、创新的情景模拟区域、便捷的资料自取区域以及可供自由交流的酒会区域等。活动期间,市侨办、广陵区领导率领各乡镇、园区招商小分队专程拜访在港有项目意向的客商。（王爱萍）

■扬州(香港)现代服务业招商活动 5月26日至6月1日,市委书记谢正义率团赴香港举办现代服务业招商活动。此次招商活动以敲门招商、拜访重点企业为主,先后拜访华润(集团)有限公司、香港科技园有限公司、香港应用科技研究院、香港城市大学、中国光大国际有限公司、港中旅集团等企业和院校,签订合作意向协议6项,总投资15.6亿美元。（王爱萍）

■香港学生到扬州见习 6月20日,由市侨办、市政府金融办公室、香港人才交流中心联合主办的香港学生千人内地见习计划扬州基地启动仪式在扬州萃园城市酒店举行。香港大学、香港中文大学等11所大学的80名金融或相关专业的优秀学生参加启动仪式,并分别到交通银行扬州分行、中国工商银行扬州分行等10家银行的前台、理财岗位和办公室等一线岗位参加为期30天的见习。（王爱萍）

■谭惠仪到扬州访问 8月28—29日,香港特区政府驻沪经贸办事处主任谭惠仪一行访问扬州。在扬期间,谭惠仪一行到江都考察江苏宏运车业有限公司、扬州杰信车用空调有限公司、江淮客车扬州分公司以及扬州香格里拉大酒店,参观双博馆。28日晚,市政协副主席杨明荣宴请客人。29日上午,香港特区政府驻沪经贸办事处在扬州力宝广场举行“庆祝香港特区成立15周年展览”(扬州站)开幕式。（王爱萍）

■香港城市大学副校长骆恪礼访问扬州 9月13—14日,香港城市大学副校长骆恪礼一行8人访问扬州,参观考察广陵信息产业基地、广陵经济开发区,商谈香港城市大学扬州研究院研发方向及落户事宜并达成一致意见。（王爱萍）

■孔令俊率团赴港澳招商 10月16日,副市长孔令俊率团访问香港,拜访华润(集团)有限公司副总经理陈朗,就该集团扩大在扬投资达成共识;拜访香港城市大学校长郭位、协理副校长薛泉,交流建设“香港城市大学扬州研究院”及合作办学事宜。10月18日,市政府在澳门组织扬州企业家与澳门企业界的餐叙活动,澳门厂商联合会理事长崔煜林、副理事长冯信坚、常务理事长卢宝兰、理事林伟雄,澳门博彩俱乐部理事长吴文基,澳门鹤山同乡会理事长麦江,扬州业星装饰工程有限公司董事长李玮、江苏迈创科技有限公司董事总经理孙澎参加活动。19日,孔令俊参加第二届江苏-澳门·葡语国家工商峰会活动。（王爱萍）

■港胞捐赠 3月,香港协成行集团主席方润华捐资150万元,为扬州中医院ICU重症监护病房购买医疗设备。3月23日,扬州市中医院举行“香港方润华基金会捐建扬州中医院ICU项目签约及开工仪式”。

9月5日,扬州隆星教育发展基金奖、助学金发放仪式在市教育学院附属中学举行,全市86名学生分享19.15万元奖、助学金。其中,56名获全省中学生学科素质能力展示活动一等奖的学生及参加全省职业学校学生技能大赛获奖的学生分别获1000~3000元奖学金,30名家境贫寒、品学兼优的大学、高中新生及升入小学4年级的学生分别获每人5000元、3000元的升学奖、助学金及4500元助学金。

在“百侨助百村”活动中,22家侨港资企业与乡村结对开展共建,累计投入资金1016.5万元。（王爱萍）

涉台事务

■概述 对台经济。2012年,全市新批台资项目53个,总投资15.03亿美元,注册台资8.85亿美元,实际利用台资3.53亿美元。全年办理赴台经贸考察团组手续122批517人次,其中市领导所率团组6批72人次。市政府台湾事务办公室(简称市台办)全年邀请台商66批224人次到扬州参访,其中台湾国泰人寿保险有限公司总经理吴惠斌、台湾旺旺集团大陆总部协理林郁华、台中货柜运输行业同业公会理事长张进成等出席“烟花三月”节开幕式及相关活动。

服务台商。宣传、贯彻《江苏省保护和促进台湾同胞投资条例》。召开台商、台干座谈会,了解中小台资企业在转型升级与科技创新中的困难和问题。邀请台湾专业管理机构到扬州举办专题讲座,为台资企业提供专业咨询和产业信息。邀请华一银行、中国银行等金融机构举行融资政策与金融产品说明会,实行金融产品集群化营销,通过创新金融担保抵押方式、降低信贷门槛、简化审批程序、加快审批进度,降低中小台资企业贷款成本。选择发展潜力较大的台资企业作为上市融资重点培育对象。帮助台商、台胞、台属解决实际困难。全年协调处理台商投诉案件20件,结案19件;受理台胞、台属信访2件,全部办结。

对台交流联络。2012年,全市接待到扬州交流、旅游、探亲台胞10.48万人次,其中市台办接待台湾文化交流团组6批83人次,重要团组和人员有台湾桃园县政府参访团、中国国民党副主席蒋孝严一行、历史印记——台儿庄大捷巡礼团(国民党退役将军团)一行、“台湾青少年海峡两岸和谐之旅”自行车骑行团一行、台湾新党主席郁慕明一行等。全年办理赴台文化交流团组11批39人。市台属联谊会组团赴台,与台湾扬州同乡会进行交流,增进乡情、友情。

对台宣传。“烟花三月”节期间,邀请台湾中天卫视、《中国时报》、《工商时报》、《旺报》等4家台湾媒体5名记者到扬州采访。中天卫视播出“烟花三月”节新闻。组织扬州电视台、扬州日报社等媒体记者赴台,全程报道市政府经贸考察团在台经贸考察活动情况。协调台湾人间卫视到扬州拍摄扬州讲坛活动情况。编辑内刊《扬州台情》12期，向台湾扬州同乡会寄发《扬州剪报》12期，向市相关部门（单位）分发省《台湾工作动态》160多份。（骆礼国）

■谢正义率团参加“台湾·江苏周”活动 5月22－28日，市委书记谢正义率市经贸考察团赴台，参加江苏省第二届“台湾·江苏周”活动，同时开展相关经贸活动。在台期间，考察团参加“台湾·江苏周”经贸合作交流会；承办“台湾·江苏周”海峡两岸（扬州）绿色石化产业合作交流会，签署《海峡两岸（扬州）绿色石化产业合作区的框架协议》；考察冶春台北店，慰问在冶春台北店工作的员工；参访佛光山；举办扬州·台北工商界联谊会；参访国泰金控、华硕电脑、台塑集团等3家世界500强企业和永丰余集团、远东集团、长春集团、阳明海运等台湾重点企业，签订一批投资合作协议，总投资额10.8亿美元；参访台湾联华神通集团、台北诚品书店；考察台北市联合服务中心和信义区服务中心，学习台湾公共服务做法与经验。（赵晓艳）

■赵旻率团赴台参访 6月12－19日，市委副书记赵旻率扬州金融贸易考察团赴台参访。考察团先后拜访永丰金控董事长何寿川、台湾工商协进会理事长骆锦明、威京总部集团主席沈庆京、宝成集团董事长蔡其建、大连化工总经理叶俊宗、远东集团亚洲水泥大陆事务部执行长吴中立等台商和有关机构，探讨扩大扬州与台湾合作渠道，推动互利合作。（张瑞明）

■董玉海率团赴台考察 9月13－20日，副市长董玉海率文明城市考察团赴台考察台湾城市管理情况。在台期间，考察团与台湾新党主席郁慕明进行茶叙，拜会台湾海峡交流基金会（简称海基会）董事长江丙坤，拜访一批重要台商，听取他们对扬州市城市建设、管理以及加快经济社会发展的意见和建议；参观台北中山纪念馆、台北“故宫博物院”，考察诚品书店、台北市联合服务中心和市容市貌。（徐泗旺）

■朱民阳率团赴台经贸考察 10月下旬，市长朱民阳率市经贸考察团赴台，考察台湾公共服务方面的做法。在台期间，考察团先后考察台北市联合服务中心、“1999”市民热线及建筑垃圾处理厂，了解台北市为市民提供公共服务的做法与经验。举办温泉酒店项目恳谈会，台湾温泉旅游协会名誉会长朱凤芝、台北市温泉发展协会理事长周水美等20名投资企业及酒店集团负责人参会。（徐泗旺）

■张宝娟率团赴台考察 11月22－29日，副市长张宝娟率团赴台考察台湾社会管理工作。在台期间，考察团考察台北市联合服务中心、台北“1999”市民热线以及台北市信义区区公所，了解台北市为市民提供公共服务的做法与经验；参访远东集团、长春集团、宝成集团、威京集团等在扬州投资的台湾企业；考察高雄佛光山佛陀纪念馆，拜会星云法师；慰问冶春台北店全体员工。（徐泗旺）

扬州海峡两岸绿色石化产业合作交流会现场　　吴生峰／摄

■市领导会见台湾客人 4月7日，市委书记、市长谢正义在扬州迎宾馆会见台湾桃园县县长吴志扬一行。谢正义介绍扬州经济社会发展情况，希望扬台双方利用海峡两岸良好发展机遇，促进在工农业、旅游等各个领域的交流与合作。吴志扬表示，桃园县政府将推动两地之间的交流与合作，实现共赢。

4月19日，市委副书记赵旻会见到扬州访问的中国国民党副主席蒋孝严一行，介绍扬州社会经济发展情况，希望他介绍更多的台湾客商到扬州投资兴业。

8月16日，市委副书记赵晓江在扬州迎宾馆会见中国国民党中常委、台湾地区民意代表潘维刚一行，介绍在扬台资企业发展状况，希望潘维刚介绍更多台商到扬州投资兴业。

9月21日，市委书记谢正义在迎宾馆会见台湾新党主席郁慕明一行，介绍扬州区位优势和台资企业在扬发展情况，希望郁慕明推动更多的台湾企业到扬州投资与发展。

（张瑞明　古　刚　陈宪进）

■台湾青少年自行车骑行团在扬州骑行 由台湾信义育幼院23名8～17岁青少年组成的“台湾青少年海峡两岸和谐之旅”自行车骑行团，在10名台湾老师、11名台湾志愿者和12名浙江大学大学生志愿者护行下，从淮安出发，沿京杭大运河，经宝应、高邮、江都抵达扬州住地。29日清晨，骑行团沿润扬路骑行15千米，经瓜洲汽渡抵达镇江渡口。骑行团在扬州境内骑行178千米。（古　刚）

■台湾扬州同乡会组团回乡参访 12月8－10日，以台湾扬州同乡会理事长李增邦为团长的台湾扬州同乡会回乡参访团一行16人回乡参访。在扬期间,参访团参观扬州博物馆、扬州中国雕版印刷博物馆、“双东”(东关街、东圈门)历史街区,游览瘦西湖、何园、大明寺风景名胜,乘船夜游古运河风光带,品尝家乡的美味佳肴,会见在扬亲属。市台办、市台属联谊会领导接待参访团成员,介绍扬州经济社会发展状况,希望参访团成员常回家乡,为扬州经济建设贡献力量。（古　刚）

政府法制

■推进依法行政　3月,市政府召开全市政府法制工作会议,出台2012年度推进依法行政意见;市政府办公室出台《2012年度依法行政工作任务分解表》,细化34项任务,明确责任部门和完成时限。开展依法行政示范单位创建工作。对全市13个省级依法行政示范点进行复核检查,对96家市级依法行政示范单位进行复核抽查。6月和8月,省、市依法行政领导小组办公室分别确认扬州市省级依法行政示范点19个、市级依法行政示范单位82家。12月,扬州市新命名市级依法行政示范单位20家。

启动新一轮行政执法人员三年轮训工作。3月20—24日,组织34个部门458名已申领和拟申领行政执法证件的执法人员参加法律知识培训和网上集中考试。10月25—26日,组织市直48个执法部门和53家基层依法行政示范单位的法制机构负责人参加全市2012年度法制干部培训。

12月,全市评选出2012年度政府法制工作先进单位10家、政府法制工作先进个人10人、政府法制信息工作先进单位13家、政府法制信息工作先进个人10人以及“十佳行政执法标兵”和“十佳行政执法卷宗”。（徐晓明）

■行政调解　4月30日,市政府办公室出台《关于加强行政调解工作的实施意见》,明确行政调解工作的意义、工作范围、工作体制、工作程序、工作制度和工作机制,规范全市行政调解工作。

8月21日,市政府法制办公室(简称市法制办)召开扬州市行政调解工作组会议,交流、总结全市行政调解工作,讨论修改拟出台的《扬州市行政调解工作暂行办法》。

2012年,全市各类行政调解机构受理案件9674件,结案9318件,结案率96.3%。案件涉及的6个县(市、区)和市直11个行政执法部门中,公安、工商、卫生、人社等部门受理案件8822件,占全市案件总数的92.3%。（徐晓明）

■行政执法争议裁决　全年协调行政执法争议3件。2月,针对查处违法进行住宅室内装饰装修等方面产生的行政执法争议问题,召开专题会议,协调执法争议。2月21—24日,针对古运河通扬桥南河畔存在的“私码头”现象,拍摄取证,召开行政执法争议协调会,界定部门职能,明确管理职责。5月,针对“工业松香脱毛”违法行为监管问题,召开行政执法协调会,依法就管理职能界定问题进行协调,形成会议纪要。（徐晓明）

■行政权力下放　2012年,扬州市对广陵区所有行政权力进行重新清理审核。9月,成立市行政权力下放工作组,依法清理审核广陵区38个部门4170项行政权力。11月29日,市政府办公室下发《关于对广陵区下放和归还部分行政权力事项的通知》,对权力下放工作作出具体部署,将市直部门73项行政权力下放到广陵区,并将市直部门386项行政权力归还给广陵区。（徐晓明）

■行政指导工作　2月27日,扬州市依法行政工作领导小组办公室印发《扬州市推进行政指导工作意见》,全面推行行政指导工作。3月,召开全市全面推行行政指导工作推进会,6个县(市、区)政府和42个执法部门相关领导和法制机构负责人参会。7月,市法制办对12家市直部门行政指导工作进行监督抽查。检查结果表明,各部门均制定推行行政指导实施方案,建立工作制度,明确指导项目。（徐晓明）

■规范性文件管理　经市法制办审核,扬州市全年出台市政府规范性文件18份。按照省规范性文件编号要求,5月起,市政府出台的规范性文件发文机关代字统一使用“扬府规”。市法制办审核涉及全市重大经济社会发展的政策文件33份,办理省法规规章和有关政策征求意见工作21项,接待省法制办到扬州立法调研4次,参加市人大组织的立法调研座谈会3次。全年收到各县(市、区)和市直部门报备文件49份,准予备案42份,其中县(市、区)17份、市直部门25份。根据《江苏省规范性文件制定和备案规定》要求,重新梳理全市规范性文件制定主体,确定并公布规范性文件制定主体58个。（徐晓明）

■深化行政权力网上公开透明运行工作　2012年,培训市法制工作人员85人次、县(市、区)法制工作人员15人次。全年完成行政权力库流程操作1.02万多次,挂起行政权力3270项,新增行政权力150项,废止行政权力160项,修改行政权力信息2800多次。截至12月31日,市级权力库有47个部门行政权力5391项,其中行政许可286项、行政处罚4404项、行政征收115项、行政强制201项、行政审批98项、行政给付18项、行政奖励13项、行政确认97项、行政征用1项、行政裁决7项、其他行政权力151项。（徐晓明）

■政府法制研究　11月,市法制办召开第五届依法行政与政府法制理论和实务研讨会,研讨会征集到研讨文章142篇,评选出获奖文章25篇,其中《行政许可后续监管体系中双罚制引入问题研究》获一等奖。

市法制办全年向市政府报送《深入推动行政调解工作,提升政府纠纷化解能力》《关于规范性文件备案审查工作动态情况的报告》《深化行政

审批制度改革 推进服务型政府建设——关于国务院决定取消和调整行政审批项目工作动态的报告》《恪守宪法原则 弘扬法治精神——关于全面推进依法行政的动态情况报告》等4篇调研报告。 (徐晓明)

■行政复议规范化建设 推进以听证为主要审理方式的行政复议审理方式转型,全年启动行政复议听证程序17次,听证率100%。

2012年,全市行政复议机关收到行政复议申请354件,比上年增加76件,增长27.3%。市政府法制办收到行政复议申请65件,其中不予受理2件、告知5件、维持19件、撤回终止36件、中止3件。2012年,市、县(市、区)两级法院发出以市直行政机关、县(市、区)人民政府为被告的行政诉讼案件立案受理通知书12件,比上年减少20件,下降62.5%。

(徐晓明)

行政审批

■概述 2012年,市行政办事服务中心(简称市行政服务中心)各窗口受理各类事项7.03万件,办结6.98万件,服务工作综合测评满意率99.9%。市行政服务中心履行对县(市、区)行政服务中心指导、协调、督查职能。推进市经济技术开发区、广陵区建立行政服务中心,督查市级分中心和县级中心窗口服务工作,促进服务工作水平提升。2012年,市级行政服务分中心定期测评满意率97.6%,县级行政服务中心定期测评满意率98.5%。 (胡继林)

■提升行政办事服务水平 市行政服务中心开展省级行政服务业标准化试点工作。制定窗口服务标准,促进窗口服务规范化,全年制定服务规范标准564个,并通过专家论证。组织法律专题讲座,编发《行政审批常用法律、法规汇编》《工商注册登记和基本建设项目审批依法报批实务》,提升窗口人员依法办事水平。市级部门窗口未发生违法办事现象。组织开展“争创群众满意的窗口服务单位”主题活动,坚持窗口服务月讲评和表彰制度。全年评出优质服务星级窗口31个、优质服务先进个人83人。

实施重大项目预先告知制,定期检查和通报市政府年度重大项目办理情况。推进基本建设项目并联审批改革,制定《扬州市基本建设项目并联审批实施方案》,完善重大项目办理绿色通道措施,起草重大项目绿色通道新的实施办法。全年对23个重大项目38个审批事项152个办理环节服务情况进行抽查回访,业主满意率99.7%。 (胡继林)

机关事务管理

■概述 2012年,扬州市市级机关事务管理局(简称市机关事务局)组织开展《机关事务管理条例》专项学习活动。加强机关办公用房管理,调整20多家市级机关单位的办公用房,对市级机关所属200多家事业单位房屋资产进行普查。实行汽车通行证制度,扩建55个生态停车场车位。制定、实施《扬州市市级机关公务用车配备使用管理办法》,全年拍卖公车31辆,对公车实施厂家置换1辆、报废13辆、退回48辆。

(曹 妍 朱庆云)

■“绿色机关”创建 市机关事务局开展“创建绿色机关、共享生态扬州”知识竞赛,收到答卷3346份;开展“绿色窗口标兵”评选活动。“绿色机关”创建率93%。开展“党政机关绿色出行日”活动,机关工作人员每月11日不开车,倡导“135”出行方案,即1千米以内步行、3千米以内骑自行车、5千米以内乘坐公共交通工具。

(曹 妍 朱庆云)

■公共机构节能 在全市2422个公共机构进行能耗统计并实行网上报送,核准公共机构底数和能耗底数。组织全市公共机构参加“地球熄灯一小时”活动。在市级机关开展“珍惜生命之源,从节水护水开始”和“能源紧缺体验日”活动。举办全市公共机构节能成果展,到各县(市、区)巡回展出。在19个市级公共机构安装能耗监测系统。对市级10个公共机构建筑进行能源审计。组织2家单位申报国家级节能示范单位。全市创成9个省级和11个市级节能示范单位。 (曹 妍 朱庆云)

■市级机关事务服务保障 完成全市人大会议、政协会议、“烟花三月”节、扬州泰州机场首航仪式等重要会议、重大活动服务保障工作。完成江上青烈士史料陈列馆维护修缮及盐运司衙署门厅等传统建筑修缮整治工程。实施公有住房就地解危90户5600平方米、异地解危31户1625平方米。完成市政府会议室改造等10多个项目。改善市政府西大院监控设施,添置高音喇叭,更换100多只灭火器药剂、88只烟感探测器和部分消防水带。市机关第三幼儿园绿杨园通过省优质幼儿园评估验收,市机关第三幼儿园京华城分园获市“绿色标兵学校”称号。机关门诊所全年门诊量13.65万人次、体检量4849人次。机关彩印中心完成产值618万元。机关生活服务中心4个餐厅全年服务45.24万人次,餐厅服务质量达扬州市B类公共餐厅要求。

(曹 妍 朱庆云)

政协扬州市委员会

Zhengxie Yangzhoushi Weiyuanhui

本栏责任编辑　杨文才

综述

■**概况**　2012年，中国人民政治协商会议江苏省扬州市委员会（简称市政协）围绕全市经济、政治、文化、社会、生态建设中的重要问题履行职能，全年召开2次全体会议、7次常委会议、10次主席会议，向市委、市政府及有关部门递交相关调研视察报告23份、社情民意信息32份。

调研、视察、协商活动。全年就推进重大项目建设、提升市区融合发展水平、加快制造业转型升级、改善中小企业发展环境、加强城市管理、加强社会组织建设与管理、推进地方公共外交、推动中医药事业发展、全国文明城市创建、国家生态市创建等进行调研视察、协商讨论、建言献策。

民主监督。通过政协例会、调研视察、通报座谈等形式，组织委员就扬州市经济社会建设和群众关心的热点、难点问题提出意见和建议。对党风廉政建设和反腐败工作以及法院、检察院、公安、城建、规划、城管、园林、农业、水利、粮食、交通、环保、文化、教育、卫生、食品药品监督、物价等部门工作组织专题调研、视察。选派政协委员担任特约监督员和行风监督员，参与政务公开、机关能力作风建设等视察、检查活动及"三公开三报告"（公开事项、公开过程、公开结果，向组织报告、向人大代表政协委员报告、向服务对象报告）电视直播活动。

关注民生。组织委员、市各民主党派、工商联相关成员和机关干部分别就推进居家养老、社会矛盾纠纷排查化解、"菜篮子工程"、住房保障、物价调控、农民增收、粮食管理、教育均衡发展、医疗卫生服务、食品药品安全监管等问题进行调研协商、提出建议。整理报送《政协内参》《社情民意》32期，为党政领导了解社情、掌握民意提供信息，推动解决问题。

提案与办理。出台《扬州市政协提案工作制度规范》，加强提案工作的制度化、规范化。市政协六届五次会议收到委员提案351件，立案345件，其中5件重点提案由主席牵头督办。截至5月底，所有立案的提案全部办复。其中，提案及问题解决和基本解决的155件，占立案总数的44.9%；提案意见被采纳、有待逐步实施的180件，占立案总数的52.2%；因各种原因限制暂不能实施的10件，占立案总数的2.9%。提案者对办理方式、态度满意和基本满意率100%，对办理结果满意和基本满意率99.6%。市政协七届一次会议收到委员提案310件，立案303件。截至10月底，所有立案的提案全部办复。其中，提案及问题解决和基本解决的140件，占立案总数的46.3%；提案意见被采纳、有待逐步实施的152件，占立案总数的50.1%；因各种原因限制暂不能实施的11件，占立案总数的3.6%。提案者对办理方式、态度满意和基本满意率100%，对办理结果满意和基本满意率100%。　（徐晓明　吴道根）

7月18日，市政协调研水利工作　　市政协／供稿

重要会议

■**政协六届五次会议**　1月10－13日，市政协召开六届五次会议。市委副书记、市长谢正义到会并作题为《凝心聚力抓落实》的讲话。徐益民作市六届政协常委会工作报告，卜宇作市六届政协常委会关于提案工作情况的报告。会议举行大会发言和大组协商；选举刘在銮为市政协副主席，增补王建台、陈云观为市政协常委；免去钱小平市政协副主席职务。会议期间，政协委员分组讨论谢正义讲话，审议政协常委会两个报告；列席市人大六届五次会议，听取和讨论政府工作报告以及法院、检察院工作报告。会议通过市政协六届五次会议决议。　（徐晓明　吴道根）

■ **政协七届一次会议** 6月26—29日，市政协召开七届一次会议。市委书记谢正义到会并作题为《凝聚各方力量，共建世界名城》的讲话。杨明荣作市六届政协常委员工作报告，王克胜作市六届政协常委会关于提案工作情况的报告。会议选举洪锦华为市政协主席，选举杨明荣、王克胜、程吉林、王静成、王少鹏、刘在銮、倪士俊、朱妍为市政协副主席，选举殷圣元为市政协秘书长，选举丁卫社等70人为市政协常委。会议期间，委员们分组讨论谢正义讲话，审议政协常委会两个报告；列席市人大七届一次会议，听取和讨论政府工作报告以及法院、检察院工作报告。会议通过市政协七届一次会议决议。

（徐晓明 吴道根）

■ **政协常委会议** 1月10—13日，市政协分三段召开六届二十三次常委会议。会议听取市政协六届五次会议小组讨论情况汇报，协商人事安排和选举事项，讨论、通过市政协六届五次会议决议（草案）和2012年市政协工作要点。

2月28日，市政协召开六届二十四次常委会议。会议听取市委常委、常务副市长张爱军所作关于扬州市重大工业和基础设施、城建项目建设情况通报，通过有关人事任免事项。

5月30日，市政协召开六届二十五次常委会议。会议就"整合资源、科学谋划，提升市区融合发展水平"议题与市政府进行协商，听取并讨论市委常委、常务副市长张爱军所作相关情况通报以及市政协5个调研组的发言，通过有关人事任免事项。

6月18日，市政协召开六届二十六次常委会议。会议通过关于召开市政协七届一次会议的决定和议程、日程等事项，协商决定扬州市政协第七届委员会界别设置和委员人选名单，讨论并原则通过六届政协常委会工作报告和提案工作情况报告，表彰9个先进界别委员小组、36名优秀委员和53件优秀提案，通过有关人事任免事项。

6月29日，市政协召开七届一次常委会议。会议协商决定新一届市政协机构设置，通过副秘书长和各委、办、室负责人名单；部署加强市政协常委会自身建设，履行好新一届市政协职能。

10月25日，市政协召开七届二次常委会议。会议就"加快扬州市制造业转型升级"议题与市政府进行协商。会议听取并讨论副市长孔令俊所作相关情况通报以及市政协经济科技委员会代表专题调研组所作发言，讨论、通过《扬州市政协委员履职管理规定（试行）》，通过有关人事任免事项。

12月26日，市政协召开七届三次常委会议。会议传达学习中共扬州市委六届四次全会精神，听取《政府工作报告（征求意见稿）》起草情况说明并分组讨论，听取市政府关于市政协七届一次会议以来提案办理情况的通报，协商、通过召开市政协七届二次会议的决定和有关事项，讨论并原则通过市政协常委会工作报告和提案工作情况报告，协商通过增补委员事项，表彰市政协七届一次会议以来的优秀委员提案；市政协各专委会向常委会书面报告市政协七届一次会议以来工作情况。会议协商决定，中国人民政治协商会议江苏省扬州市第七届委员会第二次会议2013年1月5—8日举行。

（徐晓明 吴道根）

■ **政协主席会议** 4月28日，市政协召开六届三十四次主席会议，就"改善中小企业发展环境"议题与市政府协商，听取并讨论副市长孔令俊所作相关情况通报以及市政协经济科技委员会代表专题调研组所作发言。

5月25日，市政协召开六届三十五次主席会议，讨论市政协六届二十五次常委会议议题"整合资源、科学谋划，提升市区融合发展水平"调研报告，研究通过先进界别委员小组、优秀委员表彰名单。

6月14日，市政协召开六届三十六次主席会议。会议通报中共扬州市委关于市政协有关人事安排的建议，听取市委统战部关于七届政协界别设置和委员人选方案的说明，讨论六届政协常务委员会工作报告（讨论稿）、关于提案工作情况的报告（讨论稿）；讨论召开市政协六届二十六次常委会议的有关事项；审议通过拟表彰的市政协六届三次会议以来优秀提案。

6月29日，市政协召开七届一次主席会议，协商决定扬州市政协七届一次常委会议有关事项，讨论、通过七届政协机构设置、副秘书长和各委、办、室负责人名单。

7月2日，市政协召开七届二次主席会议，协商决定市政协领导班子工作分工，研究部署下半年市政协工作。

9月2日，市政协召开七届三次主席会议。会议就"加强和创新社会组织建设与管理"议题进行协商，听取并讨论副市长张宝娟所作相关情况通报以及市政协社会和法制委员会代表专题调研组所作发言；讨论、通过《扬州市政协主席、副主席联系委员办法（暂行）》和市政协各专委会组成人员名单，讨论《扬州市政协委员履职管理规定（试行）》。

9月29日，市政协召开七届四次主席会议。会议就"积极开展地方公共外交、助推世界名城建设"议题与市政府协商，听取并讨论副市长孔令俊所作相关情况通报以及市政协港澳台侨委员会代表专题调研组所作发言。

10月23日，市政协召开七届五次主席会议，就"加快扬州市中医药事业发展"议题与市政府协商，听取并讨论副市长董玉海所作相关情况通报以及市政协教文卫体委员会代表专题调研组所作发言。

11月23日，市政协召开七届六次主席会议，就"加强城市管理"议题与市政府协商，听取并讨论副市长闻道才所作相关情况通报以及市政协城乡建设委员会代表专题调研组所作发言。

12月21日，市政协召开七届七次主席会议，就召开市政协七届二次会议的有关事项进行协商，听取市政协第七届委员会常务委员会工作报告（征求意见稿）、提案工作情况报告（征求意见稿）起草情况说明，讨论会议议程、日程等事项。

（徐晓明　吴道根）

重要工作

■政协委员履职　2012年，市政协组织发动全体委员围绕重大协商专题组织重点调研和协商，围绕重大项目建设组织专题视察，围绕重要民生工程开展督查检查，围绕重要社会热点献计献策，围绕加强社会管理创新汇集民情民智，助推世界名城建设。制定《关于围绕“四重一加强”开展履职活动的意见》《全力服务、监督和促进重大项目建设的意见》《联系服务委员企业的意见》等6份文件，调研协商10项重要课题，重点督办10件提案，督查推动30多个重大项目，视察、督查20多项民生工程和社会热点、难点问题，收集、反映基层意见、建议600多条。4月5日、6月26日、12月24日，《人民政协报》分别在头版以《四季歌里履职忙》《扬州市政协助推提升市区融合发展水平》《同划一条船，共唱一首歌——扬州市政协助推世界名城建设》为题，专题报道扬州市政协委员围绕“四重一加强”（重大协商专题、重大项目建设、重要民生工程、重要社会热点，加强社会管理创新）履职活动情况。

（徐晓明　吴道根）

■界别活动周　5月7－13日，市政协举办2012年度政协委员联系群众“界别活动周”活动。市、区两级政协1000多名委员紧扣“提升市区融合发展水平”主题，围绕区划调整后扬州城市的规划、管理，江都、广陵融合发展，以及产业布局、城乡统筹、生态保护、公共服务等问题开展调研，累计组织集中活动38项，梳理、汇总意见和建议82条，形成5个专题调研报告，并通过六届二十五次常委会议与市政府进行协商。

（徐晓明　吴道根）

■扬州政协论坛　11月27日，市政协举办2012年度扬州政协论坛，政协委员和专家、学者围绕“推进世界名城建设”主题建言献策。论坛收到论文159篇，内容涉及世界名城的基本特质、基本形态、基本产业、基本民生以及扬州建设世界名城需要着重解决的大事要事、重点难点等。市委书记谢正义出席论坛并讲话。

（徐晓明　吴道根）

■政协名家讲座　市七届政协开办“政协名家讲座”，邀请专家、学者、社会知名人士为政协委员讲课。12月27日，市政协举办首次名家讲座，邀请江苏省哲学社会科学界联合会常务副主席、党组书记张颢瀚作题为《以十八大精神为强大动力，开创江苏科学发展新局面》的专题讲座。

（徐晓明　吴道根）

■加强与委员联系　市政协领导及各专委会分别联系3～4个委员界别小组。全年举办3次“主席联系委员活动日”活动。定期向委员通报政协和专委会工作情况，组织委员参加各项调研视察、协商议政活动，协助委员小组开展活动。加强委员履职考核，建立委员述职制度，评选、表彰9个先进界别委员小组、36名优秀委员。5月7－13日，举办第六个政协委员联系群众“界别活动周”活动。11月27日，组织市区委员参加扬州政协论坛。选派委员担任特约监督员、行风评议员，参与扬州市行风监督、机关能力作风建设等视察检查活动。通过扬州电视台《TV提案365》栏目、《扬州日报·政协之声》专栏、政协网站、《扬州政协》会刊发表委员对全市经济社会发展的建议、提案，宣传委员参政议政成果和工作成绩。

（徐晓明　吴道根）

重点提案

■以千企升级推进传统制造业创新发展　在市政协六届五次会议上，市政协经济科技委员会提交《以千企升级推进我市传统制造业创新发展》提案。提案建议：1.规划指导，明确创新升级方向；2.苦练内功，夯实创新升级基础；3.产业融合，提升创新升级层次；4.政策引导，优化创新升级环境。市经济和信息化委员会承办该提案。办理情况：出台《扬州市千企创新升级行动计划》《千企创新升级评价管理办法》《创新载体建设行动计划》，继续实施产业提升、载体推进、千企升级、项目引领、“两化”（工业化、信息化）融合和绿色制造六大计划，推进传统制造业转型升级。

（徐晓明　吴道根）

■整合物流市场　实施“退城进园”　在市政协六届五次会议上，中国民主建国会扬州市委员会提交《整合物流市场　实施“退城进园”》提案。提案建议：1.建设大型园区，出台扶持政策，引导物流企业退城进园；2.“城市物流配送中心”应着眼长远，科学规划；3.拓展园区建设筹资渠道，探索投资管理模式；4.借鉴“苏州传化”经验，准确定位扬州市“城市物流配送中心”经营模式。市发展和改革委员会承办该提案，出台《扬州市现代物流业提速发展行动计划（2011－2015）》和《市政府关于鼓励促进市区现代物流业加快发展的意见》，对发展现代物流业提出明确要求。市领导多次带领相关部门和企业负责人到外地学习先进经验，并到多个城市专题招商，取得重要进展。

（徐晓明　吴道根）

■关于城市生活垃圾分类收集、资源化利用的建议　在市政协六届五次会议上，中国民主同盟扬州市委员会提交《关于城市生活垃圾分类收集、资源化利用的建议》提案。提案建议：1.制定专项规范性文件；2.明确目标，加强宣传；3.统一城市垃圾分类方法和标识；4.加快发展垃圾收集处理产业。市城市管理局承办该提案。办理情况：医疗废弃物处理中心、生活垃圾焚烧发电厂建成，市区工业危险废弃物处理项目在建；制定《市区餐厨废弃物处理设施建设实施方案》，在部分城市主干道和住宅小区开展生活垃圾分类试点。重点做好5项工作：1.研究和制定扬州市生活垃圾分类管理办法；2.建立规范完善的考核评价体系；3.加大资金投入；4.展开试点，逐步推广；5.加强垃圾分类宣传。　（徐晓明　吴道根）

■ 关于扬州食品安全的建议 在市政协六届五次会议上，李萍、李秀华、蒋红、戴凌云提交《关于扬州食品安全的建议》提案。提案建议：1. 建立健全食品安全监管机制，明确问责制，建立统一高效的决策指挥系统和综合协调系统；2. 加强食品安全秩序整顿；3. 全面实施食品安全“绿色”工程；4. 大力发挥社会舆论的引导和监督作用。该提案由市食品药品监督管理局主办，市质量技术监督局、市商务局、扬州工商行政管理局、市农业委员会、市卫生局协办。承办情况：扬州市成立由 25 个部门组成的市食品安全委员会，明确监管职责，组织各地、各有关部门贯彻实施食品安全法；深化宣传教育，落实工作责任，加强环节监管，开展专项整治，推进全市食品消费环境持续改善。

（徐晓明　吴道根）

■ 关于加强社区矫正工作的建议 在市政协六届五次会议上，市政协无党派人士界别组提交《关于加强社区矫正工作的建议》提案。提案建议：1. 健全组织机构，确保社区矫正工作有专门部门组织实施；2. 落实司法所组织设置和人员编制；3. 理顺司法所管理体制；4. 优化社区矫正工作队伍结构；5. 注重培养，提升社区矫正工作队伍的履职能力。市司法局承办该提案。办理情况：制定、实施《社区矫正实施办法》，把握关键环节，加强人员衔接，明确 6 类重点对象，提高技防覆盖面，加大社区矫正管理教育服务中心建设力度，以人为本做好社区矫正人员帮扶工作。

（徐晓明　吴道根）

■ 减负解困、强化服务，改善中小企业发展环境 在市政协七届一次会议上，市政协经济科技委员会提交《减负解困、强化服务，改善我市中小企业发展环境》提案。提案建议：1. 减负解困，营造中小企业发展的政策环境；2. 强化服务，化解中小企业发展的要素矛盾；3. 整合资源，培育中小企业发展的社会化服务体系，建立和完善公益性服务机构；4. 培育发展商业性服务机构，加快公共服务平台建设。该提案由市经济和信息化委员会主办，市金融工作办公室、市银监分局、市国土资源局、市人力资源和社会保障局协办。办理情况：市政府办公室印发《扬州市中小企业服务年活动方案》；市有关部门加大政策宣传工作力度，加大清费减负工作力度，重点解决好中小企业融资难、融资贵问题，服务全市企业用工和土地需求。（徐晓明　吴道根）

■ 促进县域经济发展的建议 在市政协七届一次会议上，中国民主建国会扬州市委员会提交《促进我市县域经济发展的建议》提案。提案建议：1. 高度重视县域经济发展对全市经济发展的促进作用；2. 抓住县域经济结构调整的重点难点；3. 坚持扬州“一体两翼”发展战略，针对区划调整更高起点规划扬州市县域经济发展战略部署。市发展和改革委员会承办该提案。办理情况：7 月，市委、市政府印发《推进沿河地区加速崛起行动计划》《推进沿江地区率先基本实现现代化行动计划》《沿江地区融合发展行动计划》，帮助各地理清发展思路，坚持项目为王，引导各地优化产业布局，理顺管理体制，合理规划布局，加快发展重点中心镇，参与区域合作，拓展县（市）发展空间，增强县（市）目标意识。

（徐晓明　吴道根）

■ 将扬州建设成世界名城的理性思考与对策 在市政协七届一次会议上，李秀华、李萍、蒋红、徐郃、张涛、恽瑞池提交《将扬州建设成世界名城的理性思考与对策》提案。提案建议：1. 加深人们对扬州经济、历史与文化的认识；2. 打造作为世界名城的形象品牌；3. 正确处理建设与保护的关系；4. 大力发展旅游业；5. 建设与完善公共服务体系。该提案由市委办公室主办，市政府办公室、市城乡建设局协办。办理情况：7 月 23 日，市委办公室、市政府办公室联合印发《关于开展建设世界名城课题研究的通知》，确定 11 个调研课题；10 月 9 日，市委常委会专门研究《关于加快建设世界名城的实施意见》，进一步明确建设世界名城的总体要求、发展路径、重点举措和组织保障。

（徐晓明　吴道根）

■ 关于加强保护农村河流水资源的建议 在市政协七届一次会议上，中国民主同盟扬州市委员会提交《关于加强保护农村河流水资源的建议》提案。提案建议：1. 加强领导，加大宣传力度；2. 加强对农业废弃物的管理；3. 加强对畜禽养殖业废弃物排放的管理；4. 引导农民合理使用农药、化肥。该提案由市环保局主办，市水利局协办。办理情况：各相关部门围绕农村河流水环境保护，重点开展 4 个方面工作：1. 进一步强化乡镇污水处理设施长效管理；2. 进一步加强全市农村水环境监测；3. 进一步加大农村工业污染监管力度；4. 协同农业等部门抓好农业生产污染防治。

（徐晓明　吴道根）

■ 对扬州市社会教育培训市场规范管理的建议 在市政协七届一次会议上，中国国民党革命委员会扬州市委员会提交《对我市社会教育培训市场规范管理的建议》提案。提案建议：1. 政府和教育部门充分重视当前社会教育培训机构存在的问题，明确主管部门；2. 工商、物价、税务部门加强监管，严把招生广告关。该提案由市教育局主办，市人力资源和社会保障局、扬州工商行政管理局协办。办理情况：市教育局对扬州市所辖社会教育培训机构运行质态展开调研，借鉴重庆、上海等地民办教育机构审批管理工作经验，协调工商、人力资源和社会保障等部门，加强审批审查力度，建立星级评估体系；加强部门协作，加大对教育培训市场监管力度。

（徐晓明　吴道根）

民主党派 工商联 人民团体

Minzhudangpai Gongshanglian Renmintuanti

本栏责任编辑 杨文才

民主党派 工商联

■**民革** 参政议政。中国国民党革命委员会扬州市委员会（简称市民革）在市政协六届五次会议上提交集体提案11件、个人提案15件，在市政协七届一次会议上提交集体提案9件、个人提案19件，其中《将扬州建成世界名城的理性思考与对策》《关于对我市教育培训市场规范管理的建议》获评优秀提案。市民革全年完成调研报告35篇。围绕区划调整后“整合市区资源 提升市区融合水平”主题，开展调研活动，收集社情民意46条，整理并形成提案6件，提交市政协，其中调研报告《关于扬州教育等公共服务均衡化》得到市领导批示。

组织建设。2012年，市民革明确参政议政工作委员会、祖国统一工作委员会、经济委员会、妇女工作委员会、社会与法制委员会、教科卫体委员会、文化艺术委员会、学习与理论研究委员会等8个专门工作委员会，搭建合作共事平台。全年吸收新党员17人，平均年龄43岁。其中，8人具有中高级职称，3人为市、区人大代表、政协委员。2月18日，民革仪征市总支部成立，严华任主委。

加强宣传工作。2012年，市民革信息宣传工作在市委统一战线工作部（简称市委统战部）年度考核考评中均位列第二名。

社会服务和祖国统一工作。市民革开展“同心同行 共建和谐”系列活动，在春江社区、皇宫社区为居民群众提供10多项服务，收集社情民意150多条，整理并形成政协提案9件。在民革全国社会服务工作大会上，市民革获评民革中央全国社会服务工作先进集体。4月，市民革承办民革中央全国祖统会议。市民革主委王静成获评民革中央祖统工作全国先进个人。 （姜 斌）

■**民盟** 参政议政。2012年，中国民主同盟扬州市委员会（简称市民盟）在市政协六届五次会议上提交集体提案11件、个人提案10件，《关于城市生活垃圾分类收集、资源化利用的建议》被列为大会发言材料并被评为优秀提案；在市政协七届一次会议上提交集体提案9件、个人提案18件，《关于加强保护农村河流水资源的建议》被列为市政协七届一次会议重点提案并获评市政协十大优秀提案。全年完成调研报告11篇，其中省级调研报告3篇。《教育现代化必须深化教育体制改革》《为“钱学森之问”寻找答案》《进一步加强教育信息化建设 加快推动教育现代化进程》等3篇论文入选第三届江苏教育发展论坛。市政协“界别活动周”期间，市民盟选择“理顺教育行政管理机制，提高市区中小学教育资源配置合理化水平”课题，调研区域调整后市区教育资源配置情况，梳理出相关意见、建议，向市委、市政府反馈。论文《把智慧作为经济转型升级的科学内核 支撑世界名城建设》被选作市政协论坛大会发言材料，《发展城市生态旅游 推进世界名城建设》《随着行政区划调整，促进三区基础教育的合理布局》被列为市政协论坛书面交流材料。

组织建设。2012年，市民盟下发《民盟扬州市委基层工作手册》《民盟扬州市委基层组织换届工作规范》《民盟扬州市委员会先进集体与先进个人评选规则》《民盟市委委员联系基层制度》和《骨干盟员工作手册》，推动基层组织工作规范化、制度化。民盟邗江区支部升为总支委员会，民盟扬州工业职业技术学院支部成立，民盟扬州大学基层委员会、新社会阶层人士联谊会和新华中学支部、翠岗中学支部、田家炳中学支部完成换届。新发展盟员51人，其中副高级以上专业技术人员13人。至年底，全市有民盟盟员600多人，其中21人当选市人大代表和市政协委员。

信息宣传。市民盟全年报送社情民意和统战信息83条。其中，9条信息分别被全国政协、中央统战部、民盟中央录用，39条信息被民盟江苏省委录用。撰写宣传稿件92篇。其中，5篇稿件分别被《人民政协报》《群言》《中央盟讯》《团结报》刊用，5篇稿件被《江苏民盟》刊用，3篇稿件被民盟中央网站采用，51篇稿件被民盟江苏省委网站采用。市民盟获民盟江苏省委宣传工作三等奖。

社会服务。市民盟发挥界别特色和资源优势，开展科技、教育咨询及送医到基层活动。市民盟组织经济科技专委会联合工作组到多家企业开展技术咨询服务活动，为企业解决技术难题；组织中学教育界名师送教下乡，向基层教师和学生传授先进教学理念和学习方法；组织医务专家到春江社区和大刘社区，为群众提供义诊和健康咨询服务。邗江区总支联合南京市民盟文化总支开展送文化到企业活动。新社会阶层人士联谊会举办科技金融论坛。（秦　敏）

■民建　参政议政。中国民主建国会扬州市委员会（简称市民建）在市六届人大五次会议和市政协六届五次会议上提交提案、议案、建议75件，其中集体提案15件、委员提案40件、代表议案和建议20件。《整合物流市场 实施“退城进园”》被列为市政协大会发言材料，《推进我市金融中介机构市场化发展的建议》《关于提升我市网络公共文化服务水平的建议》被列为市政协大会书面发言材料。民建界别委员小组获评市政协先进界别委员小组，2人获评优秀政协委员，3件提案被列为重点提案。在市七届人大一次会议和市政协七届一次会议上提交提案、议案、建议60件，其中集体提案11件、委员提案40件、代表议案和建议9件。《促进我市县域经济发展的建议》《将扬州建设成为世界名城的理性思考与对策》《推进残疾人创业工作的建议》被评为优秀提案。开展重点课题调查研究。调研报告《整合物流市场，实施“退城进园”》《加强南河下片区旅游资源开发整合》得到市委、市政府主要领导批示，分获“我为‘三个扬州’建设献一策”优秀调研成果一等奖、三等奖。开展中医药事业发展、加强和创新社会组织管理、智慧景区建设、社区养老等专题调研。社情民意《让菜篮子越拎越轻》提出的建议得到落实。全年编发《民建信息》90多期。《家居智能化呼唤行业标准》被民建江苏省委采用，《超前规划，科学开发利用地下空间》被列为省政协大会书面发言材料。市民建负责人参加中共扬州市委、市政府召开的民主协商会、情况通报会、市政协常委会、主席会以及相关视察活动，参与全市重大决策和重要人事安排协商，提出意见和建议。市政协“界别活动周”期间，民建界别市政协委员到市环境保护局调研，形成《江广融合区生态建设的建议》，在市政协常委会及相关专题协商会上作交流发言。2012年，市民建向市政协论坛提交论文25篇。其中，21篇论文被论坛汇编收录，2篇论文参加论坛大会发言。民建26名会员担任省、市、县政府行风、纪检、监察、物价、环保等方面的特邀监督员。

组织建设。全年发展新会员197人，平均年龄36.4岁，全部具有大专以上学历，其中研究生20人、中高级专业技术人员62人、企业高级管理人员52人。截至年底，全市有民建会员781人，平均年龄46岁。

宣传工作。市民建全年在各类媒体登载稿件239篇次，其中在国家级媒体刊载50多篇次。市民建新闻宣传工作获民建江苏省委表彰，《民建扬州市委召开“两会”委员、代表临时支部会议》获评省宣传优秀作品，《坚持理论学习，牢固树立服务意识；大胆践行探索，积极投身参政议政》获评省理论研究优秀成果。《扬州民建》会刊全年出版4期。扬州民建网站运行正常。

社会服务。春节，市民建安排专项资金慰问原工商业者、骨干会员和老年会员。联系新经济阶层企业家会员，组织企业家会员听取专家学者专题讲座。成立讲师、咨询师队伍，进商场、进企业、进社区，免费举办培训和咨询。与扬州电视台、《扬州晚报》联合开设“扬州民建讲堂”。成立民建扬州市委艺术团以及法律、医疗、科技等服务团队，开展社会服务活动。3月1日，在春江社区开展“同心同行 共建和谐”咨询服务活动。5月25日，在东关古渡广场举办送法律进社区系列活动。10月14日，在施桥镇举办“送文化进施桥文艺晚会”。11月18日，在“扬州市统一战线社会服务三垛行”活动中，市民建为三垛镇群众表演文艺节目，民建高邮市支部向10户计生困难家庭和敬老院提供捐赠。12月4日，市民建在杨庙镇举办文化、科技、卫生“三下乡”活动，演出扬剧《新春观灯》、木偶《草裙舞》、女声独唱《红红的日子》等节目，为群众免费体检，发放农技宣传资料，接受咨询，向镇敬老院赠送书画作品，向有关部门捐赠2台文化传播机和常用药品，慰问部分计生困难家庭。市民建全年服务基层群众2万多人次。

推进“思源工程”。全年走访慰问计划生育困难家庭100多户，发放慰问金5万元。呼吁政府、社会关爱计划生育特困家庭，完善保障措施。（张　进）

■民进　参政议政。2012年，中国民主促进会扬州市委员会（简称市民进）在市政协六届五次会议上提交提案31件，《关于发挥旅游业的支柱产业作用应加强旅游市场监管的建议》被列为第001号提案，《以“体育惠民”为抓手 推动我市群众体育文化大发展大繁荣》被列为大会发言材料；在市政协七届一次会议上提交提案27件，《打破校籍管理桎梏，实现教师有序流动》被列为大会书面发言材料。开展调研活动。调研报告《加大卫生信息化建设力度，为深化医药卫生体制改革提供重要支撑》获市委统战部优秀调研成果二等奖。《有关创新居民小区物业管理模式的调研》被民进江苏省委采用并转化为省政协十届十九次常委会发言材料，《破小微企业生存成长难题，促扬州地方经济健康发展》被民进江苏省委采用并转化为省政协主席专题协商会发言材料。

组织建设。市民进全年发展新会员29人，平均年龄40岁。完成各基层组织换届工作。因扬州市规划调整，原维扬区支部更名为邗江区支部。广陵区综合支部获评民进中央“学习践行社会主义核心价值体系先进集体”，徐明峰获评民进中央“学习践行社会主义核心价值体系先进个人”。扬大总支、扬大附中支部、广陵区综合支部、仪征市委会获评民进江苏省委“为全面建设小康社会做贡献”先进集体，徐年虎等9人获评民进江苏省委“为全面建设小康社会做贡献”先进个人。董玉海等12名会员代表出席中国民主促进会江苏省第九次代表大会，董玉海、骆翔参加中国民主促进会第11次全国代表大会。

社会服务。市民进与扬州聚成校

友联谊会在市第一中学联合举行“放飞‘宏志’,圆梦未来”活动,资助“宏志班”优秀学生钱物2万多元,组织15名会员企业家结对帮扶“宏志班”学生;与百信缘大药房联合举办“丰富残疾人精神生活,构建无障碍社会”捐赠活动,捐赠价值3万多元的康复辅助器具,发放轮椅、拐杖和保健箱;与会员企业江苏雪冠工贸有限公司举办“幸福广陵 情暖园区——扬州市食品工业园关爱外来务工人员志愿者活动”,为外来务工人员提供法律咨询,解答劳动合同、社会保险、维权途径等方面问题,向外来务工人员子女赠送食品礼包和礼金红包。开展“爱心1+1”品牌活动,引导全社会释放慈爱之心。扬州中学支部、文化支部、法律支部、广陵综合支部分别开展送教进社区、送文化下乡、法律资询服务、捐赠爱心书包活动。市民进成立扬州民进文化活动中心,宣传工作获民进省委、扬州市委统战部表彰。 (佘宏明)

■农工党 参政议政。2012年,中国农工民主党扬州市委员会(简称市农工党)提交议案、提案100多件,集体提案《努力建立农村公路长效管养机制》和《采取积极措施推动民营医疗机构健康发展》被列为市政协六届五次会议大会发言材料,《促进农村基本养老保险制度建立的建议》被市政协评为重点提案。《关注心理健康工作 打造和谐幸福扬州》等5件提案获评市政协2010－2012年度优秀提案,农工党界别委员小组获评市政协2010－2012年度先进界别委员小组。市农工党有11篇论文被扬州政协论坛汇编收录,其中《扬州建构“世界名城”形象的传播策略》被列为论坛交流发言材料。市政协“界别活动周”期间,农工党界别市政协委员到江都调研新型农村合作医疗信息平台建设和120急救中心建设,形成集体提案,提交市政协七届一次会议。10月29日,市农工党到市环境检测中心站调研秸秆禁烧情况。11月15日,市农工党到市卫生局调研临终关怀工作。市农工党“推动生命临终关爱 构建圆满人文关怀”“关注乡镇建筑行业职工老龄化问题”“关于规范民办培训机构管理的几点建议”等课题被农工党江苏省委调研课题组立项。

组织建设。2012年,市农工党发展新党员31人,平均年龄43.4岁,其中中高级专业技术人员28人。截至12月31日,全市有农工党员598人,平均年龄53.3岁。9月16日,邗江区总支部委员会成立;12月2日,江都区支部委员会成立。

信息宣传与理论研究。市农工党向有关部门报送社情民意和统战信息103篇(条),其中《优化人员结构 购置先进设备 推动转型》《农村环境保护工作亟待加强》《个税征收考虑家庭因素的利弊分析》《调研大运河保护与申遗工作》被农工党中央采用。市农工党全年完成“同心”思想理论研究文章6篇,其中《“同心”思想:新形势下参政党加强自身建设的思想指南》《“同心”才能有为》被江苏省统一战线“同心”论坛论文集《和衷共济 同心同行》收录。市农工党在省级以上刊物发表稿件19篇,获农工党江苏省委统战宣传工作一等奖和市委统战部宣传工作一等奖。

社会服务。市农工党开展“同心同行 共建和谐”系列活动,创新服务品牌“幸福加油站”,为基层群众开展送医疗、送文化活动80多次。3月1日,市农工党在春江社区义诊,向春江社区免费赠送价值8000元的药品;3月24日,开展“结核病防治日”宣传、义诊、咨询活动;4月22日,举办“牵手村官送健康”系列活动;4月底,开展“职业病防治法宣传周”大型义诊咨询活动;5月18日,为特殊教育学校残疾儿童提供口腔护理服务;6月5日,开展“环境健康宣传周”进社区活动;9月4日,到广陵区连福社区联谊花园捐资助学;9月22日,到湾子老年公寓为孤寡老人体检;9月26日,到广陵区杭集社区卫生服务中心开展送健康下基层活动;11月8日,到汶河街道社区卫生服务中心举行第24届中国“国际科学与和平周”暨“牵手家庭医生在行动”活动;11月18日,参加市委统战部举行的统一战线“‘同心同行 共建和谐’服务三垛”行活动;12月1日,举行广陵区卫技人员实践技能培训(社区医生全科培训第二阶段)启动仪式。扬剧团支部多次到乡村、进社区慰问演出;市农工党第一人民医院基层委员会4个支部分别与个园社区、美琪社区、联谊社区和槐泗社区结对共建和谐社区,每月安排农工党员在社区卫生服务中心义诊。9月27日,仪征市基层委员会举办“和谐养生 守护健康”知识讲座;10月20日,仪征市基层委员会在真州镇大市社区举行“喜迎十八大 同心建社区”主题实践活动启动仪式,向空巢老人、低保户、残疾人发放“爱心保健药箱”110只,向困难家庭学生发放助学金6000元,为社区居民义诊。

(张 俊)

■致公党 参政议政。2012年,中国致公党扬州市委员会(简称市致公党)开展调查研究工作,完成调研报告28篇,其中2篇被致公党省委采用。调研报告《我市非遗保护与传承现状及其在文化事业发展中的作用》被列为市政协大会发言材料。市致公党成员有25人次担任各级人大代表和政协委员,提出议案、提案、建议40多件,内容涉及食品安全、农村水利、居家养老、医疗急救等方面,其中《关于推进社区居家养老的建议》获评省政协优秀提案。市致公党发挥参政党作用,多次参加中共扬州市委、市政府情况通报会、协商会、座谈会。市致公党全年向致公党省委、市政协、市委统战部反映社情民意20多条,其中《驻外机构签证申请服务中心应注重高效、务实》得到国务院领导批示。

组织建设。市致公党发展新成员11人。截至2012年12月底,市致公党有成员180人,平均年龄53岁。上半年,市致公党将5个工作委员会调整为6个,新设学习宣传委员会;完成各基层组织调整和优化,将原有的1个总支、8个支部调整为1个总支、11个支部,并完成支部换届工作。8月,致公党邗江区支部成立。启动“机关干部联络基层支部和专委会制度”“人大代表、政协委员履职交流、述职制度”。

宣传工作。2012年,市致公党撰写宣传稿件60篇,被各级媒体采用103篇次,其中27篇被省级以上刊物采用。市致公党获评致公党江苏省委2012年宣传工作先进集体。

海外联谊。2012年,市致公党配合致公党省委实施2012年“引凤工程”,上报扬州市人才需求信息,为引进高层次人才牵线搭桥。市致公党引荐的1名海外人才被扬州大学聘为客座教授。配合致公党中央在扬州启动“留学报国”大型主题活动。市致公党发挥侨党资源优势,向海外友人推介扬州,为扬州市引资引智工作提供服务。

社会服务。2012年,市致公党围绕“同心同行 共建和谐”主题,开展社会服务活动。建立“致福工程”高邮市三垛镇培训点,助力农村信息化建设。组织开展健康义诊、图书捐赠、助残帮扶系列社会服务活动,服务500多人,捐赠款物10万多元。市致公党联系华侨企业家向贵州毕节地区贫困学生捐赠价值5000元的学习用品,6名市致公党成员与毕节地区贫困小学生结成帮扶对子。 (陈 林)

■九三学社 参政议政。2012年,九三学社扬州市委员会(简称市九三学社)在市六届人大五次会议、市七届人大一次会议和市政协六届五次会议、市政协七届一次会议上提交提案、议案63件。《完善“农超对接” 推进农产品产业链建设》被列为市政协六届五次会议大会发言材料,并获评市政协优秀提案;《强化公共场所双语标识 推动世界名城建设》被确定为市政协七届一次会议主席督办提案。全年完成调研报告14篇,其中2篇入选社省委课题、4篇入选江苏九三论坛、7篇入选扬州政协论坛、1篇提交社中央;有6篇信息被社省委采用。5月,在市政协“界别活动周”期间,九三学社界别市政协委员就“如何发掘江都区现有资源,促进中心城市的产业特色和产业布局的整合优化”主题,到江都区调研,梳理出6点建议,供中共扬州市委、市政府参考。

组织建设。2012年,市九三学社发展新社员31人,平均年龄38.5岁,其中中高级专业技术人员24人。截至2012年底,市九三学社有社员420人,平均年龄58.4岁,其中中高级专业技术人员400人,占95.2%。完成农林支社、医卫支社、广陵支社换届。2012年,市九三学社主委孙怀昌获评社中央优秀社员,扬州大学基层委员会、江都区基层委员会、机关支社、医卫支社获评社省委先进集体,曹惊雷等8人获评社省委先进个人。

加大宣传报道力度。全年有32篇文章被《人民政协报》、人民政协网、《扬州政协》等各级媒体采用。社员何岚撰写的社史理论文章获社中央主办的理论研究和社史研究征文大赛一等奖。

社会服务。3月,市九三学社专家在春江社区为居民提供宠物养护、植物栽培等咨询服务。4月,九三学社江都区基层委员会组织江苏省江都中学特级教师和学科骨干到贵州省威宁彝族回族苗族自治县支教。5月,市九三学社联合省家禽科学研究所向仪征市月塘镇养殖户赠送邵伯鸡苗5000多只,并提供养鸡技术指导。9月,市九三学社在仪征市新集镇建立全市第三个专家工作站,与新集镇远大家禽养殖场签订专家服务协议,赠送一批动物防疫药品与家禽养殖书籍。11月,“国际科学与和平周”期间,市九三学社专家到高邮市三垛镇开展惠农服务。 (徐振宇)

■工商联 服务经济。1月16日,扬州市工商业联合会(简称市工商联)牵头召开民营企业家座谈会和工商界新春联谊会,邀请市四套班子主要领导、市直相关部门主要负责人及重点民营企业代表参加,加强政企对话和交流,发挥工商联桥梁纽带作用。

全年组织100多家民营企业参加第16届中国东西部合作与投资贸易洽谈会(简称西洽会)、苏北投资贸易洽谈会、长三角地区城市民营经济和商会工作合作交流机制会议等经贸活动10多次。推进“中国扬州·泰国城”项目。

组织邗江区工商联、市直属行业商会与江海学院协商建立合作机制,江海学院为扬州市民营企业提供科技人力资源服务。开展科学发展专家服务团活动,组织人力资源、质量技术监督、金融等方面专家学者到广陵区头桥镇开展咨询服务工作。做好科研成果申报工作,经工商联系统推荐,江苏怡丰通信设备有限公司“综合能耗监测管理系统及终端”项目获批列入2012年度国家火炬计划。与市发展和改革委员会等部门联合走访科技型中小企业,指导企业申报国家扶持资金。经市工商联推荐,牧羊集团李敏悦获全国工商联科技企业家奖,广陵万方电子公司获全国工商联科学技术进步奖优秀奖。

组织投资商会在高邮、宝应、仪征举办银企对接活动,光大银行和江苏银行与高志集团、润禾贸易、万利置业等8家有融资需求的企业达成意向性协议,为企业提供融资服务,缓解中小企业融资难局面。

组织建设。全年新组建宜昌扬州商会、市工商联物管商会和扬州海西经济促进会等3个直属商会。市酒类协会加入市工商联。截至2012年底,市工商联有会员1.42万个,其中企业会员9412个、团体会员109个、个人会员4689个。全市有各类商会组织164个,其中行业商会64个、异地商会18个、基层商会82个(乡镇、街道商会77个,开发区商会5个);有市直属商会33个,其中区域性商会14个、行业性商会19个。

参政议政。2012年,工商联界别向市政协提交集体提案1件、个人提案17件,其中市工商联《推进商会文化建设 促进民企文化发展》被列为市政协六届五次会议大会发言材料。全年开展全省上规模民营企业调研和民营企业履行社会责任统计、全国第10次私营企业抽样调查等近10项调研活动,研究民营经济发展中的难点、热点,有针对性地做好民营经济服务工作。

交流联络。全年接待到扬州交流的大庆市、宜昌市等7个国内兄弟市工商联代表。年初,市总商会代表团率民营企业家访问以色列、土耳其,与以色列中国商会等境外友好商会建立联系。与欧美、澳洲的商会建立合作关系。接待朝鲜客人、澳大利亚扬州同乡会等境外人士。

宣传培训。全年编印《扬商》杂志4期,及时更新工商联网站内容。市工商联与市委组织部联合组织20家民营企业负责人到浙江大学参加企业创新发展与转型升级培训班;与市仲裁委合作,培训民营企业仲裁员。加大对民营企业家的宣传力度,组织民营企业家走进江苏教育电视台《苏商》栏目,提升扬州市民营企业家形象。江苏牧羊集团有限公司、扬州市前进舞蹈艺术培训中心、江苏迅达电磁线有限公司获评江苏省民营企业文化建设示范单位。

光彩事业。春节期间,市工商联、市光彩事业促进会开展“送温暖”系列活动,走访文昌花园社区8户困难家庭,发放慰问品、慰问金;到挂钩的经济薄弱村宝应县望直港镇牌楼村,了解困难家庭的生产生活情况;联合市餐饮商会为福利院老人、儿童送年夜饭,并赠送糕点等礼品;与市总工会合作,到红旗电缆公司、日利达公司等民营企业为外地在扬务工人员免费放映电影。中秋、国庆期间,市工商联慰问高邮八桥镇敬老院老人。2012年,由市工商联、市光彩事业促进会主办、扬州市东方医院承办的“献爱心 助成长”活动结束。活动历时5年,资助40名贫困小学生9.07万元。 (管 娟)

人民团体

扬州市总工会

■工会组织建设 2012年,全市新建基层工会1904家,累计建会2.82万家;新发展会员8.56万人,累计发展会员 122.21万人。其中,新建外商投资企业工会42家,累计建会912家;新组建县级以下行业工会53家。市总工会加强基层工会规范化建设,开展创建星级基层工会活动,巩固、扩大创建成果。市总工会与市委组织部联合,在非公有制企业中开展以党组织和工会组织“组织统筹覆盖、人员统筹配置、活动统筹开展、保障统筹落实,创建先进基层党组织、先进职工之家,争做优秀共产党员、文明职工”为主要内容的“四统筹一创争”活动,选树“四统筹一创争”活动示范点100个、示范片区10个,其中18个示范点、2个示范片区受到省委组织部、省总工会表彰。全市表彰市模范职工之家60个、模范职工小家50个,优秀工会工作者100人、优秀工会积极分子100人、支持工会工作的优秀党政领导干部50人。全市各级工会举办各类培训班120期,培训工会干部4300多人次;选送工会干部80人参加省总工会培训。

(钱永羊 管祥国)

■扬州市工会第六次代表大会 9月16—18日,扬州市工会第六次代表大会在扬州会议中心召开,市委常委、组织部长、总工会主席张爱军代表市工会第五届委员会作题为《勇担新使命 再创新业绩 团结动员全市职工为加快“两个率先”建设世界名城而努力奋斗》的工作报告。大会选举产生第六届工会委员会、经费审查委员会。18日,召开市工会六届一次全委会,选举产生第六届委员会常委、主席、副主席。张爱军当选市总工会主席,张立坤当选常务副主席,刘孝慈、陈锡朝、朱明、洪慧娟当选副主席。 (钱永羊 管祥国)

■职工竞赛比武 开展“当好主力军,建功‘十二五’,创新促发展”主题竞赛活动,推进职工大练兵、大比武。先后组织工艺品雕刻、花卉园艺工、钢筋工、船舶焊工、农产品质量安全检测、工艺美术创新设计等15个工种的市级技能竞赛,县(市、区)总工会和市直产业工会组织185个工种的技能竞赛。全市有35.4万名职工参加各种形式的技能培训,15.6万名职工参加练兵,6.4万名职工参加比武,1.35万名职工晋升中、高级职业资格等级。

开展技术革新、技术攻关、发明创造、合理化建议和“六小”(小革新、小改进、小建议、小节约、小核算、小经验)等职工经济技术创新活动,在全市26个重点工程、重大项目中开展以“六比一创”(比工程质量、比工程进度、比安全生产、比技术创新、比文明施工、比科学管理,创优质工程)为主要内容的劳动竞赛。全市有5452家企事业单位开展劳动竞赛,提出“我为名城建设献一策”合理化建议8.86万条,推出技术革新项目4381个、发明创造2469项。江苏恒星钨钼有限公司职工李冬峰《多元复合稀土掺杂钼》获省十大科技创新成果一等奖,被授予省五一劳动奖章。举办扬州市职工创新成果展,展出展牌120多块、成果实物近100件,集中展示职工创新成果200多项、先进操作(工作)法20多项、职工绝技绝活12项。 (钱永羊 管祥国)

■班组建设 以创建“工人先锋号”为载体,推进“学习型、技能型、创新型、安全型、节约型、和谐型”班组(简称“六型”班组)建设。全市评选出企业先进班组5479个、“六型”班组2533个、扬州市“工人先锋号”100个、“首席员工”10人。扬州尼日尔工程塑料有限公司郃凡高班组等25个班组获评江苏省“工人先锋号”,瘦西湖导游服务中心等3个班组获评全国“工人先锋号”。

(钱永羊 管祥国)

■劳模工作 2012年,全市有1个集体获全国五一劳动奖状,6个集体获省五一劳动奖状,30个集体获市五一劳动奖状;4人获全国五一劳动奖章,12人获省五一劳动奖章,2人获省五一劳动荣誉奖章,100人获市五一劳动奖章。倡导“学赶先进、争当一流”的创新创优精神。举办劳模大讲堂,选树劳模创新工作室示范基地10个。全年发放劳模春节慰问金、生活困难补助金、特殊困难帮扶金、荣誉津贴等“四金”200多万元,慰问、补助劳模2600多人次。

市总工会与市委宣传部等八部门联合开展“扬州市更具影响力劳模”评选活动,收到选票11万多张,其中有效票10.51万张。根据公众投票结果,张福龙、李武、张玉松、周业红、胡春英、吴晶涛、郑翔、郭祝山、陈先岩、程顺和等10人当选“扬州市更

具影响力劳模”。（钱永羊　管祥国）

■**维护职工利益**　召开2012年度市政府与市总工会联席会议，将工资集体协商工作纳入重要议题，形成推进企业工资集体协商工作联动机制。全面完成《深入推进和谐劳动关系企业创建工作三年行动计划》确定的目标，全市有8735家建会企业参与和谐劳动关系创建活动，其中超过60%的企业达到市级“和谐劳动关系企业”标准；有2309家企业获扬州市和谐劳动关系星级企业称号，其中448家企业被评为和谐劳动关系三星级企业。制定《扬州市企业开展工资集体协商规范运作程序指引》和《扬州市企业开展工资集体协商内容参考指引》，开展工资集体协商春、冬季“要约行动”，召开全市工资集体协商现场推进会和行业女职工特殊保护专项集体合同工作推进会，举办全市工资集体协商指导员、谈判员培训班等。江都区小纪镇富民文体行业工资集体协商经验被新华社、中央电视台、《人民日报》等11家中央媒体专题报道，受到省、市领导批示。全市建会企业集体合同签订率95%，百人以上建会企业工资专项合同签订率100%，女职工25人以上单位特殊保护专项合同签订率92%。深化企业民主管理，召开全市国有企业企务公开民主管理创新推介会。全市7906家企事业单位建立职代会制度，建制率95%；7498家企事业单位实行企务公开制度，建制率超90%。

在全市生产型规模企业中开展“安康杯”安全生产竞赛，“1+3安全监控法”（事故隐患和职业危害监控法加动态管理、持续改进、系统评价机制）全面实施，劳动安全卫生专项集体合同签订率85%，“劳动保护合格工会”占全市工会数的75%。各县（市、区）、各产业工会全部建立劳动法律监督委员会，25人以上企业建制率74%。全市基层工会劳动争议调解组织覆盖率98%，举办劳动争议调解员培训班35期，全年参与调解劳动争议案件380件。工会法律援助站组建率96%，举办“‘12351’维权行动周”活动，全年为职工提供法律服务1359项。实施女职工爱心援助工程，“三八”节期间，举办“关爱女职工行动月”活动，做大做强姐妹爱心互助会，为2910名女职工体检，向17名单亲特困女职工发放补助款2.1万元。（钱永羊　管祥国）

■**建设工会大学校**　市总工会发挥工会大学校作用，推进企业文化、职工文化建设，提升职工队伍的科学文化素质和劳动技能，培育符合现代企业需要的知识型职工。举办以“学习新知识、创造新业绩、喜迎十八大”为主题的第四届职工读书节；开展“弘扬江苏精神、争做时代先锋”读书征文活动，“纳凉书市”送书进企业、进工地、进社区活动，咱们工人有力量——名城扬州建设职工风采摄影作品展，心系女性——女职工素质提升系列教育活动，“读书开启美丽人生”女职工征文活动等。全市新建职工书屋116个，创成职工书屋全国示范点4个、省级示范点6个、市级示范点16个。

职工网上大学组织112名义工教授下企业、下基层开展思想道德、科学文化、技术技能、民主法制、健康安全、社会文明等六大科系159个培训项目的志愿服务。全年举办各类培训106场次，2.27万名职工现场接受培训，网上点击率102万人次。有3100名职工通过网上大学的学习，经理论和实践考核合格，分别取得初级工、中级工、技师技能等级证书。网上大学教学团队受11家企业委托，设立研究课题13个，完成课题11个，创经济效益1600多万元。11月，扬州职工网上大学被全国总工会授予“全国职工教育优秀示范点”称号，并获2012年度全省工会工作创新创优成果奖。

推进企业文化、职工文化建设。职工大舞台分别举办“建设者之歌”“爱心手拉手”文艺演出、颂歌献给党——扬州市职工喜迎十八大专场文艺晚会、纪念毛泽东同志《在延安文艺座谈会上的讲话》发表70周年职工健排舞比赛等活动。在江苏省职工健排舞比赛中，扬州代表队获二等奖。市总工会数码电影放映队开展“喜迎十八大”百场红色经典电影免费进企业、工地、社区、乡村巡回放映活动，全年放电影108场，观众12万多人。（钱永羊　管祥国）

■**帮扶困难职工**　春节前，开展“心系职工情，温暖进万家”送温暖活动。全市各级工会筹集534.3万元，连同政府行政拨款790万元、社会募集115万元，慰问困难职工（含农民工）2.21万户，发放款物1439万元。开展“关爱农民工温暖行动”，为农民工办实事21项，向农民工子弟学校——五一托阳学校120名贫困师生发放生活补助3.6万元。开展夏季“送清凉”活动，筹集慰问金1203万元，走访慰问企业和工地785家（个）。“金秋助学”行动筹措助学金725.5万元，资助困难职工（含农民工）家庭子女9826人（其中大专院校学生2256人），发放助学金696.72万元。市直困难职工帮扶慈善基金全年募集53.6万元，向市直69名患重大疾病职工发放救助金20万元。职工互助互济会累计有参会职工4.1万人，集中补助职工55批1482人，发放补助款174.35万元。

在全市非公有制企业开展“强保障、促和谐”职工生活后勤保障活动。选树非公有制企业“食堂管理规范化、职工宿舍标准化、文体活动普及化、互助互济制度化”综合示范典型100家、单项典型400家。举办2012年“春风行动”就业援助招聘专场、创业辅导项目推介会等活动40场（次）。全市各级工会职业介绍成功3662人次，为5062人次提供就业技能培训和家政培训。全市建立乡镇（街道）职工帮扶工作站76个、规模企业职工帮扶工作点86个，形成工会帮扶工作体系。

（钱永羊　管祥国）

■**工运研究**　开展重点课题调研和“面对面、心贴心、实打实服务职工在基层”活动，收到调研文章66篇。全市有45篇论文和创新成果在全国、省、市刊物发表或获奖。《扬州工运》全年出刊7期，总发行120期。

（钱永羊　管祥国）

共青团扬州市委员会

■**概述** 2012年，共青团扬州市委员会(简称团市委)立足为社会创造价值、为组织创造影响、为基层创造希望,推进基层组织建设、青年创新创业、青少年文化建设和青年社会管理创新等重点工作,提升团工作的青年活跃度、党政认可度和社会关注度。

全年新发展团员2.34万人,流入团员6532人，流出团员6856人；2251名团员加入中国共产党,2.71万名团员申请入党。至2012年底,全市有各级团组织8387个，其中基层团委445个、基层团工委131个、团总支389个、团支部7422个,有团员28.67万人、专职团干部222人、兼职团干部6988人。（刘子建）

■**基层团组织建设与团基层工作** 深化党建带团建机制。贯彻落实省、市党建带团建、党建带群建会议精神,开展以“党团组织结对、党团组织负责人结对、党团员结对,创建先进基层党组织、团组织,争做优秀共产党员、共青团员”为主要内容的“三结对一创争”活动,形成“组织牵头、团委参与、常态督查、整体提升”的工作局面。推动市、县两级出台党建带团建工作制度,建立县(市、区)团委工作目标责任考核机制。团市委统筹17万元，支持和奖励基层团组织在工作中创先争优。强化团干部能力作风建设。开展团干部驻点挂钩工作。团市委机关干部每人联系指导3～4个乡镇团委,建立经常性联系普通青年的长效工作机制。以中共十八大召开和共青团建团90周年为契机,开办形势政策教育、创新发展与转型升级、世界名城建设等专题培训班,培训青年干部700多人次。加强基层团组织建设。以万名大学生村官团干部、万名乡镇(街道)专兼职团干部、万名规模以上非公有制企业团组织负责人、万名小型分散新兴领域团组织负责人等4支“万名”团干部队伍的培养为抓手，狠抓基层基础工作。开展组织格局创新和乡镇实体化“大团委”建设,强化团县委第一责任,实现一团干一项目、一镇街一品牌、一县区一批典型。推进乡镇实体化“大团委”建设百日集中行动，全市新(改)建乡镇直属团组织2538个。互联网、青年自组织、非公有制企业等“两新”组织(新经济组织、新社会组织）分别新增团组织50个、50个和664个,覆盖青年近2万人。创新设立扬州市青年荟团工委,覆盖青年社团65个,联系青年1万人。推进农民专业合作社示范社创建及建团工作,新建农民专业合作社团组织217个,创建示范社20个。（刘子建）

■**青年就业创业** 发挥青年创业交流中心、青年创业培训中心、青年人力资源服务中心和大学生村官创业服务中心等载体功能,提升团组织服务青年创新创业工作的系统化、专业化和社会化水平。举办青年创业讲堂、大学生村官创业培训班、SYB(创办你的企业）培训班等各类培训班20多期。推进项目建设。全年评定“农村青年信用示范户”1050个。开展就业培训,举办青年农民工“订单式”培训、在校大学生就业能力实战训练等各类培训班，累计培训3000多人次。联合市青年创业促进会、青年人力资源服务中心举办专场招聘会5场,提供就业岗位1万多个。全年新增共青团青年就业创业见习基地77个,895名青年参加见习,483人实现就业;提供“万名总经理助理见习计划”见习岗位1122个。提供资金扶持。设立1000万元创业引导资金,用于扶持青年初次创业和开展创业培训。联合人民银行扬州市中心支行、市政府金融办公室等部门实施青年创业小额贷款项目,累计发放贷款406笔 6036.9万元。（刘子建）

■**青少年思想引导** 组织开展“学党史、知党情、跟党走”“学雷锋、展青春、建新功”“劳动·创造·奋斗”等主题教育活动。开展中共十八大精神宣讲活动108场次,1.7万人次听讲。以弘扬新时期雷锋精神为主题,建立学雷锋志愿服务结对制度,发动“青年文明号”、学校、专业志愿者、团干部实施共建项目16个。开展“我们身边的好青年”评选。7人当选江苏省“好青年”。推进扬州青年文化休闲街区建设，举办“花局里时尚音乐秀”“20年前的‘六一’节”“我们的端午”“青年露天电影音乐节”等主题活动,近5000人次参与活动。新建青年文化活动阵地4个。成立青年设计师联盟,设计开发“熊窝”系列精品玩具、城市手绘地图、手绘明信片等青年文化创意产品。围绕运河名城博览会和大运河申遗,开展“寻访活态遗产,同走申遗之路”运河行活动,吸引24个国家100多名运河专家行走运河,品读扬州。运用互联网、微博、微电影等新媒体工具，加强团属舆论阵地建设,开展青少年思想引导,传播团的主流声音和工作主张。全年征集、推广微电影、公益宣传片、音乐录像(MV)等18部,图书、文化作品6200多册。全市624个基层团组织实现新浪、腾讯微博全覆盖。改版“扬州青年”网,开通“扬州社团”网络社区46个,设计开发“青年荟”手机软件,即时发布社团活动资讯,实现青年与社团互动交流。（刘子建）

■**“乐活青年 绿满扬州”系列活动** 3月,团市委启动“乐活青年 绿满扬州”系列活动。“乐活”,是英语LOHAS(Lifestyles of Health and Sustainability)的谐音,意为以健康及自给自足的形态生活,强调“健康、可持续的生活方式”。围绕“乐活青年 绿满扬州”主题,团市委组织“今天不开车”“地球熄灯一小时”“我为家乡添片绿”等系列活动,动员全市青年参与生态市建设。3月19日,由共青团江苏省委、扬州市政府主办,团市委承办的“乐活青年 生态江苏”江苏省暨扬州市“保护母亲河”行动启动仪式在“京杭之心”举行,省、市领导和1000多名乐活青年代表参加活动。仪式上,团市委向全市青年发布“力行环保、绿色消费、亲近自然、积极公益、阳光运动、善良快乐”的乐活青年新主张。（刘子建）

■**公益服务** 提升团属公益品牌公信力和影响力,加大“希望工程”、青年志愿者等品牌建设力度。“希望工程”以困难家庭青少年为服务对象，重点开展资助应届高中毕业生“圆梦大学”行动，全年资助129.28万元。建设“希望来吧”(为贫困家庭孩子提供课余学习和活动阵地)3个，举办共青团周末剧场20场次。完善青年志愿服务网络，提升志愿服务工作水平。围绕生态市创建、“烟花三月”节、运博会等中心工作，开展青年志愿服务。吴兴芬获评江苏省“十佳青年志愿者”。开展“青春邀约走基层”活动，发起“暖手行动”，近千名网友和听众参与微博、电台节目互动，为300名外来务工人员子女筹集护手霜、手套等暖手物资。 (刘子建)

■青少年维权 建立重点青少年群体动态摸排机制，选树宝应“一重二解三专四净”(重视闲散青少年工作，解决就学、解决就业，专门队伍、专业人员、专项资金，净化环境、净化头脑、净化历史、净化心灵)模式和邗江“春雨行动”典型。打造“阳光接力·爱心传递”工作品牌，组织志愿者为外来务工人员子女、留守儿童等特殊青少年群体提供关爱服务，与227所农民工子女学校结对，帮扶农民工子女3.82万人，组建服务阵地523个。开展青少年模拟法庭大赛和自护情景剧大赛获奖作品展演，推进青少年法制宣传教育，提升未成人法制理念。加大未成年人零犯罪社区(村)、青少年维权岗创建力度，营造有利于青少年健康成长的社会环境。建立“共青团与人大代表、政协委员面对面”长效机制，邀请人大代表、政协委员60多人次与2500名青少年开展各类形式交流30多场次，在全社会营造关心重视青少年权益工作的氛围。 (刘子建)

■青年自组织管理 团市委立足发挥团组织的示范引导作用，围绕社会公益服务、青少年关爱行动、青少年文化建设等主题，通过组织交流、项目合作等方式，凝聚、吸引青年自组织参与社会服务工作，发挥青年自组织在参与社会管理创新中的作用。团市委对参与社会服务项目并较好完成任务的青年自组织，给予一定的经费支持。 (刘子建)

扬州市妇女联合会

■概述 2012年，全市各级妇女联合会(简称妇联)推进“十二五”妇女、儿童事业发展规划(简称“两规”)实施。市妇联实施“巾帼科技联盟行动”“巾帼创业就业援助行动”“巾帼家庭服务创牌行动”，促进妇女创业就业；开展农村妇女土地维权试点、妇女议事工作，推进“平安创建”“家庭法治文化”工作，维护妇女儿童合法权益；关爱、帮扶弱势妇女儿童，推进农村留守流动儿童关爱服务体系试点工作，开展“春蕾行动月”活动，帮扶贫困孤儿和贫困单亲母亲；倡导文明风尚，组织妇女参与生态市创建和城市文明建设，开展“绿色家庭”创建、特色家庭评选、“十佳好媳妇”评选、巾帼志愿服务等活动。市妇联获全省妇联系统重点工作考评特等奖。扬州市“家庭法治文化建设”项目获全省妇联系统最佳实践区称号。

全市获评全国三八红旗集体1个、全国三八红旗手1人，全国妇女创先争优先进个人2人，全国五好文明家庭1户、全国五好文明家庭标兵1户，省五好文明家庭标兵2户，省“十大女杰”1人；表彰扬州市十大道德模范、三八红旗手标兵10人、三八红旗手100人、三八红旗集体50个以及“双十佳”优秀基层妇女工作者、“十佳”支持妇女工作优秀领导干部。

11月，扬州市妇女第六次代表大会召开，完成换届工作，杨敏当选为市妇联主席。 (杨 俭)

■市妇女第六次代表大会 11月1—2日，扬州市妇女第六次代表大会在扬州会议中心召开，全市各界妇女代表近400人参加会议。市委书记、市人大常委会主任谢正义出席开幕式并讲话。会议表彰一批三八红旗手、三八红旗集体、“十佳”支持妇联工作优秀领导干部、“双十佳”优秀基层妇女工作者。市妇联主席杨敏代表市妇联五届执委会作题为《弘扬时代精神 共建世界名城 奋力开创扬州妇女事业新局面》的工作报告。会议选举产生新一届市妇联领导班子。在2日举行的市妇联六届一次执委会上，杨敏当选市妇联主席，陈静、乔国银、王雅静当选市妇联副主席。

(杨 俭)

■促进妇女创业就业 2012年，市妇联开展“巾帼科技联盟行动”。引领巾帼科技创新升级，依托巾帼科技“四库”(专家库、项目库、科技政策库、科技需求库)资源，开展“送科技服务进企业、进乡村”活动，命名“科技对接示范基地”5个、巾帼科技研发基地15个。培树一批科技创新典

11月1日，扬州市妇女第六次代表大会开幕。图为市领导向受表彰的“三八红旗手”“三八红旗集体”“十佳支持妇联工作优秀领导干部”“双十佳优秀基层妇女工作者”颁奖 王 卓/摄

型。扬杰电子科技有限公司被命名为省级巾帼科技创新示范基地，高邮市巧妹子科技养殖园董事长薛巧云、江苏朝阳液压机械集团有限公司董事长陈翠萍分别获“全国创业之星”“扬州市杰出青年企业家”称号。开展“巾帼创业就业援助行动”。市及县（市、区）妇联举办女性专场招聘会7场，提供岗位近1万个。命名“巾帼来料加工基地”40个，挂牌成立扬州市巾帼来料加工义乌联络处。组织女经纪人参观学习10多场次，举办为期25天的女性SYB专题培训班。市妇联牵头开展妇女创业小额担保贴息贷款工作，全年发放小额担保贷款5908万元，贷款回收率99.9%。开展“巾帼家庭服务创牌行动”。打造巾帼家庭服务品牌，提高家政服务员、门店管理人员、信息员等3支队伍素质，新建“绿杨好阿姨”家政服务网。举办家政服务培训24期，培训妇女1160人。在扬州市第一届家庭服务业技能大赛中，市妇女再就业服务中心获优秀组织奖，市妇女再就业服务中心推荐的选手严爱平获家政服务员一等奖，并获“扬州市技术能手”称号。

（朱春芳）

■倡扬文明风尚 结合生态市创建要求，全市各级妇联开展“绿色家庭”创建活动，评选出市级“绿色家庭”2000户，其中“绿色家庭标兵”10户。建设文明城市，开展“百佳千户”特色家庭评选活动，评出书香、绿色、平安、廉洁、爱心、科学教子、孝心、创业、新市民、科普等10种类型的典型家庭1000户；在全市组织开展“十佳好媳妇”评选活动。发挥市网上家长学校作用，举办亲子大讲堂11场，开展家庭教育征文竞赛等活动，以科学家教理念促进和谐家庭关系、亲子关系的建立。发挥先进女性典型示范作用。“三八”妇女节期间，以“凝心聚力绘蓝图，绿杨巾帼谱华章”为主题，组织女性风采和技能展示活动，颂扬全市妇女在经济和社会发展中的作用。以村和社区为主战场，开展“与爱同行”巾帼志愿服务活动。在扬州创建全国文明城市、国家森林城市和国家生态市的活动中，市妇联到社区宣传文明、清洁环境，共植“巾帼林”“亲子林”，组织开展家庭绿植盆栽认养、废旧电池回收等活动。在爱心援助活动中，结对帮扶单亲贫困母亲、留守流动儿童。为大龄男女牵线搭桥，举办“玫瑰有约”系列相亲活动。全年新增注册志愿者2万人。扬州新闻女生志愿服务团被评为省十佳巾帼志愿服务队，小艳子志愿者团队被评为扬州市优秀志愿服务组织；红马甲义工队队长王培华被评为省十佳巾帼志愿者，朱红梅等5名爱心妈妈被评为扬州市优秀志愿者。（朱春芳）

■维护妇女儿童合法权益 启动农村妇女土地维权，梳理土地流转、拆迁分配、土地承包过程中男女不平等、农村妇女被侵权的问题，通过人大议案推动农村妇女土地维权工作。市妇联会同农委、民政、法院推进各地农村妇女土地维权试点工作，办理多起农村妇女土地权益遭受侵害的典型案件。成立扬州市婚姻家庭纠纷调解个人工作室沙龙，加强婚姻家庭矛盾纠纷调处。推进“平安家庭”创建，表彰创建工作先进集体50个、示范户1000户。推进妇女议事制度。各级妇联在议事示范点带动下，采用定期议事、一事一议、要事随议的方式，推动妇女议事工作正常化。以维护妇女土地权益、搭建妇女创业就业平台、关注留守妇女儿童心理健康等内容为重点，全年开展议事活动2082次，解决一批与妇女群众利益相关的实际问题。推进“家庭法治文化”创建项目，举办“送法”辅导员培训班，开展“送法进社区”法律知识宣讲，召开“家庭法治文化”建设工作现场会。各县（市、区）按照“一地一特色”的工作思路，举办“万家学法”读书竞赛、学法图书角、家庭法治文艺演出、社区模拟法庭等活动。（朱春芳）

■关爱弱势妇女儿童 重点关注留守流动儿童，推动建立市关爱留守流动儿童工作联席会议制度，明确成员单位职责。推进省农村留守流动儿童关爱服务体系试点工作，全省留守流动儿童关爱服务体系建设现场会在扬州市召开。以“蒲公英”主题活动为载体，发动2000多名爱心人士担任留守流动儿童代理家长。开展“大爱飞扬”和“扬州的夏日”集中关爱行动，表彰全市十佳“社会妈妈”与十佳留守儿童。开展“春蕾行动月”主题系列活动，全市妇联系统全年募集“春蕾助学金”100多万元，新办“春蕾班”6个，资助“春蕾儿童”2000多人。争取省儿童少年福利基金会“关爱贫困孤儿”项目资金，为全市70名贫困孤儿每人发放资助金1000元。推进单亲贫困母亲帮扶项目。联合民政、财政部门落实贫困单亲母亲增加20%低保金工作。截至12月底，全市向享受低保补贴的1055名单亲母亲发放低保补助金250多万元。（朱春芳）

■妇女、儿童发展规划实施 发挥市妇女儿童工作委员会办公室职能和作用，推进扬州市“两规”实施。“两规”所涉2011年20项重点指标考核成绩居全省第五名。截至2012年底，扬州市市、县、乡三级的“两规”全部如期出台，并制定新规划的目标责任分解、统计监测、指标评价体系，召开全市妇女儿童工作会议。启动“‘宣传妇儿规划、推进男女平等、共建幸福扬州’宣传年”活动。组织学习研讨、座谈交流、专家解读等各类“两规”专题培训班39期。分期邀请市妇女儿童工作委员会成员单位领导走进广播电台，解读“两规”有关目标和实现途径，现场解答与妇女儿童切身利益密切相关问题。与市委组织部、市委党校联合下发《关于进一步推进男女平等基本国策课程进党校工作的通知》。下发《扬州市新一轮妇女儿童发展八件实事目标责任分解》，明确妇女“两癌”（宫颈癌、乳腺癌）查治救助行动、单亲特困母亲帮扶推进行动、妇女儿童活动阵地建设提升行动、女职工劳动保护示范企业促进行动、女大学生创业就业救助行动、农村妇女土地权益保障行动、妇女参与决策和管理支持行动、留守流动儿童安全守护行动等八件实事牵头单位、相关责任单位，推行实事办理情况季报制。各县（市、区）制定实施方案，确保实事项目件件有人管，重点难点指标落实有举措。（朱春芳）

■**妇联组织建设** 拓展基层妇女组织网络，推动机关事业单位和“两新”组织妇女组织建设。举办机关、事业单位妇委会工作交流研讨会，探索做好妇女工作的新方法。加强与各类女性社团的合作交流，成立扬州市女性社会组织指导服务中心，召开全市女性社会组织负责人座谈会，建立工作联席会议制度。加强“妇女儿童之家”标准化、规范化、特色化建设，创成“妇女儿童之家”市级示范点60个、省级示范点45个。（朱春芳）

扬州市科学技术协会

■**2012“院士专家扬州行”活动** 4月17日，由扬州市政府主办、扬州市科学技术协会（简称市科协）承办的2012“院士专家扬州行”活动启动仪式在扬州花园国际大酒店举行。匡定波、闻邦椿等14名院士和国内外10多所高校、科研院所的30名专家、教授参加活动。院士专家与企业现场签订产学研合作项目14个，扬州市政府和省科协领导为新成立的8家扬州市企业院士工作站授牌，并举行中国科协海外智力为国服务行动计划江苏（扬州）工作基地揭牌仪式。活动期间，院士专家分成24个组，到扬州有关企业、高校、园区举办高端学术报告会3场，区域经济（产业）发展院士专家咨询会3场、为18家高新技术企业提供技术指导。（李佳坤）

■**企业院士工作站管理** 2012年，市科协联合市科技局、市财政局等部门，新建市级企业院士工作站8家，累计32家。按照《扬州市企业院士（专家）工作站奖励扶持专项资金管理办法》，组织11家市区企业院士工作站申报奖励扶持专项资金，争取奖扶资金220万元。编印《院士风采与院士工作站巡礼》6期，展示工作站成果。到2013年拟建站企业调研、指导建站工作。（李佳坤）

■**实施“海智计划”** 4月，扬州市建立中国科协“海外智力为国服务行动计划”（简称“海智计划”）江苏（扬州）基地，制定基地三年建设目标及实施方案，推进海外科技人才库、海外科技社团库、海外科技项目库建设。11月24日，举办2012中国扬州国际人才峰会暨首届海外项目洽谈会，邀请13个国家的38名科技专家和科技社团负责人到扬州，开展项目合作洽谈、信息咨询服务等活动。会议筹备期间，市科协向全市发布海外科技项目1265个，各园区、企业与项目持有人对接、洽谈项目207个，达成合作意向34项。会议开幕式上，举行中国科协“海智计划”江苏（扬州）基地宝应工作站等7个“海智计划”基地工作站授牌仪式；市科协与中国留学人员创业协会等9个科技社团签订友好合作协议；企业与项目持有人现场签约项目28个，涵盖产业合作、成果转化、人才引进等多个方面，涉及新能源、新光源、机械装备等扬州市主导产业以及软件与信息服务、现代金融等现代服务业多个领域。开幕式结束后，举行区域发展及海外社团双向推介活动。（李佳坤）

■**实施“兴农富民工程”** 全市各级科协带动社会先后投入“兴农富民工程”经费100万元。近百名农技专家参与实施“兴农富民工程”，下乡开展点对点指导服务1136人次，举办各类实用技术培训班956期，参训农民7.8万人次；科技专家对接93个村65个项目，推广新品种、新技术122项，直接带动农户2250户。（李佳坤）

■**实施“科普惠农兴村计划”** 根据省科协、财政部《关于组织开展2012年“科普惠农兴村计划”申报推荐工作的通知》，继续实施“科普惠农兴村计划”，选树“科普惠农兴村计划”新亮点。2012年，全市有1个项目、1名个人获中国科协和财政部表彰，3个项目、2名个人获省科协和省财政厅表彰，共获奖扶资金47万元；2个农村科普示范基地、1个农村专业技术协会、1名农村科普带头人获市科协和市财政局表彰。全年新建10个市级科普惠农服务站。（李佳坤）

■**科技服务** 在全市企业中开展“讲创新、比贡献”活动，185家企业参加活动，立项活动项目380个；8000名科技工作者参与活动，提出合理化建议421条；1家企业、1个院士工作站、2名个人分别被中国科协等四部委评为全国“讲创新、比贡献”活动先进集体、先进工作站、科技标兵和优秀组织者。建设科技信息平台，在100多家企业开展企业科技信息服务项目推送及跟踪服务工作。70家企业完成项目库安装、注册，11家企业形成深度应用典型案例，其中江苏荣能集团代表江苏省参加全国企业科协科技信息服务项目验收会并作交流发言。实施“金桥工程”项目11个。完成厂会协作项目12个。完成“四技服务”（技术开发、技术转让、技术咨询、技术服务）合同额800万元、保险理赔论证项目9个。（李佳坤）

■**举办专业技术培训班** 举办江苏省专利应用工程师培训班，一线企业专利工程师及工程技术研发人员约200人参加培训。举办“建设工程施工图建筑设计常见错误及问题分析”培训班，全市各建筑设计院及房地产公司等有关单位一线工程技术人员近150人参加培训。举办企业科协工作培训班，100多名企业科协秘书长参加培训。（李佳坤）

■**优秀科技工作者评选表彰** 组织开展2009—2011年度扬州市优秀科技工作者评选表彰工作，29人受到市政府表彰。经市科协推荐，扬州市有5人获江苏省优秀科技工作者称号，江苏油田李汉周获全国优秀科技工作者称号。（李佳坤）

■**科技论坛活动** 围绕“实施创新驱动战略，加快转型发展”主题，举办贯穿全年的2012扬州科技论坛活动，设1个主论坛、10个分论坛。主论坛邀请国家CIMS（计算机/现代集成制造系统）工程技术研究中心主任、中国工程院院士、清华大学教授吴澄，清华大学系统集成研究所所长、教授范玉顺分别作题为《两化融合战略与智慧城市建设》《国家CIMS中心两化融合技术研究与应用成果》

的报告，实施“两化融合”（信息化和工业化融合）战略试点企业代表、科技创新型企业领导和科技人员代表等200多人参加报告会。10个分论坛分别围绕“建筑业科技创新与质量管理创新”“电工装备创新与发展”等主题举办报告会和论文研讨会，征集论文1000多篇，2000多人参与活动。 （李佳坤）

■厂会协作 2012年，市科协及所属学会开展厂会协作工作，结成厂会协作对子26个，完成厂会协作项目12个。市科协下发《关于申报2011—2012年度扬州市厂会协作优秀项目奖、优秀组织奖、先进个人的通知》。经过申报、评选，评出厂会协作优秀项目32个，其中一等奖5个、二等奖10个、三等奖17个；评出厂会协作优秀组织奖单位4家、先进个人10人。 （李佳坤）

■举办院士专家高端报告会 2012年，市科协组织举办多场院士专家高端报告会。4月17日，中国科学院院士、化学研究所所长万立骏在扬州大学化学化工学院作题为《能源转化存储器件的材料科学基础与表界面研究》的学术报告；华中科技大学校长、中国工程院院士李培根，东北大学工程机械研究所所长、中国科学院院士闻邦椿在扬大机械工程学院分别作题为《专业教育中的宏思维能力培养》《产品设计方法学研究的新发展》的学术报告。市地质学会邀请中国科学院院士汪集暘、省地质调查研究院地热中心主任杜建国分别作题为《地热能开发利用与节能减排》《扬州市地热资源勘查与开发利用规划》的报告。计算机学会邀请中国科学院院士、教育部高等学校计算机科学技术教学指导委员会副主任陈国良作题为《高性能计算与高性能计算机》的学术报告。 （李佳坤）

扬州市归国华侨联合会

■概述 2012年，市委印发《关于进一步加强和改进新形势下侨联工作的意见》，对做好新形势下侨联工作提出明确要求。扬州市归国华侨联合会（简称市侨联）开展“侨界和谐推进年”活动，举办侨界“短信征集对祖国祝福语”、“摄影沙龙”、“敬老月”、“侨界看扬州”、中医健康养生知识讲座等活动。全年走访慰问归侨侨眷和在扬海外华侨华人32户，发放慰问金和慰问品15万多元。免费为32名老归侨体检。向海外华侨华人和华侨社团寄发新年贺卡500多份。

加强海外联谊。邀请美国、法国、加拿大等国30多名华侨客商、学者到扬州考察、交流。走访侨资企业，帮助侨资企业排忧解难。聘请海外顾问50人，邀请30名扬州籍海外顾问回家乡投资考察。拓展对外文化交流，与市文化广播电视新闻出版局（简称文广新局）联合组织“亲情中华 锦绣江苏”扬州艺术团出访新加坡、马来西亚。联合扬州晚报社开展“月是故乡明·亲情中华最忆扬州”主题活动，电话采访海外扬州籍华侨华人陈俊、陆平等5人。

参与社会管理。开展“侨帮侨”爱心公益活动。组织市政协侨台联界别委员到北京新东方扬州外国语学校和春江社区走访调研，收集侨情民意，向市政协提交侨界提案20件。推荐侨界人选担任新一届人大代表、政协委员。协调解决侨界群众投资、房产等纠纷，维护侨界群众合法权益。

加强组织建设。召开市侨联第五次代表大会，选举产生新一届领导班子；指导邗江区、广陵区侨联换届，推动成立邗江区城北乡侨联、江都区华侨书画院和书画研究院。 （胡学垠）

■市侨联第五次代表大会 9月20日，市侨联召开第五次代表大会。会议听取、审议市侨联第四届委员会工作报告；选举产生扬州市侨联第五届委员会及市侨联新一届领导班子，杨为民当选市侨联主席，周军、高志刚、王修文、魏全林当选副主席，周军兼任秘书长；聘请市侨联海外顾问；审议通过《扬州市侨联工作细则（审议稿）》；表彰扬州市侨联“双服务”（为经济建设服务、为侨界群众服务）工作先进集体、先进个人。 （胡学垠）

■“侨界看扬州”活动 3月16日，市侨联举办“侨界看扬州”活动，组织市区50多名归侨侨眷和海外侨胞代表参观扬州泰州机场、泰州单声珍藏文物馆，“京杭之心”和运博会永久会址。 （胡学垠）

■举办服务高层次人才主题活动 11月2日，市侨联与市公安局出入境管理支队、市外国专家局联合举办“服务中外专家，共筑世界名城”第三期“境外人员服务日”暨服务高层次人才主题活动。在扬州工作的华侨华人及外籍专家代表30多人参加活动，介绍自己在扬州的工作和生活情况，就扬州市加快经济社会发展、建设世界名城提出建议，对遇到的住房、就医、子女上学等方面的问题提出意见。与会相关部门负责人现场答询。 （胡学垠）

■接待华侨华人 5月9日，市政协副主席、市侨联主席高瑛陪同市侨联海外顾问游德武一行到高邮，协调游德武在高邮投资的宏新公司项目开工事宜。5月10日，市政协副主席、市委统战部部长杨明荣会见游德武一行，希望他们带朋友到扬州考察、创办事业。

9月19日，市委书记谢正义、副书记赵晓江，市委常委、秘书长陈扬会见应邀参加市侨联第五次代表大会的30多名市侨联海外顾问。谢正义向客人介绍扬州经济社会发展情况，希望海外顾问为扬州经济社会发展献计献策，为扬州对外交流牵线搭桥，助推扬州经济国际化，把扬州建成一座代表中国、代表现代化、保留传统的世界名城。

11月18日，市侨联接待澳大利亚扬州同乡会会长王云梅与澳洲宝泽金融集团代表团一行8人。王云梅一行在扬州举办扬州企业赴澳大利亚上市推介会。

11月18日，市政协、市侨联接待以理事长简汉生为总团长的台湾侨联总会大陆参访团。宾主交流两地加强联系、共促两岸和平发展事宜。

（胡学垠）

政法

Zhengfa

本栏责任编辑　杨文才

综述

■概况　2012年，全市政法系统加强社会管理，推进平安扬州、法治扬州建设，为全市经济社会又好又快发展提供和谐稳定的社会环境、公平正义的法治环境、优质高效的服务环境。2012年，扬州市公众安全感95.57%，群众对法治建设满意度89%。

服务项目建设。市社会管理综合治理委员会(简称市综治委)制定《全市政法综治部门服务项目建设的实施意见》，政法系统各部门分别制定服务措施，开展"八大行动"(社会矛盾纠纷排查化解行动、维护社会稳定源头防范行动、项目周边治安环境综合整治行动、治安防控体系健全完善行动、公共安全监管预警行动、市场经济行为规范服务行动、重大项目绿色通道行动、流动人口管理服务行动)，并在扬州经济技术开发区建立扬州市政法部门服务重大项目实践基地，为项目建设提供支撑。

排查化解社会矛盾纠纷。开展"四项排查"(排查突出信访问题、排查有风险预警的项目、排查安全事故隐患、排查基层基础工作薄弱环节)，全市排查各类矛盾纠纷和信访问题1098件，办结率93.2%。推进大调解工作，全市各级调解组织受理矛盾纠纷2.21万件，调解成功2.18万件，成功率98.6%。完善重大决策社会稳定风险评估机制，全市报备社会稳定风险评估项目377个。完成中共十八大、各级人大和政协"两会"、中国扬州"烟花三月"国际经贸旅游节(简称"烟花三月"节)、世界运河名城博览会(简称运博会)等重大活动期间安全保卫和社会稳定工作。"钓鱼岛风波"期间，扬州市未发生大规模群众聚集游行抗议活动。

深化社会治安防控体系建设。推进严打整治斗争，扬州市全年14起命案全破，全市刑事发案率总体平稳，未发生有影响的恶性案件。推进技防城建设，全市沿街商户、城镇居民住宅区、农村地区技防入户率分别为92%、77%、73%。推进"红马甲""红袖标"群众巡防队伍建设，全市有治安志愿者11万人。加强社会管理创新。推进县、乡、村社会服务管理三级平台建设。流动人口服务管理、特殊人群管理服务、"两新"组织(新经济组织、新社会组织)建设、虚拟社会引导服务体系建设等取得新进展。

深化系列平安创建活动。加大校园及周边治安环境综合整治力度，推进校园警务室建设，开展送法进校园活动；加强社区警务室规范化建设，组织实施老小区防范设施改造工程；强化平安企业创建，改造升级治安防范设施；全市基层系列平安创建达标率超过90%。

推进法治建设。围绕建立健全工作平台、深化执法评议督查、立项法治惠民实事等8个重点项目，推进法治扬州建设。扬州市法治文化体验馆挂牌运行。推进法治文化名城建设，承办2012年法治江苏建设高层论坛，论文《弘扬法治精神　彰显名城魅力》参加论坛交流并获一等奖。组织开展"繁荣法治文化 深化法治建设"专题文艺晚会和"法治文化名城扬州解读"专题论坛。参加"全省政法系统首届文化艺术周"活动，向省"卫士风采"书画摄影展选送作品87幅，获二等奖1个、优秀奖4个。市委政法委组队参加全省社会主义法治理念和政法干警核心价值观知识竞赛，获二等奖。加强基层民主政治建设，建成国家级"和谐社区"7个，村委会、居委会依法自治达标率分别为97.8%、95.7%。全市法治县(市、区)创建率66.7%。

提升队伍素质。开展"忠诚、为民、公正、廉洁"政法干警核心价值观教育实践活动，提升政法队伍整体素质。群众对活动实际效果的总体评价满意率95.6%。441名政法领导干部参加基层驻点走访调研活动，走访群众1879人次，解决实际困难568项。

2012年，扬州创成全省首批法治城市创建工作先进市，并获评全国法治城市创建活动先进单位。扬州市被省综治委授予"平安市"称号，宝应县、仪征市被省综治委授予"社会管理综合治理先进县(市、区)"称号，宝应县等6个县(市、区)及扬州经济技术开发区被省综治委授予"平安县(市、区)"称号。扬州市依法治市办公室表彰2012年度法治扬州建设先进单位33家。市委政法委员会(简称市委政法委)、市人力资源和社会保障局(简称市人社局)联合表彰扬州市"十佳政法干警"。　(李　忠)

■流动人口服务管理　实施外来人口居住证制度，成立全市实施居住证制度工作领导小组，开展流动人口清理核查专项工作,掌握全市流动人口总量、居住分布及从业结构情况。推进流动人口信息社会化采集,在乡镇(街道)、村(社区)、企事业单位建立流动人口信息数据交互平台。全市登记流动人口 66.2 万,占全市人口总量的 12.63%。 (李福才 徐 丹)

■虚拟社会综合防控体系建设 加强互联网信息安全设施建设和管理。全市 85%以上的重点网站和重点网络社区安装符合国家标准或行业标准的互联网安全保护技术设施,重要信息系统全面落实信息安全等级保护工作要求。建立实时动态更新的虚拟人口、虚拟社区和网上重点人员、组织等基础信息数据库,全市互联网基础数据入库率和查询应用准确率均为 95%。 (李福才 徐 丹)

■法治文化体验馆建成 9 月 29 日,扬州市法治文化体验馆揭牌。该体验馆为全省首个法治文化体验馆,以青少年学生为主要教育对象,设有法治展示厅、演艺厅、模拟法庭等 12 个功能区域,展示古今中外法治文化以及禁毒、消防、交通、安全教育等内容,开展游戏、竞赛、模拟演艺等法制宣传教育活动。 (徐李华)

■集中化解涉法涉诉信访问题百日攻坚活动 开展集中化解涉法涉诉信访问题百日攻坚活动,组织涉法涉诉信访领导小组成员到各县(市、区)督查、督办"四项排查"工作,严格执行一日一报制度。活动期间,中央政法委交办的 31 件进京上访案件全部化解,省委政法委领导批示交办案件全部息诉罢访;受理初信、初访、本地访 515 件,息诉 218 件,终结 127 件;排查重点敏感不稳定隐患 26 件,依法处理 12 件。 (闫昌洲)

■案件评查活动 市委政法委全年组织和参与协调案件 49 件,召开会议 105 次。组织专家评审组,对群众反映强烈、去省进京、多次越级上访、长期缠访以及上级督办的上访案件进行逐案评查。全市评查涉法涉诉案件 369 件,总结执法工作中带有普遍性、倾向性的问题和执法制度建设方面存在的薄弱环节,编印《涉法涉诉信访重点案件案例指导》,统一法律适用,规范自由裁量权,从源头上治理涉法涉诉信访问题。 (闫昌洲)

公安

■概述 2012 年,全市公安机关以建设更高水平平安扬州、锻造"敬业安民、威武文明"公安队伍为主题,以定目标、定措施、抓达标、抓提升为主线,坚持目标引领、路径创新、信息主导、基础支撑,推进平安建设和队伍能力作风建设,创造平安、和谐的社会环境,完成中共十八大、"烟花三月"节、运博会等 178 项重大活动和 38 项等级警卫任务,维稳处突、"四项排查"、打击邪教组织违法犯罪活动等工作成效突出。全市破获刑事案件数量比上年上升 1.74%;14 起命案全破,八类严重刑事犯罪(杀人、抢劫、伤害、强奸、放火、爆炸、劫持、绑架)案件破案率 93.5%。全市刑事发案率平稳,万人刑事发案率低于全省平均水平,"两抢"(抢劫、抢夺)、盗窃机动车案件分别比上年下降 28.3%和 19.3%。交通、火灾事故稳中有降,未发生群死群伤安全事故。制定服务重点项目建设 6 项措施。141 件人大代表建议、政协委员提案全部办结,满意率 100%。坚持从严治警、文化育警、典型励警,队伍素质提升。徐长根被追授为"二级英模",江都特警大队获"全国优秀公安基层单位"称号,4 名民警获"全国优秀人民警察"称号,1 个集体、6 名个人立一等功。《群众工作密码》一书入选"社会主义核心价值体系建设'双百'(100 种优秀理论读物、100 种优秀通俗读物)出版工程"江苏省重点项目。电影《徐兆华》获公安部"金盾文化工程"金盾影视奖。全市公安机关社会管理、维稳处突、大要案件侦破、群众工作、"畅通工程"建设、先进典型建设、"平安文化" 建设等工作实现全省领先,科技信息化建设、执法规范化建设等工作实现全省进位,服务经济发展、治安突出问题整治、干部任用机制建设等工作打造出扬州特色。 (张继东)

■打击刑事犯罪 全市公安机关组织开展 "春季打防攻势"、"百日集中打防行动"、侦防电信诈骗犯罪、"灭枪"等专项行动,保持对突出违法犯罪的严打高压态势。市公安局成立大要案件攻坚团队,合力攻坚、快侦快破现行案件,最大限度地消除社会影响。开展"打黑除恶"和禁毒斗争,打掉恶势力团伙、涉恶团伙 146 个,破获毒品刑事案件 116 起。全市"两抢"案件破案率 49.7%,位居全省前列。开展打击经济犯罪"破案会战",全年破获经济案件 755 起,比上年上升 77%,挽回经济损失 4.2 亿元;牵头在全国 13 个省、市发起集群战役,破

9 月 12 日,扬州市公安局举行应急处置汇报演练 王 卓/摄

获易昊大通黄金有限公司非法经营期货业务案。（陈红华）

■巡逻防控 整合社会资源，构建扁平化指挥、一体化布局、实战化运作的治安防控网络。完善“四色预警”（以红、橙、黄、绿四色区分不同布警等级）和等级化布警机制，抓好市、县（市、区）、乡镇三级专职巡防辅警队伍建设，发动和组织群众开展群防群治，提高防范的针对性和实效性。推进技防城建设，全市沿街商户、城镇居民住宅区、农村地区技防入户率分别为92%、77%、73%。开展平安企业、平安场所、平安校园、平安金融、无毒社区等系列平安创建工作，深化平安建设。（蒋鸿飞）

■治安突出问题整治 开展打击网络淫秽色情、网络诈骗、网络赌博等网络违法犯罪活动和“净网”“灭枪”行动，破获网络犯罪案件837起，关闭扬州市违法网站87家。深化“打四黑（黑作坊、黑工厂、黑市场、黑窝点）除四害（黄、娼、赌、毒）”专项行动，捣毁“四黑四害”处所320处、团伙81个。建立治安复杂地区滚动排查整治机制，对60个重点地区实行“一点一策”挂牌整治，全部整治到位。开展控案竞赛活动，全市524个封闭式小区中，177个小区实现“零发案”，132个小区发案率下降。（顾晓煜）

■社会矛盾化解 深入重点地区、重点行业、重点群体，排查、梳理不稳定因素，向上级报送相关信息1627条，为领导科学决策提供参考依据。推进社会矛盾纠纷和安全隐患“四项排查”工作，排查矛盾纠纷2.7万起，化解率87.4%，发现并整改安全隐患3100多处。开展信访积案化解活动，对重大疑难信访事项，坚持领导包案、挂牌督办、限期办结。2012年，中央政法委、公安部、省公安厅交办的19件重点疑难信访案件全部办结。中共十八大期间，扬州市无公安部登记的涉法涉警上访事件。（陈贵强）

■公共安全监管 开展“打非治违”专项行动，整治各类不安全隐患。狠抓源头监管、路面管控、违法查处和恶劣天气应急处置等关键环节，预防重特大交通事故。实施文明交通行动计划，建设智能交通综合应用系统，开展“护学行动”，提高城市交通管理水平，提升城市文明形象。做好“国庆”长假高速公路免费通行保障工作，节日期间境内高速和市区交通安全有序。推进消防安全“防火墙”工程和“清剿火患”行动，排查、整改火灾隐患3.43万处。开展涉危险品单位达标建设工作和“缉枪治爆”等专项行动，全年未发生涉危案件、事故。（张继东）

■出入境管理 以启用电子护照为契机，完善硬件设施，优化服务管理，提升出国（境）证照办理效率。全年受理审批公民出国（境）证照8.69万件，比上年增长27.85%，其中出国4.05万件、赴港澳3.44万件、赴台1.19万件，5个工作日内证件办结率85%，所办证照无差错。推进“外管进社区”工程，举办“境外人员服务日”活动，建成全省首个公安、边防合署办公的境外人员服务站。全年办理境外人员签证（注）、证件3236件，拒发外国人签证6人次，登记临时在扬住宿境外人员4.61万人次。加大涉外案件查处力度。全年查处涉外案（事）件25起，侦办妨害国（边）境案件7起，抓获犯罪嫌疑人25人，为受害人挽回经济损失300多万元。（李春军）

■社区警务 推动警力下沉，市公安局机关下派28名民警到基层锻炼，全市增加派出所警力143人、社区民警22人。落实社区民警源头信息采集、重点人员管控、治安防范职责，社区民警录入平台信息479.7万条。开展派出所特色亮点、社区民警“每月之星”考核评选活动，提升社区警务运行质态。强化流动人口服务管理，登记流动人口66.2万人，协同相关部门会商流动人口均等化公共服务措施，为实施居住证制度做好准备。争取市区公安机关人员经费财政全额保障，缓解基层公安机关保障困难。（方 嵩）

■执法规范化 出台《说理执法工作规范》等执法制度，规范执法行为。建立行政执法网上运行检查监督机制，对执法办案进行全程化、实时化、动态化监督。开展执法技能大比武活动。全市举办执法实战培训班179期，参训民警1.51万人次。全市公安机关有20人通过国家司法考试。组织3659名民警参加中级执法资格考试，开展执法示范单位创建工作，评选出4个执法示范县级公安机关、49个执法示范所队和98个执法示范岗。邗江公安分局和江都区公安局巡防（特警）大队被公安部命名为“全国公安机关执法示范单位”。（吴青尚）

■公安信息化建设 深化“大平台”（全省信息化运用共享平台）、“大情报”系统建设应用，提高公安工作科技信息化水平。建设市县一体的视频监控综合应用平台和警用地理信息系统。依托异构数据交换平台，开展数据清洗、接口改造，整合、汇聚公安内部信息资源。依托市政府信息共享与交换平台、内外网数据交换平台，对接获取1500多万条社会信息。依托视频监控综合应用平台，整合“3·20”（道路交通）、省市际治安卡口、城市出入口、“关城门”堵控点、社会面等7类图像资源，联网接入摄像机8257台，实现图像信息跨地区、跨层级、跨警种共享应用。组建574人的市、县、所队情报信息专业队伍，强化人员、案件等信息研判，提升情报引领实战水平。建立研判成果与合成行动无缝对接机制，实行跟踪警情、分析研判、积分预警、发布指令一体化运作，提升情报产品应用转化率。开展“情报信息研判破案”竞赛活动，破获刑事案件3700多起。2012年，全市公安机关利用科技信息化手段破案率68.8%。（张继东）

■服务经济 贯彻落实公安部14项便民服务举措，加强派出所、治安户政、出入境、车管所等窗口建设，全面推行“一窗式受理”“一站式服务”等工作模式，规范程序，提高效率。市公安局制定《全市公安机关服务项目建设工作意见》，建立领导联系走访企业工作制度，主动为项目建设提供配套服务。深化“平安企业”创建，开展“保品牌、保名牌”活动，建立驻企警务室86个、企业治安岗亭34个，开通行政许可审批绿色通道，帮助企业做好用工管理、审核，指导完善安全防范制度。开展校车和渣土车集中整治。全市750辆校车实行强制准入，并统一张贴安全标贴；467辆专段号牌渣土运输车全部归入21家渣土运输公司实行公司化管理，提升管理质效。（周　震）

■服务群众　建立群众反映事项交办、督办、反馈等工作机制，办结“两箱一台一线”（市长信箱、局长信箱，平安民声服务台，市长热线）事项2169件，办结率、满意率均为100%。建成扬州“网上公安”，设立网上办事大厅，接受群众办事申请1.66万件，提供网上服务36万人次；建成“警务直通车”、在押人员视频会见、视频接访、户籍和出入境远程办证、户籍档案就近查询等网上服务系统；在市区建成6个执勤执法服务平台，为群众提供方便、快捷、温馨服务。开展“进千企促发展，进万家促和谐”等实践活动，走访企业3762家、群众2.95万人，解决实际问题1538个，化解矛盾纠纷1651起。3月，省公安厅在扬州市召开加强和改进群众工作会议，推广扬州经验做法。（栾祺俊）

■侦办“6·20”特大跨国电信诈骗案　6月20－22日，泰国警方在曼谷、华欣两地发现、抓获翁玉树等34名涉嫌电信诈骗作案的中国籍犯罪嫌疑人，并获取部分涉案证据。泰国警方将此情况通报中国公安部。公安部指令扬州市公安局侦办。接到命令后，扬州市公安机关开展赴外对接、押解嫌犯、审讯深挖、调查取证等工作。经查，5－6月，翁玉树等34名犯罪嫌疑人分别在曼谷、华欣等地冒充中国公安机关工作人员，通过电话，向多名中国被害人虚构涉嫌经济犯罪需要核查资产等事实，骗得被害人信任后，骗取钱财。至年底，查实案件53起、案值320多万元。（吴　迪）

■侦破双倍联盟网上特大传播淫秽物品牟利案　2－5月，市公安局网安支队会同广陵公安分局投入50名干警，转战安徽、北京、湖南等20多个省（市），先后抓获涉及双倍联盟网站传播淫秽物品牟利犯罪嫌疑人员65人（其中45人被判处有期徒刑），摧毁非法淫秽色情网站400多个。该案系公安部督办案件，被全国“扫黄打非”办公室评为2012年度“十大案件”。（刘洪井）

检察

■概述　2012年，全市检察机关查处贪污贿赂案件98件102人、渎职案件21件35人，案件数量、涉案人数与上年基本持平；批准逮捕犯罪嫌疑人2959人，比上年下降3.3%；提起公诉5566人，比上年上升16.22%；对584家单位2.4万人进行警示教育，提供行贿犯罪档案查询1.18万次；立案监督248人，监督撤案454人，追捕244人，追诉181人，提出刑事抗诉8件、民事抗诉21件，纠正缓刑、假释、暂予监外执行不当32人。全市检察机关8个集体、23名个人受省级以上表彰。

（肖建华　段伯欢）

■贯彻宽严相济刑事司法政策　依法严厉打击严重、高发刑事犯罪活动，全力保障社会和谐稳定。履行批准逮捕、提起公诉职能，办理杨某等人网络贩枪、江某等40人虚开上亿元增值税专用发票等一批大要案。对初犯、偶犯、未成年犯、老年犯、过失犯中情节轻微的从宽处理，对无逮捕必要的不批准逮捕379人，对罪行轻微的决定不起诉26人。

（肖建华　段伯欢）

■查办贪污贿赂和渎职侵权犯罪　查办有影响、有震动的大要案，重点打击群众反映强烈的民生领域的腐败行为。查办蜀冈－瘦西湖风景名胜区党工委原副书记徐某某受贿390万元、邗江区原副区长王某某受贿近200万元、市矿务局原副局长韩某某受贿170万元以及仪征市水务局原现金会计丁某某挪用公款2200万元、市城市绿化养护管理处原主任冯某某受贿117万元、高邮市水务局原局长耿某受贿130万元等一批大要案。开展打击骗取家电下乡、机动渔船油价补助等财政补贴渎职犯罪专项行动，查处生产、销售新型“地沟油”背后监管人员的渎职行为，促进落实国家惠民政策和食品安全措施。在查办食品安全监管领域渎职犯罪活动中，查处农委部门案件2件7人、卫生执法部门案件2件2人。该系列案件成为江苏省内第一例涉“地沟油”渎职案和第一例以食品监管渎职罪宣判案。（肖建华　段伯欢）

■预防职务犯罪　制定扬州市构建预防职务犯罪人民防线实施意见，在全市开展争创“无职务犯罪单位”活动。深化预防职务犯罪阵地、网络、流动宣传平台建设，市警示教育基地全年接待参观者2.4万人，扬州市预防腐败警示教育网点击量25万人次，女检察官廉政宣讲团开展巡回宣讲20多场。对全市南水北调等14个重点工程项目开展职务犯罪同步预防，促进建设单位实现“工程优质、干部优秀”目标。运用预防检察建议推动建立和完善防控机制。建议邗江区审计部门出台《邗江区政府投资项目审计监督暂行办法》；建议规范渔业成品油价格补助发放工作，推动宝应县水产局制定相关实施意见。

（肖建华　段伯欢）

■侦查监督　开展“刑拘未捕”、“另案处理”、行政执法与刑事司法“两法衔接”监督专项行动，监督纠正不及时撤案、不提请逮捕和侦查活动中的违法现象，审查案件1535件，发现监督线索113条。检查行政处罚案件176件，移送犯罪线索27件。宝应县人民检察院在办理于某等人生产、销售假药案时，一案追诉23人，被追诉者均获有罪判决。江都区人民检察院办理的周某等27人合同诈骗案一案追诉15人，被评为全国检察机关“优秀诉讼监督案件”，并获全省检察机关“优秀诉讼监督案件”一等奖。

（肖建华　段伯欢）

■ **审判监督** 开展“理性监督”专项行动,落实量刑建议、检察长列席审委会等制度,加大对再审案件和上诉案件监督力度,构建以抗诉为中心的监督体系。全年提出刑事抗诉8件,抗诉改判率由20%提升至50%;发出纠正审判违法通知书70份;办理上诉案件34件;提出改判4件,均被采纳。拓宽民事行政诉讼监督渠道,探索开展民事督促起诉、支持起诉、执行监督等工作,提请省检察院抗诉16件,比上年上升60%;提出再审检察建议24件,法院再审审结18件,其中12件被改判。查办民事虚假诉讼案件22件,办理民事执行监督案件82件,移送职务犯罪线索27件。

(肖建华 段伯欢)

■ **刑罚执行监督** 书面监督纠正缓刑、假释、暂予监外执行不当32人,书面监督纠正监管活动违法55人,纠正监外执行中的违法行为30件。深化对社区矫正工作的检察监督,聘请42名市民观察团成员担任社区矫正检察工作监督员。严格执行超期羁押预警机制,全市未发生超期羁押案件。 (肖建华 段伯欢)

■ **社会管理** 制定《服务重大项目建设的实施意见》,保障重大项目落地和投产运营。出台《服务台企台商台胞工作意见》,为在扬台企、台商、台胞提供司法服务。全市27个检察工作站(室)接待来访群众2600多人次,发放宣传资料4000多份,参与化解矛盾239件,受理案件线索86件。完善未成年人权益保护工作机制,成立全省首个未成年人检察处,构建指导、办案、教育、矫治、预防一体化工作机制。全市涉案未成年人不捕率40.46%,比上年上升15个百分点;不诉率8.86%,比上年上升7个百分点。宝应县人民检察院联合教育部门制定《关于加强全县幼儿教师法制教育的规定》,规范幼儿教师行为,保障幼儿权益。开展风险研判工作,全年报送分析类信息和风险研判报告50份,其中5份分别被江苏省委、最高人民检察院、中共中央办公厅采用。《当前危害食品安全犯罪多发 亟需高度重视》推动市食品安全委员会建立宣传教育、部门联动、规范监管、健全机制“四位一体”的监督和预防体系。 (肖建华 段伯欢)

■ **管护教育基地建设** 2011年起,扬州检察机关在全市建立外来人员管护帮教基地,推动涉罪外来人员平等享有与本地人员相同的取保候审权利,同时提供免费食宿和法律咨询,安排参加劳动、学习技能,开展矫正帮教。2012年,在外来人员管护帮教基地基础上,设立城区未成年人关爱教育基地,将犯罪情节较轻、家庭难以管教的未成年犯罪嫌疑人安排到基地取保候审,进行管护帮教,降低未成年犯罪嫌疑人审前羁押比例,探索教育、感化、挽救涉罪未成年人新途径。2012年,全市5个涉案外来人员、未成年人管护帮教基地接收52人,其中未成年犯罪嫌疑人7人。(肖建华 段伯欢)

审判

■ **概述** 2012年,全市法院履行宪法和法律赋予的审判职责,践行“为大局服务、为人民司法”工作主题,推进社会矛盾化解、社会管理创新、公正廉洁司法等3项重点工作,加强自身建设和法院工作。全年受理各类案件4.54万件,审执结4.36万件,分别比上年上升7.5%和6.91%。其中,市中级法院受理各类案件3178件,审执结3077件,与上年基本持平。推进司法民主,新选任人民陪审员322人,人民陪审员参审案件5559件,一审普通程序陪审率90.04%。

(黄 燕)

■ **刑事审判** 全年受理刑事案件4106件,审结4055件。依法审结故意杀人、抢劫等严重危害人身安全暴力犯罪案件188件,判处罪犯247人,增强社会安全感。依法审结盗窃、诈骗等多发性侵财犯罪案件1211件,判处罪犯1671人。依法打击危害食品药品安全犯罪,审结生产销售有毒有害食品犯罪案件24件,判处罪犯88人。依法审理职务犯罪案件110件,判处罪犯135人,推进反腐败斗争开展。 (黄 燕)

■ **少年审判** 全年受理涉未成年人案件473件,审结472件。坚持“教育、感化、挽救”方针和全面维权工作要求,健全未成年人审判组织,推行未成年人案件集中统一管辖。探索未成年人刑事案件“回型”审判模式,打造“少年审判女法官团队”。加强对未成年人法治教育,全市法院开展以“呵护未来”为主题的回访帮教活动,回访帮教103人次,举办“送法进校园”活动32场,2.5万名学生参加法庭审判旁听。市中级法院少年审判庭被评为全省法院少年法庭工作先进集体、扬州市“三八”红旗集体。

(黄 燕)

■ **社会管理** 基层法院和人民法庭设立调解工作室,选任司法协理员139人,构建司法协理员网络,吸纳公众力量化解矛盾纠纷。宝应法院“蔡春道调解工作室”、广陵法院“劳模工作室”社会影响力扩大。成立司法调解专项组,诉前调解成功案件8270件。推进“门诊式”诉讼服务中心建设,全市设立11个诉调对接工作站、41个司法服务站,与乡镇社会矛盾调处中心相衔接,形成综合治理合力。整合司法服务站和法制宣传员、司法协理员、巡回审判员、特邀调解员、执行联络员资源,构建“一站五员”社会管理新机制。开展减刑、假释和社区矫正工作。全年办理减刑、假释案件165件。做好缓刑、管制、免刑人员的跟踪帮教工作,发挥审判机关在社区矫正工作中的作用。

(黄 燕)

■ **商事审判** 全年受理商事案件4779件,审结4750件。依法审理合同纠纷案件,打造公平诚信的市场环境。依法审理融资、证券等金融纠纷案件,保护金融资产安全。依法审理江苏群发化工有限公司等企业破产清算和重组案件,盘活存量资产,促进产业结构转型升级。审结涉外、涉港澳台商事案件,服务对外经济交往,优化投资环境。市中级法院与市

保险行业协会建立联动调处机制，化解保险合同纠纷。（黄　燕）

■**知识产权审判**　受理知识产权案件354件，审结343件。推进知识产权案件刑事、民事、行政“三审合一”工作，加大知识产权保护力度。加强与商标、版权等行政执法部门以及相关单位的沟通，妥善处理关联性群体知识产权纠纷，避免行业风险。（黄　燕）

■**行政审判**　全年受理行政案件247件，审结226件，分别比上年下降7.14%和14.07%。审查行政非诉执行案件536件，裁定执行527件。强化司法审查职责，支持和监督行政机关依法行政，提升社会管理法治化水平。推进行政首长出庭应诉制度，行政首长出庭应诉率92.8%。通过发布行政审判工作年度报告、发送司法建议、开展法官与行政机关挂钩联系等活动，促进行政执法水平提升。（黄　燕）

■**服务重大项目和中小企业**　制定《关于为全市项目建设提供司法保障的实施意见》等规范性文件，专设7个司法流动服务站，为重大项目建设提供便捷、有效的司法服务。审执结涉项目建设案件68件，成功排除妨碍78起，排查化解涉项目纠纷隐患158次，保障宁扬高速、国家电网改造等重大项目建设的实施。落实《关于加大依法服务和保障力度　促进我市中小企业发展的二十条意见》，与市经济和信息化委员会、市人社局等部门联动，建立共同服务小微企业工作平台。推进“百名法官进企业”“司法大调研”等活动，举办各类讲座、培训60多场，培训3000多人，发出司法建议234份。（黄　燕）

■**民事审判**　全年受理民事案件2.68万件，审结2.66万件。以保障民生为核心，保护公民人身权和财产权。加大婚姻家庭案件审判力度，弘扬社会美德。妥善处理劳动争议案件，劳动争议案件调解撤诉率86.64%。依法审结征地拆迁纠纷案件，保障社会公共利益和被拆迁人合法权益。回应房地产宏观调控政策，妥善审理各类房屋开发与经营合同纠纷案件。依法审理民间借贷案件，维护合法有序的民间借贷关系。做好涉农案件审判工作，依法维护农民合法权益，促进农村经济健康发展。（黄　燕）

■**执行工作**　全年受理执行案件7494件，执结7396件。开展反规避执行活动，清理规避执行案件63件。集中开展涉党政机关和涉金融执行积案清理活动。加大交通事故损害赔偿、人身损害赔偿、拖欠农民工工资以及追索赡养费、扶养费和抚育费案件的执行力度，及时有效实现权利人合法权益。启动与金融系统联网的点对点集中查询系统，提升对被执行人资产查控能力。与公安、边防、工商等部门协作，强化限制高消费、限制出境、财产申报等具体执行措施的运用，集中公告42名不履行义务的被执行人信息，营造执行工作社会环境。（黄　燕）

■**立案信访工作**　探索互联网立案新模式，方便当事人行使诉权。推进巡回审判活动，全市乡镇、社区设立巡回审判点120个，巡回审判案件1.2万件，巡回审判率44.81%。扩大司法救助范围，推进建立司法救助基金制度，为困难当事人减、缓、免诉讼费249万元。解决信访当事人实际问题，办理全国人大、中央政法委、最高法院等交办的涉诉信访案件28件，化解率并列全省法院第一位。开展“院长接待日”和领导干部“大接访”活动。市中级法院接待信访当事人180人次，带案下访100人次，约谈重点信访人员40人次。（黄　燕）

■**审判权运行制衡机制**　坚持“实事求是、有错必纠”原则，受理抗诉、申诉和申请再审案件306件，审结300件，其中改判、发回重审24件。强化死刑案件定案把关措施，严格落实《关于办理死刑案件审查判断证据若干问题的规定》和《关于办理刑事案件排除非法证据若干问题的规定》，死刑案件被核准率保持全省法院领先位次。推进量刑规范化管理，实施量刑辅助系统，通过发布典型案例、通报改判和发回重审案件等形式，统一量刑尺度和标准，确保量刑公开公正。探索执行实施权和执行审查权分权制衡途径，规范财产调查、控制、处分、交付和分配等执行实施权流程管理。（黄　燕）

■**司法公开**　落实人民法院第三个五年改革任务，推行二审案件公开开庭审理制度。二审案件开庭率78.06%，比上年提高3.86个百分点。推行生效裁判文书互联网发布制度。推行庭审同步记录、笔录同步显示、同步录音录像，逐月通报考核“三同步”落实情况。向社会公开发布婚姻家庭案件审判白皮书、知识产权司法保护状况等专项工作报告，公开审判执行信息。（黄　燕）

■**练某某、张某某故意杀人案**　罪犯练某某、张某某于2010年相识后长期保持不正当男女关系。2011年下半年，因张某某的丈夫倪某某一直不同意离婚，二人遂产生害死倪某某的想法。2012年1月中旬，练某某将购得的十余粒安定药片交给张某某。2月21日晚，张某某将安眠药碾碎后，混和在板蓝根冲剂内给倪某某喝下，待倪某某睡着后，张某某打电话通知练某某。练某某赶到后，将倪某某的双手、双腿捆绑，然后由张某某压住倪某某双腿，练某某用套上塑料袋的枕头捂住倪某某口鼻。倪某某惊醒后反抗并咬伤练某某手指。练某某又抓住倪某某手臂反勒住其颈部，并继续捂压倪某某口鼻，直至倪某某停止挣扎。经鉴定，被害人倪某某系被捂压口鼻、扼压颈部致机械性窒息死亡。8月15日，市中级法院以故意杀人罪判处练某某死刑，剥夺政治权利终身；以故意杀人罪判处张某某死刑，缓期2年执行，剥夺政治权利终身。（黄　燕）

■**杨某等4人非法制造、买卖、运输、邮寄枪支案**　2010年4月至2011年5月，罪犯杨某伙同罪犯程某亮、程某星、吴某某先后在武汉带群机电有限公司、武汉勋池机械加工厂、武汉铭超机械加工服务部、中山金宝隆机械厂等处制造预充气式气枪零部件3660件、小口径运动步枪(以火药为动力)零部件4629件。2010年8月至2011年5月,杨某、程某亮销售其制造的气枪零部件牟利。2010年12月至2011年4月,杨某单独或伙同吴某某通过邮寄方式销售其制造的步枪零部件牟利。2011年3月9日,杨某将自己非法持有的1支小口径运动步枪及1发子弹藏于从程某星处借得的轿车后备箱中,10日晚被武汉市公安机关查获。为逃避刑事追究,杨某指使段某浩、段某勇先后到公安机关为其顶罪,并让程某星先后两次到公安机关作伪证,致使杨某逃避刑事追究、段某浩因涉嫌非法持有枪支被逮捕。2012年5月11日,市中级法院以非法制造、买卖、邮寄枪支罪判处杨某有期徒刑15年,剥夺政治权利5年;以非法持有枪支罪判处杨某有期徒刑6个月;以妨害作证罪判处杨某有期徒刑1年6个月;决定执行有期徒刑16年,剥夺政治权利5年。以非法制造、买卖枪支罪判处程某亮有期徒刑12年,剥夺政治权利3年。以非法制造、买卖、邮寄枪支罪判处吴某某有期徒刑10年,剥夺政治权利2年。以非法制造枪支罪判处程某星有期徒刑3年6个月,以伪证罪判处程某星有期徒刑1年,决定执行有期徒刑4年。（黄 燕）

■曹某某抢劫案 2011年10月14日下午,罪犯曹某某因经济窘迫,携带裁剪刀至仪征市城区伺机抢劫。当日19时左右,曹某某发现位于该市真州镇国庆路的某店铺内,仅有女营业员赵某一人,遂佯装购买服装,结账时持裁剪刀威胁赵某,欲劫取钱财。当遭到赵某强烈反抗后,曹某某持裁剪刀划、捅赵某颈部。赵某受伤倒地后,曹某某抢走该店收银台内1600多元现金及1件男式上衣后逃匿。被害人赵某因被刺及颈部致大血管破裂、急性失血死亡。案发后,公安机关将扣押赃款及曹某某近亲属代为退出的非法所得退还店主。2012年3月13日,市中级法院以抢劫罪判处曹某某死刑,剥夺政治权利终身,没收个人全部财产;曹某某赔偿附带民事诉讼原告人丧葬费、死亡赔偿金、交通费、住宿费、误工费及其他费用合计457572.50元。（黄 燕）

■杨某受贿、行贿案 2005年至2011年,罪犯杨某利用担任江都市小纪镇党委书记,仙女镇党委书记,江都市委常委兼仙女镇党委书记,江都市委副书记,扬州市新城西区管委会党工委书记、管委会主任兼扬州新盛投资发展有限公司董事长、总经理等职务之便,收受扬州为政五金厂厂长花某某、江苏鹏宇化工有限公司董事长沈某某、深圳市庆鹏实业集团有限公司董事长郑某某等人贿赂61.9万元、“劳力士”“欧米茄”等品牌手表6块、价值4万元的商场购物卡、港币1万元、美元1万元,并为请托人在征地、减免税、协调矛盾、工作调动、提拔任用等方面谋取利益。2008年7月至2010年中秋节,杨某先后6次送给扬州市委组织部原部长蔡某某(另案处理)人民币2万元、美元5000元、商场购物卡5万元、价值4.84万元的“艾美”手表1块,以谋取职务升迁、岗位调动等不正当利益。2012年4月19日,市中级法院以受贿罪判处杨某有期徒刑7年,并处没收财产60万元;以行贿罪判处杨某有期徒刑1年;决定执行有期徒刑7年6个月,并处没收财产60万元。（黄 燕）

■徐某某受贿案 2002年至2012年,罪犯徐某某利用担任维扬区副区长兼扬州市经济开发区江阳工业园区管委会主任、党工委书记,扬州市瘦西湖新区建设指挥部副指挥,扬州市蜀冈-瘦西湖风景名胜区管委会党工委副书记等职务之便,收受江苏扬州建工建设集团扬州分公司项目经理徐某某、扬州市海天市政工程有限公司法人代表陈某某、扬州市江都区洪顺苗圃总场场长陈某某等人贿赂折合现金375.7万元,接受两次房屋装修价值16万元,并为他人谋取利益。2012年10月11日,市中级法院以受贿罪判处徐某某有期徒刑10年6个月,并处没收财产100万元。（黄 燕）

司法行政

■概述 截至2012年底,全市有律师事务所54家、执业律师578人;公证机构7家、公证人员71人;法律援助中心7家、工作人员23人;基层法律服务所106家、司法所91家,执业工作者380人;司法鉴定机构6家、司法鉴定人员66人;各类调解组织2041个、调解人员8906人。2012年,市公证处被省委政法委表彰为“公正司法示范点”,市律师协会党委被省委组织部表彰为“创先争优·社会管理创新先锋行动”先进基层党组织,1家律师事务所和1名律师被评为全国先进,市法律援助中心被评为“全国十佳法律援助单位”,市司法局被省依法行政领导小组办公室确认为2011年“省级依法行政示范点”,市司法局“扬州特色法治文化名城建设体系”项目获市委、市政府创新创优奖。（董昌鹏）

■法律服务 2012年,市司法局举办“烟花三月”节法律服务推介会和全市法律服务恳谈会,20家“法企合作”示范单位现场签约为重大项目提供法律服务。打造“法企合作服务项目化‘双十双百’工程”(建立10个法企合作示范点,举办10场专题讲座;为100个重点项目保驾护航,为100家企业“法律体检”),为1800家中小企业“法律体检”,挽回企业经济损失14亿元。全市村(社区)建立“律师工作室”166个。加强和改进律师工作,引进7家境内外知名律师事务所到扬州结对发展。江都区司法局获全省“双促双助”(促转型、促升级,助稳定、助发展)法律服务活动优秀组织奖。市司法鉴定机构参加司法部能力验证项目,满意率100%。统一公证机构标识系统,扬州市公证质量评比排名居全省前列。（董昌鹏）

■法制宣传 2012年,全市司法行政系统以法治文化建设为重点,推进

“六五”普法工作。市司法局开展“学法律、促和谐,迎接党的十八大”主题宣传活动,举行百万市民网上学法考试竞赛,建成市法治文化体验馆。宝应、仪征、邗江、高邮建成500平方米以上法制宣传教育中心,广陵、江都分别建成曲江法治文化公园、仙女庙法治文化公园。命名全市第三批12个法治文化教育基地。举办扬州市第三届法治文艺调演。各地举办“全国法制宣传日”法治文艺活动。开展基层普法“接力棒”活动1480场(次)。开展市级“民主法治村(社区)”创建活动,建成率超过95%。2012年,扬州市广陵区汤汪乡连运村、仪征市新集镇新集村获评第五批“全国民主法治示范村”。市法治文化阵地建设经验被全省政法工作会议推广。

(董昌鹏)

■人民调解 2012年,全市市、县、乡三级司法行政机关成立十八大安保工作活动领导小组,层层签订责任书,市、县(市、区)司法局领导带队检查矛盾纠纷调处情况,梳理征地拆迁、环境污染等重点矛盾纠纷126件,实行领导包案、挂牌督办。市司法局、市综治委办公室、市人社局联合制定加强企业调解组织建设的意见,500人以上企业普遍建立调解组织。县级调处中心事业单位建成率50%,77个乡镇调解中心达到省级规范化标准。《中国司法》介绍高邮市“无讼社区”创建经验。广陵区矛盾调处中心获评全省第一批规范化调处中心。2012年,全市调解组织受理矛盾纠纷2.33万件,调解成功2.30万件,调处成功率98.7%。

(董昌鹏)

■社区矫正 5月,市社区矫正管理教育服务中心获批设立。县(市、区)社区矫正中心全部建成并投入运行。加强社区矫正专职工作者队伍建设。全市聘用社区矫正专职工作者138人,社区矫正专职工作者与社区服刑人员比例为1:20。市、县、乡分别配备社区矫正工作人员3人、2人、1人,90%以上乡镇实现社区矫正工作专人专职。全市招募社区矫正工作志愿者近3000人。市司法局、市公安局、市检察院、市中级法院联合制定《关于进一步加强社区矫正对接联动工作的实施办法》,修订并实施社区服刑人员手机定位管理办法,对符合条件的1900多名社区服刑人员实施24小时定位跟踪、实时预警。市司法局、市公安局联合制定《社区服刑人员不准出境通报备案工作实施办法》,建立社区矫正重点人员备案、风险评估、报告等制度,做到“每月一报”,重点时节“每日一报”。强化业务培训,提升执法能力。《社区矫正实施办法》颁布施行后,市社区矫正领导小组办公室派员到县(市、区)巡回宣讲7场次,培训400多人。2012年,全市接收社区服刑人员1875人,在矫人员2768人,社区服刑、矫正人员未发生重新违法犯罪现象。全市累计接收社区服刑人员9946人,按期解矫7178人。

(董昌鹏)

■法律援助 市司法局设立市法律援助基金会,法律援助案件补助标准提高25%。司法部在扬州召开全国“法律援助为民服务创先争优年”活动推进会,组织与会代表参观扬州市、广陵区法律援助中心和江都区乡镇法律援助工作站。推进法律援助便民窗口建设,50%的县(市、区)法律援助中心达到省级示范窗口规范化标准。市法律援助中心全年受理农民工群体性劳资纠纷案件近50批次,为受援人挽回损失1200多万元。2012年,全市办理法律援助案件5333件,其中1件入选全省十大优秀法律援助案件、1件获评全国法律援助百优案件。

(董昌鹏)

仲裁

■概述 2012年,扬州市仲裁委员会(简称市仲裁委)受理仲裁案件678件,涉案标的额7.4亿元,分别比上年增长12.8%和36.5%。全年办结案件619件,办结案件调解和解率63.5%、快速结案率90%、自动履行率75%。市仲裁委获评省优秀仲裁机构。

(龚名之)

■仲裁服务 扩大仲裁服务网络。2012年,市仲裁委与扬州工商局达成协议,建成工商系统扬州仲裁联络网,在各基层工商分局设立8个仲裁联络处,在各基层工商所设立56个仲裁联络点,利用工商资源,拓展仲裁业务,提高建设工程、房地产、工商买卖行业仲裁条款的落实率,发挥仲裁在促进和规范社会秩序中的作用。创新仲裁服务方式。针对农村基层案件被申请人较多、较为集中等特殊情况,市仲裁委受理案件后,组织人员下乡集中办案,在送达通知书的同时,组织调解,提高案件调解结案率,增强案件处理实际效果。发挥调解中心在矛盾纠纷调处中的作用,通过调解与仲裁相结合的方式,解决各种民商事争议。2012年,调解中心接待咨询200多人次,引导54件案件进入仲裁程序,调解成功45件,涉案标的额近3000万元。

(龚名之)

■仲裁宣传推广 开展领导干部下基层活动。市仲裁委到社区、乡村、工厂和“重大项目”联系点开展调研活动,提供法律咨询服务。召开仲裁新闻宣传工作座谈会,借助报刊、电视、广播、网络宣传仲裁法律制度。市各媒体全年报道仲裁工作70多次。将仲裁服务向房地产、金融、建设、工商、经贸、科技等重点行业和领域延伸,向案源基地延伸,全方位做好服务工作。举办专题讲座。讲解经济合同的订立、履行方面容易出现的问题、相关法律规定及补救措施,介绍仲裁法律制度在化解经济纠纷、保障经济发展方面的优势。全年举办讲座10次。

(龚名之)

■仲裁队伍建设 制定《仲裁员管理办法》,加强对仲裁员的监督管理。利用仲裁员办案考评表,跟踪考评仲裁员的业务能力、遵守仲裁员守则情况。采取以老带新组庭方式,让年轻仲裁员参与仲裁实践,提高仲裁员业务水平。初步形成由50名骨干组成的首席仲裁员队伍。加大培训力度,全年培训仲裁员200多人次。

(龚名之)

军事

Junshi

本栏责任编辑　杨文才

军分区

■概述　2012年，中国人民解放军扬州军分区(简称军分区)加强思想政治建设，将迎接中共十八大召开、学习贯彻十八大精神作为贯穿全年的重大政治任务。学习胡锦涛“7·23”重要讲话，开展“赞颂科学发展成就、忠实履行历史使命”教育活动。加强政治纪律建设，传达学习上级有关文件精神，确保军队高度集中统一。推进先进军事文化建设，培育当代革命军人核心价值观，总结推广邗江区人武部抓好民兵文化建设先行做法。召开军分区“庆‘八一’、学典型、话发展”先进模范代表座谈会。抓好典型宣传。中央电视台第七套节目、中新网、人民网等报道扬州干休一所老红军刘应启回家乡送树苗的事迹，《人民日报》(海外版)、《中国国防报》报道柳堡“二妹子”民兵班事迹。全年在各类媒体发表宣传稿100多篇。

推进军事斗争准备。巩固日常战备综合整治成果，开展“战备法规强化学习月”活动，狠抓战备值班，组织战备拉动演练，指导人武部搞好突发情况预设和处置。拓展、延伸情报信息报知网，加强与地方相关部门信息共享、协调联动。组织首长机关业务基础和指挥技能训练，接受省军区司令部建设考评，参加全军、南京军区信息化知识网上竞答，实现参与率、答题正确率“两个百分之百”。“两实”(实弹、实投)训练有关做法被省军区转发。贯彻落实《江苏省国防动员建设发展“十二五”规划》和省国防动员委员会(简称国动委)第15次会议精神，召开扬州市国动委全体(扩大)会议，开展理论辅导，组织部分成员述职，总结部署工作。做好士官直招工作，完成2012年度新兵征集任务。规范战备库室建设，推进战备基础设施建设，建成联通军分区本级和各人武部的3G视频传输系统。

抓好基层建设。贯彻全国、全省民兵工作会议精神，召开军分区党委书记座谈会，专题部署基层建设任务。深化民兵组织建设调整改革，开展基层武装部规范化建设达标检查，巩固民兵规范化训练试点成果，抓好非战争军事行动训练，开展抗洪抢险课目综合演练和现场观摩，完成省军区防化演练试点任务，遂行“3·23”仪扬河乌塔沟围堰倒塌抢险、“7·20”高邮宝应交界处里氏4.9级地震应急处置和台风防抗、观音山香会执勤等急难险重任务。开展创先争优活动，推广高邮市人武部抓好民兵应急队伍基层党组织建设的先行做法，有关经验被省军区转发。

狠抓部队正规化建设和安全管理。研究制定军分区《坚决贯彻落实上级指示要求，加强年度安全稳定工作的措施》，坚持每季度安全形势分析、安全工作研判等制度，加强安全文化建设，开展谈心活动，打牢安全稳定基础。紧盯“人车枪弹密、酒火毒突政”安全管理重点，开展防间保密、安全形势、安全常识、应急情况处置等教育。组织开展以学条令法规、训军姿技能、整作风纪律、抓秩序规范为主要内容的“学训整”以及交通安全教育整训、暑期安全竞赛、安全隐患排查、涉密文电资料和涉密单位周边安全环境专项整治等活动，落实安全管理各项规定和要求，实现安全无事故。

深化后勤和装备建设。加强后勤战备建设，华东地区(江苏)野营装备动员中心、江苏电气控制设备应急动员中心挂牌，南京军区国民经济动员中心规范化建设会议代表到扬州市观摩。巩固“部财区管”成果，加强经费预算调控，压减行政消耗性开支，推行公务卡强制结算制度。完善军人保障卡数据中心建设，深化物资采购制度改革。推进市国防园二期工程，

5月16日，开发区民兵应急分队队员在进行军事训练
余志明、庄文斌　/摄

完成机关老办公楼维修、长城饭店改造。邗江区国防指挥中心投入使用，宝应县人武部新办公楼建设进展顺利，干休二所协调地方经费实施施井路营院整治。

抓好党委班子和干部队伍建设。制定《关于广泛开展“读好书、强素质”活动的意见》，推进学习型党组织建设。坚持重大问题集体讨论研究，发挥党委核心领导作用。开展“讲政治、顾大局、守纪律”学习教育活动，加强思想教育和党性锻炼。贯彻军区岗位练兵能力标准体系和指导手册，开展岗位练兵。坚持按规定选拔使用干部，加强干部队伍能力培养和教育管理，多人次在上级竞赛中取得好成绩。重视老干部工作。干休一所、二所通过南京军区、省军区达标建设考核，离休干部实现军队、地方“双重医疗保障”。完成退休干部移交安置任务。学习贯彻廉政规定，推进党风廉政建设，军地合力抓好廉洁征兵工作。（朱春足）

■民兵规范化训练 指导各人武部依据大纲、计划，按时完成专职人武干部、民兵营长和应急维稳、抗洪抢险、防化救援、森林防火等专业分队训练演练 26 批 3980 人次，完成民兵训练 4588 人。全省民兵工作会议交流介绍扬州市民兵规范化训练做法。（刘汉杰）

■民兵武器弹药调运 军分区先后 3 次召开专题会议，研究部署民兵武器弹药调运、管理工作。调运前，核查弹药数量，细化、量化实施方案，组织押运人员培训，开展风险评估，落实应急措施。调运期间，军分区军政主官及相关领导到现场指挥，将 4 个县（市、区）武器弹药分 3 批调运至市民兵武器装备仓库集中管理。（李兆鹏）

■民兵情报信息网建设 贯彻全省民兵情报信息工作现场会精神，坚持每月与地方公安、安全等部门会商情报，定期召开联席会议，落实军地反恐情报信息研判机制。建立领导小组、信息站、信息组和信息员“四位一体”情报信息报知网。（刘汉杰）

■国防动员 9 月 27 日，召开扬州市国动委全体（扩大）会议，组织国防动员理论辅导和县（市、区）国动委主任述职，传达学习全省民兵工作会议精神，总结国防动员工作，研究部署下一阶段国防动员建设任务。根据省国动委统一部署，开展国防动员潜力统计调查，更新、完善国防动员潜力数据库。（周一鸣）

■征兵工作 全市各级兵役机关按照确保完成任务、确保兵员质量、确保不发生问题“三个确保”和征集入伍、服务在伍、安置退伍“三伍一体”的要求，按照规范征兵方法程序，抓好宣传发动、兵役登记和网上预征等征兵准备工作，完成 2012 年征兵任务。（周一鸣）

■防化救援演练 7 月 29 日，军分区在仪化公司组织扬州市防化救援演练。演练设有报警、疏散、救护、侦测、标示、警戒、灭火（降温）、抢修、洗消、撤离等 10 项内容。15 家单位 300 多人参演，动用各种装备器材 220 多套。扬州市四套班子领导、市国动委全体成员，各县（市、区）委书记，军分区首长机关和人武部、预备役高炮 1 师 4 团领导 108 人观摩演练。（刘汉杰）

7 月 29 日，扬州军分区在中石化仪征化纤股份有限公司物流中心举行防化救援演练　　王　卓／摄

■抗震救灾 “7·20”地震发生后，军分区及所属人武部启动应急预案，加强作战值班，跟踪了解掌握震情灾情，组织部队协助地方政府做好抗震救灾工作。宝应县、高邮市人武部组织民兵 1200 多人次进村入户查看灾情，做好疏导工作，协助维护灾区秩序。（朱春足）

■防抗台风 为防抗 9 号、10 号、11 号台风，8 月 1—9 日，军分区、人武部召集 6 个民兵应急连 720 人、93 个民兵应急排 2790 人、7 个民兵抗洪抢险分队 714 人和省级合成化民兵应急救援营 369 人，组成 4593 人的抢险救灾力量，落实冲锋舟 28 艘、救生衣 2290 件、植桩机 8 台、锹 2650 把、镐 350 把，做好随时遂行任务准备。（朱春足）

■观音山香会执勤 8 月 5 日 19 时至 20 日 2 时，军分区派出指挥组和民兵 370 人，动用各型车辆 16 辆，以“平安志愿者”身份协助地方完成“6·19”观音山香会执勤工作。（刘汉杰）

预备役师

■党委班子建设 1 月 11—12 日，江苏陆军预备役高射炮兵第二师（简称预备役师）召开党委全体（扩大）会议，传达贯彻南京军区和江苏省军区党委扩大会议精神，总结上年工作，表彰奖励先进，部署新年度任务。会议要求全师把握部队建设的正确方向，深化思想政治建设；把握部队建设的根本任务，推进军事斗争准备；把握部队建设的关键举措，强化基层基础工作；把握部队建设的重要保证，加强党委班子建设，实现部队建设新发展和战斗力新跃升。

5 月 3 日，预备役师纪委召开全体纪委委员会议，学习《关于开展防止“三个插手”、抓好“四个行业规范”活动的意见》《贯彻落实〈军队党员领导干部廉洁从政若干规定〉实施细则

(试行)》等文件,研究下半年纪检工作。

7月30日,预备役师召开党委书记座谈会,传达南京军区党委书记座谈会、江苏省军区党委书记座谈会精神,各团党委作交流发言。会议要求全师按照《军队基层建设纲要》要求,推进基层建设科学发展。

11月7日,预备役师接受江苏省军区司令部建设综合考评组考评;11月26—28日,预备役师成立5个工作组,对各团司令部建设情况进行综合考评,营造创先争优氛围,促进团司令部建设。

(刘青华 黄 亚 陈小龙)

■基层建设 1月19日至2月3日,预备役师组织以条令法规学习、队列训练、作风纪律整顿为主要内容的“学训整”活动。活动突出各级各类人员应知应会职责、制度和纪律规定的学习,强化官兵的条令意识、命令意识和日常养成。

2月10日,开展党员干部“重事业、淡名利、树形象”专题教育,教育党员干部讲党性、修品行、强能力,巩固思想基础,提高听党指挥、投身事业的思想意识。

3—4月,开展“讲政治、顾大局、守纪律”学习教育活动。通过学习教育活动,全师党员干部坚定政治信念、增强大局观念、提高遵规守纪意识。

4月19日,召开政治工作电视电话会议,师团全体政治干部和营长参加会议。会上,各团政治处主任就新年度政治工作,特别是开展“赞颂科学发展成就,忠诚履行历史使命”和抓好军营特色文化建设情况,以及下一步工作打算作汇报交流。

5月中旬至7月上旬,全师部队开展安全隐患排查整治活动,重点查找和解决人员思想行为、演训活动安全、车辆管控、武器弹药和油料管理、信息安全保密等方面存在的问题。

6月13—15日,组织预建党委(支部)书记集训,45人参训。集训采取邀请专家授课、观看辅导录像、讨论交流、参观社会主义新农村和基层建设优胜连队等形式,对基层预建党组织负责人进行业务培训和理想信念教育,强化基层预建党委(支部)书记履职尽责的自觉性、主动性,提高他们的工作能力和业务水平。

9月,开展“战备法规强化学习月”活动,采取理论辅导与个人自学、理论考核与网上竞答、自查自纠与集中整改相结合的方法,组织学习条令法规,查找和解决战备工作存在的问题。活动期间,组织集中学习3天,以部门为单位组织讨论3次,制作专题板报2期,组织考核1次,有357人参加省军区战备法规网上竞答活动。9月底,用4天时间开展对照检查并制定整改措施,增强官兵战备观念,夯实官兵战备理论基础。

(于 峰 王进耕 汪建光)

■军事训练 3月1—9日,预备役师对15名新任参谋进行业务技能训练。训练以战术标图、作战计算、文书拟制、地形分析等为重点内容,师机关全体人员参加跟训。通过考核、选拔,5名新任参谋参加省军区参谋业务骨干集训,其中2人获评优秀学员、3人获通报表彰。

5月中下旬,组织5个团首长机关带1个营指挥所和1个高炮连参加全省防空兵部(分)队实弹战术考核。按照防空作战全过程要求,完成5个阶段考核任务,取得命中硬、软拖靶各3具的好成绩。

8月27—31日,组织非高炮专业干部集训暨“四会”(会讲、会做、会教、会做思想工作)教练员考核观摩活动。集训以“学理论、练操作、强技能”为重点,学习防空兵基本理论,训练基本技能、基本指挥、“四会”教学课目,达到强化意识、培养人才、锻炼队伍的目的。

9月底至10月初,指导各团完成以“预备役部队战时快速动员”为演练课题的营规模快速动员演练,采取自导自演与上导下演相结合的方法,按纲完成首长机关战术作业和1个营规模实兵战时快速动员演练。

(汤 鹏 巫国胜 郭 进)

■后勤和装备保障 2012年,预备役师狠抓日常战备综合整治工作,完善基础设施规范化建设,补充部分战备器材,维护作战值班室和作战室指挥信息系统。

2月9日,组织师团战备值班业务培训和战备值班业务强化训练,规范战备值班值勤秩序,提高作战值班员和值班分队履职和情况处置能力。

4月上旬,开展不合理住房清理工作。认定不合理住房10套。至年底,清理出住房6套并进行整修,用于解决机关干部住房困难。

4月13—22日,组织全师财务干部进行业务强化训练,学习财经法规制度、财务专业知识和“军财工程”系统软件操作应用,选拔师财务业务尖子组成代表队参加省军区组织的比武竞赛。

4月24—28日,预备役师装备部组织各团现役维修保障骨干,成立装备巡修小组,采用以修代训的方式,对全师参加实弹射击战术考核的主战装备进行巡回检修,排除故障26项。

7月,开展全师驾驶员安全行车教育,邀请省交管中心领导为全体军车驾驶员和私家车驾驶员讲授安全行车知识。10月,对师机关无单独执行保障任务经验的6名驾驶员进行

5月24日,仪征市预备役某高炮营2连参加“黄海射天狼,弹起靶机落”训练 王 卓/摄

为期10天的驾驶复训，提高驾驶员安全意识和驾驶技能。

10月22—25日，预备役师医院组织15名预备役官兵参加卫勤专业集训，内容有队列训练、气管插管和心肺复苏技术培训、观看形势教育录像、学习预备役部队常识、卫勤基本理论等。

12月21日，预备役师召开公勤队正规化建设落实交流会，各团围绕公勤队正规化建设作交流发言，参观师机关公勤队正规化建设成果。

2012年，预备役师完成新装备接装任务，接收总参动员部、南京军区装备部配发的车辆、工程、防化等六大类装备291台（件），及时下发部队使用。

完成“三实”（实弹射击、实弹投掷、实爆作业）训练装备保障。师、团装备机关组织轻武器弹药和手榴弹的请领、分发以及训练枪支的保障，全师动用54式手枪600多支次、56式冲锋枪60多支次，保障弹药3240发、手榴弹210枚，做到安全无事故。

（胡朝辉　杨　皓　张礼文）

■年度整组　全师部队组织整顿工作从1月中旬开始，历时3个多月，严格按照省军区要求组织实施。结合扬州市区划调整，师直属队调整指挥营和心理战分队组建区域，按编落实各建制单位。

6月20日，预备役师举行指挥营调整组建大会暨司令部预任军官到岗日活动，宣读新任职预任军官任职授衔命令，向预任军官颁发任命证书，举行指挥营授旗仪式。

9月12日，举行师机关心理战分队调整组建大会，宣读预备役军官任职、授予（晋升）军衔命令，颁发证书，举行心理战分队授旗仪式。会议强调心理战在现代作战中的重要作用，要求分队官兵增强责任感、使命感，提高遂行任务能力。

（于　峰　曹　斌　汪建光）

■军官授（晋）衔和士官选取（晋升）　第四季度，预备役师贯彻落实上级指示，按照个人申请、民主测评、专业考核、身体检查、单位推荐、集体研究、选前公示、党委审批等程序，完成32名士官的选取晋升工作。做好退役士兵工作，全师27名退役士兵安全愉快返乡。

11月5日，预备役师举行团职预备役军官授（晋）衔暨述职大会，宣读8名团职预备役军官任职、授衔命令，颁发军衔命令证书，听取预备役军官述职报告。（于　峰　祁　林）

武警扬州市支队

■思想政治建设　2012年，武警扬州市支队加强思想政治建设。学习中共十八大精神，组织党委成员和机关干部下基层宣讲十八大精神，帮助官兵理解、把握十八大的重大意义、主要内容和精神实质，统一官兵思想认识。举行“学军史、讲传统、铸军魂”知识竞赛和“军魂永驻”读书演讲征文等活动，深化理论学习效果。组织“赞颂科学发展成就，忠实履行职责使命，永远做党和人民的忠诚卫士”教育活动。贯彻武警部队经常性思想工作座谈会精神，落实《武警部队经常性思想工作实施细则》，组织保卫委员、思想工作骨干集训，开展防范重大安全问题研讨，增强各级干部、思想工作骨干开展经常性思想工作的能力。根据形势任务和官兵思想动态，每季度下发教育要点提示，每月下发教育计划，规范教育秩序，增强教育针对性。全年开展“爱中队，爱战友，爱哨位，爱岗位”“忠诚、尽责、守纪、奉献”“强化党员意识，发挥党员作用”“确保安全稳定、维护团结和谐”“严守政治纪律、强化军人意识”和涉日维稳等针对性教育，官兵政治信念更加坚定。扬州市中队党支部被武警总部表彰为先进基层党组织；仪征市中队党支部被武警总队表彰为先进基层党组织，中队指导员魏朋平被武警总部表彰为优秀基层带兵干部；支队团委被武警总队表彰为先进团委。

（卢永超　周　伟）

扬州武警部队战士冒着酷暑坚持训练，为平安扬州保驾护航　魏朋平、程建平／摄

■党委班子建设　武警扬州市支队党委坚持学习党的创新理论，学习领会中国特色社会主义理论体系和胡锦涛关于武警部队建设的重要指示，坚持把学习理论的过程变为思考研究、探索规律、解决问题的过程。以“建设学习型党委机关，争做学习型领导干部”为目标，组织党委中心组理论学习，采取每课点名、笔记展评、分组讨论、心得交流、课题牵引等措施，确保在人员上“不漏一人”、时间上“不差一分”、内容上“不缺一课”。全年党委中心组落实“学习日”26天，党委成员自学阅读量均在50万字以上，平均记读书笔记3万多字，并结合工作实际撰写理论调研文章。加强党委班子团结，引导班子成员正确认识和处理相互间在行政、党内、工作和生活上的“四个关系”，做到讲大局、讲原则、讲友谊、讲谅解，以诚相待，彼此尊重。开展批评与自我批评。研究事关部队建设和官兵切身利益的重大问题时，坚持群众路线，坚持公开透明，坚持集体领导；不搞闭门决策，不搞暗箱操作，不搞个人说了算。（卢永超　周　伟）

■执勤处突战备　武警扬州市支队党委先后5次召开专题会议，研究部署防抗台风、涉日维稳、重大节日战

备工作,确保战备等级转换和战备制度落实。部队全年先后6次转入应急响应,等级战备时间长达40天。完成南京“1·6”案件设卡堵截、启东“7·28”事件跨区维稳、“10·29”抓捕持刀杀人嫌犯等任务。坚持把执勤教育纳入政治教育计划内容,每月至少开展一次执勤战备教育,通过剖析执勤案例、学习执勤通报等形式,引导官兵始终保持高度戒备,克服“当和平兵、站和平岗”等模糊认识。严格执行总队《关于进一步规范执勤和战备值班秩序的通知》要求,落实5个县(市、区)中队应急班车辆,每季度开展一次队所协同方案演练。落实每周“勤务训练日”制度,加强专勤专训和专哨专训,提高官兵执勤技能。坚持每月开展战法研究,每周进行编组作业,规范各级干部组织指挥的程序要求。推进支队反恐作战数据库建设,系统采集党政机关、重要民生目标、金融机构、教育卫生、餐饮商场等五大类重要目标资料数据,为反恐力量实施准确研判、精确打击提供信息化支撑。加大勤务督导力度,落实机关实地查勤制度,每月查勘基层哨位一遍以上,确保执勤目标绝对安全。全年参加武警总队各项集训、竞赛,获1个第一名、2个第二名、2个第三名、1个第五名,有3名官兵获“猛虎”勋章。 (卢永超 周 伟)

■基层建设 坚持把工作重心放在基层,结合阶段性工作部署和各类培训集训,提高机关干部管理水平,确保机关干部下基层时不说外行话、不干外行事。将支队、大队、中队和个人责任写进支队按纲服务指导计划、基层按纲建队计划和季度考评存在问题整改计划,明确各级任务责任,一级抓一级,层层抓落实。改进机关指导基层的作风和着力点。结合年初干部调整,帮助基层理清思路;结合蹲点指导,帮助基层解决问题;结合半年总结,帮助基层分析形势;结合年终迎检迎考,帮助基层固强补弱。全年组织检查考评3次,开展机关和基层“双向讲评”3次,收集基层意见、建议26条。支队通过下基层“传帮带”、开展党支部书记和保卫委员培训等途径,提高基层党支部自建能力、工作能力。2012年,9个基层中队中有6个夺得流动红旗,江都区中队跨入先进中队行列。开展岗位练兵活动,组织冬季业务培训、岗前培训、授课比赛、理论研讨,落实每周“理论学习日”和每月党课教育制度,提升各级干部业务水平和实际工作能力。

(卢永超 周 伟)

■从严治警 开展安全教育和隐患排查治理,组织经常性安全教育,坚持安全教育“每月必议、逢会必讲、考评必查、当面必问”;开展安全法规、安全常识、安全警示教育,剖析典型案例,筑牢官兵安全思想防线。组织学习政治纪律,帮助官兵澄清模糊认识,划清是非界限,站稳政治立场;组织部队学习上级关于加强中共十八大前后部队安全稳定工作的指示精神,开展思想发动,明确职责任务,讲清具体要求,保持严管严控态势和群防群治氛围。加强正规化建设,梳理所有单位正规化建设方面存在的问题,划拨专项经费100万元,落实整改措施。更新扬州市、仪征市、高邮市中队和二中队、警通中队营具,改造、升级所有执勤和文化设施,确保正规化建设硬件投入和设施改造及时到位。落实机关干部“上班签到、开会点名、外出签批”和战士外出干部带队制度,集中整治出入营门不戴帽子、上下班着装不规范、违规驾驶私家车和违规上网、使用手机等现象。开展“安全教育暨隐患排查治理”“暑期百日安全”等活动,排查和整改各类安全隐患,巩固部队安全发展基础。

(卢永超 周 伟)

■后勤保障 着眼建设现代后勤,抓好科学管理,推进改革创新。通过举办集训、以会代训、下基层实践等方式,开展后勤干部队伍业务培训;通过送学培训、在岗轮训、岗位锻炼等方法,开展后勤专业兵业务培训。先后组织司务长集体办公和业务学习8次,开展炊事员、驾驶员、军械员等专业兵集训4次,选送各类后勤培训人员18人。武警扬州市支队以处置大规模群体性事件为背景,组织后勤应急保障力量拉动演练,提升后勤队伍综合素质。加强后勤队伍作风纪律观念,先后开展3次后勤机关和后勤人员作风纪律教育整顿。坚持党委(支部)集体当家理财,严格落实“一支笔”审批制度。加强对经费开支的预算审批和计划管理,机关部门事业经费实行定额包干、控制使用。严格执行重大开支集体研究等规定,实行预算外经费“财务归口”和“收支两条线”,加强对地方资助经费和专项经费的管理,确保专项经费专款专用。重视资产管理,严格登记归档,实行计价挂账,防止公用资产流失和非正常损坏。修订完善后勤保障预案,探索保障方式新途径。与驻地大润发超市签订保障协议,确保实现部队一次性最大出动量自我保障目标;与驻地扬州汽车运输集团公司签订运力协议,确保部队遇有任务时能及时出动。创新伙食管理思路,按季节开展市场调研,定期下发农副食品参考价目,每月制订食谱参考目录,组织6次伙食费管理专项检查,基层官兵伙食满意率较高。完善被装物资发放模式,建立健全服装数据库,官兵服装适体率100%。组织卫生防疫工作,抓好卫生防疫知识普及和卫生巡诊工作,防控传染病发生。

(卢永超 周 伟)

扬州市消防支队

■概述 2012年,市消防支队有消防官兵410人,其中干部154人、士兵256人;有执勤消防站9个,其中特勤消防站1个、一级普通消防站7个、二级普通消防站1个;有各类执勤消防车辆71辆,其中灭火消防车47辆、举高消防车9辆、专勤消防车10辆、战勤保障消防车2辆、消防摩托车3辆,灭火剂总装载量319.3吨;配备各类器材1.25万件(套),其中消防员基本防护装备4766件(套)、特种防护装备3682件(套)、抢险救援装备器材1058件(套)、灭火器材3000件(套)。全市消防部队接警出动3643次,出动消防车1.2万辆次、官兵4.5万人次,抢救、疏散被困人员1208人,保护财产价值1.8

亿元。全市发生火灾1535起,死亡4人,未发生群死群伤火灾事故。2012年,市消防支队有7家单位获评江苏省青年文明号,4家单位获评江苏省文明单位、先进单位,2家单位被确定为省级军民共建精神文明示范点;有1人获评江苏省消防总队"十佳基层官兵",2人获评江苏省消防总队优秀基层干部,25人获评江苏省消防总队优秀共产党员,112名官兵被记功、嘉奖。 (陈发斌)

■党建和领导班子建设 支队党委班子全年调整3次。对9个大队级党委、16个党支部班子作出调整。坚持民主集中制,实行重大事项票决制。修订《干部绩效考评办法》,完善《队伍管理四项规定》等规章制度。加强党风廉政建设。支队党委制定《廉政建设考评暂行办法》,召开党风廉政建设专题民主生活会2次、队伍形势分析会4次,开展廉政集体谈话15次。不定期督察基层大队、中队,全年下发督察意见书165份,自纠各类问题268个。对管钱管物等敏感岗位实行统一管理,规范运作。 (陈发斌)

■火灾防控 注重社会管理创新。市、县两级政府主要领导担任消防安全委员会主任,各级政府层层签订消防工作目标责任状,将消防工作纳入政府目标考核范围。深化消防安全网格化、户籍化管理,推进社区消防管理模块应用。全年调查处理火灾1849起,受理建设工程消防设计审核项目223个、验收项目165个、备案抽查项目1471个,检查单位1.8万家,查处各类消防违法行为3.43万件,提请政府挂牌督办整改重大火灾隐患51项,完成"清剿火患"、打击非法生产经营和治理违章等专项行动,火灾形势保持相对稳定。

(陈发斌)

■灭火救援能力建设 改革战斗力生成模式。以信息化建设为引领,开设战训理论大课堂,改进战例研讨模式,建立灭火救援等级响应机制。深化指挥员能力建设,学习借鉴省内外练兵先进经验。在消防总队比武竞赛中,市消防支队获化学灾害指挥决策项目第一名,4个中队被评为星级铁军中队。探索合同制消防队伍管理、招聘、使用、等级评定机制和"三班两运转"模式,新征合同制消防员30人。整合现役消防队、政府专职消防队和仪化、油田消防支队力量,全市形成1000人左右消防专业力量。注重基层基础建设,提升保障能力。加快重大项目建设步伐,启动灭火救援应急中心内装修工程,完成战勤保障大队建设,拓展卫生队和修理所服务范围。 (陈发斌)

扬州市消防支队消防技能大比武现场　　王　卓、黄长喜/摄

■火灾形势分析 2012年,全市发生火灾1535起。从火灾原因看,电气、生活用火不慎是引起火灾的主要原因。其中,因使用电气引起火灾629起,占火灾总数的41.0%;因生活用火不慎引起火灾254起,占火灾总数的16.5%。从起火场所看,住宅、交通工具火灾居多。其中,住宅火灾489起,占火灾总数的31.9%;交通工具火灾163起,占火灾总数的10.6%。 (陈发斌)

扬州边防检查站

■概述 2012年,扬州边防检查站以边防安全保卫工作为主线,抓好党建工作、爱民固边战略和边检服务、部队正规化建设、构建和谐警营、基层基础建设等工作,提升维护稳定、群众工作、服务管理和部队正规化建设水平。全年检查出入境船舶550艘次(入境船舶265艘次、出境船舶285艘次)、出入港船舶134艘次、出入境(港)员工1.08万人次(入境员工5269人次、出境员工5568人次),签发登轮许可证8798份、搭靠外轮许可证113份、随船工作证6份、船员登陆证688份。开启绿色通道15次。 (刘　伟)

■党建工作 扬州边防检查站党委搭建"党委学堂""开放讲坛""党建联盟"等平台,坚持"周学习、月研讨、季见学"制度,组织党委中心组学习12次,为官兵集中授课8次,召开专题研讨会7次,组织参观学习5次。班子成员撰写学习心得体会和理论研讨文章16篇,班子整体理论水平和创新能力得到提升。制定《扬州边检站党员轮岗轮训暂行办法》,定期组织机关、基层党员轮岗锻炼。制定、完善党务公开实施意见、党员意见建议处理及反馈制度、党小组工作规范等5项制度,规范党务公开标准及流程、重大决策管理及监督制约、基层党组织建设等内容。按照"一个基层一个品牌"的工作思路,要求每个基层党组织分别自主确立一个党建工作亮点。扬州边防检查站执勤业务科党支部与中海工业(江苏)有限公司建立"警官兼厂官,党员进工会"的新型联建联创模式,由执勤业务科教导员担任企业工会副主席,研究制定打造党建活动阵地、推行协作交流例

会、落实警官指导帮建等10项创新措施，协助企业建立“职工之家”“党员驿站”等党建活动室，丰富联建联创内涵，将部队党的建设融入警地“大党建”工作格局。（刘 伟）

■**边检服务** 扬州边防检查站推动扬州口岸发展和仪征边检勤务移交工作。9月24日，江苏公安边防总队与扬州市政府签订《扬州口岸对外开放(边检)工作合作备忘录》；10月19日，完成仪征边检勤务移交工作。深化“大走访”活动，打造便捷化“5分钟边检服务圈”，创新推出“STAR”(英文Simple、Timely、Accessible、Reliable的首字母缩写，意为简捷、及时、方便、可靠)五星级服务标准。2012年，960人次走访服务单位，提供现场服务62次，开通绿色通道15次，发放并回收征求意见表1500多份，收集、整理建议、意见26条，为企业、船方降低成本、挽回经济损失230多万元。扬州边防检查站获评江苏省文明口岸先进单位，执勤业务科宰学飞获评江苏省文明口岸先进个人。（刘 伟）

■**正规化建设** 扬州边防检查站开展“践行核心价值观，喜迎党的十八大”主题教育活动，制定参观见学、检查通报、文章展评等10项措施。修改、完善部队管理规章制度48项。搭建“短信温馨提醒”“网上督察”“领导信箱”等管理平台。延伸管理触角，落实单身干部晚点名、家属助管等制度，签订安全行车责任状、家庭助廉承诺书等。开展基层官兵“每日谈安全”活动。组织开展各类军事业务竞赛考核4次、士兵职称等级评定综合考评2次。开展专项督察20多次，开展安全教育讲座、参观预防腐败警示教育基地等活动8次。组织心理健康测试3次、心理疏导5次，开展“‘我爱我’心理健康周”专项活动。实现全年安全无事故。（刘 伟）

人民防空

■**民防组织指挥体系建设** 落实民防指挥机构人员实名制，明确职责任务，坚持常态管理，形成上下贯通、集中统一、反应灵敏、指挥畅通的组织领导机制。定期、不定期召开军地联席会议，研究部署防空防灾工作目标和任务，解决防空防灾工作重大问题。研究人民防空由平时进入战时状态的转换方式、时机、阶段划分和转换时期的工作程序、内容、方法等，完成市本级和各县(市、区)防空袭预案修订。指导重要经济目标单位完善防护方案，健全防护组织，明确职责任务，落实措施要求，组织不同规模的重要经济目标防护演练，提高防护能力。推进防空防灾人口疏散和应急避难场所的规划建设，结合“5·12”防灾减灾日、“10·29”警报试鸣日等时机，组织社区、学校、相关单位开展紧急疏散演练，社区居民和学校师生5000多人参与演练。扬州市直民防专业队完成整组和1600名民防专业队员组训工作，各县(市、区)完成民防专业队整组。组织民防专业队、核应急成员单位和民防志愿者参加核应急知识技能培训。（倪方勇 李笑晖）

■**民防信息警报体系建设** 依托军地信息网络资源，完成市本级人民防空通信专网升级改造，列装信道保密设备，实现网络互联互通，完善光纤、电缆、短波、超短波、移动和卫星通信“六网一体”体系。江都区人民防空办公室制定机动指挥通信系统技术方案，宝应县人民防空办公室完成民防地面指挥中心改造。市区新建6个固定警报点、3个多媒体警报点和2个重要经济目标远程监控点。完成“10·29”防空警报试鸣工作，市区警报音响覆盖率98%以上。完成江苏省军区及省民防局部署的防空袭研究性演习任务。市民防局与镇江、泰州、淮安等地民防局协同，以润扬大桥和扬州泰州机场等重要经济目标防护为背景，开展10次现场机动指挥所的实地开设演练与研讨。建立警报设备日常检查维修工作制度，听取群众对警报试鸣效果的意见，完善防空警报技术数据。加强通信警报人员业务培训，定期维护警报设施。（倪方勇 李笑晖）

■**民防防护工程体系建设** 依据新时期军事战略方针，以增强城市防护功能为重点，结合城市新建民用建筑，修建战时可用于防空的地下室(简称结建)。全年立项、开工、竣工结建民防工程面积均快速增长，民防工程建设基本实现布局合理、种类齐全、功能完善。坚持“以建为主，以收促建”的原则，民防工程建设和易地建设费征收范围向重点建制镇延伸，民防工程易地建设费实现按时足额征收。推行民防工程“四分离”(政策性审查与技术性审查分离、图纸审查与竣工验收分离、建设与管理分离、政策性验收与技术性验收分离)制度。新集镇防空林及杨寿镇疏散地域生活保障基地新增防空林林木种植面积3.33公顷，各项基础设施及功能日趋完备。广陵新城人防综合工程2月18日开工建设。加强民防工程维护与管理，民防工程完好率94%以上，全年未发生安全责任事故。提升平战结合效益。全市投入平战结合的民防工程累计85万平方米，开发利用率95%以上，向社会提供停车泊位1.21万个，提供就业岗位3300多个。（倪方勇 李笑晖）

■**民防宣传教育工作** 利用防灾减灾日、警报试鸣日和法制宣传日时机，宣传民防法律法规和应急避难知识。全年在市级媒体发表民防宣传稿件130多篇。编印《居民防空防灾手册》3万多册，免费发给市区所有社区。市民防局联合市教育局制定《民防知识示范学校教育意见》，向市直中学发放民防知识教育宣传资料和教材7000多册。市直中学民防知识课开课率和达标率均为100%。市行政办事服务中心民防窗口专设民防知识宣传资料架，全年发放民防宣传资料上千份。（倪方勇 李笑晖）

■**民防工作进街道、进社区** 市政府印发《关于加强基层民防工作的意见》，将民防工作列入“幸福社区”建设考核内容。市民防局编写《民防工作进街道、社区工作指南》，召开专题会议推进民防工作进街道、进社区。通过宣传栏、发放资料、播放录像、讲座培训、知识竞赛等方式，普及民防知识。为街道、社区配置民防应急箱和必要的呼救、逃生、灭火、防化、医疗救护等器材，制定防空防灾疏散等预案，组织人口疏散、急救包扎处理以及消防灭火、逃生演练，传授防护技能。至2012年底，全市13个街道、16个乡镇以及城区177个社区民防工作通过考核验收，基层民防工作实现全覆盖。 （倪方勇 李笑晖）

拥政爱民

■概述 驻扬部队官兵开展拥政爱民活动。支持地方经济建设。驻扬各军事代表室帮助地方军工企业开发新品；发动农村民兵开展科技兴农活动，建立民兵科技示范园、科技育种基地80多个，培养家禽、特种水产养殖专业户1200多户，涌现出400多名科技兴农致富带头人。维护地方和谐稳定。驻扬部队组织官兵和民兵、预备役人员1.2万人次，完成仪扬河乌塔沟围堰倒塌抢险、开发圩封堵决口、高邮宝应交界处里氏4.9级地震应急处置、台风防抗等抢险救灾、急难险重任务10多次；组织近2000人次参与西气东输扬州段150千米管线巡查，近1000人次参加扬州泰州机场建设。中国扬州“烟花三月”国际经贸旅游节、“6·19”观音山香会、世界运河名城博览会等重大活动期间，军分区和武警扬州市支队组织官兵和民兵应急分队配合公安部门做好安全保卫工作。武警扬州市支队全年出动兵力7179人次，完成各类临时性勤务183起，其中一级警卫勤务1起、二级警卫勤务5起；扬州市消防支队全年出动官兵1.5万人次，扑救各类火灾700多次，抢救和保护财产1.5亿元。开展“双带双扶”（带头创业致富、带动共同致富，扶助贫困村和贫困户、扶助贫困中小学和特困生）活动。驻扬部队官兵先后慰问老区功臣对象238户，发放慰问金28万多元；结对帮扶贫困学生12万元；捐资2万元改善八一希望小学教学设施；参加“‘5·19’慈善一日捐”活动，捐款13.04万元；义务植树1.2万棵。兰州军区扬州干休所发动工休人员捐款5000多元，在街边设立面向执勤交警、环卫工人和过往群众的“爱心驿站”，提供免费使用的桌椅、空调、常用药品、饮水设施、饭菜加热设施以及雨伞、打气筒、报刊等。扬州市第六次获全国双拥模范城称号。

（袁德鹏 周梅红）

■军分区拥政爱民活动 军分区邀请部队专家为市委中心组成员作国防形势报告，召开市委常委议军会暨人武部党委第一书记述职报告会。规范党管武装工作。会同市委、市政府表彰乡镇（街道）党管武装好书记、履行国防义务好厂长（经理），会同市委组织部评选“十佳专职人武干部”“十佳民兵”，促进基层武装工作发展。支持地方建设，组织官兵和民兵预备役人员开展重点建设、扶贫济困、岗位创新、文明示范、治安维稳等“五项工程”活动。派出帮训教官97人，协助扬州职

兰州军区干休所设立“爱心驿站” 双拥办/供稿

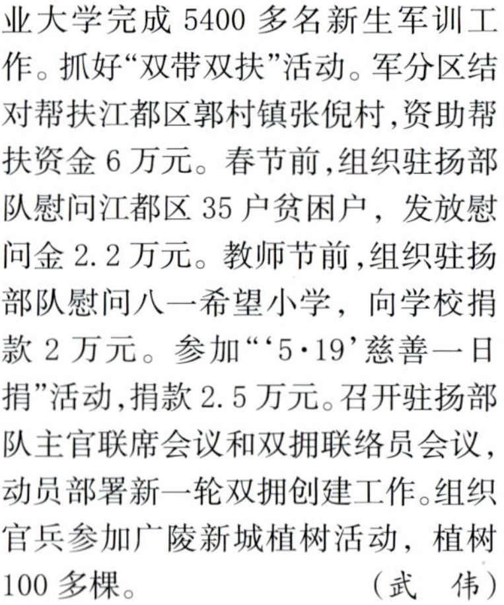

业大学完成5400多名新生军训工作。抓好“双带双扶”活动。军分区结对帮扶江都区郭村镇张倪村，资助帮扶资金6万元。春节前，组织驻扬部队慰问江都区35户贫困户，发放慰问金2.2万元。教师节前，组织驻扬部队慰问八一希望小学，向学校捐款2万元。参加“‘5·19’慈善一日捐”活动，捐款2.5万元。召开驻扬部队主官联席会议和双拥联络员会议，动员部署新一轮双拥创建工作。组织官兵参加广陵新城植树活动，植树100多棵。 （武 伟）

■预备役师加强军民关系 3月12日，预备役师机关组织青年官兵，与驻地文化单位团员青年一起，开展以“读书建设精神家园，植树倡导绿色生活”为主题的绿化活动。通过读好书、植绿林，共同倡导学习型、低碳型生活；通过行动建议书签名等形式，号召更多人共同保护精神家园、爱护身边环境。5月19日，预备役师参加扬州市“5·19”慈善一日捐活动，师机关官兵为扬州市慈善事业捐赠2万元。5月，预备役师开展“无偿献血无尚光荣，科学献血无损健康”宣传活动，组织16名官兵无偿献血6000毫升。7月4日，扬州市驻军单位联席会议在预备役师机关召开，预备役师和其他单位主要领导、市双拥办领导出席会议，研究双拥工作，交流军民融合发展情况。

（汪建光 王进耕 封昌仁）

■扬州边防检查站推进爱民固边战略 扬州边防检查站推进爱民固边战略，开展“访民情、解民忧、暖民心”活动，向社会公布《扬州边检站关注弱势群体六项承诺》。组织官兵开展“认亲接力”活动，帮扶施桥镇敬老院孤寡老人；慰问社区困难儿童和企业困难职工；为驻地院校义务军训；结对帮扶仪征市陈集镇八一希望小学困难师生。官兵全年捐款、捐物11万多元。 （刘 伟）

开发园区

Kaifa Yuanqu

本栏责任编辑　李全权

综述

■**概况**　2012年底，扬州市有开发园区10个，其中国家级经济技术开发区1个、省级经济开发区8个、市级重点工业园1个；另有国家级出口加工区1个。全市开发园区规划建设面积合计504平方千米，建成面积158平方千米。2012年，全市开发园区实现业务总收入1.19万亿元，比上年增长38.9%；工业产品销售收入9404亿元，增长36.5%；公共财政预算收入183.6亿元，增长33.4%；自营出口70.3亿美元，增长12%；注册外资及港澳台资(简称外资)实际到账14.87亿美元，下降1.6%。

（徐其祥　邱永永）

■**基础设施建设**　2012年，全市开发园区改善投资环境，增强项目承载能力，完成基础设施投入302.91亿元。各开发园区内道路、标准厂房、供水、供电、供气、邮电通信、雨水排放和污水处理等基础设施建设到位，金融、酒店、医疗、教育、文化、公租房、人才公寓等服务设施配套到位；园区周边实现公铁水联运、江河海沟通。

（徐其祥　邱永永）

■**项目建设**　2012年，全市开发园区签约重大项目45个，计划总投资725.51亿元；开工建设重大项目26个，计划投资285.28亿元；竣工重大项目11个，实际投资203亿元；投产重大项目19个，实际投资297.92亿元。（徐其祥　邱永永）

■**外贸出口**　2012年，全市开发园区完成自营出口70.3亿美元，比上年增长12%。其中，国家级经济技术开发区完成自营出口29.21亿美元，比上年增长22.9%；省级经济开发区完成自营出口37.1亿美元，比上年增长2%；市级重点工业园完成自营出口4.01亿美元，比上年增长38%。

（徐其祥　邱永永）

■**产业发展**　2012年，全市开发园区基本形成以机械装备产业、汽车及零部件产业、船舶及配套件产业、石油化工产业、软件与信息服务业和新能源、新光源等新兴产业为核心的产业发展格局。其中，机械装备产业、汽车及零部件产业、船舶及配套件产业、石油化工产业实现产值4830亿元，增长14.5%；新能源、新光源产业实现产值600亿元，增长17.5%；软件与信息服务业完成业务收入185亿元，增长41.7%。

（徐其祥　邱永永）

■**科技创新**　至年底，全市开发园区共建立国家级博士后科研工作站7个，国家级、省级公共检验测试平台10个，国家级、省级重点实验室10个，国家级、省级特色产业基地(园)15个；引进创新创业领军型人才280人；有省级以上高新技术孵化器孵化面积64.6万平方米，在孵企业627家。2012年，西安交通大学(简称西安交大)扬州科技园建成开园，东南大学扬州科技园和研究院启动建设。江都建材装备产业园、仪征汽车及零部件产业园、高邮特种电缆产业园获批成为省级科技产业园。新增国家高新技术企业58家。全社会研发投入占地区生产总值的2.1%。高新技术产业实现产值3200亿元，占全市规模以上工业总产值的43%。获专利授权6571件，其中获发明专利授权343件。新增中国驰名商标5件。　（徐其祥　邱永永）

■**节能减排**　2012年，全市开发园区加大节能环保技术、循环利用技术、可再生资源技术以及新型节能建材等新技术、新产品的推广应用力度。全年实施节能技术改造项目117个、减排项目151个，淘汰落后用能设备2232台(套)，关闭高能耗低效企业20家。全市开发园区单位地区生产总值能耗比上年下降4%，实现节能34.6万吨标准煤。

（徐其祥　邱永永）

■**扬州出口加工区**　至2012年底，扬州出口加工区有注册项目20个，投资总额11.86亿美元，注册资本6.58亿美元；易倍得电子、峻茂光电、荣德太阳能、力铼光电、川岳科技等12个项目投产，初步形成以电子和光伏产业为主的特色产业链经济。2012年，扬州出口加工区注册外资实际到账1753万美元，完成工业产值34.58亿元，完成进出口总额12.5亿美元。

扬州出口加工区启动扬州综合保税区申报工作，先后向市政府、省政府提交《扬州综合保税区申请报告》。11月12日，市政府在扬州出口加工区召开综合保税区申报工作协调会。12月3日,扬州出口加工区向市政府提交《关于调减扬州综合保税区规划范围的补充说明》。
（徐其祥　邱永永）

■江苏省知识产权试点园区建设 2012年,扬州高新技术产业开发区、江都经济开发区、扬州化学工业园区、高邮经济开发区、宝应经济开发区获批成为江苏省知识产权试点园区。新获批的江苏省知识产权试点园区均设有专门的知识产权工作机构并配备专职工作人员,建有完备的知识产权管理制度和规章、政策;均拥有一批具有自主知识产权的企业和产品。至年底,扬州市共有扬州经济技术开发区、扬州高新技术产业开发区等江苏省知识产权试点园6个。
（史　建）

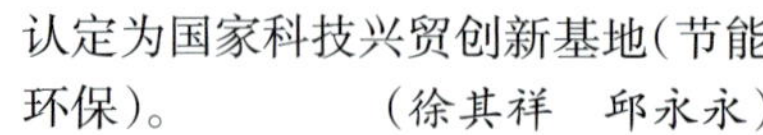

扬州经济技术开发区

■概述 2012年,扬州经济技术开发区实现地区生产总值702.2亿元,比上年增长15.6%;完成固定资产投资479.9亿元,比上年增长31.1%;完成工业总产值2560亿元、进出口总额46.1亿美元、财政收入113.3亿元,注册外资实际到账4.22亿美元。

2012年,扬州经济技术开发区先后与省政府外事办公室签署对外开放战略合作协议,与国家认证认可监督管理委员会签署认证认可工作联系点合作备忘录。2月17日获评国家循环经济教育示范基地,6月5日获评省先进开发区,9月14日被认定为国家科技兴贸创新基地(节能环保)。
（徐其祥　邱永永）

■招商引资 2012年,扬州经济技术开发区加快“三新一网一书”(新能源、新光源、新材料,智能电网,电子书)项目集聚。全年新批外资项目40个,协议利用外资11亿美元,注册外资实际到账4.22亿美元;注册内资企业720个,新增内资企业注册资本金73.2亿元。
（徐其祥　邱永永）

■科技创新 2012年,扬州经济技术开发区实现高新技术产业产值1470亿元,完成研发经费投入20.61亿元。加快建设公共技术服务平台,建成西安交大扬州科技园、外商公共服务中心、扬州智谷,提升国家级创业服务中心孵化功能。深化产学研合作,以项目为载体,与西安交大共建西安交大扬州研究院,与中国科学院半导体所共建扬州中科公司,与南京大学共建南京大学扬州光电研究院。
（徐其祥　邱永永）

■基础设施建设 2012年,扬州经济技术开发区实施临港新城开发,上市开发土地3宗33.8公顷。新开工房地产项目3个。兼顾市政建设和外资利用,以市场换资金,建成或改造道路6条11.6千米。开展市容环境综合整治,完成顺达路、维扬路积水点整治。新增或提升城市绿化面积10万平方米。拆迁民房、企业厂房面积55万平方米。新开工建设安置房38万平方米,建成交付安置房15万平方米。
（徐其祥　邱永永）

2012年,扬州经济技术开发区晶澳太阳能三期项目投产　日报/供稿

■永丰余工业园项目签约进区 5月8日,总投资100亿元的永丰余工业园项目签约进区。永丰余工业园主要建设内容包括废纸循环使用、秸秆综合利用、生活用纸、码头物流和区域总部等项目。其中,年产6.6万吨的生物环保包材原料生产线以秸秆取代废纸作为原料,利用生物技术和生物制浆工艺生产生物环保包材原料产品,生产过程不使用化学药剂,筛余物可作为有机堆肥原料或锅炉燃料,实现零排放。
（杨　志）

■西安交大扬州科技园开园 7月19日,扬州市举行西安交大扬州科技园开园暨扬州经济技术开发区项目集中投产典礼。西安交大扬州科技园是西安交大与扬州市政府合作建设的校地合作基地,是以科技创新、产业需求为导向,依托西安交大科技和人才优势,集技术研发服务、专业技术服务、产业孵化服务等于一体的综合性公共服务平台。科技园规划占地面积16.67公顷,建设面积20万平方米,总投资10亿元。一期工程占地面积8.33公顷,规划建设面积13万平方米,总投资6亿元。开园典礼上,卢秉恒院士工作站、王锡凡院士工作站等科技园首批进驻项目签约,永丰余、协鑫光伏、万德环保、浙大网新、睿医信息等5个重大项目举行集中投产仪式。典礼结束后,西安交大在扬州智谷展示中心举行科技成果推介会。
（杨　志　杨　科）

■渤海粮油仓储物流及综合加工项目签约 10月17日,山东渤海实业股份有限公司与扬州经济技术开发区签署协议,在扬州经济技术开发区港口物流园投资建设粮油仓储物流及综合加工项目。山东渤海实业股份有限公司是以大豆加工、植物纤维制造为主导产业的农产品加工企业,是中国制造业500强企业、中国食品工业(食用油行业)10强企业。渤海粮油仓储物流及综合加工项目一期总投资12亿元,主要建设油料仓储物流设施、油料压榨车间、油料精炼车间和油料小包装车间,建成后可年产高蛋白饲料粕100万吨、食用植物油25万吨、综合磷脂7000吨,可新增港口货物吞吐量300万吨。
（杨　志）

■尤妮佳生活用品项目开工 11月8日,尤妮佳生活用品(江苏)有限公

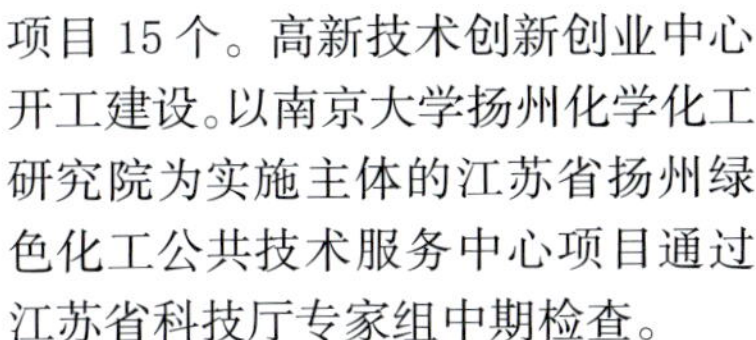

司在扬州经济技术开发区举行开工仪式。尤妮佳生活用品项目及其配套项目总投资50亿元，一期投资24亿元，主要生产纸尿裤、日用清洁用品、女性生活用品等，投产后可实现年销售额30亿元。（杨 志）

扬州化学工业园区

■概述 2012年，扬州化学工业园区实现业务总收入1102.5亿元，比上年增长99%；完成工业产品销售收入918.8亿元，增长99%；完成基础设施投入25.11亿元，增长29%；实现公共财政预算收入9.12亿元，增长55%；完成自营出口2.41亿元，新批外商企业4家，注册外资实际到账1.57亿美元。

5月24日，扬州化学工业园区启动海峡两岸(扬州)绿色石化产业合作区建设。10月18日，扬州化学工业园区获批成为江苏省知识产权试点园区；12月26日，获批成为江苏省化学纤维特色产业基地。（杨 志）

■项目建设 2012年，扬州化学工业园区实友化工苯酚／丙酮、华电热电联产一期、亚东石化EA/EOD、住精科技年产3000吨高纯度氨、天启化学3000吨氰酸酯、擎宇化工高分子分散剂等项目竣工投产，大连化工1,4-BDO/EVA扩能、奥克化学环氧乙烷及其衍生物、远纺工业70万吨化工新材料、远东仪化二甲苯衍生物等项目开工建设，远东联乙二醇、远东联40万吨环氧乙烷、普莱克斯工业气体等项目获批筹建，瑞盛科技年产35万吨苯酚／丙酮和12万吨双酚A、远东联石化2.5万立方米低温乙烯储罐和3万标准立方米／小时空分装置等项目签约报批，总投资108亿元的MTO项目和总投资105亿元的江苏华电仪征燃机热电联产项目在建。石化物流业发展迅速，公共液体化工码头二期、奥克化学5万立方米低温乙烯储罐、中石化仪征原油商业储备基地等重点服务业项目开工建设。（徐其祥 邱永永）

■招商引资 2012年，扬州化学工业园区组织境内外招商活动37次，其中境外招商活动4次。举办2012“台湾·江苏周”扬州海峡两岸绿色石化产业合作交流会。与韩国丽水国家产业园开展交流合作。全年新增协议利用外资5.1亿美元，注册外资实际到账1.57亿美元；注册民资实际到账16.8亿元。（徐其祥 邱永永）

■科技创新 2012年，扬州化学工业园区实现高新技术产业产值478.5亿元；获批国家创新基金项目1个，省、市科技支撑计划项目7个，扬州市“双创”(工业技术创新和二次创业)工程与“八大产业”(石油化工，汽车船舶，机械装备，新能源、新光源、新材料和智能电网，电子信息，生物医药，现代服务业，现代农业)扶持项目8个，市科技服务业发展专项引导资金项目2个。新增国家高新技术企业1家、省民营科技型企业5家、市创新型企业5家，新增国家重点新产品1个、省高新技术产品5个。申请专利150件，其中发明专利43件；获专利授权60件，其中发明专利授权10件。新增产学研合作项目15个。高新技术创新创业中心开工建设。以南京大学扬州化学化工研究院为实施主体的江苏省扬州绿色化工公共技术服务中心项目通过江苏省科技厅专家组中期检查。（徐其祥 邱永永）

2012年，位于化工园区的江苏华电仪征燃机热电联产项目一期工程投产 商务局／供稿

■安全环保 2012年，扬州化学工业园区完善园区与仪征市环保局联席会办制度，实施环保局负责人挂钩企业负责制度、分片包干制度和驻厂环保特派员制度等安全环保制度。推进“一企一档”“一企一策”“一企一管”管理模式，增强监管工作的科学性和针对性，建立项目准入、专家预审、公众参与、预警应急等安全环保制度体系。成立环境科学协会和消防协会。实施项目准入安全环保一票否决制。全年组织3次应急演练活动。开展企业从业人员安全环保业务培训班。加快安全环保基础设施建设，青山污水处理厂二期竣工投产，东晟固废二期、杰嘉固废一期、综合应急响应平台项目在建。大气自动监测站升级改造一期扩建工程投入使用。（徐其祥 邱永永）

■海峡两岸绿色石化产业合作交流会 参见第136页

■年产3000吨高纯度氨项目投产 4月19日，住精科技(扬州)有限公司年产3000吨高纯度氨项目在扬州化学工业园区竣工投产。由日本住友精化株式会社投资兴建的住精科技(扬州)有限公司建设项目总投资22.5亿日元，于2011年6月开工建设，科技含量高、发展前景好，是扬州化学工业园区做大下游产业链，推动产业系列化、专用化、精细化、绿色化发展的重点项目。（史 建）

扬州高新技术产业开发区

■概述 11月26日，经省政府批复同意，邗江经济开发区更名为江苏省扬州高新技术产业开发区(简称扬州高新区)。更名后，开发区总体规划、土地利用规划、建设面积和四至范围

不变。扬州高新区总规划面积60平方千米;至年底,已开发面积20.2平方千米,初步形成北园、南园、汊河片区、运西片区、建华片区等5个板块。

2012年,扬州高新区实现工业总产值1138亿元、规模以上工业总产值949亿元、服务业增加值40亿元、入库税收33亿元,在江苏省级开发区综合排名中列第12位。2月,扬州高新区智谷创业园被江苏省科学技术厅认定为省级科技创业园;3月,扬州高新区创富工场交付使用;4月,扬州高新区国家"千人计划"(扬州)创新药物与食品安全研究院揭牌;6月,扬州市区第一个公共租赁住房示范项目——扬州高新区青年公寓通过验收;9月,扬州高新区南园后勤配套区——创业服务中心主体工程封顶。（徐其祥　邱永永）

■招商引资　2012年,迈安德智能装备、联创扬州国际软件园、伯克生物医药等项目相继签约落户扬州高新区。全年完成协议利用外资3.8亿美元,注册外资实际到账1.37亿美元。全区新增民营企业152家,新增民营企业注册资本金12.8亿元。新增1亿元以上项目5个,其中10亿元以上大项目3个。

（徐其祥　邱永永）

■科技创新　2012年,扬州高新区先后获批成为省数控装备特色产业基地、省知识产权试点园区,智谷创业园被认定为省级企业科技孵化器,文化创意产业园被评为市级现代服务业集聚区。全年新增国家高新技术企业3家;新增省级以上高新技术产品47个,其中国家重点新产品3个;新认定省级民营科技企业125家。申请专利648件,其中发明专利204件;获专利授权375件,其中发明专利41件。签约产学研合作项目28个,申报省级以上科技计划项目82个,获江苏省科技进步奖2个。

（徐其祥　邱永永）

■基础设施建设　编制大学科技城概念规划、邗江健康生物医药产业园建设规划、市政基础设施规划、建华片区防洪排涝规划,修编"运河新城"和建华片区概念规划、汊河片区控制性规划、开发西路"退二进三"(第二产业用地退出市区,改造为第三产业用地)控制性规划等。新328国道连接线西接线等7条道路和吉安大桥建成通车,怡园路开工建设,丰支河等4条河道完成整治。完成吉安路南延段等道路绿化工程。创业服务中心主体建筑封顶。建华安置区、胡庄安置区竣工。新建泵站7座,疏浚河道45条。全年植树5万株,造林413.3公顷。（徐其祥　邱永永）

广陵经济开发区

■概述　2012年,广陵产业园获批升级为江苏扬州广陵经济开发区。2012年,广陵经济开发区完成规模以上工业产值231.82亿元,比上年增长34%;实现利税23.26亿元,比上年增长36%;完成工业入库税收3.6亿元。引进国家海外高层次人才引进计划专家2人、江苏省高层次创新创业人才6人。

（徐其祥　邱永永）

■广陵经济开发区成立　6月6日,省人民政府批复同意扬州广陵产业园升级为省级经济开发区,定名为江苏扬州广陵经济开发区,实行省级经济开发区政策。扬州广陵经济开发区规划面积7.06平方千米,东至沙湾南路,南至迎春河,西至京杭大运河,北至大众港。

12月15日,广陵经济开发区举行广陵经济开发区揭牌暨成立10周年庆典仪式。（杨　志）

■招商引资　2012年,广陵经济开发区引进项目32个,其中新批外资项目8个、新设民资项目24个;实施原有企业增资项目29个,其中外资增资项目3个、民资增资项目26个。注册资本1000万美元以上外资项目6个;注册资本3000万元以上民资项目8个,其中1亿元以上项目4个,完成民资注册19.5亿元。全年协议利用外资2.64亿美元,注册外资实际到账1.93亿美元。园区液压油缸、精密机械、汽车零部件等产业集聚成型,整车生产项目取得突破,液压产业链逐步形成。

（徐其祥　邱永永）

■科技创新　2012年,广陵经济开发区新增国家高新技术企业5家、省级以上高新技术产品18个,新增省级研发机构2家、市级研发机构6家。签订产学研合作协议15项。申请专利265件,获专利授权108件。新增江苏省著名商标1件、扬州市知名商标2件,扬州名牌产品1个。面积10万平方米的科技综合体开工建设,省液压检测中心在建。全年实现高新技术产业产值66亿元。规模以上企业完成研发投入2亿元。

（徐其祥　邱永永）

扬州高新区内江苏金方圆数控机床有限公司　　商务局/供稿

■**基础设施建设** 2012年，广陵经济开发区有翠月嘉东苑、翠月嘉南苑、运河人家北区、运河人家南区等4个拆迁安置小区在建，总建筑面积58.3万平方米，总套数5740套。完成园区道路两侧5米退让带及公园绿化面积12万平方米、沿河绿化带绿化面积8万平方米、安置小区绿化提升面积3万平方米。沙湾路南延段工程完成1.5千米道路施工，并与江六高速匝道口连通。广陵经济开发区公园完成水面开发1.33万平方米，建成区间道路800平方米、排水管道1000米、绿化面积4万平方米、硬化景观1万平方米。

（徐其祥　邱永永）

■**广陵经济开发区液压产业基地产业说明会** 10月31日，第17届亚洲国际动力传动与控制技术展览会在上海市举行。广陵经济开发区在上海新国际博览中心设置独立展台，专题推介液压产业。活动期间，举行广陵经济开发区液压产业基地产业说明会，意大利玛切嘉利公司、意大利拉美普公司、德国雅歌辉托斯公司、中航力源液压、中航南京金城集团、开山集团、中国液压气动密封件工业协会等国内外液压行业企业和组织的100多名客商和专家学者参加说明会，现场签约项目4个。

（杨　志）

■**大信重工项目投产** 江苏大信重工有限公司主要从事挖掘机械、农业机械制造。4月，江苏大信重工有限公司与广陵经济开发区签订项目进园协议。12月24日，该公司在广陵经济开发区生产的第一台全液压式5T装载机下线，实现当年注册、当年开工、当年投产、当年销售。

（杨　志）

■**奔多科技大型精密数控机床项目开工** 9月，奔多科技大型精密数控机床项目一期4栋钢结构厂房开工建设。奔多科技大型精密数控机床项目占地17.67公顷，注册资本4亿元，计划总投资10.6亿元。

（徐其祥　邱永永）

维扬经济开发区

■**概述** 2012年，维扬经济开发区实现业务总收入440.7亿元，比上年增长35%；规模工业产值280亿元，比上年增长21%；完成利税8.2亿元、入库税收5.4亿元；实现服务业增加值13亿元，比上年增长31%。注册外资实际到账5719万美元；注册民资实际到账9亿元。

（徐其祥　邱永永）

■**项目建设** 李尔汽车电子一期项目实现当年建设、当年投产。中集泰利(军用)特种集装箱项目部分建成并投产，成为甘泉产业示范区首家投产企业。甘泉生态科技园一期10万平方米标准研发办公用房建成交付，首批8家科技型中小企业签约入驻。税友软件研发大厦主体建筑封顶；海普瑞斯厂房主体工程封顶，进入设备安装调试阶段；宝马大厦在建。

（徐其祥　邱永永）

■**基础设施建设** 2012年，维扬经济开发区新增基础设施投入14.02亿元。实施甘泉片区新区建设和重点景观提升工程，德胜桥、智胜桥竣工。邗江路南段、宝能路东段、滨湖路、广场路、衡二支路、姚湾路贯通。完成创智湖、创新湾水系改造。启动新区220千伏江蜀线、扬蜀线高压杆线迁移工程。

实施沿扬子江路主干道片区“退二进三”工作，清退低产企业三维光学公司，收回土地8.2公顷，用于商住开发。获批科光电子等3个点供项目，新增土地指标21.33公顷。分批出让各类商住用地21.67公顷。推进拆迁安置房建设，景园一期、巷口小区安置房建成交付，累计交房24万平方米，安置农户750户。甘泉新苑14万平方米的安置小区主体工程完工。（徐其祥　邱永永）

■**科技创新** 2012年，申报国家创新基金项目1个、各类省级科技计划项目2个。获批江苏省高层次创新创业人才引进计划项目3个，申报市级“绿扬金凤计划”项目11个，引进国家海外高层次人才引进计划专家3人。新增省高新技术产品34个。新增国家高新技术企业7家，累计29家。江苏罗思韦尔电气有限公司测试中心通过中国合格评定国家认可委员会认证，罗思韦尔汽车电子研究院建成省级公共研发平台；优邦生物新型疫苗项目获批列入省科技成果转化项目。10月，维扬经济开发区与中国环境科学院签约，启动国家生态工业园区创建工作。

（徐其祥　邱永永）

■**江苏罗思韦尔电气有限公司测试中心获CNAS认可资格证书** 2012年，江苏罗思韦尔电气有限公司投资1300万元建设测试中心，包括焓差实验室、EMC电磁兼容实验室、CAN总线仿真实验室、模拟环境实验室、可靠性和寿命实验室等8个实验室，为汽车电子产品设计开发和生产过程品质管控提供全面、完备的评价手段，其中EMC电磁兼容实验室电磁兼容性能检测设备填补国内汽车电子行业空白。11月14日，中国合格评定国家认可委员会(CNAS)为江苏罗思韦尔电气有限公司签发实验室认可证书，确认该公司具备提供检测服务的能力。（杨　志）

江都经济开发区

■**概述** 2012年，江都经济开发区实现业务总收入1450.1亿元，比上年增长18%；实现工业总产值1396亿元，增长25%；完成进出口总额8.62亿美元，增长4%。新增国家高新技术企业2家、省级民营科技企业40家。新增省级以上高新产品6个。建成市级以上研发机构9个，其中省级研发机构4个。国家级煤炭检测中心签约落户。2012年，江都经济开发区建设发展水平居全省省级开发区第三位，获评中国中小企业创新服务先进园区，获批成为省级“两化”(工业化、信息化)融合示范区和知识产权试点园区、市级沿江物流集聚区和软件信息集聚区。

（徐其祥　邱永永）

■项目建设 2012年，江都经济开发区新增中天管桩、工业化住宅系统、华江建筑产业化等10亿元以上项目5个，筑友混凝土、汽车零部件等1亿元以上项目5个；新开工建设中远码头、美钢物流等10亿元以上项目2个，瑞洋建材、工业气体等5000万元以上项目7个；中信泰富一期工程竣工，海螺水泥项目投产，中航鼎衡二期工程等7个10亿元以上项目在建，裕华冶金辅料、华彩光电等一批中小项目建成。至年底，江都经济开发区软件园区有签约企业11家，8家企业正式入驻，3家企业通过“双软”(软件企业、软件产品)认定，获软件著作权33件，有软件从业人员500多人。（徐其祥　邱永永）

■基础设施建设 2012年，江都经济开发区完成基础设施投入27.84亿元，完善交通、水利、电力设施和污水管网、标准化厂房等配套设施。新开工万吨级以上泊位3个，建成万吨级以上泊位5个，江都港年吞吐量逾2600万吨。建成光明花苑安置房，面积8万平方米；建成公租房一期主体工程，面积5万平方米。完善污水管网10千米。1座22万伏变电所和1座11万伏变电所投入运行。软件园区建成惠普研发中心、科技大厦和滨江生态广场。两横两纵路网骨架开工建设，五星级酒店项目启动建设。

（徐其祥　邱永永）

■长青农化年产1200吨丁醚脲车间投产 3月10日，江苏长青农化股份有限公司(简称长青农化)与全球最大的农化企业——瑞士先正达公司合资建设的年产1200吨丁醚脲生产车间投产。该车间是长青农化与瑞士先正达公司合作的第五个项目，总投资7000万元，装备DCS自动控制系统和ESD紧急停车系统，采用国内领先、国际先进的技术和设备，投产后每年可增加销售额2亿元。

（杨　志）

■中海工业(江苏)有限公司制造世界最大远洋教学实习船 参见第143页

■华伦纳路新材料有限公司开业 5月30日，华伦纳路新材料有限公司开业。该公司由江苏华伦化工有限公司与韩国纳路集团投资建设，总投资2亿元，注册资金1000万美元。韩国纳路集团是韩国知名的综合涂料化工企业。华伦纳路新材料有限公司建有年产2万吨涂料用树脂生产装置，建成后每年可增加产值2.4亿元。（杨　志）

■江苏美钢管业有限公司物流项目开工建设 8月18日，投资10亿元的江苏美钢管业有限公司无缝钢管及管坯物流中心项目在江都经济开发区开工建设。项目占地27公顷，规划建设25万平方米的仓库、3000平方米的检测中心、6000平方米的办公楼、6000平方米的加工车间、7000平方米的包装车间等设施，是集钢管现货交易、货物代理、仓储管理、营销服务、电子商务、物流配送和配套加工于一体的综合性钢材物流中心，设计年吞吐量400万吨，是苏中地区在建的最大无缝钢管及配套物资物流中心。11月，该项目获江苏省发展和改革委员会批准备案。（杨　志）

■国家煤炭检测中心培训中心项目落户 11月30日，扬州市煤炭检测基地、国家煤炭检测中心培训中心项目在江都经济开发区签约。项目总投资1亿元。其中，扬州煤炭检测基地项目投资4000万元，建筑面积1万平方米，主要从事企业委托检验和政府监督检验工作；国家煤炭检测中心培训中心项目投资6000万元，建筑面积2万平方米，为煤炭经营、流通、使用等相关企业开展检测技术人员理论培训、实际操作能力培训及考核提供服务，同时为煤炭等能源行业法律法规培训提供场所。

（杨　志）

宝应经济开发区

■概述 2012年，宝应经济开发区完成工业产值718.66亿元，比上年增长15.8%；完成销售收入655.4亿元，比上年增长22%。新批外商投资企业2家，注册外资实际到账1亿美元；新增民资注册资本47.68亿元，比上年增长7%。完成税收收入20.78亿元，比上年增长26.9%。新增开票销售收入1000万元以上企业20家，其中开票销售收入3亿元以上企业2家。全年有54家企业实施技术改造，完成技改投入95.75亿元。获批用地78.7公顷，盘活存量土地37.5公顷。宝胜科技创新股份有限公司高端装备用特种电缆生产项目获土地点供项目农用地转用计划(省批)5.9公顷，第二污水处理厂获独立选址项目农用地转用计划（省批)5.3公顷。（徐其祥　邱永永）

■项目建设 2012年，宝应经济开发区新开工1亿元以上项目5个，分别是一期投资30亿元的宝胜科技创新股份有限公司高端装备用特种电缆生产项目、投资13亿元的江苏兴发新能源材料有限公司12万吨铝型材项目、投资2亿美元的汉金富泰（扬州）铜业有限公司连铸连轧无氧铜杆项目、投资5亿元的宝应科技创业中心科技创业园项目和投资2.5亿元的江苏中循环境技术有限公司环保设备项目；竣工投产1亿元以上项目3个，分别是总投资15亿元的

4月18日，宝应经济开发区举行江苏中循环境技术有限公司环保设备项目开工仪式　商务局／供稿

江苏康源纺织有限公司40万纱锭一期8万纱锭项目、总投资6亿元的江苏昌辰实业有限公司高档化纤项目和总投资1亿元的江苏爱尔特实业有限公司汽车助力泵项目。

（徐其祥　邱永永）

■ **科技创新**　2012年，宝应经济开发区新增国家级高新技术企业3家，新增省民营科技企业14家、省企业技术中心1家、市工程技术中心4家。获批国家中小企业创新基金项目1个；获批国家高新技术产品14个，获批国家火炬计划产品1个。申请专利258件，其中发明专利23件；获专利授权67件，其中发明专利3件。江苏宝杰隆电磁线有限公司吴铠入选江苏省高层次创新创业人才引进计划。科技创业园全年引进本科以上学历人才40多人，其中研究生以上学历的高层次人才20多人。获省财政厅、省经济和信息化委员会生产性服务业载体项目专项资金40万元。12月31日，被省商务厅、省知识产权局认定为省知识产权试点园区。

（徐其祥　邱永永）

■ **基础设施建设**　2012年，宝应经济开发区完成道路基础设施项目投资4400万元、绿化项目投资4750万元、污水管道投资270万元、土方项目投资260万元。完善工业北区一期基础设施配套建设，推动4平方千米工业北区二期工程建设。城市主干道东阳北路基本完成施工。科技创业园竣工，建筑面积24万平方米，可容纳孵化企业150家。按五星级标准建设的宝应华美达大酒店竣工，酒店大楼24层，面积2.5万平方米。完成3宗7.6公顷商业用地挂牌出让、16宗75.4公顷工业项目用地挂牌出让、3宗5.9公顷土地融资挂牌出让，征收土地4个批次78.7公顷，盘活存量土地37.5公顷。（徐其祥　邱永永）

仪征经济开发区

■ **概述**　2012年，仪征经济开发区实现业务总收入1198.7亿元，比上年增长28%；完成工业产品销售收入935.5亿元，增长22%；完成基础设施投入32.21亿元，增长26%。完成自营出口1.82亿元，下降31%。全年注册外资实际到账1.62亿美元。

（杨　志）

■ **产业发展**　2012年，仪征经济开发区船舶产业、汽车及零部件产业、高新技术产业完成工业产值455亿元，占全区工业总量的71.9%。其中，规模以上船舶企业完成产值203亿元，规模以上汽车及零部件制造企业完成产值143亿元，规模以上高新技术企业完成产值19.9亿元。金陵船舶公司、舜天船舶公司、国裕船舶公司等3家龙头企业通过重组、扩建等方式，扩张产能，提升规模和效益集中度。汽车及零部件产业加速集聚，上海大众项目建成投产，吸引一批配套零部件项目落户仪征经济开发区。

（徐其祥　邱永永）

■ **招商引资**　2012年，仪征经济开发区新批外商投资企业30家，注册外资实际到账1.62亿美元；新增民资注册资本52.1亿元，民资实际到账37.8亿元。（徐其祥　邱永永）

■ **项目建设**　2012年，仪征经济开发区推进重大项目建设，重点建设总投资1亿元以上项目42个，完成投资153亿元；10个投资1亿元以上项目投产。大众联合、明歧轮毂、延峰伟士通、依利安达、科沃新材料、浦源钢管、国芯半导体、海傲机械等项目建成或部分投产；中电电气、耀皮玻璃、和融商务等项目在建。全年新增融资10.6亿元。

（徐其祥　邱永永）

■ **科技创新**　2012年，仪征经济开发区新增国家高新技术企业4家、省级研发机构1家；申请专利376件；申报国家创新基金、省工业科技支撑项目等科技计划项目28个，获项目扶持资金1400万元；促成产学研合作项目8个；申报人才项目35个，引进高层次人才26人；2人申报国家海外高层次人才引进计划，15人申报江苏省高层次创新创业人才引进计划、博士集聚计划，16人申报扬州“绿扬金凤计划”。完善创新载体建设，高新技术创业园二期工程交付使用；完善配套设施，引进孵化企业11家。科教产业园总体规划初步形成。和融商务区开工建设。

（徐其祥　邱永永）

■ **基础设施建设**　2012年，仪征经济开发区建设沙河新苑四期、沙河卫生服务中心、沙河生活服务中心、保障房一期、第二消防站及闽泰大道改造等基建工程，新增安置房、保障房面积12万平方米，改建道路4千米，新增雨污管道20千米、自来水管道2.5千米、绿化面积10万平方米。沙河新苑三期附属工程竣工，四期26幢建筑主体封顶；沿江公路南侧污水主管网工程一标段完工；保障房工程主体封顶；闽泰大道改造工程西半幅基本完工。加快上海大众仪征分公司外围配套工程施工，天越大道、天宜大道建成，雨污水处理和蒸汽、天然气、水电供应等配套工程投入使用。汽车零部件生产区域道路、土方、水系等工程基本完工，7平方千米的整车及零部件集聚区形成规模。

（徐其祥　邱永永）

■ **上海大众仪征工厂培训中心启用**　5月18日，仪征经济开发区上海大

仪征经济开发区内仪征明歧铝轮毂有限公司生产现场　王　卓／摄

众仪征工厂培训中心（简称培训中心）正式启用。培训中心投资5500万元，建筑面积8000平方米，主要承担职前培训、生产操作技术培训、维修技术培训、汽车技术培训和管理培训等。 （杨 志）

■仪征上汽赛克物流有限公司开业 7月5日，仪征上汽赛克物流有限公司开业。仪征上汽赛克物流有限公司成立于2004年，2011年12月成为上海安吉汽车零部件物流有限公司控股公司，2012年4月完成增资。公司主要向上海大众汽车有限公司仪征分公司（简称上海大众仪征分公司）以及供应商提供入厂及零部件物流一体化集成服务，主要业务模块有入厂物流、VMI（供应商管理库存）服务、整车管理、售后零部件管理和网络运输等。 （杨 志）

■上海大众汽车有限公司仪征分公司投产 7月26日，上海大众仪征分公司举行建成投产暨首辆轿车下线仪式。年产30万辆A级轿车的上海大众仪征分公司是扬州历史上单体投资规模最大、现代化程度最高的工业项目，是上海大众汽车有限公司在中国的第五家整车制造工厂，也是德国大众公司建设的全球第二个、中国首个标杆式整车工厂。项目总投资100.06亿元，总建筑面积50.2万平方米，新建冲压、车身、油漆、总装四大车间及有关配套设施，采用大众集团全球标准工厂布局，人流、零部件物流、生产物流、产品车间物流四流独立，分布合理高效，各质量控制点相对集中，并大量采用绿色环保节能技术与产品，工厂整体耗能较同规模汽车工厂节约10%。2012年，上海大众仪征分公司主要生产新款“波罗”轿车，并陆续生产“大众”“斯柯达”等2个品牌的新开发车型。上海大众仪征分公司项目2010年7月15日签约，同年8月5日开工建设，建设工期不到2年，创德国大众公司全球建厂速度纪录。 （杨 志）

■吉凯恩粉末冶金（仪征）有限公司开工 11月8日，吉凯恩粉末冶金（仪征）有限公司在仪征经济开发区开工建设。

吉凯恩粉末冶金（仪征）有限公司是英国吉凯恩集团的全资子公司。厂区占地约3万平方米，总投资2662.5万美元。主要生产中小型部件，为汽车发动机、变速箱、车身和底盘提供精密的粉末冶金部件，为电动工具、家电及其他设备提供工业及消费类粉末冶金部件及模具。设计年产量1亿件。 （杨 志）

■仪征汽车物流园入选扬州现代服务业集聚区 12月3日，扬州市人民政府办公室公布2012年度市级现代服务业集聚区名单，仪征汽车物流园（简称物流园）入选扬州市级现代服务业集聚区（物流类）。

物流园位于仪征经济开发区汽车工业园，建有现代化整车仓储配送基地、物流信息公共平台，拥有仓储中心、配送中心、信息中心及零部件装配中心，具备中转、贸易、仓储、配送等功能。物流园有专业物流企业14家、员工2063人，专门为整车制造商、汽车零部件制造企业提供物流服务。物流园龙头企业仪征上汽赛克物流有限公司是江苏省重点物流企业；总投资1.1亿元的景和普通货物物流项目、总投资1亿元的翔安汽车物流项目和总投资0.6亿元的众磊物流项目等在建。 （杨 志）

高邮经济开发区

■概述 2012年，高邮市马棚镇佛塔村划入高邮经济开发区。至年底，高邮经济开发区辖区面积101平方千米，规划开发面积75平方千米，建成区面积15平方千米，设有光伏电子产业园、电池工业园、机电产业园、服装轻纺园和科技孵化园等5个产业园，有入园企业684家（其中规模以上企业148家）。

2012年，高邮经济开发区实现地区生产总值244亿元，比上年增长22.1%；规模以上工业产值678.2亿元，比上年增长25.2%；完成税收总额22.5亿元，比上年增长18.4%；完成全社会固定资产投资166.2亿元，比上年增长11.9%。协议利用外资2.69亿美元，注册外资实际到账9038万美元；自营出口2.58亿美元。实际利用民资60亿元，比上年增长15.4%。新增产值1亿元以上工业企业4家，新增规模以上工业企业3家。有中国驰名商标4件。

12月23日，高邮经济开发区在第六届中国产学研合作创新大会上获评中国产学研合作创新示范基地。 （徐其祥 邱永永）

■项目建设 2012年，高邮经济开发区实施项目38个，其中新开工项目25个、续建项目13个。新开工项目中，10亿元以上项目5个、1亿元以上项目18个。竣工、投产项目11个，其中10亿元以上项目3个、1亿元以上项目6个。 （徐其祥 邱永永）

■招商引资 2012年，高邮经济开发区围绕产业特色，签约爱力生电池、海德森能源、易事特智能电网、华富电池等项目。投资56亿元的国信燃气热电项目和投资10亿元的中信戴卡500万只汽车轮毂项目签约。赴日本、韩国开展科技招商，投资1.35亿美元的韩国耳障研究中心项目签约。与北京理工大学、南京工业大学签订战略合作协议，招引投资10亿元的宇丰环保汽车尿素泵和食品快检中心项目。全年引进项目19个，其中10亿元以上项目10个。新增个人独资企业150家，新增注册资本1亿元以上企业13家。全区协议利用外资2.69亿美元，注册外资实际到账9038万美元。实际利用民资60亿元，比上年增长15.4%；新增民资注册资本实际到账12.55亿元。 （徐其祥 邱永永）

■科技创新 2012年，高邮经济开发区实施产学研合作项目12个。企业申请专利267件，其中发明专利84件。新增省级以上高新技术产品21个、扬州市级以上工程技术中心13家，引进宋卫国、马廷丽等高层次人才13人。获扶持资金逾1000万元。推进科技创新产业中心建设，建成2.5万平方米的科技创业大厦和10万平方米的科技产业综合体。

（徐其祥　邱永永）

■基础设施建设　2012年，高邮经济开发区建成22万平方米的安置小区。完成北关河生态休闲景观带建设。新建经十七路、经十八路、九园路北延、惠民路、胜利路、关河东路和关河西路等，摊铺沥青路面5.5万平方米。新增道路绿化面积20万平方米。新建法制广场和廉政广场。沿路墙体出新1万平方米。

（徐其祥　邱永永）

■康博新材料项目一期工程投产　康博新材料项目由波司登国际控股有限公司与江苏康博科技有限公司共同投资，主要生产以高纯度硅为主的光伏材料及其应用产品，总投资60亿元，注册资本10亿元，用地53.3公顷，建设厂房与附属用房20万平方米。4月18日，该项目一期工程投产。（徐其祥　邱永永）

杭集工业园

■概述　2012年，杭集工业园实现全部工业产值331.38亿元，实现利税25亿元，完成自营出口4.01亿美元，完成工业用电量3.15亿千瓦时，完成技改投入52亿元。至年底，园区有在工商部门注册登记的个体经营户（民营企业）2800户（家），规模以上企业42家。

2012年，杭集工业园入选国家知识产权保护提升工程，建成国家外贸转型升级专业型示范基地（江苏扬州市广陵区护理用品基地）、中国社会科学院古籍线装书生产基地。

（徐其祥　邱永永）

■招商引资与项目建设　2012年，杭集工业园新增投资1亿元以上项目5个；协议利用外资1.2亿美元，注册外资实际到账3330万美元。翔凯科技等重大项目在建，高露洁公司高档牙刷增资扩产、中国社会科学院古籍线装书、洁王无纺布、佰佳旅游等重点项目开工建设，谢馥春化妆品项目落户杭集工业园。

2012年，杭集工业园新注册民营企业236家，其中注册资金1亿元以上企业3家；新增民资注册资金14.68亿元。开展产业综合整治，查处侵权行为13件。新增一般纳税人100家，增补税收逾700万元。成立江苏省牙刷行业协会及协会党委。13家企业获准使用“江苏省区域名牌（扬州·杭集洗漱用品）”。服务业全年完成项目投资3.08亿元，新增限额以上企业3家、非核心业务分离企业3家。建成5000万元以上重大项目2个。引进中介机构8家，新增楼宇面积12.5万平方米。锦都国际酒店用品城和三笑物流园创成扬州市服务业集聚区。开通中国旅游日化产品电子商务平台。建成创意设计园和扬州市口腔护理用品研究院。

（徐其祥　邱永永）

■科技创新　2012年，杭集工业园完善创新型经济发展专项引导资金管理办法。新增高新技术企业3家。引进“千人计划”人才1人、“绿扬金凤计划”人才1人、博士4人、硕士35人。引进扬州迈杰自动化机械手项目、海星制刷机械项目、恒生高档模具项目等产业链上、下游科技项目。（徐其祥　邱永永）

■基础设施建设　2012年，杭集工业园完成基础设施投入9.05亿元，比上年增长27%。至年底，园区实现区域统一供水，建成11万伏变电所2座，建成园区道路45千米，形成“九纵十一横”道路网络。园区内水、电、通信、有线电视、道路以及污水管网等配套设施完备。

（徐其祥　邱永永）

杭集工业园内高露洁三笑有限公司外景　　商务局／供稿

农业与农村经济

Nongye Yu Nongcun Jingji

本栏责任编辑　李全权

综述

■**概况**　2012年，扬州市农林牧渔业实现总产值369.08亿元，比上年增长11.7%，其中农业产值171.00亿元、林业产值8.77亿元、牧业产值69.49亿元、渔业产值102.74亿元、农林牧渔服务业产值17.09亿元。农民人均纯收入1.27万元，比上年增长13.1%。全年新增设施农业8933公顷、设施渔业3600公顷。至年底，全市高效设施农业总面积4.05万公顷，占全市耕地面积的13.8%，比上年提高2.7个百分点。新增农民专业合作社542个、农民专业合作社成员10.9万户。至年底，全市农民专业合作社累计建成国家级示范社3个、部级示范社76个、省级示范社142个、市级示范社600个。全年创成国家级"一村一品"示范镇1个，省级"一村一品"示范镇1个、示范村8个。建成江苏省出口农产品示范基地6个，获建设补助资金700万元。

强化农村经营管理。全市有663个村的26.92万户农户参加农村土地承包经营权确权登记试点，补签合同26.92万份，补发证书23.9万本；流转农村土地11.93万公顷，流转率56%。

加强农村集体财务规范化管理。实行村账镇代理制度，村组财务公开合格率98%，行政村财务审计覆盖面50%。

加强农村集体"三资"(资产、资源、资金)管理。仪征市、宝应县、高邮市实现农村集体"三资"信息化监管系统镇村全覆盖；仪征市获评全国农村集体"三资"管理示范县，仪征市、宝应县、高邮市获评全省农村集体"三资"管理优秀县。全省村级"四有一责"(有持续稳定的集体收入、有功能齐全的活动阵地、有先进适用的信息网络、有群众拥护的"三强"带头人，强化村党组织领导责任)建设现场推进会在扬州市召开，邗江区、广陵区获评全省村级"四有一责"建设示范县，仪征市获评全省村级"四有一责"建设优秀县。全市92%的行政村实现年经营性收入20万元以上或建成年收入20万元的项目载体。全市村级综合服务中心总面积136.5万平方米。农村光缆、宽带、有线电视实现全覆盖。"三强"(经济发展能力强、民主法制素质强、促进和谐本领强)型村党组织书记占82.5%。(袁强华　胡荣利　王曙光)

高邮市界首镇益友植保专业合作社为农户提供水稻病虫害专业化防治服务　周　麟／摄

■**农民专业合作经济组织**　2012年，扬州市新增农民专业合作社542个，新增成员10.9万户。至年末，全市有经工商注册登记的农民专业合作社3581个，有登记成员84.2万户，占全市农户总数的82.5%。加快发展合作联社。全市有各类合作联社36个，其中农产品销售联社15个。15个农产品销售联社有成员合作社190个，带动农户2万多户，有注册商标40个，在全市开设社区门店20个，销售农产品170多种，全年实现销售额3亿多元。(周爱军)

■**村集体经济合作社建设**　2012年，扬州市在全国率先承认村集体经济组织农民专业合作社(简称村集体经济合作社)的法人地位。在全市选择11个村开展组建村集体经济合作社试点工作。2月28日，全市首个村集体经济合作社在江都区仙女镇正谊村成立。至年底，全市组建村集体经济合作社793个，占应建村的100%；有成员195万户，集体经营性净资产5.5亿元。

(吴兆明　刘乃祥　蔡琳娜)

■**农业适度规模经营**　2012年，扬州市新增农业适度规模经营面积1.51万公顷。至年末，全市有农业适度规模经营面积20.11万公顷，占全市耕地面积的70.16%。其中，按实现形式划分，土地集中型3.74万公顷、农民合作型8.35万公顷、统一服务型7.42万公顷；按经营行业划分，种植业10.66万公顷、水产业4.48万公顷。 （周爱军）

■农业产业化经营 2012年，全市517家规模以上农产品加工企业完成产值533.2亿元，比上年增长26.8%，是农业总产值的1.45倍。全市新增省级农业龙头企业11家、县级农业龙头企业64家。至年末，全市有县级以上农业龙头企业262家，其中市级87家、省级39家、国家级4家。县级以上农业龙头企业实现销售收入376.8亿元，增长23.3%；实现利润11.2亿元，增长20%；出口额1.71亿美元，增长13.2%；带动农户119.8万户，增长16.7%。全市有销售收入20亿元以上农业龙头企业4家、10亿～20亿元农业龙头企业7家（含市场类3家）。 （孙建勇）

■农业产业基地 2012年，扬州市规划建设宝应生态有机产业、高邮鸭业产业、仪征生态农业产业、江都设施园艺产业、邗江水产水禽产业、广陵食品加工产业等6个产值50亿元的连片特色农业产业基地项目，成立农业重大项目建设领导小组。6个特色农业产业基地全年完成产值263.9亿元，比上年增长22.1%；新建总投资1亿元以上农业重大项目62个。 （胡荣利 王曙光）

■农产品质量安全监管 2012年，扬州市采用物联网技术，建成全国首个农产品质量安全智能监管平台，在市区安装60个检测室视频监控装置，24小时监控各检测点检测工作质量。全市新增"三品"（无公害农产品、绿色食品和有机农产品）290个；完成农产品产地抽检7.4万批次，合格率100%。全年未发生重大农产品质量安全事故。 （张菊芳）

■政策性农业保险 2012年，扬州市主要种植业实现应保尽保。全市承保小麦18.16万公顷，承保面98.5%，保险金额16.3亿元，签单保费8172万元；承保水稻19.69万公顷，承保面95.2%，保险金额17.7亿元，签单保费8863万元；承保油菜6533公顷、棉花2667公顷、玉米29公顷。高效设施农业保险实现保费收入2780万元，是上年的6倍；占农业保险总保费收入的14.2%，所占比例是上年的4.3倍。夏熟小麦赤霉病险种赔付8090万元，超额赔付1144万元。 （袁强华 印 笋）

■农民负担监管 2012年，全市农民负担监管卡内负担和代收费用3.91亿元，人均负担27.47元，比上年减少0.39元；其中卡内"一事一议"筹资筹劳8287.3万元，比上年下降1.77%。卡外"四项"（国家规定的允许卡外代收的水利工程水费、机电排灌费、新型农村合作医疗、政策性农业保险）代收费用3.08亿元，比上年增长11.72%；人均负担102.15元，比上年增加12.3元。 （马饶燕）

扬州市农业龙头企业朝晖高效农业有限公司加强大棚蔬菜管理，力争春季蔬菜早上市 王 卓/摄

■村级公益事业"一事一议"项目 2012年，全市有450个村实施"一事一议"财政奖补项目，占全市行政村总数的40%；实施项目463个，其中道路建设项目占70%以上。投入"一事一议"财政奖补项目资金1.5亿元，其中省级以上财政奖补资金7150万元。 （沈 翔）

■新农村建设 2012年，扬州市完成农村劳动力转移培训4.36万人次，新增创业农户2.1万户。开展农民实用技术培训，10.84万人次参加培训，劳动力持证率20%。农产品优良品种覆盖率85%，新技术推广覆盖率90%。全市新建村级文化广场300个、农民集中居住区50个、卫生户厕7.72万座，新增农村沼气用户8200户，疏浚、整治县乡河道和村庄河塘3077万立方米，建成市级以上生态村51个。新建农村公路230千米，改造农村危桥100座。

农村低保人口实现应保尽保，城乡居民社会养老保险参保率99%，新型农村合作医疗（简称新农合）覆盖率99.8%。

建成市级社会主义新农村建设优美乡村10个、扬州市村级组织五项能力建设百强村30个、扬州市村级集体经济收入达标村418个。 （曾 俊）

■村级组织"四有一责"建设 至2012年底，全市累计投入15亿元，建设标准化厂房137.35万平方米、高效设施农业项目52个。仪征市、江都区、邗江区、广陵区全部行政村，宝应县、高邮市80%以上的行政村实现年经营性收入20万元目标。村级活动阵地总面积136.5万平方米。全市95%以上的行政村建成"七室两超市一广场"（综合服务室、综合办公室、综合活动室、文化室、警务室、调解室、卫生室，生活用品超市、农资超市，村民文体活动广场）。光缆、宽带、有线电视实现行政村全覆盖。534人通过公推直选、公推公选程序任村党组织书记，其中65名大学生村官担任村党组织书记。派遣208名机关干部到经济薄弱村任第一书记。全市"三强"型村党组织书记占82.5%。 （曾 俊）

■农村扶贫 2011—2012年，全市

有2.38万户低收入农户（5.96万人）实现年人均纯收入3600元的脱贫目标，占低收入农户总户数的94.7%、总人数的94.6%。

2012年，全市组织4683家企业和个体工商户、385家各级机关单位、6958名党员干部结对帮扶低收入农户1.79万户，累计投入帮扶资金1650.61万元，安排贫困劳动力就业8373人次，实施创业项目873个。发放救助资金6408.2万元，用于帮扶因病、因残丧失劳动能力的低收入农户和低收入农户子女。

完成新一轮年人均纯收入5000元以下低收入农户建档工作，为4.24万户低收入农户7.57万人立档建卡。（袁强华　曾　俊）

■海峡两岸（扬州）农业合作试验区农业特色产业基地合作签约仪式　4月17日，扬州市举行海峡两岸（扬州）农业合作试验区农业特色产业基地合作签约暨广陵首届乐活生态节开幕仪式，落实签约项目34个，投资总量30亿元。其中，外资及港澳台资（简称外资）项目8个，协议利用外资1.73亿美元；民资项目26个，协议利用民资24.9亿元。现场签约的项目以种植业、养殖业和农产品加工业为主。（胡　岩）

■第14届江苏农业国际合作洽谈会　9月21—23日，由江苏省人民政府主办，江苏省农业委员会等单位与扬州市人民政府共同承办的第14届江苏农业国际合作洽谈会在扬州国际展览中心举行。美国、俄罗斯、古巴、泰国、以色列等国家和地区以及国内近1000家企业代表参会，围绕“农业国际投资与贸易合作”主题进行洽谈。活动期间，举行重点农业项目签约、驻华外国使领馆农业专场推介会、中国农业国际交流协会与江苏省农业国际交流协会战略合作协议签字仪式、江苏农业国际投资与贸易合作恳谈会等活动。会上，推介投资合作项目1100个、贸易产品2000多个；签约投资合作项目121个，协议利用外资15.3亿美元；签约贸易合作项目79个，贸易额3.3亿美元；签约技术合作项目8个，协议金额3500万美元；设展位680多个，现场销售农产品1200万元。（杨　志）

■海峡两岸（扬州）农业合作试验区现代农业推介　9月21日，扬州市举行海峡两岸（扬州）农业合作试验区现代农业推介暨项目签约仪式。200多名客商参加活动，现场签约投资项目41个。其中，外资项目24个，协议利用外资1.8亿美元；民资项目7个，协议利用民资14.7亿元；贸易项目7个，贸易额2600万美元；技术合作项目3个。（杨　志）

■丁伙镇获评全国“一村一品”示范镇　11月21日，农业部印发《关于公布第二批全国“一村一品”示范村镇名单的通知》，江都区丁伙镇（丁伙花木）入选，成为全市首个全国“一村一品”示范村镇。江都区丁伙镇是江苏省重点绿化苗木生产基地，是国家林业局、中国花卉协会命名的全国花卉示范基地和中国花木之乡，花木种植面积2600多公顷，有名特优花木品种800多个，产品销往全国各地，形成以朴园、洪顺苗圃场、长青苗圃场等为代表的集花木生产、绿化工程、生态旅游、休闲观光为一体的综合性花木经营实体。（胡　岩）

农业机械化

■农机装备　2012年，全市有大中型拖拉机7566台、联合收割机7089台（其中高性能联合收割机3948台）、插秧机1.02万标准台，农业机械总动力235.82万千瓦，比上年增加5.5万千瓦；农业综合机械化水平79%；农业机械总价值26.52亿元。

全市争取省级以上农机购机补贴资金4561.33万元，购买各类农业机械9119台（套），其中大拖拉机319台、条播机81台、秸秆还田机420台、联合收割机394台、粮食烘干机14台、开沟机603台、田园管理机4台、投饵机2119台、增氧机2322台、秧盘播种设备7台、保鲜储藏设备18台（套）、茶叶杀青机7台。（马　勇）

■农机作业水平　全市稻麦机耕、机播、机收面积分别为40.53万公顷、25.63万公顷、39.41万公顷。水稻机械化种植水平82%，机械化收获水平逾95%；三麦（小麦、大麦、元麦）机械化收获水平逾98%。（马　勇）

■农机服务产业化　全市新增农机合作社51家，累计438家；新增三星级以上农机合作社38家，累计67家。全市农机合作社有成员3.08万人，有各类农业机械3.2万台（套），固定资产总额5.87亿元，农机服务总收入23.6亿元。全市有353家农机合作社开展“五统一”（统一育秧、统一机插、统一植保、统一机收、统一秸秆还田）服务，签订作业合同7.6万份，统一育秧1067公顷，统一机插8.73万公顷，统一植保11.73万公顷，统一机收8.27万公顷，统一秸秆还田12.4万公顷。（马　勇）

■农机跨区作业　2012年，全市发放农机跨区作业证3054张，农机跨区作业总面积76.27万公顷，作业总收入7.19亿元。4400台联合收割机参加跨区机收作业，组建跨区作业队324个，作业面积70.67万公顷，作业收入6.8亿元；1300台大中型拖拉机参加跨区机耕作业，作业面积4.87万公顷，作业收入3280万元；438台插秧机（其中乘坐式插秧机192台）参加跨区机插作业，作业面积7267公顷，作业收入680万元。（马　勇）

■水稻种植机械化　全市推广水稻插秧机1367台（其中步进式1056台、乘坐式311台），完成水稻机插面积14.13万公顷。重点补贴育秧播种机、秧盘等农业机械。全市建成水稻种植机械化万亩示范方8个、千亩示范方95个。秸秆机械化全量还田集成水稻机插秧技术推广应用面积11.27万公顷，占水稻机插面积的79.8%。（马　勇）

■秸秆机械化还田　全市完成夏季麦秸秆机械化全量还田面积16.63万公顷、秋季稻秸秆机械化全量还田

11月5日，扬州市秋季稻秸秆机械化全量还田推进会在江都召开。图为江都宜陵宏顺农机专业合作社现场演示秸秆机械化全量还田　　马　勇／摄

面积13.72万公顷，秸秆还田总面积比上年增加2.06万公顷，综合还田率76.4%。省财政投入资金1830万元，市、县两级配套投入资金707万元，用于发放扶持秸秆机械化还田的各项补贴。（马　勇）

■农机安全生产　2012年，全市注册登记拖拉机1496台、联合收割机668台，检验拖拉机1.65万台、联合收割机5296台。有754人领取农机驾驶证。大中型拖拉机和联合收割机实行免费实地检验；以纯农用拖拉机为主要对象，试点实行免费实地上牌、检验。全市实现农机政策性保险半费出单。在全省率先推出联合收割机参照大中型无挂车拖拉机投保交强险的新险种，大幅降低联合收割机保费标准。联合收割机参保率74%。（马　勇）

■现代高效农业机械化示范园建设　2012年，扬州市农机局印发《关于做好2012年度市级高效农业机械化示范园建设工作的通知》，明确采取建设单位自主投资、农机部门分类指导、市级财政适当扶持的办法，建成10个左右经营规模较大、科技含量较高、生产手段先进、示范效应明显的示范园。按照蔬菜、茶叶、水产、林果、畜禽养殖等不同产业，进行规划布局，采用市县共建、县局主抓等多种方式，全市全年新建市级高效农业机械化示范园9个。（马　勇）

■农机人才培养　2012年，扬州市组织农机合作社理事长、监事长参加轮训，组织农机职工学校教师到农村为农机手讲授驾驶操作及农机维修技术。全市全年新增农机职业技能鉴定合格人数2695人。

举办农机行业职业技能竞赛。全市6个区（县、市）50名选手参赛。宝应县代表队的张庆华获全能第一名，被授予扬州市五一劳动奖章，获评扬州市技术能手。（马　勇）

农业综合开发

■概述　2012年，全市争取国家和省级农业综合开发项目资金2.84亿元，比上年增加0.32亿元，增长14.5%，其中财政无偿资金2.21亿元。编制广陵区农业开发五年规划和2013年项目可行性研究报告。广陵区被列为全国农业综合开发县，每年可获农业开发财政无偿资金4000万元。完善《扬州市十年高标准农田建设规划》。编制“十二五”期间后3年规模开发规划。

全市农业综合开发项目区新建田间水泥路（或砂石路）253.2千米，衬砌渠道315.43千米，建设农村桥梁180座，新建或改建排灌站250座，培训农民1.84万人次，完成田间绿化植树50万株。对照高标准农田建设标准，在宝应县鲁垛镇、柳堡镇，高邮市汉留镇，江都区丁沟镇，仪征市刘集镇，广陵区头桥镇、李典镇等地建成连片万亩以上高标准农田11块。全年为21家农业产业化龙头企业和5个农民专业合作经济组织争取国家农业开发产业化经营项目26个，获项目资金4041.05万元（其中财政投资2544万元）。争取财政补助项目，扶持宝应天禾食品公司等龙头企业和邗江溢仙蔬菜合作社、宝应金禾西瓜合作社、高邮罗氏沼虾合作社等农民专业合作社。争取财政贴息项目，扶持扬州亚联农产品批发市场、锦通食品工业（扬州）有限公司、高邮双兔米业公司、扬州日兴生物科技股份有限公司、江都天一油脂公司等农业产业化龙头企业。（综计处）

■国家农业综合开发项目　2012年，全市争取到国家农业开发土地治理项目13个，总投资1.72亿元（其中财政无偿资金1.54亿元），治理土地1.01万公顷。争取到国家农业开发产业化经营项目26个，项目总投资4041.05万元（其中财政无偿资金2544万元），扶持5个农民专业合作经济组织和21个农业产业化龙头企业。其中，5个财政补助项目投入财政资金540万元，包括宝应县年产3000吨莲藕精深加工扩建项目、宝应县新增22公顷设施西瓜种植基地扩建项目、高邮市100公顷罗氏沼虾健康养殖基地改扩建项目、高邮市0.7万吨蔬菜瓜果种植基地扩建项目、邗江区1600吨无公害蔬菜生产基地扩建项目等；21个贷款贴息项目获补贴贷款利息财政资金2004万元。（综计处）

■省级丘陵山区农业综合开发项目　2012年，扬州市省级丘陵项目总投资5749万元，其中财政资金2730万元（其中省级财政资金2100万元，市、县财政配套资金630万元），主要扶持经济林果、花卉苗木、种草养禽及生态观光农业，组织实施基地项目15个，建设面积434公顷。其中，仪征市是丘陵山区项目重点县，有枣林湾蔬菜苗木基地、枣林湾花卉苗木基地、云鹭观光农业基地、河滨蔬菜基地、丰乐蔬菜苗木基地、邻居果蔬基地、清水湾蔬菜苗木基地、幅郁蔬菜苗木基地等8个项目；邗江区有杨庙优质林果基地、杨寿花卉苗木基地、方巷花卉苗木基地、甘泉花卉苗木基地等4个项目；高邮市有郭集林牧综合生态景观园、送桥种草养鹅示范基地、菱塘原生态林牧复合循环经济园

等3个项目。

省级丘陵山区农业综合开发项目区全年新增经济林果和花卉苗木249公顷;建设机耕路58.5千米,修建排灌站11座,衬砌渠道47.2千米,新增喷灌和微灌面积13公顷,建设农田林网50公顷;搭建钢架大棚72公顷、棚架33公顷,建成禽类房舍、生产设施1.03万平方米;引进新技术7项,培训项目区农民3660人次。（综计处）

■**省级高沙土项目** 2012年,全市省级高沙土项目总投资1528.35万元,其中财政资金1326万元、自筹资金202.35万元,治理江都区宜陵镇、仙女镇和广陵区沙头镇高沙土面积1133公顷,其中建设优质稻麦基地800公顷、蔬菜基地333公顷。项目实际完成土方11万立方米,修建电灌站19座、机耕桥8座,配套田间建筑物296座,开挖、疏浚渠道33.68千米,衬砌渠道25.27千米,新增砂石路8.54千米、水泥路10.25千米,植树造林2.6万株。通过项目建设,项目区新增灌溉面积300公顷,改善灌溉面积900公顷,改善除涝面积1000公顷;年节水110.5万立方米,每公顷农田节约水费225元;林木覆盖率提高4%。（综计处）

种植业

■**概述** 2012年,全市组织开展粮食万亩高产增效创建活动,推广高产优质新品种,推广机插秧等轻简稻作技术,推行测土配方施肥和植保社会化服务,农业生产发展态势良好。全市粮食播种面积41.9万公顷,其中小麦播种面积18.57万公顷、水稻播种面积20.81公顷,全年粮食总产量308.3万吨,比上年增加2.7万吨。粮食生产连续第九年增产。全市水稻平均每公顷产量9237千克,比上年增加405千克,创历史新高。（袁秋勇）

■**粮食高产创建** 2012年,全市承担农业部、江苏省粮油万亩高产增效创建示范片(简称示范片)67个(比上年增加20个),其中水稻示范片52个、小麦示范片12个、油菜示范片2个、大豆示范片1个。创建面积4.67万公顷,比上年增加1.33万公顷。高邮市、宝应县被列为江苏省水稻高产创建整体推进县,江都区小纪镇等5个乡镇被列为江苏省水稻高产创建整体推进乡镇。示范片增产效果显著。经省农业部门验收,高邮市周巷水稻万亩示范片单产最高田块每公顷产量12864千克,创扬州市水稻单产纪录。（袁秋勇）

2012年,扬州市实现粮食生产"九连增"。图为仪征市沿江圩区秋收现场
王 卓/摄

■**惠农补贴** 2012年,国家、江苏省提高惠农补贴标准。农资增支补贴每公顷1551元,比原标准增加328.5元。新增"一喷三防"(在小麦生长期使用混配剂喷雾,用以防病虫害、防干热风、防倒伏)补贴资金每公顷75元。

全市全年发放各项惠农补贴资金5.02亿元。其中,水稻直补面积21.16万公顷,补贴资金6347.2万元;农资增支补贴面积22.34万公顷,补贴资金3.47亿元;小麦良种补贴面积17.37万公顷,补贴资金2605万元;油菜良种补贴面积2.34万公顷,补贴资金351万元;水稻良种推广补贴面积21.23万公顷,补贴资金4775.5万元;棉花良种推广补贴面积5267公顷,补贴资金118.1万元;玉米良种推广补贴面积1533公顷,补贴资金23.2万元。（袁秋勇）

■**秸秆禁烧** 2012年,扬州市5个县(市、区)被列入江苏省农作物秸秆综合利用示范县(市、区)。除秸秆机械化还田项目外,获秸秆多种形式利用项目省补贴资金530万元,实施秸秆收贮项目14个、秸秆固化成型项目7个、秸秆预处理站项目3个、秸秆种植食用菌项目4个、林果田间覆草项目7个。（袁秋勇）

蔬菜业

■**概述** 2012年,全市蔬菜(含菜用瓜)播种面积4.99万公顷,比上年增加1240公顷;总产量184.53万吨,增加9.52万吨;产值55.7亿元,增加6.6亿元。推广应用嫁接苗、组培苗、工厂化育苗等育苗新技术和喷滴灌、防虫网、遮阳网、杀虫灯等栽培新设施。食用菌产业发展质态良好,仪征市刘集食用菌产业园初步形成,广陵区沙头镇上品菌业公司二期工程建成投产。慈姑、芡实等水生蔬菜面积扩大。全年有250个蔬菜产品通过"三品"品牌认证,初步形成以蔬菜检测为主要对象的产地准出体系。（陈志明）

■**蔬菜标准园创建** 扬州市农业委

员会(简称市农委)制定《2012年扬州市省级蔬菜标准园创建项目实施方案》,组织江都区樊川蔬菜园、江都区武坚蔬菜园、高邮卸甲镇一平高效设施农业园、宝应县北郊现代高效设施蔬菜基地申报创建省级蔬菜标准园示范区。各标准园创建单位通过集成技术、集约项目、集中力量,优化、升级设施构型,集成创新高产高效技术,推广应用先进设施,引进蔬菜新品种30个、新技术10项、蔬菜种植新模式6种。 (陈志明)

■蔬菜标准化生产 2012年,市农委制定《2012年蔬菜禁限用高毒农药专项整治方案》。推广防虫网、杀虫灯、性诱剂、捕虫板等物理防虫措施,推广使用生物农药,减少化学农药使用。推广标准化生产技术,规范生产档案记录,逐步实行产品准出和质量可追溯制度。蔬菜产业率先建成扬州市农产品质量安全可追溯系统。江都区建设农产品安全可追溯管理平台,应用于吴桥、小纪、邵伯等省级蔬菜质量安全示范基地。广陵区沙头镇开办农资科技服务超市,设立优质农资直销专柜,提供130多个种类的优质种子和有机肥料、生物农药,从源头上规范投入品使用。 (陈志明)

■创新蔬菜销售途径 2012年,沙头万亩无公害蔬菜园区成立蔬菜配送中心,新建面积600平方米的配送加工车间,添置配送车3辆,每天向9家平价店及集伙单位配送蔬菜6000千克。

仪征市蔬菜生产办公室牵头组建扬州苏合绿篱农产品专业合作联社,设立苏合绿篱优质农产品销售中心。高邮市建立苏合四季飘香平价直销店等4个以合作社为主体的平价蔬菜直销商店。润泽农产品合作联社利用网络平台,开展蔬菜网上配送销售。得祥园农贸市场开设蔬菜农贸超市,实行统一进货、统一定价、统一结算,蔬菜销售价格比其他农贸市场低15%。 (陈志明)

■宝应县入选全国蔬菜产业重点县 1月16日,国家发改委、农业部印发《全国蔬菜产业发展规划(2011—2020)》,规划在全国重点建设580个蔬菜产业重点县(市、区),以提高全国蔬菜均衡供应能力。江苏省有33个县(市、区)入选,扬州市宝应县名列其中。根据规划,宝应县属于长江流域冬春蔬菜优势区域,重点发展冬春露地栽培蔬菜。 (胡 岩)

林业

■概述 2012年,扬州市启动实施《绿杨城郭新扬州三年行动计划(2012—2014)》。全市完成造林5872公顷,其中成片造林3835公顷;新植四旁树木686万株。至年底,全市森林覆盖率20.5%,林木覆盖率22.7%。 (孙羊林)

■村庄绿化与森林抚育 2012年,扬州市全面推进村庄绿化工作,新增省级绿化示范村109个。首次开展森林抚育项目建设,全年抚育森林面积7267公顷。 (孙羊林)

■"绿色江苏建设"工作受表彰 扬州市按照省委、省政府关于"绿色江苏建设"的决策部署,推进国土绿化,开展各类林业生态创建。2003—2012年,全市新增造林面积7.55万公顷,提供木材290万立方米,森林覆盖率净增12.3%,增幅居全省第二位,创成国家森林城市。2012年,江苏省绿化委员会授予扬州市"2003—2012年绿色江苏建设生态创建成就奖"。 (孙羊林)

■第二届江苏苗木峰会暨新优苗木展示会 10月15—16日,由江苏省林业局、扬州市人民政府主办的第二届江苏苗木峰会暨新优苗木展示会在江都区举行。100多名与会代表讨论、分析江苏苗木产业发展形势,并实地观摩江都区丁伙新优苗木展示园。 (孙羊林)

3月28日,茶农在仪征市清源茶叶科技示范园采摘首批春茶 士 苹、爱 琴、祖 勤/摄

■南京林业大学与宝应县合作开展杨树人工林间伐项目课题研究 2012年,南京林业大学森林资源与环境学院与宝应县稻麦原种场合作开展杨树人工林间伐项目课题研究,以期解决杨树人工林经营中普遍存在的造林密度过大、结构不合理等问题。杨树人工林间伐项目试验系国家重点基础研究发展计划课题"人工林生态系统生物多样性和生产力关系"、国家林业公益性行业科研专项课题"杨树优质大径材群体结构和树体管理优化关键技术研究"的一部分,主要研究杨树人工林结构调控对林分环境因子、林分生产力和木材性质、林下植被和土壤生物多样性以及系统养分循环的影响。该课题以国营宝应县稻麦原种场2006年营造的杨树人工林为供试对象,探索新形势下林业科技与生产相结合的新途径和新模式,促进林业科技成果向生产力的转化。 (吴建华)

■完成县级林地保护利用规划编制 2012年,全市各地根据《县级林地保护利用规划编制技术规程》《林地保护利用规划林地落界技术规程》开展县级林地保护利用规划编制工作。县级林地保护利用规划小班落界通过省级审核验收。全市6个县(市、区)2009年森林面积5.21万公顷、林地保有量6.21万公顷,规划到2020年实现森林面积5.4万公顷、林地保有

量6.59万公顷，其中生态公益林落界总面积2.8万公顷(国家级公益林451.7公顷、省级重点公益林1.25万公顷)。年内,各县(市、区)林地保护利用规划通过省林业主管部门审查,由各县(市、区)政府批复执行。

(吴建华)

畜牧业

■ 概述 2012年，全市生猪出栏137.84万头,比上年增长1%;存栏75.24万头,比上年增长1.5%。家禽出栏4618万只，比上年增长8.2%;存栏1588.66万只，比上年增长4.6%。生产猪肉10.51万吨、禽肉8.14万吨、禽蛋13.98万吨,分别比上年增长1.1%、10.3%和4.8%。实现畜牧业总产值69.49亿元。

(杨 志)

■ 畜禽规模养殖 全市有规模猪场1759家,比上年增加249家;规模养殖比重77.16%,比上年提高4.30个百分点。有大中型生猪规模养殖场232家;规模出栏比重48.00%,比上年提高10.58个百分点。蛋禽规模养殖比重82.18%，肉禽规模养殖比重82.02%,奶牛规模养殖比重100%。

(段宝法)

■ 规模养殖场建设 市政府将大中型规模养殖场建设列为民生工程,列入农业农村考核项目。市农委召开专项推进会,组织3次督查,实行工程进度月报制度。全年新建规模养殖场10家，其中蛋禽场5家、肉禽场2家、猪场2家、种鹅场1家;新增畜禽舍面积7.87万平方米；新增养猪能力5万头；新增蛋鸡50万只、肉鸡40万只、种鹅1万只。(段宝法)

■ 发酵床养猪技术推广 发酵床养猪是综合运用微生态学、营养学和生物学的基本原理,将功能微生物与锯末或木屑等发酵制成品有机复合垫料按一定比例混合,自动满足舍内生猪对保温、通气以及对微量元素生理性需求的一种环保生态型养猪模式。2012年,全市各地加大发酵床养猪技术推广力度,江都沪苏、高邮隆盛等规模养殖场建设标准发酵床。至年末,全市有发酵床养猪面积3万平方米。(段宝法)

■ 动物防疫管理 全市发放禽流感疫苗1895万毫升，猪口蹄疫苗309万毫升,牛羊疫苗22万毫升,高致病性猪蓝耳病灭活疫苗1万毫升、弱毒疫苗202万头份,猪瘟疫苗262万头份。组织开展春、秋两季防疫突击行动,应免牲畜、家禽重大动物疫病免疫密度100%。强化免疫监测,全年采集畜禽样品4.1万头份,免疫抗体基本达到保护水平。组织开展奶牛“两病”(结核病和布鲁氏病)监测。全年有2078头奶牛接受布鲁氏病监测,未发现阳性奶牛；有2017头奶牛接受结核病监测,发现阳性奶牛31头,并作淘汰处理。配合国家禽流感参考实验室完成禽流感、口蹄疫等例行抽样监测,采样600头份。完善重大动物疫病应急预案。更新消毒药品2吨、一次性防护服500件、动物尸体袋1000只及有关实验器材、诊断试剂等。

江都区丁沟镇黄花村海星生态环保养猪专业合作社现代化猪舍一角 居小春/摄

10月,组织开展县级兽医实验室人员监测技能竞赛。全市各地12名兽医实验室人员参加竞赛，江都区获团体第一。高邮市通过省级兽医实验室达标创优验收。(段宝法)

■ 畜牧示范创建 2012年，全市开展畜牧业转型升级示范场创建活动。全市有43家单位通过畜牧生态健康养殖示范创建检查,14家单位通过畜禽良种化示范创建检查,30家单位通过动物防疫规范达标示范创建检查,37家单位通过畜禽粪便综合利用示范创建检查,40家单位通过畜产品质量安全示范场创建检查,8家单位通过畜牧新型合作经营模式示范创建检查。(段宝法)

■ 畜牧业相关产品专项整治 2012年,在全市开展兽药、生鲜乳和“瘦肉精”等3项专项整治活动。检查全市兽药生产和经营企业,查处动物诊疗机构使用非法生物制品、违禁药物和人药兽用等行为,全市查处违法案件5件。落实生鲜乳质量安全监管责任,与奶牛场、奶站签订生鲜乳质量安全责任状。全年抽样检测奶牛场76批次、奶站18批次,未检测到三聚氰胺阳性样品。在全市组织开展畜产品“瘦肉精”和含“瘦肉精”饲料清查收缴行动,全市发放公告3481份,签订承诺书1524份。开展饲料生产、经营,牲畜养殖、收购贩运、屠宰环节整治。与养殖场签订不购买、不使用“瘦肉精”承诺书,督促养殖场(户)完善养殖档案。登记备案126家收购、贩运企业(合作社、经纪人),建立健全收购、贩运企业(户)管理档案,督促其签订无“瘦肉精”承诺书。加强省际畜禽运输检查管理,全年检测生猪运输车4087辆次，检测“瘦肉精”4494批次。开展生猪规模饲养场(户)全年全覆盖抽样检测。加强生猪屠宰场“瘦肉精”自检和5%监督抽样监测。10月17—18日,组织6个督查组分别到全市各地开展“瘦肉精”专项整治督查,检查畜禽养殖场6家、生猪屠宰厂6家、畜禽运输检查站1个。全年完成部级畜产品检测抽样120批次、省级畜产品检测抽样640批次、市级畜产品检测

抽样400批次，未发生“瘦肉精”污染事件。（段宝法）

■**执业兽医资格管理** 全市有294人通过执业兽医资格复审，比上年增加30人；有109人获执业兽医师资格，53人获助理执业兽医师资格。（段宝法）

水产业

■**概述** 2012年，扬州市引导冬、春季渔业开发与改造，开展渔业科技培训，强化苗种体系建设与管理，发展高效设施渔业，全市水产业持续健康发展。全市水产养殖面积7.67万公顷，比上年增加867公顷；新增高效渔业面积6420公顷，其中新增设施渔业面积3600公顷。全年实现水产品产量39.2万吨，比上年增加7400吨。渔业实现产值103亿元，比上年增加15亿元。各类水产品价格上涨幅度均逾5%。（李荣福 杨 志）

■**渔业开发** 2012年，水产品价格整体上扬，水产养殖效益稳定提高。全市新增养殖水面867公顷，改造养殖水面1.19万公顷，其中养殖大水面3200公顷、池塘8667公顷；改造池塘硬质护坡5.52万平方米。（李荣福）

■**休闲渔业** 2012年，扬州市有休闲渔业企业117家，比上年增加9家；接待游客10万多人次。集养殖、垂钓、餐饮、休闲、娱乐为一体的休闲渔业基地成为渔业新的增长点。仪征市休闲渔业完成投资6000万元，实现产值7000万元。（李荣福）

■**设施渔业建设** 2012年，扬州市下发《关于加速推进现代渔业“四个一批”建设的通知》，筛选现代渔业“四个一批”（一批现代渔业产业园区、一批现代渔业精品园、一批现代渔业示范场（基地）、一批现代渔业示范村）候选单位，编制建设规划，制定

12月16日，江苏省邗江现代渔业产业园区揭牌　日报/供稿

实施方案和具体建设措施。建立现代渔业“四个一批”候选单位库，候选单位包括现代渔业产业园区3个、现代渔业精品园11个、现代渔业示范场（基地）63个、现代渔业示范村40个。全市新增高效渔业面积6420公顷，新增设施渔业面积3600公顷。邗江区打造沿湖现代渔业产业园区，被省政府批准为省级现代渔业产业园区。（李荣福）

■**水产品质量安全专项整治** 2012年，市农委下发《关于印发〈2012年扬州市农产品质量安全专项整治方案〉的通知》和《关于印发2012年度水产品质量安全监测计划的通知》。加强对全市水产苗种生产企业的普查登记和管理。加强市场水产品、水产苗种和产地环境的质量安全监测，对3家苗种繁育单位、8家农贸（水产批发）市场、35家无公害水产品生产经营单位进行水产品抽样，抽取样品215份。（李荣福）

■**渔业增殖放流** 2012年，扬州市改进渔业资源增殖放流方式。实行公开招标，择优录用供种单位；夏季放流与冬季放流相结合，放流夏花与放养鱼种相结合。全年放流各类水产苗种1248.03万尾（只），其中夏花855万尾（中鳜鱼夏花5万尾、四大家鱼夏花850万尾）、四大家鱼仔口鱼种123万尾、河蟹苗种70万只（幼蟹50万只、蟹种20万只）、青虾200万尾、胭脂鱼300尾。（李荣福）

■**高宝邵伯湖渔业** 2012年，高宝邵伯湖区完成渔业总产量1.46万吨，比上年增长3.1%。其中，养殖产量8138吨，比上年增长3.0%；捕捞产量6476吨，比上年增长3.2%。全年实现渔业总产值2.08亿元，比上年增长13.71%。其中，养殖业实现产值1.37亿元，增长3.8%；捕捞业实现产值7105万元，增长39.36%。湖区渔民人均渔业纯收入9400元，比上年增长14.0%。

2012年，湖区禁渔期延长。禁渔期案件发生数比上年同期下降82%，封湖禁渔期间秩序良好。高宝邵伯湖管委会开展无证捕捞和禁用渔具渔法专项整治。控制捕捞许可证数量。举办第三届高宝邵伯湖放鱼节。规范放流程序，放流质量逐步提高。针对芡实等影响水生环境的问题，提出对策。开展工程增殖技术研究，推进增殖渔业产业化。高宝邵伯湖管委会与扬州大学合作建立高宝邵伯湖渔业产学研合作基地。开展健康养殖技术示范推广和无证养殖专项整治，提高生态养殖水平。发挥渔民专业合作社和龙头企业的带动、辐射作用。为养殖户提供苗种团购服务并给予良种补贴。动员渔民禁渔期外出务工，增加渔民收入。在渔民中开展科技和法制培训。（眭洁如）

工业

Gongye

本栏责任编辑　李全权

综述

■概况　2012年，全市规模以上工业实现现价产值7342.4亿元，比上年增长14.7%；实现主营业务收入6980.7亿元，增长12.6%；完成利税815.1亿元，增长14.7%；实现利润471.9亿元，增长14.2%。全年完成工业用电量123.2亿千瓦时，比上年增长0.95%。

重点企业支撑减弱。2012年，全市工业百强企业完成开票销售收入1336亿元、入库税收44亿元、用电量55.3亿千瓦时，分别比上年下降9.1%、4.4%、2%，增幅分别低于全市工业开票销售收入、入库税收、用电量增幅5.9、6.3、2.9个百分点。

新增长点贡献稳定。2012年，上海大众仪征分公司30万辆整车项目等45个列入省级重点监测的新增长点全部投产，合计新增产值367亿元、销售收入366亿元、利税34亿元，分别拉动全市规模以上工业产值、销售收入、利税增长5.7、5.9、4.8个百分点。

2012年，全市有产值10亿元以上企业125家，比上年增加10家；有产值50亿元以上企业19家，比上年增加4家；有产值100亿元以上企业6家。（杨　志）

■工业投资　2012年，全市完成全部工业投资1705.1亿元，比上年增长22.6%；实现购进设备抵扣增值税额17.41亿元，比上年下降8.3%。新开工10亿元或1亿美元以上重大项目（以下简称重大项目）41个，其中投资规模20亿元以上项目5个。21个重大项目竣工。实施50亿元以上项目3个、20亿元以上项目15个。

41个新开工重大项目平均单体投资规模11.6亿元，比上年提高250万元；平均注册资本3.02亿元，比上年提高130万元，实收资本占注册资本的55%；每公顷土地投资强度8175万元，比结转项目增加1611万元。

全年实施的101个项目中，68个项目属于国家内、外资鼓励类项目，74个项目属于石油化工、汽车、

2012年扬州市入库税收前20名工业企业一览表

表14-1

排名	企　业　名　称	所在地区
1	上海大众汽车有限公司仪征分公司	仪征市
2	扬州石化有限责任公司	江都区
3	江苏国信扬州发电有限责任公司	开发区
4	扬州大洋造船有限公司	广陵区
5	扬州第二发电有限责任公司	开发区
6	扬州经济技术开发区开发总公司	开发区
7	扬州完美日用品有限公司	邗江区
8	江苏扬农化工集团有限公司	广陵区
9	海沃机械（扬州）有限公司	广陵区
10	中国石化仪征化纤股份有限公司	仪征市
11	宝胜科技创新股份有限公司	宝应县
12	中国石化集团江苏石油勘探局	开发区
13	中海工业（江苏）有限公司	江都区
14	扬州中集通华专用车有限公司	开发区
15	森萨塔科技（宝应）有限公司	宝应县
16	扬州诚德钢管有限公司	江都区
17	江苏华电扬州发电有限公司	邗江区
18	舜天造船（扬州）有限公司	仪征市
19	扬州润扬物流装备有限公司	开发区
20	亚普汽车部件有限公司	开发区

（杨　志）

船舶、机械装备、新能源和新光源等五大产业(简称五大产业)项目;有内资项目77个(其中国资项目17个),占项目总数的76.2%,比上年提高13.1个百分点。

上年竣工的20个重大项目新增开票销售收入38.75亿元、入库税收1.74亿元。2012年竣工和新增部分投产的33个重大项目实现产值160亿元。其中,实友化工20万吨苯酚/丙酮和芳烃加氢等2个项目新增开票销售收入28.9亿元,上海大众仪征分公司30万辆整车项目新增产值52亿元。（杨 志）

■科技创新 2012年,全市高新技术产业实现规模以上工业产值3198.44亿元,占全市规模以上工业产值总量的43.5%,比上年提高0.7个百分点。新兴产业实现产值2250亿元,比上年增长30.8%。

全市申请专利1.9万件,获专利授权8091件,分别比上年增长31.4%、51.4%。其中,申请发明专利4222件,获发明专利授权482件,分别比上年增长33.9%、69.7%。新增标准化机构8家,主持制定并发布国家标准和行业标准15项。

新增市级创新型企业240家、市级创新型试点企业168家。新增省级以上研发机构85家,其中江苏扬农化工集团有限公司获批国家级企业技术中心。获批省级以上重大科技成果转化项目12个,其中国家重大科技成果转化项目1个。获批“863”计划(国家高技术研究发展计划)项目1个、国家工业科技支撑计划项目2个、国家中小企业创新基金项目37个、国家中小企业发展专项资金项目4个、国家产业振兴和技术改造专项项目3个、国家节能技术改造专项项目4个。

高邮市被认定为国家火炬计划特种电缆特色产业基地,邗江区被认定为国家火炬计划邗江硫资源利用装备特色产业基地,江都区、扬州经济技术开发区(简称扬州开发区)被认定为江苏省汽车产业基地,邗江区被认定为省数控装备特色产业基地,扬州化学工业园区(简称化工园区)被认定为省化学纤维特色产业基地。（杨 志）

■节能降耗 2012年,全市实施节能技术改造项目129个,实施循环经济项目39个,对168家企业实施节能监察,对102家企业开展清洁生产审核。审核资源综合利用企业87家(次)。全年单位地区生产总值能耗下降约4%。全市关闭“五小”(小化工、小电镀、小水泥、小冶炼、小砖瓦)企业104家,淘汰落后用能设备2232台(套)。其中,拆除扬州绿杨水泥发展有限公司3米×13米水泥磨机一台,淘汰80万吨水泥产能;拆除仪征化纤纺织有限公司纺织设备258台(套),淘汰450万米织布产能;拆除江都邵伯电瓶厂铅酸蓄电池生产线及主装线6条,淘汰7万千伏安时蓄电池产能。

扬州市经济和信息化委员会(简称市经信委)扶持和引导企业实施节能重点工程。争取国家和省级政策资金扶持,组织指导扬州第二发电有限责任公司、大连化工(江苏)有限公司等企业申报国家和省级节能专项资金,推动实施节能项目35个,获得奖励资金2800万元。实施市级节能和循环经济财政奖励项目33个,奖励资金800万元。围绕电力、化工、冶金等高耗能行业中的重点用能企业,组织实施工业锅炉(窑炉)改造、余热余压利用、电机系统节能改造、能量系统优化等节能技术改造项目127个,实现节能30万吨标准煤。

推行合同能源管理。加强对节能服务公司的指导,全市登记备案符合条件的节能服务公司14家。江苏煌明能源科技有限公司申报工业和信息化部第三批节能服务公司备案。江苏星河天辰节能投资有限公司等5家节能服务公司成功申报合同能源管理示范项目8个,实现节能1.8万吨标准煤。明确节能服务公司税收优惠办理操作流程,落实节能税收优惠政策。

实施节能产品惠民工程。新增华扬太阳能有限公司、日利达有限公司等2家太阳能热水器推广企业,推广太阳能热水器2万台。江苏史福特光电股份有限公司和扬州强凌有限公司的12种型号45万只LED(发光二极管)灯被纳入国家半导体照明产品财政补贴推广计划。

拓展资源综合利用领域。开辟废石碎屑、废塑料及纤维、生物质发电等废弃资源综合利用新领域。全年审核资源综合利用企业87家(次),新增利用废石碎屑生产混凝土企业6家、生物质发电企业1家、废塑料及纤维回收再利用企业2家、利用次小薪材生产炭棒企业1家。（杨 志）

■产业集中区 市政府出台《扬州市在相关开发区和工业集中区重点培育和突破五个千亿级以上产业的实施意见》,建设汽车及零部件、机械装备、石油化工、船舶及配套件、新能源及新光源等5个千亿级产业集群,引导产业空间集聚规模化发展。

2012年,仪征、江都、邗江、扬州开发区四大产业集中区对全市汽车及零部件产业产值总量贡献率85.3%,比上年提高3个百分点;邗江、江都、广陵、宝应四大产业集中区对全市机械装备产业产值总量贡献率77.8%,与上年持平;仪征、江都、广陵三大产业集中区对全市船舶及配套件产业产值总量贡献率95%,比上年提高0.8个百分点;化工园区对全市石油化工产业产值总量贡献率18%,比上年提高2.5个百分点;扬州开发区、高邮、仪征三大产业集中区对全市新能源和新光源产业产值总量贡献率84%,比上年提高1.5个百分点。（杨 志）

■中小工业企业 2012年,全市2523家规模以上中小工业企业(简称中小企业)累计完成产值5037亿元,比上年增长16.3%。其中,机械装备产业、汽车及零部件产业中小企业累计实现产值1826亿元,占全市同行业的81.3%;石油化工产业、船舶及配套件产业中小企业累计实现产值1197亿元,占全市同行业的58.4%;新能源、新光源产业中小企业实现产值237亿元,占全市同行业的39.6%。中小企业累计完成开票销售收入2298.6亿元、入库税收105

亿元、利税578.2亿元，分别增长2.1%、6.1%、22.4%，对全市工业企业开票销售收入、入库税收、利税的贡献率分别为70.1%、72%、70.9%。

至年底，全市中小企业拥有省级以上研发机构229家、省级以上品牌382件、国家高新技术企业299家，分别占全市总数的75.3%、83.1%、85.9%。 （毛 军 高秀丽）

■中小企业服务管理 2012年，扬州市扩大市级中小企业专项资金规模，重点扶持"专精特新"（专，即拥有自主知识产权的专利技术，主要指获得国家授权的发明或实用新型专利技术；精，即按照精益求精的理念，通过精细化管理，精心设计生产的精良产品；特，即采用独特或独有的工艺、技术、配方研制生产的产品；新，即近两年内研发，且批量投入生产的新产品）、科技创新型、高成长型中小企业和中小企业服务平台。全年为100多家中小企业和服务机构争取到省级以上专项扶持资金4313万元，其中市区中小企业和服务机构获扶持资金2343万元。

出台《关于进一步改善当前小型微型企业融资环境的政策意见》，从建立小型微型企业专项贷款资金池等10个方面加大对小型微型企业支持力度。10月，组建中小企业网上融资服务平台；至年底，全市有16家银行、11家担保公司、6个县（市、区）中小企业局、46家乡镇中小企业服务中心上线运行，受理33家企业的融资申请，其中5家企业获贷款2950万元。与建设银行扬州分行、浦东发展银行扬州分行等签订贷款总额140亿元的中小企业战略合作协议。开展"千户企业百日行"小型微型企业金融服务专项活动，组织26家银行和30多家担保机构走访小型微型企业6342家，有2545家企业获贷款73.75亿元。举办中小企业银企签约会，有197家企业获贷款77亿元。

组织企业参加第七届亚太经济合作组织中小企业博览会、第九届中国国际中小企业博览会。与百度公司、阿里巴巴集团合作，举办"百度2012聚焦营销新动力"等电子商务应用推广活动。全市有1.1万家中小企业通过百度搜索平台、阿里巴巴网站开展电子商务，拓展销售空间，降低销售成本。

服务转型升级，实施"专精特新"中小企业和行业隐形冠军培育计划，引导中小企业将"专精特新"作为转型升级发展方向。全年建成"专精特新"培育企业200家、示范企业21家，8家企业的产品被认定为江苏省中小企业"专精特新"产品；新增省中小企业创新能力建设示范企业和高成长型、科技型中小企业163家（累计342家）；新增江苏省数字企业265家、江苏省五星级数字企业8家、江苏省中小企业管理创新示范企业7家。

推进各级中小企业服务中心（简称服务中心）建设。基本形成由市服务中心、各县（市、区）服务中心、86个乡镇（街道）服务中心、33个市级小企业创业基地、222家专业化服务机构和3家省中小企业公共技术服务平台共同构成的市、县、乡三级中小企业服务体系。全年开展小型微型企业健康发展巡诊行、法企合作、银企合作等服务活动100多次，服务企业7600多家次；开展各类培训200多场次，培训中小企业人员2万多人次。2012年，扬州市邗江区高新技术创业服务中心被认定为第三批江苏省中小企业四星级公共服务平台，扬州易虎商务管理顾问有限公司、扬州天龙职业培训学校被认定为第三批江苏省中小企业三星级公共服务平台。 （毛 军 高秀丽）

■乡镇工业示范集中区 2012年，全市65个乡镇工业集中区有规模以上工业企业1606家，占全市规模以上企业总数的61.7%；完成产值4746亿元，占全市工业总产值的45%；实现开票销售收入1273亿元、入库税收52.7亿元。全市有开票销售收入超过100亿元的工业集中区3个。江都区仙女镇工业集中区完成开票销售收入130亿元、入库税收8亿元，居全市乡镇工业集中区之首。

2012年，扬州市出台《扬州市特色产业基地认定和管理办法》。全市初步形成宝应柳堡输变电、高邮菱塘电线电缆、仪征真州化纤无纺织物等27个特色产业基地，有特色产业企业2200家、从业人员13.6万人，实现产值2090亿元、开票销售收入710亿元、入库税收24亿元。全市有11个乡镇被认定为扬州市特色产业基地（培育基地）。高邮菱塘集中区和江都仙女集中区被认定为江苏省中小企业产业集聚示范区（全市累计5家）。

加强乡镇工业集中区软环境建设。至年末，全市累计完成园区公共服务平台建设投资21亿元，建成国家级洗漱用品检测中心、江苏省皮革橡塑制品质量监督检验中心、江苏省工矿及民用灯产品质量监督检验中心高邮分中心等公共服务平台34家，其中国家级公共服务平台1家、省级公共服务平台5家。全年为2467家企业提供研发设计、创业孵化、融资担保、信息咨询、成果转化、电子商务等服务。全市30强乡镇工业集中区全年新增中国驰名商标3件，省级以上名牌产品、著名商标38件；新增国家高新技术企业43家，市级以上企业技术中心、工程中心、博士后工作站等研发机构96家。

（毛 军 高秀丽）

■煤炭工业 2012年，扬州市煤炭系统企业生产原煤113.38万吨，比上年增长10.3%；其中市属煤矿生产原煤78.55万吨，比上年增长3.9%。全系统实现营业收入5.32亿元，其中扬州矿务局实现营业收入3.68亿元；实现利润总额3165万元、净利润1124万元，分别增长13.16%和19.57%。

推进振兴煤矿技术改造，矿井技改初步设计方案获贵州省能源局批准，矿井技改安全专篇提交贵州省安全生产监督管理局审查。旭东煤矿组织二水平施工建设。徐州、贵州煤矿变电所完成升级改造，贵州煤矿变电所从企业变电所升级为区域变电所。

2012年，扬州市煤炭系统无死亡事故发生。王庄煤矿和拾屯煤矿分别实现连续安全生产8周年和17周年，旭东煤矿持续安全生产，振兴煤矿实现安全生产。在徐州的2家煤矿获评省一级安全质量标准化矿井。落实安全生产责任制,推行全员安全风险抵押制度,严格执行矿领导和职能管理人员现场跟带班制度。落实年度安全培训计划,提高培训质量,提高职工安全素质。抓好安全质量标准化工作,每季度对各矿进行安全质量标准化验收,严格评定安全质量标准化等级。开展冬季"三防"(防冻、防火、防一氧化碳中毒)、雨季"三防"(防洪、防排水、防雷电)、"安全生产月"、秋冬百日安全无事故等活动。开展安全生产隐患排查治理、安全生产专项整治活动。加大安全投入,消除矿井安全隐患。 (王美娟)

■**建材工业** 2012年,扬州市建材行业协会会员单位完成工业总产值88.56亿元,实现销售收入88.75亿元,实现利润1.55亿元。

水泥生产。全市10家水泥企业生产水泥483.59万吨,比上年增长6%;工业总产值11.22亿元,比上年下降32%;销售收入10.38亿元,比上年下降36.62%;利润-5408.47万元,比上年减少3592.86万元。

商品混凝土生产。2012年,全市有混凝土生产企业52家,其中取得建筑业资质的混凝土企业45家。全市混凝土生产企业有生产线129条,年生产能力4180万立方米;有汽车泵197台,比上年增加44台;有混凝土运输车1044辆,比上年增加263辆。全年生产商品混凝土945万立方米,完成产值30.2亿元,分别比上年下降3.5%和16%;实现利润640万元,比上年减少1.02亿元。

12月28日,位于市公铁水联运物流集聚区的扬州绿杨水泥发展有限公司"退城进园"技改升级工程投产 张孔生/摄

建筑钢结构生产。全市有钢结构会员单位23家,其中一级资质企业6家、二级资质企业11家、三级资质企业6家。全年制作各类钢结构产品35万吨,制作、安装各类钢结构房屋220万平方米,完成产值38.78亿元,实现利润1.55亿元;完成科技投入1850万元,培养各类人员1750多人次。

墙体材料生产。全市生产蒸压加气混凝土砌块95万立方米,蒸压粉煤灰砖2000万块,各种轻质板材1600平方米,保温砂浆、抗裂砂浆2.5万吨,石膏砂浆1100吨,混凝土砌块(折标准砖)320万块,烧结多孔砖、空心砖(折标准砖)29.15亿块;完成工业总产值8.37亿元、销售收入9.37亿元,实现利润2360万元。全年累计利用各种工业固体废弃物131.16万吨,节约土地、矿产资源106.93万立方米。 (姜淑芳)

■**扬州工业资产经营管理有限责任公司** 2012年,扬州工业资产经营管理有限责任公司(简称工业公司)优先发展电子信息、食品及冷冻物流等产业,实现现价产值29亿元,比上年增长1.1%;实现销售收入26亿元,比上年下降6.37%;实现利税1.08亿元、利润1860万元。全年累计完成工业投入1.2亿元。

项目建设。投资2000万元的扬州晶新微电子有限公司4英寸芯片搬迁项目建成投产。投资3200万元的通裕集团生产线改造项目,投资1600万元的亲亲集团制罐、制盖生产线改造项目等建成。投资1400万元的扬州宝军科技发展有限公司综合基础技术改造建设项目、投资1亿元的扬州五亭桥缸套有限公司二期工程等在建。

科技创新。全年开发新产品220个,完成科技投入7100万元。扬州宝军科技发展有限公司依托"绿扬金凤计划"扶持引进成都电子科技大学博士人才。建设创新平台,提升自主创新能力。申报科技项目,争取政策扶持。扬州通信设备有限公司获评国家级高新技术企业。工业公司全年申报专利12件,其中发明专利5件。

退城进园与企业重组。通裕集团退城进园项目通过用地指标审批。扬州市轻工实业总公司仓库拆迁补偿协议全部签订到位,扬州晶辉电子有限公司与邗江经济开发区达成拆迁补偿协议,扬州市测绘仪器厂厂房拆除项目完成拆除工作量的80%。推进企业改革重组。扬州伟扬建筑五金有限公司、扬州林洋线路器材有限公司、扬州市轻工实业总公司等企业改制重组工作基本完成。亲亲集团与重庆万吨冷储物流有限公司签订合作意向书,计划投资5亿元建设以冷链物流为主的大型农副产品物流交易中心。 (韩 鸣)

石油化工产业

■**概述** 石油化工产业是扬州市重要支柱产业,产品主要有天然原油、基础化工原料、有机化工产品、无机化工产品、聚酯切片、化学纤维、化学农药及仿生物学农药、涂料、助剂、橡胶制品、日用化工、化工新材料等,以氯碱、苯为基础原料的氯苯系列、硝基氯苯系列及其衍生产品市场竞争力较强,二氯苯系列产品产量居世界前列。产业内上下游企业完备,产业链完整。本土化工企业江苏金茂化工医药集团有限公司(简称金茂化工集团)是由扬州市国有资产监督管理委员会出资设立的国有独资公司,下辖江苏扬农化工集团有限公司(简称扬农集团)、江苏联环药业集团有限公司(简称联环药业集团)、扬州谢馥春化妆品有限公司(简称谢馥春)、江苏瑞筑置业有限公司等企业和医药流通企业国药控股江苏有限公司(简称国药控股江苏公司)，其中含江苏扬农化工股份有限公司(简称扬农股份公司)、江苏联环药业股份有限公司(简称联环药业股份)等2家境内上市公司。金茂化工集团生产的拟除虫菊酯类产品是国内规模最大的新型仿生农药,代表国内菊酯工业化生产最高水平,其中卫生用菊酯市场占有率逾70%;其他产品如聚酯聚合物、高沸点芳烃溶剂油、丙二醇醚、高纯度均四甲苯产品等在国内外市场均有较高市场占有率。省部属企业中国石化集团江苏石油勘探局和中国石油化工股份有限公司江苏油田分公司实现经营收入168.59亿元。中国石化仪征化纤股份有限公司和中国石化集团资产经营管理有限公司仪征分公司实现经营收入197.32亿元。

2012年，扬州市石油化工产业完成工业总产值1403.7亿元，比上年增长7.5%；石油化工产业产值占全市规模以上工业总产值的19.12%，比上年下降0.35个百分点。其中,石油和天然气开采业完成产值81.08亿元,比上年下降1.6%;石油加工、炼焦及核燃料加工业完成产值32.15亿元，比上年增长28.14%；化学原料及化学药品制造业完成产值915.99亿元，下降2.3%；医药制造业完成产值79.91亿元,增长15.23%;化学纤维制造业完成产值43.79亿元,增长23.07%;橡胶和塑料制品业完成产值150.18亿元,下降10.13%。（史　宜）

■海峡两岸绿色石化产业合作交流会　5月24日，扬州市海峡两岸绿色石化产业合作交流会在台湾省台北市举行。会上,扬州化学工业园区、中国石油和化学工业联合会、台湾石油化学工业同业公会签署《海峡两岸(扬州)绿色石化产业合作区的框架协议》,启动“海峡两岸(扬州)绿色石化产业合作区”建设,为海峡两岸绿色石化产业发展搭建新平台。长春石油化学股份有限公司、和桐化学股份有限公司、大连化学工业股份有限公司、远东新世纪股份有限公司、国乔石油化学股份有限公司等知名石化企业负责人参加会议,围绕绿色化工交流发展经验，探索发展路径,形成推动建立两岸石化产业相互协作、抱团发展、共同提高的共识。（杨　志）

江苏金茂化工医药集团有限公司

■概述　2012年，金茂化工集团实现工业现价产值97.3亿元，比上年增长6.7%；完成销售收入95.9亿元,增长5.2%;实现利税6.65亿元、利润5.14亿元,均比上年略有下降。金茂化工集团下属流通企业国药控股江苏公司全年实现营业收入25.6亿元,比上年增长19.8%。（戴华侨）

■营销管理　密切产销衔接。集团每季度召开经济形势分析会，走访、调研企业经济运行情况，协调解决难题。下属各企业根据市场变化,适时调整生产负荷和品种,重点组织生产畅销产品。集团全年产销率97.4%。

提升营销理念。扬农集团实施差异化营销策略,优化客户结构,把握主要产品库存情况、销售价格及出货节奏。扬农股份公司开拓农药制剂市场,新增经销商25家,全年农药制剂销售量比上年增长123.9%。联环药业集团做好药品集中招标采购竞标工作,中标结果良好。国药控股江苏公司巩固与步长制药集团、豪森药业公司等知名企业的合作,规模超1亿元的供应商增至8家。谢馥春坚持文化经营，全年新增连锁经营门店13家,销售收入比上年增长66%。江苏太极实业新材料有限公司(简称江苏太极公司)开发优质新客户,向山东金宇集团等新增客户供货。群鑫粉体材料有限公司(简称群鑫公司)提高产品仓储能力，建立客户响应机制，保持销售平稳。

拓展国际市场。2012年,金茂化工集团完成出口交货值29.4亿元，比上年增长16.3%。扬农集团抓住国外普遍禁用高毒农药的市场机遇,推动吡虫啉、啶虫脒等产品外销,农药产品出口额比上年增长5倍;扬农股份公司抓住草甘膦市场回暖等机遇，全年完成出口交货值15.6亿元,比上年增长28.3%。（戴华侨）

■战略合作　金茂化工集团完成中国新型建筑材料(扬州)有限公司增资扩股;新成立江苏瑞筑置业有限公司,注册资金1亿元。扬农集团与中化国际(控股)股份有限公司(简称中化国际)战略合作有序推进,中化国际完成第二步增资，持股比例40.53%，与金茂化工集团并列为第一大股东。联环药业集团完成44.2%国有股权挂牌转让,引入投资者永泰投资控股有限公司。（戴华侨）

■拓宽融资渠道　扬农集团注册成立扬农新加坡贸易公司,搭建海外融资平台。联环药业股份推进再融资工作,重点推进发行股票收购联环药业集团全资子公司扬州制药有限公司工作。经市政府协调,金茂化工集团解决因江苏群发化工有限公司破产而产生的连带担保责任问题,与多家银行达成和解协议。（戴华侨）

■创新载体建设　扬农集团被认定为国家级企业技术中心,与中化国际联合组建的水性聚氨酯研究所通过国家创新型企业考核。扬农股份公司江苏省农药废弃物资源化工程技术研究中心通过验收。谢馥春在东关街设立传习所,介绍谢馥春历史渊源和传统技艺。江苏太极公司组建扬州市橡胶骨架材料工程研究中心。（戴华侨）

■科技创新　2012年，金茂化工集团申报专利38件，获发明专利授权13件。扬农集团完成或阶段性完成科研项目21个，完成项目中试14项。扬农股份公司3个产品获评江苏省高新技术产品,氟啶胺获评国家重点新产品。谢馥春开发玫瑰香型、薰衣草香型香包和馥春肽活肤乳等产品,获评中华老字号传承创新先进单位。（戴华侨）

■项目建设　2012年，金茂化工集团完成技改投入8亿元。扬农集团二氯苯扩建、环氧氯丙烷扩建、二氯丙醇新工艺改造等项目,联环药业集团羊胎素生产线改造、地塞米松磷酸钠精烘包项目,江苏太极公司涤纶纺丝项目、帘帆布项目,群鑫公司江都武坚项目,国药控股江苏公司物流中心项目等建成投产。二氯丙胺、吡虫啉、南京生命科技创新园研发中心、新水针生产线、进口浸胶机项目、捻织扩建项目等在建。 (戴华侨)

■安全生产 开展“安全生产月”、安全生产事故隐患排查治理、危险化学品安全专项整治、“打非治违”(打击非法、违法经营活动行为)等活动,强化隐患排查整改。开展安全专家检查咨询活动,提升安全管理专业化水平。加强安全生产管理制度建设,推进安全生产标准化管理。江苏扬农锦湖化工有限公司取得安全标准化二级企业证书。加强项目建设“三同时”(防治污染的措施与主体工程同时设计、同时施工、同时投产使用)管理,加大安全投入,改善安全硬件状况。

(戴华侨)

■节能减排 加强清洁生产。扬农集团实施燃煤锅炉烟气脱硫双碱法项目改造,二氧化硫脱硫率 80%。扬农股份公司引进国外先进废气处理技术,提升废气治理水平。

强化节能管理。扬农股份公司12兆瓦汽轮发电机投入运行,有效利用锅炉余热余压,全年节约电力1050万千瓦时。联环药业集团完成年度节能降耗目标32个,全年万元产值能耗比上年下降16.1%。

(戴华侨)

■退城进园 扬农集团完成二氯苯、离子膜烧碱项目搬迁。扬农股份公司在南通市如东县建设新厂区。联环药业集团与扬州高新技术产业开发区签订进园协议,计划用地10.9公顷。群鑫公司新厂区建成投产,老厂区厂房设备处置完毕。磷肥厂地块复合肥生产线拆除完毕。扬州康泰医疗器械有限公司签订搬迁协议。国药控股江苏公司皮坊街仓库完成搬迁交地。 (戴华侨)

■江苏扬农化工集团有限公司 2012年,扬农集团实现现价产值75.09亿元,完成销售收入76.50亿元,实现利润4.1亿元。全年完成或阶段性完成科研项目21个,完成项目中试14项;申请专利13件,获得专利授权3件;通过国家创新型企业年度考核,被认定为国家级企业技术中心,5个产品获评江苏省高新技术产品。全年累计完成技改资金投入5.35亿元。二氯苯、环氧氯丙烷扩建和二氯丙醇新工艺改造项目建成,吡虫啉新工艺工程技术研究取得重大突破。发挥仓储效能,优化客户结构,开发优质高端客户。加大外销力度,农药产品完成出口额1266万美元,比上年增长150%。全年完成自营出口额1.1亿美元。组织开展安全生产系列专项检查,获评安全标准化二级企业,获中国责任关怀推进储运安全管理最佳实践奖。对邻硝分厂“提高优质邻硝质量”QC(质量管理)小组获评江苏省优秀QC小组。建立5个农药中控样品及4个农药原药的近红外分析法。完成16个到期产品的企业标准复审。制(修)订6个副产品标准。

(戴华侨)

■江苏扬农化工股份有限公司 2012年,扬农股份公司完成销售收入22.03亿元,比上年增长19.56%;实现利润2.21亿元,比上年增长23.88%。加大草甘膦等重点产品外销力度,全年实现外贸出口额2.72亿美元,比上年增长73.25%。草甘膦、炔咪、贲亭酸甲酯等3个产品被认定为江苏省高新技术产品,氟啶胺被认定为国家重点新产品。全年申报专利24件,获专利授权8件。完成35个企业标准的修订和11个副产品标准的制定,氯氟醚菊酯行业标准进入报批阶段。溴氰原药等2个产品完成国际标准采标。实施预算管理,加强内控体系建设,开展现有产品提质降耗,全年处理甲醇、乙醇等各类溶剂1461吨。强化安全环保管理,全年未发生重大安全、环保事故,万元产值能耗比上年下降10.25%。南通如东新厂区项目进入工商注册登记、项目报批和设计阶段。 (戴华侨)

■江苏联环药业集团有限公司 2012年,联环药业集团实现现价产值17.16亿元,完成销售收入14.61亿元,实现利润7073万元。制剂产品销售收入比上年增长25%。地塞米松磷酸钠和醋酸地塞米松等原料药销量分别比上年增长187%和72%。推进抗心衰治疗药米力农原料药及其注射液、抗高血压新药依普利酮、抗前列腺癌药阿比特龙原料药等新品的研究与申报。转让44.2%国有股权,引进战略投资者永泰投资控股有限公司,启动与扬州制药有限公司重组项目。加快与新版药品生产质量管理规范(GMP)接轨步伐。氢化可的松等原料药品种7次接受国外客户质量审计。编制的《重大资产变更环保核查报告》获江苏省环境保护厅批复。通过ISO 14001国际环境管理体系认证复核。 (戴华侨)

江苏油田

■概述 江苏油田为中国石化集团江苏石油勘探局(简称江苏石油勘探局)和中国石油化工股份有限公司江苏油田分公司(简称江苏油田分公司)的统称,是以油气勘探开发为主,石油工程技术服务、石油炼制和盐卤盐硝开发生产综合发展的大型国有企业。油田工作区域主要分布在江苏、安徽两省的6个地级市,油田机关及主要科研机构设在扬州市。

2012年,江苏油田新增探明储量1079万吨、控制储量1166万吨、预测储量1153万吨;生产原油171万吨、天然气5703万立方米;实现经营收入168.59亿元,其中江苏油田分公司经营收入113.27亿元、江苏石油勘探局经营收入55.32亿元;实现利税总额50.28亿元、利润16.81亿元。2012年底,江苏油田总资产185.77亿元,其中固定资产净值138.82亿元。江苏油田分公司有油气勘查开采项目区块31个,总面积4.58万平方千米,其中12个探矿权项目区块4.49万平方千米、19个采矿权项目区块922平方千米;探明油气田36个,面积243.49平方千米。至2012年,江苏油田分公司累计探明天然气地质储量91.38亿立方米、石油地质储量2.77亿吨,生产原油3802.62万吨。 (黄俊良)

2011—2012 年江苏油田主要生产建设指标一览表

表 14-2

指标名称	单位	2012 年	2011 年
原油产量	万吨	171.02	171.02
天然气产量	亿立方米	0.57	0.54
新增原油生产能力	万吨	25	24.56
新增探明石油地质储量	万吨	1079	1059.00
二维地震	千米	5059.01	4084.66
三维地震	平方千米	888.30	776.79
完井	口	375	406
探井	口	93	85
开发井	口	282	321
钻井进尺	万米	96.38	97.42

（黄俊良）

■石油地质勘探 老区勘探。真武、汉留、杨村、铜城四大断裂带新增三级储量 1197 万吨；马 X38 井填补马联地区含油空白，形成永联马戴南组隐蔽油藏叠合连片含油场面，高邮隐蔽油气藏呈现出东部拓展、中部滚动、西部推进的态势；斜坡低渗带“铁板”中金湖内斜坡高 21 井试油自溢日产 40 多立方米高产油流，高邮沙花地区新增三级储量 857 万吨。

新区勘探。凤凰 X1 井在太原组见到气测异常 27 层 93 米，徐闻 X6 井在涠洲组和流沙港组地质录井发现油气显示 51 层 95.83 米，电测解释油层 9 层 25.3 米、油干层 9 层 19.9 米。

非常规勘探。许 X38、联 38-1 等井新增控制储量和预测储量 799 万吨；油田第一口探索页岩油气的黄 158 井系统取芯 254.7 米，发现戴南组和阜宁组两套含油层系。

矿权登记取得进展，油田申请登记的福建省、广东省、浙江省等地的 8 个勘探区块获国土资源部批准，新增探矿权面积 1.47 万平方千米。

（黄俊良）

■油田开发 老区综合调整持续深化，全油田自然递减率、综合递减率分别为 13.74%、7.85%，含水上升率 1.7%。曹庄、周宋等一批小断块油藏剩余油挖潜获得高产量，梁垛、桃园等 19 个零散单元实现注水稳油。通过优化井网提高储层连通率，联西高饱和油藏日产油水平从 40 吨上升至 74 吨；黄珏岩性油藏年产油 10 万吨以上。推进产能评建工作，永联、韦庄、秦营等地共建产能 17 万吨。拓展新技术新工艺应用，治理瓦 19 平 1 等井。应用深抽工艺，真 35 块聚合物驱增产见效，中低渗油藏采收率提高。（黄俊良）

■石油工程技术 2012 年，石油工程板块实现收入 43.9 亿元，比上年增长 12%。提升服务保障能力，参与坝田火成岩攻坚、徐闻高温深井钻探、措施作业会战等重点工程。在平均井深增加 100 米、井型复杂的情况下，机械钻速、建井周期、生产时效等 6 项主要指标创历史新高。突破非常规长泥页岩段连续取芯、长水平段钻井及分段压裂等关键技术，创造定向井井深、压裂加砂量等 20 多项新纪录。外部市场实现收入 27.53 亿元，比上年增长 15.4%；其中海外市场实现收入 10.4 亿元，比上年增长 18%。中标沙特、肯尼亚和加纳等海外市场地面工程项目。物探业务中标阿尔及利亚和尼日利亚市场 3 项工程。井筒业务进入北美市场。钻测井业务中标延长石油集团泰国项目。（黄俊良）

■多元开发 矿业开发实现收入 5.15 亿元。延伸非烃类产业链。销售卤水 498.3 万立方米，实现收入 1.15 亿元；销售硝水 96.4 万立方米，比上年增长 18%。9 月 29 日，26 万吨元明粉项目竣工投产，20 万立方米精制卤水项目开工建设。提升炼油化工价值链，开发航煤组分等高附加值产品，实现利润 4553 万元。

（黄俊良）

■科技创新 2012 年，江苏油田有 6 项成果通过中国石化集团公司科技成果鉴定，其中 5 项达国际先进水平、1 项达国内领先水平。申请专利 64 件，其中发明专利 19 件。开展油田一体化数据中心多专业应用，推进数字油田建设。注重项目攻关与人才培养相结合，推进 3 个重大科技专项项目，在高邮南断阶新增探明储量 800 多万吨，在 6 个主力油田新增产量近 9 万吨，在许 33、唐 5 等多个区块开展油气勘探。（黄俊良）

■非常规油气勘探开发 2012 年，江苏油田启动非常规油气勘探开发项目。首口低渗致密砂岩长水平段水平井桥 7 平 1 井，在实施大型分段压裂后初期日产油 20 吨。在桥 7、联 38、永 38、许 X38、许 33、花 26、唐 5 等区块新建产能 3 万多吨。

（黄俊良）

■外围探区凤凰 X1 井勘探 凤凰 X1 井是安徽阜阳探区颜集凹陷内的第一口风险探井，勘探目的层为古生界，以寻找常规、非常规油气为目的。7 月 16 日，外围探区安徽阜阳凤凰 X1 井开钻。11 月 14 日，凤凰 X1 井在上古生界二叠系山西组 5 米多灰黑色泥岩和砂岩互层岩芯中，解析出甲烷游离气并可点燃，且砂岩中伴随有大量气泡冒出，证实阜阳探区存在非常规油气资源，为阜阳非常规油气的勘探提供证据。（黄俊良）

■实施三次采油项目 至 2012 年底，“真 35 块聚合物驱”项目累计注入聚合物 10 万立方米，对应 7 口油井累计产油 6923.8 吨，含水稳定；“沙 7 断块井网调整加化学驱”项目累计注入聚合物1.68万立方米，对应10口油井累计产油4090.7吨，其中沙7-7井增油效果明显。

（黄俊良）

■获评国内首家清洁生产油田企业 2012年，江苏油田通过中国石化集团公司清洁生产验收，成为集团公司油田企业中首家验收合格试点单位。2001年，江苏油田被集团公司列为油田企业首批清洁生产示范企业。至2012年，江苏油田累计筛选清洁生产方案1456个，投入资金4.36亿元。其中，无、低费清洁生产方案1202个，实施率100%；中、高费清洁生产方案203个，实施164个，实施率80.8%。通过实施清洁生产，油田每年减少废水排放14.82万吨，减少落地油1102吨，节约燃料原油2035吨，回收天然气1550万立方米，节约清水107.2万吨，节电2473万千瓦时；实现采油（气）废水回注率100%、钻井废水处理达标率100%、废弃泥浆处理达标率100%、作业废液处理达标率100%；实现年经济效益3.18亿元；形成清洁生产实用技术38项，其中创新专利技术20项。5月1日，以江苏油田为基准的《中国石化油气田企业清洁生产规范》开始实施。

（黄俊良）

仪化公司

■概述 中国石化仪征化纤股份有限公司（简称仪化股份公司）和中国石化集团资产经营管理有限公司仪征分公司（简称资产公司仪征分公司）统称仪化公司，位于江苏省仪征市，占地10平方千米。

仪化股份公司主要从事聚酯和涤纶纤维的生产及销售，并配套生产聚酯主要原料精对苯二甲酸（PTA）。2012年底，仪化股份公司有PTA生产装置2套，年产能100万吨；有聚酯生产线15条，聚酯聚合物年产能197万吨、聚酯切片年产能122.2万吨；有瓶级切片生产线5条，年产能45.5万吨；有涤纶短纤维生产线30条，年产能68.8万吨；有长丝生产线21条，年产能10.08万吨；有超高分子量聚乙烯纤维干法纺丝装置2套，年产能1300吨；有对位芳纶试验装置1套，年产能100吨。资产公司仪征分公司下属4个生产单位和社区管理中心。其中，PBT生产中心主要生产工程塑料（PBT），有装置2套，年产能共计8万吨；仪化东丽聚酯薄膜有限公司为资产公司仪征分公司和日本东丽株式会社合资企业，主要生产聚酯薄膜，年产能3万吨；仪化博纳织物有限公司是资产公司仪征分公司与英国博纳国际控股有限公司合资企业，年生产聚丙烯织物7500万平方米；海南盛之业高新技术有限公司位于海口市港澳工业区，主要生产和销售瓶级聚酯切片，年产能24万吨。

2012年，仪化公司生产PTA产品104.42万吨、涤纶产品241.75万吨。仪化股份公司完成产值166.78亿元，实现营业收入169.88亿元；资产公司仪征分公司完成产值27.40亿元，实现营业收入27.44亿元。

（于　岚）

■安全生产 2012年，仪化公司完善HSE（健康、安全和环境管理体系）责任体系，实行HSE业绩奖的月度、季度累进考核，加大HSE问责和考核力度，严格执行领导干部带班、安全督查、定点联系和基层安全总监等制度。开展检修、项目施工和直接作业环节专项检查，实施隐患治理项目65个，全年隐患排查整改率99.1%。全年非计划停车比上年减少50%，无各类上报事故发生。

（于　岚）

■节能减排 2012年，仪化公司强化节能降耗、减排治污和节水措施，严格控制装置开停车和异常工况下的物料及气体排放，完善环境事件应急预案，保障清洁生产。污水处理、脱硫、污泥干化等环保装置平稳运行。实施聚酯余热利用、热电锅炉低氮燃烧改造等项目。开展热电、水务达标和空分装置对标竞赛。推进循环水系统集中专业化管理。主产品单位能耗比上年下降2.12%，工业废水排放量、外排废水COD（化学需氧量）总量、氮氧化物排放量分别比上年下降7%、1.1%、28%，瓶片产品获“碳足迹”证书及绿叶标签。

（于　岚）

■压降采购成本 2012年，仪化公司采购资金节约率15.6%，网上采购达标率100%，厂家直供率96.2%。强化需求计划管理，实施积压物资责任追究，全年需求计划准确率99.96%。利用煤炭市场供大于求的形势，拓展供应渠道，加大谈判压价力度，节约采购成本1600万元。

（于　岚）

■科技创新 2012年，仪化公司完善科技创新工作机制，制定《2012—2015年科技创新调整规划》《科技创

2011—2012年仪化公司主要产品产量一览表

表14-3　　单位：万吨

年份 产品名称	2012年	2011年
涤纶产品产量	241.75	240.98
聚酯切片	108.10	107.26
瓶级切片	61.75	57.99
涤纶短纤维	58.29	57.05
#中空纤维	5.70	4.48
涤纶长丝	10.03	14.62
加弹丝	3.58	4.07
PTA	104.42	104.20
PBT树脂	5.45	2.49
四氢呋喃	0.37	0.12

注：表中数据含海南盛之业公司，不含仪化东丽公司　（于　岚）

新工作方案》。建立科技成果评审奖励常态化机制，开展科技进步奖评选、奖励。建立创新团队19个。注重有光缝纫线、高性能聚乙烯纤维、新型PBT催化剂等系列化产品的升级和开发。全年完成新产品开发11个，聚酯专用料率、纤维差别化率分别为86.8%、78.1%,差别化产品比常规产品多增加毛利3.35亿元。全年申请专利26件，其中发明专利16件;获专利授权9件。（于　岚）

■**技术改造**　2012年，仪化公司完成PTA 1号装置常压吸收塔改造,每年回收醋酸400吨、醋酸甲酯660吨;实施聚酯装置7条生产线工艺塔顶蒸汽预热PTA浆料改造和瓶级切片装置工艺塔顶蒸汽余热利用,全年节约天然气370万立方米。实施瓶级切片S3装置增容改造，每吨产品综合能耗下降6千克标准油,每年节约标准油600吨。实施热电锅炉达标提效低氮燃烧改造项目,氮氧化物排放值由平均每立方米925毫克降至每立方米350毫克,每台炉每年减少排污费187万元。（于　岚）

■**40万吨/年聚酯专用料项目**　项目一期工程建设年产20万吨全消光和工业丝专用切片的聚酯十六单元，二期工程建设年产20万吨膜级切片的聚酯十五单元,总投资3.6亿元。5月，二期工程聚酯十五单元开工建设;10月,一期工程聚酯十六单元建成投产。（于　岚）

■**20万吨/年差别化短纤项目**　项目一期工程建设以生产有光缝纫线和水刺型短纤维为主的年产10万吨27K～30K短纤装置，二期工程建设以生产水刺专用料和有光缝纫线型涤纶短纤维为主的31K～34K短纤装置,总投资4.75亿元。4月,二期工程31K～34K短纤项目开工建设;9月，一期工程27K～30K短纤项目建成投产。（于　岚）

■**仪化公司瓶级聚酯切片标准样品通过国家评审**　2月,仪化公司重新研制的瓶级聚酯切片标准样品通过瓶级聚酯切片标准样品评审会评审组的评审。瓶级聚酯切片国家标准样品最早由仪化公司于1999年研制成功,主要用于校正仪器、评价分析方法、验证分析结果的精密度和准确度,有效期5年。2011年,仪化公司完成该标准样品的重新研制,并补充稳定性数据,将有效性延至8年。（于　岚）

■**创建劳模创新工作室和技师工作室**　6月,仪化公司PTA生产中心成立曹飞劳模创新工作室。该工作室是仪化公司第三个以职工名字命名的劳模创新工作室，围绕安全生产、节能降耗和粉尘治理等方面进行攻关。

9月,仪化公司动力生产中心成立仪化公司首个技师工作室——刘权技师工作室。工作室有技师11人,主要从事难题攻关、技术创新和培训授课。（于　岚）

■**仪化股份公司获全国纺织行业质量奖**　10月，仪化股份公司通过全国纺织行业质量奖现场评审。11月8日,全国纺织行业质量大会暨全国纺织行业质量奖实施卓越绩效模式先进企业表彰仪式在北京举行,仪化股份公司获2012年全国纺织行业质量奖。（于　岚）

汽车及零部件产业

■**概述**　扬州是科技部命名的国家火炬计划汽车及零部件产业基地,汽车及零部件产业门类齐全,集聚度较高,有较好的产业基础和相对比较优势,是全市工业经济四大主导产业之一。扬州交通便利,区位优势明显,汽车及零部件产业链辐射周边如上海大众汽车有限公司、奇瑞汽车有限公司、上海通用汽车有限公司、南京汽车集团有限公司、东风悦达起亚汽车有限公司等10多家整车生产企业。

2012年，全市有整车产品生产企业18家,其中国家《机动车辆生产企业及产品公告》内企业12家、外地汽车生产企业在扬州设立的生产基地3家、低速纯电动汽车生产企业3家;全年生产整车产品16.8万辆,其中轿车9.9万辆、客车1.3万辆、特种车1.7万辆、新能源汽车5150辆。全市有规模以上汽车零部件生产企业160家,产品包括燃油箱、汽车铸锻件、汽车电子电器、汽车空调、汽车散热器和水箱、汽车内饰件及附件等。汽车零部件产业拥有潍柴动力扬州柴油机有限责任公司、仪征双环活塞环有限公司、亚普汽车部件有限公司(简称亚普公司)等一批在国内占有较大市场份额的生产企业。其中，亚普公司及其控股子公司全年销售塑料油箱503万只（国内市场销售454万只），销量占国内乘用车塑料油箱市场的50%。

2012年，扬州市在仪征经济开发区、江都经济开发区和邗江北山汽车工业园、扬州经济技术开发区等地形成汽车工业园区。一次性投资超过100亿元的上海大众仪征分公司30万辆整车项目吸引70多个配套零部件项目落户周边。江都区神舟汽车内饰件公司、杰信空调公司、胜赛思压铸件公司等零部件制造企业与江苏九龙汽车制造有限公司等整车生产企业形成江都汽车产业集群。扬州经济技术开发区内集聚以亚普公司为代表的一批汽车零部件产业企业。

2012年，全市汽车及零部件产业规模以上工业企业实现工业总产值584.9亿元，比上年增长27%;占全市规模以上工业总量的8%，比上年提高1.2个百分点。（杨　志）

■**新增2个江苏省汽车零部件产业基地**　2月24日，江苏省经济和信息化委员会(简称省经信委)认定16个省级汽车产业基地,扬州经济技术开发区、江都区成功入选,被认定为江苏省汽车零部件产业基地。根据《江苏省汽车产业基地认定办法》,省级零部件产业基地要求主导产业销售收入达到100亿元以上，销售收入、利润总额、税收增长率连续保持15%以上。扬州经济技术开发区内亚普公司是行业内龙头企业,国内市场占有率较高;江都区集聚扬州神舟汽车内饰件有限公司等汽车零部件企业逾100家。（杨　志）

■**扬州汽车零部件制造企业获评全国百家优秀汽车零部件供应商** 全国百家优秀汽车零部件供应商评选活动由中国汽车报社主办，每年一届，是国内唯一针对汽车零部件OEM(贴牌生产）供应商的评选活动。11月30日，2012第九届全国百家优秀汽车零部件供应商颁奖活动在北京举行，扬州汽车零部件制造企业潍柴动力(扬州)柴油机有限责任公司获评优秀发动机供应商，仪征双环活塞环有限公司获评优秀发动机配件供应商。 （胡　岩）

■**上海大众汽车有限公司仪征分公司** 上海大众汽车有限公司仪征分公司（简称上海大众仪征分公司)位于仪征汽车工业园内，于2011年4月28日注册成立。2010年8月5日，上海大众仪征分公司30万辆整车项目开工建设;2011年4月8日，项目开始设备安装。2012年4月，项目投入试生产;7月26日，项目正式建成投产，首辆新款“波罗”轿车下线。

公司总投资100.06亿元，规划年产30万辆A级轿车，总用地128公顷，总建筑面积50.2万平方米，建有冲压、车身、油漆、总装四大车间以及培训中心、质控中心、能源中心、零部件物流等配套设施。其中培训中心建筑面积8300多平方米，主要承担员工职前培训、生产操作技术培训、维修技术培训、汽车技术培训和管理培训等功能，是上海大众汽车有限公司最大、最先进的培训中心。

2012年，上海大众仪征分公司生产轿车9.9万辆，完成工业产值106亿元、销售收入77亿元，实现利税15.5亿元、利润11.3亿元(2012年公司经营指标列入仪征汽车配件有限公司统计)。

（耿江波　杜小乔　般　鑫）

8月2日，扬州亚星客车股份有限公司60辆校车启程发往广州　董　辉/摄

■**扬州亚星客车股份有限公司** 扬州亚星客车股份有限公司是在上海证券交易所挂牌的上市公司。2012年，扬州亚星客车股份有限公司销售大、中、小型各类客车3990辆，比上年增长19.90%;实现销售收入9.96亿元（其中主营业务收入9.88亿元)，比上年增长23.04%;实现净利润591万元，比上年增加4756万元，实现扭亏为盈。

2012年，公司新能源客车和新开发的校车销售取得较大突破，新能源客车实现销售收入4838.46万元，校车实现销售收入3966.30万元。

9月30日，江苏省科技厅、扬州市科技局、广陵区科技局与扬州亚星客车股份有限公司签订关于超级电容纯电动城市客车研发及产业化项目的江苏省科技成果转化专项资金项目合同，由江苏省科技厅资助扬州亚星客车股份有限公司1000万元(其中拨款资助800万元、财政贴息200万元)。10月15日，扬州市科技局、扬州市财政局、扬州市广陵区科技局与扬州亚星客车股份有限公司签订关于超级电容纯电动城市客车研发及产业化项目的扬州市科技计划项目合同，由扬州市科技局资助扬州亚星客车股份有限公司50万元。

（胡　岩）

上海大众仪征分公司生产车间一角　王　卓/摄

■**江苏九龙汽车制造有限公司** 江苏九龙汽车制造有限公司主要从事10～15座豪华商务车及大中型客车研发、生产和销售，产品远销33个国家和地区。公司是国家高新技术企业，注册资金4.4亿元，占地40公顷，总建筑面积15万平方米，生产区域建有冲压、焊装、涂装、总装等四大车间，并装配具有国内先进水平的整车性能检测线，年标准生产能力5万辆。2012年，公司完成开票销售收入7.46亿元，完成入库税收4947万元。1月8日，总投资22亿元、设计年产5万辆整车的J10MPV江苏九龙汽车制造有限公司项目开工建设;11月7日，江苏九龙汽车制造有限公司与南非黑人工商业联合会及AVM集团签订1万辆商务车独家代理协议。

（杨　志）

■**亚普汽车部件股份有限公司** 亚普公司是专业从事汽车油箱系统开

发、制造和销售的集团化公司，总部和研发中心设在扬州。亚普公司是国家重点高新技术企业、中国最大的汽车油箱系统制造企业、中国最大的汽车塑料油箱开发和生产基地，是大众、通用、福特等著名企业A级供应商。公司主导产品是汽车塑料油箱总成，配套于大众、奥迪、通用、福特、雪铁龙、标致、现代、起亚等国际著名汽车企业在中国生产的乘用车。公司生产的单层、单层氟化、多层(6层)复合等塑料油箱居世界先进水平，产品符合国际上最严格的环保排放标准；公司研究开发中心拥有国内最先进的开发、验证手段和国内唯一的汽车油箱成套检测设备。2012年，亚普公司及其控股子公司累计销售塑料油箱503万只，完成工业产值38亿元。其中在国内销售油箱454万只，销量占国内乘用车市场的30%，占国内乘用车塑料油箱市场的50%。

4月12日，上海通用汽车有限公司对亚普公司研发中心实验室管理流程及试验工作流程进行现场评审，对通用汽车的试验项目进行现场监督审核；6月18日，亚普公司研发中心实验室通过上海通用汽车有限公司GP10复审。11月3日，亚普公司实验中心通过中国合格评定国家认可委员会专家组ISO/IEC 17025实验室能力认可监督评审。

8月31日，亚普公司与深圳市帝邦工贸有限公司共同投资设立亚普汽车部件(开封)有限公司(股比为65%∶35%)，项目计划用地4公顷，总投资1.4亿元，规划年产塑料燃油箱75万只。9月18日，亚普公司在宁波投资建设的全资子公司亚普燃油系统(宁波杭州湾新区)有限公司成立，项目占地3公顷，总投资约2亿元，规划年产塑料燃油箱50万只。

(史　宜)

■仪征双环活塞环有限公司　仪征双环活塞环有限公司是国内最大的柴油机活塞环生产企业，产品应用于重、中、轻型载重货车和工程机械、轿车、微型车、摩托车、通用汽油机等领域，产能1.5亿片，国内市场占有率25%。2012年，仪征双环活塞环有限公司实现产值5.29亿元，销售收入5.4亿元，利税9328万元，利润7010万元。

2012年，公司获国家专利授权5件。其中，“铬基金刚石复合镀铬涂层活塞环及其加工方法”获发明专利授权，“具有不粘涂层的活塞环”“具有固体润滑涂层的活塞环”等4种活塞环产品获实用新型专利授权。建成总投资2000万元的22工位活塞环复合电镀柔性生产线1条，采用7轴机器人行车系统取代传统的2轴行车，缩短行车移动时间，生产效率提升30%。

(史　宜)

船舶及配套件产业

■概述　2012年，扬州市规模以上船舶工业企业完成工业现价产值643.8亿元，比上年增长6.3%，增幅高于全国同行业水平3个百分点；占全市工业经济总量的8.8%，比上年下降1.1个百分点，拉动全市规模以上工业经济增长0.5个百分点。

全市造船完工量486.7万载重吨，比上年下降21%，占全省总量的22%；新接订单量172万载重吨，比上年下降58%，占全省总量的36%；年末手持订单量607.9万载重吨，比上年下降34%，比年初减少315万载重吨，占全省总量的15%。

至年底，全市有规模以上船舶工业企业68家，其中造、修船企业32家；有从业人员6万人；拥有1万吨级以上船坞（船台）56座，其中5万～10万吨级船坞（船台）23座、10万吨级以上船坞6座；年造船生产能力1000万载重吨，形成大型散货船、油船、集装箱船、化学品船等主力船型和海洋工程装备、特种船舶、内河标准型船舶同步发展、同步推进的产业格局。(朱海风)

■重点船舶生产企业　2012年，全市9家重点骨干船舶生产企业造船完工量413.7万载重吨、新接订单量111.4万载重吨、手持订单量504.1万载重吨，分别占全市总量的85%、65%和83%。其中，扬州大洋造船有限公司（简称大洋造船）、中海工业(江苏)有限公司(简称中海工业)和江苏金陵船舶有限责任公司等3家龙头骨干船舶生产企业造船完工量287.3万载重吨、新接订单量59.5万载重吨、手持订单量383.2万载重吨，分别占全市总量的59%、35%和63%。

9家重点骨干船舶生产企业中，航运依托型企业6家、工贸结合型企业1家，占总数的78%。　(朱海风)

■大洋造船6.35万吨散货船试航成功　2月24日，由大洋造船独立研发设计、拥有自主知识产权的皇冠6.35万载重吨散货船(CROWN 63)试航成功。相比皇冠5.8万载重吨散货船（CROWN 58），在航速不变的情况下，“CROWN 63”的装载量提高9%，油耗降低13%，硫化物排放得到削减。基于该船对减轻碳排放的贡献，法国BV船级社向其颁发亚洲首张能效设计指数(EEDI)证书和“绿色护照”。

(史　建)

■中航鼎衡巴格达号多用途船交船　5月18日，中航鼎衡造船有限公司（简称中航鼎衡）为伊拉克国家海运公司制造的巴格达号多用途船交船。巴格达号多用途船是中航鼎衡为适应市场变化、提高市场竞争力而开发的新品船型，船体全长116.23米、型宽18米、型深10.4米，集散装与集装功能于一体，设计载重量7850吨，

扬州大洋造船厂厂区一角　　董　辉/摄

是中航鼎衡建成交付的第一艘多用途船舶。（杨　志）

■中海工业（江苏）有限公司制造世界最大远洋教学实习船　5月25日，中海工业承建的上海海事大学4.8万吨远洋教学实习船在江都区接水。当日，上海海事大学与中海工业（江苏）有限公司共建的航海与船舶工程校外实习基地揭牌。上海海事大学远洋教学实习船是2012年上海市重点工程项目，船体总长189.9米，型宽32.26米、型深15.7米，载重量4.8万吨，航速14节，可容纳船员30人、实习人员168人，是世界最大、最先进的远洋教学实习船。该船集航运教学、科研与运输为一体，除正常运输功能外，还设有航海训练驾驶室、集控台及教室、研究室等教学设施和操场、篮球场等健身、娱乐设施。

12月12日，经过机电安装、调试检测、系泊试验和海上试航及内饰装潢，该远洋教学实习船被命名为“育明”轮并交付使用。（杨　志）

■扬州制造省内举力最大浮吊船　5月30日，扬州万隆船业有限责任公司为江苏蛟龙打捞航务工程有限公司建造的秦航工1号2000吨自航起重船（浮吊船）在仪征市下水。该船总造价近2亿元，设计总举力2200吨，长102.6米、宽41.6米、型深7.8米，为钢质单甲板双底全电焊结构、双A字型扒杆自航式起重船，设有双桨双舵，配2台1970千瓦柴油发动机，续航力1500海里，自持力15天，主钩起吊重量2×2×500吨、起升高度95.1米，副钩起吊重量2×250吨、起升高度110.4米，可用于远洋打捞、沿海大件吊装和江海工程安装架设，是江苏省内打捞行业总举力最大和起升高度最高的浮吊船。（杨　志）

■中航鼎衡1.2万立方米多用途液化气船下水　6月13日，中航鼎衡为挪威斯考根航运公司建造的世界首艘1.2万立方米兼运液化天然气、液态乙烯、液化石油气的多用途液化气船在江都区接水试航。该船由中航鼎衡上海技术中心设计，总长152.3米、型深11.5米，经济航速17节，采用半冷半压式；由德国劳氏船级社检验入级。在运输液化天然气和乙烯时，其贮罐内温度分别为零下163摄氏度和零下104摄氏度。（杨　志）

■国内最大功率内河船舶在扬州下水　7月8日，扬州国盛船务有限公司定制的国航号大型运输船在仪征市十二圩船厂码头下水。国航号长139.8米、宽24米、高9.2米，满载3.7万吨，最高航速11节。该船搭载6台潍柴发动机和发电机组，主机推动动力3273千瓦，是国内内河船运市场功率最大的运输船。（胡　岩）

■扬州大洋造船有限公司　大洋造船是扬州市大型远洋船舶制造企业、国家级高新技术企业，建有江苏省企业技术中心和数字化船舶工程技术中心，具有一级Ⅰ类钢质一般船舶生产企业资质，拥有以散货船和集装箱船、海洋石油平台供应船、液化石油气船为主的生产线3条，船舶产品出口美国、法国、希腊、德国等国家。公司有10万吨级船坞1座、5万吨级船台1座、舾装码头5座、900吨龙门吊和400吨龙门吊各2座，年造船能力250万载重吨。

2012年，公司优化生产流程，提高生产效率。预舾装率、总组比率持续提高，5万吨级散货船船坞周期缩短至30天、最短24天，单船建造周期接近世界先进水平。应用新技术、采用新标准，率先交付国内首艘符合国际《压载水管理公约》的船舶。全年实现工业产值76亿元，销售收入48亿元，利税1.2亿元。（杨　志）

■中海工业（江苏）有限公司　中海工业是中国海运集团大型船舶建造基地，生产区占地295公顷，厂房面积43万平方米，岸线长3.5千米，拥有大型船坞3座、10万吨级船台1座、2200米长舾装码头1座（泊位4个）。主要建造集装箱船、成品油船、散货船、化学品船等运输船舶和海洋平台等海工装备，主要产品有4.6万吨系列成品油船、5万～8万吨系列散货船、11万吨阿芙拉油船和大型钢质浮船坞等。年造船能力350万载重吨。

2012年，中海工业（江苏）有限公司交船21艘，完成造船完工量102万载重吨，连续3年实现年造船完工量100万载重吨以上；实现销售收入39.23亿元，完成入库税收13.33亿元。（杨　志）

■江苏金陵船舶有限责任公司　江苏金陵船舶有限责任公司是中国外运长航集团南京金陵船厂投资建设的5万吨级以上大中型船舶建造基地，占地面积90公顷，占用长江岸线1452米，具有国家一级Ⅰ类钢质一般船舶生产资质，主营产品为5万吨级以上巴拿马型和阿芙拉型油船、散货船等。公司有10万吨级、20万吨级干船坞各1座，500吨门座式起重机4台，500米长船舶舾装码头1座，420米×36米船体车间8跨和四喷六涂标准化环保型喷砂涂装车间、钢材预处理车间等，形成完整的船舶和分段建造体系。

2012年，江苏金陵船舶有限责任公司交船27艘，造船完工量152万载重吨，比上年增长11%；承接生效新船订单23艘，订单量127万载重吨；完成产值10.63亿元，销售收入9.73亿元，利税6528万元。（杨　志）

机械装备产业

■概述　扬州机械装备产业包含数控机床、工程机械、环保设备、农业机械、自动化装备、大型关键铸锻件、加工辅具及关键零部件、专用装备等重点行业，全市形成邗江数控成型设备产业基地、江都水泥机械产业基地、广陵液压件产业基地、维扬经济开发区建设机械产业基地、江都沿江钢管产业基地等特色产业基地。扬州是国内知名的压力机之乡。国家火炬计划邗江数控金属板材加工设备产业基地拥有扬力集团、金方圆数控机床有限公司、扬州锻压机床集团等重点企业，初步形成产品设计、毛坯铸造、焊接、零部件加工、模具、电器、控制电缆、总装产业链，以突破数控机床制造关键技术为重点，致力于中高档数控机床模块化设计技术、高刚性部件制造技术、高速精密机床关键件制造技术、数控系统匹配技术、直接驱动技术攻关。广陵液压件产业基地拥有业内知名企业海沃机械（扬州）有限公司，并有意大利玛切嘉利公司为其配套生产无缝碳钢管；江都沿江地区集聚江苏诚德钢管股份有限公司、扬州龙川钢管股份有限公司等龙头企业。

2012年，扬州市机械装备产业完成工业总产值1651.0亿元，比上年增长15.9%；占全市工业总产值的22.49%，比上年下降0.37个百分点。机械装备产业各主要行业中，金属制品业完成产值267.29亿元，比上年增长32.59%；通用设备制造业完成产值305.15亿元，比上年下降21.55%；专用设备制造业完成产值364.46亿元，比上年增长2.8%；仪器仪表及文化办公用机械制造业完成产值383.71亿元，比上年增长11.66%。（史　宜）

■清华大学智能装备产业园　2月19日，清华大学与邗江经济开发区签署智能装备产业园共建合作协议，由清华大学为产业园内企业提供"一对一"技术支撑，实现研发成果就地产业化。清华大学智能装备产业园规划用地33.3公顷，由清华大学负责、邗江经济开发区协助引进7～8家智能装备企业。首个入园的"数控金属绕管机和金属制品项目"总投资10.3亿元，主要从事航空、汽车行业拉索的制造。（杨　志）

■扬州粮油机械制造企业获奖　4月19日，中国粮食行业协会四届四次理事会暨中国粮油企业100强、中国粮油机械制造企业10强表彰大会在北京举行。扬州企业江苏牧羊集团有限公司在2011年度重点粮油企业专项调查中获评2011年度中国粮油企业100强、2011年度中国粮油机械制造企业10强，江苏迈安德食品机械有限公司获评2011年度中国粮油机械制造企业10强。（杨　志）

■扬州机械装备企业参加中国国际装备制造业博览会　9月1—5日，由商务部、国家发展和改革委员会、工业和信息化部、科技部、中国贸促会和辽宁省人民政府主办的第11届中国国际装备制造业博览会暨国家新型工业化装备制造产业示范基地成果展在辽宁省沈阳市举行。中国、美国、英国、法国、德国、日本等17个国家和地区的982家企业参展，其中有世界500强企业66家、国内知名装备制造业企业36家。扬州市金方圆数控机床有限公司、扬力集团股份有限公司等机床和配套企业应邀到会展示新产品。（杨　志）

■江苏亚威机床股份有限公司　江苏亚威机床股份有限公司是在深圳证券交易所挂牌的上市公司。公司主营业务为数控金属板材成形机床及生产线的制造、加工和销售。2012年，受宏观经济增速放缓的影响，公司主营业务收入比上年下降8.00%，原材料、产品配件销售及对外加工等其他业务收入比上年下降52.01%。公司实现营业收入7.63亿元，比上年下降10.53%；利润总额9137万元，比上年下降17.23%；净利润7872万元，比上年下降17.33%。至年末，公司总资产14.84亿元，比上年末下降0.99%。

公司加强自主创新研发力度，加快技术升级改造。HPE系列机械伺服冲床进入市场并实现量产，新一代无人操作数控冲压柔性线试制成功，激光切割机产品实现系列化，汽车轮毂冲压线、电气行业取向钢分条线、高档校平剪切线等研制成功。完成国家级科技重大专项"机械伺服数控转塔冲床"和"大型开式伺服折弯机"技术攻关计划。开拓国际市场，新增南非、中东等国家（地区）销售代理商，全年出口额比上年增长28.75%。（胡　岩）

■江苏诚德钢管股份有限公司　江苏诚德钢管股份有限公司主要生产大口径高压锅炉管、石油石化用管、船舶用管、高压化肥用管、石油开采用表层套管等高端钢铁管材产品。2012年，公司完成销售收入28.63亿元，入库税收1.51亿元。

12月2日，公司自主研发的"Φ920多辊冷轧管机"等4项新技术和"锻制大容积高压气瓶无缝钢管"等6个新产品通过江苏省经信委组织的新产品新技术鉴定。12月16日，公司投资2亿元新建的"Φ76连轧生产线"热负荷试车成功。该生产线是世界首台短流程少机架三辊连轧管机组，年产高品质热轧无缝管5万吨。（杨　志）

■江苏牧羊集团有限公司　江苏牧羊集团有限公司主要产品有饲料工程、养殖工程、油脂工程、仓储工程、钢结构工程机械等，具有提供农牧业全产业链系统解决方案的能力。2012年，公司承接庆丰集团克山昆丰农业生产资料有限公司低温豆粕生产线及2万吨浓缩蛋白工程项目、日照石臼港区散粮储运系统改扩建项目及九江宝利粮油公司棉籽、菜籽复合油脂生产线项目等，其中日照石臼港区散粮储运系统改扩建项目是国内港口行业一次性投资规模最大的万吨仓群项目。全年新签合同额逾60亿元，比上年增长20%；其中国际出口合同额18.5亿元，比上年增长54.2%。实现销售收入逾50亿元，比上年增长25%。2012年，公司先后获评中国最佳人才企业、中国优质民营企业、江苏省首批工业设计中心，获江苏省企业创新技术奖。2月18日，公司启动江苏牧羊控股有限公司项目；4月19日，江苏牧羊控股有限公司生产车间开工建设。3月29日，公司首次进行ATEX防爆认证，取得由英国SIRA机构签发的防爆证书。（史　建）

新兴产业

■概述　2012年，扬州市"三新一网一书"（新能源、新光源、新材料、智能电网以及电子书）和节能环保六大新兴产业规模以上企业实现产值2510.3亿元，占规模以上工业总产值的34.2%，比上年增长23.0%，增速高于扬州市规模以上工业增幅

8.3个百分点。其中,“三新”(新能源、新光源、新材料)产业实现产值976.2亿元,占规模以上工业总产值的13.3%,比上年增长21.6%,增速高于全市规模以上工业增幅6.9个百分点。光伏产业形成高纯度多晶硅产能4800吨、光伏电池产能1860兆峰瓦、光伏组件产能1500兆峰瓦,约占国内总产能的4%。LED产业(半导体照明产业)拥有MOCVD(金属有机化合物化学气相淀积)设备132台,形成年产340万片蓝绿光外延片和150万片红黄光外延片的生产规模,约占国内总生产规模的20%。高亮度芯片年产能4.2万KK(1KK=1000×1000)颗,大功率封装年产能120KK颗。扬州乾照光电有限公司有MOCVD设备21台,是全国最大的红黄光外延片、芯片生产企业,国内市场占有率逾45%。江苏璨扬光电有限公司、扬州宇理电子有限公司、扬州艾迪森光电有限公司、扬州峻茂光电有限公司等企业在背光应用、大功率封装等领域进入全国行业内前五名。新材料产业快速发展,大连化工(江苏)有限公司、江苏扬农锦湖化工有限公司等重点企业保持满负荷生产,产值比上年增长逾40%。电子书产业形成以川奇光电科技(扬州)有限公司为核心的全球最大电子纸生产基地,全年生产电子纸1300万片。智能电网产业企业江苏金鑫电器有限公司、江苏捷凯电力器材有限公司实现产值逾10亿元、利税逾1亿元。总投资20亿元的国电南自智能电力设备(扬州)产业园发展良好,有入驻企业4家。节能环保产业稳步发展,重点企业天雨集团实现产值逾6亿元,实现利税5400万元。

(王　峰)

■政策扶持　2012年,扬州市申报国家新能源示范城市工作通过国家能源局组织的专家评审。扬州经济技术开发区获批成为国家科技兴贸创新基地(半导体照明节能环保基地),通过国家级光电产业基地专家评审。高邮市获批纳入江苏省光电高技术特色产业。扬州市创建国家节能与新能源汽车示范推广试点城市规划方案上报科技部。向江苏省能源局申报太阳能光伏发电项目,全年累计获批建设28.5兆瓦发电项目。出台《扬州市人民政府关于促进和鼓励太阳能光伏产业加快整合优化提升发展的实施意见》,提出推进光伏企业兼并重组、优化产业

2012年,扬州中科半导体照明有限公司240万片LED外延片及芯片一期项目50台MOCVD设备全部达产

王　卓/摄

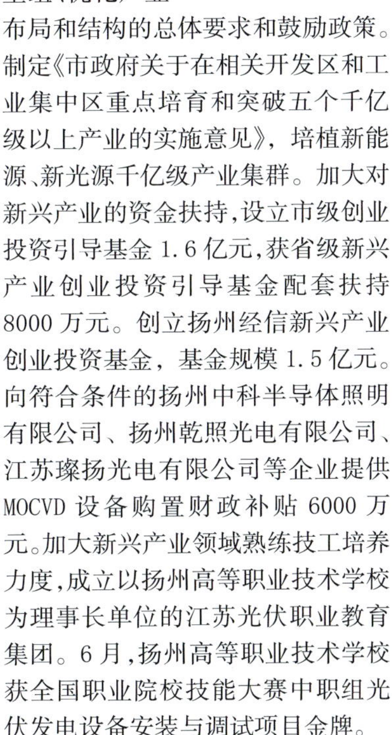

布局和结构的总体要求和鼓励政策。制定《市政府关于在相关开发区和工业集中区重点培育和突破五个千亿级以上产业的实施意见》,培植新能源、新光源千亿级产业集群。加大对新兴产业的资金扶持,设立市级创业投资引导基金1.6亿元,获省级新兴产业创业投资引导基金配套扶持8000万元。创立扬州经信新兴产业创业投资基金,基金规模1.5亿元。向符合条件的扬州中科半导体照明有限公司、扬州乾照光电有限公司、江苏璨扬光电有限公司等企业提供MOCVD设备购置财政补贴6000万元。加大新兴产业领域熟练技工培养力度,成立以扬州高等职业技术学校为理事长单位的江苏光伏职业教育集团。6月,扬州高等职业技术学校获全国职业院校技能大赛中职组光伏发电设备安装与调试项目金牌。

(王　峰)

■项目建设　LED产业抓住市场机遇,推进重大项目建设。扬州中科半导体照明有限公司240万片LED外延片及芯片一期项目50台MOCVD设备投产,同时开工建设年产60万只LED灯管和320万只LED球泡灯生产线。江苏璨扬光电有限公司二期增资扩建LED外延片及芯片项目MOCVD设备全部安装到位,配套芯片生产线在建。扬州银雨芯片半导体有限公司的LED外延片芯片封装、芯际半导体有限公司的LED驱动芯片封装测试一期项目建成投产。

光伏产业进行反周期布局。扬州经济技术开发区10.1兆峰瓦太阳能光伏示范发电项目入选国家金太阳示范工程项目;晶澳太阳能三期800兆峰瓦太阳能电池项目建成,企业形成总产能1.5吉峰瓦;天威新能源一期600兆峰瓦组件、协鑫光伏科技500兆峰瓦多晶硅片项目竣工投产;康博多晶硅一期3000吨项目建成试生产;中电电气一期600兆峰瓦太阳能电池、日清纺亚威太阳能电池组件层压机等项目开工建设。

新材料产业方面,仪化东丽公司1.5万吨平板显示屏用聚酯薄膜、大连化工(江苏)有限公司EVA乳胶及1,4—丁二醇、扬州龙川钢管有限公司4万吨超临界水堆核电站主管道用高等级钛合金管等项目在建。

智能电网产业方面,国电南自智能电网设备项目投产,新概念电气高压智能开关项目开工建设。扬州经济技术开发区智能电网综合示范工程11个子项目全面完成,成为国内第三个智能电网示范工程,也是国内规模最大的智能电网示范工程。

川岳科技扬州有限公司的电子纸显示屏项目竣工投产。(王　峰)

■科技创新　2012年,扬州市新兴产业领域新培育国家高新技术企业80家,江苏省科技型中小企业、高成长型中小企业、中小企业创新能力建设示范企业14家;申请专利5805

件;新增省级以上高新技术产品422个。扬州林源科技实业有限公司5兆瓦高效环保生物质固定床气化发电装备等3个产品入选江苏省新能源产业重点推荐产品名单。全市全年组织申报省级以上各类科技计划项目1000多个,886个项目获批立项,其中新兴产业项目占60%以上。全年实施市级以上科技攻关与成果转化项目35个,扬州亚星客车股份有限公司超级电容纯电动城市客车、宝胜集团有限公司(简称宝胜集团)第三代(AP1000)核电用电缆及关键材料、仪化公司高性能聚乙烯纤维等项目获省科技成果转化专项资金8000万元。江苏中显集团有限公司年产120万片第三代高效低成本太阳能级砷化镓衬底片、电力设备修造厂超(超)临界火电机组及核电站用阀门驱动装置产业化等项目获国家扶持资金1.2亿元。（王　峰）

■服务平台建设　2012年,扬州市推进新兴产业领域企业研发机构全覆盖工作。铝镁合金型材料加工工程技术研究中心、德豪润达半导体光电技术工程中心、乾照光电有限公司技术中心等26家省级工程(技术)研究中心、企业技术中心获得认定。新建宝胜科创省级企业院士工作站。建设、完善新兴产业领域公共技术研发平台、产品检测平台。西安交大扬州智能电网研究院获批江苏省产学研联合重大创新载体,电缆料研发试验平台正式运行;南京大学扬州光电研究院被认定为江苏省中小企业公共技术服务示范平台;扬州光电产品检测中心获评江苏光电产品检测公共服务平台,LED检测实验室通过中国合格评定国家认可委员会(CNAS)验收。（王　峰）

■品牌建设　2012年,全市新兴产业培育知名商标企业22家、著名商标企业7家。"英泰"商标被国家工商总局认定为中国驰名商标。推进技术标准建设。扬州光电产品检测中心成为全国半导体照明标准领导小组材料和设备工作组成员单位,同时承担光伏组件紫外试验设备研制等3个科研项目;江苏晨曦光伏科技有限公司主持制定中国电器工业协会光伏发电系统用电缆系列标准3个;江苏史福特光电科技有限公司通过江苏省高新技术标准化试点项目验收。扬州市新兴产业领域企业采用国际标准和国外先进标准31个。（王　峰）

■人才队伍建设　2012年,新兴产业领域引进优秀博士人才129人、优秀硕士人才472人、外国专家23人;19人入选江苏省高层次创新创业人才引进计划,24人入选江苏省企业博士集聚计划。新认定省级博士后创新实践基地5家。（王　峰）

■太阳能光伏示范发电项目入选金太阳示范工程　4月28日,财政部、科技部、国家能源局发布2012年金太阳示范工程项目目录。扬州经济技术开发区10.1兆峰瓦太阳能光伏示范发电项目入选国家金太阳示范工程项目,获国家补助资金5500万元。（杨　志）

■华富公司入选全国电池行业十强　5月8日,中国轻工业联合会首次发布2011年度中国轻工业行业十强企业名单,扬州市江苏华富储能新技术发展有限公司(简称华富公司)列电池行业第六位。华富公司是国内最大的动力电池制造商之一,也是扬州发展新能源电动汽车产业的代表企业。公司开发出10多个规格型号的电动汽车新型动力电池,在行业内率先通过国家权威检测机构认证,与奇瑞汽车有限公司、上海汽车有限公司等40多家客户结成战略合作伙伴关系。公司主产品是由华富企业院士工作站研制的胶体电动汽车蓄电池。（杨　志）

■仪征制造世界首台热超导多功能烘干机　5月16日,仪征市江苏乾丰新能源科技公司应用超导介质生产的世界首台热超导多功能烘干机通过性能测试。该设备获得美国国家专利,其超导介质经美国斯坦福研究院测试,传热效率100%,热导率是银的3万倍,对环境无污染,能在工业领域广泛应用。利用超导介质生产的烘干机,利用微粒子的高频率振动(每秒2亿次以上)传递热量,传热无衰减,受热均衡,烘干快速。（杨　志）

■热泵机组生产基地项目落户扬州　5月26日,邗江区江苏辛普森新能源有限公司与中能华辰集团、北京太阳能研究所集团有限公司合作的北京市太阳能研究所集团有限公司热泵机组生产基地项目落户扬州。中能华辰集团是国家新能源技术工程研究中心;北京太阳能研究所是国内最早研发太阳能技术的科研机构,也是国内唯一拥有太阳能高温光热发电技术的公司。合作项目主要研发地源热泵机房和太阳能发电一体化建设,重点支持全国高速公路服务区和加油站有关太阳能示范应用工程。（杨　志）

■扬州产太阳能热水器入围国家节能家电补贴产品目录　6月1日,国家发展和改革委员会、财政部、工业和信息化部联合下发《高效节能太阳能热水器惠民工程推广实施细则》,推广期限为2012年6月1日至2013年5月31日。江苏省华扬太阳能有限公司21种型号的产品、扬州日利达有限公司8种型号的产品入围第一批补贴目录。（史　建）

■扬州光电产品检测中心通过CNAS评审　9月5日,国家级光电产品检测重点实验室扬州光电产品检测中心通过中国合格评定国家认可委员会对光伏和LED检测能力的复评审和扩项评审,新增GB 7000等12个LED及照明产品安规及电磁兼容的国家标准及国际标准的检测能力。认可有效期限为2012年9月5日至2015年9月5日。（史　建）

■华富公司高原专用胶体蓄电池通过新产品鉴定　11月17日,中国轻工业联合会组织召开华富公司高原专用胶体蓄电池项目技术成果及新产品鉴定会。参加评审的专家一致认定，华富公司生产的高原专用胶体蓄电池综合技术指标达到同类产品国际先进水平，填补国内空白，超过Q/321084KBM01－2012标准，具有适温广、安全性强、寿命长、无镉环保、易恢复等特点。（史　建）

■宝胜集团有限公司　宝胜集团是专业生产电线电缆、电缆材料、超导导体材料以及变压器、开关柜等电气产品的国有大型企业，建有国家级企业技术中心和博士后科研工作站，相继入选中国企业500强、中国制造业500强、中国机械工业100强和江苏省企业100强。宝胜品牌是中国驰名商标、中国名牌产品、国家免检产品和中国电线电缆行业标志性品牌。2012年，宝胜集团完成销售收入135.58亿元，实现入库税收2.05亿元。（胡　岩）

■宝胜科技创新股份有限公司　宝胜科技创新股份有限公司是宝胜集团控股的上市公司，专业生产180多个品种、2.2万种规格的电线电缆以及电缆材料，产品覆盖到除光缆以外的电线电缆各个领域。2012年，宝胜科技创新股份有限公司实现营业收入85.69亿元，比上年增长23.57%；实现净利润1.01亿元，比上年增长459.30%。

全年开发14家省级电力公司市场；新签订单近15亿元，其中省级电力公司新签订单逾8亿元。

全年投产新产品12个。自主研发的光纤复合低压电力电缆等12个新产品被江苏省科技厅认定为省级高新技术产品，其中5个产品达到国际先进水平并填补国内空白。获专利授权16件，其中发明专利1件。额定电压20/35千伏风能发电用电力电缆获国家火炬计划产业化示范项目证书。

新增中压四期扩建项目。宝胜电缆科技城引进30万吨连铸连轧铜杆生产线、多头拉丝机、绕包生产线、绝缘和护套等国际先进生产线，配套国内领先的设备。

6月，收购山东合浩通电缆有限公司，成立宝胜（山东）电缆有限公司。新成立宝胜（上海）电线电缆销售公司。新成立宝胜（香港）进出口有限公司，与新加坡、孟加拉国、韩国、蒙古等国客户形成长期合作关系，全年国际直接出口订单超过6亿元。（杨　志）

■晶澳（扬州）太阳能科技有限公司　晶澳（扬州）太阳能科技有限公司是从事高效太阳能电池制造的现代化光伏企业，其母公司晶澳太阳能控股有限公司在美国纳斯达克交易所挂牌上市。公司位于扬州经济技术开发区，总投资5亿美元，注册资本2.3亿美元，主要从事单晶硅棒、硅片、高效太阳能电池及组件的加工、制造和销售，主导产品销往欧洲、北美洲、日本等地区与国家。公司建有晶澳全球高效电池研发中心，具有先进的高效率晶硅电池研发平台和世界一流的测试仪器和测试手段。

2012年，公司建有生产线34条，年产能1.5吉峰瓦，全年完成销售收入43亿元。（胡　岩）

工艺美术工业

■概述　2012年，扬州工艺美术集团公司（简称工艺美术集团）整体经济运行质态良好，所属企业产值、销售额和利润等3项主要经济指标分别比上年增长37%、31.1%和61.4%。

创新银企合作方式。先后与交通银行扬州分行签订“玉金融”项目合作协议、与北京银行南京分行签订全面战略合作协议，发行江苏省首只文化创意中小企业集合票据1亿元。做强会展经济，承办第47届全国工艺品交易会暨第七届中国玉石雕精品博览会。

加快项目建设。中国玉文化创意产业园一期工程主体工程完工；12月6日，中国扬州玉石料市场完成升级改造并开放运营。注重人才培养。完成第三批（第四届）扬州市工艺美术大师评审工作，评出扬州市工艺美术大师56人。放大品牌效应，多渠道开拓市场。开设扬州工艺精品海安店、扬州玉器河南镇平店和扬州漆器高邮店、大连美凯龙店及扬州工艺北京直营店等5家连锁店。

江苏省工艺美术大师田翔正在对碧玉《清明上河图》插牌作最后的精细加工　庄文斌／摄

全市新增中国工艺美术大师2人、江苏省工艺美术大师15人、江苏省工艺美术名人25人、扬州市工艺美术大师56人。10月10日，市政府出台《关于进一步做大做强工艺美术产业的意见》，加大扶持扬州工艺美术产业发展力度。11月15日，扬州中国传统工艺美术特色基地获评全国“十一五”轻工特色区域和产业集群先进集体。12月5日，工艺美术集团获江苏省紫金文化专项资金2000万元。（工艺集团）

■新品开发　加强精品创作。红雕漆《春和景明》地屏、碧玉《清明上河图》插牌、剪纸条屏《烟花三月》等一批由大师领衔创作的工艺美术精品面世并获全国性评比大奖。加强新品开发。注重研发旅游纪念品和集团消费礼品，全年开发新品60多件（套）。各类纪念品、礼品销售额占工艺美术集团销售额的20%。（工艺集团）

■品牌建设　2012年，工艺美术集团首次入选2011年度中国轻工行业百强企业，列第85位；再次获评全国工艺美术行业十强企业。由扬州玉器厂牵头制定的《玉器雕琢通用技术要求》获国家标准化管理委员会公告。首个以"扬州漆器"标准为主要模板的漆器行业通用国家标准上报国家标准化管理委员会。扬州漆器厂"七彩"商标被认定为江苏省著名商标。10月，在中国工艺美术大师作品暨国际艺术精品博览会（简称"大师展"）上，扬州市参展的28件作品共获8个金奖、8个银奖、2个铜奖和3个优秀奖，获奖率75%。（工艺集团）

■ **"玉金融"创新金融服务项目** 2月8日，交通银行扬州分行与工艺美术集团签订"玉金融"项目合作协议。"玉金融"面向工艺美术集团、从事玉器产业经营活动的中小企业以及个人业主，提供包括结算、融资、理财、网上商城、增值互动、学术交流等综合性金融服务。除在结算和理财方面给双方提供定制服务外，创新融资担保方式：玉器经营商户申请贷款时，由借款人向工艺美术集团质押自有玉器，工艺美术集团在审核评估后为借款人申请的贷款提供担保。工艺美术集团同时设立专门区域，展示商户质押品，不影响质押玉器的二次销售，解决玉器质押后不能正常展销的难题。

交通银行扬州分行为工艺美术集团及玉器经营户推出"交博通"网上商城服务，通过电子商务综合平台，开展销售、采购、收款、推广促销、金融服务等多项业务。（杨 志）

■ **承办展会** 3月29日至4月2日，第47届全国工艺品交易会暨第七届中国玉石雕精品博览会在扬州举办。展会设置展位800多个，全国各省（自治区、直辖市）700多个工艺美术行业知名厂家代表、300多名国家级和省、市级工艺美术大师携作品参展，参展商和采购商总人数3000人，总成交额3.26亿元。展会期间，举办"金凤凰杯""百花玉缘杯"评比。扬州市206件参评作品中有128件获奖，其中金奖25个、银奖28个、铜奖35个、优秀奖40个。（工艺集团）

■ **扬州工艺美术精品参加文博会** 5月18—21日，文化部、商务部、国家广电总局、新闻出版总署、中国国际贸易促进委员会和广东省政府、深圳市政府在深圳共同主办第八届中国（深圳）国际文化产业博览交易会（简称文博会）。文博会期间，举办中国工艺美术文化创意奖评比。工艺美术集团选送参展的工艺精品获特别金奖2个、金奖3个、银奖5个、铜奖2个。扬州展位获评文博会"五星展位"。（工艺集团）

■ **扬州玉雕名家作品展** 9月22日至10月7日，2012扬州玉雕名家作品展在扬州市双博馆雕刻厅展出。20名扬州玉雕大师展示精品玉器85件，品种涵盖炉瓶、人物、花鸟、走兽、仿古、山子雕等6个大类。开展仪式上，首部系统阐述扬州玉器文化的书籍《天禄琳琅·当代扬州玉雕艺术》举行首发式。（杨 志）

■ **工艺美术精品"大师展"上获奖** 10月25—29日，2012年中国工艺美术大师作品暨国际艺术精品博览会在江西省南昌市举行，全国28个省（自治区、直辖市）工艺美术行业知名厂家代表携近1000个品种的数万件作品参展。扬州市组织多位国家级和省、市级大师创作的28件作品参展，品种涵盖漆器、玉器、刺绣、剪纸、通草花、绒花、牙刻等众多门类。在2012"天工艺苑·百花杯"中国工艺美术精品奖评比中，扬州工艺美术精品获奖项21个，其中金奖8个、银奖8个、铜奖2个、优秀奖3个。金奖作品碧玉《清明上河图》插牌由中国工艺美术大师薛春梅统筹策划，江苏省工艺美术大师田翔工作室设计、制作而成，采用高浮雕和浅浮雕的雕刻技艺，展现宋代繁华市井生活画卷。金奖作品雕漆嵌玉《九龙浴佛图》地屏由中国工艺美术大师张宇设计，在涂有近百层大漆的雕漆锦纹底上，镶嵌浮雕图案，展现释迦牟尼佛诞生的故事。（杨 志）

雕漆嵌玉《九龙浴佛图》地屏　　晚报／供稿

■ **漆花品牌发展与协作联盟成立** 11月28日，漆花品牌发展与协作联盟成立大会在扬州举行，扬州漆器厂等12家扬州市漆器企业法人代表参加会议。该联盟由扬州漆器厂发起，以中国驰名商标、中华老字号漆花品牌为依托，以资源整合、优势互补、利益共享为目的，以联合经营、投融资互助、品牌协作为合作形式，组织开展人才培养、高端培训、参访、研讨、论坛等专题活动，推进品牌发展与品牌协作，推进扬州漆器行业的可持续发展。会上，与会代表签署《漆花品牌发展与协作联盟共同协议》《扬州漆花品牌联盟行业自律承诺书》。（史 建）

电力工业

■ **概述** 2012年，扬州市全社会用电量173.63亿千瓦时，比上年增长3.83%；其中工业用电量123.20亿千瓦时，比上年增长0.95%。最高用电负荷295.4万千瓦，比上年增长1.4%；网供最高用电负荷286.32万千瓦，比上年增长0.32%；网供最高日用电量5911.3万千瓦时，比上年增长8.01%。全年投入29.92亿元建设电力基础设施。启动建设总投资82亿元的配电网建设与管理示范区项目。（电力处）

■江苏华电扬州发电有限公司 2012年,江苏华电扬州发电有限公司(简称扬电公司)有2台330兆瓦燃煤发电供热机组,总装机容量660兆瓦。全年完成全口径发电量57.12亿千瓦时;每千瓦时综合供电煤耗325.29克,比上年减少4.69克。综合厂用电率6.16%,比上年下降0.12%;耗用燃油239吨,比上年减少173吨;安全生产周期纪录4906天,连续13年实现全年无事故。

强化经营管理和效益提升。加大技术改造力度,对6号机组进行整体优化节能改造。推进环保减排,加强脱硫设施维护和消缺,实施2台330兆瓦机组脱硝技改工程。安全生产总体保持平稳。经营利润实现历史性突破。 (蒋 幸)

■原址建设9F燃机项目取得进展 1月18日,国家能源局复函江苏省发展和改革委员会和中国华电集团公司,同意扬电公司原址建设2台9F燃机项目开展前期工作。扬电公司成立项目前期办公室和基建管理部。项目可研报告、水资源论证及取水、水土保持、社会稳定风险评估等方案分别通过评审,并取得批复意见;环评报告通过专家审查并上报审批。 (蒋 幸)

■江苏华电仪征燃机热电联产项目一期投产 8月,江苏华电仪征燃机热电联产项目一期3台机组全部投产。江苏华电仪征燃机热电联产项目以国家西气东输二线天然气为气源,使用国际最先进的蒸汽联合循环供热机组,项目总投资53.3亿元。其中,一期工程投资26亿元,建设3×200兆瓦级燃气－蒸汽联合循环供热机组,投产后可形成年发电能力34.47亿千瓦时,年供热能力484万吉焦以上;每年可实现产值27亿元,节约标准煤34万吨,减少二氧化硫排放量2400吨,减少二氧化碳排放量172万吨。 (杨 志)

■江苏国信扬州发电有限责任公司 江苏国信扬州发电有限责任公司总装机容量2520兆瓦,是江苏省内首家拥有4台630兆瓦机组的特大型火力发电企业。2012年,公司完成发电量156亿千瓦时,年内实现3个百日安全无事故周期。至年末,公司实现连续安全生产4439天。推进节能减排工作,开展1号汽轮机本体汽封改造、1号锅炉尾部烟道受热面改造、1号机组一次风机变频改造等重大节能改造项目,改造后的机组每千瓦时供电煤耗下降约10克,每年节约标煤3.5万吨,降低煤炭成本约3000万元。8月,省内第一台在役机组脱硝改造项目1号机组脱硝系统投入使用,氮氧化物排放大幅降低。与地方政府签订中水回用协议。实现粉煤灰"零排放"。 (于 斌)

2012年扬州市部分电力生产企业情况表

表14-4

单位名称	装机容量(千瓦)	发电量(万千瓦时)	上网电量(万千瓦时)	综合厂用电量(万千瓦时)	自发自用电量(万千瓦时)
仪征化纤股份公司热电厂	240000	148128	22568	15999	109561
宝应协鑫热电有限公司	30000	14118	12050	2068	
仪征联众热电有限公司	50000	18459	16089	2370	
扬州新热发电有限公司	6000				
扬州威亨热电有限公司	52000	12972	9831	3141	
扬州港口环保热电有限公司	50000	38701	34277	4424	
江苏扬农化工集团有限公司	30000	22526	—	2470	20056
江苏瑞祥化工有限公司	48000	44865	—	8161	36704
永丰余(扬州)有限公司	36600	22658	—	3764	18894
扬州泰达环保有限公司	18000	11308	9461	1847	
扬州石油化工厂	3000	139		21	118
扬州安邦化工厂	1500	685	218	44	423
高邮林源科技有限公司	4000	461	451	10	
江苏省江都水利工程管理处	3000	229	229		

(电力处)

建筑业

Jianzhuye

本栏责任编辑 李全权

建筑施工安装

■概述 2012年，全市建筑企业总产值2241.78亿元，比上年增长18.2%。形成100亿元以上规模市场2个、50亿～100亿元规模市场10个。境外市场完成营业额逾11亿美元。全市建筑业实现增加值209.80亿元，占地区生产总值的8.53%；建筑业企业完成税收28.7亿元，占全市地税收入的17.4%；带动从业人员约60万人，其中本地从业人员21万人；从业人员人均年收入5万元，农民从建筑业中获取的收益占年人均纯收入的30%以上。

2012年，扬州市建筑业新增年产值10亿元以上企业4家、年产值100亿元以上企业2家、年产值200亿元以上企业1家。获评中国建设工程鲁班奖(简称"鲁班奖")3个、国家优质工程9项。6家企业晋升一级总承包资质。新增发明专利9件、省级工法60项、省级新技术应用示范工程48项。

全年举办建设行业专业技术人员培训班62期，培训人员逾9000人次。新增一级建造师270人、二级建造师1372人。至年末，全市有一级建造师2314人、二级建造师7240人、小型项目管理师近5000人，形成以一、二级建造师和小型项目管理师为主的多层级管理人员队伍。

(王　健　卞海波　杨　志)

■扬州建筑企业入选江苏建筑百强 6月18日，由江苏省住房和城乡建设厅（简称省住建厅）、江苏省统计局、江苏省商务厅组成的江苏建筑百强企业评审委员会公布2011年度江苏建筑百强企业名单。江苏江都建设集团有限公司(简称江都建设集团)、江苏省华建建设股份有限公司(简称江苏华建)、江苏邗建集团有限公司(简称邗建集团)、江苏弘盛建设工程集团有限公司(简称弘盛集团)、江苏扬建集团有限公司(简称扬建集团)、江苏天宇建设工程有限公司、江苏省江建集团有限公司、江苏扬州建工建设集团有限公司等8家扬州建筑企业入选综合实力类百强，排名均列前35名，其中江都建设集团位列全省第三。此外，江苏华宇装饰工程有限公司入选建筑装饰装修类十强，扬州牧羊钢结构工程有限公司入选建筑钢结构类十强，江苏扬安集团有限公司入选建筑安装类十强，江都建设集团入选建筑外经类十强。（杨　志)

■扬州建筑企业跻身中国承包商60强 11月23日，由中国《建筑时报》和美国《工程新闻纪录》(Engineering News-Record)合作举办的"中国承包商和工程设计企业双60强"评选结果在湖北省武汉市发布。扬州建筑企业江苏华建、邗建集团入选中国承包商60强。其中，江苏华建第九次跻身60强，列第36位，排名比上年上升1位；邗建集团首次入选，列第55位。

(杨　志)

■江苏省华建建设股份有限公司 2012年，江苏华建完成建筑业总产值168.2亿元，比上年增长39.04%。公司强化市场开拓、完善产业结构、提升品牌价值，在扩大施工主业市场占有率的同时，开展房地产开发、建筑工程设计、建筑材料检测检验、工程管理咨询、建筑智能化等多元化经营业务。至年底，江苏华建在全国各主要建筑市场设有31个分公司，有22个全资或控股分支机构，经营范围涉及建筑业上、下游产业。2012年，江苏华建先后入选中国建筑业企业竞争力百强(第55位)、中国承包商60强(第36位)，在江苏省建筑业综合实力十强中名列第七位，被中国建筑业协会、中国施工企业管理协会评为全国建筑业AAA级信用企业。5月9日，江苏华建在扬州京杭会议中心举行成立30周年庆祝大会。11月21日，江苏华建总包承建的深圳荣超滨海大厦工程获评2011－2012年度国家优质工程银质奖。12月31日，江苏华建总包承建的深圳卓越皇岗世纪中心项目2号楼及裙楼配套工程、参建的济南恒隆广场等2个项目获2012－2013年度中国建设工程鲁班奖。至年末，江苏华建累计获"鲁班奖"18个。

扩展多元化经营。2012年，江苏华建建筑设计院累计签订合同额近3000万元，成为扬州第二大建筑设计院。华建联盟投资公司运营第一年，净资产收益率14%。6月，江苏华建发行4亿元短期融资债券，成为扬州市首家发行短期融资债券的建筑企业。9月，江苏华建成立建筑智能化分公司，启动建筑智能化业务；设立江苏华建地产有限公司，管理江苏华建投资的房地产项目。11月，成立

江苏华建总包承建的深圳卓越皇岗世纪中心项目 2 号楼及裙楼配套工程获 2012—2013 年度中国建设工程鲁班奖　　华建 / 供稿

工程管理咨询分公司,并承接扬州本地市场 40 万平方米工程监理业务。12 月，江苏华建获农村小额贷款组织发起人资格,获准筹建华建农村小额贷款公司。

（钱启明　唐卫东　纪晓力）

■江苏华建获创建鲁班奖工程突出贡献奖(金奖)　12 月 21 日,中国建设工程鲁班奖(国家优质工程)创立 25 周年纪念大会在北京举行。会议表彰一批获创建鲁班奖工程突出贡献奖企业和创建鲁班奖工程先进个人。江苏华建以累计获 16 个鲁班奖的业绩位列全国第五,获创建鲁班奖工程突出贡献奖(金奖)。全国有 17 家建筑企业获金奖，其中江苏省 2 家。（杨　志）

■江苏扬建集团有限公司　2012 年,扬建集团保持稳健增长,实现总产值 54.26 亿元，比上年增长 31.38%;实现利润 5236.52 万元,比上年增长 22.28%；注册资本金增至 3 亿元。全年获中国安装工程优质奖(简称"中国安装之星")1 个、上海市建设工程"白玉兰奖"(简称"白玉兰奖")3 个、江苏省"扬子杯"优质工程奖（简称"扬子杯")5 个、江苏省"紫金杯"建筑装饰优质工程奖(简称"紫金杯")7 个、江苏省建筑门窗优秀工程奖 1 个、江苏省安装工程优质奖（简称"苏安杯")3 个。完成省级科研项目 2 个,住房和城乡建设部(简称住建部)绿色建筑示范工程 1 项、省级新技术应用示范工程 6 项;新增专利 2 件、省级工法 5 项。有 25 人通过一级建造师考试。

外部市场开拓。首次承接国家财政直接投资项目,承建国家体育总局综合训练馆。秦皇岛市市场完成产值逾 4 亿元,成为扬建集团最大的外埠市场。承接泰州数据产业园、泰州文化创意产业综合体等项目。开拓宿迁市场。在武汉市承接本田制锁一期工程。在重庆市承接重庆大学城一期、二期项目。在安哥拉承接工程面积 5.7 万平方米。

优化结构,多元经营。2012 年,扬建集团装饰产业完成产值逾 4 亿元，连续第 15 年获评江苏省优秀装饰企业。房地产业实现年销售收入 3.55 亿元,比上年增长 107%;其中高邮华昇·沁园全年销售 600 多套,是高邮市销售量最高的房地产项目。机电安装产业完成产值 2.66 亿元,比上年增长 19.7%。环保产业完成产值 6500 万元,比上年增长 52.6%。桩基产业完成产值 4.92 亿元，比上年增长 56%。商品混凝土产业完成产值 1.20 亿元。钢结构产业完成产值 5012 万元。集团下属劳务公司全年完成劳务总产值 5.06 亿元。扬建集团建筑设计研究院实现财务结算收入 2550 万元,比上年增长 27%。新建华发幕墙钢构生产基地、建祥商品混凝土预拌砂浆项目、华群保温材料生产项目。

科技创新。2012 年,扬建集团省级科研项目"钢混框架梁端负弯距区高效加固方法研究""地源热泵系统集成技术关键问题研究及其示范"通过省住建厅验收。苏中话务通信备用楼、中集·集品嘉园、苏北人民医院病房楼三期工程、扬州泰州机场航站楼、扬州国展中心二期工程、七二三所 9 号楼等工程获评江苏省新技术应用示范工程。苏中话务通信备用楼获评 2012 年度住建部绿色建筑示范工程。集团下属江苏华发装饰有限公司(简称华发公司)获全国建筑装饰科技示范工程奖 4 个、科技创新成果奖 2 个,获江苏省装饰装修行业科技示范工程奖 4 个。"钻孔灌注桩成孔一桩双机施工方法"获发明专利,"一种同层排水防臭地漏"获实用新型专利。"大型吊车楼面行走混凝土结构保护施工工法""轨道式移动高大操作平台施工工法""古建改造聚氨酯现场发泡多弯曲保温管道施工工法""一桩双机施工工法"获评 2012 年度江苏省省级工法,"利用预应力张拉设备整体提升高层建筑连廊施工工法"获评 2012 年度海南省省级工法。华发公司 2 项工法获江苏省装饰装修行业科技创新成果奖。

重点工程建设。总承包的扬州泰州机场交付使用,瘦西湖旅游商业广场、工人疗养院等工程封顶;参建的"京杭之心"皇冠假日酒店交付装潢,宁波深国投商业中心、秦皇岛数谷大厦等项目如期交付。

质量管理。2012 年,扬建集团承建的扬州大学新校区图书馆安装项目获评"中国安装之星"。苏北人民医院病房楼一期工程、扬州广播电视总台综合服务楼、新城西区商务写字楼中心 F 楼、六圩污水厂二期工程、苏中话务通信备用楼等 5 项工程获江苏省"扬子杯"。扬州文化艺术中心钢结构工程获江苏省钢结构优质工程奖。

安全生产。2012 年,扬建集团月均事故率 0.26‰。全年新增省级安全文明工地 13 个、市级安全文明工地 18 个。集团获评江苏省建筑业企业安全生产先进单位。（蒋贵涛）

■江苏江都建设集团有限公司　2012 年，江都建设集团实现经营产值 256 亿元，在手工程施工面积

1105万平方米，工程竣工面积375万平方米。在中国民营企业500强评比中，江都建设集团由上年的第105位上升到第99位。

拓展海外市场。至年底，江都建设集团承建的蒙古奥尤陶勒盖建筑安装工程完成施工产值67亿元。受业主特聘作为OT中国输电项目的甲方管理代表，负责由内蒙古电力集团承接的从内蒙古向蒙古国奥尤陶勒盖输电项目的现场管理。至年底，该项目交付。江都建设集团被中共江苏省委、江苏省政府评为江苏省外向型先进企业。

2012年，江都建设集团获“鲁班奖”1个、“广厦奖”1个、江苏省“扬子杯”3个、北京市建筑“长城杯”金质奖（简称“长城杯”）1个、黑龙江省建设工程质量龙江杯奖（简称“龙江杯”）1个、上海市“白玉兰奖”1个、中国长三角优秀石材建设工程金石奖（简称“金石奖”）1个、陕西省建设工程长安杯奖（简称“长安杯”）1个、军队优质工程奖1个、湖北省建筑优质工程“楚天杯”2个、天津市建设工程“金奖海河杯”2个。新创国家AAA级安全文明工地1个、省级文明工地26个、绿色施工工程8个、节约型工地4个。江都建设集团承建的中国农业银行东单办公楼南楼改造工程获“鲁班奖”。12月21日，中国建设工程鲁班奖（国家优质工程）创立25周年纪念大会在北京举行，江都建设集团获创建鲁班奖工程突出贡献奖（银奖），并应邀在建筑业企业创精品工程交流会上作经验介绍。

2012年，江都建设集团获批实用新型专利6件；累计获批专利31件，其中发明专利2件、实用新型专利29件。推广应用新技术、新工艺，全年获评省级新技术应用示范工程10项，有5个质量管理小组被评为全国优秀质量管理小组。江都建设集团被中国施工企业协会评为全国技术创新先进企业。（徐怀华）

■江苏邗建集团有限公司 2012年，邗建集团有1亿元以上在手项目26个，建筑业总产值106.03亿元，完成税收逾7亿元。全年获国家级表彰15项、省级表彰69项，先后入选全国民营企业500强、中国建筑业竞争力百强、2012中国承包商60强。

集团全年获批发明专利1件、实用新型专利2件，获评省级工法4项、省级新技术应用示范工程3项，创国家优质工程3项、省优工程8项、市优工程13项，获评省级质量管理成果3项。宿迁市商务中心安装工程、扬州市委党校安装工程获评“中国安装之星”，江苏省家禽研究所综合工程获全国建筑工程装饰奖。全年创全国AAA级文明工地1个、省级文明工地12个、市级文明工地20个。

（居建军）

■江苏弘盛建设工程集团有限公司 2012年，弘盛集团完成总产值147.2亿元，施工总产值144.1亿元，分别比上年增长14.2%、12.4%；全年施工面积1368.6万平方米，竣工面积835.8万平方米，分别增长9.9%、10.6%。全年承接工程项目277个，比上年增长76.4%；其中1亿元以上项目34个，增长78.9%。南京分公司、北京分公司、苏州分公司、天津分公司年产值分别为9.78亿元、7.5亿元、5.88亿元、5.03亿元。至年末，弘盛集团有年产值5亿元以上的分公司8个。

江都建设集团承建的中国农业银行东单办公楼南楼改造工程获2012—2013年度中国建设工程鲁班奖

江建/供稿

坚持多元经营，加快结构转型升级。拓展装饰装潢、钢结构、市政、园林、道路桥梁、地基基础、房地产、金融业、餐饮等业务。2012年，弘盛集团下属弘益小额贷款有限公司实现利润3830.56万元，比上年增长88%。

开拓贵州市场，成立贵州分公司和贵州国发城市建设投资开发有限公司。调研俄罗斯建筑市场。

成功申报扬州企业院士工作站。全年获评国家科技进步奖一等奖1个、省科技成果奖三等奖1个，新增专利8件，获评省级工法7项、省级新技术应用示范工程4项。获评国家优质工程1项，获江苏省“扬子杯”3个、南京市“金陵杯”3个、扬州市“琼花杯”6个，新创省级文明工地13个、市级文明工地25个。

11月，由弘盛集团总承包的盐城市中级人民法院审判综合楼获2011—2012年度国家优质工程银质奖。（弘 盛 刘春龙）

工程建设管理

■招投标管理 2012年，扬州市招投标管理部门主要采用远程评标和电子化招投标，取消业主评委，明确围标串标处理方式，推行小型项目公开抽签确定中标人，采取随机摇号方式确定国有投资项目招标代理机构，规范招投标各方主体行为。加强对评标专家和代理机构人员的动态考核。全年有80人次评委被通报扣分，8名代理从业人员被记录不良行为。全年有257个国有投资项目实现网上电子化招投标，上线运行率100%。2012年，全市完成进场交易项目1487个标段，合同价308亿元；通过招标节约投资2.6亿元，节约率3.9%。（王双芹 卞海波）

■施工许可与竣工验收备案 2012年，扬州市建设主管部门规范施工许可和竣工验收备案的发证条件和工作程序，严格审批发证程序，严控备案前置条件，严把工程进出口关。

2012 年，市区发放施工许可证 718 份，施工面积 1362 万平方米；完成竣工验收备案 678 项，备案面积 1117 万平方米。（王双芹　卞海波）

■施工图审查　2012 年，扬州市施工图审查机构升级原有审查办公系统，严格控制审查流程每个环节办理时间。创新开展审图意见整改“催办服务”，全年发放催办函件 28 份，提醒建设单位及时整改到位。2012 年，市区完成施工图纸审查 667 项，发放审查合格证 560 份，总建筑面积 828 万平方米；查出违反强制性条文情况 1307 条次、违反强制性标准情况 7785 条次，一审通过率 91.5%。

（王双芹　卞海波）

■工程质量管理　2012 年，全市开展工程实体监督巡查 1106 批次，覆盖率 32%，比上年提高 15 个百分点。开展重大工程监督巡查 126 批次，覆盖率 38%，比上年提高 22 个百分点。监督抽测单位工程 816 批次，其中 161 批次未通过监督抽测，不合格率 20%，比上年下降 7 个百分点。监督巡查、抽测、验收过程中，发出整改通知书 714 份，下发监督告知书 225 份、停工通知书 12 份，申请行政处罚建议书 12 份，发现受监工程违反强制性条文情况 579 条次。

2012 年，全市建筑业获“鲁班奖”3 个、江苏省“扬子杯”16 个，获评国家优质工程 9 项；评选扬州市“琼花杯”优质工程 112 项、“五亭杯”优质工程 40 项、市外优质工程 60 项；新增发明专利 9 件、省级新技术应用示范工程 48 项。（王双芹　卞海波）

■工程安全监管　2012 年，全市下发安全生产监督抽查记录 1129 份，签发安全隐患整改通知书 48 份、局部停工整改通知书 30 份，移交城建监察部门立案查处案件 59 件。全年未发生统计口径内的死亡事故，百亿元产值死亡率为零。

（王双芹　卞海波）

■工程监理　2012 年，全市有 3 家监理企业晋升资质，2 家丙级监理企业被撤销资质，甲级资质企业占总数的 48.5%。353 人通过省监理员考核，120 人通过省监理工程师考核。至年底，全市有国家注册监理工程师 587 人、省注册监理工程师 806 人。

2012 年，全市监理企业新承接监理合同金额 3.77 亿元，完成监理收入 2.53 亿元，比上年增长 8.6%。嘉里扬州酒店等 11 个项目获评江苏省示范监理项目。

（王双芹　卞海波）

■工程造价管理　2012 年，扬州市造价管理部门创新造价监管模式，由传统的事后控制转变为对招标文件、施工合同、竣工结算的全过程控制。创新开发“采价系统”，提高价格信息发布质量。全年发布建筑材料预算价格信息 12 期，每期发布 2000 多种材料价格。（王双芹　卞海波）

■工程检测管理　扬州市加大对检测机构的监管工作力度，严查检测机构出具虚假报告行为，形成不良行为记录 21 条。组织开展质量检测机构信用等级考核工作，评出信用等级 A 级企业 4 家、信用等级 B 级企业 15 家、信用等级 C 级企业 2 家。检测机构全年对 738 个工程进行合同备案，备案率 87%。（王双芹　卞海波）

勘察设计管理

■勘察设计　2012 年，全市有具备资质的勘察设计单位 50 家，其中各类甲级资质单位 20 家、乙级资质单

2012 年扬州市勘察设计甲级资质单位一览表

表 15-1

单位名称	资质情况
江苏中核华纬工程设计研究有限公司	甲级化工石化医药
江苏石油勘探局勘察设计研究院	甲级石油天然气
江苏省水利勘测设计研究院有限公司	甲级水利
扬州市建筑设计研究院有限公司	甲级建筑工程
江苏省工程勘测研究院有限公司	甲级工程勘察综合类
扬州大学工程设计研究院	甲级建筑工程
扬州勘测设计研究院有限公司	甲级工程勘察岩土工程
江苏时代建筑设计有限公司	甲级建筑工程 甲级岩土工程
扬州城市规划设计研究院有限公司	甲级建筑工程
江苏华建建设股份有限公司	甲级建筑工程
江苏江都建设工程有限公司	甲级建筑工程
江苏扬建集团有限公司	甲级建筑工程
江苏弘盛建设工程集团有限公司	甲级建筑工程
扬州市开元岩土工程检测有限公司	甲级工程勘察岩土工程
扬州华宇装饰工程有限公司	甲级建筑装饰
扬州日模邗沟装饰工程有限公司	甲级建筑装饰 甲级建筑幕墙
江苏裕祥装饰工程有限公司	甲级建筑装饰
江苏华发装饰有限公司	甲级建筑装饰
扬州新盛建筑装饰有限公司	甲级建筑装饰
扬州艾特装饰工程有限公司	甲级建筑装饰

（汪　美）

位24家、丙级资质单位6家,涉及工程勘察、建筑、市政、水利、水运、电力、通信、石油、化工、化纤、轻纺等11个行业资质以及建筑装饰、建筑幕墙、环境工程、轻钢结构、照明工程、风景园林等6个专项资质;有从业人员1253人,其中注册执业人员405人。勘察设计行业全年完成产值2.03亿元。（汪 美）

■优秀勘察设计项目评选 7月,扬州市举行优秀勘察设计项目评选活动,评出获奖项目22个。其中,优秀工程设计项目一等奖4个、二等奖5个、三等奖8个,优秀工程勘察项目一等奖1个、二等奖2个、三等奖2个。（汪 美）

■勘察设计市场集中检查 9—11月,扬州市开展勘察设计市场集中检查活动。检查扬州市勘察设计单位11家、省外到扬州承接勘察设计项目单位16家。根据《扬州市勘察设计合同备案管理办法》规定,开展工程建设项目合同备案工作,全年对666个项目进行合同备案。（汪 美）

■建筑节能与建设科技 2012年,扬州市制定《2012年扬州市建筑节能专项检查计划》,全年检查工程项目45个。8月,在省住建厅组织的建筑节能工作考核中,扬州市列全省第六位。

根据《扬州市建筑节能材料和产品备案管理暂行办法》,开展扬州市建筑节能材料和产品备案工作,备案产品245个。制定扬州市建筑节能监管体系建设实施方案,建设建筑节能监管体系。

组织申报2012年度省级建筑节能专项引导资金项目,扬州广陵区建筑节能和绿色建筑示范区等6个项目获专项资金2091万元。3个保障性住房项目获省太阳能综合利用示范项目补助资金400万元。

做好可再生能源建筑应用城市示范项目建设工作。至2012年底,完成折算面积540万平方米示范任务。

扬州市古城保护办公室扬州老城区低碳技术示范项目获批省住建厅科技示范工程项目,获科技资金补助15万元。（汪 美）

2012年扬州市优秀勘察设计项目奖评选获奖项目一览表

表15-2

奖项及等级		项目名称	获奖单位
优秀设计项目	一等奖	扬州玉器博物馆和玉器教育基地	江苏石油勘探局勘察设计研究院
		常熟市三峰清凉寺藏经楼	扬州市建筑设计研究院有限公司
		中国移动通信话务楼	同济大学建筑设计院
		扬州市沙湾河道路工程	扬州城市规划设计研究院有限公司
	二等奖	扬州市丁氏马氏盐商住宅修缮	扬州市建筑设计研究院有限公司
		邗上派出所刑警大队邗上中队办公楼	江苏扬建集团有限公司
		天俊华府2号楼	江苏扬建集团有限公司
		扬州迎宾馆9号楼	扬州城市规划设计研究院有限公司
		星河西岸	扬州大学工程设计院
	三等奖	海安经济开发区七星湖大桥	扬州市建筑设计研究院有限公司
		江苏省退伍军人精神病院住院楼	扬州大学工程设计院
		荷花池公园游客服务中心	扬州城市规划设计研究院有限公司
		常熟东南开发区标准厂房	扬州市建筑设计研究院有限公司
		周信芳故居维修保护及环境整治工程	扬州市建筑设计研究院有限公司
		扬州市军转站军供大楼	扬州市建筑设计研究院有限公司
		扬州市北环路(扬菱路—运河北路)	扬州城市规划设计研究院有限公司
		扬州市古运河瘦西湖游览线贯通工程—桥梁工程	扬州城市规划设计研究院有限公司
优秀勘察项目	一等奖	南水北调一期工程刘老涧二站地质勘察	江苏省工程勘测研究院有限公司
	二等奖	九龙湾·润园	扬州市筑苑岩土工程公司
		临海高等级公路(盐城段)1:2000地形测量	江苏省工程勘测研究院有限公司
	三等奖	扬州SOHO青年创业园	扬州勘测设计研究院有限公司
		中远·欧洲城(二期)高层区	江都区规划建筑设计院

（汪 美）

交通 物流

Jiaotong Wuliu

本栏责任编辑 陈永华

综述

■概况 2012年，全市交通基础设施建设完成投资56.26亿元(不含扬州泰州机场建设投资)。其中，高速公路建设完成投资18.89亿元，国家、省干线公路建设完成投资11.26亿元，地方干线公路建设完成投资5.3亿元，农村路桥建设完成投资2.81亿元，航道、船闸建设完成投资2.81亿元，港口建设完成投资9.15亿元，宁启铁路复线电气化改造工程扬州段完成投资5.09亿元，汽车客货运站场建设完成投资0.95亿元。公路、铁路、水路分别完成客运量8878万人次、121.62万人次、30.3万人次，完成货运量7644.79万吨、11.53万吨、4599.10万吨；港口完成货物吞吐量8822万吨、集装箱吞吐量41.1万标箱。5月8日，扬州泰州机场通航。机场全年完成旅客吞吐量24.73万人次、货邮吞吐量11.53万吨。全市物流业实现增加值111.39亿元。市区城市公共交通行业全年完成客运量2.48亿人次。

加强运政管理。推进客运班线公司化经营改造，全年市、县际客运班线公司化经营率85%。加强路政、航政管理。保障路航设施产权完整；清除路航非标物，增设交通安全设施，保持路航通行环境良好。保障内河水上交通安全畅通，未发生死亡3人以上重特大水上交通事故和船舶污染水域事件，京杭运河扬州段等干线航道未发生航道堵塞4小时以上责任事件。完成汛期、枯水期及恶劣天气条件下的公路、水路运输保障任务，畅通电煤、鲜活农副产品等重要物资运输“绿色通道”，保障重大活动期间交通运输安全和行业稳定。

2012年，全市交通运输系统有14家单位创成2011—2012年度扬州市文明单位，市交通运输局获评交通运输部2010—2011年度全国交通运输行业精神文明建设先进集体。

2012年，扬州邮政系统实现邮政业务收入5.08亿元。优化邮运网路和生产流程，加快畅销报刊的投递及零售面市速度，强化邮政数据库建设，开发应用邮政数据电子地图。成立扬州市邮政管理局、扬州市少年邮局。2012年全国邮政分销业务现场推进会在扬州召开，扬州邮政局电子商务局被评为省“工人先锋号”。

(王 东 刘 华 陈 邮)

■扬州市交通产业集团有限责任公司 2012年，市交通产业集团有限责任公司实现利润总额4080万元，净资产收益率2.6%，成本费用利润率3.53%，完成投资2.08亿元。完成营业收入8.14亿元，增长5.60%；实现利税0.51亿元，其中净利润0.11亿元、税金0.40亿元，分别增长4.20%、2.40%、8.93%。完成客运周转量8.0亿人千米；完成港口吞吐量3022万吨、集装箱吞吐量41.1万标箱。江苏扬州汽车运输集团公司(简称扬汽公司)全年完成淮安、宜兴、姜堰、金坛、金湖、十二圩等6条班线的公司化改造，累计完成286辆班车公司化改造，公司化经营率73%。12月31日，扬汽公司与宝应汽车运输公司共同出资组建的扬州宝扬客运有限公司开业运营。扬汽公司获第12届“全国质量奖”，被中华全国总工会和国家安全生产监督管理总局联合授予“2011年度全国‘安康杯’竞赛优胜单位”称号，被国家安全生产监督管理总局命名为“全国安全文化建设示范企业”。

推进重大项目建设。3月30日，总投资7.5亿元的江都港区3号、4号、5号泊位建设项目开工。截至年底，完成投入1.47亿元，完成水工工程形象进度77.52%，其中3号泊位水工工程具备交工验收条件。9月10日，总投资6亿元的西部综合交通客运枢纽建设项目开工。

完成融资出资任务。全年完成扬州市江六高速公路地方配套资本金1.36亿元、宁启铁路复线电气化改造工程市本级二期1.77亿元出资任务。截至年底，公司累计融资6.3亿元，融资余额1.7亿元；公司代表扬州市对外投资重大交通项目累计5.36亿元，其中代表市本级出资2.09亿元。

落实民生幸福工程。时代公交公司新辟209路夜班车、215路公交线路，优化调整202路、203路公交线路，对5条公交线路进行加密；开通李典、头桥、沙头等3个乡镇镇村公交。

全年组织开展各类安全检查13次，排查各类隐患205条，投入整改资金274.17万元。

(龚宇峰 陈海涛)

■ **扬汽公司获“全国质量奖”** 10月25日，在第12届全国追求卓越大会上，扬汽公司获质量经营管理最高荣誉“全国质量奖”，成为全国交通客运行业首家获此荣誉的单位。“全国质量奖”由中国质量协会组织评审，表彰实施卓越绩效模式，在质量、效益和社会责任等方面取得显著成绩的企业或组织，代表中国质量治理的最高荣誉。扬汽集团制定、实施行风监督员制度、神秘顾客调查制度等，加强服务质量跟踪，开通手机售票系统，使用天然气车辆代替燃油车辆。“十一五”期间，集团年营业收入、利税、净利润、净资产收益率分别年均增长13.09%、34.24%、64.5%、53.56%。

（扬 汽）

交通基础设施建设

■ **干线公路建设** 全年完成国家、省干线公路建设投资11.26亿元，建成里程50.4千米，工程优良率100%。237省道完成投资5.16亿元，宝应段二期工程7.88千米、高邮段先导段11.5千米建成通车。333省道完成投资4.1亿元，高邮西段26.7千米、宁通公路上跨333省道立交桥建成通车。331省道完成投资2亿元，宝应段4.3千米建成通车。（扬公路）

■ **农村公路建设** 全年完成农村公路建设投资1.27亿元，建成里程180千米，其中新建55.95千米、改建34.92千米、错车道89.13千米；完成农村公路桥梁建设投资1.54亿元，新(改)建桥梁185座，其中大桥3座、中桥71座、小桥111座。

（农路办）

■ **扬州泰州机场集疏运道路建成** 扬州泰州机场集疏运道路包括机场路及机场连接线两部分。2012年完成投资5000万元，5月8日建成，7月10日通过市交通运输局组织的交工验收。（扬公路）

2012年扬州市公路里程到达数一览表

表16-1 单位：千米

项目	总计	等级公路										等外公路
		合计	高速公路				一级公路	二级公路	三级公路	四级公路		
			小计	四车道	六车道	八车道及以上						
年底到达数	**10319.91**	**9050.17**	**317.82**	**219.12**	**88.42**	**10.28**	**307.91**	**1278.90**	**878.48**	**6267.06**		**1269.74**
国道	**281.39**	281.39	253.86	180.36	63.22	10.28	27.53	0.00	0.00	0.00		0.00
国家高速公路	**206.96**	206.96	206.96	133.46	63.22	10.28	0.00	0.00	0.00	0.00		0.00
省道	**516.10**	516.10	59.45	34.25	25.20	0.00	153.40	291.63	11.62	0.00		0.00
县道	**1345.33**	1330.90	4.51	4.51	0.00	0.00	87.28	707.91	332.03	199.17		14.44
乡道	**3599.19**	3535.03	0.00	0.00	0.00	0.00	32.44	132.87	445.15	2924.57		64.16
村道	**4577.89**	3386.75	0.00	0.00	0.00	0.00	7.27	146.49	89.67	3143.32		1191.15

（丁 鼎）

2012年扬州市公路桥梁、渡口年底到达数一览表

表16-2

项目	总计		互通式立交桥		按跨径分								渡口	机动渡口
					特大桥		大桥		中桥		小桥			
	数量(座)	长度(延米)	数量(座)	长度(延米)	数量(座)	长度(延米)	数量(座)	长度(延米)	数量(座)	长度(延米)	数量(座)	长度(延米)	数量(处)	数量(处)
年底到达数	**4698**	**174754**	**26**	**9124**	**14**	**20555**	**223**	**50257**	**1012**	**46198**	**3449**	**57744**	**30**	**2**
国道	**242**	**41543**	14	3493	9	14017	55	18718	126	7531	52	1277	0	0
国家高速公路	**195**	**36672**	9	2195	9	14017	47	15318	107	6321	32	1016	0	0
省道	**221**	**26486**	11	5505	4	5477	52	14214	81	4683	84	2112	0	0
县道	**472**	**22718**	0	0	1	1061	40	7843	178	8385	253	5430	3	0
乡道	**1861**	**43692**	1	126	0	0	53	5789	352	14620	1456	23283	9	0
村道	**1902**	**40314**	0	0	0	0	23	3692	275	10980	1604	25643	18	2

（丁 鼎）

■328国道连接线建设 328国道连接线(南绕城段)全长11.8千米,东起广陵区汤汪乡宁通公路京杭运河大桥西侧,西至邗江区蒋王街道沪陕高速公路八字桥互通附近。采用一级公路标准建设,双向四车道,设计行车时速80千米,2011年10月开工。2012年完成投资2亿元,邗江区1.82千米主线及0.5千米江六高速连接匝道建成并通过交工验收,运河南路匝道工程基本完成,广陵区、开发区及邗江区剩余路段拆迁工作按序推进。(扬公路)

■沪陕高速江六段建成 2012年,沪陕高速江都至六合段(简称江六高速公路)完成投资21.38亿元。11月25日,江六高速公路全线建成并通过交工验收,12月21日开通运营。江六高速公路是上海至西安高速公路的一部分,始于江都区仙女镇正谊互通,与京沪高速江广段顺接,经仙女、杭集、沙头、汤汪接老宁通公路扬州南绕城段,自八字桥互通后布设新线,经新集镇、新城镇、马集镇、枣林湾,止于南京市六合东互通,接雍庄至六合高速公路。江六高速公路全长76.1千米,全线分布互通立交11处、主线收费站1处、服务区1处,沟通5条高速公路(京沪、扬溧、南京绕越、宁通、雍六高速公路)、3座跨江大桥(润扬大桥、南京长江二桥、南京长江四桥)及众多国、省干线,其中扬州段设置7个互通、2个枢纽;江六高速公路全线采用高速公路标准建设,设计行车速度120千米/小时。其中,正谊互通至汤汪互通段和八字桥互通至六合东互通段66.3千米,采用双向六车道标准新建;汤汪互通至八字桥互通段9.8千米,按双向八车道标准扩建,路基宽42米。

江六高速公路2009年12月开工,累计完成投资52.71亿元。江六高速公路扬州段拆迁民房1520户34.37万平方米、厂矿企业60家10万平方米,迁移通信光缆1325道、电力杆线470道,完成主线征地399.6公顷,线外工程用地31.4公顷,提供取土257万立方米。(扬公建 陈 焦)

江六高速公路上的京杭运河大桥 刘江瑞/摄

■江六高速公路京杭运河特大桥建成 10月27日,江六高速公路京杭运河特大桥建成。江六高速公路京杭运河特大桥是江六高速公路上的主要桥梁,位于南绕城公路大桥和沿江高等级公路大桥之间,是扬州市内河上第一座悬索斜拉桥。江六高速公路京杭运河特大桥全长1131米,双向六车道,设计行车速度120千米/小时。桥的主塔采用"H"形钢筋混凝土桥塔,塔高70.3米;承台上方约33米处设横梁1道。该工程2010年1月开工,累计完成投资1.47亿元,其中2012年完成投资6144万元。(陈 焦)

■宁启铁路复线电气化改造扬州段工程 2012年,宁启铁路复线电气化改造扬州段工程完成投资5.09亿元。铁路仪征站变更设计方案报上海铁路局审查。建成高水河特大桥、上跨扬菱路铁路桥,完成跨京沪高速公路特大桥主跨浇筑,建成公铁立交4座。(钱 晨)

■客运站建设 9月10日,扬州西部交通客运枢纽开工建设。推进农村客运站(亭)建设。宝应县射阳湖镇臧陈客运站建成并投入使用。仪征市新建成城乡客运一体化候车亭55个。(扬运管)

■港口建设 2012年,全市完成港口建设投资9.15亿元。江都港区海螺水泥码头、泰富码头水工、海昌公用码头堆场和内河港扬城港区汤汪作业区码头一期、二期水工通过交工验收。仪征港区液体化工码头二期工程和江都港区3号、4号、5号泊位工程开工建设。仪征港区环球造船码头改建工程获交通运输部岸线使用批复。(王宏雷)

■施桥、邵伯三线船闸工程 2012年,施桥、邵伯三线船闸完成投资1.99亿元,完成土方疏浚、绿化养护等尾留工程,推进竣工验收前的内业完善工作。10月30日,施桥三线船闸重要节点工程施桥运河大桥建成通车。(陈三保)

■宝应船闸大修扩容改造工程 2012年,宝应船闸大修扩容改造工程完成投资8100万元,完成船闸主体施工、闸门吊装及上、下游地连墙驳岸施工,推进闸室墙、上下游引航道、闸阀门、办公用房等项目施工。(陈三保)

■高东线航道整治工程 高东线航道整治工程位于高东线高邮市汤庄镇河口大桥以西范围(航道右岸),全长1200米,新建驳岸按三级航道标准设计。2012年完成投资500万元,12月7日通过交工验收。(陈三保)

■仪扬河航道整治工程 仪扬河航道整治工程位于仪扬河航道乌塔沟

至高旻寺段，全长5000米。市航道管理处实施东段2255米工程建设，按五级航道标准设计建设，新建护岸采用C20强度砼灌砌块石墙结构。2012年完成投资500万元，10月19日通过交工验收。（陈三保）

公路运输

■公路客运 2012年，全市完成营业性公路客运量8878万人次、旅客周转量58.19亿人千米。全市有道路客运经营业户18户、营运客车1745辆（不含城市公交、出租车）、客位6.11万个，户均拥有车辆97辆。其中市区有道路客运经营业户8户、营运客车986辆、客位3.45万个。全市开通客运班线406条，其中省际线路121条、市际线路162条、县际线路41条、县内线路82条，客运班线覆盖全省及全国其他大部分省（市）。（扬运管）

■镇村公交 2012年，全市开通12个乡镇镇村公交，开通线路26条，投放车辆32辆，镇村公交开通率47.8%。（扬运管）

■《扬州市镇村公交发展规划（2010—2020）》颁布实施 11月7日，《扬州市镇村公交发展规划（2010—2020）》颁布实施。根据规划，至2015年，沿江地区（广陵、邗江、仪征、江都）所有乡镇开通镇村公交，沿河地区（宝应、高邮）60%的乡镇开通镇村公交；至2018年，全市所有乡镇开通镇村公交。（陈 焦）

3月2日，扬州扬港物流渣土车队成立 王 卓/摄

2012年扬州市营业性公路运输车辆情况表

表16-3

地 区	公路客运		公路货运	
	客车数(辆)	客位数(个)	载货汽车数(辆)	吨位数(吨)
合 计	**1745**	**61070**	**40856**	**239963**
市 区	986	34508	29528	173430
宝应县	335	11724	3060	17972
仪征市	146	5109	3523	20692
高邮市	278	9729	4745	27869

注：公路客运客车数、客位数不含客运出租车（扬运管）

2012年扬州市公路营业性运输量一览表

表16-4

地 区	公路客运		公路货运	
	客运量（万人次）	旅客周转量（万人千米）	货运量（万吨）	货物周转量（万吨千米）
合 计	**8878**	**581874**	**7645**	**940158**
市 区	5832	382224	5297	651361
宝应县	1224	80226	442	54349
仪征市	631	41343	931	114531
高邮市	1191	78081	975	119917

（扬运管）

■公路货运 2012年，全市完成营业性公路货运量7645万吨、货物周转量94.02亿吨千米。全市有专业道路货运企业273家，其中道路化学危险品货物运输企业46家。全市有载货汽车4.09万辆、总吨位24万吨，分别比上年增长7.7%、14%。其中，厢式货车1.04万辆，与上年持平；集装箱车636辆，比上年增长22.8%；危险货物运输车辆1121辆，比上年增长15.9%。货车平均吨位数5.9吨/辆，比上年增长5.3%。（李超华）

■物流联运 开展多式联运、甩挂运输试点。扬州市天成国际集装箱货运有限公司甩挂项目被列入省级甩挂试点项目。依托扬州城北物流园，发展多式联运，扬州至成都联运试点线路运行良好。（李超华）

城市交通

■概述 2012年底，扬州市区有公交企业3家、公交从业人员2797人；有公交车1356辆、公交线路125条（含镇村公交线路38条），分别比上年增长8.56%和31%；有公交停车场13个、公交站台2370座，线路总长1801.2千米，分别比上年增长30%、51%和40%。万人拥有公交车标台数为主城区12.15标台、江都区4.1标台。公共交通出行分担率为主城区19.6%、江都区7.25%。市区有出租汽车经营企业30家、出租汽车运营车辆2465辆、从业人员4903人，有三轮车管理企业1家、人力观光三轮车250辆、从业人员240人。城市公交客运行业全年客运总量2.48亿人次，其中公交车客运量1.78亿人次。

提升城市客运行业文明服务理念和服务水平。开办全国首家“的哥的姐”业余党校。公交6路琼花班获评省交通运输厅“城市公交十佳服务品牌”，26路公交线获评省交通运输厅“城市公交十佳文明线”，共产党员示范车队获评省交通运输厅“出租汽车十佳品牌车队”。（扬客管）

■发展公共交通 2012年，市区新购公交车辆63辆，新辟公交线路3条，调整公交线路14条。主城区新(改)建文昌东路、运河北路、茱萸湾路、望月路、友谊路等路段仿古式公交站棚50座，建成连运、甘泉新区公交首末站；江都区新改(建)龙川路、新都路、长江路、仙城路、龙城路等路段仿古式公交站棚39座，建成中远美墅公交首末站。（扬客管）

铁路运输

■铁路客运 2012年，宁启铁路扬州站发送旅客121.62万人次，到站旅客121.61万人次，实现客运收入2.11亿元。（扬 铁）

■铁路货运 2012年，宁启铁路扬州站发送货物11.53万吨，装车2583辆；到站货物37.54万吨，卸车6200辆。实现货运收入4855.95万元。发车货物主要为钢管等大件产品，到站货物主要为粮食、木材、化工产品等。（扬 铁）

2012年扬州火车站客车车次情况表

表16-5

车次	列车等级	始发站	终点站
Z29	直通直达	北京	扬州
Z30	直通直达	扬州	北京
K61	直通快速	西安	扬州
K62	直通快速	扬州	西安
K245	直通快速	扬州	成都
K246	直通快速	成都	扬州
K433	直通快速	南昌	扬州
K434	直通快速	扬州	南昌
K93	直通快速	深圳	泰州
K94	直通快速	泰州	深圳
K223	直通快速	广州	泰州
K224	直通快速	泰州	广州
K383	直通快速	汉口	泰州
K384	直通快速	泰州	汉口
K567	直通快速	重庆	南通
K568	直通快速	南通	重庆
K8455	管内快速	南京	南通
K8456	管内快速	南通	南京
K8503	管内快速	南京	南通
K8504	管内快速	南通	南京
K8577	管内快速	南京	盐城
K8578	管内快速	盐城	南京
T7787	管内特快	义乌	南通
T7788	管内特快	南通	杭州

（陈 铁）

水运与港口

■水路运输 2012年，全市有水路客运经营业户2家、客船16艘、客位1306个，完成全社会营业性水路客运量30.3万人次、旅客周转量121万人千米。全市有营业性货船3018艘、总吨位373.79万吨，分别比上年增长4.21%和22.12%；船舶平均吨位1238.53吨/艘，比上年增长17.19%。其中，液货危险品船476艘，下降2.05%；沿海运输船舶44艘，增长4.76%。全市完成营业性水路货运量4599.10万吨，货物周转量158.69亿吨千米。（扬运管）

■港口营运 2012年，全市港口完成货物吞吐量8822万吨（含南京港六公司、仪化码头货物吞吐量1084万吨），比上年增长4.37%。沿江港口

2012年扬州市长江港口情况表

表16-6

<table>
<tr><th rowspan="3">泊位长度（米）</th><th rowspan="3">泊位个数（个）</th><th rowspan="3">年总通过能力（万吨）</th><th colspan="5">年专项通过能力</th></tr>
<tr><th colspan="3">货物(万吨)</th><th rowspan="2">集装箱（万标箱）</th><th rowspan="2">旅客（万人次）</th></tr>
<tr><th>矿石</th><th>煤炭</th><th>液体化工材料</th></tr>
<tr><td>10368</td><td>80</td><td>7813</td><td>100</td><td>760</td><td>2485</td><td>40</td><td>10</td></tr>
</table>

（王宏雷）

2012年扬州市营业性运输船舶情况表

表16-7

地　区	水路客运		水路货运	
	船舶数(艘)	客位数(个)	船舶数(艘)	载重吨位(吨)
合　计	**16**	**1306**	**3018**	**3737896**
市　区	12	846	954	1195525
宝应县	0	0	866	793958
仪征市	4	460	558	1011754
高邮市	0	0	640	736659

（扬运管）

2012年扬州市水路营业性运输量一览表

表16-8

地　区	水路客运		水路货运	
	客运量（万人次）	旅客周转量（万人千米）	货运量（万吨）	货物周转量（万吨千米）
合　计	**30.3**	**121**	**4599**	**1586941**
市　区	0	0	933	322287
宝应县	0	0	653	225210
仪征市	30.3	121	2690	928302
高邮市	0	0	323	111142

（扬运管）

完成货物吞吐量5924万吨，其中外贸吞吐量483万吨（含南京港六公司、仪化码头外贸吞吐量87万吨），分别增长7.6%、18.1%；内河港口完成货物吞吐量2898万吨，下降1.6%。完成集装箱吞吐量41.1万标箱（含南京港六公司、仪化码头集装箱吞吐量1.05万标箱），下降0.66%。（王宏雷）

■首艘消防拖带两用船下水 11月1日，扬州江盛港口服务有限公司"扬港拖3006"轮下水。巨型轮船离岸和进出码头，须有拖轮协助。"扬港拖3006"轮是全市首艘消防拖带两用拖轮，功率2206.5千瓦，可实现原地360度自由旋转。拖轮装备消防水炮2门，射程最远达120米。

（陈　焦）

11月1日，"扬港拖3006"轮下水　　苗登峰／摄

交通运输管理

■公路安全保障 扬州市公路管理处修复244省道、237省道、333省道等干线公路标志标线。加强道路安全隐患整治，在331省道、333省道、237省道增设防撞护栏2800米、警示桩1308根。在331省道安全隐患路段安装护栏；修整、更换333省道部分标志标牌；整改237省道、331省道部分路段护路林安全隐患，设置警示桩。实施328国道和244省道安保工程项目。328国道安保工程全线完工；244省道安保工程方案设计通过省公路局评审，完成招投标工作。

（扬公路）

■干线公路养护 市公路管理处全年干线公路平均公路技术状况指数（MQI）值91，路面完好程度指数（PCI）优良率93%，路面平整度指数（RQI）优良率94%。完成干线养护大中修项目4个、干线病害处置专项工程8个，总投资4850万元。扬州市养护应急处置中心接管境内242座干线公路桥梁的养护技术管理，实行干线公路桥梁养护专业化模式。全年完成237省道、244省道、336省道3座桥梁病害处置及331省道、332省道9座桥梁桥头跳车处理，完成336省道嘶马闸危桥改造。沿江公路夹江大桥工程完成招投标并开工建设。全市干线公路机械化清扫率一级公路100%、二级公路40%，小修作业机械化率一级公路90%、二级公路60%以上。（扬公路）

■农村公路养护 全市县道优良率78%、MQI值85.5，乡、村道好路率分别为78.09%、79.15%。全年改造县道19条114千米，完成投资4086万元；完成乡、村道大中修189千米，完成投资3783万元。县、乡道改造里程分别占评定总里程的11.8%和3.1%。完成宝应沙氾线和江都黄周线县道安保工程14.28千米，并通过市级检查验收。省级县道文明样板路宝应西夏线12.8千米和高邮临三线11千米通过省公路局验收。邗江区杨寿镇创成省级乡村公路管养及安保工程示范乡镇。（农路办）

■路政管理 扬州市公路管理处全年清除障碍物1.64万立方米、违法摊点2327个、非公路标志2449块，查处超限车辆3020辆，卸载2.08万吨，辖区公路超限超载率降至1.75%。加大超限治理力度，建成328国道不停车超限检测系统；强化治超源头治理，实行公路、运管联动治超，实施关联处罚，公布首批9家货运车辆装载源头单位，查处超限车辆2300多辆。推动地方政府划定新建干线项目建筑控制区范围。路政巡查实施全程摄像、审带检查。推进高速公路沿线广告设施长效管理，设置境内高速公路公益广告牌5块，修复高速公路广告牌33块。

（丁　鼎）

■客运市场管理　全市有中高级客运车辆890辆，占客车（不含出租车、公交车）总量的51%。其中，市际以上线路中高级车辆510辆，占总量的95.7%。全年更新公交型农村客运班车105辆。推动线路经营主体整合，江苏省扬州汽车运输集团公司与宝应汽车公司合作，成立扬州宝扬客运有限公司。扬州市运输管理处推进客运班车公司化经营，完成扬州至天长客运班线公司化经营改造。全市市、县际客运班线公司化经营率85%。完成年度道路客运行业质量信誉考核，评定AAA级道路客运企业8家、AA级道路客运企业3家、AAA级汽车客运站6家。（扬运管）

■货运市场管理　市运输管理处加快交通物流基地建设，江都宏信龙物流园区获批列入2012年全省交通物流基地补助项目。确定市级交通物流龙头企业4家，扬州港务集团被评为江苏省交通物流龙头企业（培育企业）。完善农村物流示范点布局规划，扩展农村物流试点范围，新增省级农村物流示范点1个。推动"江苏快货"品牌建设，全市新增"江苏快货"品牌线路18条，累计77条。全市道路、水路运输企业质量信誉考核率100%。

（李超华）

■汽车维修市场管理　全市有各类机动车维修企业868家，其中汽车维修一类企业65家、汽车维修二类企业215家、汽车维修三类企业567家、汽车快修企业10家、摩托车维修企业11家；完成经营产值7.05亿元，比上年增长20.97%；完成维修工作量128.36万辆次，比上年增长16.72%。全市有综合性能检测站5家，完成检测产值2816.56万元，检测量13.84万辆次，其中二级维护竣工检测8.32万辆次、技术等级评定检测1.02万辆次、技维（二级维护竣工暨技术等级评定）检测3.81万辆次、其他检测6899辆次。全年建成"绿色汽修"品牌创建示范单位4家，培育各等级信誉企业43家。

（李超华）

■驾培市场管理　2012年，全市有机动车驾驶员培训学校52家（市直18家、邗江8家、江都7家、仪征7家、高邮6家、宝应6家），比上年增长20.9%，其中综合类一级驾校4家、综合类二级驾校20家、专项类三级驾校28家；有在册初驾教练员1970人、教学车辆1606辆。28家驾校配备驾驶模拟器，实现培训数据智能化管理。全年15.55万人报名参加初驾培训。全市驾校实现培训产值2.02亿元，比上年增长8%。完成4.42万名营运驾驶员诚信考核。推行驾培行业管理行政合同，实行新增教学车辆服务质量招投标。

（李超华）

■航闸养护改造　扬州市航道管理处全年完成航闸养护投资6062万元，实施养护改善项目7个、航道日常维护项目17个、船闸中修项目18个。实施仪扬河、高东线、盐邵线航道护岸续建工程及盐邵船闸抢修工程，工程质量优良率100%。完成干、支线航道扫床2685千米。省级干线航道通航保证率98%，支线航道通航保证率90%，船闸通航保证率99%。

（陈三保）

■内河航政管理　市航道管理处开展"执法形象提升年"活动，航政艇全年巡航1.68万小时6.36万千米。办理航道行政处理案件30件、行政处罚案件77件（其中一般处罚案件67件、简易处罚案件10件）。全年收取航道赔（补）偿费129万元。行政许可与通航有关的设施6处，其中五级以上航道设施2处。维护航标27座，航标正常率100%。（陈三保）

■船舶建造技术监督　扬州市地方海事局全年完成船舶建造检验883艘，总吨位92.9万吨；完成营运船舶检验2887艘，总吨位195.3万吨。审查造船施工图纸295套，检验船用产品789件。（王　洁）

■危险品船舶安全管理　市运输管理处与市地方海事局组织开展危险品运输企业专项检查活动，检查面100%，发出整改通知4份。开展长江干线船型标准化工作，全年拆解老旧船舶34艘。（扬运管　王　洁）

■内河水上交通安全管理　全年未发生水上交通人员伤亡事故、干线航道4小时以上（支干线航道24小时以上）责任堵航事件和重特大船舶污染事故，水上搜救成功率100%。开展为期8个月的超长、超宽、超吃水及无船名牌（号）等"三超一无"船舶专项整治，协查违章船舶73艘，处罚10万余元。强化枯水期、恶劣天气时期京杭运河通航安全监管，开辟电煤等重点物资运输"绿色通道"，全年为8000万吨电煤等重点物资护航。全市撤销渡口9道，辖区渡口总数降至53道。海事搜救"12395"热线全年接处警150次，巡航12.63万千米，抢救遇险船舶9艘。（王　洁）

■港口安全管理　扬州市港口管理局开展内河码头专项整治活动，查明全市共有内河码头企业114家，行政许可率85%；查处安全隐患16项，下达书面整改通知书4份。市港口管理局和远扬国际码头有限公司在扬州港4号泊位开展大型集装箱起重机械防风防台应急实战演练。建立全市港口危险货物作业企业监管档案。

（扬港口）

■水上巡航与搜救　2012年，扬州海事局5艘海巡艇全年巡航5319艘次，出动巡航执法人员6828人次，巡航时间1.06万小时，巡航里程8.81万海里，分别增长35.86%、29.66%、30.64%、36.65%。推进水上巡航与人命救助工作。修订《扬州市长江水域船舶污染事故应急预案》，开展应急撤离和消防、救生演练，提升辖区水上搜救应急力量反应能力。全年接到辖区内水上突发事件报警84件，比上年上升44.8%；组织、协调搜救行动56次，比上年上升71.0%；出动救助船艇127艘次，比上年上升86.8%；成功救助遇险船舶73艘、遇险人员461人，分别比上年上升40.4%、83.4%，人命救助成功率99.1%。 （陈菊琴）

■船舶安全检查 扬州海事局做好江苏籍海船开航前检查。开展渡船安全专项检查，改善辖区客汽渡船舶安全技术状况，复查客汽渡船舶安检中发现的缺陷整改情况。推进PSC（港口国监督）检查工作，全年检查各类船舶785艘次，检出缺陷7658项；实施FSC（船旗国船舶安全检查）765艘次，检查单船700艘次，FSC单船检查覆盖率9.71%；实施PSC检查20艘次，检查单船20艘次，PSC单船检查覆盖率10.36%。 （陈菊琴）

■船舶登记 扬州海事局登记在册船舶194艘，比上年下降19.2%，其中海船182艘、内河船12艘。受理船舶抵押登记90艘，为航运企业融资6570万元。受理新建船舶识别号申请201艘次，协助法院等执行案件10件。办理登记船舶转港手续59艘，其中泰州籍船舶48艘、其他地区船舶11艘。全年共办理各类船舶登记802艘次，比上年下降29.6%，其中船名申请133艘次、船舶所有权登记13艘次、国籍登记220艘次（其中临时国籍登记196艘次）、船舶抵押权登记6艘次、光船租赁登记5艘次、船舶注销登记89艘次、废钢船登记1艘次、船舶无抵押权登记59艘次、船舶最低安全配员登记159艘次、船舶变更登记45艘次。全年核发船舶信息IC卡12张，回收船舶信息IC卡60张。 （陈菊琴）

■海事行政处罚 2012年，扬州海事局办理行政处罚案件523件，其中海船案件27件、内河船舶案件422件、船舶所有人或经营人案件63件、船员案件10件、其他案件1件。其中，航行、停泊和作业管理与安全营运管理方面的行政处罚案件比上年增长136.5%，占案件总数的86.8%；违反船舶、浮动设施所有人或经营人安全管理秩序的行政处罚案件比上年增长169.6%，占案件总数的11.9%。全年未发生因行政处罚引发的行政复议和行政诉讼案件。 （陈菊琴）

扬州海事局工作人员正在作船舶试航前检查

海事局／供稿

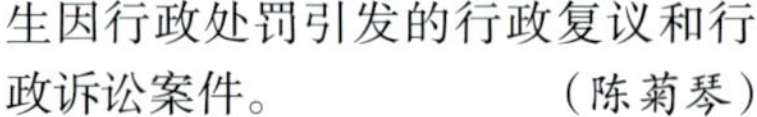

■长江水上交通安全专项整治 2012年，扬州海事局开展10个主题的长江水上交通安全专项整治活动。宣传贯彻船舶定线制，查纠违反定线制规定的船舶312艘，有200多艘违法船舶的驾驶人员接受定线制规定现场培训、书面答卷测试，向15家海事管理机构和14家船公司发函通报违规情况。标识船舶超载运输、船舶违反定线制、危险品船舶未按规定进行装卸作业等6类显性违法行为，开展水上交通事故隐患排查和“6+2”（非法采砂船、捞铁船、小交通船、扫煤船、货郎船、废油回收船6种等非运输船舶，自然坡岸临时码头、水上过驳平台等2种非法装卸点）事故隐患治理专项行动，排查13个非法装卸点和26艘非运输船舶。开展渡口渡船日常检查和专项检查活动，检查渡船35艘次，发现各类缺陷221项。做好辖区事故预防预控，加强船舶监督管理协查。全年发出船舶协查通知282次。 （陈菊琴）

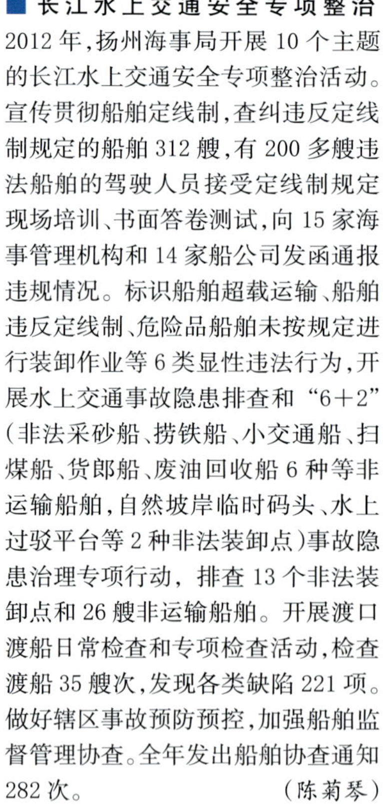

■船舶试航与监督检查 扬州海事局开展船舶检验质量现场监督检查、船舶建造重要日期确认、船舶吨位丈量复核、外国驻华验船公司或代表机构检验行为监督管理。全年完成160艘船舶检验质量监督检查，其中沿海船舶44艘、内河船舶112艘、新建海船4艘，占参加安检船舶总数的21%，其中新建海船检查率100%；发现船舶检验质量重大缺陷7艘次。扬州海事局完成80余艘次船舶建造重要日期确认、丈量复核20艘次船舶吨位，完成对外国驻华验船公司或代表机构检验行为监督管理10次。外国驻华验船公司或代表机构在辖区内检验船舶68艘次。扬州海事局全年办理船舶下水（出坞）报备115艘次，比上年下降18.4%；办理船舶试航报备120艘次，比上年下降23.6%。辖区未发生由于试航、下水引发的水上安全事故。 （陈菊琴）

■船舶载运危险货物管理 扬州海事局加强对危险货物码头管理，开展沿江危险化学品生产储运环境隐患整治专项行动，走访危险品码头7家，对到港从事装卸作业的10艘船舶实施船舶安全检查，查出涉及危险品安全及防污染缺陷22处。全年未发生船舶污染事故。全年受理内贸危险品申报1580艘次，外贸危险品申报357艘次，分别比上年下降21.20%和34.97%；辖区危险品吞吐量134.86万吨，其中内贸危险品吞吐量109.97万吨、外贸危险品吞吐量24.89万吨，分别比上年下降25.88%、28.78%和9.69%。

全年备案污染物接收单位6家、供油单位18家。 （陈菊琴）

现代物流业

■概述 2012年，全市实现物流业增加值111.39亿元，比上年增长8.7%，占全市地区生产总值的

3.8%,占服务业增加值的9.5%。优化现代物流业发展规划,根据区划调整情况,在《扬州市"十二五"现代物流业发展规划》基础上,调整物流集聚区发展规划,梳理沿江物流带、沿运河物流带、临空港物流带、沿路网物流带等四大物流带。加快物流基础设施建设。扬州六圩港5号泊位、江都港中信泰富码头建成,中远太平洋有限公司江都港区3号、4号、5号通用泊位启动建设,中海钢材集配中心及系泊试验码头实施船厂搬迁工作,总投资3亿元的扬州港仪征港区公共液体化工码头二期项目开工建设。

2012年,扬州市发展和改革委员会申报的江苏亚联农副产品有限公司扬州市农副产品交易中心服务平台项目、高邮康新物流中心项目分获省级服务业引导资金300万元和180万元。市财政划拨物流业引导资金1000万元用于扶持仪征汽车物流园、扬州三笑物流园、高邮诚信物流动员中心和14家物流企业项目建设,拉动投资6.9亿元。

江苏亚联农副产品有限公司扬州农副产品交易中心建成电子结算和信息系统平台,东方国际食品城建成电子交易平台,运河港码头钢材市场建成交易结算平台,志胜仓储建成城市生活用品电子配送平台。

(杨　发)

■物流园区项目建设　扬州港口物流园普洛斯物流项目开工建设,香港招商局集团有限公司物流项目完成土地平整。长江石化物流中心南京港液化烃储存工程、公共化工管廊二期、园区烯烃管线等3个物流项目建成,杰嘉固废中心一期工程开工建设,奥克化学5万立方米低温乙烯储罐项目完成土地平整,科技创新创业中心项目完成场地平整,仪征原油商业储备基地项目配套管线工程开工。扬州市商贸物流园扬州固业港金属城建成,中港金属城、东方国际食品城仓储配套项目抓紧建设。扬州市公铁水联运物流集聚区国药控股江苏医药物流中心投入运营,扬州亚邦物流基地、物流中心项目和中亚物流配送基地项目启动建设。(杨　发)

■物流企业等级评估　2012年,高邮戚伍冷链物流有限公司通过AAAA级物流企业评估,扬州第一运输有限公司、扬州申通快递有限公司、扬州远安物流有限公司、高邮诚信物流园区、高邮红太阳物流有限公司、仪征上汽赛克物流有限公司通过AAA级物流企业评估。12月,国药控股江苏有限公司通过AAAAA级物流企业预审。至2012年底,全市有通过等级评估的物流企业12家。(杨　发)

■扬州港口物流园　扬州港口物流园实现主营业务收入50.72亿元,增长24.8%;实现税收0.62亿元,增长18.5%;完成固定资产投资4.68亿元,增长55.7%。园区内出口加工区全年实现进出口贸易总额12.54亿美元、保税物流总额6.53亿美元。

(杨　发)

■长江石化物流中心　长江石化物流中心实现主营收入30.2亿元,增长31.3%;实现税收3000万元,增长30.4%;完成固定资产投资6亿元,增长31.6%;注册外资及港澳台资(简称外资)实际到账3000万美元,注册民资到账2.13亿元。(杨　发)

■扬州市公铁水联运物流集聚区　扬州市公铁水联运物流集聚区实现主营收入36亿元,增长67%;实现税收3456万元,增长36%。完成项目投资4.5亿元,增长50%。完成民资注册4.5亿元,实收资本4.0亿元;合同利用外资0.51亿美元,到账外资1143万美元。(杨　发)

■扬州市商贸物流园　扬州市商贸物流园市场交易总额75亿元,实现税收5086万元。合同利用外资6712万美元,实际利用外资3200万美元;完成民资注册5.45亿元。完成全社会固定资产投资12亿元。(杨　发)

■宏信龙物流园　宏信龙物流园由江都区供销社系统江苏宏信控股集团投资建设,位于邵伯镇谢庄村,占地8公顷,主要由仓储中心、物流配送中心和冷库构成,面积分别为4万平方米、1万平方米和1万平方米,总投资1.5亿元,集冷藏、冷冻、储存、分拣、加工、检测、运输等功能于一体。物流园按照"生产基地一配送中心一连锁超市(店)"三点一线流通模式,引进国外专业仓库管理系统,有配送车30多辆,支持500家门店配送。2012年,宏信龙物流园完成农副产品配送额8亿元。

(马越飞　戴井山)

■物流集聚区认定　8月,扬州市组织对市级物流集聚区进行重新评审、认定。各县(市、区)申报物流集聚区项目10个,经过实地察看、推荐演示、现场提问、专家评审,扬州三笑物流园、扬州市商贸物流园、扬州市公铁水联运物流集聚区、仪征汽车物流园、高邮诚信物流动员中心、高邮红太阳物流中心、江苏宝应湖粮食物流中心等7家单位通过评审,被认定为2012年度扬州市级现代服务业集聚区。(杨　发)

■专业物流产业　扬州市粮食、冷链、汽车、医药、快递、金属钢材、化工物流等专业物流产业初步形成。粮食物流方面,扬州粮食加工储运中心和宝应湖粮食物流中心等规模扩大,功能完善;冷链物流方面,有高邮戚伍水产发展股份有限公司冷链物流中心等重点物流企业5家,冷库仓储容量11.2万吨;医药物流方面,有省内规模最大、自动化程度最高的国药控股江苏医药物流中心项目;快递业务方面,形成以邮政速递为主体、社会快递为补充的市场竞争格局,扬州申通快递有限公司物流智慧分拣系统投入使用,邮政局筹建电子商务物流交易中心;金属钢材物流方面,固业港金属城、聚龙钢材、闽江钢材、方正钢材、兴业钢材等钢材市场投入使用;化工物流方面,有长江石化物流中心仓储项目。(杨　发)

■物流集聚区项目集中开工　10月16日,扬州市公铁水联运物流集聚区举行2012年第二批项目集中开工仪式,亚邦物流中心、绿洲国际广场、新铁物流中心等3个服务业项目同

10 月 16 日，扬州亚邦物流中心奠基　韩　萱／摄

时开工，总投资 20.3 亿元。其中，亚邦物流中心项目由亚邦集团投资兴建，总投资 10 亿元，主要从事医药物流、日用品物流、第三方物流、专线物流、物流信息平台及其他商业项目；绿洲国际广场项目由扬州绿洲置业有限公司投资建设，总投资 10 亿元，涵盖商务办公、家居销售、高端百货等业态；新铁物流中心项目总投资 3000 万元，从事铁路货物的仓储、装卸、转运。（陈　焦）

邮政

■**概述**　2012 年，扬州市实现邮政业务收入 5.08 亿元。

发展邮政业务。函件专业全年开发项目 285 个，实现收入 6652 万元，比上年增长 11.99%；集邮专业实现收入 3168 万元，比上年增长 7.1%；发行零售专业实现收入 2984.2 万元，比上年增长 5%；电子商务实现分销收入 1573 万元，比上年增长 68.8%；实现代理信息收入 1686 万元，比上年增长 33.6%；代理金融实现专业收入 3.27 亿元，比上年增长 16%；代理速递物流完成资费收入。

推进基础设施建设。完成 21 个金融网点改造，建成 5 个精品网点、28 个 VIP 理财专区(柜)。完成 39 台 ATM(自动柜员机)、247 台 IC 卡终端设备安装调试。构建电子商务产业链，整合资源，完善产品体系，实现经营平台的提档升级。扬州邮政电子商务平台电子商务物流配送项目获 2011 年度市级服务业发展专项引导资金 25 万元。全年经营平台总交易量 5.27 亿元，比上年增长 110.8%。2012 年，全国邮政分销现场推进会在扬州召开，扬州邮政局电子商务局获评江苏省“工人先锋号”。优化邮运网路和生产流程，增开 1 条扬州—南京邮路，加快畅销报刊的投递及零售面市速度，解决部分出口邮件作业时限问题；将原市趟 2 班邮路改为市趟 2 南、市趟 2 北等 2 条邮路运行，满足市区所有网点 11 点频次邮件封发时限。加强资源平台和信息化建设。强化邮政数据库建设，开发“应用邮政数据电子地图”。商务数据管理系统全年上传数据 385 万条。全区邮政营业信息系统上线运行，网点视频发布系统服务器完成安装并投入运行。

提高企业管理水平。强化财务管理，深化财务市县一体化工作，实行 1 万元以上费用电子审批，函件印制费、集邮品成本、维修费等项目一体化管理，全区统一招标等。优化人力资源管理，统一全区绩效责任系数设置，绩效管理覆盖全区各生产岗位。在全区营业、投递和内部处理环节使用新邮政工时管理系统。加强内控监督管理，通过监督岗和管理岗履职检查和视察、第三方“神秘人”服务检查评价和满意度测评、人防与技防相结合的视频监控等方式，强化服务监督检查。加强审计监督，全年实施网点改造、设备采购等招投标项目 840 个，节约资金 85.98 万元。（唐　秋）

■**扬州市邮政管理局成立**　8 月 15 日，江苏省邮政管理局批准成立扬州市邮政管理局，设在市、县的邮政企业不再使用“邮政局”名称，统一更名为“XX 邮政分公司”。11 月 22 日，扬州市邮政管理局揭牌成立。扬州市邮政管理局负责监督管理辖区邮政市场及邮政普遍服务和机要通信等特殊服务的实施，负责快递企业的管理和行业安全生产监督、统计等工作，保障邮政通信与信息安全。（陈　邮）

■**扬州首家少年邮局设立**　12 月 25 日，扬州邮政局在扬州旅游商贸学校设立首家少年邮局暨扬州市青少年集邮活动示范基地，“江苏扬州少年邮局”日戳和“扬州市少年邮局成立纪念”连体邮戳同日启用。少年邮局建立“文化扬州导游实训室”，向学校师生宣传集邮知识，培育校园集邮文化，推动扬州青少年集邮活动的开展。（唐　秋）

■**庆祝中共十八大召开邮事活动**　11 月 8 日，扬州邮政局、扬州市委组织部联合举行《中国共产党第十八次全国代表大会》纪念邮票首发式。

为迎接中共十八大召开，11 月 8—26 日，扬州邮政局联合市收藏协会、市邮资封片研究会、市集邮协会举办“喜庆十八大胜利召开”邮政邮资明信片巡回展，通过邮资明信片(封)“方寸天地”的史实画面，展示“六建”(建党、建国、建军、建交、建城、建业)主题。十八大召开后，巡回展到机关、企业、军营、校园、社区、乡镇继续展出。（唐　秋）

■**《宋词》特种邮票首发**　8 月 31 日，《宋词》特种邮票在扬州大明寺首发。《宋词》邮票一套 6 枚，分别展现晏殊《浣溪沙》、苏轼《念奴娇·赤壁怀古》、秦观《鹊桥仙》、李清照《一剪梅》、陆游《卜算子·咏梅》和辛弃疾《破阵子·为陈同甫赋壮词以寄之》意境。扬州邮政局开发的《宋词》系列邮品同步发行。（陈　邮）

信息化与软件服务业

Xinxihua Yu Ruanjian Fuwuye

本栏责任编辑　李全权

综述

概况　2012年，全市信息化工作突出项目示范引领作用，服务民生；全市信息化水平总指数76.89。推进“智慧城市”建设，扬州市被中国智慧城市大会评为全国智慧城市领军城市，成为唯一入选的地级市。在2012中国城市信息化推进大会暨第三届中国城市信息化50强发布会上，扬州市分别获评中国城市信息化50强第九名和中国智慧城市推进十强城市第六名，仪征市获中国城市信息化推进奖。同时被评为2011－2012年度长江沿岸中心城市信息化建设先进城市和国家信息技术标准委员会确定的面向服务的架构(SOA)建设示范市。

信息化与工业化融合(简称“两化”融合)不断深化，全市178家“两化”融合试点示范企业累计完成信息技术研发投入10亿元。美化改造无线电基站30座，开放共享无线电基站45座。扬州市经济和信息化委员会(简称市经信委)为扬州泰州机场建设及瘦西湖隧道工程等重大项目建设提供无线电服务。

全市投入12亿元完善信息基础设施，优化3G通信网络，推进光网工程、“三网融合”(电信网、有线电视网、计算机通信网兼容)工程。大运河(扬州段)数字管理平台(一期)等项目完成验收。扬州市社会综合治税系统、数字化校园建设应用平台、“就业e图”信息系统获评2012全国电子政务创新应用奖。政府数据中心整体搬迁到位，云计算中心机房暨软硬件支撑平台通过专家验收。“智慧扬州”门户投入运营。

全市软件和信息服务业实现业务收入185亿元，比上年增长41.7%。新认定软件企业73家，新登记软件产品127件。39个1000万元以上软件和信息服务业重点监控投资项目完成投资160.6亿元，比上年增长3.8%。全市各地累计投入12.6亿元用于发展软件和信息服务业。

2012中国扬州软件和信息服务外包大会暨“智慧城市”发展论坛在扬州举行，江苏智慧城市研究院揭牌。扬州市政府与江苏电信公司、江苏移动公司、江苏联通公司等三大通信运营商及神州数码公司签订《“十二五”共建智慧城市战略合作协议》。江苏信息产业服务基地(扬州)被认定为省“三网融合”示范区。

(常家斌　朱　敏　杨　志)

“两化”融合　全年新增省级“两化”融合示范企业5家(其中研发设计类示范企业2家、供应链类示范企业1家)、试点企业31家，省级“两化”融合示范区和试验区各1家。新增“两化”融合产业联盟15个、结对企业50多家。全市规模以上企业信息技术应用率70%、电子商务应用率43.4%、成套设备和传统产业整机产品智能化率33.9%。建立全市规模以上企业“两化”融合项目库，组织认定15个市级“两化”融合示范项目，获江苏省转型升级“两化”融合专项引导资金300万元。

(常家斌　朱　敏)

无线电管理　2012年，扬州市推进城区公众通信基站美化改造、共享工作。全年美化改造基站30座，开放共享基站45座。市经信委为扬州泰州机场建设提供无线电技术保障服

4月21日，市政府与江苏电信公司、江苏移动公司、江苏联通公司、神州数码公司签订《“十二五”共建智慧城市战略合作协议》　产业园／供稿

务，保障机场导航通信安全畅通。在机场行政楼新建小型监测站1个，监测保护机场周边108兆～137兆赫兹频段，监测机场周边电磁环境。围绕瘦西湖隧道工程等重大项目建设频率需求情况开展服务。

安保工作。为中国扬州“烟花三月”国际经贸旅游节、中国扬州鉴真国际半程马拉松比赛、中国扬州世界运河名城博览会等大型活动提供通信保障。全年完成研究生入学考试、国家公务员考试、江苏省公务员考试等各类考试保障任务17次，出动保障人员350人次、保障车辆100车次，使用便携式监测设备253套次，发现作弊信号7个，抓获场外利用无线电作弊嫌疑人4人，收缴作弊设备3套。

服务企业、民生。走访万事通公司、科瑞尔公司等企业，并向企业发放《无线电管理服务项目指南》。组织开展无线电管理暨技术服务机构与设台单位主题服务合作活动。与30多家重点设台单位签订主题服务合作协议书。联合市体育局开展扬州市无线电运动协会筹建工作。8月，扬州市无线电运动协会成立。组织举办2012扬州市（江都）青少年无线电夏令营。成立仪征市青少年无线电科普教育基地。

无线电频谱监测。全年固定站监测时间累计5437小时，完成22个频段4912小时的占用度测量。每月对广电、铁路调度、急救中心等部门重点频率进行保护性监测，累计监测403个频点，监测时长1320小时。监测预指配频率16个。

无线电行政执法。全年排查不明信号30个，其中非违规信号21个、查实违规信号9个；受理干扰投诉7件，均办结。3月，在高邮市境内查处2件乡镇广播站非法设置卫星干扰设备干扰卫星电视接收案件，收缴非法设备，对当事人进行行政处罚。联合扬州市交巡警支队开展出租汽车无线电台专项整治执法行动。查处私设电台人员5人，收缴固定电台、车载电台设备5部。

无线电台站核查。制定《扬州市无线电台站核查工作方案》和工作方案实施细则。下发《关于开展2012年度校园广播电台核查工作的通知》，加强校园广播电台管理。对境内4条高速公路、17个收费站内的31部自动收费设备（ETC）现场进行频谱监测和坐标标注。对各重点频段进行监测比对，累计监测932小时，查处不明信号3个，核实广播电台身份37个。全年受理违法设台行为举报1件，发现违规设台现象16次，开展执法工作11次，下达责令改正通知书8份，没收非法电台设备3部。完成对全市155家设台单位的核查，新增台站设备587部，撤销违规（报废）台站设备179部，修改台站数据1.32万项。

编制《扬州市通信保障应急预案（送审稿）》，制定《应急无线电数字通信网建设创新方案》《扬州泰州机场无线电通信安全区域应急联动创新方案》等专项应急方案措施。

（陈　晔）

■信息安全　2012年，扬州市调整市网络与信息安全协调小组（简称市信安协调小组）成员，并成立市信息安全办公室；各县（市、区）全部成立或调整网络与信息安全协调小组，市化工园区、新城西区、蜀冈-瘦西湖风景名胜区成立信息安全工作组织机构；市级机关各单位普遍建立信息安全员队伍，加强全市网络信息安全保障工作组织领导。强化目标管理。将重要信息系统风险评估纳入市政府对县（市、区）政府工业和信息化工作的目标管理综合考核。市政府办公室印发市网络与信息安全协调小组拟制的《2012年度全市网络与信息安全工作实施意见》。

开展2012年度重点领域信息安全检查。市信安协调小组组织开展2012年度全市党政机关信息系统安全检查、重要信息系统风险评估。

建设信息安全监测平台。年底，市级信息安全监测平台一期工程通过验收并正式上线运行，实现对全市电子政务网站安全性评估、网页挂马、网页篡改、网站可用性的检测监控和应急响应。开展省市平台级联试点工作，初步实现省市平台接口VPN（虚拟专用网络）互链和告警监控、告警管理、公告通知、预案知识等模块的级联以及省市监测平台实时监控信息的数据交换。实施互联网站集中接入。重点检查党政机关和涉密单位互联网接入安全管理工作，做到调查对象全覆盖、部门报表全归集。2012年，市级党政机关103个部门中，38家单位的1945台终端全部接入市政府云计算中心，57家单位的223台终端部分接入市政府云计算中心，接入单位和接入终端覆盖率分别达92.3%、31.4%。推进全市信息安全保障体系建设，深化各类政务及公共服务重要信息系统的信息安全风险评估与等级保护工作，打造可信、可控、可用的信息安全防护基础设施和网络行为文明、信息系统安全的互联网应用环境，提高全市基础信息网络和重要信息系统安全防护水平。举办培训研讨活动。市信息安全办公室举办信息安全员培训会议，承办江苏省区域信息安全监测预警与应急体系建设研讨会，开展应急预案及检查工作操作实务等业务培训；在市经信委网站开设“信息安全动态”和“信息安全通报”专栏，每周发布“病毒预报”和“病毒监测周报”，按照省、市应急预案及处置规定协调处理省信安办下达的9批29起事件并通报信息安全事件处理结果。

（金　信）

城市信息化

■概述　扬州市完成信息基础设施建设投资12亿元，优化3G（第三代移动通信）通信网络，推进光网工程、“三网融合”工程。6个工程项目获批省“三网融合”及信息基础设施示范试点工程，江苏信息产业服务基地（扬州）被认定为省“三网融合”示范区。建成“智慧小区”92个，实施“光纤到户”22.6万户，安装地面移动数字电视终端屏2100台。全市交通运输系统横向网络扩容为百兆网。全市互联网出口带宽380吉，实现城市8兆光纤宽带全覆盖、农村4兆光纤宽带基本全覆盖。有互联网用户87.47万户、有线电视用户109万户、数字电视用户66万户、移动电话用户490.95万户。

政府数据中心整体搬迁到位，云计算中心机房暨软硬件支撑平台通过专家验收，实现统一机房环境、统一硬件资源、统一系统软件、统一网络平台、统一安全保障和统一运行维护管理。工程建设领域项目信息公开和诚信体系、大运河（扬州段）数字管理平台（一期）、党政部门互联网安全监测平台、低收入家庭信息比对系统等项目完成验收。各县（市、区）综合治税系统全部接入市电子政务专网。建成城市规划展示馆数字沙盘，完善三维规划辅助决策平台。建成“数字化校园”338所，有网上结对学校398所。提升政府公共管理和服务水平，网上公安、水情遥测系统、农村金融信用服务平台、市区养老服务平台、市农产品检测监控系统、“智慧扬州”门户等一批民生信息化项目建成上线。新增省农村信息化示范基地4个。全面启动覆盖县、镇、村三级的“网上村委会”平台建设工作。扬州市社会综合治税系统、“就业 e 图”信息系统等项目获评全国电子政务创新应用奖。（常家斌 朱 敏）

■ **扬州在全省率先升级启用社会保险信息管理系统** 1月8日，扬州市在全省率先升级启用全国最先进的“核心平台三版”社会保险信息管理系统，升级后的社保系统，服务更高效、便捷，医保卡插入机器后即可自动完成充值。扬州市社会保险信息系统基于人力资源和社会保障部社会保险信息管理系统“核心平台三版”开发，是全省第一家上线运行的新版社保信息系统，主要有基础管理、社保转移、平台建设、社保统筹、内控监督等五大板块功能，有效整合人员信息，实现“同人、同城、同库”，节省办事时间，满足人员扩充和流动的需要，实现信息地区间、业务间的有效衔接。（杨 志）

■ **大运河（扬州段）数字管理平台一期工程通过验收** 6月14日，由清华大学、国信司南（北京）地理信息技术公司和市经信委等单位专家组成的验收组，对大运河（扬州段）数字管理平台一期工程进行终审验收。验收组专家听取项目建设情况汇报，审阅项目验收文档，察看项目实际运行情况，经质询和讨论，一致认为：大运河（扬州段）数字管理平台（一期）软件模块划分清晰、功能完整，通过验收。

大运河（扬州段）数字管理平台一期建设工程建立五大标准规范体系（要素分类、监测规范、预警指标、遗产评估和跨部门协同工作规范）、五大基础数据库（遗产信息、遗产地理信息系统、监测预警、决策支持和公共信息），具有六大功能（档案资料、监测管理、预警处置、评估决策、公众参与、系统管理）。（史 建）

■ **扬州电子政务项目获全国电子政务创新应用奖** 8月21日，由工业和信息化部电子政务理事会、电子政务杂志社主办的2012推进电子政务应用经验交流大会暨地方电子政务优秀应用成果颁奖大会在湖南省长沙市举行，全国200多个政府电子政务工作部门代表参会。扬州市社会综合治税系统、数字化校园建设应用平台、“就业 e 图”信息系统获2012电子政务创新应用奖。（杨 志）

■ **市政府云计算中心启用** 4月21日，市政府云计算中心机房暨软硬件支撑平台开通运行。项目运行后情况良好，具备验收条件。11月23日，扬州市举行市政府云计算中心机房暨软硬件支撑平台项目验收会。

验收专家组在听取项目建设情况汇报、监理报告及用户使用意见，审阅项目验收文档，了解项目实际运行情况后，一致认定扬州市政府云计算中心机房暨软硬件支撑平台项目通过验收。至年底，扬州市基于市政府云计算中心，启动实施“一站（“中国扬州”门户网站群）、一号（“12345”政府服务热线）、一网（便民服务网）、一门（行政办事服务统一门户）、一屏（政务信息化系统可同步在电脑、手机和电视等屏幕上应用）”以及“智慧医疗”等重点服务民生信息化项目。（杨 志）

■ **“智慧扬州”门户上线** 12月12日，由市经信委主办、中国电信扬州分公司承办的“智慧扬州”门户正式启动运营。“智慧扬州”门户承接“智慧江苏”网站，对接“中国扬州”门户网站群依托城市光网、WiFi（一种可以将个人终端以无线方式互相连接的技术）、3G等通信手段，以物联网、云计算等新一代信息技术为支撑，构建开放、个性化、多屏融合、可持续发展的智慧服务平台和综合接入平台。“智慧扬州”门户涵盖“智慧政务”“智慧民生”“智慧产业”“智慧旅游”等四大板块120多种应用程序，可定制个性化服务，服务城乡居民。“智慧扬州”门户支持电脑、手机及其他移动设备等多种终端访问方式，提供基于安卓系统、苹果系统的客户端应用程序。（史 建）

■ **“中国扬州”门户网站群获中国特色政府网站运维管理奖** 12月7日，由中国社会科学院信息化研究中心和国脉互联政府网站评测研究中心联合主办的第四届（2012）中国智慧政府发展年会暨政府转型与服务创新的智慧策域研讨会在北京召开，部分国家部委、各级政府网站管理者代表和国内顶级电子政务专家、优秀电子政务厂商及业界主流媒体代表200多人参会。大会就智慧政府建设的发展思路、发展趋势等问题进行探讨，并发布中国特色政府网站评选结果，“中国扬州”门户网站群获运维管理奖。（史 建）

■ **扬州市发行国家标准化社会保障卡** 12月18日，扬州市举行国家标准化社会保障卡首发仪式。首批30名被征地农民、单位职工、灵活就业人员代表领取国家标准化社会保障卡。该卡集信息记录、信息查询、业务办理、支付结算与金融服务等多种功能于一体。扬州市是全省首个发放国家标准化社会保障卡的地级市。（杨 志）

软件和信息服务业

■ **概述** 2012年，扬州市软件和信息服务业实现业务收入185亿元，比上年增长41.7%，其中通信传输业、软件业、信息服务业分别完成业务收入40亿元、25亿元、120亿元。扬州万方电子技术有限责任公司、江苏怡丰通信设备有限公司、江苏易图地理信息工程有限公司、扬州国脉通信发展有限责任公司、扬州仕德伟网络营销服务有限公司等重点企业运行质态良好。

全市新认定软件企业73家,新登记软件产品127件;有4家企业入选江苏省规划布局内重点软件企业,3件软件产品获江苏省优秀软件产品奖。全市有1000万元以上软件和信息服务业重点监控投资项目39个,总投资160.6亿元,比上年增长3.8%。交通银行金融服务数据中心、江苏三宝食品安全信息平台、税友软件南方基地、利安人寿保险电销中心等项目计划总投资均在1亿元以上。利安人寿保险电销中心项目建成并投入运营,税友软件南方基地主体工程在建,联创国际软件园项目进入征地拆迁环节。

2012年,全市累计投入12.6亿元用于发展软件和信息服务业,启动建设34.9万平方米产业用房和17.4万平方米配套用房。江苏信息服务产业基地(扬州)作为全市软件和信息服务业发展先行区,吸纳中国电信扬州分公司、神州数码信息系统(扬州)有限公司、江苏汉云信息科技有限公司、江苏易图地理信息工程有限公司等100多家企业入驻,经省经信委复核,被认定为江苏省软件和信息服务产业园优秀园区。 (金 信)

■扬州企业首装北斗卫星导航系统 3月27日,扬州易瑞德物流技术开发有限公司完成北斗卫星导航系统安装,成为扬州市首家采用北斗卫星导航系统的企业。北斗卫星导航系统是中国自主研发的卫星定位与通信系统,与俄罗斯格洛纳斯、美国GPS、欧洲伽利略并称为全球四大导航系统,可在全球范围内全天候为用户提供高精度、高可靠性的定位、导航、授时服务,兼具短报文通信能力。扬州易瑞德物流技术开发有限公司采用的BD/GPS多模方案,终端应用处理器由国内自主研发,运用国际领先的多线程处理器架构,可共享多项硬件资源,具有定位精度高、启动时间快及功耗低等优点。 (杨 志)

■中国扬州软件和信息服务外包大会暨“智慧城市”发展论坛 参见第16页

■扬州微软IT学院开班 8月10日,微软(中国)有限公司在江苏省开办的首家IT学院——由微软(中国)有限公司与江苏阿尼信息技术有限公司筹办的扬州微软IT学院在江苏信息服务产业基地(扬州)开班。微软IT学院是美国微软公司面向全球推出的IT教育体系。扬州微软IT学院课程依托微软技术支持优势,涵盖操作系统、软件开发、网络安全、云计算、协同办公与统一沟通方面。 (史 建)

■扬州企业制造全球首款体感操作系统 11月22日,扬州永利宁科技有限公司推出全球首款以手势识别,基于微软WindowsXP、Windows7以及Windows8操作系统的体感操作设备“指·控”VirTouch-R系列产品。该产品主要由特制指环、红外捕捉设备和识别软件三部分构成,在1米距离内,操作者对电脑的操作精准度达到鼠标操作精准程度。 (史 建)

■中国电信扬州分公司 2012年,中国电信扬州分公司(简称扬州电信分公司)完成国际口径业务收入15.01亿元,增长11.17%;获评全国质量管理小组活动优秀企业。

围绕“智慧城市”建设,加大信息通信基础设施建设投入。2012年,扬州电信分公司投资3.19亿元,用于光网改造和用户迁改、无线网络和承载网等项目建设。开展宽带提速和光纤接入网络建设,提高资源利用率和高带宽覆盖率。以“百兆入户、千兆进楼”作为“光网城市”建设目标,推进宽带提速,实现城市小区“光纤到户”全覆盖、乡镇规模小区“光纤到户”覆盖率30%。推进政企商务光网建设。新建商务楼宇实现光纤覆盖到楼层,有客户需求的商务楼宇实施“光纤到办公室”。加快校园宽带接入能力建设,推进校园光纤宽带新建与优化改造,打造“极速光网校园”。至年底,城区实现光纤全覆盖。

加强有线网络与无线网络、WiFi与3G的协同建设,重点关注校园、小区等热点区域网络建设。围绕用户体验,结合用户行为分析,通过多种技术手段,合理缩小覆盖范围,加强网络的深度覆盖,避免网络拥塞,改善网络关键指标,提升网络服务质量。全年新增AP(无线访问接点)2000个。

推进“智慧小区”建设,为客户提供智能监控、智能家居等服务。在全省率先完成“智慧城市”门户建设,接入“智慧江苏”统一平台。继续实施“民生通”二期项目,实现水、电、煤气费的手机支付功能及手机购彩票、购电影票、手机保险、商旅预定、当当购物等功能的应用。落实行业信息化应用,创新两会云、项目云、热线云、物价云、企业云、校园云等62项云应用,打造“12345”政府服务热线云和重大项目建设云等。

推进移动办公在电子政务领域的应用,先后实施广陵电子政务、邗江电子政务、高邮权力阳光、宝应权力阳光等电子政务类项目,协助政府部门实现行政权力运行数据化、流程标准化、办公网络化、信息公开化。联合扬州市地税局打造“手机办税通”(地税云),实现手机纳税及查询等功能。开发“警务E通”系统,实现信息查询比对、巡逻盘查、交警现场执法等功能。开通城管路面巡查系统。基于中国电信3G技术的路面巡查考核系统成为扬州城管重要的巡检工具和监督手段。

推出“天翼看交通”服务,融合地图浏览、实时路况、出行资讯和线路快照等特色与功能,向天翼3G手机用户提供实时交通路况视频信息服务。发展“翼支付”业务,将手机发展为小额支付终端,与市民日常生活深度融合。与扬州市物价局联合推出拥有每日菜价、平价商店、价比三家、房地产价格、药品价格、收费项目、政策法规、价格观察等8个模块的物价云系统。与扬州市民政局联合推出养老服务平台。与扬州报业传媒集团合作开发移动采编系统项目。

“智能水利”项目建成监测站5个、监测点14个,通过CDMA(码分多址)网络为水利部门提供水情遥测、管理信息化手段。“智能粮仓”项目建成信息采集点18个,通过地磅的信息采集以及温湿度传感器的布放,及时了解粮食存储情况,减少粮食在入库及仓储管理过程中的经济损失。远程抄表系统建成无线抄表点55个,抄表快速准确,统计分析方便,为智能电网的落地打下基础。建成变压器监控系统,实时传送监测报警信息,缩短报警和处理时间。

2月,扬州电信分公司升级整合扬州“数字人大”综合信息应用平台与手机客户端,运用互联网、物联网、云计算等信息技术,通过平台优化和功能提升,提供人大总机、电子签到、人大云、会议直播、资讯服务等5项功能。

3月,扬州电信分公司将全市在建重大工业、服务业项目和重大建设工程现场图像通过摄像设备和互联网实时上传到扬州市重大项目推进办公室,并通过电脑和手机两种方式呈现现场画面,随时反映项目建设动态。

4月,扬州电信分公司在全国率先创新推出“12345”政府服务热线云。热线云系统基于扬州市“12345”政府服务热线专网,整合“中国扬州”门户网站部分资源,分为“热线聚焦”“热线点评”“热线待办”“寄语市长”“政府微博”等5个栏目,通过云技术、3G无线网络和无线智能终端及时了解群众诉求。系统主要将群众建议、求助、投诉等信息推送至政府领导及“中国扬州”门户网站群成员单位领导的智能终端,提高政府服务热线办事效率。该系统在2012年全省政府信息公开满意度测评中排名第一,获中共扬州市委、扬州市人民政府年度工作创新创优奖。

(电　信)

■中国移动通信集团江苏有限公司扬州分公司　2012年末,中国移动通信集团江苏有限公司扬州分公司(简称扬州移动分公司)交换机容量600万门,有移动电话用户350万户、宽带用户20万户。全年实现业务收入21亿元。2012年,扬州移动分公司获国家专利1件,获评江苏省质量管理优秀企业,有2项创新成果被中国移动通信集团江苏有限公司向全集团推广。

加快物联网应用探索,创新行业应用。扬州移动分公司与扬州市人力资源和社会保障局合作的“就业e图”信息系统获评全国电子政务创新应用奖,被江苏省政府向全省推广;与扬州市城管局合作开发的城管通系统被住房和城乡建设部向全国推广;与扬州市农委合作研发农作物精细信息化作业系统,测土配方施肥技术被农业部向全国推广;与扬州汽车运输集团公司合作研发的手机汽车票被江苏省交通厅向全省推广;与扬州市农委等单位合作开发的“农产品质量安全智能监管平台”项目获中共扬州市委、扬州市人民政府年度工作创新创优奖。保障招商引资重点企业通信需求,建设中国人寿呼叫中心、普瑞思科呼叫中心等项目,建成业务坐席800多个。11月,扬州移动分公司承建的扬州市政府数据资源中心通过工业和信息化部以及江苏省、扬州市政府验收并正式启用。至年末,全市有150家机关单位接入数据资源中心。

推动“智慧城市”建设。扬州移动分公司有各类移动基站3000多个,全市移动通信网络覆盖率99.99%,实现室内、电梯、地下等场所深度覆盖。推进“光纤到户”工作,实现对70万户家庭的规模覆盖及对党政机关、高校等3500多个重要场所的光纤接入。提高城市热点区域无线宽带网络覆盖能力。至年末,在全市设置WiFi热点600个、AP接入点7000多个。

提升服务水平。扬州移动分公司在全市设立各类服务网点2000多家。开展满意度提升系列活动,客户参与率67%。创新引入国际标准作业程序理念,制定12项标准作业规范,优化17个重点流程。建立互联网服务模式,开通官方微博,有粉丝2.1万人。

(移　动)

■中国联合网络通信有限公司扬州市分公司　2012年,中国联合网络通信有限公司扬州市分公司(简称扬州联通分公司)实现主营业务收入4亿元,比上年增长20%。2G(第二代移动通信)业务稳步增长,3G业务新增用户10万户。

全年投资2亿元,新增WCDMA(宽带码分多址)基站250个、GSM(全球移动通信系统)基站90个,接入小区70个,覆盖用户3.5万户。集中开展移动网天馈系统整治、固网汇聚和接入机房整治、固网接入网整治和资源普查及农村基站更换等专项行动。

参与政府信息化、企业信息化工作。围绕“智慧城市”建设,服务政务信息化。依托中小企业信息化应用平台,为中小企业提供营销服务、生产控制、办公管理等方面的移动信息化解决方案。与扬州经济技术开发区合作开发社会面监控、税务通、消防无线监控等项目,为金融、交通、烟草、旅游、公安等行业提供移动信息化解决方案。

(屠　静)

■扬州市民卡有限责任公司　2012年,扬州市民卡有限责任公司新发行市民卡11.73万张,累计发行市民卡93.05万张,其中标准卡24.6万张、副卡68.45万张;新增小额消费网点10个。全年实现营业收入572.52万元,比上年增长11.43%;年刷卡总额1.38亿元,比上年增长27.26%。

(景惠萍)

江苏信息服务产业基地(扬州)

■概述　江苏信息服务产业基地(扬州)(简称信息产业基地)由扬州市人民政府和江苏省经济和信息化委员会联合共建,计划总投资50亿元。8月18日,信息产业基地45万平方米三期工程开工建设。

信息产业基地内中国声谷致力于电子商务、云计算、软件研发等产业集聚。至年底,有坐席2.5万个,形成可容纳3万~5万人就业的产业规模;有入驻企业158家、从业人员1.2万人,其中大中专以上学历人员占95%;有硕士研究生以上学历高层次人才200多人;有国家级科技企业孵化器、国家科普教育基地、省级博士后创新实践基地、省级电子商务示范基地、省级三网融合示范园区等省级以上品牌22个。（李慧平）

■电子商务 2012年，信息产业基地从办公场地、硬件投资、平台建设、人才培训、运营费用、市场拓展、公租房等多方面扶持电子商务企业。腾讯电商运营中心、沃尔玛一号商城、金泉网、吉家祥园等电子商务企业入驻信息产业基地。2012年，信息产业基地电子商务网络零售总额突破10亿元。推进电子商务在先进制造业和商贸流通、对外贸易、文化旅游、金融服务等重点领域的应用，发挥电子商务的先导性带动作用。以电子商务园为依托，创建国家电子商务示范基地，搭建电子商务企业发展平台。（吕 洁）

■云计算中心建设 2012年，信息产业基地基于电信运营商数据中心，采用江苏汉云信息科技有限公司绿色节能云计算技术，建设国内最节能、服务器密集度最高的云计算中心，为政府、企业、民众提供海量、安全、廉价、稳定运算资源与存储资源。推动智能节能云计算基础设施平台、市政府云计算中心公共服务平台等公共技术服务平台建设。至年底，信息产业基地有独立模块57个、机架200个、服务器装备空间8365U（“U”是Unit的缩写，表示服务器外部尺寸的单位）、应用服务器节点240台、超算服务器节点30台，存储容量600TB（“TB”是TeraByte的缩写，万亿字节存储单位）。（李 翔）

■软件产业 信息产业基地引导企业加快城市信息化应用软件研发，培育具有本地特色、有竞争力的软件企业和软件产品，软件产业全年实现营业收入5.3亿元。2012年，信息产业基地新增国家高新技术企业3家，累计6家；规模以上企业完成研发投入3000万元。至年末，信息产业基地累计有18家企业通过双软（软件企业、软件产品）认证，9家企业通过CMMI3认证（软件企业产品开始成熟度3级认证），17家企业通过ISO 27001（信息安全管理体系）认证。发展针对提升传统产业竞争力以及与周边工业关联的行业性应用、企业信息化软件和嵌入式系统，推进信息技术在传统产业的应用。（陈 胜）

■人才培训业 2012年，信息产业基地引进微软IT学院、阿里学院、安永培训机构等8家企业，针对基地内企业的个性需求实施人才定向培训，形成完善的人才培训产业链体系。建立仕德伟、宁时代、智途等6家培训基地。促成爬山虎公司与扬州广播电视大学、易图公司与扬州环境资源职业技术学院等5个校企联合办学项目。全年开展培训32批次，有960人毕业。（王 瑜）

■产业推介 2012年，信息产业基地先后举办第四届“春晖杯”中国留学人员创新创业项目（扬州）视频对接洽谈会暨“Made For China”创业高峰论坛、2012中国扬州软件和信息服务外包大会暨“智慧城市”发展论坛、名城扬州携手世界名企深圳金秋恳谈会，参加香港现代服务业招商会、上海总部经济合作恳谈会、中国外贸电子商务大会，承接各类参观交流活动逾100次。（耿 丽）

■项目申报 2012年，信息产业基地申报各级各类项目计划150多个，90多个项目获批立项，获各项资金近2000万元。新增国家级科技企业孵化器、国家级科普教育基地、省软件和信息服务产业园优秀园区、省级科普教育基地、省电子商务示范基地、省“三网融合”示范园区等省级以上品牌6个。（李 翔）

■“一园多址”产业载体建设 2012年，信息产业基地规范“一园多址”加盟流程，全年新增、整合楼宇面积10万平方米。“一园多址”项目扬州七二三文化科技园、东关科技孵化园等优质载体投入运营。扬州皮革机械厂、江洋船厂学校、扬州工具三厂等“一园多址”项目在建。（燕亚飞）

江苏信息服务产业基地（扬州）一角　　张孔生／摄

商贸服务业

Shangmao Fuwuye

本栏责任编辑 李全权

综述

■概况 2012年，全市实现服务业增加值1173.55亿元，占地区生总值的40%，比上年提升1.3个百分点。其中，批发和零售业实现增加值214.14亿元，增长12%，占全部服务业增加值的18.25%；住宿和餐饮业实现增加值51.86亿元，增长25%，占全部服务业增加值的4.42%。

商贸流通业(批发、零售、住宿、餐饮)运行质态良好，规模总量提升。全年实现社会消费品零售总额967.9亿元，比上年增长14.4%，规模总量列全省第八位。重点流通企业销售平稳。全市重点监测的13家大型百货公司共计完成营业收入64.5亿元，比上年增长4.4%；9家市区著名酒店餐饮企业完成营业收入3.2亿元，增长4.8%；13家大型批发市场完成营业额406.37亿元，增长20.22%。商贸流通业对全市经济贡献份额较大。全市实现商贸流通业增加值266亿元，增长14.31%，占服务业增加值的22.67%，占地区生产总值的9.07%。

抓住市区区划调整契机，优化网点布局，拓展商贸流通业发展新空间；按照建设长三角北翼商贸中心城市的目标，确定城市商业总体发展构架。以文昌商圈为城市商业中心、京华城和广陵新城为城市商业副中心的城市商业体系不断优化，“双东”(东关街、东圈门)街区、望月路等特色商业示范街区集聚发展，社区商业“双进工程”(便利消费进社区、便民服务进家庭)成效显著。

政策拉动消费效果明显。“万村千乡市场工程”持续推动农村消费；“家电下乡”工程结束，全年实现“家电下乡”产品销售量25.8万台(部)，获国家补贴资金7400万元。推进农村商品流通体系建设。全市12个农产品现代流通试点项目建成并通过验收，获国家财政资金2000万元，带动社会投资4亿元。组织开展“农超对接县区行”活动，完善新型农产品现代流通新模式。

推动传统服务业品牌化发展。举办第二届中国扬州沐浴养生节、“制作精致淮扬菜，回馈广大消费者”等活动，提升“三把刀”行业影响力。推动以“三把刀”行业、企业标准和人才培育数据库为主要内容的项目建设，创建全国“三把刀”示范基地项目得到商务部支持。电子商务加快发展，江苏信息服务产业基地(扬州)获批江苏省电子商务示范基地，江苏宏信超市连锁股份有限公司获批电子商务示范企业，汇银品易网实现电子商务销售额1.2亿元。强化肉品质量安全监管，开展生猪屠宰资格审核清理工作和手工屠宰场关闭工作。推进肉品质量安全信息追溯系统建设。

(杨　志)

■社区商业“双进工程” 2012年，扬州市继续推进社区商业“双进工程”。全年新增广陵区曲江街道解放桥社区、邗江区邗上街道文昌社区、高邮市高邮镇康华社区和扬州经济技术开发区梅苑社区等4家省级社区商业示范社区。至年底，全市有国家级社区商业示范社区3个，列全省第二；有省级社区商业示范社区14个，列全省第三；有市级社区商业示范社区43个。

(杨　志)

■“万村千乡市场工程” 2012年，扬州市继续推进“万村千乡市场工程”，以试点企业为龙头、乡(镇)级店为骨干、村级店为基础的农村市场流通网络基本形成。以江苏宏信超市连锁股份有限公司、高邮天赐商贸有限公司、苏盐供销商贸有限公司为代表的本土企业借助“万村千乡市场工程”，拓展农村市场，加快在农村布点步伐，拉动农村消费。2012年，扬州市新增“万村千乡”农家店111家；其中江苏宏信超市连锁股份有限公司新增农家店46家，新增营业面积1.88万平方米。11月26日，商务部公布第一批全国流通领域节能环保“百城千店”示范企业名单，江苏宏信超市连锁股份有限公司入选。

(杨　志)

■“家电下乡” 2012年，“家电下乡”销售网点大幅度减少。2月，扬州市开展“家电下乡”专项检查，对销售网点进行专项整治，全市关停不合格网点380家。全市销售“家电下乡”产品25.83万台(部)，实现销售额6.38亿元，争取国家财政补贴资金7400万元。从“家电下乡”分地区销售情况来看，宝应县、江都区、仪征市、高邮市销售额均超1亿元。宝应县销售额最高，全年销售1.8亿元，争取国家财政补贴资金2100万元。

(杨　志)

■重点商业建设项目 2012年，扬州市实施商贸流通业重点项目建设"711工程"，即：推动70个1亿元以上项目建设，实现当年投资100亿元；推出100个重点推介招引项目；市领导挂钩10个总投资10亿元以上的重大项目。建立扬州市商贸流通业重点项目库，各地实际上报项目104个，其中1亿元以上项目100个。全年全市1亿元以上商贸流通业重点项目当年实现投资180.6亿元，项目总投资650.1亿元。其中，总投资15亿元的邗江区万科商业综合体项目和总投资25亿元的扬州东方国际大酒店开工建设；总投资7.8亿元的广陵区皇冠假日酒店正式营业；总投资20亿元的扬子万象都汇项目完成部分楼面混凝土浇筑。（杨 志）

■拍卖业 2012年，扬州市新设拍卖企业1家，自动注销拍卖企业3家。至年底，全市有正常经营的拍卖企业19家，其中市区14家、江都区2家、仪征市2家、高邮市1家；有从业人员151人，其中注册拍卖师38人、拍卖从业资格人员71人、房地产评估师22人、旧机动车评估师10人。19家拍卖企业全年拍卖成交151场，实现成交额4.22亿元，佣金总额1064.62万元。

从分类成交额看，房地产拍卖成交额3.52亿元，占成交总额的83.6%；机动车拍卖成交额829.59万元；其他机器、厂房、设备等拍卖成交额5592万元。从委托对象看，法院、政府部门和其他机构委托拍卖成交额3.93亿元，占成交总额的93%；个人委托拍卖成交额2895万元。拍卖企业中，成交额最大的是扬州星光拍卖行，全年成交额6155.9万元。

（杨 志）

■典当业 2012年，扬州市新增典当企业5家、典当企业分支机构2家，新增注册资本1.75亿元。至年底，全市有典当企业20家、典当企业分支机构9家，其中注册资本1000万元以上典当企业（分支机构）17家、注册资本500万～1000万元(含1000万元）典当企业（分支机构）3家，总注册资本4.41亿元；有从业人员264人。

20家典当企业中，市区13家，仪征市、江都区、高邮市各2家，宝应县1家。9家典当企业分支机构中，本地企业分支机构6家、外地典当企业分支机构3家，其中市区6家、江都区2家、宝应县1家。2012年末，扬州市20家典当行资产总额5.88亿元，典当余额4.72亿元；全年上缴税金832.66万元，典当总额16.4亿元，比上年增长64.83%。（杨 志）

■2012中国扬州现代服务业(上海）合作恳谈会 6月17日，2012中国扬州现代服务业(上海）合作恳谈会在上海举行。市委常委、常务副市长张爱军主持会议，代市长朱民阳致辞，副市长王玉新作会展酒店业专题推介。会上，宝马大厦五星级酒店、维也纳酒店、新城西区会展配套酒店、上海东博展览有限公司机床展览会、2012海峡两岸（扬州）农产品展销会、世尊国际酒店集团五星级酒店、巴卡拉五星级酒店、中国扬州太阳能路灯及LED照明展等8个项目现场签约，总投资25亿元，协议注册资本金3.7亿元。（胡 岩）

■东关街区、曲江商圈获批江苏省首批示范特色商业街、示范商贸功能区 12月24日，江苏省商务厅发布《关于公布江苏省首批示范特色商业街、示范商贸功能区名单的通知》，扬州市东关历史文化旅游街区入选江苏省首批示范特色商业街，曲江商圈商贸功能示范区入选江苏省首批示范商贸功能区。（胡 岩）

批发零售业

■概述 2012年，扬州市批发零售业保持良好发展态势，全市实现批发业社会消费品零售总额123.37亿元、零售业社会消费品零售总额747.78亿元，其中市区实现批发业社会消费品零售额77.69亿元、零售业社会消费品零售额49.21亿元。全市批发零售业有限额以上法人企业468家，从业人员2.74万人，完成销售额692.38亿元。其中，批发业企业244家，从业人员8567人，完成销售额386.72亿元；零售业企业224家，从业人员1.88万人，完成销售额305.65亿元。超市业保持平稳增长，在零售业中占较大比重；百货店及购物中心销售额稳中有升；专卖店中，

2012年扬州市重点批发市场经营情况表

表18-1

市场名称	市场成交额（亿元）	比上年增长（%）
江苏曲江小商品市场	112.75	6.10
扬州大桥食品城有限公司	2.99	0.20
江苏联谊农副产品批发市场	98.86	29.42
江苏亚联农副产品有限公司	46.46	10.97
扬州商城	24.65	5.14
扬州五亭龙国际玩具礼品城	58.52	32.54
扬州白天鹅家禽蛋类批发市场	6.77	17.55
扬州市水产批发市场	10.07	8.58
扬州联谊朝苏冷冻食品批发市场	33.05	16.10
扬州市银河电子城	10.94	9.45
扬州市扬子江钢材市场	6.91	-25.14
扬州市江阳商贸城	7.42	22.59
扬州市兴森木业市场	5.34	19.58

（杨 志）

家电企业销售业绩全面下滑。

至年底，全市27家商务部门重点监测的大型超市累计实现销售额35.8亿元，比上年增长7.15%，占全市社会消费品零售总额的3.7%。2012年，外资大型零售企业和本土大型超市相继在扬州增开新店，国际零售巨头麦德龙进驻扬州，北区大润发三店正式营业，扬州大型综合超市业态进一步集聚，布局更趋合理，竞争更为激烈。

百货业销售额保持稳中有升的运行态势，增幅略低于上年。重点百货零售企业中，扬州金鹰国际实业有限公司（简称扬州金鹰）全年实现销售收入17.2亿元，比上年增长3.41%，增幅首次回落到个位数；万家福商城受扩容改造等因素影响，销售收入4.6亿元，比上年下降0.94%；茂业百货公司实现销售收入1.02亿元，比上年增长26.73%。

购物中心保持良好的发展态势。时代广场全年实现销售额12.65亿元，比上年增长21.69%；京华城全生活广场完成提档升级改造，招引“飒拉”等知名品牌入驻，内部业态不断丰富，全年实现销售额7.92亿元，比上年增长17.88%。购物中心成为扬州商贸业发展的主流模式之一。

2012年，受到家电以旧换新政策结束等因素的影响，全市17家商贸部门重点监测的家电专卖店累计实现销售收入21.94亿元，比上年下降17.74%。其中，扬州苏宁电器有限公司实现销售收入5.49亿元，比上年下降1.17%；扬州汇银家电（控股）有限公司（简称汇银家电）文昌店实现销售收入2.24亿元，比上年下降48.17%。医药专业店业绩出现下滑，江苏大德生药房连锁有限公司实现销售收入1.84亿元，比上年下降15.39%。

2012年，全市各地批发市场集群化格局不断强化。市区曲江小商品市场、联谊农副产品市场、五亭龙毛绒玩具市场，江都鞋城、阿波罗花木市场，高邮纺织服饰市场，宝应荷藕市场等特色市场发展良好。全市有1亿元以上商品交易市场61个，年末已出租摊位2.01万个，全年实现商品成交额701.02亿元，其中消费品零售额201.38亿元。其中，综合市场年末已出租摊位7925个，实现商品成交额190亿元，其中消费品零售额68.61亿元；专业市场年末已出租摊位1.22万个，实现商品成交额511.03亿元，其中消费品零售额132.77亿元。重点批发市场销售额稳中有升，22家重点农产品批发市场累计成交额328.95亿元，增长18%；39家重点商品批发市场累计成交额667.1亿元，增长23.4%。曲江小商品市场全年完成交易额112.75亿元，联谊农副产品批发市场全年完成交易额98.86亿元，分别成为2012年全市交易额最高的商品交易市场和农产品批发市场。（杨　志）

■扬州金鹰国际实业有限公司　扬州金鹰文昌店位于扬州城市商业中心文昌商圈核心地带，京华城店位于新城西区城市商业副中心；有经营面积2.5万平方米、从业人员1450人。2012年，扬州金鹰实现商品销售额17.2亿元，比上年增长3.41%。扬州金鹰文昌店引入国际品牌，定位中高端消费，重点打造由国际奢侈品牌专柜组成的精品一条街，全年陆续招引“蔻驰”“登喜路”“香奈尔”“娇韵诗”等国际顶级品牌入驻；京华城店开业4年，销售额以每年40%的速度增长，2012年先后引进数码品牌“Studio A”、化妆品品牌“毛戈平”、珠宝品牌“老凤祥”等，完成商品销售额近4亿元，成为扬州西区百货销售龙头企业，实现与文昌店的错位发展。2012年，扬州金鹰被江苏省消费者协会表彰为全省诚信经营放心消费承诺企业联盟“百佳”示范企业。

（胡　岩）

■“蔻驰”扬州金鹰形象店开业　6月1日，美国著名皮革制品奢饰品品牌“蔻驰”扬州金鹰形象店开业，“蔻驰”成为2012年落户扬州的第一个国际一线品牌。扬州金鹰形象店是“蔻驰”品牌在江苏省内开设的第五家分店，开业首日实现销售额28.4万元。（胡　岩）

■扬州京华城全生活广场　扬州京华城全生活广场位于新城西区城市商业副中心，是国家AAAA级休闲旅游景点、江苏省现代服务业集聚区，经营面积10万平方米，有从业人员2000人。2012年，扬州京华城全生活广场继续优化经营结构。一楼Alice女人殿完成升级改造；三楼紧邻喜满客影城的5500平方米活力时尚城建成营业，集潮流服饰、时尚饰品、美容美发、休闲餐饮、数码产品等业态于一体，集聚28个品牌商户。10月，国际品牌“飒拉”旗舰店落户京华城。“飒拉”扬州京华城店营业面积2000平方米，是该品牌在国内开设的单层面积最大的店铺。2012年，扬州京华

11月24日，京华城全生活广场举行圣诞点灯仪式　王　卓／摄

城全生活广场完成商品销售额7.92亿元,比上年增长17.88%。

2012年,扬州京华城全生活广场通过举办或承办和昌扬州少儿达人秀活动晋级赛、2012别克S弯挑战赛扬州站比赛、2012沃尔沃品牌体验日、外星人科学展等赛事或活动聚集人气,效果良好。12月16日,扬州润扬上海大众4S店在扬州京华城全生活广场为上海大众汽车有限公司仪征分公司生产的新一代桑塔纳汽车举行上市发布活动。（胡 岩）

■时代广场 时代广场位于文昌商圈,是一座主要迎合40岁以下消费者群体消费需求的综合性购物中心,有从业人员3000人、经营面积6.8万平方米。2012年,时代广场继续进行改造升级,打造shopping mall(超级购物中心)的购物环境,主打餐饮、影视娱乐、休闲与商品零售相结合的"混搭"式销售模式,与扬州金鹰和万家福商城等其他文昌商圈零售企业进行错位竞争。五楼集聚精致餐饮和轻餐饮等业态企业10多家;四楼以世纪影城为主,配套布置水吧、茶吧、甜品冰激凌等轻餐饮业态企业及部分美容美发店。对三楼近1万平方米营业面积进行封闭式装修,统一招商和布局后重新开业,重点引进以年轻、时尚为主题的品牌。2012年,时代广场完成商品销售额12.65亿元,比上年增长21.69%。（胡 岩）

■麦德龙扬州邗江商场开业 2月28日,世界零售业排名第三的麦德龙股份公司(简称麦德龙)在扬州设立的第一家商场——麦德龙扬州邗江商场开业,成为麦德龙自1996年进入中国以来,在第39个城市开设的第54家批发商场。商场占地面积逾7000平方米,提供逾1.5万种商品,服务范围覆盖扬州全市及周边地区,填补扬州市自助式批发业态空白。（胡 岩）

■扬州汇银家电(控股)有限公司 汇银家电及其附属公司作为扬州本土家用电器和电子消费品综合零售连锁营运商及分销商,经营范围集零售、批量分销(包括向特许经营商的销售)及售后服务于一体。2012年,汇银家电实现销售收入24.58亿元,比上年下降13.3%;实现利润3.1亿元,下降14.1%;毛利率12.6%,比上年下降2个百分点;经营亏损2.27亿元。

至2012年底,汇银家电在江苏省、安徽省的29个城市和地区建立起包括157家门店的综合零售网络。其中,有综合性自营店54家,包括在百货商店内开设的以销售高档家电及电子产品为主的店中店5家、独立的品牌专卖店7家;有特许经营店103家。自营店全年实现收入8.26亿元,比上年下降23.6%,占公司总收入的33.6%;特许经营店实现收入5.39亿元,比上年下降22%,占总收入的22%。

2012年,汇银家电所有物流车辆增设全球定位系统,提升配送效率,完善物流及产品配送程序。安装使用门店与零售导购系统。3月1日起,推行会员制销售模式,采用会员积分兑换商品制度。8月20日,汇银家电完成3.9亿元三年期中期票据发行。（胡 岩）

■江苏曲江小商品市场 江苏曲江小商品市场营业面积3.2万平方米,有经营商户1383户、从业人员2800人,主营服装、布匹、家具、小百货、文具礼品、五金水暖、电子电器、针织用品、箱包皮具、床上用品等10个大类数万种商品,是中国服务业500强企业、江苏省百强市场、扬州市十大商品市场,是苏北、苏中地区最有影响的生活百货、轻纺产品集散中心之一。2012年,市场实现成交额112.75亿元,比上年增长6.1%,是全市成交额最高的商品批发市场。（胡 岩）

■江苏联谊农副产品批发市场 江苏联谊农副产品批发市场是以蔬菜批发、南北货和炒货批发、家禽批发、冷冻食品批发、瓜果批发为主的专业市场,营业面积8.5万平方米,有经营商户200户、从业人员1500人,辐射黑龙江、内蒙古、山东、河南、河北、海南、广东等20多个省(市、自治区),是苏中、苏北地区最大的农副产品综合性批发市场、江苏省30家省级重点农产品批发市场之一。2012年,市场实现成交额98.86亿元,比上年增长29.42%,是全市成交额最高的农产品批发市场。（胡 岩）

■扬州五亭龙国际玩具礼品城 扬州五亭龙国际玩具礼品城(简称五亭龙玩具城)占地12万平方米,规划建筑面积18万平方米,其中建成面积10万平方米。五亭龙玩具城有入驻商户1380户、从业人员4100多人,是国内规模最大、辐射范围最广的综合性玩具礼品集散中心。扬州市60%以上的内销毛绒玩具生产企业和80%以上的外销毛绒玩具生产企业在市场内拥有商铺。市场分为玩具辅料区、玩具成品区、物流仓储区和动漫衍生产品研发中心等四大区域,经营品种3万多个,形成玩具设计、研发、加工、生产、销售产业链,辐射江苏、浙江、安徽、湖南、山东、广东等省,可提供文化创意、动漫体验、电子商务、玩具博览、商品贸易、金融、信息、物流、研发、培训、办公、仓储、生活服务、大型停车场等全方位服务。2012年,五亭龙玩具城实现成交额58.52亿元,比上年增长32.54%。（胡 岩）

■扬州商城 2012年,扬州商城有营业面积7万平方米,有进场经营商户近1000家、从业人员2300人,形成金太阳陶瓷城、家具城和木业市场、五金油漆综合市场、型材市场、家电厨具市场、灯饰广场、家纺家饰广场等"两城六市"经营格局,是国家大型建材家具市场,日均客流量1万人。2012年,扬州商城实现市场成交额24.65亿元,比上年增长5.14%。

5月,扬州商城被中国建筑材料流通协会评为建材家居流通标杆卖场;7月,扬州商城被国家工商总局评为全国诚信示范市场;10月20日,扬州商城新建灯具市场搬迁开业。

5月,扬州商城面向社会开展"万元征集标识(LOGO)"活动,评选、确定扬州商城新标识;11月7日,扬州商城新标识经国家工商行政管理总局商标局许可后正式启用。

（胡　岩）

粮食购销

■概述　2012年，全市国有粮食企业实现粮食购销总量315.4万吨,其中粮食收购127.8万吨、粮食销售187.6万吨。国有粮食购销企业实现销售收入39亿元；实现利润490万元,比上年增加155万元。2012年,扬州市通过国家粮食局粮食库存检查验收,全市未发生存粮安全责任事故。

2012年，全市粮食企业新增优质粮源基地1.27万公顷，其中粮食企业自建优质粮源基地2200公顷。数字粮食工程启动建设。江都区粮食局开发的智能粮仓操作应用系统在全省粮食购销企业全面推广。

（江　敏）

■粮食收购　2012年，全市粮食企业落实国家粮食收购政策,按照国家小麦最低收购价执行预案，确定82个托市收购点,占国有粮食收购点的70%。全市累计入库小麦109.3万吨(其中国家最低收购价小麦50.5万吨)，平均收购价格每千克2.04元,为农民增收8324万元。秋粮入库稻谷29万吨。粳稻平均收购价格每千克2.8元,杂交稻平均收购价格每千克2.56元,均高于国家最低收购价。

（江　敏）

■调控管理　开展地方储备粮安全检查,完成省、市、县地方储备粮轮换入库任务。各县(市、区)制定粮食应急预案,建立应急加工、运输、供应网络。开展2012年小麦、稻谷生产成本调查。全市小麦产量有所下降,稻谷种植面积比上年有所增加，小麦、粳稻和籼稻种植成本比上年均有所增加。其中,每公顷小麦种植成本比上年增加1370.25元,每公顷粳稻种植成本比上年增加2767.95元,每公顷籼稻种植成本比上年增加2031元。完善药剂管理制度,遏制安全事故发生。投入资金4000万元,维修改造仓库127栋。

（江　敏）

■粮食流通管理　市粮食局开展粮食收购资格核查工作。全市组织核查各类粮食收购主体465家,10家不符合条件的粮食收购主体被注销。完成2012年粮食库存检查，通过江苏省粮食局复查和国家粮食局抽查。开展原粮质量监管。对全市6个县(市、区）采集的91个小麦样品分别进行质量、品质和卫生等多方面的检测和数据分析。开展夏、秋粮食收购监督检查。全市出动行政执法人员1210人次，检查各类粮食经营者1333户(人)次,发出警告12次,下达责令改正通知书16份。

（江　敏）

供销合作事业

■概述　2012年，全市供销合作社系统实现商品销售总额417.59亿元,比上年增长30.54%;实现连锁销售额86亿元、农副产品收购额18.5亿元;供应化肥21万吨、农药1950吨。新增农资连锁配送企业7家、日用品连锁配送企业11家、连锁经营网点320个。新建农产品直销店和蔬菜平价店21家,其中13家门店获市物价部门授牌。领办、引办农民专业合作社23个，新建农民专业合作社省级联社3个。建设为农服务社91个,新增省三星级为农服务社51个,建设“三位一体”(壮大自主经营实体、提升为农服务载体、发展合作经济联合体)基层社18个,江都区、仪征市实现“三位一体”基层社建设全覆盖。全市县级农村供销合作经济组织联合会实现全覆盖。加强对重点项目督查和协调,以项目建设推进开放办社,推动社有企业改革、资源整合、联合合作。全年新建项目28个(其中1000万元以上项目17个)，实际投资13.6亿元。

2012年，扬州市供销合作总社(简称市总社）连续第七年获全省供销合作社综合业绩考评一等奖,江都区供销合作社获评全省二十强县级供销合作社,高邮市兴旺鸭业产销专业合作社红菱品牌被确定为全国供销合作社系统百佳标准化农产品品牌,扬州市朴树湾草席专业合作社获评中华全国供销合作总社(简称全国总社)2012年农民专业合作社示范社,高邮市兴旺鸭业产销专业合作社王鹏被表彰为2011年度全国百强农产品经纪人,仪征市供销合作社领办的亚农兔业专业合作社获省科技厅科技型农业专业合作社称号,江都小纪绿园蔬菜专业合作社被省农委表彰为优秀农民专业合作社示范社。7月,江苏宏信控股集团、高邮兴旺鸭业产销专业合作社被人力资源和社会保障部(简称人社部)、全国总社联合表彰为全国供销合作社系统先进集体。11月26日,江苏宏信商贸股份有限公司入选第一批全国流通领域节能环保“百城千店”示范企业。

（马越飞　戴井山）

■产销对接　2012年，全市供销合作社系统新建农产品直销店和蔬菜平价店21家,其中13家门店获市物价部门授牌。改造、提升8个农产品市场，建设农产品生产基地667公顷。扬州市和宝应县、仪征市、高邮市分别新建农产品直销展示中心,组织专业合作社参加农校洽谈会、产品进超市、农展会等多种产销对接活动。组织60个专业合作社农产品进社区直销，向20所学校及部分机关食堂固定供应农产品。

市总社组织扬州润泽农产品销售专业合作联社、江苏省苏菱农产品销售专业合作联社、仪征市君阳食用菌专业合作社和宝应名佳食品有限公司等参加在陕西省西安市举行的第三届全国“农校对接”洽谈会。

江苏省供销合作社创新为农服务工作经验交流会推广扬州市总社“打造农超对接新平台、建设农产品流通新体系”的做法。

（马越飞　戴井山）

■转型发展　2012年，全市供销合作社系统打破层级界限,开展上下联动、转型发展、参股持股,推进开放办社。发展资金互助合作社、投融资平台、小额贷款公司等新兴项目。陈集惠民资金互助合作社投入互助金

720 万元，2000 多农户参与互助；江都宏信控股集团投资成立滨江农村小额贷款有限公司，注册资本 1 亿元。推动社有企业改革及资产整合，市总社投资公司与仪征市供销合作社共同出资建设 66.7 公顷无公害茶园基地，与城区供销合作社共同出资建设面积 667 公顷的蔬菜基地。

（马越飞　戴井山）

■“新网工程”和农业综合开发　2012 年，市总社推进新农村现代流通服务网络工程（简称“新网工程”）项目和农业综合开发新型项目申报和建设。组织实施苏盛商贸、仪征吉庆烟花、高邮商贸、市区解放桥市场等“新网工程”项目 4 个，获省新农村现代流通及供销合作发展引导资金补助 360 万元；组织实施宝应天禾食品、高邮苏邮农资等全国总社“新网工程”项目 2 个，获中央现代服务网络工程专项资金 380 万元；组织申报高邮市兴旺鸭业产销专业合作社、扬州润泽豆品专业合作社和仪征市亚龙兔业专业合作社等 3 家中央农业综合开发新型项目，获扶持资金 312 万元。（马越飞　戴井山）

■农产品经纪人培训　9 月，由江苏省供销合作总社（简称省总社）和市总社联合举办的江苏省农产品经纪人创业兴业培训工程扬州中级班在江都区开班，邀请扬州大学商学院、农学院教授讲授农产品生产、加工及流通等方面知识。市农产品经纪人协会会员、市妇联女经纪人分会会员、各县（市、区）供销社为农服务工作人员 208 人参加培训。培训人员经考试合格，获人力资源和社会保障部与全国总社联合颁发的农产品经纪人职业资格证书。（马越飞　戴井山）

■参加海峡两岸（江苏）名优农产品展销会　12 月 6－8 日，市总社组织全市 16 家农业龙头企业、农民专业合作社，选送 68 种农副产品参加 2012 海峡两岸（江苏）名优农产品展销会。扬州市参展农产品现场完成销售额 194 万元，签订意向性订单 4.8 亿元。展会期间，参展企业参加产销对接洽谈会及现场签约仪式，与知名农产品采购商进行业务洽谈。

（马越飞　戴井山）

■农产品直销展示中心　7 月，由市总社和城区供销合作社联合创办的扬州市农产品直销展示中心开业。该中心位于扬州市瘦西湖新天地商业步行街区，面积 650 平方米，内设农产品平价店和直销展示大厅，直销农民专业合作社自产农产品及扬州土特产品，并开展团购配送业务。各县（市）区供销社组织各地专业合作社展示、展销农产品，每月举办 1～2 次农产品展销会，并根据时令推介特色农副产品。

城区供销社与润泽农产品销售专业合作联社联合创办扬州市首家超市化经营的菜场——扬州润泽农产品市场。

12 月，仪征名特优农产品展示直销中心投入运营，经营面积 638 平方米，销售近 1000 种农产品。

（马越飞　戴井山）

专项经营

■盐业经营　2012 年，全市购进盐 6.91 万吨，销售各类盐产品 7.08 万吨，其中食盐 6.01 吨（小包装食盐 2.11 吨）。全年完成商品销售收入 1.99 亿元，实现利润 453.23 万元。

（赵　磊）

■盐业市场管理　2012 年，扬州市盐业市场碘盐合格率 98.0%，合格碘盐食用率 97.7%，碘盐覆盖率 99.7%。全年出动执法人员 1300 人次，出动执法车辆 980 多台次，检查碘盐零售户 1.21 万户，走访食品加工点、餐饮点、各类食堂、农户和居民灶台 3780 家（个），查处盐业违法案件 165 件，罚款 5.67 万元，没收违法盐产品 17.17 吨。（赵　磊）

■卷烟营销　2012 年，江苏省烟草公司扬州市公司实现卷烟销量17.29 万箱，比上年增长 1.12%；卷烟含税销售收入 47 亿元，比上年增长 11.19%；实现利税 11.47 亿元，增长 14%。

加强精准营销，提升精准营销品牌的覆盖率、铺货率、动销率和成长率。提升零售终端和基层服务站建设水平。开展功能终端建设，建成功能店 1720 个。营销、专卖部门统筹建设服务站 11 个。提升电子商务应用水平。推进手机、网络等多种形式的订货模式。全市烟草系统网上订货客户

2012 年扬州市盐业购销存情况表

表 18-2　　单位：吨

地　区	采购量		销售量			库存量	
	实绩	比上年增减	实绩	其中小包装盐销售量		实绩	比上年增减
				实绩	比上年增减		
合　计	**69110**	**6676**	**70765**	**21128**	**-1867**	**9432**	**1370**
市　区	25925	-1013	26821	11209	-1386	3958	-896
宝应县	26792	8541	27547	3402	-4	2632	-755
仪征市	4227	-190	4159	2948	-277	1393	353
高邮市	12166	-662	12238	3569	-200	1449	-72

（赵　磊）

占比96.7%，网上订货成功率逾99%。提升客户服务水平。开展零售客户盈利水平分析，帮助557户客户进行月度盈利分析5833次。推进物流建设升级，推进创新管理。“防货物跑偏的输送机”获得实用新型专利。（卢世平）

■**烟草专卖管理** 2012年，全市查处各类案件1564件，查获各类违法卷烟1666件，罚没款86.91万元。破获符合国标的网络案件6件，15人被司法机关拘留，1人被依法逮捕，19人被判刑。

开展“冬季会战”“闪电11号”和“闪电12号”等专项行动。扬州市烟草专卖局、宝应县烟草专卖局联合侦破“12·29”案件，涉案金额2100万元，22名涉案人员中，5人被判刑。完善全市打假破网整体联动机制，落实大案要案上报制度、案件移交制度、案件通报制度等。全系统查处50万元以上重大案件8件。

成立“天价烟”治理领导小组，建立健全“天价烟”治理长效机制。加强零售许可证管理，优化审批发放工作流程，强化许可证后续管理，完善许可证管理制度体系。突出重点环节整治，加大对公开摆卖假冒（走私）卷烟、乱渠道进货、无证运输、“名烟”回收等行为的监管和打击力度。（卢世平）

■**成品油销售** 2012年，全市销售成品油90.4万吨。其中，销售汽油36.7万吨，比上年增加2.4万吨；销售柴油53.7万吨，比上年增加2.1万吨。中国石化扬州石油分公司（简称中石化扬州分公司）销售量53.2万吨，占全市销售总量的58.8%；中石油扬州销售公司销售量18.1万吨，占全市销售量的20%；以中化集团公司、中国海洋石油总公司为代表的大型成品油经营企业及各社会加油站点合计销售19.1万吨，占全市销售量的21.2%。（周春芳）

■**中国石化扬州石油分公司** 2012年，中石化扬州石油分公司有员工1200人，总资产4.25亿元；有加油站132座，其中125座正常营业；有加气站4座；有油库3座，其中2座正常营业，库容4.74万立方米，年吞吐量近100万吨。全年销售成品油53.2万吨，实现销售额43亿元、利税总额1.28亿元，缴纳税金3790万元。全市有正常营业门店113家，全年实现非油品（不含润滑油）销售4348万元。

做好农忙期间农业用油供应工作。设立农业用油定点供应加油站，开辟绿色通道，开展“送油到田头”服务活动，方便农机加油。

实施70座加油站油气回收改造。完成3座形象站改造以及5座自助站改造。（万江华）

扬州“三把刀”

■**概述** 2012年，扬州市商务局推动以“扬州三把刀”为代表的传统服务业品牌化发展，先后举办第二届中国扬州沐浴养生节扬州炒饭大赛和千人足部保健技艺表演赛、“制作精致淮扬菜，回馈广大消费者”等活动，提升“扬州三把刀”行业影响力。扬州市申报“扬州三把刀”服务创新示范基地，推动以“三把刀”行业、企业标准和人才培育数据库为主要内容的项目建设，得到商务部支持。

餐饮企业加快集聚，扬州市市区形成淮海路、四望亭路、望月路、兴城西路、念四桥路、解放路、运河路、通江东路等特色美食街；重点餐饮企业运行平稳，9家市区重点酒店餐饮企业营业收入3.2亿元，比上年增长4.8%。支持、引导陆琴脚艺三把刀有限公司、顶酷美容美发公司等优势企业提升品牌形象、发展连锁经营，做大规模。2012年，陆琴脚艺三把刀有限公司等3家企业被中国商业联合会评为五星级足浴保健企业，“陆琴脚艺”商标被国家工商总局认定为中国驰名商标。（杨 志）

■**千人足部保健技艺表演赛** 2月26日，千人足部保健技艺表演赛暨足疗免费大体验活动在东门遗址广场举办。陆琴脚艺、富宝足浴、足溪轩、足春堂等10多家扬州足疗企业380名技师参赛，近1000名市民和游客现场参与免费体验。卢德明、高志雄、张健等26人获优秀技艺表演奖，足生堂、足春堂、足溪轩、若凯、顶酷、老街足艺、富宝跃进桥店等7家足疗企业获优秀参与奖，陆琴脚艺、富宝足浴等2家足疗企业获最佳组织奖。（郑志雨）

■**扬州天姿成为ICD会员单位** 5月4日，扬州天姿美容美发有限公司应邀参加在上海举行的2012年度世界发型设计家协会（ICD）中国会员大会暨ICD亚洲时尚发型大会，并成为ICD会员单位。世界发型设计家协会创立于1925年，在全球50多个国家和地区设有分会。扬州天姿美容美发有限公司是苏中、苏北地区首家世界发型设计家协会会员单位。（杨 志）

■**江苏省第七届创新菜烹饪技术比赛（淮扬菜专场）** 5月7日，第五届淮扬菜美食节暨江苏省第七届创新菜烹饪技术比赛（淮扬菜专场）在扬州西园饭店举行。56家扬州餐饮名店选送的112道淮扬菜参加比赛。西

图为江苏省第七届创新菜烹饪技术比赛（淮扬菜专场）现场 刘江瑞／摄

园饭店的桂圆荷包焖酥鸡等10道菜获评“十大精致淮扬菜”，并代表扬州参加江苏省第七届创新菜烹饪技术比赛总决赛。（杨　志）

十大精致淮扬菜

鸡汁雪梅盏(花园国际大酒店)
桂圆荷包焖酥鸡(西园饭店)
围炉夜话忆淮扬(华美达凯莎酒店)
红烧黑猪肉(运河公馆)
凝脂江鮰(扬州人家大酒店)
新派银鳕鱼(金陵大饭店)
千岛湖鱼头煲(淮左名都大酒店)
极品双味狮子头(狮子楼大酒店)
鲍汁金牛掌(仪征市和平大酒店)
百乐门全鹅煲(百乐门大酒店)

（杨　志）

■**扬州大学旅游烹饪学院承办2012土耳其中国文化年“品尝中国”中国美食节**　6月6日，由中国驻土耳其大使馆主办的2012土耳其中国文化年“品尝中国”中国美食节在土耳其安卡拉开幕。活动承办方扬州大学旅游烹饪学院根据土耳其人的饮食结构和特点，制作、展示20多道中式佳肴及甜点。活动期间，举办现场厨艺表演。（杨　志）

■**全国高校餐旅类专业大学生创业大赛决赛在扬州举行**　6月13日，第三届全国高校餐旅类专业大学生创业大赛决赛在扬州举行。决赛采用模拟基金投资形式，首先由参赛队对项目进行陈述，再由评委提问，每位评委持有100万元的创业基金，评委投资额总和就是最终得分。扬州大学旅游烹饪学院的“斯威特沙拉营养餐厅”项目获一等奖。（杨　志）

■**扬州首家外来“中华老字号”餐饮企业开业**　9月，扬州市第一家外来“中华老字号”餐饮企业扬州“小绍兴”在瘦西湖新天地广场正式开业。上海“小绍兴”创始于1943年，先后被认定为中华老字号、中华餐饮名店、国家特级酒家，其招牌菜白斩鸡是商务部优质产品、中国名菜、中华名小吃。扬州“小绍兴”营业面积1100平方米，是上海“小绍兴”的加盟店，主营沪菜。（胡　岩）

■**海底捞扬州店开业**　9月10日，火锅餐饮品牌企业四川省简阳市海底捞餐饮有限股份公司（简称海底捞）在扬州的第一家门店在凯德广场正式营业。海底捞以先进的服务方式著称，注重细节，有助于扬州餐饮企业在竞争中提高服务水平。（胡　岩）

■**扬州3家企业获评全国五星级足浴保健企业**　9月22日，第七届东亚(SPA)沐浴联盟联合大会暨2012年中国千山沐浴温泉休闲文化节在辽宁省鞍山市召开。活动期间，中国商业联合会沐浴专业委员会向按照《全国足浴保健企业等级评定工作程序》评选出的第二批全国五星级足浴保健企业授牌。江苏省有3家企业入选，全部是扬州足浴企业，分别为扬州陆琴脚艺三把刀发展有限公司(西区店)、月色江南足浴养生会所和印象足道养生会所(联合广场店)。申报五星级足浴保健企业须通过13个大项共90个小项的评审，评审内容包括软硬件设施、装修环境、技师的数量和质量等，营业面积须1000平方米以上，停车位须达到座席位的一半。至年末，全国有五星足浴保健企业16家，扬州有五星级足浴保健企业3家。扬州拥有五星级足浴保健企业数量与杭州并列为全国第一。（史　建）

■**“少游宴”入选中国名宴**　10月26日，2012中国江苏国际餐饮博览会在南京市举行。由高邮皇华国际大酒店制作的“少游宴”参加中国名宴评比，并通过中国烹饪协会中国名宴评审组的评审。11月，高邮皇华国际大酒店获中国烹饪协会颁发的“中国名宴”证，有效期3年。至此，扬州市有“国字号”名宴13个。“少游宴”菜肴品名以宋代词人秦少游词作内容为主，融宋词文化、邮文化、酒文化、茶文化等于一体；将高邮湖湖鲜、淮扬菜烹饪技艺与宋瓷器皿相结合，形成原料清新、口味清鲜、出品清雅三大特色。（胡　岩）

扬州市“国字号”名宴名录

乾隆南巡宴
满汉全席
乾隆御宴
红楼早宴
红楼宴
扬州八怪宴
卢氏家宴
三头宴
春晖宴
秋瑞宴
烟花三月宴
全鹅宴
少游宴

（胡　岩）

■**扬州足部按摩师谈国银获评全国十佳**　12月11－13日，中国商业联合会等单位联合举办的首届全国足部按摩师职业技能竞赛在南京举行。决赛以人力资源和社会保障部颁布的《足部按摩师国家职业技能标准(高级技能)》为标准，分为理论与实际操作两个环节。决赛成绩前10名的选手获“全国十佳足部按摩师”和“全国商业服务业技术能手”称号。扬州陆琴脚艺三把刀发展有限公司选送的足部按摩师谈国银获第九名。（史　建）

■**“陆琴脚艺”商标被认定为中国驰名商标**　12月31日，国家工商行政管理总局商标局在国家工商行政管理总局网站发布《在商标管理案件中认定并公布的492件驰名商标》。“陆琴脚艺”商标被行政认定为中国驰名商标，商标所有人为扬州陆琴脚艺三把刀发展有限公司，商标认定服务范围为修指甲、修趾甲(修脚)、保健。（史　建）

■**创新菜获奖**　11月14－16日，由韩国农林水产食品部、韩国农水产食品流通公社主办，上海市餐饮烹饪行业协会承办的韩国传统烹饪酱料烹饪创新大赛在上海市举行。扬州大学旅游烹饪学院邓宁宁采用大豆酱、韩国酱油等酱料制作的创新特色菜肴“韩香一品金菊盅”“韩酱一品狮子头”获大赛三等奖。（胡　岩）

对外国及港澳台地区经贸

Dui Waiguo Ji Gang-Ao-Tai Diqu Jingmao

本栏责任编辑 李全权

对外国及港澳台地区贸易

概述 2012年，扬州市实现对外国及港澳台地区贸易（简称外贸）进出口总额101.7亿美元，比上年增长0.3%。进口额20.0亿美元，比上年下降29.1%，主要进口产品有机电产品、化学化工制品、塑料及其制品、矿物燃料与植物油料等19类。出口额81.7亿美元，比上年增长11.6%，主要出口产品有机电产品、化学化工制品、纺织原料及纺织制品、钢铁制品、鞋帽等20类，销往203个国家和地区。按贸易方式划分，一般贸易出口额58.3亿美元，加工贸易出口额22.6亿美元。

10月，扬州经济技术开发区获批第四批国家科技兴贸创新基地。12月，广陵区护理用品基地被商务部认定为国家外贸转型升级专业型示范基地；宝应县获批江苏省输变电产业出口基地。至年底，全市有国家级出口基地2个、省级出口基地6个。

（潘阳春　徐其祥）

出口商品结构 2012年，全市化学化工制品、高新技术产品、船舶等十大主要出口商品实现出口额43.3亿美元，占全市出口额的53.0%。其中，化学化工制品出口额8.2亿美元，比上年增长25%，占全市出口总额的10.0%，成为全市第一大出口商品；高新技术产品、船舶、集装箱出口额继续下降，液晶显示面板与电子纸、船舶和集装箱三大传统主导商品出口额分别比上年下降43.3%、25.6%和24.2%；纺织、鞋帽、牙刷等劳动密集型产品出口额增长平稳。

（潘阳春　徐其祥）

出口市场结构 2012年，全市对欧美市场出口增速呈现先抑后扬态势。对欧盟市场出口同比增速从4月开始转负为正，全年实现出口额19.3亿美元，比上年增长24%；对美国市场出口同比增速从7月开始转负为正，全年实现出口额14.8亿美元，增长22.2%。新兴市场出口形势总体平稳，对非洲、东盟国家、南美洲和大洋洲市场出口分别比上年增长171.5%、28.9%、5.0%和5.2%。

（潘阳春　徐其祥）

县域出口 2012年，全市8家列统单位中，扬州经济技术开发区出口29.21亿美元，增长22.9%；扬州化工园区出口2.33亿美元，增长28.5%；广陵区出口15.39亿美元，增长1.8%；邗江区出口14.23亿美元，增长18.8%；江都区出口10.63亿美元，增长11.4%；宝应县出口4.72亿美元，增长15.6%；高邮市出口3.01亿美元，下降3.3%；仪征市出口2.20亿美元，下降22.3%。

（潘阳春　徐其祥）

重点出口企业 2012年，全市出口额列前30位的企业合计出口37.8亿美元，占全市出口总额的46.3%；出口额比上年增长24.7%，高于全市出口额平均增幅13.1个百分点。至年末，全市有出口额超1亿美元企业18家，比上年增加7家。

（潘阳春　徐其祥）

设立全省首个特色出口行业信保统保及保单融资平台 8月，扬州市商务局联合中国银行股份有限公司扬州分行、中信银行股份有限公司扬

2012年扬州市外贸进出口完成情况排名表

表19-1

序号	地　区	外贸进出口总额(亿美元)	比上年增长(%)
1	扬州经济技术开发区	37.21	-7.6
2	广陵区	18.03	-2.4
3	邗江区	15.39	20.3
4	江都区	12.19	9.4
5	宝应县	6.20	10.6
6	扬州化工园区	5.93	32.4
7	仪征市	3.39	-11.4
8	高邮市	3.27	-14.8

（潘阳春　徐其祥）

2012年扬州市进出口额前20名企业一览表

表 19-2

序号	企业名称	进出口额（亿美元）	比上年增长（%）
1	扬州大洋造船有限公司	6.91	-20.05
2	江苏优士化学有限公司	2.20	46.67
3	川岳科技扬州有限公司	2.03	65.51
4	扬州通利冷藏集装箱有限公司	1.69	6.81
5	川奇光电科技(扬州)有限公司	1.56	-74.18
6	扬州胜越琦贸易有限公司	1.55	—
7	江苏扬农化工集团有限公司	1.53	-14.82
8	森萨塔科技(宝应)有限公司	1.53	30.58
9	扬州龙川钢管有限公司	1.43	84.78
10	扬州恒福利国际贸易有限公司	1.41	—
11	立奇光电科技(扬州)有限公司	1.34	-61.68
12	扬州诚德钢管有限公司	1.32	-3.57
13	高露洁三笑有限公司	1.30	1.83
14	扬州宇理电子有限公司	1.24	18.74
15	江苏牧羊集团有限公司	1.22	35.17
16	创利皮革(扬州)有限公司	1.18	49.18
17	扬州恒基达鑫国际化工仓储有限公司	1.17	627.97
18	扬州天赐福国际贸易有限公司	1.16	—
19	海信容声(扬州)冰箱有限公司	1.16	19.36
20	扬州润扬物流装备有限公司	1.14	-43.60

（潘阳春　徐其祥）

州分行设立扬州市特色出口行业信保统保及保单融资平台，计划在1～2年内，为全市玩具、牙刷、光电等3个特色行业的100家出口企业提供8亿元信贷规模的融资扶持。

（潘阳春　徐其祥）

■口岸建设　2012年，扬州泰州机场通航，机场国际功能区建设通过验收。5月，扬州口岸首次被评为2011年江苏省文明口岸。9月24日，扬州市人民政府和江苏省公安边防总队举行扬州口岸对外开放（边检）工作合作备忘录签字仪式；10月19日，扬州口岸仪征港区边防监管权划归扬州。（潘阳春　徐其祥）

■口岸运输　2012年，扬州港实现吞吐量2972万吨，比上年下降4.6%；实现外贸运量568.2万吨，比上年增长2.6%，其中外贸进口运量322.5万吨、出口运量245.7万吨。扬州远扬国际码头有限公司实现外贸运量364.7万吨，比上年增长5.7%，其中外贸进口运量260.7万吨、出口运量104万吨。

扬州港完成外贸集装箱运量19.1万标箱，比上年增长2.3%。其中，重箱运量8.98万标箱，下降10.5%；空箱运量0.58万标箱，增长45.2%；商品箱运量9.55万标箱，增长15.87%。

2012年，扬州港出入境船舶1006艘，比上年增长26.7%；船厂出口新船口岸交船48艘。

（潘阳春　徐其祥）

外资及港澳台资利用

■概述　2012年，扬州市批准外资及港澳台资项目413个，协议利用外资及港澳台资42.64亿美元。其中，新批外资及港澳台资项目267个，协议利用外资及港澳台资37.64亿美元。商务部确认扬州市实际利用外资及港澳台资21.4亿美元，比上年增长1.69%。

全市第一产业、第二产业、第三产业实际利用外资及港澳台资额分别为1.49亿美元、13.23亿美元、6.65亿美元，分别比上年增长77.79%、-9.71%、18.74%，分别占全市实际利用外资及港澳台资总额的6.99%、61.88%、31.14%。

2012年，实际利用亚洲国家外资及港澳台资16.56亿美元，比上年下降9.06%，占全市实际利用外资及港澳台资总额的77.47%。其中，实际利用港资12.76亿美元，下降2.67%，占全市实际利用外资及港澳台资总额的59.69%；实际利用台资2.7亿美元，增长29.8%，占全市实际利用外资及港澳台资总额的12.62%。美国在扬州投资4594万美元，增长65.73%；加拿大在扬州投资9097万美元，增长170.66%。

（潘阳春　徐其祥）

■外资及港澳台资项目　2012年，全市新批准投资额1000万美元以上大项目（经工商注册）66个，比上年减少6个，下降8.3%；新批大项目合同利用外资及港澳台资额比上年增加2.28亿美元。其中，新批准投资额1亿美元以上项目15个，投资总额17.07亿美元，注册资金8.26亿美元，分别增长2.8%、8.4%。投资额1亿美元以上的项目中，有第三产业项目8个，占总数的53.3%，其中房地产项目3个（中海宏洋项目、永兴置业项目、边城项目）、基础设施建设项目3个（迈创市政工程项目、肯尼欣建设项目、泰鸿基础建设项目）、物流和仓储项目2个（普洛斯仓储项目、招商局物流集团项目）。

（潘阳春　徐其祥）

2012 年扬州市利用外资及港澳台资情况表

表 19-3

地　区	协议注册外资及港澳台资(万美元)	实际利用外资及港澳台资(万美元)
全　市	**426910**	**213808**
#扬州经济技术开发区	109880	42212
广陵区	112701	37578
邗江区	63752	34765
江都区	30377	22857
宝应县	16271	10026
仪征市	39771	19591
高邮市	26108	9779

(潘阳春　徐其祥)

■ **2012"名城扬州携手世界名企"联谊会**　3 月 30 日,2012"名城扬州携手世界名企"(北京)联谊会在北京举行,万国商业机器(IBM)公司、摩根大通集团、索尼公司等世界著名企业代表参加活动。

7 月 18 日,2012"名城扬州携手世界名企"(上海)联谊会在上海举行,104 家世界著名企业代表参加活动。现场签约项目 13 个。其中,外资及港澳台资项目 11 个,总投资 10.98 亿美元,协议利用外资及港澳台资 4.3 亿美元;内资项目 2 个,总投资 15 亿元,协议注册资金 7 亿元。

10 月 11 日,2012"名城扬州携手世界名企"(深圳)金秋恳谈会在深圳举行,深圳富德集团、周大福珠宝金行、万科集团、华润五丰有限公司等 62 家知名企业参会。现场签约项目 13 个,总投资逾 123 亿元。其中,外资及港澳台资项目 6 个,总投资 3.2 亿美元;内资项目 7 个,总投资 103 亿元。　(潘阳春　徐其祥)

对外国及港澳台地区经济技术合作

■ **概述**　2012 年,全市完成对外国及港澳台地区经济合作(简称外经)营业额 4.18 亿美元,比上年增长 20%;期末在外人数 6647 人,比上年下降 21%。新批境外投资项目 14 个,协议投资额 1773 万美元。

(潘阳春　徐其祥)

■ **外经市场**　2012 年,扬州市外经承包工程和劳务合作项目涉及 36 个国家和地区,分布在五大洲,其中亚洲 17 个、非洲 12 个、大洋洲 3 个、欧洲 3 个、南美洲 1 个。有 7 个国家和地区的外经项目完成外经营业额超过 1400 万美元,其中亚洲 4 个、非洲 2 个、欧洲 1 个。外经营业额列前三位的国家依次是蒙古(1.29 亿美元)、阿尔及利亚(6080 万美元)和俄罗斯(3370 万美元);完成外经营业额列前四位的企业依次是江都建设集团有限公司(1.38 亿美元)、江苏油田(8180 万美元)、邗建集团有限公司(3756 万美元)和恒远国际工程有限公司(3302 万美元)。

(潘阳春　徐其祥)

■ **国际工程业务**　2012 年,国际工程业务完成营业额 3.73 亿美元,比上年增长 16%,占全市外经营业额的 89.33%。其中,亚洲市场完成 2.25 亿美元,下降 4%,占工程承包营业额的 60%;非洲市场完成 1.07 亿美元,增长 41%,占工程承包营业额的 28.7%。　(潘阳春　徐其祥)

■ **国际劳务合作**　2012 年,扬州市派出纯劳务 1078 人次,比上年增长 37.7%;完成营业额 4461 万美元,比上年增长 63.2%。外派劳务市场以日本和新加坡为主。全市在日本和新加坡的期末在外人数为 1482 人,占全部在外纯劳务人数的 66%,其中在日本劳务人数 1118 人。

(潘阳春　徐其祥)

■ **境外投资**　2012 年,扬州市新办境外投资企业 14 家,分布在亚洲、欧洲、南美洲的 9 个国家和地区,其中贸易型企业 6 家、生产型企业 5 家、窗口型及其他类型企业 3 家。投资主体以民营企业为主,协议投资额 1773 万美元。　(潘阳春　徐其祥)

2012 年扬州市对外国及港澳台地区经济技术合作情况表

表 19-4

地　区	营业额(万美元)	比上年增长(%)	期末在外人数(人)	比上年增长(%)
全　市	**41800**	**20**	**6647**	**-21**
扬州经济技术开发区	8180	15	597	0
广陵区	6172	27	1306	-6
邗江区	6229	18	999	-12
江都区	20016	20	3243	-35
宝应县	925	19	391	117
仪征市	278	16	111	158

(潘阳春　徐其祥)

旅游业

Lüyouye

本栏责任编辑　陈永华

综述

■概况　2012年，扬州市政府出台《扬州市市级旅游度假区管理暂行办法》《关于加快酒店业发展的意见》。全市接待游客3638.49万人次，比上年增长12.7%。其中，接待国内游客3572.47万人次，增长12.8%；接待入境游客66.02万人次，增长6.1%。旅游总收入435.23亿元，增长17.4%。其中，国内旅游收入392.50亿元，增长18.9%；旅游外汇收入5.59亿美元，增长6.8%。至年底，全市有国家文化旅游示范区1个、国家等级旅游景区32个、江苏省星级乡村旅游示范点17个、江苏省特色景观旅游名镇(乡)2个、省级自驾游基地3个、省级旅游度假区1个、旅行社126家。

扬州市被中国城市第一媒体旅游联盟、《齐鲁晚报》评为2012中国旅游总评榜·京沪高铁沿线最受欢迎旅游目的地，扬州瘦西湖被中国城市第一媒体旅游联盟、《齐鲁晚报》评为2012中国旅游总评榜·最受山东游客欢迎的省外旅游景区，个园入选江苏省旅游局游客最喜爱的"美好江苏欢乐游"七彩精品旅游推荐景区(点)，扬州盐商精致生活体验二日游等2条线路和11个景点入选"美好江苏欢乐游"活动精品旅游线路和精品旅游景区(点)。扬州市何园管理处"何家千金"服务品牌被中共江苏省住房和城乡建设厅党组表彰为十佳服务品牌；扬州旅游景区营销中心被同程旅游网络科技有限公司列为同程网2012年战略合作伙伴，获2012第四届"畅游中国·创意旅游"峰尚大典创意旅游营销大奖、2012第三届中国休闲创新奖智慧旅游城市创新奖。　（万　平　郑志雨）

2012年扬州市入境游客人数前10位客源地情况表

表20-1

序号	客源地	游客人数(万人次)	比上年增长(%)
1	中国台湾	11.03	8.3
2	日本	7.74	-8.8
3	韩国	5.60	8.6
4	美国	5.51	7.9
5	中国香港	4.66	8.5
6	澳大利亚	4.53	8.5
7	英国	3.83	8.8
8	中国澳门	3.15	8.8
9	加拿大	2.08	8.1
10	德国	2.01	7.4

（郑志雨）

■2012中国扬州旅游商机说明会　4月16日，第二届扬州旅游商机说明会在扬州云鹤金陵大饭店举行。副市长王玉新作题为《真诚携手合作，共建旅游名城》的旅游商机主题推介。境内外旅游投资商、资本运营商，国内知名旅行社负责人等160多人参加说明会。会议期间，现场集中签约景区开发、休闲旅游、乡村旅游、旅游基础配套、旅游产品研发销售等项目20个，协议投资额53.6亿元。　（郑志雨）

4月16日，扬州市举行旅游商机说明会暨项目签约仪式　王　卓／摄

■ **扬州网户外旅游频道上线** 5月17日,《扬州日报》和扬州网联合开发的扬州网户外旅游频道开通。扬州网户外旅游频道以《扬州日报》和扬州网为载体,展现扬州美景、美食及玉器、漆器等扬州工艺,策划户外旅游活动,发布旅行线路,为外地到扬州的网民提供吃、住、行、游、购等预订和指南服务。（陈 由）

■ **扬州旅游电子商务平台开通** 7月16日,扬州旅游电子商务平台开通。该平台为全国首个区域性"一站式"旅游电子商务平台,服务项目涵盖吃、住、行、游、购、娱等各个方面,可在线预订扬州市主要旅游景区门票、周边酒店、特色餐饮服务等,同时提供扬州市最新旅游资讯及旅游线路规划、导航、租车等服务,实现地区性旅游资源线上营销与线下服务"无缝对接"。（吕 优）

■ **凤凰岛湿地与旅游论坛** 2月2日,扬州市举办首届凤凰岛湿地与旅游论坛。宝应湖湿地公园、高邮东湖湿地公园、射阳湖湿地公园、渌洋湖湿地公园、润扬湿地公园、凤凰岛湿地公园等6个国家级和省级湿地公园联合签署《扬州湿地公园共同宣言》,承诺、倡议遵循《湿地公约》和中国有关湿地保护的法律、法规及各湿地公园经批准的保护规划,促进湿地的科学保护与合理利用,建立湿地宣教展示区,保持湿地公园的自然特色,保护湿地公园所有区域,在允许范围内适度开发生态旅游资源,挖掘湿地景观欣赏功能,促进湿地旅游产业从文化观光型向生态度假型转变。（陈 由）

■ **运河旅游和经济论坛** 参见第17页。

旅游资源开发

■ **概述** 扬州市根据旅游发展空间布局,拓展旅游业。推进扬州古城创建国家AAAAA级旅游景区工作,加快东关历史文化旅游区建设。推进文化与旅游深度融合,发展商务旅游,强

2012年扬州市国家级旅游景区一览表

表20-2

景区名称	等级	景区名称	等级
蜀冈-瘦西湖风景区	AAAAA	仪征红山体育公园	AAA
大明寺	AAAA	扬州玉文化景区	AA
个园	AAAA	江都邵伯湖旅游区	AA
何园	AAAA	扬州西郊森林公园	AA
扬州双博馆	AAAA	宝应周恩来少年读书处	AA
京华城休闲旅游区	AAAA	朱自清故居	AA
茱萸湾风景区	AAAA	隋炀帝陵景区	AA
汉陵苑	AAA	宝应"二妹子"模范民兵活动中心	AA
史可法纪念馆	AAA	扬州五亭龙国际玩具礼品城	AA
凤凰岛生态旅游区	AAA	江都龙川盆景艺苑	AA
吴道台宅第	AAA	江都朴园	AA
宝应纵棹园	AAA	江都仙女公园	AA
仪征博物馆	AAA	宝应射阳湖荷园	AA
高邮镇国寺	AAA	宝应革命烈士纪念馆	AA
高邮文游台	AAA	宝应博物馆	AA
宝应宁国寺	AAA	高邮菱塘古清真寺	AA

注:扬州双博馆即扬州博物馆、扬州中国雕版印刷博物馆　（郑志雨）

2012年扬州市省级乡村旅游示范点一览表

表20-3

景 点 名 称	等 级
凤凰岛生态旅游区	四星级
宝应白鹿岛生态旅游区	四星级
扬州金泓生态园	四星级
江都渌洋湖生态旅游度假村	四星级
竹箐农业生态园	四星级
宝应射阳湖荷园	四星级
仪征翔宇茶叶生态园	四星级
西江生态园	四星级
扬州胡场人家	三星级
江都小纪农业生态观光园	三星级
江都樊川猕猴桃园	三星级
扬州新西缘生态农庄	三星级
高邮连标葡萄园	三星级
吴桥蔬果产业观光园	三星级
碧水蓝天度假区	三星级
扬州古渡村生态园	三星级
仪征芍药园	三星级

（郑志雨）

化县域特色旅游项目规划和培育，规划、建设具有温泉酒店特色的旅游度假区。2012年，扬州市出台《江苏扬州市温泉旅游开发概念性规划》，明确扬州“中国温泉城”建设目标，以温泉旅游整合其他产业，形成以文化为背景，以古城园林、乡村田园为依托，以温泉休闲度假为引领的复合大旅游。凤凰岛湿地公园入选新一批国家湿地公园试点名单。何园注册“古城千金”“翰林点点香”“何家老爷豆”商标。 （陈　由）

■ **旅游景区提档升级**　2012年，全市有4个景区、6个旅游点提档升级。其中，枣林湾度假区创成省级旅游度假区，宝应宁国寺、仪征红山体育公园创成国家AAA级旅游景区，高邮菱塘古清真寺创成国家AA级旅游景区；西江生态园被评定为江苏省四星级乡村旅游示范点，高邮连标葡萄园、吴桥蔬果产业观光园、碧水蓝天度假区、扬州古渡村生态园、仪征芍药园被评定为江苏省三星级乡村旅游示范点。泰安镇、菱塘乡创成江苏省特色景观旅游名镇（乡）。

（郑志雨）

2012年扬州市工业旅游示范点

扬州第二发电有限责任公司
扬州漆器厂
扬州玉器厂 （郑志雨）

2012年扬州市农业旅游示范点

凤凰岛生态旅游区
江都现代花木产业园
兴科农业科技博览园
仪征登月湖农业旅游区
宝应白鹿岛生态旅游区
宝应射阳湖荷园
高邮临泽生态度假村 （郑志雨）

■ **东关历史文化旅游区建设**　2011年，扬州市启动东关历史文化旅游区创建国家AAAA级旅游景区工作。2012年，扬州市坚持“护其貌、美其颜、扬其韵、铸其魂”的质量方针，加快推进创建工作，重点开展文化资源保护、文化内涵挖掘、旅游配套完善、旅游项目建设、环境综合整治、软件管理提升等工作。6月30日，扬州名城旅游发展有限公司成立，东关历史文化旅游区游客中心揭牌运营。对照AAAA级景区标准，东关历史文化旅游区年内完成道路、银行、邮局、公厕、医疗服务设施、游客休息设施、影视介绍系统、特殊人群服务设施、旅游标识等旅游基础设施、配套设施建设。11月29日，国家旅游景区质量等级评定委员会专家组对东关历史文化旅游区创建国家AAAA级旅游景区工作进行评定验收。 （陈　由）

东关街新设的“扬州三把刀”雕塑　　张孔生／摄

蜀冈-瘦西湖风景名胜区

■ **概述**　2012年，蜀冈-瘦西湖风景名胜区推进景区总体规划修编。唐子城护城河疏浚及双峰云栈复建、花艺坊、精品温泉酒店等项目方案通过市规划委员会审查。策划宋夹城体育休闲公园、相别路酒店及配套地产开发、长春路功能化改造等方案。瘦西湖旅游商业广场、盆景园对外开放改造工程、万花园游客服务中心、工人疗养院迁址新建等项目基本建成。举办第五届扬州万花会，筹备2013年国际盆景大会。 （蜀冈办）

■ **瘦西湖旅游发展集团公司**　瘦西湖旅游发展集团公司完成政企分离，实现由融资平台向产业平台转变。推进工程建设。完成瘦西湖新苑三期工程10号地块道路、供水、供电、排水、消防管道等配套工程，瘦西湖新苑三期、四期工程南侧新湖路雨、污水管道和部分沥青路面工程，瘦西湖新苑四期工程110千伏高压线下地工程，瘦西湖温泉会所土建改造工程，傍花村瘦西湖温泉度假村维修工程；完成花艺坊项目前期围墙砌建、树木移植，完成瘦西湖旅游商业广场外立面优化、幕墙、景观、照明及视觉形象系统设计等工作。推进唐子城遗址保护展示工程、国际旅游度假区建设，与云南柏联集团合作，打造长春路以东、平山堂路以南、友谊路和相别路以西区域。 （蜀冈办）

■ **瘦西湖景区建设**　实施冬春绿化提升工程，新栽乡土树种近800棵，引进彩叶树种近150棵，栽植地被麦冬8.75万塘，补种草坪133.3公顷。采用多种造景技艺，布置花卉135万盆，引进新品花卉10万盆，栽植郁金香16万株、荷花1200盆、菊花2万多盆，制作各式景观小品12个。完成瘦西湖公园基础设施改造及零星维修，启动白塔定期监测工作。实施万花园餐英别墅室内装饰设计及项目管理招标、“水云胜概”建筑物方案设计及项目编标、西大门拱桥立项报批及编标、南线景观提升工程的决算送审等工作。 （蜀冈办）

■ **扬州瘦西湖旅游商业广场项目建设**　全年投资5亿元，完成2万平方米大型地下停车场及2.5万平方米功能性配套设施建筑工程主体建设。“星巴克”“哈根达斯”等20多家商户签约入驻。 （蜀冈办）

其他景区

■ **个园修缮与维护**　实施丛书楼屋面保养维护和内部装饰工程，屋面保养维护工程建筑面积218平方米。实施个园南大门、半亭、水榭维护保养和花局里街区油漆维护保养工程，工程面积1680平方米。在园内及花局里布置荷花、一串红、四季海棠、三色堇、羽衣甘蓝、国庆小菊等11万盆，在抱山楼、宜雨轩、丛书楼、水榭、清漪亭等处播撒麦冬、黑麦草种 3600 平方米，在宜雨轩、抱山楼、南部住宅等建筑物内部布置绿翡翠、小神童、凤梨、海棠、水仙、仙客来、杜鹃、马蹄莲、郁金香、春梅、大花蕙兰、蝴蝶兰、红果等 760 多盆，在馥园粉黛楼布置万年青、绿萝、袖珍椰子、龙须木、一串红、万寿菊等 9000 多盆。

（万　平）

■何园修缮与维护　实施蝴蝶厅整体提升工程，更换一楼地砖、二楼地毯，改造西厅电路和陈设布置，建筑面积 420 平方米。实施片石山房维护保养工程，对连廊、西围墙、琴棋书画室等建筑做防水处理，更换腐烂的木构件并油漆出新。维修明楠木厅，更换部分腐烂的木构件，油漆出新楠木柱，加固假山，调整假山上的植物，补植黑松。更换复道回廊、水心亭、玉绣楼等建筑破损罗地砖。重新铺装船厅处水波纹。引进、栽植 9 个色系 19 个品种牡丹 270 多株（塘）。

（万　平）

■二分明月楼修缮　二分明月楼新建成仿古长廊。长廊入口采用砖细门洞，廊长 7.6 米、宽 1.3 米，长廊下有杉木构件和半圆形杉木柱作支撑，杉木柱下设有麻石石磉，地面铺砖细方砖，所有木构件刷国漆。廊内悬宫灯 2 盏。

（万　平）

■茱萸湾风景区建设　调整、提升水禽湖景观。对水禽湖西湖水域进行适当隔离，形成鹈鹕展区；在水禽湖周边安装栏杆；采用砖砌、打木桩、铺鹅卵石等方法，加固岛屿四周驳岸。提升、改造食草区景观，原杉木栈道改成水泥仿木结构栈道，增加观赏平台，原有单一入口游览通道改成可以分流的 1000 米循环游览通道。维修猛兽区铁笼舍内室、灵长类馆（一期）铁护网、小熊猫外展馆壕沟、门前区亲水廊、门前区导览图廊屋面、办公区域入口、猩猩馆外展区、动物展示拉网、木笼舍屋顶、园内道路、说明牌等，改造停车场和原花房大门、道路，铺设森林历险、丛林枪战城道路。提高茱萸林质量，引进吴茱萸。鹤鸣湖周边移栽含笑、黄馨、金丝桃、十大功劳、八角金盘、红花檵木、一串金等，补栽法国冬青、石楠、水生植物，面积 7000 平方米；在灵长类馆（二期）移栽含笑、龙柏球、麦冬，补栽云南黄馨，面积 1500 平方米；在雪松林周边移栽黄馨、香樟、毛鹃、十大功劳、八角金盘、麦冬，补栽雪松，面积 2000 平方米；在食草区移栽女贞、垂柳、朴树、花桃、一串金等，面积 5000 平方米；在河边、溪边、林边栽植二月兰、油菜花、石竹、玉簪、四季混合野花、麦冬等。全年繁殖成活东北虎 5 只、棕熊 3 只、节尾狐猴 4 只、松鼠猴 2 只、黑帽悬猴 1 只、麋鹿 1 只、马鹿 1 只、梅花鹿 4 只，引进鹈鹕 10 只、凤头鸭 10 只、红腹锦鸡 8 只、白腹锦鸡 8 只、蓝鹇 6 只、白鹇 6 只、珍珠鸡 6 只。

（万　平）

修缮一新的何园片石山房　　刘江瑞／摄

旅游营销

■概述　扬州市加大旅游宣传促销力度，先后举办“烟花三月下扬州”2012 中国扬州（北京）旅游推介会、“运河名城 精致扬州” 扬州旅游（银川）推介会、扬州旅游（南宁）推介会等活动，参加 2012 南京国际旅游度假展览会、2012 中国（青岛）国内旅游交易会、2012 台北两岸观光博览会等。开展境外旅游宣传促销活动。扬州市旅游推介团先后到沙特、埃及、阿联酋、新加坡、印尼等地举办旅游宣传活动。实施创意营销，在首都机场播放扬州旅游宣传片，在扬州泰州机场制作扬州旅游广告牌，在新加坡地铁投放扬州旅游大型广告；邀请旅游卫视拍摄《精致的扬州生活》，委托上海品智传媒文化公司拍摄《大话扬州》微电影；推出多语种“手绘扬州”旅游图、“素描扬州”明信片。扬州市旅游景区营销中心所属各景区、景点开展多种形式宣传促销活动，全年接待购票游客 345.15 万人次，实现门票收入 1.86 亿元。

开拓新市场。新辟郑州、天津等客源市场，开通江都、仪征、高邮、镇江等地周末旅游直通专线。围绕扬州泰州机场航线，开拓深圳、沈阳、西安、重庆等客源新市场，打造“骑鹤上扬州，四季逍遥游”航空新品牌。在北京推出“骑鹤上扬州”散客天天发和周末班等 2 个飞机航线产品，与深圳、沈阳、广州等客源市场组团旅行社合作拓展客源市场。开拓境外旅游市场，与韩国哈拿多乐旅行社合作开通首个韩国－扬州“国际旅游直通车”，与江苏省中旅旅行社有限公司联合推出针对日本市场的“2012 年境外游客春季系列深度游”。制定针对上海、南京、杭州等 3 个主要华东游地接城市龙头地接旅行社的门票销售奖励政策，协议旅行社游客入园人次增长明显，客源涵盖全国各省。在北京、济南等地组团旅行社推广

2012年扬州市假日旅游情况表

表20-4

假日名称	游客接待量(万人次)	比上年增长(%)	旅游收入(亿元)	比上年增长(%)
春节黄金周	141.06	16.53	16.01	20.11
"五一"小长假	219.20	10.60	23.96	16.30
"十一"黄金周	418.48	33.19	37.83	35.69

（郑志雨）

2012年扬州市游客接待量和营业收入前10名旅游景区一览表

表20-5

名次	景区名称	接待量(万人次)	景区名称	营业收入(万元)
1	京华城休闲旅游区	886	五亭龙国际玩具礼品城	133870
2	五亭龙国际玩具礼品城	616.82	蜀冈-瘦西湖风景区	18610
3	蜀冈-瘦西湖风景区	374.17	京华城休闲旅游区	12296
4	个园	134.20	个园	3245
5	何园	78.01	凤凰岛生态旅游区	2861
6	大明寺	75.95	宝应白鹿岛生态旅游区	2812
7	高邮文游台景区	66.94	江都朴园	2235
8	宝应白鹿岛生态旅游区	65.42	大明寺	1993
9	凤凰岛生态旅游区	65.39	何园	1948
10	扬州双博馆	65.05	茱萸湾风景区	1519

（郑志雨）

"我乘高铁下扬州"高铁线路产品，新开通天津市场高铁散客班。

创新营销手段。5月8—9日，与全球最大的中文在线旅游网站去哪儿网合作，分别举办"骑鹤上扬州，首航体验游"和"运河水汇聚扬城"活动。邀请《北京晚报》《京华时报》《中国旅游报》等10家主流媒体记者搭乘扬州泰州机场首航班机到扬州，宣传扬州历史文化和园林城市特色。人民网、新华网、同程网、途牛网等多家网站跟踪报道活动情况。2012年，市园林管理局与同程网合作举办2011"验客中国"旅游体验博客大赛颁奖典礼和"同程会员日"大型优惠活动，与驴妈妈网合作推广"烟花三月下扬州"专题方案，与《LOHAS乐活》杂志合作宣传扬州园林风光。扬州市旅游景区营销中心官方微博结合景区活动、节日特色、扬州风情，推出万花会"春游花海、诗画扬州"征集文艺青年扬州行、"何园小翰林"、"魅力何园 幸福体验"微博(新浪、腾讯)有奖活动、"我们的日子"欢乐"六一"节大型转发有奖活动、"桂花季香气四溢"小清新有奖转发活动、"秋渐浓，再不秋游就晚了"互动抽奖活动等微博活动。

利用户外广告牌、大巴、铁路、江浙沪交广网等平台发布广告，宣传中国扬州万花会、能移动的"魔法钢琴"表演、千人瑜伽大会、"扬州瘦西湖杯"全国散文诗歌大奖赛等活动。7—8月，协助香港卫视、香港有线23台(中国旅游与经济电视台)分别拍摄大型户外闯关节目《带你游天下》和趣味体验节目《地球诱人一角之扬州的夏日》。10月，旅游休闲杂志社在扬州拍摄瘦西湖、个园、何园、大明寺等扬州园林风光，出刊宣传专稿30页。（万　平）

6月23日，宝应湖国家湿地公园举办首届农民兄弟龙筏友谊赛　程建平、尹德勤/摄

■瘦西湖旅游发展集团公司营销　瘦西湖旅游发展集团公司推进市场化、产业化运作，全年融资19.1亿元，实现经营性收入1.57亿元。瘦西湖公园完成门票重新核价，全年实现各类收入1.66亿元，其中经营性收入2500万元，均比上年增长10%以上；水上游船公司取得扬州水上游览特许经营权，实现收入3100万元，比上年增长20%。瘦西湖风景区管理处获评全国旅游系统先进集体、2011—2012年度江苏省价格诚信单位，瘦西湖风景区成为江苏省军民共建精神文明活动示范点，瘦西湖再次入选中国世界文化遗产预备名单。（蜀冈办）

■园事活动　瘦西湖风景区举办欢乐开怀过新年、中国扬州万花会、"瘦西湖之夏"荷花节、荷花精品展、荷主题系列活动、菊花展、百年瘦西湖图片展、瘦西湖水上地方曲艺表演、水上风情游、周末瘦西湖水上夜游、扬州木偶表演、扬派盆景技艺展示、面塑展示、第三届中国千人瑜伽大会、能移动的"魔法钢琴"表演、"缤纷万花园"摄影大赛、微博随手拍、晒晒亲子脸等活动；丰富瘦西湖水上夜游项目内容，采取"乘船十步行"模式，在传统水上游基础上融入扬州清曲、木偶、筝箫等传统扬州文化元素，增设游船晚宴。

个园举办个园黄氏及扬州盐商文化研讨会、个园恢复对外开放30周年系列园庆活动、2012江苏省兰花邀请展、江苏省蕙兰邀请展、精品荷花展、红色电影展、最美个园图片展、非物质文化遗产保护成果展、中华奇石展、当代扬州花鸟画家作品联展、当代扬州花鸟画艺术研讨会、扬州弹词表演、扬剧表演、水墨脸谱画展、当代人物画邀请展、蒋永义书印作品展、柏龙华戏画展、“迎中秋、庆国庆”歌舞晚会等活动。花局里举办青年狂欢嘉年华、花局里爱尚音乐汇——青年乐队时尚秀、中秋祭月、汉服文化与琴道艺术推广、迷你音乐节、露天电影周、花局里青年电影展映月、啤酒美食节等活动。准提寺举办江苏省第八届旅游门券收藏展、中国民俗“花钱”及纪念铜章精品展、喜迎十八大·红色收藏展、准提寺艺术收藏论坛、艺术品交流等活动。中国扬州运河名城博览会期间，馥园推出“千秋粉黛夜花园”夜间旅游综艺演出。

何园举办赏何园、写何园、唱何园、拍何园、画何园等宣传活动。举办第七届何氏家训大学堂专家讲座、“‘扬州的夏日’诵读月”活动、“听石轩诗书画”笔会、烟花三月“爱文杯”诗歌大赛颁奖暨优秀作品朗诵会、老式电话机展览、“我给祖国妈妈过生日”吃蛋糕比赛、“怀感恩之心，听祖国颂歌”古乐弹奏表演、“那些年的记忆”民国时期服饰文化老照片展、“魅力何园 幸福体验”微博(新浪、腾讯)有奖活动、“何家小翰林献礼祖国”义务讲解等活动，推出何氏家训书签、何氏家训邮折、何氏家训个性化邮票、何园特色高档工艺扇等旅游纪念品。

茱萸湾风景区开展微博大拜年、卡通服饰巡游、鹈鹕捕鱼表演、“随手拍茱萸”微博达人畅游茱萸湾、“茱萸仙子现场采风行”、“2012我与奥运同行”茱萸湾大闯关、“动物嘉年华”、“大熊猫瑛美生日PARTY”、2012中国扬州茱萸湾冰雕艺术节、我和小动物一起成长、2012中国扬州茱萸湾建园30周年庆典暨第二届茱萸文化节、“2012中国泰州美女新主播走进茱萸湾”外景拍摄选拔、“我和猩猩一起成长”动物科普节及CS（游戏名，意为“反恐精英”）枪战、森林历险、5D影院等活动项目，推出茱萸酒、鹿茸酒、茱萸糕点、茱萸丝巾等旅游商品。

（万　平）

万花会期间，万花园成了花的海洋

乔家明、程建平／摄

■ **扬州旅游景区2011年度合作伙伴奖励大会**　2012年3月3日，扬州旅游景区2011年度合作伙伴奖励大会在西园大酒店召开，人民网、新浪网、携程网、《中国旅游报》、《新华日报》、浙江电视台等47家新闻媒体和江苏中旅旅行社、上航假期旅行社、浙江新世界国旅等60家旅行社代表参加会议。上海、浙江、湖北、山东及江苏省内有突出贡献的旅行社分享100多万元奖金。会上，市旅游景区营销中心与韩国哈拿多乐旅行社签约，合作推介扬州旅游，策划韩国游客到扬州的旅游线路；与同程网签约，共同构建综合电子商务平台。何园管理处与康山园经营管理有限公司签订合作协议，由何园管理处接管卢氏盐商住宅的经营、管理及旅游产品营销等事务。（吕　优）

■ **2012中国扬州万花会**　4月8日至5月8日，2012中国扬州万花会在瘦西湖万花园景区举行。此次万花会采用多种造景技法，结合扬州地方文化特色，布置国际名花、城市名花、中国传统特色花卉及新品花卉200多万株，设置五亭茶香、琼花仙子等主题花坛。万花会期间，举办“墨香琴韵”、“走秀·彩绘”、“万花迎春会 芳香弥雅来”、“魔法双琴汇”、微博随手拍、“缤纷万花园”、晒晒亲子脸、“幸福像花儿一样”、“花园宝宝大巡游”等活动。（陈　由）

■ **2011“验客中国”旅游体验博客大赛**　“验客”是近几年在互联网兴起的概念。“验客”通过文字、图片、视频、声音等形式，在互联网表达体验产品或服务的感受，为他人提供建议或参考。2011“验客中国”旅游体验博客大赛2011年3月19日开赛，决赛最后阶段任务是体验扬州瘦西湖景区。主办方组织参赛选手到扬州欣赏瘦西湖风光，聚焦扬州历史文化和旅游资源。大赛收到参赛作品1.5万篇，内容涉及风景、人文、历史、美食、攻略等多个方面。2012年4月21日，由同程网、扬州市园林管理局主办，扬州旅游景区营销中心、扬州市瘦西湖风景区管理处承办的2011“验客中国”旅游体验博客大赛颁奖典礼在瘦西湖公园举行。颁奖典礼上，扬州旅游景区营销中心、扬州瘦西湖景区获2012同程网战略合作伙伴称号。（吕　优）

■ **“中国旅游日”庆祝活动**　5月19日，第二个“中国旅游日”暨扬州泰州机场开航广场庆祝活动在东门遗址广场举行。扬州旅游景点和多家星级酒店联手推出惠民活动，34个旅游景点免费开放或实行半价优惠，7家星级宾馆实行4～5折优惠，50名市民和游客代表参加扬州新景一日游免费体验活动。活动当天，瘦西湖公园接待游客2.32万人次，比上年同期增长188%；个园接待游客1.11万人次，增长229%；何园接待游客6500人次，增长191%；大明寺接待游客4000人次，增长96%。（郑志雨）

■ **“扬州的夏日”夏季旅游系列活动**　7月1日至8月31日，扬州市举办

7月15日，扬州“清凉夏日”水上风情游开通　　王　卓／摄

2012“扬州的夏日”夏季旅游系列活动。活动分精品园林游、清凉月光游、美食品尝游、水上风情游、生态乡村游等五大板块。精品园林游板块推出“瘦西湖之夏”荷花节、百年瘦西湖图片展、瘦西湖水上地方曲艺表演、个园红色电影展、个园迷你音乐节、“最美个园”图片展、第七届何氏家训大学堂专家讲座、何园“‘扬州的夏日’诵读月”活动、2012中国扬州茱萸湾冰雕艺术节、“2012我与奥运同行”茱萸湾大闯关活动；清凉月光游板块推出周末瘦西湖水上夜游、古运河夜游、古城夜游、花局里青年电影展映月、花局里爱尚音乐汇——青年乐队时尚秀等夜游项目；美食品尝游板块推出第12届中国扬州邵伯湖旅游龙虾节、舌尖上的花局里——啤酒美食节、扬州1912街区啤酒节、“邗江胡场老鸭汤一条街美食月”等美食品尝活动；水上风情游板块推出绿杨城郭水上风情游；生态乡村游板块推出仪征“枣林湾之夏”主题活动月、2012中国宝应荷藕节、宝应湖国家湿地公园水果采摘节、宝应射阳湖第二届乡村旅游节、高邮界首连标农家乐葡萄节、快乐凤凰岛等活动，并开通4条周末乡村游直通车线路。

活动期间，市区主要景区（点）推出“扬州的夏日”旅游线路优惠套餐，县（市、区）景点实行3～5折门票优惠，扬子江集团旗下各酒店实行2.5～4折优惠。　（陈　由）

■扬州“清凉夏日”水上风情游开通　7月15日，扬州“清凉夏日”水上风情游开通。该游览线从瘦西湖东堤码头出发，依次穿过二道河上的大虹桥、来鹤桥、骑鹤桥、双虹桥，进入荷花池公园，穿越公园内拱桥后，过通江门桥，途经南门遗址、渡江桥、徐凝门桥、跃进桥、解放桥，到达终点东关古渡。游线全长10千米，行程1小时。　（吕　优）

■“千秋粉黛夜花园”开演　9月26日，“千秋粉黛夜花园”夜间旅游综艺演出在东关街馥园开演，馥园成为扬州古城首个开放的“夜花园”。“千秋粉黛夜花园”以扬州特色文化和“扬州美女”为主题，表演清曲弹唱、古筝表演、木偶表演、茶道展示、歌舞等12个节目。　（万　平）

■第二届茱萸文化节　10月21—23日，2012中国扬州茱萸湾建园30周年庆典暨第二届茱萸文化节在茱萸湾风景区举行。活动以“弘扬茱萸文化、促进社会和谐”为主题，举办艺术表演、茱萸湾图文展、茱萸产品展、茱萸灯塔登高望远、“佩戴茱萸香囊，共游茱萸湾”、茱萸湾发展研讨会、茱萸香囊放送、茱萸湾历史图文征集等活动。　（万　平）

旅游管理

■概述　加强旅游行业管理，组织旅游质量监督检查、旅游广告专项检查、景区安全检查等，开展诚信旅游消费、星级饭店、绿色饭店等创建活动，组织诚信旅游宣传，规范旅游市场秩序，提升行业服务品质，构建和谐旅游环境。加强导游队伍建设，开展扬州市明星（金牌、银牌）导游员评选工作。　（陈　由）

■旅游市场监管　2012年，扬州市旅游质量监督管理所接受各类旅游咨询1500多人次，受理旅游投诉88件，其中有效投诉74件，结案74

2012年扬州市接待入境游客数量前10名星级旅游饭店一览表

表20-6

名次	单　位　名　称	接待入境游客数量（人次）
1	扬州云鹤金陵大饭店	5660
2	扬州华美达凯莎酒店	4334
3	扬州市京华大酒店	4003
4	扬州新世纪大酒店	3165
5	扬州人家国际大酒店	2292
6	仪征怡景半岛酒店	1931
7	江苏汇金国际酒店	1650
8	江都京江大酒店	1212
9	仪征黎明大酒店	1196
10	扬州迎宾馆	1179

（郑志雨）

2012年扬州市出租率前10名星级旅游饭店一览表

表20-7

名次	星级饭店名称	出租率(%)
1	仪征市万盛酒店有限公司	87.40
2	江都区雄都饭店	86.85
3	仪征和平大酒店	84.26
4	宝应县天元大酒店	83.89
5	江都锦润国际大酒店	83.29
6	扬州紫京饭店	82.91
7	宝应豪堡旅店	80.53
8	江都金叶大酒店	79.44
9	仪征明煌假日酒店	78.99
10	仪征嘉世铭餐饮有限公司	78.00

（郑志雨）

件，结案率100%。开展旅游市场检查7次，联合工商、物价等部门开展旅游市场联合执法9次，出动检查人员108人次，检查旅游企业1420家、导游员100多人，对违规旅游企业及个人进行教育、提醒，对违规导游员实行扣分处理并在扬州旅游网公示。（郑志雨）

■ **星级旅游饭店创建** 扬州西园大酒店申报五星级旅游饭店，全市新增仪征枣林山庄、仪征易园酒店、扬州天富龙大酒店等3家三星级旅游饭店。（郑志雨）

■ **导游员队伍建设** 2012年底，全市有持IC卡导游证导游员3771人，比上年增长8.39%。其中，高级导游员8人、中级导游员181人、初级导游员3582人，外语导游员423人、普通话导游员3348人。男女导游员比例1：5.26。张开美、徐蕾等10人获评扬州市首届“明星导游员”金牌导游员，章莉莉、高翀等10人获评扬州市首届“明星导游员”银牌导游员。（郑志雨）

■ **2012“美好江苏欢乐游”导游大赛** 10月31日，2012“美好江苏欢乐游”导游大赛在南京落幕。扬州市旅游局选派5名导游员参赛。中国国旅(江苏)扬州分公司吴军获一等奖，扬州市青旅导游服务公司张建获二等奖，瘦西湖风景区金晶获最佳中文讲解奖，个园肖露、茱萸湾风景区孙玲获优秀选手奖；吴军、张建被江苏省旅游局授予“江苏省旅游行业技术能手”称号；吴军被共青团江苏省委授予“江苏省青年岗位能手”称号。扬州代表队被大赛组委会授予2012“美好江苏欢乐游”导游大赛最佳组织奖。（郑志雨）

2012年组团出游游客数量和接待游客数量前10名旅行社一览表

表20-8　　单位：人次

名次	旅行社名称	组团出游游客数量	旅行社名称	接待游客数量
1	扬州中国青年旅行社有限公司	56278	扬州舜天国际旅行社有限公司	82600
2	扬州市旅游集散中心有限公司	46133	扬州小秦淮国际旅行社有限公司	79755
3	仪征黎明国际旅行社	30673	扬州龙行天下国际旅行社	62600
4	扬州市中国旅行社有限责任公司	26177	扬州市旅游集散中心有限公司	45433
5	江苏海外旅游扬州分公司	17774	扬州海天商务旅行社有限公司	26454
6	扬州苏之旅国际旅行社有限公司	14031	扬州市纵横旅行社有限公司	23920
7	江都区阳光国际旅行社有限公司	14016	扬州东方假日旅行社有限公司	20409
8	扬州东方假日旅行社有限责任公司	12642	扬州中国国际旅行社	18550
9	扬州市邮驿国际旅行社有限公司	12259	扬州瘦西湖旅行社有限公司	17658
10	扬州金阳光国际旅行社有限公司	8928	扬州市中国旅行社有限责任公司	14786

（陈　由）

金融业

Jinrongye

本栏责任编辑　李全权

银行业

■概述　2012年末，扬州市金融机构本外币存款余额3365.2亿元，比年初增加505亿元，同比多增128.6元；存款余额同比增长17.6%，增速比上年同期提高2.5个百分点，高于江苏省平均水平2.2个百分点。本外币贷款余额2043亿元，比年初增加291.5亿元，同比多增51.4亿元；贷款余额同比增长16.6%，增速比上年同期提高0.8个百分点，高于江苏省平均水平2.0个百分点。（王　佳）

■人民币存款业务　2012年，全市银行业机构新增人民币存款493.0亿元，同比多增117.2亿元。存款新增量仅低于2009年，处于历史次高位。存款余额同比增长17.5%，比上年末提高2.1个百分点，高于江苏省平均水平2.4个百分点。存款波动幅度明显上升，季节性冲高成为常态。全年月度存款增量变异系数（变异系数用于比较不同组别数据的波动程度，为标准差与均值之比。变异系数越大，说明数据波动越大）1.8，远高于2011年的1.47。单月存款新增额峰谷差241.9亿元，处于历史最高位，高于2011年的历史次高峰谷差。（任　行）

■人民币贷款业务　2012年，全市银行业机构新增人民币贷款288.5亿元，比上年多增53.1亿元。贷款增速总体呈现波动上行态势，由1月末的15.0%波动上行至6月末的17.2%，此后围绕17%上下波动。至年末，全市贷款增速比上年同期高0.9个百分点，高于江苏省平均水平3.1个百分点。贷款投放节奏趋于均衡，4个季度人民币新增贷款额分别为83.2亿元、94.3亿元、51.3亿元和59.8亿元，符合企业资金需求特点。

2012年，全市新增短期贷款228.6亿元，同比多增87.5亿元；短期贷款新增额占全部新增贷款的79.2%，同比提高18.9个百分点。新增中长期贷款41.2亿元，同比少增48.2亿元；中长期贷款新增额占全部新增贷款的14.3%，同比下降23.7个百分点。票据融资二季度净增28.9亿元，下半年合计减少10.5亿元。

2012年，全市新增制造业贷款77.2亿元，占全部贷款新增量（不含票据融资）的28.6%，位居各行业之首；新增房地产业贷款50.4亿元、建筑业贷款46.5亿元。房地产业贷款同比多增8.5亿元，贷款余额同比增长11.5%，比上年末提高0.9个百分点。其中，新增保障性住房开发贷款11.7亿元，占全部房地产开发贷款的95%。个人住房贷款增长加快，4个季度逐季递增，分别增加4.7亿元、5.2亿元、13.2亿元和14.2亿元。

2012年，全市新增小型微型企业贷款88.6亿元，占新增企业贷款的51.4%。至年末，小型微型企业贷款同比增长21.1%，高于企业贷款增速5.2个百分点，高于各项贷款增速4.3个百分点。（任　行）

■外汇存、贷款业务　2012年，全市新增外汇存款1.9亿美元，同比多增1.5亿美元；外汇存款余额8.7亿美元，同比增长28.8%，增速比上年末提高21.9个百分点。新增外汇贷款0.5亿美元，同比少增0.5亿美元；全市外汇贷款余额5.8亿美元，同比增长9.3%，增速比上年末下降12.8个百分点。从机构类别看，部分股份制银行、城市商业银行等中小金融机构外汇贷款较年初增加0.8亿美元；国有银行外汇贷款较年初减少1.2亿美元。从产品类别看，外汇经营贷款、固定资产贷款较年初减少0.2亿美元，贸易融资较年初增加0.7亿美元。（任　行）

■小额贷款公司　2012年，扬州市辖内有小额贷款公司45家，比上年增加9家，实收资本55.83亿元，年末贷款余额61.91亿元。其中，市区24家，比上年增加7家，实收资本33.68亿元，贷款余额36.31亿元；仪征市4家，实收资本4.74亿元，贷款余额5.36亿元；高邮市12家，比上年增加2家，实收资本13.31亿元，贷款余额14.77亿元；宝应县5家，实收资本4.1亿元，贷款余额5.47亿元。（杨　志）

■融资性担保公司　2012年，扬州市有融资性担保公司39家，注册资本35.86亿元，在保户数3400户。年末在保余额95亿元，比上年增长2%；资本放大倍数2.6倍，比上年增长2%。扬州盛元投资担保有限公司、扬州金太阳投资担保有限公司、扬州

2012年扬州市全金融机构人民币信贷分地区资金运用情况表

表 21-1 单位:亿元

项目名称	扬州市	市　区	宝应县	仪征市	高邮市
资金运用总计	**3170.30**	**2318.06**	**259.78**	**326.32**	**266.13**
一、各项贷款	**2006.50**	1491.71	163.41	183.58	167.79
(一)境内贷款	**2005.94**	1491.18	163.41	183.58	167.76
1.短期贷款	**1065.82**	791.63	80.52	96.43	97.24
(1)个人贷款及透支	**172.78**	116.29	13.46	30.71	12.31
其中:个人消费贷款	**18.96**	17.08	0.22	1.32	0.34
(2)单位普通贷款及透支	**791.04**	595.36	58.22	59.66	77.81
其中:经营贷款	**789.00**	593.31	58.22	59.66	77.81
固定资产贷款	**2.05**	2.05	0.00		
(3)普通并购贷款	**0.00**	0.00			
(4)银团贷款	**2.01**	1.39			0.62
(5)贸易融资	**99.99**	78.59	8.83	6.07	6.50
(6)境外筹资转贷款	**0.00**	0.00			
2.中长期贷款	**865.61**	651.32	70.63	79.15	64.52
(1)个人贷款	**435.39**	319.31	46.55	30.84	38.68
其中:个人消费贷款	**368.18**	277.03	38.35	19.80	33.00
(2)单位普通贷款	**402.11**	306.65	24.07	47.09	24.30
其中:经营贷款	**98.06**	68.57	8.61	13.16	7.72
固定资产贷款	**304.05**	238.08	15.47	33.93	16.57
(3)普通并购贷款	**0.00**	0.00			
(4)银团贷款	**27.92**	25.16		1.21	1.55
(5)贸易融资	**0.20**	0.20			
(6)境外筹资转贷款	**0.00**	0.00			
3.融资租赁	**0.00**	0.00			
4.票据融资	**73.90**	47.63	12.27	8.00	6.00
其中:贴现	**73.90**	47.63	12.27	8.00	6.00
5.各项垫款	**0.60**	0.60			
(二)境外贷款	**0.56**	0.53		0.00	0.03
二、有价证券	**42.34**	32.26	7.67	-0.07	2.47
三、股权及其他投资	**3.99**	3.30	0.15	0.32	0.22
四、应收及预付款	**11.91**	7.83	1.24	1.38	1.45
其中:应收利息	**7.26**	5.83	0.47	0.52	0.44
五、同业往来(运用方)	**2.54**	2.25			0.29
六、系统内资金往来(运用方)	**951.43**	647.68	81.81	134.34	87.60
七、金银占款	**0.00**	0.00			
八、外汇买卖(运用方)	**94.21**	88.15	1.44	2.48	2.14
其中:结售汇	**94.21**	88.14	1.44	2.48	2.14
九、固定资产	**35.78**	30.26	1.90	2.03	1.58
十、库存现金	**21.53**	14.53	2.16	2.26	2.58
十一、投资性房地产	**0.09**	0.09	0.00		

(人　行)

2012年扬州市全金融机构人民币信贷分地区资金来源情况表

表21-2　　单位:亿元

项目名称	扬州市	市　区	宝应县	仪征市	高邮市
资金来源总计	**3170.30**	**2318.06**	**259.78**	**326.32**	**266.13**
一、各项存款	**3310.84**	2418.69	262.79	333.11	296.25
1.单位存款	**1542.87**	1229.65	87.03	136.14	90.05
其中:活期存款	**581.89**	425.86	41.59	58.70	55.74
定期存款	**434.11**	333.83	27.16	53.24	19.88
通知存款	**66.90**	63.11	0.61	2.82	0.35
保证金存款	**266.77**	239.02	10.78	10.04	6.93
2.个人存款	**1715.38**	1143.99	172.22	195.21	203.96
其中:储蓄存款	**1697.51**	1127.99	171.88	194.23	203.41
保证金存款	**1.33**	0.84	0.05	0.21	0.23
结构性存款	**16.54**	15.16	0.29	0.77	0.32
3.财政性存款	**21.15**	14.83	3.06	1.18	2.07
4.临时性存款	**6.03**	5.13	0.48	0.30	0.12
5.委托存款	**6.61**	6.33		0.25	0.04
6.其他存款	**18.81**	18.76	0.01	0.03	0.01
二、金融债券		0.00			
三、中长期借款		0.00			
四、应付及暂收款	**69.77**	49.13	5.77	7.66	7.20
其中:应付利息	**47.39**	32.16	4.04	5.92	5.27
五、同业往来(来源方)	**3.77**	3.11	0.08	0.06	0.53
六、系统内资金往来(来源方)		0.00			
七、外汇买卖(来源方)	**94.53**	88.38	1.47	2.52	2.16
其中:结售汇	**94.53**	88.38	1.47	2.52	2.16
八、各项准备	**53.87**	36.77	4.19	6.47	6.44
其中:贷款损失准备金	**53.18**	36.51	3.98	6.40	6.29
九、所有者权益	**74.23**	44.91	8.53	10.81	9.98
其中:实收资本	**17.76**	10.40	2.50	3.36	1.50
十、其他	**-436.70**	-322.93	-23.04	-34.30	-56.43

(任　行)

经济技术开发区投资担保有限公司注册资本列全行业前三位,注册资本分别为3亿元、1.5亿元及1.5亿元。至年底,江苏龙诚担保有限公司、扬州润扬担保有限公司、江苏苏辉晶源担保有限公司在保余额列前三位,在保余额分别为6.8亿元、6.5亿元、6.3亿元;扬州国汇融资担保有限公司、扬州润扬担保有限公司、江苏苏辉晶源担保有限公司资本放大倍数列前三位,放大倍数分别为6.21倍、6.08倍和5.94倍。　(杨　志)

银行业监督管理

■概述　2012年,中国银行业监督管理委员会江苏监管局扬州银监分局(简称扬州银监分局)应对经济运行不利形势,督促辖内银行业把控各类突出风险,支持实体经济,推进银行业改革,全市银行业实现平稳运行。

按照中国银行业监督管理委员会(简称银监会)关于平台贷款管理的要求,扬州银监分局通过走访平台企业,制定平台退出工作规范化意见,建立双向监测台账,督促妥善安排到期贷偿还资金等措施,控制缓释平台贷款风险。至年末,扬州辖内银行机构52家平台企业贷款余额115.31亿元,比年初减少0.98亿元,平台贷款还款来源基本落实。

2012年,扬州银监分局向市政府提交《关于加强扬州市钢贸市场维稳处置工作报告》,指导银行机构建立扬州市钢贸行业信贷业务协调处置机制,并与扬州工商局等部门建立合作机制。全年未发生大面积客户欠贷现象。指导银行机构签订《扬州银行业信贷客户突发事件应急处置公约》。

2012年，扬州银监分局组织辖内银行机构开展“小型微型企业金融服务宣传月”和“千户企业百日行”小型微型企业金融服务活动。活动期间，举办银企对接会78次，向全市2500多户小型微型企业签约授信99.8亿元，累计发放贷款73.75亿元。完善农村金融服务体系，推动宝应信用联社改制为宝应农村商业银行。指导筹建村镇银行2家。实现金融服务行政村全覆盖。至年末，全辖农村中小金融机构涉农贷款余额207.96亿元，比年初增加34.63亿元，增长19.98%。

提升银行业服务水平。历时4个月，集中治理银行不规范收费问题。辖内银行机构平均收费项目降至181项，比治理前减少79项，清退不合理收费2528.58万元。（赵　毅）

■授信风险监管　2012年，扬州银监分局重点监管平台贷款、钢贸贷款和大额不良贷款风险。至年末，扬州辖内银行机构52家平台企业贷款余额115.31亿元，比年初减少0.98亿元，占全部贷款余额的5.7%，比年初下降0.94个百分点，无不良贷款，总体风险可控。

扬州银监分局采取专题调查、部门沟通、专项排查等措施，全面揭示风险，建立定期监测通报制度，并提出分类处置要求，向市政府提交《关于加强扬州市钢贸市场维稳处置工作报告》；印发《关于建立扬州市钢贸行业信贷业务协调处置机制的通知》，成立扬州市钢贸行业信贷业务协调工作小组，全年未发生大面积客户欠贷逃跑风险案件。

大额授信风险管理。指导辖内银行机构签订《扬州银行业信贷客户突发事件应急处置公约》。成功化解琼花集团3.1亿元大额授信风险。指导中国农业银行股份有限公司扬州分行妥善处置扬州隆耀光电公司3.3亿元贷款风险。全年推动辖内银行机构组建银团28个，贷款余额45.43亿元，比年初增加29亿元。至年末，辖内银行机构不良贷款余额35.64亿元，比年初增加4.39亿元；不良贷款率1.74%，比年初下降0.09个百分点；差异控制在1.6个百分点以内，贷款分类基本准确。（赵　毅）

■小企业金融服务　2012年，扬州银监分局组织2次大型活动，推动解决小企业融资难题。至年末，全市银行机构小企业贷款余额502.83亿元，比年初增加78.36亿元，比上年同期多增3.08亿元；增长20.24%，增幅超过贷款平均增幅2.92个百分点。

开展“小型微型企业金融服务宣传月”活动，举办银企对接会78次，签约99.8亿元；推出贷款新品50个，小型微型企业贷款户比年初增加2011户。开展“千户企业百日行”小型微型企业金融服务专项活动，开展小企业信贷培训、银行行长访企业、政银企座谈对接等活动，集成政府、银行、融资性担保公司资源，重点为“四有两缺”（有市场、有产品、有技术、有生产能力，缺担保能力、缺资金）小型微型企业提供“三贴”（贴紧企业、贴实支持、贴心服务）服务，解决全市2500多家小型微型企业融资难题，累计发放贷款73.75亿元。

（赵　毅）

■“三农”金融服务　2012年，扬州银监分局推动“三农”（农业、农民、农村）服务水平提升，组织开展“提升农村金融服务水平，促进实体经济健康发展‘双百竞赛’活动”。推行支农服务承诺制，指导农村中小银行打造“一行一品”支农特色。

完善农村金融服务体系。推动宝应信用联社改制为宝应农村商业银行。至年末，全市5家农村信用联社银行化改革工作全部完成。指导筹建村镇银行2家，引导国有、股份制银行在县域以下增设网点近10个，实现金融服务行政村全覆盖。

至年末，全辖农村中小金融机构涉农贷款余额207.96亿元，比年初增加34.63亿元，比上年同期多增7.95亿元；涉农贷款余额增长19.98%，超过扣除贴现后各项贷款增幅1.98个百分点。（赵　毅）

■银行业金融机构不规范经营专项治理　2月，扬州银监分局组织辖内银行业金融机构开展不规范经营治理工作，重点治理贷款附加不合理条件、不合理收费等问题。活动期间，扬州银监分局制定7项专项整治细化工作方案，组织各银行业金融机构开展专项自查，持续开展公示巡查、现场督查，联合市纠正行业不正之风领导小组办公室等部门进行抽查，分阶段提出长效管理要求。经过治理，辖内银行业金融机构平均收费项目降至181项，比治理前减少79项，共清退各项不合理收费2528.58万元。相关银行上级机构或本地机构修订制度规定近60项，改进操作流程14项。（赵　毅）

中国人民银行扬州市中心支行

■执行货币政策　2012年，中国人民银行扬州市中心支行（简称扬州人行）推进扬州市创新型经济金融助推3年计划，推动科技金融发展，支持地方经济转型升级。实施企业金融顾问制度，开展金融顾问服务中小企业专项活动，推动中小企业金融服务发展。强化银企交流合作，组织与重大项目、中小企业的专场对接活动。开展市级金融机构“县域行”“园区行”“乡镇行”等活动，引导金融资源向重大项目、县域经济、中小企业、“三农”等领域倾斜。推进金融创新，组织实施江都区“两权一中心”（林权、农村土地承保经营权和乡镇资金互助信用中心）融资模式试点工程，激活农村闲置资产，化解农村融资瓶颈。推动无形资产质押贷款业务试点，解决企业融资担保难题。实施非金融企业债务融资工具提速计划，全年推动全市7家企业注册债务融资工具金额36.9亿元，当年累计发行11.9亿元。（李　刚）

■执行利率政策　做好政策宣传和引导工作。加强对辖内银行业机构利率水平、民间借贷利率水平的监测分析。配合上级分行做好辖内银行业机构利率数据备案考核工作，按月报送利率分析报告。及时转发中国人民银行调整基准贷款利率的通知，跟踪反映利率调整实施效果，关注政策调整的叠加效应。督促和指导辖内法人银行业机构完善贷款定价机制建设，推动辖内法人银行业机构利率市场化建设。12月，扬州市银行业机构人民币贷款加权平均利率7.33%，较年初下降0.36个百分点；其中企业法人贷款加权平均利率6.88%，较年初下降0.69个百分点。贴现加权平均利率5.57%，较年初下降2.89个百分点。（程秋君）

■金融生态建设 组织市金融稳定协调小组成员单位和市级银行业机构对辖内具有申报省级金融生态优秀县资格的3个县（市、区）进行初评，确定推荐宝应县申报创建省级金融生态优秀县。推进省级金融生态优秀县仪征市建立乡镇金融生态工作站。加强金融投资者教育工作，推动安全网构建，制定《扬州市2012年金融投资者教育工作计划》。组织辖内县（市、区）开展市级金融生态乡镇创建评选工作，确定扬州市金融生态乡镇22个。评选出扬州市银行信贷诚信企业189家，给予其担保、利率等方面优惠政策。（张立群）

■反洗钱管理 2012年，扬州人行与扬州海关重新签订反走私、反洗钱工作合作备忘录。支持扬州海关"国门之盾"行动，组织7家银行业机构协助扬州海关侦查扬州2家生物制品企业涉嫌走私普通货物案。收到银行业机构报告重点可疑交易14笔；向中国人民银行南京分行申请反洗钱调查10项并获批准，调查后均向扬州市公安局报案。开展反洗钱现场检查3项（次），完成对辖内106家金融机构年度反洗钱工作评估。编辑出版《客户身份证件识别指南》，被中国人民银行南京分行在江苏省辖内银行、证券期货和保险业机构推广使用。开发金融机构反洗钱非现场监管台账系统，并根据中国人民银行反洗钱工作要求重新确定监管系统升级方案。完成对扬州市辖内3家银行业机构的反洗钱风险评估试点任务。中国人民银行向全国推广扬州人行《金融机构反洗钱风险评估最佳实践报告》。（张怀玲）

■征信管理 开展机构信用代码推广应用工作。2012年，全辖累计向7.18万户发放机构信用代码。做好中小企业信用体系试验区建设工作。以"中小企业信用信息辅助管理系统"建设为基础，发挥中小企业信用信息"服务政府、辅助银行、助推企业"的作用。推进农村信用体系建设。以"农户及农村合作经济组织信用信息系统"建设为核心，推进农村青年信用示范户创建及融资扶持工作，引导和督促农村金融机构创新适农宜农金融产品和服务。加强评级市场管理，培育、规范借款企业和担保机构评级业务。全年组织36家担保公司、173家借款企业参加信用评级工作。强化征信管理和考核，开展征信数据质量核查和业务检查。全年对7家银行业机构企业和个人征信系统、中小企业信用信息辅助管理系统、银保监测系统数据质量进行现场核查和数据比对，对6家银行业机构开展个人征信业务现场检查。做好贷款卡行政许可工作。全辖全年新办贷款卡业务1621笔，办理贷款卡年审业务8831笔。（赵晓红）

■会计财务管理 2012年，扬州人行按照会计工作规范化二级标准加强全行会计业务管理。重新审核4家法人银行业机构会计科目变更后的缴存款范围，组织对2家机构缴存款业务现场检查，接受存款准备金管理绩效审计。控制"三公"经费（公费出国费用、公车费用、公款接待费用），压缩一般性支出，压降行政运行成本。开展辖区内各级机构"小金库"专项治理，构建防治"小金库"的长效机制。建立集中采购台账，定期对供应商进行考核。全年开展集中采购23批次，资金规模646.55万元。（张怀玲）

■支付结算管理 开展同城电子清算系统安全评估，组织系统应急演练。按季度通报银行业机构支付纪律执行情况，对8家银行业机构实施支付结算执法检查。推广支付密码应用，集中代收付业务稳定发展。组织开展银行卡助农取款服务。江都区首创"卡、折均可取现"模式，并在全省推广。8月，实现助农取款服务乡镇和行政村全覆盖。全年收到银行业机构上报风险事件及案件信息309条，向公安部门移送疑似套现商户信息166条，协助公安部门查询账户185个。加强人民币结算账户管理，全年防范结算账户风险3件。与工商部门联合开发营业执照真伪查询平台，为银行业机构提供营业执照真伪实时查询服务。开展全辖银行存款账户年检，完成存量个人银行结算账户相关公民身份信息核实工作序时任务。（张怀玲）

■经理国库 2012年，扬州市各级国库认真履行经理国库职能，准确办理预算收入的收纳、退付、划分和留解以及预算支出拨付等各项业务，通过财税库行横向联网、同城票据交换、国库内部往来和支付系统等资金清算渠道，完成预算收支任务，确保各级政府实施预算收支计划。全辖各级国库办理预算收入545.54亿元，比上年增长12.2%。其中，中央级收入111.06亿元，增长6.6%；省级收入12.87亿元，增长20.6%；地方级预算收入421.61亿元，增长13.5%。地方级预算收入中，税收收入180.6亿元，增长16.2%；非税收入176.72亿元，增长3.4%。办理地方预算支出724.77亿元，增长12.8%；其中一般预算支出525.36亿元，增长9.7%。全年办理预算收入退库69.62亿元；其中出口产品退库61亿元，下降5.8%，占退库总量的87.6%。组织发行凭证式国债3期3.08亿元、储蓄国债（电子式）10期6.74亿元。办理到期国债兑付本息2.19万元。（胡志萍）

■国库管理 2012年，扬州人行妥善解决TIPS（国库信息处理系统）迁移引发的税款扣缴效率下降问题。扩大联网系统覆盖面，协调税务部门，将兴业银行扬州分行作为新的联网机构加入联网系统，实现电子扣税。配合“营改增”(即以前缴纳营业税的应税项目改成缴纳增值税)及税务征管体制改革，协调全市各商业银行在规定时间内做好扣款协议的批量调整以及验证等工作。推动国库直接支付业务发展。全市各级国库全年办理直接支付财政专项资金业务1.78万笔1.94亿元。依托TIPS拓展国库直接经收业务范围。全辖实现“税费同步征缴、地税统征、国库统收”的预算外资金收缴模式，直接经收预算外社保基金、政府性基金和工会经费等148万笔80.3亿元。统一开展收款单催兑工作，当年完成办理国债收款单兑付6650元。（胡志萍）

■货币发行 2012年，扬州人行科学分析预测，确保市场各面额现金充足供应。编制发行基金调拨计划和残损券销毁计划。推动全市各商业银行增强小面额现金调剂和兑换能力。银行业机构新增纸币兑换硬币自助设备8台，累计兑换硬币14.73万枚；新增硬币存款自助服务设备2台，累计回笼硬币2.04万枚。完成残损人民币调拨、回笼和销毁出入库计划。加大辖区银行业机构小面额新币投放和损伤币回收力度。2012年，扬州市回收残损券面额87.67亿元。强化发行业务安全管理，提高发行业务管理制度执行力。开展货币金银系统警示教育活动。组织开展发行业务制度执行、落实情况检查活动。全年发行业务实现无差错、无事故、无案件。完成2012年贺岁纪念币发行兑换任务。全年办理发行基金出入库2640.68亿元，执行发行基金调入、调出命令330批次，调入、调出发行基金出入库816.86亿元。其中，调入完整券入库95.4亿元、残损券入库599.6亿元，调出完整券出库45.3亿元；为钞票处理中心办理复点出入库374.23亿元；办理清分出入库732.26亿元；销毁损伤券出库146.7亿元。全市累计投放发行基金320.23亿元，回笼发行基金250.39亿元，净投放69.83亿元，同比少投放3.45亿元。（程纯）

■人民币流通管理 2012年，扬州人行完成兴业银行扬州分行、邮政储蓄银行扬州分行、宝应农村商业银行新办现金业务和更名后现金业务的政策指导和审批工作。完成对辖区银行业机构执行人民币流通管理政策情况评价工作。出台《扬州市银行业金融机构现金收付业务考核暂行办法》，加大对银行业金融机构现金业务的监管力度。开展行政执法检查工作，现场检查工商银行扬州分行、邮政储蓄银行扬州分行、扬州农村商业银行柜面现金收付业务、反假货币业务等。推进人民币流通满意工程，保护金融消费者现金业务权益。至年末，全市1600多台自助现金设备全部实现配款冠字号码记录、存储、查询功能。全市80%的国有商业银行和邮储银行营业网点、100%的其他商业银行营业网点实现柜面现金支付冠字号码记录、存储、查询功能。市区银行业机构营业网点均实现现金收付两条线管理。举办扬州市银行业机构第二届点钞识假比赛。开展反假货币工作。推行便民取现金“村村通”叠加反假货币宣传站工作，将反假货币宣传点延伸到乡村。2012年，扬州市银行业机构共收缴假币1.16万张(枚)96.2万元。（程纯）

■钞票处理 强化管理和风险控制，提升钞票处理工作水平。全年清分联机销毁残损人民币37.15万捆，复点、抽查、再抽查残损人民币119.93万捆，大型机械集中销毁残损人民币995.58吨。（刘燕）

■金融电子化 2012年，扬州人行推进银行业信息安全管理。落实扬州市金融信息安全管理联席会议制度，组织召开银行业信息安全工作会议。推进业务信息系统应急管理，应对“7·20”高邮、宝应4.9级地震，维护业务系统信息安全。牵头组织扬州市金融城域网应急切换演练，配合完成同城清算系统应急演练。推进信息化项目开发。完成《农户及农村经济合作组织信用信息系统(2.0版本)》开发及功能优化。完成“金融在线”业务网门户网站升级与改版工作。完成《干部选拔任用记实监督系统》技术开发任务。部署VMWARE(威睿)虚拟机，完成全辖支行TBS系统(电子银行服务系统)主、备服务器迁移项目。完成招商银行扬州分行代收自来水费相关接口程序开发的技术支持和系统调试工作。做好《银行贸易融资及表外业务数据采集系统》的立项报备、安全评估等相关工作。加强科技基础设施建设。完成无锡农村商业银行仪征支行、兴业银行扬州分行接网准入工作。安装“互联网公共上网服务场所安全管理系统”。（王昆）

■金融IC卡应用 2012年，扬州人行健全金融IC卡应用工作协调机制。做好银行卡发卡准入业务受理和技术初审工作。推进金融IC卡新增发行和受理环境改造工作。至年末，扬州市各银行业机构金融IC卡发卡量12.7万张，有POS机(销售点终端机)1.46万台，改造率99%。各银行业机构可受理金融IC卡的ATM机(自动柜员机)占全市ATM机总量的96%。推动多行业应用工作。至年末，扬州市有8家银行业机构实现11项行业应用，分别应用在城镇社会保障、高速公路收费、手机快速支付、医疗卫生行业、消费商圈等领域。（王昆）

■外汇管理 2012年，扬州市各外汇指定银行办理结汇81.39亿美元，比上年下降1.45%；售汇18.57亿美元，下降4.84%。银行结、售汇总体保持净结汇格局，顺差62.82亿美元，比上年下降0.4%。

国家外汇管理局扬州市中心支局(简称扬州外汇管理局)全年办理行政审批事项1455件，做好货物贸易管理改革、资本项目管理简政放权以及跨境人民币结算增量扩面等工作。

打击异常外汇资金流动等违规行为，全年外汇检查立案17件，涉案金额588万美元；结案17件。

结合打击异常资金流动、规范银行国际收支申报和结售汇统计行为等工作，推进网上申报，加强对相关企业和银行的现场监管。对建设银行扬州分行等7家银行业机构进行国际收支统计现场核查和结售汇回访，发现各类错误224笔；对扬州豪士敦进出口有限公司等申报不及时、不完整的进出口企业进行现场检查，收缴罚没款5万元。（夏广军）

政策性银行

■中国农业发展银行扬州市分行 2012年末，中国农业发展银行扬州市分行（简称农发行）各项贷款余额90.97亿元，比年初增加11.12亿元；其中中长期项目贷款余额51.92亿元，比年初增加5.29亿元。全年发放各项贷款64.1亿元，收回贷款52.97亿元。实现中间业务收入823万元。处置风险贷款3笔2800万元，退出风险企业3家。全行无新增不良贷款。开办银行承兑汇票贴现业务4.52亿元，比年初增加3.82亿元。实现账面利润2.37亿元，比上年增加1300万元。

粮棉信贷业务。至年末，全行粮油贷款余额32.13亿元。全年累计投放各类粮油收购贷款35.01亿元，支持企业收购粮食157.7万吨；累计投放政策性粮油贷款13.89亿元、准政策性粮油贷款20.46亿元、商业性粮油贷款0.65亿元。粮油商业性贷款余额2.62亿元，其中产业化龙头企业和加工企业商业性贷款余额1.81亿元。优化贷款客户结构。至年末，全行有粮油客户54家，其中加工类龙头企业16家。全年发放棉花收购及调销贷款185亿元，支持收储棉花9980吨。累计向棉花产业化龙头企业发放贷款8790万元，年末贷款余额8790万元。全年累计发放农业科技短期贷款4380万元，年末贷款余额1000万元。

新农村建设贷款业务。全年累计发放新农村建设贷款13.8亿元，支持水利、农民集中居住、农村流通体系、农村基础设施等新农村建设项目6个，其中新增项目2个。至年末，新农村建设贷款余额49.25亿元，其中农村基础设施建设贷款余额7.39亿元、农业综合开发贷款余额8.67亿元、农村土地整治贷款余额12.06亿元、农民集中居住建设贷款余额15.37亿元、农村流通体系建设贷款余额0.65万元、水利建设贷款余额1.75亿元、县域城镇建设贷款余额3.36亿元。

产业化龙头企业贷款业务。2012年，新增产业化龙头企业服务对象1家。全年累计向20家产业化龙头企业发放贷款3.16亿元。

存款业务。全年实现各类存款日均余额20.37亿元，存款年末余额21.4亿元。银行承兑汇票保证金存款成为年度存款业务亮点，全年吸收保证金存款日均余额6.69亿元，占存款日均余额的33%。

中间业务。全年实现中间业务收入823万元。其中，咨询顾问类业务实现业务收入595万元，同比增加326万元；代理保险业务代收保费376万元，实现手续费收入83万元，同比增加23万元；人民币结算业务实现收入23万元；实现国际业务结算量2340万美元，取得国际结算业务手续费收入8万元。

（蒋　卫　邵德东）

国有商业银行

■中国工商银行股份有限公司扬州分行 2012年，中国工商银行股份有限公司扬州分行实现账面利润9.13亿元，同比增加0.38亿元；实现营业净收入13.7亿元，同比增加0.64亿元；实现经济增加值4.71亿元，同比增加1.06亿元。人民币存款新增47.53亿元，其中对公存款19.53亿元、个人存款27.41亿元、同业存款0.59亿元。人民币各项贷款余额207.97亿元，新增25.07亿元。实现中间业务收入4.33亿元，同比多增0.91亿元，增长16.03%。加强重点领域信贷管理，应对钢贸、光伏等行业经营风险，全年清收不良贷款3.89亿元，不良贷款率比年初下降0.35个百分点。

（钱桂根　季晓明）

■中国农业银行股份有限公司扬州分行 2012年末，中国农业银行股份有限公司扬州分行本外币各项存款余额439.44亿元，比年初增加31.21亿元，同比多增4.81亿元。其中，个人存款余额317.2亿元，比年初净增38.9亿元；对公存款余额122.24亿元，比年初减少7.69亿元；外汇存款余额0.76亿美元，比年初减少0.28亿美元。各项贷款余额209.6亿元，比年初增加9.32亿元。其中，个人贷款余额92.08亿元，比年初净增10.81亿元；外汇贷款余额7123万美元，比年初减少5100万美元。全年清收自营不良贷款1.64亿元，其中可疑及损失类不良贷款1.19亿元；清收委托资产2505万元，退出潜在风险客户贷款1.29亿元。至年末，全行本外币不良贷款余额6.43亿元，比年初增加1.51亿元；不良贷款余额占比3.13%，比年初上升0.88个百分点。全年实现中间业务收入3.34亿元，以电子银行业务、信用卡业务为主要支撑的新兴中间业务收入占比53.84%。

客户建设。全年新增金卡以上个人贵宾客户4.46万户，个人贵宾客户金融资产增加36.8亿元。新增电子银行注册客户62.17万户，总数175万户。其中，个人电子银行客户172.51万户，比年初增加61.33万户；企业电子银行客户2.2万户，比年初增加8326户。有对公本外币结算账户1915户、第三方存管客户6032户、现金管理上线客户473户。法人贷款加权优质客户增加271户。新增资本金账户80户。

“三农”业务。全年发放惠农卡47.51万张，比年初增加9.35万张。金穗“惠农通”工程行政村覆盖率100%。营销扬州经济技术开发区、高邮市和宝应县的代理新型农村合作医疗业务。

新业务和新产品营销。拓展银团贷款。10月，与江苏银行股份有限公司扬州分行（简称江苏银行扬州分行）联合实施扬力集团流动资金银团贷款2.05亿元；12月，与江苏银行扬州分行联合实施三笑集团3200万元流动资金银团贷款。全年承销短期融资券项目1个（扬农集团3亿元短期融资券续发项目），上报中期票据项目2个（扬州新盛投资公司10亿元中期票据项目和扬州瘦西湖旅游发展集团10亿元中期票据项目），实现承销手续费112万元。办理信托融资业务2笔,总计4.5亿元。

全年办理外币受托代付业务1.35亿美元；办理福费廷(Forfeiting音译，意为无追索权的融资)二级市场买入14.49亿元;累计发放基础性外币贸易融资贷款2.66亿美元,同比增加1035万美元;累计发放人民币贸易融资贷款11.1亿元；办理出口收汇通业务1098万美元；办理跨境人民币出口代付业务1780万元;办理互换理财宝业务789万元。办理高价值单证业务1.79亿美元，其中进出口信用证业务1.25亿美元、国内信用证业务1.2亿元、非融资性保函业务696万美元,新增高价值客户3户。

基金、贵金属销售。全年销售各类基金15.8亿元，其中偏股型基金3.59亿元。销售黄金109千克、白银148千克。

网点经营转型。全年获批原址装修项目18个、迁址购建项目4个。批复离行式自助银行(设备)项目8个,新增自助银行设备176台。自助银行设备保有量577台，正常运行率98.75%。全年电子银行金融性交易量占71.16%,比年初上升5.91个百分点。 （吕元兆）

■中国银行股份有限公司扬州分行 至2012年末，中国银行股份有限公司扬州分行本外币一般存款余额305.21亿元，比上年增加15.11亿元。本外币贷款余额198.81亿元。其中,人民币贷款余额188.05亿元,比上年增加9.44亿元；中小企业贷款余额22.55亿元，比上年增加5.19亿元。累计清收不良贷款2.55亿元；不良贷款余额3.12亿元，比上年减少1.11亿元;不良贷款率1.51%,比上年下降0.66个百分点。

2012年，实现营业收入12.52亿元，比上年增加1.09亿元，增长9.56%;实现拨备前利润7.97亿元，比上年增加7359万元，增长10.17%;人民币净利差2.95%,比上年上升0.06个百分点；成本收入比29.66%，比上年降低0.66个百分点。

信贷投放。保证地方经济重点项目建设需要,向仪征汽车工业园投放贷款3亿元,向园区内企业明岐铝轮毂公司投放贷款1.7亿元;向扬州国信发电有限公司投放贷款2亿元。投放中小企业贷款4.5亿元、涉农贷款1.12亿元、保障房建设专项贷款4.85亿元。创新融资渠道,拓展资金来源。加强与中国银行股份有限公司海外分行的合作，叙做“海外直贷”(中资银行海外分行直接向境内企业发放人民币贷款）业务9.2亿元,叙做“协议融资、协议付款”等产品3.2亿元。加强同业合作,通过投放银团贷款引入同业资金1亿元。与资产管理公司、信托公司合作办理信托业务4.5亿元。

负债业务。至年末,全行人民币一般性存款日均余额272.2亿元,比上年增加22.13亿元;外币一般性存款日均余额2.13亿美元，比上年增加0.29亿美元。

中间业务。开立全市首个外商投资企业人民币资本金账户,发放全市首笔外汇留学贷款。至年末,实现公司板块中间业务收入2亿元,个人金融业务板块中间业务收入1.36亿元。

业务创新。在全国首创福费廷系统内转卖业务(福费廷转卖业务是指因承诺付款行在经办银行无金融机构额度,经办银行(转卖行)将应收账款卖给其他金融机构(转买行))新模式。在全省叙做首笔理财质押组合“海外直贷”业务。在全市首创票据收益权操作模式,为客户高效利用票据提供便利。协助扬州市城建国有资产控股(集团)有限公司(简称扬州城建控股集团)、仪征市城市建设发展有限公司发行债券20亿元。为邗江经济开发区实施3亿元信托计划。创新银医互联解决方案。与扬州市第一人民医院合作,在诊疗卡的基础上加入金融应用功能,开发全市首个银医互联系统。自主研发“政府采购贷”新产品,全年叙做“政府采购贷”产品2笔900万元。向23个网点下放小企业授信业务发起权,业务覆盖全辖65%的网点,方便小型微型企业就近办理融资申请。走访服务小企业950家，新增授信客户85户,新增贷款4.06亿元。5月,为扬州某家电企业办理“融资性对外担保”业务1.2亿美元。全年累计向34家外贸企业投放贷款1.35亿元，办理人民币协议融资业务1.12亿元。办理人民币转收款业务1.8亿元。

风险管控。加强对产能过剩行业客户的主动退出管理，累计退出11户,压降贷款余额7.6亿元。清收琼花集团不良贷款。收回一笔20年前债权。堵截300万元假银行承兑汇票。 （王洪涛　袁　庆）

■中国建设银行股份有限公司扬州分行 2012年，中国建设银行股份有限公司扬州分行新增一般性存款59亿元,比上年多增39亿元;新增各项贷款33亿元，比上年多增9亿元;不良贷款率低于1%。

开展旺季营销、拓户增存破冰行动、“拓客户、增后劲”客户及账户专项营销等活动。开展链式营销,增加产业链中企业或集团内其他企业的开户增存。

加强信贷投放。遵守信贷规模控制要求,把握投放节奏,实现快投多放。呼应地方政府决策,以2012年为重大项目突破年,支持项目推进。与扬州市人民政府签署全面合作协议,加强信息沟通和项目对接,跟踪服务区域内重大项目。支持实体经济、基本产业发展。新增获信贷资金支持的小型微型企业61家，新增小型微型企业贷款2亿元;新增新农村建设贷款11亿元；新增保障性住房贷款5.3亿元。

推进网点转型,55个网点实现二代转型。优化网点布局,新开业网点型支行5个,4个网点迁入新址。调整邗江支行、广陵支行经营模式。建立信贷经理队伍,组建含信贷经理的客户管理团队,提升贷后管理专业化水平。

推进不良资产处置,提升资产质量。全年实现不良资产现金回收9790万元，其中重点不良资产项目现金回收7500万元。处置“无本有息”户81个、涉及金额1825万元。

（黄克义）

■交通银行股份有限公司扬州分行 至2012年末，交通银行股份有限公司扬州分行各项贷款余额130.39亿元，较年初增加18.87亿元，增长16.92%。加大对扬州城建控股集团、扬州经济技术开发区和扬州化学工业园区等9个政府融资平台的投入力度，年末贷款余额18.24亿元，比上年增加3.32亿元，增长22.25%。通过投行类理财、资产支持票据等创新业务，为扬州城建控股集团等平台类公司拓宽融资渠道。推进绿色信贷工程建设，支持新兴产业发展和传统产业改造升级，支持企业自主创新、科技研发、品牌建设，支持中小企业、全民创业和"三农"发展。全年向晶澳(扬州)太阳能科技有限公司、扬力集团有限公司、宝胜科技创新股份有限公司、扬农化工集团有限公司、亚普汽车部件股份有限公司等企业投放贷款44.82亿元。加大对小型微型企业扶持力度。压缩闽商钢贸企业贷款1.31亿元，扶持地方小型微型企业发展。全年新增小企业及个人经营类贷款6.46亿元。全年通过本外币联动、境内外联动、融资租赁、信托融资、银团贷款、中期票据、信托计划等新兴业务，为实体经济融资67.42亿元(含3.1亿美元)，弥补信贷投放额度与企业资金需求间的不平衡。

创新金融业务。2月8日，与扬州工艺美术集团合作推出"玉金融"项目。至年末，有合作商户215户，发放"玉金融"专项贷款4400万元。

加强网点建设。全年完成广陵中心支行和文昌阁中心支行改造，建设离行自助服务网点10个。4月18日，建立24小时自助银行应急服务机制。全年受理应急服务900多次。

开发扬州市失地农民社保资金专项金融服务系统，到75个乡镇开展现场服务95次，发卡3.8万张。12月18日，在江苏省首发国家标准化社保金融IC卡。 (孟咸珍)

其他商业银行

■中信银行股份有限公司扬州分行 2012年末，中信银行股份有限公司扬州分行人民币自营存款余额183.43亿元，较年初增加26.11亿元；市场份额占比8.65%，较年初上升0.02个百分点。其中，对公存款余额143.12亿元，较年初增加19.8亿元；储蓄存款余额40.31亿元，较年初增加6.31亿元。一般性贷款余额130.86亿元，比年初增加17.04亿元，其中对公贷款余额增加13.38亿元、个人贷款余额增加3.66亿元。年末存贷比72.22%，年日均存贷比71.08%。不良资产余额3463万元，较年初增加2530万元。不良资产率0.26%，比年初增加0.18个百分点。贷款利息回收率100%。外汇总收支9.87亿美元，比上年同期减少8.58亿美元。实现中间业务收入6365万元，比上年增加2540万元，增长66.4%。实现税前利润4.28亿元，比上年同期增加8700万元，增长25.53%。资产利润率1.08%。

(纪　刚　苏华月)

■招商银行股份有限公司扬州分行 2012年末，招商银行股份有限公司扬州分行各项存款余额76.09亿元，比年初增加13.51亿元；其中单位存款余额58.13亿元、个人存款余额17.88亿元，分别增加10.87亿元和17.88亿元。各项贷款余额70.14亿元，比年初增加11.43亿元；其中短期贷款余额44.46亿元、中长期贷款余额24.3亿元，短期贷款比年初增加14.21亿元。

2012年，招商银行股份有限公司扬州分行实现经营利润2.7亿元，比上年增长22.7%。

优化收益结构。中间业务和非利息收入分别占营业净收入的17%、18%，分别比上年提升4个和5个百分点。小企业贷款户占比64%，贷款余额占比35%；新增小微贷客户250户，新增小型微型企业贷款4.5亿元。

全年诉讼清收对公不良贷款1780.12万元，不良贷款余额974万元；对公不良贷款率0.2%，比上年下降0.2个百分点。清收零售不良贷款42.54万元，零售不良贷款余额252.74万元，零售不良贷款率0.12%。

获准筹建高邮支行。至年末，全行下辖营业机构5家，有24小时在行式自助银行5家、离行式自助银行10家、离行式自动柜员机2台。

(高　翔)

■中国邮政储蓄银行股份有限公司扬州市分行 2012年末，中国邮政储蓄银行股份有限公司扬州市分行个人储蓄存款余额262.98亿元，单位存款余额32.40亿元。全年新增贷款12.4亿元，信贷资产总规模37.9亿元。

基础金融业务。全年发售财富债券系列理财产品116期、高端御享产品26期、"182天型"财富债券29期，代销电子式储蓄国债14期、凭证式国债3期，推出托管基金9只、分级债基金9只。全年销售理财产品22.34亿元，比上年增长46.15%。自营网点代理保险2.02亿元。发放信用卡7323张，比上年同期增加4274张。全年办理手机银行3.3万户、个人网银3.81万户、电话银行2.34万户、短信通知3.28万户。10月，开办贵金属交易业务。

公司业务。全年开立单位账户2370个，比上年末增加389个。开办对公业务网点17个。全年办理票据直贴现业务量105.67亿元、票据转贴现业务量103.98亿元。

信贷业务。全年有贷款单户授信500万元以上小企业6户。个人贷款业务全年新增贷款9.6亿元、结余32.7亿元。 (皮婷婷)

■江苏银行股份有限公司扬州分行 2012年末，江苏银行股份有限公司扬州分行各项人民币存款余额231.83亿元，比年初增加32.63亿元；各项人民币贷款余额138.69亿元，比年初增加23.15亿元；实现拨备前利润4.34亿元，同比增加0.47亿元；实现考核净利润3.18亿元。不良贷款余额1.15亿元，比年初减少5378万元，不良贷款率0.83%，比年初下降0.49个百分点。 (骆君华)

■江苏扬州农村商业银行股份有限公司 2012年末，江苏扬州农村商业银行股份有限公司各项存款余额

138.5亿元,比年初增加23.6亿元,增长20.54%,同比少增1918万元。各项贷款余额(含贴现)98.6亿元,比年初增加14.99亿元,增长17.92%,同比多增5622万元。不良贷款余额2.99亿元,比年初增加1.1亿元。各项收入10.9亿元,比上年同期增加2.6亿元,增长31.28%。各项支出8.98亿元,比上年同期增加1.9亿元。实现账面利润1.9亿元,比上年同期增加6840万元。发行圆鼎借记卡33.6万张,比年初增加5.7万张。有个人网银用户7255户,比年初增加2549户;有企业网银用户3685户,比年初增加1035户;有POS机特约商户691户,比年初增加255户;有手机银行有效用户2122户,柜面替代率46.4%。

增加信贷投入。全年举办银政企座谈会6场。组织工作人员走访服务小型微型企业92户229次,发放贷款50户6467万元。提升普惠性支农服务水平。制定《"阳光信贷"工程实施方案》,推进"阳光信贷"工程。开展"惠民宝"集中授信工作,新增客户125户,新增授信金额2870万元。至年末,"惠民宝"用信余额6.96亿元,比年初增加3.8亿元。优化信贷结构。加强对实体经济的支持,加大对涉农贷款、小型微型企业贷款、绿色信贷的资金投入。创新信贷产品、放贷方式,为"三农"用户和小型微型企业提供便利的融资服务。推出个人汽车按揭贷款业务,开通网上申贷、"96008"电话申贷等业务。

(聂新宝 朱 浩)

■兴业银行股份有限公司扬州分行开业 4月18日,兴业银行股份有限公司扬州分行(简称兴业银行扬州分行)开业。兴业银行股份有限公司成立于1988年8月,是国内首批股份制商业银行之一,总资产近3万亿元,位列中国商业银行十强。兴业银行扬州分行位于维扬路与四望亭路交界处东北角的桐园小区,是兴业银行在全国主要城市设立的第72家分行。至年末,兴业银行扬州分行存款余额36.39亿元,贷款余额16.71亿元。(史 建)

保险业

■概述 2012年,扬州市有保险公司58家,其中财产保险公司24家、人身保险公司34家;有保险专业中介机构3家。有保险从业人员1.38万人,其中内勤人员2832人、营销人员1.09万人。

全市各类保险机构全年实现保费收入74.2亿元,比上年增收1.22亿元,增长1.67%。其中,财产保险保费收入20.46亿元,比上年净增2.85亿元,增长16.18%;人身保险保费收入53.74亿元,比上年减少1.63亿元,下降2.94%。人身保险累计实现新单保费收入26.66亿元,比上年减少4.25亿元,下降13.75%;人身保险续期保费收入27.08亿元,比上年净增2.62亿元,增长10.71%。

全市各类保险机构全年完成保险赔付支出14.34亿元,比上年增加5.17亿元,增长56.38%。其中,财产

2012年扬州市部分财产保险公司主要业务统计指标一览表

表21-3

公司简称	保费收入(万元)	比上年增长(%)	赔付支出(万元)	比上年增长(%)
人保产险	92176	17.97	45632	34.41
平安产险	22957	22.31	9741	57.85
太保产险	22437	13.18	33866	370.03
国寿财险	16938	20.20	6997	50.89
大地产险	9221	28.41	5028	5.14
中华联合	5179	5.29	3249	-4.69
紫金产险	4009	97.29	956	810.48
长安责任	2726	-3.88	1830	45.82
华泰产险	2593	5.24	1248	64.21
阳光产险	2581	2.02	1378	12.86

(杨 志)

2012年扬州市部分人身保险公司主要业务统计指标一览表

表21-4

公司简称	保费收入(万元)	比上年增长(%)	赔付支出(万元)	比上年增长(%)
中国人寿	290269	6.13	10733	17.61
太平洋人寿	38550	-1.12	670	-8.22
人保寿险	33764	-29.07	2614	46.28
新华人寿	29778	3.70	727	-10.47
平安人寿	29660	-30.99	1468	3.97
泰康人寿	23520	-16.63	445	-10.28
太平人寿	22141	10.41	618	11.35
阳光人寿	7029	-7.83	92	1433.33
生命人寿	6835	21.53	28	-81.33
人保健康	5116	15.96	914	62.92

(杨 志)

保险赔付支出 12.44 亿元，增加 4.94 亿元，增长 65.87%，赔付率 61%(中国太平洋财产保险股份有限公司扬州中心支公司（简称太保产险）一季度船舶险赔付 2.2 亿元,影响财产保险整体赔付比例)；人身保险支出 1.09 亿元,增长 13.7%;短期人身保险赔付率 44%,各类人身保险满期给付 5.95 亿元。（吴小峰）

■财产保险 全市财产保险实现保费收入 20.46 亿元。其中,车辆险实现保费收入 15.1 亿元，占全市财产保险保费收入的 73%(交强险实现保费收入 3.79 亿元，占车辆险保费收入的 25.1%)；企财险、责任险、其他险等险种分别实现保费收入 1.16 亿元、6011 万元和 3.6 亿元。

各县(市、区)财产保险保费收入分别为:市区(不含江都区)11.24 亿元,比上年增长 15%;江都区 2.96 亿元,增长 19%;仪征市 2.3 亿元,增长 14%;高邮市 2.09 亿元,增长 22%;宝应县 1.88 亿元,增长 15%。

（吴小峰）

■人身保险 全市人身保险实现保费收入 53.74 亿元。其中,个险(营销业务)保费收入 27.83 亿元,比上年增长 6%,占总保费的51.8%;团险(直销业务）保费收入 2.27 亿元，下降 4%,占总保费的 4.2%;银邮代理业务保费收入 22.96 亿元，下降 12%,占总保费的 42.72%。全年累计承保 689 万人次，为参保人员提供保障 2618 亿元。

各县(市、区)中,市区(不含江都区)实现保费收入 19.28 亿元,比上年下降 13%；江都区实现保费收入 13.97 亿元,比上年下降 0.2%;仪征市实现保费收入 5.47 亿元，比上年增长 8%;高邮市实现保费收入 7.93 亿元,比上年增长 8%;宝应县实现保费收入 7.09 亿元,比上年增长 5%。

（吴小峰）

■财产保险自律专项检查 2012 年,市保险行业协会组织 2 次财产保险自律检查活动。在二季度组织对全市 24 家财产保险公司一季度全部车险、非车险业务、理赔和财务情况进行专项检查,通报各公司在执行自律公约以及监管部门落实费用指引等方面存在的问题,并要求相关公司限期整改。（吴小峰）

■人身保险治理销售误导专项检查 2012 年,市保险行业协会制定、实施《治理销售误导自律检查工作方案》,主要检查银保销售渠道业务合规情况、一年期以上人身保险业务的电话回访情况、资格证和展业证的合规管理情况等。检查采用银保业务暗访检查和电话回访检查相结合的方式进行。对银保业务暗访检查中发现的问题，以提示函的形式告知相关银行;向违规保险公司下发整改通知,要求其及时整改。对全辖 34 家人身保险公司 2012 年销售的一年期以上的新单电话回访录音及投保单进行 4 次抽样检查。（吴小峰）

■反保险欺诈工作站成立 2012 年，扬州市成立反保险欺诈工作站。工作站成员由市保险行业协会各会员单位分管总经理组成,市保险行业协会秘书长任站长,聘请公安机关相关人员担任顾问。反保险欺诈工作站主要受理在扬州市境内发生的保险欺诈案件,工作站办公室设在市保险行业协会秘书处,负责反保险欺诈工作的日常性事务。（吴小峰）

■保险业合同纠纷调处中心成立 2012 年，市保险行业协会联合扬州市中级人民法院成立扬州市保险业合同纠纷调处中心和扬州市法院系统保险纠纷调解工作室,通过具有约束力的调处,减少因保险纠纷引起的法律仲裁、诉讼等案件,推动各保险公司提升客户服务质量,提高客户满意度,提升行业服务水平。(吴小峰)

■治理车险理赔难问题 2012 年,扬州市制定《综合治理扬州市车险理赔难问题的工作方案》《扬州市机动车辆保险理赔服务标准》，明确车险理赔的相关内容,并对各财产保险公司车险理赔工作进行专项检查。

（吴小峰）

■修订财产保险自律公约 2012 年,市保险行业协会修订财产保险自律公约,组织签订扬州市机动车辆保险行业自律公约(2012 版)和扬州市非车险行业自律公约（2012 版)。2012 版公约废除旧版公约中侵害保险消费者合法权益的规定,增加完善理赔服务和理赔内控管理等方面的自律条款。（吴小峰）

■保险代理人电子化考试 2012 年,扬州市执行《江苏省保险行业协会电子化考试中心及分中心工作流程》等规定,全年组织保险代理人电子化考试 484 场,1.24 万人参加考试,7545 人通过考试。（吴小峰）

■保险公司 全市规模较大的 3 家财产保险公司中,中国人民财产保险股份有限公司扬州市分公司(简称人保产险)完成保费收入 9.22 亿元,增长 18%,市场占有率 45%;中国平安财产保险股份有限公司扬州中心支公司(简称平安产险)完成保费收入 2.29 亿元，增长 22%，市场占有率 11.2%;太保产险完成保费收入 2.24 亿元,增长 13%,市场占有率 11%。全市财产保险公司累计实现利润 1.3 亿元,其中人保产险 6111 万元、太保产险 2900 万元、平安产险 2728 万元。

全市保费收入排名前三的人身保险公司中,中国人寿保险股份有限公司扬州市分公司（简称中国人寿）完成保费收入 29.03 亿元,增长 6%,市场占有率 54%;中国太平洋人寿保险股份有限公司扬州中心支公司(简称太平洋人寿）完成保费收入 3.86 亿元,下降 1%,市场占有率 7.2%;中国人民人寿保险股份有限公司扬州中心支公司(简称人保寿险)完成保费收入 3.38 亿元,下降 29%,市场占有率 6.3%。（吴小峰）

■中国人民财产保险股份有限公司扬州市分公司 2012 年，人保产险实现保费收入 9.22 亿元。全年为 1 万家单位、23 万辆机动车、100 万户家庭提供风险保障 4595 亿元。服务扬州市政工程建设,参与重点企业保险服务，承保瘦西湖隧道项目、237

省道工程、中海工业(江苏)有限公司、中国石化仪征化纤股份有限公司等多个重点项目(企业),为基础设施建设、重大项目工程、地方支柱性企业发展提供风险保障。推进"三农"保险和行业性责任保险,扩展保险覆盖面,丰富社会保障体系层次。全年处理各类赔案5.83万件,比上年增长47.2%;支付各类赔款4.56亿元,比上年增长34.4%。

与政府联办共保政策性农业保险,为143万户次办理水稻、小麦等农作物和能繁母猪、蛋鸭等家畜家禽保险,累计承担风险37.7亿元;赔款8502万元,比上年增长1.5倍。发展高效农业保险,实现保费收入2675万元,是上年的5.6倍。成功开出全国水生蔬菜保险第一单。全年建成"三农"保险服务站88个、"三农"保险服务点1058个;"三农"保险服务站点实现保费收入4000多万元。

配合安监部门推进安全生产责任保险,为439家企业提供责任保障118亿元,赔付680万元;配合运管部门做好承运人责任保险,为23家客运公司承担风险责任99亿元;配合卫生部门开展医疗责任保险,赔付1340万元;配合环保部门推出环境污染责任保险;配合扬州市金融办、扬州市科技局开发科技保险,为79家高新技术企业提供风险保障57亿元。(夏耀 王纬)

■ 中国人寿保险股份有限公司扬州市分公司 2012年,中国人寿全年实现保费收入29.03亿元,占扬州市人身保险市场54%的份额,市场份额比上年上升4.6个百分点。全年实现长期险新单保费收入10.79亿元,实现短期险保费收入1.2亿元。其中,个险渠道完成首年期交保费3.17亿元;团险渠道实现短期险保费7050万元,实现短期意外险保费4840万元;银保渠道完成首年期交保费1.06亿元。(周宇)

■ 人保产险开出全国水生蔬菜保险第一单 宝应荷藕是扬州高效特色农业项目,荷藕种植户采用规模经营方式,风险相对集中,单个农户风险承受力较差。扬州市农险领导小组和人保产险扬州市分公司在总结扬州鹅、高邮鸭保险条款成功开发经验的基础上,规划开发荷藕保险新险种。6月,中国保险监督管理委员会批准水生蔬菜保险条款;人保产险宝应支公司宣传推广新险种,指导农户现场办理承保手续。7月5日,人保产险扬州市分公司为宝应县柳堡镇雍尹村千亩藕池开出全国水生蔬菜保险第一单。(夏耀 王纬)

证券业

■ 概述 2012年,扬州市有仪征化纤股份(S仪化)、宝胜股份、扬农股份、联环药业、亚星股份、金材股份、亚联钢管、汇银家电、长青农化、亚威机床、仁恒实业控股等11家上市企业。其中,亚联钢管在加拿大多伦多证交所上市,汇银家电、仁恒实业控股在香港联交所上市,金材股份由原ST琼花更名而来。8家境内上市公司全年累计完成营业收入313.39亿元,实现净利润2.08亿元。

2012年,光大证券在扬州开设证券营业部。至年末,全市有14家证券公司开设的营业部19家,合计开设资金账户33.01万户,比年初增加2.65万户;保证金余额13.28亿元,比上年减少2.27亿元;当年净流入股市资金6.98亿元,比上年减少4.47亿元。全年实现证券交易额2273.35亿元,比上年减少294.54亿元。其中,股票交易额1727.76亿元,减少658.77亿元;基金交易额31.77亿元,比上年增加15.67亿元。(杨志)

■ 江都鑫源发行企业债券 3月29日,江都区鑫源产业投资集团在全国银行间债券市场和上海证券交易所发行8亿元企业债券,发行利率8.1%。债券期限7年,由江都区沿江开发有限公司提供无条件不可撤销连带责任保证担保;债券主承销商为国泰君安证券股份有限公司。所筹资金6.4亿元用于江都区区域供水(中闸供水圈)项目和高水河两岸滨河地带综合改造工程项目,1.6亿元用于补充公司营运资金。(杨志)

■ 扬子江集团发行公司债券 4月26日,扬州市扬子江投资发展集团有限责任公司发行5亿元公司债券。

2012年扬州市境内上市公司经营业绩一览表

表21-5

股票简称	股票代码	营业收入(万元)	净利润(万元)	基本每股收益(元/股)	每股净资产(元/股)
S仪化	600871	1698792	-36137	-0.09	2.13
亚星客车	600213	99592	591	0.03	0.84
扬农化工	600486	221866	19406	1.13	11.39
联环药业	600513	32536	2866	0.19	2.15
宝胜股份	600973	856947	10059	0.33	6.31
金材股份	002002	20825	223	0.01	0.59
长青股份	002391	127085	15951	0.78	8.48
亚威股份	002559	76289	7872	0.45	6.78

(杨志)

债券期限7年，由江苏省信用再担保有限公司提供全额无条件不可撤销的连带责任保证担保；债券主承销商为东莞证券有限责任公司。所筹资金4.8亿元用于扬州商城改扩建项目建设，0.2亿元用于补充公司营运资金。（杨　志）

■扬州化工园区发行产业债券　4月27日，经国家发展和改革委员会（简称国家发改委）批准，扬州化工园区发行总额10亿元的产业债券。债券存续期7年，年利率7.75%。募集资金中，6亿元用于扬州港仪征港区液体化工码头二期、园区烯烃输送管线、2万立方米乙烯低温储罐及配套、园区公共管廊一至三期项目建设，2亿元用于偿还银行贷款，2亿元用于补充公司运营资金。（杨　志）

■2012年扬州中小企业集合债券发行　5月8日，2012年扬州中小企业集合债券经国家发改委核准发行。债券期限6年，在债券存续期第三年末附设发行人上调票面利率选择权和投资者回售选择权。债券募集资金3.30亿元，所筹资金全部用于江苏柏泰集团有限公司等7家中小企业，项目总投资10.65亿元。

扬州中小企业集合债券是江苏省采用纯市场化模式运作的企业债券，由扬州市发改委牵头组织协调，宏源证券股份有限公司作为主承销商，江苏省信用再担保有限公司提供全额无条件不可撤销的连带责任保证担保。相对于中小企业其他融资产品，中小企业集合债券具有成本低、期限长、资金使用规范、风险易防范的特点。（杨　志）

■“12仪征债”发行　6月14日，2012年仪征市城市建设发展有限公司公司债券（简称“12仪征债”）发行。“12仪征债”信用级别为AA+级，由重庆市三峡担保集团有限公司提供全额无条件不可撤销的连带责任保证担保。债券为7年期，附提前偿还本金条款，自第三年起，逐年分别按照债券发行总额20%、20%、20%、20%、20%的比例偿还本金。债券为固定利率债券，票面年利率7.78%，募集资金8亿元。其中，通过承销团成员设置的发行网点公开发行部分预设发行总额7.6亿元，通过上海证券交易所协议发行部分预设发行总额0.4亿元。（胡　岩）

■江苏华建发行短期融资券　6月26日，江苏省华建建设股份有限公司2012年度第一期短期融资券完成发行。融资券由中国光大银行股份有限公司（简称光大银行）作为发行主承销商，注册总额4亿元。第一期发行金额2亿元，由光大银行组织承销团，以余额包销的方式承销。发行采用固定利率，利率4.60%，发行对象为全国银行间债券市场机构投资者。（杨　志）

■“12扬城控债”发行　7月25日，2012年扬州市城建国有资产控股（集团）有限责任公司公司债券（简称“12扬城控债”）发行。“12扬城控债”信用级别为AA级，采用无担保方式发行，固定票面年利率6.30%。债券期限7年，分次还本，从债券存续期内的第三年起，每年分别按照债券发行总额20%、20%、20%、20%、20%的比例偿还债券本金。募集资金12亿元，在上海证券交易所市场预设发行总额2亿元，在承销团成员设置的网点预设发行总额10亿元。其中，3.5亿元用于新盛花苑拆迁安置小区建设项目，5.4亿元用于扬州市三湾湿地保护区建设工程项目，3.1亿元用于扬州市城北客运总站新建工程项目。（胡　岩）

■江苏首只文化创意中小企业集合票据发行　8月8日，由扬州工艺美术集团与南京大贺投资控股公司联合申请的江苏省首只文化创意中小企业集合票据发行。文化创意中小企业集合票据采取“统一设计、统一冠名、统一增信、分别负债、统一注册”的发行模式，由北京银行南京分行担任主承销商、江苏省信用再担保公司提供统一担保。票据注册金额1.5亿元，期限3年，采用固定利率发行，年

2012年扬州中小企业集合债券募集资金用途情况表

表21-6

发行人名称	募投项目名称	项目总投资（万元）	发债金额（万元）
江苏柏泰集团有限公司	新建制服生产线及音频干扰器等电子产品生产线项目／补充营运资金	8950	4200/1000
江苏朝阳液压机械集团有限公司	全自动液压大型节能室式淬火机及秸秆成型设备制造、生产项目／补充营运资金	11800	5600/1400
江苏浩明光电科技股份有限公司	节能灯及高速自动生产线项目／补充营运资金	25500	1600/400
江苏荣能集团有限公司	新型建筑材料建设项目／补充营运资金	30000	4400/1100
江苏双兔食品股份有限公司	农副产品高效增值深加工项目／补充营运资金	12070	4100/1000
扬州日兴生物科技股份有限公司	甲壳素系列产品功能性壳聚糖技术改造项目／补充营运资金	7201.6	3400/800
扬州五亭桥缸套有限公司	年产240万只工程机械缸套生产线项目／补充营运资金	11026	3200/800

（杨　志）

利率5.16%,其中1亿元用于补充扬州工艺美术集团营运资金和偿还贷款。（史　建）

■中国建银投资证券有限责任公司扬州证券营业部　中国建银投资证券有限责任公司(中投证券)在扬州市广陵区、江都区、仪征市开设3家营业部。至2012年末,中投证券扬州3家营业部共开设资金账户7.11万户,保证金余额2.77亿元,当年净流入股市资金0.91亿元，累计实现证券交易额431亿元,其中股票交易额373.11亿元、基金交易额19.22亿元。（杨　志）

■华泰证券扬州证券营业部　华泰证券扬州证券营业部在扬州市区及高邮市、宝应县开设3家证券营业部。至2012年末,华泰证券扬州3家营业部开设资金账户7.83万户,保证金余额2.62亿元，当年净流入股市资金1.49亿元，累计实现证券交易额477.36亿元，其中股票交易额383.57亿元、基金交易额2.41亿元。（杨　志）

■华泰联合证券扬州文昌西路证券营业部　至2012年末，华泰联合证券扬州文昌西路证券营业部开设资金账户5.32万户,保证金余额1.68亿元，当年净流入股市资金0.93亿元,累计证券交易额279.71亿元,其中股票交易额177.5亿元、基金交易额1.47亿元。（杨　志）

■海通证券扬州营业部　海通证券扬州营业部在扬州市广陵区、江都区开设2家证券营业部。至2012年末,海通证券扬州2家营业部共开设资金账户3.74万户,保证金余额1.98亿元，当年净流入股市资金7.13亿元，累计实现证券交易额275.64亿元,其中股票交易额222.24亿元、基金交易额4.3亿元。（杨　志）

■申银万国证券股份有限公司扬州营业部　至2012年末，申银万国证券股份有限公司扬州营业部开设资金账户3.01万户,保证金余额1.40亿元，当年净流入股市资金1.08亿元，累计实现证券交易额296.59亿元,其中股票交易额192.43亿元、基金交易额1.24亿元。（杨　志）

■招商证券股份有限公司扬州汶河北路证券营业部　至2012年末,招商证券股份有限公司扬州汶河北路证券营业部开设资金账户2.98万户,保证金余额1.32亿元,当年净流入股市资金-0.79亿元,累计实现证券交易额189.33亿元，其中股票交易额142.89亿元、基金交易额0.77亿元。（杨　志）

■中国银河证券股份有限公司扬州营业部　至2012年末，中国银河证券股份有限公司扬州营业部开设资金账户1.36万户,保证金余额0.56亿元，当年净流入股市资金0.39亿元，累计实现证券交易额155.84亿元，其中股票交易额91.02亿元、基金交易额1.65亿元。（杨　志）

■新时代证券有限责任公司扬州维扬路证券营业部　至2012年末,新时代证券扬州维扬路营业部开设资金账户0.95万户,保证金余额0.56亿元，当年净流入股市资金0.29亿元，累计实现证券交易额101.92亿元，其中股票交易额88.36亿元、基金交易额0.34亿元。（杨　志）

■太平洋证券股份有限公司扬州运河西路证券营业部　至2012年末，太平洋证券股份有限公司扬州运河西路证券营业部开设资金账户0.24万户,保证金余额0.15亿元,当年净流入股市资金-0.92亿元,累计实现证券交易额30.92亿元,其中股票交易额27.27亿元、基金交易额0.15亿元。（杨　志）

■东吴证券股份有限公司仪征真州西路证券营业部　至2012年末,东吴证券股份有限公司仪征真州西路证券营业部开设资金账户0.25万户,保证金余额0.12亿元,当年净流入股市资金0.16亿元，累计实现证券交易额18.91亿元,其中股票交易额18.72亿元、基金交易额0.17亿元。（杨　志）

■国联证券股份有限公司扬州文汇西路营业部　至2012年末，国联证券股份有限公司扬州文汇西路营业部开设资金账户0.05万户，保证金余额0.04亿元，当年净流入股市资金0.02亿元，累计实现证券交易额10.34亿元，其中股票交易额6.76亿元、基金交易额0.03亿元。（杨　志）

■东莞证券股份有限公司扬州兴城西路证券营业部　至2012年末,东莞证券股份有限公司扬州兴城西路证券营业部开设资金账户0.16万户,保证金余额0.07亿元,当年净流入股市资金-3.71亿元,累计实现证券交易额5.78亿元，其中股票交易额3.92亿元、基金交易额0.03亿元。（杨　志）

■东海证券股份有限公司扬州文汇西路证券营业部　至2012年末,东海证券股份有限公司扬州证券营业部开设资金账户0.03万户，保证金余额0.04亿元，当年净流入股市资金0.01亿元，累计实现证券交易额9.24亿元,其中股票交易额3.75亿元、基金交易额5.49亿元。（杨　志）

■光大证券股份有限公司扬州文昌西路营业部　2月28日，光大证券股份有限公司扬州文昌西路营业部开业,成为扬州市第19家、市区第15家证券营业部。至年末,光大证券股份有限公司扬州文昌西路营业部开设资金账户0.02万户，保证金余额0.04亿元,当年净流入股市资金0.39亿元，累计实现证券交易额4.96亿元,其中股票交易额2.92亿元、基金交易额0.19亿元。（杨　志）

财政 税务

Caizheng Shuiwu

本栏责任编辑 杨文才

财政

■概述 2012年，全市完成财政总收入554.51亿元，其中公共财政预算收入225.0亿元，分别比上年增加53.56亿元、6.92亿元，增长10.7%、3.2%。市区完成财政总收入395.74亿元，其中公共财政预算收入157.9亿元，分别增长12.6%、4.5%；县域完成财政总收入158.78亿元，其中公共财政预算收入67.09亿元，分别增长6.3%、0.1%。全市公共财政预算支出284.8亿元，比上年增加20.43亿元，增长7.7%；政府性基金支出135.97亿元，增长21.9%；社会保险基金支出62.34亿元，增长35.67%。市财政局被省政府表彰为2012年度财政收入新增贡献先进单位。 （管贵平）

■收入征管 2012年，全市公共财政预算收入中，税收占80.3%，比上年提高9个百分点。年初，扬州市将收入任务分解落实到各县(市、区)和各征收机关，落实和考核税收占比指标。完善综合治税网络，建成覆盖全市的综合治税三期工程。 （管贵平）

■支持经济转型升级 市本级安排4亿元支持经济转型和科技创新，重点支持科技公共服务平台、科技研发机构建设，支持科技攻关与成果转化，增强企业自主创新能力。加大对区域重点成长型企业的扶持力度，试行股权投资使用方式，提升财政引导资金使用绩效。支持现代服务业发展。增加人才专项投入，落实科技成果转化风险补偿政策。推进金融改革创新，建成扬州产权综合服务市场。创新推出“政府采购融易通”贷款业务，帮助企业解决融资困难。贯彻落实结构性减税、清费减负等政策，推进“营改征”(原缴纳营业税应税项目改成缴纳增值税)试点工作。市区向上争取支持经济发展资金4亿元，比上年增长15%。 （管贵平）

■支持保障和改善民生 加大财政对民生工程的投入，全市教育、社会保障和就业、文化、医疗卫生等基本公共服务支出增幅均高于公共财政预算支出增幅。支持完善就业和社会保障体系，市财政全年预算筹措就业再就业资金6747万元，全面落实各项保障性、促进性就业政策。推进被征地农民社会养老保险和城乡居民社会养老保险制度实施，完善城乡低保、临时救助以及残疾人、老年人等特殊群体社会保障体系。优先支持教育事业发展，提高义务教育、学前教育、高等教育保障水平，落实困难家庭学生助学政策，推进校安工程建设。支持深化医药卫生体制改革，支持实施国家基本药物制度，落实基本公共卫生补助政策。支持文化体育事业发展，推进非物质文化遗产保护、展示和传承以及大运河申遗工作。支持保障性住房建设，改善居民住房条件。 （管贵平）

■支持城乡统筹发展 支持改善城市功能环境，全力支持扬州泰州机场、瘦西湖隧道、扬菱路改造等城市重大基础设施项目建设。支持完善主城区功能设施，支持市区老小区、小街巷、公厕改造和环卫设施建设以及市区老小区实施基本物业服务。支持创建国家生态市，优先发展城市公交。推进新农村建设，增加对农村社会事业、基础设施的投入，改善农村生产生活条件。2012年，市财政统筹安排新农村建设资金1.98亿元，比上年增长19.73%。支持实施美好城乡建设行动计划，重点支持村庄环境综合整治。推进村级组织“四有一责”(有持续稳定的集体收入、有功能齐全的活动阵地、有先进适用的信息网络、有群众拥护的“三强”带头人，强化村党组织领导责任）建设，支持208个经济薄弱村提升发展能力。加快推进城镇化建设，安排5500万元专项资金，支持11个市级重点中心镇完善基础设施和公共服务体系。 （管贵平）

■加强财政绩效管理 开展绩效评价，将市级500万元以上的政府专项资金全部纳入绩效评价范围，涉及扶持“三农”(农业、农村、农民)、社会保障、社会事业、城市建设、经济发展等方面共27个项目，评价财政资金8.61亿元。完善预算编制制度，2013年政府专项资金全部编制绩效目标。完成市区财政体制调整工作，统一税收分成政策，加大市对区的激励力度，规范转移支付制度。严格控制一般性支出，优化支出结构，从严审核、控制追加经费。强化财政监督检查，完善财政“大监督”机制。加大对专项资金、部门预算执行情况和会计信息

质量的检查力度。规范集中支付行为,提升资金运行效益。启动财政信息一体化系统建设,提高财政信息化工作水平。 (管贵平)

国家税务

■概述 2012年,全市征收全口径国税收入167.57亿元,比上年增长2.98%,其中政府口径收入151.87亿元。国税收入中,公共财政预算收入40.99亿元。全年办理各项减免退税72亿元。

(殷天成 陆 毅 傅宗仁)

■增值税征管 构建商贸企业持续监管机制,分别设置季度预警和年终考核指标,加强商贸企业征管质效考评,下发64户异常户名单,发现问题户48户,移送稽查1户,补税166万元,调减增值税留抵税款3.3万元。强化零、负及低税负申报企业管理,下发《关于对2011年零负申报及低税负申报企业全面开展风险应对的通知》,通过自查和重点评估,累计补税905万元。强化风险行业和风险项目应对。开展汽车销售行业规范管理活动,通过企业自查和评估检查,补税325万元;组织对59户汽车零部件制造企业实施风险应对,发现有问题企业45户,补税386万元,调减增值税留抵税款41.5万元;对91户批发业、通用设备制造业和电气机械专用设备制造业、金属制品制造业企业实施运费抵扣风险应对,补税273万元,移送稽查3户;核查固定资产抵扣税额较大的企业26户,补税、调减增值税留抵税款239万元。

(姚云鹏 王 艳)

■所得税征管 扬州市国家税务局(简称市国税局)修订《扬州市国税局企业所得税管理质效评审办法》等6个办法,完善所得税长效管理机制。加强对规模企业的汇缴预警服务。对467户销售额1亿元以上企业开展申报质量审核,对1420户企业进行服务性调研,补税1.74亿元,调减亏损1.3亿元。强化中小企业控管。按销售收入,将中小企业划分为4种类型,分别确定微利面,及时对4483户中小企业进行纳税提醒,补税5245.01万元,调减亏损1.08亿元。加强对资产损失备案事项和税收优惠的专业化审核。发挥层级比较优势,对137户企业开展资产损失审核,未受理备案5户,涉及税金336万元;对703户企业开展税收优惠审核,未受理备案18户,涉及税金533万元。 (汤海波 陈 晖)

■税务稽查 实施分级分类稽查,推广查账软件,提高稽查质效。组织对176户企业开展资本交易专项分析,对12户企业开展出口退税检查,检查成品油开受票企业27户、重点税源企业195户,检查各类举报案件82件次。全市查补各项收入9548万元,其中自查补税7780万元,稽查选案准确率、结案率、入库率均达90%以上。开展打击发票涉税违法犯罪活动,以金融、保险等六大行业为重点,进行虚假发票专项整治,突出整治"买方市场",坚持"查账必查票""查案必查票""查税必查票""查票必查税",查处271户发票违法企业发票2352份,查补收入2768.69万元。

(陈国华 郑 晨)

2012年扬州市国税收入分税种情况表

表22-1

税 种	2012年收入(万元)	占收入总额比例(%)	2011年收入(万元)	增加额(万元)	比上年增长(%)
合 计	**1675693**	**100**	**1627128**	**48565**	**2.98**
增值税	1138614	67.95	1091029	47585	4.36
消费税	77151	4.60	47892	29259	61.09
企业所得税	375798	22.43	413057	-37259	-9.02
车辆购置税	83924	5.01	74401	9523	12.80
其 他	206	0.01	849	-543	-72.50

注:个别税种收入数量较小,合并计入"其他" (殷天成 孙莉丽)

■依法行政 加强规范性文件管理,清理2010年12月31日前发布的税收规范性文件268件,55件全文废止,2件部分条款废止。加强对税收执法行为的监督,在仪征市国税局开展说理式执法试点,并逐步推广。组织对各县(市、区)国税局和市稽查局12套重大税务案件审理卷宗进行推磨式互审。开展税收优惠政策执行情况清查,对享受报批类、备案类16种增值税优惠政策的1444户企业进行清查,其中17户企业被终止优惠资格。部署开展执法督查,筛选、下发八大类37个大项200多个小项1476条疑点等级较高的数据,组织开展执法检查自查和督导。

(田志明 顾建平)

■落实结构性减税措施 2012年,市国税局落实各项结构性减税措施,强化税收保增长、保发展、保民生的职能作用,办理固定资产进项抵扣税款7899户17.41亿元、福利企业增值税即征即退551户4.6亿元、软件产品生产企业增值税即征即退28户2038.07万元、资源综合利用生产企业增值税即征即退41户4402.34万元;落实调高个体户增值税起征点政策,个体定额征收户由1.56万户减至4631户,个体定额征税面从70%降至20%以下,减征增值税4006万元;办理小微企业、高新企业等各类所得税汇缴减免9.43亿元,办理预缴减免税款2.49亿元;加快退税进度,办理出口退税41亿元、调库20亿元。 (陆 毅 傅宗仁)

■服务重大项目建设 建立重大项目分析管理机制,以2009—2011年重大工业项目为重点,运用监控决策系统数据,编写《全市重大工业项目经济税收运行简况》。加强重大项目"点对点"服务,对全市2009—2011

年完成的重大项目进行样卷调查，走访重点税源企业、新办企业和筹建期企业，分片召开重点税源企业座谈会，将各项优惠政策用好、用足、用到位；研究解决主要行业、重点企业、重大项目反映的涉税问题，企业满意率100%。（王家俊　王　峰）

■纳税服务　推行免税和特殊车辆车购税业务在县（市、区）就地办理。运用税收短信平台，加强与纳税人的即时联系与沟通。全年接听“12366”热线电话7000多次，接受网上在线咨询1274人次，接待办税服务厅现场咨询3万多人次，发送各类税收短信195万条，发放“纳税咨询服务连心卡”近1万份。与地税部门联合评定A类诚信纳税企业348户。（陆　林　戚方芳）

■实施“营改增”试点　下发《扬州市国家税务局营改增试点实施方案》，举办“营改增”专题培训班79场次，培训纳税人8700户次，开通绿色通道和专题咨询窗口37个，开展“营改增”试点企业的调研、审核和确认，通过数据准备机提前完成基础数据录入工作，发售全省第一张“营改增”企业普通发票，开出全省首份货物运输业增值税专用发票。加强与地税、财政、交通管理等部门的联系，妥善解决个别税负上升等问题。全市3974户纳税人参加“营改增”试点，其中交通运输业纳税人1232户、现代服务业纳税人2742户；试点企业减税861.41万元，下游企业多抵税6703.35万元。（姚云鹏　陈　燕）

■税源专业化管理　召开全市深化税源专业化管理工作会议，部署深化税源专业化管理工作。落实重点税源管理职能，将市国税局第四分局确定为全市重点税源管理机构，与大企业和国际税收管理处合署，强化市国税局列名重点税源企业3项核心业务、大企业与国际税收管理、市国税局风险应对团队牵头单位等“3+1+1”职能。县级重点税源管理机构及其职能均参照市国税局设置。全市办税服务机构从37个缩减为7个，下设延伸点20个，优化办税服务人力资源配置，促进办税服务与基础管理有机融合。抓好市、县两级税收业务实体化管理、团队化运作，全系统有税收专业化管理团队人员288人，实施重点项目26个，全市应对各类风险6305户次，应对成效10.2亿元，税收贡献率6.36%。（秦国宝　沈　卉）

■国际税收管理和反避税工作　市国税局与地税、商务、海关、外汇管理等部门召开首次扬州市国际税收管理联席会议，建立跨部门合作交流机制。通过报表分析、走访企业等途径，加强跨国关联分析，形成专题报告，及时掌握相关外方投资者资产重组、股息分配、投融资等信息，加强事前预案管理，防范税收流失。全年征收境外投资股息分红、股权转让等非居民所得税2.04万元，比上年增长48.91%。（吴　兵　周　宇）

■第三方涉税信息应用　制定《税收数据信息情报团队运作管理制度》，建立与税收风险管理要求相适应的数据信息情报管理岗位责任体系。按省国税局要求完成数据仓库平台的搭建，为深化第三方数据信息运用提供支撑。完善风险预警系统相关功能，对全市工业企业用电信息进行数据处理、分析，按行业明细完成所有工业企业用电量变动率、万度电销售贡献率、增值税税负分析资料，并在风险预警平台增加查询功能。加强挂钩联系，深化项目化分析应用，组织典型案例评比，提高第三方信息应用成效。应用各类第三方信息应对企业风险，涉及企业2177户次，处理有问题企业1817户次，累计取得成效2.72亿元。（陈继泉　季　伟）

■支持成长性企业　坚持“三级挂钩联系”和“税收客户协调员”工作机制，联合扬州地方税务局举办支持成长性企业发展研讨会，加强交流沟通，征询各方面意见和建议，研究落实支持成长性企业发展工作。深化成长性企业“绿色通道”服务。优先办理纳税申报、发票申购、增值税专用发票认证、红字专用发票通知单和各类税收资格认定或备案等涉税事项，并提供预约服务、延时服务和上门服务。突出培育龙头企业，筛选出一批科技型、拟上市企业，加大服务力度，帮助企业提高核心竞争力。（王家俊　王　峰）

地方税务

■概述　2012年，全市地税系统组织各项收入263.65亿元，比上年增长12.3%。其中，税收收入165亿元，增长17.7%；社会保险费85.75亿元，增长4.2%；教育费附加及其他基金（费）12.9亿元，增长11.9%。税收收入中，属于财政公共预算收入的136亿元，增长20.9%。办理税收减免12亿元，扬州地方税务局（简称扬州地税局）获全国五一劳动奖状。扬州地税局开发应用的《家庭房产信息管理系统》《12万自助申报软件》《互联网局域端安全管理规范》被省

2012年扬州市地方税收分地区情况表

表22-2

地　区	2012年（万元）	2011年（万元）	比上年增长（%）
合　计	**1650335**	**1402004**	**17.71**
市　区	709754	583419	21.65
邗　江	188295	167785	12.22
江　都	271201	226625	19.67
宝　应	156357	143698	8.81
仪征（含化工园区）	169384	148921	13.74
高　邮	155344	131556	18.08

注：表中所指市区不含邗江区、江都区　（张晓军）

2012年扬州市市、县级地方税收分税种情况表

表22-3

税　种	2012年收入（万元）	2011年收入（万元）	比上年增长(%)
合　计	**1561769**	**1341440**	**16.42**
营业税	586833	428977	36.80
个人所得税	153049	168711	-9.28
土地增值税	144858	121437	19.29
城市维护建设税	116763	101282	15.29
车船使用税	11283	8547	32.01
房产税	58764	44968	30.68
资源税	16248	3568	355.38
城镇土地使用税	57007	45842	24.36
印花税	29066	20887	39.16
契税	173976	178869	-2.74
耕地占用税	43250	36537	18.37
企业所得税	170672	181815	-6.13

（张晓军）

2012年扬州市社会保险费征缴情况表

表22-4

社会保险险　种	2012年征缴计划（万元）	征缴实绩（万元）		增减额（万元）	比上年增　长（%）	征缴率（%）
		2012年	2011年			
合　计	**854417**	**857493**	**823288**	**34205**	**4.15**	**100.36**
养老保险	563878	567297	584016	-16719	-2.86	100.61
医疗保险	219907	219425	182139	37286	20.47	99.78
失业保险	40286	40575	33538	7037	20.98	100.72
工伤保险	19099	18937	14469	4468	30.88	99.15
生育保险	11247	11259	9126	2133	23.37	100.11

（张晓军）

地税局推广。全市地税系统开展建筑业、服务业、文化产业、小微企业等税收专题调研，获国家级科(调)研论文评比奖项12个、省级科(调)研评比奖项14个。全年被国家税务总局、省委、省政府采用信息36条。

（张晓军）

■税收征管　制定全市地税系统完善税源专业化管理工作方案及实施意见，建立全新的岗位责任体系和工作流程，初步形成分工明确、运行顺畅、保障有力的专业化管理新格局。成立广陵地方税务局。开展税收风险管理，全年识别风险点2.7万个，应对风险1.6万户次，入库风险应对税款8亿元。加强基础管理，重新采集全市近5万户纳税人基础数据，提升征管质量和数据管理水平。

（张晓军）

■税种管理　全市地税系统开展“营改增”试点工作，3995户纳税人经确认后纳入试点范围。贯彻新车船税法、新资源税条例，以契税为抓手，强化房地产业交易各税种的联合控管，完善存量房评估体系建设。清理往年拆迁安置房、政府工程和融资平台税收，增加入库税收27.8亿元。核查全市4.8万户纳税人的房产税、土地使用税税源，房产税增长30.7%，土地使用税增长24.4%；开展土地增值税清算和印花税专项评估，土地增值税、印花税分别增长19.3%和39.2%。开展企业所得税汇算清缴。试点高收入者个人所得税直接管理，年所得12万元自行申报工作质量明显提升。成立全市国际税收管理专业团队，促进跨境税源管理。（张晓军）

■依法行政　扬州地税局完善依法行政制度30多项，强化对规范性文件、执法案卷、行政处罚事项的跟踪管理，规范权力行使；开展法制创建工作，2家单位被评为省地税局依法行政示范单位。扬州地税局获省依法行政示范点称号。开展税收执法督察，完善执法问责办法，创新实施内部财务自查自审，推进内部财务及经济责任审计工作，发挥督察内审“防范风险、服务大局”作用；加大税务检查力度，查补各项收入2.2亿元。

（张晓军）

■纳税服务　跟踪服务全市重大项目建设，建立局领导挂钩联系制度。各级地税机关领导走访企业55家次，解决涉税问题83项。以创建“纳税人满意的办税厅”为抓手，开展办税厅规范化、标准化建设。依托纳税人学校、工具书式培训教材、电视报刊辅导栏目，开展分类培训，提升纳税人办税能力。全市地税系统纳税人学校培训纳税人9752户次。“12366”服务热线回复咨询及时、权威、准确。加强税情分析和利用，及时办理纳税服务投诉事项，维护纳税人合法权益。（张晓军）

经济管理与监督

Jingji Guanli Yu Jiandu

本栏责任编辑　杨文才

经济宏观管理

■**概述**　2012年，全市发展改革系统围绕扬州市国民经济和社会发展目标，加强经济运行监测和目标管理，加快转变经济发展方式，推动产业结构优化升级，推进重大项目建设，深化改革开放，加强区域经济合作，做好稳增长、快转型、促统筹、惠民生、保稳定、优服务等工作，全市经济社会保持良好发展态势，完成市六届人大五次会议确定的目标任务。

开展调查研究。市发展和改革委员会(简称市发改委)按月、按季度对企业生产经营和经济运行形势进行跟踪分析，向市委、市政府报告情况、提出工作建议。牵头组织沿江率先现代化、沿河加速崛起、重大项目建设等课题调研。围绕融合发展、促进苏中地区差别化发展、争取宝应和高邮里下河经济薄弱地区参照享受苏北经济发展扶持政策、推进宁镇扬同城化等重要议题，开展调查研究，向市委、市政府和省发改委提出意见和建议。牵头组织完成“十二五”专项规划编制工作，推进规划实施。全市46个部门报批专项规划61个。

推进新兴产业发展，引领经济转型升级。制定《“三新”产业发展工作意见》和《新兴产业发展工作方案》。全市新能源、新光源和新材料产业累计实现产值976.19亿元，比上年增长21.6%，高于规模以上工业总产值增幅6.9个百分点。制定“服务业项目建设推进年”活动实施意见，配合市国土资源局制定服务业差别化供地实施意见，营造更为宽松的服务业发展环境。做好服务业规划布局和聚集区建设，启动市区服务业功能分区优化调整工作，分行业、分类型对集聚区进行集中认定。2012年，全市26个市级现代服务业集聚区完成营业收入527亿元，增长18%；上缴税收16亿元，增长16%。

推进重大项目建设，增强发展后劲。加强投资计划管理，按月督查、推进市级重点项目建设。200个市级重点项目中，176个项目年内开工，开工率88%，累计完成投资1004亿元。推进十大重点项目建设。连淮扬镇铁路被列入国家《中长期铁路网规划》和“十二五”开工建设项目计划。江广高速扩容工程可行性研究报告上报国家发改委。扬州第二发电有限责任公司三期工程项目由省发改委转报国家能源局申请开展前期工作。江苏华电扬州发电有限公司(9F)天然气-蒸汽联合循环发电项目取得国家能源局同意开展前期工作的批复。京沪高速公路扩容新沂至江都段项目完成工程可行性研究报告编制。京沪高速公路南延及过江通道项目开展前期预可行性研究。西北绕城高速扩容工程被纳入省交通运输“十二五”发展规划。做好“三争”(向上争资金、争项目、争政策)工作，化解要素制约。市发改委全年争取上级扶持资金11.13亿元，其中中央预算内资金8.85亿元、省配套资金2.28亿元。

深化体制机制改革，增强经济社会发展活力。完善改革统筹协调机制，制定《2012年全市深化改革工作要点》，对全市改革工作作出制度性安排。城镇化改革取得新进展，高邮市、杭集镇、邵伯镇入选第三批全国发展改革试点城镇，在城镇管理体制、土地流转、产业发展等方面开展一系列改革实践。深化行业协会和市场中介机构改革，指导市牙刷协会建成省级牙刷行业协会。启动社会事业“管办分离”改革，制定市属文化体育事业单位“管办分离”改革试点方案。推进医药卫生体制改革，提高医疗保险覆盖面和保障标准，扩大基本药物制度实施范围，基本完成基层医疗卫生机构债务清理化解工作，加快仪征市人民医院等公立医院改革试点步伐，初步解决群众“看病难、看病贵”问题。

推进宁镇扬同城化，深化对外区域合作。参与长三角区域合作，利用好市内、市外资源。落实长三角市长联席会议确定的城市合作专题项目，牵头推进长三角城市实施基本公共卫生服务一体化课题研究。推进宁镇扬同城化发展，拓宽扬州发展平台和发展空间。按照省委、省政府推进宁镇扬同城化工作部署，参与组织编制南京都市圈区域规划和宁镇扬同城化发展规划、宁镇扬同城化建设推进纲要。做好对口支援西藏曲水、青海贵南、湖北秭归和陕西汉中的各项工作，推进援疆工作。2012年，扬州对口支援新疆新源县工作完成投资3.45亿元(其中援疆资金1.14亿元)，完成省委、省政府下达的援疆任务。参与国际产业合作交流。组织企业参加首届全国进口产品博览会、英格兰能源海岸海上风机商机研讨会、比利时林堡省环保产业研讨会、江苏-安大略省太阳能企业洽谈会、绿色建筑及农产品合作洽谈会、江苏-德国巴符州汽车产业及未来新产业发展洽谈会等国际产业合作交流活动。 （孙景亮 陶小军）

■**行政管理体制改革** 深化行政审批制度改革，制定《全市重大投资项目审批跟踪督查办法》《扬州市重大项目审批绿色通道实施办法》，重大项目审批绿色通道机制初步形成；推进投资项目并联审批制度改革，制定基本建设项目并联审批实施方案；加快街道（乡镇）、社区（村）两级便民服务中心建设，"一站式"服务全面推开。完善公共财政体系，根据市区区划调整情况，制定市区财政管理体制调整方案，明确收入级次，完善分成办法；加大财政综合预算改革力度，实施全口径预算规范管理；加强财政预算绩效管理，将预算绩效管理与部门预算编制有机结合，提高财政资金运转效率。推进事业单位改革，落实省委、省政府关于分类推进事业单位改革的实施意见，按照"政事分开、管办分离、分类指导"原则，基本完成事业单位清理规范工作，通过"撤、并、转"，清理和精简原有事业单位机构编制，事业单位由2821家精简到2594家。 （陈 武 陈 岗）

■**农村综合配套改革** 完善统筹城乡发展体制。制定《2012年扬州市城乡一体化发展工作意见》，推动产业、用地、建设、环保"四规融合"；完成《扬州市城市总体规划（2012－2020）》，启动江都、广陵融合地带（简称江广融合地带）发展规划；启动市区被征地农民转接城镇职工基本养老保险以及市区民生福利"同城同步同标"等工作；加快城镇化步伐，城镇化率59.4%。加强农村综合配套改革，江都区被列入全国农村改革联系点和江苏农村改革试验区；江都农村商业银行创新实施农村林权抵押贷款和农村集体土地承包经营权抵押贷款，增强金融机构服务"三农"（农业、农村、农民）能力；全面开展土地承包经营确权登记试点工作，21.7万户农户签约；创建示范农村土地流转交易服务所（中心），全年流转土地11.93万公顷，流转率56%。深化小城镇发展改革。实施江都区小纪镇省经济发达镇行政管理体制试点改革，高邮市、杭集镇、邵伯镇等城镇入选第三批全国发展改革试点城镇；完成改革试点方案编制工作，开展转变政府职能、创新管理体制、扩大管理权限、转变发展方式、激发要素活力等方面探索并取得初步成效。

（陈 武 陈 岗）

■**创新社会管理体制** 深化社区管理体制改革，以社区为平台，以社会组织为载体，以社会工作专业人才为骨干，深化"三社联动"改革；推广社区党委、居委会、工作站、邻里中心"四位一体"社区治理模式，社区"网格化"管理服务模式基本形成；开通"民意绿色通道"，构建网上社区居委会、便民服务网等信息化平台，加快推进基层民主自治进程。加强社会组织培育发展。出台政府购买社会组织服务实施办法和加快社区公益创投项目建设的意见，开展政府购买社会组织服务项目申报工作，开工建设市社会公益创投中心（社会组织培育孵化基地）。至年底，全市有各类社团1299个，会员50万人次，成为政府公共服务的有力补充。深化行业协会和中介组织改革。实行行业协会评估制度，市工程造价管理协会、市房地产协会、浙江（温州）商会等6家协会、商会被评为省AAAAA级社会组织；市牙刷协会升格为省级牙刷行业协会；市发改委等部门联合开展全市市场中介组织调查，提出深化审计、评估、鉴定、咨询等市场中介机构改革建议。 （陈 武 陈 岗）

■**国有资产管理体制改革** 完善国有资产管理体制，建立健全国有企业负责人经营业绩考核办法，强化国有资产产权登记、资产评估、产权转让管理工作，新组建国有企业监事管理服务中心，出台《扬州市国有企业监事会暂行办法》等，为国有资产保值增值提供制度保障。国有资产兼并重组取得新突破。推动亚星客车股份公司、商用车公司等亚星集团所属子企业向山东潍柴动力股份有限公司进行资产划转，成立潍柴（扬州）亚星汽车有限公司；加快扬农化工集团有限公司（简称扬农集团）与中化国际（控股）股份有限公司（简称中化国际）、联环药业集团与永泰投资股份公司战略合作，优化股权结构。扶持民营企业发展。市经济和信息化委员会（简称市经信委）、市商务局等部门出台《关于进一步改善当前小型微型企业融资环境的政策意见》《关于推进工业民营企业加快上市做大做强行动计划》，促进民营中小企业发展。

（陈 武 陈 岗）

■**资源要素配置改革** 资本市场建设取得新突破。全市发行化工园区、扬子江集团、江都鑫源、市城建控股、仪征城投以及中小企业集合债等6只企业债券；出台《扬州市创业投资引导基金评审办法》《扬州市创业投资引导基金操作办法》，争取省级创业投资引导基金8000万元，配套设立1.6亿元市创投引导合作基金。完善人力资源市场建设。开展大学生创业园试点工作，完善大学生创业服务体系；推进"绿扬金凤计划"、人才强市"双百千万"行动计划（每年引进、培养百名高层次领军人才、千名支柱产业发展急需的专业技术人才、万名以上全市各行业发展急需的储备人才），设立市高层次人才管理服务中心，引进各类高层次人才1.12万人，高层次产业领军人才和高技能人才引进服务机制基本形成。提高土地资源节约集约利用水平。开展城镇建设用地调查和万企用地效益评估，盘活存量土地资源；成立市土地储备中心，加大"城中村"改造和土地储备工作力度，建立收储、出让、调控和融资"四位一体"运行机制。推进资源环境价格改革。实施居民生活用电阶梯电价制度；启动公路客运价与成品油价格联动机制；淘汰落后产能，完善生活垃圾处理、污水处理和工业废弃物处置等收费标准。

（陈 武 陈 岗）

■**社会事业领域改革** 健全社会保障体系，扩大社保覆盖面，城镇职工、城乡居民养老和医疗保险参保率均达98%以上;推进城乡居民养老保险与城镇企业职工养老保险制度转接;实施社会保障服务标准化工程,依托基层公共就业服务平台,开展"15分钟社会保障服务圈"建设,社保信息化建设水平逐步提高。深化医药卫生体制改革,全市职工、城镇居民医保和新型农村合作医疗（简称新农合）参保率、参合率均达98%以上;新农合和城镇居民医保政府补助标准提高到每人每年240元; 职工医保、城镇居民医保和新农合政策范围内住院费用支付比例分别达82%、70%和75.5%; 开展医保支付方式改革,加大救助资金投入,建立多渠道补偿机制;完成基层医疗卫生机构债务清理化解工作;推进仪征市县级公立医院改革以及市第二人民医院、市妇幼保健院等市级公立医院改革试点。深化文化体育教育体制改革。探索文化体育社会事业"管办分开"改革,整合市直职业教育资源,完善"政府主导、部门协办、社会参与、市场配置"的行业培训体系。（陈武 陈岗）

■市级重点项目建设 2012年,市政府下达当年投资1亿元以上的重点建设项目投资计划200项,年度计划投资1001亿元; 年内实际开工176项, 开工率88%, 完成投资1003.9亿元。其中,农林水利项目计划5项,年度计划投资18.8亿元,全部开工,实际完成投资20.7亿元;工业项目计划86项, 年度计划投资473.24亿元,实际开工79项,完成投资437.62亿元; 现代服务业项目计划58项,年度计划投资125.45亿元,实际开工46项,完成投资101.7亿元; 城建及生态环保项目计划24项,年度计划投资259.82亿元,实际开工23项,完成投资339亿元;综合交通项目计划12项, 年度计划投资58.5亿元,实际开工11项,完成投资58.99亿元; 能源项目计划7项,年度计划投资50亿元, 实际开工5项,完成投资37.6亿元;社会事业及民生项目计划8项, 年度计划投资14.94亿元,实际开工7项,完成投资8.26亿元。（许业柱）

■能源工作 成品油供应。2012年,全市销售成品油90.4万吨, 其中汽油36.7万吨、柴油53.7万吨。制定和完善各项规划,引导能源产业和市场合理布局。10月20日,《扬州市建设国家新能源示范城市规划》通过国家能源局组织的专家评审,扬州市成为江苏省首家通过新能源示范城市发展规划国家评审的城市。完成《扬州市分布式光伏发电规模化应用示范区实施方案》《扬州市农村加油点发展规划(2011－2020年)》编制。优化全市热电联产规划,合理布局全市分布式能源系统。推进能源重大基础设施项目。江苏华电扬州发电有限公司(9F)天然气-蒸汽联合循环发电项目取得国家能源局同意开展前期工作的批复。扬州第二发电有限责任公司三期工程项目完成国家"上大压小"所需的小容量收购工作,10月18日上报国家能源局申请开展前期工作。江苏华电仪征3×200兆瓦级燃机热电联产项目全面投产。扬州供电公司500千伏扬州西输变电工程项目投入运营,500千伏扬州北输变电工程项目取得国家能源局同意开展前期工作的批复。2012年,全市完成电网投资16.39亿元（国网投资14.08亿元、省网投资2.31亿元),累计投产220千伏变电容量 72万千伏安、线路 371.79千米,累计投产110千伏变电容量26.3万千伏安、线路117.51千米。中石化"川气东送"工程11月开工建设,中石化江苏江北成品油管道扬州段工程11月29日开工建设。推动"三争"工作,为企业争取补助资金。扬州经济技术开发区10.1兆瓦太阳能光伏示范发电项目被纳入国家2012年"金太阳"示范工程, 争取国家项目补助资金5500万元; 扬州电力设备修造厂超（超）临界火电机组及核电站用阀门驱动装置产业化项目获国家能源局批准立项,争取国家补助资金820万元。（陆扬）

■县（市、区）社会发展综合评价 2012年,市发改委、市统计局修订原《扬州市县(市)社会发展水平综合评价方案》。按照新的《扬州市社会发展水平综合评价方案》, 对全市各县(市、区)社会发展评价体系5个方面35项指标进行评估测算。经市社会发展水平评价专家组评审,2011年,各县(市、区)社会发展综合指数分别为广陵区82.47、邗江区81.45、仪征市76.09、高邮市76.09、宝应县75.92、江都区74.35。（潘涵）

■争取中央和省社会事业投资项目 2012年, 扬州市争取到国家发改委中央社会事业投资项目30个、资金6870万元, 争取到省发改委财政专项投资项目4个、资金40万元。（潘涵）

■城乡一体化发展 推动沿江（长江)地区率先融合发展。实施沿江地区融合发展行动计划,优化重大基础设施和产业布局,推进沿江各城市组团之间及沿江各区域内部的融合。谋划和推动江广融合地带建设。

壮大县域经济。实施沿江地区率先基本实现现代化行动计划和沿河（京杭大运河）地区加速崛起行动计划。争取苏北地区省财政转移支付政策支持,高邮、宝应两地开发区被列入省南北共建园区范围。

优化镇村环境。新(改)建农村公路230千米、危桥100座,区域供水实现全覆盖,乡镇污水集中处理设施覆盖率100%,全市城镇化率59.4%。全面启动新一轮"绿杨城郭新扬州"三年行动计划,新增造林5873公顷。全市全面实现秸秆禁烧,秸秆综合利用率85%以上。空气优良天数323天。无害化卫生户厕普及率苏中第一。实施"美好城乡建设行动",开展农村河道、河塘疏浚整治,完成"六路一边"(瘦西湖景区至扬州泰州机场、火车站至仪征汽车工业园、润扬大桥至新城西区、扬州泰州之间主要连接线、市区环城高速、宁启铁路扬州段沿线, 扬州泰州机场及机场高速周边)村庄整治任务,新创省三星级"康居乡村"60个、市级"优美乡村"10个, 村级便民服务中心实现全覆盖。扬州市通过"国家环境保护模范城市"复核,在苏中、苏北地区率先通过国家生态市评审。

提升城乡社会化服务水平。建设充分就业城市，新增城镇就业6.81万人，转移农村劳动力4.43万人，城镇登记失业率2.42%。建设“金保工程”就业信息系统、“镇镇通”、扬州就业网、“就业e图”、数字电视就业频道等信息工程，“15分钟就业服务圈”基本形成，向社会提供全方位、全天候的就业信息服务。全市村级公共就业服务平台覆盖率100%，“就业e图”获国家工业和信息化部创新应用奖。提升社会保障水平，城乡居民养老保险参保覆盖率99.2%，基础养老金领取率99.7%，社区(村)居家养老服务中心实现城镇全覆盖、农村覆盖率60%。开展市区被征地农民转参城镇社会保险工作，被征地农民社会养老保险覆盖率96.4%，新增被征地农民即征即保率100%。城镇职工、城镇居民基本医疗保险政策范围内住院支付比例分别达82%、70%。新型农村合作医疗(简称新农合)人均筹资标准提高到300元，覆盖率99%以上。全市实现惠民殡葬政策全覆盖。市区(不含江都区)城乡低保实现一体化。医改主要工作任务和基层医疗卫生机构债务化解工作基本完成，乡村卫生机构一体化管理基本实现。社区卫生服务中心(乡镇卫生院)达标率97.1%。统一新农合补偿政策，参合农民政策范围内住院补偿比例75.5%。人口计生信息系统村级终端覆盖率99.7%。推进城乡公共文化服务设施均衡发展，建成乡镇达标文体站91个、村文体室(农家书屋)1124个，新建村级文化广场300个，开展文体惠民活动。全市创成江苏省教育现代化建设先进县(市、区)2个。农机社会化服务水平提升。

推进“三农”工作。落实惠农强农政策。全年粮食总产量308.3万吨，实现“九连增”。新增设施农业8933公顷、设施渔业3600公顷，新增高标准农田1000公顷。县级以上农业龙头企业销售收入、利润分别增长23.3%、20%。推进村级“四有一责”(有持续稳定的集体收入、有功能齐全的活动阵地、有先进适用的信息网络、有群众拥护的“三强”(经济发展能力强、民主法制素质强、促进和谐本领强)带头人，强化村党组织领导责任)建设，建成村级标准厂房92.6万平方米。新建市区“菜篮子”基地166.67公顷。推进万顷良田建设工程试点，完成土地整治2666.67公顷。经工商登记的农民专业合作社发展到3581个。高效设施农业保险保费收入2780万元，占农业保险总保费收入的14.2%，主要种植业参保率95%。粮食、供销、气象、农业科研在“三农”工作中发挥重要作用。 (吉爱平)

国土资源管理

■概述 截至2012年12月31日，全市土地总面积65.91万公顷，其中耕地面积33.04万公顷(含可调整地类面积4.63万公顷)、园地面积0.43万公顷、林地面积0.25万公顷、草地面积0.08万公顷、城镇村及工矿用地面积10.31万公顷、交通运输用地面积2.79万公顷、水域及水利设施用地面积18.32万公顷、其他土地面积0.69万公顷。

全市有矿产资源15种，其中已探明储量的12种。石油、天然气储量居全省首位；建筑用玄武岩主要分布在仪征和高邮天山一带，建筑用砂及鹅卵石(雨花石)在仪征丘陵地区广泛分布；地热资源禀赋与开发条件优越，可采储量3万立方米/天。

(卞大亮)

■耕地资源保护 3月，市政府召开全市国土资源工作会议，表彰国土资源目标管理先进单位、耕地占补平衡贡献奖单位、土地执法模范县(市、区)，与各县(市、区)政府(管委会)签订国土资源目标管理责任状。

2012年，全市土地复垦开发整理新增耕地1752.26公顷。其中，完成耕地占补平衡补充耕地项目319个，新增耕地1185.70公顷；完成市以上投资土地整理项目16个，新增耕地566.56公顷。全市获批万顷良田建设工程7个，建设总规模9295.68公顷；2012年在建万顷良田建设工程项目5个，完成投资13.6亿元，整治土地2792.07公顷，新增耕地362.69公顷。全市完成城乡建设用地增减挂钩复垦项目201个，新增农用地425.25公顷，新增耕地419.21公顷。全市组织开展基本农田划定工作，落实基本农田27.05万公顷，建设高标准基本农田2.8万公顷。2012年，扬州市被国土资源部评为全国“保发展保红线”2011年行动成效显著单位。 (卞大亮)

■土地利用计划与执行 2012年，全市争取用地指标2211.53公顷，其中国家重点工程用地指标180公顷、国家下达计划指标417.33公顷、点供返还计划指标348.13公顷、独立选址计划指标389.93公顷、增减挂钩计划指标290公顷、万顷良田转用

2012年扬州市获批土地点供和独立选址项目情况表

表23-1

地区	点供项目		独立选址项目	
	项目数(个)	农用地转用计划(公顷)	项目数(个)	农用地转用计划(公顷)
合计	**30**	**348.13**	**18**	**389.93**
广陵区	3	31.93	0	0
邗江区	5	56.06	5	18.2
江都区	5	45.27	2	30.6
扬州经济技术开发区	5	44.67	0	0
宝应县	2	23.47	2	10.6
仪征市	6	89.93	5	163.4
高邮市	4	56.8	4	167.13

(卞大亮)

计划指标52公顷、工矿废弃地计划指标83.34公顷、调整盘活与老区等专项计划指标19.2公顷、盘活存量土地431.6公顷。全市报国土资源部、省政府批准征收土地2574.27公顷,其中农用地1586.2公顷;报国务院批准征收土地362.13公顷,其中农用地178.4公顷。全市征收土地面积中,邗江区占13.9%,广陵区占13.4%,扬州经济技术开发区占4.3%,江都区占20.1%,高邮市占19.7%,仪征市占16.2%,宝应县占12.4%。

（卞大亮）

■土地供应 2012年,全市供应土地2277.33公顷,比上年增长15.7%。其中,出让土地1644.36公顷,增长4.74%;划拨土地631.03公顷,增长33.25%;租赁用地1.94公顷,下降73.67%。全市供应的各类用地中,商业服务业用地220.58公顷,下降18.91%;住宅用地677.41公顷,增长10.19%;工矿仓储用地923.78公顷,增长3.6%;公共管理及公共服务用地119.27公顷,增长75.61%;交通运输及其他用地336.29公顷,增长175.6%。（卞大亮）

■土地市场 全市出让土地1644.36公顷,比上年增长4.74%,合同出让金217.16亿元。其中,招标、拍卖、挂牌出让土地1512.92公顷,增长3.52%,合同出让金176.14亿元。市区(不含江都区)出让土地671.22公顷,比上年增长5.89%,合同出让金157.89亿元。其中,招标、拍卖、挂牌出让土地577.28公顷,比上年增长1.06%,合同出让金117.39亿元。招标、拍卖、挂牌出让土地中,商业、住宅等经营性房地产开发用地237.45公顷,比上年增长4.2%,合同出让金86.34亿元。全市出让工业用地906.62公顷,比上年增长5.34%。其中,市区出让工业用地262.84公顷,增长13.51%。市区土地二级市场全年成交地块5171宗,比上年下降5.35%。（卞大亮）

■土地节约集约利用 开展全市城镇建设用地现状调查,并在此基础上,以2011年12月31日为时点,开展万企用地效益评估活动,收集30个行业、6300家工业企业的用地规模、容积率、投入产出、税收等信息,逐区域、逐行业分析评估、排序,形成较为完整的全市工业企业用地效益资料。

推进土地节约集约模范县(市、区)创建工作。江都区创成省土地节约集约模范区。扬州市全年实际盘活存量土地431.6公顷,比上年增长24%。各地新建标准厂房95万平方米,其中四层以上高标准厂房45万平方米。广陵区获评全省高标准厂房建设先进区。

6月21日,国土资源部将扬州确定为全国构建土地管理“新格局”试点;8月,江都区获批成为全省首批5个全国工矿废弃地复垦利用试点之一。（卞大亮）

■土地储备和“城中村”改造 土地储备。2012年,市土地储备中心新增收储土地18宗75.39公顷,年末储备库存土地105宗484.4公顷(不含城中村地块)。全年支付收购款项4.68亿元,垫付各区“城中村”改造启动资金7.8亿元,融资抵押土地83.47公顷,年末贷款余额13亿元,比上年增长48.74%。

市区(不含江都区)改造“城中村”地块15个,总面积137.07公顷,拆迁1766户村(居)民房屋建筑面积54.8万平方米。（卞大亮）

■国土资源执法监察 2012年,扬州市加强土地执法动态巡查,遏制违法违规用地。市国土部门全年下发行政处罚决定18件,责令退还土地31.31万平方米,责令拆除建筑3000平方米,罚款210.41万元。

办理涉土涉矿人民来信265件,比上年下降38.09%;接待群众来访138批次417人次,分别比上年下降41.53%和27.18%。（卞大亮）

■土地登记发证 2012年,市区(不含江都区)土地发证1.99万本,比上年下降8.86%。办理土地抵押登记615宗,增长35.46%。集中解决2011年底前已实施征收、拆迁项目腾仓过渡期满未安置和拆迁安置房交付后房产证、土地证未发放问题,为64个小区5.15万套政策性住房补发土地证。（卞大亮）

■矿产资源开采 2012年,全市有矿山企业91家(含江苏油田)。其中,国土资源部发证石油企业1家,省国土资源厅发证地热、矿泉水企业8家,县级国土部门发证砖瓦企业82家。境内年开采原油98.4万吨,比上年增长5.8%;年开采黏土198.88万吨,与上年持平;年开采地热水36.5万吨,增长23.5%。全年矿业销售收入43.48亿元,增长14.1%。

（卞大亮）

■规范矿业权市场 2012年,扬州市按照建立矿业权有形市场的要求,规范矿业权交易行为,实现全市采矿权出让由县级交易平台向市级统一交易平台平稳过渡。至年底,全市出让采矿权78宗,收取采矿权价款252.39万元,收取环境治理保证金78万元。全年征收入库矿产资源补偿费2600多万元(含江苏油田)。省国土资源厅返还市级矿产资源补偿费683万元,比上年增长28.3%。

（卞大亮）

■地质灾害防治和矿山环境整治 2012年,市区(不含江都区)以及各县(市)、江都区地质灾害防治规划完成编制并通过省国土资源厅专家评审。仪征、高邮建成国土资源部地质灾害群测群防“十有县”(“十有”即有组织领导机构,有地质灾害防治规划、应急预案和预防预警风险台账,有稳定的经费渠道,有落实到人的监测体系,有负责地质灾害的联络员,有排查巡查报告决策等制度,有宣传画、警示牌,有地质灾害气象预报,有简易报警器材,有对相关人员的培训)。组织申报和实施仪征市龙山特大型地质灾害治理项目,争取国家财政补助资金1000万元。组织申报和实施废弃砂石治理项目,推进全市土地质量生态地球化学调查和等级评价成果应用。（卞大亮）

■**创建“中国温泉之城”** 全市有勘探成井的地热井12口，井口水温38～74摄氏度；其中已开发利用地热井6口,主要用于温泉洗浴和供热供暖。推进蜀冈-瘦西湖风景名胜区、宝应生态园、高邮马棚度假村、仪征枣林湾和谢集乡等温泉勘探开发项目。

5月9日,市政府向江苏省国土资源厅、国土资源部申报创建“中国温泉之城”。编制《扬州市地热资源勘查与开发利用规划》《扬州市温泉旅游产业发展概念性规划》《扬州市地热资源管理办法》。11月6—7日,国土资源部专家组到扬州考察。12月12日,国土资源部命名扬州市为“中国温泉之城”。 （卞大亮）

国有资产监督管理

■**概述** 2012年，市政府国有资产监督管理委员会（简称市国资委)履行出资人职责的11家资产经营（集团)公司实现营业收入180.18亿元,比上年增长7.60%;实现利润11.17亿元，比上年略有增长；上缴税金8.7亿元，足额上缴国有资本收益1374万元。年末,市属监管企业资产总额523.68亿元、净资产253.62亿元，分别比上年增长34.17%、48.09%。

整合市属金融资产资源,组建扬州市现代金融投资集团;将扬子江集团、交通产业集团、教育投资集团和保障房公司国有股权划转到城建控股集团,实现企业低成本融资,形成融资规模的集聚效应。扬农集团下属江苏瑞祥化工有限公司二氯苯项目、江苏联环药业集团有限公司(简称联环药业集团)羊胎素系列生产线改造项目等一批重点项目相继建成。城建控股集团全年融入资金49.52亿元,工艺美术集团发行江苏省首只文化创意中小企业集合票据1亿元。

全年新办产权登记项目44个，完成国资评估备案管理项目14个。完成联环药业集团44.2%的股权转让(转让价格为3.9亿元),支持江苏省扬州汽车运输集团公司投资扬州宝扬客运有限公司,支持扬州教育投资集团将原扬州环境资源职业技术学院相关资产划入南京邮电大学通达学院。

面向市国资委系统公开选拔市属监管企业总经理助理2人。全年调整、充实企业(含子公司)领导38人次。在浙江大学举办“企业创新发展与转型升级”主题培训班、提升企业管理水平研修班，培训国企领导人员、后备干部及财务负责人,提升企业管理水平。 （王忠杰）

■**企业产权管理** 截至2012年底,全市有国有产权登记企业248家(其中监管企业122家)，其中一级企业126家、二级企业91家、三级企业31家。122家监管企业中,一级企业14家,国有资本总额105.49亿元;二级企业79家，国有资本总额36.03亿元；三级企业29家，国有资本总额4.48亿元。监管企业国有资本占全部实收资本的92.71%。全年办理资产评估备案项目14个，评估前后资产总额分别为13.99亿元、23.18亿元,增值9.19亿元,增值率65.69%;评估前后净资产分别为4.26亿元、13.45亿元,增值9.19亿元,增值率215.73%。全年在市产权交易中心完成国有产权交易5宗,转让成交金额5.91亿元。 （王 伟）

■**城建控股集团发行债券** 根据《市属监管企业债券发行管理暂行办法》,经市国资委批复同意,城建控股集团先后5次通过银行发行债券,融资规模67亿元，其中资产支持票据15亿元、非公开定向债务融资10亿元、短期融资42亿元。 （王 伟）

■**业绩考核** 执行《扬州市市属企业负责人经营业绩考核和薪酬管理意见》及《扬州市市属国有企业负责人经营业绩考核暂行办法》,对2011年度列入考核的12家生产经营性公司和管理服务性公司进行考核。生产经营类公司主要考核利润总额、净资产收益率和成本费用利用率等主要经营业绩考核指标,管理服务类公司侧重考核化学需氧量削弱总量、水质综合合格率等指标。经考核，确定2011年度A级企业1家、B级企业8家、C级企业3家。

市国资委创新业绩考核办法,优化考核评价体系,业绩考核工作由制度化、规范化向科学化、精准化推进。强化业绩考核导向和约束作用。以业绩考核工作为抓手，实施精准考核，反映国资公司经营效益和实际绩效，落实企业负责人国有资产保值增值责任,推动企业发展。设定考核指标时注重反映企业发展情况,激发企业活力,引导企业夯实发展基础,转变发展方式,提升发展质量,实现企业做大做强。实行“一企一策”,针对不同的企业性质、经营状况和主业特点,突出发展指标、效益指标和税收贡献等指标的考核,反映各企业的经营效益和社会效益以及对扬州市经济和社会发展的贡献度。

（赵 蓓 徐根亮）

■**中介机构考核** 完善《中介机构聘用管理办法》和《中介机构评分细则》，提升企业财务决算审计和财务管理水平，促进国有企业科学发展，强化国有资产监管,维护出资人合法权益。把好中介机构考核“入门关”“中标关”“考核关”“淘汰关”,提升中介机构的服务意识,建立中介机构审计质量评比和淘汰机制,规范中介机构审计行为,确保国有企业年度财务审计质量。10月底,组织召开由市财政局、市审计局和市纪委相关人员及中介机构代表组成的专业评审小组会议，对从事2011年度国有企业财务年报审计的9家会计师事务所工作情况进行评审打分。 （赵 蓓）

■**国有资产统计年报** 12月，组织召开全市国有企业统计年报工作部署会议。经统计、会审,2011年,扬州市有国有企业135家,其中市国资委出资企业86家、各县(市、区)监管企业38家、非监管企业11家。扬州市市属国有企业2011年末资产总额395.83亿元，其中负债总额225.67亿元、所有者权益170.16亿元;2011年实现营业总收入172.47亿元,实现利润总额11.29亿元、净利润9.18亿元。 （赵 蓓）

■ 国有企业改革与发展 市国资委强化国有资产和国有企业改革，推进中化国际与扬农集团的战略合作，签署第二步合作备忘录，合计到账资金18.5亿元。参与组建现代金融投资集团，做好有关资产的划转工作。实施扬州新材房产开发中心增资扩股；扬农化工集团有限公司投资2亿元设立江苏瑞盛新材料科技有限公司，投资1000万元设立新加坡有限公司；江苏省扬州汽车运输集团公司投资扬州宝扬客运有限公司项目，优化资源配置。 （陈晓东）

工商行政管理

■ 内资企业登记监督管理 2012年，全市新增内资企业598家、注册资本（金）50亿元，分别比上年增长25%、33%。截至12月底，全市内资企业总数8666家，比上年增加112家，增长1.3%；注册资本（金）1111.96亿元，比上年增加147.2亿元，增长15%。

新开业内资企业规模缩小，平均每家企业注册资本1578万元，比上年下降47%。

内资企业中，公司保持稳定发展势头。截至12月底，全市有内资公司4464家，注册资本965.2亿元，分别比上年增长8%和17%。从行业发展来看，批发和零售业、金融业、制造业发展较快，分别有公司1310家、799家和365家；从产业结构来看，第一产业有公司80家，第二产业有公司725家，第三产业有公司3659家。

全市内资企业中，第一产业企业165家，注册资本2.3亿元，分别占内资企业的1.9%、0.2%；第二产业企业1739家，注册资本318.4亿元，分别占内资企业的20.1%、28.6%；第三产业企业6762家，注册资本791.3亿元，分别占内资企业的78.0%、71.2%。 （蒋　斌）

■ 私营企业登记监督管理 2012年，全市新增私营企业1.58万家，比上年增长10.7%；新增注册资本金411.8亿元，比上年下降31.9%。全年新增注册资本金1亿元以上有限公司（含增资）203家，新开工1亿元以上项目122个（其中10亿元以上项目30个）。

至年底，全市私营企业总数5.98万家，其中有限公司3.96万家、个人独资（合伙）企业1.97万家，分别占私营企业总数的66.3%和33%。私营企业中，第一产业企业1679家、第二产业企业2.78万家、第三产业企业3.04万家，分别占总量的2.8%、46.4%、50.8%，其中第三产业企业比例比上年提高1.84个百分点。 （蒋　斌）

■ 外资、港澳台资企业登记监督管理 2012年，全市新增外商、港澳台商投资法人企业182家，投资总额40.7亿美元，注册资本25.1亿美元，外方、港澳台方认缴额23.2亿美元，分别比上年下降10.3%、7.4%、5.4%、1.9%；新增外商、港澳台商投资企业分支机构53家、外国企业常驻代表机构1家。截至12月25日，全市有外商、港澳台商投资企业2051家，投资总额290.3亿美元，注册资本170.3亿美元，外方、港澳台方认缴额142.1亿美元（含省工商局登记）。

12月5日，扬州市第一家外商、港澳台商投资性公司永丰余工纸（扬州）投资有限公司（注册资本3000万美元）设立。

全年新增注册资本1000万美元及以上外商、港澳台商投资企业法人71家，投资总额35亿美元，注册资本21亿美元，分别比上年下降15.5%、2.3%、0.2%；外方、港澳台方认缴额19.3亿美元，比上年增长4.3%。

外商、港澳台商独资化趋势明显。全市新增外商、港澳台商独资企业法人142家，占新增外商、港澳台商投资企业法人总数的78%，占比比上年上升近4个百分点。

全市注销外商、港澳台商投资企业128家。20家外商、港澳台商投资企业法人办理清算组备案手续，进入企业清算流程。 （蒋　斌）

■ 扬州市首家跨境人民币投资企业设立 11月16日，由香港客商凌蓓蓓独资设立的扬州芘亚诺乐器有限公司落户邗江区杨寿镇，投资总额1.15亿元，注册资本6300万元，主要从事钢琴乐器产品的生产与研发。该企业是商务部2011年10月出台《关于跨境人民币直接投资有关问题的通知》后，扬州市首家以境外人民币投资设立的外商、港澳台商投资企业。 （蒋　斌）

■ 商标登记监督管理 2012年，全市新申请注册商标6464件，商标注册总量2.77万件。“英泰及图”“仙娥”“邮王及图”“华南”“兴洋及图”“万金及图”“KELING及图”“陆琴脚艺”“亲亲”“天雨”等10件商标被国家工商行政管理总局商标局认定为驰名商标。新认定省著名商标34件、市知名商标107件；重新认定省著名商标42件、市知名商标83件。新申请商标国际注册104件。办成商标专用权质押贷款19笔，实现融资5.3亿元。截至年底，全市有行政认定驰名商标34件、著名商标230件、知名商标488件。围绕特色产业，新申报地理标志9件，认定市级品牌培育基地1个。

2012年，全市工商系统开展打击侵犯知识产权和制售假冒伪劣商品、重点商标保护、重点品牌异地维权、商标印制企业专项检查等专项执法活动，查处侵权和假冒伪劣商品案件565件、案值1324.3万元，罚没586.4万元，移送司法机关案件10件、涉案人员9人。 （蒋　斌）

■ 广告监督管理 2012年，全市有广告经营单位770家，比上年增长8.7%，其中国有企业74家、国有事业单位15家、集体企业8家、私营企业599家、个体工商户74家。全年广告经营额3.6亿元，比上年增长7.9%。其中，医疗服务广告经营额5948万元，占全部广告经营额的16.7%；药品广告经营额5007万元，占14%；房地产广告经营额4845万元，占13.6%。

组织全市广告经营单位选送73件作品参加江苏省第18届优秀广告作品评选，获金奖3个、银奖4个、铜奖9个。全年有3人取得广告师资格证书。

理顺扬州市区户外广告登记管理体制,将市区户外广告登记权统一下放到各工商分局。探索户外广告登记备案工作,采取书式检查与实地检查相结合、登记与备案相结合等方式,规范户外广告登记管理。全年登记户外广告478件,备案373件。开展机场高速公路沿线户外广告调查摸底和户外广告"示范一条街"创建活动。

工商部门全年受理媒体虚假违法广告举报投诉39件,其中职业举报20件、一般消费举报19件,通过举报线索查办案件10件。

全市查处广告违法案件283件,罚没入库130.1万元,分别比上年增长119.4%、46.9%。按违法行为主体划分:广告主违法案件147件,占51.9%;广告经营者违法案件42件,占14.8%;广告发布者违法案件72件,占25.4%;其他违法案件22件,占7.8%。按违法媒介划分:户外广告案件205件,占72.4%;电视广告案件10件,占3.5%;报纸广告案件7件,占2.5%;印刷品广告案件17件,占6.0%;其他广告案件44件,占15.5%。按违法类别划分:食品广告案件19件,占6.7%;房地产广告案件37件,占13.1%;药品广告案件11件,占3.9%;医疗服务广告案件13件,占4.6%;家用电器广告案件10件,占3.5%;服装、服饰广告案件9件,占3.2%;其他广告案件184件,占65.0%。 (蒋 斌)

■合同监督管理 江苏省扬州工商行政管理局(简称扬州工商局)发挥动产抵押登记职能,帮助企业拓宽融资渠道。全年办理动产抵押物登记308件,帮助企业融资22.9亿元,比上年增长6.1%。

加强拍卖企业监管。全年受理24家拍卖企业备案登记142件,备案委托合同161份、成交确认书356份,拍卖成交款2.15亿元。

培育"重合同守信用"企业。新培育各级"重合同守信用"企业145家。截至2012年,全市有"重合同守信用"企业1488家,其中国家级30家、省级89家、市级690家。 (蒋 斌)

2012年扬州市国家级"重合同守信用"企业

江苏科凌医疗器械有限公司
江苏虎豹集团有限公司
江苏江都建设集团有限公司
龙腾照明集团有限公司
江苏西贝电子网络有限公司
江苏兴盛刷业有限公司
扬州曙光电缆股份有限公司
扬州锻压机床股份有限公司
扬州全源灯饰有限公司
江苏长青农化股份有限公司
江苏润华电缆股份有限公司
江苏省华扬太阳能有限公司
三星电梯有限公司
扬州飞鸿电材有限公司
江苏江安集团有限公司
江苏天雨环保集团有限公司
江苏迎浪科技集团有限公司
江苏邗建集团有限公司
高邮市卫星卷烟材料有限公司
高邮声光器材有限公司
江苏扬农化工集团有限公司
江苏天宁建设工程有限公司
江苏博际喷雾系统有限公司
扬州市永春旅游用品厂
江苏扬建集团有限公司
江苏省电力公司扬州供电公司
江苏宝科电子有限公司
江苏兴洋管业股份有限公司
仪征市润扬动力配件有限公司
江苏石油勘探局油田建设处

(蒋 斌)

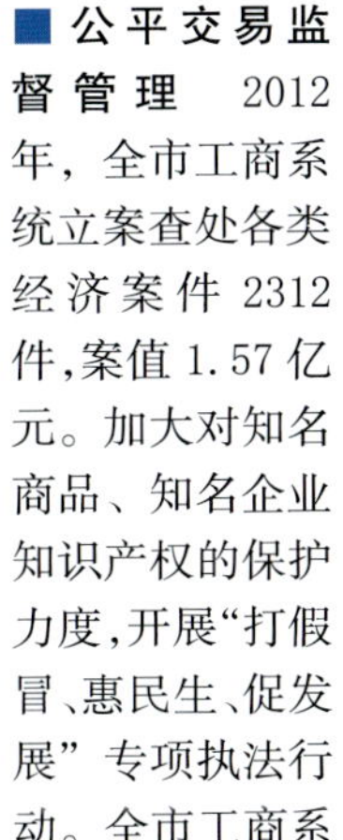

■公平交易监督管理 2012年,全市工商系统立案查处各类经济案件2312件,案值1.57亿元。加大对知名商品、知名企业知识产权的保护力度,开展"打假冒、惠民生、促发展"专项执法行动。全市工商系统出动执法人员5000多人次,检查各类市场主体1.20万个次,组织整治重点区域330处,立案查处侵权假冒案件525件、案值463.5万元,向司法机关移送案件11件;受理消费者申诉举报203件,为消费者挽回经济损失329万元。 (蒋 斌)

■流通环节食品监管 2012年,扬州工商局在流通环节食品监管过程中查处各类案件334件,其中食品质量类案件202件,占案件总数的60.5%。全年出动执法人员1.80万人次,捣毁制假、售假窝点4个,取缔无照经营户75户。

全市组织食品抽样检测4406批次,合格率98.4%,其中乳制品合格率100%。全市新发放食品流通许可证2.26万份。

加强食品安全快速检测工作。构建配备专业场所、专业技术人员和专业设备的检测中心,推行"基层采样、集中检验、分级监管"快检模式。11月27日,扬州市建成食品安全快速检测中心,可快速检测23项食品安全指标。2012年,全市工商系统快速检测食品3969批次,合格率98.9%,责令下架和销毁不合格食品178.5千克。

强化流通领域食品安全监管,开展食品添加剂、食用油、乳及乳制品、生猪及其产品等4个专项整治工作。重点检查经销企业是否违规经营,是否严格落实进货查验管理制度;食品调味料和食品添加剂标签、说明书和包装是否符合法律法规的规定;复合

市区汶河工商所执法人员正在检查学校周边食品安全
日报/供稿

食品添加剂是否在标签和说明书中标识各单一食品添加剂品种的通用名称以及含量。严把乳制品入市关，对检查中发现的无进货凭证、无经销商经营资格、无产品合格检验报告的乳制品，监督停止销售；对未标明厂名、厂址、生产日期或超出保质期的奶粉、鲜奶、奶品饮料，一律下架。全年专项抽检婴幼儿奶粉2250批次，专项抽检乳制品300批次，全部合格。对乳及乳制品市场进行专项整治，出动执法人员6421人次，检查经营户1.06万户次。（蒋 斌）

■受理消费者申诉 2012年，扬州市消协系统受理消费者投诉3879件，比上年增长26.2%。其中，商品类投诉2938件，占投诉量的75.7%；服务类投诉941件，占投诉量的24.3%。投诉内容涉及质量问题的1525件，占投诉量的39.3%。调解成功3813件，成功率98.3%。

商品类投诉热点集中在百货类，服务类投诉以电信服务类居多。

（蒋 斌）

■市场监督管理 2012年，扬州工商局开展证照管理、环境卫生、消费安全等项目专项检查，查处商品交易市场违法案件45件，比上年增长15%。扬州商城、五亭龙国际玩具礼品城、银河电子城等3个市场被授予国家级“文明诚信市场”称号，扬州工商局被国家工商总局表彰为“诚信市场创建活动先进单位”。由扬州工商局牵头完成的市区农贸市场三年升级改造工程被省委宣传部、省监察厅、省工商局和省放心消费创建活动办公室列入“2012年全省放心消费创建百件惠民实事”。

成品油市场监管。全年检查加油站350个次，监测（抽查）成品油17次，规范经营秩序。

棉花市场监管。根据《关于我省200型棉花加工企业延期退出市场相关问题的通知》，扬州市对棉花加工企业资格进行审查，取消部分企业延期经营资格。截至2012年底，扬州市有具有棉花加工资格的企业9家，其中200型棉花加工企业7家、400型棉花加工企业2家。扬州工商局通过对棉花加工企业日常经营行为监管，督促企业建立、完善内部管理制度，促进棉花市场有序运行。

粮食市场监管。截至2012年底，全市有具有粮食收购资格的企业430家，其中国有粮食收购企业132家、其他收购企业298家。

农资市场监管。扬州工商局开展“红盾强农惠农示范岗”争创活动，53家基层工商分局（所）“红盾护农工作站”统一制作宣传牌，公示工作流程，规范管理台账，主动问需于民。对全市3823个农资经营网点实施信用分类监管，建成农资经营县级示范店364家、市级示范店113家、省级示范店47家。宝应曹甸农贸市场等5个村镇农贸市场被授予省级农村文明集市创建示范点称号。全年出动4795人次检查全市农资市场，发放宣传资料9370份，查处农资案件40件，罚没款18万元。

汽车市场监管。2012年，扬州工商局加强汽车市场主体准入管理，开展二手车市场综合认定，清理无证、无照“黄牛”交易。全年检查汽车交易市场64个次，检查品牌汽车经销商86家次。（蒋 斌）

■经纪人监督管理 截至2012年底，全市有经纪人8652户（消费品市场6023户、生产资料市场233户、生产要素市场1514户、其他市场882户）、经纪执业人员1.18万人，全年经纪业务量24.75亿元。其中，农业经纪人832户，经纪业务量6.82亿元。全年对25户未在经营场所明示的执业经纪人进行规范。（蒋 斌）

价格监督管理

■概述 2012年，市物价局以“让价格杠杆更给力”为工作主线，健全价格调控机制，固化目标责任，强化生产供应，优化资金保障，加强价格监测引导，查处价格违法行为，居民消费价格指数涨幅2.6%，与全省持平，实现价格调控目标；落实国家、省出台的各项减负收费项目和标准，规范收费行为，落实优惠政策，减轻重大项目、企业和社会负担；合理制定水稻、麦种价格，落实夏、秋粮收购价格政策；推进资源环境价格改革，调整旅游参观景点门票价格，促进公用事业健康发展；加快价格诚信体系建设，改进医疗、教育、商品房等民生价费监管，及时启动困难群众价格补贴机制，维护群众价格权益。

（周兵兵）

■价格调控 落实市政府办公室《关于2012年价格调控目标责任制的实施意见》，细化各地、各部门调控目标分解和职能分工，明确考评方案，形成市、县联动保目标的良好局面。召开由物价、财政、工商、商务、供销等部门参加的市场价格调控联席会议、专业会议和联络员会议，协调重要商品物资的生产、储备、流通和供应。采取调控物价、审慎调价、平抑菜价、稳定房价、管好药价、治理票价、倡导实价、引导定价、规范降价、防止抬价等措施，保持市场价格水平基本稳定、价费环境规范有序，保证价格调控目标的实现。（周兵兵）

■建立市场价格调节基金 2012年，扬州市建立价格调节基金1210万元，其中市级500万元、各县（市、区）710万元，实现价格调节基金市、县两级全覆盖，为发放临时价格补贴、开展价格监测预警、启动保供稳价应急措施提供资金保障。（周兵兵）

■发放困难群众价格补贴 2012年，市政府办公室印发《市区城乡困难群众价格动态补贴资金拨付和管理办法》，明确价格动态补贴的启动条件、适用对象、补贴标准、发放程序和各部门工作职责，简化资金审批流程，提高补贴发放效率。市物价局、市财政局、市民政局、市总工会和国家统计局扬州调查队先后5次启动价格动态补贴机制，发放价格补贴1492.53万元，补贴困难群众12.25万人。（周兵兵）

■平价商店建设 2012年，市物价局利用省级价格调节专项资金，落实水电优惠政策，引导社会力量兴办平价商店，全年新建平价商店29家，其中市区新建25家。至2012年底，全市累计挂牌平价商店75家(市区57家)，其中70家通过省考核验收，累计争取到省级价格调节基金专项补贴535万元。平价商店平价蔬菜经营品种由35种扩大至50种，价格低于市场均价15%以上；平价商品种类由蔬菜类扩大到粮食、食用油、猪肉、鸡蛋和豆制品，价格低于市场均价5%以上。全市平价商店累计销售平价农产品3.05万吨，销售额7318万元，为市民节约开支962万元。

(周兵兵)

■学校食堂伙食费管理 市物价局印发《关于加强市区中小学食堂伙食费管理的通知》，明确学校食堂"自愿就餐、不得外包、不得盈利、不得高价、结余退还"；规定学校食堂财务应单独建账，严禁从食堂伙食费中支出学校教职工福利、津补贴；规定学校食堂伙食费标准由学校根据实际成本自主确定，午餐不得超过7元，住宿生每天三餐不得超过15元，伙食费标准应保持相对稳定，确需提高的应征求学生、家长代表意见。经整顿，市区(不含江都区)公办中小学、幼儿园午餐标准由平均每天10元左右调至不超过7元。市物价部门组织农业生产基地与学校举办"农校对接"洽谈会，降低学校采购成本10%～15%，保证学校食堂"降价不降质"。

(周兵兵)

■医疗收费"巡查会诊" 2012年，市物价局联合市卫生局在市直二级以上医疗机构建立医疗收费"巡查会诊"制度，每季度选择1所市直二级医院作为巡查对象，邀请市民观察团、行风监督员代表及新闻媒体参与巡查，采取自查汇报、走访巡查、抽查清单、集体"会诊"等方式，现场"会诊"医院收费问题，提高医疗收费透明度，规范医疗收费行为。(周兵兵)

■规范涉房价格 市物价局实行商品房销售"一价清""一房一价"等明码标价制度，要求精装修成品房单独标明装修价格。强化新建普通商品房价格备案管理，备案新建普通商品住房41批次130.23万平方米，核减不合理成本8.53亿元。按照建设成本和低收入人群承受能力，确定杉湾花园六期2012年度安置的解危安置房销售基准价为3580元/平方米、联谊南苑2011年度安置的经济适用房销售基准价为3480元/平方米。

(周兵兵)

■试行明码实价 5月1日，市物价局试行明码实价工作，出台《明码实价实施办法》，组织全体执法人员学习培训，通过举办新闻媒体通气见面会、举办零售商业企业培训系列讲座、出版"明码实价"宣传专刊、组织大型广场咨询宣传活动、约谈重点零售企业负责人、召开专题政策提醒会、组织明码实价落实情况回访、开展专项市场检查等举措，推行市区(不含江都区)重点零售商业明码实价，各大中型零售企业基本做到按要求标注商品实价。 (周兵兵)

■"价格诚信单位"创建活动 市物价局组织开展"江苏省价格诚信单位"创建活动，组织市区(不含江都区)120多家政府采购供应商参加创建。通过各县(市、区)初选，市物价局抽查、初审，社会公示，统一考核，全市有65家企事业单位获评2011－2012年度江苏省价格诚信单位。

(周兵兵)

■价格、收费监督检查 市物价局每月组织两次较大规模的市场价格巡查。全年出动200多人次，开展通信市场、眼镜市场、商品房、零售药店、旅游景点、交通运输、停车场、宾馆饭店、农贸市场、商场超市等价格检查以及节日和重大活动期间市场价格检查。对建设、人防、工商等部门被取消的11个收费项目落实情况和公安、教育、医疗收费情况开展专项检查，规范价格和收费行为。

(周兵兵)

■六大领域收费专项整治 市物价局牵头开展商场、物流、银行、电信、教育、涉农等六大领域乱收费专项整治工作，建立联席会议制度，明确治理内容，在6个系统自查自纠基础上，开展收费监督检查，查处违规收费165项，清退违规费款1708.35万元。 (周兵兵)

■化解价格矛盾 市物价局答复"市委书记信箱""寄语市长"咨询、投诉174件，答复率100%。落实网络发言人制度，回应诉求，解决问题。开展行政调解45次，调处车损、物损价格争议。实施价格行政指导49次，促进经营者价格自律。建成"12358"价格举报电话智能处理系统，实现案件处理标准化、即时化、信息化。全年受理信访、举报、投诉747件，实施经济制裁6.85亿元，按时办结率、回访满意率均为100%。 (周兵兵)

■服务重大项目建设 市物价局组织开展"111价格服务年"活动，印发《关于运用价格杠杆服务项目建设的意见》，提供政策服务、减负服务、成本服务、改革服务、推介服务、信息服务、驻点服务、协调服务、维权服务、效能服务等10项服务，挂钩100家重大项目或重点企业。市物价局组成重大工业项目、园区建设项目、重大基建项目、现代服务业项目、高效农业项目等5个工作小组到企业走访、调研价费问题15个，为20多家企业解决水、电、气、垃圾清运、渣土运输等价费难题。 (周兵兵)

■行政事业性收费年审 2012年，市物价局组织开展2011年度行政事业性收费年审、换证等工作，通过查看收费单位票据、账册、财务报表，全面梳理收费项目，清理收费政策，确保收费立项有据、标准无误。全市审验收费许可证2932本，注销245本，核发收费许可证2687本，其中国家机关371本、事业单位1979本、社会团体37本、其他单位300本。

(周兵兵)

■减轻企业收费负担 市物价局编印《扬州市行政事业性收费目录》和国家、省、市关于降低收费标准、取消收费、停止征收等涉企收费政策汇编

3000本,免费向企业和社会发放。开展企业减负专项行动,重点治理企业反映强烈的问题,建立减轻企业负担长效机制,减少收费项目,规范收费行为,全市收费总量趋于下降。实行10亿元以上工业重大项目零收费,免除15个部门42项收费,累计免收1438.68万元。开展小微企业负担情况调查,建立小微企业减负监督机制,全年减轻小微企业负担近1亿元。 (周兵兵)

■扬州经济技术开发区外商投资企业收费减免 市物价局会同扬州经济技术开发区管理委员会,对扬州经济经济开发区外商和港澳台商(简称外商)投资企业实行收费减免政策,缓缴政府性基金8项,减免行政事业性收费16项,减免服务性收费9项。核发外商投资工业企业和省级以上高新技术企业收费优惠证56本,全年少收费1470万元。掌握扬州经济技术开发区入园项目动态,对未办理基金、收费"免缴证"的企业进行提醒告知。 (周兵兵)

■涉农价费监管 推进"涉农收费规范化乡镇"创建工作,梳理涉农收费政策,清理规范涉农收费项目和标准,公布涉农收费目录,落实涉农收费公示工作,发放涉农收费政策宣传资料和农民负担监督卡,检查涉农收费政策落实情况,加强涉农价费监管,全市70%乡镇创成"涉农收费规范化乡镇"。 (周兵兵)

■价格监测预警 市物价局建立价格异动信息监测预警网,制定价格异动信息报告制度,形成价格异动监测机制。做好监测品种的调整、补充和细化,定期分析研判价格形势。全年上报国家、省监测数据4.03万个、监测分析报告201篇,出刊《扬州价格监测》24期。在"扬州物价"网站和数字电视开辟"民生价格公示"专栏,发布"价比三家"72期。扩大蔬菜价格监测品种和范围,从蔬菜田头价监测向菌菇类大棚价、水产品塘头价、外地菜源头价拓展,公布"全程晒价"信息48期。及时发现鸡蛋、大葱、食用油等多起商品价格异动警情,并通过电视、报纸、网络等媒体开展信息引导,稳定群众消费预期。 (周兵兵)

■"扬州物价云"价格信息发布平台开通 7月4日,由市物价局、扬州电信公司联合开发的"扬州物价云"价格信息发布平台开通。该平台设有每日菜价、平价商店、价比三家、房地产价格、药品价格、收费项目、政策法规、价格观察等栏目,方便市民通过手机了解价格政策,查询价格信息。 (周兵兵)

■工业房产交易计税价格认定 市价格认证中心通过采集近5年部分工业用地交易信息,研究确定相关因素价格修正系数,制定工业房产价格认定技术标准,明确工业房产涉税价格认定工作流程,建立涉税价格争议调处机制,逐个认定批量价格以下的计税价格,确定市区(不含江都区)工业房产交易计税基准价格,规范工业房产交易环节税收征管工作,控制人为因素与自由裁量权,维护征纳税双方的正当合法权益和税法的严肃性,减少应税价格矛盾争议。市区(不含江都区)工业房产交易税收比上年增加9062万元,增长52.3%。 (周兵兵)

■涉案财产价格鉴定 2012年,扬州市价格认证中心受理公安、法院、检察院等部门涉案财产价格鉴定与认证业务85件,鉴定金额328万元。其中,刑事案件79件,鉴定金额173.9万元;民事案件3件,鉴定金额105.3万元;行政案件3件,鉴定金额48.8万元。 (周兵兵)

安全生产监督管理

■概述 2012年,扬州市安全生产监督管理局(简称市安监局)加强安全生产责任制和企业安全生产标准化建设,开展安全生产领域专项整治,打击非法生产经营和治理违章专项行动(简称"打非治违"),组织开展安全生产监管执法检查和事故隐患排查治理,营造全社会安全生产宣传教育的舆论氛围,推动落实安全生产属地管理责任、部门监管责任和企业主体责任,全市安全生产形势持续稳定好转。全年发生各类事故868起,死亡380人、重伤467人,经济损失2648万元,分别比上年下降10.2%、1.8%、19.3%、0.23%。其中,工矿商贸企业发生事故21起,死亡24人,经济损失1742.7万元,分别比上年下降16%、7.7%、2%。全市未发生死亡3人以上的较大生产安全事故。经江苏省安全生产委员会考核,扬州市安全生产目标管理工作连续第八年获省优秀等次。 (焦同林)

■安全生产责任制建设 2012年,市委、市政府将事故隐患排查治理和企业负责人、安全管理人员、特种作业人员培训、考核工作纳入"1号文件",每月跟踪督办。市委将安全生产责任制落实情况列为县(市、区)党政正职履职考核指标内容,实行重大安全生产责任事故"一票否决"。1月16日,市政府召开全市安全生产工作大会,总结部署安全生产工作,表彰2011年度安全生产先进单位;市安全生产委员会(简称市安委会)表彰市直安全生产先进单位64家、安全生产先进个人98人、安全生产专家服务工作先进单位5家、安全生产专家服务工作先进个人10人。市政府分管安全生产工作的副市长与10个县(市、区)政府、园区管委会及47家市直有关部门和驻扬单位签订2012年度安全生产目标管理责任书。市政府换届后,调整市安委会、市安委会办公室(简称安委办)组成单位、人员。 (焦同林)

■安全生产标准化工作 市安监局贯彻落实《国务院关于进一步加强企业安全生产工作的通知》精神,根据《企业安全生产标准化基本规范》,按照"政府领导、部门指导、企业负责、典型引领、中介服务"的工作模式,推进企业安全生产标准化工作。组织讲师团巡回讲课,培训、指导安全生产标准化外部评审员和企业内审员1800多人。制作、免费发放《企业安全生产标准化资料》光盘5000多张。

2012年,经企业申请,专门机构外部评审及省、市安监局审核确认,全市有835家规模以上工业企业达到安全生产标准化三级标准,7家企业达到安全生产标准化二级标准。(焦同林)

■安全生产专项整治 2012年,扬州市开展道路交通、消防、危险化学品、烟花爆竹、建筑施工、船舶修造、煤矿、水上交通、农机、职业危害、燃气、特种设备等12个重点行业领域安全生产专项整治。市安委会制定整治方案并明确牵头部门,协调、督查、推进安全生产专项整治工作。在危险化学品专项整治中,按照《危险化学品重大危险源管理规定》界定的范围,对全市79家重大危险源单位87个重大危险源实施危险化学品重大危险源评估分级备案,查处非法生产经营单位、建设单位24家,其中4家被取缔、9家被责令停产停业整顿,罚款46.7万元。在烟花爆竹安全生产专项整治中,重点打击私产、私销、私运、私储行为。督促烟花爆竹批发企业执行《采购市外产品备案管理规定》、《烟花爆竹流向登记通用规范》、信息报送规定;市安监局联合公安、工商等部门印发烟花爆竹合同示范文本,规范烟花爆竹销售。在职业危害专项整治中,将皮革箱包制鞋、铅酸蓄电池、水泥、木制家具、电子产品制造等五大行业151家企业列入整治范围。针对企业职业卫生方面存在的问题,提出整改意见,责令企业完善职业危害防护设施,按规定为员工提供劳动保护。对1313家企业进行工作场所职业病危害因素检测。13家木制家具制造企业通过江苏省职业卫生安全许可试点验收。完成企业职业危害知识培训、管理制度制定、健康检查等工作。印制《企业职业卫生事项告知承诺书》8000份,发放到规模以上企业和职业危害重点行业企业,由企业主要负责人签字盖章后报送属地安监局。(焦同林)

■职业危害情况调查 市安监局组织开展全市企业职业危害情况专题调查。据调查统计,全市有涉及职业危害的企业2.04万家,其中职业危害严重的企业0.28万家、职业危害较重的企业1.31万家;有涉及职业危害企业从业人员59.1万人,其中职业危害严重的企业从业人员12.3万人、职业危害较重的企业从业人员36.7万人;有作业场所职业病危害因素93种,主要是粉尘、化学毒物、重金属和物理性危害因素等四大类;有涉及职业危害岗位从业人员14.7万人。(焦同林)

■安全生产监管检查和隐患整改 全年检查企业1983家,责令限期整改安全隐患2832项,立案查处安全生产案件58件,完成34个危险化学品建设项目"三同时"(安全生产设施与主体工程同时设计、同时施工、同时投产使用)审查,否决一批高风险、高污染、高危害项目。开展"打非治违"专项检查,组织1929个检查组,检查企业1.01万家,打击非法、违法生产经营行为,治理、纠正违规违章行为5万多件,关闭非法、违法企业32家,行政拘留161人,罚款1772.7万元。开展安全隐患排查治理工作。全市排查治理企业(单位)4.23万家,查出一般隐患15.75万项,整改率98.9%;挂牌督办、整改重大隐患43项,其中市级挂牌督办二级隐患5项、县(市、区)及园区挂牌督办三级隐患38项。(焦同林)

■安全生产监察执法 2012年,市安全生产监察支队实施企业安全生产监察416次,制作《现场检查记录》238份,向176家企业下达《责令限期整改指令书》196份,涉及整改项目1250个;到期复查整改企业168家,下达《整改复查意见书》189份,完成整改项目1210个,到期整改率100%。依法查处安全生产违法违规行为27件,实施一般程序行政处罚13件、简易程序行政处罚14件。(焦同林)

■安全生产宣传教育培训 市安监局组织开展以"关爱生命、安全发展"为主题的第11个"安全生产月"、"安康杯"安全生产知识竞赛、"青年安全生产示范岗"创建、安全社区建设等活动。组织2.6万名职工参加全国"神华杯"危险化学品安全法规知识竞赛。联合市广电网络公司举办安全知识有奖答题活动,全市5万多户有线电视用户家庭参与竞答活动。全市培训考核企业负责人、安全生产管理人员、特种作业人员3.69万人,培训企业班组长、农民工等从业人员4000多人。全市43人取得国家注册安全工程师资格证书。(焦同林)

质量技术监督

■质量强市 9月28日,市政府召开全市质量强市暨企业研发机构全覆盖工作推进会议,推进质量强市工作。组织开展各级质量奖以及扬州市市长质量奖申报、评选工作。亚普汽车部件股份有限公司获扬州市市长质量奖,江苏省扬州汽车运输集团有限公司、中海工业(江苏)有限公司、江苏三笑集团有限公司获评推进卓越绩效管理先进单位,19家企业获扬州市质量奖。全市5家企业申报首届江苏省质量奖,其中宝胜集团有限公司、江苏亚威机床股份有限公司获江苏省质量管理优秀奖。在质量奖获奖企业、名牌产品生产企业中推行"首席质量官"制度,组织企业质量负责人参加"首席质量官"培训,印发《关于推行首席质量官制度的实施意见》。12月,扬州市成立质量强市推进工作领导小组,完成2012年度质量强市工作目标考核工作。江都区政府获质量强市工作先进单位一等奖,宝应县政府、仪征市政府、邗江区政府获二等奖,扬州经济技术开发区管委会、高邮市政府、市工艺美术集团获三等奖。

(杜建武 顾基富 张 华)

2012年度扬州市质量奖获奖单位

扬州市行政办事服务中心
扬州中材机器制造有限公司
英泰集团有限公司
江苏奔宇车身制造有限公司
江苏金陵特种涂料有限公司
中海工业(江苏)有限公司
高邮市汉升高分子材料有限公司

扬州市华胜机电制造有限公司
江苏吉信远望船舶设备有限公司
江苏美滋滋食品有限公司
九力绳缆有限公司
扬州市迎春制衣有限公司
扬州北辰电气有限公司
江苏江扬电缆有限公司
仪征方顺粮油工业有限公司
百家丽(中国)照明电器有限公司
仪征市润扬机械有限公司
江苏华厦电力成套设备有限公司
江苏慧通成套管道设备有限公司

(杜建斌 顾基富 张 华)

■名牌战略 2012年，全市有134个产品申报江苏名牌产品,80个产品通过江苏名牌产品评审或复评,9个产品获评江苏重点名牌产品,江苏笛莎公主文化创意产业有限公司获评江苏服务业名牌;132个产品被确定为扬州名牌产品。开展区域名牌备案工作,组织杭集镇申请使用“杭集洗漱用品”区域名牌的企业完成国家质检总局备案。运用各级媒体,加强名牌产品宣传，扩大名牌产品效应，提高扬州名牌产品的市场占有率。以江苏名牌网为载体,加强名牌产品跟踪管理和宣传保护,掌握名牌产品生产企业发展动态,发布名牌产品生产企业经营状况信息，对效益滑坡、质量波动较大的企业提出预警。

(杜建斌 顾基富 张 华)

■技术标准战略 扬州弹簧有限公司作为主要起草单位制定的国际标准《热卷螺旋压缩弹簧技术条件》(ISO 11891－2012)发布实施;扬州九力绳缆有限公司成立国际标准化组织——深海定位合成纤维绳缆标准工作组(ISO/TC8/SC4/WG8),制定该项国际标准工作草案。引导和鼓励企业创建全国专业标准化技术组织7个,组织企业制定、修订国家标准8个、行业标准19个。全市企业新增采用国际标准的产品170个,5家企业通过标准化良好行为确认。经国家标准化管理委员会批准,扬州市行政办事服务中心及江苏宝应湖粮食物流中心实施2012年度国家级服务业标准化试点项目。全市获批立项省级农

2012年扬州市新增江苏名牌产品一览表

表23-2

产品名称	生产企业名称
虎豹牌衬衫	江苏虎豹集团有限公司
五亭牌棉纱	江苏通裕纺织集团有限公司
长青牌丁醚脲原药、烯草酮原药	江苏长青农化股份有限公司
晨化牌烷基糖苷	扬州晨化科技集团有限公司
三得利牌三(2-羟乙基)异氰尿酸酯	扬州三得利化工有限公司
贝能牌三相异步电动机	江苏利得尔电机有限公司
金唐牌发电机	江苏万利达动力设备有限公司
峰业牌FGD脱硫吸收塔	江苏峰业科技环保集团股份有限公司
恒远牌水泥工业用辊压机、水泥工业用立式辊磨机	江苏恒远国际工程有限公司
SUPERBSKILL牌游梁式抽油机	江苏中油天工机械有限公司
猎豹牌多功能木工斜断锯	江苏金飞达电动工具有限公司
远洋东泽(图形)牌舰船用无卤纵向高压水密封电缆	江苏远洋东泽电缆股份有限公司
九龙汽车牌A5系列中高档商务车	江苏九龙汽车制造有限公司
神驰牌新型珩磨缸套	扬州神驰缸套有限公司
牧羊牌袋式除尘器、生物质成型机、谷物烘干塔	江苏牧羊集团有限公司
群业(图形)牌电线电缆机用线盘	扬州市群业电工机械厂
BEICHEN(图形)牌10kV铠装移出交流金属封闭开关设备	扬州北辰电气设备有限公司
鑫变牌电力变压器	仪征市宏鑫变压器有限公司
T牌滑触线	扬州市天宝滑线电气有限公司
澄露牌移动喷射过滤器	扬州澄露环境工程有限公司
新概念牌交流高压断路器	扬州新概念电气有限公司
欧力特(图形)牌储能电池	江苏欧力特能源科技有限公司
华扬牌太阳能热水器	江苏省华扬太阳能有限公司
升力牌片材	仪征升力防排水材料有限公司
润源牌电力电缆用导管	江苏润源电力器材制造有限公司
时运牌汽车内饰件、工程车驾驶室	扬州神舟汽车内饰件有限公司
景源牌路灯	扬州金源灯饰有限公司
睡的香牌蚊香	江苏三笑集团有限公司
扬砂牌砂轮	扬州东方砂轮有限公司
亚宝牌聚酰亚胺薄膜	江苏亚宝绝缘材料股份有限公司
兴洋牌钢制对焊无缝管件	江苏兴洋管业股份有限公司
盛纪恒星牌多元复合稀土掺杂钼	江苏恒星钨钼有限公司
金硕牌高合金热作钢铸件	扬州金硕球墨铸铁有限公司
秦邮牌高邮咸鸭蛋	高邮市秦邮蛋品有限公司
天禾牌蔬菜调理食品	扬州天禾食品有限公司
登月牌绿杨春茶	仪征市月塘茶场有限公司
仪花牌食用植物油	仪征方顺粮油工业有限公司

(杜建武 顾基富 张 华)

2012 年扬州市获评江苏重点名牌产品一览表

表 23-3

产品名称	生产企业名称
牧羊牌饲料机械	江苏牧羊集团有限公司
玉缘牌玉器工艺品	扬州玉器厂
漆花牌漆器	扬州漆器厂
白斯特牌聚酯切片、涤纶长丝、涤纶短纤维	中国石化仪征化纤股份有限公司
宝胜牌电线电缆	宝胜科技创新股份有限公司
亚普牌汽车塑料燃油箱总成	亚普汽车部件股份有限公司
CORONA 牌牙刷	江苏五爱集团有限公司

（杜建武　顾基富　张　华）

业标准项目 11 个、农业标准化示范区项目 2 个，2 个省级农业标准化示范区通过验收；获批实施省级服务标准化试点项目 2 个、省级服务标准项目 1 个，省级服务标准《雕版印刷技艺》发布施行。

（杜建斌　顾基富　张　华）

■ **计量监管**　推进“两免费”检定（集贸市场和农村医疗机构计量器具免费检定）。2012 年，检定 209 家集贸市场电子秤 1.09 万台，修理后合格率 100%；检定 141 所乡镇医院医用计量器具 2757 台，合格率 99.93%；检定 923 个村级卫生室医用计量器具 2103 台，合格率 100%；检定 69 家计划生育卫生指导站医用计量器具 125 台，合格率 99.2%；检定 15 家福利机构医用计量器具 85 台，合格率 100%。开展实施油气回收装置改造的加油站计量检测工作，完成 168 家加油站 438 台加油机 880 把加油枪和 46 辆新购装备油气回收装置油罐车的检测。开展测量管理体系认证，8 家企业通过认证评审，全市累计有 34 家企业通过测量管理体系认证。（杜建斌　顾基富　张　华）

■ **食品生产安全监管**　2012 年，省质量技术监督局监督抽查扬州食品 750 批次，合格率 98.13%。市质量技术监督局（简称市质监局）建立食品质量安全监控中心和食品稽查大（中）队。8 月，市食品质量安全监控中心通过省质监局考核组验收。市质监局成立食品安全监管、稽查执法、检验检测“三位一体”综合监管领导小组，完善“三位一体”综合监管模式。严格食品生产许可，通过规范许可程序、加强审查员管理、实行发证前抽查等方式，提高食品生产许可证发证质量。全年向 231 家企业发放食品生产许可证，其中新发证企业 69 家、换证企业 162 家；注销 43 家企业食品生产许可证。

（杜建斌　顾基富　张　华）

■ **特种设备安全监管**　加强特种设备安全监管。全年出动执法人员 1610 人次，检查特种设备生产、使用单位 868 家，发现隐患 1063 条，其中重大隐患 5 条，整改合格率 100%。完善特种设备使用单位管理标准化及分类分级监管。全市 4588 家特种设备使用单位安全标准化管理达标，占辖区内特种设备使用单位总数的 53%；7810 家特种设备使用单位完成分级分类，占特种设备使用单位总数的 90.7%。巩固气瓶专项整治成果，推进气瓶充装和检验环节的条码安全管理。全市 72 家充装单位 83.27 万只气瓶安装条码，38 家液化石油气站 170 台充装秤完成应急码升级。开展电梯专项整治，制定《2012 年扬州市住宅电梯安全专项整治方案》，完成 42 台老旧电梯安全评价。对 31 家电梯维修保养单位开展星级评定，其中 8 家被评为三星单位。与公安部门 110 指挥中心协调建立应急救援信息传递通道，与房产管理部门联合发布《关于住宅电梯检测评价和物业规范管理有关问题的通知》，为存在严重隐患和严重影响使用功能的电梯应急使用公共维修资金开辟绿色通道。（杜建斌　顾基富　张　华）

■ **打假治劣**　整顿、规范市场经济秩序，打击和防范制假售假违法行为。全市质量技术监督部门全年出动稽查执法人员 7030 人次，检查生产、销售单位 1695 家，立案查处案件 440 件，查获假冒伪劣产品货值 5647.82 万元，向司法机关移送案件 30 件。“12365”举报投诉中心受理举报 401 件、咨询 1017 件、质量申诉 89 件，其中质量申诉案件接处率 100%。（杜建斌　顾基富　张　华）

■ **载体和装备建设**　扬州技术标准服务中心和扬州检验检测大楼、省道路照明灯具产品质量监督检验中心完成搬迁。国家有机食品质量监督检验中心通过国家质量监督检验检疫总局的能力建设综合性验收，并承担国家认证认可监督管理委员会 2012 年食品农产品认证专项监督抽检任务。扬州质监局城区（广陵）分局成立。（杜建武　顾基富　张　华）

食品药品监督管理

■ **食品安全综合监督管理**　2012 年，扬州市食品药品监督管理局（简称市食品药品监管局）牵头开展食品添加剂、食用油、生猪及其产品、乳及乳制品等 4 个食品安全专项整治，查处二氧化硫超标淀粉制品、劣质食用动物油等案件 27 件。食品监管部门围绕种植养殖、生猪屠宰、食品生产加工、流通和餐饮服务等环节开展专项整治行动，立案查处食品违法案件 432 件，案值 908 万元，食品综合抽检合格率 90%以上。公安部门立案查处食品安全刑事案件 18 件（“地沟油”案件 12 件，毒鸭血、病死猪肉等案件 6 件），抓获犯罪嫌疑人 41 人，逮捕 15 人，移送起诉 16 人，涉案金额 3500 多万元。举办“共建诚信家园　同铸食品安全”“诚信做食品”等系列活动，评定餐饮服务食品安全示范街 10 条、示范单位 107 家。出台《扬州市食品安全举报奖励办法》。仪征市率先创成江苏省餐饮服务食品安全示范县。

（洪　昊　杨国屏）

■**保健食品和化妆品监督管理**　扬大联环药业基因工程有限公司、扬州丽宝家用化妆品有限公司等7家企业新获化妆品生产许可证，54家化妆品生产企业通过卫生许可审查。开展保健食品和化妆品生产经营企业状况调查，完善监管档案71份，建立日常监管、抽样检验和核查处理等制度。开展原辅料供应商审核、打击非法添加、未备案非特殊用途化妆品、美白祛痘抗皱产品、标签标识和说明书等专项检查，全年检查生产企业158家次、经营企业1452家次，查处非法添加有毒有害物质等案件28件。抽检保健食品和化妆品134批，合格率90.2%。

（洪　昊　杨国屏）

2012年扬州市保健食品和化妆品生产企业情况表

表23-4　单位：家

地　区	小计	保健食品生产企业	化妆品生产企业
合　计	**74**	**3**	**71**
市　区	69	2	67
宝应县	0	0	0
仪征市	0	0	0
高邮市	5	1	4

（盛　军）

2012年扬州市药品及药用包装材料生产企业情况表

表23-5　单位：家

地　区	制药企业				药用包装材料生产企业	医院制剂室
	小计	制药企业	医用氧气生产企业	药用辅料生产企业		
合　计	**18**	**14**	**3**	**1**	**16**	**8**
市　区	12	9	3	0	9	4
宝应县	1	1	0	0	2	2
仪征市	0	0	0	0	3	0
高邮市	5	4	0	1	2	2

（乔　虹）

2012年扬州市药品、医疗器械经营企业情况表

表23-6　单位：家

地　区	药品经营企业					医疗器械经营企业		
	小计	批发企业	零售企业	连锁总店	单体门店	小计	批发企业	零售企业
合　计	**1301**	**15**	**1162**	**4**	**120**	**824**	**198**	**626**
市　区	740	10	665	3	62	665	159	506
宝应县	171	3	156	0	12	39	14	25
仪征市	158	1	128	1	28	104	21	83
高邮市	232	1	213	0	18	16	4	12

（尹成雷　周　进）

■**基本药物质量监督管理**　全市有中标的基本药物生产企业10家、完成处方工艺核查并建立档案的药品品种125个，有基本药物配送企业10家。强化全程质量监管，实行中标情况动态报备、配送能力动态审查和进销存状况动态上报，实现基本药物生产经营监督检查率100%、基本药物生产电子赋码管理率100%、基本药物批发核准核销率100%。完成基本药物抽样检查640批次，合格率98.4%。药品快检车完成药品快检3000批，合格率100%。

（洪　昊　杨国屏）

■**药品生产监督管理**　宣传贯彻新版《药品生产质量管理规范》(GMP)，4家药品生产企业通过新版GMP认证。加强原辅料供应商审计，落实索证索票和"批批检"等管理制度。开展GMP跟踪检查，委托生产、委托检验专项检查及高风险品种飞行检查，全年检查企业78家次，检查覆盖率100%。重点企业年检查频次均达4次以上。开展中成药专项检查，规范投料管理，完善药渣废料处置制度。开展易制毒化学品、特殊药品制剂及"瘦肉精"制剂专项检查，未发生流弊事件。上报药品不良反应(ADR)监测报告报表4918份（每百万人口报表数量1090份），其中新的、严重的ADR报表1395份，占总报表数的28.4%；上报药物滥用监测报告156份。

（洪　昊　杨国屏）

■**药品流通和使用监督管理**　新办药品零售企业101家、注销40家。出台《新开办药品经营企业从业人员考试受理制度》，组织新办药店负责人、药学人员考试5期，41人次参加考试，一次性通过率61%。实施《药品经营质量管理规范》(GSP)，完成160家企业GSP认证检查，跟踪检查认证满2年的企业412家，责令62家企业限期整改。规范药店经营活动，逐家检查市区药店文明经营情况，实现店堂内举报电话和诚信承诺公示率100%。开展医疗机构药品使用情况专项检查，建立901家医疗机构档案，二、三级医疗机构检查覆盖率

2012 年扬州市医疗器械生产企业一览表

表23-7　　单位：家

地　区	小计	一类企业	二类企业	三类企业
合　计	**138**	**31**	**75**	**32**
市　区	120	24	66	30
宝应县	6	2	3	1
仪征市	3	1	2	0
高邮市	9	4	4	1

（周　进）

100%，整改缺陷 115 项。加强互联网药品信息及交易检查，责令 18 家违规网站整改。加强诚信体系建设，评定一级以上医疗机构诚信单位 174 家、诚信药品批发企业 4 家、诚信和守信零售企业 1044 家。加强药品电子监管，在 400 家医疗机构开展药品质量远程监管试点。全市药品批发企业远程监管率 100%，药品零售企业入网率 96%。江都区通过全省药品安全示范县创建验收。

（洪　昊　杨国屏）

■ **医疗器械生产经营监督管理**　宣传贯彻《医疗器械生产质量管理规范》，52 家医疗器械生产企业通过检查验收，办理一类医疗器械产品注册证 159 份、一类医疗器械生产企业登记 31 家、出口销售证明 39 件。新办医疗器械批发企业 33 家、零售企业 79 家。以高风险品种监管为重点，开展一次性使用导尿管(包)产品质量管理情况、灭菌过程、输注泵标准实施、植介入器械和角膜接触镜专项检查，检查生产企业 112 家次、经营企业 242 家次，责令 23 家次企业限期整改，注销产品注册证 12 份。连续第五年组织开展工艺用水专项检查，抽检合格率从 2008 年的 36%提高到 84%，上报医疗器械疑似不良事件 325 例，医疗器械生产条件有较大改善。　　（洪　昊　杨国屏）

■ **药品安全专项整治**　组织开展药品生产流通领域集中整治、基层药品质量大检查、打击利用互联网非法收售药品、违法广告专项整治、保(健)化(妆)产品非法添加专项整治等专项行动，出动执法人员 1.2 万人次，检查各类涉药单位 4358 家次，受理调查举报案件 299 件，查办违法案件 295 件（案值 217.30 万元），取缔无证经营户 8 家，移送处理违法广告 360 条。完成药品抽验 1838 批，合格率 97.6%。严厉打击制假售假行为，移交司法部门处理案件 18 件，其中 10 件被刑事立案。生产销售康骨宁胶囊等假药案、销售假药金钱草和通草案被列为公安部督办案件。办结公安部督办的"'5·5'贩毒案"，涉及麻醉药 1.5 万支(折合海洛因 61 克)，7 人被追究刑事责任。扬州市公安局驻市食品药品监管局警务室挂牌运行。应急处置铬超标胶囊事件，对市场上 37 万粒空心胶囊采取查控措施，依法立案查处生产企业 2 家。6 家胶囊剂药品生产企业购置原子吸收分光光度计，实现胶囊剂药品"批批检"。

（洪　昊　杨国屏）

■ **医药保健食品化妆品产业发展**　全年新建、改建或扩建医药和化妆品生产项目 18 个。国药控股江苏有限公司大型药品现代物流中心投入使用。在经济下行压力加大的情况下，医药产业发展势头良好，规模以上医药工业实现销售近 60 亿元，比上年增长 22%；保健食品化妆品工业实现

2012 年扬州市药品市场专项整治情况表

表 23-8

项　目	单　位	合　计	市　区	宝应县	仪征市	高邮市
出动执法人员	人次	**12051**	6169	1869	2048	1965
检查单位	家次	**4358**	2374	705	793	486
查处案件数	件	**295**	148	50	69	28
案值	万元	**217.30**	60.39	141.01	6.08	9.82
没收物品货值	万元	**36.65**	31.46	2.47	0.87	1.85
没收违法所得	万元	**201.80**	47.21	141.66	5.24	7.69
取缔无证经营	家	**8**	7	1	0	0
捣毁制假窝点	个	**25**	0	0	0	25
移送司法部门	件	**18**	10	5	1	2
移送其他部门	件	**17**	2	1	0	14

（周国凤）

销售收入23亿元,比上年增长24%。（洪　昊　杨国屏）

■**执业药师管理**　全年663人报考执业药师，比上年增长32.07%,44人合格。办理执业药师注册、变更133人次。组织执业药师、从业药师1118人参加年度继续教育，总参培率96%。评选表彰药品零售企业优秀执业药师18人，其中6人被江苏省执业药师协会评为“2010－2011年度药品零售企业百佳执业药师”。经江苏省药学专业(药品)高级专业技术资格评审委员会和扬州市药学专业(药品)中初级专业技术资格评审委员会评审,2人获高级技术职称任职资格,5人获中级职称任职资格,256人获初级职称任职资格。（洪　昊　杨国屏）

审计

■**概述**　2012年，市审计局完成审计项目63个，查出主要问题金额32.65亿元，其中违规金额2.65亿元、管理不规范金额30亿元;审计促进整改、落实有关问题资金3.71亿元,其中增收节支2.32亿元,上缴财政1675万元。上报的审计报告、信息被市委、市政府和上级审计部门批示采用112篇次，审计建议被采纳93条，促进被审计单位制定整改措施16项。市审计局创新审计项目计划管理,建设审计项目数据库。审计信息化建设在全省名列前茅,29项计算机审计方法入选审计署计算机审计方法库,其中3项获审计署优秀奖;3人被中国审计学会评为计算机审计领军人才,20人被评选为计算机审计能手人才。（杨道龙）

■**财政金融审计**　市审计局构建以预算执行审计为核心的财政审计大格局,实施以市级财政预算执行和地税征管情况审计为基础的六大类17个审计项目,其中财政金融审计项目6个,并首次将信息系统审计项目纳入大财政审计范畴。财政预算执行审计反映的部门预算编制中存在的问题推动市政府办公室出台《关于进一步加强市级预算经费管理的通知》,推动市财政局将2013年预算安排的500万元以上政府专项资金统一纳入绩效评价考核范畴。地方税收征管情况审计工作推动地税部门向24家纳税户补征税费343.63万元，推动地税、社会保障等部门共同研究统一社保费征收主体。广陵区人民政府2011年度财政决算审计、江都区农村商业银行2011年度资产负债损益审计取得明显成效。（杨道龙）

■**经济责任审计**　2012年，市审计局对11个地方、部门、单位的13名领导干部进行经济责任审计，联合市委组织部、市机构编制委员会办公室，对全部13名领导干部进行“三责联审”(党政领导干部选人用人责任审查、机构编制责任审核、任期经济责任审计),并首次督查6个县(市、区)“三责联审”实施情况;全市领导干部任中审计率46%。对市第一人民医院实施“三责联审”，开创全省事业单位负责人“三责联审”先河。深化经济责任审计内容，在对扬州广播电视总台原主要负责人经济责任审计中，督促被审计单位补缴税金和滞纳金1011.03万元,并修订完善《扬州广播电视传媒集团(总台)技术资产购置管理规定(试行)》;将对市矿务局原负责人经济责任审计中发现的案源线索移交市纪委、市检察院,相关责任人被依法判处有期徒刑11年。（杨道龙）

■**专项资金审计**　2012年，市审计局完成专项资金审计项目8个。上半年，市审计局抽调审计业务骨干80多人,组成7个审计组,实施社保资金审计,审计社保资金138.97亿元,查出五大类27个问题，提出审计建议32条。市政府召开审计整改专题会议,研究落实审计意见。市审计局获评省审计厅社保资金审计组织工作先进单位，并获审计署集体嘉奖。对市慈善总会接受社会捐赠款物和市民政局社会捐助接收工作站社会捐赠资金、物品进行专项审计,并在《扬州日报》公示审计结果。开展政策性农业保险资金专项审计,促进落实主导产业和特色产业扶持举措,促进“三农”(农业、农村、农民)工作。贯彻落实中央1号文件精神,按照省审计厅统一部署,受市人大委托,对市区水利建设资金进行审计。该审计项目被省审计厅评为全省统一组织项目三等奖。（杨道龙）

■**专项审计和审计调查**　2012年，市审计局完成专项审计和审计调查项目8个。10月,受市委、市政府委托,组织全市各级审计机关开展全市乡镇(街道)政府性债务专项审计调查,摸清乡镇(街道)债务家底,促成地方政府建立健全地方债务预警和考评体系。2010－2012年,全市累计对154个政府投资项目实施专项治理审计，审计核减工程价款3.45亿元,提出的228条审计意见与建议均被采纳,促进有关部门建立健全规章制度7项。该审计项目被省审计厅评为全省统一组织项目三等奖。开展全市中小学校舍安全工程跟踪审计,督促教育部门规范建设行为。对25家市直机关下属培训机构和8家市直高职院校2009－2011年资源利用绩效状况进行专项审计调查,审计调查结果被提交市委常委会专题研究。中国扬州“烟花三月”国际经贸旅游节和世界运河名城博览会使用专项资金绩效情况审计调查、新兴产业创业投资引导基金绩效情况审计调查、农村中小学布局调整情况审计调查、市直文化事业和文化产业发展有关政策执行绩效情况审计调查等项目取得突出成效。（杨道龙）

■**政府投资项目审计**　2012年,全市审计机关对463个政府投资项目进行审计，审计项目总投资额51.1亿元,核减工程款5.94亿元。市审计局连续第三年对扬州市援疆项目工程实施跟踪审计,全年跟踪审计援疆项目8个,审计援疆资金1.04亿元,提出审计意见和建议37条，避免损失、浪费158.96万元。创新工程审计方式,对扬州市第五水厂一期工程绩效情况进行审计,对市文化馆动迁改造达标工程实施审计调查。2012年,市审计局实施市政府交办政府投资

项目审计项目14个，其中独立承办项目11个、协助办理项目3个，出具审计报告9份，其中5份得到市领导批示。（杨道龙）

■行政事业审计 2012年，市审计局完成行政事业审计项目14个。开展部门预算执行情况审计。对市文化广电新闻出版局、市国土局、市城管局、市规划局2011年度部门预算执行情况进行审计，并对其所属二、三级预算单位进行延伸审计，促进市级部门、单位加强自身及其所属单位管理。开展财政收支审计。对市地税局、市交通运输局、市商务局、市发改委、市农村工作办公室财政收支情况进行审计，促进完善公共财政体系，维护财政秩序。开展财务收支审计。对市疾病控制中心财务收支情况进行审计，促进依法理财、控制支出。开展绩效审计。对扬州广播电视传媒集团2009－2011年度经营管理绩效情况进行审计，助推文化事业发展。（杨道龙）

■企业审计 2012年，市审计局完成企业审计项目2个。结合市矿务局原负责人经济责任审计，对市矿务局进行资产负债损益审计，并延伸审计其子公司贵州振兴煤矿和徐州王庄煤矿，将审计中挖掘的案源线索移交市纪委、市检察院，发挥审计免疫系统功能。开展市矿务局经营管理绩效审计。审计重点分析市矿务局下属煤矿2009－2012年经济效益、内部管理、安全生产和用工成本等情况，从财务绩效、管理绩效和社会责任绩效三个方面对企业转型升级进行评价。提交的审计要情得到市领导批示，推进市国资委加强监管，提高企业经营管理水平和经济效益。（杨道龙）

■信息系统审计 2012年，市审计局实施信息系统审计项目5个。在全市社会保障资金审计的基础上，开展社保资金信息系统审计，将相关案源线索移交公安和纪检等部门。结合银行资产负债损益审计，对江都区农村商业银行信息系统进行审计。结合部门预算执行审计，对市城管局数字化城市管理信息系统、市国土局土地资源管理信息系统进行审计。结合单位负责人经济责任审计，对市第一人民医院医药信息系统进行审计。通过揭露信息系统管理漏洞，促进被审计单位对软件进行完善和升级，提升和改进基础数据维护质量。（杨道龙）

统计

■概述 统计服务。全市统计部门完成统计分析158篇、统计信息410篇、工作动态540篇。其中，16篇被省政府办公厅、国务院办公厅采用，《扬州市太阳能光伏产业发展现状调研分析》等3篇统计分析被市委、市政府主要领导批示，有12篇调研报告在省、市评比中获奖，《数说扬州重大项目建设》等2篇调研文章入选《扬州内参》。新办《扬州统计》内部期刊和《统计信息》专报，发布统计分析报告、优秀调研文章和工作经验介绍，发放到200家重点工业企业和服务业企业。在中共十八大召开前，编印《科学发展 十年跨越》特刊，展示中共十六大以来扬州经济社会发展成就。编印《扬州统计手册(2012)》《扬州统计年鉴(2012)》《扬州统计快报》《扬州统计月报》等统计资料，为党政领导和社会各界提供全面、翔实、准确的统计信息。建立统计新闻发布制度，明确新闻发言人，定期召开全市经济运行情况新闻通气会，通过各类媒体向社会发布统计信息。扬州统计信息网全面改版。

统计监测。加强经济运行形势监测预警，每月、每季度召开经济形势分析会议，建立健全重点企业主要指标旬报制度，为完成年度经济发展目标任务建言献策。开展“八项工程”(转型升级、科技创新、农业现代化、文化建设、民生幸福、社会管理创新、生态文明建设、党建工作创新)监测工作，召开全市“八项工程”监测现场推进会，向市委、市政府汇报监测动态。启动基本现代化监测，开展各县(市、区)主要经济指标完成情况月度监测。做好“幸福扬州”、“创新扬州”、国家生态市创建、党政正职考核等各类统计监测工作。

统计数据质量管理。执行《江苏省统计数据全程质量管理工作规范》和基本单位名录库、企业一套表、国民经济核算、统计检查等9个专业管理办法，规范统计调查业务流程，建立数据质量管理责任制。开展联网直报专项执法检查、建设领域统计数据质量专项检查和批发零售企业统计基础服务指导，依法查处统计违法违纪行为。实施统计法律事务告知制度，开展统计法制宣传教育，促进企业独立真实填报数据。（王俊杰）

■基本单位名录库建设 开展名录库与专业字典库比对核实工作，建成统一的基本单位名录库，实现“先有库，再有数”和“不进库，不出数”。截至12月31日，全市基本单位名录库有在库单位5.93万家，其中“三上”企业(规模以上工业企业、资质以内建筑和房地产开发企业、限额以上批发零售和住宿餐饮企业)4290家。做好“三上”企业入库审批工作，把好报批材料质量关，确保达标企业应统尽统、全部入库。2012年，全市83家企业通过省级入库审批，其中55家通过国家入库审批，综合通过率居全省第二。（王俊杰）

■“企业一套表”改革 通过业务培训、督促指导、信息发布、集中会商，全市“三上”企业2011年年报和2012年月报、季报实施“企业一套表”制度，并从7月起实现由“双轨报送”向“单轨运行”转变。联网直报工作月报和季报上报率、验收率、直验率均为100%，直报率98.5%，数据质量符合要求，主要指标误差控制在允许范围内。根据国家统计报表制度要求，全市367家重点服务业企业2012年年报实施“企业一套表”统计调查制度，在全国统一的网络平台上进行网上直报。（王俊杰）

■基层基础建设 11月，启动实施“双百双促”活动，组织调研组，用6个月时间，调研全市100个乡镇(街道、园区)统计站、100家重点工业企业和服务业企业的统计工作，宣传统计知识、强化业务指导，促进统计工作基层、基础建设。从县(市、区)、乡(镇、街道)、企业、部门等4个层面开展统计规范化建设。4个县级统计局被评为省级规范化建设达标单位,高邮市统计局被评为省级规范化建设达标示范单位;仪征市真州镇统计办公室等10家单位创成第一批省级基层统计规范化建设达标示范乡镇(街道、园区);宝胜集团有限公司等9家单位创成第一批省级统计规范化建设示范企业。（王俊杰）

■重点普查调查 完成第六次人口普查后续工作。开发应用人口普查资料，组织全市有关部门和院校完成27个立项课题分析研究、评审与奖励。编辑出版《扬州市人口普查资料(2010)》，并根据扬州市行政区划调整情况,做好数据转换、审核、校对等工作。做好扬州市第三次经济普查筹备工作,成立市第三次经济普查筹备领导小组及办公室,编制并上报经费预算,通过网站、简报等形式宣传第三次经济普查工作。做好2012年投入产出调查试点工作。在邗江区选取不同行业的3家单位开展试点,做好政策宣传、业务培训、上门指导,确保基层调查表按时上报和数据真实可靠。试点工作取得成功。（王俊杰）

出入境检验检疫

■概述 2012年，扬州出入境检验检疫局(简称扬州检验检疫局)检验检疫出入境货物9.23万批，货值40.37亿美元，分别比上年增长1.18%、12.57%。其中，出境货物8.77万批,货值30.21亿美元,分别增长2.8%、10.4%；入境货物4621批，货值10.16亿美元，分别增长-22.9%、19.4%。查验出入境船舶488艘次，检验检疫出入境集装箱7.96万标箱，截获有害生物334种4813种次，其中检疫性有害生物30种759种次。对1.15万人次出入境人员进行健康体检。（孔祥婷）

■提升检验监管能力 扬州检验检疫局构建融检验监管、认证监管、质量稽查和认证执法检查为一体的综合执法平台,提升行政执法效率。深化“调审分离”特色法制工作机制,加大大案要案查处力度,开展“说理式”办案。推动国家认证认可监督管理委员会(简称认监委)在扬州经济技术开发区建立认证认可工作联系点,提升服务经济发展能力。开展口岸核心能力建设,完善基础设施,健全工作机制,通过国家质检总局口岸检验检疫综合能力检查。构建国门生物安全防御体系。做强“绿盾护航”和“数字动植检”品牌,强化专业人才队伍建设,疫情检出率增幅居全省前列。提高进出口食品监管水平,防控产品风险,推进出口农产品示范区建设。（孔祥婷）

■服务发展 扬州检验检疫局服务重大项目,支持外贸发展。推进口岸开放,做好扬州泰州机场办事处的规划配置和同步建设。开展窗口标准化建设,实行窗口全流程服务,通过国家级达标窗口验收。加大政策帮扶力度，全年减免检验检疫费900多万元。帮扶地方特色产业发展,帮助万达羽绒制品股份有限公司建成全省首家出口羽绒示范基地,帮扶金飞达公司申办出口商品免验。（孔祥婷）

■实验室建设 轻工产品与儿童用品检测中心(简称轻工中心)被认监委指定为国家统一推行的电子信息产品污染控制自愿性认证实验室,被教育部和国家质检总局确定为首批“全国中小学质量教育社会实践基地”。光电产品检测中心(简称光电中心)建成国内第一家通过中国合格评定国家认可委员会(CNAS)认可的光伏防火实验室,获批成为江苏光电产品检测公共服务平台。LED(发光二极管)及照明产品检测实验室通过CNAS扩项评审，成为灯具产品强制性产品认证(3C)指定检测实验室。（孔祥婷）

■科技研发 轻工中心采用ICP-MS-IC(离子色谱、电感耦合等离子体质谱)联用方法测试玩具材料中的六价铬,检测限量比欧盟开发的方法低10倍。该方法被载入2012年12月最新版本的欧盟标准草案。光电中心成为全国半导体照明标准领导小组材料和设备工作组成员单位,承担国家质检总局、省检验检疫局科研专项3项,参与国家科技支撑计划课题“碳排放和碳减排评价机构认可关键技术研究”，自行研制的紫外试验设备获国家专利。（孔祥婷）

■中德(扬州)玩具安全研讨会在扬州召开 5月7日,由江苏省检验检疫局和德国国际合作机构(GIZ)联合主办、扬州进出口玩具检验所承办的中德(扬州)玩具安全研讨会在扬州召开。德方专家向江苏玩具企业介绍欧洲玩具技术法规的主要内容、执法

轻工产品与儿童用品检测中心工作人员正在检测玩具质量

检验检疫局／供稿

情况，讲解输往欧盟玩具技术文件准备的要求和工作实例，介绍新版欧盟玩具安全指令(2009/48/EC)以及在生产过程中保证质量的措施和建议。中方专家讲解新版欧盟玩具安全指令的挑战和应对。（孔祥婷）

■ **扬州新增5个省级出口农产品示范基地** 6月29日，扬州市4家蔬菜企业的荷藕生产基地和1家水产品企业的罗氏沼虾生产基地通过省级验收，成为江苏省出口农产品示范基地。至年底，扬州市有省级出口农产品示范区1个、示范基地5个，面积1924.8公顷。（孔祥婷）

■ **国家认监委工作联系点落户扬州开发区** 6月30日，国家认监委与扬州经济技术开发区签署合作备忘录，决定在扬州建立认证认可工作联系点。根据备忘录，国家认监委将在区域性国家碳排放、碳交易评价，打造高技术检测服务示范园，建设灯具产品强制认证检测实验室和电子信息产品污染控制自愿性认证实验室，以及新领域认证业务、新兴工业化基地建设等方面与扬州经济技术开发区进行合作。（孔祥婷）

■ **首次截获澳刀乳白蚁及其有翅繁殖蚁** 8月3日，扬州检验检疫局在对一批从所罗门进口的原木检疫时，首次截获大量检疫性有害生物澳刀乳白蚁及其有翅繁殖蚁。扬州检验检疫局根据有关规定，对该批原木进行除害处理，防止有害生物传入。

（孔祥婷）

海关监管

■ **概述** 扬州海关全年监管进出口货物552.87万吨，比上年下降1.90%；监管货物总值55.92亿美元，下降15.80%；监管进出口集装箱9.25万标箱，下降10.70%；监管进出境船舶1027艘次，增长22.30%；监管2.04万人次进出境人员行李物品，增长18.3%。征收关税和进口环节税25.11亿元，下降6.00%；办理减免税收手续384笔，减免关税和进口环节税7090.10万元，分别下降9.86%、0.65%。审批设备金额1.26亿美元，下降4.00%；办理加工贸易合同备案1316份，备案总金额8.49亿美元，分别增长6.00%、-29.10%。

（钱平原）

■ **缉私工作** 扬州海关开展“国门之盾”专项行动，查处虾蟹壳进口行业性走私活动，引发南京关区虾蟹壳进口专项打私行动。全年侦办刑事案件6件，案值3205.25万元，抓获犯罪嫌疑人11人；立案行政案件102件，案值7.41亿元。（钱平原）

■ **物流监控** 落实海关总署“蓝海行动”方案，强化国际航行船舶检查，落实重点货物和高风险航线载运货物的监装监卸，全程掌控作业进程。突出舱单管理主线作用，注意比对纸质舱单、电子舱单、理货数据、商检数据和大副收据等，验核舱单申报的真实性和准确性。落实港区卡口值守制度，规范对外轮物料供应的监管工作。引入第三方理货，提高监管效能。执行查验查获指标，检验监管能力。物流监控部门全年向案件处理部门移交案件线索60条。（钱平原）

■ **通关改革** 实现进出口分类通关，推广通关作业无纸化改革和差别化作业制度试点，扩大“属地申报，口岸验放”适用范围，推进“分送集报”(分开送货、集中报关)作业方式，提高通关效率。规范税收计核工作，提升原产地管理水平。开展报关单批量复核，规范申报正确率95%以上。启用商品规范申报辅助系统，提升通关效率，促进对外贸易便利化。进口报关单、出口报关单24小时放行率分别为86.39%、100%。（钱平原）

■ **优化服务** 落实《省政府关于进一步稳定外贸增长 促进外贸转型升级的意见》，制定《扬州海关改进监管和服务措施》，组织开展“走基层、到一线、进企业、解难题”活动，打造具有扬州海关特色的服务品牌。编发《扬州海关专报》《省内进出口动态》信息，向市委、市政府汇报海关服务举措，解答业务咨询，提供统计分析预警服务。完善通关服务工作，畅通“12360”通关热线电话，提高扬州海关门户网站维护水平，全面落实海关总署关务公开标准。坚持实施“5+2”(每周五天工作日加周六、周日)预约加班制度，确保口岸24小时通关。

（钱平原）

■ **服务进出口企业** 设立关企联络员，提供“一对一”跟踪服务；“5+2”工作制升级为“7×24小时”(每周7天、每天24小时)预约通关制度。推进港口开放，新获批设立监管场所4家，累计20家。至年底，20家监管场所全部达标。执行稽查新规，帮助小微企业规范发展；对中小企业既有足够防范，又提供针对性服务。推进加工贸易联网监管，累计实现对11家加工贸易企业的联网监管。支持相关企业开展维修、检测业务，延伸加工产业链；核发物流企业记账式电子账册，促进出口加工区物流业务发展，推动加工贸易转型升级。完成1家企业C-TPAT(海关-商贸反恐怖联盟)中美联合验证工作。落实奖惩措施，帮助17家企业晋升为A类管理企业，下调9家企业管理类别。

（钱平原）

城乡建设与管理

Chengxiang Jianshe Yu Guanli

本栏责任编辑 戴淑敏

综述

■概况 2012年，扬州市区完成城市建设投资49.6亿元；全市完成村镇建设投资59.78亿元，其中基础设施建设投资18.49亿元；全市完成房地产开发投资235.8亿元。

加强城市基础设施建设。建成友谊路、司徒庙路、运河南路、太平路、上方寺路，基本建成广陵大桥、仙女庙大桥，开工建设328国道连接线，推进瘦西湖地下隧道和江都南路延伸、江都北路延伸等重点项目建设。

抓好民生城建工程。实施河道清淤、闸站建设和污水截流等项目，整治城市水系，先后完成七里闸站翻建和念四河、宝带河、新城河、四望亭河、杨庄河、玉带河生态清淤整治，实施古运河东部水系沟通工程，开工建设安墩西站改造工程。完成汶河南路、史可法北路、邗江北路、维扬路、扬子江路等14个城市积水路段整治。实现全市区域供水全覆盖。整治路况较差、下水不畅的老城区街巷60条，改造街巷路灯800盏，改善市民出行和生活条件。完善住房保障制度体系，全市新开工建设各类保障性住房1.63万套。加快老小区综合整治和公有住房解危，改善居民居住条件。

加强村镇建设与管理。制定《扬州市村庄环境整治工作考核办法》《扬州市村庄环境整治工作问责办法》《扬州市村庄环境整治工作月度考评细则》和《扬州市村庄环境整治专项资金奖补办法》等政策文件。全年获各级补助资金1.22亿元。全市有1.26万个村庄完成整治并通过市级验收，62个村庄达省三星级“康居乡村”标准。宝应县、高邮市、仪征市、江都区开展农村危房改造试点工作，争取中央和省首批补助资金1800万元，全年改造农村危房3600户。

（张福明 卞海波）

经过大修，渡江桥面貌焕然一新 沈扬生／摄

■城建监察 2012年，扬州市城建监察工作以建设工程质量安全问题和市民关注、政府关心的热点、难点问题为重点，创新执法模式，加大执法力度，规范建筑市场秩序。市城建监察支队对广陵区、邗江区近300个在建工程项目实施全过程跟踪监察，立案查处各类案件145件，制作事前提醒书180份，报审事前告知书153份；印发行政处罚决定书193份，收缴罚没款600.25万元，完成网上重大行政处罚案件备案17件；受理各类举报案件131件，办复率100%；在工程领取施工许可证前查勘到场率100%。

开展建筑工程拉网式检查2次、专项检查2次，开展墙体材料改革联合执法1次；对2011—2012年新开工、投资额500万元以上的政府投资项目和使用国有资产的工程项目进行排查，检查市政项目41个，其中城市道路工程项目21个、老小区改造工程项目9个、房屋配套工程项目11个，处罚相关单位13家，收缴罚款23.18万元。开展燃气管理专项整治2次、燃气安全检查6次、重大节日专项检查4次，受理并查处燃气管理举报案件7件；检查燃气经营企业22家次，立案调查案件4件，取缔非法供应点3处。处理各类路灯照明设施赔偿案件43件，追缴赔偿金36.5万元；配合公安机关查处偷窃照明和亮化设施电缆、灯具等案件9件，抓捕犯罪嫌疑人5人；查处废品收购站点非法收购电缆、灯具等案件3件。查处市政设施案件25件，追缴赔偿款及规费48万元，督促办理道路挖掘许可证30份。督促缴纳河道设施损毁赔偿金以及排水管网接入工程补偿金0.7万元；促使排水户领取排水许可证60份，缴纳污水检测费22.26万元。

（朱桂英）

城市规划

■概述 2012年，扬州市规划部门编制各类规划30项；办理选址意见书84份，用地面积483.4公顷；办理建设用地规划许可证111份，用地面积562.3公顷；办理建设工程规划许可证1407份，总建筑面积782.2万平方米。办理建设工程规划许可证副本换正本1718份，出具规划意见19份。（朱静涛）

■整合城市总体规划 扬州市区行政区划调整后，以《扬州市城市总体规划(2010－2020)》和《江都市城市总体规划(2010－2030)》为基础，以打造“世界名城”为目标，谋划城市发展战略，编制新一轮城市总体规划。新一轮城市总体规划11月13日通过住房和城乡建设部（简称住建部）组织的成果协调会审查，12月17日通过市人大常委会审议。谋划沿江地区融合发展。结合扬州“十二五”及未来城市重大基础设施建设规划、扬州城庆2500年城建项目工作计划，组织编制《沿江地区重大基础设施布局规划》，研究、制定《沿江地区融合发展行动计划》，谋划产业和城市空间总体布局及融合发展的具体路径，促进沿江地区资源共建共享和融合发展。（朱静涛）

■城市交通规划研究 结合新一轮城市总体规划编制，完成《扬州城市综合交通规划》修编；研究制定扬州与南京、镇江交通枢纽以轨道交通衔接的规划方案和行动计划，完成《以通勤化轨道交通与宁镇交通枢纽衔接的路径研究》。组织开展扬州近期轨道交通预可行性研究、近期轨道交通沿线用地控制规划以及轨道交通1号线、2号线交通流量预测，确定轨道线网廊道，对枢纽站点及其周边用地进行细化研究，控制未来城市轨道沿线用地，为适时开展城市轨道交通建设提供条件。针对文昌阁高峰期拥堵问题，开展文昌阁地区交通改善研究。组织开展东部城市客运交通枢纽规划研究，研究客运交通枢纽的用地布局、交通流线、站点设置等问题，指导东部城市客运交通枢纽后期建设。组织开展西部城市客运交通枢纽规划研究，7月底形成正式成果。12月20日，西部客运枢纽建设工作启动。（朱静涛）

■历史文化名城保护体系构建 在老城区控制性详细规划大纲、大运河申遗、大遗址保护和历史文化街区保护利用等规划成果的基础上，系统编制扬州历史文化名城保护规划、瘦西湖风景名胜区总体规划，形成完整的历史文化名城保护体系。7月24日，市规划局组织召开历史文化名城保护规划专家咨询会。11月，《扬州市历史文化名城保护规划》上报省住房和城乡建设厅(简称省住建厅)。（朱静涛）

■城市总体设计和特色空间塑造 市规划局开展城市总体设计研究，形成城市建筑高度、视线走廊、开敞空间、建筑色彩、特色空间的控制导则；开展江广(江都、广陵)融合地带规划研究，立足未来城市规划和建设主战场，完成江广融合地区(约145平方千米)规划研究及核心区城市设计最终成果，并通过第六次市规划委员会审查。开展友谊路城市设计、东部地区核心区城市设计，并形成成果。（朱静涛）

■专项规划编制 结合新一轮城市总体规划编制，开展市区服务业空间布局规划，分析现代服务业集聚区空间结构、布局特点，确定集聚区功能定位和规模等级。完成《城市蓝绿系统规划》《城市黑线规划》编制，指导城市水系、绿地、高压线等规划管理工作。（朱静涛）

■规划管理 完善规划决策机制。在《扬州市规划委员会工作规程》基础上，改进市规划委员会会议组织形式，调整市规划委员会组成人员，设立专家组，对优化调整后的方案实行票决制。健全设计师留名制度，逐步提升建筑设计水平。服务重大项目。编制《市区重大建设项目空间布局规划》等专项规划，参与重大项目选址及可行性研究工作，研究、拟定出让地块，确定用地性质和各项规划经济技术指标。全年下达56宗出让地块规划设计条件，总用地面积506公顷；下达7宗划拨用地和明确规划要求地块的规划设计条件，用地面积81.88公顷。编制68个招商地块设计条件，总用地面积392.8公顷。对文昌路沿线、扬菱路沿线、江广融合区地带、近期建设地块进行梳理和分析研究，组织编制相关地块设计导则。推进民生幸福工程。继续推进“城中村”、老厂区改造，研究、制定19个“城中村”改造地块的规划范围和规划意见，协调、推动小贩中心及区级体育中心项目选址、建设工作，推进城市道路、公交场站和停车场建设。服务市政重点工程建设，提出新万福路选址、沙湾路南延等工程规划设计方案，为工程建设提供规划支撑；跟踪督办连运小区公交首末站、甘泉公交首末站新建工程。（朱静涛）

■规划批后管理 市规划局制定建设项目批后管理操作规程(试行)，从规划验线、巡查、竣工核实、行政处罚等方面规范批后管理工作步骤、表单等，提高批后管理工作质量和效率。全年实施建设工程规划验线30次，发现2项工程现状与规划有出入，并责令重新放线。组织竣工项目核实47次，建设工程规划许可证副本换正本250份，发证面积140.8万平方米，其中商业开发面积83.9万平方米、拆迁安置面积34.6万平方米。加强规划执法力度，确保建设工程按照规划要求实施建设。全年发出约谈通知书15份、责令改正通知书142份、停工(核查)通知书18份，对42件违规行为实施行政处罚，收缴罚没款400.4万元。

清理已发证但未申请竣工核实项目。对2007年6月1日至2010年12月31日期间取得建设工程规划许可证副本但尚未申请规划竣工核实的项目进行全面清查，清理出未申请规划竣工核实的项目1571幢（建设项目规划许可证实行一幢一证），发出责令改正通知书122份。至年

底，98个项目申报规划竣工核实，另有62个项目未竣工或暂不需规划竣工核实。（朱静涛）

■规划巡查 2012年，市规划局与市城市管理局（简称市城管局）联合制定《联合巡查工作方案》，每周四联合对城区主要道路及重要、敏感区域进行巡查，对巡查中发现的问题，当场作出初步处理决定。市规划局全年集中巡查43次，其中与城管部门联合巡查25次，发现违法建设217处，编发规划巡查快报28期。（朱静涛）

■卫星遥感监测变化图斑核查 市规划局完成住建部2011年11月14日至2012年3月28日卫星遥感监测变化图斑核查工作。此次监测发现变化图斑127处。经核查，54处无需规划审批；56处被纳入城乡规划管理，依法办理相应审批手续；审批手续不全的18个项目被移送给城管执法部门查处。（朱静涛）

城建重点工程

■新城西区建设 2012年，新城西区投入20多亿元，拆迁168户农户房屋、14家集体和小企业房屋7.3万平方米，新征地、交地103.73公顷。建成扬州国际展览中心二期、扬冶路铁路立交桥，推进体育公园体育场等重点项目建设，开工建设京华城A6城市综合体、商务中心二期、扬州西部交通客运枢纽、洲际假日酒店、新城西区产业大厦、扬州会议中心二期、扬州市水上搜救中心暨扬州海事局业务用房等项目。加快4.2平方千米拓展区开发建设，完成以“溪谷月湾”为主题的拓展区城市设计、控制性详规及水系等配套规划，完成泰和佳园一期主体工程，开工建设拓展区邻里中心、站北路、国防路等基础设施和配套设施。推进京华城三期、虎豹郡王府、名门一品、华鼎星城、万豪西花苑二期、品尊国际、湖滨名都等高端房地产项目，开发面积120万平方米。完成西北绕城公路沿线、真州路北延段、沿山河四标段、文汇西路、站南路等绿化景观提升工程，新增绿化面积45万平方米。（赵洪波）

■扬州国际展览中心二期工程 扬州国际展览中心二期位于国展路西侧、扬州国际展览中心一期以北，高19.75米，总建筑面积2.92万平方米。其中，地上局部二层，面积1.21万平方米（展厅面积7200平方米）；地下二层，为配套用房和地下停车库，面积1.71万平方米。该工程2010年8月开工，2012年2月建成，总投资1.8亿元。（赵洪波）

■扬冶路铁路立交桥工程 扬冶路铁路立交桥位于扬冶路与宁启铁路交叉口，桥宽50米，跨度50米，包含2座框架过水涵。扬冶路铁路立交桥按照主干道标准设计，双向六车道，设计行车速度60千米/小时。该工程3月开工，12月建成，总投资2700万元。（赵洪波）

■积水点整治工程 2012年，扬州市实施“不淹不涝”城市建设工程。市区整治积水路段14处、积水点44个。市城乡建设局完成上方寺路（原平山堂东路）、邗江北路、维扬路、汶河南路、扬子江路、北河下、皮市街等7个积水路段整治项目，总投资6500万元；邗江区完成兴城西路和百祥路积水路段整治项目，总投资2770万元；扬州经济技术开发区完成维扬路、顺达路和兴城东路积水路段整治项目，总投资2580万元；新城西区完成润扬路和国展路积水路段整治项目，总投资1780万元。（傅士斌）

■公交场站建设 市区全年建成公交停车场、首末站等公交场站4个，新开工建设甘泉、连运公交首末站。

新城西区公交停车场位于西北绕城公路以西、宁启铁路以南，占地1公顷，总建筑面积1659平方米，其中办公、保养综合楼建筑面积1637平方米，建有标准停车位100个。该工程2011年9月开工，2012年6月建成启用，总投资2800万元。

槐泗公交停车场位于扬菱路与杭庄路交会处，占地1公顷，总建筑面积1679.3平方米，其中办公、保养综合楼建筑面积1667平方米，建有标准停车位54个。该工程2011年9月开工，2012年10月建成启用，总投资1460万元。

佳家花园公交首末站位于江平东路与三星路交会处、佳家花园东侧，占地0.3公顷，建筑面积345平方米。该工程2011年9月开工，2012年12月建成启用，总投资400万元。

杉湾公交首末站位于杉湾路与连运路交叉口西南侧，占地0.5公顷，建筑面积345平方米。该工程2011年9月开工，2012年6月建成启用，总投资400万元。（扬公交）

扬州市着力建设“不淹不涝”城市，实施下水道改造工程。图为改造后的兴城西路 张孔生/摄

市政公用事业

■道路建设 2012年，市级新开工建设道路5条、桥梁2座，续建道路4条、桥梁2座；建成友谊路等道路6条，基本建成广陵大桥、仙女庙大桥。

九龙路新建。九龙路新建工程南起开发东路、北至跃进河，长1340米、宽22米。主要建设内容包括新建车行道2.48万平方米、人行道4720平方米，敷设雨水管道1409米、污水管道1161米。2011年6月开工建设，2012年12月竣工。工程总投资2807万元。

杉湾路新建。杉湾路新建工程南起连运路、北至九龙西路，长430米、宽22米。建设内容包括新建车行道7704平方米、人行道1756平方米，敷设雨水管道447米。2012年3月开工，8月竣工。工程总投资922万元。

友谊路改造。友谊路改造工程南起长春路、北至西北绕城公路，长7100米、宽58米。主要建设内容包括改造机动车道29.82万平方米、非机动车道5.68万平方米、人行道2.80万平方米，拓宽桥梁3座，敷设雨水管道5645米。2011年11月开工，2012年4月竣工。工程总投资11.57亿元。

司徒庙路拓宽。司徒庙路拓宽工程东起邗江北路、西至润扬北路，长1100米、宽40米。主要建设内容包括改造机动车道1.65万平方米、非机动车道1.21万平方米、人行道1.16万平方米，敷设雨水管道2028米、污水管道1088米。2012年2月开工，12月竣工。工程总投资1.40亿元。

运河南路南延。运河南路南延工程南起沪陕高速、北至鼎兴路，长500米、宽50米。主要建设内容包括新建机动车道1.13万平方米、非机动车道5500平方米、人行道6858平方米，敷设雨水管道2254米、污水管道286米。2011年7月开工，2012年11月竣工。工程总投资5800万元。

上方寺路延伸。上方寺路延伸工程东起运河北路、西至太平路，长320米、宽22米。主要建设内容包括新建车行道5174平方米、人行道1866平方米，敷设雨水管道304米、污水管道330米。2011年11月开工，2012年12月竣工。工程总投资456万元。

（樊　荣）

扬州市在东部水系活水工程建设中，通过生物浮床改善河道水质。图为曲江公园水面浮床上刚栽植的菖蒲

姜传刚／摄

■城市照明管理 市照明管理处养护路灯和景观灯19.33万盏（其中功能照明灯5.75万盏、亮化灯13.58万盏）、路灯专用变压器170台、路灯控制箱和亮化控制箱705只、电房15座，全市照明总功率1.83万千瓦（路灯总功率1.09万千瓦、亮化灯总功率7437千瓦）。全年维修站点241次，排除控制箱故障2043次，修复道路照明灯1.08万盏、景观照明灯1.41万盏、景观光带16.2千米，亮灯率98%以上，设施完好率95%以上。全年完成扬菱路、润扬路西延、九龙路、太平路、安家巷、老虎山西路、上方寺路东延、阮家祠堂、东关街美食广场、街南书屋等道路和景观亮化工程13项，完成华洋东路、规划一路、规划二路、规划三路、二桥河路、尚城小区四期、郡王府等18项路灯改造代办工程。

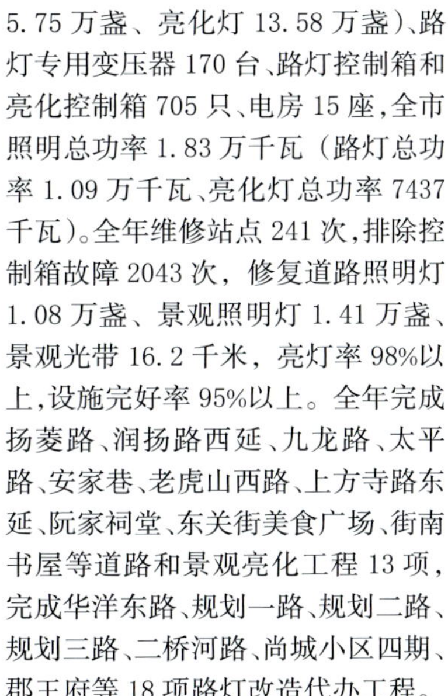

（卞海波）

■市政设施养护管理 市市政设施管理处全年修补沥青路面7.6万平方米、混凝土路面615平方米，维修人行道3003平方米，更换路牙沿1286平方米；维修窨井492座、雨水井952座，更换雨窨井框盖193套、雨水井盖528只；疏浚下水道309.1千米，清捞窨井8285座次，打捞雨水井2.05万座次，检测排水管道1.5万米；处理桥梁病害60处，修补桥面坑塘15处、云头裂缝11处，桥梁油漆出新215平方米。（卞海波）

■东部水系沟通工程 该工程计划总投资5486万元，主要建设内容包括：新建曲江双向闸站，闸站西侧新开河道，以顶管过运河北路，沟通京杭大运河与曲江公园；新建文昌国际广场箱涵，整治丁家河，新建箱涵与节制闸，沟通京杭大运河；实施曲江公园湖、沙施河鸿泰家园支流等水体水质改善工程，通过清淤，污水截流，新建初期雨水污染削减装置、曝气装置、生物浮岛、生物浮床，铺设生物沸石等措施，增强水体自净能力。4月开工，至12月底，除丁家河箱涵外，其余项目全部竣工。（袁晓丽）

■市区河道整治 2011年12月10日，市涵闸河道管理处启动念四河、杨庄河、玉带河、宝带河、新城河和四望亭河等6条河道水环境整治工程。整治工程采用集水下生态清淤、淤泥固化和余水处理于一体的淤泥快速处理技术，在念四河与维扬路交汇处建设淤泥固化处理站。2012年12月竣工，完成水下清淤5万立方米。

（袁晓丽）

■闸站建设 完成七里闸站改建工程，开工建设安墩西站扩建工程。七里闸站位于七里河与古运河交汇处，由七里闸和七里河泵站组成，是城区东南部防汛排涝主要设施。七里闸站改建工程主要内容包括拆除旧泵站、翻建闸站和管理用房等。新闸站上部为宽20米的桥面，下部为站体和闸室，设计排涝流量每秒6立方米，是扬州市区首座闸桥联建形式排涝闸

站。该工程2011年11月开工,2012年4月竣工。工程总投资1400万元。

(袁晓丽)

■**排水管理** 市排水管理处全年核发排水许可证62份,征收自备水源用户污水处理费96万元。重点做好污水管网工程规划、方案、施工图审查以及施工过程监管。全年参与审查23个小区、17条市政道路以及24个其他项目的雨污管网施工图,提出排水管理意见190多条。加强对污水处理厂监管力度,定期审核汤汪、六圩污水处理厂污泥焚烧量。全年审核污泥焚烧量2.29万吨。完善城市排水设施,完成史可法北路等道路48千米污水管网建设,槐泗河、大学南路污水提升泵站投入运行,江都北路、瓜洲镇污水提升泵站开工建设。汤汪、六圩污水处理厂全年处理污水1.05亿吨,城区污水集中处理率86%。

(袁晓丽)

■**城市供水** 2012年,扬州市区(不含江都区)售水量1.47亿吨,比上年增长11.13%。扬州自来水有限责任公司新发展用户4.91万户,铺设供水干管115千米;管网水质综合合格率100%,管网水压综合合格率100%。8月,第一水厂提标扩建工程开工。

加强水质管理。长江枯水位期间,加强对长江原水水质监控,将长江原水挥发性有机物检测和快速毒性检测列入日常检测范围。实行净水厂工艺精细化管理,严格执行水质管理制度,24小时监控工艺段水质;加强小样试验,加密检测主要水质指标,检查和考核生产人员对原水、沉淀水、滤后水、出厂水的感官指标检测质量。水质中心对供水管网200多处水质监控点进行分类别、多批次采样检测,检测内容包括行业规范要求的检测项目以及铁、锰、氨氮等检测项目共计13项指标。加强供水安全应急管理,制定《自来水水质污染应急处置办法》《万福闸开闸泄洪应急处置办法》《净化厂各工艺段放空应急处置办法》;配置浊度和余氯检测设备,为管网抢(维)修提供现场快速检测保障;实施《市重大活动期间重点单位安全保供应急处置办法》。客服中心全年接听电话4.90万个,下达任务单1.01万份;回访用户4985户,到场及时率99.9%,完工及时率98.8%,客户满意率98.0%。“小李热线”服务队全年为用户提供义务服务1340次,入选省委宣传部等部门联合评选的“江苏省放心消费创建百姓最关注和满意的30件实事”。

(吕 屹)

■**区域供水实现全覆盖** 2012年,宝应县完成广洋湖镇、射阳湖镇联网供水工作,当年新增受益人口12.45万。至10月底,全市实现区域供水全覆盖。2009—2012年,各县(市、区)累计投入区域供水工程资金4.96亿元,回购、关闭小水厂484座;全市486眼水井除极少数用作农业灌溉外,全部实行封填停运。

(全润廷 卞海波)

■**节水型城市建设** 2012年,市区(不含江都区)工业用水重复利用量1.90亿立方米、工业用水重复利用率82.5%,万元地区生产总值取水量12立方米,万元工业增加值取水量8立方米。市区月取水量500立方米以上的1164家用水单位计划用水率91%。全年节水3000万立方米,建成省级节水型企业(单位)8家、省级节水型小区10个。(全润廷 卞海波)

■**供电** 2012年底,扬州供电公司有基层供电所73家、营业客户208.42万户。全市有35千伏~500千伏变电站156座,变电总容量1743.38万千伏安;有35千伏及以上输电线路342条4321.63千米;有10千伏和20千伏配电变压器2.58万台,总容量632.64万千伏安,配电线路总长1.72万千米。2012年,扬州市全社会用电量173.63亿千瓦时,比上年增长3.83%。其中,工业用电量123.2亿千瓦时,增长0.95%;城乡居民用电量25.99亿千瓦时,增长15.87%。全市最高用电负荷295.39万千瓦,增长1.4%。全年受理报装申请10.26万户,申请容量214.82万千伏安;完成业扩报装9.15万户,新增容量243.71万千伏安。电力供应安全可靠。建成供电应急指挥中心,区域内抵达现场平均时间缩短50%。全年完成带电作业4365次,比上年增长6.6%,减少停电时间,缩小停电范围。供电保障工作经受住“7·20”地震、台风“海葵”等自然灾害的考验。扬州供电公司连续第四次获评“安康杯”全国竞赛优胜企业。优化供电服务。扬州市成为全省首座每千户拥有一个用电缴费点的城市,扬州供电公司社区客户经理覆盖全市163个社区和1179个行政村。

(尤中华)

■**电网建设** 全市电网建设完成投资29.92亿元,比上年增长20%。500千伏仪征变电站,220千伏腾飞变电站、勤王变电站和黄塍变电站等输变电工程建成投运;500千伏扬州北输变电工程进入前期准备阶段。配电

2012年扬州市电网规模一览表

表24-1

电压等级	变电站(座)	配电变压器(台)	主变容量(万千伏安)	线路条数(条)	线路长度(千米)
500千伏	2	—	325	9	519.8
220千伏	23	—	636	63	1244.39
110千伏	75	—	681.55	142	1463.93
35千伏	56	—	100.83	128	1093.51
20千伏 10千伏	—	25830	632.64	1095	17201.21

(尤中华 丁 俊)

网、农村电网建设改造完成投资10.4亿元，新增、扩容配电变压器2672台，建成电气化镇5个、电气化村97个。（尤中华）

■《共同推进扬州电网“十二五”规划建设会谈纪要》签发　10月10日，市政府与江苏省电力公司签发《共同推进扬州电网“十二五”规划建设会谈纪要》。根据该纪要，扬州市“十二五”期间电网建设计划投资150亿元，为“十一五”期间电网投资总额的2.84倍，占全省电网投资的十分之一；启动扬州配电网建设和管理示范区项目，计划投资82亿元，到2016年底建成具有国际先进水平的配电网项目，市区（不含江都区）中心城区供电可靠率99.999%（用户年均停电时间控制在6分钟内）。（尤中华）

■扬州经济技术开发区智能电网综合示范工程建成　11月，扬州经济技术开发区智能电网综合示范工程全面建成，成为全国第三个智能电网示范工程，也是国内规模最大的工程。该项目共有11个子项，包含配网自动化、用户信息采集、电动汽车充电设施等与百姓生活关系密切的项目，实现光伏并网及微网运行控制、全景运营监控等，为确保分布式光伏能源安全并网、全面消纳提供支撑，标志扬州智能电网技术推广应用工作进入全国前列。（尤中华）

11月27日，扬州经济技术开发区智能电网综合示范工程10千伏晶澳光伏电站通过验收，试验性接入公用配电网。图为工程技术人员在作接入前的最后检查

濮良平／摄

■燃气供应和管理　2012年，市区（不含江都区）新增天然气居民用户2.29万户、商业用户132户、工业用户8户，新增使用天然气的出租车209辆、私家车102辆；年末有天然气居民用户19.59万户、商业用户720户、工业用户24户，有使用天然气的出租车2617辆、公交车450辆、私家车341辆。全年供应天然气1.18亿立方米。商业、工业用气价格为每立方米3.34元，汽车用气价格为每立方米4.00元。市区一期天然气利用工程近10千米高压管线工程和2号高中压调压站投产，新建燃气中压管网33.84千米、低压管网158.8千米，完成22个老小区16千米管线改造。市政府发布《扬州市区城镇燃气“十二五”发展规划》《扬州市城镇燃气管道设施保护管理办法》。市城乡建设局印发《关于加强燃气工程建设管理的通知》，完善燃气工程建设过程监管体系，落实施工图审查、质量安全监督、竣工验收备案等制度。全年新核发燃气经营许可证43份、瓶装燃气供应许可证9份。新增燃气燃烧器具安装维修企业4家、瓶装燃气供应站点5个，拆除瓶装液化气供应点5个；新增CNG（压缩天然气）汽车加气站4座，建成首座LNG（液化天然气）汽车加气站。全年组织燃气安全检查280次，发现隐患538处，发出检查记录215份、隐患整改通知书33份，隐患整改率100%；开展瓶装燃气入户安检，入户检查市区管道燃气用户9.7万户、瓶装液化气用户1.2万户，发现和消除户内隐患近1万处。提高突发事故应急处置水平，组织开展市区燃气事故应急救援技能比武暨应急演练现场观摩会。深化燃气安全宣传教育，举办管道燃气运行维护抢险人员、入户安检人员及燃气燃烧器具安装维修工岗位培训班，贴置液化气钢瓶随瓶宣传贴5万张、楼道宣传牌600块、液化气商用户厨房宣传贴1100张，发放宣传资料10万多份，播放燃气安全宣传片近1500次。组建扬州市燃气行业专家库。试行燃气安全社区共建模式，扬州中燃公司分别与卜扬社区、安平社区、杉湾花园社区签订燃气安全社区共建协议书，建立社区燃气安全工作站，聘请社区安全监督员。（余　伟）

绿化

■概述　2012年，全市城镇新增绿地549.76万平方米。市区建成区绿化覆盖面积5524.22公顷，绿化覆盖率43.03%；绿地面积5223.24公顷，绿地率40.67%；市区人均公园绿地面积17.32平方米。全市完成绿化造林5872公顷，其中成片造林3835公顷。首次开展森林抚育项目建设，全市森林抚育面积7267公顷。新增高效林业面积1867公顷。新建省级绿化示范村109个、市级绿化模范乡镇6个、市级绿化模范单位41家。全市森林覆盖率20.49%、林木覆盖率22.64%。（万　平　吴建华）

■实施绿杨城郭新扬州三年行动计划　落实《绿杨城郭新扬州三年行动计划（2012－2014）》。实施美好城乡建设行动，开展以“六路一边”（“六路”指瘦西湖风景区至扬州泰州机场路段、火车站至仪征汽车工业园路段、润扬大桥至新城西区路段、扬州和泰州之间主要连接线、市区环城高速、宁启铁路扬州段沿线，“一边”指扬州泰州机场及机场高速周边）为重点的村庄环境整治，组织绿化造林。新建成片林330多公顷，其中江都区机场路新建成片林约70公顷。工程采用大规格苗木，做到一次成林、一次成景。开展“两沿三园”（沿路、沿水，工业园区、农业园区、庄园）绿化，提升建设水平。重点建设、完善单侧林带宽度50米以上、混交比例30%以上的宁启铁路及安大公路、新淮江公路、沿江公路、宁通高速公路、江海高速公路等绿色通道，同时突出交通

转折连接点绿化。邗江区站南路绿化工程绿化树种以银杏、香樟、水杉、池杉等乡土树种为主,构建适应水陆梯度变化的近自然植物群落,形成疏密相间、高低错落、协调有序、色彩绚丽的绿化风格,体现开放性、休闲性与实用性的统一。工业园区绿化以乔木为主,绿化覆盖率不低于35%,同时做好备用地临时性绿化。农业园区做好路网、水网和农田林网营造,提高抗灾能力。全市创建市级绿化模范乡镇7个。高邮市八桥盛川景观生态园林有限公司投资2800万元,租地67公顷,建成3万平方米高档苗木温室自控连栋大棚。该项目被评为扬州市现代农业亮点工程。扬州远东生态园林有限公司投资1.5亿元在江都区丁伙镇建设占地100公顷的朴园,内设朴树园、香樟园、桂花园、紫薇园等4个特色园区。庄园绿化以村庄绿化为主,提倡户增10棵树、整村推进。推进省级绿化示范村建设。建成绿化覆盖率35%以上的省级绿化示范村109个。 (吴建华)

■城市绿化工程 2012年,扬州市区新增城市绿地面积170.49万平方米,其中邗江经济开发区纵一路绿地面积4.5万平方米、春季造林绿化景观工程绿地面积2.5万平方米、扬菱路绿化景观提升工程绿地面积19.73万平方米、邗江路行道树绿化工程绿地面积9000平方米、新甘泉大道道路退让带绿化工程绿地面积4.48万平方米、江苏省扬州质量技术监督局绿化景观工程绿地面积6000平方米、扬州迎宾馆绿化工程绿地面积1.5万平方米、梅花岭景观绿化提升工程绿地面积1000平方米、市区主要干道春季补栽绿地面积3.67万平方米。 (万 平)

■全民义务植树 市绿化委员会办公室开展党政机关、学校等单位“一日植树活动”,建立机关干部代表义务植树点4个、单位和市民义务植树基地5个。发挥园林、林业、水利、城建、共青团和妇联等部门在义务植树工作中的作用,落实部门责任,实行义务植树工作属地化管理。市绿化委员会联合市园林局、市纪委在仪征枣林湾芍药园建设廉政文化园,将义务植树与廉政文化建设相结合,建立义务植树基地;会同市妇联将巾帼创业示范基地建设与义务植树相结合,在城郊建立2个巾帼创业义务植树基地;指导交通、共青团、水利等部门建设“青春林”“青年志愿者林”“水保林”等纪念林。指导各县(市、区)选择1个社区开展义务植树属地管理试点,丰富义务植树形式,将参与绿化宣传、认养绿地、保护古树、室内养花、清理绿地等形式纳入义务植树范围,提高义务植树参与度和尽责率。全年设立市级义务植树基地标志牌8个,新建义务植树基地10处,植树842.8万棵,植树面积1万多公顷,有240多万人次参加义务植树活动,义务植树尽责率86%。加强义务植树登记考核,表彰义务植树先进单位和个人。 (吴建华)

改造提升后的古运河风光带 刘江瑞/摄

■园艺获奖 2011年11月19日至2012年5月11日,由住建部、重庆市人民政府主办,中国风景园林学会、中国公园协会、重庆市园林事业管理局承办的第八届中国(重庆)国际园林博览会在重庆园博园举行。扬州市参展的“扬州园”获室外展综合奖银奖、施工奖优秀奖,“和谐”获室内展插花奖铜奖,“追云叠影”“松风远播”分获室内展盆景奖金奖、银奖。扬州市获城市优秀组织奖。

2012年2月22—29日,由江苏省兰花协会、江苏省花卉盆景赏石协会、扬州市园林局联合主办,扬州市兰花协会、个园管理处承办的2012江苏省兰花邀请展在个园举行。个园管理处的“逸品”“珍蝶”和扬州市农业科学研究院的“余蝴蝶”获金奖,个园管理处的“新梅”、扬州市农业科学研究院的“绿英”“翠盖”、张怡的“绿云”、江都区董广骝的“碧瑶”获银奖,扬州市农业科学研究院的“贺神梅”“新春梅”等11件作品获铜奖,个园管理处的“万字”、扬州市农业科学研究院的“宋梅”获栽培奖。

7月6日至8月30日,由上海市绿化和市容管理局、中国花卉协会荷花分会、嘉定区人民政府主办,南翔镇人民政府、上海古猗园承办的第26届全国荷花展在上海古猗园举行。扬州荷花池公园管理处选送的2盆“红灯笼”均获碗莲栽培技术评比一等奖,扬州市城市绿化养护管理处选送的2盆“小玉楼”均获碗莲栽培技术评比二等奖。 (万 平)

■园林式居住区和园林式单位命名 11月23日,扬州市新城西区郡王府一期底层住宅区、邗江区香格里拉庄园、江都区世纪景园、江都区长江国际花园和高邮市瑞和阳光城小区获第八批江苏省园林式居住区称号,江苏省宁通高速公路路政支队、江都区职业教育集团和高邮市江苏吉信远望船舶设备有限公司获第八批江苏省园林式单位称号。

12月10日，邗江区茉莉花园、加州庄园、中信泰富锦苑、阳光地带花园小区，新城西区品尊国际花园一期住宅区，高邮市加州豪庭小区一期获第七批扬州市园林式居住区称号；扬州工业职业技术学院、江苏省扬州商务高等职业学校、江都区扬州山水园、高邮市江苏弘盛建设工程集团有限公司、高邮市江苏金晖光伏有限公司获第七批扬州市园林式单位称号。（万　平）

■ **第三批城市永久性保护绿地公布** 1月5日，扬州市第六届人民代表大会常务委员会第二十九次会议通过决议，将北城河风光带、肯特园绿地、双博馆广场、沿山河风光带（文昌西路—真州中路段）、真州中路景观绿地、揽月河风光带（博物馆路—真州中路段）、扬州西出入口绿地等7个绿化地块确定为第三批城市永久性保护绿地。第三批城市永久性保护绿地面积62.45万平方米，其中北城河风光带绿地2.06万平方米、肯特园绿地1.44万平方米、双博馆广场绿地1.13万平方米、沿山河风光带绿地2.88万平方米、真州中路景观绿地10.05万平方米、揽月河风光带绿地6.22万平方米、扬州西出入口绿地38.67万平方米。（万　平）

村镇建设

■ **概述** 全市完成村镇建设投资59.78亿元，其中住宅建设投资18.74亿元、公共建筑建设投资5.38亿元、生产性建筑建设投资17.16亿元、基础设施建设投资18.49亿元。全年建成住宅180.23万平方米、公共建筑44.57万平方米、生产性建筑187.07万平方米，有1.02万户村镇住户迁入新居；新增村镇供水管道1052.77千米，自来水受益人口314.15万；新增村镇道路388.11千米243.34万平方米、排水管道1455.18千米。全市小城镇绿地覆盖面积3093.85公顷，人均公园绿地面积5.92平方米；有小城镇路灯5.82万盏、桥梁1020座。小城镇综合服务功能增强。（雎春广）

■ **城镇化工作** 市城乡建设局完成对宝应县、高邮市、仪征市、江都区以及11个重点中心镇2011年度城镇化工作考核。制定《2012年城镇化工作要点》，推动11个重点中心镇建设。完成2011年度重点中心镇48个城镇化专项资金补助项目验收工作，每个乡镇500万元补助资金基本拨付到位；下达2012年度城镇化专项资金补助项目24个，总投资3.14亿元。（雎春广）

“江苏最美乡村”李典镇田桥村一角　　解友军／摄

■ **村庄环境整治** 全市投入村庄环境整治资金9.25亿元、劳力106万人次、机械设备7.2万台班，完成1.26万个村庄环境整治，占年度目标任务的124%；累计清理垃圾84.5万吨，清理乱堆乱放31.2万处，拆除乱搭乱建11.5万处，清理河塘2.3万条，新增绿地面积317万平方米，新建村内道路1124千米，新建污水处理装置201座。全市“六路一边”等市域高速公路沿线1164个村庄6月底前全部完成整治。全市有62个村达到省三星级“康居乡村”整治标准。（雎春广）

■ **省村庄建设与环境整治试点** 江都区7个村完成江苏省村庄建设与环境整治试点工作，通过省级验收，获省级奖补资金1800万元。仪征市4个村、高邮市2个村获批列入2012年度省村庄建设与环境整治试点范围，争取省级奖补资金1700万元。（雎春广）

■ **全省村庄环境整治现场观摩会与会代表参观扬州现场** 9月11日，全省村庄环境整治现场观摩会与会代表180多人实地参观省三星级“康居乡村”仪征市林果村大圩庄台和省三星级“康居乡村”创建村江都区丁沟镇腾飞村。副省长何权、省住建厅厅长周岚等参加参观活动。林果村大圩庄台位于新城镇林果村东北部，耕地面积18公顷，由3个自然庄台组成，有居民106户。2月起，大圩庄台对照省三星级“康居乡村”建设标准，投入资金350多万元，累计清淤河塘700多立方米，清除杂物40多吨，新栽树苗1900棵、花木900株、草坪4000平方米，出新房屋近百户，新建污水管网近2000米、窨井170座、微动力污水处理泵站1座、公共厕所1座。腾飞村隶属江都区丁沟镇，有30个自然村庄。该村投入人力、物力整治村庄环境，疏浚河道5条，清运垃圾35吨，清除草堆杂物120处，拆除废旧披棚、乱搭乱建37处，清除鸡鸭棚舍95座、猪圈和粪坑67座，新建卫生公厕2座、健身广场1个、停车场1个，栽植树木700多棵，配套雨污分流管网，建设污水处理泵站1座，并建立村庄环境管护小组和长效管理机制。（万晓辉）

■ **农村危房改造试点** 组织宝应县、高邮市、仪征市、江都区开展农村危房改造试点工作，争取中央和省首批补助资金1800万元。全年改造农村危房3600户，其中新建2080户、加固1520户。（雎春广）

房地产开发

■ **概述** 2012年，受国家宏观调控政策和经济形势大环境影响，扬州市房地产市场运行表现为“低开高走”。

2012 年扬州市区销售面积前 10 名商品住宅房地产项目一览表

表 24-2

排名	项目名称	开发企业	销售套数(套)	销售面积(平方米)
1	和昌·运河东郡公馆	江苏和昌置业发展有限公司	569	74699
2	水印西堤家园	扬州首开衡泰置业有限公司	621	73424
3	万科花园	扬州万维置业有限公司	607	70251
4	橡树湾花园	华润置地(扬州)有限公司	533	64750
5	天俊华府	扬州天俊置业有限公司	451	62445
6	华鼎星城	江苏能恒置业有限公司	502	56022
7	京华城中城	扬州京华城中城生活置业有限公司	374	44060
8	扬州天下花园	江苏北辰置业有限公司	311	43640
9	智谷华府	扬州华捷房地产开发有限公司	414	40300
10	江扬·尚东国际	扬州江扬栖龙湾房地产开发有限公司	381	39664

(方　观)

6 月起，受首套房贷款利率下调、央行降息等利好政策影响，房地产市场逐步呈现平价放量的增长态势。全市完成房地产开发投资 235.8 亿元，竣工商品房 559.6 万平方米，销售商品房 365.3 万平方米。（方　观）

■房地产开发建设　全市完成房地产开发投资 235.8 亿元，比上年增长 19.3%；其中商品住宅开发投资 181.7 亿元，增长 12.9%。市区完成房地产开发投资 184.54 亿元，增长 18.05%；其中商品住宅开发投资 137.64 亿元，增长 11.07%。全市房地产开发新开工面积 666.5 万平方米，比上年增长 0.76%；其中商品住宅新开工面积 526.38 万平方米，下降 2.89%。市区房地产开工面积 414.08 万平方米，下降 20.55%；其中商品住宅新开工面积 295.02 万平方米，下降 28.89%。（方　观）

2012 年度扬州市区优秀房地产企业

江苏新能源置业集团有限公司
恒通建设集团有限公司
江苏虎豹房地产开发有限公司
江苏华利地产集团有限公司
扬州万维置业有限公司
中信泰富(扬州)置业有限公司
扬州京华城中城生活置业有限公司
扬州首开衡泰置业有限公司
江苏金鑫置业集团有限公司

(方　观)

11 月 15 日，为期 4 天的 2012 中国扬州秋季房产展示交易会在扬州国际展览中心开幕，30 家开发商、36 个楼盘参展。图为市民在房交会上了解购房信息　　董　辉、文　斌／摄

■房地产市场供应　全市批准商品房预售面积494.3 万平方米，比上年下降 2.48%；其中商品住宅预售面积 389.3 万平方米，下降 7.43%。市区（不含江都区）批准商品房预售面积 216.3 万平方米，下降 18.4%；其中商品住宅预售面积 155.04 万平方米，下降 23.6%。（方　观）

■房地产市场交易　全市商品房合同成交面积 365.3 万平方米，比上年增长 5.8%；其中商品住宅合同成交面积 305.4 万平方米，增长 0.93%。市区(不含江都区)商品房合同成交面积 168.6 万平方米，其中商品住宅合同成交面积 134.6 万平方米，分别增长 7.34%、12.3%；二手房成交面积 63.64 万平方米，其中二手住宅成交面积 56.58 万平方米，分别增长 3.89%、10.4%。（方　观）

住房保障

■概述　2012 年，扬州市进一步完善住房保障制度体系，制定市区廉租住房、经济适用住房、中等偏下收入住房困难家庭公共租赁住房保障实

邗江区新建成的安置小区——蒋王街道余林村

张孔生／摄

施细则，市区住房保障申请标准分别放宽至家庭人均月收入850元、1150元、1600元。统筹协调、督查推进保障性安居工程建设，抓好资金、土地等要素供给，全市新开工建设各类保障性住房1.63万套，竣工4433套。加快推进2012年度住房保障申请、审核、公示确认工作，建立健全住房保障联席会议制度，严把公平分配关。（方 观）

■ **保障房建设** 2012年，扬州市区争取中央和省级住房保障资金1.17亿元。全市新建经济适用住房2000套，其中市区1460套；新建公共租赁住房（包括廉租住房）7851套（间），其中市区5323套（间）；新建限价商品房2642套，其中市区2300套；新建棚户区危旧房改造安置房3806套，其中市区2439套。扬州市经济适用住房发展中心（市保障房建设发展有限公司、市房地产开发中心）拓展住房保障资金来源渠道，申请到国家社保基金专项贷款10亿元；开工建设联谊南苑、杉湾花园六期、佳家花园四期等市级保障性住房项目。佳家花园一期、杉湾花园四期项目分别在全国和全省保障性安居工程建设劳动竞赛中获优秀工程项目奖。（方 观）

■ **保障房分配** 执行“三审两公示”（社区、街道办事处初审，区住房保障部门复审，市住房保障中心终审；初审后在各社区张榜公示7天，终审后在报纸、网络公示10天）、年审监测等审查纠错制度，把好住房保障公平分配关。市区（不含江都区）受理各类住房保障申请1524户，经审核、公示，确认1299户符合住房保障条件，其中经济适用住房申请户1001户、廉租房申请户135户、公共租赁住房申请户163户。全市发放保障性住房补贴527万元，其中市区（不含江都区）402万元，符合条件的家庭实现应保尽保。（方 观）

房产管理

■ **房地产市场管理** 市房管部门发挥部门联合、市县（区）联动监测作用，建立市场信息定期发布制度，引导消费预期。加强对预售资金、价格备案工作、交付使用流程及项目建设的管理，加大执法力度，稳定房地产市场秩序。鼓励“绿色”住宅与成品住房建设，推动中小户型、中低价位产品有效供给，引导房地产业转型发展。放大春、秋两季房交会品牌效应，针对目标人群组织对外营销，举办优秀楼盘上海推介会。搭建存量房交易平台，定期组织主题团购等活动，创新对内营销模式。规范房地产交易中介企业行为，评选、表彰2011年度优秀房地产经纪机构15家、优秀房地产经纪人（协理）16人。市房地产监察支队被省住建厅评为全省住建系统行政执法队伍规范化建设先进集体、三星级单位。（方 观）

■ **房产测绘管理** 优化房产测绘流程，全年实施房产测绘900万平方米，实现房产测绘系统与网备产权、物业管理系统对接。拓展业务范围，开展二手房课税评估、拆迁补偿评估、抵押融资评估等业务。完善测绘质量保障体系，市房地产测绘中心通过省测绘局“质量管理年”活动考核验收。（方 观）

■ **房屋权属登记管理** 市房屋权属登记中心开通存量房网上备案系统，新增他项权网上比对、抵押权网上注销等服务项目。市房产交易服务大厅全年接待12万人次，办理各类登记业务4.67万笔，发放各类权证9.12万本；办理二手房转移登记6048笔28.9万平方米。（方 观）

■ **住房贷款担保服务** 市住房贷款担保服务中心明确担保服务收费标准，制定困难群众收费减免政策，拓展市场性业务，全年实现公积金贷款担保金额19.37亿元、二手房资金托管金额18.68亿元，分别增长70%、26%。（方 观）

■ **物业管理** 强化对新建小区市场化物业服务准入监管，新建商品房住宅小区100%实施市场化物业服务。推动街道（乡镇）成立物业服务中心，为部分老旧小区提供“五有”（有治安防范、有清扫保洁、有绿化养护、有维修服务、有停车管理）基本物业服务。推广社区居委会、业主委员会、物业服务企业“三位一体”服务协调机制，发挥基层组织参与物业管理的作用。加强行业监管，定期开展企业资质管理、项目经理备案、从业人员培训，推进物业管理达标创优及复验工作，举办市区物业服务行业文明优质服务百日竞赛活动。

市区新增住宅小区物业服务面积522万平方米，其中市场化物业服务面积299万平方米，住宅物业服务覆盖率82%。成立瘦西湖街道、汤汪乡、城北乡、双桥街道、扬子津街道和平山乡等6个基本物业服务中心；构建市区“三位一体”协调服务机制小区31个，63个老旧小区223万平方米实施基本物业服务。全市新增物业管理二级资质企业8家，评选、表彰市级以上物业管理优秀项目23个。（方 观）

■ **房屋征收拆迁管理** 规范房屋征收拆迁工作，强化项目批文审查、补偿方案审核、风险维稳评估、补偿资金监管等措施，加强对拆迁实施单位和拆迁评估机构的管理，组织开展房屋平安征收拆迁专项检查，规范现场管理、全程跟踪管理、档案管理等工作。市区全年核发国有土地征收决定12个，发布集体土地拆迁公告24个，保障“城中村”改造、重大项目建设。督查拆迁安置房“两证”（房屋所有权证、土地使用证）办理和超腾仓期安置工作，疏通办证“绿色通道”。

（方　观）

■公有住房管理　开展市区公有住房日常监测、保护，制定直管公房住用安全与自然灾害专项应急预案，做好汛期应急抢险、夏冬两季拉网式危房查勘等工作。制定《扬州市市区直管公房管理办法》，明确公有住房租赁管理、收益使用、修缮解危等职责，发挥解危腾让公房效益。（方　观）

■房屋安全管理　市房屋安全鉴定中心强化房屋安全管理意识，建立健全房屋安全制度体系，新设结构安全核准、强制性鉴定两项制度。全年实施房屋安全鉴定53万平方米，增长28.9%。

市白蚁防治中心建立白蚁防治业务软件网络管理平台和白蚁防治质量管理体系，成立城市虫害防治有限公司，拓展虫害综合治理业务范围；建立古树名木、古建名居白蚁危害防控监测体系。全年实施新建房屋白蚁预防工程438万平方米。

（方　观）

■房产信息化管理　市房地产信息中心联合住房保障部门开通江苏省首个经济适用房自主调换信息平台，当年成功调换121组，惠及居民200多户。该平台申报国内首个住房保障信息精细化管理“国家高分专项示范项目”，并通过住建部评审。

（方　观）

■市区老小区综合整治　2012年，市区老小区整治工作坚持综合整治与长效管理相结合，构建群众参与“四民”（民意采集点、民情恳谈室、民生听证会、民间评议员）机制，围绕道路绿化、雨污分流、房屋出新等需求，全年整治老小区180万平方米，梅岭西苑、治淮新村、沙北三村等40个老小区居住环境明显改善。至年底，市区（不含江都区）1996年以前建成、面积2万平方米以上的老小区整治五年工作计划全部完成，惠及95个老小区近20万居民。开展1996年以前建成、面积2万平方米以下的零散老小区普查，制定《关于加强市区老小区综合整治的补充意见》，启动新一轮零散老小区综合整治。

（方　观）

■公有住房解危　市房管部门完善单位自管公房和老城区直管公房解危方案，加强指导协调，制定《市区2012年度公有住房解危异地安置实施细则》。全年实施公房解危6.18万平方米，其中原地原样修缮4.12万平方米、异地搬迁2.06万平方米，帮助老城区1368户家庭改善居住条件。（方　观）

城市管理

■概述　2012年，市城管局突出“精细管理 提升形象”主题，创新城市管理理念，推进城管体制机制改革，强化执法管理举措，抓好市容环境综合整治。全年拆除违法建设15.5万平方米，取缔流动摊点1万多个，整治出店经营2万多家，清理灯箱、戗牌5300多个，清除乱贴乱画1万多处。设置白天摊点临时疏导区15个、夜市排档疏导区10个、夏季瓜果临时销售点45个，引导修车、缝补等便民摊点进7个小区经营。市区新建垃圾中转站4座、公厕13座，配置果壳箱、垃圾桶2287只（套），安装公厕指示牌135块，处理生活垃圾40.45万吨。市城管局获全省城市管理行政执法工作先进集体称号。（何新伟）

■城市管理“三百”整治　市城管局组织开展“百日千人万店（摊）”“百日夜市排档”“百日拆违”等3项“百日”整治活动，集中整治市区流动摊点、夜市排档以及出店经营、乱贴乱画、乱搭乱建等行为，解决占道经营、违法建设等问题，保持文昌商圈整洁、通畅、有序。（何新伟）

■城市管理联合巡查　市城管局与规划、园林、工商、卫生部门建立联合巡查机制，分别抽调专业人员，定期对相关重要路段、重点区域、关键节点进行联合巡查，及时发现并查处城市管理问题。市城管局联合规划部门巡查25次，发现并查处违法建设198处；联合绿化部门巡查1次，发现并查处破坏绿化行为4件；联合工商、卫生部门巡查2次，发现并查处流动摊点等问题5件。（何新伟）

■推进环卫“四化”　推进环卫运作市场化、作业机械化、监管智能化，避免从业人员高龄化。2012年，9家社会企业通过竞争进入环卫作业市场，从业人员1600多人。市区“六路两边”（文昌路、汶河路、扬子江路、邗江路、友谊路、维扬路，文昌商圈周边、瘦西湖景区周边）机械化清扫、冲洗和洒水率100%，基本形成“定车辆、定路段、定时间、定质效”的运作机制。建设市、区两级环卫智能化监管平台，初步实现对垃圾清扫、运输和处理的全过程智能化监管。将“环卫工人年龄不得高于55周岁”写入招标文件和作业服务合同，从严控制市区环卫工人用工年龄，避免从业人员高龄化。（何新伟）

■打造扬州式“城市家具”　结合扬派建筑和园林风格，统一制作首批30个“扬州老鹅”售货亭，对“六路两边”老鹅摊进行免费置换，提升城市品质。结合扬州剪纸元素，统一制作附墙式和立杆式公厕指示牌。在石塔公交站台等处设置站台式和圆柱式便民信息栏各2个，方便市民发布信息，减少乱贴乱画行为。（何新伟）

■城管环卫系统业务技能交流活动　10月28日，市城管局举办扬州市第二届城管环卫系统业务技能交流活动，全市城管系统15个部门17个代表队700多人参加执法知识竞赛和数字化信息处置、城管执法等技能交流。住建部、省政府法制办公室、省住建厅领导，全省12个省辖市城管局领导以及市民观察团等3000多人参加观摩。（何新伟）

历史文化名城保护

Lishi Wenhua Mingcheng Baohu

本栏责任编辑　戴淑敏

古城保护利用

■概述　扬州市深化“双东”(东关街、东圈门)历史街区整治,完成东关美食文化广场工程、街南书屋复建工程,打通安家巷通道,大草巷搬(拆)迁工作基本完成。东关历史文化旅游区(即“双东”历史街区)创建国家AAAA级风景区。完成彩衣街综合整治工程,启动杨总门片区整治工程。实施汪鲁门盐商住宅、卢氏盐商住宅、盐宗庙、古邗沟整治工程。建设扬州院士博物馆和东关街历史文化展示馆。推进扬州老城区低碳社区示范项目建设和老城区民居修缮工作。《扬州城国家考古遗址公园总体规划(纲要)》通过专家论证。

(张福明　卞海波)

■彩衣街综合整治工程　彩衣街东起国庆路、西至小秦淮河,全长320米。彩衣街综合整治工程包括路面及基础设施整治、沿街房屋修缮、街景提升、彩衣苑立面整治等,新建入口标识、砖雕照壁、透空廊架、四角亭各1座,新铺青石路面1400多平方米,实现强弱电杆线下地埋设,修缮沿街传统民居45户,完成彩衣苑沿街营业用房空调外挂机、店牌店招、卷帘门集中整治,布置景观绿化带。该工程2011年6月开工,2012年4月15日竣工,总投资756万元(其中2012年投资180万元)。

(杨　铭)

整治后的彩衣街一景　　张孔生/摄

■安家巷通道整治工程　安家巷通道南起东关美食广场、北至盐阜东路,全长252米。安家巷通道整治工程主要建设内容包括:将原4米宽面包砖小道拓宽为8米宽石材板道,其中主路面宽6米、道路两边人行道宽各1米;路下铺设直径60厘米的雨、污管道各1条;实施道路两侧景观改造和绿化提升工程,沿路墙面、围墙改为青砖小瓦马头墙,同时补植绿化。该工程2月4日开工,4月18日竣工,总投资6000万元。

(陆志远)

■实施扬州老城区低碳社区示范项目　扬州老城区低碳社区示范项目由扬州市政府与美国可持续发展社区协会(ISC)合作实施,利用原铰链厂空置地块,通过应用低碳、节能、环保的新材料、新技术、新工艺,探索老城区传统建筑维修和闲置土地更新、改造新方法。6月28日,该项目开工建设。至年底,完成工程总量的70%,除现代木结构外的主体建筑建设基本完成。

(杨　铭)

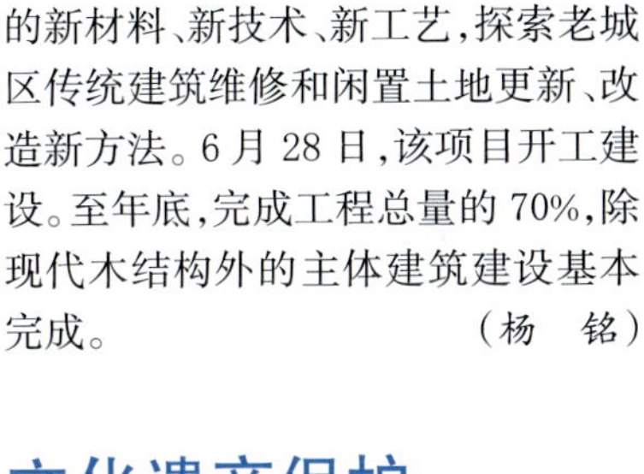

文化遗产保护

■概述　2012年,扬州市加大文化遗产保护力度,颁布实施《扬州市文化遗产保护管理办法》,确定第五批市级文物保护单位。做好大运河联合申报世界文化遗产(简称申遗)牵头工作,推进扬州瘦西湖及盐商园林文化景观、海上丝绸之路(扬州段)申遗工作。加强非物质文化遗产(简称“非遗”)传承与保护。全市36个项目申报第三批市级“非遗”名录。组织扬州剪纸、扬州清曲、高邮民歌和漆器髹饰技艺等4个“非遗”项目保护单位制定2012—2020年项目传承、保护规划。雕版印刷技艺传承人陈义时、扬剧传承人李政成被命名为江苏省“非遗”杰出传承人。加大“非遗”宣传力度。组织扬剧、雕版印刷、剪纸等国家级“非遗”项目参加中央电视台《中华长歌行》《文化视点》栏目拍摄活动。组织4个“非遗”项目参加江苏省音乐舞蹈类“非遗”保护成果展演活动,高邮民歌获优秀传承奖,跳娘娘、扬州清曲和胥浦农歌获传承奖。争取国家级、省级“非遗”项目保护资金300万元。扬州市文物局获全国文物系统先进集体称号。

(杨家华　刘文献　蒋学亮)

扬州市第五批文物保护单位一览表

表 25-1

类别	名 称	时 代	地 址
古墓葬	帽儿墩汉墓	汉	邗江区平山乡朱塘村，扬子江北路与朱塘路交会处东北角
	金鼓墩汉墓	汉	邗江区西湖镇金槐村金槐小区北侧，西北绕城公路南侧
	麻油墩汉墓	汉	邗江区西湖镇经圩村蒋巷组
	小墩汉墓	汉	邗江区杨寿镇宝女村宝女墩汉墓东北 500 米
古建筑	大草巷杨氏住宅	清	广陵区大草巷 62 号
	问井巷查氏住宅	清	广陵区东关街问井巷 46 号、48 号、50 号
	通运南街 16 号民居	清	广陵区通运南街 16 号
	湾子街 69、71、73 号民居	清	广陵区湾子街 69 号、71 号、73 号
	花园巷 17、19 号毕园	清	广陵区花园巷 17 号、19 号
	苏唱街 24 号吕氏住宅	清	广陵区苏唱街 24 号
	弥陀巷吴氏住宅	清	广陵区弥陀巷 29 号
	甘泉路 17 号李氏住宅	清	广陵区甘泉路 17 号
	埂子街 172 号梁氏住宅	清	广陵区埂子街 172 号
	巴总门 15 号民居	清	广陵区巴总门 15 号、引市街 30-1 号
	钞关西后街 10 号民居	清	广陵区钞关西后街 10 号
	木香巷 37 号民居	清	广陵区木香巷 37 号
	南河下黄氏盐商住宅	清	广陵区南河下 64 号
	广陵路钱业会馆	清	广陵区广陵路 345 号
	小流芳巷徽州会馆	清	广陵区小流芳巷 4 号
	谢馥春旧址	清	广陵区东关街 243 号
	普照寺大殿	清	广陵区汤汪乡运河南路 57 号
	大王庙大殿	清	邗江区城北乡黄金村黄金坝桥东北侧大王庙广场
	藕香桥	明	邗江区瘦西湖公园内法海寺东南侧
	洒金桥	清	广陵区汶河路南首
	牛背井	清	广陵区牛背井 19 号门前
	引市街 102-1 号古井	清	广陵区引市街 102-1 号南侧
	水碧泉古井	清	广陵区广陵路 60 号东北角院内
近现代重要史迹及代表性建筑	湾头镇陈氏住宅	中华民国	广陵区湾头镇西街中部南侧
	瓜洲孙氏住宅	中华民国	邗江区瓜洲镇江口街 23～31 号、69 号
	大樊家巷倪氏住宅	中华民国	广陵区大樊家巷 1 号
	浦头镇张氏住宅	中华民国	江都区浦头镇 27 号、32 号
	同松参号药店旧址	中华民国	广陵区广陵路 352 号大院内
	安墩巷俞氏店铺	中华民国	广陵区南门外大街安墩巷 2-1 号
	大桥镇宝源钱庄	中华民国	江都区大桥镇繁荣街 64 号
	江苏油田真武真 6 井	中华人民共和国	江都区真武镇热水三站院内
	邵伯镇粮库	中华人民共和国	江都区邵伯镇北大街 78 号
	四桥烟雨楼	中华人民共和国	邗江区瘦西湖公园内，长春路南侧、瘦西湖东岸
	风箱巷官井	中华民国	广陵区风箱巷 6 号蔚圃门前
石窟寺及石刻	湾头镇壁虎石雕	清	广陵区湾头镇壁虎坝村湾头老街北端河边

（杨家华）

■《扬州市文化遗产保护管理办法》颁布实施 1月21日，市政府颁布《扬州市文化遗产保护管理办法》。该办法是扬州市第一部专门针对文化遗产保护的规范性文件，对文化遗产保护经费、不可移动文物保护、考古前置、建立文化遗产保护专家库等方面作出详细规定。该办法自2012年3月1日起实施。 （杨家华）

■扬州市第五批市级文物保护单位名单公布 5月，经专家论证会讨论，全市推荐56处具有一定历史、艺术和科学价值的文物点申报扬州市第五批市级文物保护单位。7月20日，市政府公布扬州市第五批文物保护单位名单，确定新增市级文保单位39处，其中古墓葬4处、古建筑23处、近现代重要史迹及代表性建筑11处、石窟寺及石刻1处。 （杨家华）

■扬州46处文保单位"红线"划定 5月23日，省政府办公厅公布江苏省第四至第六批省级以上文物保护单位保护范围及建设控制地带（简称"红线"），扬州市有46处文保单位上榜，其中包括个园、何园、扬州城遗址等12家全国重点文保单位和仙鹤寺、天宁寺、重宁寺等36家省级文保单位。 （杨 铭）

■市区首批地下文物埋藏区公布 11月12日，扬州市公布市区首批地下文物埋藏区，扬州城遗址，甘泉-杨庙战国至五代墓葬埋藏区，城北汉代居住区、隋代宫殿、唐宋寺庙及历代古墓葬埋藏区，城东唐、宋墓葬埋藏区等4个区域入选。扬州城遗址为全国重点文物保护单位，该区域地下文物埋藏以历代扬州城城垣、建筑、里坊等遗迹、遗物为主。甘泉-杨庙战国至五代墓葬埋藏区地下文物埋藏以两汉广陵王、侯陵寝以及广陵国贵族、官僚的大中型墓葬为主，在西湖镇西侧蜀冈之上有与鉴真有关的唐代大云寺遗址。其中甘泉镇的老山、吴家山、汪家山、老虎墩和杨寿镇的宝女墩均为两汉王侯级墓葬，为省级文物保护单位。城北汉代居住区、隋代宫殿、唐宋寺庙及历代古墓葬埋藏区地下文物埋藏以城址、寺庙和古墓葬为主。城东唐、宋墓葬埋藏区地下文物埋藏以唐、宋时期古墓葬为主。 （杨 铭）

6月9日，扬州市举办"非遗"保护系列活动。图为金银细工制作技艺展示现场 庄文斌／摄

■4人入选第四批国家级"非遗"项目代表性传承人

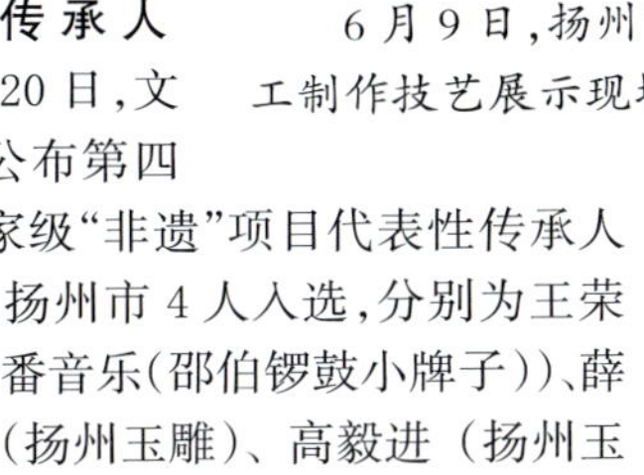

12月20日，文化部公布第四批国家级"非遗"项目代表性传承人名单，扬州市4人入选，分别为王荣棠（十番音乐（邵伯锣鼓小牌子））、薛春梅（扬州玉雕）、高毅进（扬州玉雕）、石庆鹏（毛笔制作技艺）。全市累计有16个国家级"非遗"项目代表性传承人21人。 （杨 铭）

■4个项目参加中国"非遗"生产性保护成果大展 2月5—15日，中国非物质文化遗产生产性保护成果大展在北京中国农业展览馆新馆举行。此次展览由文化部、国家发展和改革委员会、教育部、科技部、中国社会科学院与北京市政府等15家单位主办，以第一批国家级"非遗"生产性保护示范基地为主，精选180多个"非遗"项目参展，邀请160多名国家级"非遗"项目代表性传承人和中国工艺美术大师现场展示"非遗"技艺和生产工艺流程。扬州玉雕、雕版印刷、漆器、剪纸等4个"非遗"项目代表性传承人江春源、陈义时、张来喜、张秀芳等参加大展开幕式，并向观众展示扬州市"非遗"项目生产性保护成果。 （杨 铭）

■人类非物质文化遗产（扬州项目）成果大展 3月9日至5月30日，人类非物质文化遗产（扬州项目）成果大展在中国剪纸博物馆举行，集中展示和销售世界"非遗"项目古琴、剪纸、雕版产品，并由"非遗"项目代表性传承人现场演示技艺。 （杨 铭）

■"中国文化遗产日""非遗"保护系列活动 6月9日是第七个"中国文化遗产日"。当天，市文化广电新闻出版局、市文化馆和市非物质文化遗产保护中心举办以"活态传承 重在落实"为主题的"非遗"保护系列活动，展演古筝、扬州民歌、扬州评话、扬剧、木偶、琴箫、跳娘娘、吴桥社火、打坐堂、扬州弹词、邵伯锣鼓小牌子等"非遗"项目，现场展示雕版印刷、扬州漆器髹饰、扬州剪纸、扬派盆景、江都金银细工制作以及扬州竹刻、牙刻、刺绣、面塑等"非遗"项目技艺，举办"老行当"摄影图片展。 （王 克）

申报世界文化遗产

■概述 扬州市做好大运河联合申遗牵头工作，推进扬州瘦西湖及盐商园林文化景观、海上丝绸之路（扬州段）申遗工作。大运河联合申遗文本定稿。淮扬运河扬州段10个遗产点、7段河道被列入申遗文本。中国扬州运河名城博览会暨世界运河大会期间，《大运河保护与申遗城市联盟关于保护大运河遗产的联合协定》签署。推进大运河（扬州段）申遗工作。启动大运河本体保护和环境整治工作，遗产本体保护和环境综合整治方案获国家文物局批准；《扬州市大运河遗产保护办法》颁布实施；大运河扬州段数字管理平台一期工程（监测管理系统）通过终审验收并投入运行，二期工程（监测预警系统）项目获国家文物局批准立项。涉及扬州的3

个项目获批列入中国世界文化遗产预备名单，“扬州瘦西湖文化景观价值研究”结题，《扬州瘦西湖及盐商园林文化景观》申遗文本和《保护管理规划纲要》完成编制。 （杨家华）

■《扬州市大运河遗产保护办法》颁布实施 《扬州市大运河遗产保护办法》8月24日颁布，10月1日起实施。该办法是中国大运河沿线城市中首个颁布实施的关于大运河遗产保护的地方规范性文件，对大运河遗产的保护范围、保护主体、经费来源、保护制度，大运河遗产开发利用的限制性条件和保护措施，以及对破坏大运河遗产行为的处罚措施作出具体规定。 （杨家华）

■扬州3个项目入选中国世界文化遗产预备名单 11月17日，国家文物局公布更新后的中国世界文化遗产预备名单，其中3个项目涉及扬州，分别为大运河、扬州瘦西湖及盐商园林文化景观以及扬州市与北海、广州等8个城市联合申报的海上丝绸之路（中国段）。 （杨家华）

■2012年大运河保护和申遗工作会议在扬州召开 3月29—30日，2012年大运河保护和申遗工作会议在扬州召开。文化部副部长、国家文物局局长励小捷，国家文物局文保司司长关强，环境保护部自然生态司副巡视员侯代军，省文物局局长龚良，京杭大运河沿线35个城市和相关组织的代表参加会议。励小捷作主旨讲话，回顾大运河保护和申遗工作进展情况，部署下一步工作。市委书记、市长、市申遗工作领导小组组长谢正义出席会议并讲话。与会人员围绕大运河申遗工作交流经验、展示成果，并进行分组讨论。 （杨　铭）

3月29—30日，大运河保护和申遗工作会议在扬州举行
王　卓／摄

文化博览城建设

■概述 2012年，扬州市推进文化博览城项目建设，新建成扬州城市规划展示馆、街南书屋、廉政文化展示馆、东关街历史文化展示馆、扬州中医药文化展示馆等文博场馆，完成扬州八怪纪念馆完善提升工程、盐运使司衙署门厅修缮工程，实施重宁寺大殿、胡笔江故居北宅等文保单位修缮工程，推进扬州2500周年城庆广场、扬州科技馆、唐子城遗址公园建设和汪鲁门盐商住宅修缮等项目。截至2012年底，全市累计建成文博场馆94个。宣传文化博览城建设成果。市文化博览城建设领导小组办公室举办第四届文化博览城建设知识大赛，制作、出版《古韵流芳——扬州文化博览集萃》纪念邮册，编辑出版《马可·波罗中国行》。 （张　静）

■扬州城市规划展示馆建成 扬州城市规划展示馆位于京杭大运河、文昌路交汇处，市曲江公园东北侧。展示馆布展工程由市规划局牵头负责，2012年底建成，总投资2500万元。展示馆陈展面积4300平方米，分数字沙盘演示区、会议服务区、布展模型区和临展公示区等4个功能区，采用声、光、电等现代科技手段，集中展示扬州各类规划成果、建设发展成就和江广（江都、广陵）融合地区未来发展蓝图。其中数字沙盘通过投影技术，融合图像、动画及三维模型等元素，辅以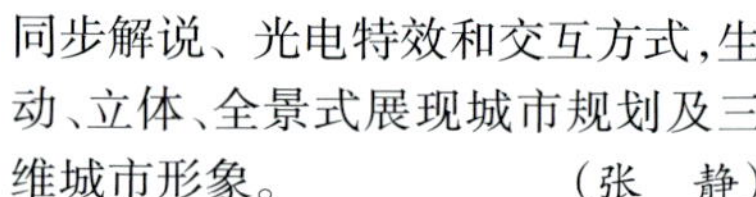同步解说、光电特效和交互方式，生动、立体、全景式展现城市规划及三维城市形象。 （张　静）

■扬州中医药文化展示馆迁址开放 2011年起，扬州市实施中医药文化展示馆搬迁工程。新的扬州中医药文化展示馆由市中医院投资建设，2012年12月1日对外开放。新馆位于扬州市中医院新门诊大楼西端，在4个楼层的公共区域陈展，分别以“中华百草”“长河浩渺”“古圣先贤”“国之瑰宝”为主题，采用文字介绍、图片和实物展示的形式，反映扬州中医药学从形成到繁荣、从继承到创新的轨迹。其中，“中华百草”区域展示中药标本、相关实物以及扬州著名药号历史；“长河浩渺”区域展示不同历史时期扬州地区中医药发展的时代背景、重大事件；“古圣先贤”区域展示自汉代以来，原籍扬州或主要在扬州地区行医的历代医家；“国之瑰宝”区域展示传统中医药学在临证、养生、教学、研究等方面的成就。

（杨　铭　张　静）

■两淮盐运使司衙署门厅修缮工程竣工 两淮盐运使司为明清时所设两淮（淮南、淮北）盐务管理机构。两淮盐运使司衙署门厅位于市区国庆北路251号，建筑面积100平方米，是扬州盐务经济史上仅存建筑遗存。8月，市文物局和扬州市级机关事务管理局组织实施两淮盐运使司衙署门厅揭瓦大修，按照“修旧如旧”原则，铺设屋面防水，挖补酥碱墙体，重新油漆梁柱等，完成投资20万元。11月中旬，两淮盐运使司衙署门厅修缮工程竣工。 （张　静　杨　铭）

■街南书屋复建修缮工程 街南书屋位于市区东关街309号，为清雍正、乾隆年间盐商马曰琯、马曰璐兄弟住宅园林遗址。街南书屋复建修缮工程项目占地1.8公顷，建筑面积8176平方米，其中保留修缮建筑面积2870平方米、新建建筑面积5306平方米。该项目由扬州市名城建设有限公司投资建设，2011年3月开工。至2012年底，完成投资8500万元，

街南书屋船舫　　刘江瑞／摄

建成丛书楼、看山楼、小玲珑山馆、觅句廊等“十二景”复建工程。（张　静）

■扬州文化博览城建设知识大赛　2012年扬州文化博览城建设知识大赛以大运河申遗为主要内容，分个人赛和团体赛两部分。大赛工作小组在《扬州日报》、《扬州晚报》、《扬州广播电视》、名城扬州网等媒介刊登大赛个人赛试题，并免费发放参考资料。个人赛收到有效答题卡1020张。各县（市、区）、市水利局、市园林局、市旅游局以及扬州商务高等职业学校、扬州工业职业技术学院、扬州职业大学等12支代表队参加团体赛。9月22日，团体赛决赛在扬州广电总台演播大厅举行，江都区代表队获一等奖，市水利局和扬州职业大学代表队获二等奖，市园林局、邗江区和仪征市代表队获三等奖。（张　静）

■《古韵流芳——扬州文化博览集萃》纪念邮册发行　6月9日，《古韵流芳——扬州文化博览集萃》纪念邮册发行仪式在扬州佛教文化博物馆举行。纪念邮册分“广陵涌潮”“陵苑芳草”“名儒官宦”“盐商文化”“名馐珍馔”“禅林道院”“琴音铮淙”“粉黛美妙”等20个板块，制作扬州双博馆、唐城遗址博物馆、宋大城西门遗址博物馆、扬州八怪纪念馆、马可·波罗纪念馆、宋夹城考古遗址公园、南门遗址展示馆、扬州学派纪念馆、朱自清故居、吴氏宅第等文博场所个性化邮票16枚，同时收录中国古代档案珍藏、京杭大运河、梅兰竹菊、郑板桥作品、扬州园林等特色邮品，总数60多枚。（张　静）

■《马可·波罗中国行》出版　6月13日，由扬州文化博览城建设领导小组副组长洪军主编的《马可·波罗中国行》出版发行。马可·波罗是世界历史上著名的旅行家和商人，著有《马可·波罗游记》，记述自己在中国的见闻。《马可·波罗中国行》以《马可·波罗游记》主人公在中国境内的3条旅行线路为主轴，内容涉及17个省（市、自治区）61个城市，配有图片200多幅。该书首次系统披露和诠释各城市与马可·波罗的关系，获江苏省第12届哲学社会科学优秀成果奖三等奖。（张　静）

■博物馆工作　全市各博物馆、纪念馆举办“横空出世——唐宋元明清瓷器极品汇展”“海上生明月——宋元明清书画精品联展”等展览84期，举办“博物馆之夜”酒会等展览教育活动39次，接待游客近200万人次，比上年增长18%；新增馆藏文物797件，修复、保护各类文物137件、古籍雕版1.87万片，完成新定89件馆藏三级近现代珍贵文物数据库建设和3060件文物藏品建档工作；举办东亚雕版印刷国际学术研讨会、2012中国扬州汉唐铜镜研讨会，出版《清风雅韵——扬州博物馆藏明清扇画集粹》《藏珍集粹——唐宋元明清瓷器精品汇展图录》。扬州博物馆设计制作的雕版印刷展入选2012年度全省巡展。（郭　果）

■“横空出世——唐宋元明清瓷器极品汇展”系列文化活动　1月15日至3月25日，由扬州市文物局主办，扬州博物馆、上海天物馆、扬州唐城遗址博物馆、扬州文物商店承办的“横空出世——唐宋元明清瓷器极品汇展”在扬州博物馆开幕，展出唐、宋、元、明、清瓷器100件。2月25日，以“同赏精品瓷器，共话文化交流，助力扬州发展”为主题的“龙凤呈祥——扬州博物馆之夜”酒会在扬州博物馆举行。该活动由上海天物馆、扬州博物馆、上海磐石投资有限公司主办，扬州博物馆承办，华谊兄弟传媒集团、香港苏富比拍卖公司等32家知名企业（集团）董事长参加活动，《中国文物报》、中央电视台、江苏卫视等多家媒体报道活动情况。2月26日，唐宋元明清瓷器极品汇展学术研讨会在扬州举行。该活动由扬州博物馆、上海天物馆主办，国家文物鉴定委员会委员张浦生、云南省博物馆馆长马文斗等古陶瓷专家10多人参加研讨会。（郭　果）

■海上生明月——宋元明清书画精品联展　4月11日至5月28日，应扬州博物馆邀请，上海著名收藏家刘益谦、应明、颜明在扬州博物馆举办“海上生明月——宋元明清书画精品联展”，展示宋、元、明、清书画名家代表作品36件（套）。雅昌网、上海卫视第一财经频道、台湾《大观》等报道展览情况。（郭　果）

■中国雕版印刷展在仪征博物馆举行　8月4－26日，由江苏省文物局主办，扬州博物馆、扬州中国雕版印刷博物馆、仪征博物馆承办的“江苏省馆藏文物巡回展·中国雕版印刷展”在仪征博物馆举行。此次展览分陈列展览区、游戏互动区、互动演示区、盖章纪念区等4个区域。其中，陈列展览区展示雕版印刷的起源、工艺流程、历史时期发展和对外传播过程，展出相关图板50块、扬州中国雕版印刷博物馆馆藏珍贵古籍版片及印刷品105件(组)；互动演示区有4名雕版印刷技艺传承人现场演示写样、雕刻、印刷、装订等工艺流程，参观者可自己动手体验造纸和印刷操作过程。 （杨　铭）

■**扬州八怪纪念馆修缮提升工程竣工**　12月20日，扬州八怪纪念馆古建筑修缮和陈展提升工程竣工并对外开放。该工程8月初动工，由扬州八怪纪念馆实施，按建筑原有形制修缮，工程内容包括防水处理、木结构和木装修等部分粉刷出新、扬州八怪碑廊地面改造等，并新增电子阅览设备，耗资80多万元。经过重新布置，展厅从“扬州八怪”的形成、“扬州八怪”的艺术和“扬州八怪”的影响等多个方面，介绍“扬州八怪”及其生活的历史时期扬州的风土人情和交通、经济状况等，同时展出“扬州八怪”15位书画家代表作品。通过电子阅览设备，参观者可查看“扬州八怪”的作品、印章，并可检索全国各地博物馆、纪念馆收藏的“扬州八怪”作品目录。 （张　静　杨　铭）

■**崔致远纪念馆完善提升工程竣工**　为庆祝中韩建交20周年，唐城遗址博物馆实施崔致远纪念馆完善提升工程，12月竣工。工程投资100多万元，对馆舍建筑进行全面修缮，重新设计、制作“跨越千年的记忆——崔致远与扬州”陈列展览。展览分为“开放的唐代扬州”“新罗的友好使者”“延续的千年情缘”等3个单元，运用形、色、光等技术手段，采用平面与立体相结合展板、模拟场景等多种陈列手法，紧扣“崔致远与扬州”主题，全面、系统地介绍唐代新罗友好使者崔致远在扬州的活动历程及其对扬州与韩国友好交往产生的影响。 （郭　果）

完善提升后的崔致远纪念馆展厅　余国江／摄

考古发掘

■**城市基本建设抢救性考古发掘**　2012年，扬州市文物考古研究所配合城市基本建设开展抢救性考古发掘。在国家文物保护单位扬州城遗址（隋－宋）范围内邵庄二期、冶春别院、太子岗、扬州中学等地块抢救性考古发掘中，发掘面积660平方米，其中扬州中学发掘点解明五代、宋、明清三个时期扬州城西城墙的沿革关系。在蜀冈玫瑰园、月明苑、佳家花园、山水锦城、西湖怡庭、中星海上紫郡、交通银行金融服务中心等建设项目地块考古勘探中，勘探面积12.5万平方米，抢救性发掘古墓葬588座、古井9座，出土各类小件文物1500件(套)。其中，在山水锦城四期东汉墓群考古勘探中，首次以考古探方法发掘，解明墓葬封土营造方式与墓葬的早晚关系，对同类型墓葬发掘具有借鉴意义。 （王小迎）

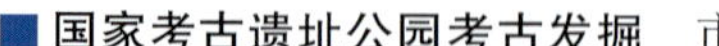

■**国家考古遗址公园考古发掘**　市文物考古研究所配合国家考古遗址公园建设，与中国社会科学院考古研究所合作，对唐子城东南拐角内侧夯土遗存、十字街西北隅夯土遗存、十字街东北隅人字形铺瓦遗存进行主动性考古发掘，发掘面积2000多平方米，清理出汉至六朝时期夯土堆积和唐代夯土城墙遗存，为唐子城·宋堡城国家遗址公园建设提供翔实可靠的实物资料。 （王小迎）

高邮里运河御码头考古发掘中新发现的七层御码头石阶　赵　天／摄

■**大运河申遗考古发掘**　市文物考古研究所配合大运河申遗，在扬州瘦西湖景区、汪鲁门以及高邮里运河御码头、河道石堤、古平津堰进行考古勘探和发掘，勘探面积5000平方米，发掘面积600平方米，清理出清代园林遗存、运河高邮段御码头对岸石码头以及运河驳岸石堤遗存等，大致了解清代园林遗存的布局、形制，解明运河高邮段石码头的位置、时代沿革和驳岸石堤的建造形制等问题，为大运河申遗提供实物资料。 （王小迎）

■**张家墩汉墓发掘**　2011年开工建设的邗江路北延工程穿越甘泉街道姚湾村王庄组张家墩。2011年7月6日至2012年1月20日，市文物考古研究所对张家墩进行抢救性考古发掘，整体揭露土墩北半部，清挖土墩南半部上层封土，对土墩进行全面勘探，基本解明张家墩的结构、营造方法，在土墩上发现3座汉代墓葬以及小型陵园建筑遗迹。张家墩是先凿浅穴，然后平地层层夯实起封，最后在封土堆上开凿墓穴。1号墓为位于土墩中心的主墓，坑口长24米、宽约14米、深5.85米，平面呈“甲”字形。该墓历史时期被盗后焚毁，墓室坍塌，结构不明。考古人员从中清理出玉器、铜器、陶器、漆器等文物200多件，其中各类釉陶动物模型(牛、猪、狗、鸭等)弥补扬州地区该类汉代文物空白。2号墓位于1号墓东侧，坑口长2.72米、宽2.64米、深3.6米，出土青釉陶瓿、红陶壶、红陶瓿、琉璃璧等文物13件。3号墓位于1号墓西南侧，坑口长18.3米、宽5.5米、深5.3米，平面呈“甲”字形，出土铜镜、铜行灯、石磨等文物11件。张家墩汉墓发掘工作第一次完整揭示扬州地区此类汉代土墩墓的结构、营造方式、墓葬排布，为研究扬州地区汉代墓葬埋藏方式、丧葬习俗提供实物资料。（束家平）

■ **扬州发现晚唐五代时期“白沙窑”遗址** 5月，扬州市文物考古研究所、仪征市博物馆考古工作人员在仪征汽车工业园区建设工地考古调查、勘探中，发现3处砖瓦窑址。考古工作人员在3号古窑址窑壁及火膛内清理出一批铭文城砖，皆戳印阳文行书“白沙窑□□”“白沙窑□□□”“迎銮”等字样。这一类型城砖在扬州城晚唐五代时期城墙修筑中大量使用。根据史料记载，今仪征真州一带，唐代为白沙镇；五代杨吴时期，因吴主杨溥到白沙镇检阅水军，改白沙镇为迎銮镇。据此，考古人员推断该窑址为晚唐至五代杨吴时期为修筑扬州城供应城砖的“白沙窑”遗址。“白沙窑”遗址呈马蹄形，南低北高，长9米、宽4.8米、残存高度约2.4米，由操作坑、窑门、火膛、窑床、烟道等部分组成。窑壁用青砖砌筑，砖长42厘米、宽23厘米、厚6厘米左右。窑南部操作坑已毁，窑门内地势较低处为火膛，用于放柴烧火；中部最宽处为窑床，用于堆放砖坯；北部(尾部)有左、中、右排烟道。（杨 俭）

仪征新发现的“白沙窑”遗址　　陶 敏／摄

■ **扬州出土汉代编钟冥器** 8月上旬，市文物考古研究所在西湖镇改造项目工地抢救性考古发掘中，从一座汉代古墓中出土1套汉代编钟冥器。该冥器由11个大小不一、形似元宝的镂空铜制品组成，高度最小的不到2厘米、最大的约3厘米；每个冥器上端各有一圆孔，装饰纹路清晰可见。这是扬州市首次发现汉代铜质编钟冥器，为探讨汉代扬州埋葬习俗以及所属时代社会生活状况提供实物资料。（杨 铭）

■ **董恂墓志铭碑出土** 6月13日，清代“四朝元老”董恂墓志铭碑在江都区邵伯镇高蓬村田庄组益民河出土。董恂系晚清著名政治家、外交家、方志学家和书法家，清嘉庆十二年(1807)生于今扬州市邵伯镇，道光二十年(1840)中进士，历事道光、咸丰、同治、光绪四朝，官至户部尚书、总理各国事务衙门大臣。董恂逝于北京，在邵伯建有衣冠冢。董恂墓志铭碑长197厘米、宽93厘米、厚21厘米，铭文2058个字，总结董恂一生事迹。（杨 铭）

名城研究

■ **《扬州民国建筑》获奖** 1月12日，江苏省住房和城乡建设厅公布全省建设档案优秀编研成果名单，由扬州市历史文化名城研究院与扬州市城建档案馆联合编辑出版的《扬州民国建筑》《扬州旧影》分获一等奖、二等奖。（邱正锋）

■ **扬州名城保护30年座谈会** 2月8日是国务院公布首批历史文化名城30周年纪念日。2月9日，市城乡建设局(市古城保护办公室)召开扬州名城保护30周年座谈会，市规划、建设、文物、宗教、园林等部门领导和特邀专家30人出席会议。与会人员认为，扬州市开展名城保护工作30年，古城保护成为全社会共识，名城保护规划形成完整体系，历史街区功能逐步完善，基础设施全面改善，大遗址考古发掘取得重大成绩，历史建筑和城河水系逐步得到整治并恢复使用功能，名城历史文化遗产得到全面解读。与会专家围绕扬州名城保护模式、历史街区整治、大遗址发掘、历史建筑合理利用、申报世界文化遗产、名城现代化发展路径等主题提出建议。（邱正锋）

■ **《中国名城》变更主办单位** 2月24日，国家新闻出版总署批准《中国名城》主办单位由扬州市历史文化名城研究会和扬州市文学艺术界联合会变更为中国名城杂志社(扬州市历史文化名城研究院)，主管单位仍为中共扬州市委员会。（邱正锋）

■ **世界运河名城建设与发展论坛**
参见第17页

环境保护

Huanjing Baohu

本栏责任编辑　陈永华

综述

■概况　2012年，扬州市区（不含江都区）空气质量优良天数322天，城市饮用水水源地水质达标率100%。实施“美好城乡建设行动”，开展农村河道河塘疏浚整治，完成“六路一边”（瘦西湖风景区至扬州泰州机场段、火车站至仪征汽车工业园段、润扬大桥至新城西区段、扬州泰州之间主要连接线、市区环城高速、宁启铁路扬州段沿线，扬州泰州机场及机场高速周边）593个村庄环境整治任务，新创省三星级“康居乡村”60个、市级“优美乡村”10个。全年实施节能技术改造项目129个、循环经济项目39个、减排项目171个，淘汰落后用能设备2232台（套），关闭“五小”（小电镀、小化工、小水泥、小冶炼、小砖瓦）企业104家。加大环保执法监管力度，全年查处违法案件126件。扬州市通过国家环保模范城市复核，扬州经济技术开发区被列为首批国家循环经济教育示范基地，广陵区李典镇田桥村被评为“江苏最美乡村”。扬州生态市创建工作通过国家级考核验收。扬州市小康社会环境质量综合指数考核得分89.4分，超过小康社会综合考评合格标准9.4分。（杨　环）

扬州市环境保护成效显著，空气质量优良

程建平、张卓君/摄

■生态保护与建设　扬州市2000年启动国家生态市创建工作。至2012年底，江都区、邗江区、宝应县、高邮市通过生态县（市、区）国家考核，仪征市通过生态县（市、区）国家技术评估，扬州市国家生态市创建工作通过国家考核。全市累计创成国家级生态乡镇72个，各级生态村992个、“绿色家庭”8000户、“绿色社区”62个、“绿色学校”163所、“绿色医院”92所、“绿色商场”10家、“绿色宾馆”11家、“绿色机关”70家、“绿色企业”62家。

环境基础设施基本实施全覆盖。全市累计投入20多亿元，建设城市污水处理设施和配套管网，建成城市污水处理厂8座，城市污水处理能力57.25万吨/日；累计投入9.6亿元，全市72个涉农乡镇全部建成污水集中处理设施，铺设污水主干管网720千米；累计投入近1.6亿元，所有乡镇配套建设垃圾中转站，配备垃圾压缩机和清运车；累计投资28.47亿元，建成主供水厂19座，铺设供水主、支管道1.45万千米，全市区域供水实现主管网、支管网全覆盖。

城乡环境面貌改善。2012年，全市完成造林0.59万公顷，全市森林覆盖率20.5%、林木覆盖率22.5%，村庄绿化覆盖率30%以上；市区新增绿地125.48万平方米。实施农村环境综合整治，开展“百万人清洁家园”大行动，全市基本实现农村环境长效管护队伍全覆盖。（张素玲）

■建设项目环保管理　市环保局制定环保服务经济发展15条工作意见，成立重大项目服务办公室，建立、健全重大项目“一对一”挂钩服务制、特殊项目“绿色通道”制、排污总量“点供”制、服务质量“一票否决”制审批机制，全年审批建设项目212个，依法否决、劝阻污染严重或选址不当项目近20个。采取建立信用信息档案、督查通报等方式，加强对环境影响评价（简称环评）中介机构服务质量的监督管理。组织128家企业开展指导性清洁生产审核、120家企业开展强制性清洁生产审核，40家企业通过ISO 14000环境管理体系认证。对通过规划环评满5年的开发区和工业集中区开展回顾性跟踪环境影响评价。与化工园区联合开展扬州化工园区环境科学管理体系研究，分析园区总体环境质量、环境管理现状，提出重点污染源“三废”（废水、废气、废渣）控制与处理规划。

（陈相辉）

■**循环经济建设** 推动传统产业生态转型和循环经济建设。开展省级以上工业园区的生态工业园区规划与建设工作。维扬经济开发区启动国家级生态工业园区创建规划工作。扬州新能源示范城市建设规划通过国家评审。全年实施节能技术改造项目129个、循环经济项目39个，对168家企业实行节能监察，审核资源综合利用企业87家(次)，淘汰落后用能设备2232台(套)。全市40家企业通过ISO 14000环境管理体系认证，140家重点企业通过清洁生产审核。全市秸秆综合利用率95%以上，实现市域秸秆禁烧全覆盖，减轻农业面源和城乡空气污染。《人工湿地法治理富营养化水的示范与应用》和《精确曝气控制系统在六圩污水处理厂节能减排的应用》成果获江苏省环境保护科学技术三等奖。（孙 江）

■**环境信访调处** 落实环境信访一把手负责制。5—8月，每月开展市、县环保局长大接访活动。建立、健全阳光办案、领导包案、带案下访、通报预警、积案攻坚等办案机制。市环保局梳理、排查出25件重点环境信访案件，由各级环保局领导包案解决。全年受理各类环境信访投诉5134件，信访处理率、回复率均100%，未发生由环境纠纷引发的赴京上访案件。（陈相辉）

■**环境监管体系建设** 市环境监控中心环境自动监测监控、电子政务、环境综合业务等三大平台基本建成，实现对8个饮用水水源地、75个重点污染源、20家放射源单位、3家固体废弃物处理厂、1家医疗固废处置企业、7家机动车尾气检测站的实时监控，全年发出重要报警信息51条。（陈相辉）

■**环境宣传教育** 开展“环境宣教年”活动。全年在《扬州晚报》《扬州日报》《扬州时报》等媒体开辟专版、专栏，发布环境新闻260多篇；在省级以上重要媒体发表宣传文章60多篇。深化“绿满扬州”全民生态行动，开展“地球熄灯1小时”“中国城市无车日”“跟着垃圾去旅行”等生态文明体验活动。“世界环境日”期间，举办“绿满扬州 生态家园”全民生态行动主题表彰会。（陈相辉）

■**环境保护执法监管** 扬州市环境监察支队开展环保专项行动、危险废物专项执法检查、化工行业专项整治行动、重金属污染防治专项行动等活动。加大督查力度，下发监察意见13份、通知10份、函17份，提升各县(市、区)政府环保责任意识，督促各地环保部门和企业限期完成整治。全市9个重点环境问题(其中环保部挂牌督办问题2个、省环保厅挂牌督办问题1个、被环保部通报问题4个)基本整治到位。加强对污染源和建设项目“三同时”(指一切新建、改建和扩建的基本建设项目、技术改造项目、自然开发项目及可能对环境造成损害的工程建设，其需要配套建设的防治污染和其他公害的环境保护设施，必须与主体工程同时设计、同时施工、同时投产使用)的日常监管，督促企业污染治理设施正常运转、污染物达标排放和建设项目“三同时”落实到位。全年出动3586人次，现场检查企业1445家次，其中夜间和节假日检查323家次；组织310人次核查建设项目环保“三同时”，其中试生产核查95人次、竣工验收核查160人次。加强重点时期市区环境巡查监管，分别制定巡查行动方案，组织不间断巡查。夏收、秋收期间，组织开展农作物秸秆禁烧巡查行动。全市立案查处违法案件126件，处罚金419.5万元。扬州市被省环境保护委员会表彰为2012年全省秸秆禁烧工作先进单位。（朱健荣）

■**环境应急管理** 完善环境应急机制，编制、修订《扬州市长江饮用水水源地突发污染事件应急处置实施方案》《扬州市大气污染突发环境事件应急预案》等。开展环境风险“四项排查”(排查突出信访问题，排查有风险预警的项目，排查安全事故隐患，排查基层基础工作)活动。开展环境安全百日大检查，全市出动1541人次，检查环境风险企业(场所)150多家，建立、健全环境风险隐患基础台账。加强应急演练，市、县两级环保局组织协调或参与指导带行业背景的风险事故应急处置演练23次。全年先后接报、处置与环境有关的突发事件9件，未造成较大环境影响。（朱健荣）

■**“保护母亲河”行动在扬州启动** 3月19日，由共青团江苏省委和扬州市政府共同主办的“乐活青年 生态江苏”江苏省暨扬州市“保护母亲河”行动在扬州大运河畔“京杭之心”启动。活动现场，“乐活”青年代表发布“力行环保、绿色消费、亲近自然、积极公益、阳光运动、善良快乐”的“乐活”青年新主张。启动仪式结束后，省、市领导与各界青年代表共同栽植“乐活青年林”。年内，扬州市开展“今天不开车”“地球熄灯1小时”“我为家乡添片绿”等“乐活”活动。（杨 环）

■**《扬州重点区域大气污染防治“十二五”规划》颁布实施** 11月28日，《扬州重点区域大气污染防治“十二五”规划》颁布实施。该规划在分析扬州市大气颗粒物、工业粉尘、挥发性有机物、机动车污染、油气升级等现状基础上，提出大气污染防治方案规划。根据规划，扬州市将在“环保优先”原则下，研究建立大气联防联控政绩考核制度；确立奖惩制度，对有利于节能减排的技术、产业给予价格、税收、财政方面支持，对实施污染治理、技术改造的重点企业给予奖励、补助。（杨 环）

■**扬州环保产业园通过省级验收** 2012年，扬州环保产业园通过省发展和改革委员会、省财政厅验收，成为“城市矿产”示范试点基地。扬州环保产业园是扬州市固体废弃物综合处理与资源化基地。至2012年末，扬州环保产业园形成垃圾焚烧发电、废旧汽车拆解及零部件再制造等产业。（杨 环）

■**企事业单位环保评级** 2012年，市环保局对扬州市区574家企事业单位2011年环境行为进行综合评价，晶澳（扬州）太阳能科技有限公司等44家企事业单位被评为“绿色企业”，扬州三星电梯有限公司等511家企事业单位被评为“蓝色企业”，扬州慧通元亨新材料有限公司等12家企事业单位被评为“黄色企业”，扬州裕华织造有限公司等7家企事业单位被评为“红色企业”。（杨 环）

■“绿满扬州 生态家园”全民生态行动主题表彰会 2011年初，扬州市制定、实施《“绿满扬州”全民生态行动计划》，开展“绿色学校”“绿色企业”“绿色社区”“绿色机关”“绿色家庭”等十大系列“绿色细胞”创建活动。2012年6月5日，扬州市举行“绿满扬州 生态家园”全民生态行动主题表彰会，授予胡俭等10人“杰出绿色明星”称号、陈铭家庭等10个家庭“绿色家庭标兵”称号、仪征双环活塞环有限公司等10家企业“绿色企业标兵”称号、高邮市高邮镇南海社区等10个社区“绿色社区标兵”称号、江苏省扬州中学等10所学校“绿色学校标兵”称号、扬州市市级机关事务管理局等10家单位“绿色窗口标兵”称号，表扬创建活动先进个人20人、先进家庭20个、先进集体50家。（杨 环）

环境质量

■空气环境质量 2012年，扬州市区（不含江都区）、江都区、仪征市、高邮市、宝应县城区空气污染指数小于100的天数均超过300天，空气质量优良率分别为88.0%、91.3%、97.5%、99.7%和97.5%。

全市空气中二氧化硫浓度年均值0.019～0.027毫克／立方米，二氧化氮浓度年均值0.013～0.034毫克／立方米，可吸入颗粒物（PM_{10}）浓度年均值0.041～0.103毫克／立方米。全市二氧化硫、二氧化氮浓度年均值均符合《环境空气质量标准》（GB 3095－2012）二级标准浓度限值；可吸入颗粒物浓度年均值除高邮市达标外，其他地区均超过标准限值。测定结果表明，影响扬州市环境空气质量的首要污染物为可吸入颗粒物。扬州市区降尘浓度6.57吨／平方千米·月，处于扬州地区环境质量标准范围之内。

2012年，市区空气生物环境较好。第四医院、城东财政所、邗江监测站、市监测中心站、双博馆（对照点）等5个监测点位空气微生物含量均保持清洁水平，环境状况与上年基本持平。植物叶片氟、硫含量监测结果显示，城东财政所、邗江监测站硫含量属轻度污染，第四医院、市监测中心站达清洁水平。近三年，植物叶片氟、硫含量污染指数整体呈下降趋势。

全年扬州市区降水pH（酸碱度）均值5.11；酸雨发生频率22.05%，全年酸雨pH均值4.58。仪征市酸雨发生频率37.04%，宝应县酸雨发生频率2.27%，江都区、高邮市未监测到酸雨。市区酸雨污染与上年相比有所降低，仪征市酸雨发生频率与上年相比有所增加。（杨 监）

■水环境质量 饮用水水源地水质。2012年，全市12个城市集中式水源地水质稳定，水质状况优，达标率100%。其中，江都高水河一水厂、江都芒稻河二水厂等2个水源地水质达Ⅱ类标准，其余水源地水质均符合Ⅲ类标准。集中式饮用水地表水源地特定项目如重金属、微量有机物、生物毒素等指标均符合《地表水环境质量标准》相应限值，全部达标。市区3个水源地生物监测结果，底栖动物均未检出寡毛类个体，水质清洁。全市有乡镇集中式饮用水水源地监测断面12个，乡镇饮用水源达标率91.7%。

重点流域水质。扬州市长江流域6个考核断面水质达标率86.1%。其中，古运河生资码头断面不能稳定达标，达标率16.7%，超标项目为氨氮。扬州市淮河流域9个水质考核断面达标率100%。南水北调（扬州段）2个水质考核断面达标率100%。

主要河流水质。扬州市区监测河流11条，有水质监测断面26个（国控断面1个、省控断面10个、市控断面15个），其中16个断面水质达标，达标率61.5%，比上年提高7.9个百分点，河流水质总体稳定。

主要湖泊水质。湖泊综合营养状态评价结果营养化状况从轻到重依次为宝应湖、邵伯湖、高邮湖、瘦西湖。宝应湖为中营养水平，邵伯湖、高邮湖为轻度富营养水平，瘦西湖达中度富营养水平。全市湖泊总体营养化状况与上年持平。

地下水水质。扬州市10眼地下水监测水井中，水质良好井6眼、较差井3眼、极差井1眼；构造裂隙水井水质Ⅳ类，承压水井和潜水井水质Ⅴ类。与2011年相比，扬州市地下水水质类别保持不变。地下水水质主要污染物为总大肠菌群和细菌总数。

（杨 监）

■声环境质量 2012年，各县（市）城市区域声环境昼间平均等效声级均值52.1分贝，区域声环境质量为二级，质量较好。2010－2012年，江都、仪征城市区域声环境质量保持优质，平均等效声级均值持续降低；扬州市区（不含江都区）和宝应城市区域声环境昼间平均等效声级值有所增加；高邮基本持平。

各县（市、区）城市道路交通噪声昼间平均等效声级值65.4分贝，道路交通噪声强度等级为一级，质量好。

2010－2012年，市区1～4类功能区各年度昼、夜间平均等效声级分别低于相应的标准值，符合《声环境质量标准》要求；江都区城市道路交通噪声昼间平均等效声级值稍有降低，其余各县（市）均有所增加。

（杨 监）

■农村试点村环境质量 2012年，扬州市以江都区小纪镇花彭村、仪征市新集镇光明村为试点村，开展地表水环境质量、集中式饮用水水源地水质、大气环境质量、土壤环境质量等4个方面环境监测。监测结果表明：花彭村和光明村周边地表水水质符合Ⅳ类水标准，饮用水水源地水质符合Ⅲ类水标准。花彭村空气质量符合《环境空气质量标准》二级标准；光明村受外围秸秆焚烧影响，可吸入颗粒物超标。花彭村和光明村周边土壤均符合《土壤环境质量标准》(GB 15618－1995)二级标准。农村试点村水、空气、土壤环境质量良好。

（杨 监）

■电磁与辐射环境 2012年，扬州市重点流域地表水中核素浓度在江苏省天然水平范围内，饮用水中放射性监测因子浓度满足《生活饮用水卫生标准》(GB 5749－2006)中限值。环境γ辐射空气吸收剂量率监测结果，空气中氡浓度监测值、土壤中主要放射性核素含量均在江苏省天然本底水平范围内。全市电磁辐射环境质量测点监测结果均小于《电磁辐射防护规定》(GB 8702－1988)中公众成员的导出限值。

（杨 监）

环境监测

■概述 2012年，扬州市环境监测中心站（简称市环境监测站）完成市区（不含江都区）地表水、地下水、环境空气、噪声、生态监测等各项例行监测任务，获例行监测数据2.88万个（不包含自动监测数据），发布扬州市区空气质量日报、预报。开展国控重点污染源监督性监测、小康社会环境指标监测、减排项目核查监测和33家涉重金属企业监督监测等各类专项监测工作，制定《重金属污染重点区域环境质量专项监测方案》，完成《扬州市环境质量报告书(2011年度)》《扬州市环境状况公报(2011年度)》《扬州市国控重点污染源监测报告》《扬州市环境质量月报》等编制。做好全市范围内36家国控、省控污染源监督监测和在线监测仪器比对工作。对全市118个点位进行生态环境遥感监测和野外核查工作，提交《土地利用／土地覆盖类型野外核查记录表》《土地利用／土地覆盖边界核查表》，完成《2012年生物评价报告》及《野外生态观测站工作报告》编制。

（曹 倩）

■环境监测科研 市环境监测站技术人员在国家和省级刊物上发表专业论文20篇；完成“AURORA空气质量管理模型系统开发及在扬州示范应用研究”课题；参加江苏省“蓝天工程”重大专项研究子课题“全省沿江重点城市复合污染状况研究及灰霾污染来源初步分析”的研究，完成汛期饮用水水源、地表水加密监测采样分析和技术报告；完成“扬州市环境质量指数评价研究”；《扬州市环境监测“十二五”发展规划》通过专家评审；启动“扬州市生物多样性调查方案及试点研究”第一阶段野外调查工作和“南水北调东线水源区浮游生物调查与水质评价”采样分析工作。

（曹 倩）

■环境监测能力建设 市环境监测站完成市区（不含江都区）4个国控点细颗粒物($PM_{2.5}$)、一氧化碳、臭氧的监测能力建设，与全国空气质量实时发布平台联网；市区4个噪声监测站建设进入施工阶段。协助完成省大气背景质控站和宝应航运林场背景站建设。加强环境监测质量管理。市环境监测站完成实验室内部审核和管理评审，督促县(市、区)监测站做好实验室认可和资质认定的监督评审和复评审工作；开展空气自动监测和地表水自动监测质控检查，配合省环境监测中心开展现场监测和国控重点污染源监督性监测质量管理飞行检查、同步比对监测，开展全市现场监测和国控重点源监督性监测质量管理检查；参加中国合格评定国家认可委员会和国家环境监测总站组织的9个项目的监测能力验证。组织开展全市环境监测系统实验室比对活动。全市环保系统102人通过省环境监测中心组织的上岗理论考试。

（曹 倩）

扬州市环保局工作人员正在检测$PM_{2.5}$

张卓君／摄

污染防治

■概述 市环保局推进重点流域水污染防治，完成淮河流域治污工程7个、长江流域治污工程3个。组织开展全市饮用水水源地环境状况专项调研，每月监测22条城市河道水质。实施“蓝天工程”，执行《扬州市市区扬尘污染防治管理办法》，每月开展市区建筑工地扬尘污染防治情况专项检查；联合市公安局对蜀冈－瘦西湖风景区实行高污染汽车区域限行，核发车辆环保标志32.5万张；开展秸秆禁烧巡查；加强油气回收治理，完成182座加油站、34辆油罐车、2座储油库油气回收治理改造。制定“十二五”重金属污染综合防治规划，加强铅蓄电池企业环保核查，检查全市危险废物产生及经营单位238家。在环保部组织的2011年度城市环境综合整治定量考核中，扬州市考核结果总分和公众环境满意率均名列全省第一。

（陈相辉）

■污染物减排 全年实施年度减排项目171个。加大对10个重点减排项目的督促力度，实行月度督查、通报、预警制。加强结构减排，制定、执行《扬州市排放污染物许可证管理工作实施意见》。加强工程减排，扬州第二发电有限责任公司脱硫工程全部建成，扬州第二发电有限责任公司1号机组烟气脱硝工程、六圩污水处理厂中水回用工程建成投运。加强管理减排，完善减排监测、统计、考核“三大体系”建设，强化对减排设施的正常运行监管，督促重点企业完善中控系统，开展监督监测，确保监测数据真实有效。经环保部现场核查确认，2012年，扬州市化学

需氧量和氨氮、二氧化硫、氮氧化物排放量分别比上年削减2.25%、2.79%、17.08%、7.22%。（陈相辉）

■流域水污染防治 淮河流域暨南水北调水污染防治。列入“十二五”淮河流域水污染防治规划的3个考核断面中，北澄子河三垛西大桥断面受达标工程施工影响，水质不稳定；新通扬运河的泰西断面、江都西闸断面均稳定达标。至2012年末，列入《淮河流域水污染防治规划（2011－2015）》的35个治污工程项目中，建成7个、在建15个。长江流域水污染防治。长江流域考核断面水质全部符合要求。至2012年末，列入《长江中下游流域水污染防治规划（2011－2015）》的12个工程（不含淮河流域项目）中，建成3个、按序时推进9个。通榆河流域水污染防治。列入通榆河流域考核的江都新通扬运河断面、高邮三阳河车汉大桥断面、宝应宝射河望直电厂断面均达到考核要求，建成规划项目12个。（孙　华）

■饮用水水源地环境保护 对市区廖家沟、长江瓜洲、长江三江营等3个集中式饮用水水源进行环境状况年度评估；对全市乡镇以上所有集中式饮用水源每月开展1次64项指标人工分析，每年开展1次109项指标全分析。10月，组织对全市所有乡镇级以上饮用水水源地环境状况进行调查评估。全市11个县级以上饮用水水源地水质达标率100%。

（孙　华）

■重金属污染防治 2012年，扬州市废水中铅、汞、镉、铬、砷等5种重点重金属排放量分别为66.475千克、0千克、0.123千克、1419.779千克、1.588千克，与2007年相比，分别削减59%、100%、98%、19%、91%。全市11个县级以上集中式饮用水水源地铅、汞、镉、铬、砷等5项重金属指标均未超过《地表水环境质量标准》（GB 3838－2002）规定的Ⅲ类标准限值，城镇集中式地表饮用水水源重点重金属污染物达标率100%。全市有地表水国控断面5个、省控断面31个，根据监测数据，铅、汞、镉、铬、砷等5项重金属指标均达到《地表水环境质量标准》规定的Ⅲ类标准，达标率100%。制定《扬州市重金属污染防治重点区域环境质量专项监测方案》，对省级重点控制单元高邮市八桥镇、扬州经济技术开发区八里镇等2个区域水和大气环境中重金属污染物指标进行监测。监测结果显示，水环境监测点位重点重金属污染物浓度全部达到水环境功能区水质目标要求，大气监测点位重金属污染物浓度全部达到相应环境质量标准。2012年，扬州市实施国家环保规划项目2个，江都电镀废渣、废液回收利用工程完成竣工验收，宝应县夏集镇土壤污染治理工程可行性研究报告通过专家组评审；有省环境保护“十二五”规划重点项目20个（不含基础能力建设项目5个），至年底，完成13个项目建设。（孙　华）

■大气污染专项整治 市环保局落实省政府《关于实施蓝天工程改善大气环境的意见》和市政府《扬州市蓝天工程行动方案（2011－2015）》，开展大气污染专项整治。

重点行业污染防治。完成扬州诚德钢管有限公司加热炉煤改气项目，江苏长青农化股份有限公司锅炉双碱法脱硫治理项目，仪征化纤公司热电中心1号、2号锅炉低氮燃烧技术改造，江苏华伦化工有限公司锅炉双碱法脱硫治理项目；关闭高邮市中德合金厂、高邮市炮塔蓄电池厂、宝应县郭桥砖瓦建材厂和金石建材厂等工程项目。至年底，完成二氧化硫削减量11.5吨、氮氧化物削减量6.7吨。

加强油气回收治理。制定《扬州市市区油气回收治理财政补助实施方案》。至年底，完成182座加油站、2座储油库、34辆油罐车的油气回收治理改造。

加强秸秆禁烧巡查，推广秸秆综合利用。完善秸秆机械化全量还田工作机制，建立秸秆综合利用管理平台和秸秆管理数据库；试点测试秸秆合理还田量，设立秸秆收贮点，收购多余秸秆；制定秸秆捡拾打捆机补贴政策。

加强机动车污染防治。推动机动车区域限行和轻型汽油车国Ⅳ排放标准准入，对新注册登记和异地转入的轻型汽油车实行国Ⅳ排放准入制度，减少机动车排气污染。蜀冈－瘦西湖风景名胜区内限制无绿色环保标志的机动车通行。加强对高污染营运车辆的监管。对排放气体达不到欧Ⅱ排放标准的柴油车实施新技术应用整改，定期检测，强制维修。全年完成70辆CNG（压缩天然气）单燃料发动机客车新技术改装，通过技术小革新，降低燃料消耗。改造后的机动车发动机燃料消耗由28升／百千米降至27.5升／百千米，全年减少二氧化碳、二氧化硫、氮氢化合物排放618.27吨。推广清洁能源公交车辆。要求新购置的公交车辆发动机及其车型配置符合节能环保要求，采用天然气等节能环保的绿色燃料，尾气排放达到国Ⅲ排放标准。2012年，全市新购环保公交车104辆，其中符合国Ⅲ排放标准环保车辆58辆、燃气公交车46辆。

加强扬尘污染督查。市环保局联合市建设局、市园林局、市交通运输局，组织市区建筑施工、监理、园林绿化、港口、道路保洁、市政等200多家单位集中培训扬尘污染防治业务，每月至少对市区建设施工单位进行两次联合执法检查。

推进大气污染在线监控能力建设。投入200多万元，购置和更新细颗粒物、臭氧和一氧化碳监测设备，初步建成5个细颗粒物监测点位（其中市区4个、仪征市1个）。

（孙　华）

水利

Shuili

本栏责任编辑　杨文才

综述

■概况　2012年，市政府出台《扬州市水文管理办法》《扬州市节水供水管理办法》，颁布实施《扬州市节水型社会建设“十二五”规划》。提出“外防、内排、活水、治淮”治水思路，加强水利建设，强化水利管理，加大投入力度，增强水利服务发展和民生的能力。全年完成水利投资19.2亿元，其中向上争取资金11.1亿元。

市水利局全年受理行政审批件18件，其中取水许可审批4件、市管河道范围内建设项目审批7件、开发建设项目水土保持审批1件、水利工程开工审批6件。推行行政指导，制定推行行政指导工作实施方案和实施意见，提升行政执法效能。加大行政调解力度，制定《扬州市水利局行政调解工作暂行规定》，运用行政调解方式化解矛盾、解决争议，强化行政执法监督。加强水法宣传，组织召开贯彻实施《扬州市河道管理办法》座谈会，建设节水型社会。

（徐冬蓓）

■水利规划及项目前期工作　水利规划编制。《扬州市水利现代化规划》完成编制，通过省水利厅审查，报市政府审批；各县（市、区）推进水利现代化规划编制，高邮市通过省水利厅审查，其他县（市、区）进入报审阶段。完成《扬州市城市防洪规划（初稿）》（区划调整后）、《扬州市西片城区水系规划（初稿）》编制，通过相关审查；按水利部相关要求专项报批《扬州市城市防洪规划》。配合省水利厅完成《江苏省水中长期供求规划》扬州部分编制工作。完成《扬州市域水中长期供求规划》编制。推进《扬州市区域河道治理规划》编制。配合省水利厅完成扬州易涝区、大中型泵站基础调查等工作。完成《扬州中心城区西片水系图》绘制、印刷。加强城市水系规划管理，办理涉水建设规划许可6件。

推进重点工程前期工作。古运河、瓜洲运河整治工程初步设计获批准，新砂滩群、扇子圩河口水利血防工程获长江水利委员会工程规划同意书，并获批开展初步设计；沙头小夹江血防工程可行性研究报告通过省水利厅审查，并修订完毕；仪征胥浦河南段、北段，江都红旗河等工程初步设计获批准并开工建设；大中型水闸宝应地涵加固工程初步设计获

新建成的乌塔沟分洪道工程　　缪宜江／摄

省发展和改革委员会、省水利厅批复，仪征套闸初步设计通过省级审查。开展竞争立项工程前期工作。广陵杭集圩二期、邗江瓜洲片区整治一期、邗江白马湖整治、江都刘直河整治等工程通过省水利厅竞争立项，并获经费补助。广陵食品工业园绕城南河项目、广陵东片区治理、扬州经济技术开发区防汛应急工程等城市防洪项目获省级补助。开展储备项目前期工作。基本确定古运河外排站工程方案，并编制项目建议书；完成槐泗河治理工程规划方案编制；完成宝射河、杨湾闸等区域治理及地方基建工程初步设计批复工作。2012年上报项目19个，其中17个项目获批复，并获补助1.5亿元。（徐冬蓓）

■水利工程建设管理 建立规章制度。制定《扬州市淮河入江水道整治工程建设管理办法》《扬州市淮河入江水道整治工程财务管理办法》《扬州市淮河入江水道整治工程建设处建设单位管理费使用办法》等，加强淮河入江水道整治工程管理。南水北调工程按照《南水北调工程建设质量问题责任追究管理办法》《南水北调工程合同管理办法》，加强工程质量管理。中小河流治理工程按照《全国中小河流治理项目和资金管理办法》和《江苏省中小河流治理工程建设管理办法》，进行建设管理。制定《扬州市中小型水利工程建设管理办法》《扬州市中小型水利工程安全生产监督管理办法》，修订《扬州市水利工程招标投标管理办法》，加强中小型水利工程的建设管理。通过制度建设，检查督查，规范基层水利建设市场秩序。

规范招投标工作。2012年，全市实施施工、监理招标项目37个、设计招标项目3个，项目总投资2.7亿元，实现水利项目施工、监理招标投标率100%。推进水利工程电子招投标系统建设。电子招投标室完成设备安装，达到远程评标工作要求。加大对招投标违规行为查处力度，配合调查围标、串标案件1件。

加强开工审批和工程验收工作。全年办理水利工程开工申请行政许可6件。完成仪征泗源沟，宝应宝射河、芦氾河，高邮向阳河、北澄子河，江都红旗河、白塔河，扬州仪扬河工程以及乌塔沟分洪道工程完工验收。

加强施工图设计审查和设计变更管理。完成对中小河流仪征胥浦河、江都红旗河以及宝应宝射河上段区域治理工程的施工图设计审查，完成仪征泗源沟工程等工程设计变更。监督检查工程参建各方质量、安全制度、组织、责任、措施和经费，建立工程质量责任网络和工程安全责任网络，强化工程质量和安全管理。

强化工程监督检查。落实《扬州市水利工程项目实施管理考核办法》，加强对各重点水利项目检查考核，发现问题，及时整改。重点检查项目法人、施工单位和监理单位质量管理、安全生产行为和工程实体质量，重点考核5个工程项目，考核结果在网上公布。

强化行业资质管理。加强对施工、监理、检测和造价等企业资质的初审、复核和报批工作，严格市场准入机制。2012年，受理5家企业申报资质，办理8家水利施工企业资质核查年审，办理建造师新增、变更、延续手续99人次。（徐冬蓓）

■水利工程建设质量监督 严格履行质量监督审批、质量监督计划制定、质量检测单位委托、工程质量督查等质量监督手续。加大质量监督巡查力度，督促项目法人建立健全质量和安全保证体系、质量控制和质量检查体系；检查参建单位贯彻落实法规、规范情况；加强原材料和中间产品质量监督，督促施工单位自检、监理单位平行检测、项目法人委托检测，发现问题及时督促整改。加强对参建单位质量行为监督检查，督促参建单位建立质量管理网络、落实工程质量责任制和责任人，督促各项目法人（建设单位）成立质量管理领导小组，督促工程施工、监理单位成立质量管理机构，形成工程质量管理网络。全年受理工程质量监督事项8件，发出工程质量和安全监督通报4次，出具工程质量监督报告18份。推广扬州市水利工程施工质量和安全举报奖励办法，加强社会监督。全年对南水北调工程、扬州乌塔沟分洪道工程、仪征小型水库除险加固工程、宝应小型农田水利重点县工程、仪征泗源沟整治一期工程、江都红旗河治理工程、扬州经济技术开发区防汛应急工程、高邮向阳河治理工程、宝应芦氾河整治工程、淮河入江水道整治工程、扬州泰州机场工程、广陵区高家河闸站工程、广陵区甪里河整治工程等实施质量监管，工程质量总体较好，未发生质量事故。（徐冬蓓）

■第一次全国水利普查 2012年，扬州市第一次全国水利普查工作以普查数据填报、汇总和审核为重点，完成普查表填报与审核、普查数据逐级审核汇总与上报、普查数据汇总协调。至年底，普查工作基本结束，全市清查水利普查对象25万多个，发放、填报和回收普查表3万多张，采集、处理、审核和汇总普查数据49万多个，提取与标绘江河湖泊、各类水利工程、水利机构及重点经济社会取用水户空间数据。此次水利普查涉及宝应县、高邮市、仪征市、江都区、原广陵区、原邗江区、原维扬区等7个县级普查区108个乡镇（街道、园区）1500个村（社区），清查对象255862个，普查名录30362个，基本摸清全市各类水利对象数量、结构及各类重要水利对象的空间分布状况。普查工作形成市级普查档案74册，其中管理类档案39册、专业类档案30册、照片类档案3册、光盘类档案2册；完成县级普查档案1223册，其中项目类纸质档案1156册、照片档案61册、光盘档案6册。12月，市、县级水利普查档案通过验收。（徐冬蓓）

■高邮市水务局科技成果获全国农业节水科技奖一等奖 4月21日，在第二届农业节水科技奖颁奖大会上，高邮市水务局与河海大学合作完成的课题成果《南方灌区生态节水工程建设与管理模式》获一等奖。农业节水科技奖是在水利部、农业部、科技部支持下，由中国农业节水和农村供水技术协会设立的全国农业节水领域最高水平科学技术奖。《南方灌区生态节水工程建设与管理模式》依托高邮灌区节水改造工程在节水和生态建设与管理等方面的探索与实践，经提炼总结，形成适合南方灌区的生态节水工程建设与管理模式，具有推广前景与应用价值。（徐冬蓓）

水利工程建设

■淮河入江水道整治工程 2012年，淮河入江水道整治工程完成21个施工标招投标工作，其中乌塔沟工程、运河西堤防渗加固等4个施工标通过验收。完成新民滩、邵伯湖滩群切滩土方450万立方米，运河西堤防渗加固9千米，新建护坡4千米，抛石护岸20万立方米。全年完成投资6.46亿元，累计完成投资9.9亿元，占工程总投资的45%。（徐冬蓓）

2012年扬州市水利工程建设重点项目一览表

表27-1

类别	项目名称
区域治理	乌塔沟分洪道工程
淮河整治	淮河入江水道整治
水库除险	小水库除险加固
防汛急办及补助等	防汛急办及补助等
河道治理	扬中河段嘶马弯道杨湾段应急护岸工程及嘶马弯道治理工程
农村水利	县乡河道疏浚
	村庄河塘整治
	小型农田公益
	水土保持
	大中型灌区末级渠系改造工程
	地方农村水利建设
南水北调	高水河整治
	卤汀河整治
	大三王河整治
	灌区调整
	沿运闸洞堵漏
中小河流治理	仪征泗源沟整治
	仪扬河东段整治
	江都白塔河整治
	古运河、胥浦河整治
城市防洪	广陵区横沟河整治工程
	广陵区城区东片水系整治一期工程
	邗江区黄泥沟综合整治工程
	开发区(2011－2012)治涝应急工程
地方基建	宝应宝射河上段治理工程
	江都大桥闸
	杭集一期除涝工程
水利血防	广陵新砂滩、扇子圩水利血防
	广陵夹江血防工程

（徐冬蓓）

■南水北调工程 南水北调高水河整治工程、里下河水源调整工程以及沿运闸洞堵漏工程基本完工，全年完成投资2.52亿元。（徐冬蓓）

■中小河流治理工程 完成仪征泗源沟、江都白塔河、扬州仪扬河东段等3条中小河流治理工程，完成投资6500万元。扬州市列入国家第一批建设规划的中小河流治理工程9个项目全部完成，2009－2012年间，治理河道104千米，完成建设投资2.3亿元。2012年，列入国家第二批建设规划的中小河流治理工程项目全面启动，胥浦河一期、二期和红旗河二期治理工程开工建设，古运河治理工程进入实施阶段。（徐冬蓓）

■地方基建工程 完成广陵区横沟河整治工程、城区东片水系整治一期工程、邗江区黄泥沟综合整治工程、江都区大桥闸工程，完成投资5800万元。（徐冬蓓）

■乌塔沟分洪道工程通水 6月10日，乌塔沟分洪道工程正式通水。乌塔沟分洪道工程位于邗江区和扬州经济技术开发区交界处，是扬州市城市防洪骨干工程之一。该工程由分洪道(含河道、5座跨河桥梁、15座涵闸站)、润扬河闸、仪扬河闸等三部分组成，河道为南北走向，北接仪扬河，南通长江，全长8.24千米，2008年11月开工建设，工程总投资逾6亿元。工程完成后，为实现主城区防汛高水高排、低水低排、洪涝分开及建设古运河外排大站创造基础条件，使区域防洪标准提高到50年一遇，排涝标准达到20年一遇；同时，扬州西北片300多平方千米丘陵山区的洪水可以径直排入长江，周边6667公顷农田实现自流灌溉，改善沿河地区生产、生活条件及生态环境。

（徐冬蓓）

农村水利

■农村河道疏浚整治工程 2012年，全市农村河道疏浚及村庄河塘整治工程完成投资3.53亿元。疏浚县级河道22条197千米，完成土方462万立方米；疏浚乡级河道329条1043千米，完成土方1334立方米；整治村庄河塘1145条（面），完成土方2773万立方米。整治工程通过省级验收。（徐冬蓓）

■小型农田水利工程 宝应、高邮、江都、仪征被列为国家小型农田水利建设重点县，邗江被列为国家小型农田水利建设项目县。省水利厅下达扬州市小型农田水利建设重点县和专项工程总投资1.48亿元，其中中央投资3600万元、省投资5200万元。全年新建、改造防渗渠道170千米，新建、改造渠系配套建筑物9645座、排涝泵站155座、排水涵闸178座，更新改造排水沟33千米。（徐冬蓓）

■大中型灌区末级渠系改造 2011年底至2012年上半年，宝应、高邮、江都实施大中型灌区末级渠系改造工程，新建防渗渠道136千米，新建泵站3座，拆建渡槽3座，建设配套分水闸145座、田间进水洞5245座、涵洞116座，整治沟道88千米，总投资3000万元。（徐冬蓓）

■农村饮水安全及区域供水工程 扬州市农村饮水安全工程完成投资4500万元，解决宝应县9万农村居民饮水问题。全市区域供水实现主管网、支管网全覆盖。（徐冬蓓）

■水土保持工程 扬州市完成邗江建华村小流域综合治理工程，总投资500万元，种植水保乔（灌）木73万株，水保植草20万平方米，综合治理面积12.5平方千米。（徐冬蓓）

防汛防旱

■落实防汛防旱工作责任制 各县（市、区）调整、充实防汛防旱指挥部（简称防指）成员，乡镇、村全部建立防汛组织网络。市、县（市、区）政府与有关部门层层签订防汛防旱工作责任状，明确任务、责任。5月22日，市防指在《扬州日报》公布全市大江大河、各类水库和容量10万立方米以上重点塘坝的防汛行政责任人和技术责任人名单，向县（市、区）级防汛行政责任人发出责任告知信，落实防汛防旱责任制。（徐冬蓓）

■汛前准备 春节前，扬州市部署水利工程汛前检查工作。在各地全面排查的基础上，市防汛防旱指挥部办公室（简称市防指办）对重点工程、重点隐患进行专项检查，针对检查发现的问题和工程隐患，逐项研究、落实加固措施和度汛方案。3月，召开全市防指办主任会议，分析、研究汛情形势，细化汛前准备工作。4月，市水利局召开水利系统安全生产会议，部署汛前水利工程安全检查和安全生产工作。主汛期前，各地完成水毁修复工程，防汛急办工程，岁修年度项目以及小水库除险加固工程，县、乡河道疏浚，灌区节水改造和小型农田水利重点县、项目县工程等项目年度建设任务，提升全市水利工程防灾减灾能力。市、县两级防汛部门修订、完善抗旱、城市防洪、防台风以及中小水库防洪等专项预案，增强预案的实用性和可操作性。沿江各地汛前全面测量、分析长江水下地形，及时掌握长江河势变化情况。对防汛物资进行清查、更新、补足，市、县分级落实编织袋、草袋、麻袋292万只，木材802立方米，土工布14.7万平方米，防汛块石5万吨以及柴油、钢管等防汛物资。全市各地组建各类防汛抢险队伍713支2.7万人。加强河湖清障工作，全市拆除违章建筑1721平方米，清理违章占用2437平方米，清除违章圈圩4处、违章渔网渔簖7处，查处各类水事案件53件。（徐冬蓓）

■防台抗台 8月，扬州市遭受4次强台风影响。各级政府在台风到来前，落实防台责任制。市、县（市、区）政府、防指派出工作组，督查各地、各重点行业防台抗台工作责任制落实情况，指导城乡重要基础设施和江湖堤防重点迎风浪口等重点区域防台抗台工作。强化对江河湖库堤防、涵闸泵站等防洪工程的巡查防守；对沿湖、沿江重点薄弱堤段、迎风浪口，落实专人值守，就近储备抢险物资，落实抢险队伍。防台期间，全市紧急召回出江出湖作业船只3962条，转移人员6805人。市、县（市、区）防指调度水利工程，预降预排内河水位，严防城市（镇）和圩区受涝；丘陵山区水库提前泄洪，为接纳暴雨、洪水腾出库容，确保水库安全。（徐冬蓓）

■防旱抗旱 4月，市防指针对偏旱的天气形势，部署各地严格控制湖库出流，做好湖库蓄水保水工作。5月上旬，报请省防指实施江都抽水站抽江水北送，同时加大江都东闸引水入里下河水量，稳定并抬高里下河地区水位。部署扬州市沿江地区抢长江高潮引水，丘陵山区水库塘坝补充库水，保证河湖水库水位。6月中旬后，面对淮北地区日趋严重的旱情，市防指按省防指调度指令临时关闭沿运河所有口门，部署沿运河县（市、区）采取错峰轮灌等措施，实行计划用水。市防指严肃用水纪律，确保沿运河灌区计划用水，确保江水北调和航运安全。6月下旬起，市防指派出3个工作组，分驻江都、高邮、宝应检查监督用水情况。沿运河各县（市、区）加强对支、斗渠口门的检查力度，对漏水严重的闸门、涵洞采取措施堵漏，保证全市21万公顷水稻栽插用水和城乡生产、生活正常用水。（徐冬蓓）

■排涝抗灾 7月2日，扬州市里下河北部地区旱涝急转。市防指报请省防指调度江都抽水站、高港抽水站抽里下河地区涝水入江，调度入海四大港闸全部抢低潮排里下河地区涝水；部署受涝地区关闭圩口涵闸，组织机泵抢排圩内涝水。7月13日夜至14日上午，扬州市里下河地区、丘陵山区和城区普降中到大雨，沿江地区暴雨，里下河地区水位全线超警戒，仪征、邗江丘陵山区有19座小水库超汛限溢洪。市防指及时报请省防指调度江都抽水站、高港抽水站、宝应抽水站、入海四港全力抢排涝水，将里下河地区水位降至正常。7月13日晚，调度瓜洲闸、泗源沟闸加大泄量，预降古运河、仪扬河水位。14日上午，润扬河闸首次开闸排洪，加快扬州城区排水。（徐冬蓓）

水利工程管理

■概述 2012年，全市水利部门围绕河湖管理与保护、涉河建设项目行政审批与监管、小水库建设与管理、长江河势治理等重点工作，加强水利工程管理，发挥各类水利工程综合效益。开展水利工程管理考核和达标创建工作，对全市28家水利工程管理单位进行年度管理考核，对全市小型水库逐库考核，考核结果在全市通报。仪征市月塘水库管理所创成省一级水利工程管理单位。市、县（市、区）河道管理单位在保护河道安全的同时，利用现有水土资源，以林养堤，以林护堤，实现防护、经济、生态、景观“四效统一”的绿化目标。宝应湖湿地公园创成国家级水利风景区，宝应县射阳湖水利风景区、江都区沿运灌区水利风景区、高邮市东湖水利风景区创成省级水利风景区。（徐冬蓓）

■河湖管理与保护 2012年，扬州市按照《江苏省湖泊保护条例》《扬州市河道管理办法》的要求，推进河湖管理与保护。突出日常巡查管理。河湖管理单位落实巡查责任、巡查人员、巡查时间和巡查路线；市水利局采取日常巡查和突击检查相结合、重点巡查和专项执法检查相结合的方法，检查、督查各地河湖管理情况，确保河湖工程完好。建立管理机制。制定《扬州市河道管理“河长制”工作意见》和《扬州市河道管理办法市管河道目录》；建立省管湖泊联席会议制度，指导涉湖县（市、区）开展退渔还湖、湖泊管理基地建设等前期工作。2012年，宝应、高邮、江都获评省湖泊管理先进单位。（徐冬蓓）

■涉河建设项目管理 市水利局履行水行政管理职能，做好河道范围内兴建的工程项目审批工作。指导项目业主开展防洪影响评价等前期技术审查工作，督促其按程序办理有关手续。坚持市、县（市、区）水行政主管部门和市水利局相关职能处室共同审批，严把行政审批关口。2012年，市水利局批复市管河道涉河项目建设申请事项7件，转省水利厅行政许可3件。加强涉河建设项目后续跟踪监管。按照行政许可批准文件要求，对237省道、沪陕高速、462省道、扬州新万福路以及扬州自来水公司浑水管穿越大运河工程等重大涉水工程和涉河开发项目的专项设计、补偿方案、施工方案等进行后续监管。在项目实施过程中，审查施工方案，规范项目实施，督促项目建设单位及施工单位落实补偿方案及专项设计，将项目建设对河道影响降至最低程度。（徐冬蓓）

■水利工程安全管理 做好水利工程除险和维修养护工作。完成新城西区双墩水库除险加固工程。实施除险加固工程的62座中小水库中，有58座完成竣工验收。全年争取省以上工程应急除险及维修养护经费2314.5万元。抓好水库水域和库区管理，推进小型水库规范化管护工作。编制《扬州市堤坝白蚁防治“十二五”规划》，完成堤坝白蚁危害普查、治理及达控复查验收工作。开展长江河势治理工作。完成长江扬中河段嘶马弯道杨湾段应急护岸工程，总投资2647万元；长江扬中河段嘶马弯道（江都段）崩岸整治工程获省发展和改革委员会和省水利厅批复，总投资7945万元；跟踪做好长江镇扬河段三期整治工程前期工作，工程可行性研究报告通过水利部水利水电规划设计总院复审。（徐冬蓓）

水资源管理

■概述 2012年，扬州市制定、实施《关于实行最严格水资源管理制度的实施意见》，完成《扬州节水型社会建设“十二五”规划》编制工作和县级以上城市（含县城所在建制镇）水资源供求分析及相关专题规划研究。编发2011年水资源公报和地下水监测年报。完成取水许可证换发工作。开展水资源开发利用控制、用水效率控制和水功能区限制纳污“三条红线”管理，提高水资源、水环境支撑和服务民生能力。全市征收水资源费3358.1万元（其中市区1115万元），比上年期多征244.78万元；征收南水北调工程基金1335.01万元（其中市区614万元），比上年多征83.03万元。推进节水型社会建设，开展节水型企业（单位）、节水型社区、节水型学校、节水型灌区等省、市级载体创建工作，推进省、市级节水技改工作。高邮市获江苏省节水型社会建设示范市称号。（徐冬蓓）

■取水许可监督管理 2012年，全市新批取水许可申请4件，新增取水量29.38万立方米；转办地表水取水审批2件。控制取水总量。按照省水利厅下达的年度地下水开采计划，结合各地实际，分解下达取用水计划，明确自备水源单位年度地下水用水总量控制指标。市区自备水源地下水用水计划下达率100%、地表水用水计划下达率95%以上。对工业用水行业实施定额考核，加强全年计划用水和节约用水管理。跟踪各单位用水计划执行情况，依据扬州市2015年用水总量控制计划，市水利局联合市发展和改革委员会分解下达各县（市、区）2015年用水总量控制指标。开展监督检查。市水利局组织开展水资源管理专项互查、地下水管理监督检查和年度取水许可监督检查等活动，对各县（市、区）取用水户进行现场抽查，通报检查中发现的问题，督促规范取水许可行为、健全基础台账。督促扬州市有关自来水用户整改省水利厅在取水许可监督检查中发现的问题。（徐冬蓓）

■地下水资源管理 开展地下水动态观测，对全市75眼深层地下水井进行水位观测，对15眼深层地下水井进行水质监测，对全市地下水位、水量的动态变化和水质进行综合评价，为地下水资源保护和开发利用提供依据。开展南水北调受水区高邮镇地下水压采工作,建立健全地下水动态监测和监督管理体系。8月,开展地下水管理专项检查,通报检查情况,提出整改要求;11月,对整改情况进行检查。（徐冬蓓）

■水功能区监督管理 坚持单月对全市68个水功能区、79个监测断面进行全覆盖监测,汛期、枯水期对淮河入江水道及里下河地区部分河段进行跟踪加密监测。累计编制《江苏省扬州市水功能区水质通报》94期。开展规模以上入河排污口复测工作。2012年,全市41个重点水功能区水质平均达标率69.1%,全覆盖水功能区水质达标率53.7%。（徐冬蓓）

■饮用水水源地保护 针对饮用水水源地存在的主要问题,开展饮用水水源地工程达标建设,巩固一级保护区整治成果,整治二级保护区和准保护区。建立饮用水水源地达标建设统计月报制度,掌握饮用水水源地达标建设进度和总体情况。2012年,江都区、邗江区完成饮用水水源地达标建设年度任务,累计完成投资2770万元。重视城乡居民供水安全,督促各地防范水污染突发事件。

（徐冬蓓）

■水资源管理信息系统工程建设 扬州市水资源管理信息系统一期工程作为省水资源管理信息系统一期工程扬州分工程及配套工程,于2011年开工建设。2012年,市区新建监测站点41个。全市累计建成测站244个、测点267个,基本完成工程建设任务。10月30日,扬州市水资源管理信息系统一期工程通过省水利厅组织的完工验收。12月,市水利局印发《关于做好水资源管理信息系统一期工程运行维护管理工作的通知》,对工程的运行和维护管理提出具体要求。（徐冬蓓）

■节水工作 编制并实施《扬州市节水型社会建设"十二五"规划》,制定《扬州市节水供水管理办法》,全面落实节水设施与主体工程同时设计、同时施工、同时投入使用的"三同时"制度,开展节水科研和水资源管理工作,普及节水理念,营造节水氛围,推进节水型社会建设。在全国第21个"城市节水宣传周"期间,全市开展"倡导低碳绿色生活,推进城镇节水减排"宣传活动。推进节水型学校创建活动。印发《扬州市创建节水型学校实施方案》《扬州市中学生节水手册》。全市中小学校举行以节水为主题的升旗仪式,开展节水征文、漫画评比和"我为节水出点子"征集活动,利用宣传栏、教室黑板报,宣传节约用水。争取省、市专项经费补助,加大节水技术改造力度。组织专业技术人员帮助全市中小企业开展水平衡测试、节水技改,实施节水示范项目。

2012年,全市建成省级节水型企业9家、省级节水型社区7个、省级节水型灌区1个、省级节水型学校4所、市级节水型学校16所;完成47家2006—2009年度省级节水型单位复查工作。全年投入各类节水技改资金2500多万元,完成省级节水技改项目5个、市级节水技改项目10个,年节约新鲜水耗500多万立方米。全市规模以上工业用水重复利用率平均82%以上,万元工业增加值新鲜水耗14立方米以下,农业灌溉水利用系数不低于0.6,全部达到或超过生态市指标要求。（徐冬蓓）

水政监察

■概述 2012年,全市有水政监督支队1个、大队7个、中队18个,有水政监察员251人,其中专职人员221人、兼职人员30人。全年举办各类执法培训班16期,300多人次参训,参训率100%。全市水政监察部门抓住防汛清障工作重点,深化水资源专项执法检查活动,打击长江河道非法采砂,加强水文监测环境及水文设施保护,推进管理、执法、规费征收等各项工作。市水政监察支队全年征收堤防占用补偿费133.64万元。

（徐冬蓓）

■水政执法 抓好汛前执法清障,消除安全度汛隐患。市水政监察支队将长江、夹江、白马湖、高邮湖、邵伯湖、芒稻河、大运河等淮河入江水道及里下河蓄滞洪区纳入执法检查重点,加大执法力度,规范河(湖)水事活动。对违法侵占河湖水域和水利工程设施行为,依法告知当事人违法事实,限期自行纠正,逾期依法强行拆除。全市出动防汛清障人员8992人次,纠正各类违法行为149起,立案查处各类水事案件36件。市水政监察支队纠正各类违法行为12起,立案查处水事案件2件,罚款4万元;群众举报、省水政监察总队转交扬州市查处、市政府"12345"热线转交查处的46件水事案件全部处理完毕。开展水资源管理专项执法检查。全市出动检查人员2328人次,立案查处水资源案件5件,安装水表99套,封填水井215眼,受理取水许可证申请96件,追缴规费56万元。实施保护水文监测环境及设施专项执法行动。全市出动水文、水政工作人员111人次,发放宣传资料3940份,检查水文监测环境及设施96处,现场纠正影响水文监测环境的违规行为5起,清除影响水文监测环境的障碍4处。

（徐冬蓓）

■规范长江采砂管理 开展长江河道采砂"规范管理年"活动,加强对长江河道采砂管理。水利、安监、海事、公安等部门建立联合执法协作机制,将长江河道采砂管理工作纳入沿江各地防汛防旱工作责任状,明确采砂管理行政首长负责制。加大巡查密度。2012年,沿江县(市、区)开展区域集中打击非法采砂行动11次,出动执法艇711航次、执法车1178辆次、执法人员4019人次,抓获非法采、运砂船27条次,摧毁非法采砂机具13台(套)。其中,市水政监察支队查处非法采砂船12条次,罚款69万元,驱离非法停泊采砂船21条。规范工程性采砂项目管理。现场监管江都泰富特种材料项目吹填工程,确保吹填工程按期完成并通过省水利厅验收。全市叫停违法工程性采砂吹填3起,驱离吹填趸船4条、运砂船11条,依法查处非法吹填企业及暂扣的采砂船。（徐冬蓓）

科学技术 社会科学

Kexue Jishu Shehui Kexue

本栏责任编辑 陈永华

综述

■**概况** 2012年，全市获批省级以上各类科技项目1907个，获拨款3.27亿元。高新技术产业实现产值3198.44亿元，增长17.8%，占规模以上工业产值的43.5%。全市新增国家高新技术企业58家，高新技术企业累计336家；新增省创新型领军企业入库企业10家；新认定省级以上高新技术产品795个；新增省级以上“两站三中心”(企业院士工作站、博士后科研工作站、企业技术中心、工程研究中心、工程技术研究中心)82家，累计304家。全市申请专利1.90万件，其中发明专利4222件；获专利授权8091件，其中发明专利482件。全年全社会研发投入逾60亿元，占地区生产总值的2.1%。全市有企业研发机构600家、研发人员2.6万人；技术合同交易额逾6亿元，科技进步贡献率55%。西安交通大学扬州科技园建成开园，扬州七二三文化科技园建成，东南大学扬州科技园和研究院启动建设。邗江经济开发区获批更名为江苏省扬州高新技术产业开发区，江都区获批列入国家知识产权强县工程试点县。

出台《扬州市2012年全民科学素质行动计划》，召开全市《全民科学素质行动计划纲要》实施工作推进会、科普工作会议及县(市、区)联席会议。扬州市科技协会举办“全国科普日”、“全国科技活动周”暨扬州市第24届“科普宣传周”、科普大讲堂、第二届“青少年科技创新市长奖”评审等活动，全市15万名青少年参加“金钥匙”科技竞赛、“七巧科技”竞赛、“科普大篷车扬州行”、科普夏令营、青少年科普体验等活动。实施“社区科普益民计划”，通过科普大讲堂进社区、“星级科普示范社区”评选、社区科普体验馆等平台开展社区科普活动。

扬州市气象部门做好决策服务、农业气象服务、公众气象服务，完善公共服务体系，提升气象灾害防御能力；加强防雷安全技术指导，推动防雷安全工作。

全市各级水文部门做好水文测报工作，加强对南水北调水源地、输水干线、饮用水水源地的监测，为开发、利用、节约、保护水资源和防灾减灾提供服务。

扬州市地震局开展地震监测预报研究，加强地震监测基础设施建设，强化台站建设和管理，提高地震监测能力，全年记录到里氏1.0级以上地震89次。规范建设工程抗震设防要求和地震安全性评价监督管理，开展地震安全示范社区创建活动和防震减灾宣传活动。

加大社会科学研究力度。市哲学社会科学界联合会、市社会科学院开展“关于塑造世界名城精神品格”“扬州城市荣誉体系”“影响中国的扬州人”等课题研究，编写2012年度《扬州经济社会发展蓝皮书》。举行第四届全市哲学社会科学学术年会、市第八次社科优秀成果奖颁奖大会暨市社科联五届三次理事会，举办第九届全市“社科普及宣传周”等活动。

(余 宗)

■**扬州市获江苏省科学技术奖18项** 全市获2012年度江苏省科学技术奖18项。其中，江苏里下河地区农业科学研究所程顺和获江苏省科学技术突出贡献奖；江苏牧羊集团有限公司获江苏省企业技术创新奖；16个项目获江苏省科学技术奖，其中一等奖1个、二等奖7个、三等奖8个。

(张 磊)

■**程顺和获江苏省科学技术突出贡献奖** 江苏省科学技术突出贡献奖由江苏省政府于2006年设立，每次奖励不超过2人，每人奖励200万元。中国工程院院士程顺和获2012年度江苏省科学技术突出贡献奖，成为该奖项第三个获奖者。程顺和是江苏里下河地区农业科学研究所(扬州市农业科学研究院)研究员、中国小麦遗传育种改良领域领军人物，从事小麦遗传改良工作40多年，先后主持国家及省部级重大攻关项目50多个，主持和参与育成小麦系列品种18个，多次获国家、省科技进步奖和何梁何利基金科学与技术进步奖，曾两次作为第一完成人获国家科技进步奖一等奖，1997年被江苏省政府记一等功。他参与育成的扬麦系列品种一直是长江中下游麦区当家品种，累计推广面积4000万公顷，增产粮食200万吨，直接经济效益350亿元。

(张 磊)

■**2012年扬州市科学技术奖评审奖励** 全市174个项目申报扬州市科学技术奖。经过形式审查、专业评审、综合评审和网上公示等程序，评出获

扬州市获2012年度江苏省科学技术奖项目情况表

表28-1

获奖等次	项目名称	主要完成单位	主要完成人
一等奖	南水北调工程大型高效泵装置优化水力设计理论与应用	扬州大学、江苏省水利勘测设计研究院有限公司、江苏航天水力设备有限公司	陆林广 谢伟东 张仁田
二等奖	基于有杆泵抽油系统输入功率计算理论的创新与应用	扬州江苏油田瑞达石油工程技术开发有限公司	郑海金 邓吉彬 杨海滨 李东海 陈军 彭中 常峰 吉怡弦 朱斌
	300t/a高性能聚乙烯纤维干法纺丝工业化成套技术	中国石化仪征化纤股份有限公司	陈建军 杨勇 魏家瑞
	优质鸡选育方法研究及产业化应用	江苏省家禽科学研究所、扬州翔龙禽业发展有限公司	王克华 邹剑敏 童海兵 高玉时 曲亮
	丙烯酸酯接枝环氧树脂复合乳胶的制备及其应用	扬州大学、扬州市伊丽特高分子材料科技有限公司	朱爱萍 毛正和 纪立军 吴德峰 张明 刘俊亮
	优质鲜食糯玉米种质创新与应用	扬州大学	陆卫平
	动物源性食品产业链中重要致病微生物检控及溯源技术研究与应用	扬州市疾病预防控制中心	巢国祥
	北斗卫星导航地面接收终端关键技术及应用	中电科技扬州宝军电子有限公司、扬州宝军苏北电子有限公司	夏继钢 汤湘伟 梅玉顺 闫双山 王武军
三等奖	新一代公共卫生害虫防治产品的开发及应用	江苏扬农化工股份有限公司、江苏优士化学有限公司	戚明珠 贺书泽 冯广军 朱建荣 徐海鹏 王东朝 周景梅
	港机船舰海工用高性能多耐特软电缆	江苏远洋东泽电缆股份有限公司	陆云春 李永江 陈翠香 赵爱林 赵正兵 房存宝 韦庆成
	复杂型材、焊管的高速、精密、数控辊弯轧制生产线	江苏省南扬机械制造有限公司	王正田 颜兴林 陈俊平 蒋仕龙 江义波
	大型智能化饲料双螺杆挤压技术及其装备	江苏牧羊集团有限公司	陈正俊 范文海 马亮 张贵阳
	高速拉膜用聚酯切片开发	中国石化仪征化纤股份有限公司	戴钧明 朱雪灵 张国民 王树霞 桑育军 胡新生 薛斌
	饲料蛋白质在反刍动物瘤胃内周转规律和利用机制的研究	扬州大学	王洪荣 王梦芝 喻礼怀 张军
	治疗精神分裂症药物评价及其创新	江苏省苏北人民医院(扬州大学临床医学院)	杨俊 王大新 王静成
	复杂井眼抽油井管杆防偏磨技术研究与应用	中国石油化工股份有限公司江苏油田分公司	李汉周 杨海滨 刘松林 曹鹏 王光明 冯恩山 马建杰

(张 磊)

2012 年度扬州市科学技术奖特等奖、一等奖、二等奖获奖项目情况表

表 28-2

获奖等次	项目名称	主要完成单位	主要完成人
特等奖	超高亮度 InGaAlP LED 外延片研发和产业化	扬州乾照光电有限公司	王向武 张银桥 张双翔 黄尊祥 陈 亮 蔡玉梅 张 雷 杨 凯 郑元新
特等奖	优质抗条纹叶枯病粳稻新品种扬辐粳 7 号(扬辐粳 4928)	江苏里下河地区农业科学研究所	陈秀兰 何震天 王锦荣 包建忠 张 容 王建华 孙 叶 刘春贵 焦 隽
一等奖	电动汽车用新型无镉高能动力电池开发及产业化	江苏华富储能新技术股份有限公司、江苏华富控股集团有限公司、江苏储能材料工程技术研究中心	居春山 吴战宇 周寿斌 于尊奎 代云飞 顾立贞 朱明海 姚贵朝 居 丽
一等奖	DMT-200 型双电伺服数控转塔冲床	江苏金方圆数控机床有限公司	吴宏祥 叶敬春 陈曙光 李 强 徐长奎 王 雪 吕 振 陈宏星 芦 锋
一等奖	高效节能灯管高速自动生产线的开发及产业化	江苏浩明光电科技股份有限公司	高来明 何丽萍
一等奖	额定电压 20kV 到 35kV 风能发电用电力电缆	宝胜科技创新股份有限公司	房权生 甘胤嗣 周 建 李武林 万家勤 李 杰 徐云海 王晓琦
一等奖	半绝缘砷化镓和 LED 照明用 7N 级高纯砷产业化	扬州高能新材料有限公司	王继荣 李凤生 姜 炜 李显坪 裴勇康 刘乃权 潘 晋 李 龙 徐福来
一等奖	江苏油田薄层低丰度低渗油藏开发技术研究	中国石油化工股份有限公司江苏油田分公司	钟思瑛 王康月 薛 芸 唐湘明 施豫琴 袁玉峰 薛成刚 杲 春 熊家林
一等奖	南方灌区生态节水工程建设与管理模式	高邮市水务局	顾 宏 王之义 李江安 卢金贵 孙 勇 叶明林 黄长权 周克志 刘庆慧
一等奖	乌骨鸡育种模式构建和新品系选育及其利用	江苏省家禽科学研究所	张学余 苏一军 李国辉 屠云洁 陈宏生 殷建玫 韩 威 陆进宏 束婧婷
一等奖	在线吸附法大规模生产乌司他丁粗制品的研发	扬州艾迪生物科技有限公司	苗丕渠 俞 恒 张纪兵 许冬志 苏古方
一等奖	光学相干断层显像及血管镜评价支架植入后内膜增殖和血栓形成	江苏省苏北人民医院	谢 勇 何胜虎 顾 翔 徐日新
二等奖	微波介质陶瓷材料及其器件和模块	江苏江佳电子股份有限公司	严盛喜 钱光明 韦玉华
二等奖	基于语义协同中间件技术的智能客户服务系统研究与应用推广	扬州大学、扬州天瑞科技有限公司	朱俊武 李 斌 章永龙 姜 艺 李 云 徐 明 孙茂圣
二等奖	智能支付系统及多模一体化终端	江苏怡丰通信设备有限公司	张永正 赵成林 顾成太 赵 龙 蒋少峰 朱 银 王国民
二等奖	800min-1、800kN 闭式双点高速精密数控冲床	扬州锻压机床股份有限公司	张庆飞 赵宏松 管爱春 田世领 梁和清 王 伟 申建磊

续表 28-2

获奖等次	项目名称	主要完成单位	主要完成人
二等奖	2250kV 高海拔户外型绝缘筒式工频试验电源系统	江苏盛华电气有限公司、西安交通大学	黄天顺 嵇永华 李彦明 罗永芬 王国利 张 晶 汤有华
	大型开式伺服折弯机	江苏亚威机床股份有限公司	冷志斌 曹光荣 魏雪梅 毛志强
	典型曲面型面数控成形技术与装备	扬州大学、扬州锻压机床集团有限公司、扬州力创机床有限公司	王隆太 周骥平 宋爱平 李吉中 李雪峰 项余建 陈 飞
	AB-3S-12(1250-20)型户外高压智能快速真空断路器	扬州新概念电气有限公司	朱小平 戴 芬 吕恩林 彭清明 蒋亚明 吴德义 丁立群
	12000kVA1500kV 特高压串联谐振试验成套装置	江苏雷宇高电压设备有限公司	傅正财 张 旗 陈昌龙 张生林 李健云 张炳云
	以超高温、超大容量竖窑进行超高纯镁铝尖晶石研发	江苏晶鑫高温材料有限公司	李正坤 张家勤 范家兴 汤红杰 李 寅 周 伟 张佳贵
	环保型防鼠防白蚁 500kV 超高压交联电缆	扬州曙光电缆有限公司	曾祥历 郑连元 齐宏文 何正寅 姚恒斌 徐 静 王玉华
	GL-2000 型印染(碱减量)废水处理成套设备	扬州市革领高科技纳米环保设备有限公司	朴光君 储金宇 钱建荣 朴光珍 李东烨 刘 军 周晓红
	智能化循环式高效澄清工艺装备及其产业化	江苏清溢环保设备有限公司、扬州大学	谈家彬 周骥平 孟 溢 黄伟航 高龙琴 朱兴龙 戴家将
	木框架剪力墙受力性能研究	扬州大学	刘 雁 顾 乡 邹小静 袁新明 余晨岗 张建新 徐远飞
	江苏地区烟粉虱的暴发成灾机制及可持续控制技术	扬州大学、大丰市植保植检站、东台市植保植检站、兴化市植物保护站	周福才 杨益众 王风良 周泽华 卢 霞 梅爱中 姚开文
	蔬菜重要病虫生态控制技术集成与应用	扬州市植保植检站、扬州大学	刘学儒 祝树德 杨 进 秦玉金 孔海龙 丁 涛 焦骏森
	小分子羊胚胎素的提取、活化技术及皮肤抗衰老应用	扬州大学、扬州扬大联环药业基因有限公司	成 勇 邢 华 袁玉国 王 挺 许金鑫 钱 晨 袁佩瑾
	生物可降解纳米载药缓释血管支架的基础研究	江苏省苏北人民医院、扬州大学临床医学院	王大新 李雪萍 汪 骅 金世光 戴 燕
	手术治疗 2 型糖尿病基础与临床研究	江苏省苏北人民医院	王道荣 孙晓芳 朱 妍 赵长勇 丁志国 赵泽坤 于海峰
	低氧预适应对移植肝脏结构和功能的保护作用系列研究	扬州市第一人民医院	张培建 张 杰 陶立德 周 斌 金 成 庄卓男 伍学艳

(张 磊)

奖项目 82 个,其中特等奖 2 个、一等奖 10 个、二等奖 20 个、三等奖 50 个。

82 个获奖项目中,有 47 个项目获国家、省、市科技计划支持,获发明专利授权 32 件、实用新型专利授权 182 件,有 38 个项目由国家高新技术企业牵头或参与完成。

82 个获奖项目中,涉及汽车、机械等基本产业的科技成果 18 项,涉及软件与信息服务、新能源和新光源等战略性新兴产业领域的科技成果 23 项,涉及石化、船舶等基地型产业的科技成果 6 项,涉及食品加工等特色产业的科技成果 5 项;由企业牵头或参与完成的科技创新成果 53 项,占总数的 64.6%,企业成为全市科技创新的主力军。

此次评奖加大对解决民生、民情问题及促进社会公益事业发展的科技成果奖励力度。获奖项目中,有涉及民生和节能减排等领域的科技成果 35 项。 (张 磊)

■超高亮度 InGaAlP LED 外延片研发和产业化项目获扬州市科学技术奖特等奖 扬州乾照光电有限公

司"超高亮度 InGaAlP LED 外延片研发和产业化"成果采用先进的金属有机化合物气相淀积(MOCVD)外延生长系统,通过优良的结构设计和长晶技术,生长出具有多量子阱结构的高效率四元系 LED(发光二极管)外延片;再通过创新的芯片工艺,大幅增加内、外量子效率,从而制造出高品质的超高亮度的红黄光外延片和芯片,其中红光 LED 正装光效 30 流明/瓦以上、黄光 LED 正装光效 20 流明/瓦以上、红光 LED 倒装光效 60 流明/瓦以上,达到国内领先水平;并在国内首次实现对 LED 光衰进行预先设计及外延实施,使之在 1000 小时加速老化条件下,光衰小于或等于 10%,LED 成品率大于或等于 98%。该项目曾获国家重点新产品、省重大科技成果转化专项资金等计划支持,获发明专利授权 2 件。 (张 磊)

■ 优质抗条纹叶枯病粳稻新品种扬辐粳 7 号(扬辐粳 4928)项目获扬州市科学技术奖特等奖 江苏里下河地区农业科学研究所"优质抗条纹叶枯病粳稻新品种扬辐粳 7 号(扬辐粳 4928)"成果通过省农作物品种审定委员会审定,集抗条纹叶枯病、稻瘟病、白叶枯病以及优质、高产、广适于一体,能有效解决大面积粳稻生产条纹叶枯病发生与危害问题,提升品质与产量,是苏中迟熟中粳稻区种植规模较大、应用效果较好的主栽品种之一,被全国农技推广服务中心列为迟熟中粳新品种示范品种,连续多年被确定为省水稻良种推广补贴品种和省水稻主导推广品种。截至 2011 年底,累计推广"扬辐粳 7 号"121.42 万公顷,增产粮食 4 万多吨,增加社会产值近 11 亿元。 (张 磊)

■ 科技合作 2012 年,全市组织 400 多家企业、邀请 60 多所高校科研院所 300 多名科技专家参与产学研活动,签订产学研合作协议 564 项,建立校企联盟 643 个。申报江苏省国际科技合作项目 23 个,获批 4 个,其中仪征市 1 个、江都区 1 个、邗江区 2 个,获拨款 80 万元。6 家企业的研发机构被确认为第八批江苏省外资研发机构。

6 月 20—21 日,市科技局组织 50 家企业到济南市开展产学研对接活动,走访山东大学和济南铸造锻压研究所有限公司。采取企业与高校科研院所面对面对接洽谈方式达成合作意向 24 项。

11 月 9—11 日,扬州市组织 30 家企业参加中国江苏第三届国际产学研合作论坛暨跨国技术转移大会。会上,扬州市 10 家企业与 18 个境外机构达成合作意向。其中,扬州奥泰光电公司生物技术有限公司与俄罗斯托木斯克国立大学就蓝宝石基底的纳米薄膜传感器及高精度有害气体检测监控器、高精度激光血糖检测仪等项目达成合作意向,江苏奥莱佳太阳能科技有限公司与美国 Syncoda Technologies 公司就国际专利申请及交易代理达成合作意向。 (张 磊)

■ 2012 中国扬州科技创新·产业合作(重庆)推介会 5 月 31 日,由市政府主办的 2012 中国扬州科技创新·产业合作(重庆)推介会在重庆市举行。重庆大学、重庆交通大学等重庆市科技界、企业界代表,扬州市科技局、市经济和信息化委员会、市人力资源和社会保障局代表等 200 多人参加推介会。市政协副主席刘在銮主持会议,副市长孔令俊围绕扬州市区位优势、城市优势、产业优势、政策优势作主题推介。推介会签订科技、产业合作和人才引进项目 43 个,其中科技合作项目 22 个、产业合作和人才引进项目 21 个。扬州晨光科技集团、江苏旭日冶金环保设备有限公司等企业与重庆大学等 22 家重庆市科研院校现场签约,宝应县西安丰镇、江苏欧力特科技有限公司等 2 个地方政府、8 家企业与重庆金港铝业、重庆新世杰电气股份等 10 家重庆企业签订产业合作协议,高邮迅达工程集团等 10 家企业与重庆大学 11 名博士现场签订人才引进协议。 (张 磊)

2012 中国扬州科技创新·产业合作(哈尔滨)推介会现场
邹 平/摄

■ 2012 中国扬州科技创新·产业合作(哈尔滨)推介会 10 月 30 日,2012 中国扬州科技创新·产业合作(哈尔滨)推介会在黑龙江省哈尔滨市举行。哈尔滨工程大学、哈尔滨工业大学、黑龙江水运规划设计院、哈尔滨焊接研究所等哈尔滨知名高校、科研院所领导和专家,扬州市副市长孔令俊、市有关部(委、办、局)负责人、各县(市、区)负责人、创新型重点企业及科技企业代表 250 多人参加推介会。市政协副主席刘在銮主持会议,副市长孔令俊作题为《加强科技创新,实现合作共赢》的专题推介,哈尔滨工业大学、哈尔滨工程大学作科技成果推介。推介活动期间,扬州市政府代表团走访、考察哈尔滨工业大学、哈尔滨科技创新城,签约合作项目 95 个,其中推介会现场签订科技合作项目协议 23 项、产业合作项目协议 15 项、博士人才引进协议 11 项。 (张 磊)

■ 科技信息平台建设 至 2012 年底,扬州科技文献公共服务平台有单位用户 2150 家,全文文献下载量累计 366 万篇(含行业数据库建设下载量 184 万篇),其中 2012 年企事业单位用户全文文献下载量38万篇，比上年增长22.6%。8月，维普新平台对外服务，新增2000种现刊全文数据500万篇。11月，与江苏科技情报研究所合作，实现知网资源镜像站与国务院发展中心信息网全文检索。全年为110家企业提供检索技术培训服务，培训1150人次；完成查新业务330项，其中省级查新296项、市级查新34项；完成原文传递115项，提供标准原文260篇。（张　磊）

科技创新

■科技创新平台建设　全市新增省级以上“两站三中心”82家，累计304家。西安交通大学扬州科技园建成开园，扬州七二三文化科技园落成，邗江经济开发区获批更名为江苏省扬州高新技术产业开发区。邗江硫资源利用装备特色产业基地、高邮特种电缆特色产业基地获批成为国家火炬计划特色产业基地。（张　磊）

■高新技术产业化　2012年，全市高新技术产业实现产值3198.44亿元，占全市规模以上工业总产值的43.5%；新增国家高新技术企业58家。全市获批国家工业科技支撑项目2个，获拨款554万元；获批国家中小企业创新基金项目37个，获拨款3320万元；获批国家重点新产品15个；获批省工业科技支撑项目12个，获拨款960万元；获批省中小企业创新资金项目8个，获拨款225万元；获批省科技型企业上市培育计划项目2个，获拨款120万元；获批省高新技术产品501个。95家中小型科技企业获江苏省科技成果转化风险补偿专项资金贷款2.2亿元。（张　磊）

■科技型企业孵化器建设　2012年，全市10个省级以上科技型企业孵化器有孵化面积65.4万平方米，获专利授权892件（其中发明专利授权60件）、软件著作权200件，承担国家级科技计划项目14个。毕业企业40家（累计毕业企业201家），在孵企业592家；在孵企业有从业人员1.52万人，其中大专以上学历人员1.14万人、“千人计划”（海外高层次人才引进计划）人才13人。在孵企业总收入178.4亿元，研发投入9.99亿元，获国家科技计划经费1.04亿元。扬州广陵（电子信息）高新技术创业服务中心获批成为扬州首家国家级专业孵化器。（张　磊）

■东南大学与扬州市共建研究院和科技园　4月18日，扬州市政府与东南大学签订《科技与人才全面合作框架协议》《共建东南大学扬州研究院和科技园合作协议》，协议双方将围绕扬州经济、社会发展需求及产业结构特色，发挥东南大学科研、学科及人才优势，在科技研发、项目合作、成果转化、平台建设、人才培训等方面开展全方位、多层次合作，在广陵新城共建东南大学扬州研究院和扬州科技园。（杨　科）

■西安交通大学扬州科技园开园　参见第116页

■扬州市6家企业入选第二届省民营科技企业百强　12月5日，扬州龙川钢管有限公司、扬州诚德钢管有

2012年扬州市新增国家重点新产品计划项目情况表

表28-3

序号	项　目　名　称	主　持　单　位
1	电解电容器用超高比容特高压电极箔	扬州宏远电子有限公司
2	高效、环保、新型除草剂——烟嘧磺隆原药	江苏长青农化股份有限公司
3	氟啶胺	江苏扬农化工股份有限公司
4	FC2512型数控激光切割机	江苏金方圆数控机床有限公司
5	YHK-80高速精密数控冲床	扬州锻压机床集团有限公司
6	北斗一号手持型用户机	中电科技扬州宝军电子有限公司
7	智能型高效大功率电动汽车充电设备	扬州双鸿电子有限公司
8	AP1000核电站用耐辐射抗开裂1E级电缆（BYJF1/BYJF2）	扬州曙光电缆有限公司
9	JS6126UC超级电容电动城市客车	扬州亚星客车股份有限公司
10	轻型全铝汽车水散热器总成	江苏嘉和热系统股份有限公司
11	高效蓝光发光二极管芯片	扬州中科半导体照明有限公司
12	YJ32T-200型四柱式抗偏载多工位成形液压机	扬州捷迈锻压机械有限公司
13	基于单动挤压技术的大截面稀土铝合金无缝管	扬州宏福铝业有限公司
14	极限剪切弹性模量隔震橡胶支座	江苏扬州合力橡胶制品有限公司
15	舰船用无卤低烟低毒轻型电力电缆（JQYJ85/SC）	扬州光明电缆有限公司

（张　磊）

2012年扬州市新增国家中小企业创新基金项目情况表

表28-4　　单位：万元

序号	项　目　名　称	主　持　单　位	拨款
1	智能化电液控制水泥混凝土摊铺机	江苏四明工程机械有限公司	140
2	特种导电集成电路引线框架铜合金异形带	江苏迅达电磁线有限公司	160
3	环保节能太阳能光伏发电系统用电缆	江苏晨曦光伏科技有限公司	70
4	现代交通用高强高韧新型铝合金散热器	江苏扬工动力机械有限公司	70
5	风能太阳能发电等新兴产业用电极箔	扬州宏远电子有限公司	140
6	双端低频内耦合无极荧光灯	高邮高和光电器材有限公司	70
7	电动汽车用新型无镉高能铅蓄电池	江苏华富储能新技术发展有限公司	50
8	植物类D-氨基葡萄糖盐酸盐	扬州鸿信生物制品有限公司	80
9	核辐射防护屏蔽软铅屏	扬州锦江有色金属有限公司	50
10	太阳能(风能)照明系统用带导电膜的高效节能高频电磁感应无极灯	扬州润光照明电器有限公司	70
11	大功率LED用纳米量子点环氧封装材料	扬州文达胶业有限公司	70
12	新型高效自吸喷灌离心泵	江苏海潮科技股份有限公司	70
13	高效节能、固液分级浓缩一体化装备	江苏恒业机械有限公司	140
14	电子废物整体资源化、高值化关键技术研发及产业化应用	扬州宁达贵金属有限公司	160
15	以活性烷基硅胶为载体的离子交换树脂	江都区海洋化工有限公司	70
16	超高效、正弦波、双转矩永磁同步电动机	江苏爱尔玛电机制造有限公司	50
17	基于回弹补偿的乘用车高强板底梁精密模具开发	江苏卡明模具有限公司	60
18	污水厂污泥无害化与资源化生态处理技术及一体化装备	江苏天鸿环境工程有限公司	50
19	城镇污水处理厂污泥减量与资源化技术及系统集成装置	扬州澄露环境工程有限公司	60
20	风电机组状态在线监测与分析装置	扬州神州风力发电机有限公司	70
21	室内智能化LED照明系统设计与研发	扬州天白科技发展有限公司	50
22	高效节能热源塔热泵系统	江苏辛普森新能源有限公司	140
23	5N微纳米高纯氧化铝	扬州高能新材料有限公司	160
24	承压式智能化建筑一体化太阳能热水系统的研发	江苏幸福泉太阳能有限公司	70
25	变径螺旋压榨污泥脱水机	扬州牧羊环保设备工程有限责任公司	70
26	江苏省扬州市数控装备公共技术服务平台	江苏省(扬州)数控机床研究院	70
27	面向中小企业的辐射技术应用公共服务平台	扬州辐照中心	70
28	有线电视设备运维信息云管控平台	江苏西贝电子网络有限公司	120
29	基于物联网技术的智能支付系统及多模一体化终端	江苏怡丰通信设备有限公司	140
30	全自动整果压榨分离技术及装备	扬州福尔喜果蔬汁机械有限公司	160
31	基于SaaS的消费服务业商务及管理一体化系统	江苏金鑫信息技术有限公司	50
32	基于Web的3DGIS城市三维公共服务信息系统	江苏易图地理信息工程有限公司	70
33	CR柔性发泡高分子材料	扬州动易运动用品有限公司	70
34	废旧电缆包覆料的低烟无卤再生法研究	扬州市好年华橡塑有限公司	70
35	基于中高能加速器的成套放疗设备研发及产业化	江苏海明医疗器械有限公司	160
36	双DSP控制的非晶大功率高效光伏并网逆变器	江苏爱克赛电气制造有限公司	70
37	扬州化工新材料公共技术服务中心	南京大学扬州化学化工研究院	80

（张　磊）

2012年扬州市新增省工业科技支撑项目情况表

表28-5 单位：万元

序号	项目名称	主持单位	拨款
1	流延法成型全氟磺酸离子膜的研发	宝应县润华静电涂装工程有限公司	80
2	冶金用高效及高可靠性热水循环泵关键技术研究及应用	江苏永一泵业有限公司	80
3	叠层染料敏化太阳能电池的高效率化研究	江苏欧力特能源科技有限公司	80
4	基于云计算的智慧城市开发应用平台	神州数码信息系统(扬州)有限公司	120
5	稀土增韧轨道交通用高阻尼车轮材料关键技术研发	扬州华铁铁路配件有限公司	80
6	烃类选择性催化氧化绿色工艺产业化关键技术研究	江苏扬农化工集团有限公司	80
7	基于虚拟样机技术的超大型造船门式起重机数字化平台研发	扬州华泰特种设备有限公司	80
8	氯化盐低温熔融电解一步法制备稀土-镁中间合金关键技术研发	扬州宏福铝业有限公司	80
9	1000MW级核电站用安全壳喷淋泵关键技术研发	扬州长江水泵有限公司	100
10	高性能双驱动超高速电梯同步控制系统	三星电梯有限公司	80
11	标准CMOS工艺上的超高频RFID电子标签芯片研发	扬州稻源微电子有限公司	80
12	《基于铬基陶瓷技术的矩形铸铁活塞环》国家标准	仪征双环活塞环有限公司	20

（张 磊）

限公司、江苏扬力集团有限公司、江苏长青农化股份有限公司、江苏亚威机床股份有限公司、扬州大洋造船有限公司等6家企业入选全省第二届百强民营科技企业。 （杨 科）

■扬州市奖励“产业振兴、科技创新”项目 7月27日，扬州市发展科技创新型经济工作领导小组办公室、市经济和信息化委员会、市财政局联合印发关于发放2011年度扬州市“产业振兴、科技创新”项目奖励计划奖励资金的通知，对全市232家单位的282个项目给予奖励扶持，累计安排资金1.06亿元，其中市级财政8282.3万元、县(市、区)配套资金2364.7万元。2011年，全市获批省以上重大科技成果转化项目9个，其中国家重大科技成果转化项目1个；申报省“双创计划”(高层次创新创业人才计划)人才138人，其中35人获省资助。 （杨 科）

■扬州经济技术开发区入选国家科技兴贸创新基地 扬州经济技术开发区推进以绿色产业、工业共生、节能低耗、物资循环、自然和谐为特征的资源节约型、生态友好型创新示范基地建设。加快半导体照明等新兴产业集聚，形成“衬底材料—外延片—芯片—封装—应用”产业链，其中外延片芯片制造设备规模、产能和技术指标居全国七大半导体照明产业化基地领先位次。打造半导体照明公共服务平台，建成国家级光电产品检测中心、国家级博士后科研工作站，有省半导体照明工程技术研发中心等省级研发平台7个。9月14日，商务部、科技部下发《关于认定第四批国家科技兴贸创新基地的通知》，扬州经济技术开发区被认定为国家科技兴贸创新基地(节能环保)。国家科技兴贸创新基地对产业聚集度、产业创新能力、国际化发展水平和研发投入等都有严格标准。

（杨 科 杨 志）

科技项目和成果

■科技成果转化项目 2012年，全市获批省科技成果转化专项资金项目11个，获拨款1亿元，其中拨款资助6900万元、有偿资助1000万元、贷款贴息2100万元。11个项目总投资14.45亿元，全部具有自主知识产权，关键核心技术曾获国家“863”计划、“973”计划等重大计划支持，获发明专利授权34件，申请发明专利29件。

全市往年立项的51个省科技成果转化专项资金项目新增投资52.47亿元，形成重大目标产品213种，申请专利630件(其中发明专利272件)，获专利授权432件(其中发明专利104件)，获软件著作权18件、新药证书7件、动植物新品种证书8件，制定标准79项(其中国家标准8项、行业标准15项)，累计新增销售额201.28亿元，新增出口创汇1.99亿美元。其中，江苏浩明光电科技股份有限公司承担的“高效节能灯管高速自动生产线的开发及产业化”和扬州乾照光电有限公司承担的“超高亮度InGaAlP LED外延片研发和产业化”等2个项目通过验收，全市累计有22个项目通过验收；扬州诚德钢管有限责任公司承担的“超超临界锅炉用P92无缝钢管研发产业化”项目完成项目合同规定的研发和产业化建设任务，获省科技厅批准结题。 （张 磊）

2012年扬州市新增省科技成果转化专项资金项目情况表

表 28-6 单位:万元

序号	项 目 名 称	主 持 单 位	拨款
1	新城疫重组病毒灭活疫苗等新型疫苗的研发及产业化	扬州优邦生物制药有限公司	1000
2	北斗卫星导航定位设备研发及产业化	中电科技扬州宝军电子有限公司	800
3	超级电容纯电动城市客车开发与产业化	扬州亚星客车股份有限公司	1000
4	超(超)临界发电机组配套电动执行机构研发及其产业化	扬州电力设备修造厂	800
5	大尺寸高纯涂层石英坩埚关键技术开发与产业化	江苏华尔光电材料股份有限公司	800
6	国家级新品种“苏邮1号”蛋鸭的开发与产业化	高邮市红太阳食品有限公司	600
7	电子垃圾中稀贵金属高值化清洁利用关键技术研发及产业化	扬州宁达贵金属有限公司	800
8	锻压系统高效重载作业机器人研发与产业化	江苏一重数控机床有限公司	1000
9	3000吨/年高性能聚乙烯纤维干法纺丝成套技术开发及产业化	中国石化仪征化纤股份有限公司	1200
10	第三代(AP1000)核电用电缆及关键材料的研发与产业化	宝胜科技创新股份有限公司	1200
11	超高压电缆用纳米半导电缓冲阻水材料的研发及产业化	扬州腾飞电缆电器材料有限公司	800

(张 磊)

■**农业科技项目** 2012年，全市申报国家农业科技成果转化资金项目7个，项目总投资9220万元，申请科技拨款700万元。经科技部批准，江苏省家禽科学研究所承担的“国家级新品种苏邮1号蛋鸭产业化开发”、江苏里下河地区农业科学研究所承担的“早熟晚粳稻品种扬粳4227及配套栽培技术中试与示范”、仪征多科特水性化学品有限责任公司承担的“水基聚合物包膜控释肥料的中试与产业化”、扬州大学承担的“啤用大麦新品种扬农啤8号及高效安全生产技术的中试与示范”等4个项目获批立项，获拨款240万元。

2012年扬州市新增省农业科技支撑项目情况表

表 28-7 单位:万元

序号	项 目 名 称	承 担 单 位	拨款
1	江淮下游(江苏)粳稻持续丰产高效技术集成创新与示范	扬州大学	500
2	优质高产多抗专用小麦新品种选育	江苏里下河地区农业科学研究所	40
3	水稻超高产、优质和抗病分子设计育种技术研究	扬州大学	30
4	江苏省农村科技服务超市仪征经济林果产业分店建设	江苏枣林湾农业科技有限公司	30
5	高抗白粉病、短果把、厚果肉设施栽培黄瓜新品种选育	扬州大学	30
6	优质肉用湖羊新品系选育	扬州大学	30
7	耐涝渍无花果优质丰产新品种选育与推广示范	扬州市圣灵农业科技特种经济作物专业合作社	40
8	高产优质秧草新品种选育及种子繁育技术研究	扬州大学	40
9	中国兰优良色艺新品种选育	江苏里下河地区农业科学研究所	40
10	新型光活化杀虫剂的合成、杀虫活性及产业化技术研究	扬州大学	40
11	李斯特菌减毒活疫苗株创制及其载体化研究	扬州大学	40
12	鸡传染性支气管炎基因重组减毒活疫苗的研制	江苏省家禽科学研究所	40
13	高效有益地衣芽孢杆NJWGYH83305用于生物农药开发与放大	江苏东宝农药化工有限公司	40
14	砂梨沼气液肥深层滴灌高效生态栽培模式研究	宝应县奕佳农牧有限公司	30

续表 28-7

序号	项 目 名 称	承 担 单 位	拨款
15	肉鸡生态、低碳养殖技术新模式研发	江苏省家禽科学研究所	30
16	秸秆燃料化成型配套的自除湿太阳能干燥装备研究与开发	扬州市鸣集能源有限公司	40
17	梅花盆栽新品种设施高效栽培技术集成创新与示范	扬州雅典娜园艺科技开发有限公司	30
18	蛋鸭标准化生产技术集成创新与示范	江苏省家禽科学研究所	30
19	稻茬晚播小麦抗逆高产栽培技术集成与示范推广	扬州大学	30
20	扬州大学服务花木科技型合作社科技专项	扬州大学	30
21	扬州大学服务蜂业专业合作社科技服务专项	扬州大学	30

（张 磊）

全市申报2012年度省农业科技支撑计划项目54个，涉及农林植物新品种选育与栽培技术、动物新品种选育与养殖技术、动植物重大病虫害综合防治技术、农产品精深加工技术、现代农业装备和农业信息化技术等领域。经江苏省科技厅评审，全市有21个项目获批立项，获拨款1190万元。扬州大学教授张洪程组织实施的“江淮下游(江苏)粳稻持续丰产高效技术集成创新与示范”项目被江苏省科技厅列为农业科技支撑计划重大项目，获省拨款500万元。

（张 磊）

■自然科学基金和社会发展科技支撑项目 全年获批国家自然科学基金项目97个，获拨款5272.8万元；获批省自然科学基金项目29个，获拨款570万元；获批省社会发展科技支撑项目9个，获拨款270万元。

（张 磊）

2012年扬州市新增省社会发展科技支撑项目情况表

表 28-8　　单位：万元

序号	项 目 名 称	主 持 单 位	拨款
1	用于快速检测食品致病菌的阻抗纳米生物传感器的研发	江苏康宝电器有限公司	50
2	北陵社区虚拟养老及老人健康救助应用研究与示范推广	江都区宜陵镇北陵社区	15
3	耳聋基因筛查联合听力筛查对扬州地区新生儿遗传性聋防治的转化应用研究	江苏省苏北人民医院	30
4	癌症早期诊断与预警的血液肿瘤细胞快速检测试剂的开发	江苏省苏北人民医院	25
5	扬州历史园林保护与修复关键技术研究	扬州城市绿化工程建设有限责任公司	40
6	基于物联网智慧化工园区安全环保及应急指挥综合技术集成应用及示范	扬州化工产业投资发展有限公司	40
7	扬州石桥社区“三新”科技示范社区建设	扬州市邗江区双桥街道办事处	15
8	废弃聚酯固体回收料资源综合利用生产汽车内饰纤维产业化	扬州天富龙汽车内饰纤维有限公司	40
9	光伏新能源防火防盗集成技术系统在科技示范社区建设中应用研究	仪征市大仪镇大巷村民委员会	15

（张 磊）

2012年扬州市新增省基础研究计划(自然科学基金)面上项目情况表

表 28-9　　单位：万元

序号	项 目 名 称	主 持 单 位	拨款
1	色氨酸对扬州鹅蛋白质代谢规律及作用机制的研究	扬州市扬大康源乳业有限公司	10
2	P区元素Pb(Ⅱ)框架配位聚合物的设计、合成及吸附性质	扬州大学	10
3	三氧化钼纳米膜催化剂的控制合成及其甲醇氧化性能	扬州大学	10
4	时变微分系统的动力学行为研究	扬州大学	10

续表 28-9

序号	项 目 名 称	主 持 单 位	拨款
5	融合多域信息的二值文本图像水印技术研究	扬州大学	10
6	水稻籼粳杂种后代雌配子败育关键基因的克隆及功能研究	扬州大学	10
7	蛋鸡卵黄免疫球蛋白(IgY)转移利用规律及其作用机理的研究	扬州大学	10
8	南蛇藤提取物增强抑癌基因 MASPIN 表达抑制胃癌转移的机制研究	扬州大学	10
9	基于混联机构的风洞试验多自由度模型支撑系统原理研究	扬州大学	10
10	动员修饰极小胚胎样干细胞治疗心肌梗死机制的实验研究	江苏省苏北人民医院	10
11	基于代谢组学和基因组学的肉鸡磷脂酰胆碱肠道微生物代谢机理研究	江苏省家禽科学研究所	10
12	水稻卷叶基因 rl(t)的图位克隆	江苏里下河地区农业科学研究所	10
13	新型黄籽甘蓝型油菜黄籽关键基因定位	江苏里下河地区农业科学研究所	10

（张 磊）

■国家火炬计划项目 5 月 10 日，科技部公布 2012 年国家火炬计划立项结果，扬州市 41 个项目获批立项，其中产业化示范项目 37 个、产业化环境建设项目 3 个、科技服务体系项目 1 个。“扬州数控装备产业技术转移和研发服务平台”被列入火炬计划科技服务体系建设重大项目。

（杨 科）

■江苏里下河地区农业科学研究所 2012 年，江苏里下河地区农业科学研究所(简称农科所)在研课题 185 个，结项课题 62 个；新立项各类课题 85 个，其中国家级课题 15 个、省级课题 36 个、市级课题 34 个，项目合同经费 3141 万元，实际到账经费 3840 万元。国家“948”项目“国外高产抗病优质弱筋小麦种质的引进与利用”、国家“863”项目“优质高产多抗小麦分子育种与品种创制”等重大科技创新项目和农业部农业综合开发专项“扬麦、扬稻良种繁育及加工基地”项目、国家发改委生物育种滚动扶持专项“优质高产抗病扬麦系列新品种培育及‘扬麦 18’‘扬辐麦 4 号’产业化与推广应用”项目及国家“面向中小企业的辐射技术应用公共服务平台”等国家级重点科研基建项目获批立项，新上国家级自然科学基金项目 1 个、省级自然科学基金项目 3 个。

2012 年，农科所获各类科技成果奖 5 个。其中，由农科所主持完成的“耐高压环保阻燃连续型热收缩材料的研制与推广”获中国商业联合会科学技术奖三等奖，“人工湿地法治理富营养化水的示范与应用”获江苏省环境保护科技进步奖三等奖，“优质抗条纹叶枯病粳稻新品种‘扬辐粳 7 号’”和“优质甘蓝型油菜‘扬油 6 号’的选育与推广”分获扬州市科技进步奖特等奖和三等奖。7 个新品种通过审定。其中，小麦新品种“扬麦 22”通过国家审定；油菜新品种“扬优 10”通过上海市审定；豇豆新品种“金扬豇 3 号”和花卉新品种“扬辐莲 1 号”“蜀岗红莲”“扬蕙蝶”“扬蕙梅”通过江苏省审定。小麦品种“扬麦 20”再次通过江苏省审定，被确定为国家区域试验对照品种；水稻品种“扬两优 013”再次通过安徽省审定。制定、发布省级农业地方标准 11 项。“低烟、低卤耐高压连续热收缩材料及其制造方法”获国家发明专利，“北虫草液体菌种接种器”“一种辐照加工用放射源提升装置”和“一种害虫诱捕器”获国家实用新型专利。“扬麦 13”“扬麦 16”入选农业部主导品种，“扬麦 14”“扬粳 4038”“扬两优 6 号”等 11 个品种入选江苏省主推品种，“麦秸全量还田轻简稻作技术”入选江苏省主推技术。科研人员全年发表研究论文 37 篇，出版专著《中国南方小麦》《中国兰花栽培与鉴赏》。

2012 年，农科所有 67 个农作物新品系、新组合参加国家、省级区域试验或生产试验。加工改造“扬麦 20”，培育出抗小麦病毒病的“扬麦 20”。牵头成立全国赤霉病抗性改良协作组，开展赤霉病防控研究。与西藏拉萨市农牧局联合启动青稞育种合作项目。“扬粳 4227”通过农业部超级稻第二年验收，平均每公顷产量 12378 千克。“扬两优 6 号”年种植面积居全国第二位。集成、创新杂交水稻机械化制种高产高效技术。抗螟虫和抗黑条矮缩病研究获得抗性稳定的株系。杂交油菜新组合“优 0737”被推荐参加江苏省区域试验和国家区域试验。常规油菜新品系“扬 J0105”“扬 J0106”被推荐参加江苏省区域试验。开展蛹虫草富硒营养配方筛选、菌种提纯复壮及不同培养基对虫草生长的影响研究，提高虫草营养价值。防治稻纵卷叶螟新型生物农药(病毒增强苏云金杆菌)获农药登记试验许可。建立降低小龙虾哈夫病风险的养殖环境评价体系和高效养殖技术标准体系。开展“资源的合理配置、各构件的耦合与农产品质量安全的关系”研究及“人工湿地法治理富营养化水”研究，提高自然资源利用率。研制出复配杀虫剂新产品“菜宁”并申报国家发明专利。建立水稻害虫抗药性监测点，改进二化螟群体室内饲养繁殖和抗药性监测技术。研制出新型玉米种衣剂和新型水稻拌种剂配方。改进"育苗伴侣"专用肥配方,提高机插秧苗根系活力。

2012年,农科所选育的兰花品种获省级花展金奖1个、银奖2个、铜奖2个、栽培奖1个,建立春蕙兰杂交种无菌萌发、植株再生及快繁技术体系。大果、牛角型辣椒新组合"大果66"在江苏省区域试验中,前期产量和总产量均列第一位。中果型西瓜"扬225"和长灯笼辣椒新组合"扬椒7065"均通过江苏省生产试验。

农科所程顺和获第二批江苏省科学技术突出贡献奖,并获"扬州市更具影响力劳模"和扬州市首届"十大功臣"称号。程顺和、张洪熙、戴承镛等3人获江苏省农业科学院"农业科技创新突出贡献奖"。刘广青获政府特殊津贴。 (王守红)

■ 江苏省家禽科学研究所 2012年,江苏省家禽科学研究所(简称家禽所)承担研究项目(课题)65个,其中延续课题25个、新增课题40个。新增课题主要包括国家科技支撑计划项目 1个,国家自然科学基金项目1个,科技部农业科技成果转化资金项目1个,农业部财政项目3个,国家标准项目4个,江苏省农业科技自主创新资金项目1个,江苏省农业品种、技术、知识更新工程项目2个,江苏省农业科技支撑项目3个,江苏省自然科学基金项目2个,江苏省农委挂县强农富民工程项目1个,扬州市科技项目5个,横向合作课题3个,国家"863""948"计划项目子课题和国家科技支撑项目子课题及农业部农业公益性行业科研专项子课题等6个。全年争取各类科研经费计划2654.65万元,实际到账科研经费1484.45万元;往年项目滚动到账经费245万元。家禽所青年科研基金项目新增项目5个,投入科研经费26万元。

2012年,家禽所完成现代农业产业体系肉鸡、蛋鸡岗位专家工作。参与编写中国蛋鸡改良计划和实施方案;肉鸡体系试验站完成"肉鸡标准化规模养殖支撑技术集成与示范""我国优质肉鸡核心种群的构建"等6项体系研究,进行示范与技术推广。加大品种创新力度。完成蛋鸡、肉鸡各品(种)系的继代繁殖和选育工作,完成"苏禽青壳蛋鸡配套系"育种工作;开展矮小型品系的选育工作;开展相关分子标记和性早熟遗传机制以及文昌鸡性早熟遗传机制研究;开展珍稀和濒危地方品种保护研究,佐证"家系等量留种随机选配法"的保种效果,编写边鸡、溧阳鸡和鹿苑鸡等3个地方鸡种国家标准。开展家禽健康、福利养殖关键技术研究特色业务建设,启动优质肉鸡、肉鸭、肉鹅的饲料利用、营养调控、饲养模式、安全评价、效果评价等研究,确立10套饲养模式和管理规范。利用代谢组学和基因组学的方法,开展肉鸡代谢机理研究。深化家禽品种性能测定和质量安全检测研究,申报农业部家禽产品质量安全风险评估实验室,开展"国家标准鸡蛋胆固醇快速测定"等研究,申报国家标准3个(待颁布)。开展地方鸡种禽白血病和鸡白痢沙门氏菌防控与净化技术的集成研究。确定家禽所鸡地方品种资源基因库鸡种净化方案;完成4个地方品种鸡ALV(禽白血病病毒)感染状况的摸底调查及核心群的检测、复检和预筛选,对鸡种的抽样检测结果进行比较分析;开展地方鸡种鸡白痢沙门氏菌抗性遗传基础研究,探索其在肠炎沙门氏菌致病过程中的作用。

家禽所全年结项课题包括"利用MHC(主要组织相容性复合基因)监测与探索地方鸡种新型保种方法""影响猪脂肪沉积和生长性状相关基因和调控元件的克隆和功能验证""水禽重大疫病综合防控技术研究与示范推广"等项目18个。

开展学术交流与科技服务。5月28—30日,家禽所联合中国工程院农学部与中国畜牧兽医学会,承办中国养殖业可持续发展战略高层论坛、中国畜牧兽医学会十三届二次暨2012全国秘书长会议等大型学术会议。开展禽病防治技术咨询服务,举办技术讲座,为省内外养殖户答疑,为企业提供技术支持。质量安全研究室完成种鸡性能测定、禽蛋产品质量检测工作。饲料营养研究室为上海、江苏等省内外企业提供产品质量测定服务。2012年,家禽所科技人员在东台实施挂县强农富民工程,为高邮鸭集团、江阴市威特凯鸽业有限公司、姜堰之春公司、常州佳灵药业有限公司、江苏威泰龙生物公司等企业提供技术培训与咨询指导服务。全年为400多户养殖户2000多人提供技术咨询服务,为30多家企业提供技术支持,组织家禽所及东台市养禽技术人员编印《2012挂县强农富民工程家禽科技简报》4期,开展集中培训6场,发放资料6000多份。

2012年,家禽所1人晋升研究员,9人晋升副研究员。 (仇 俊)

知识产权保护

■ 概述 2012年,全市申请专利1.90万件,其中发明专利4222件,分别比上年增长31.4%、33.9%;获专利授权8091件,其中发明专利482件,分别比上年增长51.4%、69.7%。江都区获批国家知识产权强县工程试点县,扬州市经济技术开发区、扬州化工园区、邗江经济开发区、江都经济开发区获批省级知识产权试点园区。邗江、广陵、高邮、江都、宝应制定知识产权战略纲要。全市有3件发明专利获"全省百件优质发明专利"称号,24人获知识产权工程师职称。扬州牙刷专业市场作为特色集聚市场,承担国家级专业市场知识产权能力提升试点工程项目。扬州中学教育集团树人学校学生刁逸君受国家知识产权局邀请参加"国家知识产权开放日"活动。 (张 磊)

■ 知识产权宣传教育 4月26日至5月26日,扬州市举办"'护航创新之路'专项行动宣传月"活动,利用网络、电视、报纸等媒介和公共交通、重点企业、社区等载体,宣传知识产权保护法律法规。活动期间,市知识产权局在市区部分公交车车身和公交站台宣传保护知识产权和正版正货,在扬州电视台《扬州新闻》和《关注》栏目播放知识产权保护公益广告,在市区所有公交移动电视上滚动播放《护航创新之路》宣传片，提升市民知识产权意识。

8月30日，市知识产权局、市中小企业局共同举办中小企业知识产权战略研讨培训会，邀请知识产权专家讲解企业知识产权战略的制定与实施、专利信息利用、专利创造及保护等知识，并组织专家与企业人员分组交流互动，提供战略管理、代理服务、信息运用、法律保护等方面的知识产权咨询服务。（张　磊）

■知识产权执法维权“护航”专项行动　3月，扬州市制定《2012年知识产权执法维权“护航”专项行动方案》，启动知识产权执法维权“护航”专项行动。市知识产权局与广陵区、宝应县、邗江区、江都区等地开展市、县联合执法行动，检查大润发超市、苏果超市等商贸流通企业商品2400多件，其中具有专利标识的商品600多件，立案查处涉嫌假冒专利产品案件46件，结案率100%。（张　磊）

■知识产权项目建设　推荐江苏亚威机床股份有限公司等8家企业申报省级企业知识产权战略推进计划项目，其中4家企业获批170万元资金支持；扬州冠森科技有限公司申报省专利实施计划项目，获立项支持；9家企业通过省级贯标绩效优秀评价，获奖励资金40万元。广陵家电城“正版正货”示范街区项目通过省级验收，五亭龙玩具城通过省级“正版正货”示范街区中期检查。2012年，扬州市级知识产权计划项目新增企业知识产权战略推进计划项目，为8家企业实施知识产权战略提供资金支持；启动市级首批“正版正货”示范街区项目申报、认定工作。（张　磊）

科学知识普及

■科普宣传　扬州市制定《2012年全民科学素质行动计划》，《全民科学素质行动计划纲要》领导小组成员单位由26家增加到28家（新增市消防支队和市民防局）。召开全市《全民科学素质行动计划纲要》实施工作推进会、科普工作会议及县（市、区）联席会议。印发《全民科学素质行动计划纲要》简报和学习专辑12期，编印《百姓生活小知识》等实用型科普图书5000余册。扬州市科技协会（简称市科协）举办科普大讲堂107期，近1万名群众听讲。全市15万余名青少年参加“金钥匙”科技竞赛、“七巧科技”竞赛、“科普大篷车扬州行”、科普夏令营、青少年科普体验等活动，近3000名学生获奖；开展第二届“青少年科技创新市长奖”评审，“滚珠基座抗震楼演示仪”等3件作品获市长奖。“7·20”宝应、高邮地震后，市科协通过手机短信开展应急科普活动，宣传科学知识，消除公众恐慌情绪。

（李佳坤）

7月10日，扬州市2012年“七彩的夏日——未成年人暑期系列活动”启动。图为学生参加科技活动　王　卓／摄

■“科普宣传周”活动　5月20日，以“携手建设创新型城市，同心践行科学型生活”为主题的2012年“全国科技活动周”暨扬州市第24届“科普宣传周”活动在扬州文昌广场开幕。开幕式上，表彰2009－2011年度扬州市优秀科技工作者，举办科普知识问答和科普咨询等活动。社会各界500多人参加开幕式活动。”科普宣传周“活动期间，全市6个县（市、区）共举办“科普进社区、到学校、下农村”等活动50多项。（李佳坤）

■“全国科普日”活动　9月15日，以“食品安全与公众健康”为主题的扬州市2012年“全国科普日”启动仪式暨扬州市食品安全知识电视大奖赛在扬州广电总台举行，380多人参加活动。启动仪式上，市科协向2011－2015年度省科普教育基地、省科学教育特色学校和2012年度扬州市科普教育基地授牌。各县（市、区）、餐饮及食品企业组成的8支代表队参加食品安全知识电视大奖赛，餐饮企业代表队获一等奖，江都区代表队获二等奖，高邮市、邗江区代表队获三等奖。“全国科普日”活动期间，市科协组织5万多人参加全国食品安全科普知识竞赛，收回有效答卷1.8万份。（李佳坤）

■社区科普　实施“社区科普益民计划”，通过科普大讲堂进社区、“星级科普示范社区”评选、社区科普体验馆等平台开展社区科普活动。5月29日，市科协、广陵区科协、文峰街道共建的文峰街道连福社区科普馆启用。全市累计建成社区科普馆4个。11月，市科协在全市开展星级科普示范乡镇（街道）、村（社区）创建活动，命名市级星级科普示范乡镇（街道）、村（社区）45个，其中21家单位申报省级科普示范乡镇（街道）、村（社区）。指导社区开展各类科普活动，普及节约资源、健康生活、防灾减灾、低碳环保等科学知识；支持重点社区的科普工作，向社区赠送科普挂图、图书3000余册（幅）。

（李佳坤）

■青少年科技创新市长奖评选表彰　9月20日，扬州市启动第二届青少年科技创新市长奖推荐评审活动。至11月20日，市科协收到各类科技创新成果推荐申报材料近100件。此次市长奖评审活动首次引入现场演示和答辩环节。经专家评审和公示，江苏省扬州中学崔师杰的“向心力探究仪”、扬州市育才小学车京殷的“定时自动浇花机”、江苏省扬州中学张世尧的“滚珠基座抗震楼演示仪”获

扬州市第二届青少年科技创新市长奖，江苏省扬州中学郑志皓的“纸飞机的弹射及其飞行性能的实验研究”等7项成果获提名奖，江都区实验小学韩耀颉的“一次性便携式自动充气救生圈”等17项成果获入围奖，扬州中学教育集团树人学校方松飞等5人获优秀科技辅导员教师称号，江苏省扬州中学等5所学校获优秀组织单位称号。（杨　朴）

气象

■概述 2012年，扬州市气象部门向政府相关部门发送灾害天气预警信息等各类服务材料83期。建立巡查机制，整改防雷安全隐患；加强防雷安全技术指导，通过专题教育培训和开设网上QQ服务群、上门服务等方式，推动全市防雷安全工作。加强气象科研，全年立项各类科研项目20个，完成科研项目30个，在国家级核心期刊发表论文2篇。扬州市气象局行政许可案卷被评为全国气象部门“十佳行政执法案卷”，行政执法案卷获江苏省气象局优秀行政执法案卷一等奖1个、二等奖2个。各项气象业务成绩均达到或超过江苏省气象局下达的考核指标。在全省地面测报业务技能竞赛中，市气象局代表队获团体总分第二名，并获优秀组织奖；3名参赛选手分获全能第四名、第六名、第八名和装备保障单项第二名。（陈绘卉）

■重要天气气候事件 2012年，全市受大雾、暴雨洪涝、雷电、雷雨大风、台风等灾害性天气影响，1.62万人受灾，其中3人死亡、16人受伤，房屋损坏216间、倒塌73间，农作物受灾面积1399.3公顷，直接经济损失1147万元。

1.冷空气和寒潮。全年出现5次寒潮过程，分别为2月6—8日、11月10—12日、11月22—24日、12月17—19日（邗江区、高邮市、江都区和仪征市）、12月28—30日（邗江区、江都区、仪征市）。

12月28—30日，全市出现中等强度的雨雪天气，48小时降温幅度达7.7摄氏度（宝应县）～9摄氏度（邗江区），积雪深度1～2厘米，夜间出现道路结冰现象。30日，市区出现零下5.4摄氏度的最低气温。

2.大雾及霾、烟。全年大雾及霾、烟日92天，对出行、交通航运造成较大影响，并形成空气污染。4月14日，除宝应外，全市大部分地区出现能见度小于200米的浓雾天气，宁通高速公路扬州仪征段连发10余起交通事故，造成1死15伤。

3.暴雨。3月21—22日，受高空低槽和中低层切变线共同影响，全市普降大到暴雨，47个加密自动站降雨量达暴雨级别，其中江都三周降水73.7毫米。23日，邗江区汊河街道明星、戚桥、建华等3个村和扬州经济技术开发区朴席镇朴席村遭受强降雨袭击，乌塔沟分洪道决堤，形成洪涝灾，0.28万人受灾，30人被转移安置，农作物受灾面积219公顷，鱼塘受灾面积14公顷，鸡舍、鸭舍倒塌2250平方米，猪舍倒塌45间，家禽死亡1200余只，灾害直接经济损失约300万元。

7月13—14日，受高空低槽和中低层切变线影响，扬州市中南部地区普降暴雨，41个加密自动站降水量超过50毫米，9个加密自动站降水量超过100毫米，广陵区沙头蔬菜基地降水量最大，达213.7毫米。仪征市陈集镇、大仪镇、青山镇、刘集镇、月塘镇等5个乡镇出现洪涝灾。全市800人受灾，农作物受灾面积520公顷，其中成灾面积380公顷、绝收面积210公顷，灾害造成直接经济损失155万元。

8月9日，受第11号台风“海葵”外围云系影响，全市普降暴雨，局部大暴雨，39个加密自动站降水量超过50毫米，其中仪征新城龙河加密自动站降水量95.0毫米。当天16时左右，高邮市八桥镇遭遇大风和强降水袭击，导致镇高效农业园区部分蔬菜大棚被掀，一排简易工棚的屋顶被掀翻。

4.台风。2012年，有4次台风先后影响扬州，较常年偏多1倍。其中，第11号台风“海葵”影响最大。“海葵”影响期间，除宝应外，其他县（市、区）均普降暴雨，仪征出现大暴雨和7～8级偏东大风；沿江船厂、港口、镇扬汽渡停工、停航，京杭运河扬州段水道封闭，发往苏南、浙江、上海一线的班车停运或晚点。受台风“海葵”外围云系和冷空气共同影响，8月9日，江都和高邮先后出现强雷电、雷雨大风和短时强降水，1人遭雷击死亡，部分房屋和农作物受损。

5.强对流。4月2日，受江淮气旋和冷空气共同影响，全市大部分地区出现雷暴和雷雨大风等强对流天

2012年扬州市气象资料表（一）

表28-10

天气现象	初日	终日	初终间日数（天）
霜	11月24日	3月13日	111
雪	1月8日	2月28日	52
积雪	2月10日	2月15日	6
结冰	11月24日	3月12日	110
最低气温零摄氏度及以下	12月9日	3月12日	95

注：本表资料统计时段为2011年9月至2012年5月（陈小杰　陈绘卉）

2012年扬州市气象资料表（二）

表28-11

天气现象	初日	终日	初终间日数（天）
雷暴	3月22日	11月3日	227
无霜期日数（天）	236		

注：本表资料统计时段为2012年1—12月（陈小杰　陈绘卉）

气。19 时 03 分，仪征极大风速达 18.6 米 / 秒。

5 月 16 日，受东北冷涡南掉影响，宝应和高邮出现强雷电、雷雨和阵风 7～8 级的大风天气。

7 月 4 日，宝应县安宜镇 1 人遭雷击死亡。

7 月 7－9 日，宝应县泾河、射阳湖、黄塍、鲁垛、曹甸、安宜和夏集等 7 个乡镇遭受强降雨和雷电袭击，形成洪涝和雷击灾害。1.23 万人受灾，1 人遭雷击死亡，46 人被转移安置，农作物受灾面积 680.3 公顷，房屋倒塌 21 间，因雷击损坏电视机 290 台、冰箱 7 台、电脑 10 台，灾害造成直接经济损失近 350 万元。

8 月 9 日，受热带低压残留云系和弱冷空气影响，江都、高邮等地出现强雷电和雷雨大风天气。江都区小纪镇 1 人遭雷击死亡；樊川镇 3 户农户房屋屋顶被大风掀坏，100 棵树木受损，4 台太阳能热水器被毁。受雷雨大风影响，高邮市三垛、八桥、卸甲、龙虬等 4 个乡镇 300 多人受灾，75 人被转移安置，房屋倒塌 7 间、损坏 216 间，农业大棚倒塌 6.7 公顷，经济作物受灾 33.3 公顷，树木倒断 1000 多棵，电杆倒断 4 根，家禽死亡 1300 多只。灾害造成直接经济损失 240 万元。

8 月 14 日，1 名安徽籍船员在长江扬州段六圩河口下游被雷电击伤；扬农集团有限公司吡虫啉车间因雷击发生火灾，直接经济损失 100 多万元；上海铁路公安局南京公安处扬州车站公安派出所遭受感应雷击，4 台电脑、1 台传真机、1 台打印机受损，直接经济损失 2 万元。

6. 高温。2012 年，全市高温日 19 天，较常年明显偏多，分别为 6 月 13 日（高邮、仪征），7 月 5 日（全市）、9 日（高邮、仪征、邗江）、10 日（高邮、江都、仪征、邗江）、11 日（江都）、21 日（高邮、江都、仪征、邗江）、22－31 日（全市），8 月 1 日（江都）、18 日（全市）和 19 日（仪征、江都、邗江）。其中 7 月 22－31 日受副热带高压控制，全市出现持续高温天气。7 月 29 日，邗江区出现极端最高气温 38.2 摄氏度。（汪婵娟　沙光明　陈绘卉）

■气象科技　2012 年，市气象局有 2 篇论文分别在国家核心期刊《国际气候学杂志》和《大气科学学报》上发表，4 篇论文参加第九届长三角气象科技学术交流会，1 篇论文入选中国气象学会第 29 届年会。市气象局与江苏省气象局签约承担气象科研基金面上项目“基于复杂网络的天气要素概率预报订正系统”和青年气象科研基金项目“扬州茶树气象服务研究”；全市气象部门自立科技研发项目 26 个。“重大气象灾害预警与应急支援技术示范集成”“县级气象部门提升气象应急减灾服务能力的思考与探索”等课题分别通过扬州市科技局、江苏省气象局组织的验收。完成“基于 SWAN 系统（短时临近预报系统）的中小河流域和山洪地质灾害精细化预警预报系统”建设。升级业务设备和部分区域自动气象站，完成邗江、仪征台站基础设施建设和气象台预报大厅改造。制定《扬州率先基本实现气象现代化实施方案》。完成“扬州市公共气象服务体系建设”项目。编制“十二五”重点项目建议书，明确扬州气象事业基本实现现代化的考核指标体系。（陈绘卉）

■气象服务　做好决策服务、公众气象服务。2012 年，气象部门以防灾减灾和重大活动保障为重点，发送决策气象服务材料 83 期、决策气象服务短信 2.09 万条。完成中国扬州“烟花三月”国际经贸旅游节筹备和开幕式、扬州泰州机场通航等活动的气象保障；预报春节、五一节、中秋节、国庆节等节日天气并完成相关服务工作；预报低温、梅雨期降水、高温、台风等天气过程，为政府防御气象灾害提供科学决策依据。

做好农业气象服务。在春播、夏收夏种、秋收秋种等农事关键期和农作物生长、病虫害防治期，发送各类服务材料 67 期；及时、准确发布台风、暴雨、雷电等灾害性天气预警信息。7 月 2 日，在仪征市马集镇野山村成功实施人工增雨作业，减轻干旱天气对农作物生长带来的不良影响。

完善公共服务体系，提升气象灾害防御能力。强化农村防灾减灾能力建设。高邮市气象局按照“一个气象信息站、一个气象信息员、一个气象灾害监测站、一个气象科普宣传栏、一个气象信息显示屏、一套气象为农服务系列丛书”的标准，建成气象为农服务示范村 2 个、高效农业园气象信息服务站 4 个；江都区气象局开展中央财政“三农”（农业、农村、农民）气象服务示范县建设工作。全市气象部门聘用气象信息员 1195 人，村级气象信息员覆盖率 100%。扩大气象灾害预警信息服务面，市、县两级气象部门向民政部门灾害信息员发送气象预警信息。开展综合减灾示范社区和乡镇气象灾害应急准备认证工作。与电信运营商、媒体合作，及时发布气象预警信息，提高气象灾害防御能力。（陈绘卉）

水文

■概述　2012 年，全市各级水文部门做好水文测报工作，通过扬州市境内水文站网对江河、湖泊、渠道、水库的水位、流量、水质、水温、水下地形和地下水资源及降水量、蒸发量、风暴潮等实施监测、分析与计算，为开发、利用、节约、保护水资源和防灾减灾提供服务。（刘惠芹）

■水文测报　地表水水文测验。全市水文站网观测水位、全潮、水温、降水量、蒸发量和流量等 6 类 49 个项目水文数据。流量站施测流量 67 次、排水量 44 次，流量测验满足率 100%。全市 4 个自动记录水位站和 5 个自动记录雨量站观测记录资料完整率 100%。

地下水监测。全市有Ⅰ～Ⅳ承压的深层地下水监测井 71 眼。Ⅰ承压含水层上升区主要位于仪征市马集镇以北区域，下降区出现在高邮市甘垛镇，其余地区水位基本保持稳定；Ⅱ承压含水层大部分监测井水位呈上升趋势，上升区主要位于江都区和高邮市；Ⅱ＋Ⅲ承压混合开采层水位呈上升趋势；Ⅲ承压含水层大部分监测井水位呈上升趋势，上升区主要位于江都区、高邮市及宝应县的大部分地区；Ⅳ承压含水层中，高邮市、宝应县大部分监测井水位呈上升趋势。

全市有浅层地下水监测逐日观测井12眼（含水温观测井5眼）、5日观测井6眼。扬州地区平均地下水位与上年相比基本持平的较多，发生的最低水位比上年偏高的较多，发生的最高水位比上年偏低的较多，大部分监测井地下水位年变化幅度减小。雨季前(5月1日前)、雨季后(9月16日后)，多数监测站地下水位比上年偏高，主要原因是：2011年上半年出现中度干旱后，降雨主要集中在6－8月；2012年降雨主要集中在7－9月。2012年末，全市地下水位与上年同期相比，除射阳镇站下降0.02米、扬州站下降0.12米外，其他区域均呈上升趋势，其中邵伯站上升最多(上升0.37米)。

水文部门在大运河扬州市与淮安市交界处的泾河镇设立省属市际断面，实时监测大运河流量，计量考核全市里运河沿线各县(市)实时用水情况。全年施测542次。其中，施测江水300次，最大流量246立方米/秒，引江水14.85亿立方米；施测淮水242次，最大流量327立方米/秒，排淮水12.64亿立方米。

扬州水情分中心每天对12个站点的遥测数据进行校核记载。省建遥测站在线率和单站实时在线率均超90%。（徐 明 杨咏梅 王丽丽）

■水文服务 2012年，扬州水文分局在中海工业(扬州)有限公司钢材集配中心码头工程区水域进行水文勘察，为工程可行性研究提供基础资料。完成宝应湖水下地形测绘工作，为江苏省湖泊形态特征普查提供基础资料。

编制江苏华电扬州发电有限公司、高邮秦邮特种金属材料有限公司、扬州第二发电有限公司等单位项目水资源论证报告和宝应县氾水镇金宝渔业村避港工程防洪影响评价报告，为水资源和工程管理提供技术支撑。编制江苏华电扬州发电有限公司水土保持方案、500千伏扬州西输变电工程水土保持监测报告，开展江苏华电仪征热电厂、扬州泰州机场工程水土保持监测工作，对水土流失的成因、数量、强度、影响范围、危害及其防治效果进行动态监测和评估，为水土保持工程运行管理和水土保持设施竣工验收提供依据。

6月21日至7月2日，扬州水文分局进行大运河抗旱应急水文测验，测验昭关、露筋、子婴等3处断面72次，为江苏省和扬州市两级防汛防旱指挥部提供抗旱决策信息。

（尹景伟 丁昌言）

■雨情水情 2012年，扬州市年降水量接近多年均值，汛期降水量比多年平均值偏少约一成，占全年降水量的65%。

淮河入江水道有2轮行洪过程，三河闸最大流量3720立方米/秒，万福闸同期开闸泄洪，沿线水位均未超出警戒水位。长江大通年平均流量比常年偏多约一成，全市沿江潮位正常略偏高，瓜洲闸、三江营站短时超出警戒水位。受强降水影响，里下河腹部地区水位7月14－16日全线超出警戒水位。里运河、扬州城区、月塘水库水位基本正常。

一、雨情

全市面平均年降水量948.8毫米，比常年偏少4%，降水时间主要集中在7月、8月和9月。年最大降水量点为高邮市临泽站（1171.8毫米），比多年平均值偏多17%；最小降水量点为高邮市三垛站（690.2毫米），比多年平均值偏少32%。梅雨量比常年偏多三成半。梅雨期最大降水量点为高邮市临泽站(507.0毫米)，是常年的2.1倍。台风未对全市降水造成严重影响。

1.汛期雨情

5月，扬州市面平均降水量15.5毫米，比多年均值偏少80%，为新中国成立后同期最小值的第二位，仅次于2001年(8.3毫米)。降水在时间分布上比较均匀，空间分布北少南多。最大月降水量点为城区公道站(24.9毫米)，比多年平均值偏少69%；最小月降水量点为宝应县鲁垛站（4.5毫米），比多年平均值偏少94%，是该站1966年有降水记录以来的同期最小值。

6月，扬州市面平均降水量43.7毫米，比多年均值偏少70%，为新中国成立后同期最小值的第二位，仅次于2010年（36.6毫米）。时间分布上，降水主要为梅雨，占全月总量的八成以上；空间分布上，北多南少。最大月降水量点为宝应县西安丰站(139.0毫米)，比多年平均值偏多3%；最小月降水量点为仪征市月塘水库站(6.0毫米)，比多年平均值偏少96%，是该站1975年设站以来同期最小值。

7月，扬州市面平均降水量286.5毫米，比多年均值偏多34%。时间分布上，降水全部为梅雨，出梅后全市无雨；空间分布上，北多南少。最大月降水量点为高邮市临泽站(468.0毫米)，比多年平均值偏多105%；最小月降水量点为高邮市岗板头站(164.5毫米)，比多年平均值偏少23%。全月降水主要由局地性暴雨过程组成，降水十分集中，宝应站上半月有13天为雨日。

8月，扬州市面平均降水量175.9毫米，比多年均值偏多21%。时间分布上，上旬降水偏多，超过全月总量的一半；空间分布上，北少南多。最大月降水量点为仪征市月塘水库站(288.5毫米)，比多年平均值偏多91%；最小月降水量点为宝应县西安丰站(64.5毫米)，比多年平均值偏少59%。

9月，扬州市面平均降水量91.7毫米，比多年均值偏多5%。降水时空分布极为不均，上旬降水占全月的九成多。最大月降水量点为高邮市界首站(181.3毫米)，比多年平均值偏多105%；最小月降水量点为城区公道站(46.1毫米)，比多年平均值偏少39%。

2.梅雨

扬州市6月27日入梅（常年6月18日），7月18日出梅(常年7月10日)，梅雨期长22天，梅雨量比常年偏多三成半。

2012年，扬州市入梅、出梅均偏迟，梅雨期正常。面平均梅雨量319.9毫米，比常年偏多35%；雨量北多南少，主要集中在里下河地区。与常年梅雨量相比，扬州城区(广陵区、邗江区)基本正常，宝应县是常年的1.9倍，高邮市是常年的1.3倍，江都区是常年的1.2倍，仪征市是常年的1.1倍。最大梅雨量点为高邮市临泽站（507.0毫米），比常年偏多110%；最小梅雨量点为高邮市岗板头站（174.5毫米），比常年偏少29%。梅雨期间，全市持续性典型梅雨降水过程少，梅雨主要由局地性暴雨过程组成，降水十分集中。

3.暴雨

2012年，扬州市汛期局地性暴雨频繁。

6月30日，受切变线降水云系影响，扬州市北部地区中到大雨，局部暴雨。宝应县面平均降水量75.7毫米，日降雨量最大点为宝应县西安丰站(107.5毫米)。

7月3日，全市普降中到大雨，局部暴雨、大暴雨，面平均降水量47.7毫米，其中高邮市76.7毫米，日降雨量最大点为高邮市高邮站(155.6毫米)。

7月4日，扬州市北部地区中到大雨，局部暴雨。宝应县面平均降水量60.8毫米，日降雨量最大点为宝应县射阳镇站(77.0毫米)。

7月6日，里下河地区局部大暴雨，日降雨量最大点为高邮市临泽站(121.5毫米)。

7月8日，仪征市局部地区暴雨，日降雨量最大点为仪征市月塘水库站(71.5毫米)。

7月10日，全市普降中到大雨，局部地区暴雨，日降雨量最大点为江都区樊川站(74.0毫米)。

7月12日，全市普降中到大雨，局部地区暴雨、大暴雨，日降雨量最大点为高邮市界首站(124.3毫米)。

7月13日，扬州市里下河、丘陵山区和城区普降中到大雨，沿江地区暴雨，日降雨量最大点为仪征市月塘水库站(75.0毫米)。

8月8—10日，受第11号强台风“海葵”外围云系和冷空气共同影响，扬州市普降中到大雨，局部暴雨，3天累计面平均降雨量84.8毫米，其中城区公道站3天累计降雨量150.9毫米。

9月8日，受冷空气和南方暖湿气流共同影响，全市普降中到大雨，局部暴雨、大暴雨，城区扬州站6小时降水量76.0毫米。

二、水情

1.淮河入江水道

2012年，淮河入江水道一线水位正常，共有2轮行洪过程，三河闸最大流量为3720立方米/秒（9月12日），入江水道归江控制线的万福闸开闸泄洪，沿线水位均未超出警戒水位。金湾闸、太平闸全年未开闸。

入梅后，淮河流域降雨频繁。三河闸7月9日13时开闸泄洪，流量1500立方米/秒，15日10时调整至500立方米/秒，16日15时30分关闸。万福闸7月10日7时40分开闸泄洪，19日10时02分关闸。

9月上旬，淮河流域普降暴雨，淮河中上游发生洪水过程。三河闸9月8日12时开闸泄洪，12日10时泄洪流量加大到3720立方米/秒，17日10时关闸。万福闸10日11时开闸排水，29日11时08分关闸。

2012年，蚌埠闸开闸359天，泄洪量104.82亿立方米；三河闸开闸17天，排水19.92亿立方米；万福闸开闸44天，泄洪量22.24亿立方米。高邮(高)站年平均水位5.91米，最高水位6.55米(9月15日)，最低水位5.32米(6月27日)；六闸(三)站年平均水位4.94米，最高水位5.51米(9月16日)，最低水位4.60米(9月21日)。

2.里下河腹部地区

2012年汛前和汛后，扬州市里下河腹部地区水位基本正常。6月12日起，全市几乎无雨，用水需求大幅增加，里下河腹部地区水位迅速下降。18日，射阳镇站水位跌至0.54米，旱情明显。

入梅后，降水频繁，里下河腹部地区旱涝急转，水位急剧上涨。7月14—16日，里下河全线超出警戒水位，其中射阳镇站连续14天（7月3—16日)超出警戒水位。江都抽水站、高港抽水站和宝应抽水站分别于7月4日、5日、13日开机抽排里下河涝水。

出梅后，里下河腹部地区水位从高位迅速回跌至正常水位。

全年经江都东闸引水35.75亿立方米，经高港节制闸引水23.66亿立方米；江都抽水站抽排里下河腹部地区涝水6.27亿立方米，宝应抽水站排涝0.07亿立方米，高港抽水站排涝2.55亿立方米。射阳镇、陆庄、三垛站最高水位分别为2.54米、3.45米、2.38米，最低水位分别为0.53米、0.98米、1.13米。

3.里运河

里运河扬州段沿线用水江水多于淮水，经泾河站江水北上量14.95亿立方米、淮水南下量12.80亿立方米，里运河水位正常。

5月，里运河扬州段沿线用水上半月、下半月分别由淮水、江水补充。经泾河断面江水北上量1.87亿立方米，实测江水最大流量215立方米/秒(30日)；经泾河断面淮水南下量0.49亿立方米，实测淮水最大流量71.6立方米/秒(8日)。里运河扬州段水位正常。

6月，里运河扬州段用水为江水，经泾河站江水北上量4.72亿立方米，泾河断面江水实测最大流量245立方米/秒(23日)。

7月，受持续降雨影响，江都抽水站4日起由抽引江水改为抽排里下河涝水，21日关机。出梅后，全市

2012年扬州市各片水位特征值一览表

表28-12 单位：米

片名	站名	日平均水位		最高水位	最低水位
		年初	年末		
里下河	三垛	1.33	1.41	2.38	1.13
	射阳镇	1.08	1.19	2.54	0.53
仪扬丘陵	月塘水库(坝上)	31.09	30.53	31.39	29.81
入江水道	高邮(高)	6.00	6.06	6.55	5.32

（徐　明）

无雨。江都抽水站26日开机抽引江水补充里运河沿线用水。里运河扬州段水位正常。经泾河断面江水北上量1.21亿立方米，泾河断面实测江水最大流量221立方米/秒(1日)；淮水南下量2.31亿立方米，泾河断面实测淮水最大流量283立方米/秒(19日)。

8月，里运河扬州段沿线用水由江水和淮水共同补充，里运河扬州段水位正常。经泾河断面江水北上量3.03亿立方米，泾河断面实测江水最大流量246立方米/秒(9日)；淮水南下量1.08亿立方米，泾河断面实测淮水最大流量254立方米/秒(25日)。

9月，里运河扬州段用水为淮水，经泾河站淮水南下量3.99亿立方米，泾河断面淮水实测最大流量327立方米/秒(3日)。

4. 长江来量和沿江潮位

2012年，长江大通流量最大值5.79万立方米/秒，最小值1.1万立方米/秒，年平均流量3.17万立方米/秒，比多年平均值偏多约一成。流量超过5万立方米/秒的天数有42天，超过4.5万立方米/秒天数有104天。扬州市沿江潮位正常略偏高，瓜洲闸(8月3—4日)、三江营站(8月4日)短时超出警戒水位。泗源沟闸、瓜洲闸、三江营最高潮位分别为6.16米、5.82米、5.36米，最低潮位分别为0.41米、0.22米、0.15米。

5月，受长江上中游地区强降水影响，大通站流量增长快速，月平均流量为4.23万立方米/秒，比多年平均值偏多约二成半；月最大流量4.8万立方米/秒(23日)，最小流量3.26万立方米/秒(1日)。沿江各站潮位较常年偏高。

6月，大通站月平均流量4.85万立方米/秒，比多年平均值偏多约两成；月最大流量5.06万立方米/秒(16日)，最小流量4.65万立方米/秒(25日)。沿江各站潮位较常年偏高。

7月，大通站月平均流量5.1万立方米/秒，比多年平均值略偏多；月最大流量5.76万立方米/秒(31日)，最小流量4.54万立方米/秒(10日)。沿江各站潮位正常。

8月，大通站月平均流量5.33万立方米/秒，比多年平均值偏多近二成；月最大流量5.79万立方米/秒(10日)，最小流量4.36万立方米/秒(31日)。沿江各站潮位基本正常。瓜洲闸站8月3—4日、三江营站8月4日超出警戒水位。

9月，大通站月平均流量3.78万立方米/秒，比常年略偏少；月最大流量4.33万立方米/秒(1日)，最小流量3.54万立方米/秒(28日)。沿江各站潮位正常。

5. 扬州城区与仪六区月塘水库水位

2012年，扬州城区与仪六区月塘水库水位基本正常。泗源沟闸(闸上游)、瓜洲闸(闸上游)、月塘水库(坝上)年最高水位分别为5.62米、5.23米、31.39米，最低水位分别为河干、4.33米、29.81米。

6月中下旬，仪六区旱情明显，泗源沟闸开闸引水。月塘水库水位持续下跌，7月2日水位29.81米。入梅后，月塘水库水位迅速回升。8月，受局地性暴雨影响，月塘水库开启溢洪道溢洪4天。

9月8日，扬州城区大暴雨，扬州站6小时降水量76.0毫米，泗源沟闸和瓜洲闸加大流量排水。

因泗源沟整治一期工程施工，从2011年11月25日起，在泗源沟闸上游新城镇桥西筑坝，导致河干。2012年3月31日拆坝，4月1日起恢复观测泗源沟闸(闸上游)水位。10月20日，乌塔沟东闸建设工程施工坝拆除。2012年，泗源沟闸引水21天0.14亿立方米，排水45天0.42亿立方米；瓜洲闸开闸258天，排水4.05亿立方米；润扬河闸7月14日首次开闸排水。（杨咏梅）

■水质监测 2012年，全市水文部门加强对南水北调水源地、输水干线、饮用水水源地的监测。全市有地表水定期定点监测站点81个，其中国家级控制站10个（其中国家重点控制站2个）、省级控制站9个、市级控制站62个；有集中式饮用水水源地监测站点12个、省管湖泊监测站点13个。全年监测1080次。监测项目包括水量、主要化学成分、有机物污染、有毒有害物质和部分重金属，获各类数据1.59万个。

全市有深层地下水监测站点28个，全年监测41次，获数据1086个。加强丰水期和枯水期水质监测，为水利部门科学调度水资源提供技术支撑。全年编制扬州市水功能区水质通报12期。

做好突发性水污染事件应急监测。7月上旬，淮河中上游降大到暴雨，三河闸开闸泄洪。7月10—19日，扬州水文分局对入江水道及扬州万福源水厂取水口水质进行跟踪监测，编制《水质专题通报》8期。

5月和10月，分别对扬州市43个入河(湖)排污口进行水质、水量同步监测，为治理水环境提供依据。

加强湖泊水质监测。在高邮湖、邵伯湖等生态区布设监测站点13个，监测指标包括化学成分、有机物污染、有毒有害物质、微量重金属和富营养化水平等26项。（刘 芳）

防震减灾

■概述 2012年，扬州市地震局开展地震监测预报研究，加强地震监测基础设施建设，强化台站建设和管理，提高地震监测能力；规范建设工程抗震设防要求和地震安全性评价监督管理，坚持正确的舆论导向，开展防震减灾宣传活动；规范地震行政权力运行，提高依法行政水平，健全和落实地震行政执法规章制度。

（胡如珺）

■地震活动监测 2012年，全市地震活动相对活跃，共记录到里氏1.0级以上地震89次。江都、宝应、高邮等地记录到多次地震，其中最大地震为7月20日发生在高邮、宝应交界的里氏4.9级地震。

扬州市数字地震台网运行正常，按月记录、保存地震波形数据，分析地震触发事件，保持地震台网系统稳定和数据通信线路畅通。台网共记录到触发事件178次，其中地震事件9次。（胡如珺）

2012 年扬州市里氏 2.5 级以上地震活动情况表

表 28-13

日　期	纬　度	经　度	里氏震级	震中地点
4 月 30 日	N32°55′	E119°59′	2.5	江都
7 月 11 日	N33°04′	E119°56′	3.0	宝应
7 月 20 日	N33°04′	E119°57′	4.9	宝应
7 月 20 日	N33°06′	E119°58′	3.8	宝应
7 月 20 日	N33°02′	E119°53′	2.5	宝应
7 月 20 日	N33°05′	E119°55′	3.3	宝应
7 月 20 日	N33°05′	E119°53′	2.5	宝应
7 月 20 日	N33°05′	E119°56′	4.2	宝应
7 月 20 日	N33°06′	E119°57′	3.8	宝应
7 月 20 日	N33°05′	E119°56′	2.5	宝应
7 月 20 日	N33°04′	E119°57′	3.9	宝应
7 月 20 日	N33°04′	E119°54′	2.7	宝应
8 月 3 日	N33°04′	E119°57′	2.6	宝应

（胡如珺）

■**“7·20”高邮、宝应里氏 4.9 级地震**　7 月 20 日 20 时 11 分 59 秒，高邮、宝应交界处（北纬 33.0 度、东经 119.6 度）发生里氏 4.9 级地震，震源深度 5 千米，主震过后发生多次余震。江苏省大部分地区有震感，扬州市、淮安市、盐城市、泰州市等地震感强烈，南京市、镇江市和安徽省滁州市、蚌埠市以及上海市、浙江省等地有明显震感。此次地震是 1991 年以来江苏省陆地发生的最大地震，震源深度较浅，地震震感强烈，有感范围较大，社会关注度高。

地震发生后，市政府按照《扬州市地震应急预案》启动地震应急响应。市地震局召开紧急会商会，与江苏省地震局监测预报中心联系，加强后续震情的跟踪监测；同时，加强地震监测台网值班，开通 24 小时热线电话，解答群众问询，及时在扬州市地震局网站发布震情、灾情信息，并通过各主流媒体及电信运营平台发布权威消息，消除群众恐慌心理。

市地震局地震现场工作队到震区，通报地震震情趋势，配合当地政府做好应急工作、地震现场灾情评估及信息收集工作。（胡如珺）

■**地震设防**　扬州市地震局完成《扬州市活断层探测与地震危险性评价总体设计》编制，9 月 18 日通过专家评审。市地震局通过规范化、系统化的监督管理，加强建设工程抗震设防管理，提高全社会抗御地震灾害能力。扬州市抗震设防管理纳入审批程序，其中高邮市地震局参与建设工程从规划到竣工审批全过程。对市区范围内在建的重大工程和位于地震动参数分界线附近的较大工程进行地震安全性评价。

开展地震安全示范社区创建活动，提高社区防震减灾综合能力和震后自救互救能力。市地震局为社区创建提供技术指导，帮助社区准备软硬件资料。2012 年，仪征市万博社区、宝应县世纪园社区、高邮市康华社区和化工园区龙歌社区等 4 个社区创成省级地震安全示范社区，广陵区文昌花园社区被中国地震局授予“国家地震安全示范社区”称号。（胡如珺）

■**地震应急演练**　扬州市地震应急演练进入常态化管理。各社区、学校、企业开展地震应急演练。10 月 25 日，在化工园区内大连化工（江苏）有限公司组织扬州市地震现场工作队地震应急处置综合演练。演练模拟扬州发生里氏 5.0 级地震后，对化工园区化学泄漏事件的处置过程。

（胡如珺）

■**防震减灾宣传**　2012 年，扬州市利用《中华人民共和国防震减灾法》实施日、“防灾减灾日”、“法制宣传周”、“科技活动周”等时机，开展防震减灾法律法规和地震科普知识宣传教育，“进机关、进社区、进家庭、进学校、进企业、进农村” 普及防震减灾知识。5 月 12 日，市地震局开展“防灾减灾日”宣传活动，在文昌广场、东关古渡广场等地设立咨询台和宣传展牌，现场解答居民咨询，发放宣传资料 1000 多份。市地震局多次在社区、学校、机关、企事业单位举办地震科普讲座，并利用手机短信、电视专栏、网站等形式宣传防震减灾法律法规，普及地震基本知识，增强全社会防震减灾意识，提高防震避震和自救互救能力。“7·20”高邮、宝应地震后，市地震局编制防震减灾知识挂图和宣传折页，发放到机关、企事业单位、学校和社区。（胡如珺）

哲学与社会科学

■**概述**　2012 年，全市立项社科研究课题 86 个，其中 57 个课题结项。扬州市哲学社会科学界联合会（简称市社科联）、市社会科学院（简称市社科院）开展“关于塑造世界名城精神品格”“扬州城市荣誉体系”“影响中国的扬州人”等重大课题研究，编写《2012 年度扬州经济社会发展蓝皮书》（简称蓝皮书）。

学习宣传贯彻中共十八大精神。市社科联与市委宣传部、扬州日报社等单位共同举办“学习宣传贯彻十八大精神座谈会”“党报在线” 活动，在《扬州日报》开辟《学习贯彻党的十八大精神》理论专版，在 2012 年度学会秘书长培训班上邀请市哲学学会会长吴建华作学习贯彻十八大精神主题报告。

加强对学会的指导和服务。市社科联将所属学会分为哲政、经济、文史等 3 个小组，开展小组工作交流和研讨，引导学会从事学术研究、推出学术成果、开展社科普及。举办学会秘书长培训班，培训学会骨干。采用“一站式”集中年检方式，与市民政局联合办公，聘请财务专家免费审计。

成立广陵区社科联，实现县（市、区）社科联全覆盖。举办市第四届哲学社会科学学术年会。

开展社科普及活动。市社科联举办市第九届“社科普及宣传周”活动。评测和验收社科普及示范基地，开展新一轮社科普及示范基地申报，建成省社科普及示范基地2家（累计4家）、市社科普及示范基地1家（累计6家）。

市社科联获江苏省社科联2012年度“社科工作创新奖”“学会工作先进奖”。《2011年度扬州经济社会发展蓝皮书》在中国社科院社科文献出版社当年185部皮书中综合评价得分排名第77位。（孔　忠）

■《2012年度扬州经济社会发展蓝皮书》 3月，市社科联、市社科院面向全市发布蓝皮书课题指南，公布蓝皮书选题54项，其中经济类选题21项、文化类选题15项、社会类选题18项。截至4月底，收到31家单位申报的课题129项，其中44项课题获批立项。至年底，蓝皮书编辑工作基本完成，收录成果43篇，其中综合报告1篇、“世界名城”建设专题报告4篇、经济发展报告24篇、社会发展报告14篇。（孔　忠）

■扬州市第八次社科优秀成果评奖颁奖大会 6月13日，市社科联召开市第八次社科优秀成果评奖颁奖大会暨市社科联五届三次理事会。各县（市、区）社科联主席，市社科联全体理事，市第八次社科优秀成果评奖获奖作者代表，各高校、党校代表约150人参加会议。市社科优秀成果每两年评选一次。此次评奖共收到申报成果259项，评出一等奖10个、二等奖26个、三等奖62个、决策咨询奖27个。会议表彰市社科联2011年度先进学会18家。（孔　忠）

■扬州盐商文化研讨会召开 8月13日，由扬州文化研究会与个园管理处联合举办的“个园黄氏及扬州盐商文化”研讨会在扬州召开。复旦大学、扬州大学等高校和其他研究机构的教授和学者参会，从扬州历史文化、盐商文化、古典文献学等角度，对以个园黄氏家族为代表的扬州盐商文化开展学术研讨。会议收到学术论文16篇。（杨　社）

■扬州市第九届“社科普及宣传周”活动 9月15日，市第九届“社科普及宣传周”活动开幕。市社科联所属各学会、协会、研究会、社科普及示范基地代表，各街道、社区干部，专家学者、社科普及志愿者等300多人参加开幕式。开幕式上，举行“市社科普及示范基地”授牌仪式，向25名社科普及宣讲团成员颁发聘书。举办“科学发展 辉煌成就”摄影展和“当前社会环境与热点问题分析”专题讲座。此次“社科普及宣传周”以“喜迎党的十八大 践行扬州精神 助推‘三个扬州’建设”为主题，省、市、县三级联动，全市社科工作者、专家学者、志愿者举办各类社科普及活动41场、“社科学堂”38场。（孔　忠）

■扬州市第四届哲学社会科学学术年会 12月31日，扬州市第四届哲学社会科学学术年会县（市、区）专场暨主会场在邗江区召开，市社科联理事、各学会秘书长、社科界专家学者和有关单位代表参加。此次年会分学会、县（市、区）、高校党校等3个学术专场，共收到论文361篇，评出优秀论文164篇。（孔　忠）

《2012年度扬州经济社会发展蓝皮书》结项课题一览表

表28-14

课题名称	课题组成员	承办单位
扬州市经济社会运行形势分析与预测	范天恩　孙景亮　陶小军	市发展和改革委员会
扬州建设“世界名城”的文化发展研究报告	“世界名城”文化发展课题组	市文化广电新闻出版局
扬州文化资源转化研究报告	高永青	市名城研究院
扬州旅游业发展对策研究报告	王志海　许金如　董广智　李　芸 刘小中　何国宝　胡章鸿　张　莉	市旅游局 扬州职业大学
扬州文化遗产保护和传承研究报告	郭　果	市文物局
扬州市部分行政区划调整后发展战略研究	黄俊华　孙景亮　陶小军	市发展和改革委员会
扬州重大项目推进现状分析及对策研究	周　冰　韩长金　祁爱民　许业柱	市发展和改革委员会
扬州中小企业集合债的创新探索	周　冰　臧　斌　尤海勇	市发展和改革委员会
区划调整后扬州市区服务业发展与空间布局研究	周　冰　胡新林	市发展和改革委员会
推进扬州沿河地区加速崛起研究报告	黄俊华　吉爱平　杨　波　沈　玲 朱　彤　潘　涵　丛　超　李镇江 赵　亮	市发展和改革委员会
扬州以中心镇建设带动区域发展的思考	黄俊华　吉爱平　王莉莉	市发展和改革委员会
扬州市服务业集聚区规划发展研究报告	车国华　夏　坚　胡新林	市发展和改革委员会
扬州物流产业发展对策研究	钱中声　蒋雪芬　常书国	市经济和信息化委员会

续表 28-14

课题名称	课题组成员	承办单位
扬州软件和信息服务业发展路径研究报告	市经信委课题组	市经济和信息化委员会
扬州基本实现现代化路径研究	潘学元　乔裕胜　胡　萍	市统计局
生产性服务业对提高制造业聚集程度贡献的实证研究	刘网华　钱利东　钱　坤	市统计局
扬州服务业发展的税收视角分析	孔霁武　管冬军　于堂庆　孙莉丽	市国税局
新形势下扶持扬州小型微型企业发展的税收政策研究	徐祖跃	市地税局
扬州市"三农"经济发展的税收对策研究	翁进进　林　燕　赵庆文　尹　磊　朱东吾	市国际税收研究会
"三化同步"背景下扬州农业现代化之路研究报告	市委农工办课题组	市委农村工作办公室
扬州统筹推进新农村建设路径研究	吴兆明　王　淦　刘乃祥	市委农村工作办公室
扬州科技创新发展研究报告	张　磊	市科技局
扬州服务贸易发展研究报告	周春光　陈　建　潘阳春　徐其祥　晏　鹰	市商务局
扬州化工园区环境科学管理体系研究	金秋芬　王庆山	市环保局
扬州民间融资情况研究报告	叶小玲　周　懿　许开国	人民银行扬州中心支行
扬州产业发展与规划研究报告	盛长元　徐莉君　徐菊芬	市城市规划编制研究中心
扬州 LED 产业集群发展研究	蒋　珊　王　峰　杨　波　卞春宏	市发展和改革委员会
2012 年扬州水利建设现状与对策研究	李春国　徐卫东　傅桂明　叶素飞	市水利局
城乡土地资源统筹研究	徐洪喜　周国清　朱　前　唐绍金　施　杰　施恩民　卞大亮	市国土资源局
扬州市"县委权力公开透明运行"试点研究报告	张　勤　赵志宏　罗瑞勤　蒋伏虎　钱存林	市纪委 市委党校
扬州特色惩防体系建设研究报告	刘世奇　赵志宏　蔡宝刚　陈　钧　费　迅　张树新	市纪委 扬州大学
扬州市国民收入分配现状及对策研究	蒋　珊　胡　翔　潘　涵	市发展和改革委员会
2012 年度法治扬州建设研究报告	陈博文　葛鸿翔　夏　晴　徐李华	市委政法委
扬州市加强和创新社会管理的实践与思考	朱宗亚　徐　闽　李福才　阎　军　朱红军　周　勇	市委政法委
扬州市职业教育与区域经济协调发展研究	徐祥华　陈康林　程　芳	江苏省扬州技师学院
扬州市知识产权现状分析与发展对策研究	罗庆寿　何业栋　苏　喆等	社科咨询中心
扬州市社会保险基金运行情况研究报告	周晓华　陈道明	市人力资源和社会保障局
扬州市人才招引对策研究报告	臧　民　曹荣辉　何永桂　居乃军　卢高军	市人力资源和社会保障局
2012 年扬州体育事业发展报告	华德荣　吴　滨　黎志刚	市体育局
2012 年扬州医疗卫生事业发展报告	潘　惠	市卫生局
2012 年扬州政府法制发展报告	刘　柏　徐晓明	市政府法制办公室
2012 年扬州民政事业发展报告	杨向林　曾漳龙　章　咪	市民政局
扬州市残疾人就业现状分析与思考	姜春兰	市残疾人联合会

（孔　悫）

教育

Jiaoyu

本栏责任编辑　陈永华

综述

■**概况**　2012年，全市学前三年幼儿入园率98.5%，比上年提高2个百分点；小学学龄儿童入学率、在校生巩固率100%；初中入学率、在校生巩固率100%；高中阶段毛入学率100%，比上年提高0.1个百分点；中等职业学校（简称中职校）招收新生2.27万人（含非全日制培训生），完成省、市招生计划的108.0%；高等教育毛入学率47.8%，比上年提高1.8个百分点。

加强学前教育。市教育局制定《扬州市幼儿园综合督导评估方案》和《扬州市乡镇政府（街道）学前教育督导细则》，全市幼儿园综合督导和乡镇政府（街道办）落实学前教育工作责任县级督导全面展开。印发《学前教育重点工作任务分解方案》，明确幼儿教育规范化要求。召开全市规范幼儿园保育教育工作培训会，考查6300多名园长和幼儿教师保教常识；加强幼儿园常规管理随机检查，遏制幼儿园教育"小学化"现象。组织全市幼儿园园长、后备干部岗位培训和幼师专业技能基本功大赛等教、研、训一体化幼师素质提升活动，全市城镇幼儿园教师普通话达标率80%以上。扬州市成立学前教育五年行动计划协调小组，支持和指导幼儿园特别是农村幼儿园建设。各县（市、区）加大对幼儿园的财政投入。高邮市投入1140万元回购农村民办幼儿园；仪征市、邗江区、江都区分别安排数百万元补助农村新建幼儿园和普惠性民办幼儿园，补助幼儿教师工资，奖励幼儿园创优。全市有25个乡镇启动建设公办中心幼儿园，其中11个乡镇完成建设任务。全市新创省级优质幼儿园13所、市级优质幼儿园13所，新增公办幼儿园事业人员编制49个。

提高义务教育均衡发展水平。推进第二轮义务教育市级优质均衡发展和示范、样板区创建与评估。邗江区、江都区、高邮市先后创成市级义务教育办学保障样板区，宝应县、江都区、广陵区创成市级学校管理样板区，宝应县、江都区、邗江区创成市级教师队伍建设样板区，高邮市、仪征市、江都区创成市级素质教育样板区。邗江区、广陵区、江都区、宝应县获扬州市义务教育优质均衡发展先行区称号；邗江区接受全国义务教育发展基本均衡区省级督查，推进省级义务教育均衡改革发展示范区创建工作。加强义务教育优质教育资源建设。2012年，全市有省实验小学127所，占全市小学总数的59%；有省示范初中113所，占全市初中总数的86%。优质学校组团办学、跨区办学取得新进展，市区育才小学东区校建成招生。开展义务教育课程改革，创成省级初中课程基地4个。全市农村340所中小学3.2万名农村留守儿童受到社会"54321"关爱行动（发挥学校主导作用，做到留守儿童的基本信息、性格特点、兴趣爱好、健康状况、父母及监护人联系方式等"五清楚"；对留守儿童做到安全上优先教育和监管、学习上优先帮助和辅导、生活上优先关心和照顾、活动上优先参与和指导等"四优先"；与留守儿童本人、远在他乡的儿童父母、在家照看儿童的第二监护人保持"三沟通"；

9月10日，朱民阳市长到扬州市特殊教育学校慰问师生　谈　雷/摄

2012年扬州市教育事业基本情况表

表 29-1

学校类别	学校数（所）	班级数（个）	学生数（人）			教职工数（人）	
			毕业生	招生数	在校生		专任教师
合　计	**700**	**12348**	**190858**	**182210**	**675810**	**54594**	**42274**
普通高校	7	—	20720	20639	72632	7444	4633
成人高校	1	—	5998	8274	19927	156	101
普通中学	170	4379	73477	63832	197908	21027	16725
高　中	38	1654	31606	25160	80421	8240	6185
初　中	132	2725	41871	38672	117487	12787	10540
小　学	215	5189	38477	35566	224400	14502	13513
幼儿园	285	2704	33582	35193	98949	8449	4830
特殊教育学校	7	76	99	109	832	217	174
中等职业学校	15	—	18505	18597	61162	2799	2298

注：1.本表不含人力资源部门主管的技工学校各有关数据；
2.表中所列成人高校学生数包含普通高校成人教育机构的毕业生、招生和在校生数；
3.表格数字按江苏省教育厅统计口径填报

（杨林山　高　阳）

实行班主任和“代管家长”协同管理的“双管理”制度；建立留守儿童“一对一”帮扶机制）的关心和帮扶。在扬州务工人员子女全部享受“市民待遇”，学龄儿童享受义务教育。增加义务教育经费投入。按小学生每人每年不低于550元、初中生每人每年不低于750元的财政拨款标准落实学生人均公用经费，小学按学生人均150元、初中按学生人均200元的财政拨款标准落实校舍维修经费。市教育局获全国“两基”（基本普及义务教育、基本扫除青壮年文盲）工作先进单位称号。

推动高中教育优质发展。加大高中教育经费投入。制定《高中学校债务化解三年行动计划》，普通高中公用经费财政补助标准每个学生每年500元，校舍维修经费和校舍安全工作所需经费列入财政预算，教师绩效工资纳入财政保障范围。开展全市高中办学情况摸底分析，制定、实施星级高中分阶段创建计划。1所高中创成省三星级高中，2所高中通过省四星级高中现场评估。组织第二轮高中教育行政督查，关注重点区域和重点学校，加强对薄弱高中的督查，提出加强普通高中教育的措施。发挥四星级重点高中引领和辐射作用，扬州中学、宝应中学、邗江中学和仪征中学分别建成省语文课程基地、人文综合体验课程基地、英语教育课程基地和文史统整学习课程基地。发挥高中名师工作室、学科基地教科研引领作用，研究高考考试说明、新高考走向和新高考题型，围绕高中9门学科500多个重点、难点，完善“突破重点难点”项目，形成12万字的指导性文本，修订高考各学科3个不同层次“基础百题”约40万字，编制高考重要信息指导电子稿。全市高中毕业生高考本科上线1.67万人（不含本三和被国外大学录取的学生），比上年净增1718人，增长11.5%；本二以上万人口上线率36.41，比上年提升3.75。

提升职业教育发展水平。扬州高等职业技术学校（简称扬州高职校）获批创建国家中等职业教育改革发展示范学校。江都区、宝应县推进省职业教育创新发展实验区创建工作。扬州旅游商贸学校、邗江中专校、宝应中专校等中职校获省级实训基地专项资金，建设高水平示范性实训基地。创建中、高职省级品牌专业和特色专业，全市有9个专业获省级认定。扬州高职校牵头成立江苏光伏职业教育集团，吸引行业企业、高等院校、科研院所等57家单位参与。扬州商务高等职业技术学校和扬州高职校分别被确认为烹饪、光伏项目省级比赛赛点和国家级比赛集训点。规范全市中职校专业名称，推进学校配合新兴产业设置专业，举办企业冠名

5月20日，江苏光伏职业教育集团在扬州高等职业学校挂牌成立　　谈　雷/摄

班。全市中职校招生2.27万人(含非全日制培训生)。中职校学生参加高校对口单招,本科上线247人,增长40%。强化学生职业技能培训,全年在全国中职生职业技能大赛中获7个金奖、1个铜奖,在省级大赛中获13个金奖、29个银奖、90个铜奖。加强职业教育教学研究,组织职教公共基础课程和专业技能课程示范课、研讨课评比活动,举行新一届全市职业学校信息化教学大赛。组织教师参加全省职业学校信息化教学大赛,11人获奖,其中3人获一等奖。全市183篇职业教育研究课题论文在省级评比中获奖。

推进教育现代化建设。市直学校预算内教育经费比上年增长46.07%;校安工程、学前教育、校舍维修等经费全部纳入财政预算;市直学校教育经费附加比上年增长19.43%,新增2500万元土地出让金、4000万元政府债券资金用于市直学校校安工程建设。全市校安工程开工95.36万平方米,其中市直竣工交付8953平方米、在建3.80万平方米。检查市直所有学校房屋及附属设施安全情况,明确除险要求。建成县(市、区)办学条件薄弱学校和薄弱项目库。全市11个重点中心镇实施基础教育配建工程,改善重点中心镇学校办学条件。市直学校按照《江苏省中小学技术装备》二类标准制定建设方案并组织实施。市教育局开展县域教育技术装备工作督导,促进各地制定方案,提升教育装备水平。升级改版城乡学校网上结对专题网站,建成多功能网上教研交流平台。全市新增网上结对学校55所,农村中小学校与城市优质学校结对共建率94%。与新疆新源县教育局签约网上结对,开通援疆网上结对平台。全市有32所学校建成第七批扬州市数字化校园。梅岭小学、文津中学等5所学校被确认为国家级信息化试点学校,育才小学、扬州中学等10所学校被确认为省数字化学习试点学校。加强网上优质教育资源建设,拍摄、制作高中《名师大讲堂》210讲、《同步课程》280讲,制作其他网上优质教学资源100课时。出台《扬州市中小学主题性专用教室建设方案》,启动中小学专用教室建设工程。创成省教育现代化建设先进县(市、区)2个。

落实教育民生工作。全市义务教育免除学杂费8180万元、教科书费6140万元、作业本费1920万元,按小学生每人每年1000元、初中生每人每年1250元标准落实义务教育家庭经济困难寄宿生生活补助费3225.6万元。制定《扬州市区学前教育家庭经济困难儿童政府资助经费管理办法》,落实定向资助经济困难家庭子女政策,按不低于在园幼儿10%的比例确定助学对象,发放幼儿教育助学金每人每年1000元。普通高中按不低于在校生人数10%的比例落实每人每年1500元的经济困难学生助学金1301.8万元。中职校一至三年级学生从2012年秋学期起免除学费。全市免除中职校学生学费6844万元。全年为990名高校学生办理生源地助学贷款561.68万元。全市面向家庭困难学生招收中小学"宏志班"24个,1300多名特困生获资助、补助。社区中小学生学习辅导站全年免费辅导学生1.20万人次。7所特殊教育学校学生全部享受免费教育,全部免收伙食费。推进"平安校园"创建工作,校园安保工作获评省级先进。加强对非学历培训机构管理和督查。对112家非学历教育机构进行年检,其中86家合格、10家被注销、16家被限期整改。 (杨林山)

■师资队伍建设 展开新一轮师德建设"百千万工程"(百名机关干部下基层进学校结对联系促发展,千名教师进社区访家长共商教育助成长,万名教师立师德树师表示范引领展形象),举办市直学校青年教师职业理想演讲比赛,开展"我身边的好老师"学习推介活动,评选2012年度扬州市十佳师德标兵和教育十大新闻人物,组织优秀教师师德先进事迹演讲和宣传活动。全市350多名校长、1800多名骨干老师和1.5万名青年教师参加校级和县级"我的教学主张""我的教学研究""我的教学改进"等三大系列实践展示、过程展示和成效展示。实施教师继续教育和培养培训工程,组织6600多名教师参加出国培训或国家级、省级集中培训和远程网络培训,分层分类组织1万多名幼儿园教师、中小学学科教师参加市级培训,开展全员化校本培训活动。市、县(市、区)名师工作室开展名师送培送教活动,"名师大讲堂"覆盖2500多名教师,送培送课到农村活动覆盖400多名教师,20多场教学研讨活动覆盖3000多名教师。推进异校拜师活动,组织全市4个层次4000多名教师结对拜师。实施名师校长培养"领雁工程",遴选首批第一层次培养对象20人、第二层次培养对象200

9月10日,扬州市召开第28个教师节庆祝大会。会上,扬州市十佳师德标兵受表彰
王 卓/摄

2012年扬州市获评江苏省特级教师人员情况表

表 29-2

姓　名	工作单位	姓　名	工作单位
王国峥	广陵区教育局教研室	宗兆宏	江苏省宝应中学
张晓林	扬州市第一中学	王步勇	宝应县氾水高级中学
陈国安	广陵区新坝中学	蔡月珍	扬州市育才小学
袁爱国	宝应县实验初中	朱　宇	高邮市天山镇中心小学
张玉明	江苏省仪征中学	郝玉梅	宝应县实验小学
潘梅耘	高邮市第一中学	吴雪梅	江都区育才幼儿园
薛义荣	扬州市新华中学	张忠树	江苏省江都中等专业学校
张丹彤	扬州市教育局教研室		

（杨林山　朱　江）

2012年扬州市获评江苏省第三批教授级中学高级教师人员情况表

表 29-3

姓　名	工作单位	姓　名	工作单位
陈国林	江苏省扬州中学	陈桂珍	江苏省扬州中学
卢廷顺	扬州大学附属中学	何继刚	扬州大学附属中学
滕家庆	扬州市邗江区教研室	黄桂君	江苏省高邮中学
宗兆宏	江苏省宝应中学	高正球	江苏省邗江中学
王恒富	扬州市教科院	吴红漫	扬州大学附属中学

（杨林山　朱　江）

人、第三层次培养对象2000人，进行分层次培养。全市新增省特级教师15人、教授级中学高级教师10人、省第四批“333高层次人才培养工程”第三层次培养对象11人。2012年，全市中小学教师在学科教学和基本功竞赛中，50人次获国家级、省级一等奖。（杨林山　王力耕）

■**中小学素质教育**　全市中小学拓展素质教育。德育方面，弘扬中华传统美德，开展“刻苦学习、励志成才”专题教育，征集“我的感恩励志宣言”；开展“礼让斑马线，做文明有礼貌的扬州人”主题教育、“中小学生日常行为规范养成月”主题教育、中学生18岁成人礼等活动。“诚信中学生”徐砺寒入选“中国网事·感动2012”年度十大人物。加强德育师资队伍建设，举办中小学班主任专业能力大赛，组织学校德育干部现场观摩德育特色活动。实施小学素质教育“五大工程”（优质课堂、百佳社团、特色文化、养成教育、学校发展共同体），研制小学生养成教育文本范式，完善小学生社团评价标准体系。开展城乡中小学生互动体验活动。举办义务教育国学经典与英文名篇名曲诵唱活动，提高中小学生文化素养。实施《全市义务教育推进书法和说话“两课”项目实施方案》，分年级强化学生书法和说话教学。推进学校“阳光体育运动”和中小学生冬季跑操等体育艺术活动，举办学校体育与艺术“2＋1”工程（学生拥有2项健身技能、1项艺术特长）实施成果汇报会。举办全市中小学生才艺大赛，7000多名师生的427个音乐表演节目、870幅美术作品和200多篇体艺教育论文参加市级评比。发挥市、县（市、区）素质教育基地作用，邗江、江都、宝应素质教育基地全年接待学生6万人次。关心中小学生心理和生理健康，组织400多名教师参加新一轮学校营养配餐师、心理咨询师和幼儿园育婴师专业培训。评选、表彰首批扬州市心理健康教育示范学校11所、扬州市实施体育与艺术“2＋1”工程优秀学校15所。强化中小学生环保生态教育，推进“绿色学校”生态行动，建成市级“绿色学校”72所。全市累计建成市级以上“绿色学校”611所，占学校总数的89.3%。（杨林山）

4月23日，第五届“运河情”扬州市中小学生体育艺术节开幕。图为学生在开幕式上作轮滑表演　谈　雷／摄

■**教育科研**　开展全市“教育质量科研推进年”活动。完成全市初中段教育质量监测和第二轮小学段教育质量监测工作，分别研制义务教育和高中教育各学科质量检测试题库试题80套、150套。完成市直学校第二轮质量提升三年行动计划2011－2012学年度考核评估，评定全市第一届基础教育成果奖30个。制定《扬州市教育科学“十二五”规划课题管理规程》，强化课题研究规范管理；培育“十二五”教科研精品课题和基础教育优秀成果，确认全市首批教科研精品课题研究项目15个、基础教育优秀成果奖培育项目20个。强化课堂有效教学特色研究，全市集中展示和研讨典型课堂教学范式220多节，推出优秀课堂教学模式20个。强化新课程实施样本校研究，各学科基地开展课程教学主题活动55次，组织教研员225人次参加新课程实施过

程指导；推出“学校课程实施”典型范式10个，启动市级基础教育课程基地建设，年内建成市级基地5个。市、县(市、区)教研机构组织名师到农村中小学送教85节，举办教研专题讲座102场，6700多人次参加观摩。市教科研机构先后主办或承办省首届初中语文特色课堂展示研讨、全国“亲近母语”儿童教育论坛、全国高效课堂论坛暨课堂教学展示以及义务教育课程标准培训等教科研活动。首创中英文对照地方教材《美丽扬州》。

（杨林山　辜伟节）

■教育督导　2012年，教育督导机构重点督导全市幼儿教育和中小学素质教育。幼儿教育督导重点督查各级政府落实学前教育发展责任情况，调动幼儿园和乡镇政府（街道办）发展学前教育积极性，助推农村学前教育发展。召开综合督导现场观摩会，培养、推介典型；听取乡镇(街道)教育管理部门、人大、政协以及幼儿园意见，完善《幼儿园综合督导评估方案》及其细则。中小学素质教育督导采取学校对照《江苏省中小学素质教育督导考核实施细则》和《江苏省中小学素质教育督导考核标准》自查自评，市、县(市、区)教育督导机构对学校进行抽查，重点督查依法办学、民主管理、自我纠正、自主发展等方面情况，并在网上公布督查结果。督导机构加大对群众举报的学校违规情况督查力度，督促学校及时整改。

（杨林山　崔柏君　张荣林）

■教育监察　规范学校收费行为，加强师德行风建设。春、秋学期开学初，市、县(市、区)教育行政部门会同物价部门组成联合检查组，检查各级学校收费公示情况、票据使用情况、教辅资料征订情况、开学收费情况及高中代办费收费情况，发现问题及时纠正。加大信访督查力度，全年收到信访举报81件，办结率100%。加强师德师风建设。市教育局印发《关于严肃整治当前群众反映强烈的师德突出问题的通知》，重申师德要求，加大师德师风监督和查处力度。扬州教育网师德师风信箱全年收到投诉类信件28件，查办率100%。

（杨林山　崔柏君　张荣林）

■招生考试　2012年，全市组织各级各类教育考试38次，49.31万人报考，比上年增加1.01万人；145.17万人次参加考试，比上年增加7.50万人次。其中，普通高校招考报名人数3.21万人，比上年减少786人；成人高考报名人数1.35万人，比上年增加829人，增长6.7%；初中毕业升学考试报考人数4.12万人，比上年减少4049人；自学考试报考人数22.03万人(不含大学四、六级英语等级考试报考人数)，比上年增加4.18万人，增长23.5%。自学考试报考人员中，参加学历考试的4.45万人，比上年减少5557人；参加非学历证书考试的17.57万人，比上年增加4.74万人，增长36.9%。

（杨林山　姜志祥）

■语言文字工作　开展国家语言文字法律法规宣传和全国文明城市规范用语标准宣传。配合创建全国文明城市复查，市、区语言文字工作委员会办公室组织人员检查城区主要街道、广场、未成年人活动基地的社会用字，整治公共场所不规范用字。

加强学校语言文字工作。市直学校对173名新进教师进行毛笔字、钢笔字、粉笔字和普通话培训测试，创成第三批省级语言文字规范化示范校7所、第二批省级经典诵读学校3所、第三批市级语言文字规范化示范校41所。全市城镇幼儿园教师普通话达标率80%。

开展“经典诵读进校园”公益推广活动，组织中小学生参加全国规范汉字书写比赛；拍摄、制作《方言说扬州》《扬州东关街》《扬州民歌》《扬州清曲》。全市8767人参加普通话水平测试。（杨林山　余可夫）

■教育经费　2012年，全市教育经费总额73.82亿元，比上年增加5.45亿元。其中，财政拨款50.20亿元，增加6.40亿元；教育费附加8.38亿元，增加 1.88亿元；教育事业收入11.75亿元，减少1.03亿元；各项教育捐资收入0.88亿元，减少0.61亿元；其他收入2.61亿元，减少1.19亿元。

市直教育系统（含市属高等学校）经费总额16.74亿元，比上年增加3.92亿元。其中，财政拨款9.62亿元，增加4.55亿元；教育费附加2.65亿元，增加0.92亿元；预算外收入（含民办教育收入)4.47亿元，减少1.56亿元。（杨林山　赵春喜）

■教育信息化　2012年，扬州市新创建数字化校园32所，累计338所，占全市中小学总数的86%；新增城乡网上结对学校55所，累计398所，结对率94%。教育信息化推动学校精致管理，学校巡校巡课、集体备课检查、学生行为规范习惯养成、师生食堂评价等管理全过程和检查结果均在校内网公示。通过校内网教研平台，开展网上集体备课、外聘专家在线指导、在线听课评课、网上专题研讨等教研活动，提升教育质量。

开展校长结对、部门结对、教研组结对、年级组结对、教师结对、学生社团结对等各种网上结对交流活动，实现城乡学校网上结对全覆盖，城乡学校及时交流好教案、好课件、好经验、好创意，缩小城乡学校办学差距。梅岭小学网站获2012年度江苏省中小学优秀网站评审一等奖。

（杨林山　刘　荣）

■社会力量办学　2012年，全市基础教育阶段有民办学校(幼儿园)204所。其中，民办幼儿园183所，占全市幼儿园总数的64.2%；民办小学3所，占全市小学校总数的1.4%；民办中学18所(高中8所、初中10所)，占全市中学总数的10.5%。另有民办中等职业技术学校3所、民办高等职业技术学校1所。全市民办幼儿园有在园幼儿3.68万人，占全市在园幼儿总数的37.2%；民办小学有在校生1.23万人，占全市小学在校生总数的5.5%；民办初中有在校生1.72万人，占全市初中在校生总数的14.66%；民办中等职业学校有在校生2580人，占全市中等职业学校在校生总数的4.2%；民办高等职业学

2012年扬州市中小学、幼儿园社会力量办学情况表

表 29-4

地　区	学校(幼儿园)数(所)					在校学生数(人)				
	合　计	幼儿园	小学	初中	高中	合　计	幼儿园	小学	初中	高中
合　计	**204**	**183**	**3**	**10**	**8**	**74431**	**36811**	**12263**	**17223**	**8134**
市　直	**3**	0	0	1	2	**2279**	0	0	842	1437
广陵区	**37**	32	2	2	1	**13866**	5496	6487	1127	756
邗江区	**38**	35	0	2	1	**19021**	10172	3952	4162	735
江都区	**66**	64	0	1	1	**16973**	9267	1304	4335	2067
开发区	**10**	9	0	0	1	**3086**	2530	0	17	539
宝应县	**5**	5	0	0	0	**1448**	1448	0	0	0
仪征市	**28**	24	1	2	1	**11645**	5874	520	3202	2049
高邮市	**17**	14	0	2	1	**6113**	2024	0	3538	551

（杨林山　房　磊）

校有在校生6335人，占全市高职院校在校生总数的17.7%。

清理、规范义务教育阶段公办改制学校(公办民营)和民营学校。原公办民营的扬州市梅岭中学,宝应翔宇教育集团的中学(原宝应县中学)、小学(原宝应县实验小学)以及邗江区实验学校2012年回归公办；按实施方案，扬州大学附属中学东校区2013年回归公办。扬州中学西区校、扬州树人中学、扬州梅苑双语学校、仪征市朴席中学、江都国际学校、扬州育才实验学校等规范为独立的民办学校。原市区公办民营校扬州艺蕾学校、邗江润扬中学等停办。对回归公办的学校,财产审计到位、回归到位,确保国有资产不流失。对规范为民办的学校,实施原公办教师人员分流,由公办教师自愿选择去留,两年内分流完毕。（杨林山　沈新华）

幼儿教育

■概述　2012年,全市有幼儿园285所,比上年增加8所;有幼儿教学班2704个,比上年减少3个。全市幼儿园有在园幼儿9.89万人，比上年增加1016人；幼儿园招生3.52万人,比上年增加1022人。全市3～5周岁幼儿入园率98.5%,比上年提升2%。

全市有幼儿园教职工8449人,比上年增加308人;有幼儿专任教师4830人,比上年增加159人。市区城乡157所幼儿园1492个班级有专任教师3094人，幼儿园教师配备基本达标。全市幼儿园专任教师学历全部达标，其中大专及以上学历教师占83.4%,比上年提高3.1百分点。优化学前教育资源。修订《扬州市幼儿园分类评估实施方案》，通过家长问卷评价、幼儿园互评、专家现场考察、监管部门随机督查等多种评估方式，建立优质幼儿园评估多维操作平台。全年新建成省级优质幼儿园13所、市级优质园13所。全市累计建成省

2012年扬州市幼儿教育情况表

表 29-5

地　区	幼儿园数(所)	班级数(个)	在园幼儿数(人)	教职工数(人)		
					专任教师	代课教师
合　计	**285**	**2704**	**98949**	**8449**	**4830**	**1034**
广陵区	38	398	13914	1400	829	0
邗江区	41	467	16750	1759	988	15
江都区	67	507	21982	1649	1035	57
开发区	11	120	4304	406	242	0
宝应县	43	482	17665	782	298	942
仪征市	37	315	11136	1101	627	20
高邮市	48	415	13198	1352	811	0

注:以上统计数据除幼儿园数外,其他数据均包含非成型幼儿园(幼儿园办学点)数据　（杨林山　高　阳）

级优质幼儿园198所，占全市成型幼儿园总数的69.5%。市区10所幼儿园参加示范幼儿园评估，所有成型幼儿园均通过达标合格评估检测。

加大学前教育财政投入。市教育局、市财政局联合成立实施学前教育五年行动计划协调小组，加强公办幼儿园特别是农村幼儿园建设。各县(市、区)落实公办幼儿园生均财政拨款预算安排，其中高邮市346元/生·年（公办省优质园400元/生·年、民办省优质园300元/生·年、其他公办园200元/生·年、其他民办园100元/生·年）、宝应县150元/生·年、其他县(市、区)170～300元/生·年。各县(市、区)分别安排专项经费，用于回购农村民办幼儿园、补助农村新建普惠性民办幼儿园、补助幼儿园创优以及幼儿教师工资。调整市区幼儿园收费标准，规定幼儿园伙食费和托管费最高限价。

加强幼师队伍建设。组织全市幼儿园园长和部分幼儿园后备干部参加园长岗位培训。组织全市各级各类幼儿园所有专任教师(含园长)全员参与教学基本功“大比武”活动。比赛设写字、语言表达、教育活动设计和教育活动组织等4个通用技能项目和专业基础理论、键盘弹唱、绘画和折纸等3个专业技能项目，139名幼儿教师获奖。强化幼儿园教育科研课题研究。全市有8所幼儿园教科研课题通过省学前教育学会规划课题论证并立项。

规范保育教育和招生管理。学习、贯彻教育部和省教育厅《关于〈规范幼儿园保育教育工作 防止和纠正“小学化现象”〉的通知》精神，组织全市幼儿园教师参加规范保育教育工作规章常识全员考查。强化住宅小区配套幼儿园管理、幼儿园招生计划管理，确保3～5周岁适龄幼儿入园率98%以上。（杨林山　陈月明）

■ **学前教育扶困资助制度建立**　1月，市教育局、市财政局联合印发《扬州市区学前教育家庭经济困难儿童政府资助经费管理暂行办法》，定向资助城乡最低生活保障家庭子女、孤残儿童、革命烈士或因公牺牲军人和警察子女及其他经济困难家庭儿童。

（杨林山　陈月明）

■ **鼓励普通幼儿园接纳轻残儿童**　9月11日，市教育局发出通知，鼓励普通幼儿园接纳轻度残疾幼儿随班就读。各特殊教育学校在满足部分残疾幼儿进入学前康复班学习需要的同时，在师资方面对普通幼儿园给予直接帮助，为幼儿园教师及家长提供咨询服务。对招收残疾幼儿的普通幼儿园，市财政按其在读残疾幼儿人数给予康复教育专项补贴。

（杨林山　陈月明）

■ **扬州幼儿教师编写《新三字经》**　2012年，扬州市区金苹果幼儿园12名教师完成《新三字经》编写。《新三字经》分为《爱家篇》《民族篇》《节日篇》《礼仪篇》《敬老篇》《学习篇》等6个部分，共2964字。《爱家篇》以“中国大、土地沃”开篇，列举中国所有的省、市，最后选介扬州名胜古迹和历史故事；《民族篇》介绍56个民族的特点和风土人情；《节日篇》叙述中国传统节日风俗习惯；《礼仪篇》《敬老篇》《学习篇》贴近幼儿日常生活，提出行为规范。（杨林山　潘逸飞）

小学教育

■ **概述**　2012年，全市有小学215所，比上年减少5所；有教学班5189个，比上年增加29个；在校生22.44万人，比上年减少2848人；招收新生3.56万人，比上年减少1954人；毕业学生3.85万人，比上年增加821人。学龄儿童入学率100%，毕业生升学率100%，小学在校生年巩固率100%。有小学教职工1.45万人，比上年减少67人；其中专任教师1.35万人，比上年增加6人。小学专任教师学历达标率100%，其中专科及以上

2012年扬州市小学教育情况表

表29-6

地　区	学校数(所)	毕业生数(人)	招生数(人)	在校学生数（人）	教职工数（人）	专任教师
合　计	**215**	**38477**	**35566**	**224400**	**14502**	**13513**
广陵区	20	5673	5848	34632	1765	2108
邗江区	15	5206	5461	33029	1402	1824
江都区	55	8710	7541	48569	3622	2916
开发区	7	1164	1412	8500	364	415
新城西区	1	0	448	1639	106	89
宝应县	38	7094	6506	41967	2695	2513
仪征市	36	4240	3923	24442	1996	1649
高邮市	43	6390	4427	31622	2552	1999

注：表中广陵区、邗江区、开发区九年制学校教职工数纳入中学教育统计，而小学专任教师数纳入小学教育统计，故小学教职工数低于专任教师数

（杨林山　高　阳）

学历专任教师占 89.1%，比上年提高 2.3 个百分点。（杨林山 高 阳）

■**推进素质教育“五大工程”** 全市城乡小学推进优质课堂、百佳社团、特色文化、养成教育、学校发展共同体等素质教育“五大工程”，加强对小学生行为规范教育的研究和指导。市教育局成立小学生养成教育与综合素质教育评价研究中心，开展“小学生应该养成的 N 个基础好习惯”课题研究，形成文本范式，推行实践，提高养成教育的针对性和实效性。加强精品社团建设，结合“2+1”和科学启蒙等专题教育，发挥精品社团研究指导中心的作用，完善小学生社团评价机制，引导小学生发展个性，培养才艺特长。加强特色课例和特色课堂教学模式研究，提高课堂教学效益，控制课外课业负担，规范小学生在校时间。（杨林山 陈月明）

■**规范小学招生工作** 2012 年，市教育局下发市区小学招生工作意见，完善义务教育免试就近入学制度，严禁任何形式的小学入学考试；控制城市热点学校招生规模和班级人数，推进公办学校小班化教学；确保到扬州务工人员子女百分之百入学、百分之百享受市民待遇；严禁小学招收不足龄幼儿接受义务教育。（杨林山）

■**推进义务教育书法和说话课程** 2012 年秋学期，市教育局制定《全市义务教育推进书法和说话“两课”的项目实施方案》。该方案规定，小学 1~6 年级在语文课程或地方课程中每周开设 1 节书法课，7~9 年级在地方课程或校本课程中每周开设 1 节书法课，明确各年级写字要求；对不同年级段学生在语言的连贯、完整，叙事的清楚准确，语速的快慢有度等方面作出规定。（杨林山 施教妍）

■**中小学生交通信息库建设** 市教育局牵头制定《扬州市市区中小学（幼儿园）交通信息调研方案》，收集学生吃住地址、所在社区、所属小区、上下学交通方式、离家最近的公交站台、到校时间等信息，建设中小学生交通信息库及其分析系统，为实现校车“公交化”网络管理提供依据。9 月 24 日，市区启动中小学生交通信息采集工作。至年底，信息资料采集工作基本完成。（杨林山 吴晓峰）

汶河小学新生在正谊书院学习传统礼仪　　庄文斌 / 摄

■**育才小学东区校建成开学** 9 月，位于广陵新城的育才小学东区校建成开学。学校占地面积 8 公顷，建筑面积 3 万多平方米，投资 3.5 亿元，可容纳 3000 多名小学生就读。学校有大面积标准教室 72 个，每个教室面积近 100 平方米，安装多媒体讲台、计算机等教学设备，设置师生休息和动手实践区域；有音乐、美术、计算机、科技活动、劳动技术、语言资料室等专用教室 49 个；有体育馆、标准田径运动场、足球场、篮球场等。育才小学东区校与本部实行一体化管理。（杨林山 广教办）

■**汶河小学首推“国学班”** 市区汶河小学北柳巷校区（董子祠正谊书院遗址）2012 年首次招收 3 个“国学班”学生 120 人。国学班使用全国教材委员会审定的国学教材，一年级每周安排国学课 10 节、英语会话课 2 节、书画课 2 节、国术课（武术、围棋）4 节、数学课 5 节、音乐课 2 节、思想品德课 2 节、体育活动 1 节。教学中，英语教学重点为说和听；数学强调培养学生学习兴趣，不强制完成大量的计算作业；美术和体育教材由学校任课教师自编，重在启发和培养兴趣，发展学生个性和特长；国学教学方面坚持“国学七化”（即董子文化、楹联文化、诗词文化、乐艺文化、游学文化、礼仪文化、书院文化）方向，让小学生在校接受儒家文化熏陶，热爱中国传统文化。学校“国学班”教师制定《正谊书院国学课程方案》，遴选出吟诵、古筝、围棋、书法、国画、国术等 6 种技能，融入现代课堂。（杨林山 正谊院）

■**东关小学编撰地方文化教材** 3 月 31 日，扬州市东关小学编撰的教材《文化东关》正式面世，成为扬州首部成套系的地方文化教材。该教材按使用对象的年级高低分为 3 本，每本分“菁菁校园”“璀璨双东”“悠悠运河”“人文扬州”等 4 个主题，展示东关小学学校文化、“双东”（东关街、东圈门）老街历史、古运河历史文化、扬州文明史等。（杨林山 韦开富）

中学教育

■**概述** 2012 年，全市有普通中学 170 所。其中，高中 38 所（含完全中学），比上年减少 1 所；初中 132 所（含九年一贯制学校），比上年减少 2 所。有高中班级 1654 个，比上年减少 73 个；有初中班级 2725 个，比上年减少 45 个。中学在校生总数 19.79 万人，比上年减少 1.02 万人。其中，

2012年扬州市普通中学情况表

表 29-7

地　区	学校数(所)	毕业数(人)	招生数(人)	在校学生数(人)		教职工数(人)	
				初中	高中		专任教师
合　计	**170**	**73477**	**63832**	**117487**	**80421**	**21027**	**16725**
市　直	16	10226	10613	17245	12804	2440	2115
广陵区	12	2519	2306	4766	2128	1399	858
邗江区	19	8593	6865	13233	9460	2947	1928
江都区	37	14745	13815	26165	16343	4281	3635
开发区	3	710	684	1498	539	288	211
宝应县	27	14441	11590	21536	15102	3598	3206
仪征市	25	8604	7017	12959	9529	2579	1968
高邮市	31	13639	10942	20085	14516	3495	2804

注:1.初中含九年一贯制学校,高中含完全中学;
2.教职工总数不含校办厂(场)人员

(杨林山　高　阳)

2012年扬州市普通高校报考、录取情况表

表 29-8

地　区	考生人数(人)	录取人数(人)			录取率(%)
		合　计	本科人数	专科人数	
合　计	**32096**	**28433**	**16689**	**11744**	**88.59**
市　区	5789	**5121**	3188	1933	88.46
邗江区	3620	**3337**	2069	1268	92.18
江都区	5896	**5296**	3128	2168	89.82
宝应县	6832	**5942**	3781	2161	86.97
仪征市	3961	**3489**	2061	1428	88.08
高邮市	5998	**5248**	2462	2786	87.50

注:1.表中市区不含邗江区、江都区;
2.本科人数不含本三和被国外大学录取的学生

(杨林山　姜志祥)

高中在校生8.04万人，比上年减少6365人;初中在校生11.75万人,比上年减少386人。中学毕业生总数7.35万人,比上年减少4549人。其中,高中毕业生3.16万人,比上年增加254人;初中毕业生4.19万人,比上年减少4803人。中学招收新生6.38万人,比上年减少1347人。其中,高中招生2.52万人,比上年减少2113人;初中招生3.87万人,比上年增加766人。2012年末,全市有省三星级以上高中29所，占高中学校总数的76.3%，比上年提高1.94个百分点;有省示范初中113所,占初中学校总数的85.6%，比上年提升2.02个百分点。

初中毕业生升学率99.52%,比上年提高0.12个百分点；高中阶段毛入学率100%，比上年提高0.1个百分点。初中毕业班学生毕业率99.82%，比上年提高0.09个百分点;初中在校生年巩固率100%,比上年提高0.09个百分点。

全市有中学教职工2.10万人，比上年减少266人。全市有中学专任教师1.67万人，比上年减少50人。其中,高中专任教师6185人,比上年减少3人;初中专任教师1.05万人，比上年减少47人。全市高中教师学历达标率100%，其中研究生学历教师占7.4%，比上年提高0.8个百分点。初中教师学历达标率100%,其中本科及以上学历教师占87.1%,比上年提高2个百分点。　(杨林山)

■建立中小学生健康档案　4月,市教育局要求各地各校调查学生的身体、心理健康状况,建立学生健康档案,加强对特殊体质学生的安全保护和防范。各校通过告家长书、家访等形式,收集学生体检健康资料,为患有疾病的学生建立体质状况登记表,形成学生健康档案。对患有特殊疾病的学生，建立特异体质学生跟踪卡，不安排他们参加不适宜的文体活动。

依据健康档案提供的资料，学校加强与家长的沟通，发放学生健康情况告知表，举办专家讲座、随机家访、观摩学习等活动，宣传生理和心理卫生健康知识，指导家长关心孩子身心健康，疏导学生缓解学习压力，掌握救护方法。全市中小学生健康档案基本建立。（杨林山　高　虹）

■中小学教师职称制度改革　8月，扬州市中小学教师职称制度改革试点工作启动。改革试点对象为扬州市行政区域内普通中小学、幼儿园、特殊教育学校、职业学校在职在岗教师及少年宫、教研室、教科所、电教馆机构中从事教育教学工作的在岗人员。新的职称评价体系将中学、小学（含幼儿园）两个职称系列统一成中小学职称系列；小学和幼儿园教师增加高级教师和正高级教师专业技术资格，提高职称上限；将中学与小学（幼儿园）分类评价调整为中小学与幼儿园分类评价，调整评价结构。新的评价标准考虑中小学教师职务特点，注重师德素养，注重教育教学一线实践经历、方法运用和工作业绩，引导教师立德树人、爱岗敬业、提高实施素质教育的能力和水平。该项改革通过向农村边远学校倾斜、向贡献突出者倾斜等方式，引导教师合理流动，鼓励教师到农村边远地区和薄弱学校任教，促进人才合理流动和教师资源均衡配置。（杨林山　姜师传）

10月20日，江苏省扬州中学举行建校110周年庆典　　王　卓／摄

■高邮城乡学校普及电子白板　高邮市2011年启动中小学普通教室装配电子白板教学系统工程。至2012年底，累计投入846万元，为中小学配备电子白板546套，电子白板教学系统基本普及。（杨林山　秦金星）

■扬州中学中美课程实验班成绩斐然　2009年，扬州中学成立国际部，招收首届中美课程实验班，选定美国AP课程（美国大学预修课程）作为特色课程。2012年，中美课程实验班首届学生毕业。所有毕业学生均被美国百强大学录取，其中70%的学生被美国前50强大学录取。（杨林山　扬中办）

■崔师杰获国际发明展览会金奖　11月12日，扬州中学学生崔师杰发明的“向心力探究仪”获第七届国际发明展览会参展作品金奖。该项目还获中科招商投资管理集团有限公司“优秀青少年发明奖”。“向心力探究仪”是测试向心力的专用仪器，主要用于教学，可将探究影响向心力大小因素的实验测试精度提高100倍，填补国内空白。（杨林山　姜亚芹）

特殊教育

■概述　2012年，全市有特殊教育学校7所（盲、聋哑学校5所，培智辅读学校2所）；有特殊教育班级76

2012年扬州市特殊教育学校情况表

表29-9

学校名称	班级数（人）	毕业生数（人）	招生数（人）	在校生数（人）	教职工数（人）	专任教师
合　计	**76**	**99**	**109**	**832**	**217**	**174**
扬州市特殊教育学校	27	49	59	312	76	59
扬州市培智学校	9	11	8	79	15	15
邗江区启智学校	5	0	7	54	10	8
江都区特殊教育学校	14	14	17	164	47	37
宝应县特殊教育学校	8	12	16	101	28	25
仪征市特殊教育学校	7	0	2	56	21	13
高邮市荷花塘特教学校	6	13	0	66	20	17

（杨林山　高　阳）

个，比上年增加2个。特殊教育学校有在校生832人，毕业学生99人，招收新生109人。全市另有随普通学校班就读的特殊教育学生3000多人。全市有特殊教育学校教职工217人，其中专任教师174人，比上年减少2人。（杨林山　陈月明）

■残疾儿童康复教育　扬州市重点建设盲、聋哑、智残三类残疾儿童学前康复教育培训机构。鼓励全市普通幼儿园接收适龄轻度残疾幼儿入园随班就读，实行残疾幼儿康复教育专项经费补贴，建立针对特殊幼儿的资源教室等支持系统。要求全市特殊教育学校加强师资培养，帮助普通幼儿园保育、治疗、检测和培训残疾幼儿，为幼儿园教师及家长提供咨询服务。扬州市特殊教育学校附设的学前残疾幼儿康复部有学生30多人，听力损失100分贝以下的残疾幼儿口语康复率60%以上。至年底，全市特殊教育学校全部开展残疾儿童学前康复教育工作。（杨林山　特教办）

中等职业教育

■概述　2012年，全市有中等职业教育学校15所，其中普通中专校10所、职业高中校5所；另有其他中等职业技术教育培训机构（培训点）4个。全市15所职业学校中，有13所达国家级重点职业学校标准。其中，

3月24日，2012年江苏省职业学校烹饪技能大赛在扬州商业学校实验实训中心举行　王　卓/摄

扬州高等职业学校获批创建国家中等职业教育改革发展示范学校，扬州旅游商贸学校、邗江中专校和宝应中专校获省创建省级高水平实验和培训基地专项资金。全市有9个职教专业获省级认定。全市中等职业学校（机构）有在校学生6.12万人，比上年增加2581人，其中普通中专校（机构）在校生4.21万人、职业高中校在校生1.91万人。全市中职校毕业学生1.85万人，其中普通中专校（机构）毕业学生1.15万人、职业高中校毕业学生6979人。全市中职校（机构）招收新生1.86万人（不含非全日制培训生4082人），比上年增加1059人，其中普通中专校（机构）招生1.16万人、职业高中校招生7032人。全市各类中职校（机构）有教职工2799人，比上年增加15人；其中专任教师2298人，比上年减少38人。各类中职校（机构）聘请校外兼课教师246人。全市中等职业学校专任教师中，具有高、中级职称的教师占65.1%，比上年提高5.5个百分点。

2012年，全市中等职业学校在校生按专业分类，农林牧渔类专业5513人、土木水利类专业2846人、加工制造类专业1.46万人、石油化工类专业388人、轻纺食品类专业299人、交通运输类专业3449人、信息技术类专业9812人、医药卫生类专业698人、休闲保健类专业513人、财经商贸类专业7521人、旅游服务类专业7711人、文化艺术类专业3005人、体育与健身类专业257人、教育类专业3420人、公共管理与服务类专业112人、其他类专业996人。

全市有技工学校及技师学院13所（其中2所与普通中专校合一，一校两牌），技工类学校在校生总数2.81万人，比上年减少30人。

（杨林山　韩国志）

2012年扬州市中等职业教育情况表

表29-10

学校名称	学生数（人）			教职工数（人）	专任教师						校外教师数（人）
	毕业生数	招生数	在校生数			正高级	副高级	中级	初级	未定职级	
总　计	**18505**	**18597**	**61162**	**2799**	**2298**	**9**	**479**	**1008**	**694**	**108**	**246**
调整后中等职业学校	3950	5177	18911	698	548	2	109	259	143	35	180
普通中专校	6710	5944	20867	1244	1029	7	239	447	284	52	24
成人中专校	—	—	—	75	55	—	23	25	7	—	—
职业高中校	6979	7032	19051	723	620	—	104	249	246	21	36
其他机构办校	290	444	1122	59	46	—	4	28	14	—	6
其他学校附设中职班	576	—	1211	—	—	—	—	—	—	—	—

（杨林山　房　磊）

■**江苏光伏职业教育集团在扬州高职校成立** 经省教育厅同意，5月20日，江苏光伏职业教育集团在扬州高等职业技术学校成立。该教育集团由省内外57家工业类职业学校和光伏产业企业加盟成立。集团57家成员单位整合、共享现有实习实训基地，加强校企合作共建，形成集团实习实训基地群，推进产学合作、工学结合；学校为成员企业和社会提供职业技能培训和职业技能鉴定服务，为成员企业提供人力资源保障；集团成员学校可在集团内引入行业、企业技术能手、管理骨干组成技能教学团队，为建设高素质技能型职教师资队伍提供人才支撑。集团成立后，扬州高职校专门开设中职电子技术应用专业、高职光电子技术专业，建成光电产品应用与维护实训室、3千瓦户外光伏发电系统实训室等，加强光伏专业建设。 （杨林山 扬高职）

■**江都职教校企合作获双赢** 2012年，江都区建设省级职教创新发展实验区，创新校企合作办学形式，实现校企合作双赢。引进企业车间，变"消耗性实习"为"生产性实习"，既培养人才技能，又创造财富。由企业投资在学校建造生产车间和加工生产线，学校为企业提供场地和水电资源及相关专业实习生；校企双方安排工程师和教师共同组织教学和生产，学生分上、下午两班轮换上课和实训，工学交替。建设"校园孵化器"。"校园孵化器"重点培养新兴产业人才，培植新兴产业市场。江都职教集团孵化创建的软件园达省级水平，吸引国内外企业落户江都。 （杨林山 江教办）

■**全国职校技能大赛江苏赛区比赛在扬州举行** 6月11—13日，由教育部、江苏省人民政府等主办，中国烹饪协会、江苏省教育厅、扬州市人民政府承办，全国餐饮职业教育教学指导委员会、扬州市教育局、扬州商务高等职业学校、江苏省餐饮业职业教育集团等协办的全国职业院校技能大赛江苏赛区比赛在扬州商务高等职业学校举行。此次比赛分9个项目，分别为中餐热菜、中餐面点、中餐冷拼、果蔬雕刻等4个中职组烹饪比赛项目，宴席设计、中餐热菜、中餐面点、中餐冷拼等4个高职组烹饪比赛项目，以及高校大学生创业实施方案竞赛（旅游类）。全国37支中职校代表队、34支高职院校代表队以及全国30支高校学生创业大赛代表队510名选手参赛。扬州大学有2个代表队参加宴席设计项目比赛。江苏代表队有6名选手参加中职组比赛，其中3人为扬州选手。在中职组烹饪项目比赛中，江苏代表队获6枚金牌、5枚银牌、1枚铜牌，其中扬州代表队获5枚金牌、1枚铜牌；在高职组比赛中，江苏代表队获4枚金牌。 （杨 教）

普通高等教育

■**概述** 2012年，扬州有普通高等院校7所。其中，市属高等学校2所，分别是扬州市职业大学、扬州环境资源职业技术学院，有在校普通专科生2.11万人，教职工1973人（其中专任教师1314人）；驻扬省属高校5所，分别是扬州大学、扬州大学广陵学院、扬州工业职业技术学院、南京邮电大学通达学院、民办江海职业技术学院，有本、专科在校生5.15万人（其中本科生3.68万人、专科生1.47万人），有教职工5471人（其中专任教师3319人）。

2012年，扬州大学和扬州市职业大学创成省平安校园。至此，全市高校全部创成省平安校园。

（杨林山 陈珊银）

■**生源地信用助学贷款** 2012年，全市990名高校学生申请办理生源地信用助学贷款，市及各县（市、区）

2012年扬州市普通高等教育情况表

表29-11

学校名称	学生数（人）			教职工数（人）	专任教师					
	毕业生数	招生数	在校生数			正高级	副高级	中级	初级	未定职级
总 计	**20720**	**20639**	**72632**	**7444**	**4633**	**478**	**1612**	**2006**	**442**	**95**
扬州大学	5998	6147	24780	3762	2018	376	770	811	27	34
扬州大学广陵学院	2617	2107	9894	762	624	44	267	296	17	0
南京邮电大学通达学院	—	2159	2159	—	—	—	—	—	—	—
扬州市职业大学（含电大、教育学院）	4865	5140	15471	1365	861	33	266	397	144	21
扬州环境资源职业技术学院	2314	0	5641	608	453	6	116	146	161	24
江海职业技术学院	2410	2133	6335	455	272	9	66	142	44	11
扬州工业职业技术学院	2516	2953	8352	492	405	10	127	214	49	5

注：1.表中所列扬州大学、南京邮电大学通达学院、扬州大学广陵学院为本科院校，其他皆为专科院校；
2.南京邮电大学通达学院2012年迁入扬州首次招生，教职工数暂未列入教职工总数；
3.表格数字按江苏省教育厅统计口径填报

（杨林山 房 磊）

高校助学贷款资助中心发放贷款561.68万元。其中345名新生获生源地信用助学贷款151.4万元。

（杨林山　陈珊银）

扬州大学

■**概述**　扬州大学是江苏省属重点综合性大学，有8个校区，校园占地面积270多公顷，校舍建筑面积149万多平方米。全校固定资产总值24.53亿元，教学科研仪器设备总值6.53亿元，图书馆藏书380万册，有实验工厂、实验农牧场、动物医院、附属中学等教学、科研、实习基地及临床医学院。学院设有文学院、社会发展学院、马克思主义学院、法学院、教育科学学院（师范学院）、新闻与传媒学院、外国语学院、数学科学学院、物理科学与技术学院、化学化工学院、体育学院、机械工程学院、信息工程学院、建筑科学与工程学院、水利科学与工程学院、能源与动力工程学院、环境科学与工程学院、农学院、园艺与植物保护学院、动物科学与技术学院、兽医学院、生物科学与技术学院、医学院、商学院、旅游烹饪学院（食品科学与工程学院）、艺术学院和公有民办的广陵学院等27个学院、107个本科专业，涵盖哲学、经济学、法学、教育学、文学、历史学、理学、工学、农学、医学、管理学、艺术学等12个大学科门类。学校有国家级特色专业6个、国家精品课程14门、国家双语教学示范课程1门、国家级教学团队3个、全国农科教人才合作培养基地2个、国家级实验教学示范中心1个、中央与地方共建实验室20个，有省重点专业（类）15个、省品牌特色专业29个、省级基础课实验教学示范中心14个。2个专业的人才培养创新模式被列入国家级实验区。获国家级教学成果二等奖1个、省高等教育教学成果特等奖1个。

2012年，学校新招本科生6147人、研究生2825人。年底，学校有普通全日制本科生2.48万人，各类博、硕士研究生8400多人，成人学历教育学生1.25万人。

学校有教职工3762人（其中专任教师2018人），其中1146人具有

2012年扬州大学国家级、部省级学科及科研基地一览表

表29-12

类别		学科及科研基地名称
重点（优势）学科	国家级重点学科	预防兽医学
		作物栽培学与耕作学
	国家级重点（培育）学科	动物遗传育种与繁殖
	江苏省优势学科	化学
		作物学
		畜牧学
		兽医学
	江苏省一级学科重点学科	中国语言文学
		数学
		水利工程
		中西医结合
		中国史
		草学
重点实验室	教育部	教育部植物功能基因组学重点实验室
		教育部禽类预防医学重点实验室（部省共建）
	农业部	农业部畜禽传染病学重点开放实验室
		农业部长江中下游作物生理生态重点开放实验室
		农业部食品安全监测重点开放实验室
		农业部禽用生物制剂创制重点实验室
		农业部长江中下游地区作物栽培科学观测实验站
	江苏省	江苏省作物遗传生理国家重点实验室培育建设点
		江苏省植物功能基因组学重点实验室
		江苏省作物栽培生理重点实验室
		江苏省动物预防医学重点实验室
		江苏省动物遗传繁育与分子设计重点实验室
		江苏省人兽共患病学重点实验室
		江苏省环境材料与环境工程重点实验室
		江苏省水利动力工程重点实验室
		江苏省乳品生物技术与安全控制重点实验室
工程中心（研究院）	教育部	教育部新型兽用疫苗工程研究中心
	农业部	农业部长江中下游稻作技术创新中心
	江苏省	江苏省转基因动物制药工程技术研究中心
		江苏省扬州现代乳业加工服务中心
		江苏省扬州农业环境安全技术服务中心
		江苏省扬州LED新光源材料测试技术服务中心
		江苏扬州规模猪场高效健康养殖公共技术服务中心
		苏中发展研究院
		淮扬文化研究中心

（林　刚）

2012 年扬州大学获省部级及以上奖励科研成果一览表

表 29-13

成果名称	获奖种类	获奖人员
南水北调工程大型高效泵装置优化水力设计理论与应用	江苏省科学技术一等奖	陆林广 邓东升 刘 军 冯旭松 胡兆球 伍 杰 谢伟东 张仁田 岳永起 郭绍春 胡德义
语义协同中间件的关键技术及商业应用推广	中国商业联合会科学技术奖全国商业科技进步奖一等奖	朱俊武 李 斌 李 云 章小卫 章永龙 姜 艺 徐 明 陈 斌 孙茂圣 王梅嵘 张 烽 张 旻
一品红种质资源评价及其高效精准栽培技术研究与集成应用	中国商业联合会科学技术奖全国商业科技进步奖一等奖	陶 俊 苏家乐 周春华 李 畅 赵大球 叶晓青 佴 辉 冯立国 熊作明 陈凝华 陈勇明 孟家松
丙烯酸酯接枝环氧树脂复合乳胶的制备及其应用	江苏省科学技术二等奖	朱爱萍 毛正和 纪立军 吴德峰 张 明 刘俊亮
无线射频识别(RFID)关键技术研究及其在现代物流管理中应用	中国商业联合会科学技术奖全国商业科技进步奖二等奖	胡孔法 陈 崚 徐永道 殷新春 张福安 郭 欣 黄群琴 马 岗 张红顺 徐桂森
江苏地区烟粉虱的暴发成灾机制及可持续控制技术	中国商业联合会科学技术奖全国商业科技进步奖二等奖	周福才 杨益众 王凤良 卢 霞 周泽华 钱爱林 梁文斌 张建军 仲凤翔 姚开文 王 勇 赵 斌
饲料蛋白质在反刍动物瘤胃内周转规律和利用机制的研究	江苏省科学技术三等奖	王洪荣 王梦芝 喻礼怀 程茂基 张 军
电动汽车磁悬浮支承驱动技术	中国商业联合会科学技术奖全国商业科技进步奖三等奖	曾 励 张 丹 张 帆 王 军 秦永法 马祥根 王胜宏 王振洲
基于供应链联盟的产业集群和谐共生发展研究	中国商业联合会科学技术奖全国商业科技进步奖三等奖	连远强
《家常养生粥》	中国商业联合会科学技术奖全国商业科技进步奖三等奖	路新国 章海风 殷 鸿
小分子羊胚胎素的提取、活化技术及皮肤抗衰老应用	中国商业联合会科学技术奖全国商业科技进步奖三等奖	成 勇 邢 华 袁玉国 王 挺 钱 晨 许金鑫 袁佩瑾
优质鲜食糯玉米种质创新与应用	江苏省科学技术二等奖	谢孝颐 薛 林 陈国清 陆卫平 孙卫永 陆虎华 黄小兰 石明亮 胡加如
肿瘤患者随访信息管理与决策支持系统	中国商业联合会科学技术奖全国商业科技进步奖三等奖	刁 琰 胡孔法 单 清 袁 昕
《故宫》《台北故宫》纪录理念与审美形态的异同	第二届“星光电视文艺论文评选”评论类二等奖	武新宏
审美文化学导论	江苏省第 12 届哲学社会科学优秀成果奖一等奖	姚文放
公司法第 16 条的规范意义	江苏省第 12 届哲学社会科学优秀成果奖二等奖	钱玉林
汉晋间社会阶层升降与历史变迁	江苏省第 12 届哲学社会科学优秀成果奖二等奖	王永平
江苏辛亥革命史	江苏省第 12 届哲学社会科学优秀成果奖二等奖	周新国
中国学生汉译英机助评分模式的研究与构建	江苏省第 12 届哲学社会科学优秀成果奖二等奖	王金铨
戏文只曲的嬗变与发展	江苏省第 12 届哲学社会科学优秀成果奖二等奖	许建中
中国新建本科院校办学机制的策略研究	江苏省第 12 届哲学社会科学优秀成果奖二等奖	刘延庆
译者行为研究	江苏省第 12 届哲学社会科学优秀成果奖三等奖	周领顺

（林 刚）

2012年扬州大学通过鉴定的科研成果一览表

表 29-14

成果名称	成果水平	组织鉴定单位	完成人员
南水北调工程大型高效泵装置优化水力设计理论与应用	国际先进水平	水利部	陆林广 邓东升 刘军 冯旭松 胡兆球 伍杰 谢伟东 张仁田 岳永起 郭绍春 胡德义
丙烯酸酯接枝环氧树脂复合乳胶的制备及其应用	国际先进水平	中国石油和化学工业联合会	朱爱萍 毛正和 纪立军 吴德峰 张明 刘俊亮
反刍动物几种重要群发性营养代谢病防控技术的研究与应用	国际先进水平	中国农学会	刘宗平 卞建春 刘学忠 马小军 曲亚玲 袁燕 顾建红 朱家桥 熊桂林 刘俊栋 付志新 刘海霞 钱晨 卞红春 狄志钢 单玉平 曹随忠 卓丽玲 杨得兵 焦库华
家兔遗传资源评价与长毛兔配套系选育	国内领先水平	江苏省农业委员会	吴信生 徐琪 李碧春 翟频 卢敖齐 杨杰 吴圣龙 赵文明 吴添文 冯凯 张蕾 冒留留 王晓明 何孟颉 李挺 孙露露 石福岳 万小颖 秦立志
小分子活化羊胚胎素提取、活化技术及皮肤抗衰老应用	国际领先水平	江苏省教育厅	成勇 邢华 袁玉国 王挺 许金鑫 钱根林 钱晨 袁佩瑾
中国牛科家畜遗传资源应用基础研究	国内领先水平	江苏省教育厅	杨章平 毛永江 常洪 孙伟 冀德君 耿荣庆 武秀香 陈仁金 李世平 王小龙 王兰萍

（林 刚）

副高以上职称；全校有中国工程院院士1人，国家级教学名师1人，享受政府特殊津贴专家23人，国家级、省级有突出贡献中青年专家29人，博、硕士生导师1430多人。学校有博士后流动站13个，一级学科博士学位授权点11个，一级学科硕士学位授权点44个，博、硕士专业学位14种；有国家级重点学科2个，国家级重点（培育）学科1个，省优势学科4个，省一级学科重点学科6个，部、省级重点（建设）实验室16个，部、省工程技术研究中心、公共技术服务中心和省级研究院9个，科学研究机构84个，教学实验室（中心）36个。2012年，学校承担各级各类科研项目1700多个，全校年科技经费3亿元。扬州大学文学院教授钱宗武为首席专家申报的项目“《尚书》学文献集成与研究”获2012年度国家社科基金重大项目（第三批）立项。扬州大学技术转移中心被科技部批准为第四批国家技术转移示范机构。

开展国际学术交流活动。学校先后与30多个国家（地区）的高校和研究机构建立合作交流关系，具有招收外国留学生（包括接受政府奖学金外国留学生）和招收港、澳、台学生的资格。

2012年，扬州大学被认定为第三批国家级语言文字规范化示范校，获评2012年度江苏省教育人才工作先进单位、2012年全国高校后勤系统信息宣传工作先进单位。张洪程、郭文善入选新一届农业部粮食生产种植指导组专家名单，分别被聘为水稻、小麦种植指导专家组副组长。张洪程获2012年度何梁何利基金科学与技术进步奖农学奖。（林 刚）

■本科教学质量建设 2月，扬州大学获批新增学前教育、物联网工程、港口航道与海岸工程等3个专业，学校本科专业总数达107个。2个专业成为教育部卓越工程教育培养计划试点专业，2个基地被列为教育部农科教人才培养基地，2本教材成为国家级“十二五”规划教材，4个专业成为省卓越工程师（软件类）教育培养计划试点专业，15个本科专业（类）获批省重点专业。学校获评2012年江苏省教学工作先进高校。

（林 刚）

■扬州大学8个项目获教育部职业院校教师素质提高计划立项 11月，教育部公布职业院校教师素质提高计划2012年度项目立项结果，扬州大学酒店服务与管理、烹饪与营养教育等2个项目被列为全国重点建设职业教育师资培养培训基地专业点建设项目，机械工艺技术、食品科学与工程、营养与食品卫生等3个项目被列为职业教育师资本科专业培养标准、培养方案、核心课程和特色教材开发项目，护理、中餐烹饪、酒店服务与管理等3个项目被列为中等职业学校专业骨干教师国家级培训项目。（林 刚）

■学科建设 2月，扬州大学中国史、草学等2个一级学科被增列为江苏省“十二五”重点学科。4月，扬州大学“211工程”三期建设项目通过验收。9月，扬州大学获准新增中国史、数学、生物学、水利工程、中西医结合、草学等6个博士后科研流动站，全校博士后科研流动站总数达13个。3篇硕士学位论文入选全国专业学位优秀学位论文。扬州大学学科整体水平和化学、植物与动物科学、工程学、农业科学等4个学科的ESI（基本科学指标库）排名进入全球大学和科研机构前1%。（林　刚）

■ 国际交流与海外教育工作　3月22日，扬州大学在教育部第10次对发展中国家教育援外工作会议上作典型发言。4月，《中国与非洲》杂志英文版（2012年第四期）、法文版（2012年第二期）分别刊登文章介绍扬州大学与苏丹喀土穆大学等非洲高校开展合作的进展和成效。11月6日，扬州大学举行“中非高校20+20合作计划”中国扬州大学-苏丹喀土穆大学2012年执行项目启动仪式暨扬州大学非洲研究中心（苏丹研究所）、扬州大学中国-苏丹现代化农业技术联合研究与交流中心揭牌仪式。12月16日，扬州大学与美国肯尼索州立大学共建的孔子学院获评全球先进孔子学院。（林　刚）

■ 扬州大学校庆系列活动　5月19日，扬州大学举行“建校110周年、在扬办学60周年、合并办学20周年”庆祝大会。全国人大常委会副委员长、全国妇联主席陈至立，省政协主席张连珍，省委副书记石泰峰，全国工商联原常务副主席张绪武，全国妇联副主席陈秀榕，省人大常委会副主任丁解民，副省长曹卫星，省政协副主席张九汉等领导，国内外140多所高校、科研院所和基金会嘉宾，有关单位负责人及海内外校友、老领导、老同志和师生员工代表6000多人出席庆祝大会。原中共中央政治局常委、国务院副总理李岚清，中共中央政治局委员、国务院副总理回良玉，中共中央政治局委员、国务委员刘延东，全国人大常委会副委员长、全国妇联主席陈至立，全国人大常委会副委员长、民盟中央主席蒋树声，原全国政协副主席张怀西，国家教育部，中国兵器工业集团公司，省委书记、省人大常委会主任罗志军，省委副书记、省长李学勇等为扬州大学校庆题词或发贺信。校庆期间，学校举办校史展、合并办学成果展、中国高校体制改革论坛、第三届校友代表大会暨校友互动论坛、系列高层学术论坛等庆祝活动，出版《扬州大学校史稿》《名人与扬州大学》《扬州大学教授耕耘录》《扬州大学校友风采录》等4本“校庆丛书”。（林　刚）

■ 扬州大学举办中国高校体制改革论坛　5月19日，扬州大学举办中国高校体制改革论坛。全国40多所高校代表出席会议。中国高等教育学会会长周远清、复旦大学校长杨玉良分别发表主旨讲话，扬州大学及浙江大学、西北大学、四川大学等14所高校领导交流高校内部体制机制改革、大学制度创新、内涵发展等方面的实践与思考。（林　刚）

■ 扬州大学举办苏中发展系列论坛　5月12日，由扬州大学、苏中发展研究院主办的2012年苏中经济发展论坛在扬州大学举行。论坛以“校地（企）产学研合作”为主题，组织报告会20多场，围绕科技服务地方产业进行探讨与交流。论坛期间，举行江苏高校（扬州大学）技术转移中心在苏南、苏中、苏北新建的8个技术转移分中心签约与授牌仪式以及3个代表性产业研究中心签约仪式，16名高校和地方科研工作者受聘担任产学研合作科技联络顾问、联络员。全省近20个市、县政府科技部门负责人、科技型企业代表150多人参加论坛。

5月13日，由苏中发展研究院主办，扬州大学旅游烹饪学院承办的苏中旅游发展论坛在扬州大学举行。扬州大学、南京大学、南京师范大学等院校代表出席论坛开幕式。此次论坛以“苏中城市旅游与服务业发展”为主题，为苏中地区旅游产业的壮大和发展提供理论支撑和技术支持。

11月23日，由苏中发展研究院主办，扬州大学旅游烹饪学院、扬州大学科学技术处承办的苏中营养发展论坛在扬州会议中心举行。此次论坛以“苏中地区居民营养与健康新动向及对策”为主题，举办“转基因食品的研究动态及安全评估”“铁酱油及其安全性评价”“内地、香港医院临床营养工作比较”以及食用碘盐监测、母婴保健等方面的学术报告。（陈　潭）

■ 对口支援新疆职业大学　6月21日，扬州大学和武汉理工大学等10所内地院校“多对一”支援新疆职业大学协议签约仪式在乌鲁木齐举行，扬州大学与新疆职业大学签署《扬州大学、新疆职业大学对口支援合作协议》。根据协议，扬州大学在专业建设、师资队伍、人才培养、学科建设等方面支持、援助新疆职业大学。（林　刚）

其他高校

■ 扬州市职业大学　扬州市职业大学（简称扬州职大）是全日制综合性高等职业技术院校。2012年，扬州市整合高等教育资源，将扬州市职业大学和扬州环境资源职业技术学院合并，筹建扬州科技学院。4月，扬州职大成立临时党委和学校管理工作委员会，统筹和整合两校人、财、物等资源，两校人、财、物实行一体化统一管理。6月，经市编制委员会批准，学校设党政管理部门21个、教学单位22个、教学辅助单位5个。8月，学校制定党政机构、二级学院和教学辅助单位人员编制方案，对各部门、各学院人员进行分流和重组。8月中旬，学校完成原扬州环境资源职业技术学院扬子津校区部分用房的腾让工作。两校合并后，学校总占地73.33公顷，校舍建筑面积近40万平方米，有基础和专业实验室70多个，教学仪器设备总值1.5亿元，图书馆有藏书130万册、电子图书等资源140万种、各类期刊杂志2000多种，有数控技术高等职业教育实训基地、国土勘测与规划高等职业教育实训基地、农业安全生产与环境保护高等职业教育实训基地、江苏省建筑新材料新技术研究开发中心、江苏省农业安全生产与环境保护工程技术研究开发中心、江苏省养殖环境生态修复工程技术研究中心等省级实训基地或研发平台6个，有校级实验实训基地、中心25个。学校设置机械制造、汽车、土建测绘、纺织服装、生化食品环境、通讯电子光伏、信息技术、旅游管理、工商管理、经济贸易、外语、艺术、人文、数学、体育、园艺、医学卫生等17个大类71个专业和专业方向，其中省级特色专业8个、省高等教育人才培养模式创新实验基地3个、校级特色专业及教改专业34个；有国家级精品课程1门、省级精品课程17门、校级精品课程107门，有省级优秀精品教材8部。学校各专业建设指导委员会分别与280多个校外实验实训基地签订产学研合作协议。至年底，学校有教职工1973人，其中专任教师1314人；有教授44人、副教授379人、省“六大人才高峰”（教育、医药卫生、电子信息、机械汽车、建筑、农业）培养对象2人、省“青蓝工程”培养对象33人、江苏省有突出贡献的中青年专家1人、扬州市有突出贡献的中青年专家17人、江苏省优秀教学团队2个、江苏省“青蓝工程”科技创新团队1个。专业基础课和专业课教师中，“双师型”（具有专业技术职称资格、技术等级证书）教师占75%以上。

2012年，扬州职大招收全日制新生5140人，完成中外合作办学录取计划，扩大成人教育招生类型和规模。学校自学助考工作通过省教育厅评估验收。至年底，学校有全日制在校生2.11万人、成人业余和开放教育在校生1.1万人。毕业生就业率、签约率稳定在98%以上。扬州职大学生获2012年全国职业院校技能大赛高职组农产品质量安全检测大赛一等奖、第六届“三菱电机自动化杯”大学生自动化大赛暨自动化系统应用竞赛二等奖、第13届“未来伙伴杯”中国智能机器人大赛机器人奥运游比赛大学组一等奖、第三届全国高职高专学生纺织面料检测大赛二等奖和三等奖，获江苏省2012年高等职业院校技能大赛二等奖2个、三等奖2个。

全年引进硕士研究生以上学历教师32人，组织10多人出国进修；10人晋升教授，40人晋升副教授；7人获批省“青蓝工程”学术带头人培养对象，1人获评省有突出贡献的中青年专家，6人获批列入省“333高层次人才培养工程”培养对象，2人获批列入省“六大人才高峰”培养对象，3人获评市有突出贡献的中青年专家。学校获评江苏省教育人才工作先进单位。

实施质量工程。2012年，学校获批立项建设江苏省重点专业群6个、省级实训基地2个（服装设计实训基地和护理实训基地）、省大学生实践创新训练项目28个，中央财政支持的4个重点专业建设项目通过中期检查。学校获评江苏省教学工作先进高校。

教研科研工作。学校全年申报各级各类科研项目184个，立项99个，获经费资助178万元，其中教育部人文社会科学项目课题1个、江苏省高校科研成果产业化推进项目1个、其他省级课题4个。学校与行业、企业合作开展产品和工艺研究，全年新增横向合作项目50多个，获项目经费300万元。2012年，学校有1人获省第12届哲学社会科学优秀成果三等奖，28人获扬州市第八次哲学社会科学优秀成果奖，3人获江苏省委宣传部人文社会科学优秀成果奖。

（职　大）

■扬州职大外事交流服务中心成立 8月19日，扬州职大与中国交远国际经济技术合作公司联合创办的外事交流服务中心在扬州职大天宁门校区成立。该中心主要开展机械、电子电气、服装、护理、酒店、建筑、艺术等专业高校毕业生出国岗前培训及语言培训。（杨林山　职大办）

■扬州职大与新疆伊犁师范学校联办班首届学生毕业 2007年6月起，扬州市职业大学与新疆伊犁师范学校联合举办五年一贯制大专班，培养小学教育、学前教育、英语教育等专业师资。联办班招收新疆优秀初中毕业生，前三年在伊犁师范学校学习，后两年在扬州职大接受大专教育。2012年7月，联办班首批64名学生在扬州职大毕业，其中70%的毕业生是少数民族学生。

（杨林山　南　北）

■国家税务总局税务干部进修学院 国家税务总局税务干部进修学院（中共国家税务总局党校）是国家税务总局直属干部教育培训机构。学院始建于1984年，其前身是1984年创建的扬州市税务职工中等专业学校。2012年1月，经中央编办批准，学院更名为“国家税务总局税务干部进修学院（中共国家税务总局党校）”。

学院占地17万平方米，建筑面积7万平方米，设党政后勤管理机构8个、教学管理与教学辅助机构6个、教学研究机构3个；有校内专兼职教师60多人，其中高级职称教师39人、享受国务院政府特殊津贴教师6人；聘任税务系统兼职教师104人、系统外兼职教授200多人。

2012年，学院承办国家税务总局举办的司局级、县处级党员领导干部进修班，司局级、处级领导干部任职培训班，中青年后备干部培训班，知识更新培训班和专门业务培训班；受全国各省、市国家、地方税务系统有关单位委托，举办各种类型的税收专门业务培训班；与OECD（经济合作与发展组织）等国际组织合作举办涉外国际税收培训班。全年实施各类培训项目366个，培训学员2.4万人次，实现培训规模25.58万人·天。学院教职工发表论文155篇，出版专著3部。中国税务学会2012年度课题“优化纳税服务及税收队伍建设”结项，国家税务总局2012年度重点科研课题“税收风险管理研究”立项，国家税务总局科研所2011年度重点课题“税务系统高级人才的培养与激励机制研究”结项。完成国家税务总局教育中心2011年税务教育培训科研课题11个。其中，《税务干部院校的培训项目建设，课程建设和学科建设研究》《〈财务会计·税务版〉教学与科研递进式培训研究》《纳税遵从的影响因素及对策研究》等3项成果获一等奖，《税收收入质量评价体系研究》《房地产税制改革背景下存量房税收信息化建设的实践和思考》《基于税收专业化管理模式的基层税务机关领导力变革研究》等3项成果获二等奖,《亚洲税务管理与研究组织(SGATAR)成员税务人员培训》《新媒体与思想政治工作创新研究》《环境保护税的经济效应研究》等成果获三等奖。学院主办的《税收经济研究》刊发论文30篇。 (田金辉)

■**江海职业技术学院** 江海职业技术学院(简称江海学院)始建于1999年,2004年经省教育厅批准、教育部备案,成为具有独立颁发专科文凭资质的民办全日制普通高等院校。截至2012年末,向社会输送毕业生1.93万人。

学院占地69.34公顷,建筑面积22.5万平方米,其中教学用房14.5万平方米;建成教学楼、实验实训楼、实训工厂、计算机中心、培训中心、语音室、多媒体教室、图书馆、体育馆、运动场等设施,有教学仪器和实验实训设备价值5266万元、馆藏纸质图书45.16万册、教学用计算机1901台、标准化学生公寓28栋。

2012年,学院设有专业25个、专业方向45个。其中,会计电算化为省级特色专业,机电一体化技术、电气自动化技术、数控技术、模具设计与制造、汽车检测与维修技术等5个专业获批省重点专业群建设点,会计电算化、应用电子技术、物流管理、计算机应用技术、建筑工程技术、珠宝首饰工艺及鉴定、机电一体化技术、应用韩语等专业为院级特色专业。现代机电制造技术实训基地被列为省高职教育实训基地。学院有教职工455人,其中教授和副教授175人、"双师型"教师179人、专业带头人25人。学院专业指导委员会由200多名专家、教授和企业高级工程师、高级经济师、高级工艺师、高级园艺师等组成。2012年底,学院有全日制在校生6335人。

学院重视学生能力培养,按照"校企合作""工学结合"办学模式和"教学做"一体化教学模式,实行情景教学、模拟教学、案例教学等教学改革,在61家企业建有校外实习基地,在校内建有机械实习工厂、汽车实训基地、土木实训基地、各类实验实训室等实训基地50个,专业实验实训实习课时占总课时的50%。江海国家职业技能鉴定所可鉴定32个工种技能等级。全年组织学生参加全国、全省各级各类大赛,获奖项60个。

学院将创业就业教育列入教学计划,开展GYB(产生你的企业想法)创业培训,举办校园毕业生"双选会"(学生选企业、企业选学生)等。2012年,学院毕业学生2410人,年末初次就业率99.64%、就业签约率94.38%。学院被评为全省高校大学生就业先进单位。

开展办学交流,与韩国、日本、澳大利亚、新西兰等国家高校合作,与河海大学、扬州大学、南京艺术学院等院校合作,加强与地方经济实体的融合。2012年,学院成为扬州经济技术开发区人才培养基地、国家税务总局税务干部进修学院二校区、扬州市工商业联合会人才培养基地。

加大扶贫助学力度,全年设立勤工助学岗位116个,安排学生170多人,发放学生勤工助学费用14.39万元,减免贫困新生费用400多万元。 (姚其立 赵 军)

10月7日,南京邮电大学通达学院举行2012级新生开学典礼

王 卓/摄

■**南邮通达学院迁址扬州** 4月16日,扬州市与南京邮电大学共建南京邮电大学通达学院(简称南邮通达学院)签约仪式在扬州迎宾馆举行。根据协议,南邮通达学院整体迁至扬州,2012年秋季起在扬州招生办学,学院2012年及以后的新生全部进入扬州校区,南京校区不再招收新生。学院开设通信、电子、计算机、自动化等特色专业。

2012年,南邮通达学院招收新生2159人。10月7日,学院举行2012级新生开学典礼。 (杨 教)

成人教育

■**概述** 2012年,扬州市有市属成人高等学校1所(扬州教育学院),另有扬州大学、扬州市职业大学、扬州环境资源职业技术学院、江海职业技术学院、扬州工业职业技术学院等校成人教育机构招收成人本、专科生。全市成人高等教育学校有在校生1.99万人,比上年增加1871人;全年招生8274人,比上年增加1786人;毕业学生5998人,比上年增加322人。全市有独立建制的成人教育系列高校教职工156人,其中专任教师101人。专任教师中,具有正高级职称的2人,具有副高级职称的30人,具有中级职称的45人,具有初级职称的24人。

全市有成人中专校1所,有教职工75人,其中专任教师55人,无在校生,从事中等职业培训教育。

(杨林山 成教办)

■规范成人高等教育 2012年，市教育行政管理部门加强对新增高等学校成人教育校外教学点的审查。全市获批新增普通高校成人教育校外教学点6家。利用高等学校成人教育数据采集平台与管理系统平台，动态监控全市63家校外教学点招生宣传、注册入学、教学实施、考试考务、年度检测等方面工作，规范成人高等教育办学行为。（杨林山 发规处）

■成人社会教育培训 全市农村成人教育机构推进服务新农村建设"五项行动"(百名农民上大学、千名农民出国、万名农民进工厂、十万农民学技术、百万农民受教育)。市成人教育部门在邗江区公道镇召开"百名农民上大学"现场会，推进农村成人高等教育。2012年，全市成人教育机构开设各类高等教育学习班42个，2219人在读。各县(市、区)和乡镇成人教育部门开展各类成人培训，1551名退役士兵接受职业技术培训，2321人次接受出国劳务人员培训，11.4万人次接受劳动力转移培训和实用技术培训。加强社会教育。全年建成省级社区教育中心5个、省级居民学校50个、市级示范社区教育中心6个。（杨林山 成教办）

■自学考试 2012年，全市有22.03万人报名参加各类自学考试，比上年增加4.18万人，增长23.5%。其中，学历考试报名人数4.45万人，比上年减少5557人；非学历考试报名人数17.57万人，比上年增加4.74万人。另有近10万人参加大学四、六级英语等级考试。

全市非学历证书自学考试报名人员中，参加全国计算机等级考试(NCRE)的2.92万人，参加成人全国计算机应用技术证书考试（NIT)的2164人，参加全国少儿计算机应用技术证书考试（少儿NIT）的2955人，参加剑桥英语考试的191人，参加全国英语等级考试(PETS)的5394人，参加职业餐饮经理资格考试的419人，参加书法等级考试的13.21万人，参加物流销售经理资格证书考试的136人，参加教师资格考试的3093人。全市有4.84万课次通过学历自学考试，占实考课次的66.56%，比上年提高5.52个百分点。

（杨林山 程 飞）

2012年扬州市成人高等教育情况表

表29-15

学校名称	成人本、专科学生人数(人)			教职工数(人)	
	毕业生数	招生数	在校生数		专任教师
合计	**5998**	**8274**	**19927**	**156**	**101**
扬州教育学院	1525	1708	3145	156	101
扬州大学	3455	4813	12465	—	—
扬州环境资源职业技术学院	450	1013	1675	—	—
扬州工业职业技术学院	50	20	323	—	—
江海职业技术学院	133	271	725	—	—
扬州市职业大学	385	449	1594	—	—

注：1.表中成人本专科学生数中，扬州大学为本科生，其他校为专科生；

2.表中高校除扬州教育学院属成人高校系列外，其他皆为普通高校成人教育机构，学校教职工数不重复统计

（杨林山 房 磊）

2012年扬州市学历自学考试报名考试情况表

表29-16 单位：课次

项目	总计	1月份考试	4月份考试	7月份考试	10月份考试
报考课次	**100865**	19673	34327	16612	30253
实考课次	**72659**	17170	22305	14176	19008
合格课次	**48361**	11669	14540	9829	12285

（杨林山 姜志祥）

文化

Wenhua

本栏责任编辑　戴淑敏

新闻出版

■**概述**　2012年，扬州市有出版社1家、报纸5种、期刊16种、连续性内部资料性出版物44种，有只读类光盘生产企业1家、可录类光盘生产企业1家、出版物发行企业950家(含音像制品发行单位179家)、印刷复打印企业717家，以古籍出版、印装和现代高科技光盘生产为特色的新闻出版产业格局初步形成。

(刘文献)

■**报刊管理**　市文化广电新闻出版局(简称市文广新局)加大对全市报刊出版活动监管力度。开展驻扬报刊记者站专项治理"百日行动"。印发《关于开展驻扬报刊记者站专项治理的通知》,规范记者站出版行为,并在扬州文化网、《扬州日报》、《扬州晚报》、《扬州时报》公布举报电话。9月，开展扬州市2012年秋季中小学教辅材料发行管理活动,配合市委政

2012年扬州市出版的报纸、期刊一览表

表30-1

序号	报纸、期刊名称	类别	所属单位
1	《扬州日报》	报纸	扬州报业传媒集团
2	《扬州晚报》	报纸	扬州报业传媒集团
3	《扬州时报》	报纸	扬州报业传媒集团
4	《江苏声屏·扬州广播电视》	报纸	扬州广播电视总台
5	《扬州大学报》	报纸	扬州大学
6	《扬州职业大学学报》	期刊	扬州职业大学
7	《扬州大学学报(人文社会科学版)》	期刊	扬州大学
8	《扬州大学学报(高教研究版)》	期刊	扬州大学
9	《扬州大学学报(自然科学版)》	期刊	扬州大学
10	《扬州大学学报(农业与生命科学版)》	期刊	扬州大学
11	《舰船电子对抗》	期刊	中国船舶重工集团公司723研究所
12	《扬州大学烹饪学报》	期刊	扬州大学
13	《实用临床医药杂志》	期刊	扬州大学
14	《中国名城》	期刊	扬州市城乡建设局
15	《初中数学教与学》	期刊	扬州大学
16	《高中数学教与学》	期刊	扬州大学
17	《扬州教育学院学报》	期刊	扬州教育学院
18	《中国家禽》	期刊	江苏省家禽科学研究所 中国家禽业协会
19	《中国禽业导刊》	期刊	江苏省家禽科学研究所
20	《税收经济研究》	期刊	国家税务总局扬州税务进修学院
21	《合成技术及应用》	期刊	中国石化仪征化纤股份有限公司

(钟　芸)

法委、市教育局等部门开展校园周边和发行网点专项检查。10月，开展制止报刊摊派发行专项检查行动。加强报刊审读工作，不定期召开议报、评报交流会，加快报刊审读频率，采取全面审读、专题审读、采编与审读人员座谈会等形式开展审读工作。建立审读结果反馈机制，在《报刊审读情况》开辟《回音壁》栏目。全年编发《报刊审读情况》25期，撰写审读报告、新闻评析等文章72篇13.63万字。

（钟　芸）

扬州报业传媒集团

■概述　新闻宣传。扬州报业传媒集团（简称扬州报业集团）策划、组织、创新世界名城建设、重大项目建设、“三个扬州”（创新扬州、精致扬州、幸福扬州）建设等重大主题报道，转型发展、全市经济工作、“扬州好人”等中心工作报道，中共十八大、全国及地方人大和政协“两会”、市委全会、中国扬州“烟花三月”国际经贸旅游节（简称“烟花三月”节）、中国扬州世界运河名城博览会（简称运博会）暨世界运河大会、扬州泰州机场通航、中国扬州鉴真国际半程马拉松赛等重要会议、重大活动报道。在中共十八大宣传中，扬州报业集团派出报道小组到北京开展外宣工作，在中央和省级媒体发稿12篇次。2012年，《扬州日报》发行量6万多份，《扬州晚报》发行量10万多份，《扬州时报》发行量4万多份。在2012年度江苏省报纸、网络优秀作品评选中，扬州报业集团获一等奖6个、二等奖13个、三等奖18个。

9月16日，《四库全书》（文津阁本）原大原色原样出版专家评审会在扬州召开。图为《四库全书》（文津阁本）再版样书

庄文斌／摄

举办系列活动。扬州报业集团承办第二届“朱自清散文奖”颁奖典礼、《四库全书》（文津阁本）原大原色原样出版专家评审会、2012中国扬州雕版印刷国际学术研讨会暨全国传

扬州报业集团获2012年度江苏省报纸、网络优秀作品奖作品一览表

表30-2

报纸（网站）名　称	获　奖　作　品	类　别	作　者	获奖等次
《扬州日报》	《公道政府网“骂帖”四年不删》	消息	嵇长青	一等奖
	《鉴真马拉松：金标赛事》	消息	王　鹏　孔　茜	二等奖
	《“幸福兑换券”兑出邻里亲》	消息	郑露莎	二等奖
	《新鲜！路灯装上“能源管家”》	消息	胡　俭　王　静	三等奖
	《模范法官的铁骨柔情》	通讯	沈　燕　广　宣	一等奖
	《记者牵线　扰民牛粪养殖致富蚯蚓》	通讯	邹　平　红　华　明　光	二等奖
	《亚星质疑“长鼻子”校车标准》	通讯	邹　平	三等奖
	《“最具文化影响力盛举之一”》	通讯	赵　天　孔　茜　王　鹏	三等奖
	《用国际视角讲述扬州故事》	言论	毛建国	二等奖
	《“诚信少年”徐砺寒》	系列报道	露　莎　朱　东　楚　楚　胡　俭	一等奖
	《走沿江　看沿河：沿河加速崛起》	系列报道	拾景炎　嵇长青　邹　平	三等奖
	《运博会云报纸特刊》	重大主题创新类	张志虹　冯　刚　徐晔敏　詹大云	三等奖
	《党报评论》	专栏	陈征宇　李　峰　毛建国	三等奖
	《公道政府网“骂帖”四年不删》	编辑奖	刘　贺	一等奖
	12月16日B1版	版面	李　峰　詹大云　陈杜华	二等奖
	《广陵琴何以引领中国古琴发展》	副刊	李蓉君	二等奖
	《电商大战》	漫画	王　鹏	三等奖
	《烛光纪念南京大屠杀30万同胞遇难75周年》	新闻摄影	董　辉	三等奖
	《新闻报道“故事化”考核导向“质量化”》	新闻论文	陈征宇　拾景炎	一等奖

续表 30-2

报纸(网站)名称	获奖作品	类别	作者	获奖等次
《扬州晚报》	《食品安全责任险昨签“第一单”》	消息	何晶	二等奖
	《电子眼“紧盯”农产品检测》	消息	向家富	二等奖
	《瘦西湖昨首评“星级船娘”》	消息	向家富	三等奖
	《人民的“法官儿子”(上、下)》	通讯	王玉龙 臧晓松	二等奖
	《一个局长的 24 小时“饥饿体验”》	通讯	何世春 居小春 陈高君	三等奖
	《扬州雕版联姻〈一九四二〉的启示》	言论	王子明	三等奖
	《“最美乘客”系列》	系列报道	韩秋	三等奖
	《余你同在》	专栏	余佳	三等奖
	2 月 15 日 A1 版	版面	袁益民 费大洋	三等奖
	《麦子秀了》	副刊	汤成难	三等奖
	《扬州清明》	漫画	沈江江	三等奖
	《电商“三国杀”》	漫画	沈江江	三等奖
《扬州时报》	《我市首次为“缓刑犯”申报见义勇为奖》	消息	乔国军 王瑾	二等奖
	《他迷途知返,用爱心完成人生救赎》	通讯	杨监 葛珉 乔国军	二等奖
	《本报官方微博携众网友全城接力寻人》	通讯	马桂路	三等奖
扬州网	《“700 岁英雄宴”献给我和我的十八个爹娘》	网络新闻奖	史康宁	一等奖
	《小纸条背后的大诚信——扬州“诚信中学生”传递正能量》	网络新闻奖	史康宁	二等奖
	《中国月亮城祭月——看原汁原味“扬”中秋》	网络新闻奖	王晖军 吴静 沙迅 戴燕	二等奖

(汤庆彬)

统印刷产业技术创新联盟成立大会,承办 2012 星光盛典扬州演唱会等演艺活动和房产交易会、汽车博览会。《扬州日报》联合中央电视台综艺频道《向幸福出发》栏目启动“温暖中国——寻找身边的好人”扬州地区征集活动。《扬州晚报》举办“十大经济人物”评选、“‘烟花三月’扬州美”摄影大赛、第六届“欢乐社区行”大型系列演出、大明寺迎新祈福盛典等活动。《扬州时报》举办全市中小学校长论坛、中英文写作大赛。 (汤庆彬)

■《扬州日报》 彰显“主流、权威、深度”特色,围绕市委、市政府中心工作开展新闻宣传;围绕中共十八大、世界名城建设、人大和政协“两会”、“烟花三月”节、重大项目建设、扬州泰州机场通航、运博会等重大活动和事件,开展规模化、系列化、深度化宣传。探索“新闻报道故事化”办报理念,通过讲述故事,传播社会主义核心价值观。推进“党报影响力提升工程”。《党报观察》栏目把握市委、市政府中心工作,深度解读扬州经济社会发展重大理论和实践问题。《党报评论》栏目权威评论热点事件、焦点话题,发出党报声音,引导社会舆论,回应重大关切。《党报在线》栏目实行报网互动,政府有关部门在线解答网民疑问,倾听群众心声,公开有关政策。《党报访谈》栏目反映高端人士所思、所见、所想。

创新办报,推出苏中、苏北地区首份“云报纸”。9 月 26 日,运博会在扬州开幕。《扬州日报》策划推出“云报纸”特刊《云·运·韵》。“云报纸”运用“云”技术,让报纸里的内容“动”起来,实现可听、可看、可即时与人分享,其最大的特点是“平面变立体,静态变动态”。特刊《云·运·韵》的每个版面都有与其对应的视频,分别反映扬州世界名城建设成就、大运河风光、城市新貌、运河申遗、历届运博会等内容,并配解说或音乐。“云报纸”表面看起来与普通报纸无异,但通过智能手机“云拍”软件和图像识别技术,扬州网与“云报纸”相对应的视频就会跳转出现在手机屏幕上。

开展“走转改”(走基层、转作风、改文风)活动。采编一线人员到田间地头、社区乡村、厂矿企业采访,记录百姓真实生活,反映市民真情实感,讴歌时代发展变化。春节后,开设《新春走基层》栏目。7 月起,开展“走转改”百日竞赛活动。8 月起,推出“走基层、转作风、改文风”系列报道,设立《倾听》《一线见闻》《蹲点调研》等子栏目,展现记者现场体验和调研成果。 (汤庆彬)

■《扬州晚报》 增强“主战线、主阵地、主力军”意识,围绕中心、服务大局,宣传时代主旋律。

重大主题宣传。配合“烟花三月”节,推出 4D 特刊(报纸图片以 3D 技术制作，特刊印刷时加入香精，阅读时可闻到香味）《骑鹤上扬州》。扬州泰州机场通航当天和次日，分别推出8版、10版特刊。围绕全市人大、政协"两会"宣传，策划《扬州策》《问计》《两会改变生活》《新代表委员履职记》等栏目。围绕市委中心工作，发挥舆论引导作用。在运博会和国庆长假前，组织20个社区发出"喜迎宾客，做文明有礼扬州人"倡议，推出"做运博双语志愿者"服务活动，为游客提供普通话、英语咨询服务。做好中共十八大宣传报道。会前，《喜迎十八大辉煌10年》栏目立足宏观，以聚焦观察方式报道近10年扬州经济社会标志性事件；《聊聊我家这十年》栏目以平民视角讲述普通人家生活变迁；《喜迎十八大 走基层看变化》栏目反映扬州基层一线干部群众的奋斗历程；《十八大前夕的北京》栏目以直观报道传递北京喜迎十八大的浓烈氛围。会中，邀请扬州专家学者解读十八大报告精神，反映扬州党员、干部、群众对十八大召开的政治热情。会后，开设《学习贯彻落实十八大精神》专栏，转载《人民日报》、新华社重要言论，组织本地各界人士撰写学习理论文章。

典型报道。报道"最美乘客"。6月14日，《扬州晚报》以《"最美乘客"救了一车人》为题刊发独家新闻，报道乘客陆学华在司机突然晕倒的情况下，采取紧急措施，使高速行驶中的大巴平稳停车的故事，引发国内百家主流媒体的报道热潮。报道"诚信店主"。4月24日至5月11日，《扬州晚报》率先报道并连续挖掘市区一家干洗店店主中毒身亡后，其家人忍住悲痛主动联系客户，如数返还市民钱物的事迹，在市民中产生广泛影响，并引起国内众多媒体关注。报道"跑步妈妈"。《扬州晚报》在同城纸质媒体中首先报道为儿子捐肾的"跑步妈妈"颜彩霞的故事，并跟踪帮助捐款、联系就医，直至手术成功。

践行"走转改"。推动采编人员深入田间地头、社区小巷、校园车间、科研院所采访，推出一批版面和栏目，打造群众特色、基层特色。《记者第二办公室》专栏通过记者亲身体验，呈现群众生产、生活原生态，刊发频率由每周一期增至两期；《昨夜扬州》专版聚焦突发事件，鼓励记者在夜间走进第一现场；《余你同在》专栏发动社会力量帮扶弱势群体，讲述民间帮扶故事；《96496》《社区》版面每天刊出2～4版，搭建党委、政府和群众间的沟通平台。5月24日，推出《走基层 转作风 改文风——孟俭农村采访日记》《走基层 转作风 改文风——小春跑乡村》栏目，报道记者骑自行车下基层采访的所见所闻。7月5日，推出"夏日清'搅'行动"，为市民解决断电断气、漏雨浸水、垃圾污染、噪音扰民等问题。 *（汤庆彬）*

■**《扬州时报》** 《扬州时报》在办好主报的同时，做好《江都早新闻》《今日邗江》《扬州教育》《广陵家长》等出版发行工作。其中，2012年新办的《广陵家长》由《扬州时报》与广陵区教育局合办，单刊发行量5万多份。

《扬州时报》强化专题报道，以独家视角凸现差异化，以生活资讯突出服务性。专题新闻深度挖掘、报道社会热点问题、重大民生政策。对中央、省、市各项民生政策，解读彻底到位；对食品安全、物价、房地产、股市等热点问题，全面关注、正确导向、积极引导；对同一新闻、同一事件的报道，坚持独家视角，发出与众不同的声音。"烟花三月"节特刊沿用中英文双语形式，充实、创新内容和版面，彰显开放性、国际性；《社区》版重新定位改版，以深入基层、关注民生、反映民意、排解民忧为宗旨，增设《社区黑板报》《社区圆桌会》《社区达人》《帮办热线》《凡人善举》等栏目，加大民生服务力度；策划开展"跨省大招工""帮扬州大学生找工作""暖冬大行动"等公益活动。在生活资讯方面，强化服务性、实用性，归纳和整理衣、食、住、行等内容，为读者提供细致、周到的服务。 *（汤庆彬）*

■**新媒体建设** 全国人大、政协"两会"期间，《扬州日报》、扬州网与中国江苏网在北京建立联合演播厅。扬州泰州机场首航日，《扬州日报》联合扬州日报官方微博、扬州网官方微博和泰州新闻网，通过网络视频、图文播报、微博直播等形式，直播机场通航盛况。运博会期间，扬州网首次用多国语言，向全球直播开幕式盛况。整合《扬州日报》、扬州网平台，举办"党报在线"活动48期。《扬州晚报》建成全媒体互动平台，开通全省首家媒体官方微信，并首推纸质版"微博墙"。《扬州时报》采用视频招工、微招工（通过发布微博进行招工）等形式，与新浪、红网等知名网站联合开展跨省大招工活动。中国艺术在线网、扬州汽车网、泰州汽车网、镇江汽车网专业性、特色性更加突出。 *（汤庆彬）*

■**广陵书社** 全年申报选题173种，使用新书号116种；编辑室发稿150种，在编26种，发稿量4200万字；出版图书166种，其中新书121种（合作选题86种、自主选题35种）、重印书45种。生产图书总码洋3257万元，入库码洋1515万元；发货码洋1761万元，退货码洋261万元，实际发货码洋1500万元。全社实现销售收入1580.6万元，比上年增长20%；到账1579.2万元，其中发行到账886万元，分别增长15%、24%；实现利润198.9万元，增长80.8%。全年总支出1179万元，上缴各种税费114万元。至年底，书社库存图书码洋2600万元，比上年减少200万元；总资产1600多万元。全国古籍整理出版规划领导小组办公室年度资助项目《鳌峰集》和《铁网珊瑚校证》完成出版。2种图书入选新闻出版总署改革发展项目库，《中国历代僧诗全集》《中国雕版精品丛书》《东兴缪氏家集》等3种图书入选国家"十二五"重点图书出版规划增补项目，《中国历代僧诗全集》获年度国家古籍整理出版专项经费资助50万元，《清人文选学著述丛刊》等17种图书入选2011－2020年国家古籍整理出版规划重点项目。在2011年度全国优秀古籍图书评选中，《民国绍兴县志资料》《扬州地方文献丛刊（第二辑）》分获一等奖、二等奖；在第15届华东地区优秀古籍图书评选中，《江苏人物传记丛刊》获一等奖，《孝经文献集成》《雕版唐诗三百首》《吴江乡镇旧志丛刊》获二等奖；在扬州市第八次哲学社会科学优秀成果奖评选中，《清宫扬州御档》等图书获一等奖10个、二等奖26个、三等奖62个。12月，广陵书社举行建社10周年庆典活动，编辑出版《广陵书社十年书目（2003－2012）》。 （汤庆彬）

■扬州广陵古籍刻印社 2012年，扬州广陵古籍刻印社（简称刻印社）完成产值1201万元，实现到账1021万元，产品存货量增值184万元，全年净利润33.93万元。全年完成100多种图书加工任务，印装图书13万多册，用纸1.4万刀。研发丝绸印制图书新方法。新开发客户80多家、经销商9家，客户单位增加到300多家。《金刚经》加入深圳电视台电视直销。在淘宝网开设网络直销店，与当当网合作开展网络营销。全年销售图书4万多套。刻印社连续第六年获评扬州市"双优诚信印刷企业"，社长朱世生被评为"长三角文化创意产业优秀领军人物"。

保护、传承和发展雕版印刷技艺。召开2012中国扬州雕版印刷国际学术研讨会暨全国传统印刷产业技术创新联盟成立大会。由扬州报业集团、刻印社、市产品质量监督检验所起草的《雕版印刷技艺江苏省地方标准》颁布实施，同时启动国家级标准申请工作。与北京汉仪公司合作开发雕版印刷字库系统，以《全唐诗》为底本，制作雕版印刷字库。在北京中国印刷博物馆建立雕版印刷专馆，永久陈列刻印社产品。加强与扬州旅游商贸学校、扬州商务高等职业学校、南京莫愁中等专业学校合作。与金陵科技学院达成共建协议，培养社会性传承人，开展雕版印刷技艺研究。刻印社有3人通过市级工艺美术大师评审。从浙江购回民国时期雕刻的木活字17万多个。新刻《扬州八怪笺谱》《金刚经》《广梅花百咏》《一九四二》等作品，补刻《扬州丛刻》，新出版《平山堂小志》《百龙腾飞》《运河十八锦》《扬州名园记》等产品，新刷印一批雕版产品。2012年，刻印社获国家、省级和市级项目引导资金65万元，完成2012年度国家非物质文化遗产保护专项资金、江苏省文化产业引导资金项目申报工作。（汤庆彬）

广播影视

■概述 2012年，扬州广播电视传媒集团（总台）（以下简称扬州广电集团（总台））围绕中共十八、重大项目建设、世界名城建设、民生幸福工程、"烟花三月"节、运博会、扬州泰州机场通航等重大事件和活动，整合广播、电视、报纸、网络等媒体资源，做好宣传报道，发挥广播电视舆论导向作用。提高广播、电视节目质量，巩固主流媒体地位。电视收视、广播收听市场份额分别超过40%、75%，《江苏声屏·扬州广播电视》发行量超过7万份。全年有26件作品获省级一等奖及以上奖项31个。承办"烟花三月"节开幕式文艺晚会、第三届法治文艺调演、扬州中学110周年校庆、江苏省华建建设股份有限公司成立30周年庆典、汶河小学建校100周年等重大节庆活动；通过市场化运作，举办"扬州美女"大赛、"春晚总动员"等品牌活动；依托广播电视媒体影响力，举办扬州十大新闻人物评选、扬州十大孝星评选、"关注"助学、"1035"爱心助考、"点亮春天的声音"、经典诵读进校园、我们的节日、关爱农民工、关爱留守儿童等公益性活动，全年发放帮扶资金100多万元。全市新增有线电视用户2.2万户，累计111.43万户；新增数字电视用户23万户，累计90.2万户。江都区、高邮市建成江苏省数字电视城乡一体化县（市、区），宝应县、仪征市建成江苏省有线电视户户通县（市）。全市各影剧院全年放映电影11.08万场次，票房收入8640.81万元。 （仲铁成）

2012年扬州广电集团（总台）获省级一等奖及以上奖项作品一览表

表30-3

类　别	获奖作品标题	获　奖　名　称
电视类	《自然之子》	中国广播影视大奖·第22届电视文艺"星光奖"电视纪录片奖
	《救护车舍近求远为哪般？》	江苏电视新闻奖长消息一等奖
	《新闻女生帮你忙》	江苏电视新闻奖优秀栏目
	《改善民生"十"打实》	江苏电视新闻奖访谈节目一等奖
	《免费就餐　是善行？还是炒作？》	江苏广播电视彩虹奖（电视）评论节目特别奖
	《东关的声音》	江苏广播电视彩虹奖（电视）专题节目一等奖 第14届全国电视外宣"彩桥"节目创优评析活动长片优秀作品 第28届江苏省电视金凤凰奖中短篇电视纪录片一等奖
	《木匠潘》	第28届江苏省电视金凤凰奖长篇电视纪录片一等奖 江苏电视社教节目奖长纪录片一等奖
	《扬州梦　扬州情——2011中国扬州"烟花三月"国际经贸旅游节开幕式晚会》	江苏电视文艺奖综艺节目一等奖 第28届江苏省电视金凤凰奖电视文艺晚会一等奖
	《永远的父亲》	江苏电视文艺奖专题节目特别奖

续表 30-3

类　别	获奖作品标题	获奖名称
电视类	《淘喜宝军事夏令营特别节目之“不抛弃不放弃”》	2010—2012年度江苏省优秀原创少儿广播电视栏目一等奖
	《潮人》	第28届江苏省电视金凤凰奖电视剧类特别奖
	《华利2011中国扬州美女大赛总决赛暨颁奖盛典》	第28届江苏省电视金凤凰奖电视文艺晚会一等奖
	《丰收的记录者——扬州麦客》	第四届新农村电视艺术节专题片最佳作品奖
	《扬州好佬》	第二届江苏省名优电视栏目推选·2012十优新电视栏目
	《我爱妈妈菜》	第二届江苏省名优电视栏目推选·2012十大创新电视栏目
	《东关历史文化旅游区》	第14届全国电视外宣“彩桥”节目创优评析活动短片优秀作品
	《非常麻辣》	2011—2012年度江苏省广播电视创新创优栏目
	《水上绿杨城郭》	第14届全国电视外宣“彩桥”节目创优评析活动《东方神韵》栏目优秀作品
广播类	《985早新闻》	江苏广播新闻奖优秀栏目
	《绿叶对根的情意》	江苏广播电视彩虹奖(广播)专题节目一等奖
	《情系格桑花》	江苏广播社教节目奖对象性节目一等奖 江苏省新闻奖、国家广播影视大奖优秀节目提名奖
	《碧血丹心　诗魂流芳》	江苏广播剧广播文艺奖文学节目特别奖
	《两岸广播江苏行》	江苏广播电视彩虹奖(广播)对港澳台节目消息一等奖
报刊类	《红色连环画〈画说中共“一大”〉创新说党史》	江苏广播电视报刊新闻与专稿奖消息一等奖
	《“功利化感恩”的尴尬出场》	江苏广播电视报刊新闻与专稿奖评论一等奖
论文类	《资本理念引导下的广电人力资源体系构建》	江苏省优秀新闻论文一等奖

(仲铁成)

■广播电视节目　2012年，扬州广电传媒集团(总台)自办广播频率5个、电视频道4个、数字电视频道2个，电视节目制作总量6596小时，广播节目制作总量2.91万小时。《扬州新闻》《关注》《市民论谈》等电视栏目和《985新闻》《行风热线》等广播节目成为市委、市政府发布政令、指导工作、沟通群众的重要渠道，《今日生活》《新闻女生帮你忙》《甲方乙方》《相亲相爱》《生活办》《我爱妈妈菜》《扬州好佬》《淘喜宝》《上班路上》《夜色温柔》《大街小巷》《广陵书苑》等栏目质量稳步提高。(仲铁成)

■广播电视科技装备　扬州广电集团(总台)全年投入2600多万元，升级、改造广播电视设备。购置数字广播转播车，建成外来信号集中收录网络系统、移动地面数字电视制播系统和多介质自动播出系统，启动媒体资源内容管理系统建设，提高广播电视制作、播出、传输硬件水平。2012年，扬州广电集团(总台)有4件作品获国家广电总局电视节目录制质量奖，6件作品获全省广播电视节目录制评选一等奖；1个项目获中国广播电视科技创新二等奖；1人获全国广电技术能手称号，3人获全省广电技术能手称号。(仲铁成)

■电影放映　2012年底，全市有电影放映单位15家、银幕71块，其中院线影院12家。全年放映电影11.08万场次，观众246.88万人次，票房

2012年扬州市区主要院线影院经营情况表

表30-4

影院名称	放映场次(场次)	观众数量(人次)	票房收入(万元)
扬州工人影剧院	6272	115601	297.20
扬州世纪电影城	20448	658980	2468.30
扬州喜满客影城	17544	552357	1950.75
扬州金逸国际影城	13804	447465	1437.74
扬州汇金谷金字塔影城	2476	7608	17.43
江都时代影城	10849	205229	667.66
江都世纪影城	7430	133205	409.34

(沈春祥)

总收入 8640.81 万元，比上年增长 54.2%。高邮市、宝应县开展农村电影公益放映活动 6972 场次，获省场次补贴 98.12 万元。1 月，宝应世纪影城开业，设放映厅 4 个、观众座位 402 个。7 月，高邮市北海影城扩容，增加放映厅 2 个、座位 333 个。

（沈春祥）

■电影《血源》首映 3 月 18 日，以“中国好人”王文清为原型的电影《血源》在江都世纪影城首映。王文清是中石化江苏石油扬州分公司正谊加油站站长，曾当选新华社“中国网事·感动 2010 年度网络人物”。他从 23 岁开始献血，被誉为“献血大王”；他救助贫困人员 200 多人，累计捐款超过 50 万元。电影《血源》由中央电视台电影频道与江都广播电视台联合拍摄，刘一君执导，颜世魁主演。影片以一个普通扬州市民的凡人善举为主线，刻画以王文清为代表的新时期新市民的道德情怀。

（闻　华）

■电影《徐兆华》获金盾影视奖 11 月，第 11 届全国公安系统“金盾文化工程”优秀作品评选结果揭晓，电影《徐兆华》获金盾影视奖。电影《徐兆华》由扬州市委宣传部、市公安局、扬州报业集团、扬州中艺传媒联合摄制，讲述爱民警察徐兆华帮助孤老、失足青少年和服刑人员子女的感人故事。（闻　华）

文学艺术

■概述 举办纪念毛泽东同志《在延安文艺座谈上的讲话》发表 70 周年系列活动。2012 年，扬州市作者出版诗集《烟的眸子》《跟着蒲公英去旅行》、小说《呼喊的火焰》、传记《难忘初心——星云与扬州》、散文集《而立集》、摄影作品集《图说扬州》、文学理论研究成果《包公文学研究》《扬州文化研究论丛》等，在期刊发表《比邻而居》《康乾时期扬州界画研究》等文学作品。扬州市获“全国诗词之市”称号。

新创作扬州弹词开篇《扬州老井》、扬州评话《自清如水自千秋》《一袋黄豆情》、木偶剧《胡桃夹子》、舞蹈《人与海》《春之韵》《爱是阳光》等节目。市扬剧研究所首演扬剧《杜十娘》，扬州文化艺术学校和市扬剧研究所重排经典扬剧《百岁挂帅》。市曲艺研究所创作的中篇扬州弹词《盛世红伶》获第七届中国曲艺牡丹奖节目奖及第七届江苏省曲艺节优秀节目奖、创作奖，扬州弹词开篇《扬州老井》获第七届江苏省曲艺节优秀创作奖、节目奖。市木偶研究所修改、排练的木偶剧《琼花仙子》获第 21 届国际木偶艺术节最佳剧目奖。市歌舞剧院有限公司创作、演出的舞蹈《甘霖》《回眸》《位》分获江苏省新人新作歌舞大赛创作二等奖、创作三等奖、优秀创作奖。市国画院创作的《祥云》获“锦绣中原”中国画作品展优秀奖，《四季花语》获 2012 吴冠中艺术馆开馆暨全国中国画作品展优秀作品奖，10 幅作品入选国家级美展，29 幅作品入选省级美展。

扬州市直各专业艺术剧团（院）全年演出 1640 多场。开展文化活动。举办“烟花三月”节系列文化活动、运博会专场音乐会、市扬剧研究所（扬剧团）建团 50 周年庆祝活动。组织“亲情中华 锦绣江苏”扬州艺术团到新加坡、马来西亚交流演出。新版经典扬剧《百岁挂帅》参加首届中国江苏文化艺术节优秀剧目展演。市国画院 2 幅作品入选江苏省重大主题美术创作精品工程。举办扬州市庆祝十八大召开美术作品展。组织首届中国江苏文化艺术节扬州分会场“吴韵汉风·运河情”广场文艺演出活动。举办 2012 扬州市群文与专业剧团（院、校）新作调演，推出一批新人新作。市歌舞剧院有限公司参加公安部 2013 年春节电视文艺晚会录制。

（刘文献　蒋学亮　闻　华）

■“扬州之春”艺术周 2 月 14—21 日，扬州市举办“扬州之春”艺术周活动。该活动由扬州市委宣传部、市文广新局、《扬州日报》、《扬州晚报》主办。活动期间，扬州市各专业剧团与浙江省宁波市越剧团上演扬州曲艺专场、扬州歌舞综合专场、木偶剧《葫芦娃》、扬剧《巡按还乡》、越剧《荣华梦》以及民族音乐会等 6 台节目，市国画院在市美术馆举办迎新春画展。

（刘文献　朱运桃）

■扬州（北京）经济社会发展成果汇报会文艺演出 3 月 14 日，2012 扬州（北京）经济社会发展成果汇报会文艺演出在北京香格里拉酒店举行。扬州文艺工作者表演具有扬州地域特色的古筝独奏、民乐小合奏、扬剧《金玉良缘》、扬州清曲《虞美人·听雨》、扬州评话《武松·挑帘》、扬州清曲《板桥道情》以及舞蹈《龙飞凤舞》《剪纸姑娘》等节目。在扬州工作过的领导，在京扬州籍老乡以及扬州市友人，参加全国人大、政协“两会”的扬州籍全国人大代表和政协委员等近 300 人参加活动。

（刘文献　朱运桃）

■“中国扬州·烟花三月·光影周”活动 4 月 14—16 日，由市文学艺术界联合会（简称市文联）、江都区委宣传部、中国摄影杂志社主办，江都区文广新局、江都区文联、扬州市摄影家协会承办的第二届“中国扬州·烟花三月·光影周”活动在江都举行。活动期间，举办专家专题讲座、小型座谈会、采风创作、专家现场指导、“光影周”活动摄影作品评奖、获奖作品点评等活动。近 300 名扬州市摄影家协会会员参加活动，提交参赛作品 1200 幅。活动评出一等奖作品 1 幅、二等奖作品 2 幅、三等奖作品 4 幅、优秀奖作品 33 幅。（吴建军）

■“烟花三月”节文艺晚会 4 月 18 日晚，由市委、市政府主办，扬州广电集团（总台）承办的“烟花三月”节“水墨四季”大型文艺晚会在市体育公园举行。晚会分序曲、春、夏、秋、冬、尾声等 6 个篇章，分别以瘦西湖对应春季、何园对应夏季、茱萸湾对应秋季、个园对应冬季，展示扬州四季风情和旅游理念。晚会首次采用全舞台 LED（发光二极管）地坪。（陈　健）

■第二届“朱自清散文奖”评选 4 月 20 日，由人民文学杂志社、扬州市

扬剧《杜十娘》演出现场　　庄文斌/摄

委宣传部主办，扬州报业传媒集团、市文联承办的第二届“朱自清散文奖”评选结果在北京揭晓，贾平凹的《天气》、梁鸿的《梁庄》、李娟的《羊道》、马伯庸的《宛城惊变》《风雨〈洛神赋〉》《破案：〈孔雀东南飞〉》、纳兰妙殊的《粉墨》《欢情》获第二届“朱自清散文奖”。4月27日，第二届“朱自清散文奖”颁奖典礼在扬州举行。

（赵雪艳）

■纪念毛泽东同志《在延安文艺座谈会上的讲话》发表70周年系列活动　5月3日，扬州市文联、高邮市文联等单位在高邮市召开纪念毛泽东同志《在延安文艺座谈会上的讲话》发表70周年作家调研座谈会，听取部分省、市作协会员和高邮文艺网作者意见。5月18日，由江苏省文联主办，江苏省杂技艺术家协会、扬州市民间文艺家协会、扬州大学旅游烹饪学院协办的纪念毛泽东同志《在延安文艺座谈会上的讲话》发表70周年“江苏省百名艺术家百场惠民演出·扬州魔术专场表演”在邗江区力宝广场举行，省杂技艺术家协会魔术师和扬州高校魔术联盟成员同台表演魔术节目。5月23日，市委宣传部、市文联联合召开扬州市纪念毛泽东同志《在延安文艺座谈会上的讲话》发表70周年座谈会，全市20多名文艺家参加座谈。

（吴建军）

■扬剧《杜十娘》首演　5月12日，扬剧《杜十娘》在友好会馆上演。扬剧《杜十娘》由市扬剧研究所创作、排演，胡小元编剧，范继信导演，孙爱民、游庆芳、张卓南等主演。杜十娘的故事是中国传统戏剧题材。与其他剧种相比，扬剧《杜十娘》在剧情、唱腔等方面进行创新，运用“梳妆台”“芦江怨”“汉调”“金梳妆”“补缸”“堆字大陆板”等多种扬剧传统曲牌，并引入《茉莉花》等扬州小调以及扬州清曲艺术元素，为传统扬剧增添新意。

（闻　华）

■扬州曲艺省曲艺节上获奖　6月12日，第七届江苏省曲艺节在常熟闭幕。扬州市6个节目参赛，获13个奖项。其中，扬州评话《王少堂·教场打擂》、中篇扬州弹词《盛世红伶》获优秀节目奖，扬州弹词开篇《扬州老井》获优秀创作奖，包伟、马伟、康康获优秀表演奖；扬州弹词《扬州老井》《秋海棠·重逢》获节目奖，扬州评话《王少堂·教场打擂》、中篇扬州弹词《盛世红伶》获创作奖，赵松艳、于海、陈中获表演奖。市文广新局获组织奖。扬州市参赛的6个评话、弹词节目均为新创作曲目，参赛演员以中青年演员为主。　（刘文献　朱运桃）

■扬州艺术团赴新加坡、马来西亚交流演出　9月11—17日，受江苏省归国华侨联合会（简称侨联）委托，扬州市侨联、市文广新局组织“亲情中华　锦绣江苏”扬州艺术团访问新加坡、马来西亚，并举行3场交流演出。“亲情中华　锦绣江苏”扬州艺术团由扬州市各专业剧团与艺术院校联合组建。9月11日，艺术团在新加坡大会堂与当地华人艺术家一起参加由新加坡华源会-中国新移民总会、直落布兰雅民众俱乐部、新加坡全国职工总会下属外籍劳工中心联合主办的“心连心歌舞晚会”。9月13日，艺术团在马来西亚冼都王岳海大礼堂举行隆雪三江公会成立66周年文艺演出；9月14日，艺术团在冼都王岳海大礼堂与马来西亚七大乡团协调委员会联合举办文艺演出。艺术团表演的节目均为富有中国风格与扬州地域特色的作品，荟萃扬州木偶、扬州清曲、扬剧、扬州民歌、扬州舞蹈、扬州古筝表演等艺术门类，扬州大学艺术学院院长张美林、市各专业剧团多名国家一级演员参加演出。

（刘文献　朱运桃）

■《百岁挂帅》参加省文化艺术节展演　9月24日，由扬州文化艺术学校2007级扬剧班40名学员表演的扬剧经典剧目《百岁挂帅》参加在南京紫金大剧院举行的首届中国江苏文化艺术节优秀剧目展演。《百岁挂帅》是扬剧传统大戏，场面宏大、行当齐全、文武并重，曾于1959年、1984年两度公演。时隔28年，扬州文化艺术学校2007级扬剧班学员排演“青春版”《百岁挂帅》，得到戏迷与专家肯定。　（闻　华）

■“运河情”扬州女画家书画作品展　9月25日，由市文联、市文化馆、扬州百花女子画院等单位联合主办的“运河情”扬州女画家书画作品展在市文化馆开展。中国太平洋经济合作全国委员会、国际古迹遗址理事会、内河航道国际组织等10多个国际组织和23个国家的嘉宾以及扬州市社会各界人士近500人出席开展仪式并参观展览。画展展出扬州大学艺术学院和扬州百花女子画院16名女画家的山水画、花鸟画、漆画、油画和装饰画作品60幅，集中展示当代扬州女画家最新创作成果和创作理念。

（刘文献　郑　妮）

■ **“运河之夜”音乐会**　9月26日，由市政府主办、市文广新局承办的2012中国扬州世界运河名城博览会“运河之夜”音乐会在扬州市音乐厅举行。音乐会由上海爱乐乐团担任演出班底，前线歌舞团钱琳、扬州大学艺术学院张美林等参加演出。晚会曲目既有《天鹅湖》选段、电影《音乐之声》主题曲、《蓝色多瑙河》、《卡门》序曲等经典名曲，又有《茉莉花》《拔根芦柴花》《二十四桥明月》以及为运博会创作的原创曲目《运河约会世界》等“扬州元素”。晚会表演的16支曲目大部分是参加运博会的运河城市所在国家的名曲。

（刘文献　朱运桃　杨　恽）

■ **2012年扬州专业艺术剧团（院、校）新作调演**　9月27日至10月10日，扬州市举办2012年专业艺术剧团（院、校）新作调演，全市14家剧团（院、校）12台节目参加调演。《盛世红伶》等3个节目获优秀剧目奖；《百岁挂帅》等3个节目获优秀演出奖，《血冤》等3个节目获演出奖；《乐伢与垃圾精灵》等10个节目获优秀节目奖，《换客大会》等9个节目获节目奖；李华俊等25人获优秀表演奖，钱维霞等22人获表演奖，赵倩等17人获新人奖。评出编剧奖、创作奖、导演奖等单项奖。

（文　艺）

■ **江苏省青少年音乐大赛**　10月14－15日，由省文联、省音乐家协会、市文广新局、市文联共同主办的首届“小茉莉花奖”江苏省青少年音乐大赛暨2012年“奥玛尔钢琴杯”江苏音协考级优秀选手展演活动在扬州举行。进入复赛的220多名选手参加钢琴组、古筝组、声乐组比赛，各组分别产生一等奖1个、二等奖10个、三等奖15个。部分大赛评委与各组别获奖选手参加10月15日举办的颁奖音乐会。

（吴建军）

■ **“惠风和畅”扬州国画院刘南平院长书画展**　10月17－23日，“惠风和畅”扬州国画院刘南平院长书画展在澳门综艺馆举办。此次画展由外交部驻澳门特别行政区特派员公署、澳门民政总署联合主办，展出刘南平书法作品和山水、人物、花鸟主题国画作品50件。全国政协副主席何厚铧出席开幕仪式。

（闻　华）

■ **中国音乐“金钟奖”古筝比赛扬州选拔赛**　12月6日，由市文广新局主办，市古筝协会承办的第八届中国音乐“金钟奖”古筝比赛“金韵杯”扬州选拔赛在市音乐厅举行，20名选手参赛。经过规定曲目与自选曲目的比赛，顾丽获金奖，吴蓉、盛扬获银奖，熊颖、赵楚楚、王怡萱获铜奖。

（刘文献　朱运桃）

10月8日，扬州市2012年专业艺术剧团（院、校）新作调演歌舞综艺专场演出在扬州大剧院举行。图为男子群舞《阵地》演出场景　　庄文斌／摄

■ **文学作品获奖**　2012年，扬州作家王巨成创作的儿童文学作品《童话》获首届“周庄杯”全国儿童文学短篇小说大赛优秀奖，长篇小说《震动》获江苏省“五个一工程”入选作品奖。在中央宣传部、中央精神文明建设指导委员会办公室（简称文明办）、教育部、团中央、全国妇联组织开展的第三届全国优秀童谣征集推荐活动中，市文联、市文明办征集的3首童谣入围。其中，夏鹭的《文明哪里来》获三等奖，毛飞的《爸爸不在家》和陈锡瑾的《“众”字歌》获优秀奖。（吴建军）

■ **扬州市曲艺研究所**　2012年，市曲艺研究所加工整理、改编创作中篇扬州弹词《盛世红伶》、扬州弹词开篇《扬州老井》《绿色恒通新生活》、扬州评话《自清如水自千秋》《一袋黄豆情》《明朝那些事·道衍恳请》《清风闸·当活宝》《三国·战长沙》《绿牡丹·四望亭捉马猴》、扬州弹词《秋海棠·重逢》《珍珠塔·方卿见母》《玉蜻蜓·寿堂见子》、扬州清曲表演唱《一级英模在身边》《公安英模在身边》以及群口评话《家装的烦恼》《别开生面的审计》等书（节）目40个；二度创作长篇扬州评话《红墙七六》，在社区书场连续表演30场；整理扬州弹词传统书目《双金锭》（演出本）。将扬州评话《三国》（部分）、《清风闸》（全集）、《挺进苏北》（全集）和扬州弹词《杨乃武与小白菜》（全集）编辑制作成DVD光盘，时长4464分钟；将徐幼良的扬州评话《三国》音像资料（磁带）整理成数字文件，时长4440分钟。参加第七届中国曲艺牡丹奖评选，中篇扬州弹词《盛世红伶》获节目奖，马伟获新人提名奖，朱运桃、胡展合作的《以王派〈水浒·武松〉为例论扬州评话的“闲笔”》获理论提名奖，扬州清曲表演唱《虞美人·听雨》获节目入围奖，康康获新人入围奖。参加全国曲艺类非物质文化遗产保护成果学术交流展演，姜庆玲表演的扬州评话《大闹怀仁堂》获银奖。参加第七届江苏省曲艺

节，获优秀节目奖2个、优秀创作奖1个、优秀表演奖3个、创作奖2个、节目奖2个、表演奖3个。开展免费艺术培训。在江都区宜陵镇中心小学开设扬州评话传承班，招收学生163人，授课306节。

全年在9个社区、3个书场、1个景点演出1032场，其中公益性演出519场，观众5万人次。完成指令性演出近80场，参加“百场公益演出”132场。先后参加文化、卫生、科技“三下乡”专场文艺演出、“扬州之春”艺术周、“烟花三月”节系列活动演出、“市民日”演出、“道德模范故事汇”、运博会系列活动等。（胡 展）

■扬州市扬剧研究所 2012年，市扬剧研究所创作的扬剧《杜十娘》首演；扬剧《青春树》获江苏省“五个一工程”奖，并参加江苏省委宣传部举办的“艺术与人民同行”2012年江苏舞台优秀剧目汇演。配合扬州文化艺术学校扬剧班学员排演扬剧经典剧目《百岁挂帅》，对该剧进行修改与创新，李政成担任总导演、艺术指导。完成《新亭宴》(《衣冠风流》)剧本第二稿，并进行论证、修改。龚莉莉获首届中国江苏文化艺术节“红梅飘香”戏曲演员技艺大赛“十佳舞台艺术新人奖”。加大非物质文化遗产（简称“非遗”）保护力度，开展扬剧艺术档案资料收集整理和理论研究、扬剧传承人培养、扬剧传统剧目传承和新剧目创作等工作。以“周周看扬剧”为阵地，复排、展示扬剧传统剧目，创作扬剧新剧目，培育壮大扬剧观众队伍。发挥网络媒体作用，宣传、保护扬剧。扬剧网从交流性网站向综合性网站发展，收录所有扬剧表演团体介绍、99名扬剧演员个人唱腔集锦专题、367名扬剧演员剧照集、90个扬剧剧目图文介绍、172段扬剧视频、1290首扬剧音乐（其中全场音乐130首）、4.5万张各类剧照。

全年举办商业演出115场。开拓综艺演出市场，组织“扬韵流芳”纪念扬州市扬剧团成立50周年文艺晚会以及裴艳玲“寻源问道”从艺60周年、扬州儒商学会成立10周年等专场文艺演出。参加文化惠民活动。举办“周周看扬剧”演出48场，上演《杜十娘》《巡按还乡》等剧目；参加“百场公益演出”活动，免费演出12场；组织演职人员参加各类重大演出活动40多次。（汤玉祥）

■扬州市歌舞剧院有限公司 2012年，市歌舞剧院有限公司新创作《校园的早晨》《相亲相爱》等节目50个。在扬州市专业剧团（院、校）新作调演中，舞蹈《阵地》《位》《我是谁》等节目获优秀节目奖，周晨、陈俊、张仙、孙冬炜获优秀表演奖，谭毅斌、谢丽莉、张仙获创作奖，夏宁洋、王祥龙获新人奖。在第四届江苏省新人新作歌舞大赛中，男子三人舞《甘霖》获舞蹈类表演一等奖、创作二等奖，女子群舞《回眸》获创作三等奖，男子双人舞《位》获优秀创作奖，周晨等人获优秀表演奖。

全年完成营业性演出199场，承接、承办2012靖江市春节晚会等大中型文艺晚会。参加“万家灯火平安夜”公安部2013年春节电视文艺晚会录制。市音乐厅举办自主营业性演出38场。市歌舞剧院有限公司全年营业收入1918.31万元，比上年增长17.97%。全年组织到学校、部队举办公益演出6场，参加“送戏下乡”、老干部茶话会、新春团拜会等指令性演出36场。市音乐厅举办“市民开放日”活动12期，惠民近万人次。京剧演职人员参加春节慰问老干部演出活动、2012扬州市春节联欢晚会等演出13场，组织群众性京剧戏曲演唱会60场次。（刘文献 朱运桃）

■扬州市木偶研究所 2012年，市木偶研究所创排具有武汉地方特色的卡通木偶系列剧《汉正街的雷伢子》，并于9—10月在武汉市70多所小学演出。配合中央电视台国际频道《中华长歌行》栏目和综艺频道《文化视点》栏目节目摄制工作，创排以端午节为主题的传统节目《钟馗斩五毒》。编创大型木偶剧《美德少年》剧本。研讨、论证木偶剧《胡桃夹子》剧本。加工、调整人偶剧《皇帝的新装》，并在南通演出。木偶剧《琼花仙子》参加在成都举办的第21届国际木偶艺术节，获最佳剧目奖。10月，参加扬州市专业剧团（院、校）新作调演，系列木偶剧《我们小时候》获2个优秀节目奖、1个节目奖，梁苏荣、陈玉红、杨光等获优秀表演奖，祝留根、陈月等获表演奖，胡小元、焦锋等获编剧导演奖，匡九龙、戴荣华、华伟、邓小惠等获木偶造型设计奖。12月，选送《三打白骨精》、《嫦娥奔月》（片段）和《打虎上山》等3个节目参加在西安举行的第四届全国木偶皮影中青年技艺大赛，获最佳表演奖1个、优秀表演奖1个、表演奖2个、指导老师奖1个、优秀造型设计奖1个。加大“非遗”保护力度。邀请国家级“非遗”项目代表性传承人华美霞、殷大宁训练青年演员、传授木偶设计制作技艺。组织省级“非遗”项目代表性传承人到小学、幼儿园讲解、演示杖头木偶操纵表演技艺，整理“非遗”资料。制定“非遗”保护十年规划，抢救散失在民间的演出剧目和演出实物，组织国家级、省级“非遗”项目代表性传承人编撰艺术专著、拍摄影像资料。

全年完成剧场演出94场、景点演出202场、校园及其他演出189场，观众20多万人次，演出收入210万元；木偶制作收入190万元。参加“百场公益演出”36场，完成指令性演出任务。参与文化交流活动。1月，刘锦芳、王芸等8人到美国洛杉矶参加“2012年欢乐春节·江苏文化周”访问演出11场；8月，王芸、吴金凤、骆燕、梁苏荣等4人随省政府新闻办公室和省文化厅团组参加在英国伦敦举办的“2012‘感知江苏’文化周”演出；9月，王芸、祝留根、吴金凤等随省侨联“亲情中华 锦绣江苏”扬州艺术团到新加坡、马来西亚交流演出3场；11月，王芸随省文化厅代表团到美国达拉斯德州大学孔子学院及其下属孔子讲堂演出。

（刘文献 朱运桃）

■扬州文化艺术学校 2012年，扬州文化艺术学校舞蹈专业通过视导验收，被确定为省级职教特色专业。全年招收新生168人，30名毕业生升入高一级院校学习，157名毕业生

7月26日，扬州文化艺术学校在扬州大剧院举行2007级扬剧班毕业汇演，上演新版扬剧《百岁挂帅》 王 卓/摄

全部落实实习、就业去向。全年组织参加江苏省职业学校技能大赛、扬州市专业剧团(院、校)新作调演等6项赛事，蔡茉莉的论文《校团合作："非遗传承人"培养的有效途径》、奚社艳的论文《浅谈如何提高艺术中专校美术专业学生专业学习的兴趣》获国家级奖项，刘剑民、李永焱等师生获省级奖项24个，扬剧《百岁挂帅》、舞蹈《影雀》等获市级奖项61个。学校编创的独舞《影雀》入围全国"桃李杯"舞蹈大赛复赛，获扬州市专业剧团(院、校)新作调演创作奖和优秀节目奖；编创的扬州题材独舞《馥香·粉》获扬州市专业剧团(院、校)新作调演节目奖、新人奖。音乐专业学生黄慧获江苏省职业学校学生技能大赛金奖。组织师生2000人次参加"烟花三月"节系列活动等校外演出观摩实践活动80场。完成"非遗"项目传承人培养重点工程——扬剧班学生5年在校培养工作。7月，扬剧班学员排练的大型传统古装戏《百岁挂帅》在扬州大剧院连续公演5场，观众5000人次；9月，《百岁挂帅》参加首届中国江苏文化艺术节优秀剧目展演。中央电视台戏曲频道播放反映扬州文化艺术学校扬剧班专题片。

(刘文献 朱运桃)

■扬州市国画院 2012年，市国画院10件作品入选国家级展览，10件作品获国家级奖项，29件作品获省级奖项。其中，李云飞《四季花语》获2012吴冠中艺术馆开馆暨全国中国画作品展优秀奖，安玉民《武当山灵云》获"画说武当"中国画作品展优秀奖，安玉民《祥云》获"锦绣中原"中国画作品展优秀奖，刘南平《金陵胜迹》(版画)、安玉民《丹顶鹤的故事》入选江苏省重大题材美术创作精品工程(二期)。全年举办迎春书画展、"水墨四季"烟花三月书画展、中国大运河城市廉政书画展、庆十八大政协书画展、"科学发展 辉煌成就" 扬州市庆祝党的十八大召开美术书法大展、"笔墨颂党恩" 庆十八大扬州供电公司书画展，在澳门举办"惠风和畅"扬州国画院刘南平院长书画展。组织画家参加市红十字会书画义捐笔会等活动。贾修森、刘南平创作"扬州好人"作品《周维忠》《印斯佳》。参加艺术交流活动，打造扬州画派。顾扬、贾修森等人作品参加省花鸟画精品展并被选送参加晋京展；刘南平、安玉民作品参加"情系阿里山"两岸名家邀请展及"情系江苏"省名家采风写生展。 (刘文献 朱运桃)

■文联工作 2012年，扬州市有市级文联1个、县(市、区)级文联5个、乡镇级文联46个、行业文联3个、企业文联4个。市文联有下属文艺家协会(研究会)16个、会员近1万人，其中国家级会员260人、省级会员640人。市文联新建扬州市文学艺术家活动中心、扬州市文化艺术创作研究中心、扬州市名城文艺资源保护与利用服务中心、扬州市文艺家权益服务中心、扬州市现代文艺产业促进中心、扬州市文艺家名人名作推介中心、扬州市名城文化艺术创意中心、扬州市文艺社团培育发展中心等8个中心，建立文艺创作引导资金，评选出2012年度文艺创作引导资金立项作品25件。

市文联及各协会、研究会全年主办、承办第二届"朱自清散文奖"颁奖典礼、纪念毛泽东同志《在延安文艺座谈会上的讲话》发表70周年系列活动、"绿杨清韵"扬州创建全国诗词之市诗词音乐雅集活动、纪念曹寅逝世300周年座谈会、扬州市树人文学院成立仪式暨古诗词吟诵与鉴赏讲座、"扬州作家走进交巡警"暨文学创作研讨会、90后作家谈叶闻《二马同槽》出版座谈会、"爱文杯"诗歌大赛颁奖暨优秀作品朗诵会、扬州浅刻艺术大师黄汉侯诞辰110周年座谈会等活动；举办市第四届"琼花奖"舞蹈比赛、"小茉莉花奖"江苏省青少年音乐大赛暨2012年"奥玛尔钢琴杯"江苏音协考级优秀选手展演活动、马维衡专场古琴音乐会、"天音雅集·中国古琴大师的声音"音乐会、在灿烂阳光下——喜迎十八大专场音乐会等音乐、舞蹈活动，2012喜迎十八大——扬州金秋京剧名段演唱会、大型多媒体亲子剧《喜羊羊与灰太狼之小灰灰的心愿》等戏剧活动，扬州市第十届迎春书画展、扬州书画家书画"扬州好人"作品展等书画展览和"美丽童话庆'六一'幸福成长手拉手"果果鼠绘本作品展等书画活动，第六届扬州文艺界新春联欢晚会、"秋之实"万科文化艺术节、扬州市文联·文峰寺2012中秋拜月晚会等综艺、民俗表演活动以及多种创作、研讨、采风活动。市文联与中国移动扬州分公司合作，打造扬州文联大讲堂，先后邀请中央电视台《百家讲坛》主讲人方志远、莫砺锋，《寻宝》栏目专家组成员蔡国声等主讲"回望大明之万历兴亡录""唐宋诗词与现代人生""收藏鉴赏与投资”。

2012年，江都区文联获评江苏省文联系统先进单位，市文联杜海、仪征市文联周永宁获评江苏省文联系统先进个人；武新宏评论文章《国际视野与现代表达——纪录片〈当卢浮宫遇见紫禁城〉跨文化传播理念与效果探析》获中国文联等主办的第九届中国金鹰电视艺术节电视艺术论文评论类二等奖；江苏华电扬州发电有限公司文联《小文联如何在企业发展中展现大作为》获中国文联主办的全国基层文联组织网络体系建设典型经验优秀奖。市文联评选出“清韵秦邮”高邮市书法美术摄影作品晋京展、“花好月圆广陵潮”音乐会、社区周末剧场等扬州市文艺创新项目9个。（吴建军）

社会文化

■概述 加快公共文化服务体系建设。全年新建市图书馆分馆3家、村级文化广场300个，建成市区城区社区基层服务点80个，市区城区社区基层服务点覆盖率100%，基本实现“市有三馆（图书馆、文化馆、博物馆）、县有两馆（图书馆、文化馆）、乡有一站（文化站）、村有一室（文化活动室）”目标。全市建成农村电影固定放映点22个。高邮市数字农家书屋试点工作取得进展。全年举办“扬图讲堂”24场、“百场公益演出”196场、市音乐厅“市民开放日”活动12场、“周周看扬剧”活动48场，引入国内外乐队专场演出50场，送演出、展览进社区30场（次），送戏下乡736场，送电影下乡1.43万场，送图书下乡10.7万册。（刘文献 蒋学亮）

■扬州市建成8个省公共文化服务体系示范区 1月6日，经省公共文化服务体系示范区创建专家委员会审核，扬州市邗江区和广陵区杭集镇、广陵区汶河街道、高邮市界首镇、江都区小纪镇、宝应县安宜镇、仪征市新集镇、邗江区双桥街道等7个镇（街道）分别被命名为县级、乡镇级江苏省公共文化服务体系示范区。（刘文献 郑妮）

■农家书屋建设与管理 开展数字农家书屋试点工作，在高邮市建成首批120家数字农家书屋。组织力量复查、核对、修改和完善全市农家书屋监管系统信息，跟踪督查2012年度江苏省农家书屋出版物更新补助资金使用情况。9月，举办全市第二期农家书屋管理员培训班，基本完成全市农家书店建设工程。高邮市汉留镇京汉村农家书屋获全国示范农家书屋称号，高邮市郭集镇邵庄村农家书屋管理员柏之艳获全国优秀农家书屋管理员称号。在全省书香之县（市、区）、书香之乡（镇、街道）、书香之家推荐评选活动中，邗江区获创建书香之县（市、区）先进单位称号，广陵区汶河街道、邗江区邗上街道获书香之乡（镇、街道）称号，王晖等8个家庭获书香之家称号，栾永富等5人获全省2012年优秀农家书屋管理员称号；在第二届江苏省农民读书节农民读书摄影大赛中，孙万刚作品《活到老 学到老》获一等奖，赵德桃作品《农家书屋里的农民们》获二等奖。（钟芸）

■市民读书节暨第四届职工读书节系列活动 4月23日，2012年度扬州市民读书节暨第四届职工读书节系列活动启动。此次市民读书节由市委宣传部、市文明办、市文广新局、市文联、市社科联、市总工会、团市委、市妇联主办，市图书馆承办，为期两个月。活动主题为“与经典同行 与阅读结缘”。活动期间，举办“流动图书馆”开通、全民阅读志愿者服务、优秀经典影视作品赏析沙龙、“少儿读书月”等13项活动，推进全民阅读活动开展。（闻华）

■市图书馆流动服务车启用 5月2日，扬州市图书馆流动服务车启用仪式在市文化馆群艺广场举行。市图书馆流动服务车载有各类图书2000多册，配备馆员工作站、书架、阅览桌椅、空调、音响等设备，采用开架式借阅方式，为街道、社区、学校、企业和部队等服务网点读者提供信息咨询、图书借阅、数字资源共享等流动服务。（刘文献 郑妮）

■市图书馆3家分馆开馆 5月2日，扬州市图书馆直属分馆开馆。市图书馆直属分馆位于市文化馆内，馆舍面积300平方米，有藏书1.5万册、期刊80种、报纸20种，并配有电子阅报机。12月28日，扬州市图书馆文昌花园分馆、琼花观分馆揭牌。文昌花园分馆位于文昌花园社区服务中心，馆舍面积100平方米，有藏书2500多册、期刊和报纸近30种；琼花观分馆位于琼花观社区服务中心，馆舍面积80平方米，有藏书1500多册、期刊和报纸近30种。3家分馆均具备图书证办理、图书借阅、期刊阅览、数字资源共享等功能，实现与市图书馆一卡通借通还；分馆藏书由市图书馆统一采购、定期补充，并与总馆开展经常性的互动交流，保持书籍常换常新；分馆内纸质书刊阅览、全国文化信息资源共享工程绿色上网以及数字图书馆使用等服务与市图书馆同步。（刘文献 郑妮）

■“琼花奖”舞蹈比赛 5月19—20日，扬州市第四届“琼花奖”舞蹈比赛

5月19—20日，扬州市举办第四届“琼花奖”舞蹈比赛。图为群舞《流动娃》演出现场 施华健、王鹏/摄

7 月 20 日，举行的第七届扬州市群众文艺新作评比颁奖汇报演出现场

王 卓／摄

在扬州文化艺术学校举行，全市 33 个艺术团体选送的 65 个节目、1000 多名选手参赛。比赛分少儿组、青年组、中老年组、专业组等 4 个组别。经过一天半的比赛，决出各组别金奖、银奖、铜奖与演出奖。市艺蕾小学的《小水滴》等 6 个节目获少儿组金奖，邗江区文化中心的《跳娘娘》获青年组金奖，扬州市老干部艺术团的《美丽的花溪》等 5 个节目获中老年组金奖，市歌舞剧院有限公司的《铃铛少女》等 6 个节目获专业组金奖。徐艺馨等 10 人获"舞蹈之星"称号。

（闻 华）

■ **第七届扬州市群众文艺新作评比** 7 月 20 日，由市政府主办、市文广新局承办的第七届扬州市群众文艺新作评比颁奖汇报演出在扬州大剧院举行。此次群众文艺新作评比参评内容分表演类（包括音乐、舞蹈、戏剧、曲艺作品）、美术书法摄影类（包括美术、书法、摄影作品）以及群文理论研究成果等三大类。全市 12 个代表队择优报送表演类节目 80 个、美术书法摄影类作品 260 件、群文理论研究论文 30 多篇。经专家评审，评出表演类作品一等奖 20 个、二等奖 17 个、三等奖 16 个、优秀创作奖 14 个，美术书法摄影类作品一等奖 26 个、二等奖 54 个、三等奖 63 个，理论研究成果一等奖 3 个、二等奖 6 个、三等奖 8 个。邗江区、高邮市、江都区、宝应县代表队获优秀组织奖。

（刘文献 郑 妮）

■ **省第四届少儿曲艺大赛扬州小选手获奖** 8 月 6 日，江苏省第四届少儿曲艺大赛评选结果在南京揭晓，扬州市选送的 5 个节目获一等奖 1 个、二等奖 1 个、入围奖 3 个。其中，朱媛表演的扬州评话《景阳冈武松打虎》获一等奖，朱静表演的扬州评话《景阳冈武松吃酒》获二等奖。扬州评话演员杨明坤获优秀园丁奖。全省 100 多件作品参赛，其中 36 件作品进入决赛。

（闻 华）

■ **我们的节日·七夕——2012"鹊桥仙"音舞诗画晚会** 8 月 21 日，由江苏省文明办主办，扬州市委宣传部、市文明办和高邮市委、市政府等承办的"我们的节日·七夕——2012'鹊桥仙'音舞诗画晚会"在高邮市举行。晚会分"七夕千古情""烽火碧血情""悠悠水乡情"等 3 个篇章，表演舞蹈《七夕情缘》、配乐诗朗诵《古代诗词咏七夕》、双人舞《刑场上的婚礼》、音乐剧《金婚风雨情》、歌舞《幸福高邮》等节目。

（闻 华）

■ **中韩摄影作品联展** 8 月 24 日至 9 月 30 日，"一衣带水 源远流长"中韩摄影作品联展在扬州博物馆举办。此次联展由市政府新闻办公室、扬州市人民对外友好协会、扬州报业集团、市文物局、韩国崔致远研究会主办，展出扬州市和韩国的媒体摄影记者及摄影家在近年摄影采风交流活动中拍摄的优秀作品 158 幅，反映扬州市与韩国的城市发展情况、自然风光和风俗民情。

（闻 华）

■ **首届中国江苏文化艺术节扬州分会场文艺演出** 9 月 21 日晚，由扬州市委宣传部、市文广新局等主办，扬州市文化馆承办的首届中国江苏文化艺术节扬州分会场"吴韵汉风·运河情"广场文艺演出在市文化馆群艺广场举行。市文化馆为此次演出安排 15 个具有浓郁地方风情的文艺节目，包括舞蹈《盛世欢歌》《运河长》、女声小组唱《运河四季风》、戏曲表演《花团锦簇》、古筝弹唱《又唱春江花月夜》、合唱《风流是扬州》和《青春舞曲》等，吸引众多市民参与演出、观看节目。

（刘文献 郑 妮）

■ **庆祝十八大召开美术作品展** 9 月 25 日，由市委宣传部、市文广新局主办，市国画院、市美术馆承办的"科学发展 辉煌成就"庆祝十八大召开美术作品展在市美术馆开展。此次展览展出美术作品 140 多幅，涵盖中国画、油画、书法、漆画、版画等门类，反映扬州城市发展成就和人民幸福生活，赞颂"扬州好人"，宣传城市文明创建。

（刘文献 朱运桃）

■ **第四届广场舞比赛** 10 月 1 日，由市文广新局、市文联、市舞蹈家协会、《扬州晚报》共同主办的"红舞献祖国"扬州市第四届广场舞比赛在扬州大学体育场举行，广陵区、邗江区、江都区和仪征市的 22 个广场舞代表队 1800 名广场舞爱好者参赛。比赛分规定舞蹈和自选舞蹈两个项目。在规定舞蹈比赛中，1800 名参赛队员同跳东北秧歌、傣族舞、藏族舞、牛仔舞、蒙古舞、华尔兹等 7 种舞蹈。琼花观社区琼花观广场、石桥社区新天地广场等 6 个广场代表队获规定舞最佳表演奖，殷巷社区怡景苑广场、便益门社区撷芳丽浦广

10月1日，扬州市举行“红舞献祖国”第四届广场舞比赛　刘江瑞／摄

场等8个广场代表队获规定舞优秀表演奖；卜桥社区选送的《翩翩起舞》、仪征市选送的《舞蹈串烧》、鸿福社区选送的《欢乐的大草原》获自选舞一等奖，江都区选送的《健身腰鼓》、琼花观社区选送的《欢聚一堂》获自选舞二等奖；虹桥社区天惠数码广场、汤汪乡汇金广场等5个广场获评城区第二批优秀广场舞示范点。（闻　华）

■扬州市文化馆　市文化馆全年开展免费文化活动。元旦、春节期间，举办京剧、扬剧票友迎新春演出活动和“幸福扬州迎财神，红红火火过大年”广场民俗文艺表演活动，组织小书法家为市民免费写春联。2月，市文化馆举办扬州书画家书画“扬州好人”作品展，并将书画作品制作成图片，到30个社区巡回展出。“烟花三月”节期间，承办开幕式主会场群众文艺迎宾表演，组织社区2000多人参加演出。举办2012年度“幸福扬州·文化民生”广场演出启动文艺晚会，全年举办送戏、送展览进社区活动30场。7月，承办第七届扬州市群众文艺新作评比颁奖汇报演出。9月，承办首届中国江苏文化艺术节扬州分会场“吴韵汉风·运河情”大型广场文艺演出。运博会期间，组织2000名群众文艺演员在东关古渡到南门遗址码头沿线亲水平台表演。

市文化馆全年免费开放，8个馆办业余团队、15个社会特色团队活动有序，60多万人次进馆活动。全年组织小剧场演出90多场，举办各类展览30期、群众文艺广场演出18场，放映电影16场，举办各类讲座10期，送戏、送展览进社区30场（次）。

开展群众文艺精品创作。市文化馆创排的大合唱《去一个美丽的地方》《风流是扬州》获第十届江苏省“五星工程奖”银奖。辅导全市群众文艺创作活动。市文化馆选送的作品获江苏省“五星工程奖”金奖5个、银奖8个、铜奖16个，推荐的美术、书法、摄影作品在国家、省、市级比赛中获金奖5个、银奖5个、铜奖8个。

培训文化干部。实施广场舞辅导员“月月训”工程，每月编创一个新节目、举办一期培训班，全年培训广场舞辅导员近800人次。该项工作获江苏省“五星工程奖”优秀服务项目奖。7月，承办全市文化站站长业务技能比赛活动。推荐江都区真武镇文化站站长李新参加全省文化站站长业务技能比赛，获二等奖。11月，承办2012年全市基层文化干部培训班。市文化馆业务干部全年到群众艺术团队、老年摄影协会、广场舞蹈团队、京剧团队等文化团体指导培训。

新设“文化讲坛”，举办“闲将遗事说古琴”“中正平和话养生”“音乐与人生”等讲座5期。6月9日，举办第七个“中国文化遗产日”宣传活动，承办以“活态传承，重在落实”为主题的“非遗”保护系列活动，举办“老行当”摄影图片展。（刘文献　郑　妮）

■扬州市图书馆　市图书馆扩大馆藏量，优化馆藏结构，采购图书5.51万册，分编中文图书2.10万种6.33万册。各业务窗口服务读者44万人次，图书流通量42万册次。全年办理借阅证9394份，年末有持证读者5万人。市数字图书馆访问量9.8万人次、检索量6.8万次、下载次数3.2万次，读者登录10万多次。开展古籍普查、修复工作。申报《国家珍贵古籍名录》178部。完善全国古籍普查平台62部古籍数据，完成2108部古籍基本普查数据填报；分别录入经部、史部、子部古籍书目数据1091条、543条、1274条；完成《甘泉五塘志》《阮元家书》《泰州地理志》《测地算法》等10册抄本数字化工作；修复古籍100张、6册。加强分馆建设。5月2日，直属分馆建成开放，实现业务系统物联网应用、查询和数字资源远程访问，实行通借通还服务试点。12月，扬州市图书馆文昌花园分馆、琼花观分馆揭牌。全年建立市公安局机场分局、渡江路社区、三里桥社区等4个流通服务点，帮助扬州五亭桥缸套有限公司、扬州漆器厂建设图书室。推进数字图书馆建设项目。建设网络平台，推广数字资源卡，启用流动服务车。

开展文化活动。筹集活动资金17.3万元，举办“弘扬雷锋精神　建设心灵家园”2012年度扬州市红领巾读书征文评奖活动、全国“图书馆服务宣传周”、“小小图书管理员”、“高清电影周周看”、少儿读书沙龙之“童心世界故事会”活动，与扬州海关、预备役师开展文化共建活动，与冯庄社区联合举办纪念第17个“世界读书日”暨冯庄社区首届读书节活动，组织兰庄社区“百草园”学堂学生参观图书馆。全年举办展览6场，观众1.1万人次。举办“扬图讲堂”，全年邀请郦波、罗援等名家举办讲座24场，其中高端名家讲座4场、地方文化讲座6场，听众近5000人次。

（刘文献　郑　妮）

文化市场管理

■概述 推进网吧连锁经营工作，全市80%的网吧完成门头改造。开展扬州艺术品市场调查、摸底，为注册登记的107家艺术品经营单位建立管理档案。开展出版物市场整治监管。组织开展整治互联网和手机传播淫秽色情及低俗信息、打击政治性非法出版物、打击盗版音像制品和非法软件等专项行动，保护知识产权宣传活动，报刊社、驻扬记者站等出版单位自查自纠活动以及2012年秋季中小学教辅材料发行管理活动。保护与规范版权，打击盗版软件、盗版音像制品、网络侵权行为。规范广播电视行业行为，全年编发《扬州收听收看》24期。组织境外卫星电视信号接收单位年检，注销5家单位许可证，责成8家单位进行整改。组织广播电视节目参加省优秀广播电视节目评选，14件作品获一等奖。加强执法检查。先后开展网吧专项整治，游艺娱乐场所专项整治，校园周边环境专项整治，演出市场专项整治，净化荧屏声频、抵制低俗之风和广告、影视节目播出专项检查。办理简易程序案件136件、一般程序案件43件。其中，立案查处网吧案件156件，取缔17家无证照游戏游艺娱乐场所，收缴具有赌博功能的游戏机223台。开展“扫黄打非”工作，检查各类经营场所40多家，取缔无证照经营摊点12个，收缴各类非法软件光盘和音像制品4万多张。

（刘文献　蒋学亮）

■版权保护 开展版权产业研究和调查，为企业和艺术创作者提供版权合同审核、版权咨询和维权服务。开展版权咨询、代理登记服务工作，受理著作权登记3件、版权知识类咨询26件，调解软件侵权纠纷15件，维护权利人合法利益。打击盗版软件、盗版音像制品、网络侵权行为。配合市公安局治安支队查处4起跨省盗版音像制品案，鉴定涉案各类音像制品近2000种。查处盗版毛绒玩具案件。4月26日，市、县(市、区)联动，举行侵权盗版制品及非法出版物集中销毁活动，销毁各类侵权盗版制品、非法出版物30多万件。

（刘文献　顾　明）

■推进软件正版化 2012年，全市投入资金383万元，市、县两级政府机关采购正版软件1.75万套（其中微软软件500套、永中软件1.7万套）。1月，市级机关完成6000套正版软件采购工作。4月，75家市级机关单位完成正版软件安装。5月，市使用正版软件工作领导小组办公室组织检查各部门正版软件使用情况、台账建立情况。推进企业软件正版化工作，下发《扬州市2012年企业软件正版化工作计划》《扬州市2012年软件正版化重点推进企业名单》，组织各企业开展正版软件使用情况自查。9月，举办两期企业软件正版化培训班。

（刘文献　顾　明）

■“扫黄打非” 开展春季出版物市场集中检查行动。2月，市“扫黄打非”办公室组织市、区两级文广新、公安、工商部门成立联合执法检查组，对出版物集中销售场所、繁华街区、车站码头、高速公路休息区的出版物经营企业、店档摊点和印刷复制企业、物流企业及托运站、货运站等重点清查部位进行拉网式检查。3月，联合执法检查组组织复查，出动车辆34辆、执法人员121人次，检查出版物经营单位87家、印刷复制企业29家、音像制品销售单位15家，收缴非法音像制品2700多张、非法出版物3500多册，立案查处广陵区天元书店、索列超市等2家出版物经营单位。

开展网络淫秽色情信息专项治理“净网”行动。市“扫黄打非”办公室制定《网络淫秽色情信息专项治理“净网”行动方案》，清理网络淫秽色情信息和出版物。同时，要求各互联网电信运营商开展自查自纠，通过技术手段全面梳理客户服务器信息，加强网站接入前的准入审核和网站备案审核，屏蔽含有隐患的手机wap（无线应用协议）网站。

（刘文献　蔡　鹏）

■涉外演出市场管理 扬州市加强涉外演出市场管理，预防外籍人员非法从业、违规演出。市文化行政综合执法支队（简称市文化执法支队）加强对全市涉外演出场所的监管，引导演出经纪公司开展自查自纠，加强抽查和督查工作，规范涉外演出行为，实行“先报批、后演出”。对人力资源部门入境人员就业信息、公安部门系统信息和省文化厅外籍演艺人员名单进行比对，确定检查对象和范围。6月28日，市文化执法支队联合广陵区文化新闻出版局突击检查广陵区苏荷酒吧、老啤酒厂酒吧等涉外演出场所演艺人员演出资格、审批手续、演出节目内容等，未发现违法违规行为。11月20日，市文化执法支队召开外籍演出人员会议，宣传《营业性演出管理条例》《营业性演出管理条例实施细则》《在华外国人参加演出活动管理办法》《关于申请举办外国或港澳台地区的文艺表演团体、个人参加营业性演出有关事项的通知》等法律法规，提高外籍演出人员遵法守法意识，规范涉外演出行为。

（刘文献　陈　啸）

文化产业

■概述 制定、实施《扬州市文化标志性工程建设行动计划》，推进具有示范效应文化创意产业项目的规划建设。以扬州工艺美术集团、五亭龙财富广场、甘泉影视制作及服务外包基地为依托，推进“非遗”传承，打造动漫及衍生品工业设计研发中心，建设扬州文化主题公园；借助中国人民大学文化科技园扬州分园建设，打造综合性文化创意产业高端服务平台；建设电子阅读器制造基地、数字出版基地、数字内容交易基地“三位一体”电子书城。组织申报2012年度省级文化产业引导资金，11个项目获省财政扶持及奖励资金1020万元。搭建宣传交流平台。组织重点文化产业单位参加“台湾·江苏周”、青海国际唐卡艺术与文化遗产博览会、第六届中国南京文化创意产业交易会等活动，推进北京银行协助扬州工艺美术集团发行集合票据，促成东方演艺集团在扬州建设“东方演艺文化产业扬州基地”。

（刘文献 蒋学亮）

■新闻出版产业发展 推进国家数字出版基地扬州园区筹建工作，打造“一园”（数字出版产业园）、“二区”（生产制造区、生活配套服务区）、“四中心”（数字内容创作中心、数字版权交易中心、数字平台运营中心、数字阅读器研发中心）。推介有扬州地方特色的雕版印刷技艺，扬州国书文化传媒公司、扬州古籍线装产业有限公司相继设立。引进外资包装装潢企业，推广数字印刷、绿色印刷，开展绿色印刷认证工作，优化新闻出版产业结构。4个项目获2012年省文化产业引导资金扶持，5个项目入选新闻出版总署新闻出版改革发展项目库。

（钟 芸）

■扬州报业集团产业经营 巩固报业广告、发行、印刷等传统产业，发展文化产业项目，雕版印刷、新媒体、青少年拓展培训、站台广告、户外大屏广告等项目取得新突破。2012年，扬州报业集团全部销售收入3.04亿元，其中广告收入1.61亿元、印刷收入6436万元、发行投递收入4497万元，均创历史新高。广陵书社完成产值1581万元；印刷公司印刷报纸4.49亿对开张；广陵古籍刻印社完成产值1201万元；扬州市青少年素质教育实践基地接待2.94万人次，增长17%；小记者事业部发展小记者会员1.5万人，2万多人次参加小记者活动或发表作品；站台广告实现到账1321万元；党报阅报栏项目有序推进。

（汤庆彬）

■扬州广电集团（总台）产业经营 2012年，扬州广电集团（总台）加大产业发展力度，更新经营理念，改进经营方式。广告经营克服“限时、限播”等带来的不利影响，广播、电视广告经营发布总值分别增长30%、10%。多元产业格局初步形成，集团经营总量翻一番。其中，网络产业以增值服务为增长点，远郊乡镇年度数字化整转突破10万户，全年收入、利润均增长15%以上；全年举办展会30多场，会展业年交易额超过30亿元，收入增长27%，资产收益率20%；云智公司、新媒体公司、报网传媒公司等新办企业加大市场开拓力度，业务范围逐步扩大，整体运营情况良好；新投资的扬州古籍线装产业有限公司和江苏锦禾高新科技股份有限公司等企业实现销售，参股的邗江区国鑫农村小额贷款有限公司和扬州华捷房地产开发有限公司等企业经济效益较好。

（仲铁成）

■出版物发行 实施出版物流配送体系构建工程，逐步形成网点设置合理、类型齐全、结构优化、遍布城乡的出版物发行网络。全市有经年度核验登记的出版物发行单位950家（含音像制品发行单位179家），其中出版物二级批发单位8家、音像制品批发单位3家。2012年，全市出版物发行企业经营面积4.18万平方米，从业人员2981人，全年销售收入4.77亿元，其中批发单位销售收入3.07亿元、零售单位销售收入1.64亿元。

（钟 芸）

■印刷业 全市有717家印刷、复印、打印经营单位参加年检登记，其中出版物印刷企业10家、专项印刷企业6家、包装装潢印刷企业214家、其他印刷企业267家、复打印企业220家，从业人员1.3万人。全市印刷业企业实现工业总产值25.16亿元、销售收入2.79亿元、利润总额1.19亿元。扬州日报印刷有限责任公司、扬州山鹰纸业包装有限公司等8家印刷企业年产值均超5000万元。

（钟 芸）

■光盘复制业 扬子江音像有限公司策划、编创、摄录、制作生产、出版发行以京剧、昆剧、锡剧、越剧、沪剧、淮剧、扬剧、评弹为主的优秀经典剧目，年销售额650万元，实现利润95万元。可录类光盘生产企业扬州晋皇科技有限公司生产DVD光盘2167.2万片、CD和VCD光盘2350.6万片，实现销售收入5169万元。只读类光盘复制及母盘记录专业生产企业扬州广德信息有限公司生产CD和VCD光盘794.7万片、CD-ROM光盘1555.9万片、DVD光盘2500万片、母盘1700片，实现销售收入1974万元，获实用新型专利6件。

（钟 芸）

■扬州11个项目获省文化产业引导资金扶持 10月22日，2012年度江苏省文化产业引导资金项目签约仪式在南京举行。扬州市11个项目获扶持资金1020万元，其中国家数字出版基地扬州园区服务平台建设、工艺美术品牌连锁和国外市场拓展、中国历史文化名街——东关街提升工程、绿色节能低碳数码印刷基地建设和扬州乱针绣文化产业园等5个项目分别获得100万元以上资金扶持。

（刘文献 周志钧）

■参加中国苏州文化创意设计产业交易博览会 4月28—30日，由文化部文化产业司、江苏省文化厅、苏州市人民政府举办的首届中国苏州文化创意设计产业交易博览会在苏州国际博览中心举行。市文广新局组织扬州工艺美术集团、扬州日报社等7家文化企业参会，在扬州展区展示扬州漆器、广陵古籍刻印社线装书、天韵琴筝、宝应华艺苑乱针绣、数字出版基地电子书，推介迈瑞科技有限公司、江都滨江新城。

（刘文献 周志钧）

■扬州琴筝企业参加上海国际乐器展览会 10月11—14日，由中国乐器协会、上海国际展览中心有限公司、法兰克福展览（香港）有限公司主办的2012中国（上海）国际乐器展览会在上海新国际博览中心举行。市文广新局、市古筝协会组织23家扬州琴筝制造企业参加展览会，开展品牌推广、产品展示、弹奏表演和现场互动等活动。展会期间，扬州思美民族乐器厂主办首届古筝大师筝乐学术讲座，邀请古筝大师、厦门大学教授焦金海讲课；金韵乐器厂生产的“汉唐韵收藏筝”被高价收购；扬州音美尔民族乐器有限公司等企业代表应邀参加中国音协管乐学会地区分会

会长会议等活动，并作专题交流发言。（刘文献　周志钧）

■**甘泉影视制作及服务外包基地摄影棚建成**　5月18日，由江苏省文化产业集团和邗江区共同投资建设的甘泉影视制作及服务外包基地摄影棚建成。该摄影棚为全钢结构，长104米、宽59米、高21米，建筑面积6900平方米，实用面积6100平方米，总投资3000万元，是国内最大室内标准摄影棚。该项目2011年12月启动建设，是省文化产业集团"十二五"期间重要产业布局项目，也是甘泉影视制作及服务外包基地标志性工程。摄影棚落成当天，《大清盐商》《婚姻保卫战》《与狼共舞》《神秘人质》等4部影视剧同时开镜，导演张黎工作室入驻基地。（闻　华）

■**扬州国书文化传播有限公司揭牌**　6月16日，扬州国书文化传播有限公司揭牌暨项目签约仪式在扬州报业集团大厦举行。签约仪式上，扬州报业集团与上海复旦软件园、江苏省扬州汽车运输集团、扬州电信分公司、扬州交通运输局场站公司等签订项目合作协议。扬州国书文化传播有限公司由扬州报业集团和北京同道文化发展有限责任公司共同发起成立，立足于打造"国书(古籍线装书)产业"，计划用3～5年时间，在扬州建设中国最大的古籍线装书策划、生产、展示、交易中心。（赵雪艳）

档案

■**概述**　2012年末，全市7家综合档案馆有馆藏文书档案65.82万卷(册)、30.13万件，实物档案1022件，录像档案1.13万盘，照片档案2.72万张。其中，扬州市档案馆有馆藏文书档案22.08万卷(册)、7.72万件，实物档案717件，录像档案1.07万盘，照片档案1.05万张。全市综合档案馆接待查档人员1.6万人次，提供档案资料2.9万卷(件)次。其中，市档案馆接待查档人员2456人次，提供档案资料1.23万卷(件)次。

市档案局在全市组织开展"档案服务重大项目建设"活动。开展"三个扬州"建设文件资料归档工作。指导扬州市对口支援新疆伊犁州新源县前方指挥组建立援建档案。全市73家机关、企事业单位档案工作通过目标管理认定，其中省五星级6家；16家单位档案工作通过五星级目标管理复查。邗江区建成全国新农村档案工作示范区。完成年度十件大事评选。开展档案工作执法检查。市档案馆加强档案资源建设和编研工作，编辑《江苏档案精品选·扬州卷》。市档案新馆改扩建工程完成主体工程建设。市数字档案馆项目立项。全市完成省级档案科研项目1个，新立项省级档案科研项目4个。加强档案馆安全体系建设，强化网络和信息安全管理。市档案馆阅档大厅和现行文件中心服务对象满意率100%。（徐国磊）

■**档案资源建设**　2012年，市档案馆征集、接收档案1246卷、8214件，资料152册，照片241张。开展院士档案资料征集工作，收集、整理67位扬州籍院士名录，征集到吴征鉴、吴征镒珍贵档案资料400多件。完善"非遗"项目申报档案和传承人档案，征集到时庆梅、张宇、薛泉生等"非遗"项目代表性传承人代表作品及档案资料300多件。接收市委、市政府在对外交往活动中收到的礼品、纪念品200多件。（徐国磊）

■**数字档案馆建设**　市数字档案馆项目被列入扬州市"智慧城市"建设行动计划，并被确定为2012年度财政性投资信息化重点项目。3月，市数字档案馆项目获市发展和改革委员会批准立项。市档案馆成立数字档案馆项目建设领导小组，《扬州市数字档案馆建设规划方案》通过专家评审。（徐国磊）

■**档案文化精品建设**　编印《扬州市经济社会发展纪略（2008－2012.5）》，在市人大、政协"两会"期间作为会议资料发放给全体参会人员。按照省档案局统一布置，市、县联动，利用馆(室)藏档案，编辑《江苏档案精品选·扬州卷》。《清宫扬州御档》获扬州市第八次哲学社会科学优秀成果评奖一等奖、江苏省第12届哲学社会科学优秀成果二等奖、首届江苏省新闻出版政府奖图书奖提名奖(古籍类)。（徐国磊）

■**档案宣传工作**　制定《扬州市档案方志宣传工作奖励办法》。市档案局在《扬州日报》开辟《为党管档　为国守史》专版；与《扬州晚报》联合开辟《扬州档案》专栏，全年刊出20期，定期发布档案史料解读文章；在《扬子晚报·档案穿越》栏目发表史料解读文章；在扬州档案方志网开辟视频新闻点播栏目。市档案局全年在《中国档案报》《中国档案》《档案与建设》《扬州日报》《扬州晚报》《扬州时报》等报刊发表文章68篇，扬州档案方志网发布信息495条、图片187幅，累计点击量11万人次。（徐国磊）

■**重大项目建设档案工作**　市档案局与市发展和改革委员会、市经济和信息化委员会、市城乡建设局联合印发《关于进一步加强我市重大项目建设档案工作的通知》。市、县两级档案局派出业务骨干，服务重大项目档案工作，现场指导建档。苏中江都机场投资建设有限责任公司500多卷档案移交进馆，上汽仪征分公司30万辆整车项目等重大项目档案工作初具规模。（徐国磊）

■**"三个扬州"建设文件资料移交进馆**　1月，市委办公室、市政府办公室印发《关于"三个扬州"建设文件材料归档工作的通知》；2月，市档案局联合"三个扬州"建设领导小组办公室召开"三个扬州"建设建档工作座谈会。市档案局指导各单位做好"三个扬州"建设档案资料收集、整理工作。6月，400多件"三个扬州"建设档案全部移交进馆。（徐国磊）

■**邗江区建成全国新农村档案工作示范区**　市、区档案局联动，指导邗江区创建全国新农村建设档案工作示范区。全区144个行政村档案工作全部达到省一星级以上标准。10月

31日至11月1日，国家档案局、农业部、民政部等三部委对邗江区全国新农村档案工作示范区创建工作进行验收。11月1日，邗江区获批成为江苏省第五家全国社会主义新农村建设档案工作示范区。（徐国磊）

■城建档案管理 市城建档案馆全年签订档案报送责任书108份，组织建设工程档案专项预验收145次，参加工程竣工验收72次，出具档案接收证明书136份，接收各类城建档案7300卷，其中规划档案1408卷、各类工程竣工档案5505卷、施工许可和竣工备案等业务档案387卷。全年整理工程档案7891卷，输入各类城建档案信息条目1.29万条。接待查档人员798人次，提供各类城建档案3314卷次，出具证明21份；接待业务咨询107人次。围绕城建重点工程和重要会议活动，拍摄各类照片5900张，摄像720分钟；收集扬州市历年获中国建筑工程鲁班奖建筑工程照片300张、申报专题片14部。配合村庄环境整治工作，拍摄照片2800张，摄像350分钟，制作视频短片10部，收集扬州地区高速公路两侧村庄整治前原貌和村庄整治声像资料。全年利用馆藏声像资料编辑制作资料片7部、电视专题片3部，为省城建档案办公室影视图片库提供照片近100张，为省住房和城乡建设厅《美好江苏城乡建设》、市村庄环境整治办公室《康居乡村幸福家园》等画册提供有关图片，为东关街历史文化展示馆布展提供图片670张。在全省城建声像档案成果评比中，全市城建档案馆获三等奖1个、优秀奖8个。其中，扬州市城建档案馆报送的专题片获三等奖，十大项目组照获优秀奖。（冯汉国 卞海波）

地方志

■概述 2012年，扬州市地方志办公室（简称市方志办）加大对地方志工作指导、督查力度，推进二轮修志工作。《扬州市志（1988－2005）》完成总纂、初审和复审，各县（市、区）二轮修志工作完成年度计划任务。全市乡镇志、部门（专业）志编纂工作稳步推进，《江都医药志》《宝应文化体育志》等志书出版发行。全市出版地方综合年鉴5部、专业年鉴1部。在第六届全国年鉴编校质量检查评比中，全市获特等奖1个、一等奖2个、二等奖1个、三等奖1个。《扬州军事志》获评南京军区军事志优秀成果。（侍琴）

■《扬州市志（1988－2005）》编纂 《扬州市志（1988－2005）》编纂工作进入第七年，完成总纂、初审和复审。1月起，市志编纂转入评审验收阶段。5月，市方志办就《人口篇》《自然环境篇》《环保篇》《人物篇》等专业性较强的篇目内容，征求社会有关方面意见；7月，就《人物篇》编纂情况向市领导、市地方志编委会作专题报告；7月末，完成志稿初审。8月中旬，市志（稿）进入复审程序，由熟悉扬州历史、了解行业情况的市地方志编委会部分成员和老领导、专家18人组成的评审组审读志稿；10月，市志（稿）通过复审。复审会后，市方志办加紧做好修改、完善工作。至年底，全志形成志稿文字篇幅600多万字（不含目录、索引）。同步征集市志随文图片，完成市志专题图片初样编排、制作。（侍琴）

■县（市、区）二轮修志 《仪征市志（1988－2006）》4月通过终审，11月通过验收。江都区、宝应县、高邮市完成志稿总纂工作量的80%以上，《江都市志》《高邮市志》部分志稿通过审读。《广陵区志》《维扬区志》由于区划调整和人员变动，重新启动编纂工作。调整后的《广陵区志》《维扬区志》篇目通过评审。（侍琴）

■《扬州史志》编辑出版 《扬州史志》由市档案局、市方志办等主办，全年出刊4期。2012年，杂志改为全彩印刷，并调整封面、扉页设计，突出扬州地域特征。增设《古镇风韵》栏目，专题介绍扬州境内名镇、古镇及其历史文化、风物民俗。该栏目全年刊载文章11篇，分专题介绍邗江瓜洲镇和高邮菱塘回族乡。扬州史志编辑部与邗江区党史地方志办公室合作，在《扬州史志》第四期推出《史话邗江》栏目，刊出9篇文章，集中展示邗江区文化底蕴、名人轶事和特色风貌。（魏怡勤）

■年鉴编纂出版 全市出版2012卷《扬州年鉴》《江都年鉴》《宝应年鉴》《仪征年鉴》《高邮年鉴》等地方综合年鉴5部、《江苏油田年鉴》等专业年鉴1部，《广陵年鉴》《邗江年鉴》编纂工作基本完成。2012卷《扬州年鉴》10月出版，全书约100万字，分33个类目，设206个栏目，收录2176个条目和资料，基本反映扬州经济建设和社会发展全貌。2012卷《扬州年鉴》调整卷首专题彩页编排方式，设立《年度视点》《名城风采》两个板块。《年度视点》将年度大事、新事、要事有序串联，直观反映全市2011年度政治、经济、社会、文化等领域焦点事件；《名城风采》题材以城市风光为主，集中展示扬州作为国家森林城市、全国文明城市的风采。（戴淑敏）

■年鉴获奖 2012年，扬州市各级地方综合年鉴在全国、全省评奖中屡获佳绩。在江苏省地方志编纂委员会办公室组织的2011年市县综合年鉴创新栏目和优秀条目评选中，扬州市获一等奖5个、二等奖5个、三等奖3个。其中，《扬州年鉴》获创新栏目一等奖、优秀条目一等奖各1个，《高邮年鉴》获创新栏目一等奖1个，《维扬年鉴》《宝应年鉴》获优秀条目一等奖各1个。在第六届全国年鉴编校质量检查评比中，2011卷《扬州年鉴》获特等奖，2011卷《江都年鉴》、2011卷《维扬年鉴》获一等奖，2011卷《宝应年鉴》获二等奖，2011卷《邗江年鉴》获三等奖。（戴淑敏）

卫生

Weisheng

本栏责任编辑　陈永华

综述

■概况　2012年末，全市有各类卫生机构1903个。其中，医院59所，社区卫生服务中心(站)157个，卫生院82所，村卫生室969个，门诊部118个，诊所、卫生所、医务室481个，专科疾病防治所(站)5个，妇幼保健机构8个，急救中心2个，疾病预防控制中心(卫生防保中心)7个，卫生监督所7个，采供血机构1个，其他卫生机构7个。

全市医疗机构实有床位17704个，比上年增加795个，增长4.7%。其中，医院床位12786个，占72.22%；社区卫生服务中心(站)床位1185个，占6.69%；卫生院床位3067个，占17.32%；专业公共卫生机构床位666个，占3.77%。平均每千人口拥有床位3.86个。

全市有卫生行业从业人员27618人。其中，卫生技术人员21087人（执业医师和执业助理医师8818人、注册护士8240人），占76.35%；其他技术人员861人，占3.12%；管理人员1030人，占3.73%。平均每千人口有卫生技术人员4.60人，其中执业医师和执业助理医师1.97人、注册护士1.85人。

2012年，全市各级医疗机构总诊疗量2298.51万人次，其中门(急)诊量2245.72万人次，分别比上年增长11.42%、12.06%。各类医疗机构诊疗量分别为：医院860.7万人次，社区卫生服务中心(站)252.88万人次，卫生院402.65万人次，村卫生室477.59万人次，门诊部35.25万人次，诊所、卫生所、医务室132.17万人次，专科疾病防治院(所、站)18.22万人次，妇幼保健院(所)105.59万人次，其他卫生机构13.46万人次。居民年人均接受医疗机构诊疗5.15次，其中门(急)诊5.03次。

全市医疗机构入院人数48.19万人，比上年增长11.71%。每百总诊疗人次入院2.09人，每百门(急)诊人次入院2.15人。平均每千人口入院108人次。

全市医疗机构病床使用率82.97%，比上年提高0.98个百分点。各类医疗机构病床使用率分别为医院93.6%、社区卫生服务中心49.26%、卫生院46.66%、妇幼保健院（所）107.17%、专科疾病防治院(所)79.41%。

全市医疗机构出院者平均住院日10.2天，比上年减少0.4天。各类医疗机构出院者平均住院日分别为医院10.9天、社区卫生服务中心9.3天、卫生院7.6天。

2012年扬州市卫生机构情况表

表31-1　　　　单位:个

类别	数量	国有	集体	联营	私营	其他
合　计	**1903**	**251**	**1065**	**1**	**349**	**237**
医疗卫生机构	296	107	85		82	22
诊所、卫生所、医务室	481	118	59		238	66
社区卫生服务中心(站)	157	23	104	1	4	25
村卫生室	969	3	817		25	124

（王　骞）

2012年扬州市医疗机构工作量、效率分析表

表31-2

项目	总诊疗量(万人次)	入院人数(万人)	病床使用率(%)	平均住院日(天)	每诊疗人次医疗费用(元)	每一出院者医疗费用(元)
2012年	2298.51	48.19	82.97	10.20	122.12	7288.34
2011年	2062.92	43.14	81.99	10.60	120.32	7018.71
增减数	235.59	5.05	0.98	-0.40	1.80	269.63
增幅(%)	11.47	11.71	1.20	-3.77	1.50	3.84

注:医疗费用按中国卫生统计调查制度规定填报的综合、中医、专科医院统计数据平均计列

（王　骞）

全市各级医疗机构平均每诊疗人次费用122.12元。其中，药费62.2元，占50.93%；检查治疗费29.7元，占24.32%。平均每一出院者住院费用7288.34元。其中，药费3385.3元，占46.45%；检查费510.5元，占7.00%；治疗费806元，占11.06%；手术费378.9元，占5.20%；床位费350.4元，占4.81%。出院者平均每床日住院医疗费用711.1元。全市社区卫生服务中心平均每诊疗人次费用78.4元，其中药费41.6元，占53.1%；平均每一出院者住院费用3069.9元，其中药费1525.5元，占49.69%；出院者平均每床日住院医疗费用329元。全市卫生院平均每诊疗人次费用72.2元，其中药费38.8元，占53.74%；平均每一出院者住院费用2120.4元，其中药费900.8元，占42.48%；出院者平均每床日住院医疗费用280.2元。

全市卫生事业财政投入(不含驻扬医疗单位)8.57亿元。（王 骞）

■社区卫生服务 2012年，全市有社区卫生服务中心(乡镇卫生院)105个、城市社区卫生服务站(村卫生室)1105个，城乡基层卫生服务机构覆盖率100%。截至年底，全市有102个基层医疗卫生机构达标准化建设要求，标准化建设率97.1%，累计创成全国示范社区卫生服务中心1个、省级示范城市社区卫生服务中心14个、省级示范乡镇卫生院16所。

2012年，扬州市举办社区卫生人员能力建设和基本公共卫生服务项目专项培训班，培训基层医务人员2895人。组织95名社区基层医生到二级以上医院“务实进修”。全市家庭医生制度和健康管理团队覆盖率100%，全市社区预防保健服务人次占预防保健服务总量的86%。居民家庭医生签约率33.6%，重点人群家庭医生签约率76.9%。（郑轶群）

■新型农村合作医疗 2012年，全市新型农村合作医疗（简称新农合）参合率99.8%，筹资标准人均300元，其中各级财政补助人均240元；政策范围内住院补偿比75.5%，次均住院补偿2889元，最高补偿限额提高到18万元。在省内率先推行新农合基金补偿模式、基金分配比例、药品报销目录、诊疗项目目录、门诊补偿标准、异地就医住院保底政策、支付方式改革、大病保障机制、统筹区内自主选择就诊机构、新农合监测评价指标体系“十统一”，开展提高儿童白血病、先天性心脏病等8种重大疾病新农合补偿标准试点工作。全市有2184名重大疾病患者得到补偿，实际住院补偿比70%。宝应县、高邮市、仪征市、江都区、邗江区开展单病种限价和按床日付费混合支付方式改革。各县(市、区)统筹区内定点医疗机构普遍使用新农合信息管理系统以及集参合缴费、就诊刷卡、结算补偿、健康档案查询、金融服务等五大功能于一体的新农合“一卡通”，与9所省级联网定点医院签订即时结报服务协议。高邮市、江都区、邗江区、宝应县创成省新农合管理先进单位，实现新农合信息系统全省联网管理。中央电视台《焦点访谈》《新闻直播间》栏目和《人民日报》分别报道高邮市新农合工作成效。（郑轶群）

■公共卫生服务 全市设立城乡基本公共卫生服务项目十大类41个，项目经费标准人均25元。全市建立居民电子健康档案371.78万份，建档率85.5%；为53.8万名65岁以上老人提供免费健康体检，体检率98.6%；规范管理高血压患者33.1万人，规范化管理率96.8%；规范管理糖尿病患者8.96万人，规范化管理率93.2%；规范管理重性精神疾病患者9612人，规范化管理率近100%。实施基本公共卫生服务工作季度点评会制度。江都区试行建立基本公共卫生服务项目办公室。（郑轶群）

■医药卫生改革 制定《扬州市关于提升基层医疗卫生机构服务能力的实施意见》。全市完成61所已改制乡镇卫生院回购。由财政部门牵头，开展基层医疗卫生单位债务化解工作，全市2.89亿元基层医疗卫生机构债务全部化解。加强政府医改投入监测和卫生专项资金使用监管，推进公立医院成本管理。开展扬州市第二人民医院、扬州市妇幼保健院、仪征市人民医院改革试点工作。举办全市公立医院改革研讨会，推进体制、机制改革，建立岗位绩效考核体系，完善分配机制，出台改善医疗服务、控减医药费用等综合改革举措。各基层医疗机构创新用人机制，推进人事改革，科学设置岗位，强化绩效考核，建立以公益性为导向、以服务质量和效率为核心、以岗位责任和绩效为基础的考核机制和按岗定酬、按工作业绩取酬的内部分配激励机制，促进基层医疗卫生机构健康发展。（周长发）

■卫生行风建设 加强药品、耗材网上集中采购和医用设备采购监管，实行不当处方院内公示和点评、药品用量动态监测和超常预警等制度，促进公立医院建立和完善控制费用内在机制。探索和建立治理医药购销领域商业贿赂的长效机制。推行市直单位“一把手”汇报廉洁从业制度。市卫生局383项行政权力全部实现网上公开透明运行。评选“医德之星”。开展志愿者服务活动，苏北人民医院志愿服务队、市中医院陈宏如分别获评省优秀志愿服务组织、省优秀志愿服务者。全市卫生系统实行医德医风考核结果与医务人员岗位聘用、绩效考核、晋职晋级、评先评优等直接挂钩。医院出院病人对扬州市医院行风状况平均满意度98.43%。（萧 江）

■科教工作 制定、实施《扬州市“科教兴卫工程”医学重点人才选拔培养管理办法(试行)》和《扬州市“科教兴卫工程”医学重点学科建设管理办法(试行)》。对全市列入“科教兴卫工程”的省市共建项目，按照省级标准足额匹配经费，并给予适当奖励。2012年，全市卫生系统获批立项国家级科研项目9个，获资助经费361万元；获批立项部、省级科研项目8个，获资助经费133万元；获批立项厅、市级科研项目19个，获资助经费74.8万元。获省科学技术奖三等奖2个、市科技进步奖24个，获省卫生厅医学新技术引进奖二等奖4个；评选出市医学新技术引进奖一等奖 10 个、二等奖 36 个。全市累计建成部级临床重点专科 1 个、省级临床重点专科 13 个、市级医学临床重点专科 90 个。市中医院肿瘤专科建成国家中医药局重点专科。推进全科医生制度建设，健全在职医护人员继续教育和考核制度，全年培训基层医疗卫生人员 9000 多人次。市直单位全年引进、聘用高层次人才 77 人，有 19 人被确定为省第四批“333 高层次人才培养工程”培养对象。面向基层遴选、推广 30 项适宜卫生技术，基层医疗卫生机构适宜技术推广覆盖率 90%以上。（陆爱民）

■卫生信息平台建设 12 月，扬州市区域卫生信息平台建设项目通过专家初步验收，在部分医院和社区卫生服务中心投入使用。市区域卫生信息平台建设内容包括：制定《基本医疗业务数据共享接口规范》《扬州市区域卫生信息平台数据交换接口标准》《社区卫生信息化技术规范》《社区卫生信息化管理规范》《社区卫生信息化评估规范》等 9 类标准，完成区域卫生信息平台、社区业务支撑应用、居民健康服务应用、卫生协同服务应用、卫生综合管理应用等五大类 12 项功能及应用的开发和部署，完成应用软件集成、扬州市数据资源中心集成、与扬州市居民健康卡接口、与医保信息系统接口、与医院接口等 5 项集成和接口开发，实现 28 个社区卫生中心的基层医疗卫生信息系统和公共信息系统运用，编制 21 类配套过程文档。（徐效扬）

■扬州市医师协会成立 6 月 9 日，扬州市医师协会成立大会在扬州会议中心举行。会议通过《扬州市医师协会章程》和协会理事选举办法，选举产生协会理事 122 人、常务理事 45 人，聘任潘惠为名誉会长，选举尹亮为会长。（陈 卫）

医疗服务

■概述 2012 年，全市 23 所二级以上医院总诊疗量 869.88 万人次，比上年增长 13.56%；门诊量 763.29 万人次，增长 11.6%；急诊量 101.13 万人次，增长 28.38%；出院 37.05 万人次，增长 16.22%；手术 11.09 万例，增长 15.08%；病床使用率 100.79%，提高 2.11 个百分点；病床周转次数 33.91 次，增长 2.11%；出院者平均住院日 10.55 天，下降 0.55%。

全市 23 所二级以上医院平均每诊疗人次医疗费 185.2 元，比上年增长 6.19%；平均每一出院者住院医疗费 8542.89 元，增长 2.72%；平均药品加成率 16.74%，比上年下降 0.98 个百分点；住院费用药占比 46.59%。

全市 23 所二级以上医院业务收入总额 48.60 亿元，比上年增长 19.12%。其中，门诊收入总额 16.11 亿元，增长 20.59%；住院收入总额 31.65 亿元，增长 19.38%。总支出 49.02 亿元，比上年增长 15.08%。其中，药品支出 19.50 亿元，增长 16.77%；卫生材料支出 7.39 亿元，增长 31.04%；人员支出 12.50 亿元，增长 29.19%；其他支出 9.61 亿元。欠费总额 4.46 亿元，比上年增长 29.03%。其中，病人欠费 0.24 亿元，下降 53.3%。（沐 诚）

■医疗服务质量 2012 年，全市医疗卫生系统开展“三好一满意”（服务好、质量好、医德好，群众满意）活动。全市 23 所二级以上医院有优质护理服务病房 275 个（其中三级医院 99 个、二级医院 176 个），优质护理服务病房覆盖率 100%。苏北人民医院神经内科病房获评全国第一批优质护理示范病房。全市二级以上医院开展电话预约挂号服务，部分医院在来院预约、电话预约、网上预约基础上增加诊间预约、出院时预约、随访时预约等 3 种预约挂号服务，由一站式服务信息平台统一管理，方便病人就诊。开展优秀护士长、优秀护士评选，评选出优秀护士长、优秀护士各 31 人。举办第七届护理英文演讲竞赛，13 人分获一、二、三等奖。（沐 诚）

■医院技术能力建设 2012 年，全市县级医院通过争取中央和省补助资金、地方财政资金及自筹资金，投资 1.5 亿元建设门（急）诊大楼、医技楼和病房 5 万多平方米。修订《扬州市市级临床重点专科管理办法》。4 月，仪征市人民医院、高邮市人民医院、宝应县人民医院、扬州市江都人民医院、扬州市第三人民医院、扬州东方医院等 6 所二级医院 12 个专科被确定为市级临床重点专科，4 个专科被确定为市级临床重点专科建设单位；9 月，苏北人民医院、扬州市第一人民医院等 2 所三级医院 9 个专科被确定为市级临床重点专科。加强薄弱临床专科服务能力建设，制定二级以上综合医院儿科、妇产科、精神卫生科、老年病科、康复科等临床专科服务能力建设具体要求，明确市第一人民医院（东区）建设儿科专科医院。仪征市人民医院、高邮市人民医院、宝应县人民医院、扬州市江都人民医院、扬州友好医院和南京鼓楼医院集团仪征医院等 6 所二甲综合医院通过第三周期复核评价与评审，扬州市第三人民医院通过三级传染病专科医院市级初评，扬州东方医院、扬州洪泉医院通过二级综合医院等级评审，3 家医院通过一级医院定级评审。（陈 长）

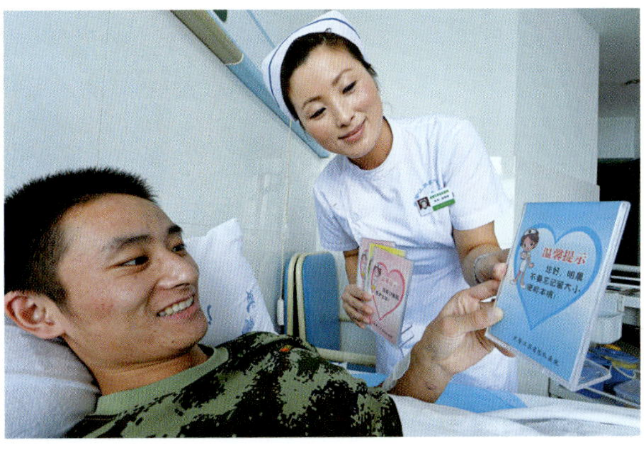

扬州市卫生系统以“让细节感动患者”为主题，开展“白求恩杯”竞赛活动。图为武警江苏总队医院护士向患者分发“温馨提示牌” 王 卓、龚洪玲／摄

■医疗质量管理 加强临床质量控制中心建设。在原有病历、院感、检验、影像、药事、护理等6个质量控制中心基础上,新增麻醉、血液净化、眼科、急救、儿科和肿瘤等6个质量控制中心。检验质量控制中心对全市222个医疗机构实验室进行室间质量评价,培训726人。儿科质量控制中心举办儿科专业临床技术操作规范和临床诊疗指南培训,培训400人。血液净化质量控制中心每月汇总全市14所医院的月报表,查找问题,督促整改。全市各级各类医院开展医疗核心制度教育、培训活动和“白求恩杯”竞赛、“三好一满意”等活动。加强医疗质量管理,保障医疗安全。强化“三基”(基本理论、基本知识、基本技能)培训和考核,全市19所二级医院316名医护人员参加“三基”知识考试。在省卫生厅组织的“三基”抽考中,苏北人民医院和市第一人民医院分获全省综合医院第五名和第十名,市妇幼保健院获全省妇幼保健院第一名。 (陈 长)

■临床路径管理 8月,市卫生局组织临床路径管理专项调研。各医院建立临床路径试点组织网络体系,编制试点病种的实施性临床路径,开展临床路径实施结果评估和评价。全市有19所二级以上医院开展96个专业271个病种的临床路径管理工作,临床路径病例占医院出院病例的4.5%,术前平均住院日、平均住院天数与上年同期相比分别下降5.5%、4.3%。 (陈 长)

■急救医疗技能培训 开展急救医疗大练兵大比武活动。制定《卫生应急大练兵大比武活动急救医疗专业技能培训、演练、比武实施方案》和《卫生应急大练兵大比武活动急救医疗专业技能督查方案》。培训二级以上医疗机构急诊科医生和县(市、区)急救医疗站(分站)、乡镇急救医疗点医护人员400多人次;组织对140多家企事业单位基层医疗机构及部分民营医疗机构业务骨干进行急救业务培训,培训150多人。组织全市23所二级以上医院和急救医疗机构医务人员开展理论知识竞赛和操作技能竞赛。 (沐 诚)

■平安医院创建 市卫生局、市公安局联合制定《扬州市2012年平安医院创建活动专项检查标准》。全市228个一级以上医疗机构全部参加医疗责任保险,保费金额1349.8万元。医患纠纷人民调解委员会全年筹措运营资金25万元,受理、咨询、调处各类医疗纠纷153件,调结149件,累计赔偿275.51万元,实现纠纷受理率100%、调处率100%、调结率97%、满意率100%。 (陈 长)

■江苏省苏北人民医院 2012年,医院有编制床位1500个,开放床位2000多个;全年门(急)诊量130多万人次,收治住院病人7万多人次、手术病人2.7万人次。医院有固定资产10亿多元,医疗设备总值4亿多元,有大型设备30多台(套)。

医院有在岗职工2075人,其中医学博士88人、在读博士33人、医学硕士401人;有卫生专业技术人员1851人,其中高级职称人员387人、中级职称人员638人;60多人在国家或省级学术团体中任职,10人享受政府特殊津贴,20人获评省、市有突出贡献的中青年专家,22人入选省医学重点学科和医学重点人才建设战略工程(“135工程”)医学重点人才、省“333高层次人才培养工程”培养对象,7人获评国家及江苏省名中医。医院有职能科室23个,一级专业学科20个、二级专业学科30多个,临床教研室、研究室和专业实验室17个;有全国综合医院重点中医科1个、省级临床重点专科10个、市级临床重点专科19个、国家级药物临床试验科室(专业)9个、国家级内镜诊疗技术培训基地6个。院内附设扬州市生殖医学中心、司法鉴定所、血液学研究所等研究机构。医院有临床教研室13个,医学博士、硕士点20多个;有博士、硕士研究生导师82人,教授、副教授100多人。全年承担扬州大学等医学院校理论教学任务7000多学时,接收各类实习生、进修生680多人。2012年,医院获评全国医院医保管理先进单位。 (毛向阳)

■苏北人民医院与美国贝勒医疗集团签约共建合作平台 9月27日,苏北人民医院与美国贝勒医疗集团签约共建合作平台,在医院管理、科研发展、学科建设、人才培养、远程会诊、境外就医等方面开展交流合作。 (陈 卫)

■扬州市第一人民医院 医院总建筑面积17.12万平方米,有固定资产9.4亿元、先进诊疗设备3000多台(套)。医院有在职员工1766人,其中高级技术职称专家334人;有医学博士32人、硕士生导师30人、“333高层次人才培养工程”学术带头人6人、有突出贡献的中青年专家16人、享受政府特殊津贴的专家4人、全国专业委员会委员2人、省医学专业委员会副主任委员7人。医院有扬州大学内科学、外科学、影像医学及核医学硕士点3个。2012年,医院实际开放床位1550个,全年门(急)诊量113.91万人次、出院病人5.03万人次、手术1.59万人次,分别比上年增长14.7%、10.9%、8.4%。

注重专科内涵建设。医院有心血管内科、消化内科、影像科等省级临床重点专科3个,神经内科、呼吸内科、内分泌科、肿瘤科、血管外科、普外科、骨科、妇产科、儿科、麻醉科、口腔科、耳鼻咽喉科、皮肤科、医学检验科等市级临床重点专科14个。主动脉夹层(夹层动脉瘤)EVAR术、弓部病变及升主动脉远端病变复合手术、深静脉血栓形成及肺栓塞的国际规范化治疗、面中份凹陷假体植入修复术、颧弓颧骨成形术达国内先进水平,冠状动脉左主干内支架植入术、大血管覆膜支架植入术、脑血管病介入治疗、胃镜下黏膜下肿瘤切除术(ESD)、规范化无痛胃肠镜检查及管理等达到省内先进水平。2012年,医院获批立项国家自然科学基金项目4个。 (戴春阳)

■扬州市中医院 2012年,医院门(急)诊量34.78万人次,比上年增长6.55%;实际出院病人9025人次,比上年增长28.43%；手术1715人次，比上年增长40.54%。实现业务收入1.42亿元，比上年增长13.96%。药品收入占业务收入的59.19%，比上年下降1.59个百分点。中草药使用量增长20%以上。护理部推广中医特色护理技术19项。全院病床使用率116.3%；出院者平均住院日14.3天，比上年减少2.6天。

1月1日，新建的门诊医技病房综合楼投入使用。综合楼总建筑面积3.7万平方米，能满足700个床位和日门诊量3000人次的诊疗需求。医院诊疗设施条件改善。直线加速器投入使用，电子病历、电子处方、影像归档和通信系统(PACS)、实验室信息管理系统(LIS)、物资管理系统、分诊排队叫号系统、办公自动化系统先后投入运行。整合健康体检、养生保健、中医美容部，成立中医养生保健部，添置体质辨识仪、中药熏蒸仪、按摩椅、足疗仪等设备；整合医院针灸科、推拿科、脑病科等，筹建康复科。8月，扬州市中医院通过国家中医药局组织的三级甲等中医院评审。

8月1日，扬州市中医药博物馆迁入市中医院，更名为扬州中医药文化展示馆。（中医院）

■市中医院第三届膏方养生节 11月18日，扬州市中医院举行第三届膏方养生节启动仪式，组织25名专家义诊，现场为300多人把脉、献方，定制膏方200多副。为期3个月的膏方养生节期间，制作大膏方905个、协定膏方211个、胶囊3料、协定浓煎剂495个。（中医院）

■惠民医院新院投入使用 12月10日，市惠民医院（市第二人民医院)新院投入使用。市惠民医院新院位于上方寺路28号，占地3.1公顷，一期工程建筑面积2.1万平方米，包括门诊医技楼、病房楼及后勤附属用房，设置床位300个。（陈 卫）

妇幼保健

■概述 2012年，全市卫生系统贯彻《中华人民共和国母婴保健法》等法律法规，加强妇幼保健体系建设，实行妇幼卫生全行业监管，开展以提高生命质量为目的的妇幼卫生活动，完善城乡妇幼卫生服务体系，提高妇女儿童健康水平。全市婚检率升至85.13%，妇女病普查率97.99%，剖宫产率降至44.99%，孕产妇保健管理率99.84%，产前筛查率88.53%；7岁以下儿童保健管理率99.92%，婴儿死亡率2.31‰，5岁以下儿童死亡率3.27‰，新生儿血片筛查率97.35%、听力筛查率95.77%，出生缺陷率降至3.81‰。托幼机构卫生保健合格率100%。（林 萍）

2011—2012年扬州市区儿童健康体检抽样调查情况表

表31-3

指 标		2012年	2011年
受检人数(人)		17144	16255
受检率(%)		99.24	99.20
患缺点率(%)		47.28	39.70
体重达标率(%)		78.89	76.48
身高达标率(%)		79.10	79.03
乳牙龋齿发生率(%)		41.42	35.70
患病率	肥胖儿发生率(%)	7.70	6.00
	低体重发生率(%)	0.14	0.11
	发育迟缓发生率(%)	0.18	0.19
	消瘦发生率(%)	0.30	0.36

（林 萍）

■控制孕产妇、婴幼儿死亡率 制定《扬州市2011—2015年妇女儿童发展实施规划方案》。坚持妇幼卫生重点指标重点监测和考核排名制度，定期通报情况。严格母婴保健技术服务准入管理和日常监管，从事母婴保健专项技术的医疗保健机构和人员持证执业率均达100%。开展医疗保健机构质量评价。全市137个持有母婴保健执业许可证的医疗保健机构参加助产技术、计划生育技术年度校验评审，106所爱婴医院接受复查，合格率均达98%。加大禁止非医学需要胎儿性别鉴定和选择性别人工终止妊娠专项治理工作力度，查处非法执业行为，杜绝无证从事母婴保健技术服务现象，规范助产技术服务市场秩序。加强剖宫产管理，全市剖宫产率控制在45%以下。卫生部门与教育部门协作，将托幼机构卫生保健管理列入妇幼卫生工作内容，实行园长、保健老师培训制度化。全年完成198所卫生保健合格幼儿园复查和25所市卫生保健优质幼儿园评审，托幼机构卫生保健合格率100%。（林 萍）

■控制出生缺陷 2012年，全市对2.19万名农村孕产妇实行住院分娩补助，补助经费1095.9万元；对2.28万名准备怀孕和孕早期农村妇女免费增补叶酸，投入经费55万元。（林 萍）

■“两癌”筛查 扩大“两癌”(宫颈癌、乳腺癌)筛查试点范围，对5.02万名农村妇女进行“两癌”筛查，检出宫颈癌54例、乳腺癌49例、癌前病变2例。（林 萍）

■预防艾滋病、梅毒和乙肝母婴传播 贯彻卫生部《预防艾滋病、梅毒和乙肝母婴传播工作实施方案》。举办全市预防艾滋病、梅毒和乙肝母婴传播师资培训班。市妇幼保健所负责人员培训和技术指导，市疾病预防控制中心负责孕产妇及儿童的艾滋病确认试验和婴儿艾滋病感染早期诊断。医疗保健机构开展预防艾滋病、梅毒和乙肝母婴传播的医疗保健服务。全年艾滋病检测率99.76%、梅毒检测率99.77%。（林 萍）

中医中药

■ **中医药服务体系建设** 推进市、县级中医医院标准化建设。启动新一轮全国、省综合医院中医药示范单位创建活动，苏北人民医院通过全国综合医院中医药示范单位评审验收。2012年，全市新增省级中医重点专科建设单位6家、市级中医重点专科2个；全市社区卫生服务中心（乡镇卫生院）全部设立中医科、中药房，中医科达标率99%，中药房达标率90%；社区卫生服务机构（乡镇卫生院、村卫生室）全部能提供6种以上中医药治疗方法。开展省、市级中医药特色社区卫生服务中心及省、市级乡镇卫生院示范中医科创建活动，建成省中医药特色社区卫生服务中心6个、省乡镇卫生院示范中医科2个，确定省乡镇卫生院示范中医科建设单位3家，建成市中医药特色社区卫生服务中心6个、市乡镇卫生院示范中医科7个。推进名医继承工作，新增全国老中医药专家学术经验继承工作指导老师1人、全国名老中医工作室1个。 （刘雨涵）

■ **推广中医药适宜技术** 加大中医药适宜技术培训力度。《基层中医药适宜技术手册》第二册培训工作全部完成。仪征、广陵、高邮完成《基层中医药适宜技术手册》第一至第三册培训。全市培训1147个县、乡、村级机构西医人员6672人，其中村级机构西医人员参培人数占应培训人数的72.5%。 （刘雨涵）

■ **中医药进基层** 推进中医药“六进”（进家庭、进社区、进农村、进学校、进机关、进企业）活动，开展义诊咨询、中医特色技术体验、健康巡讲等活动，推介中医药。印制、发放中医体质辨识卡和《中医养生手册》《“冬病夏治”宣传册》《常见疾病的预防与保健方法介绍》《药膳食疗》等中医药健康科普宣传册。2012年，全市开展中医药“六进”服务活动1289次（其中进社区255次、进农村141次、进家庭447次、进机关216次、进学校102次、进企业128次），举办中医讲座451次、义诊965次、其他活动201次，出动医务人员3132人次，发放宣传材料10.53万份，5.01万人次受益。 （刘雨涵）

■ **中医药文化科普巡讲** 建立市中医药文化科普巡讲团，举办中医药文化科普巡讲工作培训班。市卫生局每月组织省、市级中医药文化科普巡讲团专家到各县（市、区），面向乡镇医生、村民、社区居民和学校师生开展以季节养生保健和中医饮食保健为主题的巡讲活动。全年开展中医专家巡讲活动21场，发放宣传资料9020份，制作宣传板64块。 （刘雨涵）

■ **中医“四大经典”学习竞赛** 2011年2月起，市卫生局在全市医疗机构开展为期2年的中医“四大经典”（《黄帝内经》《伤寒论》《金匮要略》《温病学》）学习竞赛活动。活动期间，市卫生局培训311人次；各县（市、区）组织培训活动181期，培训3705人次，并组织“四大经典”学习竞赛初赛，选拔11个代表队66名中医药人员参加全市复赛。2012年7—12月，市卫生局举办中医“四大经典”学习竞赛初赛、复赛、决赛活动28场次，决出团体一等奖1个、二等奖2个、三等奖3个，优秀个人奖6个，优秀组织奖2个。 （刘雨涵）

医政管理

■ **医疗机构管理** 加强医疗机构准入管理。全市新设医疗机构10个，备案医疗机构3个，3个医疗机构变更地址和类别。市卫生局全年受理和办理医疗机构注册登记申请42件、变更申请27件，组织医疗机构执业登记前现场评审7次。

开展医疗机构基本信息摸底工作，对医疗机构联网注册管理系统、医师联网注册管理系统、护士注册管理系统以及江苏省医政医管信息月报表有关信息进行核对，全市清理医疗机构53个、注册医师539人、注册护士292人。对市卫生局发证的一级及一级以下医疗卫生单位开展集中现场校验。现场检查医疗卫生单位45家，其中一级医院5所、门诊部和诊所等其他医疗卫生机构40个；抽查门诊病历600份、住院病历400份、处方2000多张，抽查医护人员技能操作80多人次，核查从业人员执业资质300人次；下发整改通知书30多份。开展医疗机构专项检查。2月14—17日，市卫生局组织卫生监督执法人员对各县（市、区）医疗机构行政审批和日常监督管理情况进行专项检查，重点检查各地卫生行政部门开展医疗机构清理整顿情况，医疗机构设置审批、注册、校验、变更等日常管理情况，注册联网管理系统使用及开展不良行为记分工作情况。针对存在问题，向相关单位下发整改通知书，限期上报整改结果。

开展全市第二批二类医疗技术临床应用能力审核工作。6月，组织开展全市关节置换、脑脊液置换等第一批二类医疗技术临床应用能力审核补报，有7所二级以上医院补报15项次。举办医疗技术临床应用及手术分级管理知识专题培训。11月，组织全市第一批综合介入治疗二类医疗技术申报。

鼓励社会资本参与新建医疗机构。全年批准设置私营医疗机构10个。做好非公立医疗机构的医疗技术临床应用管理，全市有4所民营医院获准开展12项二类医疗技术应用。发挥行业协会作用，指导市社会医疗机构协会开展民营医疗机构管理工作。 （陈　长）

■ **规范医疗市场** 开展打击非法行医专项行动。卫生监督部门加强对全市医疗机构的综合监管，规范医疗市场执业行为。开展无证行医监督检查181次，取缔86家次，立案查处65家次，罚款18.43万元，没收违法所得20.25万元，向公安部门移送非法行医案件9件。制定《关于进一步规范打击非法行医和非法采供血工作衔接配合的暂行规定》，市直、高邮市、邗江区建立打击非法行医工作联席会议制度。4月，开展“‘净化医疗广告环境，树立诚信服务意识’主题宣传周”活动，开通监测专用有线电视端口，监测在媒体发布的医疗广告，公示违规医疗广告53条，处理违规发布医疗广告的医疗机构23个。7月，召开医疗广告监督情况通报及诫勉教育专题会议，签订发布医疗广告承诺书。（陈　长）

■公立医院改革　仪征市中医院和仪征市第二人民医院被纳入省公立医院改革试点范围。仪征市人民医院启动医院人力资源管理项目，推行聘用制度，完成全院组织架构重建和岗位设置。扬州市第二人民医院完善内部管理体系，完成整体搬迁，加快医院信息化建设，开辟“绿色救助通道”，建立一站式即时结算服务平台。扬州市妇幼保健院优化内部运行机制，推行岗位管理和全员聘用制度，系统设置岗位，实行职称评审与聘用分开管理。（陈　长）

■医师资格考试　全市受理2012年国家医师资格考试网上报名1954人。经审核，1765人符合报考条件。其中，691人报考执业医师，758人报考执业助理医师，300人报考乡镇临床执业助理医师，16人报考乡镇中医执业助理医师。7月，1574人参加医师资格实践技能考试，其中1301人通过考试；9月，1261人参加医师资格医学综合笔试。受理执业医师注册189人次、变更注册138人次。全市40名美容主诊医师换证；26名医师申报美容主诊医师省级审核，其中17人通过审核。（陈　长）

■无偿献血　全年4.2万人次参加无偿献血，献血量1366万毫升；1981人次参加机采成分献血，捐献血小板3044个治疗量。全市临床用血量1241万毫升，成分输血率99.99%。全年有4682人参加互助献血，献血量153.63万毫升，互助献血比率39%。全市采血量占用血总量的110%，临床用血100%源于公民自愿无偿献血。全市有固定献血志愿队成员9867人、稀有血型献血志愿队成员368人、机采成分献血志愿队成员2176人、无偿献血志愿者服务队成员1343人。（陈　长）

疾病预防与控制

■传染病防治　2012年，全市报告甲、乙类传染病15种5522例，死亡13例，报告发病率每10万人口123.82例，死亡率每10万人口0.29例，病死率0.24%；报告丙类传染病6种7219例，死亡2例，发病率每10万人口161.8例。

加强突发公共卫生事件报告管理。开展突发公共卫生事件报告管理工作培训。全市报告突发公共卫生事件1件。加强非典型性肺炎及人感染高致病性禽流感疫情监测预警。全市4所综合性医院监测点1－11月监测门诊就诊发热呼吸道病人86.85万人。在高邮市开展环境与职业暴露人群高致病性禽流感监测，完成110份职业暴露人群血清流行病学监测。制定《扬州市2012年霍乱防治工作预案》，召开霍乱防治工作暨培训会议。4月1日，全市乡镇以上医疗机构全面开设肠道门诊，实施网络直报工作。全年登记腹泻病人4.05万例，检索腹泻病人1.09万例，检索率26.87%，无霍乱病例发生。扬州市3所国家级流感监测哨点医院对流感性病例实施症状监测和登记报告。市疾控中心（国家级流感检测点）实施流感监测周报制度，1－11月对1220份标本进行核酸检测。加强手足口病防控，实行疫情日报制，规范处置疫情。1－11月报告手足口病病例5924例，其中聚集性疫情13件、重症病例1例、死亡病例2例。全市发现疟疾病例34例，均为国外输入病例，未发生死亡病例。（侯　萍）

■慢病、重性精神病综合管理　市卫生局开展慢病综合防控示范区、示范乡镇创建活动，制定创建方案、考核办法，举办慢病综合防控示范区和示范乡镇创建工作培训班。全市22个乡镇申报创建扬州市慢病综合防控示范乡镇。邗江区被列为2013年国家慢病综合防控示范区创建单位。

开展死因监测、慢五病（高血压、糖尿病、脑卒中、冠心病和肿瘤）监测、慢病病人建档和规范化管理。县级以上医疗机构院内死因报告覆盖率100%；县级以上医疗机构院内死亡病例报告报告率96.18%，其中不明原因死亡占21.27%，报告及时率83.30%。

加强重性精神病管理治疗工作，成立市重性精神病管理治疗项目领导小组，建立市、县（市、区）重性精神病管理治疗网络，组织业务培训。各县（市、区）对绝大部分疑似病人进行评估确诊，建立重性精神病人档案9599份，报告率26.7%；对8903名患者进行随访管理，管理率112%。（侯　萍）

■免疫规划　全年完成基础免疫接种54.82万人次，接种率99.29%；完成加强免疫接种18.89万人次，接种率99.73%。开展查漏补种工作。全市摸底登记适龄儿童16.54万人，应补种3.88万人、实补种3.77万人，接种率97.1%。各县（市、区）各免疫规划疫苗平均接种率均达99%以上。全年报告疑似AFP（急性弛缓性麻痹）病例12例，无脊髓灰质炎确诊病例。脊髓灰质炎AFP病例报告发病率平均每10万人口2.18例。其中，11例AFP病例报告后48小时内调查率、双份合格粪便标本采集率、标本采集后7天内送检率、75天内随访表及时送达率均达100%。各县（市、区）每旬对县级以上综合性医院、传染病院和部分乡级医院等155家医疗单位进行AFP主动监测，全年主动监测AFP病例12例，主动监测月报表报告及时率和完整率均为100%。全市报告疑似麻疹病例106例，疑似病例报告发病率每10万人口2.38例。106例疑似麻疹病例24小时内及时报告率、48小时内及时流行病调查率、合格采样送检率均为100%。106例疑似麻疹病例中，确诊麻疹病例3例，发病率每100万人口0.7例；排除麻疹病例103例。针对3例确诊麻疹病例，对444人实施应急免疫，应急免疫率100%，未发生麻疹暴发疫情。（侯　萍）

■艾滋病防治　2012年，全市发现艾滋病病毒抗体阳性者118例（其中艾滋病病毒感染者93例、艾滋病病人25例),比上年上升49.4%;艾滋病病毒感染者和艾滋病病人死亡12例,比上年上升33.3%。全市累计发现艾滋病病毒抗体阳性者443例(其中艾滋病病毒感染者271例、艾滋病病人172例),死亡106例,实施随访管理327例。各县(市、区)推进男男人群艾滋病干预工作,支持民间组织和社会团体参与男男人群艾滋病、性病综合干预工作。邗江区通过网络定期向男男人群宣传性病、艾滋病防治知识,开展性病和艾滋病检测与咨询,月均干预100多人;支持辖区内6名志愿者成立志愿者工作组,建立QQ群,公布健康联系电话,负责咨询、检测、宣教等工作。落实抗病毒治疗、CD4-T淋巴细胞检测、"四免一关怀"(免费提供抗病毒药物治疗、免费咨询检测艾滋病病毒抗体、免费提供母婴阻断药物和婴儿检测试剂、为艾滋病病人遗孤提供义务教育,将经济困难的艾滋病患者及其家属纳入政府补助范围)政策。全年组织艾滋病病毒感染者和艾滋病病人400人次参加CD4-T淋巴细胞检测,累计治疗190例,符合治疗标准的治疗覆盖率91.2%。(侯萍)

■结核病防治 全市DOTS(非住院肺结核患者督导短程化疗)覆盖率100%。全年新发涂阳病人634例,新发涂阳病人治愈率94.99%。全市肺结核病定点医疗机构报告本地肺结核病例3654例,报告率100%,转诊率100%,追踪到位率100%,系统管理率99.7%,密切接触者筛查率100%。2259例活动性肺结核病人中,涂阳人数735例,占32.5%。全市收治初治病人2088例,其中免费治疗2054例,免费治疗率98.37%。各县(市、区)全部建立新型结核病防治体系,分别确定1所结核病定点诊疗医院。全市结核病定点诊疗机构实验室合格率100%。启动耐药监测工作,确定扬州市第三人民医院为全市耐多药病人定点诊疗医院。(侯萍)

■血吸虫病防治 2012年,全市组织查螺专业队221支3106人,到55个流行乡490个流行村及5个非流行乡66个非流行村查螺,使用查螺工日4.07万个,查螺面积177.67平方千米。解剖钉螺1.45万只,未发现阳性钉螺。完成灭螺面积32.64平方千米,全市钉螺面积控制在1.26平方千米。全市9.37万人接受血吸虫病检查。全年未发现血吸虫病急性感染病例。全市救助晚期血吸虫病患者275人,其中内科治疗救助269人、外科治疗救助6人,解决患者医疗费用57.30万元。新建渔(船)民公厕37座。(高阳)

卫生监督

■概述 全市有市级卫生监督机构1个、县(区)级卫生监督机构6个,有卫生监督员272人。各级卫生监督机构履行医疗执法监督、公共场所卫生监督、饮用水卫生监督、传染病卫生监督、学校卫生监督、职业放射卫生监督及公共卫生突发事件应急处置等职能。2012年,江都区、仪征市餐饮食品安全监管职能移交食品药品监督管理部门。

全市办结各类卫生许可事项3177件;开展各类专项执法检查19次;对管理服务相对人监督检查覆盖率100%,监督频次2次/户以上;开展重大活动卫生保障88次;立案查处卫生违法一般程序案件480件、简易程序案件329件,罚没款170.41万元;抽检各类样品5360份,检测合格率84.4%;受理各类投诉举报525件,办理率、结案率、答复率、投诉对象满意率均达100%;举办行政相对人法律法规宣传培训活动124期,进社区、进农村、进学校开展宣传活动61次。(曾强)

■餐饮食品安全管理 2012年,扬州市实行餐饮业食品安全监督量化分级动态管理,开展餐饮服务示范工程创建活动,推进食品安全诚信体系建设。全市有餐饮服务许可发证单位9824家,其中餐馆4453家、快餐店240家、小吃店3462家、饮品店354家、食堂1304家(其中学校食堂678家)、集体用餐配送单位6家、中央厨房5家。全年评出A级单位1492家、B级单位3957家、C级单位4172家,学校食堂、集体用餐配送单位、中央厨房、旅游景区餐饮服务企业食品安全监督量化分级等级评定实施率100%。全市10条(个)餐饮单位集中街(区)和107家餐饮单位被确认为扬州首批餐饮服务食品安全示范街区、示范单位。6月,仪征市被确认为首批省级餐饮服务食品安全示范地区。启动餐饮环节肉制品、食用油、食品添加剂、乳制品、酒类、调味品和餐用具专项整治活动,强化学校、工地食堂、集体用餐配送、中央厨房、旅游景点等重点区域餐饮单位监管。加强监督抽检,强化风险监测。完成省下达2012年餐饮服务食品安全监督抽检、示范风险监测任务,监督抽检餐饮服务单位124家,采集18个品种248份样品,抽检合格率96.4%;风险监测餐饮服务单位9家,采集4个品种18份样品。对餐饮单位自制熟肉制品、非发酵豆制品、馒头、糕点等品种食品的亚硝酸盐、色素等项目进行监督抽检筛查。加大市级餐饮服务食品安全监督抽检力度,全年采集各类样品8251份,抽检合格率84.3%。(曾强)

■生活饮用水卫生监督 2012年,扬州市有城市市政集中式供水单位12家、乡镇集中供水单位18家、自建式供水单位1家、二次供水单位70家。加强饮用水卫生宣传教育。组织全市饮用水卫生监督管理人员法规业务培训,开展以"关注饮用水卫生,共享健康生活"为主题的"饮用水卫生宣传周"活动。加强饮用水卫生监督监测工作,将广陵区、邗江区和高邮市等地6家城市市政水厂、19家农村水厂、16家二次供水单位纳入水质监测点,全年采集水样248份,样品合格率92.7%。加大对全市市政水厂的出厂水、末梢水和70家二次供水单位的监督采样检测力度,全年采集样品1004份。其中,枯水期样品502份,合格率90.4%;丰水期样品502份,合格率93.4%;枯、丰水期样品总合格率91.9%。对全市288所学校饮用水和13家涉水产品生产

卫生监督人员在检测游泳池水质　　苏　扬／摄

企业17个卫生许可批件进行重点卫生监督检查。7月，开展突发饮用水事件应急演练。（曾　强）

■ **公共场所卫生监督**　2012年，全市有公共场所单位4036家（其中市区公共场所单位461家），其中住宿场所1143家、游泳场所29家、沐浴场所831家、足浴场所432家、美容美发场所1601家。开展公共场所量化分级和监督监测工作。全市29个游泳池监督抽检合格率83.3%。市区检查集中式空调通风系统使用单位28家，抽检集中式空调通风系统使用单位11家，检测结果均符合国家标准；监督抽检27家营业面积3000平方米以上商场空气质量，抽检合格率85.2%。实行足浴行业许可准入制度，加强对足浴行业的卫生监督管理。组织全市卫生监督人员参加足浴行业许可标准及监管业务培训，组织足浴行业负责人、卫生管理人员、从业人员参加法律法规和卫生知识培训。符合足浴场所许可标准的288家足浴企业获公共场所卫生许可证。全市足浴企业卫生许可证持证率66.6%。全市新增公共场所卫生A级单位21家。至年底，全市有公共场所卫生A级单位70家、B级单位1145家、C级单位2389家。（曾　强）

■ **学校卫生监督**　2012年，扬州市有学校医务室（卫生室）102个、卫生专业技术人员322人，有学校保健室592个、保健教师789人。市卫生局与市教育局联合下发《关于进一步加强全市学校卫生工作的通知》，按照“教育行政部门管理督查，卫生行政部门监督指导，学校具体实施”原则，做好学校卫生和食品安全工作。在春、秋季开学初组织开展学校卫生综合执法检查。对秋季入学新生进行入学体检，建立学生健康档案；开展学校饮用水卫生、传染病防控、教学卫生和生活设施卫生监督检查。监管数据录入省卫生监督综合管理信息系统。（曾　强）

■ **医疗卫生监督**　开展打击非法行医和非法采供血专项行动，强化对医疗机构的综合监管，规范医疗市场执业行为。开展村卫生室（包括乡村医生在家中开展的诊疗活动）、地下行医场所、药房坐堂行医行为以及医疗机构“出租科室”、“外包科室”、超核准诊疗范围开展诊疗活动、使用非卫生技术人员从事诊疗活动等专项检查，对历年已查处的非法行医案件进行回访检查。全年监督检查医疗机构1807个，下发监督意见书2011份，立案查处医疗机构201个，对71个医疗机构提出警告，罚款29.84万元，没收违法所得1.47万元，没收药品、器械32件（箱），对14个医疗机构的不良执业行为进行记分，对相关负责人进行诫勉谈话。（曾　强）

■ **放射卫生监督**　对全市29个医疗机构放射诊疗防护工作进行监督检查，检查放射诊疗许可证和放射工作人员证办理情况、放射诊疗建设项目职业病危害评价情况、设备状态检测情况、工作人员及患者防护用品配备情况以及放射工作人员职业健康监护情况等，监督覆盖率100%。对建设项目职业病危害评价（放射防护）机构进行现场监测能力监管，检查是否按照资质范围开展工作，出具的报告是否符合相关规范和要求，人员、仪器、设备是否满足工作要求，放射工作人员个人剂量监测信息管理系统使用情况等，监督覆盖率100%。（曾　强）

爱国卫生运动

■ **农村改厕**　举办改厕技术培训班，培训1000多人。开展改厕“百日突击”活动。2012年，全市新增无害化卫生户厕7.95万座，其中卫生改厕7.72万座、新建房配套改厕0.23万座；命名改厕普及乡镇9个。全市累计建成卫生厕所95.2万座，普及率97.51%，其中无害化卫生厕所普及率78.15%。扬州市爱国卫生运动委员会办公室（简称市爱卫办）获省爱卫办2012年工作创新奖。（丁昊骏）

■ **卫生城市创建**　2012年，市爱卫办组织开展2012年卫生镇、村复审检查工作。高邮市创建江苏省卫生城市工作通过省级考核，邗江区公道镇、仪征市新集镇创建国家卫生镇工作通过国家暗访评估。江都区丁伙镇通过复审考核，被重新确认为国家卫生镇；宝应县望直港镇、高邮市界首镇创建江苏省卫生镇工作通过省级考核；仪征市月塘镇、邗江区城北乡和甘泉街道创成市级卫生镇。邗江区杨庙镇赵庄村等43个行政村通过省级卫生村考核。（丁昊骏）

■ **除“四害”**　市爱卫办制定《扬州市区2012年春夏季灭鼠灭蝇工作实施方案》《扬州市2012年夏秋季灭蝇灭蟑工作实施方案》，动员居（村）民清除暴露垃圾、露天粪坑、积水，清理污水沟塘，控制蚊蝇孳生地。开展春季灭鼠和夏秋季灭蝇灭蟑工作。市区投放灭鼠颗粒剂8000包、蜡丸4000包、粘鼠板1.2万张，新建毒饵宅2000个，投放灭蚊蝇药物2600千克，投放灭蟑胶饵2000盒、颗粒剂9000袋。各县（市、区）开展除“四害”（老鼠、苍蝇、蚊虫、蟑螂）活动。高邮市通过省组织的“三灭”（灭鼠、灭蝇、灭蟑）先进城市复审。（丁昊骏）

体育

Tiyu

本栏责任编辑　陈永华

综述

■概况　2012年,市体育局制定《扬州市城乡公共体育设施建设基本标准》,联合市规划局制定《扬州市中心城区体育设施布点规划方案》,确定市级体育中心和副中心、区级体育健身中心、社区级户外运动设施、住宅小区配套体育健身设施建设标准。启动建设城市社区“10分钟健身圈”。更新、维护健身设施600套,社区健身工程点健身路径更新率、老小区健身器材配置率、新建住宅小区健身设施达标率均为100%。成立市无线电运动协会、市太极拳协会等。全市有市级体育协会30个、乡镇(街道)级体育协会(分会)400个,注册会员3万多人;有各级体育俱乐部1528个;晨(晚)练健身点遍布城乡。全市有各级社会体育指导员近1万人,每万人有社会体育指导员20.1人。打造品牌赛事。元旦万人长跑、全民健身体育节等活动实现全市联动,100多万人次参与;千人围棋大赛、万人健身演示和“全民健身日”等活动影响不断扩大;承办省广播体操比赛、全国健身公开赛、江苏省全民健身运动会健身球操比赛等活动。扬州市体育局和高邮市体育局获国家体育总局全民健身活动优秀组织奖,扬州报业传媒集团、邗江区文体局被国家体育总局评为全民健身活动先进单位。全市80个健身站(点)获江苏省优秀群众健身活动站(点)称号,扬州市体育局获评2012年江苏省全民健身工作先进单位,广陵区政府、宝应县文体局、江都区体育局、仪征市体育局和扬州市棋类协会获2012年江苏省全民健身活动优秀组织奖,高邮市体育局等9家单位获评2012年江苏省全民健身活动先进单位。广陵区委组织部获评江苏省大学生村官社会体育指导员工作先进单位,邗江区公道镇湖滨村党总支副书记王飞获评江苏省大学生村官社会体育指导员工作先进个人。

全市开设训练项目21个,2300人在训。组织田径、乒乓球、围棋等9个项目年度比赛,承办江苏省青少年棒球、垒球、艺术体操锦标赛和“省长杯”足球赛。组织近500人参加田径、游泳、足球等30个项次的江苏省年度青少年锦标赛,获金牌29.5枚(按第18届江苏省运动会规则计算)、奖牌108枚,总分1015分。创建国家、省、市高水平体育后备人才基地、俱乐部、单项训练基地、传统项目学校等66个。

全年举办和承办中国扬州鉴真国际半程马拉松赛(简称鉴真半程马拉松赛)、环高邮湖国际自行车越野赛等2项国际赛事,全国半程马拉松锦标赛、全国花样游泳冠军赛、全国男子篮球联赛(扬州赛区)、全国艺术体操锦标赛等4项全国赛事,其中鉴真半程马拉松赛获评中国田径协会金牌赛事、国际田径联合会(简称国际田联)金标赛事。扬州市获评“全国十大体育营销城市”和江苏省“2012年度承办全国以上体育竞赛最佳赛区”,2012年举办的全国艺术体操锦标赛、中国健身公开赛分区赛均获“2012年度承办全国以上体育竞赛优秀赛区”。

全市体育彩票总销量6.81亿元,比上年增长15.27%。鉴真半程马拉松赛等6个项目共获省级体育产业引导资金360万元。

2012年,扬州市获江苏省体育强市称号。　(黎志刚)

■鉴真半程马拉松赛升格为国际田联金标赛事　9月25日,国际田联函告鉴真国际半程马拉松赛组委会,鉴真半程马拉松赛通过审核升格为金标赛事。这是中国马拉松界首个获得国际田联金标赛事称号的半程马拉松比赛。国际田联金标赛事是世界城市马拉松赛最高荣誉,评定标准涉及参赛人数、参赛高等级运动员、竞技水平、线路规划、赛事直播和覆盖国家等各方面。

鉴真半程马拉松赛创设于2006年,由中国田径协会、江苏省体育局、扬州市人民政府共同举办。经过7年发展,该赛事规模从首届5个国家和地区929名选手参赛发展到2012年的42个国家和地区3.5万名运动员参赛,并面向20多个国家300多个城市转播比赛实况。

11月28日,鉴真半程马拉松赛组委会在国家体育总局召开新闻发布会,举行金标赛事牌匾揭牌仪式,并公布2013年赛事线路图及起跑时间。　(杨　体)

■市体校迁建二期工程　2月18日,市体育运动学校迁建二期工程开工。该工程规划建设综合球类馆和田径训练馆,总造价8600万元。其中,综合球类馆建筑面积 7069.4 平方米，建设 2 片篮球场、10 片羽毛球场、2 片网球场及 800 平方米综合训练场地；田径训练馆建筑面积 7112.17 平方米，建设室内 200 米标准田径场、室内 25 米 6 道游泳池。

（黎志刚）

■ 扬州棋院树人分院成立 2 月 26 日，扬州棋院树人分院在扬州中学教育集团树人学校九龙湖校区成立。该分院为扬州棋院首个校园分院，有小棋手 300 人，韩斌担任分院总教练。

（黎志刚）

■ 扬州市无线电运动协会成立 8 月 2 日，扬州市无线电运动协会举行成立大会暨第一届会员代表大会。54 名会员代表出席会议。会议通过《扬州市无线电运动协会章程》，选举产生协会理事和会长、副会长、秘书长。武明当选扬州市无线电运动协会第一任会长。（黎志刚）

■ 扬州市太极拳协会成立 9 月 18 日，扬州市太极拳协会成立，并举行第一届会员代表大会。30 多名会员及太极拳爱好者出席会议。会议选举产生协会会长、副会长、秘书长、副秘书长等。洪军当选市太极拳协会首任会长。（黎志刚）

■ 扬州市老年体协换届 12 月 18 日，扬州市老年人体育协会举行第四届代表大会，选举产生新一届理事会。朱正海当选协会主席，张学奎当选常务副主席，施国兴、汤国飞、孙永如、王功亮受聘担任协会名誉主席。

（黎志刚）

■ 扬州获省体育产业发展引导资金 7 月 31 日，省体育产业发展引导资金 2012 年度资助项目签约仪式在南京举行。扬州市申报的 10 多个项目中，中国扬州鉴真国际半程马拉松赛提档升级与申报国际田联金标赛事、阿珂姆野营户外运动产品品牌竞争力与市场占有率双提工程、高性能强耐候性 SMC 板户外篮球架研发与产业化项目、渔竿三新研发与市场推广项目、江都小纪镇体育产业服务平台建设项目及红山体育旅游度假基地建设项目等 6 个项目获 360 万元资助。其中，中国扬州鉴真国际半程马拉松赛提档升级与申报国际田联金标赛事项目获 100 万元资助。

（杨 体）

5 月 8 日，全国男子职业篮球联赛（扬州赛区）比赛现场 王 卓/摄

■ 南京军区悦达男子篮球队主场落户扬州 3 月，市体育局与南京军区政治部体育中心达成合作协议，2012 年全国男子职业篮球联赛南京军区悦达男子篮球队主场所有比赛在扬州举行。其中，扬州市体育中心体育馆为主赛场场地，江都体育馆、邗江中学体育馆为分赛场场地。这是全国男子职业篮球联赛首次落户扬州。5 月 1 日至 7 月 27 日，全国男子职业篮球联赛（扬州赛区）共举办 9 场常规比赛。（黎志刚）

■ 吴兴芬参加伦敦奥运会火炬传递 英国当地时间 7 月 14 日上午 9 时（北京时间下午 5 时），伦敦奥运会火炬手吴兴芬在英国利明顿参加奥运会火炬传递。吴兴芬是高邮市留守儿童教师，曾参加 2010 年广州亚运会、2011 年深圳世界大学生运动会火炬传递。（黎志刚）

群众体育

■ 元旦长跑活动 1 月 1 日，扬州市举行迎新年“国缘杯”元旦长跑活动。此次元旦长跑活动设 1 个主会场、6 个分会场，近 10 万人参加。主会场长跑活动起点设在体育公园南广场，经文昌西路，至来鹤台广场结束，全程 4.5 公里。（黎志刚）

■ 朱志全获省农运会象棋比赛冠军 2 月 29 日，江苏省第七届农民运动会中国象棋比赛在泰州收枰。扬州选手朱志全、王兴桃参赛，其中朱志全以 4 胜 3 和的成绩获个人冠军。

（黎志刚）

■ “联通杯”信鸽 350 公里联赛 4 月 14 日 8 时，2012 年扬州市全民健身体育节首项赛事——“联通杯”信鸽 350 公里联赛开赛，7830 羽信鸽从安徽省六安市叶集区放飞。12 时 46 分，仪征市陈顶刚驯养的一羽雄性灰鸽首先归巢。经裁判组审核统计，宝应县徐家屯驯养的环号为 2011-619242 的雄性灰鸽以每分钟 1145.92 米的最快速度获大赛冠军。

（黎志刚）

■ “运河棋院杯”扬州市少儿围棋赛 4 月 21—22 日，由扬州晚报社主办、扬州运河棋院承办的“运河棋院杯”扬州市少儿围棋精英赛在扬州报业传媒大厦举行。“运河棋院杯”少儿围棋精英赛是扬州运河棋院挂牌后的第一项赛事，有 50 名少儿棋手参赛。玉树教室的宋腾 5 段以全胜战绩获第一名，宝应棋院的蔡韫睿 5 段、韩斌教室的芦睿 5 段分获第二名、第三名。（黎志刚）

扬州市第四届千人围棋大赛扬州市体育中心体育馆比赛现场　　程建平、司新利/摄

■**扬州市第五届"运河情"中小学生体育艺术节阳光体育比赛**　4月23日至11月3日，扬州市举办第五届"运河情"中小学生体育艺术节阳光体育比赛，比赛设田径、乒乓球、中国象棋、围棋、足球、武术、游泳、跆拳道、篮球、羽毛球等20个项目，全市1330名青少年运动员参赛。（黎志刚）

■**第四届千人围棋大赛**　4月30日至5月1日，扬州市举行第四届千人围棋大赛。大赛在市体育中心体育馆设主赛场，另设仪征、高邮、宝应等3个分赛场。比赛分"树人杯"赛和升、定段赛两部分，全市有1240名棋手参赛。在"树人杯"赛中，吴振宇2段以7战全胜的成绩获第一名，钱留儒、卢宇道分获第二名、第三名。（杨　体）

■**扬州获省全民健身运动会桥牌赛团体总分第五名**　5月11—14日，江苏省第六届全民健身运动会桥牌赛在盐城市阜宁县举行，全省12支男队、8支女队140多名运动员参加比赛。比赛设公开团体赛、女子团体赛、公开双人赛、女子双人赛和混合双人赛等5个项目。扬州市6名男选手、4名女选手经过3天角逐，获公开团体赛第四名、女子团体赛第四名、女子双人赛第六名、混合双人赛第七名，以累积23分获团体总分第五名。（黎志刚）

■**"普信杯"2012扬州市斯诺克大奖赛**　5月25—27日，"普信杯"2012扬州市斯诺克大奖赛在圆点线台球俱乐部举行。全市50多名斯诺克选手参赛。比赛采用5局3胜制（决赛为7局4胜制）。朱明军获第一名，石昕获第二名，张祥和姚海分获第三名、第四名。（黎志刚）

■**首届江浙沪象棋特色学校邀请赛竹西小学获两金**　5月26—27日，首届江浙沪象棋特色学校邀请赛在苏州举行，江浙沪10所学校小棋手参加比赛。扬州市象棋特色学校竹西小学参赛，夺得2枚金牌并获团体二等奖。其中，孟冉、薛凌风分获男子高年级组第一名、第三名，沈思凡获女子中年级组第一名。（黎志刚）

■**江苏省第九套广播体操比赛在扬州举行**　6月4—5日，由江苏省体育局主办，扬州市体育局承办的江苏省第九套广播体操比赛在扬州体育公园体育馆举行。比赛设机关、大专院校、企事业单位等3个组别，全省13个地级市参赛。扬州队获机关组一等奖和企事业单位组二等奖，南京队、连云港队分获大专院校组、企事业单位组一等奖。（黎志刚）

■**丁宝龙获苏沪石锁精英赛全能冠军**　6月10日，由扬州市体育局、市体育总会主办，市民俗体育协会、市民俗体育协会石锁分会承办的2012年江苏·上海"开来物业杯"石锁精英赛在新城西区晨练中心举行，江苏、上海等地370人参赛。比赛

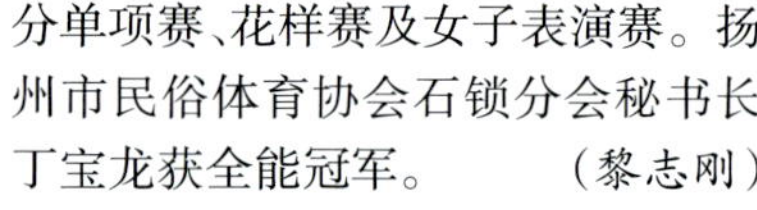

分单项赛、花样赛及女子表演赛。扬州市民俗体育协会石锁分会秘书长丁宝龙获全能冠军。（黎志刚）

■**江苏省大学生龙狮精英赛扬州队获3个金奖**　6月10日，"铁人杯"江苏省第五届大学生龙狮精英赛在南通落幕。比赛设舞龙全能、舞龙自选套路、竞速舞龙、舞龙规定套路、北狮自选套路等5个项目，8所高校100多人参赛。代表扬州参赛的扬州工业职业技术学院舞龙队获舞龙自选套路、舞龙规定套路和舞龙全能金奖。（黎志刚）

■**扬州选手获全国象棋少年锦标赛第三名**　8月2—8日，由中国象棋协会主办的2012年全国象棋少年锦标赛在安徽省棋院举行。扬州选手孟冉、沈思凡分获男子丙组、女子丁组第三名。（黎志刚）

■**第六届江苏省全民健身运动会毽球比赛在高邮举行**　8月13—16日，由省社会体育管理中心、扬州市体育局、高邮市人民政府承办，高邮市体育局协办的第六届江苏省全民健身运动会毽球比赛在高邮市举行。南京市、徐州市、连云港市和扬州市运动员55人参加7个单项的比赛。南京队、徐州队、扬州队分获团体总分第一名、第二名、第三名，扬州队另获男女混合双人赛第二名、男子双人赛第三名。扬州队、连云港队获体育道德风尚奖。（黎志刚）

7月8日，扬州市举行第11届全民健身体育节武术比赛　　王　卓/摄

扬州市第11届全民健身体育节主要活动一览表

表32-1

活动名称	开赛时间	地　点	参加者情况	备　注
千人围棋大赛	4月30日	市体育中心体育馆、仪征、高邮、宝应	1240人参赛	分“树人杯”赛和升、定段赛两部分，设1个主赛场、3个分赛场
启动仪式、万人健身演示大会	5月2日	市体育中心体育场	1万多人参加	举办第九套广播体操比赛、千人太极拳表演、千人跑操、千人广场舞、千人阳光体育及特色健身项目等活动
斯诺克大奖赛	5月25日	圆点线台球俱乐部	50多名参赛选手	5局3胜制(决赛7局4胜制)
体育舞蹈锦标赛	6月9日	市体育中心体育馆	24支代表队600多名选手参赛	设老中青及各舞种多个组别
石锁精英赛	6月10日	新城西区晨练中心	上海、南京、无锡、泰州等15支代表队参赛	设3个项目
健身健美、肚皮舞大赛	6月24日	望月路街头广场	10支代表队100多人参赛	设8个组别
武术比赛	7月8日	市体育中心体育馆	38支代表队参赛	设9个项目
“全民健身日”健身气功演示活动	8月8日	市体育公园体育馆	市级协会3000人参与	分太极拳、柔力球、健身气功及少儿艺术体操表演
第六届跆拳道品势大赛	8月26日	市体育中心体育馆	9支代表队100多人参赛	分男、女个人和团体3个项目
游泳比赛	9月2日	扬州大学游泳馆	近100名选手参赛	设11个组别
风筝比赛	9月5日	城市户外广场	7支放飞队参赛	设9个组别
中国运河城市桥牌邀请赛	9月21日	扬州会议中心	32个运河城市派选手参赛	分2个阶段
网球锦标赛	10月20日	市体育公园网球场	200人参赛	设5个组别

（黎志刚）

■扬州承办2012中国健身公开系列赛　9月8—9日，由国家体育总局社会体育指导中心、中国健美协会、省体育局、扬州市政府联合主办的“回力轮胎杯”2012年中国健身公开系列赛(分区赛)扬州赛区比赛在扬州市体育中心体育馆举行。2012中国健身公开系列赛分南北两个赛区，扬州赛区为北赛区。比赛设健身、形体健身、体育模特等3个项目，分12个组别，近20支队伍130多名运动员报名参赛。扬州派出3支队伍参赛。其中扬州佰瑞特健身发展有限公司代表队成绩突出，获竞赛项目团体总分第二名、表演项目及趣味赛项目团体总分第一名和最佳组织奖，杨枭、汪萌分获健身先生B组、女子体育模特B组第一名，林玲获健身小姐A组第二名，蒋文文、林玲、杨枭分获女子形体健身B组、女子体育模特A组、男子体育模特B组第三名，露露、林玲等选手在表演项目上获单项一等奖8个、特别奖2个。

（黎志刚　杨　体）

■省全民健身运动会舞龙舞狮比赛扬州队获佳绩　9月13—14日，第六届江苏省全民健身运动会舞龙舞狮比赛在常州市武进区职教中心体育馆举行。比赛分舞龙、舞狮2个大项。其中，舞龙比赛设规定套路、自选套路、抽签舞龙、障碍舞龙、竞速舞龙等5个单项，有8支代表队参赛。扬州工业职业技术学院舞龙队代表扬州市参赛，获舞龙规定套路第一名、自选套路第二名、竞速舞龙第二名、抽签舞龙第二名、障碍舞龙第三名。

（黎志刚）

■第六届江苏省全民健身运动会健身球操比赛　9月14—15日，第六届江苏省全民健身运动会“扬州晚报杯”健身球操比赛在扬州市体育中心体育馆举行。此次比赛由省体育局、省级机关工委、省教育厅、省总工会和扬州市政府主办，省社会体育管理中心、省老年人体育协会和扬州市体育局承办，设规定动作和自选动作2个项目。全省12支代表队近200名运动员报名参赛。扬州队获规定动作和自选动作一等奖。　（黎志刚）

■第二届中国运河城市桥牌邀请赛在扬州举行　9月21—23日，第二届中国运河城市桥牌邀请赛在扬州会议中心举行，运河沿岸7个省(市)32支代表队参赛。扬州市派出8支队伍参赛。经过2个阶段比赛，扬州锦春队获第一名，河南焦作队获第二名，无锡队和苏州队分获第三名、第四名。（黎志刚）

■扬州选手获第二届全国绿色运动健身大会瑜伽比赛三等奖 10月18－30日，第二届全国绿色运动健身大会在安徽池州举行。大会设公路轮滑、木球、跳绳等8个比赛和展示项目。在健身瑜伽比赛中，扬州选手露露获女子单人比赛三等奖。（黎志刚）

竞技体育

■扬州市乒协杯乒乓球精英赛 1月3日，由扬州市乒乓球协会主办的“新纪元”扬州市乒协杯乒乓球精英赛暨“金阳光”乒乓球俱乐部迎新乒乓球赛在汉胜乒乓球俱乐部举行。比赛分甲、乙组进行，近百名选手参赛。张翔和丁科分获精英赛甲、乙组单打冠军。栾俊华和严进生分获迎新乒乓球赛男子甲、乙组单打冠军，余秀华获迎新乒乓球赛女子组单打冠军。（黎志刚）

■全国竞走冠军赛扬州选手夺冠 2月11－12日，2012年全国竞走冠军赛暨奥运会选拔赛在江苏省淮安市举行，全国19支代表队266名运动员参加比赛。扬州选手史天舒和柏艳敏代表江苏队参加女子成年组团体20公里比赛，获团体冠军，成绩分别为1小时32分30秒和1小时37分22秒；扬州选手苏迎秋在女子少年组10公里的比赛中，以47分24秒的成绩夺冠。（黎志刚）

■全国室内田径锦标赛扬州选手获佳绩 2月13－14日，2012年全国室内田径锦标赛(南京站)在江苏省体育局训练中心举行。扬州中长跑竞走训练基地运动员在比赛中成绩突出。在女子1500米决赛中，薛飞以4分09秒71的成绩获第一名，打破由扬州选手谢赛男于2005年创造的该项目室内赛全国纪录；胥秋子、谢赛男分获该项目第二名和第四名。在女子800米决赛中，胥秋子以2分09秒71获第一名，郝晓帆获第三名。（黎志刚）

■胥秋子获亚洲室内田径锦标赛第四名 2月18－19日，2012年亚洲室内田径锦标赛在杭州举行。代表中国队参赛的扬州中长跑竞走训练基地选手胥秋子在女子1500米比赛中，以4分19秒98的成绩获得第四名。（黎志刚）

■袁心悦获全国青少年网球排名赛亚军 3月11日至4月8日，2012全国青少年网球排名赛武汉站比赛在湖北省奥体中心举行。3月19日，扬州选手袁心悦获U14年龄组女子单打第二名。（黎志刚）

■扬州选手获2012年全国田径大奖赛3项第一 4月14－15日，2012年全国田径大奖赛首站比赛在广东肇庆举行。扬州中长跑竞走训练基地选手获2个第一名、2个第二名。其中，郝晓帆以17分0秒75的成绩获女子5000米第一名，另获女子10000米第二名；薛飞以32分57秒69的成绩获女子10000米第一名；胥秋子获女子1500米第二名。扬州大学吴健以60米08的成绩获男子铁饼第一名。（黎志刚）

■鉴真国际半程马拉松赛 4月29日，“中国海运杯”2012中国扬州鉴真国际半程马拉松赛暨2012年全国半程马拉松锦标赛在江苏信息产业基地(扬州)东广场开赛。此次比赛由中国田径协会、江苏省体育局和扬州市政府联合主办，省体育竞赛管理中心、市体育局等单位承办，42个国家和地区3.5万人参赛，其中包括632名外国专业选手(其中高水平运动员17人)和120所高校、413个社会团体、272个国内外城市运动员。比赛设男、女半程马拉松，“青春在途”高校团体半程马拉松，“幸福大道”扬州市民男、女半程马拉松，“强盛之路”男、女10公里公路跑、10公里团体组，迷你马拉松等项目。半程马拉松赛从广陵新城江苏信息产业基地(扬州)东广场起跑，经沙湾中路、文昌东路、泰州路、高桥路、平山堂东路、扬子江北路、文昌西路，至终点双博馆；10公里公路跑从江苏信息产业基地(扬州)东广场起跑，至邗沟路结束；迷你马拉松赛从江苏信息产业基地(扬州)东广场起跑，至东门遗址广场结束。在鉴真国际半程马拉松赛中，埃塞俄比亚选手艾亚力·柏扎以1小时01分11秒获男子组第一名，肯尼亚选手赛拉斯·基普鲁特、摩洛哥选

4月29日，2012中国扬州鉴真国际半程马拉松赛在扬州举行。图为女子冠军运动员到达终点时的情景　　程建平、司新利、刘江瑞/摄

2012 年扬州运动员参加省青少年比赛获金牌情况表

表 32-2

比赛名称	运动员姓名	参赛组别	参赛级别(小项)
省青少年田径锦标赛	刘红娟	女子少年甲组	100 米栏
	张天华	女子少年甲组	五项全能
	王　钦	女子少年乙组	100 米
	王　钦	女子少年乙组	200 米
	扬州市	女子少年乙组	4×400 米接力
	张　伟	男子少年甲组	5000 米
	张　伟	男子少年甲组	10000 米
	戴建星	男子少年甲组	10000 米竞走
省青少年摔跤锦标赛	崔　丽	女子甲组自由式摔跤	55 公斤级
省青少年游泳冠军赛	朱天翔	男子青年组	100 米自由泳
	刘欣宇	男子少年甲组	100 米仰泳
省青少年游泳锦标赛	刘欣宇	男子少年甲组	400 米混合泳
省青少年艺术体操锦标赛	陈雨嫣	女子儿童甲组	个人全能
	陈雨嫣	女子儿童甲组	个人绳操
	陈雨嫣	女子儿童甲组	个人棒操
	陈雨嫣	女子儿童甲组	个人带操
	扬州队	女子儿童乙组	集体四人球操
	扬州队	女子儿童乙组	集体徒手操
	扬州队	女子儿童乙组	徒手操单项
	孙佳阳	女子儿童乙组	个人球操
	扬州队	女子儿童丙组	个人团体
	翟雨涵	女子儿童丙组	个人全能
	翟雨涵	女子儿童丙组	个人球操
省青少年柔道锦标赛	张　韬	男子青年甲组	94 公斤级
	龚广鹏	男子青年乙组	90 公斤级
省青少年柔道冠军赛	杨　宇	男子少年乙组	100 公斤级以上
省青少年跳水锦标赛	李天慧	女子儿童乙组	3 米板
省青少年蹦床技巧锦标赛	王舒源	女子少年丙组	个人
省青少年跆拳道锦标赛	邱　航	男子青年丙组	63 公斤级
省青少年网球锦标赛	袁　悦	女子少年甲组	女单
省青少年体育俱乐部武术(套路)比赛	尹玉彰	男子少年甲组	通臂拳
	尹玉彰	男子少年甲组传统器械	长穗剑
	杭　俣	男子少年甲组	八极拳
	马　骏	男子少年乙组	鹰爪拳
	高杨修琪	女子少年乙组	棍术
	袁楚洁	女子少年乙组	象形拳
	徐　婷	女子少年乙组传统器械	双头双枪
	丁鑫昕	男子儿童组传统器械	三节棍
	胡灿灿	女子儿童组传统器械	双头双枪
	胡灿灿	女子儿童组	鹰爪拳

(黎志刚)

手艾尔·阿巴斯分获第二名、第三名；肯尼亚选手菲利斯·翁格芮以1小时11分05秒获女子组第一名，埃塞俄比亚选手菲赛·宝洛、肯尼亚选手爱丽丝·穆格瑞分获第二名、第三名。在全国半程马拉松锦标赛中，青海选手杨成祥获男子组第一名，大连艺术学院奥星俱乐部选手刘壮获女子组第一名。在高校团体半程马拉松赛中，扬州大学、江苏建筑职业技术学院、上海电力学院分获女子团体前三名，澳门理工学院、扬州大学、吉林大学分获男子团体前三名。中央电视台首次航拍比赛，央视体育频道与江苏卫视国际频道向20多个国家和地区直播赛事。（黎志刚）

■第三届环高邮湖国际自行车越野赛 4月30日，由扬州市体育局、高邮市人民政府主办的第三届环高邮湖国际自行车越野赛在高邮市举行。美国、英国、马耳他等国家及江苏、上海、安徽等省（市）379名选手参赛。比赛分男、女全程个人赛和半程个人赛（男女并组）。全程赛赛程183公里，其中高邮段64公里、天长段62公里、金湖段51公里、宝应段6公里。参赛选手从高邮市镇国寺广场出发，经海潮大桥、珠光路、京杭运河新民滩特大桥、郭集镇区、菱塘镇区，至安徽天长，折返回江苏金湖、宝应，沿运河西堤返回镇国寺。半程赛赛程95公里，起点设在安徽省天长市龙岗社区，经江苏金湖、宝应，沿运河西堤返回终点镇国寺广场。南京绿野山岚俱乐部代表队王浚羽以6小时24分31秒获全程赛男子组第一名，上海骑众俱乐部代表队宋春晓以7小时01分32秒获全程赛女子组第一名；天长代表队周瑾以3小时46分19秒获半程赛第一名。（黎志刚）

■2012全国花样游泳冠军赛在扬州举行 5月24—27日，由国家体育总局游泳运动管理中心、江苏省体育局、扬州市人民政府共同主办，省体育竞赛管理中心、市新城西区管委会、市体育局承办的“新城西区杯”2012全国花样游泳冠军赛在扬州市游泳跳水馆举行。北京水立方队、天津队、江苏昆山队、广东丽爽队、辽宁队、四川队、四川游泳学校队、湖南队和湖北队等9支花样游泳队伍参加比赛，国家队备战伦敦奥运会的19名运动员全部到扬州参加训练和比赛。比赛分2个组别，设单人、双人、集体等竞赛项目。江苏昆山队获B组团体总分、集体技术自选、B组双人自由自选、B组单人自由自选、B组规定动作等5个项目金牌，四川游泳学校队、湖北队分获团体总分第二名、第三名。（黎志刚 杨 体）

■何雯获全国OP帆船锦标赛铜牌 7月1—8日，2012年全国OP帆船锦标赛在南京金牛湖景区举行。扬州队何雯获女子甲组第三名。（黎志刚）

■2012年江苏省青少年垒球锦标赛在仪征举行 7月11—15日，2012年江苏省青少年垒球锦标赛在仪征举行。此次比赛由省精神文明建设指导委员会办公室、省体育局、省教育厅等单位主办，仪征市人民政府、仪征市体育局、仪征市教育局承办，设2个组别。南京、常州、无锡、扬州、泰州等市的9支代表队近200名运动员报名参赛。南京代表队、无锡代表队、常州代表队分获少年甲、乙组前三名，扬州代表队获少年甲、乙组第四名。（黎志刚）

■2012年江苏省青少年艺术体操锦标赛在扬州举行 8月5—6日，“宝军杯”江苏省青少年艺术体操锦标赛在扬州市体育馆举行。全省7支代表队90名运动员参加22个项目比赛。扬州代表队获金牌11枚、银牌8枚、铜牌5枚，累计总分210分。（黎志刚）

■扬州市获省青少年篮球锦标赛亚军 8月20日，江苏省青少年篮球锦标赛男子甲组比赛在金坛市结束。邗江区蒋王中学组队代表扬州市参赛，获亚军。（黎志刚）

■2012年全国艺术体操锦标赛在扬州举行 9月12—16日，2012年“金澳·奥迪”全国艺术体操锦标赛在扬州体育公园体育馆举行。全国12支代表队和国家青奥队235名艺术体操选手参赛。浙江队获少年个人团体金牌，上海队与国家青奥队获少年集体全能、少年集体5绳、少年集体5球等3个项目并列冠军，辽宁队获成年个人团体、集体项目团体、团体总分、成年集体全能、成年集体3带2圈、成年集体5球等6个项目金牌。山西队赵雅婷获少年个人全能冠军及少年个人圈操、带操、绳操冠军，浙江队徐晓岚获少年个人球操、棒操冠军；广西队邓森悦获成年个人圈操、球操、棒操冠军，辽宁队窦宝宝获成年个人带操冠军。江苏队获团体总分第五名、少年集体第四名及成年集体3带2圈亚军、成年集体5球亚军、成年集体全能亚军，并获比赛表演节目优胜奖、体育道德风尚奖。（黎志刚）

■2012年江苏省青少年体育俱乐部武术（套路）比赛 11月10—11日，江苏省青少年体育俱乐部武术（套路）比赛在高邮市体育馆举行，南京、苏州、无锡、常州、南通、泰州、盐城、宿迁、徐州及扬州等市的140多名运动员参赛。比赛设竞赛项目和传统项目，分3个年龄组进行80多个单项比赛。徐州市沛县体育中学代表队、苏州市奥新青少年俱乐部代表队、徐州市丰县凤城武术学校代表队分获团体总分前三名。扬州参赛选手获10个单项冠军。高邮市第一小学代表队等5支代表队获体育道德风尚奖。（黎志刚）

社会民生

Shehui Minsheng

本栏责任编辑　戴淑敏

人民生活

■市区居民收入　根据对市区200户住户抽样调查，2012年，扬州市区居民人均可支配收入28001元，比上年增长13.0%，高于江苏省平均增幅0.3个百分点，扣除价格上涨因素，实际增长10.1%。

市区社会各阶层居民人均收入普遍提高。其中，20%低收入组家庭人均可支配收入15777元，增长8.7%；20%较低收入组家庭人均可支配收入21278元，增长9.1%；20%中间收入组家庭人均可支配收入26794元，增长13.6%；20%较高收入组家庭人均可支配收入34039元，增长16.3%；20%高收入组家庭人均可支配收入45358元，增长10.3%。低收入组家庭收入增长较为缓慢，低于市区平均增幅4.3个百分点。高低收入组家庭收入的绝对差距由2011年的26593元扩大到29581元。

市区居民人均工资性收入18822元，增长13.2%，占家庭总收入的61.1%，拉动家庭总收入增长8.1个百分点。居民人均经营性收入3034元，增长13.6%，占家庭总收入的9.9%，拉动家庭总收入增长1.3个百分点。居民人均财产性收入452元，增长11.3%，占家庭总收入的1.5%，拉动家庭总收入增长0.1个百分点。其中，出租房屋收入245元，增长22.8%；股息与红利收入76元，增长39.7%。居民人均转移性收入8455元，增长12.8%，占家庭总收入的27.5%，拉动家庭总收入增长3.5个百分点；其中人均养老金或离退休金7773元，增长11.5%。

工资性收入、转移性收入增长是居民家庭人均总收入增长主因。提高最低工资标准、发布企业工资指导线、提高个人所得税起征点等政策性因素推动工资收入稳定增长；提高企业退休人员基本养老金是转移性收入增长的主要原因。　（吴伟松）

2012年扬州市区居民人均家庭收入情况表

表33-1　　单位：元／人

指　　标	平均水平	比上年增长(%)
一、家庭总收入	30763	13.1
#可支配收入	28001	13.0
(一)工薪收入	18822	13.2
1.工资及补贴收入	18687	13.1
2.其他劳动收入	135	38.7
(二)经营净收入	3034	13.6
(三)财产性收入	452	11.3
#利息收入	112	-12.0
(四)转移性收入	8455	12.8
1.养老金或离退休金	7773	11.5
2.赡养收入	300	198.9
3.捐赠收入	211	-23.5
二、出售财物收入	5	100.4
三、借贷收入	3619	-5.1
#提取储蓄存款	3615	-5.2

（陈丽华）

■市区居民消费支出　根据对市区200户住户抽样调查，2012年，扬州市区居民人均消费支出17550元，比上年增长9.7%，扣除价格上涨因素，实际增长6.9%。居民人均消费支出增幅低于全省平均水平2.5个百分点；居民平均消费倾向(消费支出占收入的比例)为62.7%，低于全省平均水平0.7个百分点。占调查总数10%的最低收入组家庭人均消费支出10034元，占调查总数10%的最高收入组家庭人均消费支出27669元。高低收入组消费水平差距为17635元，比上年增加249元。居民八大类消费支出全面增长。其中，食品消费支出6733元，增长8.3%，占消费支出的38.4%；衣着消费支出2064元，

2012 年扬州市区居民家庭消费支出情况表

表 33-2　　单位:元/人

指　标	平均水平
消费支出	**17550**
#服务性消费支出	4730
一、食品消费支出	6733
1. 粮油类	724
2. 肉禽蛋水产品类	2417
3. 蔬菜类	831
4. 调味品	74
5. 糖烟酒饮料类	676
6. 干鲜瓜果类	473
7. 糕点、奶及奶制品	475
8. 其他食品	105
9. 饮食服务	957
二、衣着消费支出	2064
1. 服装	1476
2. 衣着材料	17
3. 鞋类	471
4. 其他衣着用品	87
5. 衣着加工服务费	14
三、家庭设备用品及服务消费支出	1214
#1. 耐用消费品	487
2. 家庭日用杂品	425
四、医疗保健消费支出	825
#1. 药品费	311
2. 医疗费	212
五、交通和通信消费支出	1667
1. 交通	870
2. 通信	797
六、教育文化娱乐服务消费支出	3275
1. 文化娱乐用品	769
2. 文化娱乐服务	1318
3. 教育	1188
七、居住消费支出	1142
1. 住房	278
2. 水电燃料及其他	684
3. 居住服务费	180
八、其他商品和服务消费支出	631
1. 杂项商品	407
2. 服务	224

（陈丽华）

增长 17.3%，占消费支出的 11.8%；家庭设备用品及服务消费支出 1214 元，增长 5.9%，占消费支出的 6.9%；医疗保健消费支出 825 元，增长 7.4%，占消费支出的 4.7%；交通和通信消费支出 1667 元，增长 2.7%，占消费支出的 9.5%；教育文化娱乐服务消费支出 3275 元，增长 14.0%，占消费支出的 18.7%；居住消费支出 1142 元，增长 0.3%，占消费支出的 6.5%；其他商品和服务消费支出 631 元，增长 32.0%，占消费支出的 3.6%。（陈丽华）

■**市区居民消费支出特点**　食品消费支出平稳增长。市区居民人均食品消费支出占消费支出的比例(恩格尔系数)38.4%，比上年下降 0.5 个百分点。九大类食品中，粮油类，肉禽蛋水产品类，蔬菜类，调味品，糖烟酒饮料类，干鲜瓜果类，糕点、奶和奶制品类支出分别增长 5.4%、14.1%、10.6%、24.6%、23.0%、21.4%、27.3%；其他食品、饮食服务人均消费支出分别下降 34.8%、15.1%。

个人修饰相关消费成为居民消费亮点。衣着消费档次提升。居民人均服装、鞋类消费支出分别增长 16.2%、23.3%。金银珠宝饰品、手表、智能移动电话等个人消费品受青睐。居民人均购买金银珠宝饰品、手表支出分别增长 2.6 倍、7.1 倍；人均购买移动电话支出增长 48%，其中单价超过 4300 元的移动电话购买量占移动电话购买量的 12.9%。美容消费增长较快。居民人均美容费、化妆品消费支出分别增长 43.0%、10.3%。

居民健康投资意识日渐增强。居民人均健身活动支出增长 30%，人均滋补保健品消费支出增长 23.8%，人均保健器具消费支出增长 9.3 倍。

网上购物成为流行消费方式。居民人均通过互联网购买商品或服务支出 120 元，增长 4.8 倍。

教育文化娱乐需求呈现多元化。居民人均文化娱乐用品消费支出、人均文化娱乐服务消费支出分别增长 22.9%、12.1%，其中居民人均团体旅游消费支出增长 20.6%。居民人均教育支出增长 10.9%。其中，人均义务教育学杂费 4 元，占教育支出的 0.3%；校外学习费用增长迅速，人均家教费 99 元、培训班支出 388 元，分别增长 1.3 倍、0.28 倍。

（陈丽华）

■**农村居民收入**　根据对全市 700 户农村住户抽样调查，2012 年，扬州市农村居民人均纯收入 12686 元，比上年增长 13.1%，增幅高于全省平均水平 0.2 个百分点。农村居民工资性收入 8074 元，增长 14.6%，占农村居民人均纯收入的 63.7%，拉动收入增长 9.2 个百分点；家庭经营纯收入 3821 元，增长 8.9%，占农村居民人均纯收入的 30.1%，拉动收入增长 2.8 个百分点；财产性纯收入 196 元，增长 21.4%，占农村居民人均纯收入的 1.5%，拉动收入增长 0.3 个

2012 年末扬州市区百户居民家庭耐用消费品拥有量情况表

表 33-3

耐用消费品名称	单位	数量	耐用消费品名称	单位	数量
摩托车	辆	21.5	照相机	架	60
助力车	辆	142	钢琴	架	4
家用汽车	辆	26	微波炉	台	103
洗衣机	台	105	空调器	台	216.5
电冰箱	台	105	淋浴热水器	台	111
彩色电视机	台	197.5	消毒碗柜	台	8
家用电脑	台	106	健身器材	套	10
组合音响	套	29	固定电话	部	88.5
摄像机	架	19	移动电话	部	221

（陈丽华）

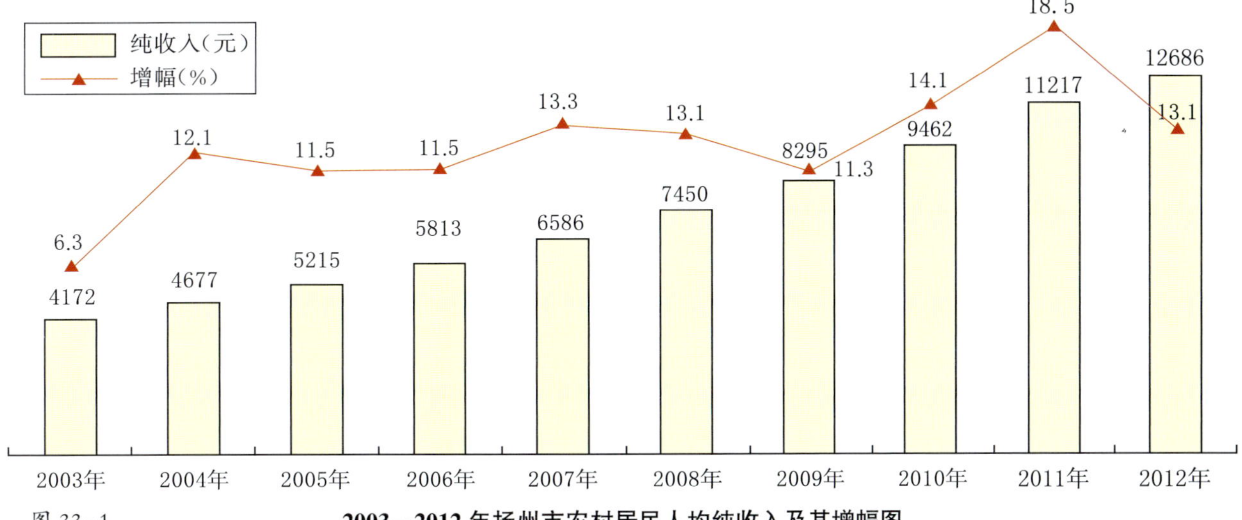

图 33-1　**2003—2012 年扬州市农村居民人均纯收入及其增幅图**

(丁　超)

百分点;转移性纯收入 595 元,增长 17.8%,占农村居民人均纯收入的 4.7%,拉动收入增长 0.8 个百分点。

2012 年扬州市农村居民人均纯收入构成情况表

表 33-4　单位:元

指 标 名 称	2012 年	2011 年	增幅(%)
农村居民纯收入	**12686**	**11217**	**13.1**
一、工资性收入	8074	7043	14.6
(一)在非企业组织中劳动得到收入	465	460	1.1
(二)在本乡地域内劳动得到收入	4259	3538	20.4
(三)外出从业得到收入	3350	3045	10.0
二、家庭经营纯收入	3821	3508	8.9
(一)第一产业纯收入	2266	2191	3.4
1. 农业收入	1796	1745	2.9
2. 林业收入	50	35	42.9
3. 牧业收入	121	145	-16.6
4. 渔业收入	299	265	12.8
(二)非农产业纯收入	1555	1317	18.1
1. 第二产业纯收入	689	604	14.1
(1)工业收入	356	320	11.3
(2)建筑业收入	333	284	17.3
2. 第三产业纯收入	866	713	21.5
(1)交通、运输、邮电业收入	266	212	25.5
(2)批零贸易业、饮食业收入	390	330	18.2
(3)社会服务业收入	142	92	54.3
(4)文教卫生业收入	14	22	-36.4
(5)其他行业收入	54	57	-5.3
三、财产性纯收入	196	162	21.4
四、转移性纯收入	595	505	17.8

(丁　超)

促进农村居民增收的主要因素有:农村劳动力就业充分,收入水平提升,工资性收入连续多年占农村居民纯收入的 60%以上;现代农业持续发展,农业产业化步伐加快,农业规模效益提升;农民组织化程度提高,村经济合作社建设持续推进;政策惠农力度加大,农资综合补贴项目增加、标准提高,新型农村养老保险基础养老金最低标准、最低生活保障标准提升,农民从土地中获得的财产性收入增长较快;新一轮扶贫开发工作启动实施,一大批低收入农户通过帮扶实现脱贫目标。影响农民收入增长的不利因素主要有工资性收入持续增长难度较大、传统种植业增产潜力有限、农资价格上涨、农业抵御风险能力不强。　(丁　超)

■ **农村居民生活消费支出**　2012 年,扬州市农村居民人均生活消费支出 8714 元,比上年增长 11.8%。八大类生活消费支出全面增长,农民生活质量提高。

食品类消费支出增速趋缓。农村居民人均食品消费支出 3180 元,增长 9.1%;恩格尔系数 36.5%,下降 0.9 个百分点。在食品消费中,谷、薯、豆消费支出 420 元,增长 1.2%,占食品消费支出的 13.2%;肉、禽、蛋、奶及制品消费支出 893 元,增长 6.6%,占食品消费支出的 28.1%;蔬菜及其制品消费支出 263 元,增长 9.2%,占食品消费支出的 8.3%;烟、酒、茶消费支出 555 元,增长 10.8%,占食品消费支出的 17.5%;农村居民人均在外饮食支出 409 元，增长 31.5%,占食品消费支出的 12.9%。

衣着消费成衣化、时尚化。农村居民人均衣着消费支出 635 元,增长 13.0%,占生活消费支出的 7.3%。其中，服装类消费支出 479 元，增长 11.3%;鞋类消费支出 123 元,增长 16.4%;其他衣着消费支出 25 元,增长 28.1%。农村居民衣着消费从低档、耐用型向高档、时尚、成衣转变。

居住支出增长，住房条件现代化。农村居民人均居住消费支出 1143 元,增长 12.6%,占生活消费支出的 13.1%。2012 年末,扬州市农村居民人均住房建筑面积 50.18 平方米,增长 1.7%。按住房类型分,人均楼房面积 30.54 平方米,增长 9.0%;人均砖瓦平房面积 19.44 平方米,下降 3.5%。按住房结构分,人均钢筋混凝土结构住房面积 23.12 平方米,增长 10.7%；人均砖木结构住房面积 26.65 平方米,下降 2.7%。

家庭设备用品升级。农村居民人均家庭设备用品消费支出 574 元,增长 9.9%。其中,家具类消费支出 112 元，增长 63.5%；日用品消费支出 171 元,增长 9.1%。2012 年末,每百户农村居民家庭有彩电 172 台、电冰箱 100 台、空调 105 台，分别增长 4.2%、4.2%和 11.7%。

交通、通信支出增长,农民出行更方便、通信更便捷。农村居民人均交通和通信消费支出 753 元，增长 11.5%。其中,购买交通工具、燃料、配件支出 319 元,增长 17.0%;购买通信工具、配件支出 81 元,与上年持平。年末每百户农村居民家庭有电话(含手机)341 部、电脑 57.1 台,分别增长 6.6%、12.6%;其中接入互联网的电脑 50.7 台,增长 13.7%。

注重教育、精神文化生活。农村居民人均文化教育、娱乐消费支出 1585 元,增长 12.5%。其中,人均学杂费 185 元,增长 22.1%;私立学校就读费 201 元,增长 22.1%;旅游费用 283 元,增长 53.5%;休闲娱乐费用 61 元,增长 9%。

医疗保健消费增长,农民健康意识增强。农村居民人均医疗保健消费支出 569 元,增长 17.5%。其中,药品支出 111 元,与上年持平;医疗费支出 442 元,增长 22.4%。

其他商品和服务支出增长较快。农村居民人均其他商品和服务支出 275 元,增长 33.8%。其中,购买首饰支出 80 元，购买化妆品支出 24 元,分别增长 87.9%和 54.1%。

（丁　超）

■居民消费价格　2012 年，扬州市居民消费价格总指数（简称 CPI）102.6，物价水平比上年上涨 2.6%,涨幅与全国、全省平均涨幅持平。按消费性质分,消费品价格上涨 3.2%,工业品价格上涨 1.4%，服务项目价格上涨 1.3%。构成 CPI 的八大类指数全面上涨。其中,食品类价格上涨 5.5%,烟酒类价格上涨 3.2%,衣着类价格上涨 3.7%，家庭设备用品及维修服务类价格上涨 3.1%，医疗保健和个人用品类价格上涨 0.8%,交通和通信类价格上涨 0.3%，娱乐教育文化用品及服务类价格上涨 0.1%,居住类价格上涨 1.2%。

从 CPI 月环比指数看,全年有 8 个月上涨、3 个月下降、1 个月持平。CPI 环比上涨的 8 个月中,1 月 CPI 环比上涨 1.1%，主要原因是春节期间副食品价格出现小高峰，肉、鱼、蛋、菜价格全面上涨,当月鲜菜价格环比上涨 37.0%,节后房屋租金上涨明显也导致居住类价格高企;8 月 CPI 环比上涨 0.6%，主要原因是受前期涨价滞后及当月气温较高影响,肉、蛋、菜、奶、在外用膳等食品价格均冲击年内小高峰;其余 6 个月 CPI 环比涨幅 0.1%～0.4%。CPI 环比下降的月份是 3 月（下降 0.3%)、7 月(下降 0.2%)、10 月(下降 0.4%),主要原因是受食品价格高位回落的影响。CPI 环比持平的是 6 月。

从月同比指数看,CPI 运行呈现阶段性特征。1—7 月,食品价格涨幅逐渐平缓,CPI 总体呈逐月下降趋势，全年顶峰出现在 1 月(104.3);8 月，食品价格再冲小高峰,CPI 涨幅反弹,达到 102.2;9—12 月,受学前教育价格上涨及景点门票政策性上调等因素影响,CPI 指数再度走高,各月指数分别为 101.6、101.6、102.3、102.6。

（张曼曼）

■居民消费价格特点　2012 年,食品价格上涨 5.5%，位居八大类商品和服务价格涨幅之首。1—5 月,食品价格连续 5 个月同比涨幅超过 6.0%,其中 1 月涨幅 11.8%。食品价格上涨带动全年 CPI 上涨 1.6 个百分点，对 CPI 的影响程度超过六成。粮食价格同比上涨 1.5%,其中大米、面粉、粮食制品价格分别上涨 1.3%、2.8%、2.0%。粮食价格除 9 月环比上涨 3.2%,其余各月涨跌幅均在 1%以内，总体保持温和的波浪形运行势头。食用油价格上涨 3.2%,其中食用植物油、植物油制品价格分别上涨 4.6%、2.4%。7 月、8 月、11 月、12 月食用油价格环比略有下降,其余各月均保持温和上涨势头。猪肉价格小幅上涨,全年涨幅 1.0%;牛肉、羊肉价格分别上涨 12.9%、16.0%，涨幅较大。鲜蛋价格总体低位运行,全年价

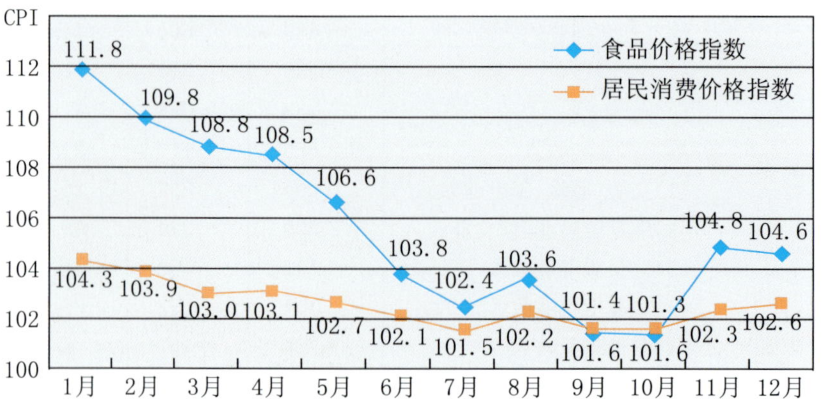

图 33-2　**2012 扬州市居民消费价格指数和食品价格指数分月同比走势图**

（张曼曼）

格水平比上年下降3.7%。水产品价格涨幅减缓，全年上涨8.0%。菜价上涨6.3%，其中鲜菜价格上涨7.7%。1月，在春节、低温等多重因素影响下，鲜菜价格创下全年最高环比涨幅(37.0%)；10月，气候适宜，鲜菜上市量大增，鲜菜价格环比下降14.1%。外出就餐负荷加重，在外用膳食品价格上涨11.7%。工业消费品价格全面上涨。烟酒价格上涨3.2%；服装价格上涨3.7%，衣着材料价格上涨6.0%，鞋、帽、袜价格上涨3.4%；家具、家庭设备价格分别上涨5.0%和3.1%；医疗保健价格上涨0.3%；97号、93号汽油及0号柴油价格分别从2011年底的每升7.62元、7.21元、7.03元上涨至2012年底的每升7.82元、7.41元、7.28元，液化石油气价格全年上涨4.1%；受运输、租赁卖场成本上升，原材料价格提高，人工费用上涨等因素影响，木地板价格上涨1.8%，涂料价格上涨2.2%，板材价格上涨3.0%，厨卫设备价格上涨4.7%。

服务项目价格上涨1.3%，涨幅比上年低2.5个百分点，涨速趋缓。受人员工资上升影响，一些消费量较大的服务项目价格上涨明显，其中缝纫费用、清洗费用、家庭服务费用、美容费用、洗浴费用、学前教育费用分别上涨7.5%、12.0%、10.3%、13.0%、11.8%、9.1%；其他服务项目如理发、车辆修理、长途汽车、短途汽车、景点门票、旅行社收费等服务费用均有不同程度上涨。（张曼曼）

居民消费价格上涨因素 劳动力成本上升推动价格上涨。劳动力成本涨幅较大，在成本构成中的比重较高。政策性调价项目推高CPI涨幅。阶梯电价政策施行、学前教育价格上调、景点门票价格上调、成品油价格波动上行等政策性因素直接带动CPI涨幅提高0.2个百分点。农产品生产、供应对抗自然环境的能力较弱。高温天气影响蛋鸡产蛋量，禁渔期鱼类供应不足，高温、严寒天气不利鲜菜生长。受此影响，6月、8月鲜蛋价格环比分别上涨9.6%、7.3%；3—5月，淡水鱼价格各月环比分别上涨5.1%、7.3%、6.2%；1月、8月、11月鲜菜价格月环比分别上涨37.0%、13.4%、6.2%。农业生产盲目性强，易导致相关产品价格存在“大小年”周期性上涨或回落。（张曼曼）

劳动就业

概述 2012年，扬州市政府办公室印发《关于加快发展家庭服务业的实施意见》，市人力资源和社会保障局（简称市人社局）、市财政局制定《扬州市区创业引导资金使用管理办法》《扬州市区创业项目管理办法》《扬州市区创业孵化基地认定管理暂行办法》《扬州市区创业实训基地认定管理办法》，鼓励就业、创业。市区新增政府购岗506个，帮扶79户“零就业家庭”中的105人就业，实现“零就业家庭”连续64个月动态清零。完善以工资指导线、工资指导价位、人工成本预测预警和最低工资保障为主要内容的工资指导调控体系。加强劳动关系管理，建立健全企业劳动用工、规模裁员和工资支付情况等7项统计监测制度，加强预警预测和劳动监察执法，维护劳动者权益。完善失业动态监测、重点缺工企业动态监测和人力资源市场供求状况监测制度，失业监测对象从30家增至60家。全市采集就业岗位11.18万个，新增城镇就业6.81万人、农村劳动力转移4.43万人，城镇4.06万名失业人员、0.7万名就业困难人员实现再就业。年末全市城镇登记失业率2.4%，低于控制目标1.6个百分点。“就业e图”获工业和信息化部“全国2012电子政务创新应用奖”。（智爱斌 钱 玮）

高校毕业生就业 2012年，全市办理引进高校毕业生就业手续1.85万人，比上年增长6%，其中博士研究生111人、硕士研究生887人、本科生8002人。接收清华大学等5所高校45名研究生（其中博士研究生20人）到扬州参加社会实践活动，完成技术难题攻关和研发课题36个，撰写调研报告20篇，翻译外文资料10多万字，申请专利1件，创造经济效益120多万元。招募、选拔40名高校毕业生到宝应县、高邮市从事“三支一扶”工作，其中支教10人、支医8人、支农10人、扶贫12人。建成高校毕业生就业见习基地165个，组织1670名高校毕业生到基地见习，见习毕业生就业率90%以上。安排257名新疆籍高校毕业生参加岗位实习。选聘250名大学生村官到村和社区工作。（智爱斌 钱 玮）

创业带动就业 开展创业培训进高校、大学生就业创业能力提升培训等活动。举办第三期SYB（创办你的企业）创业师资培训班。举办优秀创业项目选评会，评出优秀项目111个，并将其录入网上创业项目资源库，编印《优秀创业项目选编》。举办

2月4日，新春首场人才招聘会在扬州国际展览中心举行 张孔生/摄

百姓创业项目交流大会，为投资者、有志创业人员和创业项目持有人搭建交流平台。全年新建创业孵化基地16个，为1.38万人提供创业培训，带动就业1.11万人。3人获全国“创业之星”称号，18人获全省“创业之星”称号。（智爱斌　钱　玮）

■ 就业载体建设　在市、县级公共就业服务平台全覆盖的基础上，加强村级服务平台建设，按照每个村级平台6000元的标准，兑付建设资金619.8万元，提升基层就业服务平台工作效率和质量。建成省级充分转移就业乡镇56个。与长江三角洲地区18个城市共建“长三角政府人才网站联盟”，实现人才信息资源共享。开通“招才通”短信服务平台，快捷、多渠道发布人才人事信息。开发“就业云”软件，发挥“就业e图”作用。全年有1.79万家次单位通过“就业e图”发布4.68万个岗位招聘信息。完善数字电视就业频道功能，增加“创业服务指南”板块，将“就业e图”功能融入其中。数字电视就业频道累计访问量32.9万人次。其中，9373人次报名求职，2149人次报名参加培训。（智爱斌　钱　玮）

■ 公共就业服务　围绕企业用工和困难群体就业，先后举办“春风行动”、“就业援助月”、庆“三八”专场、“民营企业招聘周”、“高校毕业生服务月”、庆“八一”军嫂就业专场等招聘活动。全年举办各类招聘会293场，2055家企业提供就业岗位10.8万个，2.9万人达成就业意向。抓好农村劳动力转移培训、就业困难人员再就业培训。全市8.77万人次参加各类职业技能培训。其中，2.43万人次参加失业人员培训，1.98万人次参加新成长劳动力培训，1.89万人次参加在岗职工技能提升培训，1.64万人次参加岗前培训，0.83万人次参加农村劳动力转移就业培训。（智爱斌　钱　玮）

■ 发展家庭服务业　3月21日，市人社局牵头建立有17家单位参加的扬州市家庭服务业联席会议制度。4月13日，扬州市成立家庭服务业协会，有会员单位84家，从行业发展、服务网络建设、财税政策、从业人员技能培训、社会保险政策等方面加大对家庭服务业的帮助和扶持力度。全市全年培训家庭服务业从业人员1.15万人，新增家庭服务业从业人员8410人，举办招商推介、宣传推广活动20多次。（智爱斌　钱　玮）

■ 重大项目用工院校巡回招聘活动　6月24日，市人社局联合市经济和信息化委员会、市教育局启动重大项目用工院校巡回招聘活动。全年举办巡回招聘活动17场，9659人与承担重大项目的企业达成就业意向，其中就业6611人、实习3048人。（智爱斌　钱　玮）

■ 规范企业裁员行为　9月，市人社局制定《企业裁减人员报告受理工作规范》。根据该规范，用人单位在破产前法定整顿期间或因生产经营状况发生严重困难，需要裁减人员20人以上，或者裁减人数占企业职工总数10%以上的，须提前30天向工会或者全体职工说明情况，听取工会或者职工意见后，向劳动行政部门报告裁减人员实施方案，内容包括企业用工情况、工资支付情况、社会保险缴费情况、裁员方案、实施时间、实施步骤及经济补偿金准备情况和支付方式、企业职工名册和裁减人员名册等。该规范同时规定，裁员企业须优先留用与本单位订立长期固定劳动合同、无固定期限劳动合同人员以及家庭无其他就业人员、有需要抚养的老人或者未成年人的人员；用人单位在裁减人员后6个月内重新招用人员的，在同等条件下优先招用被裁减人员。（任　保）

■ 1.4万名农村劳动力领取获证奖补资金　2012年，扬州市开展农村劳动力转移培训，尤其是市场紧缺工种培训，跟踪、引导农村劳动力参加更高等级的技能培训，形成初、中、高级有机衔接的职业培训补贴机制，实现以培训促进技能提升、以技能提升适应岗位需要，增强农村劳动力就业竞争力，促进农村劳动力就地就近转移就业。全市有1.4万名农村劳动力通过职业技能鉴定，获得各级各类职业技能等级证书，领取获证奖补资金1084.44万元。（智爱斌　钱　玮）

■ 首届“扬州技能状元”大赛　7月28日，由市政府主办，市委组织部、市委宣传部、市人才办公室、市人社局等单位承办的第一届“扬州技能状元”大赛暨第一届“江苏技能状元”大赛扬州地区选拔赛开幕式在江苏省扬州技师学院举行。此次大赛分企业职工组和学生组两个组别，设置数控车、数控铣、数控加工中心（四轴）、动漫设计与制作、汽车检测与维修、钣金技术、砌筑、焊工、维修电工、CAD（计算机辅助设计）机械设计、中式烹饪、化学分析操作工等12个职业和工种比赛项目。各县（市、区）、扬州经济技术开发区和市直及驻扬单位8支代表队478名选手参赛，其中职工组选手266人、学生组选手212人。大赛历时3天，产生“扬州技能状元”12人，推荐60人参加“江苏技能状元”大赛。（任　保）

8月16—17日，市人社局举办第一届扬州市家庭服务业职业技能大赛。图为养老护理员工种比赛现场

王　卓/摄

■ 工资收入分配调控 6月1日起，扬州市调整最低工资标准。市区月最低工资标准由930元调整为1100元，非全日制用工小时最低工资标准由7.5元调整为9.6元；宝应县、高邮市、仪征市月最低工资标准由800元调整为950元，非全日制用工小时最低工资标准由6.5元调整为8.3元。 （智爱斌　钱　玮）

■ 劳动力市场职位工资指导价位发布 7月31日，扬州市发布2012年劳动力市场职位工资指导价位，公布9个登记注册类型、28个行业类别、328个岗位(职业)、11个专业技术等级的工资指导价位，并按年薪形式分成高、中、低3个档次。绝大部分工种工资指导价与上年相比明显提升。 （智爱斌　钱　玮）

■ 劳动合同覆盖面扩大 以建筑业、住宿和餐饮业、制造业等为重点，连续第三年开展以提高农民工劳动合同签订率为主要内容的"春暖行动"，启动"小企业劳动合同制度实施三年行动计划"，推广劳动合同示范文本，逐步建立劳动用工备案制度。推广集体合同格式文本，执行集体合同审查办法。全年审查工资集体合同5056份。至2012年末，全市建立工会的企业集体合同签订率92.0%，全市规模以上企业劳动合同签订率99.0%。 （智爱斌　钱　玮）

■ 劳动监察执法 市劳动保障监察支队组织开展农民工工资支付专项检查行动，责令支付1.09万名农民工工资2789.2万元。开展清理整顿人力资源市场秩序专项行动，检查用人单位261家、职业中介机构88家，查处行政违法类案件66件，制止非法职业介绍活动45项，责令退还求职者相关费用2.68万元。开展规范劳动用工行为和劳务派遣行为专项行动，指导服务单位1517家。开展用人单位劳动保障书面审查工作，规范执法检查文书下发程序，350家用人单位被评定为2011年度A级诚信示范单位。开展劳动保障监察示范网格创建活动，全市有1个一级网格创建成省十佳网格，6个一级网格创建成全省示范网格，12个一级网格创建成全市示范网格。市劳动监察举报平台与全省联动举报投诉平台实现联网运行。 （智爱斌　钱　玮）

社会保障

■ 概述 扬州市政府制定《关于区划调整后市区社会保险若干问题的处理意见》，加快推进社会保险同城化，完善社会保障体系。实施城乡居民养老保险制度，全市城乡居民养老保险覆盖率99.8%，市区(不含江都区)被征地农民社会养老保险覆盖率96.43%，全市社会保险主要险种覆盖率稳定在98%以上。扬州市在全省地级市中首家发行国家标准化社会保障卡。 （智爱斌　钱　玮）

■ 市区社会保险同城化 8月20日，市政府印发《关于区划调整后市区社会保险若干问题的处理意见》，要求在确保平稳过渡的前提下，尽快实现市区社会保险征缴政策、待遇水平、基金管理、信息系统、经办管理、行政业务管理等方面的统一，加快推进市区社会保险"同城同步同标"。9月起，市区所有参保单位养老、医疗、生育、失业、工伤等5种社会保险执行统一费率。 （智爱斌　钱　玮）

■ 社会保险待遇提高 调整企业退休人员基本养老金。全市企业退休人员人均养老金1521.8元/月，市本级企业退休人员人均养老金1741.2元/月。城镇职工基本医疗保险政策范围内住院支付比例82%以上，城镇居民医保政策范围内住院支付比例70%。按1.137系数上调工伤人员定期保险标准。6月1日起，扬州市区调整失业保险金标准。失业保险金上限不超过最低工资标准（1100元/月)，比上年提高170元/月；失业保险金下限调整为城市居民最低生活保障标准的1.3倍(520元/月)，比上年提高39元/月。实施第二轮企业退休人员免费体检工程，24.82万人参加体检，覆盖率100%。 （智爱斌　钱　玮）

■ 社保服务体系优化 加快社会保险服务能力建设，以信息化、标准化为手段，规范社会保险服务工作。构建"15分钟社会保障服务圈"。全市开展城乡居民社会养老保险参保登记、个人缴费、待遇领取、权益查询"四个不出村"示范点建设，建成示范县1个、示范镇9个、示范村12个。调整市直企业基本养老保险参保人员退休手续办理流程，提高工作效率和服务水平。 （智爱斌　钱　玮）

■ 基本医疗保险"两定"管理 12月28日，市人社局制定《扬州市基本医疗保险定点零售药店管理办法》和《扬州市基本医疗保险定点医疗机构管理办法》，统一全市基本医疗保险定点机构及零售药店准入条件，健全准入审批机制，完善定点机构协议管

2012年扬州市社会保险参保人员、基金收支情况表

表33-5

保险种类	净增参保人数(万人)	年末参保人数(万人)	基金收入(亿元)	基金支出(亿元)
企业职工养老保险	9.39	92.97	79.46	49.71
机关事业单位养老保险	-0.09	3.98	4.93	5.73
城乡居民养老保险		104.47	9.02	6.25
城镇职工医疗保险	6.08	107.45	21.08	16.39
城镇居民医疗保险	-9.67	55.93	1.77	1.03
工伤保险	3.44	67.81	1.96	1.64
生育保险	1.78	49.77	1.20	0.65
失业保险	1.85	59.39	4.10	1.78

（智爱斌　钱　玮）

理制度，加大日常监督检查和处罚力度；落实定点机构资格年检制度，建立表彰奖励和退出机制。

（智爱斌　钱　玮）

■市区灵活就业人员医疗保险缴费标准调整　10月起，市区6万多名参加医疗保险的灵活就业人员医疗保险月缴费基数由1737元调整为2025元，大病医疗救助缴费标准由6元／月调整为按医保缴费基数的1%缴纳。调整后，市区灵活就业人员医疗保险缴费标准从162元／月调整为202元／月。其中，基本医疗保险缴费标准由156元／月调整为182元／月，大病医疗救助缴费标准由6元／月调整为20元／月。

（智爱斌　钱　玮）

■市区失业人员医保补助标准提高　10月1日起，市区领取失业保险金人员参加基本医疗保险补助标准从162元提高到202元。补助标准调整后，市直失业人员医保补贴每月增加支出14万元。2012年底，市直有3600多名失业人员享受医保补贴。

（智爱斌　钱　玮）

住房公积金管理

■概述　全市新增住房公积金归集单位1434家、归集人员7.68万人；2012年末，全市有62.56万人缴存住房公积金，比上年末净增5.02万人。全年归集住房公积金34.23亿元，比上年增加6.93亿元，增长25.4%；至2012年末，全市累计归集住房公积金192.95亿元，归集余额93.42亿元，比上年末净增16.65亿元。全市提取住房公积金17.57亿元，比上年增加4.21亿元，当期提取比率为51.3%。9268户家庭获住房公积金贷款26.74亿元，比上年增加10.31亿元，增长62.7%；平均每户贷款28.8万元，比上年增加4.8万元。个贷比（贷款余额与归集余额之比）80.9%。至2012年末，全市累计有8.70万户家庭获公积金贷款144.8亿元，贷款余额75.57亿元，比上年末净增17.52亿元。全市住房公积金个人贷款逾期率为零；全年实现增值收益1.86亿元，增值收益率2.14%；风险准备金充足率3.51%。全年提供廉租房建设补充资金3602万元。市住房公积金管理中心推进创先争优工作，推广“感动住房公积金缴存人的服务细节25条”，开通全国统一客服热线“12329”，先后获江苏省青年文明号、江苏省巾帼文明岗、江苏省住房和城乡建设系统工人先锋号等称号。

（杨粉梅）

■住房公积金基数调整　7月起，扬州市调整住房公积金缴存基数。住房公积金缴存基数按职工本人2011年度月平均工资收入核定，最低不低于市区最低月工资标准（930元），最高不超过11200元；6月1日后开户缴存住房公积金的职工，缴存基数不低于1100元。

（杨粉梅）

■住房公积金支付房租和物业管理费　2月27日，市住房公积金管理中心印发《扬州市职工提取住房公积金支付房租和物业管理费实施办法（试行）》，支持中低收入职工解决住房困难。该办法4月1日起试行。至年底，全市因支付房租和物业管理费提取住房公积金958笔188万元，占住房公积金提取总额的0.1%；解决近300人住房问题，帮助744户家庭支付物业管理费。

（杨粉梅）

■支持优秀人才实现住房保障　11月29日，扬州市住房公积金管理委员会制定《住房公积金制度支持优秀人才实现住房保障的意见》。该意见规定，符合条件的优秀人才可按扬州市最高缴存基数和最高缴存比例缴存住房公积金；在住房公积金提取和贷款方面，除享受正常的提取、贷款政策外，购房时未办理住房公积金贷款而办理商业贷款的，可按最高贷款额度置换住房公积金贷款，或每年两次提取住房公积金用于商业贷款还贷；优秀人才在扬州市缴存住房公积金的直系亲属可同时享受优惠提取政策。符合条件的优秀人才，自缴存住房公积金第二个月起，即可申请住房公积金贷款，且无房型、面积限制；贷款最高额度可放宽至扬州市最高贷款额度的3倍（贷款总额不超过房价的80%）。此外，对优秀人才免收贷款担保服务费，并为其开辟缴存、提取、贷款绿色通道。

（杨粉梅）

■住房公积金网上服务平台开通　12月12日，扬州市住房公积金网上服务平台开通。该平台具备企事业单位公积金缴存基数的确定、单位汇（补）缴、单位缴存比例调整，个人账户的封存、启封、基数调整以及个人补缴、综合查询等功能，为企事业单位提供免费服务。

（杨粉梅）

■住房公积金龙卡首发　12月中旬，市住房公积金管理中心与建设银行扬州市分行举办金融IC住房公积金龙卡首发仪式。金融IC住房公积金龙卡是新一代住房公积金缴存凭证，具有银行借记卡所有基本功能和个人公积金账户管理功能。用户可通过IC卡办理公积金缴存查询、支取、贷款等业务。

（杨粉梅）

人口和计划生育

■概述　2012年，全市新出生人口3.25万，出生总人口460.06万，人口出生率7.03‰，人口自然增长率0.31‰，计划生育率99.42%，出生人口性别比108.76。落实“十二五”人口发展规划。市政府办公室印发《扬州市“人口家庭发展工程”实施意见》，明确以育龄群众和计划生育家庭为服务主体，以“避孕节育、优生优育、生殖健康、家庭保健”为主要服务内容，以人口与发展综合决策机制、统筹解决人口问题的组织领导机制、人口和计划生育部门牵头的协调机制、城乡一体的利益导向机制、阳光透明的群众自治机制、纳入公共服务的投入保障机制为支撑，启动实施人口家庭健康促进、宣传倡导提质行动、手术并发症人员特扶、流动人口计划生育基本公共服务均等化、人口信息共建共享、职业化建设、人口理论研究深化、人口服务财力保障、人口关怀覆盖、避孕药具规范化服务管理等10个“人口家庭发展工程”项目。扬州市人口和计划生育委员会（简称市人口计生委）被表彰为全省人口计生信访先进单位、全省实施妇女儿童发展规划先进集体。

（王　翔）

■ **实施"计生民生"项目**　2012年，扬州市各县（市、区）均被列为国家和省级免费孕前优生健康检查项目点。全年完成免费孕前优生健康检查2.10万人次、出生缺陷干预检查2.46万人次、育龄妇女生殖道感染综合查治20.47万人次。依法组织病残儿医学鉴定。全市鉴定病残儿161人。启动计划生育手术并发症人员特别扶助工作。成立市级计划生育手术并发症鉴定工作小组和鉴定专家库，组织手术并发症人员鉴定及社会调查，向符合并发症标准的人员发放特别扶助资金。落实计划生育奖励扶助制度，全年奖励扶助农村部分计生困难家庭人员5.73万人，特别扶助独生子女伤残死亡家庭人员3669人，发放奖（特）扶金5220.81万元。推进流动人口计生公共服务均等化，增设流动人口（农民工）计划生育免费定点服务机构20个，保障外来务工人员计生服务待遇。全市新安装免费计生药具自助发放机35台。（王　翔）

■ **人口信息系统建设**　全市村级人口信息终端覆盖率99.7%。完成所有村级单位综合信息平台应用培训和统计报表、随访服务、组合查询功能模块推广应用。做好综合信息平台升级后的数据清理工作，运用数据评测手段，完善数据逻辑，提高数据质量，建设标准统一、管理规范、覆盖全部人口的信息数据库。加强网络和数据安全工作，市级人口信息系统安装服务器、存贮设备及双机热备系统，用于数据库备份和容灾，提高人口信息数据库安全性。（王　翔）

■ **首届科学育儿博览会**　6月1—3日，由市人口计生委和市广播电视传媒集团联合主办的扬州市首届科学育儿博览会在扬州国际展览中心举行。博览会设置科学育儿功能区、专家咨询区、婴幼儿用品展示区、亲子活动娱乐区等多个功能区，有近百家婴幼儿用品厂商和婴幼儿早期教育、培训机构参展，举办专家讲座5场，录制亲子游戏节目，推动0～3岁婴幼儿早期发展促进工作。（王　翔）

基层自治组织建设

■ **"幸福社区"建设**　2月14日，扬州市城乡和谐社区建设指导委员会制定《2012年"幸福社区"建设行动方案》，明确社区管理服务、就业服务、文体服务、卫生服务、教育服务、救助服务、养老服务、关爱服务、法律服务、应急服务等10个方面目标任务，涉及17个部门，将社区建设与"幸福扬州"建设相结合、与落实民生工程相结合，整合涉及社区民生的政府部门工作，突出社区建设民生主题，优化社区工作民生服务，让居民的社区生活更加幸福。全年新创成省级和谐社区建设示范区2个、示范街道6个、示范社区（村）109个，市级和谐社区建设示范社区（村）230个。

（周　菲）

■ **社区服务中心建设**　2012年，市区（不含江都区）建成社区服务中心28个，其中广陵区13个（个园社区、皮市街社区、徐凝门街社区、通泗社区、皇宫社区、三里桥社区、沙北社区、跃进桥社区、顾庄社区、二畔铺社区、天顺花园社区、翠月嘉苑社区、新坝社区）、邗江区10个（漕河社区、翠岗花园社区、兰庄社区、冯庄社区、黄珏社区、酒甸社区、蒋邑社区、和月社区、许庄社区、丁魏社区）、扬州经济技术开发区3个（金林社区、扬子新苑社区、顺达社区）、新城西区2个（殷湖社区、绿杨新苑社区）。根据《扬州市社区服务中心（社区邻里中心）建设专项资金考核办法》，经市民政局、市财政局考核验收，对新建成的社区服务中心分别给予10万元奖补。（王平安）

■ **推行"四位一体"社区治理模式**　推行以社区党组织为领导核心、以社区自治组织为主体、以社区工作站为依托、以社区服务中心为平台的"四位一体"社区治理模式。市民政局制定《关于在社区建设中加强社会管理综合治理工作的意见》，建设由社区党组织牵头，以社区居委会、工作站、综合治理办公室工作人员为骨干，以网格长、居民小组长、楼栋长、单元长为基础，以治安志愿者和其他群众队伍为补充的社区综合治理工作网络，提高社区社会管理能力。至年底，全市城乡社区基本建成以社区党组织为核心、以社区居委会为基础、以社区服务站（综合服务中心）和综合治理办公室为平台的"一委一居一站一办"新型社区服务管理体制。

（周　菲）

■ **社区网格化管理服务**　5月7日，市城乡和谐社区建设指导委员会印发《关于在全市推行"社区网格化管理服务"的实施意见》，要求各地按照"地域相邻、人员相熟、文化相近、构成相似"的原则，以300户左右为单元，划分社区网格，每个网格配备1名网格长，作为网格管理服务第一责任人，构建"网格长＋楼栋长（居民小组长）＋志愿者"的社区网格管理服务体系，发挥社区网格基础信息网、基本民情网、民生需求网和基层综合管理网"四网合一"功能，在最小的空间、最短的时间，最大限度地解决基

天顺花园社区服务中心外景　　民政局／供稿

层群众实际问题。全市有369个社区划分网格3513个。社区网格化管理服务工作实施后，网格长通过在网格中张贴公示牌、公布热线电话、发放居民联系卡、建立民情日志等方式，收集社情民意，畅通民众诉求渠道，解决群众反映的问题，化解社会矛盾。 （周 菲）

■社区公益项目建设 市民政局制定《关于加快推进社区公益项目建设的意见》，指导各地通过培育发展可操作、可考核、可评价和可持续的社区公益项目，开展“为老”“济困”“扶幼”“助残”等社区公益服务活动，建立以公益项目为载体、以多元投入为支撑、以社区和谐为目标的社区、社会组织和社会工作专业人才“三社联动”机制。全年有6个项目通过江苏省社区公益服务创投项目评审立项，并获省级公益金资助。 （周 菲）

■社区争先创优活动 开展2012年度“十佳社区”“十佳社区工作者”“十佳社区社会组织”“十佳社区公益项目”评选活动。广陵区荷花池社区、琼花观社区等10个社区被命名为2012年度全市“十佳社区”，广陵区汶河街道四望亭社区党委书记、主任刘宝珠等10人被授予市“十佳社区工作者”称号，邗江区双桥街道卜桥社区红马甲义工队等10个社会组织被命名为市“十佳社区社会组织”，邗江区邗上街道翠岗花园社区“爱心顺风车”等10个项目被命名为市“十佳社区公益项目”。 （周 菲）

区划地名

■行政区划管理 开展市区近郊乡镇改设街道办事处工作调研，形成调研报告。开展蜀冈-瘦西湖风景名胜区代管区域扩容及市区街道办事处、社区管理体制改革专题调研。贯彻省政府推进县级市政府驻地镇改设街道办事处会议精神，指导相关市、区民政局制定政府驻地镇管理体制改革方案。 （佘义海）

■界线管理 完成江都区与广陵区、广陵区与邗江区边界线勘定工作。开展“界桩维护月”活动，对32根界桩实施维护、描红。推进平安边界建设，落实界线管理责任，确保边界地区和谐稳定。截至2012年底，设置界桩警示牌97根。 （佘义海）

■地名管理 做好江苏省第二次地名普查完善工作。12月，地名普查工作通过省民政厅检查验收。完善市区地名标志牌设置，提高设置率和完好率。全年设置地名标志牌317块，维护地名标志牌191根(次)。完成文昌路及旅游风景区道路地名标志牌更

2012年扬州市区新命名的道路、街巷、河流、桥梁一览表

表33-6

名 称	地 理 位 置(起 讫 点)
友谊路	友谊路向北延伸段，南起枫林路，北至扬溧高速槐泗出入口。
邗沟路	邗沟路向西延伸段，东起友谊路，西至相别路。
枫林路	邗江区城北乡茅山公墓北侧一东西向道路，东起友谊路，西至综合村。
阮元路	位于邗江区槐泗镇，东起扬子北路，西至槐子村委会。
庆峰路	位于邗江区槐泗镇隋炀东路北侧，东起中兴路，西至友谊路。
中兴路	位于邗江区槐泗镇，南起学仕东路，北至庆峰路。
玫瑰园路	位于邗江区槐泗镇九溪玫瑰园南侧，东起中兴路，西至友谊路。
施桥南路	位于扬州经济技术开发区施桥镇，南起滨江路，北至施沙路。
施桥北路	位于扬州经济技术开发区施桥镇，南起施沙路，北至吴州东路。
七峰路	位于邗江区甘泉街道，东起扬天路，西至司徒庙路。
扬天路	位于邗江区甘泉街道，扬子江北路向北延伸段，南起大官桥，北至甘杨路。
香车路	位于邗江区维扬经济开发区，东起槐泗河，西至扬子江北路。
科技园路	位于邗江区甘泉街道，南起高蜀北路，北至新甘泉路。
大官桥西路	位于邗江区甘泉街道，东起扬天路，西至司徒庙路。
新谊路	位于邗江区甘泉街道，东起大官桥西路，西至司徒庙路。
新甘泉路	位于邗江区甘泉街道，东起扬天公路，西至司徒庙路。
鉴真路	位于邗江区平山乡万科城北侧，东起鉴真图书馆，西至扬子江北路。
蝶湖路	位于扬州经济技术开发区，东起维扬路，西至祥和路。
蓝湾路	位于扬州经济技术开发区，东起扬子江中路，西至祥和路。
下圩河路	位于扬州经济技术开发区亚普公司南侧，东起扬子江南路，西至吕桥河。
体育公园路	位于铁路线南侧，西起真州北路，东至翠岗路。
扬子津东路	位于扬州经济技术开发区施桥镇，东起施桥北路，西至扬子江南路。
汪家路	位于扬州经济技术开发区施桥镇，扬子新苑A区与B区之间道路，东起施桥北路，西至连城路。

续表 33-6

名 称	地 理 位 置(起 讫 点)
连城北路	位于扬州经济技术开发区施桥镇,南起施沙路,北至吴州东路。
蜀冈西路	位于邗江区西湖镇,原蜀冈西路向西延伸至润扬北路。
润扬北路	位于邗江区西湖镇,原润扬北路向西北方向延伸至扬溧高速。
五里庙路	位于广陵区曲江街道,南起解放北路,北至五台山路。
玉河路	位于扬州经济技术开发区八里镇,东起玉带河,西至亨通路。
顺达路	位于扬州经济技术开发区扬子津街道,原顺达路向南延伸至扬力路。
石狮子一巷	石狮子一巷向西延伸段,穿过石狮子四巷,延伸至玉器街。
警示巷	位于扬州市警示教育基地东侧,南起连运西路,北至一村路。
石桥巷	位于东方百合园南侧,东起扬子江北路,西至石桥社区服务中心。
润扬河	位于邗江区瓜洲镇与扬州经济技术开发区朴席镇交界处,乌塔沟向南延伸段,南通长江,北接仪扬河。
新凤凰桥	位于漕河西路西首,漕河西路跨玉带河之桥。
迎恩桥	位于凤凰桥街中段,凤凰桥街跨漕河之桥。
报丰桥	位于掬花楼北侧,长春路跨杨庄河之桥。
花园庄桥	位于开发东路与东花园路交叉口向西,开发东路跨小运河之桥。
双塘桥	位于双塘东路与创业园东路交叉口向东,双塘东路跨护城河向北一支流之桥。
畲里桥	运河南路跨同心河之桥。
太平桥	运河北路跨一河道之桥,运河北路与五台山路交叉口向北第一座桥。
五里庙桥	运河北路跨一河道之桥,运河北路与五台山路交叉口向北第二座桥。
柳叶桥	位于康山文化园东南侧,东西跨古运河一人行桥。
鸿福桥	位于观潮路与文昌中路交叉口向北,观潮路跨沙施河之桥。
广陵大桥	文昌东路东延线跨廖家沟之桥。
仙女庙大桥	文昌东路东延线跨芒稻河之桥。

(贾继辉)

2012 年扬州市区新命名的住宅区、商用建筑物一览表

表 33-7

名 称	地 理 位 置 (起 讫 点)
华源新苑	位于邗江区瓜洲镇建华村,东至发展用地,西至工业园大道(暂用名),南至福尔喜路(暂用名),北至景观河农民集中居住区。
蜀冈玫瑰园	位于邗江区,东至邗江北路,西至司徒南路(暂用名),南至经圩路(暂用名),北至西峰路。
康郡花园	位于广陵区头桥镇,东临西贝大道,西至红平路,南至滨河小道,北至兴达路。
蜀冈怡庭	位于邗江区西湖西苑西侧,东至润扬北路,西至规划北外环,南至规划道路,北至平山堂西路。
海上紫郡花园	位于邗江区西湖镇,东至蜀霞路(暂用名),西至邗江北路,南至和蜀路(暂用名),北至西湖路。
振兴花园	位于扬州经济技术开发区扬子津街道,东至顺达路,西至润扬路,南至中心河,北至一村道。
万和熙庭	位于广陵产业园,东至京杭路,西至滨河路,南临农田,北至嘉苑路。
艺境城	位于扬州经济技术开发区,东至光电路,西至古运河,南至吴州东路,北至东风河。
冶春别院	位于锦旺社区,东至锦旺北巷,西至锦旺南苑,南至江苏省水利建设工程总公司,北至锦旺苑。
四季金辉花园	位于邗江区,东至西湖南路(暂用名),西至规划北外环路,南至台扬路、润扬路,北临蜀绣河。
虹桥湾花园	位于广陵区头桥镇,东至西贝大道,西临一河道,南至红达路,北临农田。
金湾墅园	位于广陵区泰安镇泰安村,东至金湾河,西至一村道,南至金湾路,北至凤凰东路。
君悦府邸	位于广陵区曲江街道,东至一学校规划用地,西至江都北路,南至五台山路,北至规划道路。
明发江湾城	位于广陵产业园,东至廖家沟,西至许庄路,南至海沃路,北至名城路。
星汇名邸	位于邗江区汊河街道,东至西银沟河,西至经六路,南至规划二路,北至规划一路。
星河蓝湾公馆	位于邗江区汊河街道,东至汊河,南至仪扬河路,西至西银路,北至宏溪路。
古渡花园	位于邗江区瓜洲镇,东至扬溧高速,西至军桥排涝河,南至军桥村陶庄组,北至军桥路。

续表 33-7

名　称	地 理 位 置（ 起 讫 点 ）
湖滨名都	位于新城西区，东至悦来路，西至站南路，南至文汇西路，北至同泰路。
隆觉花苑	位于扬州经济技术开发区朴席镇，东至纵一路（规划），南至朴席中学、朴席卫生院，西至五团路（暂用名），北至中心河。
世纪名园	位于曲江公园西侧，西至沙北三村，南至沙北一村，北至文昌中路。
世纪名园南苑	世纪名园组团之一，位于世纪名园中一规划路南部。
世纪名园北苑	世纪名园组团之一，位于世纪名园中一规划路北部。
天俊华府	位于新城西区，东至国展路，西至赵家沟东侧规划道路，南至兴城西路，北至文汇西路。
唐悦国际花园	位于邗江区西湖镇，东至蜀冈西路，西至规划道路，南至润扬路延伸，北至规划道路。
玉带家园	位于扬州经济技术开发区八里镇，东至玉带河，西至亨通路，南至金港路，北至邗江河。
玉带家园北苑	玉带家园组团之一，位于玉河路以北。
玉带家园南苑	玉带家园组团之一，位于玉河路以南。
扬子新苑	位于扬州经济技术开发区施桥镇，东至施桥北路，西至临江路，南至施港河，北至横一路（暂用名）。
华盛苑	位于邗江区瓜洲镇，东临向阳河，西至锦春路，南至落驾路，北至鞠庄村中心河。
扬子颐和苑	位于广陵区，东至太平北路，西至观潮路，南至古运北苑，北至古运河。
金港花园	位于扬州经济技术开发区八里镇，东至科宇路，西至玉带河，南至金山路，北至金港路。
滨江西苑	位于扬州经济技术开发区施桥镇，东至施桥南路，西至运河南路（规划中），南至共普路，北至施桥村排涝河。
魏西花园	位于扬州经济技术开发区扬子津街道，东至顺达路，西、北至长河新苑，南至开发西路。
月城熙庭	位于扬州经济技术开发区扬子津街道，东至长河路，西至润扬中路，南接秦巷小区，北至绿地商业生活广场。
中海玺园	位于广陵区曲江街道五里庙路东西两侧，东至文昌北苑，西至观潮路，南至解放北路，北至横一路。
湖畔御景园	位于邗江区城北乡，东至安庄路，西至友谊路，南至邗沟路，北至安庄新村。
佳家南园	位于邗江区城北乡，东至江都北路（暂用名），西至黄金坝北路，南至北城路（暂用名），北至秋实路。
佳家北园	位于邗江区城北乡，东至江都北路（暂用名），西至黄金坝北路，南至江平东路，北至宁启铁路南侧绿化带。
佳家西园	位于邗江区城北乡，东至黄金坝北路，西至友谊路，南至江平东路，北至宁启铁路南侧绿化带。
月明东苑	位于邗江区城北乡，东至运河北路，西至太平北路（暂用名），南至上方寺路，北至北城路。
三星花园	位于邗江区城北乡，东至三星路，西至江都北路（暂用名），南至北城路，北至秋实路。
天玺湾花园	位于广陵区食品工业园区，东至望江路，西至临江路，南至鼎兴路，北至连心路。
念香西苑	位于邗江区双桥街道，东临念香苑，西临新城河，南至念四河，北至平山堂西路。
伊娄广场	位于邗江区瓜洲镇润扬湿地公园东侧，东至润扬南路，西至润扬湿地公园，南至润扬湿地公园入口，北至一便道。
蜀冈龙域商务广场	位于邗江区西湖镇内，东至蜀霞路（暂用名），西至邗江北路，南至台扬路（暂用名），北至和蜀路。
凯德广场	位于扬子江北路与四望亭路交会处东北角，东至蒿草河，西至扬子江北路，南至四望亭路，北至双桥商务楼。
商城国际大厦	位于扬州商城北侧。
峰创国际大厦	尚锦汇广场（润扬南路西侧部分）更名为峰创国际大厦。
天润国际大厦	位于邗江路与文昌西路交会处东南角，东、南至兰苑，西至邗江路，北至邗江供电公司。
瘦西湖旅游商业广场	位于瘦西湖东侧、体育馆南侧，东至友谊路，南至大虹桥路。
月星家居国际广场	位于邗江区城北乡，东至岗庄路，西至运河北路，南至黄金村路，北至秋实路。
金菊商务楼	位于邗江区，东至新城河路，西、南至金菊花都，北至翠岗路。
中港金属交易城	位于广陵区，东至京杭运河，西至运河南路，南至开发东路与运河南路交会口，北至七里河。
紫金广场	紫金文昌园南侧一写字楼，东至府西巷，西至海关，南临文昌西路。
建扬大厦	位于扬州经济技术开发区施桥镇滨江花园西主入口北侧，西至施桥南路，南至滨江大厦。

（贾继辉）

新工作。经批准,市区全年命名道路29条、街(巷)3条、居民住宅区43个、建筑物12座、河流1条、桥梁12座。 (佘义海)

社会事务管理

■婚姻登记 推进婚姻登记体制改革,开展婚姻登记机构规范化建设活动,实现以县(市、区)为单位集中登记,6个县(市、区)全部创成全国婚姻登记规范化合格单位,并实现全国联网,其中仪征市民政局婚姻登记处创建成国家AAA级婚姻登记机关。2012年,全市结婚登记4.9万对,其中初婚8.73万人、再婚1.14万人;离婚登记6865对;复婚登记1138对。 (张 彬)

■收养登记 2012年,全市各级收养登记机关办理收养登记176例,其中宝应34例、高邮58例、仪征14例、江都34例、广陵15例、邗江21例。被收养人中,被社会福利机构抚养的弃婴12人,查找不到生父母的社会弃婴158人,父母无力抚养的3人,属于其他情况的3人。(张 彬)

■殡葬管理 落实《扬州市区免除殡葬基本服务费用实施办法(试行)》。3月起,全市各地陆续执行惠民殡葬政策,按1200~1460元不等标准减免殡葬基本服务费。2012年,全市减免1.27万人殡葬基本服务费1554.8万元,其中市区减免6496人殡葬基本服务费948.42万元。全市各殡仪馆火化遗体3.4万具,其中市直9761具、宝应6208具、高邮6946具、仪征3492具、江都7609具。全市经营性墓园安葬(安放)骨灰3095穴,其中市直1719穴、宝应442穴、高邮470穴、江都246穴、邗江218穴。 (张 彬)

■流浪乞讨救助 2012年,全市加强流浪乞讨人员救助管理机构规范化建设,维护流浪乞讨人员、流浪未成年人基本生活权益和基本生存权利,对流浪乞讨人员中的危重病人和精神病人实行"先治疗后结算、先救治后救助"。扬州市救助管理站创建成国家二级救助管理机构。加强源头预防和治理,多部门协作打击违法犯罪行为,解救被拐卖未成年人。市救助管理站全年救助各类救助对象1707人次,不在站救助1304人次。 (张 彬)

■筹建社会公益创投中心 2012年,市民政局筹建扬州市社会公益创投中心(扬州市社会组织培育发展中心),建设社会组织孵化基地,培育具有可持续发展能力的公益性社会组织,集聚具有公益使命意识的社会创业领军人物,打造创新高效公益服务项目,形成社会管理创新支持平台。至年底,社会公益创投中心筹建工作基本完成。 (张绍华)

■市民政局获评全国社会组织创先争优活动优秀指导单位 市民政局推进社会组织党建工作"双报双推"制度(在社会组织登记申报时,推动其建立党组织;在社会组织年检年报时,推动已经建立的社会组织党组织有效发挥作用)。全市10%以上社会组织建立党组织,高于全省平均水平3个百分点。创新工作方法,在全市社会组织党组织和党员中开展"四服务四促进"(服务企业,促进发展;服务农村,促进增收;服务社区,促进和谐;服务民生,促进保障)主题活动。2012年,市民政局被全国社会组织创先争优活动指导小组表彰为全国社会组织创先争优活动优秀指导单位。 (张绍华)

■政府购买社会组织服务 市民政局与市发展和改革委员会、市财政局等部门联合制定《关于实施政府购买社会组织服务的暂行办法》,完成首批政府购买服务项目立项。首次设立400万元的政府购买社会组织服务专项引导资金。 (张绍华)

■社会组织评估 市民政局推进社会组织评估工作,市直有8家社会组织获评AAA以上等级。各县(市、区)相继开展社会组织评估工作。扬州市工程造价管理协会等6家社会组织经省民政厅评估,被认定为AAAAA级社会组织。 (张绍华)

■社会组织年检 全市有421家社团和民办非企业单位参加2011年度年检。根据年检情况,市民政局向9家工作开展不正常或不规范的社会组织发出限期整改通知,对7家违规违纪社会组织作出撤销登记处罚。 (张绍华)

社会救助与福利

■城乡居民最低生活保障 实施城乡低保第11次提标。2012年,城市低保标准为月人均370~400元,农村低保标准为月人均250~400元,市区(不含江都区)实现低保标准城乡一体化。全市保障城乡低保对象8.96万人(城市1.74万人、农村7.22万人),全年落实城乡低保资金1.4亿元。对市区(不含江都区)低保对象中的在校学生实施专项救助,在正常低保待遇的基础上,按其受教育程度(学前和义务教育阶段、高中教育阶段、大学教育阶段),每月分别增发保障标准全额20%、60%和80%的保障金。开展市区低收入居民经济状况信息比对工作,启用扬州市区低收入居民家庭经济状况信息比对管理系统。2012年,全市1.34万人次退出低保,其中城市0.29万人次、农村1.05万人次。 (王 涛)

■农村"五保"供养 全市保障农村"五保"(保吃、保住、保穿、保医、保葬(孤儿保教))对象1.7万人,全年落实供养资金7500万元,年人均供养标准5113元,其中集中供养标准4650~7920元、分散供养标准4650~6600元。实施农村敬老院"关爱工程",全年完成附属设施建设项目11个、新增床位项目1个。全市"五保"老人集中供养能力保持80%以上。 (景志刚)

■医疗救助 对因病致贫的困难对象实施参保救助、医前救助、慢性病救助、即时救助、大病救助、按实救助等六大救助项目,将低保对象、农村

“五保”对象、享受民政部门定期生活补助的20世纪60年代精减退职职工等困难对象全部纳入“一站式”即时救助范围，政策范围内住院自付费用救助比例上限提高至55%，救助费用上限提高至3万元。整合救助资源，加快医疗救助同步结算平台建设，推进困难居民医疗救助“一站式”“均等化”。2012年，全市为22万人次提供医疗保险参保资助和医疗救助，支出参保资助和医疗救助资金4558万元。 （王　涛）

■农村住房救助　各县（市、区）落实农村危房改造动态管理机制，投入专项资金，确保新出现的农村危房得到及时改造。全市筹集草危房改造资金255万元，改造农村危、旧房屋232户，保障困难群众住房安全。 （王　涛）

■临时救助　全市救助低保边缘家庭、临时困难群众0.91万人次，支出救助资金370万元。 （王　涛）

■残疾人救助　完善重度残疾人救助标准与低保标准联动机制，向符合条件的重度残疾人员全额发放生活救助金，向符合条件的一户多残、依老养残等特殊困难残疾人按照当地城乡低保标准的60%发放生活救助金。全市救助符合条件的残疾人1.95万人，发放救助金6244万元。 （王　涛）

■物价救助　9月28日，市政府办公室印发《市区城乡困难群众价格动态补贴资金拨付和管理办法》，完善价格临时补贴机制。全市各地落实社会救助和保障标准与物价上涨挂钩联动机制，当全市月度居民消费价格指数涨幅达到3%～5%（不含5%）时，向符合条件的困难人员发放一次性价格补贴，补贴标准为当地当月城乡低保标准的十二分之一；当全市月度居民消费价格指数涨幅达到5%及以上时，补贴标准在原补贴标准基础上增加50%。2012年，全市先后5次启动社会救助保障标准与物价上涨挂钩联动机制，发放价格临时补贴资金1493万元，惠及城乡低保对象、特困职工、农村“五保”对象、城市“三无”（无劳动能力、无收入来源、无法定赡（扶、抚）养人）和孤儿等困难人员近12万人。 （王　涛）

■扶贫济困送温暖　春节前，市政府安排专项资金分类慰问市区城乡低保对象、农村“五保”对象、重点优抚对象等特困群体，慰问标准为（含实物）：城市低保对象一人户600元、二人户700元、三人及三人以上户800元，农村低保对象每户600元，农村“五保”对象、重点优抚对象每户700元。全市各级民政部门组成120多个慰问小组，走访慰问困难群众8万多户，发放各类资金4500万元。1月下旬至2月初，市领导分成7个组，慰问困难乡镇、村，农村敬老院和部分城乡低保对象、“五保”对象、优抚对象、老党员等特困对象，发放慰问金88.92万元。 （王　涛）

■灾害救助　6—7月，宝应县、仪征市和高邮市受强降雨影响，发生洪涝灾，2.95万人受灾，农作物受灾面积0.51万公顷（其中绝收面积210公顷），居民住房因灾倒塌17户21间、严重受损28户48间，直接经济损失961万元。7月，高邮市、仪征市遭受雷雨大风袭击，形成风雹灾，578人受灾，农作物受灾面积66公顷（其中绝收面积11公顷），居民住房因灾倒塌1户3间、严重受损5户53间，直接经济损失280万元。7月20日，宝应县、高邮市交界处发生里氏4.9级地震，形成地震灾害，569人受灾（其中因灾死亡1人、轻伤2人），居民住房倒塌42户89间、严重受损124户316间，直接经济损失1200万元。灾情发生后，全市各级民政部门启动应急预案，依托自然灾害救助体系，妥善安置灾民。对于房屋倒损无法居住的受灾群众，大部分采取投亲靠友的方式转移安置；少部分无可投靠亲友的受灾群众，统一安置到当地集中安置点，并为其配备相应物资，确保受灾群众有饭吃、有衣穿、有水喝、有房住、有病能得到及时救治。省、市民政和财政部门全年筹集救灾资金1815万元，受灾地区民政、财政部门及时落实配套资金，重建、修复倒损房屋，保障灾民基本生活。 （王　涛）

■防灾减灾体系建设　完善基层灾害信息员制度，市、县（市、区）、乡镇（街道）、居（村）委会四级配备灾害信息员1576人。健全灾害信息员“县（市、区）互动、片区内调动、大市联动”机制。依托扬州市救灾物资储备库平台，做好救灾物资储备与保障工作。完善应急救灾物资供货网络，加强救灾物资筹集和管理。创成江苏省综合减灾示范社区11个。（曹伟伟）

■福利彩票　全市实现福利彩票年销售额6.01亿元，比上年增长24.39%，其中电脑票销售额4.23亿元、刮刮乐即开票销售额5991万元、中福在线即开票销售额1.18亿元，筹集福彩公益金6745.4万元。市直完成福利彩票销售额1.22亿元，增长27.87%，其中电脑票销售额8731万元、刮刮乐即开票销售额1291万元、中福在线即开票销售额2225万元。2012年底，全市有福彩电脑票投注站658个，比上年底增加40个。 （赵　亮）

■儿童福利　建立孤儿基本生活费自然增长机制。每年7月1日起，按照当地经济社会发展水平和上年度城镇居民人均可支配收入、农民人均纯收入增长幅度，提高孤儿基本生活费标准。2012年，扬州市社会散居孤儿基本生活费标准为每月726元（仪征市、江都区为780元），集中供养孤儿基本生活费标准为每月1210元。全市有孤儿736人，其中机构供养205人、散居531人，全部纳入公共财政保障。市、县（市、区）依托福利机构建立儿童福利指导中心，负责监督、评估孤儿养育状况，指导和培训监护人，代理儿童权益相关事务。开展孤儿福利服务工作，辐射有需求的家庭和社区，提高儿童社会福利水平。 （张　纯）

■老年人福利　全市有养老机构113家、床位1.99万个。其中，公办养老机构94家，有床位1.82万个；民办养老机构19家，有床位1704个。注重养老服务设施建设。扬州市建成1所有300个床位的公办养老机构，各县(市、区)分别建成1所有150个床位的公办养老机构。广陵区文昌花园老年公寓，邗江区华康老年公寓、新盛街道绿杨新苑飞鸿老年公寓等民办老年公寓投入使用。鼓励、扶持、资助社会和个人兴办养老机构。市民政局全年向省民政厅争取补助资金837.45万元，用于资助公办、民办养老机构建设项目和改（扩)建项目。免费培训全市各养老机构养老护理员250人。制定《扬州市老年人社会福利机构管理服务规范(试行)》和《扬州市老年人社会福利机构入住评估办法(试行)》，规范福利机构运营。（潘 勤）

■福利企业 全年新办福利企业7家，新增安置残疾职工110人。全市574家福利企业参加2011年度年审，审查率100%、抽查率5%，其中560家合格、14家不合格。全市福利企业安置残疾职工1.5万人。市民政局、市国家税务局联合印发《促进残疾人就业税收优惠政策相关事项告知书》，让残疾职工了解权利和义务，增强自我保护意识和维权意识。

（张 纯）

拥军优属

■概述 扬州市连续第六次获全国双拥模范城称号。全市开展“双拥月”、纪念中国人民解放军建军85周年、第12个“全民国防教育日”等活动，健全双拥争创运行机制，拓宽双拥创建领域，推进第七次争创全国双拥模范城工作。加强双拥文化建设，开展双拥文化思想建设、双拥文化环境宣传、双拥文化作品创作、双拥文化拥军、双拥文化队伍建设“五大行动”。舞蹈《九九艳阳天》获全国双拥文艺创作评选优秀奖。

（袁德鹏 周梅红）

■“双拥月”活动 1月1—31日，扬州市举办第21个“双拥月”活动。活动期间，全市发放义务兵家属优待金2375万元，发放“光荣人家”年画6.32万幅，走访慰问双拥优待对象1.18万户，为双拥优待对象办实事1300件，向扬州籍军人发慰问信6.88万封；市双拥办公室向在外服现役的团职以上军官发出慰问信，通报家乡经济社会发展成就，勉励其在部队建功；全市通过各种新闻媒介宣传双拥工作和双拥典型，刊发宣传稿件80篇，播发广播稿100条、电视新闻85条，刊出双拥黑板报、墙报专辑550多期；全市举办军地联欢、联谊，双拥知识竞赛，文艺演出和影视展播活动150多场。（袁德鹏 周梅红）

■“八一”纪念活动 7月31日，市委书记谢正义、市长朱民阳走访慰问省军区。8月1日，市委、市政府在扬州迎宾馆举行驻扬团职以上部队军政主官“八一”军政座谈暨招待会，共商双拥发展大计。市委、市政府向全体驻扬部队官兵赠送慰问品。“八一”节期间，全市举办军地、军民联谊、联欢会78场，发放慰问金(品)450多万元。

（袁德鹏 周梅红）

拥军模范周宏英向武警战士赠送“忠诚使命”鞋垫
武警支队／供稿

■“百台电脑送军营”活动 市委、市政府举办第二轮“百台电脑送军营”活动，组织市直有关单位筹资40多万元，向驻扬部队赠送电脑100台，助力部队科技练兵和信息化建设。7月27日，“百台电脑送军营”赠送仪式在武警扬州市支队举行。市委常委、政法委书记袁秋年，军分区政委许建树，市双拥办等部门负责人，军分区、预备役师、消防支队、边防检查站、武警医院代表和武警支队部分官兵参加活动。副市长张宝娟主持仪式。

（袁德鹏 周梅红）

■“全民国防教育日”宣传活动 9月15日前后，扬州市开展第12个“全民国防教育日”宣传活动。全市各地先后邀请军事院校教授为各级领导干部上国防课，分析国际和周边安全形势。开展“热爱人民军队、共筑钢铁长城”主题宣传教育活动，全市举办专题讲座41场、形势报告会18场、主题展览4期、读书演讲活动23场、知识竞赛2场、优秀军事影片展播78场。开展双拥和国防教育用语征集活动，收到应征作品516件，选送81件作品参加江苏省和国家国防教育办公室评选，其中2件作品获全国一等奖。（袁德鹏 周梅红）

■扶持随军家属创业就业 8月1日，扬州市举行驻扬部队干部随军家属自主创业扶持金发放仪式暨军嫂就业专场招聘会，助推驻扬部队随军家属创业致富。经市人社局、市财政局审核，并经所在部队公示、市公证处公证，26名选择自主创业、自谋职业的驻扬部队干部随军家属获市政府发放的一次性创业扶助金79万元。市就业服务中心同时举办随军家属(军嫂)就业专场招聘会，组织扬农化工集团、扬州华南服务公司等10多家单位提供岗位100多个，帮助军嫂就业。（袁德鹏 周梅红）

优抚安置

■抚恤优待 9月，市民政局、市财政局印发《关于确定2012年全市优抚对象抚恤、定补、优待最低标准的通知》，从7月1日起提高优抚对象抚恤定补优待标准，并实行“三属”（烈士家属、因公牺牲军人家属、病故军人家属）定期抚恤金和在乡复员军人定期生活补助金标准城乡一体化，其中农村户口在乡复员军人定期生活补助金标准增长 70%～100%。12 月，全市所有在职残疾军人和参战涉核人员抚恤和生活补助标准全部按民政部、财政部规定调整、补发到位。全年向 3.31 万名优抚对象发放抚恤补助金 1.38 亿元，其中残疾抚恤金 3538 万元、“三属”定期抚恤金 1834 万元、老复员军人定期生活补助 4984 万元、带病回乡退伍军人定期生活补助 1192 万元、参战涉核人员生活补助 972 万元、60 周岁以上农村籍退伍老兵老年生活补助 1156 万元、60 周岁以上老烈士子女生活补助 95 万元。2012 年，扬州市义务兵家庭优待金标准从 6530 元/年提高到 11151 元/年，增长 70%。全市向 4231 户义务兵家庭发放优待金 4718 万元、大学生入伍奖励金 59 万元。在乡老复员军人配偶生活补助标准随城镇低保标准提高相应提高。全年向 3947 名老残疾军人、老复员军人遗属发放补助金 1745 万元。（沈 静）

■落实重点优抚对象待遇 落实重点优抚对象医疗待遇。按照民政部、省民政厅要求，重点优抚对象分类参加医疗保险或新型农村合作医疗，落实医疗优惠补助政策。推进“一站式”优抚医疗保障结算平台建设，通过结算平台结算医疗费用，降低医疗保障运行成本，提升医疗服务效率。2012 年，全市投入优抚对象医疗保障经费 1500 万元。开展节日慰问。春节、“八一”节前，各级党政领导走访慰问全市重点优抚对象 1.5 万人，投入慰问经费 900 多万元；全市各企业单位慰问本单位参战退役人员，慰问标准不低于每人 300 元。1—5 月，扬州市连续启动重点优抚对象物价补贴机制，发放物价补贴 300 多万元。

（沈 静）

■落实老烈士子女定期生活补助待遇 2012 年 1 月，民政部、财政部联合下发《关于给部分烈士子女发放定期生活补助的通知》，规定从 2011 年 7 月 1 日起，向农村和城镇无工作单位、18 周岁以前未享受定期抚恤金待遇且年满 60 周岁的烈士子女发放定期生活补助。3 月底，全市各级民政部门完成 60 周岁以上烈士子女普查、审核、报批工作，认定第一批 610 名享受生活补助的老烈士子女，并将每月 130 元的生活补助补发到位。11 月，根据省民政厅、省财政厅要求，老烈士子女定期生活补助标准提高到每月 200 元，并从 2011 年 7 月 1 日起补发。（沈 静）

■退役士兵安置 11 月 9 日，市政府印发《关于做好 2011 年冬季退役士兵安置工作的通知》，采用积分选岗方式安排退役士兵工作，并明确 2011 年冬季退役士兵岗位安置阅档积分细则。2012 年，全市接收 2011 年冬季退役士兵 2246 人，其中“四种对象”（服现役满 12 年的士官、服现役期间平时获二等功以上奖励或战时获三等功以上奖励的士兵、因战致残被评定为 5 级至 8 级残疾的士兵、烈士子女）70 人、双向选择对象（立三等功的士兵、伤残士兵、藏兵）224 人。“四种对象”中，62 人落实安置岗位，8 人选择自谋职业；双向选择对象中，19 人通过双向选择落实工作单位，205 人选择自谋职业。全市 2165 名退役士兵选择自谋职业和自主就业，获补助金 5395.3 万元；其中市区 1053 名退役士兵选择自谋职业和自主就业，获补助金 3251.1 万元。

（池宗华）

■军转干部安置 全市接收军队转业干部 133 人，其中计划分配 132 人、自主择业 1 人。加强对自主择业军队转业干部的就业指导，帮助其实现就业。针对自主择业军队转业干部流动性大，安置地与生活地、择业地分离的现象，建立自主择业人员联系簿，探索符合自主择业军队转业干部特点的管理和服务方法。

（智爱斌 钱 玮）

■军队退休干部接收安置 2012 年，扬州市接收军队退休干部 2 人、退休士官 2 人，接收安置率 100%。

（池宗华）

慈善事业

■概述 2012 年，全市募集慈善资金 4632 万元、认捐额 3128 万元，使用救助资金 5093 万元，7.75 万人次受益。扬州市慈善总会募集慈善资金 900 万元、认捐额 550 万元，使用救助资金 779 万元，1.27 万人次受益。据全国城市公益慈善创新研讨会发布的第二届“中国城市慈善指数”，扬州市城市慈善综合指数列全国第 25 位，获“中国城市公益慈善七星级”奖牌（最高星级荣誉）。（金 晏）

■“情满扬州”春节慰问物资、慰问金集中发放仪式 1 月 11 日，市慈善总会联合市民政局、市福利彩票发行中心在维扬广场举行 2012 年“情满扬州”春节慰问物资、慰问金集中发放仪式，向全市 2500 户特困家庭、3 家福利院、14 家乡镇敬老院和城区 4 家老年公寓、7 家居家养老中心、69 家慈善超市发放近 1000 万元的慰问物资和慰问金。（金 晏）

■“5·19”慈善一日捐活动 5 月 19 日，市慈善总会在文昌广场举行第 11 个“5·19”慈善一日捐活动现场捐

5 月 19 日，扬州市举行慈善一日捐活动现场捐赠仪式

民政局/供稿

赠仪式，现场接受捐赠 475 万元。活动期间，各县(市、区)慈善会接受捐赠 2800 万元。（全　晏）

■“党心连民心、慈善惠民生”资助资金集中发放仪式　8月23日，市慈善总会、市民政局、市财政局在文昌广场举行扬州市区“党心连民心、慈善惠民生”资助资金集中发放仪式，向城区 36 名困难家庭大学新生发放助学金，向城区 970 名低保家庭慢性病、尿毒症患者发放医疗救助金，向城区 4.5 万名困难群众发放自来水费减免资金、电费减免资金和临时救助金；市慈善总会向市惠民医院捐赠 100 万元用于购买血透机，定向救助城区尿毒症患者。活动期间，发放各类善款 350 万元，惠及城区困难群众 4.6 万人。（全　晏）

红十字事业

■概述　2012 年底，扬州市有基层红十字会组织 403 个、团体会员单位 225 个、红十字会员 25.80 万人、红十字志愿者 7915 人，有社区红十字服务站 74 个、冠名红十字(会)医疗机构 13 个。市红十字会备灾救灾基金累积为 1197 万元。2012 年，全市红十字事业收入 754.41 万元；发放救灾救助款物 510.81 万元，6.30 万人次受益；完成救护培训 18 万人次、救护防病知识普及教育 12.17 万人次、预防艾滋病宣传 4.98 万人次，实现遗体捐献 3 例（累计登记 283 例、捐献 37 例）、造血干细胞捐献 5 例（累计捐献 12 例），推动无偿献血 4.26 万人次。博爱免费门诊项目入选首届中国慈善博览会。（潘　杨）

■灾害救助　“7·20”地震发生后，扬州市及宝应县、高邮市等地红十字会启动应急响应，成立灾害救援组、医疗救援组，为灾区提供物资救助、医疗救援、心理支持，发放帐篷 273 顶、蚊帐 6000 顶、夏凉被 1018 床、家庭应急包 500 个以及衬衫、牙膏、毛巾、洗发水等生活用品，免费诊治病人并发放常用药品 300 人份。8 月，扬州市先后发生 3 次台风预警，全市红十字会系统完善应急预案，做好灾情信息收集、救灾物资准备和应急值班工作。援助新疆新源县红十字会救灾物资储备库项目 10 万元。（潘　杨）

■人道救助　举办“博爱送万家”活动，发放救助款物 235.65 万元，其中救助款 140.08 万元、救助物资价值 95.57 万元，7680 户 2.35 万人受益。春节前，向各地转发省红十字会下拨的棉被、棉服、毛毯、食用油、大米等价值 46.39 万元的“博爱送万家”救助物资；向各县(市、区)及园区、56 个社区、19 所学校红十字会拨发救助物资总价值 95.57 万元，支持各地开展春节“博爱送万家”活动，救助困难群众。

开展人道救助系列活动。开展“情满扬城·博爱送万家”活动，市红十字会与参加“人道万人捐”活动的爱心单位共同帮扶困难职工、困难学生及结对帮扶对象。联合扬州广播电视总台等单位举办“跨年撞钟 祈福扬州”大型活动，从“《今日生活》温暖基金”中安排 20 万元，救助扬州市第一中学“宏志班”困难学生 60 人、社区困难群众 60 人。联合扬州广播电视总台举办第二届农民工春晚，救助困难农民工 50 人。联合市公安局监管支队救助、慰问看守所在押人员以及困难在押人员家庭。从大洋关爱农民工百万爱心基金中拨发专项资金 16 万元，与扬州广播电视总台联合开展“点燃希望实现梦想”博爱助学活动。分别与扬州广播电视总台《新闻女生帮你忙》栏目、《今日生活》栏目联合开展新闻女生帮忙救助活动、《今日生活》温暖行动、关爱外来务工人员特别行动；与计划生育协会联合开展关爱困难计生家庭救助活动；与扬州曜阳国际老年公寓合作开展“博爱在扬州·公益疗养曜阳行”活动，先后组织 3 批老年人入住公寓免费疗养，并慰问公益疗养人员。救助和慰问宝应县、邗江区麻风康复村麻风病休养员和麻风病防治工作者。办好博爱免费门诊，为社区困难群众、孤寡老人、残疾人以及外来务工人员免费提供医疗服务和药品，并结合“博爱送万家”、“红十字博爱月”活动和“学习雷锋好榜样”百万志愿者行动，开展送医送药进广场、进社区、进养老院等活动，打造红十字博爱助医品牌。开展重阳节尊老、敬老、助老、爱老活动，向广陵区社会福利院捐赠康复器材、食品等价值 3 万多元。拨发 4.4 万元专项救助金，用于救助盲聋儿童、开展“爱创造奇迹”博爱助残助学活动。（潘　杨）

■救护培训　加强对红十字救护培训业务的规范化管理。全市设立 11 个培训教学点，实行现场教学、视频教学相结合，构建网络教学平台。2012 年，全市各级红十字会实施省红十字会“百万救护培训项目”。市红十字会为各县(市)培训站增设视频互动教学终端。仪征市、江都区红十字会成立青少年救护培训基地。全市培训应急救护员 1.51 万人。9 月 3—8 日，全市红十字系统以及社区、学校开展以“生命高于一切”为主题的应急救援演练、社区医疗咨询服务、专题讲座、公益课堂等活动。（潘　杨）

■红十字志愿服务　将学校红十字会工作、社区红十字服务与红十字志愿服务相结合，开展“学习雷锋好榜样”志愿服务活动。成立扬州市红十字志愿服务总队。市红十字会在高校、市直学校组织开展“手拉手 心连心”活动，由学校申报项目，市红十字会支持启动经费，推动项目实施。参加全省“博爱青春”志愿服务活动。扬州大学、江海职业技术学院、扬州环境资源职业技术学院、扬州世明双语学校等学校红十字会开展“学雷锋精神 树文明新风”红十字志愿服务活动。（潘　杨）

■“红十字博爱月”系列宣传活动　5 月，以“世界红十字日”和“防灾减灾日”宣传为重点，动员全市各级红十字会、基层组织、冠名红十字(会)医疗机构、社区红十字服务站和志愿者参加“红十字博爱月”系列宣传活动。5 月 6 日，扬州市举行纪念“世界红十字日”大型宣传活动，在扬州曜阳国际老年公寓开展送医、送药、送文化、送关爱等博爱助老活动，在翠岗花园社区开展宣传、义诊咨询、急救技能操作演示、无偿献血、登记捐献造血干细胞、文艺演出等活动，救助困难家庭42户。5月10－12日，市红十字会先后参加应急逃生演练、防灾减灾大型广场宣传等活动，通过《扬州晚报》宣传应急救护知识，通过扬州电视台播放公益广告，协助市政府应急管理办公室在扬州数字电视台开通应急时空频道，宣传红十字运动、法律法规和应急救护知识。

（潘　杨）

2012年扬州市百岁老人分布情况表

表33-8　　单位：人

地　区	百岁老人数量	男性	女性
合　计	**148**	**28**	**120**
广陵区	39	9	30
邗江区	24	8	16
江都区	40	9	31
宝应县	13	0	13
仪征市	12	0	12
高邮市	20	2	18

（陈　钢）

老龄工作

■老龄人口　2012年末，扬州市有60岁及以上老年人94.78万人，占户籍总人口的20.69%；有65岁及以上老年人61.62万人，占户籍总人口的13.45%。全市有80岁及以上老年人11.53万人，占60岁及以上老年人口的12.16%；有100岁及以上老年人148人。全市60岁及以上老年人中，城镇老年人占53.48%，农村老年人占46.52%。（陈　钢）

■社区居家养老服务　全年新建社区（村）居家养老服务中心（站）157个，累计建成896个，城镇社区、农村居家养老机构覆盖率分别为100%、50%。全市各地开展省级示范性社区居家养老服务中心（站）创建活动，有19个社区（村）居家养老服务中心（站）通过省级示范性社区居家养老服务中心检查验收。启动城乡小型养老机构建设，通过政府、社区（村）集体、社会和个人出资的办法，建成城市社区托老所11家、农村老年关爱之家23个，新增床位1209个，优化养老机构结构和层次，满足中低收入老年人就近养老需求。（陈　钢）

■退休人员管理服务　2012年底，全市有企业退休人员25.13万人。企业退休人员全部实行社区就近管理服务，人员档案全部进入退休人员管理服务机构（简称退管机构）档案库，周期免费体检率100%。全市退管机构节日慰问退休人员6278人次，发放慰问金或物品135.3万元；慰问重病住院退休人员2056人次，送上慰问金及物品26.2万元。各地退管机构组织退休人员开展各类经常性活动和“敬老月”、重阳节系列活动，全市4.81万人次参加各类文体活动，1.32万人次参加集体参观活动，14.65万人次参加室内活动，0.96万人次参加老年大学学习。扬州市退休职工管理服务中心（简称市退管中心）举办首届市直退休人员广场舞大赛、市直退休人员“万人游古巷”特色活动。（聂士翔）

5月2日，扬州市委、市政府举办“幸福扬州·扬州市民日”百寿宴

王　卓/摄

■市直退休人员“万人游古巷”活动　9－12月，市退管中心与广陵区汶河街道联合举办市直退休人员“万人游古巷”活动，游览线路为阮元家庙－仁丰里－旌忠寺－江上青烈士史料陈列馆－仙鹤寺。活动期间，社区工作人员和当地退休人员志愿者组成导游团队，为退休人员提供讲解服务，并组织观看扬州评话表演、参观扬州传统特色文化家庭，让退休人员了解扬州的古城、古巷、古文化。市直25个街道（乡镇）113个社区（村）9730名企业退休人员参加游古巷活动。结合游览活动，市退管中心组织开展“扬州是我可爱家乡”短文征集活动，收到记述游览体验、抒发对家乡真情实感的短文40篇，评选出优秀作品5篇。（聂士翔）

■关爱老年人　市民政局、市精神文明建设指导委员会办公室（简称市

重阳节期间，古旗亭社区组织老年人游“双东”景区
庄文斌/摄

文明办)联合印发《关于开展敬老志愿服务，为空巢老人以及有困难的老人提供帮助的通知》，明确敬老志愿服务活动的宗旨、服务对象、服务方法和服务内容，推动敬老志愿服务活动开展。全市以“关爱老人、构建和谐”为主题，开展尊老敬老活动。市委、市政府举办2012年“幸福扬州·扬州市民日”百寿宴活动。4月、6月，市民政局分别组织老年文艺团队参加在四川、山东举办的第三届全国老年文化艺术节舞蹈、服饰比赛，邗江区康乐艺术团、广陵区常青艺术团分获服饰表演金奖、银奖，扬州经济技术开发区俏阳扬艺术团获舞蹈表演银奖。市委宣传部、市文明办、市民政局和扬州广播电视总台联合举办“孝行天下，情动扬州”首届“扬州十大孝星”评选活动。市文明办、市民政局和中信银行扬州分行举办“爱在传承——‘中信杯’信福年华”关爱老人摄影、征文活动。10月12日，市民政局、市人社局、市司法局、市中级法院、中国人寿扬州分公司在文昌广场联合开展扬州市第三个“敬老月”大型广场咨询服务活动，为老年人提供养老保险、医疗保险、法律援助、公证、老年优待、老年人意外伤害保险等咨询服务，接待老年人800多人。 （陈　钢）

■扬州市养老服务平台投入试运营 按照“政府主导、企业参与、市场化运营、三方合作”建设运营模式，市民政局、中国电信股份有限公司扬州分公司和保定朗天科技发展有限公司共同实施扬州市养老服务平台建设项目。市养老服务平台由应急呼叫中心、管理系统、终端呼叫器和专业管理等4个部分构成。应急呼叫中心为服务对象提供公共服务、生活信息咨询、服务受理、派工、回访、投诉受理、转接等服务；管理系统包括老年人紧急救助子系统、老年人生活帮助子系统、老年人主动关怀子系统，实现对服务对象、服务机构、服务流程以及服务绩效评估的信息化管理；终端呼叫器是为老年人设计、具有定位功能的手机；专业管理包括为老年人提供服务的各项标准、流程、规范、监管和考核评估体系，梳理、规范和整合社会为老年人服务的资源。10月23日，市养老服务平台投入试运营，向近1000名享受居家养老政府购买服务对象发放应急呼叫终端(老人机)。

（陈　钢）

■扬州老年大学 2012年，扬州老年大学增设中老年瑜伽、摄影艺术、草书等专业，恢复旅游文化专业，增加钢琴、民族舞、健身操等班次。全年开办专业48个，设班级96个，单科报名学员3900多人次，比上年增长7.5%。6月，在文昌花园等7个社区设立老年大学分校。加强校园文化建设。创作校歌《我们圆梦的好地方》。6月28日，扬州老年大学怡情画会在市美术馆举办迎“七一”书画展。7月起，扬州老年大学组织开展“展示校园新形象，喜迎党的十八大”教学成果系列展示活动。11月，扬州老年大学艺术团举行“喜庆党的十八大”文艺汇演。全年组织学员350多人次参加各级各类文艺演出，2200多人参与群众文体活动。

（翁广琪　唐小月）

■关心下一代 2012年，扬州市关心下一代工作委员会（简称市关工委）开展关心下一代工作合格村(社区)和先进村(社区)创建活动，创成关心下一代工作合格村（社区)1108个，其中先进村(社区)600个。全市有1576家规模民营企业和1763家中小民营企业建立关工委。深化民营企业“一教四帮”(对青年职工进行思想道德和法制教育；帮助青年职工提高文化和技术水平，帮助青年职工解决实际困难，帮助困难职工子女就学，帮助弱势和特殊群体青少年)工作。全市有登记注册的“五老”(老干部、老专家、老教师、老模范、老战士)志愿者近2.5万人。市关工委被评为全国、全省关心下一代宣传工作先进单位。

开展主题教育。3月起，市关工委与市文明办、市教育局等部门联合组织“五老”开展青少年“学雷锋、知党恩、讲道德、见行动”主题教育活动。全市各级关工委编写宣讲材料1500多份，400多个思想道德教育报告团2200多名“五老”举办宣讲报告会6300多场，举办图片展览、文艺演出等活动1200多场(次)，73万人次接受教育。市关工委组织“五老”到市区学校宣讲《我们的节日》，开展“老少携手寻访民俗”“‘五老’关爱进校园”等活动。

参与社会管理创新。全市各级关工委筹集助学助困资金1054万元，资助青少年1.7万人。市关工委配合妇联、教育部门关爱留守儿童和外来务工人员子女，帮助解决入学、生活等困难。加强法制教育、结对帮教和网吧义务监督工作，推进未成年人零犯罪社区(村)创建工作。576名“五老”受聘担任中小学校法制副校长。全市中小学校法制副校长配备率100%。1100多名“五老”组成343个法制教育报告团，举办法制讲座和报告会1700多场，118万人次青少年受教育。在市青少年法制教育基地举办警示教育活动20次，280多人次受教育。全市关工委764个帮教小组2400多名“五老”帮教员帮教失足青少年817人，其中743名帮教对象明显转化。全市970名“五老”网吧义务

江苏省农科院退休农业专家组热心帮扶仪征市大学生村官创业　　庄文斌/摄

监督员定点监督各网吧。全年1132个村(社区)实现未成年人零犯罪。

加强校外教育阵地建设。市关工委、市文明办、市教育局在广陵区和仪征市分别召开城区和农村校外教育辅导站建设推进会。全市累计建成校外教育辅导站1336个、辅导点552个,6000多名"五老"关注和服务留守、流动和贫困家庭儿童,开展思想引导、兴趣辅导、心理疏导和实践指导,辅导青少年61万人次。市少儿图书馆全年接待小读者40万人次,举办大型活动40多场(次)。市未成年人素质教育基地被省文明办评为先进教育基地。

推进"学科技　奔现代化"活动。全市关工委组织1700多名老科技工作者,举办科技培训活动610场(次),培训青年8.5万人次。市关工委和市农委关工委等部门开展"青年农民创业示范基地"和"青年农民创业之星"评选活动,257个创业基地、376名青年农民受表彰。市关工委与市委老干部局等部门组织的"五老"帮扶大学生村官"三创"(创新、创业、创优)指导团指导大学生村官创业项目70多个。扬州市"三创"指导团的做法被省关工委在全省推广。

(翁广琪　练瑞芳)

残疾人事业

■概述　2012年,扬州市健全残疾人社会保障体系和残疾人服务体系,促进残疾人就业,维护残疾人合法权益,改善残疾人生存生活质量。市政府制定《扬州市残疾人就业管理办法》,市财政局、市残疾人联合会(简称市残联)等部门制定廉租房残疾人家庭管道燃气初装费补贴等4项优惠政策。全市1.13万名残疾人领取低保金,1.56万名重度残疾人享受重残救助,3194名残疾人享受重残补贴,3951名重度残疾人享受护理补贴。健全残疾人公共服务体系。市残疾人康复中心拓展服务功能,被确定为国家人工耳蜗救助项目定点康复机构和省助听器验配中心扬州站。宝应县、高邮市、江都区、邗江区残疾人康复中心运行良好。市残疾人托养服务中心与职业培训中心、文化体育中心建设进入内部装修阶段。宝应县、高邮市残疾人托养中心投入使用。市残联投入120万元,建立残疾人"幸福港湾"(包括社区残疾人康复训练室、日间照料室和文化活动室)24个。市残联增设维权处,建立市残疾人维权服务中心。高邮市、仪征市、江都区及87个乡镇(街道)完成残联换届,乡镇残联全部配备专职理事长,1372个村(社区)全部成立残疾人协会,乡镇及村(社区)完成残疾人专职委员选聘。扩大助残志愿者队伍,在市区石桥社区、康乐社区、文昌花园社区、扬州特殊教育学校、扬州市供水服务中心等社区和单位设立"学雷锋助残服务联系点"12个。扬州市"强基育人"工程通过江苏省检查验收。

(陈　娟)

■落实残疾人优惠新政策　落实廉租房残疾人家庭管道燃气初装费补贴政策,为市区162户残疾人家庭提供初装费补贴26.73万元。落实市特殊教育学校学前残疾儿童和高中阶段残疾学生生活费补贴政策,向451名残疾学生和贫困残疾人家庭子女发放考学奖励金59.1万元,向205名残疾学生发放教育专项补贴36.1万元。落实市区贫困重度精神残疾人住院医疗费用补贴政策,向105名精神残疾人发放补贴42万元。落实免收市区低保残疾人家庭数字电视月租费和初装费政策,市区136户残疾人家庭共免缴费用9.08万元。

(陈　娟)

■扶残助残　元旦、春节期间,全市各级残联开展"幸福扬州,温暖千家"系列走访慰问活动,走访慰问贫困残疾人家庭1000户、残疾人服务机构6个、市区贫困残疾人家庭较为集中的社区6个,发放慰问金118.5万元。5月15日,举行"全国助残日""爱在五月"公益活动,启动市区残疾人"八件实事"项目,主要内容包括:扬州广播电视总台免收市区2500户低保贫困残疾人家庭有线电视初装费和月度基本收视服务费;由扬州广播电视总台《新闻女生帮你忙》栏目牵头,发动社会爱心人士捐资15万元,向全市贫困视力残疾儿童和康复服务机构捐赠200台点读机;由市残联出资80万元,在市区建立20个社区"幸福港湾";由新能源物业集团职工捐资8万元,向全市康复服务机构捐赠230台电子琴;荣祥阳光助残基金捐资15万元,向市区267名7~17岁残疾儿童少年集中发放生活补贴;由江苏省残联捐资6万元,向全市55岁以上贫困老年人捐赠200台助听器;由市残联出资8万元,向市区200名下肢残疾人免费提供轮椅;由市残联出资12万元,向全市盲人按摩机构发放服务设备各1套。12月3日,举行"国际残疾人日""残疾人幸福生活推进计划"捐赠仪式,市残联向宝应县、仪征市、江都区、广陵区、邗江区困难残疾人捐赠电视机700台、收音机700台,市残联、市残疾人福利基金会筹备组向宝应县定向捐赠棉被200床。开展社会助残活动。市残联与扬州广播电视总台《新闻女生帮你忙》栏目共同组织爱心企业结对资助特殊教育学校残疾学生。

(陈　娟)

■**残疾人康复** 实施“千人千户助康关爱行动”。开展以康复指导、辅具适配、无障碍改造、康复知识普及为主要内容的“康复服务四进家庭”活动,实施免费肢体矫治手术20例,安装假肢和矫形器81个,发放轮椅1200辆,完成白内障复明手术1000例,向3075名贫困精神病人免费供药,完成400户家庭无障碍环境改造,842名6岁以下残疾儿童免费接受康复训练。“人人享有康复服务”工作通过省评审验收。 (陈 娟)

■**残疾人就业扶持** 全市新建市级残疾人创业基地10个、创业点50个,扶持405人自主创业;新建市级残疾人扶贫基地10个、县级残疾人扶贫基地50个,辐射带动1200多名残疾人就业脱贫。各地按照《扬州市残疾人就业管理办法》,开展残疾人就业服务系列活动。全市帮助1608名残疾人就业,提供政府公益性岗位100个。举办盲人按摩、社区物管、汽车维修、干洗设备操作等项目职业技能培训班,免费培训残疾人2068人。在由省人力资源和社会保障厅、省残疾人联合会主办的2012年全省残疾人职业技能大赛中,扬州市3名参赛选手分获中式面点项目第一名、第二名和数据处理项目第三名。 (陈 娟)

消费者权益保护

■**概述** 2012年,扬州市有各级消费者协会(简称消协)基层分会100个、消费者投诉站1277个、企业监督站250个,“一会两站”覆盖率100%、规范达标率68%,消费者有效申(投)诉处结率100%,消费者满意率94.9%;1053家企业建立消费维权快速通道。全市有消费维权志愿者1200多人,分别建立法律工作者志愿团、消费教育讲师团和调查员队伍、大学生志愿者分队,每年有3000多人次参与公益活动。举办“练内功强素质”消费维权岗位技能竞赛,评选“十佳维权监督站”“十佳消费维权志愿者”。全市消协系统完善消费纠纷调处新机制,建设消费纠纷调处中心,推广诉调对接,推动消费维权融入社会大调解。市消协与市中级法院联合印发《诉调对接工作流程规定》。仪征市消协通过消费维权巡回法庭参与案件庭审,通过公开支持诉讼的方式,帮助消费者起诉国内某知名品牌电脑经销商并获得赔偿。畅通投诉渠道。2—3月,市、县、乡三级消协和工商部门开展大接访活动。高邮、宝应等地消协在网站开设“高邮消费维权网上工作室”“消协公告”“我要投诉”等栏目,受理消费者咨询、投诉。加强消费维权教育,提升消费者认知能力。举办青少年消费文化考察活动;组建消费教育讲师团,建立125个消费教育基地,举办消费教育讲课活动200多场次;以“消费与安全——如何吃上放心食品”为主题,制作电视谈话节目《市民论谈》;举办“3·15”广场咨询服务活动。加强社会监督,开展公共服务行业政风行风民主评议、消费调查和比对试验活动,整治“霸王条款”。

全市消协系统办结消费者投诉3879件,为消费者挽回经济损失424.26万元;接待来电、来访咨询5037人次。全市各级消协运用人民调解程序调解消费纠纷45件,为消费者挽回经济损失38.21万元;运用诉调对接程序调解消费纠纷36件,为消费者挽回经济损失32.90万元。消协基层分会受理投诉1684件,为消费者挽回经济损失192.91万元。消费者投诉站受理投诉2740件,为消费者挽回经济损失35.94万元。企业内部监督站自行和解消费纠纷1.28万件,为消费者挽回经济损失185.74万元。市消协被中国消费者协会授予“全国消协组织消费维权先进集体”称号,被省工商局表彰为全省争创红盾消费维权示范岗先进集体。 (戴 蓉)

■**消费者投诉** 全市消协系统受理商品类投诉2938件,占投诉量的75.7%;受理服务类投诉941件,占投诉量的24.3%。从投诉性质看,质量问题类投诉1525件,占39.3%;营销合同类投诉1383件,占35.7%;计量类投诉295件,占7.6%;价格类投诉89件,占2.3%;虚假品质表示类投诉47件,占1.2%;广告类投诉36件,占0.9%;假冒类投诉19件,占0.5%;人格尊严类投诉17件,占0.4%;其他类投诉466件,占12.0%。商品类投诉量增幅列前五位的分别是:食品类投诉172件,增长55.8%;汽车类投诉98件,增长45.9%;五金交电及化工产品类投诉64件,增长43.8%;通信产品类投诉356件,增长39.6%;装修建材类投诉120件,增长29.2%。服务类投诉量增幅列前五位的分别是:咨询中介服务类投诉26件,增长73.1%;美容、美发、洗浴服务类投诉109件,增长41.3%;通信服务类投诉184件,增长26.6%;互联网服务类投诉94件,增长25.5%;食宿、文化娱乐、庆典服务类投诉106件,增长6.6%。 (戴 蓉)

■**消费纠纷调处中心成立** 市消协与市社会管理综合治理委员会(简称

2012年扬州市各级消协受理商品类投诉情况表

表33-9

类 别	投诉量(件)	比上年增长(%)	占投诉总量比例(%)
合 计	**2938**	**26.7**	**100**
百货类	809	26.0	27.5
家用电子电器类	767	31.6	26.1
家用机械类	204	38.8	6.9
房屋及建材类	151	-9.6	5.1
农用生产资料类	38	81.0	1.3
其他商品类	969	27.8	33.0

(戴 蓉)

综治委）、中级法院、司法局、工商局联合印发《关于建立消费纠纷调处工作机制的实施意见》，成立扬州市消费纠纷调处中心，整合消费维权力量和资源，为消费维权融入社会大调解搭建平台。该中心设在市消协，接受市综治委社会矛盾化解工作领导小组人民调解工作组领导。邗江区、仪征市等地相继成立消费纠纷调处中心，全市30%的乡镇和村依托工商、消协、司法部门基层站所建立消费纠纷调处工作站和调处点。（戴　蓉）

■推广消费争议和解机制　市消协结合“诚信经营放心消费承诺企业联盟”建设，在全市入盟企业中推行消费争议和解制度，引导企业加强自律，建立消费维权快速通道1053条。加强企业监督站建设。市消协开展争创“3·15”维权示范岗活动，鼓励商贸流通企业加强维权监督站建设，强化对商品和服务的监督管理，建立诚信保证制度，以先进典型带动全市监督站建设。邗江区消协向辖区内大润发、乐天玛特、沃尔玛等大型超市发出倡议，明示临近保质期食品并设立专柜，做好食品安全工作。7月起，市消协开展“客服接待日”活动，组织供电、移动通信等20多家公共服务企业客服代表走进调解室接受咨询和投诉，与消费者友好协商解决消费纠纷。联合相关行政部门、行业协会成立通信、汽车维修、保险、电动车和洗染等5个消费维权专家委员会。

（戴　蓉）

■“3·15”大型广场咨询服务活动　3月15日，市消协在力宝广场举办“声音的力量 共同的责任”大型广场咨询服务活动。市工商局、市政府纠正行业不正之风领导小组办公室、质量技术监督局、卫生局、住房保障和房产管理局等40多家消协理事单位和相关职能部门、公共事业单位参加活动，现场接待咨询502人次，受理投诉57件，当场处理投诉24件，发放各类宣传资料近1万份。活动现场，江苏省诚信经营放心消费承诺企业联盟代表宣读承诺书并签字承诺诚信经营。扬州人民广播电台对活动进行全程直播，现场采访消协负责人，接听消费者电话投诉。市消协在活动现场设立食品免费快速检测咨询台，检测食品11批次。“3·15”期间，城区和各县（市）消协分别举办咨询服务活动。（戴　蓉）

“3·15”大型广场咨询服务活动现场　庄文斌／摄

■消费调查活动　市消协组织对供电、供水、供气、通信、有线数字电视等5个行业服务热线电话、窗口业务办理、投诉处理以及上门维修等情况进行测评调查。结果表明，扬州市五大公共服务行业总体服务状况良好。开展中介、殡葬服务行业消费调查。通过对房屋、出国劳务、留学、二手车等中介机构的调查，梳理出准入门槛低、经营规模小、经营不规范等问题；通过对市区殡葬行业调查，形成调查报告，揭批殡葬行业黑幕，表明消协观点和整治建议。（戴　蓉）

■整治“霸王条款”　市消协在《消费周刊》刊登公告，向社会各界征集到近100条利用合同格式条款侵害消费者合法权益的线索。对“苹果”“三星”“索尼”“惠普”“戴尔”等七大品牌维修商维修服务条款进行集中检查，发现合同中普遍存在使用翻新配件等“霸王条款”，将检查中发现的两家“苹果”维修商涉嫌侵权行为移交工商部门立案调查。联合工商部门召开行政约谈会，对“苹果”等电子产品授权维修商维修服务格式条款进行法理点评，指出侵犯消费者合法权益的条款，要求商家迅速改正。市消协通过召开通报会、媒体曝光等途径，公布社会监督调查结果。对情节严重的侵害消费者权益行为，全市各级消协组织分别向工商、物价、卫生等部门发出行政处罚建议函20份，建议行政部门运用执法手段查处侵权行为。宝应县工商部门根据消协建议函，对某供热企业执行“霸王条款”行为作出罚款8.4万元的行政处罚。

（戴　蓉）

■举办青少年消费文化考察活动　7—11月，市消协与市教育局、市放心消费创建领导小组办公室联合举办江苏省青少年消费文化考察实践活动暨扬州市第一届青少年消费文化考察活动，将消费教育与学生社会实践活动相结合，帮助青少年树立科学、文明的消费理念，引导青少年成为懂得分析思考、评价取舍、包容且自省、负责任的社会公民。活动期间，主办方收到视频、电子演示文稿、漫画、作文等形式参赛作品90件，内容包括对消费行为、消费现象的调查分析以及对消费文化价值观的反思。经过评委会初评和复评，《关于学生选择校园周边摊点原因的调查报告》《让阅读成为一种习惯》等8件作品分获最佳作品奖、最佳创意奖、最佳制作奖、最佳公益奖等奖项。

（戴　蓉）

区县市

Qu Xian Shi

本栏责任编辑　陈永华

广陵区

■概述　广陵区辖7个乡镇、4个街道，有83个行政村、54个社区，面积335平方千米，年末户籍总人口49.79万。

全年实现地区生产总值454.7亿元，增长12.2%。财政总收入56.0亿元，增长0.4%。其中，公共财政预算收入30.15亿元，增长4.8%。全社会固定资产投资224.18亿元，增长19.1%。城镇居民人均可支配收入28001元，农民人均纯收入17248元，分别增长13.0%和13.1%。

（李跃中）

■农业　广陵区新增高效农业面积0.16万公顷、农业适度规模经营面积0.13万公顷、“菜篮子”基地166.67公顷。建成农产品质量联网检测监控点32个。全年获批农业项目73个，争取省级以上资金3000多万元。创成国家农业综合开发县、全省村级“四有一责”（有持续稳定的集体收入、有功能齐全的活动阵地、有先进适用的信息网络、有群众拥护的“三强”带头人，强化村党组织领导责任）建设示范区，邱卜村被列为全省“四有一责”推进会观摩点。

（李跃中）

■工业和建筑业　全区规模以上工业完成产值1100.84亿元、利税107.88亿元，分别增长14.7%、15.7%。新增产值10亿元以上企业5家、1亿元以上企业185家。全年实施10亿元以上工业重大项目19个，太极新材料、一川镍业、五丰冷食、奔多新材料等项目相继试产和投产，达丽生物等6个项目开工建设。龙头企业加快转型，大洋造船有限公司拓展海工平台、环保节能船舶领域，扬州市环洲船用材料有限公司启动特钢项目建设。建筑业实现增加值19.40亿元，增长16.4%。（李跃中）

■商贸服务业　2012年，全区实现社会消费品零售总额188.37亿元，增长12.5%。新发展限额以上企业139家、重点服务业企业59家。金鹰国际实业有限公司成为文昌商圈龙头企业，万家福商城完成资产重组，时代广场提升经营业态，曲江商品城开工建设物流配套项目，明发商业广场建成招租。新建（整合）楼宇面积260万平方米、会馆58个，培育“月光经济”集聚区2个，发展“月光经济”旗舰店10家、放心消费示范店12家。曲江商圈获评省级示范商贸功能区，东关街创成省级示范特色商业街。新增省级价格诚信单位9家。东方国际食品城创成“全国诚信市场”，文昌商圈价格诚信“111”工程入选全省“百姓最关注和满意的30件

2012年广陵区经济社会发展主要指标一览表

表34-1

项　目	单 位	数 量	比上年增长(%)
地区生产总值	亿元	454.7	12.2
第一产业增加值	亿元	8.23	4.5
第二产业增加值	亿元	241.40	12.3
第三产业增加值	亿元	205.07	12.3
规模以上工业产值	亿元	1100.84	14.7
全社会固定资产投资总额	亿元	224.18	19.1
外贸自营出口总额	亿美元	15.39	1.8
协议利用外资及港澳台资	亿美元	11.27	11.5
实际利用外资及港澳台资	亿美元	3.76	15.6
社会消费品零售总额	亿元	188.37	14.0
财政总收入	亿元	55.99	0.4
#公共财政预算收入	亿元	30.15	4.8
城镇居民人均可支配收入	元	28001	13.0
农民人均纯收入	元	17248	13.1

（李跃中）

实事”。商贸物流园、三笑物流园等5家单位获评市级服务业集聚区，湾头玉器城集聚商户700多家。凤凰岛生态旅游区获评长三角十佳乡村旅游景区，泰安镇创成省特色景观旅游名镇。（李跃中）

■引资引智 2012年，广陵区组织第四届“春晖杯”中国留学人员创新创业项目（扬州）视频对接洽谈会暨“Made For China”创业大赛全球总决赛、软件和信息服务外包大会、国家“千人计划”论坛、广陵商机说明会等系列活动，开展香港、上海、欧洲现代服务业招商和重庆“科技创新·产业合作”等主题招商活动50多次，举办旅游业暨楼宇经济商机说明会、杭集电子商务产业发展论坛、头桥医疗器械产业发展论坛等活动。全年协议利用外资及港澳台资11.27亿美元、实际利用外资及港澳台资3.76亿美元，新增民资注册资本金195亿元。引进高层次创新创业领军人才20人，其中国家“千人计划”（海外高层次人才引进计划）人才6人、省“双创计划”（高层次创新创业人才计划）人才5人。唐粮团队无人直升机项目、欧阳洵团队甲醇燃料电池项目进入应用阶段。（李跃中）

■科技创新 全年建成省级以上研发机构8家、市级工程技术研究中心和企业院士工作站29家，江苏智慧城市研究院、扬州七二三文化科技园、设计瑰谷（扬州）创智园、东关高新技术孵化中心等创新孵化载体投入运营。新认定高新技术企业15家、省高新技术产品104个，实施省级以上科技计划项目28个，签约产学研合作项目85个。扬州华铁铁路配件有限公司获国家重大科技成果转化奖励资金1000万元。“华南”“亲亲”被认定为中国驰名商标。广陵区获批省知识产权战略区域示范区。（李跃中）

■城乡建设与管理 编制完成“万顷良田”规划方案，实施城乡建设用地增减挂钩项目15个、耕地占补平衡项目6个，新增耕地66.67公顷，争取农用地转征指标49.73公顷；完成土地复垦整理项目346.67公顷，盘活闲置土地43.47公顷，上市商住地块93.33公顷；获批土地“点供”项目3个，争取农用地转征指标32公顷，创成省高标准厂房建设与使用先进地区。加速新城建设，五星级皇冠假日酒店基本建成，京杭水镇一期工程封顶，2500年城庆广场、交通银行金融服务中心等项目进度加快，环球金融城、信息服务产业基地三期等项目启动，李宁体育园等项目签约。加强古城保护，完成大草巷、安家巷搬迁改造，实施广陵路、甘泉路综合整治；提升“双东”（东关街、东圈门）历史街区，东关美食文化广场、街南书屋投入运营。加快旧城改造，实施8个城中村地块改造，总面积93.73公顷，搬迁面积45万平方米；整治老小区23个，翻建街巷40条，建成社区邻里中心14个。强化市容管理，开展“双百整治”“百日拆违”等系列行动，取缔流动摊点1000多个，查处违法建设案件1500多件，拆除各类违章建筑9.8万平方米；设立流动摊贩临时疏导点9个，建成毓贤街小贩中心，新（改）建公厕12座。完善基础设施。实施文昌东路东延、新328国道、江六高速、泰李路拓宽、沙湾路南延等重点道路工程，开工建设鼎兴路、明发路、西贝大道、曙光北路等区间道路，新（改）建农村公路20千米。新建连运公交首末站，实现镇村公交全覆盖。推进太平洋大道污水管网延伸，建成健民路、董庄路等污水泵站，实施沙湾路、万福路等积水点改造。更新改造各类泵站41座，疏浚、整治村镇级河道32条、村庄河塘336口，实施淮河入江水道整治、南水北调高水河整治等重点工程。推进生态建设。实施美好城乡建设行动，投入7000多万元，综合整治村庄723个，创成省三星级“康居乡村”10个。李典镇田桥村入选首届“江苏最美乡村”。实施高家河、横沟河等河道综合整治，提升改造廖家沟、大运河沿线等重点区域绿化景观，完成植树造林440公顷，其中成片林260公顷。推进节能减排，实施节能改造、循环经济项目33个，淘汰落后用能设备405台（套），关闭“五小”（小电镀、小化工、小水泥、小冶炼、小砖瓦）企业25家，化学需氧量、二氧化硫排放量分别削减2.44%、1%，万元地区生产总值能耗下降4%。（李跃中）

8月18日，广陵区在江苏信息服务产业基地（扬州）举行项目集中开工仪式　　晚报／供稿

■劳动和社会保障 全年采集就业岗位1.05万个，推荐就业6250人，城镇失业人员再就业5681人，新星社区创成省级“充分就业示范社区”。2012年，全区城镇职工社会保险扩面3500多人，城镇居民养老保险金发放率100%，被征地农民实现“即征即保”，新型农村合作医疗（简称新农合）参合率98%。提升救助水平，城乡低保标准提高至每月400元，建成社区“幸福港湾”6家。启动建设广福花园、汤汪花园等安置小区9个；新建公租房1242套，竣工400套。（李跃中）

■社会事业 优质教育均衡发展。育才小学东区校、天顺花园和杉湾花园公办幼儿园建成招生。实施校安工程。正谊书院形成国学教育特色品牌。广陵区获全国社教特色课程优秀组织奖、江苏省未成年人思想道德建设工作先进区等国家和省级表彰7

项。启动社区卫生服务机构标准化建设,改造、提升广陵区中医院、汶河街道社区卫生服务中心,建成翠月嘉苑、天顺花园社区卫生服务站。杭集社区卫生服务中心创成省示范中心,广陵区获评全国社区中医药工作先进单位。实现公共计生服务中心(室)全覆盖,头桥镇获评江苏省人口文化示范基地。汶河街道获评省首批公共文化服务体系示范街道,广陵区获评省文化工作先进区。杭集镇获“全国乡镇体育健身示范工程”称号。

（李跃中）

邗江区

■概述 邗江区辖7个街道、10个乡镇,有100个行政村、60个社区,总面积553平方千米,年末户籍总人口56.17万。

2012年,全区实现地区生产总值470.4亿元,增长12.1%。完成财政总收入92.56亿元,其中公共财政预算收入44.46亿元,分别增长12.8%、2.4%。全区完成固定资产投资303.59亿元,增长24.0%。实现社会消费品零售总额187.15亿元,增长15.5%。城镇居民人均可支配收入29157元,农民人均纯收入14180元,分别增长12.4%、12.9%。邗江经济开发区获批更名为江苏省扬州高新技术产业开发区。（施旭东）

■农业 全区粮食总产量17.87万吨;实现农业总产值28.76亿元,增长9.3%。提升农业效益,新增高效农业面积1506.7公顷、设施农业面积733.3公顷。落实惠农政策,发放各项补贴资金2451万元。新建农村“三大合作”组织(农民专业合作社、土地股份合作社、社区股份合作社)22家,新认定“三品”(无公害农产品、绿色食品、有机食品)品牌18个,其中有机食品品牌8个。邗江渔业产业园区创成省级现代渔业产业园区。

（施旭东）

2012年邗江区经济社会发展主要指标一览表

表34-2

项　目	单位	数量	比上年增长(%)
地区生产总值	亿元	470.4	12.1
第一产业增加值	亿元	16.77	4.5
第二产业增加值	亿元	214.12	12.6
#工业增加值	亿元	171.54	11.4
第三产业增加值	亿元	239.51	12.2
人均地区生产总值(常住人口)	元	68502	10.9
规模以上工业产值	亿元	977.3	19.5
农业总产值	亿元	28.76	9.3
粮食总产量	万吨	17.87	-2.1
全社会固定资产投资总额	亿元	303.59	23.6
外贸自营出口总额	亿美元	14.23	18.8
实际利用外资及港澳台资	亿美元	3.48	7.7
社会消费品零售总额	亿元	187.15	15.5
财政总收入	亿元	92.56	12.8
#公共财政预算收入	亿元	44.46	2.4
城镇居民人均可支配收入	元	29157	12.4
农民人均纯收入	元	14180	12.9

（施旭东）

■工业和建筑业 2012年,全区实现规模以上工业产值977.3亿元、入库税收22亿元,分别增长19.5%、15%。新增销售超50亿元企业和入库税收超2亿元企业各1家。装备制造、汽车及零部件两大主导产业产值总规模430亿元,占规模以上工业产值的44%。开展“重大项目建设突破年”活动,完成工业投入290亿元,增长20%。潍柴亚星、中集泰利、海普瑞斯、李尔汽车、江扬电缆、日精电机等6个总投资10亿元或1亿美元以上新开工项目被认定为市级新开工重大工业项目。建筑业实现增加值42.58亿元,增长18.1%,创国家优质工程4个。（施旭东）

■服务业 全区实现服务业增加值239.51亿元,占地区生产总值的50.9%。国际汽车城、绿地文化创意产业园等6个市级以上服务业集聚区实现营业收入105亿元。全区完成服务业投入200亿元,增长25%。税友软件、三盛国际、高扬国际、首开亲水街等4个总投资10亿元以上项目被认定为市级新开工重大服务业项目。新增兴业银行、南京银行邗江支行、光大证券、国鑫农村小额贷款公司等金融机构12家。（施旭东）

■对外国及港澳台地区经贸 全年完成协议利用外资及港澳台资6.4亿美元,实际利用外资及港澳台资3.48亿美元,增长7.7%。完成自营出口14.23亿美元,增长18.8%。

（施旭东）

■科技创新 全区实现高新技术产业产值415亿元,占规模以上工业产值的42.5%。新能源、新光源、新材料及生物医药等新兴产业产值总规模超100亿元,增长25%。软件信息服务业实现营业收入35.5亿元,增长57%。新增国家高新技术企业17家、省科技创业优秀民营企业1家、省科技型中小企业18家、标准化技术委员会机构2家,获批省级以上科技项目60个。新增省级以上品牌18个(件),创成国家火炬计划硫资源利用装备特色产业基地和省知识产权战

4月18日，邗江区举行项目集中开工投产暨宝能软件园奠基仪式

日报/供稿

略示范区。建设创新平台，新建省级以上"三站三中心"(博士后科研工作站、企业院士工作站、研究生工作站，工程技术研究中心、企业技术中心、工程研究中心)27家。加大招才引智力度，签约产学研合作项目65个，引进省高层次创新团队1个、省"双创计划"人才7人、国家"千人计划"人才6人，组建国家"千人计划"(扬州)创新药物与食品安全研究院。邗江区创成省创新型试点区。（施旭东）

■城乡建设和管理 健全城乡规划体系，修编土地利用总体规划，编制各类专项规划12个，完善蒋王片区、蜀冈生态新区等8个片区控制性详规。推进重大城建项目，文昌乐都汇开工，中集·紫金广场、天润国际、建松大厦建成，星座国际交付使用。实施征收(拆迁)项目26个101.4万平方米。新开工建设商品房155万平方米。改造"城中村"5个，整治老小区11个，翻建老街巷20条。新建拆迁安置房138.8万平方米、公租房1113套，新增老旧小区基本物业服务面积80万平方米。新开工建设乡镇集中居住区10个45.6万平方米。加强城镇精细管理，开展"百日拆违"等专项行动。优化城乡路网，建成新328国道连接线、扬菱路拓宽改造、吉安大桥等重点工程，新(改)建望月路东段、建设大街、润扬路西延、曹扬线等城乡主次干道16条，开工建设新甘泉路东延工程、长塘路，建成农村公路30千米，改造农村危桥8座。佳家花园公交首末站、槐泗公交停车场投入使用，开通杨寿镇、瓜洲镇、方巷镇、公道镇镇村公交，全区镇村公交通达率87.5%。邗江区创成省级土地执法先进区。改造中低产田1066.7公顷，新增高标准农田1333.3公顷。完成仪扬河综合整治、润扬河建设工程。开展美好城乡建设行动，通过国家生态区创建考核验收，创成国家级生态乡镇1个。强化污染源监控，关闭"五小"企业19家。实施循环经济项目4个、节能改造项目20个，建成节能示范企业4家，完成节能减排任务。新增造林面积614.5公顷、城区绿化面积11.3万平方米，完成黄泥沟风光带、创智湖、文汇西路等绿化景观提升工程。实施村庄环境整治，60%村庄达到省"环境整洁村庄"标准，创成省级村庄绿化示范村20个。疏浚河道27条，整治村庄河塘774口，新建农村户用沼气池300座，实施农村改厕3430座。秸秆机械化还田率76%。（施旭东）

■社会事业 启动新一轮教育布局调整，修订《邗江区"十二五"教育发展规划》。改善硬件条件，新(重)建校舍7.53万平方米、加固校舍3.74万平方米，新建塑胶运动场8片，定点学校运动场塑胶化率超85%。提升教师素质，实施师能建设"百千万工程"(百名校长科研引领下"我的教学主张"实践展示活动、千名骨干教师科研引领下"我的教学研究"进程展示活动、万名青年教师科研引领下"我的教学改进"成效展示活动)，发放名师津贴100万元。建设"幸福幼教"，实施《学前教育五年行动计划》，设立800万元学前教育专项经费，回购酒甸、杨寿等乡镇幼儿园，新建平山江阳佳园公办幼儿园，新创省优质园、市示范园各2所，累计创成省优质园31所。创建江苏省义务教育优质均衡发展区。高考本科上线1608人(不含本三)，达线率44.2%。邗江中学创成省级英语学科课程基地。邗江中专建成国家级实训基地和省级品牌专业各1个。推进医药卫生体制改革，17个基层医疗卫生机构、107个社区卫生服务站实施国家基本药物制度，588种基本药物实现零差率销售。新型农村合作医疗人均筹资标准由250元提高到300元，新增终末期肾病、乳腺癌、宫颈癌等8种重大疾病救助项目，推行二代身份证替代保险证读卡结算报销，启动实施按床日付费试点。加强医疗卫生服务体系建设，新增示范社区卫生服务站24个，迁建乡镇卫生院1所。新增国家卫生镇1个、省级卫生村10个，实现市级以上卫生镇全覆盖。邗江区获省慢性非传染性疾病防控示范区、全国阳光计生行动示范单位称号。（施旭东）

■劳动和社会保障 全年采集就业岗位1.46万个，新增就业再就业9100人，完成创业培训850人。建设覆盖城乡的社会保障体系，"五大保险"(基本养老保险、基本医疗保险、失业保险、工伤保险和生育保险)扩面征缴1.5万人次，城乡居民养老保险参保率99%，2.3万名被征地农民续转参加企业职工养老保险。加大社会救助力度。城乡低保提高到每人每月400元，农村"五保"(保吃、保穿、保医、保住、保葬(孤儿保教))标准提高到每人每年5652元。对328人实施医疗救助。完成450户残疾人家庭无障碍改造，新建镇级残疾人托养中

心4家。发展养老服务事业，为1.3万名老人发放尊老金，新(改)建村(社区)居家养老服务站59家，建成区社会福利中心。住房公积金缴存扩面1.15万人，全年发放住房公积金贷款2亿多元。 (施旭东)

■**"新邗江、新产业"投资环境推介会暨项目签约仪式** 4月17日，邗江区在西园饭店举行"新邗江、新产业"投资环境推介会暨项目签约仪式。推介会上，签约项目36个，涵盖航天3D产业、数控板材、汽车配件、新能源、新材料等领域。同时举行邗江区与韩国釜山广域市海云台区缔结友好交往城区关系签约仪式。

(施旭东)

■**第二届中国扬州文化创意节** 5月18日，邗江区在甘泉街道长塘村举行第二届中国扬州文化创意节、第七届中国扬州毛绒玩具礼品节开幕式暨江苏甘泉影视服务外包基地摄影棚落成仪式。开幕式上，邗江区作文化创意产业主题推介，扬州市文化创意产业园揭牌，张黎工作室入驻，《大清盐商》《婚姻保卫战》《与狼共舞》《神秘人质》剧组开镜，中国室内剧制作中心、鼎业动漫设计等18个项目签约。 (施旭东)

■**江苏省邗江现代渔业产业园区揭牌** 12月16日，邗江区举办江苏省邗江现代渔业产业园暨中科院水生生物研究所扬州水环境与渔业研究分中心揭牌仪式。江苏省邗江现代渔业产业园区位于公道镇，有养殖面积1333公顷，为扬州市农业亮点示范工程。中科院水生生物研究所在园区设立分中心，旨在借助邗江现代渔业产业园区和邵伯湖水面资源优势，开展良种繁育、质量控制、水体保护、渔业和水环境保护合作，提升水产品质量和综合效益。 (陈　寒)

江都区

■**概述** 江都区辖13个镇，有263个行政村、65个社区，面积1330平方千米，年末户籍总人口106.88万。

2012年江都区经济社会发展主要指标一览表

表34-3

项　　目	单 位	数 量	比上年增长(%)
地区生产总值	亿元	639.06	11.9
第一产业增加值	亿元	46.25	4.6
第二产业增加值	亿元	341.35	12.4
#工业增加值	亿元	288.00	12.1
第三产业增加值	亿元	251.46	12.5
人均地区生产总值(常住人口)	元	63499	11.9
农业总产值	亿元	81.42	9.8
粮食总产量	万吨	65.16	2.1
全社会固定资产投资总额	亿元	403.64	20.5
外贸自营出口总额	亿美元	10.63	11.4
实际利用外资及港澳台资	亿美元	2.29	34.3
社会消费品零售总额	亿元	196.29	15.0
财政总收入	亿元	92.34	15.3
城镇居民人均可支配收入	元	26277	12.6
农民人均纯收入	元	13570	13.2
年末存款余额	亿元	640.93	14.8
年末贷款余额	亿元	341.21	21.6

(张　晋　李　剑)

2012年，全区实现地区生产总值639.06亿元，比上年增长11.9%；财政总收入92.34亿元，其中公共财政预算收入34.54亿元，分别增长15.3%、0.5%；完成全社会固定资产投资403.64亿元，增长20.5%；城镇居民人均可支配收入26277元，农民人均纯收入13570元，分别增长12.6%、13.2%。列"2012年度中国市辖区综合实力百强"第48位。被省委、省政府命名为江苏省法治建设示范县(市、区)。获评全国、省村民自治模范县(市、区)。

(张　晋　李　剑)

■**农业** 全年粮食总产量65.16万吨。加快年产值50亿元连片设施园艺产业基地建设。产业基地实现产值47.9亿元。新增高效设施农(渔)业面积0.23万公顷，新引进各类农业项目122个，协议投资20.8亿元，新发展重大项目15个。推进农村改革试验区建设，70%的村完成土地承包经营权确权登记；农村"三大合作"组织突破900个，工商登记率100%，入社农户占86%，创成省、市"五好"(服务成员好、经营效益好、利益分配好、民主管理好、示范带动好)示范社53个；适度规模经营面积5.36万公顷，占耕地面积的77.9%，有115个村基本实现整村规模经营；在苏中地区率先开展土地承包经营权质押贷款，实现质押贷款2218万元。推进村级"四有一责"建设，扶持薄弱村建成标准化厂房13.95万平方米，建成高效农业扶持项目93.33公顷，所有村全部实现集体经营性收入20万元以上；投入帮扶资金810万元，帮助7150户低收入农户发展致富项目300个；所有村综合服务中心均达配置要求；60个村建成村级便民综合服务大厅(室)；村党组织"三强"(经济发展能力强、民主法治素质强、促进和谐本领强)带头人比例达95%。加大农业综合开发力度，实现财政投入4800万元，新建高标准农田3333.33公顷。水稻机械化种植水平87.2%，秸秆禁烧率100%、综合利用率95%、机械化还田率86%,实现农机跨区作业收入2.32亿元。加强农村基础设施建设,完成90%的镇村河道、村庄河塘疏浚整治任务,34条区级河道完成60%的整治任务;"一事一议"财政奖补项目实现投入4443万元,建设村级公益设施项目122个;实施小型农田水利重点县、沿运灌区一支渠改造等民生工程,改造骨干河道危桥13座、农村危桥88座。

(张　晋　嵇学锋)

■工业　2012年,全区规模以上工业实现产值1781.6亿元、利税230.48亿元,分别增长14.8%、17.8%;完成工业开票销售600.7亿元、入库税收28.7亿元;设备抵扣税2.96亿元,增长6.6%。全年有开票销售1亿元以上企业65家(其中10亿元以上企业8家),有纳税1000万元以上工业企业30家。特钢生产加工、车船制造及配套件、机械电子、石化医药四大主导产业产值占全部工业产值的72%,新能源、智能电网、高端装备制造、节能环保等新兴产业产值占规模以上工业产值的29%。

(张　晋　王　立)

■建筑业　2012年,全区完成建筑业总产值677.89亿元。建筑业实现增加值53.35亿元,上缴地方税收4.6亿元。江苏江都建设集团有限公司、江苏省江建集团有限公司、江苏华江建设集团有限公司、江苏扬州建工建设集团有限公司、江苏江安集团有限公司、江苏龙坤建设工程有限公司等6家龙头企业组建省级集团,江苏江都建设集团有限公司位列全国建筑业百强企业第27位、全国民营企业500强第99位,江苏省江建集团有限公司、江苏扬州建工建设集团有限公司被评为全国最具成长性百强企业。以西安为中心的西北市场产值超过100亿元,北京、天津、上海等市场产值超过50亿元,南京、广东、湖北等市场产值超过30亿元。全区获中国建设工程鲁班奖和全国建筑工程装饰奖各1个。江都区获"全国建筑之乡"称号。全年新增一级注册建造师67人、二级注册建造师218人。

(张　晋　闵家新)

■服务业　2012年,全区实现服务业增加值251.46亿元,增长12.5%,占地区生产总值的39.3%;实现服务业税收15.12亿元,占全区税收总量的39.8%,比上年提高1.8个百分点。全年实现社会消费品零售总额196.29亿元,增长15.0%。其中,中西药品类、汽车类商品零售额分别增长63.9%和14.7%;食品、饮料、烟酒类零售额5.42亿元,增长11.7%;服装类零售额1.01亿元,与上年持平;家用电器和音像器材类零售额下降16.7%。国际汽车城引进4S店15家,其中5家正式营业。衡山明珠大酒店建成营业。江苏长青农化股份有限公司、江苏天雨环保集团有限公司等4家企业总部启动建设。全年接待游客302万人,旅游总收入37亿元,分别增长7.6%、38.3%。3家景点被列入扬州廉政文化旅游专线,4家乡村旅游企业获省旅游发展专项引导资金150万元。物流业发展加快,沿江建成万吨级码头10座。阿波罗花木市场入驻企业超过100家,市场成交额突破10亿元。新增扬州福盛废钢铁收购有限公司、江都永茂实业有限公司等纳税超1000万元服务业企业2家,限额以上企业总数达58家。

(张　晋　李　剑　谢　东)

4月18日,总投资20亿元的江淮汽车年产10万辆皮卡及多功能越野车项目在仙城工业园奠基　　江志办/供稿

■对外国及港澳台地区经贸　全年实际利用外资及港澳台资2.29亿美元,实现外贸自营出口10.63亿美元、外经营业额2亿美元,分别增长11.4%、19.8%。举办中国江都第10届花卉节。

(张　晋　王　立)

■交通和供电　实施4个重大交通项目和一批政府实事项目,完成总投资6.56亿元。扬州泰州机场建成通航,江六高速建成通车,宁启铁路复线电气化改造工程完成投资8000万元;新淮江公路建成5.6千米,盐邵河大桥主桥合龙;新(改)建农村公路33.13千米、公路桥梁18座,新开通镇村公交线路14条,开通率54%;新增城市公交线1条;农村公路管养投入1654.4万元。投运22万伏、11万伏变电所各1座。全社会用电量21.32亿千瓦时,增长10.33%。

(张　晋　王　立　嵇学锋)

■财税、金融和保险　全年实现财政总收入92.34亿元,增长15.3%,其中税收收入增长9.3%;公共财政预算收入34.5亿元。全年争取上级各类资金9亿元。以鑫源产业投资公司为主体发行企业债券8亿元。新增农村小额贷款公司1家,累计8家。金融机构年末存款余额640.93亿元,增长14.8%;年末贷款余额341.21亿元,当年新增贷款66.67亿元,存贷比和新增存贷比分别为54%、78%。

(张　晋　谢　东)

■**经济管理** 新增省级以上品牌16个,其中"英泰""仙娥""天雨""万金"被认定为中国驰名商标。江苏金陵特种涂料有限公司、江都区新真威机械有限公司设立国家标准化工作组,江苏亚威机床股份有限公司、江苏江扬建材机械有限公司、江苏方正钢铁物流有限公司分别被确定为省自主创新、高新技术、服务业标准化试点单位。落实安全生产责任制,加强生猪屠宰、食品药品等专项整治。国家药品安全示范区创建工作通过省级验收。（张 晋 王 立）

■**城乡建设和环境保护** 全年新建、改造华山路、浦江路东延等城市道路5条10千米,建成仙女庙大桥东接线工程,实现舜天路与文昌路贯通。全年完成房地产开发投资43亿元,房地产新开工面积106万平方米、竣工面积80.5万平方米、销售面积52万平方米;开工建设扬州东方国际大酒店、双汇国际大酒店等6家高端酒店。推进区域供水支管网改造,回购小水厂76家。开工建设高水河砂石码头工程、污水处理厂二期工程。开工建设各类保障性住房2188套,建成安置房15万平方米,完成37.7万平方米老小区综合整治和城区11条背街小巷升级改造。新增绿化面积11.5万平方米。推进美好城乡建设行动,全区3380个自然村村庄环境整治基本结束。开展城区各类车辆、经营场所、农贸市场、重要路段、老旧小区等专项整治行动。开展突出环境问题专项整治,重点实施节能减排项目31个,万元地区生产总值能耗下降4.2%;推进淮河流域水污染防治,实施治污项目26个,保障南水北调东线工程水质安全。推进农村环境连片整治,建设垃圾中转站和污水处理设施16座,完成90%的镇村河道、村庄河塘疏浚整治,完成34条区级河道整治工程量的50%;新增绿化造林面积0.11万公顷,秸秆禁烧率100%、机械化还田率85%以上。（张 晋 王 立 闵家新）

■**科技创新** 全年获批市级以上科技项目75个,争取项目资金4201万元;10个项目获扬州市科学技术奖。新增国家高新技术企业16家、省民营科技企业280家、省以上高新技术产品162个。全区高新技术产业产值826.9亿元,占规模以上工业产值的46%。全区新建省工程技术研究中心9个、省研究生工作站16个、扬州市工程技术研究中心33个,签约产学研合作项目108个。组建江苏省建材机械装备技术创新战略联盟。丁伙镇工业园获批江苏省建材机械装备科技产业园,丁伙镇被命名为省创新型乡镇。全年申请专利3388件,其中发明专利885件;获专利授权1792件,其中发明专利授权43件。江都区科技局被授予省知识产权试点示范优秀单位称号。（张 晋 吴争春）

■**社会事业** 开展扬剧振兴、诗教普及和运河申遗、文化遗产保护等活动。舞蹈《运河长》获省"五星工程奖"金奖,广播剧《竞选十日》获省"五个一工程奖",电影《血源》在中央电视台和全国院线影院播出。江都区创成"中华诗词之乡"。推进"欢乐龙川"巡演、"广场彩虹"展演、"我们的节日"表演等大众文化活动。全年放映广场电影1300多场次,送戏下乡180场次。新建农村文化广场40个,覆盖率80%以上。完善文化市场管理体系,网吧行业系统软件正版率95%以上。举办"校长读书班"和"龙川之秋"大型教学观摩活动。江都区实验小学新校区和郭村第一中学落成启用,邵伯高级中学新校区建设快速推进。推进计生妇幼保健大楼、滨江人民医院工程建设。实现基层公立医疗机构基本药物制度全覆盖,基本完成改制医院回收工作。新型农村合作医疗人均筹资标准提高到300元,参合率100%。新增无害化卫生户厕2.85万座。启动主城区"十分钟健身圈"建设,开展全民健身活动。（张 晋 吴争春）

■**劳动和社会保障** 全年提供就业岗位2980个,新增农村劳动力转移8400人,城镇登记失业率2.51%。完善工资正常增长机制和工资集体协商制度,实施事业单位绩效工资改革。调整社会保险缴费基数和企业最低工资标准,将2万名未参保城镇集体企业人员纳入养老保障范畴;企业养老保险基金积存26.8亿元,备付能力达38个月;基本医疗、失业、工伤、生育保险扩面3.1万人;新型农村社会养老保险参保27万人,发放养老金1029万元。（张 晋 谢 东）

■**民营经济** 全年新发展个体工商户4450户,新增私营企业2910户,有限公司注册资本金实际到账75.5亿元;新注册1亿元以上企业41户。新开工1亿元以上(注册资金到账2000万元以上)招商项目46个、10亿元以上招商项目12个。（张 晋 王 立）

■**中国江都第10届花卉节** 4月17日至5月18日,举办以"加快融入扬州、推动产业升级"为主题的中国江都第10届花卉节。花卉节期间,签约重大项目60个。其中,外资及港澳台资项目10个,计划总投资1.54亿美元,协议利用外资及港澳台资1.29亿美元;民资项目50个,计划总投资118.1亿元,协议注册资金33.7亿元。（陈 江）

宝应县

■**概述** 宝应县辖14个镇,有225个行政村、58个社区,面积1462平方千米,年末户籍总人口90.31万。

2012年,实现地区生产总值323.03亿元,增长10.5%。其中,第一产业增加值55.43亿元,增长4.6%;第二产业增加值151.85亿元,增长11.9%;第三产业增加值115.75亿元,增长11.4%。三次产业比例17∶47∶36。人均地区生产总值42982元,增长10.6%。全年完成固定资产投资197.69亿元,比上年增长23.4%。全县完成财政总收入42.36亿元,其中公共财政预算收入20.71亿元,分别比上年增长5.3%、0.6%。城镇居民人均可支配收入18988元,农村居民人均纯收入

2012年宝应县经济社会发展主要指标一览表

表 34-4

项　目	单 位	数 量	比上年增长(%)
地区生产总值	亿元	323.03	10.5
第一产业增加值	亿元	55.43	4.6
第二产业增加值	亿元	151.85	11.9
#工业增加值	亿元	121.50	11.4
第三产业增加值	亿元	115.75	11.4
人均地区生产总值(常住人口)	元	42982	10.6
规模以上工业产值	亿元	610.29	10.6
农业总产值	亿元	99.33	11.1
粮食总产量	万吨	91.13	0.1
全社会固定资产投资总额	亿元	197.69	23.4
外贸自营出口总额	亿美元	4.72	15.6
实际利用外资及港澳台资	亿美元	1.00	-41.8
社会消费品零售总额	亿元	105.35	13.7
财政总收入	亿元	42.36	5.3
#公共财政预算收入	亿元	20.71	0.6
城镇居民人均可支配收入	元	18988	12.7
农民人均纯收入	元	11670	13.0
年末存款余额	亿元	333.11	18.4
年末贷款余额	亿元	183.58	33.5

（昌　松）

11670元，分别增长12.7%、13.0%。宝应县获全国绿色食品原料标准化生产基地称号。宝应核桃乌青菜获批国家地理标志产品。江苏华轩建设工程有限公司获国家房屋建筑施工总承包一级资质。城乡居民养老保险工作获国务院表彰。国家生态县创建工作通过环保部考核。（朱寿勤）

■**农业和农村工作**　推进高产增效创建，粮油生产连续第九年实现丰产丰收。全年新增高效农(渔)业面积3333.33公顷、有机农业面积666.67公顷、农业适度规模经营面积3666.67公顷，畜禽规模养殖比例81%。新增省、市级农业龙头企业10家(其中省级3家)，农业产业化龙头企业产销增长21%。发展连锁直销、农超对接等农产品现代流通业态。健全农产品质量安全监管体系，防控重大动植物疫病。新创农业“三品”品牌81个。加强基层农技推广体系建设。加强农民专业合作社建设，新创市级以上“五好”示范社48家，新增国家级示范社1家。农业综合机械化水平76%。（朱寿勤）

■**工业**　全年规模以上工业总产值610.29亿元，比上年增长10.6%；实现开票销售410.5亿元，增长3.8%。工业用电量9亿千瓦时，增长7.5%。宝胜集团开票销售135.6亿元，增长23%。森萨塔科技(宝应)有限公司入库税收超1亿元。新增产值超1亿元企业9家、规模企业35家。推进重大项目，宝胜特种电缆、兴发新能源材料等5个10亿元以上项目开工建设，森萨塔汽车传感器、宝生聚酯等项目进展顺利，康源纺织、昌辰实业等项目一期工程建成投产。全县设备抵扣税1.15亿元。争取上级无偿资金8亿元。万元地区生产总值综合能耗下降3.6%。（周安平　朱　雨）

■**建筑业**　全年实现建筑业总产值306.29亿元、增加值30.35亿元，房屋施工面积3781万平方米。全年14家企业获资质，12家企业资质增项，14家企业资质升级，其中江苏华轩建设工程有限公司获房屋建筑施工总承包一级资质。全年获评省级工法15项、省级新技术应用示范工程10个，获省、市质量管理成果优秀奖10个。新创省优质工程5个、省文明工地15个、市优质工程23个、市文明工地26个。县科技创新服务中心大厦获评2012年度国家AAA级安全文明标准化诚信工地。全年新增注册一级建造师41人、二级建造师140人。（周安平　朱　雨）

■**国内贸易**　全年实现服务业增加值115.75亿元，增长11.4%。全社会消费品零售总额105.35亿元，增长13.7%。宝应文峰大世界运营良好，华美达大酒店试运行，五洲国际、时代国际、邻里中心等商业综合体加快建设。新创市级服务业集聚区3个。推进“万村千乡市场工程”，实施省集镇农贸市场改造项目3个。销售商品

新建成的扬州华美达大酒店　　宝档／供稿

房53万平方米，二手房交易量16.5万平方米。（周安平）

对外国及港澳台地区经贸 全年实现外贸进出口总额6.19亿美元，其中外贸自营出口总额4.72亿美元，分别比上年增长10.6%、15.6%；创成省级输变电产业出口基地，县政府与中国轻工工艺品进出口商会共建中国玻璃水晶出口基地。输变电产业出口3.2亿美元，增长12.3%；玻璃水晶产业实现出口6300万美元，增长10%；食品加工产业实现出口4200万美元，增长12%。12家出口企业获评海关A级信用等级。全县有出口1000万美元以上企业7家。其中，宝胜科技创新股份有限公司、森萨塔科技（宝应）有限公司、扬州骏升科技有限公司出口额均超8000万美元，扬州诚泰制衣有限公司出口额2000万美元，扬州华瑞金属制品有限公司、江苏菲达宝开电气有限公司、扬州美瑞华圣诞工艺礼品有限公司出口额均超1000万美元。（朱寿勤）

招商引资 全年完成协议利用外资及港澳台资1.63亿美元，实际利用外资及港澳台资1.00亿美元，比上年下降41.8%；完成对外经济合作营业额925万美元，增长19%。新开工1亿元（1000万美元）以上工业项目26个，其中10亿元（1亿美元）以上项目2个（宝胜输变电科技城项目、汉金富泰年产30万吨连铸连轧无氧铜杆项目）。至年底，全县有在建重大工业项目7个。（周安平）

交通、邮电和供电 237省道临城段工程建成，三期工程开工；氾水运河大桥建设、宝应船闸扩容改造工程进展顺利。新建、改造农村公路37千米，维修农村危桥46座。更新节能环保客车37辆，建成全县第一座LNG（液化天然气）加气站。新开辟城市公交线路1条、农村客运班线2条、镇村公交线路3条，完成公司化改造线路1条。北沙村、大李庄村开通客运班车，全县行政村客运班车通达率100%。新建航道护岸180米，完成干线扫床142千米、支线扫床503千米，完成盐宝线航道边坡绿化工程7.5千米。

全县完成邮政业务收入7266万元，“苏邮惠民”体系累计建成加盟店223家。至年底，全县有固定电话、移动电话、宽带等各类电信用户37.82万户，电信公司全年完成业务收入1.58亿元。

220千伏澄安线改造工程、220千伏黄塍变电站工程竣工投运，220千伏上安线改造等工程加快建设。全年完成供电量14.42亿千瓦时，增长10.88%；售电量13.29亿千瓦时，增长11.67%。（朱寿勤）

财政和金融 2012年，全县财政总收入42.36亿元，公共财政预算收入20.71亿元，其中税收收入16.6亿元，增长11%。全年设备抵扣税1.2亿元。争取上级无偿资金8亿元。金融机构年末人民币贷款余额183.58亿元。新建农村小额贷款公司2家、村镇银行1家。宝应县信用联社经改制组建宝应农村商业银行。宝胜科技创新股份有限公司获证监会核准发行债券。（邹　颖）

城乡建设和环境保护 完成生态新城概念性规划编制和先导区城市设计及城市交通、抗震减灾等专项规划。新城“一纵一横”中轴线主干道基本建成。二横河滨河风光带、宝射河驳岸工程启动实施。推进高品位住宅小区、农民集中安置区建设。改造老旧街巷3.5万平方米，新增绿化面积8万平方米。改造城区旱厕、破旧厕所36座。实施“一事一议”财政奖补项目99个。加强农田水利建设，实施国家级水利项目4个、农业综合开发项目2个。氾水万顷良田建设工程通过验收。推进土地整理开发，新增耕地666.7公顷，建设高标准农田1.11万公顷。国家生态县创建工作通过环保部考核。建成运东垃圾填埋场。仙荷污水处理厂二期工程投入运行，开发区污水处理厂规划建设。完成区域供水任务，累计关闭小水厂173座，铺设县、镇、村三级管网6300千米。开展美好城乡建设行动，推进村庄环境整治，整治自然村庄2343个，创成省三星级“康居乡村”10个、省二星级“康居乡村”43个。成片造林666.7公顷，林木覆盖率19.5%。新增农村无害化户厕2万座。新建户用沼气池1800座，秸秆综合利用率90%以上。完成化学需氧量、二氧化硫减排任务。（张新明）

科技创新 全年获批国家高新技术企业9家、省高新技术产品80个。实施产学研合作项目70个。新增省级院士工作站1家、企业技术中心4家、工程技术研究中心5家、博士后创新实践基地1家。引进高层次人才82人，其中10人入选省高层次创新创业人才引进计划、15人入选扬州市“绿扬金凤计划”。新增中国驰名商标1件、江苏省著名商标7件、江苏名牌产品5个。获专利授权690件，其中发明专利授权30件。宝胜集团获评省管理创新示范企业。新增国家级标准化委员会工作组2个，参与制订国家、行业标准11项。（王　刚）

社会事业 新建、改造校舍4.6万平方米。生态新城高级中学开工建设，未成年人社会实践基地二期工程启动建设。氾水高级中学创成省四星级高中，县实验小学实行集团办学。组建中等专业学校，新增省、市优质幼儿园6所。教育教学质量稳步提升，高考本二以上达线4000多人，职教对口高考本、专科上线率90.2%。成立宝应县教育发展促进会，推进扶贫助学。获评省教育现代化先进县。实施卫生基础设施建设项目6个，新（改）建规模1.46万平方米，初步形成城乡居民“15分钟健康服务圈”。组建82个健康管理团队，城乡医疗急救网络基本形成。新型农村合作医疗参合率99.5%以上；县、镇医疗机构住院政策补偿比、实际补偿比分别达75.2%、54.8%，儿童先天性心脏病、白血病等8种疾病被纳入重大疾病保障范围。城乡居民电子健康档案建档率90.5%。基层医疗卫生机构全面实施基本药物制度，基本药物费用下降50%以上，获评省实施基本药物制度工作先进集体。创成省农民健康工程先进县、省妇幼卫生先进县、省健康促进行动示范县、省新型农村合作医疗管理先进单位。创成省示范镇卫生院2个、省示范中医科建设单位2家。新增省级文化产业基地1个。规划建设文化中心,推行农村文化建设"十个一"(每个行政村有一个文化活动室,每个自然村有一户文化中心户,每个村建设一个标准篮球场,每个村有一个文化专职干部,每个村有一个业余剧团或业余演出组织,每个村有一个网络信息服务中心,每个乡有一个文化活动中心,发展一批乡镇电影放映队,发展一批农村文化产业,打造一批特色文化新村)工程。淮剧《湖畔风雨情》参加扬州市专业剧团新作调演,获优秀剧奖、编剧奖、导演奖、优秀表演奖等20个奖项。开展"大篷车乡村行"活动,送电影下乡3500场,向农家书屋赠送电脑90台、图书3.8万册、电子音像制品1150套。农村有线电视数字化整体转换基本完成。县足球、乒乓球队获扬州市年度比赛3项冠军。 (王林燕)

■劳动和社会保障 基层劳动就业社会保障服务平台实现全覆盖,形成"15分钟公共就业服务圈"。新增城镇就业8000人、农村劳动力转移7800人。全县规模以上企业劳动合同签订率99.1%,已建工会企业集体合同签订率96.8%。城乡居民社会养老保险参保人数29.6万人,参保率99.4%;14.1万人享受基础养老金,养老金发放率100%。宝应县人力资源和社会保障局被国务院表彰为全国新型农村和城镇居民社会养老保险工作先进单位。落实民生政策,保障城乡低保对象9873户1.81万人。资助1.81万名农村五保户、低保户参加新型农村合作医疗,救助特困残疾人。安宜镇5个社区开展政府购买居家养老服务工作试点。70周岁以上老人免费乘坐公交车,80周岁以上老年人享受尊老金。建设廉租房60套、经济适用房60套,筹集公共租赁房466套。全年归集住房公积金2.5亿元,发放公积金贷款近2亿元。完成"7·20"高邮、宝应里氏4.9级地震抗震自救工作,改造农村草、危房1450户。 (张新明 朱寿勤)

■2012中国宝应荷藕节 7月28日,2012中国宝应荷藕节开幕。活动历时1个月,有200多名境内外客商、企业客户到宝应考察、洽谈业务。活动期间,新开工1亿元或1000万美元以上工业项目8个,计划总投资20.5亿元,注册资本4.8亿元;竣工投产1亿元或1000万美元以上工业项目18个;举办"宝应湖"有机食品产业推介会、"海外博士宝应行"、"百家企业高校行"、人力资源专场招聘会、"乔家白杯"宝应县千人美食品尝暨第七届江苏省创新菜烹饪技术大赛、工业设计新产品展示会等活动。 (周安平)

■宝应核桃乌青菜成为国家地理标志产品 宝应核桃乌青菜又称乌菜、黑菜,因颜色深绿近黑色、叶面皱褶似核桃而得名,是宝应县地域性特色农产品,种植历史悠久,常年种植面积3333公顷。6月28日,在第二次农产品地理标志登记专家评审会上,宝应核桃乌青菜通过农业部组织的专家评审,成为国家地理标志产品。 (朱旭东)

■宝应县获"全国绿色食品原料标准化生产基地"称号 宝应县常年种植水稻5.33万公顷、小麦4.67万公顷,是江苏省优质粳稻、优质籼稻、苏中里下河及沿淮优质中筋专用小麦优势区,建成无公害稻麦生产基地1.3万公顷、绿色食品原料稻麦生产基地4万公顷、有机稻米生产基地0.23万公顷,有无公害稻米和面粉产品10个、绿色食品大米和面粉产品4个、有机大米产品11个、江苏名牌农产品2个。12月26日,宝应县被农业部授予"全国绿色食品原料标准化生产基地"称号。 (朱旭东)

仪征市

■概述 仪征市辖9个镇、2个办事处,有130个行政村、54个社区,总面积857平方千米,年末户籍总人口56.24万。

2012年仪征市经济社会发展主要指标一览表

表34-5

项 目	单 位	数 量	比上年增长(%)
地区生产总值	亿元	370.27	11.7
第一产业增加值	亿元	19.30	4.6
第二产业增加值	亿元	212.86	12.2
#工业增加值	亿元	187.73	11.8
第三产业增加值	亿元	138.11	12.0
人均地区生产总值(常住人口)	元	65843	11.9
粮食总产量	万吨	33.71	3
全社会固定资产投资总额	亿元	247.45	20.3
外贸自营出口总额	亿美元	4.53	-2.5
实际利用外资及港澳台资	亿美元	1.96	-33
社会消费品零售总额	亿元	114.75	15
财政总收入	亿元	65.42	3.6
城镇居民人均可支配收入	元	26658	12.6
农民人均纯收入	元	16529	12.3
年末存款余额	亿元	296.25	0.3
年末贷款余额	亿元	167.79	7.5

(仪 统)

2012年，全市实现地区生产总值370.27亿元,比上年增长11.7%。其中，第一产业增加值19.30亿元，增长4.6%;第二产业增加值212.86亿元,增长12.2%;第三产业增加值138.11亿元,增长12%。按常住人口计算，人均地区生产总值65843元，增长11.9%。三次产业结构比5.2：57.5：37.3。财政总收入65.42亿元,增长3.6%。城镇居民人均可支配收入26658元，农民人均纯收入16529元，分别增长12.6%、12.3%。全市完成全社会固定资产投资247.45亿元,比上年增长20.3%。仪征市被评为江苏省文明城市、江苏省村庄环境整治工作示范县(市),入选全国综合实力百强县(市)。

(曹晓彬　孙云润)

■农业　2012年，全市实现农林牧渔业总产值35亿元,增长10.2%。粮食总产量33.71万吨,增长3%。新建现代农业产业园区7个,新增设施农业0.2万公顷。新增造林0.14万公顷,森林覆盖率27.72%。村级标准厂房招租率100%，行政村经营性收入均超20万元。33个经济薄弱村获帮扶资金1603万元，低收入农户家庭人均纯收入均超3600元。新增合作组织88个,新创扬州市级“五好”示范社30个。　(曹晓彬　孙云润)

■工业和建筑业　2012年，全市工业总产值1584.1亿元，比上年增长19.7%。其中，市辖工业总产值1084.8亿元,增长25.1%。全年规模以上工业实现产值1066.7亿元,增长14.8%。其中,市辖规模以上工业实现产值597.4亿元，增长21.1%。规模以上工业产值中,轻工业实现产值153.2亿元，重工业实现产值913.5亿元，分别增长20.2%和13.9%;国有企业实现产值122.3亿元,集体企业实现产值33.8亿元,股份制企业实现产值508.1亿元,外商及港澳台商投资企业实现产值374.8亿元，分别增长56.7%、5%、4.4%和23.1%。规模以上工业企业实现主营业务收入1001.1亿元、利税126.6亿元，分别增长10.4%、9.8%。其中,市辖规模以上工业实现主营业务收入530.3亿元、利税67.7亿元,分别增长12.4%和32.5%。

全年建筑业实现总产值162.68亿元、增加值25.13亿元、竣工产值143.03亿元。建筑业房屋施工面积1438万平方米,下降30%;竣工面积718.6万平方米,增长6.3%。

(曹晓彬　孙云润)

■国内贸易　全市实现社会消费品零售总额114.75亿元，比上年增长15.0%。分城乡看，城镇消费品零售额102.95亿元,增长15.3%;乡村消费品零售额11.8亿元,增长12.4%。分行业看，批发零售贸易业零售额104亿元,增长14.0%;住宿餐饮业零售额10.75亿元,增长25.8%。

(曹晓彬　孙云润)

■对外国及港澳台地区经贸　2012年，全市实际利用外资及港澳台资4.39亿美元,比上年下降11%;剔除扬州化学工业园区,实际利用外资及港澳台资1.96亿美元,下降33%。全市进出口总额9.32亿美元，增长12.2%。其中,进口4.79亿美元,增长30.9%;出口4.53亿美元，下降2.5%。剔除扬州化学工业园区,进出口总额3.39亿美元,下降11.4%。

(曹晓彬　孙云润)

■交通、邮电和旅游业　全年旅客运输量1323.7万人次，下降5.6%。其中,公路客运量1309.4万人次,下降5.6%;水路客运量14.3万人次，下降8.9%。至年末,全市民用汽车拥有量3.8万辆,增长22.7%;其中私人汽车拥有量3.05万辆，增长26.6%。

全年邮政电信业务总收入5.43亿元。至年末，全市有电话用户76.85万户，其中固定电话用户15.67万户、移动电话用户61.18万户;有互联网用户9.83万户。

全市有旅游景区(点)8处。全年接待国内游客165.13万人次，增长22.2%；国内旅游总收入16.07亿元,增长22.5%。(曹晓彬　孙云润)

■财政、金融和保险　全市实现财政总收入65.42亿元，比上年增长3.6%；公共财政预算收入24.66亿元,下降5%。其中,税收收入19.89亿元,增长6%。市本级(不含扬州化学工业园区)实现财政总收入57.41亿元,增长3.5%;公共财政预算收入21.19亿元,下降5.5%。其中,税收

上海大众汽车有限公司仪征分公司厂区外景　　商务局/供稿

收入17.12亿元,增长4.2%。年末全市金融机构人民币存款余额296.25亿元,年末金融机构人民币贷款余额167.79亿元。保险业全年实现保费业务收入5.21亿元,增长6.8%。

（曹晓彬　孙云润）

■ **科技创新**　2012年，全年新增国家高新技术企业10家、省级以上品牌5个、省级研发机构7个、省级院士工作站2个。全市申请专利2144件,其中发明专利403件,分别增长16.2%、16.5%；获专利授权920件，其中发明专利授权35件，分别增长4.2%、59.1%。引进教授、博士136人。29人次获高层次人才引进计划资助。向上争取工业、科技、人才等各类项目26个，争取资金2600多万元。举办首次产学研合作推介会,与3所大学达成战略合作协议,与上海交通大学共建产业化基地,促成产学研合作项目58个。全社会研发经费支出占地区生产总值的2.58%。

（曹晓彬　孙云润）

■ **社会事业**　区域教育现代化创建工作通过省级评估验收。加固校舍3.3万平方米,完成大仪小学、枣林湾小学异地新建工程。小学净入学率100%、升学率98.28%,在校生年巩固率100%；初中净入学率100%、升学率99.75%，在校生年巩固率99.81%。年末,全市有学校98所,在校生6.00万人。至年末,全市有有线广播电视用户14.5万户，有线电视入户率96.5%。全年放映电影1.65万场,演出120场次。举办体育竞赛、表演32次。全市运动员获奖牌130枚。年末,全市有卫生机构276个、病床2142张、卫生技术人员2579人。实现全市乡镇卫生院及村卫生室基本药物制度全覆盖。全市标准化乡镇卫生院建成率93.3%。孕前优生健康检查率100%。　（曹晓彬　孙云润）

■ **城乡建设与环境保护**　仪征经济开发区、汽车工业园、枣林湾生态园新增基础设施投入9亿元,新建安置房2110套、道路25千米、自来水管道7.5千米、污水管网33千米。500千伏扬州西输变电工程竣工投运，220千伏新东输变电工程基本建成，江六高速建成通车,333省道改(扩)建工程启动。新建农民集中居住区住房940套,集中居住率15.8%。完善镇村公交道路29千米，建成农民集中居住区道路20千米,新(改)建农村桥梁4座。建成以村庄保洁、河塘保洁为重点的农村环境长效管护机制，累计建成环境整洁型村庄2197个。建成八里生活垃圾转运站。仪征市污水处理厂二期、青山污水处理厂二期投入运行,城市、集镇生活污水集中处理率分别提高到92.5%和85.5%。实施农村环境综合整治，开展“集镇环境整治月”活动。全市实施节能改造项目19个，淘汰落后用能设备335台(套),单位地区生产总值能耗下降4%，削减化学需氧量468吨、二氧化硫排放量119吨。

（曹晓彬　孙云润）

■ **劳动和社会保障**　全年新增转移农村劳动力7711人，新增城镇就业8900人,城镇登记失业率2.15%。年末城镇职工基本养老保险、基本医疗保险、失业保险参保人数分别达13.3万人、15.82万人、8.45万人。市残疾人综合服务中心基本建成。新建经济适用房250套、公租房(廉租房)1020套,修缮农村危房100户。

（曹晓彬　孙云润）

■ **上海大众汽车有限公司仪征分公司投产**　参见第122页

高邮市

■ **概述**　高邮市辖19个镇、1个回族乡，有176个行政村、53个社区，面积1922平方千米，年末户籍总人口81.74万。

2012年，全市实现地区生产总

2012年高邮市社会经济发展主要指标一览表

表34-6

项　　目	单位	数量	比上年增长(%)
地区生产总值	亿元	336.00	10.4
第一产业增加值	亿元	55.96	4.7
第二产业增加值	亿元	156.05	11.6
#工业增加值	亿元	126.29	10.9
第三产业增加值	亿元	123.99	11.5
人均地区生产总值(常住人口)	元	45436	10.9
农业总产值	亿元	102.96	14.2
粮食总产量	万吨	86.04	0.6
全社会固定资产投资总额	亿元	234.29	19.3
外贸自营出口总额	亿美元	3.01	-3.3
实际利用外资及港澳台资	亿美元	0.98	-37.5
社会消费品零售总额	亿元	110.57	14.8
财政总收入	亿元	50.99	10.8
#公共财政预算收入	亿元	21.72	6.0
职工年平均工资	元	42595	11.3
城镇居民人均可支配收入	元	22588	12.5
农民人均纯收入	元	11828	13.2
年末存款余额	亿元	262.79	2.7
年末贷款余额	亿元	163.41	14.4

（刘春龙）

值336亿元,增长10.4%。其中,第一产业增加值55.96亿元、第二产业增加值156.05亿元、第三产业增加值123.99亿元,分别增长4.7%、11.6%、11.5%。三次产业结构比例16.7∶46.4∶36.9。人均地区生产总值45436元。全市完成社会固定资产投资234.29亿元,增长19.3%。城镇居民人均可支配收入22588元,增长12.5%;农民人均纯收入11828元,增长13.2%。 (刘春龙)

■农业和农村工作 2012年,全市实现农林牧渔业现价总产值102.96亿元,增长14.2%。其中,农业产值38.88亿元、林业产值1.55亿元、牧业产值18.57亿元、渔业产值38.44亿元、农林牧渔服务业产值5.54亿元,分别增长7.6%、22.1%、14%、21.6%、-13.1%。全年粮食总产量86.04万吨,生猪出栏量31.01万头,家禽出栏量1199万只,水产品产量18.85万吨。新增现代高效农(渔)业面积0.38万公顷,其中设施农业0.25万公顷、设施渔业0.13万公顷;全市累计有高效农(渔)业面积3.12万公顷,其中设施农业0.89万公顷、设施渔业0.52万公顷,设施农(渔)业比重达13.2%。新增农业适度规模经营面积4533.33公顷,累计5.29万公顷,占全市耕地面积的69%。启动建设高邮鸭连片农业特色产业基地项目建设。新增农业绿色食品5个、无公害食品56个,全市累计有农业“三品”265个;新建“三品”基地640公顷,累计15.65万公顷;新创扬州市知名农产品商标3件。连标葡萄专业合作社“巨玫瑰”品种葡萄获第六届“神园杯”江苏优质水果评比金奖。农业产业化经营持续发展,新增扬州市级农业龙头企业10家。全市累计有农业龙头企业41家,其中国家级农业龙头企业2家、省级农业龙头企业8家、扬州市级农业龙头企业21家,全年实现销售96.69亿元、利润2.72亿元。新组建农村“三大合作”组织99个,实有总数928个;新组建(完成工商登记和挂牌)村经济合作社140个。界首水稻生产服务专业合作社获全国农民专业合作社示范社称号,菱塘兴旺鸭业合作社获全国供销合作社系统先进集体称号。

全年落实“一免四补”(减免农业税,粮食直接补贴、良种补贴、农机补贴、综合直补)资金1.63亿元,兑现政策性农业保险理赔资金2580万元。扬州市2011年帮扶的22个经济薄弱村产业、物业项目基本建成并投入使用,2012年帮扶的53个村10.6万平方米标准化厂房在建。开展市级机关帮扶经济薄弱村项目和乡镇自行组织的帮扶项目建设,90%以上的村达到年经营性收入20万元的目标。

实施农业综合开发项目16个,财政总投资4139.99万元。全市农机总动力64.4万千瓦,农业综合机械化水平79%。提高秸秆禁烧、还田及综合利用工作水平,通过省农委组织的秸秆综合利用示范县考核验收。完成新一轮农村河道疏浚整治工程,疏浚河道1686条,完成土方1670万立方米,建成市、乡、村三级示范河道46条。实施淮河入江水道整治、南水北调工程水源调整、小型农田水利重点县等项目,累计新(拆)建各类桥涵闸站155座,完成防洪圩堤除险加固28.9千米、土方56.3万立方米,配套建筑物3198座。 (刘春龙)

■工业 2012年,全市实现全部工业产值1444亿元、开票销售319.7亿元,分别增长9.3%和-11.1%。全市规模以上工业企业(国有及销售2000万元以上非国有企业)由上年的479家增加到489家,实现产值722.5亿元、销售收入707.4亿元、利税67.1亿元、利润37.95亿元,分别增长9.3%、7.1%、8.9%、9.4%。规模以上工业企业产销率97.9%,下降3个百分点。新型照明器具、电机制造、电线电缆、纺织服装、黑色金属冶炼和压延加工业、农副产品加工业等产业规模以上工业企业分别实现产值18.5亿元、26.98亿元、103.15亿元、92.5亿元、58.59亿元、37.7亿元,各占全市规模以上工业企业产值的2.6%、3.7%、14.3%、12.8%、8.1%、5.2%。全年新增产销超1亿元的企业16家,累计157家。全年有在建工业项目861个,其中投资额1亿元以上工业项目96个。全年新开工投资1亿元以上项目50个,其中10亿元以上项目7个;49个投资1亿元以上项目竣工,其中10亿元以上项目8个。市特种电缆产业园被江苏省中小企业局认定为第三批江苏省中小企业产业集聚示范区,送桥工业集中区入选扬州市特色产业基地,菱塘电线电缆工业集中区、金飞达工业集中区入选扬州市特色产业培育基地,高邮城南经济新区和高邮镇、郭集镇、送桥镇、菱塘回族乡工业集中区被评为2012年度扬州市转型升级30强乡镇工业集中区。 (刘春龙)

■建筑业 全年新增一级总承包资质企业3家、二级总承包资质企业7家、专业承包二级资质企业8家,累计有资质企业226家。承接工程4605项,承建高层建筑1062幢,其中超高层建筑159幢。全市建筑业房屋施工面积3533万平方米,其中房屋新开工面积2122万平方米。全年获扬州市级以上优质工程奖56个。完成建筑业增加值29.76亿元、建筑企业总产值424.61亿元。有产值过5亿元建筑安装企业21家。江苏弘盛建设工程集团有限公司、江苏兴厦建筑安装有限公司蝉联省建筑业百强企业称号。 (刘春龙)

■国内贸易 全年新建、改造“万村千乡市场工程”农家店18家。乐购超市正式营业。优化粮食流通产业结构。全市实现社会消费品零售总额110.57亿元,增长14.8%。其中,批发业、零售业、住宿业、餐饮业分别实现零售额12.07亿元、86.37亿元、0.64亿元、11.5亿元,分别增长22.1%、14.8%、7.0%、8.4%;城镇、乡村消费品市场分别实现零售额107.13亿元、3.44亿元,分别增长15.3%、1%。 (刘春龙)

■旅游业 《高邮市清水潭旅游区(一期)修建性详细规划》通过评审。举办高邮市乡村旅游节暨第二届连标葡萄文化旅游节。开通“高邮湖春色·里下河风情”主题游暨镇江至高邮旅游专线。高邮菱塘古清真寺创成国家AA级旅游景区。高邮湖芦苇荡湿地公园开园。全年接待游客259万人次,实现旅游总收入15亿元。（刘春龙）

■对外国及港澳台地区经贸 全年新批外商及港澳台商投资项目35个,协议利用外资及港澳台资2.61亿美元,实际利用外资及港澳台资0.98亿美元,分别下降18.6%、31.3%、37.5%。外贸进出口总额3.27亿美元,其中出口额3.01亿美元,分别下降14.8%、3.3%。完成外经营业额558.4万美元,增长45.6%。新增外派劳务174人,年末累计在外劳务人员473人。（刘春龙）

■交通、邮电和供电 333省道京杭运河新民滩特大桥及西段道路建成通车。237省道高邮先导段(马横公路至秦邮路)建成通车,秦邮路至扬八干渠12千米路基工程基本完成。北澄子河新王、南圩大桥桥面合龙。新建通村公路25条35千米,改造危桥308座。开通临泽镇镇村公交。全市交通系统有载客汽车298辆(不含出租车)、客位1.23万个,完成客运量1511万人、旅客周转量12.88万人千米。

全年完成邮政业务总收入9019万元、电信业务收入4.92亿元。至年底,全市有固定电话用户18.43万户,其中城区电话用户11.8万户。电信和移动宽带网络在市区、20个乡镇政府所在地和12个非乡镇政府所在地集镇实现全覆盖。全市有移动电话用户65.6万户。

高邮220千伏勤王输变电工程、首座110千伏客户变电站——江苏康博科技有限公司110千伏变电站建成投运。全年全社会用电量18.66亿千瓦时,下降3.9%;售电量17.32亿千瓦时。至年末,实现安全记录3295天。全市新农村电气化村普及率63%。（刘春龙）

■财政和金融 全年实现财政总收入50.99亿元,其中公共财政预算收入21.72亿元,分别增长10.8%、6%。公共财政预算支出36.98亿元,增长11.5%。

年末金融机构各项存款余额262.79亿元,其中居民储蓄存款余额171.88亿元;各项贷款余额163.41亿元。市内3家保险公司实现保费收入5.61亿元,增长15%;受理各类理赔案件1.17万件,支付赔款7977.5万元,增长8.8%。招商银行、射阳农村商业银行获准在高邮设立分支机构。（刘春龙）

■城乡建设和环境保护 推进历史文化名城申报工作及城建重点工程建设,建成北澄子河北岸风光带及南岸提质建设工程、北关河风光带一期工程、城市商务大厦、尚程国际家居广场、新奥天然气门站,完成海潮路提质工程、玉带园小区改造工程和33条城区后街后巷、百座公厕改造任务。疏浚、整治城区河道3条,新建闸站3座。完成朱家垃圾填埋场扩容工程,开工建设城市环卫综合作业中心。

全年房地产开发投资20.25亿元,增长27.3%。其中,住宅投资16.68亿元,增长14.7%;商业营业用房投资3.19亿元,增长99.4%。全市商品房施工面积248.8万平方米,其中新开工面积142.1万平方米,分别增长68.6%、114%;商品房竣工面积116.4万平方米,增长184.9%;商品房销售面积53.12万平方米,下降3%。

完成菱塘乡、三垛镇、临泽镇等3个扬州市重点中心镇总规编制。调整镇村布局规划,建成农民集中居住区11个,入住农户4059户。实施美好城乡建设行动,完成2408个村庄环境整治,疏浚县乡河道1546条,建成三级示范河道46条,新增农村无害化卫生户厕1.5万座,新增沼气用户1950户,创成“康居乡村”198个,其中省三星级“康居乡村”11个。年末城市化水平47.1%,比上年提高0.8个百分点。

国家生态市创建工作通过国家考核,所有乡镇创成国家生态乡镇。推进北澄子河三垛西大桥国控断面稳定达标工程。实施重点节能改造项目19个,关闭“三高一低”(高投入、高消耗、高污染,低效益)及“五小”企业16家,淘汰落后用能设备353台(套)。单位地区生产总值能耗下降4%。新增成片造林面积0.08万公顷。城市水域功能区水质达标率100%,市区空气质量良好以上天数占99.7%。（刘春龙）

■科技创新 2012年,全市获批省级以上各类科技项目30个。新增国家高新技术企业15家、省级以上高新技术产品158种。全市规模以上高新技术产业实现产值285.62亿元,下降14%,占规模以上工业产值的39.5%。高邮经济开发区获中国产学研合作创新示范基地称号,高邮市被

高邮市北关河风光带　　王林山/摄

认定为国家火炬高邮特种电缆特色产业基地。签订产学研合作项目84个,南京农业大学等5所高校在高邮设立技术研发分支机构。新建扬州市级以上“两站两中心”61家,其中院士工作站2家。引进创业创新人才10人、博士17人、急需专业人才220人,获批省级人才项目10个。获批专利授权1008件,其中发明专利授权23件。参与制订国家、行业标准6个。新增注册商标634件,新增中国驰名商标2件、江苏省著名商标6件、江苏名牌产品4个。 (刘春龙)

■社会事业 高邮市投入5000多万元,实施29所中小学校运动场地塑胶化建设及教育信息化设备升级改造工程。乡镇公办中心幼儿园全部创成省优质园,高考、中考成绩稳中有升。所有行政村全部建成农村文化广场。全年送戏下乡80场、送电影到农村3396场。在北京举办“清韵秦邮”书画摄影展。完成有线数字电视整体转换1.6万户,创成省有线数字电视城乡一体化县(市)。全国农村中医药工作先进市创建工作通过验收评估。中央电视台《焦点访谈》《新闻直播间》栏目和《人民日报》等分别报道高邮市新型农村合作医疗工作成效。推进人口和计划生育“秦邮人家·健康幸福”促进工程,获省“新农村新家庭计划”示范县(市)称号。通过省级卫生城市验收评估。举办第三届环高邮湖国际自行车越野赛、首届高邮大运河半程马拉松赛和全民健身体育节。 (刘春龙)

■劳动和社会保障 全年举办大型特色招聘洽谈会12次,采集就业岗位2.13万个,推荐就业6301人;新增农村劳动力转移8234人。年末城镇登记失业率2.2%。市人力资源市场通过省四星级评估验收,市尚程国际家居广场创业孵化基地揭牌。新增高技能人才800人,其中技师200人。举办各类职业技能培训班160期,培训8453人;核发初级、中级职业资格证书7547本。全年2407名企业参保人员办理退休(职)手续,其中正常退休(职)2045人、特殊工种职工提前退休226人、因重病(伤残)退休136人。

扩大社会保险覆盖面,企业职工养老保险、城镇职工医疗保险、工伤保险、生育保险、城乡居民社会养老保险参保人员分别新增0.99万人、0.89万人、0.47万人、0.19万人、1.01万人。提高企业退休人员养老金、失业金、城乡居民社会养老保险基础养老金发放标准和社会保险缴费基数,对城镇职工、城镇居民基本医疗保险实施二次补偿。

城乡居民养老保险覆盖率98%以上。城乡低保标准分别提高到人均每月400元、260元;“五保”供养标准提高到每人每年4700元,集中供养率81.5%。执行尊老金制度。启动实施普惠制殡葬政策。市残疾人托养中心建成并投入使用。全年发放慈善救助资金869万元,获国家五星级慈善城市称号。220万人次获新型农村合作医疗补偿1.8亿元。落实保障性住房政策,新建经济适用住房230套、公共租赁住房982套(间),完成直管公房解危705户。住房公积金新增缴费人员7010人,发放公积金贷款1.7亿元。 (刘春龙)

■第八届中国双黄鸭蛋节 4月16—18日,高邮市举办第八届中国双黄鸭蛋节。节庆期间,举办经济形势报告会、民营经济论坛、高邮鸭科技示范园开工仪式、市罗氏沼虾研究所揭牌仪式、产学研深度合作洽谈会、产业合作商机说明会以及工业和城建重点项目集中开工、竣工投产仪式等活动。全市签约产业合作项目74个,总投资额200亿元,其中市外投资额164亿元,注册资本70亿元;签约产学研合作项目14个;集中开工、竣工投产工业项目43个,其中开工项目31个(10亿元以上开工项目4个)、竣工投产项目12个,总投资86亿元;集中开工、竣工城建项目8个,其中开工项目7个、竣工项目1个。 (刘春龙)

■333省道京杭运河新民滩特大桥暨西段道路建成通车 11月22日,333省道京杭运河新民滩特大桥暨西段道路建成通车。该工程2009年3月开工,总投资12.34亿元。

该工程起于高邮新237省道,经八里松油库北侧上跨老237省道(淮江公路)、京杭大运河、高邮湖新民滩,经333省道高邮湖西段漫水公路北侧,从郭集镇北侧绕过,向西南跨向阳河后与邮天公路相交,并继续向西南进入仪征市。全线采用一级公路标准,双向四车道,全长31.38千米,设计时速100千米。其中京杭运河新民滩特大桥全长8443米、宽26米,是江苏省最长的干线公路桥梁。

(刘春龙)

■高邮市成为国家火炬特种电缆特色产业基地 12月28日,科学技术部火炬高技术产业开发中心公布国家火炬特色产业基地名单,高邮市成为国家火炬高邮特种电缆特色产业基地。2012年,高邮市特种电缆产业园先后被省科学技术厅、省中小企业局认定为省级科技产业园、省中小企业产业集聚示范区。至年底,全市有电缆及配套企业150多家,产值占全市工业经济总量的17%,产品涵盖500千伏及以上超高压电缆、220千伏和110千伏交联电缆、6千伏到35千伏电力电缆以及控制电缆、计算机电缆、矿用电力电缆、油矿探测电缆、海上石油平台电缆、纳米电缆、超导电缆等30多个系列上千个品种,基本形成“一厂一品”产业特色;建成扬州市级以上企业技术中心20个,其中省级企业技术中心、工程技术研究中心8个,共研发新产品120多种;申报省级以上各类科技项目173个,获批实施国家创新基金项目5个、国家火炬计划项目36个、国家重点新产品项目31个、省科技攻关计划项目7个、省火炬计划项目22个;有72种产品被认定为江苏省高新技术产品;获专利授权385件,其中发明专利授权80多件;注册商标146件。

(刘春龙)

人物

Renwu

本栏责任编辑　戴淑敏

新任领导

■**谢正义**　男，1968年8月出生，江苏泰兴人，研究生学历，博士学位，1990年12月加入中国共产党，1992年7月参加工作。

1987年9月入中国矿业大学社科系思想政治教育专业、自动化系计算机科学与应用专业学习，1992年7月任徐州矿务局夹河煤矿采煤二区采煤工（江苏省委组织部选调生），1993年7月任徐州矿务局党政办公室秘书科秘书，1996年9月任徐州矿务局党政办公室秘书科正科级秘书，1996年11月任徐州矿务局通讯计算机处副处长(其间，1996年9月至1999年6月参加中国矿业大学管理科学与工程专业研究生学习，获硕士学位)，2000年1月任徐州矿务集团有限公司通讯计算机处处长（其间，2000年8月获高级工程师职称），2000年10月任江苏省信息产业厅副厅长、党组成员（其间，2003年9—12月参加江苏省高级管理人才经济研究班赴美国学习），2006年1月任江苏省信息产业厅厅长、党组书记（其间，2009年4—8月参加江苏省中青年高级管理人才海外研修班赴美国学习），2009年8月任扬州市委副书记、副市长、代理市长，2010年1月任扬州市委副书记、市长(其间，2011年6月南京大学政治经济学专业博士研究生毕业，获博士学位)，2012年2月任扬州市委书记、市长，2012年3月任扬州市委书记、市长、市人大常委会党组书记，2012年4月任扬州市委书记、市人大常委会党组书记，2012年6月任扬州市委书记、市人大常委会主任。

（金　波）

■**朱民阳**　男，1956年11月出生，江苏沭阳人，研究生学历，硕士学位，1978年3月加入中国共产党，1975年2月参加工作。

1975年2月任无锡市无线电专用设备厂工人；1975年8月进入无锡市电容器厂，历任工人、副班长、厂办秘书、车间党支部副书记、厂团委书记；1983年9月参加无锡大学中文系干部专修科学习；1985年7月任无锡市电容器厂党办副主任、组织科科长；1985年11月任无锡市电容器厂党办主任、组织科科长；1986年8月任无锡市电容器厂党委副书记；1988年7月任无锡市和平机械集团公司党委副书记、副总经理；1989年11月任无锡市和平机械集团公司党委副书记、纪委书记；1991年4月任无锡市电子仪表局宣传科科长；1991年11月任无锡市无线电厂常务副厂长、梅花电子集团公司常务副总经理；1992年11月任无锡市无线电厂党委副书记、常务副厂长，梅花电子集团公司常务副总经理；1994年9月任无锡市无线电厂厂长、梅花电子集团公司总经理(其间，1994年8月至1996年3月参加南京理工大学兵器系统工程系系统工程专业在职学习，获在职研究生学历、工学硕士学位)；1998年3月任无锡市电子仪表工业局副局长、党委委员，电子仪表工业公司副经理，电仪资产经营有限公司董事、副总经理兼无线电厂厂长，梅花电子集团公司总经理；1999年8月任无锡市电子仪表工业局副局长、党委委员，电子仪表工业公司副经理，电仪资产经营有限公司董事、副总经理；2000年8月任无锡新区党工委委员、管委会副主任，经济发展总公司副总经理，国家高新技术产业开发区管委会副主任；2003年7月任无锡市对外贸易经济合作局局长、党组书记，贸促会会长；2005年4月任江阴市委书记、市人大常委会党组书记、江阴经济开发区党工委书记（副厅级）；2006年8月任无锡市委常委、江阴市委书记、江阴经济开发区党工委书记；2011年9月任江苏省旅游局局长、党组书记；2012年4月任扬州市委副书记、副市长、代市长；2012年6月任扬州市委副书记、市长。

（金　波）

■**洪锦华**　男，1953年8月出生，江苏如皋人，省委党校研究生学历，1974年9月加入中国共产党，1975年3月参加工作。

1975年3月任如皋县新民乡党委副书记、团县委书记,1983年10月任南通团市委副书记,1987年10月任南通市郊区区委副书记、党校校长,1991年10月任南通市郊区区委副书记、代区长(其间,1989年8月至1992年6月参加中央党校函授学院经济管理专业在职学习),1993年2月任南通市港闸区区委副书记、区长,1995年4月任南通市海安县委副书记、代县长、县长,1996年1月任南通市海安县委书记,1998年12月任南通市委常委、宣传部部长(其间,2000年9—12月参加江苏省第四期高级管理人才经济研究班赴美国学习),2000年12月任南通市委常委,2001年1月任扬州市委副书记,2001年9月任扬州市委副书记、常务副市长(其间,2000年3月至2002年12月参加省委党校政治经济学专业在职研究生学习),2005年7月任扬州市委副书记、副市长(正市级,援疆),2008年7月任扬州市委副书记、副市长(正市级),2009年1月任扬州市委副书记(正市级),2011年8月任扬州市农业农村工作领导小组组长(正市级),2012年6月任扬州市政协主席。 (金 波)

■**赵晓江** 男,1966年5月出生,新疆乌鲁木齐人,研究生学历,博士学位,1988年11月加入中国共产党,1989年7月参加工作。

1985年9月入中国人民大学中文系中国文学专业学习;1989年7月任国务院办公厅秘书一局干部;1990年7月任国务院办公厅秘书一局公报室科员(其间,1989年10月至1990年10月挂职任河北省获鹿县山尹村乡副乡长);1993年10月任国务院办公厅秘书一局会议组副主任科员;1994年6月任国务院办公厅秘书一局会议组主任科员;1998年7月任国务院办公厅秘书二局二组二秘(副处级);1998年8月任国务院办公厅秘书(副处级);2000年6月任国务院办公厅秘书(正处级);2003年8月任国务院办公厅秘书(副局级)(其间,2001年9月至2004年7月参加财政部财政科学研究所学习,获财政学专业博士研究生学历、经济学博士学位);2006年10月任国务院办公厅秘书(正局级);2008年3月任南京市副市长(挂职)、国务院办公厅秘书(正局级);2010年7月任南京市委常委、副市长(挂职),国务院办公厅秘书(正局级);2011年10月任南京市副市长(挂职)、国务院办公厅秘书(正局级);2011年11月任南京市委常委、副市长(挂职),国务院办公厅秘书(正局级);2012年7月任扬州市委副书记(正市级);2012年8月任扬州市委副书记、市委党校校长、市行政学院院长、市国防教育学院院长(正市级)。

(金 波)

■**丁 纯** 男,1970年10月出生,江苏江阴人,研究生学历,硕士学位,1991年6月加入中国共产党,1995年4月参加工作。

1988年9月入东南大学电气工程系电气技术专业学习,1992年9月入电力自动化研究院电力系统及其自动化专业硕士研究生学习,1995年4月任电力自动化研究院系统所助理工程师、工程师,1998年12月任电力自动化研究院稳定技术研究所负责人,1999年8月任电力自动化研究院稳定技术研究所副所长、南京南瑞集团公司稳定技术分公司副总经理(主持工作),2000年12月任电力自动化研究院稳定技术研究所所长、南京南瑞集团公司稳定技术分公司总经理(其间,2002年12月获高级工程师职称),2003年4月任共青团江苏省委副书记,2008年11月任共青团江苏省委副书记、党组成员(其间,2009年4月至2010年3月参加江苏省中青年高级管理人才海外研修班赴美国学习,获马里兰大学公共管理硕士学位),2010年10月任扬州市委常委、组织部部长,2010年11月任扬州市委常委、组织部部长兼市总工会主席,2012年6月任扬州市委常委、副市长兼市总工会主席。 (金 波)

■**王智永** 男,1969年6月出生,河北河间人,大学学历,学士学位,1987年3月加入中国共产党,1991年7月参加工作。

1987年9月入中国政法大学政治学专业学习,1991年7月任水利水电科学研究院党委宣传部干部,1992年10月任水利部人教司干部(其间,1994年7月至1996年10月参加河海大学水利工程管理专业学习,1996年7月至1997年6月挂职任陕西省安塞县县长助理),1998年3月任国家商检局人教司干部处干部,1998年9月任国家出入境检验检疫局人事司干部一处干部,1999年7月任国家出入境检验检疫局人事司干部一处副处长,2001年10月任国家质检总局办公厅副处级秘书,2002年9月任国家质检总局办公厅正处级秘书,2005年2月任厦门出入境检验检疫局副局长、党组成员,2006年4月任国家质检总局办公厅局长办公室主任(副司级),2008年3月任国家质检总局检验监管司副司长,2012年1月任扬州市委常委(挂职),2012年3月任扬州市委常委、副市长(挂职)。 (金 波)

■**姚苏华** 男,1961年9月出生,江苏睢宁人,大学学历,学士学位,1984年5月加入中国共产党,1982年8月参加工作。

1978年9月入东北石油学院石油炼制系化学专业学习,1982年8月任江苏油田第二中学工作人员,

1984年7月任江苏油田第二中学教导处主任,1985年9月任扬州市化学工业公司企管科工作人员,1987年3月任扬州市化学工业公司团委副书记、企管科副科级干部,1989年6月任共青团扬州市委员会青工部部长、组织部部长(其间,1991年9—12月参加扬州市第一期中青年干部培训班学习),1993年7月任扬州经济开发区管委会办公室副主任(其间,1995年3—7月参加江苏省第六期中青年干部培训班学习),1995年8月任靖江市委常委,1997年4月任扬州市郊区副区长(其间,1997年9月至1999年7月参加南京大学国际商学院工商管理研究生课程研修班学习),2002年10月任扬州市国土资源局副局长、党组副书记,2003年3月任扬州市国土资源局局长、党组副书记,2003年8月任扬州市国土资源局局长、党组书记(其间,2005年6—9月参加扬州市公共管理与工商管理培训班赴美国学习),2007年10月任扬州市维扬区委书记,2008年6月任扬州市维扬区委书记、市蜀冈-瘦西湖风景名胜区党工委书记,2011年11月任扬州市邗江区委书记、市蜀冈-瘦西湖风景名胜区党工委书记,2012年5月任扬州市委常委、邗江区委书记、市蜀冈-瘦西湖风景名胜区党工委书记,2012年8月任扬州市委常委、邗江区委书记,2012年12月任扬州市委常委。

（金　波）

■袁启俊　男,1958年11月出生,江苏洪泽人,中央党校大学学历,1977年12月加入中国共产党,1976年2月参加工作。

1976年2月入伍,历任工程兵建筑一一三团战士、文书,1978年2月入工程兵机械学校学习,1980年3月任工程兵建筑一一三团二营机械连排长,1981年12月任工程兵舟桥三十一旅技术连排长,1982年12月任工程兵舟桥三十一旅司令部军务股正排职参谋,1983年9月任南京军区司令部工程兵部军务处副连职参谋,1983年9月任南京军区工程兵舟桥三十一旅技术连副连长,1985年12月任南京军区司令部军务装备部组织编制处副连职参谋,1987年11月任南京军区司令部军务装备部组织编制处正连职参谋,1989年3月任南京军区司令部指挥自动化工作站五室副主任,1989年10月任南京军区司令部军务装备部组织编制处副营职参谋,1991年6月任南京军区司令部指挥自动化工作站五室主任,1991年12月任南京军区司令部军务装备部组织编制处正营职参谋,1994年6月任南京军区司令部军务装备部组织编制处副团职参谋,1996年4月任南京军区司令部军务装备部组织编制处处长(其间,1994年8月至1996年12月参加中央党校经济管理专业在职学习),1999年1月任南京军区司令部军务部副部长(其间,代理装甲第十师副师长一年),2004年4月任南京军区司令部军务动员部副部长(其间,2005年6—9月参加国防大学第二期战备战役训练班学习),2006年7月任南京军区司令部军务部副部长,2008年12月任江苏省扬州军分区司令员,2012年2月任扬州市委常委、江苏省扬州军分区司令员。（金　波）

■纪春明　男,1954年5月出生,江苏扬州人,大学普通班学历,1979年7月加入中国共产党,1978年6月参加工作。

1975年9月入江苏农学院畜牧兽医专业学习,1978年6月任邗江县公道镇兽医站工作人员,1979年4月任泰州畜牧兽医学校教师、地委样板点工作队员,1980年12月任扬州地区区划办公室工作人员,1981年6月任扬州行署农委工作人员,1984年4月任扬州市委农工部经营管理科副科长,1986年10月任扬州市区划办公室副主任,1988年6月任扬州市多种经营管理局副局长,1990年3月任扬州市委办公室副主任,1992年1月任仪征市委副书记、政法委书记,1992年12月任仪征市委副书记、代市长、市长,1995年6月任宝应县委书记,1998年1月任宝应县委书记、县人大主任(其间,1998年9—12月参加江苏省第三期高级管理人才经济研究班赴美国学习),1999年1月任江都市委书记、市人大主任,2001年1月任江都市委书记,2003年1月任扬州市副市长,2012年6月任扬州市人大常委会副主任。（金　波）

■王玉新　男,1956年8月出生,江苏兴化人,党校研究生学历,1978年6月加入中国共产党,1978年8月参加工作。

1975年9月入扬州师范学院中文系学习;1978年8月任邗江县方巷中学、红桥中学、邗江县中学教师,邗江县中学团委副书记;1983年7月任共青团邗江县委书记;1988年10月任邗江县槐泗乡党委书记,1990年8月任邗江中学校长、党支部书记(其间,1991年1月明确副处级);1993年2月任邗江县副县长(其间,1993年3月至1995年3月挂职任陕西省留坝县副县长);1996年8月任扬州市委党校副校长(主持工作,正处级);1997年6月任扬州市委党校常务副校长、党委书记,市行政学院副院长;2000年2月任扬州市政府副秘书长(正处级);2001年9月任扬州市广陵区委副书记、代区长;2002年1月任扬州市广陵区委副书记、区长(其间,2002年12月江苏省委党校社会主义与国际资本主义运动专业在职研究生毕业);2003年5月任扬州市广陵区委书记(其间,2005年9—12月参加江苏省委党校第25期县处级中青年干部培训班学习);2006年10月任扬州市副市长、广陵区委书记;2006年11月任扬州市副市长;2012年6月任

扬州市人大常委会副主任。

（金　波）

■**王　敏**　女，1955 年 2 月出生，江苏宝应人，大学普通班学历，1980 年 1 月加入中国共产党，1971 年 1 月参加工作。

1971 年 1 月任高邮县水泵厂工人，1974 年 10 月入扬州师范学院物理系学习，1977 年 3 月任高邮县红旗中学教师，1977 年 9 月任共青团高邮县委工作人员，1981 年 2 月任扬州地区（市）科学技术委员会工作人员，1984 年 6 月任扬州市科学技术委员会科技管理科副科长，1984 年 10 月任扬州市科技干部局副局长，1986 年 9 月任扬州市政府接待处处长，1989 年 5 月任扬州市政府侨务办公室主任、党组书记（其间，1996 年 7—12 月参加省委党校中青年干部培训班学习），2003 年 3 月任扬州市委副秘书长（正处级），2008 年 5 月任扬州市委副秘书长（副市级），2012 年 1 月任扬州市人大常委会副主任、市委副秘书长。（金　波）

■**孔令俊**　男，1965 年 3 月出生，江苏靖江人，大学学历，硕士学位，1994 年 4 月加入中国共产党，1985 年 7 月参加工作。

1981 年 9 月入南京工学院机械制造专业学习；1985 年 7 月由省委组织部选调分配到扬州皮革机械厂工作，历任办公室主任、厂长助理；1987 年 6 月任扬州市政府办公室助理秘书；1991 年 3 月任扬州市政府办公室副科级秘书；1993 年 5 月任扬州市信托投资公司副总经理（其间，1996 年 9 月至 1998 年 7 月参加南京大学国际事务与经济管理研究生课程进修班学习）；2000 年 8 月任扬州市商业银行副行长；2002 年 7 月任扬州市商业银行行长、党组副书记（其间，2000 年 2 月至 2003 年 2 月参加南京大学学习，获工商管理硕士学位）；2003 年 5 月任扬州市广陵区委副书记、代区长；2004 年 1 月任扬州市广陵区委副书记、区长（其间，2004 年 7—9 月参加江苏省第一期高级管理人才公共管理研究班赴德国学习）；2006 年 11 月任扬州市广陵区委书记；2007 年 1 月任扬州市广陵区委书记、区人大常委会主任；2007 年 12 月任扬州市广陵区委书记；2010 年 9 月任扬州经济技术开发区党工委书记；2012 年 1 月任扬州市副市长。（金　波）

■**张宝娟**　女，1967 年 9 月出生，江苏南京人，大学学历，硕士学位，1994 年 10 月加入中国共产党，1990 年 8 月参加工作。

1986 年 9 月入苏州大学中文系汉语言文学专业学习，1990 年 8 月任省民政厅人事教育处科员，1994 年 12 月任省民政厅人事教育处副主任科员，1997 年 6 月任省民政厅人事教育处主任科员，2000 年 12 月任省民政厅人事教育处副处长，2005 年 9 月任省民政厅最低生活保障工作处处长（其间，2006 年 2 月至 2008 年 2 月参加扶贫工作，任泗阳县委副书记；2004 年 7 月至 2006 年 12 月参加南京大学公共管理学院学习，获硕士学位），2009 年 1 月任省民政厅人事教育和社会工作处处长，2010 年 10 月任省民政厅副厅长、党组成员，2012 年 5 月任扬州市副市长。

（金　波）

■**丁　一**　男，1965 年 10 月出生，江苏泰兴人，省委党校研究生学历，学士学位，1993 年 9 月加入中国共产党，1990 年 8 月参加工作。

1985 年 9 月入扬州师范学院数学系学习；1990 年 8 月任国家税务局扬州培训中心办公室秘书；1993 年 7 月任扬州大学税务学院基础部秘书、团委组织部部长；1994 年 8 月任国家税务局扬州培训中心丰乐度假村副总经理（其间，1996 年 3 月至 1998 年 6 月挂职任江都市宜陵镇党委副书记，1997 年 11 月明确为副处级）；1998 年 6 月任高邮市市长助理（副处级）；1999 年 5 月任高邮市副市长；2002 年 2 月任高邮市委常委、常务副市长（其间，2003 年 10—11 月参加江苏省第三期市长城市建设专题研讨班赴美国培训）；2004 年 2 月任高邮市委副书记（其间，2004 年 7 月江苏省委党校马克思主义哲学专业研究生毕业）；2004 年 12 月任扬州经济开发区党工委副书记、管委会副主任（正处级）；2006 年 5 月任扬州经济开发区党工委副书记、管委会副主任，江苏扬州出口加工区管理委员会副主任、管理局局长（正处级）（其间，2006 年 6—8 月参加扬州市赴美国高级研修班学习）；2006 年 12 月任江都市委副书记、副市长、代市长；2007 年 1 月任江都市委副书记、市长；2008 年 2 月任江都市委副书记、市长，江苏省江都经济开发区党工委书记；2009 年 12 月任高邮市委书记；2012 年 4 月任高邮市委书记、高邮市人大常委会主任；2012 年 6 月任扬州市副市长、高邮市委书记、高邮市人大常委会主任；2012 年 10 月任扬州市副市长。（金　波）

■**倪士俊**　男，1960 年 3 月出生，江苏建湖人，省委党校大学学历，1984 年 6 月加入中国共产党，1984 年 8 月参加工作。

1981 年 9 月入江苏省公安专科学校内勤专业学习；1984 年 8 月进入邗江县公安局，历任办公室办事员、副主任、主任；1990 年 3 月任邗江县施桥镇副镇长（挂职）（其间，

1991年7月省委党校函授学院行政管理专业本科毕业）；1992年1月任邗江县施桥镇党委副书记（挂职）；1992年5月任邗江县公安局副局长；1995年11月任邗江县施桥镇党委副书记、镇长；1997年3月任邗江县政府办公室副主任（正科级）；1997年6月任邗江县建委主任、县城镇管理办公室主任兼县建设区管委会副主任；1999年8月任扬州市政府办公室副主任；2001年6月任扬州市政府副秘书长兼新城西区建设指挥部常务副指挥（其间，2002年10－11月参加赴美城市规划建设与管理培训班学习）；2004年1月任江都市委副书记、市长；2006年12月任江都市（区）委书记（其间，2009年12月明确为副市级干部）；2012年6月任扬州市政协副主席、江都区委书记。

（金　波）

■**刘在銮**　男，1956年10月出生，江苏扬州人，中央党校大学学历，1979年4月加入中国共产党，1974年5月参加工作。

1974年7月任邗江县杨寿中学教师；1976年1月任邗江县杨寿农科站农业技术员；1979年4月挂职任邗江县杨寿公社墩留大队副大队长、支部书记，公社生产科长；1984年5月任邗江县杨寿乡管委会副主任；1985年4月任邗江县杨寿乡副乡长、党委副书记；1987年2月任邗江县公道镇党委副书记、镇长；1989年7月任邗江县甘泉乡党委书记；1992年8月任邗江县公道镇党委书记；1995年3月任邗江县副县长（其间，在陕西省留坝县挂职任副县长两年）；1997年12月任邗江县（区）委常委、副县（区）长（其间，1998年12月中央党校函授学院党政管理专业毕业）；2001年3月任扬州市邗江区委副书记、副区长；2002年2月任扬州市郊区（维扬区）区委副书记、代区长、区长；2006年5月任扬州市经济贸易委员会主任、党组书记；2007年12月任扬州市经济贸易委员会主任、党组书记，市商业贸易局局长；2010年1月任扬州市经济和信息化委员会主任、党组书记；2012年1月任扬州市政协副主席、经济和信息化委员会主任、党组书记；2012年8月任扬州市政协副主席。（金　波）

■**朱　妍**　女，1961年3月出生，江苏扬州人，大学学历，学士学位，农工民主党党员，1982年12月参加工作。

1978年3月入南京医学院医学专业学习；1982年12月任江苏省苏北人民医院内科住院医师；1986年7月任江苏省苏北人民医院主治医师；1996年9月任江苏省苏北人民医院副主任医师、内科副主任；2001年11月任江苏省苏北人民医院副主任医师、内科副主任，农工民主党扬州市委副主委；2002年6月任江苏省苏北人民医院主任医师、副教授、内科副主任、内分泌科主任，农工民主党扬州市委副主委；2005年8月任江苏省苏北人民医院主任医师、副教授、内科副主任、内分泌科主任，农工民主党扬州市委副主委兼市科协副主席；2006年4月任江苏省苏北人民医院副院长、主任医师、教授，农工民主党扬州市委副主委兼市科协副主席；2006年12月任农工民主党扬州市委主委，江苏省苏北人民医院副院长、主任医师、教授兼市科协副主席；2010年10月任农工民主党扬州市委主委，江苏省苏北人民医院副院长、主任医师、教授；2012年6月任扬州市政协副主席、农工民主党扬州市委主委、江苏省苏北人民医院副院长。（金　波）

■**蒋惠琴**　女，1962年1月出生，江苏常州人，大学学历，硕士学位，1988年11月加入中国共产党，1984年8月参加工作。

1980年9月入西南政法大学法学专业学习，1984年8月任江苏省高级人民法院刑二庭书记员，1988年10月任江苏省高级人民法院刑二庭助理审判员（副科级），1992年10月任江苏省高级人民法院刑二庭助理审判员（正科级），1993年5月任江苏省高级人民法院告申庭助理审判员（正科级），1995年6月任江苏省高级人民法院告申庭审判员（副处级），1999年3月任江苏省高级人民法院刑一庭审判员（副处级），2004年4月任江苏省高级人民法院刑一庭副庭长（正处级）（其间，2003年4月至2004年12月参加美国马里兰大学刑事司法学专业学习，获刑事司法硕士学位），2006年9月任江苏省高级人民法院刑三庭庭长、审判委员会委员（其间，2008年8月至2009年8月挂职任无锡市中级人民法院党组副书记、副院长），2010年5月任江苏省高级人民法院刑一庭庭长、审判委员会委员（其间，2011年3－5月参加江苏省委党校第一期中青班学习），2011年9月任扬州市中级人民法院代理院长、党组书记，2012年1月任扬州市中级人民法院院长、党组书记。

（金　波）

先进模范

全国五一劳动奖章获得者

■**莫元花**　女，1982年2月出生，江苏宝应人，中共党员，高中学历，宝应县国风刺绣厂技术员，助理工艺美术师。她刻苦钻研刺绣影像技术，借鉴各地区刺绣艺术经验，与同事一起开展“乱针绣针法与色彩搭配”“乱针针法与技巧”等专项技术研发，将宝应乱针绣与苏州刺绣先进经验相结合，对推动地方乱针绣技术创新起到示范引领作用。她总结出人物肖像16系环节操作法，

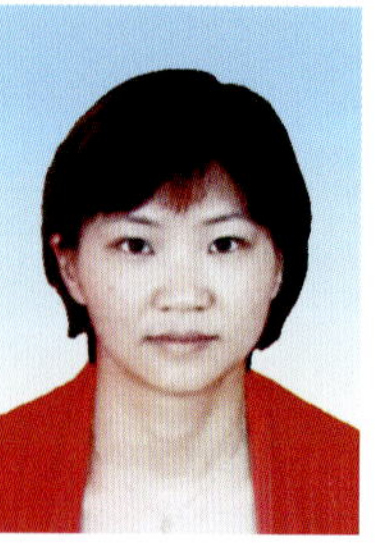

提高人物肖像绣品质量,产品远销欧美、日本、韩国、东南亚等10多个国家和地区。主持完成的3幅作品获国家级展销金杯奖。主动担任镇职业学校教员,协助开展技能培训、师徒结对、练兵比武等活动,帮助刺绣女工提升技能。2010年获评扬州市十大技能标兵、十大"首席员工",2011年获评扬州市劳动模范。2012年4月获全国五一劳动奖章。 (凌月明)

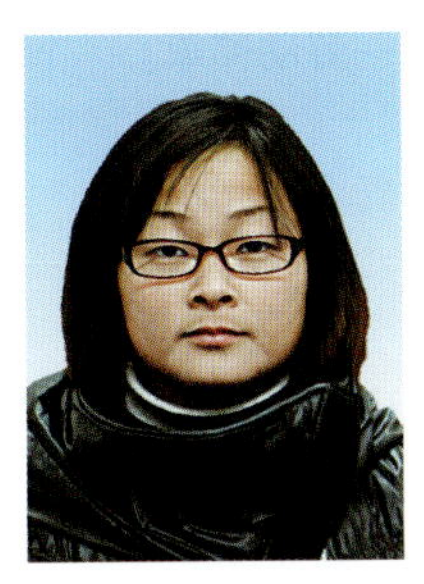

■**杨　莲**　女,1979年7月出生,江苏宜兴人,中共党员,大学学历,江苏石油勘探局试采一厂采油四队富18班采油工,高级技师。杨莲勤奋好学,练就"看出苗头、听出隐患、摸出病症"的绝活。她灵活运用所学知识,摸索出一套抽油机曲柄销子快速拆卸方法,将调冲程或更换曲柄销子时间缩短近1个小时;设计泵阀拆卸专用工具,避免注水泵维修过程中损坏阀体,每年节约材料费2万元;设计优化污油池热盘管流程,解决低温收油难问题,每年多回收污油50立方米,创造经济效益20多万元。2010年获中石化采油工技术比赛金牌,获评中石化青年岗位能手和江苏油田青年岗位能手,被记局一等功;2011年获评江苏省劳动模范。2012年4月获全国五一劳动奖章。 (凌月明)

■**丁克鸿**　男,1967年9月出生,江苏姜堰人,中共党员,博士研究生学历,江苏扬农化工集团有限公司研究所所长,研究员。丁克鸿一直从事化工技术研发工作,是第三批、第四批江苏省"333高层次人才培养工程"中青年科学技术带头人,先后研制出10多个新型高效环境友好农药品种和清洁工艺化工中间体。他开发的环氧氯丙烷新工艺,每年为公司新增产值12亿元、利润1.6亿元。先后在省级以上学术刊物发表论文10多篇,申请发明专利19件,获专利授权8件。2007年获评扬州市有突出贡献的中青年专家,2011年获评扬州市劳动模范。2012年4月获全国五一劳动奖章。

(凌月明)

■**陈　滨**　男,1962年9月出生,江苏南通人,中共党员,硕士研究生学历,扬州第二发电有限责任公司总经理、党委副书记,研究员。陈滨提出"挑战成本极限,快速应对市场,提升盈利能力,确保持续发展"的经营思路和"三电四煤"(电量要多、电价要优、电费回收要快,煤价要优、煤耗要低、煤质要好、煤量要多)工作方法,推行精细化管理模式,企业管理水平和盈利能力处于全国同类型企业前列,被省政府评为"十一五"节能工作先进单位,连续9年获"扬州市绿色企业"称号。2004年获江苏省五一劳动奖章,被评为连云港市劳动模范;2011年获评全国电力行业优秀企业家、扬州市十大明星企业家。2012年4月获全国五一劳动奖章。 (凌月明)

江苏省五一劳动奖章获得者

■**印斯佳**　女,1983年5月出生,江苏扬州人,中共党员,大学学历,江苏省电力公司扬州供电公司班长,助理工程师。她刻苦钻研业务,2009年参加江苏省电力公司客户受理员技能竞赛,获团体第二名、个人第一名;2011年代表江苏省电力公司参加国家电网公司供电服务技能竞赛,获团体第一名、个人第一名。她编写的《扬州供电公司收费作业指导书》成为扬州供电系统营业收费规范文本;完成的QC(质量管理)成果"降低新建小区的居民客户欠费停电率"让9万多户城区居民受益。先后获全国用户满意服务明星、江苏省技术能手、国家电网公司服务之星、国家电网公司劳动模范等称号。2012年4月获江苏省五一劳动奖章。 (凌月明)

■**高爱民**　女,1963年1月出生,江苏扬州人,中共党员,高中学历,扬州神舟汽车内饰件有限公司车间主任。高爱民参加工作20多年,摸索、总结出一条车间管理的成功路径。她建立健全车间各工位、各工段、各岗位责任考核管理制度,推行计件考核工资制,加大奖罚力度,增强考核透明度;建立师徒培训制,实行工资福利倾斜,鼓励一专多能、一人多岗和"传帮带";倡导学习型车间建设,定期开展班组培训、知识竞赛、岗位练兵活动;开展工艺技术和设备革新,提出自制板材吸塑设备构想,为公司节省设备购置费60多万元,累计为企业创造直接效益500多万元。2011年被评为江都市劳动模范、扬州市五一巾帼标兵。2012年4月获江苏省五一劳动奖章。 (凌月明)

■**顾承贵**　男,1965年10月出生,江苏扬州人,中共党员,职业高中学历,扬州市市政工程有限公司安全员,技师。顾承贵从事一线工作多年。担任施工员期间,他按图纸、按规范作业,严抓隐蔽工程、关键节点质量,工程质量得到甲方及监理单位肯定。担任机械操作工期间,他能做到听声音知故障,多次被评为驾驶先进个人和机械操作能手。担任专职安全员后,他经常到施工现场检查安全,发现隐患及时整改。先后被江苏省建筑安装协会、

扬州市城乡建设局、扬州市城建控股集团等单位评为安全生产先进个人，获评市建设产业工会文明职工标兵、扬州市环境综合整治先进个人。2012年4月获江苏省五一劳动奖章。 （凌月明）

■**徐万祥** 男，1979年2月出生，江苏高邮人，中技学历，海信容声(扬州)冰箱有限公司维修班班长。他组织班组成员改善报废点生产设备，百万个产品报废率由2010年的110个降至2011年的39个，降低生产成本，提高生产直通率；通过经常性的技术改善，停机率由0.45%降至0.39%。他坚持利用班前例会宣讲安全生产的重要性，定期组织安全培训，维修班保持工伤事故零纪录；加强对维修工技能培训，组织维修工交流工作心得，定期培训新进维修工。被评为扬州经济技术开发区文明职工、技术能手。2012年4月获江苏省五一劳动奖章。 （凌月明）

■**方 蕾** 女，1977年11月出生，江苏扬州人，大专学历，扬州万家福商城导购员。方蕾从事导购工作17年，刻苦钻研业务知识，爱岗敬业，长期坚持文明服务、微笑迎接、礼貌用语，认真倾听顾客需求，热情当好顾客参谋。她经常在商场打烊后主动加班加点，还经常放弃休息、休假，从不计较个人得失。由她担任导购员的商城一楼化妆品专柜和女鞋专柜都取得良好业绩。多次被商城评为优秀员工。2011年获评扬州市五一巾帼标兵。2012年4月获江苏省五一劳动奖章。 （凌月明）

■**巫晓军** 男，1977年4月出生，江苏句容人，中共预备党员，大学学历，苏中江都机场投资建设有限责任公司工程部部长，工程师。巫晓军先后从事房产评估、工程施工和监理等工作。2009年10月起，参与扬州泰州机场红线内工程、周边水系调整工程、集疏运道路工程和杆线迁建工程的施工管理和协调。为快速、有效处理工程建设中各种事务，他长期坚持吃住在板房；主动做好家属思想工作，让其离职照顾家庭，以便自己全身心投入到工作中去。2011年被评为扬州市优秀监理工程师。2012年4月获江苏省五一劳动奖章。 （凌月明）

■**辜伟节** 男，1955年5月出生，江苏涟水人，中共党员，大学学历，扬州市教育科学研究所所长，教授级高级教师。辜伟节从教20年，从事教科研究11年，先后主持国家级课题5项、省级课题8项，在40多种省级以上教育类报刊杂志发表专业论文150多篇，主编、参编各类专著和教材35种。有20多篇论文被中国人民大学《复印报刊资料》全文转载和目录转引，有16篇(本)论文、论著获省级以上奖项。先后获江苏省教育学特级教师、江苏省首批名教师、江苏省首批师德模范教师等称号，是享受国务院政府特殊津贴专家、江苏省有突出贡献的中青年专家、江苏省“333高层次人才培养工程”第二层次培养对象。2012年4月获江苏省五一劳动奖章。

（凌月明）

■**陈广保** 男，1955年5月出生，江苏仪征人，中共党员，大学学历，仪征大众联合发展有限公司党总支副书记，工程师。陈广保长期从事汽车制造技术开发和管理工作，具有丰富的工装工艺、技术质保工作经验，完成多项具有挑战性的工作任务。他通过技术创新、工艺改进，解决多项技术难题，改进多项操作流程，提高企业生产效率，累计为公司降低成本、创造效益600多万元。做好“传帮带”工作，累计带教出徒弟20多人。2010年获扬州市五一劳动奖章。2012年4月获江苏省五一劳动奖章。 （凌月明）

■**吴绍良** 男，1954年11月出生，江苏高邮人，中共党员，大学学历，高邮市总工会主席、党组副书记，政工师、经济师。在他带领下，2008—2011年，高邮市新建工会900家，发展工会会员3.4万人，创建成“示范基层工会”“星级基层工会”160多家；全市95%以上非公企业建立工资协商、集体合同及职代会制度，670多家单位获扬州市星级和谐企业称号。注重探索创新。推进基层工会规范化建设，推行非公企业工会主席直选，探索在乡镇、园区工会推行工会会员代表常任制，设立54个困难职工帮扶工作站(点)，完善市级、乡镇(园区、系统)、企业三级技能竞赛机制。先后被评为全国优秀工会工作者，扬州市职工职业技能竞赛优秀组织者、工会新闻舆论宣传先进个人。2012年4月获江苏省五一劳动奖章。 （凌月明）

■**周善红** 男，1968年8月出生，江苏扬州人，中共党员，大学学历，江苏万顺集团董事长，高级经济师。周善红2000年回乡创办江苏万顺集团，先后动员一批企业家回乡创业。在他的带领下，江苏万顺集团发展成为跨地区、多元化经

营的全国500强民营企业，有子公司12家、员工1.8万人，资产总额12亿元。集团每年吸纳扬州本地劳动力8000多人，为地方经济发展和农民增收致富作出贡献，被命名为江苏省民营企业就业先进单位。周善红先后捐赠近1000万元，资助当地贫困儿童就学，帮扶孤寡老人和困难家庭，支持修建镇村道路、桥梁等。先后被评为全国创业之星、江苏省优秀共产党员、江苏省劳务输出先进个人、扬州市十大杰出青年、扬州市十大杰出青年企业家、扬州市新长征突击手标兵。2012年4月获江苏省五一劳动奖章。（凌月明）

■**周维忠** 男，1969年11月出生，江苏仪征人，中共党员，初中学历，仪征市新城供电所抄收班副班长。周维忠在平凡的工作中，随叫随到、有求必应，被客户夸赞为“神行太保”。1995年起，他热心照料7名孤寡老人和五保户，累计花费1万多元。他用自己的工资帮助因缴不起电费请求断电的唐姓困难残疾人家庭缴纳电费10多年，并给予唐家儿子父亲般的关爱。2008年起，周维忠先后获扬州市“十佳文明职工标兵”“第七届精神文明建设新人新事”“十佳党员志愿者”“慈善之星”“扬州好人”，江苏省劳动模范，全国“百城市道德模范”、中国好人榜“乐于助人好人”等荣誉称号；获扬州市五一劳动奖章。2012年获评全省“三创三先”学雷锋先进典型、第九届江苏省十佳文明职工，并获江苏省五一劳动奖章。（管国祥）

■**李东峰** 男，1964年11月出生，山西忻州人，中共党员，大学学历，江苏省恒星钨钼有限公司副总经理，高级工程师。2006年，李东峰受聘负责企业钨钼新产品新工艺和新技术研发工作，带领团队研制出特高纯钼丝、掺钇钼系列产品和钼电极等10多种新产品，完成切割钼丝、纯钼丝和烧氢钼丝生产工艺改造。设计、研制的中频炉氢气回收装置获国家实用型专利，每年回收氢气36万立方米、节约成本100多万元。先后获扬州市科学技术奖三等奖、江苏省科技厅高新技术产品优秀专利奖，他研制的多元复合稀土掺杂钼获2012年第四届江苏省职工十大科技创新成果一等奖。2012年获江苏省五一劳动奖章，并获扬州市“首席员工”称号。（管国祥　凌月明）

江苏省五一劳动荣誉奖章获得者

■**杨林源** 男，1961年9月出生，台湾彰化人，大专学历，宝宏（扬州）制鞋有限公司执行经理。2004年起，杨林源协助台湾宝成国际集团在扬州经济开发区设立扬州宝亿制鞋有限公司、宝宏（扬州）制鞋有限公司、扬州宝进制衣有限公司等多家公司，解决大批城乡劳动力就业问题。他关注园区员工生活，建设职工活动中心，开辟职工书屋，帮助职工解决后顾之忧，为企业和谐发展做出较大贡献。2012年4月获江苏省五一劳动荣誉奖章。（凌月明）

■**刘福政** 男，1959年12月出生，台湾新竹人，硕士研究生学历，扬州暻泰车材实业有限公司副总经理，工程师。刘福政2010年担任公司副总经理后，加快新品开发速度，2010－2011年开发新灯41种，新灯产品投产256种；倡导技术改造、技术创新，先后获外观设计专利2件、实用新型专利8件，通过减损、节能、提升人员技能等途径，降低损耗，2011年节约750万元；强化质量管理，公司先后通过多项国内外认证，增强企业在海外竞争力，市场占有率从5%上升到8%。倡导人文关怀，组建工会组织，关心残疾人就业。公司先后获扬州市工人先锋号、劳动和谐企业、三星级基层工会、模范职工之家等称号。2012年4月获江苏省五一劳动荣誉奖章。（凌月明）

2012年度享受省部级、市级劳模待遇人员情况表

表35-1

姓　名	工作单位	受表彰情况	表彰单位	享受待遇
顾　敏	扬州市慈善总会	全国民政系统先进工作者	人力资源和社会保障部、民政部	省部级劳模
朱　梅（女）	宝应县妇联	江苏省妇联系统先进工作者	江苏省人力资源和社会保障厅、江苏省妇女联合会、江苏省公务员局	市级劳模
向昌庆	扬州市档案局	全省档案系统先进工作者	江苏省人力资源和社会保障厅、江苏省档案局、江苏省公务员局	市级劳模
金大华	高邮地税局第三税务分局	全省地税系统先进工作者	江苏省人力资源和社会保障厅、江苏省地方税务局、江苏省公务员局	市级劳模

续表 35-1

姓　名	工作单位	受表彰情况	表彰单位	享受待遇
吕建民	扬州地税局第四税务分局	全省地税系统先进工作者	江苏省人力资源和社会保障厅、江苏省地方税务局、江苏省公务员局	市级劳模
李志根	江都区殡仪馆	全省民政系统先进工作者	江苏省人力资源和社会保障厅、江苏省民政厅、江苏省公务员局	市级劳模
潘小宁	扬州市民政局	全省民政系统先进工作者	江苏省人力资源和社会保障厅、江苏省民政厅、江苏省公务员局	市级劳模
孟宪白	邗江区瓜洲镇民政办	全省民政系统先进工作者	江苏省人力资源和社会保障厅、江苏省民政厅、江苏省公务员局	市级劳模
陈义玲(女)	扬州市物价局	全省价格系统先进工作者	江苏省人力资源和社会保障厅、江苏省物价局、江苏省公务员局	市级劳模
彭桂华	中共扬州市邗江区委保密委员会办公室	全省保密系统先进工作者	江苏省人力资源和社会保障厅、江苏省国家保密局、江苏省公务员局	市级劳模
张长金(女)	扬州市委组织部	全省组织系统讲党性重品行作表率先进个人	中共江苏省委组织部、江苏省人力资源和社会保障厅	市级劳模
吴永生	宝应县农业委员会	全市粮食生产先进个人	扬州市人民政府	市级劳模
潘久发	宝应县农业委员会	全市粮食生产先进个人	扬州市人民政府	市级劳模
郭万胜	高邮市农业委员会	全市粮食生产先进个人	扬州市人民政府	市级劳模
郭登华	高邮市界首镇农业服务中心	全市粮食生产先进个人	扬州市人民政府	市级劳模
严玉华	仪征市农业委员会	全市粮食生产先进个人	扬州市人民政府	市级劳模
张永新	江都区农业委员会	全市粮食生产先进个人	扬州市人民政府	市级劳模
王　忠	江都区樊川镇人大	全市粮食生产先进个人	扬州市人民政府	市级劳模
李　群	邗江区农业委员会	全市粮食生产先进个人	扬州市人民政府	市级劳模
袁秋勇	扬州市农业委员会	全市粮食生产先进个人	扬州市人民政府	市级劳模
苏家富	扬州市农业委员会	全市粮食生产先进个人	扬州市人民政府	市级劳模
王兆良	扬州市粮食局	全市粮食生产先进个人	扬州市人民政府	市级劳模
杨正香(女)	扬州市财政局	全市粮食生产先进个人	扬州市人民政府	市级劳模
张志军	扬州市科技局	全市粮食生产先进个人	扬州市人民政府	市级劳模
苏　展	扬州市发展和改革委员会	全市粮食生产先进个人	扬州市人民政府	市级劳模
李章林	扬州市水利局	全市粮食生产先进个人	扬州市人民政府	市级劳模
高卫兵	扬州市农机局	全市粮食生产先进个人	扬州市人民政府	市级劳模
明道建	扬州市农业资源开发局	全市粮食生产先进个人	扬州市人民政府	市级劳模
季万红	宝应县农业技术推广中心	全市粮食生产先进个人	扬州市人民政府	市级劳模
李锦霞(女)	宝应县农业技术推广中心	全市粮食生产先进个人	扬州市人民政府	市级劳模
季长勤	宝应县望直港镇农业技术推广服务中心	全市粮食生产先进个人	扬州市人民政府	市级劳模
韩国路	高邮市作物栽培技术指导站	全市粮食生产先进个人	扬州市人民政府	市级劳模
稽瑞华	高邮市作物栽培技术指导站	全市粮食生产先进个人	扬州市人民政府	市级劳模
陈海新	高邮市植保植检站	全市粮食生产先进个人	扬州市人民政府	市级劳模
吴永方	仪征市植保站	全市粮食生产先进个人	扬州市人民政府	市级劳模
徐德金	仪征市新城农业综合服务中心	全市粮食生产先进个人	扬州市人民政府	市级劳模

续表 35-1

姓 名	工 作 单 位	受 表 彰 情 况	表 彰 单 位	享受待遇
仇圣荣	江都区农业委员会	全市粮食生产先进个人	扬州市人民政府	市级劳模
唐宝国	江都区农业技术推广中心	全市粮食生产先进个人	扬州市人民政府	市级劳模
火良余	江都区仙女镇农技推广站	全市粮食生产先进个人	扬州市人民政府	市级劳模
季陆鹰	邗江区农作物技术推广中心	全市粮食生产先进个人	扬州市人民政府	市级劳模
王少华	邗江区方巷镇农业综合服务中心	全市粮食生产先进个人	扬州市人民政府	市级劳模
郭 竹(女)	广陵区李典镇农业技术推广站	全市粮食生产先进个人	扬州市人民政府	市级劳模
张月平	扬州市土壤肥料站	全市粮食生产先进个人	扬州市人民政府	市级劳模
刘学儒	扬州市植保植检站	全市粮食生产先进个人	扬州市人民政府	市级劳模
杨荣伟	扬州市种子管理站	全市粮食生产先进个人	扬州市人民政府	市级劳模
蔡吕华	扬州市统计局	全市粮食生产先进个人	扬州市人民政府	市级劳模
康建鹏	扬州市气象局	全市粮食生产先进个人	扬州市人民政府	市级劳模
高德荣	扬州市农业科学研究院	全市粮食生产先进个人	扬州市人民政府	市级劳模
华占海	宝应县氾水镇牌坊村	全市粮食生产先进个人	扬州市人民政府	市级劳模
杨晓林	宝应县夏集镇双塘村	全市粮食生产先进个人	扬州市人民政府	市级劳模
梁星梅(女)	宝应县小兴滩农场	全市粮食生产先进个人	扬州市人民政府	市级劳模
孙宝成	宝应县山阳镇兴同村	全市粮食生产先进个人	扬州市人民政府	市级劳模
刘国兵	高邮市郭集镇邵庄村	全市粮食生产先进个人	扬州市人民政府	市级劳模
翁年新	高邮市三垛镇春生村	全市粮食生产先进个人	扬州市人民政府	市级劳模
林咸恺	高邮市郭集镇邵庄村	全市粮食生产先进个人	扬州市人民政府	市级劳模
吴广宏	仪征市大仪镇大巷村	全市粮食生产先进个人	扬州市人民政府	市级劳模
徐永峰	仪征市十二圩办事处沿江村	全市粮食生产先进个人	扬州市人民政府	市级劳模
袁福友	江都区邵伯镇镇南村	全市粮食生产先进个人	扬州市人民政府	市级劳模
唐 洪	江都区宜陵镇宜东村	全市粮食生产先进个人	扬州市人民政府	市级劳模
郑如宏	江都区小纪镇贾兴村	全市粮食生产先进个人	扬州市人民政府	市级劳模
陈春慧	邗江区槐泗镇酒甸村	全市粮食生产先进个人	扬州市人民政府	市级劳模
赵可仁	邗江区方巷镇合玉村	全市粮食生产先进个人	扬州市人民政府	市级劳模
陈继全	广陵区李典镇伏业村	全市粮食生产先进个人	扬州市人民政府	市级劳模

（王 晗）

江苏省有突出贡献的中青年专家

■ **何灿焜** 男，1974年1月出生，江苏靖江人，中共党员，大学学历，扬州锻压机床股份有限公司副总经理，高级工程师。他长期从事锻压机械成套设备及其自动化技术研发，2011年起，主持省科技成果转化专项资金项目1个，国家火炬、星火项目9个；作为第一完成人，获专利9件，其中发明专利1件；参与制订多项行业标准，担任多个行业、团体委员，并担任扬州大学兼职硕士生导师。2006年获评江苏省"333高层次人才培养工程"中青年科学技术带头人、扬州市有突出贡献的中青年专家。2011年获省科技进步奖二等奖1个。2012年获评江苏省有突出贡献的中青年专家。

（洪 齐）

■ **何继刚** 男，1958年11月出生，江苏扬州人，中共党员，大学学历，扬州大学附属中学副校长，教授级高级教师，江苏省特级教师，扬州大学兼职硕士研究生导师，江苏省中学数学教学专业委员会理事，江苏省教育督导团专家组成员，扬州市直中学数学

教研站站长。他从教30年,参加江苏省课件、教学、论文评比,获一等奖、二等奖10多项;主持省级课题5项、国家级课题1项;

在中国人民大学《复印报刊资料》《数学通报》等刊物上发表论文80多篇,被省教育厅评为江苏省基础教育课程改革先进个人。2002年获评扬州市有突出贡献的中青年专家。2011年被评为首届“浙、沪、苏”长三角地区教科研标兵。2012年获评江苏省有突出贡献的中青年专家。

(洪 齐)

■刘歆农 男,1961年2月出生,江苏扬州人,中共党员,大学学历,扬州市第一人民医院院长,主任医师、教授,硕士生导师,

江苏省医院管理学会药事委员会副主任委员。他从事外科临床、教学、科研及医院管理工作近30年。在他的带领下,2008—2011年,医院获批国家自然科学基金项目9个、省级自然科学基金项目10个;科研成果获2010年扬州市科技进步奖三等奖1个、2011年扬州市科技进步奖三等奖2个。2006年获评扬州市有突出贡献的中青年专家。2010年被评为江苏省优秀院长,2012年被卫生部评为全国医药卫生系统创先争优活动先进个人。2012年获评江苏省有突出贡献的中青年专家。

(洪 齐)

■马坤松 男,1967年3月出生,江苏高邮人,中共党员,大学学历,扬州宏远电子有限公司副总经理、总工程师,高级工程师、

高级经济师。主持完成国家级、省级项目12个,开发的14个系列产品被认定为国家重点新产品、江苏省高新技术产品。其中,交流变频缓腐蚀、多极化成复合氧化等技术在产业化应用中效果明显,低压电极箔系列产品质量达到世界最高水平,特高压电极箔产品填补国内空白。在《电子元件与材料》等杂志发表学术论文3篇。申请专利11件,获专利授权8件,其中发明专利授权5件。获中国产学研合作创新成果奖1个,江苏省科技进步奖三等奖1个,省级企业管理创新成果论文二等奖1个,扬州市科技进步奖一等奖、二等奖、三等奖各1个,高邮市科技进步奖一等奖、二等奖各3个。2006年获评扬州市有突出贡献的中青年专家。2012年获评江苏省有突出贡献的中青年专家。 (洪 齐)

■周 胜 男,1961年3月出生,河南郸城人,中共党员,博士研究生学历,扬州市职业大学校长,教授。他长期从事纺织材料设

计与检测等方面研究,主持国家教改项目1个、部级人文项目1个、省级科研项目2个、省级教改项目3个、市级科研项目2个,获省级教学成果奖一等奖1个、高等教育科研成果二等奖1个,在省级以上期刊发表论文20篇。1995年获全国优秀教师称号,2002年获评扬州市有突出贡献的中青年专家,2004年获评江苏省高校“青蓝工程”中青年学术带头人,2005年获江苏省“六大人才高峰”第二批高层次人才项目资助,2007年获评江苏省“333高层次人才培养工程”首批中青年科学技术带头人。2012年获评江苏省有突出贡献的中青年专家。 (洪 齐)

■周寿斌 男,1974年8月出生,江苏高邮人,中共党员,大学学历,江苏华富储能新技术股份有限公司总经理助理,高级工程师。他长期从事电化学及新能源前沿创新性研究,先后主持或参与国家火炬计划攻关项目3个、江苏省重大科技成果转化项目1个,参与制订国家标准2项,获专利授权5件(其中发明专利授权2件),15件发明专利进入

实审;获省(部)、扬州市科技进步奖9个,获中国国际专利与名牌博览会金奖1个,发表论文22篇;研发的产品中,2个被认定为国家重点新产品,15个被认定为江苏省高新技术产品,高原专用胶体蓄电池填补国内空白。2010年获评扬州市有突出贡献的中青年专家,2011年获评江苏省“333高层次人才培养工程”中青年科学技术带头人。2012年获评江苏省有突出贡献的中青年专家。 (洪 齐)

■朱军成 男,1966年7月出生,江苏宝应人,无党派人士,大专学历,华艺苑刺绣研究所艺术总监,研究员级高级工艺美

术师,江苏省工艺美术大师,扬州市非物质文化遗产项目乱针绣技艺代表性传承人。他从事刺绣研究20多年,采取对比着色、明暗度一次到位、中间色调转换的方法,节约三分之二的制作时间;创造出10多种新针法,拓宽刺绣题材制作范围,形成独特的刺绣风格和良好的视觉艺术效果。获全国工艺美术大师作品博览会金奖2个、铜奖3个、优秀奖1个,江苏省工艺美术精品博览会铜奖1个。2012年获评江苏省有突出贡献的中青年专家。 (洪 齐)

新闻人物

2012年扬州市城市贵宾

易 红 东南大学校长

胡怀邦 交通银行董事长、党委书记

闵春发 南京邮电大学党委书记

许立荣 中国海运(集团)总公司董事、总经理

叶俊宗　大连化工(江苏)有限公司总经理

朱建民　辽宁奥克化学股份有限公司董事长、总裁,江苏奥克化学有限公司董事长

李巧康　江苏康源纺织有限公司董事长

李远智　同扬光电(江苏)有限公司董事长

陆廷秀　中电电气集团董事长、总裁

陈家榕　江苏沿海钢铁集团副总裁、扬州市秦邮特种金属材料有限公司董事长

妮古拉·莱宾格·开米勒(女)　德国通快集团董事会主席、总裁

荒井正吾　日本国奈良县知事

舒　桦　保利协鑫能源控股有限公司执行总裁　(任　武)

2012年扬州市"十大功臣"

(由市委、市政府组织评选、表彰)

王长田　扬州(仪征)汽车工业园管委会主任

孙　岩　亚普汽车部件股份有限公司总经理

杨泽元　宝胜集团董事局主席

张洪程　扬州大学农学院教授

郑连元　扬州曙光电缆股份有限公司董事长

夏　勇　扬州供电公司总经理

谈　浩　海沃机械(扬州)有限公司执行董事

梁　勤(女)　扬州扬杰电子科技股份有限公司董事长

程顺和　中国工程院院士、江苏里下河地区农科所研究员

褚　勤　江苏江都建设集团有限公司总裁　(任　武)

扬州市更具影响力劳动模范

(由市委宣传部、市委组织部、市文明办、市总工会等单位组织评选、表彰)

陈先岩　全国先进工作者、扬州市公安局广陵分局副政委

胡春英(女)　建设部劳动模范、扬州公交总公司驾驶员

周业红(女)　江苏省劳动模范、扬州市业红足艺中心总经理

郑　翔(女)　扬州市劳动模范、广陵区文昌花园社区主任

郭祝山　江苏省劳动模范、扬州广陵区人民法院副院长

李　武　全国五一劳动奖章获得者,上汽公司仪征分公司党委副书记、工会主席

吴晶涛　江苏省先进工作者、江苏省苏北人民医院医学影像科主任

张玉松　江苏省劳动模范、江苏江都建设集团有限公司董事长

张福龙　全国劳动模范、江都区渌洋湖村党委书记

程顺和　江苏省劳动模范、江苏里下河地区农科所研究员、中国工程院院士　(任　武)

2012年"十大扬州好人(道德模范)"一览表

(由扬州精神文明建设指导委员会办公室、扬州报业传媒集团、扬州广电传媒集团组织评选,市精神文明建设指导委员会表彰)

表35-2

姓　名	单　位　及　职　务	主　要　事　迹
马玉剑	仪征人,南京理发店店主	身患重病仍先想到顾客,主动退还预付款
许祯祯	仪征市铜山办事处前进村党支部副书记	为山区200多名留守儿童讲授国学,弘扬传统文化
孙祖荣	江都区邵伯镇安装工	跳水救人不留名,20多天后才被偶然发现
吴秀红	邗江区康乐社区康乐新村小区摊主	身为特困户,却为社区10名困难家庭学生提供三年免费早餐
苗　颖	宝应县柳堡镇芦村幼儿园园长	坚守乡村幼儿园,让留守儿童享受优质教育与快乐
徐砺寒	扬州大学附属中学学生	剐蹭路边豪车后,等待车主不遇,留下道歉纸条
郭祝山	广陵区法院副院长	善解民意,化解矛盾,视当事人为亲人
韩仕英	江都区丁沟镇丁东村村民	不离不弃,倾心照顾植物人儿媳
管仲培	高邮市赞化学校学生	从围观人群中挺身而出,扶助倒地八旬老翁
颜彩霞	广陵区沙头镇三星村村民	为割肾救子跑步锻炼,终为儿子踏出希望之路

(王振祥)

2012年扬州市"十大见义勇为先进分子"一览表

(由扬州市委政法委、市委宣传部、市公安局、市见义勇为基金会组织评选,市政府表彰)

表35-3

姓　名	单　位　及　职　务	主　要　事　迹
孙　超	宝应县安宜镇西刘堡村农田承租户	冒着钢瓶爆炸危险,冲进火海救出房东老太
许虎山	扬州大学体育学院民族传统体育系学生	不顾个人安危,勇斗扒窃团伙
陆学华	扬州市江都区个体安装工	稳住失控客车,勇救一车旅客
张甲生	江阴市澄西船厂华尔新公司友邦队工人	客车起火后,临危不惧组织旅客撤离,自己最后一个下车

续表 35-3

姓 名	单 位 及 职 务	主 要 事 迹
周怀云	扬州市天平出租车有限公司驾驶员	巧妙周旋,协助警方擒获罪犯嫌疑人,英勇负伤
周玉明	扬州市汽车总站值班员	顽强搏斗,勇擒杀人凶犯
郑尧林	扬州市华新出租车有限公司驾驶员	深夜擒贼,英勇负伤
林光连	扬州市宏达出租车公司驾驶员	邻宅失火时,冷静应对,救出邻家祖孙,扑灭火灾
蒋 飞	扬州市广陵区湾头镇万寿村村委会工作人员	勇擒歹徒,腹部连中数刀
颜金栋	扬州市邗江区方巷镇沿湖村渔民	大运河上连救 3 名落水儿童

(王振祥)

国家级非物质文化遗产项目代表性传承人

■石庆鹏 男,1948 年 8 月出生,江苏扬州人,初中学历,江都国画笔厂厂长、中国文房四宝协会副会长、江都区文联工艺美术协会副主席,中国制笔艺术大师、扬州市工艺美术大师。石庆鹏自幼师从扬州水笔名师朱仲山、朱恩华,掌握扬州水笔制作全套工艺流程和技艺,并恢复失传数十年的扬州鼠须笔制作技艺。他制作的扬州水笔选料考究,工艺严谨,既有使用价值又有观赏和收藏价值。代表作有"湘江一品"毛笔、"宫廷一品"毛笔,其个人作品多次获国内外大奖。2012 年 12 月获准为国家级非物质文化遗产项目扬州毛笔制作技艺代表性传承人。

(王 克)

■王荣棠 男,1937 年 8 月出生,江苏扬州人,扬州市民间文艺家协会常务理事。王荣棠早年师从老艺人学工尺谱、竹笛,参加锣鼓小牌子乐队;1951 年任邵伯青年业余剧团副团长;1956 年进入江都县扬剧团,操竹笛、琵琶、秦琴、三弦等乐器;2001 年任甘棠文化中心乐队艺术指导。他在继承锣鼓小牌子"铙钹——水里冒葫芦""伸手揽月""单枪""蜻蜓点水""海底捞月"等传统技艺的基础上,创新发展,改进配器,体现各种乐器和打击乐的独特风格,丰富曲牌的表现力。2012 年 12 月获准为国家级非物质文化遗产项目邵伯锣鼓小牌子代表性传承人。

(王 克)

■高毅进 男,1964 年 11 月出生,江苏扬州人,大专学历,扬州市玉器厂总工艺师、中国珠宝玉石首饰行业协会副理事长,研究员级高级工艺美术师、中国工艺美术大师、中国玉石雕刻大师,扬州市有突出贡献的中青年专家。高毅进 1980 年起从事玉雕制作设计,将中国画创作技法引入玉雕,将现代艺术元素和手法融入传统技艺,擅长玉器器皿、仿古、走兽、杂件的设计制作,所雕之器简约、浑厚、典雅、大气。他创作的白玉《福寿如意》、碧玉《菊花龙盘》分获中国工艺美术大师作品暨国际艺术精品博览会金奖、银奖,墨玉《一路连科》获中国玉石雕精品博览会金奖。2012 年 12 月获准为国家级非物质文化遗产项目扬州玉雕技艺代表性传承人。

(王 克)

■薛春梅 女,1965 年 1 月出生,江苏扬州人,大学学历,扬州玉石料市场常务副总经理,研究员级高级工艺美术师,中国工艺美术大师、中国玉石雕刻大师,江苏省劳动模范,扬州市有突出贡献的中青年专家。薛春梅 1980 年进入扬州玉器厂从事玉雕制作设计工作,擅雕人物,尤其是仕女、孩童题材作品。她的作品造型整体统一、章法有序、深浅合体、虚实相间、聚散得当、疏密适通、外露内藏、动静互达,线条流畅自然,风格细腻、娟秀。她创作的翡翠《二十四桥》、白玉《人生如意·福泽千秋》获中国工艺美术大师作品暨国际艺术精品博览会特等奖,珊瑚《人生如意》获中国玉石雕精品博览会金奖。2012 年 12 月获准为国家级非物质文化遗产项目扬州玉雕技艺代表性传承人。

(王 克)

逝世人物

■陈国兴 男,江苏扬州市人,1927 年 12 月出生,1945 年 10 月参加工作,1946 年 11 月加入中国共产党,离休前任江都县民政局副局长(调研员)。1985 年 6 月离休,享受副地(局)级待遇。2012 年 2 月 11 日逝世。

(翁广琪 顾金龙)

■夏 达 男,江苏建湖县人,1923 年 5 月出生,1940 年 2 月参加工作,1940 年 5 月加入中国共产党,离休前任扬州市人民代表大会常务委员会副主任。1988 年 4 月离休,享受副地(局)级待遇。2012 年 2 月 12 日逝世。

(翁广琪 顾金龙)

附录

Fulu

本栏责任编辑　姚　震

文件选编

关于进一步推进民生幸福工程的意见

扬发〔2012〕1号

为加快"幸福扬州"建设进程，进一步做好改善和保障民生工作，提出如下意见：

一、全面实施居民收入倍增计划

1. 完善积极的就业政策。实施充分就业城市建设四项行动计划，全年城镇新增就业5万人，期末城镇登记失业率控制在4%之内。完善"15分钟就业服务圈"，健全"城乡一体、平台到村、联系到户、服务到人"的就业服务体系，村级公共服务平台建成率达100%；建设公共就业信息发布系统。加强对"4050"人员等就业困难群体的就业帮扶，48小时之内提供2～4组有效岗位信息；开展免费就业培训；邗江区、广陵区新增政府购岗500个，重点帮扶家庭困难和就业困难的高校毕业生就业。建立退役士兵自主就业经济补助标准自然增长机制，全面实行城乡一体化安置。建成高校毕业生就业见习基地150家。全年开展城乡劳动者职业技能培训3万人，开展职业技能鉴定并发证6.5万人次，新培养技师、高级技师2000人。

2. 大力鼓励扶持自主创业。健全鼓励扶持新办、发展小微企业的政策，建立导向明确、优惠的财税扶持体系，按照"非禁即入"的原则放宽市场准入和工商登记条件。全年新增个体工商户2.5万户以上，新办私营企业1.5万户以上。市本级设立1000万元以上的创业引导资金，用于补贴初始创业和创业培训，提供贷款担保，建设创业孵化基地。全年新发放小额担保贷款6000万元。新增大学生村官创业贷款5000万元、城乡青年创业贷款5000万元。全市开展创业培训4000人以上，推介创业项目200个，新建创业孵化基地10个。

3. 不断提高劳动报酬水平。实施事业单位绩效工资改革。按省政府规定及时上调企业最低工资标准。建立企业职工工资收入分配行政建议和行政函告制度，工资指导线增长基准线不低于省定标准。促进工资集体协商提质扩面，职工50人以上已建工会企业工资集体协商建制率达80%。完善企业职工工资支付保障机制，强化工资支付预警。

4. 大力推进农民增收工程。实行农业、就业、创业、物业"四业"富民。落实各项惠农支农补贴，推广先进农业生产技术，增加农村家庭经营性收入。扶持发展建筑业等富民产业，新增转移农村劳动力1.4万人。扶持薄弱村发展集体经济，到年底全市集体经营性收入5万元以下的208个薄弱村全部建成创收20万元及以上的物业、产业项目载体。深入开展"万企挂钩、万人结对、万户脱贫"帮扶活动，确保全市75%农村低收入农户到年底人均纯收入达3600元以上。

5. 着力提升低收入群体收入水平。启动实施城乡低保对象收入、农村五保供养水平、优抚对象抚恤水平、城镇困难职工补助等五年倍增计划。邗江区、广陵区、经济技术开发区、新城西区、蜀冈－瘦西湖风景名胜区城市低保标准统一提高到月人均400元，实行城乡低保标准一体化；其他县(市、区)城市低保标准不低于月人均370元，农村低保标准增幅不低于当地同期农民人均纯收入增幅。对低保对象中的单亲母亲给予增加20%低保金的补助。农村五保供养水平提高到上年度农民人均纯收入的45%，集中供养能力不低于80%。符合条件的特困职工年补助额增加400元，困难职工年补助额增加200元。市本级继续设立1000万元临时救助资金，开展专项性、应急性临时生活救助。

二、全面规划和启动实施美好城乡建设行动计划

6. 大力推动美好城乡建设。全面完成区域供水工程，农村区域供水覆盖率达100%，饮用水水质卫生监测率100%。研究制订并启动实施市域供水联网方案。全市20%村庄完成环境综合整治，有20个农村集中居住区达省定三星级"康居乡村"标准。新增开通镇村公交乡镇7个。新改建农村公路200公里，新改造农村危桥100座，加快宝应氾水大桥撤渡建桥项目建设，建成高邮北澄子河汤庄新王、卸甲南圩两个撤渡建桥项目。完成县乡河道疏浚土方1500万方，完成村庄河塘整治土方1000万方，恢复和提高农村引排标准；浚深丘陵山区当家大塘200个，增加蓄水量220万方；更新改造老化失修的小型泵站300座。

实施新沙滩、扇子圩河口水利血防工程。创建省市卫生镇5个、卫生村50个。新增无害化卫生户厕7.5万座,新建省级绿化示范村100个。

三、推进部分行政区划调整后民生均衡化

7.逐步统一市区民生标准。江都区、邗江区、广陵区新的民生项目全面实行"同城同步同标";原有民生项目标准不一致的,按照就高不就低原则,"一年厘清、三年补平",分年度逐步与市各项民生政策相衔接。广陵区社会保险五大险种从2012年起纳入市统筹管理。邗江区五大险种在两年内与市无缝对接到位。邗江区、广陵区统一新农合补偿政策。在规划方面,对江都区、邗江区、广陵区新的重大民生公用设施按"资源共享、布局合理"的原则实行统一规划管理。

四、建立覆盖全市居民的社会保障体系

8.建立统一的城乡居民养老保障体系。实施城乡居民社会养老保险制度,全面覆盖全市未参加企业职工基本养老保险的农村居民和不符合企业职工基本养老保险参保条件的城镇非从业居民,参保率和基础养老金发放率均达95%以上。扩大社会保障覆盖面,全市企业职工基本养老保险净增缴费3.2万人,参保覆盖率达98%以上。继续推进邗江区、广陵区、经济技术开发区、新城西区、蜀冈-瘦西湖风景区被征地农民参加社会养老保险,覆盖率达95%以上。实施第二轮企业退休人员免费体检工程。加快养老机构建设,市、县(市)各建成一所分别达300个、150个床位标准的公办养老机构,扶持发展民办养老机构,养老机构床位增长10%以上。发展居家养老服务,全市新建120个社区(村)居家养老服务中心,新扶持15个社区居家养老服务中心达省级示范标准。逐步为社区居家养老服务中心配备专职管理服务员。建设老年人应急寻呼系统,试点开展孤寡、空巢高龄老人探视服务。试点发展农村小型互助式老年集中居住生活区、小型托老所和幸福院。

9.不断提高基本医疗保障水平。全市城镇职工基本医疗保险、城镇居民基本医疗保险参保率稳定在98%以上,生育保险参保率达95%,工伤保险新增参保3.2万人。建立医疗、工伤、生育保险市级统筹,逐步实现基本政策、待遇标准、经办管理、定点管理、信息系统"五统一"。全市新农合参保率稳定在99%以上,新农合人均筹资标准提高到300元以上,政策范围内住院补偿比例达70%以上。全面实现新农合省、市、县联网,实现异地转诊人员即时结报,本地就医即看即报。全面完成医疗救助与城镇居民医保和新农合"一站式"结算平台建设,将低保对象、农村五保对象、享受民政部门定期生活补助的20世纪60年代精减退职职工、城乡重点优抚对象等四类对象纳入"一站式"即时救助范围,救助报销比例提高至50%以上。鼓励推动建有工会的企事业单位职工参加在职职工住院医疗互助会,市区新增会员1万人。

10.重视保障弱势群体基本生活。全市免费培训残疾人1500名,帮扶残疾人就业1000名,为特困残疾人家庭、市区零就业残疾人家庭购买政府公益性岗位100个;创建市级残疾人扶贫基地10个、县级残疾人扶贫基地50个,辐射带动1000名农村残疾人就业脱贫。新建市级残疾人创业基地10个、残疾人创业点50个,扶持400名残疾人自主创业。开展"千人千户助康关爱行动",为市区1000户贫困残疾人家庭免费提供康复知识读物、适配康复辅助器具、开展康复训练等服务,对全市贫困家庭7~18岁残疾人实施免费肢体矫治手术,对市区贫困重度精神病人住院医疗的个人自费部分予以补贴。对市特殊教育学校中学龄前残疾儿童和高中阶段残疾学生给予生活费补助。对市区享受廉租房政策的贫困残疾人家庭,两年内完成管道燃气初装费的补助。推进残疾人基本公共服务平台建设,设立社区残疾人康复训练室、文化活动室和日间照料室各20个。

11.构建适度普惠型社会福利制度。设立儿童福利指导中心,为孤残儿童、困境儿童及其家庭提供育儿知识普及、康复技能培训及寄养等服务。免除市区户籍死亡人员殡葬基本服务项目费用。

五、进一步稳定农产品供应及价格,抓好食品安全

12.持续推进菜篮子工程。全市新建10个大中型畜禽标准化养殖场。实施市区蔬菜批发市场迁建。邗江区、广陵区、经济技术开发区共新开平价蔬菜商店8家。加强主副食品价格监测,开展"全程晒价"和明码标价工作,加强价格调节基金的管理与使用,全年CPI涨幅不高于省均。完善并落实低收入群体价格上涨动态补贴机制。

13.健全食品安全监管体系。全面实行农产品质量安全市场准入制度。启动建设市场农产品联网检测监控系统。加强农产品安全追溯体系建设,建立索证索票和购销台账制度。开展生猪及其产品、乳及乳制品、食用油、食品添加剂等重点品种专项整治行动。建立流通领域食品安全快检中心,食品质量检测合格率较上年提高1个百分点。加强餐厨垃圾处理厂建设,推进餐厨垃圾集中处置。

六、进一步提高医疗卫生服务和管理水平

14.增强基层医疗卫生机构服务能力。全市城乡社区卫生服务中心(卫生院)标准化建成率达95%以上,11个重点中心镇乡镇卫生院建成省示范乡镇卫生院,全面实施一般诊疗费制度,社区卫生服务门急诊就诊比例达50%以上。实施基层全科医师培训工程。提高农村医疗卫生服务水平,加强对口支援,将专家社区坐诊制度扩展到乡镇卫生院;实施医疗卫生服务"乡村一体化"管理,对乡村医生每年每人培训不少于2次;村卫生室全部配置和使用基本药物,实行零差率销售。实施基本药物"身份证"管理和全品种抽检制度,实现日常监督检查、电子监管和抽检品种覆盖率达100%,抽检合格率达98%以上。开展基层药品质量大检查,以农村和城乡结合部为重点区域,以零售药店和基层医疗机构为重点对象,开展质量抽检1400批次以上,规范药品市场秩序。

15.提高公共卫生管理水平。实施10类41项基本公共卫生服务和7项重大公共卫生服务,全市居民电子健康档案建档率达60%以上,儿童计划免疫接种率保持98%

以上,实施农村孕产妇住院分娩补助和免费普服叶酸,孕产妇和婴儿死亡率控制在4/10万和4‰以内,逐步将中医药预防保健纳入公共卫生服务。健全以市急救中心、县级医疗急救分站、乡镇医疗急救点和相关医院组成的医疗急救网络,形成覆盖城乡"15分钟医疗急救圈"。建设市级区域卫生信息平台。优化公立医院服务,实施全年无假日门诊、扩大专家全日制门诊,办好惠民医院和惠民窗口。启用新的市惠民医院,启动苏北医院急诊中心和市中心血站建设,完成市一院东区门诊楼土建工程。

16.提高出生人口素质。实施"幸福家庭健康工程",对全市1万对夫妇、1万名孕妇、20万人次以上的育龄妇女进行优生优育健康检查。建立流动人口计生服务点20个。

七、进一步推进民生城建

17.系统改善市区公共交通。研究制定并组织实施文昌阁及周边区域交通改善方案。启动市区西部综合交通枢纽规划和建设。完善市区公共交通系统,新辟、调整公交线路12条,新建连运小区、甘泉新区公交停车场(首末站)2座,新、改建公交站亭50座。

18.大力实施清水活水工程。全面启动市区和各县(市)活水清水工程规划和建设工作。市区规划启动槐泗河调水工程,实施曲江公园水体活化工程和沙施河支流太平南河、丁家河和公园河整治。疏浚唐子城护城河,对已截污的仪扬河、高水河、黄泥沟、杨庄河、念四河、宝带河、玉带河进行清淤整治,对四望亭河同步进行河道截污及清淤整治。加大城市水系排涝能力,重点整治扬子江路、邗江北路、维扬北路、平山堂路、润扬北路、国展路等积水路段。加快城市污水设施建设,实施区域间管网联通工程,铺设改造污水管道40公里以上,新建江都北路、邗江北路、锦春路、建华路、健民路5座污水提升泵站。

19.加快完善城市功能性设施。启动六圩污水处理厂三期前期工作,继续推进第一水厂提标扩建工程;启动"川气东送"天然气门站建设。完善环卫设施,启动赵庄垃圾填埋场增容改造,市区启动建设建筑垃圾堆放场1座,配置分类收集的垃圾桶、果壳箱1000只(套),广陵区、新城西区各新建生活垃圾中转站1座。在市区主要景点周边、主干道沿线,邗江区新建公共厕所3座,广陵区新建公共厕所4座,经济技术开发区新建公共厕所1座,全部达到一类水冲式标准。建成市规划展示馆和市民中心并投入使用,加快市科技馆、妇儿活动中心、青少年活动中心、安全教育基地建设。新建小贩中心3个,规范便民摊点进社区管理,清理马路菜场。

20.加强环境保护和生态涵育。全力争创国家生态市。实施"蓝天工程",全年空气优良天数不少于320天。对县级以上水源地实施最严格的保护措施,确保饮用水水质达标率100%。全市绿化造林8万亩,森林抚育面积10万亩,市区新增绿地面积100万平方米以上。启动建设三湾城市公园。

八、进一步改善城镇居民居住条件

21.扩大住房保障覆盖面。提高住房保障对象收入限定标准,进一步调整完善住房保障政策。邗江区、广陵区、经济技术开发区廉租住房申请家庭人均月收入标准提高到850元,经济适用住房申请家庭人均月收入标准提高到1150元,低收入群体房屋租赁补贴人均月收入标准区间提高到850~1150元,中等偏下收入家庭申请公租房保障人均月收入标准提高到1600元。市本级新建廉租住房200套、经济适用住房1000套、公共租赁住房500套(间),邗江区新建公共租赁住房1100套(间),广陵区新建公共租赁住房1200套(间),经济技术开发区新建公共租赁住房1000套(间)。建立健全房管、监察、财政、民政、物价等部门联席会议制度,加强对公租房、廉租房保障对象的动态管理和年度审核,建立、完善住房保障退出机制。积极推进集中解决2011年底前已实施征收、拆迁项目腾仓过渡期满未安置和拆迁安置房交付后土地证、房产证"两证"未发放的问题。

22.大力改善居住条件。邗江区、广陵区实施公有住房解危6万平方米,其中异地搬迁解危2万平方米;全面完成1996年以前建成的建筑面积在2万平方米以上的老小区综合整治工程,整治面积达130万平方米;规划并启动改造2万平方米以下的零散小区。改造"城中村"15处。完善住房公积金制度,邗江区、广陵区新增公积金缴存职工2.5万人。着力提升物业服务管理水平,住宅小区物业管理覆盖率达85%。在邗江区、广陵区有老旧小区的街道(乡镇)、社区分别建立物业服务中心和分中心,新增老旧小区实施基本物业服务面积150万平方米。

九、进一步推进教育均衡化发展

23.不断完善优质教育体系。大力发展学前教育,全面实施乡镇中心幼儿园达省标工程,新设幼儿园均按优质园标准建设,省级优质幼儿园比例达70%以上,全市学前三年幼儿入园率达96.5%以上。广陵区、邗江区各新增1所公办幼儿园。市直完成中小学校舍安全工程年度改造任务。加快普及优质高中教育,新创省三星级以上普通高中2所,在省三星级以上高中就读的学生比例80%以上,高中阶段毛入学率保持99%以上。加强校园安全和接送学生车辆安全管理,建立学校接送学生车辆长效安全保障责任机制。

24.切实提高教育帮扶水平。抓好农民工子女教育,实施留守儿童关爱工程,确保农民工子女100%入学和100%享受义务教育。新结对共建城乡中小学50所,农村中小学校与城市优质学校的结对共建率达90%。提升"宏志"教育水平,全市新招收中小学"宏志班"20个。

十、大力实施文体惠民工程

25.加快健全公共文化服务体系。城市文化信息资源共享工程社区基层服务点覆盖率100%,新建农村村级文化广场200个。新建市图书馆分馆3个,加快数字图书馆、流动图书馆建设,健全市图书馆网上预约、社区配送等制度。新增有线电视用户1.5万户,实现数字电视转换10万户。全年送演出展览进社区24场,举办公益性文化艺术讲座24场,组织各类公益性演出100场。推进市文化馆、图书馆、博物馆、美术馆免费开放工作,市文化艺术中心举办美术展览不少于 12 期、公益性音乐会 10 场。开展“扬州之春”艺术周、“周周看扬剧”以及市音乐厅“市民开放日”、市第七届群众文艺新作调演等群众文化活动。为市区每个住宅小区、市民广场、大中专院校免费建设新型阅报栏、提供 1 份党报。规范发展广场舞活动,市区举办广场舞辅导员培训班 8 期。

26. 大力推动全民健身场所建设。邗江区、广陵区、经济技术开发区各规划新建 1 个区域性体育健身中心。启动城市社区“10 分钟健身圈”建设,基层健身站点覆盖率达 100%。加快城乡社区(村)健身路径器材的配置更新。举办第十一届全民健身体育节、元旦长跑、假日体育、鉴真国际半程马拉松赛等群众性体育健身活动。

十一、进一步夯实社会管理基础

27. 全面提升社区服务水平。新建社区服务中心 15 个。提升社区自治管理水平,村委会、居委会依法自治达标率分别达 97%、96%。实施社区工作者轮训工程,完善社区工作的考核奖励机制。持续推动文明社区创建,巩固文明城市创建成果。

28. 建设更高水平的平安扬州。推进社会管理综合治理,壮大群防群治力量,“技防入户” 工程城镇入户率达 60%以上、农村达 40%以上。坚持严打严防刑事犯罪活动,万人刑事案件发案率控制在 80 件以下。推动实施流动人口居住证制度。狠抓安全生产,重大事故隐患按期整改率 100%;企业主要负责人、安全生产管理人员和特种作业人员等“三类人员”培训 3 万人以上。加强道路交通安全监管,万车死亡率不超过 4.45,重点整治规范渣土车运输管理,严格市场准入制度,健全管理网络平台和禁行区制度。推进消防安全“防火墙”工程,坚决整治火灾安全隐患和防止重大火灾事故。

29. 积极化解社会矛盾纠纷。着力推进法治文化名城建设,市级民主法治村(社区)建成率达 95%以上。加强人民调解组织建设,各类社会矛盾纠纷调解成功率达 91%以上。提高市级法律援助补助标准,全市省级法律援助机构规范化示范窗口比例达 50%以上,设立市法律援助基金会。加强社区矫正和刑释解教帮扶机构、队伍建设,推进“两类人员”专业化管理。

中共扬州市委
扬州市人民政府
2012 年 1 月 3 日

关于印发《沿江地区融合发展行动计划》的通知

扬发〔2012〕38 号

《沿江地区融合发展行动计划》已经市委常委会讨论通过,现印发给你们,请按照行动计划要求和责任分工,结合本地、本部门实际,认真贯彻落实。

中共扬州市委
扬州市人民政府
2012 年 6 月 9 日

沿江地区融合发展行动计划

(2012—2015)

为促进扬州沿江地区在空间、产业等方面的有机融合,将扬州打造成为长三角核心区北翼具有重要影响力的中心城市,制定本行动计划。

一、总体目标

大力实施沿江地区融合发展战略,进一步优化城市空间结构和产业布局,着力构建功能完善的城市基础设施平台,打造具有开放性竞争力的现代产业体系,推进公共服务优质均衡化发展。通过融合发展、重点发展、统筹发展、精明发展,把扬州沿江地区打造成为城市魅力彰显、人文环境优越、产业特色鲜明、具有综合竞争实力的沿江都市区,加快建设古代文化与现代文明交相辉映的世界名城。

二、主要思路

1. 聚合空间。坚持组团布局、集聚发展模式,进一步优化空间布局,加快建设功能完善、分工明确、优势互补的城市功能区。

2. 改善区位。突出交通先导,加快对接长三角一体化和宁镇扬同城化,推进重大基础设施项目建设,推进沿江地区全面融入苏南、接轨上海。

3. 错位竞争。围绕科技创新和产业转型升级,充分发挥各地区位和产业优势,进一步优化产业布局,大力发展现代服务业、高新技术产业和高效农业,全面提升城市产业竞争力。

4. 统筹发展。以公共服务均等化为核心,合理布局、加大投入,推进城乡社会保障有机衔接以及医疗教育、文化体育等公共产品均衡供给。

三、重点工作

1. 强化引导,推进沿江地区空间的有机融合

采用“组团布局、集聚发展”的布局方式和“工住平衡、产城融合”的发展模式,进一步打通城市东西向发展通道,强化南北发展联系。围绕“厂往两边摆,人往中间来”,推进产业布局优化、人口向中心城区集聚。重点推动大型工业基地向沿江两翼集中,仪征重点发展汽车、化工产业,江都重点发展船舶制造、重工业;城区边缘布置都市型农业和高新技术产业,中心城区重点发展现代服务业。强化主城区与江都城区聚合发展,推动仪征城区向东拓展,促进沿江地区空间与功能整合。加强江广融合地带的规划设计,加快广陵新城和三河六岸片区建设,初步形成新的城市核心区。加快新城西区和仪征滨江新城建设,形成西部未来城市融合发展的平台。合理利用岸线资源,按照“深水深用、浅水浅用”的原则,合理确定沿江生产岸线、生活岸线和生态岸线的功能分布,通过集约布局、纵深发展,提高岸线的投资强度和利用效率。

2. 统筹安排,提高沿江地区基础设施的承载能力

交通。全力推进“长三角一小时,宁镇扬半小时”区域快速交通圈建设。加快构建“一环七射”高速公路网,突出区域主通道和跨江大桥建设;构建“一横一纵一联”铁路网,突出铁路的跨江联网;构建“两横两纵”航道主干网,

突出航道整治提升；壮大“一港三区”长江港口群，提升内河港扬城港区发展质态。加快扬州泰州机场航空口岸开放；推进连淮扬镇铁路、宁启铁路复线电气化改造及通勤化班次增设，加强宁扬和扬镇城际轨道交通的规划研究及线位控制；预留控制龙潭、润扬、五峰山过江通道。加强沿江地区的空间联系，加密东西向交通通道，构建“三环十纵十横两个枢纽”内部交通体系。加快推进江广高速扩容、扬宿高速、328国道连接线、文昌路东西延、新万福路、扬仪路、扬子津路和江阳路快速化改造等项目实施，启动都市区轨道交通规划研究。

水利。加强流域、区域和城市防洪排涝体系建设。加快淮河入江水道整治、长江河势治理，实施古运河瓜洲段等8条(段)骨干河道整治，建成乌塔沟分洪道工程。加强水资源优化配置和供给体系建设，实施江都通南“西引东排”水源调配工程和中心城区、仪征丘陵山地邵伯湖水源调配工程。加强水资源保护和水生态修复体系建设，加快区域输水干线老通扬运河、古运河、仪扬河、槐泗河清水通道建设，实施高水河、芒稻河、长江、廖家沟水源地保护和达标建设以及西夹江备用水源地工程。

城建。加快市政公用和功能性设施建设，提高市民生活的便捷度和舒适度。着力推进公用设施建设，组织实施第五水厂二期、六圩污水处理厂三期、第一水厂扩建等项目，规划建设“川气东送”扬州门站。积极完善功能设施，加快推进市民中心、文广中心、科技馆、规划馆的建设，促进广陵新城行政服务、商务服务中心的形成。完善提升新城西区城市副中心功能。加强古城保护，积极推进瘦西湖区域环境改造和景观恢复工程，全面开通古运河城区段水上游览线。加大文昌路沿线改造和开发力度。持续推进精致建设、精致管理，进一步彰显城市特色，提升城市形象。

3. 错位发展，促进沿江地区产业的优势互补

现代高效农业。重点发展设施蔬菜、花卉苗木等都市型农业，做强农产品加工流通，做优休闲观光农业，做特水产水禽业、调控畜禽养殖业，着力打造沿江、环湖、沿路和丘陵四大农业板块。依托农业特色产业开发农业旅游、农业庄园、主题农业园。突出农业特色产业基地建设，发展设施农业基地50万亩，设施渔业养殖基地5万亩，标准化规模畜禽养殖基地20个，生态苗木基地20万亩，建立市级以上现代农业产业园区10个，力争创成国家现代农业示范区1个。

先进制造业。围绕汽车船舶、石油化工、机械装备三大主导产业的上下游贯通和关联配套，在产业高端环节增粗接长上取得新突破。装备工业加快做大“三个三”产业基地，邗江、江都、广陵三个机械制造集聚区机械产业总产值达1000亿元，仪征、北山、江都三个汽车及零部件基地汽车产业总产值达1500亿元，江都、广陵北洲、仪征三个船舶工业园船舶产业总产值达1000亿元。加快发展“三新一网一书”和节能环保等新兴产业，加大力度培育生物技术和新医药、物联网和新一代信息技术、高端装备制造等新领域。以经济技术开发区为核心打造绿色新能源、半导体照明、智能电网和电子书特色产业基地，在邗江区规划建设生物医药产业园。

现代服务业。大力实施《九大产业提速发展行动计划》，打造扬港集团、邗江汇银家电等大型企业，力争形成江苏省服务业百强企业10家。推进服务业集聚区和载体建设，主城三区和经济技术开发区建成20万平方米以上、仪征市建成10万平方米以上的科技产业综合体；主城三区建成300房、300人会议室，仪征市建成200房、300人会议室的五星级酒店；新城西区快速形成2000人会议、1000人食宿的会议联合体，规划建设大型会议和高端展览中心。

4. 共建共享，推进沿江地区城乡一体化及公共服务均等化

以主城区以及仪征城区、重点中心镇为重点发挥集聚和辐射效应，以公共服务均等化为核心推进城乡统筹，加快沿江地区城镇化进程。建立健全覆盖城乡的养老、医疗、失业、工伤等社会保障体系。进一步整合社会保险资源，加快推进沿江地区政策制度统一、基金管理统一、待遇标准统一、信息系统统一。邗江区2年内、江都区3年内实现政策制度和待遇标准并轨。实行医疗、生育、工伤保险市级统筹，仪征市通过调剂金的形式纳入市级统筹管理，实现“一卡结算、全市通用”。进一步优化学校布局，优质均衡配置教育资源。加快沿江地区卫生基础设施和功能设施统筹规划建设，进一步提高医疗卫生服务的可及性和公平性，推动农村卫生机构向社区卫生服务机构转型。整合沿江地区公共文化设施资源，扩大文化惠民覆盖范围。合理规划布局沿江地区全民体育健身设施，加快体育产业发展步伐。

四、保障措施

1. 强化组织协调。成立由市领导为组长的沿江地区融合推进工作领导小组，下设办公室，负责统筹沿江地区空间、功能设施和产业的整合，统筹推进跨区域重大项目建设。

2. 强化规划引领。加强对沿江地区空间布局和产业发展的研究，确保空间结构、基础设施、产业发展等专项规划的有机衔接，编制重点项目建设计划，明确年度发展重点，促进规划目标的落实。

3. 强化体制创新。完善政府分级管理体制，按照财权与事权相匹配、与发展相对等的原则，进一步调整和明确市、区(市)两级事权、财权。根据沿江地区不同功能分区的发展方向、发展要求，以差别化考核导向促进特色发展、可持续发展。加大规划设计、建设市场的对内、对外开放力度。

4. 强化要素保障。明确沿江地区为重点开发区域，加快推进沿江地区重大项目建设。优化土地供应模式，强化土地利用规划整体管控。创新投融资方式，保证项目建设资金需求。加大环保设施投入，加快建立生态补偿机制，增强重点开发区域环境容量。

5. 强化目标考核。建立年度考核、中期评估、期末评价的工作机制。每年对相关地区和部门的目标任务及重

点项目完成情况开展检查考核。中期对实施情况进行评估，分析计划实施效果，针对实施中遇到的问题制定对策建议。计划实施的末期，对实施情况进行总体评价，客观分析相关地区、部门对计划的实施情况，并根据考核情况进行奖惩。

关于印发《扬州市重大项目建设行动计划》的通知

扬发〔2012〕40 号

现将《扬州市重大项目建设行动计划》印发给你们，请按照行动计划要求和责任分工，结合本地、本部门实际，认真贯彻落实。

中共扬州市委
扬州市人民政府
2012 年 6 月 12 日

扬州市重大项目建设行动计划

重大项目是发展经济、改善民生最有效的抓手，是经济增长的“生命线”、转型升级的“支撑点”。为推进重大项目建设，促进我市经济社会又好又快发展，特制定本行动计划。

一、指导思想

牢固树立“项目为王”理念，通过实施“基础设施完善、城建民生提升、产业结构优化”三大工程，发挥重大项目对全市经济社会发展的带动支撑作用，加快形成“基础设施网络、基本公共服务和现代产业”三大体系，推进我市科学发展、和谐发展、率先发展，为推进“两个率先”、建设“三个扬州”、实现“四个提升”提供坚实的基础。

二、目标任务

2012—2015 年，按照单体投资规模工业和服务业项目总投资 10 亿元或 1 亿美元以上、农业项目总投资 1 亿元以上、其他项目总投资 5 亿元以上的标准，预期安排重大建设项目 226 个，总投资 4062 亿元。其中续建项目 90 个，新建项目 74 个，在谈和意向项目 62 个。预期 2015 年底前竣工 160 项，其中 2012 年 32 项、2013 年 60 项、2014 年 47 项、2015 年 21 项。

三、重点工作

1. 基础设施完善工程。重点构建比较完备的交通、能源、水利网络，加快形成结构优化、功能完善的现代基础设施网络体系。2012—2015 年预期实施重大项目 34 个，总投资 948 亿元。

（1）交通。围绕构建“长三角一小时、宁镇扬半小时”区域快速交通圈，主攻快速便捷轨道交通体系建设；围绕构建市域“236”便捷交通圈（即重点产业园区、AAA 级以上风景区以及主要城镇节点 20 分钟上高速、30 分钟到火车站、60 分钟到机场），加快国省干线公路和重要连接线建设；围绕实现客运零距离换乘、货运无缝隙衔接目标，加快客货运综合枢纽建设；围绕构建宁镇扬长江组合港目标，加快“一港三区”和内河港口建设。2012—2015 年预期实施宁启铁路复线及电气化改造、沪陕高速、江都港 3—5 号泊位及海螺、泰富码头、省道 237 和省道 333 等重大项目 7 个，推进连淮扬镇铁路、宁扬和扬镇城际轨道交通、京沪高速公路扩容、西北绕城高速公路扩建工程等重大项目 8 个，总投资 542 亿元。

（2）能源。围绕优化能源结构和增强能源保障能力，积极推进电源点扩容、电网升级改造、风力发电和分布式能源建设。2012—2015 年预期实施 50 万伏扬州西、22 万伏输变电、华电仪征 3×200 兆瓦燃机热电联产、华电扬州天然气发电、高邮 4×180 兆瓦燃机热电联产、高邮湖风电场等重大项目 6 个，推进 50 万伏扬州北、二电厂三期、华电维扬和华电江都分布式能源、仪征联众 2×200 兆瓦和宝应协鑫燃机热电联产、宝应湖风力发电等重大项目 7 个，总投资 352 亿元。

（3）水利。围绕扬州市中心城区防洪 100 年一遇，江都、仪征城区及长江、淮河等流域防洪 50 年一遇，其他县级城市和区域性骨干河流排涝 20 年一遇的标准，加强城市防洪、流域防洪和区域防洪排涝体系建设。2012—2015 年预期实施淮河入江水道、槐泗河和古运河综合整治工程等重大项目 3 个，推进长江镇扬河段三期、古运河外排泵站和唐子城河道水系恢复等重大项目 3 个，总投资 54 亿元。

2. 城建民生提升工程。组织实施完善城市交通设施、公共服务设施、城市功能设施和重大民生工程项目，加快形成布局合理的城市基础设施、功能设施和服务设施体系。围绕构建“一体两翼”快速通道和环古城、环主城区的城市快速道路，健全完善快速路和主、次干道等层次分明的城市路网体系；结合火车站和火车东站布局，建设城市西部和东部交通枢纽；开展城市轨道交通规划研究。加快推进广陵新城建设，规划建设行政中心、市民中心、文广中心、妇女儿童活动中心、科技馆、规划馆，推进金融集聚区、软件和信息服务业基地、科技研发中心和商务中心建设；实施古城保护、历史街区整治、唐子城大遗址保护利用和瘦西湖世界级公园建设工程。2012—2015 年预期实施瘦西湖隧道、文昌路东延、扬菱路、三湾城市公园、328 国道连接线等重大项目 8 个，推进江阳路快速化改造、文昌路西延、城市轨道交通、新万福路等重大项目 4 个，总投资 304 亿元。

3. 产业结构优化工程。组织实施一批推动经济发展方式转变和产业结构优化升级的重大项目，加快形成技术先进、特色鲜明的现代产业体系。大力实施“530”行动计划（即 5 年之内再引进世界 500 强企业 30 家）和国内百强民企招引计划。2012—2015 年预期实施重大项目 180 个，总投资 2810 亿元。

（1）大力发展现代农业。推进粮食高产增效、高效设施农业、农业产业化、农产品质量安全等八大工程。每个县（市）和主城三区形成 1～2 个 50 亿元产值连片农业特色产业基地。2012—2015 年，重点实施江都设施园艺、宝应有机农业、高邮特色水禽、仪征生态农业、邗江水产水禽、广陵食品加工等农业特色产业基地重大项目 11 个，总投资160亿元。

(2)大力发展先进制造业。确保沿江总投资100亿元、沿河总投资50亿元的项目群全覆盖。做强做优主导产业,围绕汽车船舶、石油化工、机械装备三大主导产业的上下游贯通和关联配套,在推动产业链向高端延伸上取得新突破。汽车船舶工业重点实施上海大众30万辆整车、潍柴亚星、九龙客车、江淮轻卡及皮卡、中海造船等重大项目,石油化工产业重点实施远东仪化200万吨PTA、长连化工35万吨醋酸乙烯、奥克化学20万吨环氧乙烷及衍生物等重大项目,机械装备产业重点实施宝胜集团特种电缆、江苏一水重工液压成套设备、巨超重工挖掘机等重大项目。加快发展新兴产业,围绕"三新一网一书"、生物医药、节能环保等新兴产业,招引和实施一批补链扩链型项目,建设绿色新能源、半导体照明、智能电网、电子书国家级产业基地。重点实施晶澳三期、天威、中电电气等重大项目。2012—2015年,预期实施工业重大项目112个,总投资1625亿元。

(3)大力发展现代服务业。围绕到2015年全市服务业增加值占比、服务业人员占比达到"两个48%"的目标,大力实施服务业九大产业提速发展行动计划。主城三区和开发区建成20万平方米以上、三个县(市)10万平方米以上的科技产业综合体,主城三区建成300房/300人会议室、其他县(市)建成200房/300人会议室的五星级酒店,新城西区快速形成2000人会议/1000人食宿的会议联合体,规划建设大型会议和高端展览中心。2012—2015年,预期实施服务业重大项目57项,总投资1025亿元。

四、保障措施

1.完善领导推进机制。成立市委、市政府主要领导担任组长的重大项目建设领导小组,同时设立市重大项目推进办公室,专职从事重大项目建设的协调服务、督查推进和考核奖惩工作。市发改委(重大办)负责重大项目年度计划制定、立项审批、向上争取和竣工验收评价等工作。建立市四套班子领导挂钩联系重大项目制度,市领导每月定期赴联系点调研工作,加强所联系项目进展情况的督查和相关问题的协调。各地、各部门相应建立重大项目建设的组织协调机构,形成横向到边、纵向到底、覆盖全市的工作网络和责任体系。

2.健全信息通报机制。建立重大项目库和网上报送平台,定期汇总分析重大项目进展情况。建立重大项目建设现场视频监测体系,对在建重大项目进行24小时实时监测,直至竣工投产。建立重大项目建设推进情况月报制度、分析通报制度和重大问题专报制度,每月的第一个工作日在市主要媒体公布上月新签约、新开工、新竣工、新投产重大项目情况。

3.建立要素保障机制。针对重大项目的引进、审批、建设等关键环节,研究出台保障、服务细则和政策措施,确保入库的重大项目享受市级层面的所有优惠政策,确保扬州在省内做到对重大项目的各类政策最优惠、各项服务最到位。整合各类行政服务资源和社会服务资源为重大项目建设服务,积极搭建企业与银行、高校、科研院所等方面的合作平台,切实做好土地"点供"、环评等对接服务工作,优先安排与重大项目建设配套的城市基础设施、公共服务设施项目。

4.强化督查考核机制。研究出台重大项目目标管理、监督检查、考核奖励、责任追究等规范性文件。每年年初排出年度重点组织实施的重大项目,一月一上报,一季组织一次汇报会,半年组织一次现场观摩,年终进行考核奖惩。对各地各部门重大项目完成情况和服务质量进行考评,考评结果纳入机关目标管理作风建设综合考评和县(市、区)党政正职考核。对未能及时完成重大项目推进任务的,要查找原因,通报问责。对在实施重大项目建设工作中,不正确、不及时、不有效履行职责的,要进行责任追究。

关于印发《扬州市城乡居民收入倍增行动计划(2012—2016)》的通知

扬发〔2012〕48号

《扬州市城乡居民收入倍增行动计划(2012—2016)》已经市委常委会讨论通过,现印发给你们,请按照行动计划要求和责任分工,结合本地、本部门实际,认真贯彻落实。

中共扬州市委

扬州市人民政府

2012年7月12日

扬州市城乡居民收入倍增行动计划

(2012—2016)

根据省委、省政府《关于实施城乡居民收入倍增计划的意见》精神,为认真落实市第六次党代会工作部署,促进我市城乡居民收入持续较快增长,加快推进"幸福扬州"建设,制定本计划。

一、主要目标

以2011年为基数,到2016年实现城乡居民收入倍增,城镇居民人均可支配收入达49560元,农民人均纯收入达22440元。

二、工作举措

(一)打造充分就业城市,逐步优化就业结构

促进城乡劳动者充分就业。大力推动充分就业城市建设四项行动计划,到2016年,全市五年累计开发就业岗位45万个,新增城镇就业25万人,转移农村劳动力10万人,城镇登记失业率控制在4%以内,农村劳动力转移就业率稳定在80%以上。实施积极的就业政策,推动公益性岗位开发计划,重点解决高校毕业生、农村富余劳动力、城乡就业困难群体就业。(人社局)

逐步优化就业结构。重点实施制造业八大产业振兴行动计划、服务业九大产业提速发展行动计划和建筑业"十百千万"行动计划,以产业结构的优化升级促进就业结构的优化提升。到2016年,年收入5万～10万元收入

群体占劳动者的比例达40%以上。(发改委、经信委、建设局、统计局)

优化公共就业服务。加快建设形成“城乡一体,平台到村(社区),联系到户,服务到人”的就业服务体系。健全面向全体劳动者的职业培训制度,开展“百万职工大练兵大比武”岗位技能提升工程,全市每年培训城乡劳动者2万人以上,开展职业技能鉴定并发证6.5万人次。对有就业要求的初高中毕业生实行3～12个月的免费培训。(人社局、经信委、总工会)

(二)大力推动创业,鼓励更多的劳动者创业致富

大力发展私营个体经济。吸引更多的大中专毕业生、高校和科研院所研究人员进入创业队伍,鼓励农村基层干部和党(团)员干部带头创业,鼓励“凤还巢”回乡创业,吸引更多的本地能人经商办企业。全市私营企业每年以10%的增幅净增长,到2016年,私营企业累计达8万户,每万人拥有私营企业数达170户。(工商局)

积极推动科技创业。制订实施科技创业家培养计划,不断推进科技产业园、留学人员创业园、企业研发中心等载体建设,促进科技成果转化。发展科技小贷和科技保险业务,到2016年全面覆盖省级以上开发区和科技创业园区。(人社局、科技局、金融办)

全面落实创业扶持政策。加强创业信贷支持,对自主创业人员创业给予最高不超过10万元的小额担保贷款,对微利项目给予全额贴息,非微利项目贴息50%。鼓励商业银行加大对中小企业的融资贷款,对符合条件的劳动密集型小企业贷款,200万元以下部分给予50%的贷款贴息。加大税费扶持,对持《就业失业登记》人员从事个体经营的(除特殊行业外),按规定每户每年享受8000元限额依次扣减其当年实际应缴纳的营业税、城市维护建设税、教育费附加等;免征月营业额或销售额2万元以下的个体工商户的营业税或增值税;自2012年1月1日至2016年12月31日,对年应纳税所得额6万元及以下的小型微利企业,其所得按50%计入应纳税所得额,按20%的税率缴纳企业所得税。(财政局、国税局、地税局)

完善创业指导服务。开展创业服务“311”工程,即全市每年开展创业培训3000人次以上,推介创业项目100个以上,扶持建设创业孵化基地10个以上,促进项目与创业者有效对接,提高创业成功率。(人社局)

(三)大力发展现代农业,增加农业经营收入

构建现代农业产业体系。推进农业新品种、新技术、新模式“三新”工程,到2016年,农业科技进步贡献率达65%,全市粮食亩产突破500公斤以上。积极发展设施农业,到2016年,高效设施农业面积达85万亩以上,设施渔业达30万亩以上。着力发展特色农业产业,到2016年,每个县(市、区)各形成1个以上50亿元产值的连片农业特色基地。着力推进农业“接二连三”,提高农业生产附加值。(农委)

增加农民政策性补贴收入。严格执行粮食最低价格和临时收储政策,确保售粮款及时兑付。落实种粮、农资综合、良种、农机购置补贴,支持有条件的地方实施粮食价外补贴政策。探索建立以农民专业合作组织为主体,实施高效农业、农业产业化等项目,以股份合作形式带动更多农民致富的财政投入机制。(农委、农工办、财政局)

大力发展村级集体经济。大力发展资源开发型、资产经营型、为农服务型、异地发展型、休闲观光型等村级集体经济,形成稳定的集体经济收入来源,到2013年,所有行政村集体经营性收入达20万元;到2016年达35万元。加快社区股份合作经济发展,搞活集体资产经营,让农民得到更多的收益分配。强化低收入农户帮扶,2012年,全市75%的低收入农户人均纯收入达3600元;2015年,所有建档立卡的低收入农户人均纯收入达到5000元;2016年,继续提高脱贫标准,确保低收入农户人均纯收入增幅高于全市农民人均纯收入增幅。(农工办)

(四)推进收入分配制度改革,稳步提高劳动报酬水平

提高企业职工工资性收入。企业最低工资标准年均增长12%以上。企业职工工资增长指导线年均基准线原则上不低于14%。指导企业完善工资分配机制、正常增长机制和支付保障机制,重点促进工资集体协商提质扩面,开展集体合同“彩虹计划”和工资集体协商“要约”行动,到2016年,实现全市企业工资集体协商覆盖率达96%以上。(人社局、总工会、经信委、工商联)

规范机关事业单位收入分配。严格执行公务员津补贴有关规定,建立行政机关津补贴正常增长机制。实施事业单位绩效工资改革,完善事业单位岗位绩效工资制度。(人社局、财政局)

(五)拓宽投资渠道,提高城乡居民财产性收入

鼓励个人投资。积极引导居民将资金投向规范化的债券、股票、基金、保险、不动产投资等领域,支持居民财产向资本转化,依法增加红利、租金、利息等财产性收入。落实优惠政策。对个人投资理财实行税费减免,对个人投资者申购和赎回开放式证券投资基金单位取得的差价收入,在未恢复征收买卖股票差价收入的个人所得税前,暂不征收个人所得税;对投资者申购和赎回开放式证券投资基金单位,暂不征收印花税;对个人房屋租金收入按5%综合征收率征收。规范资本市场秩序,减小投资风险,加大投资保障,严厉打击非法集资等违法犯罪行为。(金融办、国税局、地税局)

有效增加农民土地收益。推进农村集体建设用地流转,完善土地流转交易平台,逐步建立城乡统一的建设用地市场。建立农村土地资产入股分红机制,鼓励有条件的农村集体经济组织采取留用地安置方式,发展集体经济,明确收益分配关系,不断增加农民收入。加快征地制度改革,建立征地补偿标准动态调整机制,促进拆迁安置房有序、规范流转。发展“房东经济”,鼓励有条件的镇、村设立房屋租赁富民合作社,盘活农村拆迁安置房,增加农民收入。(国土局、农工办、房管局)

(六)着力完善社会保障体系,提高城乡居民保障水平

稳步提升社会保险待遇。城乡各类社会保险制度覆盖率稳定在98%以上,建立和完善城镇职工、城乡居民基

础养老金正常增长机制。不断提高基本医疗保障水平，全面实施城镇居民门诊费用统筹，建立和完善城镇职工医保二次补偿办法。（人社局、卫生局）

提高社会救助水平。实施城乡低保对象收入、农村五保供养水平、优抚对象抚恤水平、城镇困难职工补助等五年倍增计划。完善城乡低保分类施保制度，积极开展专项性、应急性临时生活救助。完善低收入群体价格动态补贴机制。（民政局、物价局、总工会）

（七）加大公共产品供给力度，减少城乡居民公共服务支出

推进教育资源均衡布局，落实义务教育、特殊教育、贫困家庭子女就学等各类助学政策。深化医药卫生体制改革，健全覆盖城乡公共卫生、基本医疗服务体系和药品供应保障体系，减少看病就医支出。完善住房保障体系，对城镇低收入住房困难家庭实行应保尽保。发展老年福利，建立健全政府购买养老服务以及尊老金发放制度。实施惠民殡葬，免除殡葬基本服务项目费用。（教育局、卫生局、房管局、民政局）

（八）大力推进城镇化，加快城乡发展一体化进程

积极引导农民进城进镇落户。稳妥推进户籍制度改革，放宽进城落户人口准入条件，鼓励农村人口就近就地向城镇转移。探索建立农民土地承包经营权与宅基地使用权有偿退出机制，规范开展城乡建设用地增减挂钩，结余的用地指标优先满足农村人口迁入城镇等建设用地需要。力争到2016年全市城市化率达到65%，五年内实现50万以上农民转移到城镇落户。（建设局、国土局、农工办）

三、保障措施

（一）加强组织领导，落实工作责任。建立市委、市政府主要领导为组长，分管市领导为执行组长，市相关部门主要负责人为成员的领导小组，明确工作责任，建立计划实施、统筹协调、监督管理和目标责任追究机制，将城乡居民收入指标列入干部政绩考核的重要内容。

（二）健全工作制度，推动计划落实。分年度制定具体实施方案，确定年度目标任务、工作重点和考核细则。建立推进居民收入倍增的科学评价考核体系和政策绩效评估制度，完善工作联合办公会议、分析报告和检查考评工作制度，采取季度定期检查、部门会商评议等方式，认真总结评估工作的绩效。

（三）加大财政投入，完善保障机制。以基本公共服务均等化为目标，建立健全基本公共服务的经费保障机制，加大基本公共服务支出力度，逐步提高公共服务支出占地方财政预算支出比重，到2016年，提高到70%以上。

（四）加强统计监测，健全考核体系。建立健全城乡居民收入倍增行动计划实施情况的监控指标体系，深化收入统计机制改革，加强收入统计调查分析，扩大统计范围，改进调查方式，严格统计数据质量控制。

（五）加强宣传引导，营造良好氛围。充分发挥各类新闻媒体和宣传阵地的作用，坚持正面引导，通过正确的舆论导向、健全的工作体系，营造政府、社会、企业、个人共同推动倍增计划顺利实施的良好环境氛围。

关于印发《扬州市人才发展行动计划》的通知

扬发〔2012〕70号

《扬州市人才发展行动计划》已经市委常委会讨论通过，现印发给你们，请认真贯彻落实。

中共扬州市委

扬州市人民政府

2012年11月15日

扬州市人才发展行动计划

为推进实施人才发展“1111”工程，切实加大人才引进、培养和使用力度，加快集聚一大批我市产业转型升级、经济发展方式转变急需的人才，努力打造长三角人才高地，特制定扬州市人才发展行动计划。

一、指导思想

以邓小平理论、“三个代表”重要思想和科学发展观为指导，坚持党管人才原则，坚持“项目为王、人才为纲”，大力实施创新发展战略、坚定不移走人才强市之路，大幅度扩充人才总量、大力度优化人才流向，统筹抓好以高层次人才和高技能人才为重点的各类人才队伍建设，切实提升人才工作科学化水平，不断增强扬州人才竞争力，为加快推进“两个率先”、建设“三个扬州”和世界名城提供坚强的人才保证和智力支撑。

二、基本原则

服务发展、人才优先。把服务引领经济社会又好又快发展作为人才工作的根本出发点，确立在经济社会发展中人才优先发展的战略地位，坚持人才资源优先开发、人才结构优先调整、人才投入优先保证、人才制度优先创新。

以用为本、优化环境。把用好用活人才作为人才工作的核心环节，制定实施更专业、更优惠、更全面的人才政策，创新人才工作体制机制，全面优化人才发展环境，以完善的政策、优良的环境、灵活的机制揽才用才。

统筹协调、整体推进。统筹国内国际两个市场，抓好人才培养、引进、使用、激励和保障等各个环节，提升优化人才总量、结构、分布，全面抓好“六支人才队伍”建设，整体提升扬州人才队伍素质水平。

三、总体目标

经过一个时期的努力，到2020年，力争实现全市人才发展“1111”目标，即创业创新领军人才达1000人，博士人才达1万人，硕士人才达10万人，人才总量达100万人。

四、重大人才工程

1. 绿扬金凤计划。重点围绕我市汽车船舶、机械装备、石油化工等支柱产业和新能源、新光源、新材料、智能电网、节能环保、软件和信息服务业等新兴产业，以及现代服务业、现代农业、卫生、文化、教育等领域，引进一大批取得显著成绩或具有较大创新潜力的创业创新领军人才和优秀博士人才，注重引进培养能带动产业发展壮大和转型升级的人才创新团队。力争到2015年，全市引进培养各类创新团队达100个。

2. 教授博士柔性进企业计划。2012 年起实现"科技镇长团"在我市县(市、区)全覆盖,依托"科技镇长团",大力开展"教授博士柔性进企业活动",从省内外高校院所、大中型国有企业、省级机关引进拥有博士学位或副教授以上专业技术人才,广泛开展政产学研金合作,推动企业科技创新,助推产业转型升级。力争到 2015 年,全市柔性引进教授博士达 2000 人。

3. 名校优生引进计划。大力吸引集聚"985"、"211"等高校本科以上毕业生,对到我市工作的本科以上学历名校优生给予更大力度支持。鼓励各地通过制定发放生活补贴、提供人才公寓、补贴五险一金等政策措施,吸引名校优生到扬州就业、创业、置业。加强高校大学生见习基地建设,组团赴全国"985"、"211"等高校集中招聘优秀人才。

4. 扬州英才培育计划。组织实施扬州英才培育计划,开展党政人才能力提升培训,大规模教育培训干部;深入实施"万名经管人才素质提升工程";以软件与信息服务、金融等产业为重点,加快培养一批高层次、高技能的现代服务业专门人才;建立农村实用人才资源库,在发展现代、规模和高效农业的实践中培养农村各类实用人才;加强职教实训基地建设,健全技能人才开发培育体系,优先培养紧缺型高技能人才;积极引进理工科本科院校来扬办学,充分利用扬州大学、扬州职业大学等高校平台,加快培养经济社会发展急需的各类人才。

5. 创业创新载体建设计划。围绕我市产业和人才发展目标,广陵、邗江、江都和经济技术开发区分别建设 20 万平方米的科技产业综合体,宝应、高邮、仪征、新城西区分别建设 10 万平方米的科技产业综合体。配套建设人才公寓、购物及文体中心等。力争到 2015 年,全市科技产业综合体引进各类人才 5 万人以上。

五、重点人才政策

1. 人才投入优先保证政策。确保市、县(市、区)人才发展专项资金均不低于本级财政一般预算收入 3%,鼓励高校按照总支出 5%左右、企业按不低于销售额 0.6%的标准设立人才发展资金,用于人才引进、培养、使用和奖励,加快形成政府主导、用人单位主体、社会广泛参与的多样化人才投入格局。

2. 人才住房保障政策。按照"区别类型、分类保障、稳步实施"的原则,建立完善人才住房保障体系,对落户我市符合条件的各类人才,采取多种形式,帮助解决住房问题。

3. 金融扶持高层次人才创业政策。制定金融支持高层次人才创业的意见,加大税收优惠、财政贴息力度,加快发展各类风投创投机构,重点扶持高层次人才创业。加快发展科技担保,扩大科技保险覆盖,促进知识产权质押融资、创业贷款等业务的规范发展,帮助人才解决创业融资问题。

4. 推进企业人才引进培养政策。通过给予生活补贴、社保补贴、学费补贴等方式,引导优秀人才到企业工作。鼓励企业与高校院所合作培养紧缺急需人才。通过创业指导、减免税费、融资服务、跟踪扶持等措施,帮扶高校毕业生自主创业。

5. 人才公共服务政策。积极探索建立技术公共服务、技术成果交易、创业创新融资服务和社会化人才服务"四大平台"。建立高层次人才服务机构和高层次人才联谊会,创建海外高层次人才扬州大学产业教授工作站,建立健全人才公共服务体系。

6. 人才国际化政策。实行便利的人才准入和流动政策,加强人才国际交流合作和教育培训,积极引进国(境)外智力,逐步形成开放的人才资源开发模式。落实海外高层次人才居住证制度,积极建立海外招才引智联络站,加大海外高层次人才引进力度。

六、保障措施

1. 加强组织领导。坚持和完善党管人才的领导体制,建立健全人才工作机构,选好配强人才工作力量。切实形成党委、政府统一领导,组织部门牵头抓总,有关部门各司其职、密切配合的人才工作格局。

2. 加大考评力度。健全人才工作目标责任制,完善人才工作考核指标体系,科学评价各地人才工作成效,定期评选表彰人才工作先进单位,推进《扬州市"十二五"人才发展规划》等文件的贯彻落实。

3. 强化宣传引导。大力宣传普及科学人才观,着力宣传我市人才工作政策、经验做法和人才典型,扩大我市人才工作的品牌影响力,推动扬州成为长三角地区创业创新人才集聚的高地。

重要文件目录

市委重要文件

关于进一步推进民生幸福工程的意见(扬发〔2012〕1 号,1 月 3 日印发)

关于表彰 2011 年度"工作创新创优奖"的决定(扬发〔2012〕4 号,1 月 20 日印发)

关于命名全市第一批社会主义新农村建设"优美乡村"的决定(扬发〔2012〕9 号,1 月 29 日印发)

中共扬州市委常委会 2012 年工作要点(扬发〔2012〕11 号,1 月 30 日印发)

中共扬州市委 扬州市人民政府关于扶持薄弱村发展集体经济全面提升村级"四有一责"建设水平的意见(扬发〔2012〕18 号,3 月 25 日印发)

中共扬州市委 扬州市人民政府关于强化科技支撑全面推进农业现代化工程的实施意见(扬发〔2012〕19 号,3 月 25 日印发)

中共扬州市委关于在基层组织建设年中开展"三级联述联评联考"的通知(扬发〔2012〕20 号,3 月 25 日印发)

中共扬州市委 扬州市人民政府关于下达 2012 年度重点工作考评目标的通知(扬发〔2012〕21 号,3 月 28 日印发)

中共扬州市委关于推进党建工作创新工程的实施意见(扬发〔2012〕22 号,3 月 30 日印发)

中共扬州市委关于加强市委常委会作风建设的实施意见(扬发〔2012〕29号,5月8日印发)

中共扬州市委关于印发《全市干部队伍能力提升和作风转变行动计划》的通知(扬发〔2012〕31号,5月15日印发)

中共扬州市委关于深化法治扬州建设的意见》(扬发〔2012〕34号,6月2日印发)

中共扬州市委 扬州市人民政府关于印发《沿江地区融合发展行动计划》的通知(扬发〔2012〕38号,6月9日印发)

中共扬州市委 扬州市人民政府关于印发《扬州市重大项目建设行动计划》的通知(扬发〔2012〕40号,6月12日印发)

中共扬州市委 扬州市人民政府关于印发《扬州市重大项目建设考核办法(试行)》的通知(扬发〔2012〕46号,7月9日印发)

中共扬州市委关于深化县委权力公开透明运行试点工作的意见(扬发〔2012〕47号,7月12日印发)

中共扬州市委 扬州市人民政府关于印发《扬州市城乡居民收入倍增行动计划(2012—2016)》的通知(扬发〔2012〕48号,7月12日印发)

中共扬州市委 扬州市人民政府关于印发《扬州市美好城乡建设行动计划》的通知(扬发〔2012〕49号,7月18日印发)

中共扬州市委 扬州市人民政府关于印发《推进沿江地区率先基本实现现代化行动计划(2012—2015)》的通知(扬发〔2012〕50号,7月18日印发)

中共扬州市委 扬州市人民政府关于印发《推进沿河地区加速崛起行动计划》的通知(扬发〔2012〕51号,7月18日印发)

中共扬州市委关于选派经济薄弱村"第一书记"的意见(扬发〔2012〕52号,7月30日印发)

中共扬州市委 扬州市人民政府关于扬州市农业现代化工程建设的实施意见(扬发〔2012〕54号,8月2日印发)

中共扬州市委 扬州市人民政府关于印发《扬州市加强和创新社会管理行动计划》的通知(扬发〔2012〕57号,8月3日印发)

中共扬州市委关于进一步提高党委办公室工作科学化水平的实施意见(扬发〔2012〕58号,8月11日印发)

中共扬州市委关于进一步加强和改进新形势下侨联工作的意见(扬发〔2012〕61号,9月19日印发)

中共扬州市委 扬州市人民政府关于加强市区防治违法建设工作的实施意见(扬发〔2012〕63号,9月24日印发)

中共扬州市委关于加强和改进新形势下领导班子思想政治建设的实施意见(扬发〔2012〕64号,10月9日印发)

中共扬州市委 扬州市人民政府关于印发《扬州市文化标志性工程建设行动计划》的通知(扬发〔2012〕67号,10月15日印发)

中共扬州市委 扬州市人民政府关于推动扬州经济技术开发区跨越发展的意见(扬发〔2012〕68号,10月15日印发)

中共扬州市委 扬州市人民政府关于印发《扬州市人才发展行动计划》的通知(扬发〔2012〕70号,11月15日印发)

中共扬州市委关于认真学习宣传贯彻党的十八大精神的通知(扬发〔2012〕71号,11月30日印发)

中共扬州市委 扬州市人民政府关于加快推进新时期民政工作的意见(扬发〔2012〕75号,12月13日印发)

中共扬州市委 扬州市人民政府关于印发《2012年度扬州经济技术开发区党政正职考核办法》的通知(扬发〔2012〕76号,12月18日印发)

中共扬州市委 扬州市人民政府关于将江都区广播电视台整建制划转扬州广播电视传媒集团(总台)的通知(扬发〔2012〕78号,12月25日印发)

中共扬州市委 扬州市人民政府关于建设扬州城市荣誉体系的意见(扬发〔2012〕79号,12月30日印发)

中共扬州市委 扬州市人民政府关于健全全国文明城市建设长效机制的意见(扬发〔2012〕80号,12月30日印发)

中共扬州市委关于认真学习贯彻党的十八大精神奋力开创"三个扬州"和世界名城建设新局面的意见(扬发〔2012〕81号,12月30日印发)

市委办公室 市政府办公室关于认真做好红十字会工作的意见(扬办发〔2012〕3号,1月15日印发)

关于印发《扬州文化建设工程实施办法》的通知(扬办发〔2012〕6号,1月30日印发)

关于转发扬州市城乡和谐社区建设指导委员会《2012年"幸福社区"建设十大服务行动方案》的通知(扬办发〔2012〕9号,2月14日印发)

关于印发《2012年全市宣传思想工作要点》的通知(扬办发〔2012〕10号,2月14日印发)

关于印发《2012年民生幸福工程目标任务分解表》的通知(扬办发〔2012〕11号,2月14日印发)

关于印发《扬州市2012年双拥和国防教育工作要点》的通知(扬办发〔2012〕13号,2月15日印发)

关于进一步加强和改进律师工作的通知(扬办发〔2012〕16号,2月16日印发)

市委办公室 市政府办公室关于印发《2012年全市信访工作要点》的通知(扬办发〔2012〕18号,2月22日印发)

市委办公室 市政府办公室关于认真做好市人大代表建议和政协提案办理工作的通知(扬办发〔2012〕19号,2月24日印发)

中共扬州市委办公室关于印发《中共扬州市委常委会2012年工作要点重点任务分解方案》的通知(扬办发〔2012〕20号,2月25日印发)

市委办公室 市政府办公室关于在全市农口部门开展春季"三下三联三交"十项专题活动的实施意见(扬办

发〔2012〕21 号,2 月 27 日印发)

市委办公室 市政府办公室关于转发《〈市纪委、市监察局关于开展市重大建设项目监督检查的实施意见〉》的通知(扬办发〔2012〕22 号,2 月 25 日印发)

市委办公室 市政府办公室关于深化领导干部“三下三联三交”活动确保实现“四个全覆盖”的实施意见(扬办发〔2012〕25 号,3 月 1 日印发)

中共扬州市委办公室关于印发《2012 年法治扬州建设工作要点》的通知(扬办发〔2012〕26 号,3 月 3 日印发)

中共扬州市委办公室关于印发《2012 年市委督查工作要点》的通知(扬办发〔2012〕28 号,3 月 5 日印发)

中共扬州市委办公室关于印发《全市党委督查系统人民来信办理“三定一评”工作制度》《全市党委督查系统“督查通知单”办理“三定一考”工作制度》的通知(扬办发〔2012〕29 号,3 月 5 日印发)

市委办公室 市政府办公室关于转发江都区小纪镇行政管理体制改革试点方案通知(扬办发〔2012〕31 号,3 月 9 日印发)

市委办公室 市政府办公室关于印发《扬州市村庄环境整治工作问责办法》的通知(扬办发〔2012〕34 号,3 月 12 日印发)

中共扬州市委办公室关于转发《扬州市关心下一代工作委员会 2012 年工作要点》的通知(扬办发〔2012〕36 号,3 月 16 日印发)

市委办公室 市政府办公室关于进一步加强因公出国(境)管理的通知(扬办发〔2012〕37 号,3 月 21 日印发)

市委办公室 市政府办公室关于印发《2012 年“创新扬州”建设工作要点》的通知(扬办发〔2012〕38 号,3 月 22 日印发)

市委办公室 市政府办公室关于印发《扬州市各县(市、区)2012 年度反腐倡廉建设重点工作责任分解意见》的通知(扬办发〔2012〕40 号,3 月 26 日印发)

市委办公室 市政府办公室关于转发市新农村建设工作领导小组办公室《2012 年扬州市社会主义新农村建设指导意见》的通知(扬办发〔2012〕41 号,3 月 27 日印发)

市委办公室 市政府办公室关于市领导联系推进重大项目的通知(扬办发〔2012〕42 号,3 月 28 日印发)

市委办公室 市政府办公室关于加强民生幸福工程推进情况监督检查的实施意见(扬办发〔2012〕43 号,3 月 31 日印发)

市委办公室 市政府办公室关于印发《扬州市世界 500 强及跨国公司招商行动计划》《2012 年全市实施“530”招商行动计划活动方案》的通知(扬办发〔2012〕45 号,4 月 10 日印发)

市委办公室 市政府办公室关于印发《2012 年“精致扬州”建设工作要点》的通知(扬办发〔2012〕48 号,4 月 18 日印发)

市委办公室 市政府办公室关于印发《扬州市重大项目建设工作问责办法》的通知(扬办发〔2012〕49 号,4 月 23 日印发)

市委办公室 市政府办公室关于下达 2012 年全市农业农村重点工作和新农村建设“八大工程”目标任务的通知(扬办发〔2012〕51 号,5 月 4 日印发)

市委办公室 市政府办公室关于市级机关部门挂钩服务乡镇村级“四有一责”建设工作的通知(扬办发〔2012〕52 号,5 月 4 日印发)

市委办公室 市政府办公室关于印发《2012 年扬州市农业农村工作考核办法》的通知(扬办发〔2012〕53 号,5 月 4 日印发)

市委办公室 市政府办公室关于印发《2012 年扬州市区城乡一体化发展工作考核办法》的通知(扬办发〔2012〕55 号,5 月 10 日印发)

市委办公室 市政府办公室关于印发《扬州市深入推进信息安全等级保护工作的实施意见》的通知(扬办发〔2012〕57 号,5 月 17 日印发)

市委办公室 市政府办公室关于印发《扬州市村庄环境整治工作考核办法》的通知(扬办发〔2012〕60 号,5 月 24 日印发)

市委办公室 市政府办公室关于印发《扬州市重大项目推进机制》的通知(扬办发〔2012〕63 号,6 月 6 日印发)

中共扬州市委办公室转发市委宣传部《关于在全市广泛开展“弘扬‘三创三先’江苏精神,争当‘三个扬州’建设先锋”主题教育实践活动的意见》的通知(扬办发〔2012〕64 号,6 月 12 日印发)

中共扬州市委办公室关于印发《扬州市学习型党组织创建工作考核评价办法》的通知(扬办发〔2012〕72 号,7 月 13 日印发)

市委办公室 市政府办公室关于做好市政协七届一次会议委员意见建议落实工作的通知(扬办发〔2012〕76 号,7 月 19 日印发)

市委办公室 市政府办公室关于认真做好市七届人大一次会议代表建议和市政协七届一次会议提案办理工作的通知(扬办发〔2012〕79 号,7 月 27 日印发)

市委办公室 市政府办公室关于印发继续开展结对帮扶少数民族乡村建设项目的通知(扬办发〔2012〕86 号,9 月 3 日印发)

市委办公室 市政府办公室关于印发《全市非经营性互联网上网服务单位落实安全保护技术措施集中会战实施方案》的通知(扬办发〔2012〕88 号,9 月 12 日印发)

市委办公室 市政府办公室关于做好重大项目认定工作的通知(扬办发〔2012〕91 号,10 月 9 日印发)

市委办公室 市政府办公室关于进一步做好农民负担监管工作的意见(扬办发〔2012〕93 号,10 月 16 日印发)

市委办公室 市政府办公室关于印发《2012 年市区拆迁安置房“两证”办理和解决超期安置工作考核办法》的通知(扬办发〔2012〕96 号,10 月 31 日印发)

市委办公室 市政府办公室关于促进农民收入五年倍增的实施意见(扬办发〔2012〕99 号,11 月 26 日印发)

中共扬州市委办公室关于在全市广泛深入开展学习

宣讲党的十八大精神的通知(扬办发〔2012〕102 号,12 月 4 日印发)（苏　鹏）

市政府重要文件

扬州市市区建筑垃圾管理办法(扬府令〔2012〕81 号,1 月 21 日印发)

扬州市市区扬尘污染防治管理办法（扬府令〔2012〕82 号,1 月 21 日印发)

扬州市文化遗产保护管理办法(扬府令〔2012〕83 号,1 月 21 日印发)

关于印发《扬州市扬州泰州机场净空和航空电磁环境保护规定》的通知(扬府规〔2012〕1 号,5 月 10 日印发)

关于印发《扬州市市区临时便民摊点疏导点管理办法》的通知(扬府规〔2012〕2 号,5 月 10 日印发)

关于印发《扬州市产品质量市级监督抽查管理办法》的通知(扬府规〔2012〕3 号,5 月 10 日印发)

关于印发《扬州市水文管理办法》的通知（扬府规〔2012〕4 号,5 月 10 日印发)

关于印发《扬州市餐厨废弃物管理办法》的通知(扬府规〔2012〕5 号,5 月 10 日印发)

市政府关于印发《扬州市残疾人就业管理办法》的通知(扬府规〔2012〕6 号,6 月 19 日印发)

市政府关于印发《扬州市市级旅游度假区管理暂行办法》的通知(扬府规〔2012〕7 号,7 月 20 日印发)

市政府关于印发《扬州市风景旅游区水域交通安全管理办法》的通知(扬府规〔2012〕8 号,7 月 20 日印发)

关于印发《扬州市城镇燃气管道设施保护管理办法》的通知(扬府规〔2012〕9 号,8 月 22 日印发)

关于印发《扬州市地热资源管理办法》的通知(扬府规〔2012〕10 号,8 月 24 日印发)

关于印发《扬州市大运河遗产保护办法》的通知(扬府规〔2012〕11 号,8 月 24 日印发)

关于印发《扬州市节水供水管理办法》的通知(扬府规〔2012〕12 号,12 月 12 日印发)

关于印发《扬州市市区直管公房管理办法》的通知(扬府规〔2012〕13 号,12 月 12 日印发)

关于印发《扬州市气象灾害预警信息发布与传播实施办法》的通知(扬府规〔2012〕14 号,12 月 12 日印发)

关于印发《扬州市企业工资集体协商暂行办法》的通知(扬府规〔2012〕15 号,12 月 12 日印发)

关于下达 2012 年为市区人民办实事事项的通知(扬府发〔2012〕1 号,1 月 11 日印发)

市政府关于授予 2011 年度扬州市科学技术奖的决定(扬府发〔2012〕4 号,1 月 6 日印发)

关于公布 2011 年度全市工业百强企业的通知(扬府发〔2012〕24 号,1 月 21 日印发)

市政府关于表彰扬州市首届青少年科技创新市长奖的决定(扬府发〔2012〕33 号,2 月 7 日印发)

市政府关于促进和鼓励太阳能光伏产业 加快整合优化提升发展的实施意见（扬府发〔2012〕72 号,6 月 27 日印发)

市政府关于进一步稳定外贸增长调整外贸结构的实施意见(扬府发〔2012〕74 号,6 月 28 日印发)

市政府关于加快推进“万顷良田建设工程”的实施意见(扬府发〔2012〕75 号,4 月 7 日印发)

关于印发《扬州市国有企业监事会暂行办法》的通知(扬府发〔2012〕80 号,4 月 10 日印发)

关于授予易红等 13 位中外友好人士扬州市城市贵宾称号的决定(扬府发〔2012〕86 号,4 月 16 日印发)

关于印发《关于引进实施重特大工业项目的奖励扶持办法》的通知(扬府发〔2012〕113 号,5 月 14 日印发)

关于全面开展建设用地调查促进土地节约集约利用的通知(扬府发〔2012〕137 号,7 月 6 日印发)

市政府关于公布第五批市级文物保护单位的通知(扬府发〔2012〕144 号,7 月 20 日印发)

市政府关于促进和扶持建筑业发展的意见（扬府发〔2012〕145 号,7 月 20 日印发)

关于区划调整后市区社会保险若干问题的处理意见(扬府发〔2012〕159 号,8 月 20 日印发)

关于印发《扬州市科技和金融结合行动计划》的通知(扬府发〔2012〕160 号,8 月 22 日印发)

关于印发《市区重点城建项目决策管理暂行办法》的通知(扬府发〔2012〕175 号,9 月 8 日印发)

关于全面提升扬州化学工业园区绿色发展的意见(扬府发〔2012〕176 号,9 月 10 日印发)

市政府关于进一步支持扬州教育投资集团有限公司做好教育投资的意见(扬府发〔2012〕185 号,10 月 7 日印发)

市政府关于进一步支持扬州扬子江投资发展集团成为服务业龙头企业的意见(扬府发〔2012〕186 号,10 月 7 日印发)

市政府关于进一步发挥扬州市交通产业集团有限责任公司全市交通主体作用的意见(扬府发〔2012〕187 号,10 月 6 日印发)

市政府关于进一步发挥扬州建工控股有限责任公司龙头企业作用的意见(扬府发〔2012〕188 号,10 月 7 日印发)

市政府关于进一步做大扬州市城建国有资产控股(集团)有限责任公司城建主体的意见(扬府发〔2012〕189 号,10 月 7 日印发)

市政府关于进一步做大做强工艺美术产业发展的意见(扬府发〔2012〕190 号,10 月 6 日印发)

市政府关于进一步推进扬州煤炭工业公司转型发展的意见(扬府发〔2012〕191 号,10 月 6 日印发)

市政府关于进一步推进江苏金茂化工医药集团有限公司加快发展的意见(扬府发〔2012〕192 号,10 月 6 日印发)

市政府关于进一步推进扬州工业资产经营管理有限责任公司优化发展的意见(扬府发〔2012〕193 号,10 月 7 日印发)

关于公布扬州市区首批地下文物埋藏区的通知（扬府发〔2012〕204 号，11 月 8 日印发）

市政府关于印发《关于加快建设科技产业综合体推进企业人才加速集聚的意见》的通知（扬府发〔2012〕210 号，11 月 15 日印发）

市政府关于加快构建现代产业体系的意见（扬府发〔2012〕217 号，11 月 24 日印发）

市政府关于印发《扬州出口加工区“飞地经济”管理办法》的通知（扬府发〔2012〕219 号，12 月 4 日印发）

关于在相关开发区和工业集中区重点培育和突破五个千亿级以上产业的实施意见（扬府发〔2012〕224 号，12 月 13 日印发）

关于促进全市省级开发园区又好又快发展的意见（扬府发〔2012〕225 号，12 月 13 日印发）

关于调整市区财政管理体制的通知（扬府发〔2012〕231 号，12 月 25 日印发）

关于实行最严格水资源管理制度的意见（扬府发〔2012〕236 号，12 月 29 日印发）

市政府关于进一步加快县域经济发展的实施意见（扬府发〔2012〕237 号，12 月 31 日印发）

关于印发《扬州市服务业“十二五”发展规划》的通知（扬府办发〔2012〕7 号，1 月 16 日印发）

关于印发《扬州市儿童“十二五”发展规划》的通知（扬府办发〔2012〕8 号，1 月 16 日印发）

关于印发《扬州市妇女“十二五”发展规划》的通知（扬府办发〔2012〕9 号，1 月 16 日印发）

关于扬州市市区失业保险统筹管理的实施意见（扬府办发〔2012〕11 号，1 月 4 日印发）

关于印发《扬州市老龄事业发展“十二五”规划》的通知（扬府办发〔2012〕15 号，1 月 19 日印发）

市政府办公室关于印发《扬州市国有投资工程承包商名录管理办法》的通知（扬府办发〔2012〕37 号，2 月 16 日印发）

关于印发《白马湖（扬州）水域养殖功能规划（2011－2020）》的通知（扬府办发〔2012〕46 号，3 月 1 日印发）

关于印发扬州市人口家庭发展工程实施意见的通知（扬府办发〔2012〕48 号，3 月 1 日印发）

关于印发《扬州市老年人乘坐市区公交车优待办法》的通知（扬府办发〔2012〕51 号，3 月 5 日印发）

关于印发《扬州市长江流域水污染防治实施方案（2012－2015）》的通知（扬府办发〔2012〕72 号，3 月 20 日印发）

市政府办公室关于印发《扬州市工业重大投资项目认定办法补充规定》的通知（扬府办发〔2012〕77 号，3 月 28 日印发）

市政府办公室关于重大项目用地实行分阶段供地的意见（扬府办发〔2012〕90 号，4 月 7 日印发）

关于进一步强化金融服务支持重大项目建设的指导意见（扬府办发〔2012〕101 号，4 月 23 日印发）

关于进一步加强全市房屋使用安全管理工作的意见（扬府办发〔2012〕110 号，5 月 3 日印发）

转发市房管局《关于市区房屋征收（拆迁）工作经费计算的意见（试行）》的通知（扬府办发〔2012〕111 号，5 月 3 日印发）

市政府办公室关于印发《扬州市长江流域防治规划（2012－2015 年）》的通知（扬府办发〔2012〕117 号，5 月 14 日印发）

关于印发生态文明建设工程目标任务书（2011－2015 年）的通知（扬府办发〔2012〕129 号，6 月 4 日印发）

市政府办公室关于印发《扬州市市区 2011 年及以后新产生被征地农民参加社会养老保险的办法》的通知（扬府办发〔2012〕133 号，6 月 8 日印发）

市政府办公室关于印发《扬州市食品安全举报奖励办法》的通知（扬府办发〔2012〕136 号，6 月 15 日印发）

关于印发《扬州市市级现代服务业集聚区认定管理暂行办法》的通知（扬府办发〔2012〕139 号，6 月 8 日印发）

关于印发《扬州市服务业重大项目认定办法》的通知（扬府办发〔2012〕140 号，6 月 8 日印发）

印发《关于进一步改善当前小型微型企业融资环境的意见》的通知（扬府办发〔2012〕147 号，7 月 17 日印发）

关于加快推进区域供水工作的通知（扬府办发〔2012〕148 号，7 月 23 日印发）

市政府办公室关于印发《推进先进制造业创新模式高端发展行动计划》《推进工业民营企业加快上市做大做强行动计划》《推进与央企合资合作共赢发展行动计划》《推进制造业整合优化提升发展行动计划》的通知（扬府办发〔2012〕155 号，7 月 27 日印发）

关于印发《扬州市区渣土运输车辆管理办法》的通知（扬府办发〔2012〕158 号，8 月 1 日印发）

关于加快发展地区总部经济的实施意见（扬府办发〔2012〕159 号，8 月 1 日印发）

关于加快发展会展业的实施意见（扬府办发〔2012〕160 号，8 月 1 日印发）

关于加快酒店业发展的意见（扬府办发〔2012〕168 号，8 月 3 日印发）

市政府办公室关于印发《扬州市区城镇燃气“十二五”发展规划》的通知（扬府办发〔2012〕177 号，8 月 25 日印发）

市政府办公室关于印发《扬州市工业重大项目“零收费”实施办法》的通知（扬府办发〔2012〕185 号，9 月 15 日印发）

关于印发《市区城乡困难群众价格动态补贴资金拨付和管理办法》的通知（扬府办发〔2012〕196 号，9 月 28 日印发）

关于加快发展家庭服务业的意见（扬府办发〔2012〕221 号，11 月 16 日印发）

关于印发《扬州市工艺美术大师评审认定办法》的通知（扬府办发〔2012〕224 号，11 月 17 日印发）

关于进一步做好院前急救医疗服务工作的意见（扬府办发〔2012〕225 号，11 月 23 日印发）

市政府办公室转发市房管局《关于加强市区老小区综合整治的补充意见》的通知(扬府办发〔2012〕226 号,11 月 23 日印发)

关于对广陵区下放和归还部分行政权力事项的通知(扬府办发〔2012〕230 号,11 月 26 日印发)

关于提升基层医疗卫生机构服务能力的意见(扬府办发〔2012〕231 号,11 月 28 日印发)

关于进一步加强水运发展的实施意见(扬府办发〔2012〕244 号,12 月 6 日印发)

关于印发切实加强公共体育设施管理的通知(扬府办发〔2012〕250 号,12 月 13 日印发)

关于加快推进全市信息通信基础设施建设的意见(扬府办发〔2012〕253 号,12 月 13 日印发) (顾友红)

书目

2012 年扬州市籍作者出版的部分图书

扬州音乐文化简史 / 张美林、韩月波著 / 社会科学文献出版社

民间文化传承中的知识产权 / 苏喆著 / 社会科学文献出版社

慧灯无尽照海东:鉴真大和尚评传 / 李尚全著 / 社会科学文献出版社

焦循学术论略 / 刘建臻著 / 社会科学文献出版社

经典常谈 / 朱自清著 / 中共中央党校出版社

扬州经济社会发展报告(2011)/ 张爱军主编 / 社会科学文献出版社

这世界无处不美:星云大师对人间的祝福 / 星云法师著 / 花城出版社

世界视野中的扬州区域社会发展 / 陆伟芳著 / 社会科学文献出版社

明代后期吴越城市娱乐文化与市民文学 / 戴健著 / 社会科学文献出版社

扬州现代漆艺发展研究 / 李玫、徐郊、孙卫华著 / 东南大学出版社

园林扬州 / 王家藻编著 / 古吴轩出版社

烟花三月:扬州昆曲人物评传 / 林鑫、林喆著 / 上海古籍出版社

顶级面点精解 / 扬州金擀杖面艺工作室组织编写 刘顺保、方志荣、龙业林主编 / 化学工业出版社

鸿雁传书之郝经 / 陈贵顺著 / 中国文联出版社

你的星辰你的梦 / 宦洪云著 / 江苏文艺出版社

螺斋吟草 / 苏岚烟著 / 今日出版社

绿竹神气:中国一百首咏竹古诗词精选 / 彭镇华、江泽慧编著 / 外文出版社

中国画学·第二辑 / 张晨主编 / 北京出版社

柳堡的小英雄们 / 沐青著 / 大众文艺出版社

万花秋月 / 朱崇生著 / 作家出版社

二马同槽 / 够园著 / 九州出版社

李秋水山水画集 / 李安安、伊为主编 / 广陵书社

手风琴演奏教学曲集 / 任士荣编著 / 金盾出版社

女性主义与中国当代文化 / 王澄霞著 / 社会科学文献出版社

陆伟荣书画收藏集 / 陆伟荣编 / 时代文化出版

金砚石画梅集 / 金砚石著 / 江苏美术出版社

刘方明文人山水画卷 / 刘方明著 / 成报出版社

高邮:尧文化发祥地研究 / 桂遵义、杨国宝主编 / 上海人民出版社

栀子花开 / 厉平著 / 北京出版社

富春天下第一品 / 董德利、王虎华主编 / 南京出版社

2012 年广陵书社出版的部分图书

广陵年鉴(2011)/ 扬州市广陵区地方志年鉴编纂委员会编

曾国藩家书 /〔清〕曾国藩著

忠勤祠帖 / 许志光主编

邮票印证苏联简史 / 杨昆明编著

鼋渚山村记 / 周锡奇、胡撰之著

佛学笔记 / 束砚著

虞山印人录 / 归之春、周贤编著

三苏祠丛帖 / 杨常沙主编

芙蓉歌 / 杨治明编著

群众工作密码——陈先岩社区警务故事 / 王少鹏主编

中国历代茶经 /〔唐〕陆羽等撰

白香山诗集 /〔唐〕白居易著

宋朝的对外交往格局——论宋朝外交文书形态 / 冒志祥著

江苏文化年鉴(2011)/ 江苏文化年鉴编纂委员会编

柳公权楷书《弟子规》/ 田潇集字 庄希祖补写

郑板桥书画集 / 广陵书社编

2012 高考古诗词鉴赏 / 何永康、吴锦主编

古经解汇函 附小学汇函 /〔清〕钱谦钧辑

古代公文文体流变 / 胡元德著

苏东坡集 /〔宋〕苏轼著

鳌峰集 / 陈庆元编著

后汉书 /〔南朝·宋〕范晔撰

2013 年江苏高考语文一本通 / 何永康主编

战国策 /〔西汉〕刘向编

清宫扬州御档精编 / 中国第一历史档案馆、扬州大学、扬州市档案馆(局)编

广陵潮 / 扬州博物馆编

扬州弹词:珍珠塔 / 张慧依原著 韦明铧整理

搜神记 /〔东晋〕干宝撰

扬州大学校友风采录 / 芮鸿岩主编

扬州大学校史稿 / 周新国主编

扬州大学教授耕耘录 / 胡效亚主编

李秋水山水画集 / 伊为、李安安主编

艺苑集粹 / 博声编

又见家山：山水画名家学术提名展作品集 / 王根宝主编
孔子名言 / 高昌礼编书
孟子名言 历代名人赞孟子孟母 / 高昌礼编书
颜子名言 子思名言 / 高昌礼编书
以兵法论商道 历代名人赞孙子 / 高昌礼编书
昆山市公安志（1949—2009）/ 昆山市公安志编纂委员会编
嘉靖昆山县志 / 昆山市地方志办公室编
白居易诗选 /〔唐〕白居易撰
中国历代兵政典 / 广陵书社编
咏慷集 / 何永康著
古玉研究 / 白文源著
无锡人文历史丛书 / 孟明锋主编
鹿苑镇志 / 鹿苑镇志编纂委员会编
自家笔墨自家诗——苏位东诗书画论集 / 管若松主编
理性、灵感与人类进化新论 / 李明吾著
王右丞诗集 /〔唐〕王维著 〔明〕顾可久注
昆山市教育志（1988—2007）/ 昆山市教育志编纂委员会编
明月寄天山 / 洪锦华著
高考作文指导 / 何永康著
国乐先辈周少梅 / 顾山镇人民政府编著
2013 年江苏高考语文附加题专项训练：冲刺 40 分 / 何永康主编
玉如意说唱 附一种 斗金叶子 / 严振先原著 傅文章编著说唱
我的人生感悟 / 张明著
郑诵先法书 / 郑诵先著
三农研究报告(第二部)/ 秦岭著
人的尺度：当代人物画邀请展作品集 / 王根宝主编
魅力江都 2011/ 扬州市江都区档案局(馆)编
周易 /〔三国·魏〕王弼注
中外名著深度解读与测试 / 何永康主编
源来如此 / 江春源主编
2014 年高考古诗词鉴赏 / 何永康、吴锦主编
潘家舍之子 / 潘湘玉著
说词 / 陆志坚著
扬州古代园林花窗 / 金川、李晋著
凤仪扬州 / 明星善文著
印坛扬州湃——扬州篆刻艺术 / 赵昌智、赵阳著
杨柳舞霓裳——扬州舞蹈艺术 / 杨帆、栾虹、杨文昭著
新声妙入神——扬州琴筝艺术 / 戈弘著
空谷生幽兰——扬州昆曲艺术 / 韦明铧、朱韫慧著
三兴镇志 / 锦丰镇地方志编纂委员会编
合兴镇志 / 锦丰镇地方志编纂委员会编
浒墅关志 /〔清〕凌寿祺撰 钦瑞兴点校
笔墨见风神——扬州书法艺术 / 朱福烓著
清水出芙蓉——扬州清曲艺术 / 韦明铧、韦艾佳著
江都年鉴（2012）/ 扬州市江都区地方志编纂委员会编
昆山市科学技术志 / 昆山市科学技术志编纂委员会编
山东馆藏古代名碑精拓集萃 / 谢治秀主编
武氏祠汉画石刻 / 孙美荣、王松田编著
古越藏书楼研究资料集 / 赵任飞主编
泰兴年鉴(2012)/ 泰兴市地方志办公室编
纪念宋澄文集 / 宋韧主编
革非楼存笺——曹用平师友信札汇集 / 南通博物院编
暨阳历史文化丛书(第二辑)/ 张伟主编
无锡市城市建设年鉴（2011）/ 无锡市城市建设档案馆编
仪征年鉴(2012)/ 仪征市年鉴编纂委员会编
铁网珊瑚校证 /〔明〕朱存理集录 韩进、朱春峰校证
蓉湖丛书 / 孟明锋主编
文化东关 / 仲玉龙主编
广陵书社十年书目(2003—2012)/ 曾学文主编
刘承阎书艺 / 刘晓静主编
中国玉石雕精品集（2012）/ 中国玉石雕精品集编委会编
建筑的孔洞 / 兰昱著
扬州书院和藏书家史话 / 朱军著
镇江书画名家作品丛集 / 心澄主编
姜堰名村 / 缪卫东、郑桂发主编
邗江年鉴（2012）/ 扬州市邗江区地方志编纂委员会编
扬中年鉴(2012)/ 扬中市史志办、年鉴编辑部主编
国家园林城市扬州：绿杨城郭 秀美扬州 / 赵御龙、顾爱华主编
广陵年鉴（2012）/ 扬州市广陵区地方志年鉴编纂委员会编
笠泽文丛 / 俞前主编
长河碎影 / 沈秋农著
扬州名人传 / 张连生编
2013 年江苏省高考语文复习资料：冲刺 60 天(识记)训练 / 何永康主编
中国历代历象典 / 广陵书社编
中国扬州书院 / 余如进主编
扬州文化研究论丛(第八辑)/ 赵昌智主编
扬州文化研究论丛(第九辑)/ 赵昌智主编
扬州文化研究论丛(第十辑)/ 赵昌智主编
中国历代法制典 / 广陵书社编
东山莫厘峰文学丛书 / 杨维忠主编
陶渊明集 /〔东晋〕陶渊明著 〔南朝·梁〕萧统编 〔宋〕苏轼书
李贺歌诗编集 /〔唐〕李贺著
乐山堂诗笺 / 张子祥等画

题录

经　　济

关于围绕运河旅游资源谋划扬州旅游业发展之浅见/王春/经济师/2012-01-05

扬州净地出让模式受关注/刘世领、李源/新华日报/2012-01-05

论扬州私营企业的发展对策/俞国、唐建/中外企业家/2012-01-10

城市“包容”乡村发展指标体系、实现程度与区域比较研究——以无锡、扬州、盐城三市测算为例/谭涛、石宇/领导科学/2012-01-10

“三个扬州”奠定扬州加快基本现代化方向/吴年华/江南论坛/2012-01-15

农村居民出游现状及影响因素调查研究——以扬州市为例/潘长宏、张勇/安徽农业科学/2012-01-20

扬州剪纸旅游纪念品市场创新发展探讨/戴昕/江苏商论/2012-01-20

扬州特色物流发展战略思考/田跃/中国商贸/2012-01-21

多管齐下破解“用工荒”——扬州市建筑企业“用工难”“用工荒”调查/任寿松/施工企业管理/2012-02-01

西安交通大学扬州科技园景观规划设计/作朝、雷文龙/山西建筑/2012-02-01

扬州市电子信息服务业的战略分析/赵龙/中国商贸/2012-02-01

日粮中添加丁酸钠对扬州鹅生长性能和消化道发育的影响/蔡凤仙、杨海明、陈永华、王志跃/中国家禽/2012-02-05

古道今用 扬州打造沿运河粮食走廊/周营莉/粮油市场报/2012-02-08

扬州市农业社会化服务体系建设调研与思考/姜开圣/安徽农学通报(上半月刊)/2012-02-10

运用卓越绩效管理模式进行运输企业顾客和市场的分析研究——以江苏省扬州汽车运输集团公司为例/张倩/交通企业管理/2012-02-15

科研走市场,“扬州鹅”一路向天歌——对话扬州天歌鹅业发展有限公司董事长徐国来/李新、戴有理、王晓峰/中国家禽/2012-02-20

超市自有品牌消费者购买行为影响因素实证研究——基于江苏扬州乐天玛特超市的抽样调查/伊静静、徐建琳/现代商业/2012-03-08

扬州：古运河流淌新粮韵/周营莉/粮油市场报/2012-03-08

扬州“小巷游”产品开发初探/任怡澄/四川烹饪高等专科学校学报/2012-03-10

扬州文化艺术中心水源热泵系统施工技术探讨/张晓彬/安装/2012-03-15

多尺度模型在城镇土地扩张分析中的模拟与预测——以扬州市邗江地区为例/黄华明、黄瑞、张防修/安徽农业科学/2012-03-20

基于城市旅游的扬州高星级酒店发展策略分析/王格、任孝珍/河北旅游职业学院学报/2012-03-20

扬州市江都区冬小麦磷钾养分丰缺指标体系建立的研究/钱家本、唐宝国、毛伟、曾洪玉、徐德海、孙庆年/现代农业科技/2012-03-20

扬州金融业发展与南通、泰州比较分析/唐彩虹/中小企业管理与科技(下旬刊)/2012-03-25

扬州市工业主导产业选择实证研究/吴灿、黄秀娟/现代商业/2012-03-28

中小物流企业运营状况调查研究——以扬州市为例/伏小良、詹玉铸/扬州职业大学学报/2012-03-30

扬州市房地产投资与经济增长互动关系研究/秦伟伟/中国集体经济/2012-04-05

日粮能量蛋白质与赖氨酸水平对5～10周龄扬州鹅生长性能的影响/王信喜、王志跃、杨海明/饲料工业/2012-04-10

扬州市水产养殖病害现状调查分析/丛宁、颜慧、杨显祥、吴霆/科学养鱼/2012-04-10

扬州发展新兴产业的领域选择和政策取向/扬州市新兴产业发展研究课题组、钱存林/唯实/2012-04-15

扬州漆艺家具的创新设计初探/方方/郑州轻工业学院学报(社会科学版)/2012-04-15

浅析可持续性技术在中式别墅设计中的运用——扬州豪第坊项目节能技术实践/顾婧、谭志祥/住宅科技/2012-04-20

论扶持新兴产业发展的财税政策——以扬州市为例/扬州市新兴产业发展研究课题组、钱存林/税收经济研究/2012-04-25

健全工作机制 夯实管理基础——农业银行扬州分行案件防控工作透视/刘国松/现代金融/2012-05-10

扬州购房奖励政策出台始末/龙婧、陆菲菲/21世纪经济报道/2012-05-10

扬州鹅及其杂交配套组合肉用性能和肉品质的研究/谢恺舟、黄玉萍、陈学森、陈书琴、戴国俊、赵万里/中国畜牧杂志/2012-05-10

扬州市农田林网建设及管理/孙羊林、陈玉兰、林生鸾、赵景奎/现代农业科技/2012-05-20

扬州市近年稻曲病发生加重原因分析及防治对策/秦玉金、刘学儒、杨进/上海农业科技/2012-06-05

新农村建设的“扬州模式”/戴启平、邵德东/江苏农村经济/2012-06-10

扬州房产新政有积极探索意义/飞鹰/安家/2012-06-15

色氨酸对5～10周龄扬州鹅生长性能和屠宰性能的影响/魏宗友、王洪荣/中国饲料/2012-06-20

扬州市建设工程规划竣工测绘探讨/唐春云/北京测绘/2012-06-25

扬州传统建筑中的清水砖墙研究 / 徐建卓 / 江苏建筑 /2012-06-30

江都建筑业如何打造千亿产业群——访江苏省扬州市江都区建管局局长袁苏祥 / 李小燕、雷锋太 / 建筑 / 2012-07-05

新与旧 扬州两个精品酒店的设计 / 黄靖 / 室内设计与装修 /2012-07-05

扬州儒商文化旅游产品开发研究 / 潘长宏、纪花 / 经济师 /2012-07-05

传统工艺品的营销创新——以扬州传统工艺产品为例 / 陈超、陈骥江 / 中国经贸导刊 /2012-07-10

扬州个园的经营状况及发展策略初探 / 陈会敏、唐恋、季艳 / 四川烹饪高等专科学校学报 /2012-07-10

基于入住经历的高星级酒店吸引力要素研究——以扬州为例 / 陈会敏、季艳、庞山山 / 北方经贸 /2012-07-15

扬州水岸商业街 / 李淑清 / 城市环境设计 /2012-07-18

扬州低湿滩地适生树种选择及造林技术与营林模式的调查分析 / 李连庆、丁明堂、王玉龙、张爱礼、张伟 / 江苏农业科学 /2012-07-25

节庆旅游的发展初探——以扬州宝应“荷藕节”为例/ 吕雯 / 经济研究导刊 /2012-07-25

HG-AFS 同时测定扬州毛绒玩具中的可迁移元素汞和硒 / 束琴霞、邹勇平 / 光谱实验室 /2012-07-25

浅谈扬州市江都区林木覆盖率增长的途径 / 王素根、朱粉香、罗春梅、高红芽 / 江苏林业科技 /2012-08-15

扬州市森林资源二类调查结果浅谈 / 曹兆阳、朱莉 / 江苏林业科技 /2012-08-15

基于生态服务价值的扬州市土地利用总体规划环境影响评价研究 / 郑俊鹏、欧名豪、王婷 / 广东土地科学 / 2012-08-18

GIS 技术在古城资源保护与利用中的应用研究——以扬州古城保护为例 / 熊焰、石华胜、陈正富 / 测绘通报/ 2012-08-25

扬州市种植业面源污染现状与对策 / 申义珍、徐俊兵、马丽丽 / 农业环境与发展 /2012-08-25

扬州市农作物秸秆能源化利用的实践与启示 / 戴敬、严巧玲、徐俊兵、马丽丽 / 再生资源与循环经济 / 2012-08-27

扬州石化转型升级初见成效 / 戴秋华、孙克 / 中国石化报 /2012-09-04

基于需求调查的扬州旅游纪念品市场分析与对策建议 / 朱桂权、赵金霞、孔维青、胡章鸿 / 科技信息 / 2012-09-15

扬州生态园林城市建设中的林地环境效应研究 / 董俐、刘超、何小弟、陈凤林 / 林业实用技术 /2012-09-15

扬州县域经济竞争力的实证分析及对策建议 / 阮衍宁、王寅 / 唯实 /2012-09-15

基于 GM(1,1)模型的扬州市住宅均价预测 / 徐静 / 鄂州大学学报 /2012-09-15

扬州电信 ODN 规模部署方案浅析 / 顾霞平、殷建伟、张强、张艳 / 邮电设计技术 /2012-09-20

扬州乡村旅游的 SWOT 分析及发展对策 / 赖声伟 / 旅游纵览(下半月)/2012-09-23

扬州市大型养殖场畜禽粪便资源化利用调查 / 张月平、毛伟、李文西 / 江苏农业科学 /2012-09-25

扬州鹅淋巴结中网状细胞特征及分布 / 程汉、曹军平、熊喜龙、胡新岗 / 江苏农业科学 /2012-09-25

扬州文化旅游产品的深层次开发 / 李芸 / 扬州职业大学学报 /2012-09-30

一切为了农民兄弟——扬州市分行支持新农村建设侧记 / 邵德东 / 江苏农村经济 /2012-10-10

加强农村地区银行卡市场建设的实践与思考——以扬州地区为例 / 戴凯 / 市场周刊(理论研究)/2012-10-15

2012 年扬州市江都区油菜生产现状及发展对策 / 莫渟、郭亚军、刘翠莲、刘维红、赵春花、张剑华 / 现代农业科技 /2012-10-20

扬州市商贸流通业竞争力发展现状调查 / 扬州市商业联合会课题组 / 江苏商论 /2012-10-20

旅游对社会文化的影响及对策——以江苏省扬州市为例 / 孙建芳 / 旅游纵览(下半月)/2012-10-23

扬州市粮食品种应用现状与发展对策 / 谢成林、杨荣伟、王汝利 / 江苏农业科学 /2012-10-25

扬州软件忙得 “雾起来”/ 哲一 / 中国电子报 / 2012-11-09

扬州第三方物流发展问题研究 / 闫秀峰 / 中国市场/ 2012-11-12

施肥和播种量对扬州地区苜蓿生长特性和产草量的影响 / 潘玲、魏臻武、武自念、张栋、郑曦、陈斐、刘倩、李伟民 / 草地学报 /2012-11-15

扬州漆艺家具发展环境解读与再设计 / 刘晓宏 / 包装工程 /2012-11-20

扬州瘦西湖隧道 SMW 工法桩施工技术应用 / 孔玉清/ 山西建筑 /2012-11-20

扬州玩具产业重现 “艳阳天”/ 丁俊 / 江苏经济报 / 2012-11-20

几类扬州市售蔬菜寄生虫卵污染的检测分析 / 许磊/ 农产品加工(学刊)/2012-11-25

析生态城市水休闲旅游环境承载力评价——以扬州古运河风景区为例 / 宋立、肖平 / 技术经济与管理研究/ 2012-11-26

饲喂方式和饲粮色氨酸水平对扬州鹅免疫功能及抗氧化指标的影响 / 魏宗友、王洪荣、潘晓花、喻礼怀、季昀/ 动物营养学报 /2012-11-27

国外城市土地利用模式对扬州建设世界名城的启示/ 殷少美 / 中国名城 /2012-12-05

科技与金融结合的现状、问题与对策——基于江苏省扬州市实践的思考 / 马晨惠、吴正东、贾姗姗 / 经济师 / 2012-12-05

社 会

地方高校适应社会需求培养创新型人才研究——以扬州大学为例 / 戴云龙、戴跃侬 / 黑龙江高教研究 / 2012-01-05

小学教师自主发展现状的调查研究——以江苏省扬州市为例 / 黄元虎 / 基础教育研究 /2012-01-23

高等职业学校商务英语专业学生实习就业意向调查、分析及对策——以扬州商务高等职业学校 2011 级商务英语专业实习生为视角 / 张燕燕 / 价值工程 / 2012-01-28

一台摄像机眼中的扬州教育发展变化 / 杨广斌、谈雷 / 江苏教育报 /2012-02-06

以扬州为例，浅析中小城市道路交通存在的问题及其对策——基于扬州城市交通问题的实践调查 / 刘垚 / 经济研究导刊 /2012-02-15

扬州市区古树名木白蚁危害现状分析 / 李冬虎、郭仁霞、陈正峰、吴建坤 / 中华卫生杀虫药械 /2012-02-20

扬州市江都滨江新城规划建设思考 / 季淦 / 江苏城市规划 /2012-02-28

论勤工助学与大学生职业能力培养——以扬州某高校烹饪专业为例 / 许继春 / 扬州大学学报(高教研究版)/ 2012-02-29

强镇扩权背景下的小城镇规划策略——以扬州小纪镇新中心区为例 / 徐莉君、盛长元、陈叶龙 / 规划师 / 2012-03-01

引入企业文化促进高职院校校园文化建设——以扬州工业职业技术学院为例 / 左春丽、岳金方 / 成功 / 2012-03-08

扬州城市绿地花境应用现状与主要配置模式 / 潘丽芹、徐森富、丁伟、何小弟 / 浙江农业科学 /2012-03-11

基于游憩功能的城市绿地布局——以扬州市为例 / 谷康、曹静怡 / 中国园林 /2012-03-15

扬州大学“卓越教师”建设的探索与实践 / 孙鹏 / 中国高校师资研究 /2012-03-15

扬州市水生态存在的问题及对策探讨 / 王金辉 / 水利建设与管理 /2012-03-23

为残疾学生的未来幸福奠基——记江苏省扬州市特殊教育学校校长邵宝兴 / 沈玉林 / 现代特殊教育 / 2012-03-25

基于状态空间法的扬州市生态承载力定量评价 / 曹茂林 / 三峡环境与生态 /2012-03-28

消费者识别安全生鲜农产品的影响因素：理论与实证分析——以扬州“荧光蘑菇”事件为例 / 崔彬 / 扬州大学学报(人文社会科学版)/2012-03-30

扬州市音乐厅建声设计与音质评价 / 宋拥民、章奎生 / 环境工程 /2012-04-05

流动人口计生服务管理的难点与对策——以江苏省扬州市邗江区为例 / 翼斌 / 人口与计划生育 /2012-04-08

应用遥感监测技术分析扬州市五年植被覆盖状况 / 童桂凤、陈志芳、范莹、王炎 / 环境监控与预警 /2012-04-15

对高职思政理论课案例教学实施成效的思考——以扬州工业职业技术学院为例 / 曹必文、曹雨平 / 职教论坛 /2012-04-15

对高职院校人文教育状况的调查与思考——以扬州市高职院校为例 / 吴小洪、徐国方 / 武汉职业技术学院学报 /2012-04-15

扬州市基础教育信息化发展策略研究 / 顾庆龙、王清、高德芳 / 教育评论 /2012-04-28

高职生消费现状及问题探讨——以扬州商务高等职业学校为例 / 晏凡 / 现代商业 /2012-04-28

“企业统筹学校资源”办学模式的探讨——以扬州天海职业技术学校与江苏扬力集团合作办学为例 / 徐媛媛/ 当代职业教育 /2012-05-15

让所有师生都能幸福成长——扬州市江都区宜陵中心小学教育博客之路 / 尤兴胜 / 中国农村教育 /2012-05-15

打造经济社会发展“护航舰”/ 居乃军、智爱斌、刘冬/ 中国劳动保障报 /2012-05-19

基于 3S 技术的扬州 2500 年间城市演变分析 / 杨静、张金池、庄家尧、毛锋 / 北京大学学报(自然科学版)/ 2012-05-20

网络学院招生工作的实践策略研究——以扬州商务高等职业学校为例 / 张翔 / 成功(教育)/2012-05-23

城市交通景观基础设施的研究与实践 / 张哲慧 / 南京林业大学 /2012-06-01

新生代农民工就业取向及其影响因素分析——以江苏省扬州市为例 / 袁帅、叶明月、杨春燕、杨娟 / 农村经济与科技 /2012-06-08

扬州市农村集中式供水卫生状况调查 / 王礼富 / 海峡预防医学杂志 /2012-06-15

提高学生创新创业能力的实践教学模式探索——以扬州职业大学连锁经营管理专业实践教学模式创新为例/ 施玉梅 / 安徽商贸职业技术学院学报（社会科学版)/ 2012-06-15

论扬州剪纸造型艺术特点 / 贾涛 / 美术大观 / 2012-06-15

华东地区高层建筑日照规划管理研究——兼论对扬州市高层建筑日照规划管理的建议 / 罗晶、俞晓春 / 住区 /2012-06-18

扬州瘦西湖水环境综合整治的一点思考 / 谢继征、易强、吴俊 / 污染防治技术 /2012-06-20

贾而好儒——从教育和文化活动两方面探析 18 世纪扬州盐商“从儒”现象 / 刘茂斌 / 科教文汇(中旬刊)/ 2012-06-20

民进扬州市委呼吁设立“假期安全日”完成学生“安全交接”/ 姜勇、谭正 / 人民政协报 /2012-06-22

扬州绿色植保现状及发展对策 / 刘金伟、杨进、秦玉

金、刘学儒 / 江苏农业科学 /2012-06-25

扬州市农民创业意向调查及对策研究——基于有一定学历背景农民的调查 / 郑伟 / 江苏农业科学 /2012-06-25

扬州漆器的历史传承与现代创新 / 田月 / 大众文艺/ 2012-06-25

高职文化素质教育课程体系的构建与实施——以扬州工业职业技术学院为例 / 邓光、曹雨平 / 职教通讯 / 2012-06-30

公共图书馆开展多样化服务实践与研究——以扬州市图书馆为例 / 朱静 / 内蒙古科技与经济 /2012-06-30

扬州市图书馆未成年人读者服务延伸实践 / 朱静 / 河北科技图苑 /2012-07-01

职业学校专业社团建设的思考——以扬州商务高等职业学校烹饪系营养社团为例 / 冯小兰 / 四川烹饪高等专科学校学报 /2012-07-10

九三学社扬州市委呼吁规范劳务派遣用工 / 徐振宇/ 人民政协报 /2012-07-18

扬州市着力提高计生家庭发展能力 / 刘砺 / 中国人口报 /2012-07-24

扬州市广陵区小学生营养状况及其与视力不良的关系 / 朱健华 / 中国学校卫生 /2012-07-25

扬州市幼儿园空间布局优化探讨 / 徐莉君、陈叶龙 / 规划师 /2012-08-01

关于动感单车在扬州的发展现状与推广的调查报告/ 胡业创 / 科技信息 /2012-08-05

扬州城市道路部分绿化树种滞尘效应研究 / 俞莉莉、梁惠颖、何小弟、陈凤林 / 北方园艺 /2012-08-15

基于职教特质的校园文化建设研究——以江苏省扬州商务高等职业学校为例 / 高永宏 / 现代教育 /2012-08-20

从扬州雕版印刷看传统手工艺保护与传承 / 孙璐 / 中国出版 /2012-08-23

提高学生创新创业能力的顶岗实习管理模式探索——以扬州职业大学经管类专业顶岗实习为例 / 施玉梅 / 江苏经贸职业技术学院学报 /2012-08-28

扬州市公共设施规划布局——以城市融合区为对象/ 鲍朱佳、尹莹 / 中华建设 /2012-08-28

高职院校舞龙社团建设实践与发展——以扬州工业职业技术学院为例 / 时艳、符家庆 / 搏击（武术科学)/ 2012-08-28

高校学生党员素质工程建设探究——以扬州工业职业技术学院某系校地共建模式为例 / 田歌亮 / 经济研究导刊 /2012-09-05

烹饪专业职业教育校企合作措施探索——以江苏省扬州商务高等职业学校为例 / 许磊 / 四川烹饪高等专科学校学报 /2012-09-10

扬州市某垃圾填埋场防渗系统的规划与设计 / 卢涛、连清泉 / 中国科技信息 /2012-09-15

高职示范院校重点专业建设探索——以江苏省扬州商务高等职业学校烹饪专业为例 / 董芝杰、许磊 / 新课程研究(中旬刊)/2012-09-15

扬州东关街历史文化街区的保护与更新研究 / 商硕/ 科技经济市场 /2012-09-15

试论 1840－1937 年运河与扬镇地区经济之关系 / 叶美兰、李沛霖 / 南京邮电大学学报（社会科学版)/ 2012-09-15

15 种冷季型草坪草在扬州地区的适应性评价 / 刘大林、王秀萍、胡楷崎、刘伟国、张华、曹喜春 / 草地学报 / 2012-09-15

浅析广播电视报的转型方式——以《扬州广播电视报》为例 / 潘艺昕 / 科技创新导报 /2012-09-21

扬州依法治水的实践和思考 / 李春国 / 江苏水利 / 2012-09-28

战略性新兴产业人才队伍建设存在的问题及对策研究——以扬州为例 / 陆玉珍 / 长春工程学院学报（社会科学版)/2012-09-28

高职院校学生体育活动态度的现状与对策——以扬州地区为例 / 任军、黄平 / 搏击(武术科学)/2012-09-28

从人才支撑角度研究扬州农村信息化建设问题 / 陈乐、何永桂 / 扬州教育学院学报 /2012-09-30

扬州市人口红利的变化与开发利用策略研究 / 杨琴/ 扬州职业大学学报 /2012-09-30

江苏扬州市城市防涝实践与思考 / 刘爱军 / 中国防汛抗旱 /2012-10-15

2012 幸福扬州调查报告 / 高新越 / 才智 / 2012-10-15

高职在校生阅读现状分析及对策研究——以扬州环境资源职业技术学院为例 / 姜静 / 兰州教育学院学报 / 2012-10-20

2011 年扬州市文峰社区小学生形态指标及视力不良状况调查分析 / 周秀蓉、周玲丽 / 社区医学杂志 /2012-10-20

扬州市抗旱减灾能力调查及建议 / 刘爱军 / 江苏水利 /2012-10-28

提高课堂教学质量的积极探索与期待——以扬州大学 2011 年中青年教师讲课比赛为分析对象 / 徐扬、张清、徐辰武 / 扬州大学学报(高教研究版)/2012-10-30

扬州为普通高中发展全方位“把脉”/ 肖东、杨广斌、谈雷 / 江苏教育报 /2012-10-31

扬州市公共交通网络复杂性分析 / 周塔、王勇 / 科技信息 /2012-11-05

历史街区地下空间资源质量评估——以扬州老城区为例 / 张平、陈志龙 / 城市规划 /2012-11-09

扬州：深耕政务云打造智慧城 / 樊哲、高闵杰 / 中国电子报 /2012-11-09

扬州古运河沉积物污染物释放强度与特征研究 / 王改、黄廷林、周真明、董玉华、辛清梅、徐金兰 / 环境污染与防治 /2012-11-15

校园文化与企业文化融合模式及实现途径研究——基于江苏省扬州技师学院校企文化融合事例 / 汪明星 /

职业 /2012-11-15

城市道路积水成因及防治措施——以扬州市城区道路为例 / 卢佩霞 / 交通标准化 /2012-11-23

文　化

浅谈清代扬州园林特点的形成因素 / 周杰 / 现代装饰(理论)/2012-01-15

特色栏目建设与“扬州文化研究”/ 钱澄 / 扬州大学学报(人文社会科学版)/2012-01-30

现代图书馆建设理念的实现——以扬州大学扬子津校区新馆为例 / 赵军、吴海华、顾亚东、禹良琴 / 农业图书情报学刊 /2012-02-05

对构建扬州图书馆联盟几个问题的探讨 / 居露 / 科技信息 /2012-02-15

南宋《扬州州学藏书楼记》解读 / 江向东 / 国家图书馆学刊 /2012-02-15

非物质文化遗产视野下的活态传承——以扬州漆艺为例 / 张栋栋 / 大舞台 /2012-02-20

扬州漆器设计元素的研究和应用 / 赵晓燕、张焘 / 大众文艺 /2012-02-25

浅析城市规划中的环境心理理论——以扬州市老城区为例 / 薛颖、杨剑 / 江苏建筑 /2012-02-29

扬州园林假山与植物配置方式探析 / 卢燕、吴薇 / 安徽农业科学 /2012-03-10

研究型教学理念下档案学专业实践教学体系的完善——以扬州大学为例 / 孙军 / 档案与建设 / 2012-03-15

论扬州园林个园的竹文化 / 赵越 / 剑南文学（经典教苑)/2012-03-25

“谁知竹西路，歌吹是扬州”/ 时统宇 / 视听界 / 2012-03-25

数字化地形图缩编方法初探——以扬州市 1：2000 地形图缩编 1：5000 为例 / 徐研、华月园 / 江苏水利 / 2012-03-28

论扬州古代漆艺及其当代振兴策略 / 高棐忱 / 中国生漆 /2012-03-31

扬州博物馆：联手办展横空出世 / 冯永革 / 中国文物报 /2012-04-04

少儿图书馆分馆建设的实践与思考——以扬州少儿图书馆琼花观社区分馆建设为例 / 韩园 / 科技视界 / 2012-04-05

《清宫扬州御档》在扬州掀起“御档热”/ 魏怡勤 / 兰台世界 /2012-04-06

扬州竹文化探析 / 黄春华、王晓春、仇蓉 / 中国园林/ 2012-04-15

城市广电媒体发展战略探讨——以扬州市为例 / 赵可 / 郑州航空工业管理学院学报 /2012-04-15

扬州瘦西湖公园赏析 / 胡蔡清 / 山西建筑 / 2012-04-20

扬州“瘦西湖”植物景观古典文化意象与扬州社会各个阶层关系研究 / 邵静 / 绿色科技 /2012-04-25

档案馆档案公共服务效果的调查分析——以扬州市为例 / 侍琴 / 商业文化(下半月)/2012-04-25

扬州地区西汉墓葬研究 / 刘松林 / 安徽大学 / 2012-05-01

高校校园媒体传播效果优化策略研究——以扬州大学校媒为例 / 史盼盼 / 今传媒 /2012-05-05

病毒营销的传播学原理分析——以“扬州瘦西湖船娘婉拒老外求婚”为例 / 文君知、张玉 / 新闻传播 / 2012-05-15

历史景观传承与创新——以扬州瘦西湖风景区万花园一期工程景观设计为例 / 李立、钟正龙 / 林业科技开发 /2012-05-25

扬州唐代“城市水利”初探 / 万京京、万乾山 / 江苏水利 /2012-05-28

扬州传统民居建筑特征研究综述 / 王筱倩、过伟敏 / 扬州大学学报(人文社会科学版)/2012-05-30

扬州老城区传统民居建筑平面的“形”的研究 / 过伟敏、王筱倩 / 南京艺术学院学报（美术与设计版)/ 2012-06-15

流传千年的漆艺华章——扬州漆器 / 孙卫华 / 中国生漆/2012-06-30

扬州宋夹城考古遗址公园的保护与利用 / 季文彬、倪萌、金蕾 / 中国园林 /2012-07-15

遗址公园景观设计中意境的营造探析——以扬州唐城遗址公园为例 / 曾晨、李静 / 安徽农业科学 /2012-09-01

扬州盐商建筑与园林的特性及世界文化遗产价值浅析 / 徐亮、王石群 / 扬州大学学报（人文社会科学版)/ 2012-09-30

扬州西汉墓陪葬木俑初探 / 张学涛 / 扬州教育学院学报 /2012-09-30

现代扬州漆艺的奠基者——“三国一孔一姜”/ 孙卫华 / 中国生漆 /2012-09-30

扬州雕版印刷的数字化保护初探 / 孙璐 / 艺术评论 / 2012-10-04

中国园林建筑保护安全性评估研究——以扬州何园复道回廊为例 / 夏东进、杨震 / 中国名城 /2012-10-05

扬州滨水植物景观评价研究 / 李丽 / 北方园艺 / 2012-10-15

扬州古民居福祠装饰艺术赏析 / 赵克理 / 郑州轻工业学院学报(社会科学版)/2012-10-15

扬州历史文化街区保护与发展探究 / 韩昉 / 山西建筑 /2012-10-20

扬州瘦西湖园林群图卷 / 吴肇钊、陈艳、吴迪 / 风景园林 /2012-10-25

城市电视台发展路径浅析——以扬州电视台为例 / 虞斌 / 当代电视 /2012-11-01

论日本世界城市建设及对中国的启示——兼论扬州建设世界名城之路 / 周建高、王凌宇 / 中国名城 / 2012-12-05

统计资料

2012 年扬州市国民经济占江苏省的比重一览表

表 36-1

项　　目	单　位	江苏省	扬州市	扬州市占江苏省的比重(%)
年末总人口	万人	7920.00	458.42	5.79
地区生产总值(当年价格)	亿元	54058.22	2933.20	5.43
第一产业	亿元	3418.29	205.19	6.00
第二产业	亿元	27121.95	1554.46	5.73
第三产业	亿元	23517.98	1173.55	4.99
固定资产投资	亿元	32087.1	1783.65	5.56
社会消费品零售总额	亿元	18331.30	967.87	5.28
出口总额	亿美元	3285.4	81.72	2.49
注册外资及港澳台资实际到账额	亿美元	357.60	21.38	5.98
公共财政预算收入	亿元	5860.69	225.00	3.84
公共财政预算支出	亿元	7027.67	284.80	4.05
普通高等学校在校学生数	万人	167.12	7.26	4.35
医院、卫生院病床数	万张	30.77	1.59	5.15
卫生技术人员	万人	39.61	2.11	5.32
#执业(助理)医师	万人	15.80	0.88	5.58
在岗职工平均工资	元	51279	44689	
农民人均纯收入	元	12202	12686	
城市居民人均可支配收入	元	29677	28001	
人均储蓄存款余额	元	37951	36964	
工农业主要产品产量				
粮食	万吨	3372.48	308.35	9.14
棉花	万吨	22.04	0.47	2.13
油料	万吨	146.95	7.41	5.04
原煤	万吨	2104.16	88.42	4.20
发电量	亿千瓦时	3928.35	229.11	5.83
水泥	万吨	16777.87	544.03	3.24
化学纤维	万吨	1275.0	80.91	6.35

2012 年扬州市分地区生产总值一览表

(按当年价格计算)

表 36-2

项　　目	全　市	市　区	#广陵区	#邗江区	#江都区	宝应县	仪征市	高邮市
地区生产总值(亿元)	**2933.20**	1949.19	454.70	470.40	639.06	323.03	370.27	336.00
第一产业	**205.19**	73.16	8.23	16.77	46.25	55.43	19.30	55.96
第二产业	**1554.46**	1069.10	241.40	214.12	341.35	151.85	212.86	156.05
工业	**1344.66**	944.57	222.00	171.54	288.00	121.50	187.73	126.29
建筑业	**209.80**	124.53	19.40	42.58	53.35	30.35	25.13	29.76
第三产业	**1173.55**	806.93	205.07	239.51	251.46	115.75	138.11	123.99
人均地区生产总值(元/人)	**65692**	80824	—	—	63499	42982	65843	45436

2012 年扬州市分地区人口数及构成情况表

表 36-3

地　区	总人口(人)			性别比
	合　计	男	女	
全　市	**4584236**	**2300226**	**2284010**	**100.71**
市　区	2301297	1146549	1154748	99.29
#广陵区	497918	247064	250854	98.49
邗江区	561687	278797	282890	98.55
江都区	1068838	535234	533604	100.31
宝应县	903094	458729	444365	103.23
仪征市	562447	284613	277834	102.44
高邮市	817398	410335	407063	100.80

2012 年扬州市分地区户数、平均人口及密度情况表

表 36-4

地　区	户数(户)	平均每户人数(人)	年平均人口(人)	人口密度(人/平方千米)
全　市	**1513448**	**3.03**	**4592373**	**697**
市　区	773937	2.97	2300395	978
#广陵区	172275	2.89	497199	1484
邗江区	178721	3.14	560774	1014
江都区	365222	2.93	1068699	804
宝应县	286625	3.17	908651	622
仪征市	190666	2.96	564317	658
高邮市	262220	3.12	819011	426

2012 年扬州市分地区职工人数一览表

表 36-5　　单位:人

地　区	在岗职工人数			
	合　计	国有经济	集体经济	其他经济
全　市	**413317**	**183490**	**29561**	**200266**
市　区	238607	118855	9062	110690
宝应县	63711	22373	7175	34163
仪征市	58754	21605	1377	35772
高邮市	52245	20657	11947	19641

2012年扬州市全社会固定资产投资情况表

表36-6

项　　目	总　计	#项目投资	#房地产开发投资
一、投资总额(万元)	17836452	15478026	2358426
#住宅	2487922	670794	1817128
1.按经济类型分			
国有经济	3140562	2853324	287238
集体经济	338201	330201	8000
其他有限责任公司	1194227	769943	424284
其他联营	10000	10000	
股份合作	38701	20500	18201
股份有限公司	969940	853259	116681
私营个体	9975068	8923664	1051404
港澳台商投资	651579	381623	269956
外商投资	843951	668816	175135
其他经济	674223	666696	7527
2.按构成分			
建筑工程	9467883	7874862	1593021
安装工程	717327	551760	165567
设备工器具购置	5752789	5705528	47261
#用于更新设备	376559	376559	
其他费用	1898453	1345876	552577
3.按产业分			
第一产业	179141	179141	
第二产业	10633351	10633351	
第三产业	7023960	4665534	2358426
二、本年资金来源(万元)			
国家预算内资金	226740	226740	
国内贷款	764370	386464	377906
利用外资	433510	389096	44414
自筹投资	17188270	15660803	1527467
其他投资	1872487	190958	1681529
三、房屋建筑面积(万平方米)			
施工面积	3809.22	2015	1794.22
竣工面积	1997.8	1438.16	559.64
#住宅	680.88	240.77	440.11

2012年扬州市农林牧渔业分项产值一览表

表36-7 单位:万元

项　　目	2012年产值(当年价格)	2011年产值(当年价格)
农林牧渔业总产值	**3690824**	**3303105**
一、农业产值	1709971	1570742
1.谷物及其他作物	904349	881938
#谷物	793543	782256
棉花	15541	13958
油料	40442	37161
2.蔬菜园艺作物	747284	637469
#蔬菜(含菜用瓜)	556976	491037
花卉	16643	9613
3.水果、坚果、饮料和香料作物	55252	50401
#水果坚果(含果用瓜)	40762	38575
茶及其他饮料	13464	11826
4.中药材	3086	934
二、林业产值	87686	77751
1.林木的培养种植	34407	29317
2.竹木采运	46688	43286
3.林产品	6591	5148
三、牧业产值	694908	624350
1.牲畜饲养	16804	15077
#牛的饲养	4086	3874
羊的饲养	8279	8172
奶产品	3238	3017
#牛奶	3238	3017
2.猪的饲养	235536	234737
3.家禽	418578	348016
4.狩猎和捕捉动物		1000
5.其他畜牧业	23990	25520
四、渔业产值	1027364	879994
1.海水产品	0	0
2.淡水产品	1027364	879994
鱼类	388459	348065
甲壳类	532026	475371
贝类	6867	5631
其他	100012	50927
五、农林牧渔服务业	170895	150268

2012年扬州市主要农作物播种面积和产量一览表

表36-8

项目	2012年			2011年		
	播种面积（千公顷）	单产（千克/公顷）	总产量（吨）	播种面积（千公顷）	单产（千克/公顷）	总产量（吨）
农作物总播种面积	**507.44**			**503.54**		
一、粮食作物总计	418.99	7359	3083470	414.73	7371	3056836
1.夏粮	191.13	5638	1077660	187.57	6079	1140224
小麦	185.71	5695	1057605	182.04	6151	1119814
大麦	2.28	4539	10349	2.44	4588	11195
蚕豌豆	3.14	3091	9706	3.09	2982	9215
2.秋粮	227.86	8803	2005810	227.16	8437	1916612
稻谷	208.14	9237	1922660	207.54	8832	1832941
中稻	208.14	9237	1922660	207.54	8832	1832941
单季晚稻						
双季后作稻						
玉米	1.97	5865	11554	1.94	6327	12274
其他谷物	0.04	12400	496	0.08	4038	323
豆类	15.56	3569	55541	15.46	3549	54873
薯类	2.15	7237	15559	2.14	7571	16201
二、经济作物	81.23					
1.棉花	3.24	1449	4695	3.47	1303	4523
2.油料	27.86	2661	74122	29.53	2380	70279
花生	1.01	2926	2955	1.05	2825	2966
油菜籽	25.73	2686	69100	27.31	2393	65360
芝麻	1.12	1846	2067	1.17	1669	1953
3.麻类						
#黄麻						
红麻						
苎麻						
4.糖类	0.03	31733	952	0.03	35200	1056
甘蔗	0.03	31733	952	0.03	35200	1056
甜菜						
5.药材	0.23			0.2		
6.蔬菜瓜类	49.87	37002	1845270	48.63	35987	1750069
蔬菜	47.95	37016	1774910	46.75	35975	1681821
瓜类	1.92	36646	70360	1.88	36302	68248
三、其他农作物	7.22			6.95		
#青饲料	2.33			2.11		
绿肥	1.47			1.57		

2012年扬州市分地区工业总产值一览表

（规模以上工业企业）

表36-9　　单位：万元

地　区	工业总产值(现行价)	工业销售产值(现行价)	工业增加值(现行价)
全　市	**73423786**	**71881843**	**17703724**
市　区	49428704	48316888	12225352
扬州经济技术开发区	10830993	10538259	3125160
广陵区	11008442	10673290	2600660
邗江区	9772838	9579263	2355771
江都区	17816431	17526076	4143761
宝应县	6102949	6006271	1377802
仪征市	10666902	10484330	2420428
高邮市	7225231	7074354	1680141

2012年扬州市主要工业产品产量一览表

（规模以上工业企业）

表36-10

产品名称	单　位	2012年	2011年
原煤	万吨	88.42	75.11
天然原油	万吨	171.02	171.02
天然气	万立方米	5703	5422
发电量	亿千瓦时	229.11	225.55
塑料制品	万吨	10.40	9.44
化学纤维	万吨	80.91	82.82
纱	万吨	12.13	12.27
布	万米	54450.63	41553.65
印染布	万米	82.70	209.57
呢绒	万米	189.40	172.28
服装	万件	23306.82	20998.8
皮革鞋靴	万双	4009.14	3661.06
机制纸及纸板	万吨	12.11	12.49
原油加工量	万吨	42.12	31.65
烧碱(折100%)	万吨	29.36	31.42
农用氮、磷、钾化学肥料总计(折纯)	万吨	0.32	0.29
化学农药原药	吨	51702.98	60580.15
合成纤维聚合物	万吨	174.76	177.19
化学药品原药	吨	3339.59	3382.12
水泥	万吨	544.03	489.67
钢材	万吨	175.24	156.43
电动自行车	辆	15590	9500
不锈钢日用制品	吨	397	634
金属切削机床	台	26230	19717
金属成形机床	台	52372	51304
汽车	辆	4014	3458
金属集装箱	万立方米	508.22	607.81
电力电缆	万千米	136.78	140.36
通信及电子网络用电缆	对千米	2690573	2237255
铅酸蓄电池	千伏安时	1932109	1131594
交流电动机	万千瓦	890.01	893.51
电动手提式工具	万台	130.44	121.28
民用钢质船舶	载重吨	4531274	5124759

2012年扬州市分地区建筑业生产经营情况表

表36-11

指　　标	全　市	市　区	#广陵区	#邗江区	#江都区	宝应县	仪征市	高邮市
一、建筑业企业数量(家)	**762**	540	156	180	160	65	71	86
二、建筑业合同情况(万元)								
建筑合同额	**29426189**	18129423	4803242	4018709	9068118	3740223	2103107	5453436
上年结转建筑合同额	**9723951**	6914405	2027586	793562	4041796	813934	707334	1288279
本年新签建筑合同额	**19702238**	11215018	2775656	3225148	5026322	2926289	1395773	4165158
三、承包工程完成情况(万元)								
直接从建设单位承揽工程完成的产值	**20304615**	12311877	3136631	3061142	5950384	2427402	1505825	4059511
自行完成施工产值	**20303938**	12311202	3136506	3060772	5950384	2427402	1505823	4059511
分包出去工程的产值	**678**	675	125	370			2	
从建设单位以外承揽工程完成的产值	**2113898**	1170816	55507	257307	828495	635546	120944	186591
四、建筑业总产值(万元)	**22417836**	13482018	3192013	3318080	6778879	3062948	1626767	4246102
建筑工程产值	**20655722**	11855621	3035433	2848104	5827743	3032042	1548608	4219451
安装工程产值	**1658290**	1567747	151814	455450	911778	30333	36485	23725
其他建筑业产值	**103824**	58651	4766	14526	39358	573	41674	2927
五、竣工产值(万元)	**18634734**	10080692	2083141	2681259	5202630	2350065	1430278	4773699
六、房屋施工面积(万平方米)	**17652**	8900	2369	1841	4607	3781	1438	3533
#房屋新开工面积	**9414**	4325	1014	1164	2090	2300	667	2122
七、年末自有施工机械设备								
净值(万元)	**789950**	443212	67042	104154	263021	136441	113446	96852
总台数(台)	**258303**	192786	13927	30126	146775	33270	14170	18077
总功率(千瓦)	**6114288**	3022548	451608	786653	1581246	1511830	999276	580634
八、主要建筑材料消耗量								
钢材(吨)	**13713962**	10867232	687920	1339036	8803798	1140819	623328	1082583
木材(立方米)	**5465543**	2331020	221934	122975	1973516	2548212	206448	379863
水泥(吨)	**22035208**	11957712	1385942	1427018	9034099	3904569	1046220	5126707
平板玻璃(平方米)	**13132869**	7021280	1225792	1585877	4066712	2694875	1427527	1989187
平板玻璃(重量箱)	**1939969**	849127	296133	138611	388482	367113	378157	345572
铝材(吨)	**419416**	121390	39915	25941	52979	164357	6519	127150
九、建筑业企业总产值(万元)	**43303768**	33407276	21682642	3518558	8011317	3176590	1720330	4999571

2012年扬州市全社会客货运输量一览表

表36-12

项　　目	单　位	公　路	水　路
客运量	万人	8878	30.3
旅客周转量	万人千米	581874	121
货运量	万吨	7645	4599
货物周转量	万吨千米	940158	1586941

2012年扬州市邮电通信基本情况表

表36-13

项　目	单位	全　市	市　区	#江都区	宝应县	仪征市	高邮市
邮政局(所)数	处	**197**	96	48	33	31	37
邮路总长度	千米	**2634**	1475	540	471	300	388
固定电话用户	户	**1359064**	840209	300892	177870	156702	184283
邮政业务收入	万元	**50760**	28307	12022	7266	6168	9019
电信业务收入	万元	**404235**	260789	81546	45985	48215	49246
函件	万件	**8350.24**	5704.63	1436.84	919.08	685.02	1041.51
机要	万件	**2.34**	1.97	0.07	0.06	0.25	0.06
包裹	万件	**14.69**	10.77	2.90	0.94	1.20	1.78
汇票	万张	**82.21**	47.62	18.29	10.05	10.74	13.80
订销报纸累计份数(进口)	万份	**7537.44**	5192.22	1668.94	741.34	1034.90	568.98
订销杂志累计份数(进口)	万份	**529.34**	351.36	84.60	39.20	32.14	106.64
年末移动电话用户	户	**4909492**	3008991	1000756	632690	611809	656002
#3G移动电话用户	户	**1103012**	713471	215574	117473	127965	144103
国际互联网用户	户	**874717**	575654	184841	93740	98286	107037

2012年扬州市分行业社会消费品零售总额一览表

表36-14　　单位：万元

地　区	社会消费品零售总额	按行业分			
		批发业	零售业	住宿业	餐饮业
全　市	**9678651**	**1233724**	**7477791**	**117650**	**849486**
市　区	6372002	776934	4921355	89765	583948
扬州经济技术开发区	653873	63471	533229	11484	45689
广陵区	1883704	165826	1507440	15286	195152
邗江区	1871540	270573	1394139	48417	158411
江都区	1962885	277064	1486547	14578	184696
宝应县	1053451	246857	742038	11612	52944
仪征市	1147472	89278	950678	9891	97625
高邮市	1105726	120655	863720	6382	114969

2012年扬州市对外国及港澳台地区贸易进出口总额一览表

表36-15　　单位：万美元

项　　目	进出口总额	出　口	进　口
总　计	**1017271**	**817185**	**200085**
一、按地区分组			
市　区	828193	694517	133677
扬州经济技术开发区	372089	292070	80019
广陵区	180301	153864	26437
邗江区	153930	142260	11670
江都区	121873	106323	15551
宝应县	61983	47182	14802
仪征市	93226	45296	47930
高邮市	32721	30126	2595
二、按贸易方式分组			
一般贸易	676682	583003	93679
进料加工	255602	194269	61333
来料加工	49458	32128	17330
外商投资设备	6354	0	6354
其他	30335	8913	21422

2012年扬州市外商及港澳台商直接投资情况表

表36-16　　单位：万美元

地　区	注册外资及港澳台资实际到账额	协议注册外资及港澳台资金额
全　市	**213808**	**426910**
#扬州经济技术开发区	42212	109880
广陵区	37578	112701
邗江区	34765	63752
江都区	22857	30377
宝应县	10026	16271
仪征市	19591	39771
高邮市	9779	26108

2012年扬州市财政收入与支出一览表

表 36-17 单位:万元

项目	总计	市区	#广陵区	#邗江区	#江都区	宝应县	仪征市	高邮市
财政总收入	**5545139**	**3957384**	**559941**	**925552**	**923382**	**423617**	**654240**	**509898**
#上划中央收入	**1315374**	879066	201262	222029	251583	111789	190332	134187
增值税(75%)	**850723**	536592	124211	147435	157919	83891	124632	105608
消费税	**77150**	51034	4886	226	25917	1598	24267	251
企业所得税(60%)	**295670**	223777	56515	57848	53918	20628	30671	20594
个人所得税(60%)	**91831**	67663	15650	16520	13829	5672	10762	7734
公共财政预算收入	**2249986**	1579044	301480	444596	345433	207118	246578	217246
#税收收入	**1806050**	1266939	246543	360531	295498	166099	198934	174078
#增值税(25%)	**287891**	181439	42503	50142	52307	28557	42106	35789
营业税	**596353**	449637	79962	131883	102136	41205	56217	49294
企业所得税(40%)	**197114**	149184	37675	38566	35945	13752	20448	13730
个人所得税(40%)	**61220**	45108	10433	11013	9219	3781	7175	5156
公共财政预算支出	**2848023**	**1843397**	**207455**	**361043**	**406553**	**370411**	**264386**	**369829**
#一般公共服务	**401962**	271506	35146	75677	55988	46669	36413	47374
科学技术	**98110**	69627	6505	13720	10322	11860	8017	8606
教育	**550448**	326166	36781	67584	101500	88380	53921	81981
文化体育与传媒	**59805**	51647	686	2811	2284	3378	2280	2500
社会保障和就业	**202325**	104128	12909	16284	33994	38160	24656	35381
医疗卫生	**186340**	110046	10087	18405	38880	24020	23640	28634
节能环保	**67446**	38901	1712	3216	11390	9032	8747	10766
城乡社区事务	**339402**	284450	74000	74283	56132	12134	8752	34066
农林水事务	**358730**	187537	12893	28747	52253	58883	55538	56772
交通运输	**92017**	60188	801	5139	7449	13874	5069	12886
住房保障	**55118**	39683	0	22009	1094	3414	6180	5841

2012年扬州市金融机构存贷收支情况表

表 36-18 单位:万元

项目	全市	市区	#江都区	宝应县	仪征市	高邮市
年末金融机构各项存款余额	**33108404**	**24186901**	**6409303**	**3331066**	**2962521**	**2627917**
#单位存款	**15428684**	12296513	2160613	1361420	900471	870280
个人存款	**17153774**	11439902	4167340	1952082	2039613	1722177
#储蓄存款	**16975080**	11279876	4140083	1942330	2034064	1718810
年末金融机构各项贷款余额	**20064970**	**14917139**	**3412118**	**1835797**	**1677902**	**1634133**
#短期贷款	**10658236**	7916319	2007522	964310	972430	805177
中长期贷款	**8656147**	6513211	1197636	791481	645202	706254
票据融资	**739025**	476333	206787	79988	60002	122701

2012年扬州市教育事业情况表

表36-19

项　　目	学校数（所）	毕业生数（人）	招生数（人）	在校学生数（人）	教职工数（人）	#专任教师
普通高等学校	7	20720	20639	72632	7444	4633
中等职业学校	15	18505	18597	61162	2799	2298
普通中学	170	73477	63832	197908	21027	16725
高中	38	31606	25160	80421	8240	6185
初中	132	41871	38672	117487	12787	10540
小学	215	38477	35566	224400	14502	13513
特殊教育学校	7	99	109	832	217	174
幼儿园	285	33582	35193	98949	8449	4830
技工学校	13	7989	10484	28131		1474

2012年扬州市中小学情况表

表36-20

项　　目	全　市	市　区	#广陵	#邗江	#江都	宝　应	仪　征	高　邮
学校数(所)	**385**	185	32	34	92	65	61	74
小学	**215**	98	20	15	55	38	36	43
中学	**170**	87	12	19	37	27	25	31
教职工人数(人)	**35529**	18614	3164	4349	7903	6293	4575	6047
小学	**14502**	7259	1765	1402	3622	2695	1996	2552
中学	**21027**	11355	1399	2947	4281	3598	2579	3495
专任教师数(人)	**30238**	16099	2966	3752	6551	5719	3617	4803
小学	**13513**	7352	2108	1824	2916	2513	1649	1999
中学	**16725**	8747	858	1928	3635	3206	1968	2804
#高中	**6185**	3085	210	706	1184	1250	649	1201
在校学生数(人)	**422308**	230550	41526	55722	91077	78605	46930	66223
小学	**224400**	126369	34632	33029	48569	41967	24442	31622
中学	**197908**	104181	6894	22693	42508	36638	22488	34601
#高中	**80421**	41274	2128	9460	16343	15102	9529	14516

2012年扬州市卫生事业情况表

表36-21

项　　目	单位	全　市	市　区	广陵区	邗江区	江都区	宝应县	仪征市	高邮市
卫生机构数	个	**1903**	1084	242	401	441	352	191	276
#医院	所	**59**	38	13	15	10	14	4	3
卫生院	所	**82**	26	6	8	12	14	13	29
卫生机构床位数	个	**17704**	11836	5782	2141	3913	1922	1804	2142
#医院	个	**12786**	9131	4913	1575	2643	1147	1298	1210
卫生院	个	**3067**	1406	195	206	1005	553	415	693
卫生技术人员	人	**21087**	13737	6001	3238	4498	2364	2407	2579
#执业(助理)医师	人	**8818**	5486	2226	1409	1851	1104	951	1277
注册护士	人	**8240**	5654	2737	1219	1698	803	907	876

2012 年扬州市文化事业情况表

表 36-22

项目	单位	全市	市区	#江都区	宝应县	仪征市	高邮市
艺术表演团体数	个	**8**	5	1	1	1	1
公共图书馆数	个	**7**	4	1	1	1	1
文化馆数	个	**7**	4	1	1	1	1
文化站数	个	**89**	45	13	14	9	21
艺术教育机构数	个	**1**	1	0	0	0	0
其他文化事业机构数	个	**5**	4	1	0	1	0
文物管理委员会数	个	**2**	2				
其他文物保护机构数	个	**8**	5	1	1	1	1
博物馆数	个	**14**	8	1	2	1	3
剧团数	个	**8**	5	1	1	1	1
扬剧团数	个	**5**	3	1	0	1	1
演职员工数	人	**299**	232	48	38	17	12
当年创作首演剧目数	个	**5**	4	1	0	1	0
演出场次	场次	**2331**	1838	206	68	120	305
图书馆机构数	个	**7**	4	1	1	1	1
藏书册数	册(件)	**2820527**	2198965	305409	129560	312750	179252
#古籍	册(件)	**176466**	142824	10064	18000	3642	12000
图书	册(件)	**2240816**	1733668	261107	95570	277714	133864
图书流通量	千人次	**1756.39**	1173.81	191.65	118.7	314.65	149.23
阅览座席数	个	**2817**	1916	316	100	420	381
文物保护机构数	个	**14**	8	1	2	1	3
参观人数	千人次	**1723**	1462	100	58	65	138
文物藏品数	件(套)	**141079**	132722	3917	2890	3139	2328
#一级文物数	件(套)	**113**	102		3	8	

2012 年扬州市环境保护情况表

表 36-23

项目	单位	全市	广陵区	邗江区	江都区	宝应县	仪征市	高邮市
自然保护区个数	个	**4**			1	1		2
自然保护区面积	公顷	**65485**			800	17500		47185
工业废水排放量	万吨	**9385**	1425	1099	1305	1369	2631	1557
工业烟(粉)尘去除量	吨	**1554891**	9442	1243830	18732	1668	269188	12030
工业烟(粉)尘排放量	吨	**12286**	579	1923	5334	25	2915	1509
化学需氧量排放量	吨	**57290**	6261	8452	13511	10886	6430	11750
氮氧化物排放量	吨	**87875**	1889	52304	2046	843	12633	491
工业二氧化硫产生量	吨	**186566**	6220	146151	4575	1062	27112	1447
工业二氧化硫排放量	吨	**46046**	5908	22375	3877	1062	11596	1229
一般工业固体废物综合利用率	%	**98.9**	96.2	99.3	99.4	100	98.3	99.4
环境污染治理本年投资总额	万元	**76459**	13200	4713	3669	18083	8401	4200
城市空气质量良好以上天数比重	%	**88**		88	91.3	97.5	97.5	99.7
地表水好于Ⅲ类水质的比例	%	**61.1**	45.4	40	70	71.4	30.8	50
地表水劣于Ⅴ类水质的比例	%	**13.9**	18.2	10	0	0	23.1	0

2012年扬州市市区居民家庭基本情况表

表36-24

项　　目	单　位	2000年	2005年	2010年	2011年	2012年
一、调查户数	户	100	200	200	200	200
二、平均每户家庭人口	人	3.09	2.94	2.94	2.97	2.94
三、平均每户就业人口	人	1.56	1.43	1.6	1.51	1.48
四、负担系数	人	1.98	2.06	1.84	1.97	1.99
五、平均每户就业面	%	50.4	48.64	54.4	50.84	50.34
六、现住房总建筑面积	平方米/人	18.86	31.11	37.76	37.73	38.02
七、家庭总收入	元	6775.22	11932.2	23816.41	27198.25	30763.03
#可支配收入	元	6734.48	11378.74	21766.22	24779.9	28001.26
八、借贷收入	元	1501.21	1586.36	2293.64	3813.33	3619.49
#提取储蓄存款	元	1476.29	1404.44	2155.91	3813.33	3614.9
九、在家庭总收入中						
工资性收入	元	4232.31	7353.48	14698.81	16622.77	18822.03
经营性收入	元	216.57	859.11	2489.32	2670.97	3034.17
财产性收入	元	33.35	141.8	386.69	406.26	452.02
转移性收入	元	2292.99	3577.81	6241.58	7498.25	8454.8
十、家庭总支出	元	6116.7	9375.48	17676.96	20314.06	22642.73
#消费性支出	元	4989.9	7387.76	13678.99	16003.03	17550.11
十一、借贷支出	元	1340.05	3851.36	8515.47	10233.83	12165.81
#存入储蓄款	元	1212.87	3283.62	8257.22	9707.84	11718.8

2012年扬州市农民家庭基本情况表

表36-25

指　　标	单　位	2000年	2005年	2010年	2011年	2012年
一、调查户数	户	500	500	500	700	700
二、调查户人口						
1.常住人口	人	1952	1931	1937	2558	2571
2.平均每户常住人口	人	3.9	3.86	3.87	3.65	3.67
3.平均每户整、半劳动力	人	2.79	2.72	2.76	2.71	2.71
4.平均每个劳动力负担人口	人	1.4	1.42	1.4	1.35	1.36
三、平均每人全年收入						
1.总收入	元	4401.49	6655.29	11340.7	13639.54	15464.36
2.纯收入	元	3464.35	5215.18	9462.42	11216.94	12686.41
3.现金总收入	元	3312.51	5917.17	10315.79	12571	15735.89
四、平均每人全年支出						
1.总支出	元	3438.08	5296.62	9292.46	10906	12193.30
#家庭经营性支出	元	675.52	1188.43	1601.22	2108	2422.92
生活消费支出	元	2312.2	3709.68	6782.44	7791	8713.93
2.现金支出	元	2915.82	4573.68	8561.04	10240	11604.85
#生产性费用	元	731.71	1227.14	1782.04	2121	2544.32
税费	元	98.23	44.13	16.46	33	19.46
生活消费支出	元	1811.41	3074.64	6136.65	7182.45	8173.11
储蓄借贷支出	元	200.66	203.91	330.66	618.65	782.81

2012年长江三角洲城市主要经济指标一览表

表36-26

地区	地区生产总值（亿元）	规模以上工业总产值（亿元）	固定资产投资（亿元）	社会消费品零售总额（亿元）	进出口总额（亿美元）	公共财政预算收入（亿元）	在岗职工平均工资（元）	城市居民人均可支配收入（元）	农民人均纯收入（元）
上海	20101.33	31548.41	5254.38	7387.32	4367.58	3743.71	56300	40188	17401
南京	7201.57	11405.12	4558.49	3080.58	552.35	733.02	60404	36322	14786
无锡	7568.15	14499.66	3618.07	2427.94	707.75	658.03	56883	35663	18509
常州	3969.75	9031.34	2621.56	1404.53	290.28	378.99	55764	33587	16737
苏州	12011.65	28783.65	5142.51	3254.00	3056.92	1204.33	57622	37531	19396
南通	4558.67	10101.19	2886.47	1708.65	263.25	419.72	49399	28292	13231
扬州	**2933.20**	**7342.38**	**1783.65**	**967.87**	**102.02**	**225.00**	**44689**	**28001**	**12686**
镇江	2630.05	6157.77	1500.67	761.70	114.13	215.48	47626	30045	14518
泰州	2701.67	7107.39	1454.59	737.60	103.70	233.25	42985	26574	12493
杭州	7803.98	12884.26	3722.75	2944.63	616.83	859.99	56417	37511	17017
宁波	6524.70	11962.10	2901.40	2329.30	965.70	725.50	56257	37902	18475
嘉兴	2884.94	6004.13	1642.31	1083.74	287.44	257.73	48305	33626	18636
湖州	1661.97	3396.26	970.73	703.87	87.37	138.55	46287	32987	17188
绍兴	3620.10	8429.55	1722.56	1158.66	320.98	265.76	45614	36911	17706
舟山	851.95	1215.66	600.81	290.54	153.56	85.56	57294	34224	18601
台州	2927.34	3598.92	1242.56	1304.30	206.22	220.42	47009	33979	14567

2012年扬州的一天

表36-27

项目	单位	1990年	1995年	2000年	2005年	2010年	2011年	2012年
地区生产总值	万元	2440	8197	12935	26909	61082	72063	80142
第一产业	万元	596	1266	1751	2596	4421	5056	5606
第二产业	万元	1301	4681	6855	14892	33681	39120	42472
第三产业	万元	543	2250	4329	9420	22980	27887	32064
粮食产量	吨	6538	6084	6169	6204	7865	8375	8425
棉花产量	吨	50	73	28	19	15	12	13
油料产量	吨	132	201	341	336	220	193	203
水产品产量	吨	158	338	621	977	1042	1051	1071
社会消费品零售额	万元	1128	2772	4165	8408	19894	23390	26444
出口总额	万美元			166	522	1659	2006	2233
固定资产投资完成额	万元	552	2723	3514	11235	36489	40423	48733
财政收入	万元	182	515	931	3206	10983	13725	15151
公共财政预算收入	万元	182	243	447	1357	9133	5975	6148
客运量	万人	15.8	13.59	17.01	22.31	19.93	22.45	24.41
货运量	万吨	5.44	15.67	12.84	16.04	25.57	30.44	33.45
城乡居民储蓄余额	万元	764	3071	7563	16566	34312	39120	46380

索　　引

说　明

一、本索引采取主题分析法，索引词条按汉语拼音音序排列。

二、类目、栏目、分目标题用黑体字标示。

三、索引词条后的数字表示页码，数字后的字母(a、b、c)表示该页版面从左至右的栏别。

四、空一字起排的款目为上一主题的“附见”。

D

E

F

H

J

K

L

M

N

P

R

T

X

Y